크리스천 신앙 지도서 시리즈 ❷

크리스천 윤리 2

크리스천 신앙 지도서 시리즈 ❷

크리스천 윤리 2

ⓒ 서효원, 2023

초판 1쇄 발행 2023년 8월 22일

지은이	리차드 백스터
옮긴이	서효원
펴낸이	이기봉
편집	좋은땅 편집팀
펴낸곳	도서출판 좋은땅
주소	서울특별시 마포구 양화로12길 26 지월드빌딩 (서교동 395-7)
전화	02)374-8616~7
팩스	02)374-8614
이메일	gworldbook@naver.com
홈페이지	www.g-world.co.kr

ISBN 979-11-388-2210-7 (03230)

- 가격은 뒤표지에 있습니다.
- 이 책은 저작권법에 의하여 보호를 받는 저작물이므로 무단 전재와 복제를 금합니다.
- 파본은 구입하신 서점에서 교환해 드립니다.

크리스천 신앙
지도서 시리즈 ❷
Christian Directory

Christian Ethics
크리스천 윤리 2

리차드 백스터 지음 | 서효원 옮김

좋은땅

역자의 글

"당신은 사람이자 성자로서 하늘 아래에서 하나님을 보여 줄 수 있는 가장 투명한 유리이다!"라고 저자 백스터는 말한다. 이 책은 우리의 생각, 열정, 감각, 혀, 몸(노동과 소명)을 다스리는 방법에 대해 실천적 방향을 제시하였다.

영국 청교도 지도자인 백스터는 죄가 들어오는 통로(감각)에 대한 깊은 통찰의 결과를 설명하고, 병들어 행동으로 나타나기까지는 아무도 모르는 내면의 병(생각, 열정, 감각, 혀, 몸에 대한)에 대한 증상과 처방전을 제시했다.

그의 《크리스천 신앙 지도서》라는 책은 전체 5권으로 구성되어 있다. 제1, 2권은 '크리스천 윤리'에 대한 글이며, 이 책은 그중 2권이다. 3권은 '크리스천의 가정관리', 4권은 '크리스천 성직자', 5권은 '크리스천 정치'에 관한 책으로 구성되어 있다.

이 책은 목회자용으로 말씀을 전하는 이에게 적합하지만, 하나님에 대해 더 잘 알기를 원하고, 그분이 원하는 삶을 살기 원하는 모든 분께 추천한다.

400년 전 지성인 리차드 백스터와 소통할 기회를 주신 하나님께 진심으로 감사한다. 그 당시 다양한 문화를 이해하기 위해 어려워할 매 순간마다 가슴속에 불꽃처럼 다가오는 성령님의 도움과 하나님이 주는 열정과 위로와 이 글이 주는 감동이 없었다면 좌절할 수밖에 없었을 것이다. 곁에서 슬기롭게 독자의 역할을 하며 응원해 준 반려자에게 감사한다.

2023년 7월
서효원

목차

(참고)
크리스천 윤리(Christian Ethics) 제1권

제1장 1부 - 회심하지 않은, 은혜를 받지 못한 죄인들이 구원의 은혜를 얻기 위한 방향 제시
2부 - 마귀가 인간의 회심을 방해하는 유혹(유혹에 대한 적절한 대책)

제2장 약한 크리스천을 위한 방향 제시

제3장 하나님과 동행하기 위한 방향 제시

제4장 경건함과 크리스천의 삶에 대항하는 마음의 죄에 대한 방향 제시
1부 - 믿음의 거부(unbelief)에 대한 방향 제시
2부 - 마음의 완악함(hardness)에 대한 방향 제시
3부 - 위선에 대한 방향 제시
4부 - 사람의 호의나 비난을 과대평가하는 것, 또는 사람을 우상화하는 것에 대한 방향 제시

크리스천 윤리(Christian Ethics) 제2권

역자의 글(1권에서 계속) — 5

제4장

경건함과 크리스천의 삶에 대항하는 마음의 죄에 대한 방향 제시 — 13

5부 — 14
- 제1과 교만과 겸손에 대한 방향 제시
- 제2과 하나님을 거스르는 교만의 가장 나쁜 징후
- 제3과 하나님을 거스르는 다음 단계의 교만의 징후
- 제4과 종교적 의무에 대한 교만의 징후
- 제5과 일빈직인 내화에서 교만의 징후

6부 - 탐욕 또는 재물에 대한 사랑과 세속적인 염려에 대한 방향 제시 — 93

7부 - 최고의 죄에 대한 방향 제시: 관능, 육체적 쾌락, 향락 — 123

제5장

신앙의 중요한 의무를 위한 추가적인 보조 방향 제시 — 153

- 제1과 시간 절약을 위한 사색적인 방향 제시
- 제2과 기회를 아끼기 위한 사색적인 방향 제시
- 제3과 시간을 절약하기 위한 실용적인 방향 제시
- 제4과 주의 깊게 피해야 할 시간 도둑과 시간 낭비자
- 제5과 시간 절약의 의무는 주로 누구에게 있는가?

생각을 다스리기 위한 방향 제시 ─ 213

- 제1과 악하고 헛된 생각에 대한 방향 제시
- 제2과 좋은 생각을 마음에 채우는 방향 제시
- 제3과 좋은 생각을 효과적으로 하는 방법 또는 묵상을 위한 일반적인 방향 제시
- 제4과 사색적(contemplative)인 생활과 순종적이고 활동적인 삶의 차이점과 그에 관한 방향 제시
- 제5과 우울한 생각에 대한 방향 제시
- 제6과 생각에 대한 가장 유익한 순서(젊은 학생을 위한)

열정을 다스리기 위한 방향 제시 ─ 313

- 제1과 일반적으로 모든 잘못된 열정에 대한 방향 제시
- 제2과 피조물의 잘못된 사랑에 대한 방향 제시
- 제3과 잘못된 욕망과 불만에 대한 방향 제시
- 제4과 잘못된 희락(mirth)과 쾌락에 대한 방향 제시
- 제5과 잘못된 희망에 대한 방향 제시
- 제6과 하나님을 향한 잘못된 증오, 혐오, 내키지 않는 마음에 대한 방향 제시
- 제7과 잘못된 분노(wrath)나 화(anger)에 대한 방향 제시
- 제8과 잘못된 두려움(fear)에 대한 방향 제시
- 제9과 잘못된 슬픔과 고통에 대한 방향 제시
- 제10과 잘못된 절망(그리고 의심)에 대한 방향 제시

제8장

감각을 다스리기 위한 방향 제시 — 423

1부 - 감각을 다스리기 위한 일반적인 방향 제시(신앙생활에 의한) — 424
2부 - 눈을 다스리기 위한 특별 방향 제시 — 440
3부 - 귀를 다스리기 위한 방향 제시 — 446
4부 - 식욕을 다스리기 위한 방향 제시 — 456
    제1과   탐식에 대한 방향 제시
    제2과   술 취함과 과음에 대한 방향 제시
5부 — 531
    제1과 음행과 모든 더러움에 대한 방향 제시
    제2과 내면의 더러운 정욕에 대한 방향 제시
6부 - 수면 과잉에 대한 방향 제시 — 560
7부 - 죄악 된 꿈에 대한 방향 제시 — 570

제9장

혀를 다스리기 위한 방향 제시 — 575

    제1과   일반 방향 제시
    제2과   모독적인 맹세의 말(swearing)과 하나님의 이름을 불경하고 헛되게 사용하는 것에 대한 특별 방향 제시
    제3과   거짓말과 은폐(dissembling)에 대한 특별 방향 제시
    제4과   헛되고 명료하지 않은 말(babbling)에 대한 특별 방향 제시
    제5과   더럽고, 저속하고, 음란한 말에 대한 특별 방향 제시
    제6과   경건을 모독적으로 비웃거나 경멸하거나 반대하는 것에 대한 방향 제시

제10장

몸 관리에 대한 방향 제시 — 703

1부 - 우리의 노동과 소명에 대한 방향 제시 — 704
    제1과   우리의 규칙적인 노동과 소명에 대한 방향 제시
    제2과   나태(idleness)와 게으름(sloth)에 대한 방향 제시
    제3과   영적인 일에 대한 게으름과 나태, 그리고 열심과 근면을 위한 방향 제시

2부 - 스포츠와 레크리에이션과 그의 과잉과 죄에 대한 방향 제시 — 751
3부 - 복장으로 짓는 죄에 대한 방향 제시 — 769

크리스천 신앙 지도서(Christian Directory) 안내

제1권
크리스천 윤리 1(Christian Ethics 1)

제2권
크리스천 윤리 2(Christian Ethics 2)

제3권
크리스천의 가정관리(Christian Economics)

제4권
크리스천 성직자(Christian Ecclesiastics)

제5권
크리스천 정치(Christian Politics)

크리스천 신앙지도서 제1권과 2권은 크리스천의 윤리에 관해, 3권은 크리스천의 가정 관리, 4권은 크리스천 성직자, 5권은 크리스천의 정치에 관한 책 중에 이 책은 크리스천의 윤리에 관한 두 번째 책이다.

제4장

경건함과 크리스천의 삶에 대항하는 마음의 죄에 대한 방향 제시

5부

제1과 교만과 겸손에 대한 방향 제시

타락한 마귀의 큰 죄로 평판이 나 있는 교만은, 그 이름과 일반적인 개념으로 볼 때 거의 모든 사람에게 악명 높고 가증스러운 것이다. 그러나 그것의 본질은 너무나 알려져 있지 않고, 대부분의 사람들이 그 죄를 분별하지 못하기 때문에 보통 비난을 받지만 일반적으로 소중히 여기고 있다. 그러므로 교만을 정복하기 위한 주된 방향 제시는 교만을 완전히 드러내는 것이다. 그것을 볼 때 부끄러워하고 그것을 부끄러워하는 것이 그것을 제거하는 것이다.

방향 제시-1 '교만의 본질을 올바르게 이해하고, 무지하게 교만을 유지하거나 교만하다고 여겨지는 의무에 반대하지 말라.' 여기서 당신에게 말하려는 것은, I. 교만은 무엇이고, 어떤 계명을 거스르는지, 겸손은 무엇인지, 그 반대는 무엇인지. II. 교만하지 않은 것을 교만하다고 비난할 수 있는 교만과 비슷한 일부 겉모습이나 눈에 보이는 행위. III. 교만한 사람이 자신이나 다른 사람에게 겸손하게 보일 수 있는 겸손의 모조에 대한 것이다.

[교만이란?]

I. 교만은 지나치게 자기를 높이는 것, 또는 우리가 임명받은 그 상태나 정도 이상으로 자신을 높이는 것이다. 그것은 자부심(νπερηφανια)이라 불린다. 왜냐하면 그것은 우리 자신에게 나타나는 것이며 우리 자신 이상으로 혹은 우리의 특성이 다른 사람 위에 있다는 것을 나타내고 싶은 욕망이기 때문이다. 그것은 이기심의 한 가지이며, 앞서 설명한 것처럼 사람의 환심을 사려는 것을 포함하고 있으며, 위선을 낳고, 편향적이며 그것이 그 근본이요 생명이다. 여기에는 다음과 같은 행위 또는 부분이 포함된다.

1. 하나님이 우리에게 바라시는 것보다 더 높거나 크려는 의지.
2. 우리 자신을 과대평가하거나 우리 자신을 실제보다 더 크고, 현명하고 더 낫다고 하는 평가.
3. 다른 사람들이 우리를 우리보다 더 크고 더 현명하고 더 낫다고 생각하고 말하고 사용하기를 바라는 욕망.
4. 우리에게 지정된 지리보다 높은 자리에 오르려고 노력하거나 다른 사람들에게 과대평가를 받으려는 노력이나 추구.
5. 말이나 행동의 외적인 표시로 우리의 지나친 자부심을 과시하는 것. 이들 모두는 교만의 행동이다. 처음 세 가지는 마음과 의지의 내적 행위이고, 나머지 두 가지는 외적 행위이다.

[어떤 계명을 거스르는가?]

하나님과 사람에 대한 사랑은 첫째 계명과 마지막 계명에서 가장 많이 표현되지만, 나머지 모든 계명으로 확장되는 십계명의 포괄적인 의무이기 때문에 이기심과 교만(그것의 주요 부분)은 하나님과 사람의 사랑에 반하는 것으로, 주로 처음과 마지막 계명에서 금지되는 서로 배타적인 죄이며 나머지 부분에도 반대되는 것이다. 그것은 특정한 율법을 위반하는 것뿐만 아니라, 하나님이 우리를 위한 특정한 상태에 있는 관계 그 자체에 대한 죄이다. 그것들은 하나님의 관리뿐만 아니라 하나님 나라의 법률체계를 거스르는 죄이다. 그것은 하나님을 대적하는 반역 또는 우상숭배이며 하나님의 특권의 일부를 우리 자신의 것이라고 조작하는 것이다. 그것은 몸에 있는 엄청나게 큰 혹이고, 한 지체가 높이 올라가 나머지 구성원, 즉 윗사람(그리고 다섯 번째 계명에 거스르고)이나 동등한 사람(나머지 계명에 거스른다)들에 대항하는 것이다.

[겸손이란?]

겸손은 교만과 반대다. 그러므로 다음과 같다.
1. 하나님께서 우리에게 부여하신 정도와 상태에 만족함.
2. 우리 자신은 비열하다는 생각으로, 우리 자신을 우리보다 더 크지도, 현명하지도 않으며 더 낫지도 않다고 생각한다.
3. 다른 사람들이 실제의 우리보다 우리를 더 크거나 현명하거나 낫다고 생각하거나, 말하거나, 사용하지 않기를 바라는 마음에서, 그들이 우리에게 마땅한 것보다 더 많은 명예, 칭찬, 사랑을 주지 않도록 한다. 중복되는 말은 단지 기만이나 거짓말일 뿐이고, 우리와 그것들에 대한 남용이다.
4. 과도하게 꼭대기에 오르려는 노력을 멀리하고, 주어진 임무를 만족스럽게 행하고, 자신의 위치에서 명예 없는 일을 한다.
5. 우리가 갖지 못한 위대함, 지혜, 선함의 모든 과시 또는 눈에 보이는 행위를 멀리하고, 우리의 말, 의복, 음식, 가구, 그리고 우리의 모든 몸가짐과 행동을 우리의 능력과 위치와 낮은 가치에 맞추는 것이다. 이것이 바로 겸손의 본질이다. 더 구체적인 표시는 나중에 설명할 것이다.

[다음의 내면의 모습은 교만이 아니다]

II. 마음속에 있는 교만은 겉모습만 보는 다른 사람들에게, 때로는 그 본질을 이해하지 못하는 자기 자신에 의해서도 잘못 판단된다. 교만하지 않지만 교만으로 착각하는 내면의 모습은 다음과 같다.

1. 권력을 잡고 다스리는 사람이 그 자리와 일에 합당한 정신을 가질 때, 이것은 교만이 아니라 미덕이다.

2. 타고난 힘과 영혼의 활력이 소심함을 쫓아낼 때, 특히 믿음이 하나님을 바라보며 인간에 대한 지나친 존경과 그들이 할 수 있는 모든 것에 대한 두려움을 쫓아낼 때, 이것은 교만이 아니라 크리스천의 담대함과 강인함이다. 그 반대는 겸손이 아니라 나약함, 소심함과 비겁함이다.

3. 지혜로운 사람이 자신이 어느 정도 지혜롭다는 것과 다른 사람이 얼마나 어리석고 방황하는지 알고, 그가 자신의 지식을 자각하고 진리를 사랑함으로 그것을 기뻐하고 만족하며, 그에게 그것을 계시해 주신 하나님께 감사하고 자신의 연구와 노력까지 축복해 주신 하나님께 감사할 때, 이 모든 것은 자비와 의무이지 교만이 아니다. 진리는 그 자체로 사랑스럽고 즐겁기 때문이다. 아는 사람은 자신이 안다는 것을 알아야 한다. 보는 사람이 보는 것으로 자각하는 것과 같다. 그리고 내가 안다고 아는 것이 잘못이라면 내가 아는 것이 잘못임에 틀림없다. 그러나 어떤 지식은 필요하고 저항할 수 없으며 우리는 그것을 멀리할 수 없다. 그리고 좋은 것은 가치 있게 여기고 그것에 감사해야 한다. 겸손은 현명한 사람이 자신의 지식을 어리석은 사람이나 무지한 사람의 지식과 동등하게 생각하도록 요구하지 않으며, 건전한 사람이 스스로를 병들게 할 필요도 없다.

4. 지혜로운 사람이, 하나님께서 그에게 주신 유용한 지식을 천한 세상의 모든 영광과 헛

된 것보다 더 가치 있게 여길 때 이는 교만이 아니라 사물에 대한 정당한 평가이다.

5. 지혜로운 사람이, 다른 사람에게 자기의 선함과 진리 전파의 마음을 품는 일에 자기와 같은 사람이 되기를 원하는 것은 교만이 아니라 진리에 대한 자비와 사랑이다. 그렇지 않으면 설교자들이 가장 교만한 사람들이다. **바울**이 **아그립바왕**에게 "당신뿐만 아니라 오늘 내 말을 듣는 모든 사람들도 다 이렇게 결박된 것 외에는 나와 같이 되기를 하나님께 원하나이다."[1]라고 사람들의 개종을 위해 그렇게 많이 노력을 기울인 것이 헛수고가 될 것이다.

6. 무고한 사람이 자신의 결백함을 의식하고, 거룩한 사람이 자신의 거룩함을 의식하여, 은혜 안에서 자신의 상태를 확신하고 그 안에서 기뻐하며 감사할 때, 이것은 교만이 아니라 탁월한 특권이고 의무이다. 천사들이 죄인의 회심을 기뻐한다면, 죄인은 스스로 기뻐할 이유가 있는 것이고, 우리의 일용할 양식에 감사하지 않는 것이 죄라면, 은혜와 영광의 소망에 감사하지 않는 것은 더욱 큰 죄이다.

7. 우리가 우리의 선한 이름과 우리에게 마땅한 명예를 다른 외적인 일반적인 자비를 행하는 것같이 귀히 여기되 자기 자신을 위해서가 아니라 오직 하나님께 영광을 돌리거나 다른 사람의 유익을 도모하거나 사람들 사이의 진리나 경건을 증진시키는 한, 그것은 참으로 우리에게 마땅한 것 이상을 바라는 것이 아니며 우리가 자비를 나타낼 수 없는 것으로 과대평가하지 않고, 우리가 없어도 되는 것으로 하나님의 뜻에 복종시키는 것이다. 이것은 교만이 아니라 사물에 대한 올바른 평가다.

[교만으로 착각하는 외적인 모습]

다른 사람들이 교만의 표시와 열매로 자주 착각하는 외적인 모습은 다음과 같다.

---

1) 행 26:29

1. 치안판사나 다른 지도자가 그의 성공적인 통치에 필요한 직위와 명예를 유지하고 그 직위에 따라 생활할 때. 군주, 통치자, 주인, 부모가 그들의 신하와 종, 학자, 자녀들로부터 그들의 유익에 합당하고 필요한 만큼 거리를 두고 생활하는 경우, 그것은 대개 그들의 교만이라고 잘못 판단된다.

   2. 한 죄인이 거룩함이 드물고 불신앙이나 모독과 불경건이 일반적 길인 시대와 장소에서 거룩함의 필요성을 확신할 때, 그러한 사람이 하나님의 뜻에 자신을 포기하는 데 필요한 특이성은 일반적으로 그의 교만이라고 그에게 전가된다. 대부분의 사람들이 구원을 멸시하면 당신도 그것을 멸시하고, 대부분이 하나님을 버릴 때 당신도 그분을 버리고, 대부분의 사람들이 마귀를 섬길 때, 당신도 마귀를 섬겨야 하는데, 마치 교만하여 많은 사람들과 함께 지옥에서 저주받는 것에 만족할 수 없다고 하는 것과 같다. 만일 당신이 구원을 이루기 위해, 두려워하며, 욕하지 않고, 술에 취하지 않고, 게임을 하지 않고, 주님의 날을 헛되고 관능적으로 보내지 않고, 당신의 저주를 해결하는 것이 당신의 일인 것처럼 한다면, 세상은 당신을 교만하고 이상한 사람이라고 부를 것이며 "그들과 함께 그런 극한 방탕에 달음질하지 않는 것을 그늘이 이상히 여겨 비방할 것이다."[2] 그들이 '뭐야! 당신이 모든 마을 사람들보다 더 지혜롭고 사리에 밝다는 것이야?'라는 말을 금방 들을 것이다. '정말 성자군요, 이 사람이 정말 청교도인이야!' **롯**(Lot)이 소돔의 음란에 대해 슬퍼할 때, 소돔 사람들은 그를 교만한 통제자라고 경멸했다. "이 사람이 체류하러 들어왔는데 우리의 재판관이 되려 한다."[3]고 경멸했다. 그리고 온 세상이 그들의 사악함에 빠져 있을 때, 그토록 비정상적인 행동을 하며 하나님과 동행한 **노아**를 어떻게 생각했는가? **다윗**이 금식으로 그의 영혼을 겸손히 했을 때, 그들은 그것을 그의 불명예로 여겼다.[4] 특히 그리스도의 종들이 가장 수준 높은 거룩함을 향해 나아가는 경우, 그들은 틀림없이 교만한 자와 위선자로 여김을 받을 것이다. 그러나 그들은 그들을 기쁘게 하고 그들의 일을 하는 면에서 다른 모든 사람보다 탁월한 자녀들이나 교만한 종

---

2) 벧전 4:4
3) 창 19:9
4) 시 69:10, 35:13

을 비난하지 않는다. 또한 병든 사람이 자기의 건강을 회복하기 위해 다른 사람들보다 더 조심한다고 교만하다 여기지 않는다. 그러나 천국을 위해 최선을 다하고, 죄와 지옥을 가장 조심스럽게 피하고, 자기의 신앙에서 가장 진지하고, 그의 하나님을 기쁘게 하기 위해 가장 부지런한 사람은 교만하다고 여긴다.

3. 자기 하나님을 버리지 아니하고 진리를 배반하지 않고 고의적인 죄로 양심을 상하게 하지 아니하며 **다니엘**과 세 친구의 신앙고백처럼 행하고[5] 그들이 대답한 것처럼 말하면 교만한 사람으로 여김을 받는다. 게다가 인간보다 하나님을 선호하고 투옥이나 죽음보다 정죄를 두려워하는 것은 교만이 아니다. 순교자들의 다수가 자기들을 정죄한 상관들의 판단보다 자신의 판단을 선호한 것은 교만이 아니다. 게다가 그들은 하나님과 진리에 순종하여 판단했다. 하나님과 진리는 세상의 지혜롭고 슬기롭고 위대하고 고귀한 자들에게 감추어졌지만 어린아이와 같은 사람에게는 계시되었다.

4. 그리스도 주권의 명예에 믿음을 가진 사람들이 그의 법과 그의 교회와 그의 백성들의 양심에 반하는 로마 교황의 찬탈을 감히 승인하지 않을 때, 그들은 강탈자 로마 가톨릭교도에 의해 교만한 자와 정부를 경멸하는 자로 불렸다. 마치 왕권을 찬탈한 자가 우리를 교만하다고 하거나 반역자로 부르는데, 이는 우리가 그들의 교만에 동의하지 않고, 우리가 그들 자신과 같은 배신자가 아니기 때문이다.

5. 하나님의 본질과 사람의 구원에 대한 의식을 마음으로 받아들인 사람이 다른 사람에게 그것을 가르치기 위해 열성적이고 부지런할 때, 목회자라면 그 일에 열렬하고 수고할 때, 마음으로 모든 사람을 얻으려 할 때, 그는 교만하다고 불린다. 영혼을 긍휼히 여기며 가르치기를 잘하고, 때를 얻든지 못 얻든지 간절히 설교하는 것이 하나님이 요구하는 필수적인 의무라 할지라도 교만하다고 불린다. 사역의 목적이 사람의 마음을 변화시켜 진리에 온전히 순

---

[5] 단 3:18

종하게 하는 것 외에 무엇인가?

6. 어떤 사람이 신성의 어떤 점에서 대부분의 다른 사람들보다 진리를 더 잘 이해하고, 거기에 있는 진리를 신뢰하고 일반적으로 받아들인다면, 그는 자신이 그보다 더 현명하다고 생각하는 사람들보다 매우 독특하고 현명해 보이기 때문에 교만하다고 여겨질 것이다. 그러나 겸손은 우리에게 친구를 사귀는 데에 실수하지 말고, 일단 일반적인 존경 상태에 이르면 건방지지 말라고 가르친다. 또는 다른 사람이 이해하지 못하는 진리를 포기하지 말고, 아직 알려져 있지 않다고 해서 가르치는 것을 무시하지 말라고 가르친다. 에티오피아, 시리아, 아르메니아, 러시아, 그리스, 이탈리아, 또는 스페인의 일부 목사들이 영국의 목사들만큼 지혜롭다면, 그것이 그들의 교만의 증거가 될 수 없다.

7. 어떤 사람이 다른 사람의 판단에 대해 반대로 인식하는 사람은 그것을 버리고 다른 사람이 자기를 받아들이는 것처럼 생각하거나 말할 수 없다. 특히 논쟁에서 당신이 그를 반대하는 경우에, 그는 그것을 당신의 교만으로 여기고, 당신 이해를 과대하다 생각하고, 당신의 자만심이라고 고집할 것이다. 교만하며 다른 사람들의 마음을 얻기를 열망하는 잘못된 사람들은 당신이 그들의 자존심에 굴복하지 않기에 당신을 교만하다고 부를 것이다. 그들이 생각하기에는, 그들의 증거가 너무 명백하여 당신이 교만하지 않다면, 그들처럼 생각하지 않을 수 없다고 생각한다.

8. 어떤 겸손한 사람들은 천성적으로 따뜻하고 진지한 담론의 태도를 가지고 있다. 그리고 그들의 천성적인 열심과 열정이 종종 그들의 교만에서 오는 것으로 잘못 판단되는 경우가 많지만, 그들의 겸손한 삶에 대해 더 잘 알게 되었을 때, 비로소 그 실수를 바로잡는다. 순교자 **후퍼** 주교에 대해서, '한 번 그를 방문했던 사람들은 그의 지나친 엄격함을 비난했고, 그에게 두 번 갔던 사람들도 동일한 것으로 그를 의심했을 뿐이다. 그와 계속 대화했던 사람들은 그가 까다로운 성격이라는 혐의를 벗겨 주었을 뿐 아니라, 매너의 달콤함을 칭찬했다. 그래서 그의 나쁜 본성이라는 혐의는 그를 거의 알지 못하는 것에서 나왔다'고 썼다.

토 풀러(Tho. Fuller) 《교회의 역사서》 7번 페이지 402쪽, 그리고 글로체스트에 있는 고드윈(Godwin) 주교들과 매우 많은 훌륭한 사람들도 마찬가지다.

9. 우리가 이단이거나 분열시키는 사람들과 그들의 위험한 길에 맞서, 신앙이나 교회의 평화를 위해 열심히 투쟁하면, 비록 하나님께서 우리에게 명령[6]하신다고 해도 그들은 우리를 교만하다 할 것이다. 특히 우리가 그들을 피하고 집에 들이지 않고 인사도 하지 않는다면,[7] 그들은 우리를 교만하다 할 것이다.

10. 명철한 사람이 다른 사람의 무지를 드러내고, 그에 관한 동정의 말을 할 때, 비록 그것이 진리와 사랑의 명령에 지나지 않을지라도, 그것은 남을 얕보는 교만의 말로 받아들여질 것이다.

11. 하나님께서 특별히 그의 사역자들에게, 높은 자나 낮은 자나 큰 사람이나 작은 자에 대해 책망하라는 명령을 분명히 사용하는 것과 하나님의 선지자들과 종들이 사용했던 그 책망을 명백하게 사용하는 것을 오만함과 교만[8]으로 잘못 판단할 것이다. 하나님께 충실하고, 영혼을 불쌍히 여기며 그들을 구원하려고 애쓰며, 너무 늦었음에도 양심이 그들에게 더 자세히 끔찍하게 말할 시간에 그들에게 말하는 것을 교만이라고 잘못 판단하는 것과 같다.

12. 자기-우상화하는 로마 가톨릭교는, 사람들이 그들의 구원과 관련된 문제에 대해 겸손하게 그리고 조심스럽게 판단을 하고, 그들이 믿는 대로 암묵적으로 믿지 않고, 그들의 말을 증명하거나 시험을 해 보지 않거나 잘 씹어 풀이되지 않은 모든 것은 받아들이지 않고, 하나님의 명령에 반대되는 인간의 불법적인 명령에 반대한다고 제안하면, 가톨릭교는 지위가 낮은 사람들을 교만하다고 비난한다. 그것은 인간의 명령이 하나님의 명령에 어긋날 때마다

---

6) 유 3
7) 딛 3:10; 요이 1:10
8) 암 7:11-17; 대하 25:16; 행 23:4

하나님은 그의 법을 유예하는 데에 만족하시는 것처럼, 또는 겸손은 우리가 구원을 잃는 대가로 사람들을 기쁘게 하고 순종해야 한다고 요구하는 것과 같다. 로마 가톨릭교는 우리가 그러한 문제들을 조사하는 데 활동적이지 않기를 바라고 우리의 영혼으로 그들을 신뢰해야 하며, 성경은 평신도가 읽을 수 있는 것이 아니라 전적으로 성직자에게 의존해야 한다고 생각한다. 평신도가 교리나 하나님의 명령에 대해 물으면, 그들은 **다윗**의 형제들이 그에게 말한 것처럼 말한다. "들에 있는 양들을 누구에게 맡겼느냐? 나는 네 교만과 네 마음의 완악함을 안다."[9]

13. 만일 열심이 있고 겸손한 복음 설교자가 자기를 전파하지 않고 그리스도를 전파하면, 그 일을 인하여 높은 평가와 존경을 받으며,[10] 그에게 교훈을 받은 많은 사람들이 그의 뒤를 따른다. 이를 시기하는 자와 경건의 적들이 그는 교만하고, 사람들에게 칭찬받기를 위하며 사람들을 끌어들이려고 설교한다고 말하는 것이 일반적인 상황이다. 이는 그들이 자기 것으로 다른 사람들의 마음을 판단하기 때문이다. 마치 그들은 그리스도와 그의 가장 훌륭한 종들 뒤에 사람들이 몰려들었지만, 그것 때문에 들뜨지도 않았고 교만하다는 비난을 받지도 않았다는 것을 모르는 것 같다. 온 세상이 태양을 보고 칭찬힌다고 태양을 비난할 수 없으며, 물과 불과 땅과 공기와 음식과 휴식이 모든 사람에게 소중하게 여김을 받는 것도 마찬가지다. 사람들의 존경과 박수를 받는 설교자들은 자신의 무가치함에 대한 생각을 얼마나 깊게 마음에 새기고, 아무도 자신을 과대평가하지 않기를 얼마나 바라는지, 교리에서 눈을 돌리지 않기를 얼마나 바라는지 그들은 거의 알지 못한다. 그리고 그들은 수고한 사도들처럼, "누가 이런 일을 하기에 충분한가?"라고 자주 부르짖는다. 그리고 다른 사람의 탁월함을 질투하는 무식한 사람들이 두려움 없이 무력한 설교를 하고, 다른 사람들만큼 칭찬받지 못하고 사람들이 따르지 않기 때문에 자신이 부당한 대우를 받고 있다고 생각할 때, 그들은 두려움과 자신의 부적절함을 통해 모든 것을 벗어던지고 싶은 유혹을 받는다. 그들은 모든 신자들의 상식과 진리에 대한 사랑과 그들의 구원에 대한 관심을 교만이라고 불러야 한다고 생

---

9) 삼상 17:28
10) 살전 5:12, 13

각한다. 왜냐하면 그래야 사람들로 하여금 그들의 교화와 구원에 가장 적합한 수단을 선호하게 하기 때문이다.

14. 겸손한 크리스천이 많은 시련과 거룩한 생활 후에 자신의 구원에 대한 근거 있는 확신에 도달하고, 세상이 악에 묻혀 있을 때 그를 죄에서 벗어나게 하고, 하나님의 작은 양 떼에 포함시켜 주신 것을 감사하면, 하나님의 심판이 의인과 악인 사이에 선포될 차이점에 대해 미리 듣는 것을 견디지 못하는 경건하지 않은 자들에게 교만한 자로 여겨질 것이다. 마치 행복해하거나 감사하는 것이 교만인 것처럼 말이다.

15. 거짓 고발 또는 중상모략을 당한 사람이 겸손하게 그 혐의를 부인하고 자신의 옹호에 합법적인 수단을 사용할 때, 그는 교만한 고소자들을 반대하고 그들을 믿지 않기로 의지를 표현하기 때문에 교만하다고 비난을 받을 것이다. 참으로, 종교에 대한 수치심과 인간의 구원을 방해하는 행위가 자신에게 불명예가 된다 해도 비난할 것이다.

16. 많은 가난한 사람들은 그들의 윗사람의 의복이 그들의 신분에 합당할지라도 그들의 의복이 거의 자신의 것과 같은 패션과 가치를 지니지 않는다면, 그들의 상급자는 교만하다고 착각한다.

17. 어떤 사람들은 투박하고 부주의한 성격을 가지고 있어 칭찬에 부적합하다. 어떤 사람들은 칭찬과는 달리 진지한 연구와 작업에 몰두하고 있어 칭찬하는 사람에게 경의를 표할 시간도 마음도 없는데, 칭찬을 기대하고 소홀히 여긴다고 생각하는 사람은 보통 그런 사람들을 교만하다고 비난한다.

18. 어떤 사람들은 과묵한 성질을 지니고 있어서, 다른 사람들에게 그들이 기대하는 만큼 자주 말을 하지 않기 때문에 교만하다고 비난을 받는다.

19. 어떤 사람들은 잘 알기 전까지는 자연스럽게 친해지지 않고, 경솔하지 않기에 낯선 사람에게 말을 많이 하지 않고 그들과 친해질 수 있을 만큼 담대하지 않다. 아니, 비록 그들이 아래 사람들과 함께 일을 한다 할지라도 그렇다. 그러므로 일반적으로 교만하다고 착각한다.

20. 어떤 사람들은 그들의 말이나 몸짓에서 무례한 습관을 지니고 있는데, 그것은 실은 그렇지 않지만 성급한 비난자들은 그것을 교만에서 온 것으로 본다. 많은 사람들은 이러한 겉모습으로 겸손한 사람을 교만하다고 평가한다.

III. 교만한 사람에게 겸손하다고 여겨지는 겸손의 모조가 많이 있다. 예를 들면,

1. 단순한 양심의 공포를 통해 자기 자신의 잘못을 찾아내고 자신의 비열함을 통곡하는 **유다의** 경우와 죽음에 직면하거나 저항할 수 없는 고통을 통해 자신의 잘못을 찾아내고 자신의 비열함을 통곡하는 **바로**의 경우.

2. 그러한 죄를 기도나 다른 사람과의 대화에서 그러한 죄를 고백하는 것이 관습이며, 가장 좋은 것은 고백하는 데 사용되며, 고백하는 것은 수치라 하기보다 명예로 간주된다.

3. 사도가 말하는 인간의 계명과 교리를 종교적으로 준수하는 것은, "자의적 숭배와 겸손과 몸을 괴롭게 하는 데는 지혜 있는 모양이나 오직 육체를 따르는 것을 금하는 데는 조금도 유익이 없다."[11]

4. 교리적으로 사람에게 가장 겸손한 신조를 붙들고 있으면서도 마음으로는 결코 자신을 낮추지 않는다.

---

11) 골 2:18-23

5. 겸양과 겸손의 평판을 얻을 경향이 있기 때문에 자신에 대한 자랑을 조심스럽게 억제하고 자신을 비하한다.

6. 가장 가난한 사람들이 미소를 짓고 예의 바르게 대할 때, 하층민일지라도 다른 사람들에게 감동을 주는 겸양과 친근함은 겸손으로 보일 수 있다. 그러나 그것은 세상의 칭찬을 얻기 위해 고안된 교만의 열매인 **압살롬**의 겸손[12]일 수 있다.

7. 그들이 아랫사람들과 대화하기로 선택하는 이유는 그들이 주도권을 쥐고, 항상 그들 스스로가 무리의 최고가 되려고 하기 때문이다. 폭군 디오니시우스가 퇴위한 후, 학교장이 된 것은 소년들 사이에서 지배자가 되려는 것이다.

8. 물리적으로 강요에 의해 의복, 음식, 태도가 비열한 상태에 있을 때, 가난이 사람들로 하여금 겸손한 것처럼 말하고, 그렇게 생활하도록 강요할 때 그들은 겸손의 모조일 수 있다. 그러나 만약 그들이 부와 명예만 있다면, 그들은 가장 교만한 사람만큼 높게 살 것이다. 쇠사슬에 묶여 있을 때 곰은 얼마나 조용한가! 개나 여우가 더 이상 먹을 것이 없을 때 얼마나 유용하겠는가!

9. 의복이 비열함과 평범함에 영향을 미치는 반면 교만은 다른 방법으로 나타난다. 자신이 추정하는 지혜, 학식, 거룩함, 출생, 또는 평판을 자랑스럽게 여기는 사람은, 의복과 기타 작은 장난감과 여성스럽고 유치한 것보다 높은 것으로 자랑스러워할 수 있다.[13]

10. 자기 자신은 간과하면서 다른 사람의 교만에 대해 혐오하고 이야기하는 것은 아마도 다른 사람의 교만이 그를 혼란스럽게 하기 때문이다. 예를 들면 탐욕스러운 사람은 탐욕스러운 다른 사람을 미워한다. 왜냐하면 그들이 자신의 이익에 최대의 방해꾼이기 때문이다.

---

12) 삼하 15:3-6
13) 렘 9:23, 24

개가 뼈를 서로 가지기 위해 싸우는 것과 같다. 앞에서 말한 교만처럼 보이는 겉모습에 반대되는 것에서 겸손에 대한 많은 모조를 추론할 수 있다.

방향 제시-2 '하나님과 사람에 대한 교만의 움직임과 교만에서 발견되는 행위를 주의 깊게 관찰하라. 교만이 마귀처럼 눈에 뜨지 않게 함으로써 승리하지 못하게 하라.' 이것이 내 작업의 주요 부분이기 때문에, 여기에서 하나님과 사람에 대항하는 교만의 여러 가지 징후와 움직임을 확실하게 보여 줄 것이다.

제2과 하나님을 거스르는 교만의 가장 나쁜 징후

징후-1 자기를 우상화하는 교만은 하나님의 위대하심이 그들에게 그들의 경멸할 만한 비열함을 보여 줌에도 불구하고, 사람들로 하여금 그들 자신의 위대함을 자랑하게 한다. 그들은 그들의 창조주를 높여야 함에도 불구하고, 자신을 높인다. 그것은 강한 자로 하여금 그의 힘을, 부자는 그의 부함을, 정복자는 그의 승리를 자랑하게 한다. 그리고 이 땅의 왕과 통치자들과 지배자들은 다른 사람을 해치거나 좋게 할 수 있는 그들의 지배력과 존엄과 권력으로 자신을 영광스럽게 한다. "나 왕, **느부갓네살**이 이르되, '이 큰 바벨론은 내가 능력과 권세로 건설하여 나의 도성으로 삼고 이것으로 내 위엄의 영광을 나타낸 것이 아니냐 하더라.'"14) 참으로 권력을 잡았을 때, 마음이 부풀어 오르거나 교만하지 않고 진정으로 겸손하게 되는 것이 얼마나 어려운 일인지! 하나님은 벌레와 티끌 같은 사람이 그의 명예를 해치는 것을 미워하시며, "권력과 부와 힘이 그의 것이고, 지극히 높은 분이 사람의 나라를 다스리시며 자기의 뜻대로 영광을 누구에게나 주시는 것"15)을 알게 하실 것이다.

징후-2 교만은 사람들로 하여금 자신이 생각하는 가치와 선함을 주님 위에 또는 주님을 대항하여 세우게 함으로 그들은 스스로를 그들의 주된 목적으로 삼고, 인간의 목적은 하나님이 아니라 그 자신이라고 가르치는 최근 일부 사람들이 추정하는 것을 실천하는데, 그것은 사람의 목적이 될 수 있거나 되어야 하는 것은 하나님이 아니라 오직 자신뿐이라고 하는 것과 같다. 마치 우리가 창조주를 위해서가 아니라 우리 자신을 위해만 만들어진 것처럼 주장하는 것과 같다. 교만은 사람들로 하여금 자기 자신을 지나치게 존중하게 하여 마치 세상이 그들과 함께 흥망성쇠 하는 것처럼 전적으로 자기 자신만을 위해 살게 만든다. 그들이 좋다면 모든 것이 그들 때문에 좋은 것이다. 그들이 죽는다면 세상이 끝난 것으로 받아들인다. 그들이 하나님을 소중히 여기지만, 음식이나 건강이나 쾌락을 얻으려 할 때 자신의 행복을 위한 수단으로만 귀하게 여긴다. 자신보다 그를 선호하는 것도 아니고 그를 그들의 목적

---

14) 단 4:30
15) 단 4:32

보다 최우선으로 삼지도 않는다. 그들은 하나님보다 자신을 훨씬 더 사랑한다. 인간은 지금까지 하나님에게서 타락한 이래 그것을 인간의 원시적 본능으로 여기는 것에 강한 즐거움을 느낀다. 따라서 더 높은 곳으로 가는 것이 불가능하고 정당한 것으로 생각한다.

[어떻게 하나님이 인간의 끝인가?]

하나님은 우리의 종착점이 되어야 하지만 우리는 하나님께 결합할 것이 아무것도 없다. 가장 높은 사랑은 우리가 사랑하는 그분에게 부족한 것이 없고, 영광과 지혜와 선함이 탁월하여 우리의 모든 능력이 감탄과 사랑과 찬미로 자신을 드리는 것이다. 이는 이것들의 즐거움이나 우리 사람들이 여기서 행복하기 위해서만이 아니다. 그러나 주로 하나님께서 마땅히 받아야 할 것을 받으시고, 그의 뜻이 기뻐하고 성취되게 하기 위함이다. 알려진 바와 같이 그의 탁월함은 인간과 천사로부터 모든 것을 받을 자격이 있다. 우리가 훌륭한 학식과 지혜와 온유와 자비와 거룩함과 기타 선함을 가진 사람을 사랑할 때, 우리가 그를 사랑하는 것은 주로 우리 자신을 위한 것이 아니요, 그로부터 무언가를 받기 위함이 아니니, 우리가 그에게서 아무것도 받지 못할 줄 알면서도 그의 탁월함이 우리의 사랑을 명령하는 것을 느끼기 때문이다. 그분을 사랑하는 기쁨이 우리의 주된 목적이 아니라 그 결과이거나 우리 목적의 작은 부분이다. 왜냐하면 우리는 그 기쁨을 생각하기 전에 그를 사랑한다고 느끼기 때문이다. 우리의 궁극적인 목적인 하나님에 대한 찬사와 사랑과 찬양은 그 고유한 대상 외에 목적이 없다. 그것은 그 자체가 최종 행위이며 인간이 달성할 수 있는 가장 높은 상태다. 친절함은 자력(magnetically)으로 사랑을 끌어당긴다. 만약 천사에게 왜 하나님을 사랑하느냐고 묻는다면, 하나님은 무한히 친절하기 때문이라고 말할 것이다. 그리고 그러한 운동에서 본성은 비밀리에 그 자신이 달성할 수 있는 가장 높은 상태와 행복을 목표로 하고, 이 최종 운동에서 합법적으로 관심을 기울이지만, 그러한 것들의 결합 상태는 무한히 불평등하다. 오, 영화롭게 된 영들은 복되고 영광스러운 하나님에 비해 그들 자신이 얼마나 작은지! 내가 전에 제3장 방향 제시-11과 15에서 말한 것을 보라.

징후-3　교만은 사람들로 하여금 하나님이 그들 자신이나 타인에 의해 사랑받는 것보다 자기 자신이 과도하게 사랑받기를 더 갈망하게 만든다. 그들은 그들 자신이 태양인 것처럼 모든 사람의 눈과 마음이 자신을 향하여 바라보며 존경하고 사랑하기를 바랄 것이다.

징후-4　교만은 사람들로 하여금 자기 자신에게 의존하게 하고, 자기 자신을 위해 지나치게 애쓰게 하며, 자기 자신을 신뢰하게 만든다. 마치 하나님의 은총과 섭리보다 자신의 재치와 능력과 열심에 의해 사는 것처럼 생각하게 한다.[16]

징후-5　교만은 사람들로 하여금 그들이 받은 자비에 대해 하나님께 드려야 할 감사를 그들 자신에게 돌리게 한다. 하나님은 그들에게서 감사를 받지만 단지 아첨으로 하는 감사를 받을 뿐이다. 그러나 그들은 그것을 그들의 보살핌, 기술, 근면, 능력에서 온 것이라고 생각한다. 그들은 그들의 그물에 분향하며, 말하기를, 우리의 손, 우리의 계략, 우리의 능력, 우리의 좋은 관리가 이 모든 것을 해냈다고 한다.[17]

징후-6　교만은 어리석은 사람의 지혜를 하나님의 무한한 지혜에 맞서게 하며, 사람들이 그들의 재판관을 판단하고 그들의 법을 이해하기도 전에 판단하게 한다. 그리고 자신의 자만심에 부적합하다고 생각하는 모든 것과 다투게 한다. 그리고 이렇게 말한다. 이것이나 저것이 얼마나 사실이 아닐 가능성이 높은가? 어떻게 이런 일이 일어날 수 있는가? 한 쌍의 족쇄를 풀 수 없거나, 나중에 명백해 보일 때까지 수수께끼를 풀 수 없는 사람은 가장 높고 측량할 수 없는 신비에 관한 하나님의 말씀의 진리에 의문을 제기할 것이다. 교만한 사람들은 자신이 하나님의 말씀을 수정할 수 있다고 생각하며, 하나님의 섭리보다 자신이 교회와 자신과 친구들을 위해 세상의 문제에 대해 더 나은 질서를 세울 수 있다고 생각한다.

징후-7　교만은 사람으로 하여금 하나님의 사랑과 자비위에 자신의 사랑과 자비를 세우

---

16)　사 9:9, 10; 욥 1:3
17)　단 4:30

게 한다. **어거스틴**은 그러한 자비를 보여 주는 사람들인 마제리코르디아(Misericordes)라 불리는 일종의 이단자들을 언급한다. 오리젠(Origen)은 그로 인해 자신의 오류에 빠지게 되었다. 지옥 불과 비참한 자의 수와 구원받은 자의 적음을 생각할 때, 그들은 무지로 동정심에 의지하여, 이것이 자신 안에 있는 사랑과 자비보다 낮다고 생각한다. 따라서 그들 자신의 위협으로 사용하지는 않을 것이다. 그러므로 그들은 거룩한 성경을 비난하고, 교만은 그들로 하여금 믿음의 거부로 강하게 움직이게 한다. 그들이 그들의 영혼의 편협함과 어두움을 잊고 있는 한, 그들이 하나님을 책망하기에 얼마나 부적합하고 얼마나 많은 진리를 그들이 모르고 있는지 알지 못하는 것이다. 그들이 진리를 안다면 그들은 완전히 만족할 수 있었을 것이다. 그리고 하나님은 신속히 자신의 말과 결과에 대한 이유를 그들에게 설명하고 그들의 불신과 오만함을 깨닫게 하시며 알게 하실 것이다.

징후-8 교만은 사람들로 하여금 하나님보다 더 의로운 척하게 하고, 그들이 세상을 더 공평하게 다스릴 수 있다고 생각하게 만든다. 그리고 하나님의 위협과 선한 사람의 고통과 사악한 사람의 번영이 너무 불공평하여 그것에 의해 무신론에 빠지는 것처럼 비난한다. 그래서 **야고보**와 **요한**은 그리스도보다 더 의롭다 생각하고, 복음을 거부한 자에게 불을 내려 달라고 했고, 탕자의 형[18]은 아버지의 관대함에 분개했다.

징후-9 교만은 사람들로 하여금 하나님의 권위와 명령을 경시하게 하고 그의 사자들을 경멸하며 그들 자신의 자만과 정욕과 이익에 의해 지배되는 것을 택한다.[19] 그러나 겸손한 자는 그의 말씀에 떨고 흔쾌히 순종한다.[20]

징후-10 권력을 잡은 교만한 사람은 자신의 뜻이 하나님의 뜻보다 우선하여 순종되기를 기대할 것이며, 하나님의 백성들은 자기보다는 하나님을 불쾌하게 할 것이다. 그는 하나님

---

18) 눅 15
19) 렘 13:15, 43:2-3
20) 사 57:15; 느 9:16, 29; 사 9:9

께서 자기에게 무엇을 시키실지 먼저 묻거나, 자기의 부당한 명령을 따르지 않고 양심과 하늘의 하나님의 명령을 간청하는 것은 죄라고 생각할 것이다. 아람 왕 **발락**이 **발람**에게 했던 것처럼, 그가 당신에게 이로운 것을 제안하면, 그는 당신이 하나님의 영생의 제안을 받아들이는 것보다 자신이 제안한 것을 더 잘 받아들여야 하며, **느부갓네살**이 세 증인에게 했던 것처럼 그가 당신을 위협하면, 그는 당신이 당신에게 저주로 위협하는 하나님보다 자기를 더 두려워해야 한다고 생각하며, 그렇지 않으면 진노할 것이다.

징후-11 교만한 사람은 하나님의 권위와 뜻과 이익을 거스르는 죄를 짓는 사람보다 자신의 권위에 의심을 제기하거나, 자신의 능력에 대해 얕잡아 말하거나, 자신의 뜻을 불쾌하게 하거나, 자신의 이익을 거스르는 사람에게 더 기분이 상한다. 그는 하나님의 것보다 자신과 자신의 명예를 위해 훨씬 더 열심이다. 자신의 불명예에 더 슬퍼하고 하나님의 원수보다 자신의 원수를 더 싫어하고, 자신의 명예나 복수에 필요한 것처럼 보이면 하나님과 영혼의 이익을 짓밟을 수 있다. 하나님의 영광과 하나님의 뜻이 성취되는 것보다 자신이 박수받는 것과 명예와 위대함을 더 즐거워하고 기뻐한다.

징후-12 교만한 사람은 하나님의 가장 훌륭한 업적 중 많은 부분의 명예를 기꺼이 훔치려 할 것이다. 그들이 통치자라면 사회의 평화와 질서에 대한 감사를 하나님보다 자신들이 받기를 더 원한다. 그들이 설교자라면, 사람들의 회심과 교화의 명예에 대해 정당한 것 이상으로 자신이 기꺼이 받으려 할 것이다. 그들이 목사라면 교회의 통치에 대한 그리스도의 영역을 부당하게 침해할 것이다. 그들이 가난한 사람들에게 관대하고, 선한 일을 한다면, 청지기나 하나님의 선물을 전하는 사자에 속한 칭찬보다 더 많이 받으려 할 것이다. 그들이 의사라면, 치료에 대한 진정한 영광을 가질 것이며 하나님은 헛된 아첨을 받는 것에 불과할 것이다. 당신을 치료한 것은 나인데, 그것 때문에 하나님께 감사하다고 말할 때, 자신의 환자를 욕하고 때리는 무신론자 의사와 같을 것이다.

징후-13 교만한 사람은 하나님보다 더 많은 영광을 자신에게 돌리고 그의 재산은 하나님보다 자기 교만의 명령에 달려 있다. 그는 은밀하게 자신을 믿게 하는 것보다 다른 사람들이 보고 알게 하는 가운데 더 많은 것을 준다. 그는 진정으로 빈곤한 사람들이 필요한 것보다 자신의 관대함의 명성을 나타내는 경향이 있는 선물을 더 많이 사용한다. 그것은 좋은 일을 하는 것이 아니라, 그가 기대하는 명예가 그의 주된 동기다. 그는 의복, 아름다운 태도, 친구의 접대, 과시와 자신을 위한 모든 일보다 가장 은밀한 자선 활동을 하는 일에 부족하다.

징후-14 교만한 사람은 가능한 한 다른 사람들이 자신에게 크게 의지하게 할 것이다. 그는 자신의 뜻과 능력에 따라 다른 모든 사람의 재산과 생명과 복지를 소유할 것이다. 많은 사람들이 그를 세상의 신 또는 위대한 은인으로 생각하기를 바라고 자신을 두려워하고 사랑하며 감사하기를 바란다. 그는 자기가 행하고 칭찬받지 않는 한, 선한 일이 행해지고, 사람들의 욕구가 채워지는 일로 만족하지 않는다. 그가 원수를 구한다면, 그것으로 그는 원수를 복종하게 하고, 목숨을 얻었다고 말하게 한다. 그는 인류에게 없어서는 안 될 세상의 태양으로 여겨지길 바란다.

징후-15 교만한 사람은 비록 그것이 하나님을 해칠지라도, 사람들이 그가 마땅히 받아야 할 것보다 더 많은 것을 그에게 돌릴 때 매우 침착하다. 비록 사람들이 죄를 지을지라도, 그는 자신을 지나치게 사랑하고 소중히 여기는 사람이 죄를 지어도 쉽게 용서할 수 있고, 자신을 지나치게 칭찬하는 사람들에 대해 거의 화를 내지 않는다. 그를 너무 숭배하거나 존경하는 사람에 대해서도, 그를 너무 높게 평가하거나 그에게 너무 많은 권한이 있다고 여기거나 믿는 사람과 하나님보다 그에게 순종하는 사람에게도 거의 화를 내지 않는다. 겸손한 영혼이 시편 115편 1절에서, "여호와여 영광을 우리에게 돌리지 마옵소서 오직 주의 이름에 영광을 돌리소서."라고 말함에도 불구하고, **요한**에게 천사와 같이 경배하려는 자에게, "나를 그렇게 보지 마십시오. 나도 같은 종입니다."라고 말함에도 불구하고, 그는 자신이 사랑과 존경과 찬양과 감사를 얼마나 하는지 신경 쓰지 않는다. 그들은 "하나님이 다른 사람에게 그의 영광을 주지 않을 것"21)을 알고 있음에도, "그의 성전에서 모든 것들이 말하기를 영광이라 하도다."22)라고 말함에도, 그들은 "나는 벌레이고 사람이 아니다."23)고 말함에도, "나는 주께서 주의 종에게 베푸신 모든 은총을 조금도 감당할 수 없다."24)고 말함에도, "나는 모든 성도 중 지극히 작은 자보다 작다."25)고 말함에도, "내가 죄인 중에 괴수."26)라고 말함에도, "내가 얼마나 많은 사랑과 찬양과 명예에 부적합한 사람인가."라 말함에도 신경 쓰지 않는다!

징후-16 교만한 사람은 자신이 온 세상, 또는 적어도 자신과 관련된 모든 것의 통치자가 되어야 할 이유가 있다. 법이나 법규가 만들어져야 한다면 그는 그것을 만들 것이며, 모든 사람이 그의 조언을 신탁처럼 받아들이게 할 것이다. 그는 온 세상을 자기 의견으로 만들 것이며, 하나님의 말씀을 부분적으로 이해하는 자신과는 달리 하나님의 말씀에 따르고 간절히 갈망하는 사람들보다, 자신이 말하고 행하는 모든 것에 굴복하며 자신을 존경하고 자신의 의견을 따르는 사람들에 의해 더 많은 것을 결정한다. 그는 하나님의 말씀을 구하는 사람들보다 자기에게 묻고 자기 말을 받아들이는 자들을 더 사랑한다. 그럴지라도 그는 오류가 없는 하나님의 고유한 특권과 하나님이 세상의 통치자라는 것을 부인할 수 없다.

징후-17 교만한 사람은 하나님의 무오성뿐만 아니라 불변성의 명성에 영향을 미친다. 그가 한 번 오류를 드러내면 그 오류를 옹호하고, 일단 진리에 반하는 것처럼 보이면 진리에 저항하여 변명 가능한 것으로 간주되는 불명예나 이전에 속았던 불명예를 피할 것이다. 그의 교만은 그가 변명을 찾을 수밖에 없는 어떤 실수나 잘못에 대한 회개를 못하게 한다. 만약 그가 하나님께 잘못하고 교회에 해를 끼쳤다면, 그는 그것을 좋게 만들기 위해 더 많은 일을 할 것이며 어떤 잔인함이나 폭력에 의해 그것을 정당화할 것이다. 그가 한 번 당신에게 잘못을

---

21) 사 42:8
22) 시 29:9
23) 시 22:6
24) 창 32:10
25) 엡 3:8
26) 딤전 1:15

했다면, 그는 당신에게 잘못한 것처럼 보일까 두려워 더 많은 일을 할 것이다. 그가 당신을 비방했다면, 그것을 철회할 만큼 변덕스럽게 보이기보다는 오히려 자신의 비방을 정당화하기 위해 할 수만 있다면 당신을 찌르거나 목을 매달 것이다.

징후-18 교만한 사람은 하나님의 전지전능하심에 참여하는 데 영향을 미치고, 하나님이 계시하는 것보다 더 많은 것을 알고 싶어 한다. 이런 식으로 우리의 첫 조상은 지식에 관해 하나님처럼 되기를 원함으로써 죄를 지었다. 이것은 세상을 교만한 논쟁으로 가득 채우고 교회를 분열로 가득 채웠다. 동시에 교만한 지혜는 이단적으로 자신의 과시, 불법적인 강요, 비난 또는 격렬한 분쟁을 드러나지 않게 만든다. 하지만 겸손한 영혼은 계시된 것을 연구하고 실천하는 데에 시간을 사용하며, 하나님께서 그들에게 가장 적합한 한계를 잘 알고 계시기에 하나님의 범위 내에서 자신을 지킨다. 그리고 지식은 사모하고 추구해야 하는 것이지만 다른 한편으로는 우리의 하나님을 섬기거나 즐거워하는 것과 진리가 우리에게 계시하는 선한 일에 유용하다. 그렇지 않으면 그 지식은 우리의 슬픔이 될 수 있고,[27] 진리는 지옥의 비참한 영혼들을 그러하듯이 우리를 괴롭히는 도구가 될 수 있다.

징후-19 교만한 사람은 자신의 학위에 불만이 있다. 특히 학위가 낮으면 더욱 그렇다. 그는 더 높은 권력과 명예와 부를 가지고 싶어 한다. 그렇다. 그는 결코 그렇게 높지는 않지만 한 단계 더 높게 되기를 기꺼이 원할 것이다. 그가 한 개의 왕국을 가졌다면 그는 또 다른 왕국을 갖고 싶어 할 것이다. 만약 그가 터키나 타타르(Tartarian) 황제의 지배권을 가지고 있다면 그는 왕국을 확장하고 더 많은 왕국을 갖고 싶어 할 것이다. 그는 모든 세상을 가질 때까지 만족하지 못할 것이다. 사회적인 계급이 낮은 사람들은 이것을 느끼지 못한다. 그들은 만약 내가 많은 것을 가졌더라면 만족했을 것이라고 생각한다. 그러나 이것은 그들이 그들 안에 깃들어 있는 만족할 수 없는 교만에 대해 무지한 것이다. 여러분은 지구상에서 가장 위대한 황제들이 여전히 더 위대해지려고 노력하는 것을 보지 못하는가? 모든 사람은 당연히 세

---

[27] 전 1:1, 8

계의 보편적 군주인 교황이 되고 싶을 것이다. 그리고 그러한 모든 교황은 방백과 백성을 전적으로 마음대로 할 수 있는 두 가지 칼을 가지고 있다. 그들은 상처 입힐 마음은 없을지라도 상처 입힐 힘을 갖기를 원할 것이다. 모든 세계가 그들의 관용과 선물로 말미암아 그들의 재산과 자유와 생명을 유지하게 할 수 있으며, 그들은 다른 사람들에게 하나님처럼 될 수 있다. 만약 그들이 이 일을 달성했다면, 교만은 그들로 하여금 하나님의 모든 특권을 열망하게 하고, 하나님을 퇴위시키고 그의 신격과 위엄을 박탈하고 그들이 그의 자리를 차지하게 될 때까지 멈추지 않을 것이다.

징후-20 교만한 사람은 하나님의 독립성을 기꺼이 갖고 싶어 한다. 필요에 따라 굽힐지라도 그는 기꺼이 누구에게도 신세를 지지 않을 것이다. 그는 자신의 자유를 신중하게 지키고, 불필요하게 사람들의 종이 되거나, 또는 어떤 악한 방법으로 그들을 섬길 의무도 없기 때문이다. 게다가 그가 너무 위대하고 높아서 다른 사람에게 기대는 것을 경멸하기 때문이다. 결과적으로 사람을 하나님의 자리에 앉게 하는 교만이 얼마나 큰 우상숭배인지 알 수 있다.

제3과   하나님을 거스르는 다음 단계의 교만의 징후

징후-1   교만한 마음은 자기 죄의 중대함을 보거나 은혜의 결여를 알거나, 죄를 용서받지 못한 비참한 상태를 확신하거나, 영원한 고통의 천벌을 내리는 하나님의 공의를 확신하지 못한다. 다른 사람들에게 관해서는 이 모든 것을 인정할 수 있지만 자신에 대해서는 거의 인정하지 못한다. 그 자신의 불신과 하나님과 거룩함에 대한 혐오감은 그에게 작고 용인될 수 있는 잘못으로 보인다. 그 자신의 교만, 정욕, 세속적인 성질, 그리고 관능은 저주받을 정도로 나쁘지 않은 것같이 보인다. 그것이 저지르는 가장 적은 죄는 훨씬 더 나쁘지 않은 것으로 보인다. 비록 관습적으로 그들은 하나님이 사람들을 정죄하더라도 의로우시다고 말할지 모르지만, 그들은 그것을 마음속으로는 믿지 않는다. 가장 설득력 있는 설교자라도 교만한 사람이 자신은 하나님의 원수이고 진노의 자녀이고 자기의 죄로 인해 유죄 상태에 있고 회개하지 않는 한 정죄받는다는 것을 진심으로 고백하게 하기 위해서는 많은 고민을 해야 할 것이다. 그는 자신이 죄인이라고 고백하거나, 가장 경건한 사람이 고백해야 하는 다른 모든 것을 고백하거나 그가 저주받을 수 있고, 거듭나지 않은 상태에 있다고 결론 내리지 않을 것이다. 그러나 하나님에 대해 공경심이 없는 사람에게 자기가 하나님에 대한 공경심이 없음을 알게 하고, 회개하지 않은 사람에게 자기가 회개하지 않음을 알게 하고, 성화되지 않은 사람에게 자기가 성화되지 않음을 알게 하는 것은 교만이 그들 안을 지배하기 때문에 굉장히 어려운 일이다. 교만하여 구제불능인 바리새인들이 그리스도에게 "우리도 맹인인가?"[28]라고 말한다.

징후-2   교만한 마음은 본질적으로 모든 것을 너무 과대평가해서, 모든 일반 은총이나 의무가 경건의 상태인 것처럼 보인다. 그들의 일반적인 지식은 그들에게 구원의 빛으로 여겨진다. 그들의 죄로 인한 모든 작은 슬픔과 그들이 더 잘하기를 바라는 소망이 있을 때에, 그들은 죄가 주는 달콤함을 누리고 있음에도, 그것을 진정한 회개로 인정한다. 그들의 마음 없

---

28) 요 9:40

이 입술로 하는 고백을 기쁨으로 받아들일 수 있는 기도와 동등하게 여기고, 그들의 종교 이미지는 그들에게 경건한 삶으로 보인다. 그들은 그들 자신의 추정을 진정한 믿음으로 오해하고, 그들의 거짓된 기대를 크리스천 소망으로 오해하고, 육체적 안전과 우둔한 어리석음을 영적 양심의 평화로 오해하고, 하나님을 신뢰하기 위해 취하는 속임수로 그들의 영혼이 필사적으로 모험한다. 만일 그들이 육체가 포기할 수 있는 죄, 육체의 편안함, 양식, 또는 만족함을 불필요한 것으로 여기고 그런 죄를 참으면, 또는 육체가 그들에게 금하라고 명령하는 죄, 세상에서 그들에게 불명예가 될 성향이 있는 죄를 참는다면, 그들은 이것을 하나님께 진정한 순종이라고 오해한다. 왜냐하면 그들은 그들이 원하든 원하지 않든 땅을 떠나야 할 때 지옥보다는 차라리 천국에 간다고 생각하고, 그들은 자신이 천상에 속한 줄로 여기고, 자기의 재물을 거기에 쌓고, 그것이 자기들의 몫이라고 오해하기 때문이다. 그들의 죄로 인해 때때로 양심이 그들을 괴롭히는 것을, 진정한 회개로 새롭게 되었다 생각하며, 그들이 매일 용서를 구하기에 용서를 받았다고 생각한다. 하나님의 손에 강제로 복종하는 것을 인내하는 것으로 생각한다. 그리고 "주님 우리를 불쌍히 여기시고, 우리를 용서하시고, 우리를 구원하소서."라 말하는 것을 죽음을 위한 참된 준비라고 생각한다. 그러므로 교만은 그들이 가지지 않은 것을 가진 것으로 믿게 만들고, 하지 않은 것을 한 것으로, 아무것도 되지 못하고 된 것으로[29] 믿게 만들고, 그들 안에 있는 작은 공동의 선을 배가하고 확대함으로써 죄인들을 속인다.

징후-3 교만한 마음은 자신의 죄를 위해 죽으시고 하나님의 공의를 만족시키시고 하나님과 화목하게 하실 구세주의 필요성을 거의 느끼지 못하며, 개념적으로 죄의 병에 걸려 있고, 개념적으로 의사가 필요하다고 생각하지만 실제로는 자신의 질병을 거의 느끼지 못하므로 그리스도께서 해결하실 일이 거의 없다. 그는 우리의 구속이라는 복된 일에 대한 이유를 철저히 알아야 한다고 생각하지 않으므로 복음의 신비에 대해 낯선 사람이고, 마음속으로는 믿지 않는 자이며 시련이 충분히 강하면 종교를 버리는 사람이 될 것이다. 그는 자신이 하나

---

29) 갈 6:3

님의 저주나 진노 아래 있기에 지옥에 갈 정죄받은 사람이라고 결코 생각하지 않으므로 구주의 발치에서 **마리아**처럼 눈물을 흘리거나, 피 흘리는 주님 때문에 결코 눈물을 흘리지 않으며, **바울**처럼 감정적으로 "그는 죄인들 중에 괴수인 나를 구원하기 위해 오셨다."고 말하지도, 또한 "내가 그를 위하여 모든 것을 잃어버리고 배설물로 여김은 그리스도를 아는 지식이 고상하고 그리스도를 얻고 그 안에서 발견되려 함이라."[30]고 말하지도 않을 것이다. 왕의 종교가 국교가 되는 터키는 이슬람교인데 그곳에서 태어나고 자란 **바울**은 크리스천이다.

징후-4 교만한 마음은 거듭남과 같은 큰 변화의 필요성과 그에게 새로운 본성을 부여하고 그 위에 하나님의 형상을 심어 주는 성령의 필요성을 깨닫지 못한다. 그는 아마도 자신의 영혼에서 어떤 우호적인 관계의 단절을 발견하지만 그것 때문에 마음을 찢을 필요도 없고, 모든 것을 내려놓고 자신의 희망을 새로 세울 필요도 없다고 생각한다. 그는 그의 마음을 수정하여, 모든 것을 새롭게 하지 않고도[31] 방향 전환을 할 수 있다고 생각한다. 그가 생각하는 새로운 피조물은 세례나 이전 상태의 일부를 고치거나 잘못된 부분은 시정하는 것뿐이라고 생각한다. 그리스도의 은혜 없이는 아무것도 할 수 없다고 고백하지만, 그는 이 은혜를 평범한 도움이라고 생각한다. 반면 겸손한 영혼은 자신을 비우고 자신의 죽어 있음과 선에 대한 부족함을 깨닫고, 은혜를 찬양하며 새롭고 영적인 삶에 대해 놀랍도록 감사한다.

징후-5 교만한 마음은 성경이 타락한 인간의 마음에 반대하여 제기하는 큰 비난에 대한 경험적 감각이 거의 없기 때문에, 우리의 원죄와 비참함, 구주의 필요에 관해서, 그리고 마음의 극단적인 사악함에 관해서, 선에 대한 인간의 무능함과 무력함, 참으로 그것에 대한 혐오에 관해서, 그것들을 부인하는 이단에 쉽게 빠진다. 반면, 겸손한 사람은 자기 안에 있는 죄를 더 잘 알기 때문에 이 모든 진리를 증거한다.

징후-6 교만한 사람은 육체를 죽이고, 부패를 정복하고, 마음을 살피며 하나님이 요구하

---

30) 빌 3:7, 8
31) 고후 5:17

는 삶의 거룩함 안에서 하나님과 동행하는 모든 부지런함의 필요성과 이유에 대해 무감각하다. 그가 말하길, 이 모든 고생이 무엇 때문에 필요한가? 그는 그것의 필요성을 느끼지 않는다. 따라서 그것은 필요보다 더 고통스러운 일이라고 생각한다. 그러나 겸손한 영혼은 그것을 요구하고 하나님의 가장 엄격한 길을 정당화하는 지각이 그의 내면에 있다. 부자는 노동의 필요를 생각하지 않지만 노동은 가난한 사람의 삶과 그것을 유지하는 행위이다. 만약 그가 하루라도 노동을 놓치면, 다음 날 노동의 필요성을 느낀다.

징후-7 교만한 사람들은 하나님께 자주 간절히 기도하는 것이 얼마나 필요한지 알지 못한다. 구걸은 가난한 사람의 일이다. 겸손한 영혼은 구걸의 필요성을 인식한다. 그는 공기나 빵이나 삶 자체만큼 하나님의 끊임없는 필요를 발견한다. 그리고 그는 우리의 소망과 믿음을 행사하는 것과 하나님께 대한 우리의 의존을 기도로 표현하는 것이 우리의 공급을 위해 지정된 길이라는 것을 안다. 그러나 교만한 사람은 배가 부르기에 이 간절하고 빈번한 기도를 위선적이고 헛된 일에 불과하다고 생각한다. 그들은 구걸하는 일을 할 수 없음으로 빈손으로 간다.

징후-8 교만한 사람은 모든 자비를 매우 과소평가하고 그것에 대해 감사하지 않는다. 특히 영적인 자비에 대해 감사하지 않는다. 그는 마치 자비를 당연한 것처럼 관습적으로 받고, 관습적으로 하나님께 감사한다. 그리고 그는 육체의 번영을 기뻐할지라도, 하나님에 대한 거룩한 감사에 대해 낯선 사람이다. 그는 자비를 아주 작게 생각한다. 사실은 하나님이 그에게 원하는 만큼 주지 않는다고 불평하고 원망한다. 반면에 겸손한 사람은 스스로를 가장 하찮은 존재라고 고백한다.[32] **히스기아**의 교만과 감사치 않음은 서로 손잡고 간다. 가난한 사람은 돈 한 푼이나 빵 한 조각에 대해 매우 감사할 것이다. 그러나 부자들은 그것을 큰 모욕으로 여기며 거절할 것이다.

---

32) 창 3:10; 대하 32:24-26

징후-9 교만한 사람들은 항상 고통에 참을성이 없다. 그들이 완고하거나 어리석어도 크리스천의 인내심이 없다면, 하나님이 그들을 가혹하게 사용하거나 잘못한 것처럼 받아들인다. 그러나 겸손한 사람들은 그들이 훨씬 더 나쁜 것을 받을 만하고, 그들에게 남겨진 자비가 그들이 받을 정당한 처벌에 반대된다는 것을 안다. 그러므로 겸손한 사람은 "내가 여호와께 범죄하였으니 그의 진노를 당할 것이다."[33] "여호와께서 인자와 긍휼이 무궁하시므로 우리가 진멸되지 아니함이니이다."[34]라 말할 것이다.

징후-10 교만한 사람들은 유혹을 두려워하지 않고 자신의 능력과 마음의 선함을 확신한다. 그들은 감히 함정 속에서 살며 화려함과 쾌락을 누리며 매일 맛있게 먹고 있다. 연극과 게임과 음탕한 친구들과 얘기를 하며 해를 두려워하지 않는다. 그들의 교만은 그들로 하여금 그들의 위험과 그들의 본성에 어떤 부싯깃과 화약이 있는지 무감각하게 하고, 모든 유혹에 불을 붙이려 한다. 그러나 겸손한 사람은 항상 자신을 의심하고 자신의 위험을 알고 올가미를 피한다.[35] "슬기로운 자는 재앙을 보면 숨어 피하여도 어리석은 자는 나가다가 해를 받느니라."[36]

징후-11 교만은 사람들로 하여금 하나님의 일이 결코 잘된 적이 없어서 그것을 하지 않았으면 좋았을 텐데 하며 불평을 하게 만든다. 때때로 그들은 그 일을 하는 영광을 차지하려고 다투면서 일을 망친다. 교만한 사람들이 그리스도의 일꾼이라면, 그들은 의무보다는 능력을 더 중시한다. 의무보다는 존엄성을 그리고 그들이 하나님과 백성에게 빚진 것보다 사람들이 그들에게 빚진 것을 더 많이 고려한다. 그들은 자기와 함께 먹기 위해 집에 들어오는 다른 사람에게 으르렁거리는 개와 같다. 그들은 **모세**처럼 "주의 백성들이 모두 선지자가 되게 하시기를 원하노라."고 말하지 않는다. 그렇다. 교회와 국가의 평화와 연합은 종종 이 저

---

33) 미 7:9
34) 애 3:22
35) 잠 14:16
36) 잠 22:3

주받을 만한 교만에 의해 파괴된다.

징후-12 교만은 세상으로부터 수치를 당하는 때와 장소에서 하나님 섬기는 것을 부끄럽게 만든다. 만일 교만이 우세하다면, 사람들에 때문에 그리스도와 거룩함의 명예가 버림받는 것보다 차라리 교만에 의해 그리스도와 거룩함이 부인되거나 버림받을 것이다. 그들이 예수를 찾는다면 밤에 **니고데모**가 찾아간 것처럼 갈 것이고 그들은 비난을 받는 진리나 경멸을 받는 대의 또는 그리스도의 종이라고 고백하는 것에 수치감을 느낄 것이다. 만약 사람들이 지옥에 관해 지어낸 별명이나 중상으로 그들을 조롱하면, 그들은 다른 사람처럼 행동하거나 그들의 의무를 포기할 것이다. 경멸은 사자 굴이 **다니엘**을 죽이려 했던 것보다, 또는 세명의 증인에게 사용된 맹렬히 타는 풀무불이 하는 것보다, 그들이 가족안에서 하나님께 기도하는 것을 막는 데에 더 많은 일을 할 것이다. 특히 그들이 세상에서 존귀하고 위대하다면, 그들이 림몬(Rimmon)의 신당에서 절하는 동안 하나님은 그들에게 자비를 베풀어야 한다고 생각할 것이다.[37] 부자가 예수님의 말을 들었을 때, "그가 큰 부자인고로 심히 근심하였다." 그러므로 이 사람들은 그들의 명예와 존귀가 매우 귀중하므로 그들은 그리스도를 버리는 것이 훨씬 좋다고 생각한다. 만일 그들이 유명하지 않은 평범한 사람이라 그들의 일부만 내려놓는다면, 그들은 그것을 쉽게 버릴 수 있을 것이다. 그러나 그들은 그토록 정당한 자기의 몫을 버리고 그토록 존귀한 자기 이름의 치욕을 견디지 못할 것이다. 하지만 오, 이것은 겸손한 영혼에게 얼마나 무가치한 일들인가! 그 꿈꾸는 세속적인 사람들이 어리석은 생각과 숨결에서 발견하는 것을 명예라는 이름으로 지정하고, 그들이 하나님의 영광과 그들의 진정한 명예보다 그것을 더 선호하는 것을 이상하게 생각할 것이다. 그리스도는 그들에게, "누구든지 이 음란하고 죄 많은 세대에서 나와 내 말을 부끄러워하면 인자도 아버지의 영광으로 거룩한 천사들과 함께 올 때에 그 사람을 부끄러워하리라."[38]고 말씀하셨다. 나는 이제 특정 의무에 관한 교만의 징후에 대해 알아볼 것이다.

---

37) 왕하 5:18
38) 막 8:38

제4과 　종교적 의무에 대한 교만의 징후

징후-1　교만한 사람은 사람에게 보이는 일부의 의무에 가장 열심이고, 사람의 존경을 많이 받으려는 경향이 있으므로 내부보다 겉모습을, 마음보다는 말을 더 중요하게 여긴다. 그가 설교자라면 자신이 기쁘게 하려는 사람들의 특성에 따라 자신의 재능을 설명하는 형식으로 설교하기 위해 많은 노력을 한다. 만약 그가 은혜보다 재치를, 또는 확고하고, 명료하고, 판단력 있고, 남자다운 담론보다 유행하는 말을 더 중시하는 곳에 산다면, 그는 그의 청중들에 대한 유머에 골몰하며, 박수를 위해 무대 연기자 역할을 할 것이다. 만약 그가 진지하고 간절한 권고가 더 요구되는 곳에 산다면, 그의 문체에 열정을 넣어 영향을 주려고 애쓰고, 이는 청중들로 하여금 그가 믿는 것을 청중들이 믿게 하고, 실제로는 그가 아닌 것처럼 보이게 하고, 그가 느끼지 못하는 것을 느끼게 할 수 있다. 그러나 그러는 동안 그는 자신의 마음에 바람직한 것을 얻으려 하지 않는다. 하나님에 대한 경외심과 그의 진리에 대한 정당한 평가와 인간의 영혼에 대한 정당한 연민으로 그것에 영향을 미치고, 실제로 그가 믿고 느끼는 것처럼 보이는 것을 믿고 느끼기 위해 작은 노력을 기울인다. 또한 기도와 설교에서 그의 주된 연구는 박수를 가장 잘 받을 수 있도록 말하는 것이며, 그를 아는 현명한 사람들의 권철에서 이러한 그의 계획을 숨길 정도로 교활한 경우는 거의 없다. 그는 진정으로 진실하지 않지만 최선을 다하여 거짓 표시함으로써 설교자나 기독교인이라고 일반적으로 인식할 수 있다. 그는 울리는 놋쇠소리, 쟁쟁거리는 꽹과리, 바람으로 가득 찬 바람 통, 말(words)로 가득 찬 가죽부대다. 무대 위의 대중 앞에서는 현명하고 독실한 사람이지만, 집에서는 그리고 그의 동료들과 일상적인 대화에서 그는 부정하지 않지만 평범하다. 그는 어리석은 자의 칭찬이요 지혜로운 자의 연민이다. 첫 번째 모임에서 그를 알지 못하는 자들에게는 지혜의 근원으로 여겨지는 사람이나, 집에서 가면을 벗은 모습을 본 사람들에게는 뭔가 아쉬운 사람으로 보인다. 그는 교만한 상류층 여성인데, 사람들에게 보일 때를 위해 자신을 꾸미고 장식하는 데에 아침 시간의 대부분을 사용하고 밖에 나가지만 집에서는 꾸미지 않는다. 그리고 일반적으로 교만하고 위선적인 사람들은 가장 성실하고 분별력 있는 크리스천을 은밀히 증오하는 자들이다. 왜냐하면 이들은 다른 사람들보다 예민하고, 그들의 위선의 망토를 꿰뚫어 보기 때문이다. 크리스천의 자비가 그들의 두려움과 질투심을 보이지 않게 해 준다면, 위선자와 화해할 수 있다.

징후-2 교만한 사람들은 자신을 돋보이게 하거나 자신의 재능을 더 크게 보이게 하는 경향이 있는 어떤 공공의 의무에 허세 부리기 쉽고, 다른 사람들보다 자신이 선호되고, 고용되는 것이 적합하다고 생각하기 쉽다. 그들은 다른 사람들 사이에서 설교나 기도, 또는 일상적인 대화를 할 때 성급한 경향이 있다. 약간의 지식은 그들로 하여금 그들이 설교자가 되기에 적합하다고 생각하게 한다. 반면에 겸손한 사람은 **모세**처럼 말한다. "내가 누구이기에 **바로**에게 나가리이까?" "나는 웅변가가 아니고 본래 말을 잘하지 못하는 자입니다. 내가 당신에게 기도하오니, 오 주여 보낼 만한 자를 보내소서."[39] 또는 **이사야**처럼 말한다. "화로다 나여 망하게 되었도다 나는 입술이 부정한 자로다."[40] 또는 **바울**처럼 말한다. "누가 이 일을 감당하리요?"[41] 얼마나 많은 설교가 열심히 연구하고 설교했다고 하는 자신의 우월성을 부당하게 평가하는지! 얼마나 많은 기도안에 사람에게 보이기 위한 모양이 있는가! 그들이 얼마나 하나님의 말씀을 잘 듣는가!

징후-3 교만한 사람은 다른 사람들의 더 큰 능력에 의해 자기가 흐려지는 것을 싫어한다. 그들은 약한 자들이 그들과 함께 기도하거나 설교하는 것에 만족한다. 그들은 그들이 우위에 설 수 있도록 그들의 역할을 모호하게 하지 않을 것이다. 기형적으로 작은 사람이지만 그것을 다른 사람들에게 제대로 된 사람으로 보이게 만든다. 그들은 다른 사람의 연약함, 부족함, 잘못으로 인해 하나님과 복음이 불명예를 당하는 것을 덜 괴로워하며, 비록 하나님이 영광을 얻고 그의 일이 증진된다 할지라도, 자기들의 영광이 자기보다 더 나은 사람들에 의해 가려지는 것을 더 괴로워한다. 이에 반해 겸손한 사람은 그 역시 그들만큼 훌륭함에도 불구하고 마음속으로 모든 주의 백성이 선지자가 되어, 모든 사람이 자기보다 더 잘 전파하고

---

39) 출 3:11, 4:19, 13
40) 사 6:5
41) 고후 2:16

기도하며 설교하고 자기보다 훨씬 잘 살기를 바란다. 그는 다른 사람이 자신보다 더 현명하고, 강력하고, 설득력 있는 설교를 할 때 기뻐하며, 누가 그것을 하든 하나님의 일이 이루어지는 것을 기뻐한다. 그것은 그가 지혜와 거룩함, 진리와 의무를 사랑하기 때문이다. 왜냐하면 그것이 단지 그 자신의 것이기 때문만이 아니고 그 자신과 하나님과 다른 사람들의 영혼을 위하기 때문이다. 교만한 사람은 다른 사람의 능력과 일과 명예 모두를 부러워하고 마귀와 같아서 하나님의 은사를 불평하며 누구든지 더 훌륭하고 지혜로운 사람일수록 그를 더 시기한다. 그는 하나님의 은혜의 열매에 대한 적이다. 그는 마치 하나님이 세상이나 자기 이외에 다른 사람들에게 덜 선하고 덜 풍성하게 하길 원하고, 그들의 은사로 자기 단체와 이익과 명예를 섬기게 하려는 것과 같다. 그의 눈이 악한 것은 하나님이 선하시기 때문이라고 하는 것과 같다. 다른 사람들이 자신보다 더 학식 있고, 유능하고, 지혜롭고, 거룩하다는 말을 많이 듣는다면, 그 명예가 자신의 것이거나, 자신에게 기여하지 않는 한, 그것은 그의 가슴속에서 그들에 대한 은밀한 증오를 불러일으킨다. 이와 반면에 거룩하고 겸손한 영혼은 다른 사람이 가진 것을 갖고 싶어 하는 것에 미안해하고, 그가 원하는 것을 다른 사람이 가지면 기뻐한다. 그는 하나님의 선물을 볼 때마다 사랑한다. 참으로 자기를 미워하는 사람이 그것을 가졌다 할지라도 그리한다. 자기는 태양이 아닐 수도 있기 때문에 영원한 밤에 세상이 닫히는 것을 원하지 않을 것이다. 그가 그들에게 줄 수 없는 것을 다른 사람에게서 그들이 받기를 원하며, 비록 자기가 태양이 아닐지라도 그들에게 태양이 있다는 것을 기뻐한다. "어떤 이들은 투기와 다툼, 논쟁의 뜻으로 그리스도를 순수하지 못하게 설교하고, 나의 매임에 고통을 가중시키려고 했지만, 전파되는 것은 그리스도니 이로써 나는 기뻐하고 기뻐하라."고 한다.[42]

징후-4 교만한 사람은 기도하거나 설교할 때, 그의 눈은 주로 청중들에게 있고, 그들에게서 그의 일에 활기를 얻고 열심의 불이나 동기를 얻는다. 그는 주로 그들의 사건을 생각하면서 그들의 사랑과 찬성과 박수갈채를 낚는다. 그가 그것을 가질 수 없는 곳에서는 그의 열심의 불이 꺼진다. 이와 반면에 겸손한 사람은 사람들을 보살피고, 교화를 위해 모든 것을 다

---

42) 빌 1:15-18

하지만, 그들에게 사랑을 베푼 만큼 사랑을 받는 것은 아니다. 또한 그들을 구원하고 회심하게 하기 위해 노력한 만큼 그들에게서 명예와 존경을 구하지도 않는다. 그가 주로 주목하고 가치가 있다고 생각하는 것은 하나님이다. 그에게서 가장 강력한 동기를 얻는다. 그가 기대하는 것은 하나님의 인정이다. 그의 눈과 마음은 청중들이 하나님께 더 의지하도록 하는 것이다. 그는 양을 먹일 것이지만 그들의 주인이신 주님을 기쁘게 하려고 한다.

징후-5 자신의 의무를 마친 후 교만한 사람은 하나님과 양심이 그에게 인정을 해 주는 여부보다 사람들에게 얼마나 호감을 얻었는지, 사람들이 자신에 대해 어떻게 생각하고 말하는지에 더 호기심을 갖는다. 그는 그가 존경을 받는지 불명예스러운지 평가하는 행위를 의식한다. 이것이 그가 거두고자 하는 설교의 열매다. 그러나 이것들은 진지하고 겸손한 영혼에게는 하찮은 일이다. 그에게는 기쁘시게 할 하나님이 계시고, 행할 그분의 일이 있기에, 인간의 판단으로 많은 것을 정하지 않는다.

징후-6 교만한 사람은 자신의 설교가 영혼의 유익을 위해 성공하지 못하거나, 자신의 기도가 영적인 유익을 위해 성공하지 못하는 것보다, 자신이 과소 평가되고 자신이 추구하는 명예를 얻지 못함을 인식할 때 더 괴로워한다. 모든 사람은 자신의 목표를 놓친 것에 대해 가장 괴로워한다. 선을 행하고 선을 얻는 것은 순수한 사람의 목표다. 그는 이것에 주의를 기울이고, 그것을 얻으면 기뻐하고, 그것을 이루지 못하면 괴로워한다. 좋게 보이고, 현명하고 능력 있게 보이는 것이 교만한 사람의 끝이다. 사람들이 자신을 존경하면, 마치 그는 행복한 사람처럼 기쁨으로 교만하게 되며, 사람들이 자신을 경시하거나 멸시하면, 그는 낙담하거나, 마치 그들이 그에게 극악무도한 잘못을 저지른 것처럼 격한 열정에 빠지고, 그가 기대하는 명예를 부정하는 자들을 증오하거나 그들과 말다툼에 빠진다. 의사가 그의 환자들을 치료하기 위한 기술과 보살핌 모두 부족하면서도 환자를 미워하고 욕하는 것과 같다. 왜냐하면 환자들은 다른 능력 있는 의사를 선호하고, 능력 없는 의사의 명예를 위하여 그에게 치료받다가 죽고 싶지 않을 것이고, 자기를 죽이는 기술을 찬양하지 않기 때문이다. 교만한 사람의 명예는 그의 생명이고 우상이다.

징후-7 교만한 사람의 마음은 겸손한 의무, 회개하는 고백, 죄에 대한 탄식, 은혜와 용서를 위한 간절한 기도에 관심이 없다. 하지만 어떤 형식적인 의식과 입술로 하는 칭찬, 또는 바리새인들은 "나는 다른 사람과 같지 않음을 당신께 감사드립니다. 또는 세리와 같지 않음을 감사합니다."라고 자화자찬한다. 가장 겸손한 사람에게는 그들의 영적 자비와 구별하는 은혜에 대해 하나님을 찬양할 큰 이유가 있다. 그러나 교만한 사람은 그들이 가지지 못했음에도 그것에 대해 하나님께 감사한다. 그들이 성화되지 않았음에도 성화에 대해 감사하고, 그들이 정당화되지 않았음에도 정당화에 대해 감사한다. 그들이 새롭게 하는 은혜에 의해 변화되지 않으면 저주를 받는 것이 확실함에도, 보장된 영광의 희망에 대해 감사한다. 그리고 지옥의 상속자로 있는 동안에도, 하늘의 상속자가 된 것으로 알고 감사한다. 그러므로 교만한 자는 가장 두려워해야 할 그리스도의 몸과 피의 성례에 대한 권리나 준비없이 오는 것을 가장 두려워하지 않는다. 겸손한 영혼은 종종 천국에 들어가는 것이 마땅하기보다 더 두렵기 때문에, 겉으로 떨고 있음에도 불구하고, 교만한 자는 확신에 차서 달려든다.

징후-8 교만한 사람들은 다른 모든 사람들보다 교회의 권징을 참지 못하고 그리스도의 통치아래 살수 없다. 만약 그들이 죄지어 징계를 받게 되면 그들은 가장 부드러운 훈계에 대해서도 불쾌감을 참지 못한다. 또한 그들이 믿음 안에서 건전하게 되도록 날카로운 책망을 받게 될 때, 당신은 그들이 참을성 없이 몹시 괴로워하는 것을 인식할 것이다. 게다가, 당신이 더 공개적인 책망과 훈계로 나아가서, 그들이 잘못한 사람들에게 또는 회중 앞에서 그들의 죄를 공개적으로 고백 하게하고 교회의 기도를 진지하게 구하게 하면, 그때에 당신은 하나님의 규례와 계명에 대항하는 교만의 힘을 보게 될 것이다. 그들은 이런 비난과 권고를 얼마나 경멸하며 일축할까! 그들은 그들의 확실한 의무에 복종하기를 얼마나 완강하게 거부할까! 그들은 비난받을 만한 죄를 고백하는 것이 얼마나 어려울까! 또는 죄를 고백하는 것이 그들의 의무라고 고백하는 것이 얼마나 힘들까! 그들은 그것이 다른 사람에 대한 의무라고 하는 것은 쉽게 믿을지라도, 그들이 하지 못하는 의무를 다른 사람에게 하도록 진지하게 조언할 것이다! 육체적인 사람은 그리스도가 그들에게 지시하신 것이 그들에게 너무 혐오스럽기 때문에, 그것을 가져오는 사람을 미워하고, 그들이 그것을 받기 전에 죽이고 저주할 것이다. 그러나 아마 다시 반복되어도 교만한 자 모두는 당신을 찢을 것이다(세속적인 힘에 의해 구속되지 않는 한). 그러나 당신이 교회의 눈에 보이는 성찬식에서, 그들의 극악무도한 죄에 대해 완고하게 회개치 않음으로 인해 그들을 거부한다면, 당신은 교만이 그리스도에 의해 제정된 교회질서와 다스림에 얼마나 역행하는지 더 많이 알게 될 것이다. 그들은 그들에게 그러한 치욕을 촉구하는 자를 얼마나 미워하겠는가! 그들은 얼마나 교회에 대하여 격노하고 분노하며 사나워질까! 마치 그리스도의 올바른 것이 세상에서 그들에게 가장 큰 상처인 것처럼 사나워지지 않겠는가! 당신은 시편 제2장에서 그들의 성격을 읽을 수 있다. 그러므로 그리스도는 어린 아이처럼 학교에 오라고 사람들을 부르신다. 그렇지 않으면 그들을 가르칠 수 없고, 고칠 수 없을 것이다.[43]

징후-9 교만한 사람은 이단을 반대한다고 외칠 때에도 이단적인 기질이 있다. 그는 종교에서 분쟁과 말다툼의 문제가 생기기를 고대하는 경향이 있다. 즉 모호한 예언, 하나님의 법령들, 교회에 덕을 세우는 것보다는 문제를 일으키는 논쟁들, 상황, 예식, 형식, 외적인 것, 명령 그리고 말씀에서 문제가 생기기를 고대한다. 그리고 이것에 관한 그의 관점에 의해 그가 누구인지 밝혀진다.

징후-10 교만한 사람은 그리스도의 교회와 교제하는 자신의 위치에 만족하지 못하고, 야심적으로 그 교회를 지배하려고 열망하거나 교회에서 분리하려는 경향이 있다. 그들은 자신이 아주 선하기에 형제들과 동등한 지위를 얻어서는 안 된다고 생각한다. 만약 그들이 교사나 통치자라면 교회의 헌법을 승인할 수 있다. 그러나 그렇지 않으면 그것이 그들에게 너무 나쁘기에 그들과 교제할 수 없다. 그들은 좀더 세련되고 고상한 사회에 속해야 한다고 생각한다. 그들은 불신앙과 우상숭배 하는 세상에서 나와 분리되는 것으로 만족하지 않고, 믿음과 경건의 확실한 고백을 하는 사람들로 구성된 그리스도의 교회에서도 나와 분리되어야 만족한다. 그들은 스스로 죄를 금하고, 어둠의 일들에 참예하지 않고, 그들을 책망하는 것만

---

43) 마 18:3

으로는 충분하지 않다고 생각하고, 그리스도와 분리되는 것처럼 사람들과 분리한다. 게다가 그들은 또한 그들의 의무에서 분리되고, 모든 허물을 혐오스럽게 악화시키며, 교회를 소란과 논쟁으로 채우고, 그들의 분열에 의해 교회를 분파로 쪼갤 것이다. 이것은 몸 된 교회에 대한 진정한 개혁이나 교화를 위한 것이 아니라(분열이 어떻게 교회를 교화할 수 있겠는가?) 자신들이 교회보다 더 거룩하다고 세상에 말하는 것이다. 이런 식으로 그리스도가 세리와 죄인들과 함께 식사한 것과 그의 제자들이 음식 먹기 전에 씻지 않은 것과 장로들의 전통을 지키지 않은 것과 안식일에 곡식을 손으로 비벼 먹은 것에 대해 거룩하지 않다는 이유로 바리새인들에게 불평을 들었다. 그리스도께 순종하는 면에서 엄격하지 않은 사람들은 교만이 명령하는 곳에서 지나치게 의롭고 그리스도께서 그들에게 원하는 것보다 더 엄격할 것이다. 그들은 가장 엄격한 당과 여론을 만들 것이며, 하나님의 명령보다 더 엄격한 당과 신념을 만들 것이다. 잘못과 분열에 도달하여 교회의 일반적인 교제에서 비정상적이 될 수 있다. 그리스도의 작은 무리보다 더 작은 무리가 될 것이다.

제5과　일반적인 대화에서 교만의 징후

징후-1　교만은 백성들로 하여금 그들의 지도자의 행동을 성급하게 비난하게 하고, 그들이 겪는 고통에 너무 참을성이 없고, 그들에게 불평하고 반항하기 쉽게 만든다. 교만은 열등한 사람들로 하여금 상관의 명령과 행동, 그리고 그들이 들어 본 적이 없는 개념에 대해 평의회가 아니면 판단할 수 없음에도 스스로 유능한 판사라고 생각하게 만든다. 그것은 그들에게 정부의 모든 혜택을 망각하게 하고 오직 부담과 고통만을 생각하게 하며, **고라**가 말한 것처럼 말하게 한다.[44] "너희가 분수에 지나치도다 회중이 다 각각 거룩하고 여호와께서도 그들 중에 계시거늘 너희가 어찌하여 여호와의 총회 위에 스스로 높이느냐?" "네가 우리를 젖과 꿀이 흐르는 땅에서 이끌어 내어 광야에서 죽이려 함이 어찌 작은 일이기에 오히려 스스로 우리 위에 왕이 되려 하느냐? 네가 이 사람들의 눈을 빼려느냐?" 교만한 사람들은 참을성이 없고 자기들의 실망을 가중시키며, 자기편에 이성과 정의가 있다고 생각한다.

징후-2　교만한 사람은 순종하기보다 명령하려는 성향이 강하며, 비열하고 낮은 조건에서는 만족스럽게 하나님을 섬길 수 없다. 그는 결코 좋은 백성도, 하인도, 자녀도 될 수 없다. 왜냐하면 복종은 그에게 노예처럼 보이기 때문이다. 그는 다른 사람의 지배를 받는 것은 비열한 것이라고 생각한다. 그는 아직 통치자의 판단에 반대하는 자신만의 이성을 가지고 있으며, 반드시 성취해야 하는 자신의 의지를 가지고 있으며, 정부에 복종하거나 굴복할 수 없다. 그는 여전히 자신의 지위에서 벗어나 현재의 자유의 달콤함을 맛보기 위해 무질서로 인한 고통을 받을 준비가 되어 있다. 그것은 당신의 말이나 가축이 자유를 얻기 위해 탈출하여 풀이 없는 겨울에 굶주려야 하는 것과 같다. 반면에 겸손한 자는 통치하는 것보다 순종하는 것이 훨씬 쉬우며, 골짜기가 가장 비옥한 땅이며, 쓰러지는 것은 관목이 아니라 백향목과 산에 있는 나무라는 것을 알고, 낮은 상태가 더 안전할 뿐 아니라 조용하고 느긋하게 하나님과 대화할 수 있다는 것을 알고 있다. 그가 조용하고 평화롭게 하나님의 일을 따르게 하도록 다

---

44)　민 16:3, 13-14

른 사람들이 그를 보호하고 성벽을 지키고 집을 지키는 일에 고용되는 것이 자비이다. 그러므로 기꺼이 명예와 찬사를 마땅히 받아야 할 분을 인정한다.

징후-3 교만한 사람이 통치자가 되면, 그는 마음이 높아지기 쉽고 아랫사람들을 마치 그들이 사람이 아니거나 그보다 더한 것처럼 경멸하기 쉽다. 그는 지혜로운 자의 충고를 무시하고, 그리스도의 사역자들의 훈계를 경멸하고, 자기에게 이롭지 않게 예언하는 모든 **미가야**를 미워하며, 아첨하는 자를 귀히 여기며, 신실한 상인을 멸시하며, 자신의 잘못에 대해 듣는 것을 견디지 못한다. 그는 그의 이익에 방해하는 것으로 보이는 경건의 능력과 그리스도의 복음에서 낙오하기 쉽다. 하나님에 대한 자신의 복종과 하나님 백성의 위험을 잊기 쉽다. 그는 절대적인 하나님에게 순종하는 것보다 아랫사람들에게 순종받기를 더 원한다. 하나님께서는 자기와 반대로 명령함에도 불구하고 자기의 명령에 순종하기를 기대한다. 그는 하나님의 율법과 명예를 무시하는 것보다 자신의 법과 명예를 멸시하는 것에 더 화를 낸다.

징후-4 만약 어떤 직분이나 명예나 승진의 자리가 비어 있다면, 교만한 사람은 자신이 거기에 가장 적합한 사람이라 생각하고 그것을 추구할 때 다른 사람이 자기보다 더 합당하다고 선호되면 그는 해를 입는 것으로 여긴다. 교만한 사람은 자신을 옆에 두고, 다른 사람을 선호하는 사람들이 친구나 자신의 이익을 생각하지 않고, 현명하고 공평하게 그리고 공동의 이익을 위해 판단했을지라도, 결국 이 모든 것은 이유나 법을 알지 못하고 이기심만 가진 교만한 사람을 만족시키지 못한다. 그리고 그는 가장 의롭고 필요한 행동을 한 사람들에게 원한을 품을 것이다. 교회에서 교사가 될 만한 자격이 없다고 생각했기 때문에 무지하고 불경건한 사람들이 얼마나 언짢아했는지 우리가 알고 있기 때문인가! 또는 영혼의 가치를 아는 사람들이 그들보다 더 가치 있는 사람을 선호하는 재치와 양심을 가졌기 때문인가! 우리는 (기업과 다른 곳에서) 쓸모없는 사람들이 지도자로 선출되지 않았기 때문에 언짢아하는 것을 보았기 때문인가! 그러므로 불합리한 죄는 교만이다.

징후-5 교만한 사람은 자기 윗사람이 일하는 것을 볼 때, 자기가 하면 더 잘할 수 있다고 생각한다. 그들 중에 백 명에 한 사람 정도는 자신의 무지가 너무 뚜렷해서 의심할 경우가 아니라면, 자기가 왕보다 더 잘 다스릴 수 있고, 판사보다 더 잘 판단하고, 설교자보다 더 잘 설교할 수 있다고 생각하지 않는 사람은 없다. **압살롬**은 자신이 왕이라면 그의 아버지 **다윗**보다 백성들에게 공의를 더 잘 베풀 수 있다고 생각했을 것이다. 교회와 나라의 모든 문제가 그의 처분에 달려 있다면, 그는 모든 문제를 잘 정리하고 모든 허물이 고쳐질 것이라고 얼마나 확신하고 있는지? 그리 된다면 오, 우리가 경험하는 세상은 얼마나 행복할까!

징후-6 교만한 사람은 자신의 지식을 과대평가하고, 자신의 무지에 대해 잘 알지 못하는 경향이 있다. 그는 자신이 아는 것들이 얼마나 많이 부족한지보다는, 자신이 아는 것들에 대해 훨씬 더 좋은 판단을 한다. 그는 자신이 영혼을 구할 만큼 지식이 없음에도 가장 능력 있는 신에게 반박하기에 적합하다고 생각한다. 만약 그가 이해하지 못하고 있는 것에 대해 자신 있게 말할 수 있는 피상적 지식만 있다면, 그는 자신이 그 자리에 적합하고 호전적인 용기를 향상시켜, 어떤 사람과도 논쟁할 수 있고, 언제나 승리할 것으로 생각한다. 만약 몇 장의 경력증명을 모은 여자가 자신도 의사가 되기에 적합하다 생각한다면, 자신의 무지한 솜씨를 바탕으로 소중한 친구들의 목숨을 걸고 모험하게 될 것이다. 그런 초보자들이 자신이 얼마나 아는 것이 부족한지, 모르는 것이 얼마나 많은지 깨닫고, 자신감을 주는 지식을 얻는 데 7년의 더 많은 노력이 필요함에도 불구하고, 결국 교만은 많은 노고 없이 관습법에 의해 신적인 지위와 질병을 치료하는 기술을 가진 의사로 만든다. 그리고 그들은 시작과 동시에 알지 못하는 상태에서 연습한다. 오랜 연구와 노력도 없이 그 지식을 얻는다면 그것은 값싸게 얻을 수 없는 지식에 대한 심각한 조롱이다. 그리고 당연하게도 교만과 무지가 서로를 낳고 자라게 하는 것이 그 본성이다. 무지한 사람이 아직 그에게 알려지지 않은 훌륭한 진리가 얼마나 많은지 모르고, 그가 한 번도 본 적이 없는 모든 논쟁에 어떤 어려움이 놓여 있는지 모름에도 불구하고 겸손해지는 것은 기이하다고 생각한다. 학구적이고, 학식 있고, 거룩한 신학자가 섭리, 규례, 구원, 은혜, 자유의지와 같은 많은 신비에 대한 많은 의구심을 해소하기 위해 (도움이 된다면) 수천 마일을 갈 수 있을까? 20년 혹은 40년의 연구를 끝내고 나서도 그럴 수 있을까? 내가 만약 그들을 길거리의 소년과 소녀들에게 데려갈 수 있다면, 소년 소녀들은 그들의 모든 것을 몇 마디로 자신 있게 결정할 수 있고, 그런 신학자들의 무지나 오류를 동정하고 그들의 분별함 없음에 머리를 흔들며, 하나님이 그들 스스로 어린아이인 것을 드러내 보이셨다고 말할 것이다. 따라서 그들의 확신은 **비국교도**를 이단적이고, 잘못되고, 반대 의견을 참지 못하는 사람으로 잘못 판단하며 비국교도를 이교도와 세리로 여기고 교황주의자와 함께 비난하고 박해하거나, 또는 진리를 받아들이지 않는 사람들처럼 작은 종파들과 함께 분열시킨다. 그래서 교만은 서로 다른 견해가 있는 만큼, 많은 교회를 만든다.

징후-7 교만은 다른 사람과 비교하여 자신의 미덕과 악덕을 판단하는 일에 있어서 사람들을 대단히 편파적으로 만든다. 겸손한 자들은 자신들의 나약함과 죄악에 대해 불만을 표현하며, 자신이 중요한 사람이라고 믿거나 자신의 은혜의 진실성을 이해하려 애쓰고, 자신의 기도는 기도가 아니며 자신의 의무 이행이 불량하여 하나님이 자신을 돌보지 않을 것이라고 생각하지만, 교만한 사람은 그들이 하는 모든 것을 좋게 생각하고, 그들의 큰 욕망에 대해 조금도 괴로워하지 않는다. 그들은 다른 사람의 결점을 정확하게 본다. 하지만 자신의 똑같은 결점이나 더 나쁜 점에 대해서는 스스로 정당화한다. 그들의 열정, 기만, 해로운 거래, 그들 자신이 나쁜 많은 무해한 것으로 부드럽게 넘어간다. 그러나 다른 사람들의 그와 같은 행위는 견딜 수 없는 범죄로 심각하게 생각한다. 또 다른 사람은 그들에 의해 인간 사회에 적합하지 않다고 판단되는데, 그 이유는 그들 자신이 책망 받는 것을 참을 수 없고, 그것이 어떤 잘못인지 확신하지 못하기 때문이다. 따라서 맹인은 자신에 대한 교만이다.

징후-8 교만은 사람들이 그리스도의 제자와 학습자로서 그들의 스승의 말을 들어야 함에도, 재판관으로서 그들의 스승의 말을 듣게 한다. 그들은 자신이 알지 못하는 것을 배우러 오는 것이 아니라, 그들이 들은 것을 비난하고, 마치 그들의 교사들이 그들을 바르게 가르치기 위한 지시 외에는 아무것도 원하지 않는 것처럼, 자신 있게 그것에 대한 판단을 내린다. 나는 어느 사람의 권위를 가장하여 영혼에 어떤 독물도 주입해서는 안 된다는 것을 알고 있으며, 우리가 모든 것은 사실인가를 시험하고 선한 것을 굳게 붙잡아야 한다는 것을 안다. 또한 심지어 당신이 이렇게 하는 것까지도 가르쳐야 한다는 것을 안다. 그리고 목사의 직분은 그리스도께서 당신의 유익을 위해 필요하다고 임명하신 것이다. 그리고 여전히 그들의 교사들과 다투고 있고, 스승에게 배우는 것보다 가르치는 것을 더 좋아하고, 그들이 결코 이해하지 못하는 것에 대해서도 대담하게 반대하는 학자들은 너무 교만하고 현명하지 못하다. 겸손과 이성은 사람들에게 자신의 무지와 교사의 필요성을 지성을 통한 지각으로 배우도록 가르친다.

징후-9 교만한 사람은 다른 사람에게 너무 큰 기대를 가지고 있기 때문에 항상 기뻐하기가 어렵다. 그는 많은 경의와 존경을 받고 자기에게 모든 사람들이 비위를 맞춰주며 예우하기를 바라기 때문에 그와 많은 관련이 있고 다른 직업을 가진 사람이 그를 기쁘게 하는 것은 너무 어려운 일이다. 그를 기쁘게 할 사람은 그와 관련이 거의 없고, 그의 길을 거의 방해하지 않아야 한다. 그렇지 않으면 그는 의사로서 개업할 준비가 될 때까지 사람을 기쁘게 하고, 칭찬하고, 아첨하는 기술을 연구해야 하며 간호사들이 병들고 활기 없는 아이들을 돌보기 위해 하는 것처럼 그것을 그의 직업과 사업으로 만들어야 한다. 한번의 표정, 말 또는 행동이 매일 교차되고 존경이나 칭찬이 부족할 것이다. 그리고 경건하고 겸손한 사람들은 하나님의 위대함과 탁월함에 대해 범하는 자신의 죄에 분노하는 것이 정당하다. 이와 같이 교만한 사람도 하나님께 행한 모든 작은 잘못과 그에게 반대한 모든 말, 그리고 그를 대항하여 하는 자신에 대한 높은 평가에 의해 하나님에 대한 계획적인 누락이나 무시함으로 어리석게도 죄를 악화시킨다.

징후-10 교만한 사람은 사람들 사이에서 우선적으로 섬김받기를 갈망한다. 제일 높은 사람으로 인사를 받고 중요한 사람으로 가장 큰 호의를 받고, 교회에서 좋은 방과 높은 자리에 배치되기를 원한다. 그리고 더 나은 사람과 손잡기를 원하고, 자신보다 훨씬 윗사람이 아니라면, 자기보다 우월하고 자기보다 다른 사람을 선호하는 사람들을 시기한다. 아니면 그가 사소한 일에 다투며 자기 교만의 유치함을 남에게 내비치는 어린아이와 같은 태도를 피하는 재치가 있더라도, 여전히 그의 마음에는 불쾌감이 남아 있다. 그럼에도 겸손한 자는 다

른 사람에게 우선권을 주고 그들 스스로 끝자리에 앉는다.[45]

징후-11 교만한 사람은 자신이 행한 모든 선행이 기억되고, 다른 사람들이 그의 선행을 기록하여 유지하고, 그의 학식, 가치, 미덕에 주목하기를 기대한다. 그들은 자신에 대한 기억이 어떤 것보다 강렬해서 다른 사람들의 기억도 자기와 같아야 한다고 생각한다. 그들은 사람들이 관찰하고 존중하지 않는 것은 잃어버린 것이라고 생각한다. 그들의 눈이 자신에게 있는 것처럼 다른 사람의 눈도 그래야 한다고 생각하고 그들 자신의 눈과 같은 정도로 선을 찬양하고 자신의 연약함과 악함은 보지 않아야 한다고 생각한다.

징후-12 교만한 사람에게는 그들을 좋아하는 사람만큼 훌륭한 친구는 없다. 그들이 누구이든 그들을 가장 높이 평가하는 자를 최고로 사랑한다. 그들은 그들을 가장 존경하는 자들의 잘못을 가볍게 볼 수 있고 쉽게 용서할 수 있다. 그들이 술주정뱅이, 호색가, 욕쟁이, 그렇지 않으면 하나님에 대해 공경심이 없는 사람이라 할지라도, 교만한 사람은 자기들을 존경하는 크기에 따라 그들을 사랑할 것이다. 당신이 그의 호의를 얻고 싶다면, 그의 등 뒤에서 그를 자랑하고, 다른 모든 사람들보다 그를 더 존경한다는 말을 듣게 하라. 그러나 하나님의 가장 거룩한 종이 그를 비열하게 생각하고, 그를 있는 그대로 그에게 말하고, 특히 그들이 그를 경멸하고, 그의 이익과 명예에 반대한다고 생각한다면, 그들의 모든 지혜와 거룩함이 **베드로**나 **바울**처럼 지혜롭고 선하다 할지라도, 그를 그들과 화해시키지 못할 것이다. 그들이 하나님을 높이 존경하는 자가 아니라고 생각한다면, 그들이 하나님을 높이 존경하는 것은 그에게 아무런 의미가 없다. 아니, 그는 그들의 선함을 믿거나 인정하지 않을 것이며, 그것이 그의 이익이나 명예에 맞지 않는다면 모든 것을 위선으로 여길 것이다. 이 모든 것은 그가 자신에게 우상이기 때문이다.

징후-13 교만한 사람은 득세하면 오만하게 군림하기 쉬우며 자신을 더 높은 위치에 있다

---

45) 눅 14:9-10

고 인식한다. 그는 **빌라도**처럼 자신의 권세 아래 있는 사람들에게, "내가 너를 놓을 권한도 있고 십자가에 못 박을 권한도 있는 줄을 알지 못하느냐?"[46]고 말한다. 승리와 성공은 바보를 높은 지위에 오르게 하고, 마치 그들의 그림자가 예전과는 달리 더 길어 보이게 하며 자신의 기억을 잃게 만든다. 말에 올라탄 하인들은 걸어가는 방백들에 대해 경멸스럽게 말할 것이다. **다윗**은 "교만한 사람이 나를 조롱하였다."고 말한다.[47] 만약 그들이 승진에 의해 권력을 얻게 되면 교만을 참지 못할 뿐 아니라 그들이 옛날의 자신들이 아닌 것처럼 교만 해지며 권력에 도취하게 된다. 그들은 **발람**이 나귀를 대했던 것보다 자기들에게 비위를 맞추지 않는 열등한 자들에게 더 심하게 대할 것이다. 그들에게 변명하게 할지라도 그들의 오만한 행위는 그것을 정당화할 수 없다. 이에 반해 겸손한 사람은 가장 낮은 사람과 얼마나 동등한지 염두에 두고, "자기들의 주인이 하늘에 있다는 것을 기억하고"[48] 종에게 부드럽게 대할 것이다.

징후-14 교만한 사람은 자신의 말에 반박하는 것을 견디지 못한다. 그것이 옳든 그르든 당신은 그와 같이 말하거나 그를 반대하지 말아야 한다. 그러므로 명예로운 사람은 만약 사람이 만일 거짓말하는 것을 사실이라고 가정한다면, 그 사람의 삶이 잘못을 속죄하기에 충분하지 않다고 생각한다. 나는 아이들과 하인들과 다른 아랫사람들은 그들의 윗사람들의 말을 불필요하게 반박하는 불손하고 주제넘은 행동을 해서는 안 되며, 그들이 말한 것에 동의할 수 없을 때 조용히 자리를 양보해야 한다는 것을 알고 있다. 그러나 아랫사람이나 하인임에도 냉정하고 합리적인 모순을 참지 못하는 것은 겸손한 마음의 표시가 아니다.

징후-15 교만한 사람은 자기 뜻대로 하게 하지 않으면 어디에 있든지 소란을 피우거나 참을성이 없다. 그가 공적인 사람이라면, 일이 그가 원하는 대로 되지 않을 때, 왕국을 모두 불태울 것이다. **바울**은 마지막 위험한 시대의 범죄들 중에서 다음을 열거한다.[49] 사람들은

---

46) 요 19:10-11
47) 시 119:51
48) 골 4:1; 엡 6:9
49) 딤후 3:2-4

자신을 사랑하고, 자랑하고, 교만하고, 배신하고, 조급하고, 자만한다. 그들이 교회 일을 해야 한다면, 그들은 자기의 의지와 방법대로 일을 하거나 모든 것을 혼란에 빠뜨리고 복음을 가로막고 교회를 뒤엎어 놓을 것이다. 도시와 기업에서 그들은 자기의 의지대로 하기 위해 조급하고 소란스러울 것이다. 가정에서 모든 것이 그들의 뜻대로 되지 않는다면 평화가 없을 것이다. 그들은 다른 사람의 판단에 굴복할 수 없다.

징후-16 교만한 사람은 열정적이고 논쟁을 좋아하고 상처를 주거나 욕설을 참지 못한다. 겸손한 사람은 '분노를 풀고' '스스로 복수하지 않으며' 악에 저항하지 않는 동안, 온유하고 인내하며, '관대하며 용서한다.' 그래서 원수의 머리에 숯불을 쌓는다. 교만에서는 다툼만 일어날 뿐이다.[50] 교만한 마음을 가진 자는 다툼을 일으킨다.[51] 그들의 분노, 경멸, 악담, 그들을 모욕한 사람에 대해 비난하려는 노력은 교만의 거품과 구토 외에 무엇인가? 무례하고 교만한 자를 이름하여 망령된 자라 한다.[52]

징후-17 교만한 사람은 공개적으로나 비밀리에 자랑하는 사람이다. 만일 그가 공개적으로 자랑함으로써 자부심을 나타내는 것을 부끄러워한다면, 그는 자신을 설명하는 기술을 배우고 자신의 우수성을 더 자세히, 더 멋지게 알리는 기술을 배울 것이다. 자신에 대한 칭찬은 그의 연설에서 의도한 것으로 보이지 않고, 그가 마치 다른 것을 생각한 것처럼 우연히 또는 그가 인식하기 전에 끼어드는 것처럼 보일 것이다. 또는 다른 목적에 필요하거나, 그의 의지에 반하는 것처럼 불가피하게 강요되는 것처럼 보일 것이다. 또는 일부 교만한 여자들이 자신의 아름다움을 감추기 위해 투명한 베일로 덮는 것 같을 것이다. 그렇지 않으면 그는 자신의 연약함에 대한 언급을 결합시킬 것이지만, 그것은 그들이 뽐내고 싶어 하는 더 나은 부분을 밝히기 위한, 교만한 여성의 아름다운 반점과 같을 것이다. 그러나 어떤 식으로 과시를 하든 암시를 하든 그의 일은 그의 명예에 도움이 되는 모든 것을 알리고 자신의 선함과 지혜와

---

50) 잠 13:10
51) 잠 28:25
52) 잠 21:24

위대함이 알려지지 않거나 관찰되지 않는 일이 없도록 하는 것이다. 이 모든 것은 그가 사람들의 인정과 위선자의 보상을 받아야 하기 때문이다. 자신이 알려지지 않는다면 자신은 묻히는 것과 같다. '교만한 자'와 '자랑하는 자'는 함께 결합되어 있다.[53] '드다'는 '자기가 대단한 사람이라고 자랑하는' 사기꾼이다.[54] "**시몬 메이거스**(Simon Magus)는 사람들이 큰 자라 내세우니 낮은 사람부터 높은 사람까지 다 따르며 이르되 이 사람은 크다 일컫는 하나님의 능력이다 하더라."[55] "그들은 사람의 영광을 하나님의 영광보다 더 사랑했다."[56] 그러나 겸손한 자들은 다른 종류의 언어를 배웠으니, 그들은 영향을 받지 않고, 마음에서 우러나오는 감정으로, '나는 천하고 어리석다. 자녀라고 불릴 자격이 없고 나의 죄는 나의 머리털보다 더 많다.'고 외친다. 겸손한 자는 시기적절하지 않거나 부당한 칭찬으로 사람의 교만을 부추기고, 훌륭하다고 공표함으로써 그를 참으로 비열하게 만드는 그들의 허영심을 미워한다. 더구나 그는 성경의 말씀을 알기에 자기 자신에 대한 칭찬을 싫어한다. "타인이 너를 칭찬하게 하고 네 입으로는 말며 외인이 너를 칭찬하게 하고 네 입술로는 하지 말라."[57] 그는 말이 아니라 행함으로 칭찬을 받는다.

징후-18 교만한 사람은 명예로운 이름과 칭호를 좋아한다.[58] 랍비라 칭함을 받는 바리새인과 같다. 그럼에도 그들은 많은 재치를 가지고 있는 척할 수 있는데, 그것은 공익을 위한 그들의 봉사를 홍보하기 위한 것일 뿐, 헛된 이름을 돌보는데 너무 약하다는 것이 아니다. 그렇지 않다면 누군가의 친절에 의해, 그들이 원하지 않고, 자신의 의지와 상관없이 강요당했을 수도 있다.

징후-19 교만은 박수 받는 소리를 듣거나 사람들에게 존경을 받거나 그들이 세상에서 큰

---

53) 롬 1:30; 딤후 3:2
54) 행 5:36
55) 행 8:9-10
56) 요 12:43
57) 잠 27:2, 31:31
58) 마 23:7

명성을 얻었다는 말을 듣거나 사람들이 무리 지어 쫓으며 고함치는 소리를 듣고 많은 추종자를 갖게 되었다는 만족과 즐거움으로 어리석은 마음을 간지럽힌다. **헤롯**은 "이것은 신의 소리요 사람의 소리가 아니라."[59]라는 자신의 연설에 대해 칭찬 듣는 것을 좋아한다. 해외에 있는 자들이 자기를 찬송한다는 소리를 듣거나, 자기를 둘러싼 사람들이 존경하고, 좋아하고, 우상화하는 것을 보는 것은 교만한 자들에게 축제다. 그러므로 교회는 활동으로 붐비는 종파지도자들, 심지어 종교에 가장 진보적인 것처럼 보이는 사람들로 가득 차 있다. 이것은 **바울**이 에베소 사람들에게 슬프게 예언했던 것이다. 목사라는 이름 아래 두 종류의 괴롭히는 자가 있다. 모든 시대에 걸쳐 교만이 교회를 밀어내고 있는데, 그것은 양 떼를 집어삼키는 늑대들과 교회를 나누는 종파의 지도자들이다. "내가 떠난 후에 사나운 이리가 너희 가운데 들어와서 그 양 떼를 아끼지 않을 것이라는 것을 안다. 또한 여러분 중에서도 제자들을 끌어 자기를 따르게 하려고 어그러진 말을 하는 사람들이 일어날 줄을 내가 아노라."[60]

징후-20 교만은 사람들을 비판적이고 무자비하게 만든다. 그들은 다른 사람의 미덕과 선행을 무시하고, 그들의 신실함을 근거 없이 의심한다. 사소한 일로 사람을 위선자라고 생각하거나 부르기도 한다. 그들의 눈에 정직하거나, 성실하거나, 경건하거나, 겸손하거나, 충실하거나, 능력 있거나 가치 있는 사람은 거의 없다. 실제로 그렇게 생각하거나 그렇게 생각할 이유가 있는 사람들이라 해도 그렇게 생각하지 않는다. 약간의 추측이나 보고만으로도 다른 사람을 비난하거나 중상할 수 있다. 그들은 형제의 눈에 있는 티끌을 빨리 본다. 그들의 교만과 공상은 그들의 추정의 법정에서만 있는 것이 결코 아닌 수천 명의 이단자, 종파 분립론자, 위선자, 또는 하나님에 대해 공경심이 없는 자들을 만들어 낼 수 있다. 특히 사람을 그들의 적으로 생각한다면, 그들은 그들을 가장 혐오스러운 모양으로 만들 수 있고, 마귀가 원하는 것은 무엇이든 만들 수 있다. 그러나 겸손한 사람들은 다른 사람들에게 자비를 베풀며, 자신의 많은 약점을 의식하기 때문에 다른 사람들에게 부드럽게 대한다. 그들은 성경의 말씀을 알기 때문에, 가장 나쁜 것을 알 때까지 가장 좋다고 판단하고, 그것을 증명할 증거와

---

59) 행 12:22
60) 행 20:29-30

그들을 간섭하라는 부름을 받을 때까지 사람들을 비판하지 않는다. "비판을 받지 않으려 거든 비판하지 말라."61)

징후-21 교만은 사람으로 하여금 책망을 받기 싫어하게 하며 교만은 다른 사람의 흠을 찾는데 앞장서지만, 자신에 대한 명백한 책망을 좋아하지 않는다. 그것이 사랑의 표현으로서 그리고 미움에 반대되는 것으로서 하나님 자신이 명령한 의무62)일지라도, 그것은 당신을 교만한 사람의 적이 되게 것이다. "거만한 사람은 책망을 받기 싫어하며 지혜로운 사람에게 찾아가지 않는다."63) "거만한 자를 바로 책망하려 하다가 오히려 모욕을 당하고, 악한 자를 책망하려 하다가 오히려 약점만 잡힌다. 거만한 사람을 책망하지 말아라, 그가 너를 미워할 것이다. 너는 오히려 지혜 있는 자를 책망하라. 그러면 그가 너를 사랑할 것이다."64) 그 일은 그들의 마음을 아프게 하고, 그들은 스스로 상처를 입는다고 생각하고 마치 당신이 그들의 원수인 것처럼 당신에게 원한을 품을 것이다. 그들이 전에 당신을 귀하게 여기거나 공경했을지라도, 당신이 그들의 잘못을 말한다면, 당신은 그들을 잃거나 화나게 할 것이다. 그들은 설교자가 다른 사람들에게 솔직하게 대하는 것을 듣기 좋아할지라도, 만약 그들이 설교자에게 그렇게 대하면 그들을 싫어할 것이다. 전에는 헤롯이 **요한**의 말을 기쁘게 듣고 숭배했을지라도, 요한이 그의 죄를 말하는 것 때문에 먼저는 옥에 가두고, 동시에 헤롯은 **요한**의 머리를 내주었다. 그들은 쉽게 악을 지속할 수 있고 악을 행할 수 있지만, 악에 대해 듣는 것을 견디지 못한다. 마치 나병에 걸린 사람이 그 병이 낫기를 좋아하면서도, 자기에게 나병에 걸렸다고 하거나 고쳐질 것이라고 말하는 사람을 미워하는 것과 같다. 이 교만은 신실한 책망과 훈계를 세상에서 몰아냄으로써 사람들을 서로에게 무익하게 만든다. 왜냐하면 사람들은 너무 교만해서 그것을 듣지 않기 때문이다. 그러므로 다른 사람들은 그들 자신보다 타인의 잘못에 대해 더 자주 듣게 되고, 교만한 죄인들은 조급함과 불쾌함으로 책망하는 자들을 쫓아

---

61) 마 7:1
62) 레 19:17
63) 잠 15:12
64) 잠 9:7-8

내기 때문에 험담이 일반적인 유행이 되고 있다. 남편과 아내, 참으로 주인을 섬기는 하인들이 공정한 책망으로 사랑받는 것과는 거리가 멀기 때문에 그들은 견딜 수 없어 한다. 그들은 모든 말을 부드럽게 하고 기름칠하는 일에 매우 능숙해야 하며, 책망을 받기보다 오히려 그들의 분노를 피하기 위해, 칭찬이나 아첨에 더 가깝게 말해야 한다.

징후-22　교만한 사람은 공정하게 책망을 받음에도 불구하고 현재 자신의 잘못을 부인하거나 가볍게 보이기 위해 연구한다. 그것은 자신의 정직함보다 명예를 소중히 한다는 것을 보여 주는 것이다. 그에게 자유롭게 고백할 수 있게 하고, 당신의 사랑과 신실함에 감사하게 하며, 앞으로 올 때를 위해 더욱 깨어 있기로 결심하게 하는 것은 어려운 일이다. 하지만 겸손한 영혼은 자신이 결백하기보다는 흠이 있음을 알고, 당신이 말하는 것보다 더 많이 자신에게 불리하게 말하는 것을 주저하지 않는다(진심이라면). 이 하나의 표시는 얼마나 일반적으로 교만이 세상을 지배하는지 알 수 있다. 공정하고 필요한 책망에 대해 진심으로 감사하는 사람이, 많은 사람들 가운데 얼마나 적은가! 그들이 당신에게 대답하는 첫마디가 부인이나 변명이나 너희의 잘못이라고 심하게 비판하는 것은 아닌지, 아니면 열정적이고 교만하게 거부하거나 스스로 과도하게 신경 쓴다고 당신에게 명령하는 것은 아닌지 그들을 주목해 보라.

징후-23　교만은 사람을 수다스럽게 만든다. 그리고 듣는 것보다 말하는 것, 배우는 것보다 가르치는 것을 더 원한다. 왜냐하면 그러한 사람들은 자기의 명철을 높이 생각하고 다른 사람들이 남의 교훈보다 자기 교훈을 더 많이 필요로 한다고 생각하기 때문이다. 겸손이 사랑의 의사전달이나, 영혼의 회심이나 교화를 위한 열성적인 노력에 적이라는 것이 아니다. 그러나 당신의 소명과 능력의 한계를 넘어서 더 배워야 할 필요가 있음에도 불구하고, 필요 없는 곳에서 가르침과 말을 하는 성향은 교만의 열매다. 다른 사람이 당신에게 하는 말에 덜 주의를 기울이면서도, 당신은 당신이 하는 말에 그가 주의를 기울여야 한다고 기대한다. 당신의 이야기가 학습자에 적합한 질문에 의한 것이 아니라, 교사의 담화나 지시가 될 때, 당신은 당신 자신의 것에 너무 집착하고, 다른 사람들이 하는 말을 너무 경멸해서 그들의 말이 끝날 때까지 조용히 들을 인내심이 없을 때, 게다가 그들을 무례하게 방해하고, 스스로 결정할 때, 그것은 '네 입을 다물어라 내가 더 현명하니 가치 있는 말을 하게 하라.'고 말하는 것과 같다. 당신이 가장 많은 말을 하려고 노력할 때, 말하자면 그것은 앞장 서기 위해 애쓰는 경주장의 말과 같다. 이는 교만이 당신을 부풀게 하고, 당신의 혀를 바람에 흔들리는 나뭇잎 같게 하는 것이다. 이것은 바람이 당신의 돛을 채우는 것과 같고, 바람이 가득 찼을 때, 가장 시끄러운 소리를 내는 백파이프와 같을 것이다.

"미련한 자는 말을 많이 한다."[65]
"말이 많으면 죄를 짓기 쉬우니 말을 삼가는 사람이 지혜로운 자이다."[66]

징후-24 교만은 사람들로 하여금 다른 사람에게 신세지는 것을 극도로 싫어하게 만든다. 그래서 어떤 사람은 음식을 구하기 위해 몸을 굽히거나 또는 누구에게 감사의 빚을 지기 전에 굶거나 죽을 것이다. 특히 그들이 말다툼을 하는 것과 같은 경우에는 더욱 그렇다. 그들은 이것을 남자다운 용감함으로 생각하고 비열하게 되는 것을 조롱거리로 생각한다. 나는 **바울**이 종들에게 말한 것처럼, 우리가 자유 할 수 있다면 오히려 우리는 그것을 선택해야 함을 고백한다. 아무도 다른 사람에게 의존함으로써 불필요하게 자신을 다른 사람에게 빚진 사람으로 만들어서는 안 된다. 특히 사역자들은 사람에게 의존하는 모든 유혹을 피해야 한다. 그러므로 불충실한 침묵이나 아첨의 유혹을 받지 않도록 고위직 사람에게 매달려서는 안 된다. 또는 그들이 자유롭게 사역을 수행하는 데에 방해가 되지 않도록 불필요하게 사람들의 자선에 의지해서 생활해서는 안 된다. 그러므로 **바울**은 교회에 부담을 주는 일이 자기의 일에 방해가 된다고 생각하여 자기 손으로 노력을 했다. 또는 시기하는 자들이 그를 책망할 기회를 주지 않기 위해 스스로 일을 했다. "나는 죽는 한이 있더라도 내가 자랑으로 여기는 것을 아무도 헛되게 하지 못하게 할 것이다."[67] 볼튼(Bolton) 씨는 항상 결백과 남에게 의존하지 않는 상태는 얼굴을 강하게 하고, 사역자가 담대하고 충실하도록 돕는다고 말한다.

---

65) 전 10:14
66) 잠 10:19
67) 고전 9:15

카메라리우스(Camerarius)는 그가 법정에 초대되었을 때 다음과 같이 말했다.

'다른 사람이 당신을 조종하지 못하게 하라.'

그러나 인간은 사회적인 존재다. 그리고 우리는 서로에게 도움이 되도록 만들어졌다. 우리는 시계의 톱니바퀴 같아서 다른 사람들의 동의 없이는 아무도 혼자서는 일할 수 없다. 그러므로 온전히 자신을 위해서만 살며 신세지는 것을 경멸하며 사는 교만한 사람은 하나님이 자신에게 정해 준 곳에서 벗어나 인간 사회에서 분리되어 자신의 세계나 다른 사람의 신이 될 것이다. 그러나 하나님께서는 모든 지체들이 서로를 필요로 하게 하여 아무도 멸시받지 않게 하시고, 모두가 여전히 소통으로 사랑의 실천을 하게 하시며, 겸손하게 서로의 도움을 받아들이게 하셨다.

징후-25 교만은 사람들로 하여금 의복, 멋진 집, 음식, 오락, 그리고 그들을 돋보이게 하고 세상에서 중요하게 보이게 하는 모든 외모에서 그들의 윗사람들과 동등해지고 그들보다 더 뛰어나기를 원하게 만든다. 왜냐하면 그것은 사람의 눈을 과도하게 의식하기 때문이다. 품위에 대한 적절한 존중은 반드시 있어야 한다(그러나 우리는 품위를 바람직한 것 이상으로 중요시하지 않는다). 그러나 교만은 기꺼이 최고의 존중을 받고 싶어 하고, 필요보다 호기심이 많다. 그리고 그 일이 요구하는 것 이상으로 더 큰 품위의 문제를 만든다. 나는 그들과 같이 머리를 자르지 않고, 유행하는 옷을 입지 않고, 나보다 더 고상하고 예의 바르게 자란 모든 사람들을 비난하는 기질을 가진 사람이 아니다. 그러나 지금까지 유행을 흉내 내며, 자기보다 높은 지위의 사람이 타는 마차를 갖기 원하고, 더 정확하게 아랫사람보다 윗사람과 교제하기 원하고, 판사나 의사의 의복이 그들의 존엄과 학위를 나타내기 때문에 우리보다 아래 단계의 사람보다 상위 단계에 있는 사람처럼 살기를 바라는 것은 교만의 중요한 표시다. 겸손한 사람은 "서로 마음을 같이하여 높은 데 마음을 두지 말고 도리어 낮은 데 처하며 스스로 지혜 있는 체하지 말라."68)고 하는 교훈을 얻었다고 확신한다. 어떤 남자들의 우스꽝스럽고 여성스러운 패션과 행동, 어떤 여자들의 애교점, 그림, 벌거벗은 것과 독특하고 기괴한 패션, 그리고 매일 다른 사람의 눈에 보일 것을 의식하며 옷을 입고 장식하는 데에 많은 시간을 낭비하는 것은 너무 어리석고, 유치한 자존심보다 더 나쁜 상징이므로 나는 그것을 비난하는 데에 있어 나 자신과 독자를 귀찮게 하지 않을 것이다. 남자다운 자존심은 그런 장난감을 부끄러워한다. 그들이 한 일이 현명한 일이 없을 때, 그들의 보호자들은 그들이 합법적이라는 것을 증명함으로써 환자를 기쁘게 하라. 그들이 그렇게 했을 때, 보통 사람이 정신병원에서 하는 것과 같이 쇠사슬을 몸에 착용하는 것이 합법적이며, 뉴게이트(Newgate)에서 착용하는 것과 같은 쇠사슬은 죄수의 표시가 아니며, 순수한 여자가 창녀의 복장을 하는 것이 합법적이라는 것을 증명하도록 하라. 만약 사람이 교만하여 어린아이 같은 유치한 행동을 하고 정신이 산만하다는 배지(badge)를 달고, 그들이 만나는 모든 사람들에게 수치를 드러내고, 자기 바지를 벗고, 아이들처럼 다시 배내옷을 입는 사람들처럼 우스꽝스럽게 행동하는 것 외에 다른 재치가 없다면, 나는 그들을 떠나고, 더 이상 반박으로 그들을 괴롭히지 않을 것이다.

징후-26 교만한 사람들은 의복이나 식량이나 행실이 다른 사람들보다 더 낮아야 한다면 부끄러워하고 괴로워한다. 그것은 그들에게 품위가 의무로 간주되는 것이 아니라 교만의 장신구로서 간주되는 것을 보여 준다. 그렇지 않으면 하나님의 뜻이 그것을 그들의 의무에서 멈추게 할 때 그들은 잠잠해질 것이다! 그들은 더러운 옷차림이나, 가난하고 집에서 만든 옷을 입고 있는 것을 개의치 않는 것처럼 죄와 하나님과 그들의 구원을 소홀히 하는 것을 부끄러워하지 않는다. 거지와 하인들은 그들이 영주처럼 교만하다는 것을 다음에서 보여 준다. 그들 중 얼마나 많은 사람이 옷이 없다는 이유로 교회에 거의 나가지 않는지! 그들의 영혼, 그들의 하나님, 그들의 의무를 무시할지라도, 일반적인 일을 할 때 입는 옷이 아니라 교회에 나갈 때 입는 옷을 원했다. 그리스도께서는 그의 사역자에 명하여 당신을 그에게 함께

---

68) 롬 12:16

모이게 하고 구원을 가르치고, 당신이 자신의 죄 용서를 구하고 받을 수 있게 했는데, 당신은 그를 실망시키고, 더 좋은 옷이 없다고 해서 교회에 나가기를 거절할 건가? 물론 당신은 이것이 그가 당신에게 가져오라고 요구하는 결혼 예복이라고 생각하지 않는다. 당신이 벌거벗었거나 누더기를 입었다면, 더 좋은 옷이 없으므로 하나님께 구하러 오지 않을 건가? 당신은 당신의 구원의 수단보다 당신의 옷의 명성으로 더 많은 것을 평가하는가? 곧 하나님과 그의 자비에 의해 결정될 그들의 죽음의 침상에서 자비를 부르짖을 비참한 사람들은 옷에 대해 전혀 개의치 않을 것이다! 알몸으로 세상에 오고, 알몸으로 죽어야 하는데 결국 의복이 없어 하나님을 섬기는 일에 등을 돌릴 것인가? 그들은 하나님에 대한 공경심이 없어서 자신의 의무를 버리는 일에는 부끄럽지 않지만 찢어지고 남루한 옷차림은 부끄러워한다. 그들의 교만과 불경건함이 수천 배나 더 수치의 원인이 됨에도 불구하고, 우리는 자신을 어리석은 자로 만들 것인가? 우리는 그리스도의 말씀을 듣기 위해 모여든 수천 명의 무리와 가난한 사람들에 대해 읽었다. 그러나 옷이 부족하여 집에 머물렀던 사람은 아무도 없었다. 그들이 당신보다 더 나을 것이 없는 옷을 입었음에도 말이다.

징후-27 교만한 사람이 해를 당하면, 그는 용서하기 전에 큰 복종을 구한다. 당신은 그의 발 아래 엎드려 완전히 고백하고, 특히 법이 그의 손에 있다면 큰 복종으로 행동해야 한다. 그는 복수하는 경향이 있고 그의 복수는 잔인하다. 그러나 그가 다른 사람들에게 잘못을 저질렀다면, 그는 그들에게 잘못한 것에 대해 거의 고백하지 않고 더욱이 화해를 위해 자신을 낮추고 용서를 구하는 일은 거의 없다. 그러나 겸손한 사람은 평화를 위해 자신의 권리를 포기하고 용서를 구하기 위해 쉽게 몸을 굽힌다.

징후-28 마지막으로, 교만은 사람들로 하여금 그들이 죽었을 때 자신의 이름에 대한 명예로운 기념물을 간절히 원하게 만든다. 자랑스러운 존재로 묘사한 많은 기념비가 세워졌다. 많은 책이 이 목적을 위해 쓰여졌다. 많은 좋은 일들이 물질적으로 이루어졌고, 그러한 비열한 의도에 의해 그것을 나쁘게 만들었다! 그런 목적을 가진 병원과 빈민구호소, 학교 건물이 많이 지어졌다. 그런 목적을 가진 많은 돈이 가식적인 자선 용도로 기부되었지만 의도적으로는 교만하고 이기적인 용도로 사용되었다. 아무 이유 없이 다른 사람의 목적을 의심하거나, 가치가 있다고 인정받는 선한 일에 대한 합당한 명예를 더럽혀서는 안 된다. 그러나 우리는 우리 자신의 마음을 의심해야 하고, 가장 우수한 부분과 일을 독약이나 부패로 바꿀 수 있는 너무나 무서운 죄에 주의해야 한다. 그리고 사람이 먼지로 돌아가 자기 심판자 앞에 나타날 때 교만한 계획을 세우는 것이 얼마나 가증스러운 일인지 기억하라! 따라서 그의 썩은 살과 뼈 위에 그의 교만의 기념비를 세우는 것과, 그가 죽고 사라졌을 때 회개하지 않고 그 죄 가운데 얼마든지 살아남을 수 있도록 노력하는 것이 얼마나 가증스러운 일인지 기억하라! 그리고 그런 사악한 목적이 때때로 필요하고 훌륭한 일을 침범하려고 제안한다면, 정직한 마음은 그것을 혐오하고 쫓아내고 용서를 구해야 한다. 그리고 그것 때문에 그의 일을 중단하거나, 그의 더 진실한 욕망과 의도의 위로를 거부하지 말라. 그러나 가증한 선행은 위선자들을 지옥에 떨어뜨리고, 주로 교만을 섬기는 일을 하고, 그 뒤에 땅에 이름을 남기기 위해 행해진다.

이런 식으로 오랫동안 당신에게 교만의 징후를 설명했는데, 이는 그 발견이 치료의 큰 부분을 차지하기 때문이다. 모든 교만한 사람들이 이 모든 징후를 가지고 있는 것은 아니다. 왜냐하면 모든 사람이 교만을 보여 줄 유혹이나 기회가 동일하지 않기 때문이다. 그러나 모든 사람은 이것들 중 많은 것을 가진 사람도 있고 일부를 가진 사람도 있다. 그것들 중 하나라도 가진 사람은 교만의 징후를 가지고 있다. 다시 말하지만, 이 모든 일에 대해 우리의 명성은 하나님의 명예와 우리의 종교, 그리고 우리 형제들의 유익을 위해 모든 공정한 수단으로 신중하게 보존되어야 하며, 필요한 방어로 비방하는 자들로부터 보호를 받아야 한다. 우리는 어떤 악명이나 중상모략을 당하더라도 조용히 견뎌야 한다.

방향 제시-3 '교만의 본질과 징후 또는 결과를 이해했다면, 다음으로 더 큰 죄와 불행으로 이끄는 교만의 무서운 결과와 경향에 대해 고려하라.' 그에 대한 몇 가지 세부 사항을 간략히 설명한다.

1. 현재 교만은 구속(救贖)받지 못한 옛사람의 인간본성 상태의 마음이며, 모든 부패의 뿌리와 생명이며 그것이 지배적이라면 무서운 의미를 지닌다. 어떤 사람이 "마음이 교만하거나 정직하지 못하면, 하나님께서는 그로 인해 기쁘지 않을 것이다."[69] 나는 차라리, 교회나 나라에서 가장 높고 가장 저명한 사람, 즉 인간의 평가와 칭찬을 받는 것보다, 하나님 외에는 아무도 주목하지 않고, 그에게 인정받는 것으로 만족하는 무명의 겸손한 그리스도인의 경우에 내 영혼을 두는 것이 낫다. 하나님은 사람의 위대한 부분과 직업, 이름으로 판단하지 않고 하늘을 향해 얼굴을 들기를 부끄러워하며, 하나님께 말하거나, 교회와 교제를 나누거나 그의 종들 사이에 올 자격이 없다고 생각하는 겸손한 영혼을 의롭다 하신다. 게다가 멀리 서서 자신의 가슴을 치며 말하기를, 오, "하나님이여, 불쌍히 여기소서 나는 죄인이로소이다."[70] 라고 말하는 사람을 의롭다 하신다. 교만은 영혼에 재앙과 같다.

2. 교만의 창자 안에 있는 새싹이 아니라고 생각할 수 있는 죄는 거의 없다. 몇 가지 예를 든다면, (1) 그것은 사람들의 칭찬을 위해 사람을 위선자로 만들고, 그들이 아닌 것처럼 보이게 한다. (2) 그것은 사람들을 거짓말쟁이로 만든다. 세상에서 말하는 대부분의 거짓말은 어떤 불명예와 수치심을 피하거나, 사람들이 그들을 높이 평가하게 하려는 것이다. 하나님이나 윗사람에게 죄를 지었을 때 겸손한 자백 대신에 교만이 거짓말로 그것을 덮을 것이다. (3) 그것은 부에 대한 절제되지 않은 욕망을 일으키고, 교만 때문에 규정을 원하지 않을 수 있다. (4) 그것은 사람을 아첨하는 자, 기회주의자, 사람을 기쁘게 하는 자로 만들어 다른 사람들의 좋은 평가를 받게 한다. (5) 그것은 사람들로 하여금 자신들에 대한 비난과 경멸의 수치를 피하기 위해 다른 사람들이 하는 것처럼 행함으로써 불경과 폭동의 상태에 빠지게 한다. 그렇지 않으면 다른 사람들은 그들을 우월하고 규칙을 잘 지키는 사람으로 여길 것이다. (6) 그것은 회사가 반대하는 하나님에 대한 의무에서 사람들을 벗어나게 할 수 있다. 그들은 조롱하는 자의 입에서 나오는 야유가 두려워 감히 기도하지도 못하고 하나님의 진실된 말씀을 말하지 못한다. (7) 그것은 너무 논쟁을 좋아하는 죄이기 때문에 사람들로 하여금 그들이 살고

---

69) 합 2:4
70) 눅 18:13

있는 사회에 말썽꾼이 되게 한다. 그들 자신의 말과 뜻과 방법을 받아들이지 않고는 더 이상 그들과 함께 조용히 살 수 없다. 사람들은 그들의 권위를 견뎌야 하며, 반대해서는 안 된다. 모든 일이 끝났음에도 그들을 기쁘게 하는 것은 아무것도 없다. 그에게 한마디의 말, 한 번의 눈길, 한 번의 칭찬이 부족하면 화약에 불이 붙은 것처럼 그들의 마음을 불붙게 할 것이기 때문이다. (8) 그것은 교회와 나라를 산산 조각 낸다. 교만이 크고 명백한 원인이 아닌 곳에서 내전이 발생하고, 왕국이 위험에 처하거나, 파괴되거나, 교회가 분열되거나, 억압당하거나, 핍박을 받는 곳이 어디 있는가? (9) 그것은 하나님의 자비와 선한 피조물을 집어삼키고, 마귀에게 그들을 제물로 바친다. 그것은 책임져야 할 죄다. 그것은 의복, 건물, 출석, 오락 그리고 불필요한 것에서 하나님의 자비를 얼마나 많이 소비하는가! (10) 그것은 귀중한 시간에 대한 혐오스러운 도둑이고 낭비자이다. 더 잘 사용되어야 하고 언젠가는 계산되어야 하는 얼마나 많은 시간이 앞서 말한 교만의 일에 낭비하고 있는가! 특히 쓸데없는 칭찬과 화려한 사람들의 방문과 헛되고 생각이 모자라는 여자들의 옷차림에 거의 반나절을 보내고 아침 기도나 묵상, 성경 읽기를 위해서는 한 시간도 찾을 수 없는 허영심이 강한 여자들의 분장에서는 기도나 묵상 등에 대한 준비를 할 수 없기 때문이다. 사람들에게 자신이 너무 불결하거나 기형이어서 오랫동안 그리고 고통스럽거나 애쓰지 않고는 신선하고 깨끗하고 알맞게 유지시킬 수 없다고 말함으로써 자신의 비참한 몸을 얼마나 욕되게 하는지 잊고 있다. (11) 그것은 끔찍할 정도로 부당하다. 교만한 사람은 자기의 위대함, 명예, 진급이나 야심찬 목표를 위해 필요하다면 어떤 거짓, 비방, 기만, 잔인함을 마다하지 않는다. 그는 자신이 원하는 높이로 올라가거나 자신의 위대함을 유지하기 위해 그가 누구에게 상처 주는지 배신하는지를 개의치 않는다. 자신의 이익을 위하여 자신을 신뢰하라고 말하는 교만한 사람을 결코 신뢰하지 말라. (12) 교만은 음행과 더러움의 중개자다. 교만은 자기 안에서 욕망을 불러일으키게 하고, 가장 유혹적인 방법으로 자신을 꾸미게 하며, 다른 사람들의 욕구를 자극하는 경향이 있다. 그들은 다른 사람들이 그들을 존경하고 그들의 아름다움에 사로잡히기를 바란다. 만약 그들이 아무도 그들을 볼 수 없을 것이라고 생각했다면, 그들은 그들의 장신구를 사용하지 않았을 것이다. 만약 그들이 영향을 미치는 모든 것이 일반적인 예의범절뿐이라면, 그들은 그들의 진기하고 유행에 따른 사치품에 많은 돈을 쓰지 않을 것이다. 누구와도 심한 음행으로 부정하지는 않을 것이고, 아름답고 바람직한 것으로 존경받을 것이며, 그들을 보는 어리석은 자들의 마음을 부패시키는 경향이 있는 사람들조차도 그렇게 할 것이다. 이것들, 그리고 실제로 거의 모든 죄는 교만의 타고난 후손이다.

3. 그들이 그들 자신과 타인에게 끼치는 불행에 관하여, (1) 가장 큰 것은 그들이 하나님을 버리고, 그로부터 버림받을 위험에 처하는 것이다. 왜냐하면 하나님은 교만한 자를 미워하시고 멀리서 그들을 보고 있기 때문이다. 당신이 교만한 만큼 그분에게 미움을 받는 것이며, 그분의 인정을 받을 수 없고 그분과 교제할 수 없다. 교만은 완전한 배교로 가는 지름길이다. 그것은 사람의 마음을 눈멀게 하고 자기의 자만심에 자신감을 갖게 하며, 어떤 새로운 의견에 대해 모험을 하게 한다. 그들이 하나님의 말씀을 깨닫기도 전에 그것을 가지고 싸우려 한다. 어떤 것이 그들에게 어렵게 여겨질 때, 그들은 그들의 영적 빛이 없음과 미숙한 마음을 의심해야 함에도 불구하고, 현재 그 문제의 진실을 의심한다. 어느 마을이나 또는 경건한 교수들 모임에서 교만한 사람을 주의하라. 만일 이단이나 불신앙의 전염병이 그 자리에 들어온다면, 이들은 가장 빨리 그것을 잡을 사람들이다. 진리나 경건에서 떠나는 자들을 구별하고 그들이 전에 교만하고 피상적인 신앙을 가진 자들이 아닌지 살펴보라. 그러나 하나님은 겸손한 자에게 더 큰 은혜를 베푸시며 그들과 함께 거하시고 그들을 기뻐하신다. (2) 교만한 사람은 자신을 괴롭히는 사람이다. 사람의 생각에 마음을 두고 그가 얻을 수 있는 것보다 더 많이 존경받기를 갈망하고, 그것을 얻어도 만족할 수 없는 헛된 것임에도 불구하고, 그는 여전히 무익하고, 애타는 욕망과 빈번한 실망 아래 있다. 그가 보는 모든 것, 들리는 모든 말, 또는 생략된 모든 칭찬은 그의 평화를 방해하며 그의 잠을 깨우고 그를 열정이나 복수의 열병에 빠뜨릴 수 있다. 그를 부풀게 하는 이 바람은 위아래로 달리며 사방에서 그를 불안하게 한다. 누가 그의 가슴에 그런 불을 가지고 조용히 있는 것이 고통스럽지 않겠는가? (3) 교만은 고통을 가져오고 그것을 참을 수 없게 만든다. 그것은 고통 자체가 할 수 있는 것보다 죄인을 더 힘들게 하고 조급하게 하며, 그의 고통을 악화시키면서 그의 마음을 더욱 성가시게 하고 괴롭게 한다.

4. 교만은 뿌리가 깊고 자기 보존적인 죄이다. 그러므로 다른 죄보다 뿌리를 뽑고 죽이기가 더 어렵다. 그것은 자기 자신에 대한 발견을 방해하고 빛을 몰아내고 책망을 싫어한다. 그것은 죄인이 책망을 받을 때, 그의 교만을 볼 틈을 주지 않을 것이다. 그가 교만을 본다 해도 그것을 고백하거나, 그것을 고백하더라도 그것 때문에 겸손해지지 않을 것이다. 죄의 자각과 두려움이 그를 겸손하게 만드는 것처럼 보일지라도, 자신을 미워하고 그것을 버리지 않는다. 그는 모든 교만의 신호를 들으면서도 그것을 스스로 보지 못할 것이다. 그가 책망을 싫어하고 그것이 다른 사람에게는 교만의 표시라는 것을 알지만, 자신은 그것을 깨닫지 못할 것이다. 만일 당신이 그의 이런 문제나 다른 잘못을 고치려 한다면, 당신은 말벌이나 독사를 다루고 있는 것처럼 느낄 것이다. 게다가 그는 책망하는 자에게 교만의 독을 뺄지만, 자기가 교만하다는 것을 깨닫지 못한다. 이 독은 그의 본성이므로 느껴지거나 성가시지 않다. 모든 마을 사람이나 회중 모두가 그를 사실상 교만한 자라고 주의한다 해도, 자신을 가장 잘 알아야 할 그는 여전히 그것을 알아차리지 못한다. 영혼을 위해 오랫동안 고통을 받아 온 사람들 안에서 이 죄가 어떻게 힘을 유지하고, 다른 모든 면에서 가장 진지하고 굴욕적인 그리스도인처럼 보이는지를 보는 것은 놀라운 일이다! 그러나 그들이 관심이나 명성에 방해를 받거나 무시당하는 것처럼 보이거나 무시당하는 동안 그들보다 먼저 다른 사람이 선호되는 것을 보게 하라. 그러면 그들은 시기와 악의와 불만이 끓어오르고, 죄의 마음과 심지어 이기심과 교만이 여전히 살아 있어 중단 없이 계속되고 너무 강하다는 것을 보여 줄 것이다. 특히 그들이 타고난 관대하고 온화한 사람이 아니라 더 열정적인 기질을 가진 사람이라면 더욱 그렇다. 그때 교만은 더 많은 기름과 연료를 가지게 되어 이 눈에 띄는 불꽃에 불을 붙일 수 있다. 참으로 교만을 정복한 자가 진정한 크리스천이다.

5. 교만은 그 자체만 아니라 마음이나 삶에 있는 다른 모든 죄에 대한 방어책이다. 왜냐하면 그것은 책망을 싫어하고 구제책을 멀리하기 때문이다. 그것은 죄를 숨기고, 경시하고, 변명하고, 미워해야 할 것을 좋게 생각한다.

6. 교만은 선을 행하는 모든 수단과 의무를 방해한다. 종종 그들을 부패 하게하고 죄를 짓

게 한다. 때때로 그것은 사람들을 의무에서 멀어지게 하고, 의무의 혜택으로부터 그들을 멀어지게 한다. 그것은 사람들로 하여금 자신이 너무 건강하고 온전하여 모든 약, 즉 매일 필요한 음식이 거의 필요하지 않다고 생각하게 만든다. 그들은 이 모든 것이 필요 이상으로 번거롭다고 생각한다. 이 모든 설교와 기도, 독서와 거룩한 회의와 묵상과 경건한 마음이 무슨 필요가 있는가? 어떤 이는 그것을 부끄러워하고, 또 어떤 이는 그것을 원하지 않으며, 또 다른 이는 그것 위에 있다. 우리가 가정에서 기도하고, 그렇게 자주 기도하고, 그렇게 많이 듣고, 성경만 읽으라는 명령을 어디에서 받았는가? 왜냐하면 그들은 일반적인 명령("쉬지 말고 기도하라."[71] "항상 기도하고 낙심하지 말라."[72] "선을 행하되 낙심하지 말라."[73] "세월을 아끼라."[74] "모든 일에 덕을 세워라."[75] "열심을 품고 주를 섬기라."[76]와 같은)에 대한 의무감을 느끼지 못하기 때문이다. 그들은 그 빈도가 그들에게 좋거나 원하는 것을 달성하는 데 필요하다는 것을 인식하지 못하고 그 필요성이나 감미로움을 느끼지 못하기 때문이다. 만약 의사가 두 사람에게 '자주 먹으라.'고 했는데 한 사람은 식욕이 왕성하고 다른 사람은 식욕이 없다면, 배고픈 사람은 '자주'라는 단어를 적어도 하루에 세 번을 의미하는 것으로 해석하고, 식욕이 없는 사람은 하루에 한 번이 '자주'라고 생각할 것이다. 건강한 사람은 하루에 두세 번씩 먹어야 한다는 것을 어떻게 증명합니까?라고 묻지 않는다. 필요와 유익을 느낀다면 명령 없이 할당된 몫에 만족할 것이다. 그들은 오히려, 내가 그것을 행하지 않을 수도 있다는 것을 어떻게 증명합니까?라고 물을 것이다. 왜냐하면 하나님께서 그들을 제지하지 않으시면 그들이 그 일을 행할 이유를 스스로 느끼기 때문이다. 그렇게 겸손한 영혼도 자기의 덕을 세우고 구원하는 방법에 관하여 다음과 같이 말한다. 그것은 설교와 기도의 필요성을 느끼고, 주의 날을 거룩하게 보내는 것과 가정의 의무 등의 필요성에 대해 느낀다. 따라서 그것은 의무에 자주 참여하는 것이 필요하고 유익함을 느끼고, 하나님 가까이에 머무는 것을 기뻐하며 사

---

71) 살전 5:17
72) 눅 18:1
73) 갈 6:9
74) 엡 5:16
75) 고전 14:26
76) 롬 12:11

랑의 결속의 유대감을 느낀다. 반면에 교만한 자는 어리석고 무감각하며, 하나님이나 사람의 법이 그들을 제지하지 않고, 그들이 해야 할 필요 이상의 일을 행하지 않는다면, 종교에서 쉽게 만족할 수 있다. 참으로 최근에 어떤 사람들은 교만에 의해 모든 의식, 즉 하나님께 순종하고 그분이 정하신 수단을 사용하는 것 이상으로 발전했지만 수단의 필요 이상이나, 교만하고 불순종하는 사람들을 위해 준비된 재앙에 대한 것 이상으로 발전하지는 못했다. 겸손은 그러한 많은 해로운 견해로부터 사람들을 보호한다.

방향 제시-4 '교만을 정복하려면, 그것은 참으로 당신 자신 안에 있으며, 이것은 근본적인 죄이며, 당신 마음의 독이라는 것을 인식하고, 당신 자신을 경계하여 그 움직임을 주목하는 것이 필요하다. 그리고 그것을 극복하기 위해 하나님과 사람과 함께 겸손하게 걷는 것을 당신의 삶과 신앙의 주요 부분으로 삼아야 한다.' 만일 그것이 당신의 죄라는 것을 알지 못한다면, 당신은 그것을 방치하고, 그에 대해 덜 괴로워할 것이다. 교만은 종교적으로 보이는 사람 안에도 살고 있다. 왜냐하면 그들은 그것을 인식하지 못하거나 그들이 위험하지 않은 약간의 정도만 가지고 있다고 생각하기 때문이다. 그리고 그들은 그것의 작용과 모습을 주의하지 않기 때문에 스스로 그것을 보지 못한다. 뿌리에 있는 생명은 그 가지와 잎과 열매에서 감지되어야 한다. 만일 당신이 더 많은 불명예스러운 죄들보다 이것에서 더 많은 악을 보고, 사람들이 당신을 완전히 경건하지 않다고 판단하게 만드는 죄를 버리는 만큼이나 그것을 정복하기 위해 진심으로 부지런히 노력한다면, 의심할 여지 없이 그 일은 더 행복하게 계속될 것이며, 절제의 일에서, 대부분의 그리스도인들이 보는 것보다 더 훌륭한 수고의 열매를 보게 될 것이다.

방향 제시-5 '겸손하게 되는 훈련을 많이 하라. 그러나 그것들의 본질을 잘못 이해하거나 극단에 빠지지 않도록 주의하라.' 나는 전에 겸손의 진정한 본질에 대해 말했다. 많은 크리스천은 사탄에 의해 유혹을 받아, 겸손이 실제보다 훨씬 더 심한 슬픔과 눈물, 육체적인 운동, 길고 빈번한 금식과 고백, 참회 등으로 구성되어 있다고 생각한다. 그리하여 사탄은 그들을 평생 동안 일하게 하고, 눈물을 흘리려 애쓰게 하거나, 이러한 외적인 일을 하게 함으로써 참된 겸손을 위한 진정한 노력에서 그들을 벗어나게 한다! 반면에 당신은 그리스도를 높이 평가하고, 자신을 혐오하고, 자신을 있는 자체로 비열하고 죄 많은 사람으로 여기고, 겸손하게 구하도록 가르치기 위해 자신의 죄악됨과 무가치함을 보도록 가장 노력해야 하며, 자비를 구하고 그것을 얻기 위해 자신을 굽혀야 한다. 그러면 그것은 당신으로 하여금 하나님의 책망과 징벌, 그리고 사람들의 경멸과 불의 아래서 오래 참게 할 것이다. 이것이 당신이 수고해야 할 겸손이다. 그러나 그러하기 위해서는 굴욕에 대한 외적인 훈련이 있어야 한다. 특히 하나님의 거룩한 법에 대해 연구를 하고 자신을 살피고 죄를 고백하고 절제하며 때를 따라 금식하고 육체를 길들여야 한다. 그리고 실제로 겸손의 훈련은 가장 교만하기 쉬운 사람들에게 매력적으로 보인다. 참된 굴욕을 외치는 사람들의 교리는 교만에서 비롯되며, 다른 사람들 안에 있는 교만을 소중히 여기게 만들어졌다. 겸손한 영혼은 그것을 받을 수 없지만 여기에서 과잉에 빠지기 쉽다.

방향 제시-6 '교만을 무너뜨리는 것보다 더 강력한 방법은 하나님을 진지하게 바라보고 그의 눈앞에서 자신을 평가하고 그가 겸손한 사람을 얼마나 사랑하고 교만한 사람을 혐오하는지 생각하는 것이다.' 생생한 믿음으로 하나님을 한번 바라보는 것은 누구와 함께 일해야 하는지 알게 하고 자신을 비열한 사람으로 미워하도록 가르칠 것이다. 반딧불은 어둠 속에서 반짝임에도 불구하고 햇빛에서는 식별되지 않는다. 하나님의 위엄을 한번 보는 것은 **이사야**처럼 "화로다 망하게 되었도다 나는 입술이 부정한 사람이다."[77]고 외치게 만들 것이다. 그래서 이스라엘 사람들처럼 **모세**로 하여금 하나님을 대신하여 말하게 함으로 죽지 않기를 원할 것이다. 사람들은 하나님을 알지 못하기 때문에 교만하여, 그분을 바라보지 않고 동료 죄인들을 바라보며, 자기와 비교할 수 있다고 담대하게 생각한다.

[겸손의 징후 요약]

또한, 하나님은 그의 본성의 거룩함과 정직함에 있어서 교만한 자를 대적하신다는 것을 기

---

77) 사 6:5

억하라. 교만한 사람은 하나님을 대적하여 자신을 자만하게 하기 때문에, 심판으로 멸망시키고 멸망의 불구덩이에 던져 넣을 수 있는 하나님과 같은 우상이 된다. 만약 그가 여러 날 동안에 다른 사람들 가운데서 하나님 앞에 어떤 모양을 가지거나 외적으로 굴욕의 행동을 한다 해도, 가증스러운 사람이 얼마나 합당한 사람으로 받아들여질지 판단할 수 있을 것이다. 하나님께서는 베옷을 입은 모든 사람이 아니라 겸손한 영혼을 존중한다. 심지어 하나님의 백성 가운데 들어갈 자격이 없고, 하나님의 집에 문지기가 되고, 하나님의 자녀들이 흘린 빵 부스러기를 먹기에도 합당하지 않다고 스스로 판단하여 자기를 혐오하는 사람을 존중한다. 그들은 가장 작은 신자라 해도 서로에게 복종하고, 봉사와 사랑의 직무가 너무 낮기에 실천하지 못할 것은 없다고 생각한다. 이는 자비로운 온유함으로 반대자들을 가르치고 사람들의 모순과 멸시를 견디며, 원수와 친구들로부터 오는 상처를 참을성 있게 견디고, 그들을 진심으로 용서하고 사랑하게 한다. 관대함과 감사로 가장 날카로운 책망을 견디고, 사람들의 존중, 애정, 존경에서 가장 낮은 자리를 자기에게 가장 적합하다고 생각하고, 다른 사람이 자기를 얼마나 사랑하는지보다도 자기가 그들을 얼마나 사랑하는지 더 걱정하고, 다른 사람들이 자기를 위해 의무를 얼마나 이행하는지보다 자기가 그들을 위해 얼마나 의무를 이행하는지를 걱정하게 한다. 그것은 자신보다 다른 사람들의 마음과 행동을 낮게 생각한다는 적은 증거로 받아들일 수 있다. 다른 사람보다 자신을 더 자주 그리고 예리하게 책망할 준비가 되어 있고, 자신을 비난하려는 대부분의 다른 사람들보다 자신을 책망할 준비가 되어 있는 것이다. 자신의 이해력과 재능에 대해 낮게 평가받을 준비가 되어 있고, 가르치고 말하기보다 배우고 들을 준비가 되어 있고, 자비, 특히 그리스도와 은혜, 영광의 모든 작은 부분을 높이 평가한다. 이것들은 하나님께서 받으시는 겸손이며 그가 요구하는 금식이다. 이들은 효과적으로 기도하는 자들이며 땅을 구해야 하는 자들이다. 이것들만이 죄가 무엇인지 분별할 수 있다. 그럼에도 다른 사람들은 죄를 느끼지 못하거나 가장 큰 고백과 눈물 속에서 자랑스러워한다. 이것들은 마음으로 하나님의 가장 가혹한 심판의 정당한 처벌이나 보상을 인정하고, 하나님이 그들을 겸손하게 만드실 때 하나님을 합당하다고 한다. 그와 달리, 다른 사람들은 심판의 위대함과 계속되는 것에 놀라워하며, 그들을 불친절하고 심하게 대하는 하나님에게 항의하고, 하나님이 얼마나 선한 사람들을 괴롭히는지 그에게 말한다. 그들은 자신 안에 있어야 할 선의 연약함과 많은 악의 혼합을 통해 그들의 겸손과 기도의 죄악을 이해할 뿐이다. 하지만 교만한 사람은 하나님이 그들의 말을 처음부터 듣지 않으신다면 놀랄 것이다. 이들은 하나님의 응답을 오직 인내로 기다리며 하나님의 때와 분량에 따라 자비를 받아들인다. 그러나 교만한 자들은 성급해서 하나님께서 그들이 기대하는 시간에 오지 않으면 **사울**처럼 서두르고, 하나님의 섭리를 불평하며 그를 섬기는 것이 헛되다 말하며, 그를 버리고 더 좋다고 생각하는 길을 갈 생각을 시작한다. 이 교만한 자들은 외적인 고행에 가담하고 몸은 낮추지만 마음속으로는 자신을 높여, 하나님의 마음을 우리에게서 너무 많이 돌아서게 하고, 우리를 산산조각으로 부숴버린 자들이다. 왜냐하면 우리 가운데서 그분이 원수로 여기는 교만한 자를 많이 발견했기 때문이다. 교회 안에 자기를 낮추나 스스로 보기에 자신을 현명하게 여기며 자기 선생을 경멸하고 무시하고 욕하는 자들이 있었다. 그들은 자신의 의견과 이익에 맞지 않는 다른 사람들을 과소평가하고 비난하는 사람들이었고, 사람에게 받는 존경과 명예를 지나치게 사랑하여, 경멸을 받거나 인정받지 못하는 것을 참을 수 없어 하며, 상처나 욕설을 참을 수 없어 하고, 복수는 아니더라도 화를 잘 내는 경향이 있고, 평화를 구하지 아니하며, 나쁜 사람에게 몸을 굽히지 않고, 분명한 책망을 참지 못하고, 완전한 복종 없이는 잘못을 용서하지 않고, 다른 사람들로부터 큰 기대를 받았고, 그들을 가장 존경하는 사람을 가장 사랑했다. 다른 사람의 이익을 위해 가장 천한 장소에서 그리고 도움을 주는 행위에서 몸을 굽히는 것을 비천하다고 간주한다. 참으로 그는 하나님과 그의 말씀과 섭리와 싸우고, 자기 자신을 높이거나 자기 육체를 즐겁게 하는 것 외에 다른 자비를 가치 있게 여기지 않는다. 결국 그들은 이와 같이 교만함으로 스스로 하나님의 면전에서 추방당하고 하나님에게 미움을 받는 한편, 그들이 먼저 그들의 관점과 종파를 바꾸는 경우를 제외하고 그들과 교제할 자격이 없는 자로 여겨 그 땅에서 하나님의 가장 거룩한 회중과 종들에게서 분리된다. 우리는 이 교만이 우리의 황폐화에 얼마나 큰 영향을 미쳤는지 거의 고려하지 않는다. 하나님은 마음의 생각이 교만한 자들을 흩으셨다.[78]

---

78) 눅 1:51

방향 제시-7 '당신을 겸손하게 하기 위해 낮아지신 그리스도를 바라보라.' 당신의 구세주는 육체를 입고 비천하게 살았고 명성을 얻지 못했고 죄인들에게 멸시와 비난과 침 뱉음을 받았으며, 수치스럽게 이용당하고 십자가에 악인으로 못 박혔다는 것을 믿으면서도 교만할 수 있는가? 그리스도의 성육신 자체는 인간과 천사 모두의 자세를 취할 수 있을 정도로 겸손하고 굴욕적이다. 그것은 모든 믿음을 초월하지만 하나님 자신이 그분의 초자연적인 증거와 성령으로 만드신 것이다. 그런데 교만이 십자가에 못 박히신 그리스도의 얼굴을 보거나 그 앞에 설 수 있을까? 하나님께서 종의 형체를 취하셨는데, 당신은 자의적으로 지배하고 가장 높은 자리를 차지해야 하는가? 그리스도는 머리 둘 곳이 없었는데 당신은 아름답고 잘 갖추어진 방이 필요한가? 당신은 당신의 구세주의 이음매 없는 외투 대신 가장 환상적인 패션의 화려함이 필요한가? 그는 자신을 살해한 사람들을 위해 기도했는데, 당신은 한마디의 말이나 사소한 잘못 때문에 복수해야 하나? 그는 자기에게 침을 뱉거나 뺨을 때리는 데도 참을성 있게 참으셨는데 당신은 교만하게 참을성 없이 다른 사람들에게 침 뱉고 구타할 준비가 되어 있는가? 확실히 '육체의 죄를 질책'하신 분은 교만 이상의 죄로 질책하지 않으셨다.

방향 제시-8 '가장 뛰어난 성도들의 모범을 보면 그들이 모두 겸손에 있어서 가장 탁월했음을 알게 될 것이다.' 사도들은 성령이 그들에게 내리시기 전에 그들 중 누가 가장 큰 자가 될지를 두고 다투었다(가장 큰 자는 모든 사람의 종이 되어야 하고 회심하고 어린아이같이 되지 않으면 하늘나라에 들어가지 못한다고 예수께서 신랄하게 꾸짖었고 그의 모든 사역자들과 제자들에게 경고를 남겼다). 그러나 그 후에 사도들은 이 세상에서 얼마나 겸손하게 수고하며 살고 고통을 받았는가! **바울**은 "내가 모든 사람에게 자유로우나 스스로 모든 사람에게 종이 된 것은 더 많은 사람을 얻기 위함이라고 했다."[79] 그들은 모든 사람의 불의와 무례한 언동에 굴복했고, 세상의 재앙과 귀찮은 사람, 만물의 비웃음과 찌꺼기로 그리고 천사들과 사람들에게 구경거리로 여겨졌다. 당신은 그들보다 더 나은가? 만약 그렇다면 당신은 더 겸손하고 더 교만하지 않는다.

---

79) 고전 9:19

방향 제시-9 '인간을 돕기 위해 위에서 내려온 거룩한 천사들을 보라. 그리고 하나님과 함께하는 축복받은 영혼들이 교만과 얼마나 멀리 떨어져 있는지 생각하라. 만일 당신이 천국에 가려 한다면, 당신 자신이 교만에서 얼마나 멀리 떨어져 있어야 하는지 기억하라.' 이사야 6장 1-3절에서 본 것과 같은 장면은 교만을 무너뜨릴 것이다. "내가 본 즉 주께서 높이 들린 보좌에 앉으셨는데 그의 옷자락은 성전에 가득하였고 스랍들이 모시고 섰는데 각기 여섯 날개가 있어 그 둘로는 자기 얼굴을 가리었고 그 둘로는 자기의 발을 가리었고 그 둘로는 날며 서로 불러 이르되 거룩하다 거룩하다 거룩하다 만군의 여호와여 그의 영광이 온 땅에 충만하다 하도다." 요한계시록 4장 8-10절에서도, "장로들이 보좌에 앉으신 이 앞에 엎드려 자기의 관을 보좌 앞에 드렸다." 하늘을 쳐다보라, 그러면 당신은 당신의 교만을 혐오하게 될 것이다.

방향 제시-10 '당신의 은혜와 의무가 당신을 완벽하게 만들지 않는다는 것을 알라.' 예수 그리스도의 영과 형상이 거의 없는 그 사람이 교만해서 되겠나? 하나님을 더 이상 믿지 않고, 더 이상 두려워하지 않고, 더 이상 사랑하지 않는 사람이 누구인가? 그분을 더 신뢰할 수 없으며 그분의 말씀과 사랑에 의지할 수 없는가? 그분을 더 이상 기뻐하지 않고 그의 거룩한 법과 봉사를 기뻐하지 않는가? 이 모든 은총들 중 어느 하나에 관한 특별한 애정이 있다면, 자신의 눈에 교만을 무너뜨리고 당신을 낮추어야 한다고 생각할 것이다. 자신이 하나님을 얼마나 사랑하지 않는지, 그리스도의 사랑과 보혈, 하나님의 무한한 선하심과 하늘의 영광에 대한 모든 묵상이 얼마나 적은지를 깨달음에도 불구하고, 그는 자신을 혐오하지 않는 크리스천인가? 그것이 자신의 마음에 불을 지피고 마음을 따뜻하게 하겠느냐? 우리 마음의 어두움, 하나님에 대한 무지, 다가올 삶에 대한 생소함, 비참할 만큼 약한 우리의 믿음을 관찰하고 자신을 혐오하지 않을 수 있을까? 우리는 친구와 이생의 장난감과 허영을 사랑면서도 하나님을 더 이상 사랑할 수 없는 마음을 선택할 수 있을까? 그분의 이름과 찬송과 말씀과 봉사를 더 이상 기뻐하지 않고 육신의 거처에서 기쁨을 찾을 수 있을까? 우리는 하나님을 그토록 싫어하고, 그를 생각하기를 그토록 싫어하고, 그에게 기도하기를 그토록 싫어하고, 기도나 거룩한 묵상이나 어떤 의무에 지쳤으면서도, 사업과 여가활동에 그처럼 열심인 마음을 혐오하지 않을 수 있는가? 우리가 얼마나 냉담하고 믿음 없는 기도를 하고, 얼마나 무지하고 세속적으로 말하고, 얼마나 혼란스럽고 허망한 생각을 하며, 얼마나 게으르게 일하고, 무익하게 살고 있으면서, 교만하다고 느끼고, 수치스럽지 않다고 느낄 수 있을까? 오! 진지한 크리스천이 자신의 마음에 하나님, 그리스도, 천국이 얼마나 작은지, 삶의 탁월한 거룩함과 열매 맺음과 천국적인 삶이 얼마나 작게 보이는지, 느끼는 것은 너무나 열등감을 일으키는 생각이 되기 때문에 우리에게 고통스럽지만 완전히 절망하며 태만해서는 안 된다. 그 영혼이 은혜가 너무 적어 진실성이 있는지 없는지 확실성이 없는데, 교만의 생각을 인정해야 하는가? 확신을 가지고 하나님을 아버지라고 부를 수 없으면, 그리스도나 약속에 대한 관심을 간청할 수 없는가? 이 시간에 죽으면 천국에 갈지 지옥에 갈지 알지 못하는가? 죽을 준비가 안 된 사람이 교만할 수 있는가? 더 이상 죄의 용서를 확신하지 못하는가? 주님 앞에 기꺼이 나타나고 싶지 않은가? 고통받는 지체 중 한 지체가 당신을 신음하게 하고 낙담하며 걷게 한다면, 나머지 모두는 고통을 느끼지 않는데도, 이 보편적인 약점, 너무나 죄 많고 위험한 약점을 가진 영혼은, 계속해서 먼지에 이르기까지 겸손해질 수밖에 없다.

방향 제시-11 '당신 마음에 자리잡고 있는 당신 생애에서 저지른 크고 다양한 죄를 바라보라. 그러면 당신은 거기에서 큰 겸손의 요인을 깨닫게 될 것이다.' 당신 몸이 두꺼비와 뱀으로 가득하고 그것들이 당신 안에서 기어다니는 것을 보거나 느낄 수 있다면 그때도 교만할 수 있을까? 왜 그렇게 많은 죄들이 만 배나 더 나쁘고, 당신 자신의 평가에서도 당신을 훨씬 더 비열하다 해야 하는가! 당신이 마귀에게 사로잡혀 있는데 그것을 알고도 교만할 것인가? 당신 몸을 지배하는 마귀가 당신의 영혼에 있는 죄만큼 당신에게 그렇게 나쁘고 해롭지도 않은가! 마귀를 보는 것보다 죄를 보는 것으로 당신의 교만을 더 무너뜨려야 한다. 어린 시절부터 지금까지 당신이 살아왔던 것처럼 살고, 당신이 죄를 지어왔던 것처럼 죄짓는 사람이 교만해서야 되겠는가? 너무 많은 시간을 허비했고, 자비를 남용하고, 그토록 많은 수단을 소홀히 하고, 하나님과 인간에 대한 그토록 많은 의무를 생략하고, 그토록 많은 죄악 된 생각과 그토록 많은 거짓되고 어리석은 말을 많이 했고, 하나님의 모든 율법을 파괴했는데 교만할 수 있을까? 그것들처럼 당신 안에 아직도 그렇게 많은 무지, 오류, 불신앙, 위선, 관능, 세속성, 완고함, 안일함, 무정함, 정욕, 시기, 악의, 조급함, 이기심을 가지고 있는데 철저히 겸손해야 하지 않을까? 그토록 가증스러운 죄가 그토록 널리 퍼져 있다고 생각한다면 당신의 교만 자체가 당신의 겸손에 문제가 되는 것이 아닌가? 따라서 당신의 나병에 걸린 더럽혀진 영혼을 보고, 교만과 대적하라! 자신을 알면 교만할 수 없다.

방향 제시-12 '당신의 모든 죄에 대한 정당한 처벌과 심지어 지옥까지 살펴보고 그것이 당신을 낮출 수 있는지 시험하라.' 교만은 사실상 지옥에서 나왔지만 객관적으로 지옥은 당신에게 그것에 대한 구제책을 제공할 수 있다. 결코 죽지 않는 구더기와 결코 꺼지지 않는 불을 생각하고, 교만 때문에 영혼이 형벌을 받는 것이 적합한지 생각하라. 당신은 저주에 이르는 길을 자랑스럽게 여길 것인가? 교수대에 갈 때 쇠고랑과 밧줄을 자랑스러 하는 것이 더 나을 것이다! 지옥의 비참한 영혼들이 단정하게 잘 차려 입은 옷차림을 염두에 두고 있는지, 지배권, 명예, 또는 승진이나 누가 가장 큰 자가 될 것인지 다투거나, 가장 좋은 방을 위해 노력하거나, 사람들의 칭찬과 박수를 위하거나, 과소평가 받거나 불명예를 이유로 다른 사람들과 다투는 것에 신경 쓸 것인지 생각해 보라! 하나님께서 그런 교만한 자들을 낮추실 때, 거기에 그러한 교만한 일을 할 곳이나 문제가 있다고 생각하는가?

방향 제시-13 '모든 자랑스러운 생각과 표정이 제거되고, 교만한 자들에게 위협이 되는, 끝없이 비참한 심판의 날을 보라.' 당신의 영혼이 머지않아 위대하고 거룩한 하나님 앞에 서게 될 그 세상을 생각해 보라. 그의 임재는 가장 교만한 죄인을 낮출 것이다. 세상의 폭군과 용감한 자들과 방탕한 자들이 떨림과 놀라움으로 세상의 가장 의로운 심판관에게서 그들의 진술을 포기할 때, 그들의 고상한 외모와 언어는 어디에 있는가? 그때에 그들의 영광과 화려함, 교만하고 거만한 자의적 지배, 그리스도의 겸손하고 낮은 자들에 대한 멸시는 어디에 있나? 그런 경우, 당신은 이 사람이 최근에 거의 보이지 않거나 대화할 수 없었던 그 사람이라고 생각 할 수 있을까? 이 사람이 그렇게 크게 보였고 부와 명예로 뽐내며 걷던 사람인가? 이 사람은 경멸과 무시와 과소 평가와 노골적으로 책망을 받는 것을 견디지 못했던 자가 아닌가? 재치, 위대함, 명령에 있어서 명예와 우선권을 가져야만 했던 사람들인가? 자신은 완전하고 죄가 없다고 생각했던 사람인가? 아니면 자신의 죄가 너무 작아서, 성도들의 겸손과 개혁과 근면함이 필요하지 않다고 했던 사람인가? 자신과 집, 가구를 다른 사람에게 보여 주기 위해 최신식 패션으로 반나절 동안 가장 산뜻하게 꾸미며 시간을 보냈던 여성인가? 마치 그녀는 너무 거룩해서 땅을 밟을 수 없다는 듯이, 초점 잃은 눈과 자유분방한 옷차림으로 항상 젠체하며 걷던 사람인가? 그렇다면 이러한 경우에 실제 상황이 어떻게 바뀔까! 당신은 하나님의 심판을 받아야 한다고 믿고 생각하면서 여전히 교만할 수 있을까?

방향 제시-14 '당신이 교만하도록 유혹하는 마귀들을 보라. 교만이 사람들에게 어떤 결과를 가져왔는지 보라. 교만한 사람은 마귀의 형상이고 교만은 마귀의 특별한 죄라는 것을 기억하라.' 당신의 행복을 시기하는 사람은 슬픈 경험을 통해 불행으로 가는 길을 안다. 그러므로 당신으로 교만해지도록 유혹하는 것은 그 자신이 도달한 것과 같은 목적에 이르게 하려는 것이다. "자기의 지위를 지키지 아니하고 자기 처소를 떠난 천사들을 큰 날의 심판까지 영원한 결박으로 흑암에 가두셨다."[80]

방향 제시-15 '몸과 영혼을 잘 살펴보고 당신이 교만한 사람인지 생각해 보라.' 하나님께서는 의도적으로 당신의 불멸의 영혼에 부패할 수 있는 육체의 거친 옷을 입히셨으며, 그것을 볼품없고 황폐한 오두막에 두어 교만에서 보호되도록 하셨다. 참으로 그는 이 연약하고 부패하기 쉬운 몸을 우리 인격의 구성 부분이 되게 하셨으니, 그것은 우리가 그것을 알 때 우리 자신을 알 수 있게 하기 위함이다. 어떤 사람들은 교만에 대한 해독제로 죽은 사람의 두개골을 그들의 연구실이나 방에 두기도 한다. 그러나 하나님은 여전히 우리를 필멸의 상태에 더 가까이 연결해 놓으셨다. 죽음은 우리의 창자 안에 머물고 있다. 우리는 그토록 고귀한 영혼이 돌아가야 할 흙으로 만들어지고 그처럼 비열한 육체 안에 머문다는 사실에 놀라기 쉽다! 돌은 내구성이 있고 깨끗하지만 내 육체는 부패하기 쉽고 역겨운 오물과 부패로 변해야 한다. 대리석 기둥은 세세에 걸쳐 견고하고 아름답게 서 있을지라도 나는 멸망하여 어둠 속으로 사라져야 한다. 우리가 앉은 자리, 우리가 기대는 기둥, 우리가 밟은 돌은 우리가 흙으

---

80) 유 1:6

로 변할 때 여기에 있을 것이다. 내가 지은 집은 내가 무덤에서 썩어도 서 있을 수 있다. 나무를 심은 사람이 죽어도 나무는 살아 있을 것이다. 우리 몸은 짐승보다 더 좋은 물질이 아니다. 우리의 물리적 물질은 지속적으로 유출되거나 소비되며 매일 무언가를 잃어버린다. 그것은 매일 공기와 영양분으로 수리되거나 고쳐지지 않으면 곧 소진되고 우리의 기름은 다 소모될 것이다. 당신이 여전히 가지고 다녀야 하는 죽은 시체에 묶여 있다면, 그것은 당신을 겸손하게 하는 것이 아니라, 당신 자신의 그토록 비열한 몸과 연합하는 것이다. 우리는 계속해서 우리 안에 똥 무더기를 가지고 다닌다. 아아! 당신 안에 가장 크고, 강하고, 아름다운 한 부분이 얼마나 비천한 것인가! 당신이 그렇게 소중히 보살피는 육체지만, 부패된 것으로 가득 찬 그 살덩어리는 무엇인가? 오물, 가래, 담즙 주머니 아니면 배설물 같은 것인가? 호기심을 많이 끄는 귀부인이 머리와 창자에 가래가 있고, 간과 담낭에 담즙이 있고, 다른 기관에 벌레나 오물이 보인다면 사람들은 그런 광경에 금방 구토할 것이다. 돼지나 짐승은 속이 깨끗하다. 만약 이 오물이 당신의 동료보다 더 하얀 피부나 더 선명한 색으로 덮여 있다면, 그것이 자랑거리가 될 이유가 될까? 질병이 당신을 변화시키고 파괴시켰을 때, 당신이 아름다움이라고 부르는 것이 어디에 있을까? 만약 문둥병이나 천연두로 인해 피부가 변형되거나, 열병이나, 폐결핵, 수종이 그것을 초췌하게 하고 담식이나 통풍 또는 그런 고통이 당신에게 닥치면 당신은 당신의 자존심을 부끄럽게 하는 것을 느끼거나 보게 될 것이다. 비록 그가 **헤롯** 왕이라 해도, 벌레가 살아 있는 자신을 먹지 못하게 할 수 없었는데, 그러한 그가 교만을 자랑할 수 있을까? 설사가 발하면 자신의 배설물을 막을 수 없다! 치통은 쉽게 견딜 수 없다! 당신이 교만하기에 합당하다면, 질병에 감염되는 것과 당신의 아름다움을 더럽히지 못하게 하고, 아프거나 약하거나 괴로워하지 말고 벌레와 부패가 당신 손님이 되지 않게 하라. 또는 당신이 이것 중 어느 것도 막기에 충분하지 않다면, 당신 자신을 알고 교만함을 부끄러워하라.

당신이 병에 걸리게 되면 다른 사람에게 짐이 될 것이다. 당신은 먹고, 옷을 입고, 당신을 돌아눕게 하고, 깨끗하게 유지하는 일에, 그들의 도움을 받아야 할 것이다. 모든 일이 끝났을 때, 당신은 죽어야 하며 어둠 속의 무덤에 누워야 한다! 당신 육체가 흙으로 변할 때까지 밤낮으로 누워서 썩어야 한다. 풀은 베어지면 시들지만 그것은 달콤한 향기를 낸다. 잘린 나무는 시간이 지나면 썩지만 우리만큼 지독한 악취를 풍기는 것은 아니다. 사람들의 시체가 들판에 널려 있을 때, 그리고 그것들이 습격을 당한 도시와 성의 도랑의 쓰레기 더미 사이에 수북이 쌓여 있는 비참한 전쟁 후의 모습을 본 사람은, 그런 혐오스러운 육체 덩어리는 결코 교만하지 않았을 것이라고 생각할 것이다. 일단 죽음이 당신 몸에서 영혼을 앗아 갔을 때, 당신의 가장 친한 친구들도 시체에 곧 싫증을 낼 것이고, 당신을 시야와 냄새에서 제거하기를 기뻐할 것이다. 교회의 묘지에 가서 흩어진 티끌과 뼈를 살펴보고 여기까지 와야 할 자들이 교만할 이유가 있는지 생각해 보라. 부자나 강한 자나 아름다운 자의 티끌 위에 구별할 수 있는 명예의 표시가 있는지 보라. 거기에 있는 뼈들이 정사와 지배를 위해 다투는가? 그러므로 인간의 무덤에 장식된 기념비를 갖고자 하는 욕망은 가장 혐오스러운 교만 가운데 하나다. 그러나 썩은 것과 먼지의 이웃은 교만을 수치스럽게 한다. 우리의 진지한 시인 허버트(Herbert)는 이렇게 말했다.

머리카락이 교만과 정욕으로 부드럽고 매력적으로 자라면,
부패하여 생긴 미세 먼지가 흙이라는 사실을 기억하지 못한다.

비록 당신 영혼이 몸보다 훨씬 고상하지만 여기 얼마나 무지하고 약하고 변덕스러운가! 사람들의 마음은 얼마나 거짓된 생각으로 가득 차 있는가? 그들이 알고 있을 수도 있고 알고 있다고 확신하는 것에 대해 얼마나 무지한가! 우리는 하나님의 모든 일과 그분의 말씀에 대해 얼마나 어두운가? 우리 자신에 대해 얼마나 더 어두운가! 가장 위대한 의사들도 회의론자가 되고 싶은 유혹을 강하게 받는다. 올해는 그들과 의견이 엇갈리는 모든 것에 대해 경멸적인 태도와 비난에 대한 표현에 자신 있다는 무지한 사람들은 아마도 내년에 그들의 판단을 바꾸고 스스로 철회할 것이다.

우리의 마음과 삶은 우리가 이해한 것보다 더 행복한가? 우리가 육체에 갇혀 있는 한, 육체의 관심이 우리의 소유에 관한 것이고, 육체의 욕망과 정욕이 영혼을 부패하게 하고 유혹하고 교란시키는 데도 그토록 많은 이점을 가지고 있는가? 자신을 알면 교만이 사라질 것이다.

방향 제시-16   '당신에게 자랑할 것이 있다면 그것이 무엇인지 기억하라. 그것은 당신의 것이 아니라 교만을 가장 미워하는 하나님께서 당신에게 주거나 빌려주었다는 것을 기억하라.'

1. 당신은 재물을 자랑하고 싶은 유혹을 받고 있는가? 그것들은 그 자체로는 찌꺼기에 불과하며, 재물은 다른 가난한 사람들처럼 무덤에서 사용하지 못할 것이다. 그것들의 유용성은 당신 주인의 달란트에 불과하니 당신이 자랑스럽다 할 것은 당신 주인의 달란트일 뿐이다. 당신이 더 많이 가지면 가질수록 당신의 책임은 더 커질 것이다. 극 소수의 부자만이 덫에서 벗어나 천국에 올 것이다. 그러므로 당신의 책임과 위험은 오히려 당신을 겸손하게 하고 심히 두려워하게 할 것이다. 야고보서 5장 1-4절과 누가복음 12장 19, 20절을 읽어 보라.

2. 당신이 자랑하는 것이 위대함인가, 지배력인가, 아니면 사람들의 박수갈채인가, 명예인가? 이것은 그 자체로 꿈이므로 다른 사람보다 더 낫지도 안전하지도 않다는 것을 기억하라. 당신은 높은 곳에 서 있기에 폭풍과 위험이 다른 사람보다 더 많으며, 추락하여 가장 낮은 곳이 될 것이다. 당신의 능력과 위대함을 사용하는 것은 당신 자신을 위한 것이 아니라 하나님을 위한 것이니. 당신에게 위임된 행위의 결과는 사려 깊은 신자가 예견하고 두려워할 만큼 너무 클 것이다.

3. 당신이 자랑하는 것은 젊음의 힘인가? 그것이 당신이 가장 필요로 하는 것 중에서 당신을 위해 할 수 있는 일이 얼마나 적은가! 그것이 얼마나 빨리 나약함으로 바뀔 것인가! 욥기 36장 14절에서 **엘리후**가 말했듯이, 청소년기에 얼마나 많은 사람들이 죽고 그들의 삶이 부정한 가운데 있는지! "그들의 뼈는 그들의 젊음의 죄로 가득 차 있으며, 그것은 그들과 함께 흙에 누울 것이다."[81]

4. 당신이 자랑하는 것이 아름다움인가? 나는 전에 질병과 죽음이 그것을 어떻게 할지 말

---

81)   욥 20:11

했다. "하나님께서 사람의 죄를 꾸짖으실 때, 그 아름다움을 좀먹음 같이 소멸하게 하시니 참으로 인생이란 모두 헛될 뿐이다."[82] 당신의 아름다움이 계속된다면 그것은 당신에게 얼마나 도움이 될까? 어리석은 자 외에 누가 이성적인 피조물의 가치를 분별할 때, 그 피부를 보겠는가? 어리석고 정욕과 사탄의 종이라 해도 아름다울 수 있다. 내부에 썩은 것이 들어 있는 무덤도 금빛으로 치장할 수 있다. 가장 좋은 지갑을 고를 것인가 아니면 가장 큰 지갑을 고를 것인가? 어린아이나 어리석은 자 외에 누가 책을 고를 때 그 안의 가치로 평가하지 않고, 아름다운 표지나 낱장 마다 금박 입힌 것을 선택하겠는가? **압살롬**은 아름다웠는데, 그에게 더 나은 것이 무엇이었나? "고운 것도 거짓되고 아름다운 것도 헛되나 오직 여호와를 경외하는 여자는 칭찬을 받을 것이다."[83]

5. 당신이 자랑하는 것이 좋은 옷과 화려한 장신구라면 그것은 너무 어리석고 유치한 것보다 더 나쁜 죄이다. 나는 그것을 소유한 사람보다 디자인한 사람이 더 칭찬받을 만하다고 말하여, 다른 사람에게 경멸과 웃음거리가 되도록 함으로써, 그것을 반박하는 것 외에 다른 반증을 할 수 없다. 당나귀나 기둥도 당신만큼 멋지고 값비싼 옷차림을 할 수 있다. 곧 그것은 수의(winding-sheet)로 바뀔 것이다.

6. 당신이 자랑하는 것이 당신의 출생, 조상, 훌륭한 친구인가? 개인적인 공로는 가장 공로가 큰 가족의 일원이라는 것과 비교할 수 없을 정도로 우수하다. 그들의 헛된 칭호와의 관계보다 훨씬 더 우수하다. **가인**은 인류의 조상 **아담**의 아들이었다. **함**은 **노아**의 아들, **에서**는 **이삭**의 아들, **압살롬**은 **다윗**의 아들이었다. 사악한 아버지를 둔 경건한 아들이 그들보다 더 칭찬을 받는다. 당신의 조상은 죄 많은 **아담**의 공통 혈통에 불과하다. 당신의 중요한 친구들은 당신의 적이 될 수 있다. 하나님이 당신의 친구가 아니라면, 당신의 친구들 중 가장 훌륭한 사람이라 해도 당신을 위해 할 수 있는 일은 거의 없다.

---

82) 시 39:11
83) 잠 31:30

7. 당신이 자랑하는 것이 당신의 학식, 지혜, 말이나 행동할 수 있는 능력인가? 마귀들과 지금 지옥에 있는 많은 사람들이 이 일에서 당신보다 훨씬 뛰어나다는 것을 기억하라. 참으로 당신이 지혜로우면 지혜로울수록 더 겸손해질 것이다. 자부심으로 당신은 당신의 지혜에 대한 당신의 과시가 거짓이라는 것을 보여 준다. 주인을 멸망에서 구하지 않은 **아히도벨**의 지혜는 자랑할 만한 것이 못된다. 하나님의 율법에 관해 지혜를 자랑하는 자가 있었는데, 결국 그들이 하나님의 말씀을 버렸기 때문에 부끄러움을 당하고 생명을 잃게 되었다. 그러면 그들 안에 지혜는 무슨 일을 했나? "그러므로 여호와께서 이와 같이 말씀하시되 지혜로운 자는 그의 지혜를 자랑하지 말라. 용사는 그의 용맹을 자랑하지 말라. 부자는 그의 부함을 자랑하지 말라. 자랑하는 자는 이것으로 자랑할지니 곧 명철하여 나를 아는 것과 나 여호와는 사랑과 정의와 공의를 땅에 행하는 자인 줄 깨닫는 것이라."[84] "지혜 있는 자가 어디 있느냐? 선비가 어디 있느냐? 이 세대에 변론가가 어디 있느냐? 하나님께서 이 세상의 지혜를 미련하게 하신 것이 아니냐?"[85]

8. 당신이 자랑하는 것이 전쟁에서의 승리인가, 아니면 위대한 사업인가? 그러나 당신은 누구의 힘으로 그것을 수행했는가? 그것이 당신의 구원 성취를 방해하는 성공이라면 얼마나 불행한 일인가! 얼마나 많은 사람들이 성공에 대한 교만으로 다시 수치로 전락했는가!

9. 당신이 자랑하는 것이 당신의 탁월함을 선포하는 사람들의 박수인가? 아아, 사람의 호흡이 얼마나 짧은 한순간인지! 당신에게 박수치는 사람이 얼마나 변덕스러운지! 아마도 다음 날 그들의 마음이 바뀌면 당신을 비난할 것이다. 마귀의 휘파람이 당신을 멸망시킬 수 있는 치명적인 덫으로 유혹하는 칭찬소리임에도 그것이 자랑스러운가? 칭찬은 많은 사람들을 멸망시키므로 두려워해야 할 위험이고, 기뻐할 만한 유익도 없고, 자랑할 만한 유익도 없다. 칭찬을 받는 사람은 소수에 불과하기 때문이다. 명성과 박수는 진정한 가치와 덕을 높이는 것이 아니라 많은 사람들을 치명적인 자만심으로 우쭐하게 하는 것이다.

---

84) 렘 9:23, 24
85) 고전 1:20

10. 당신이 자랑하는 것이 당신의 은혜와 선함인가? 아니면 종교의 탁월함인가? 이것은 가장 어리석은 것이다. 일반적인 자부심은 당신에게 구원의 은혜가 전혀 없다는 어떤 표시임에도, 구원의 은혜를 갖지 못한 것을 자랑하고, 그것을 가지고 있다 해도 그것을 자랑하는 한, 당신은 그것을 잘못 사용하고, 진실의 타당성을 부정하고 파괴하는 것이다. 전염병이나 폐병이 건강과 연관이 있는 것같이 교만은 은혜와 연관이 있다. 미미한 은혜와 지식을 가진 초보자는 교만 때문에 우쭐하기 쉽다. 그러므로 교만으로 인해 마귀를 정죄하는 그 정죄에 빠진다.[86] 같은 죄로 같은 형벌을 받는 것이다. 냄비가 끓으면 그 안에 있던 것이 불에 의해 없어진다. 은혜를 잃지 않도록 당신의 은혜를 너무 높이 평가하지 말라. "높은 마음을 품지 말고 도리어 두려워하라."[87] "선 줄로 생각할 때, 넘어질까 조심하라."[88]

방향 제시-17 '모든 은혜와 규례와 의무의 본질과 성향을 살피고 부지런히 사용하라. 왜냐하면 그것들은 모두 교만을 파괴하는 경향이 있기 때문이다.' 지식은 교만의 어리석음과 해로운 경향과 겸손에 대한 많은 문제를 분별한다. 믿음은 우리의 교만을 버리고, 자비와 공급을 받기 위해 공허하고 굶주린 영혼들이 그리스도께 나아가는 것이다. 그것은 우리에게 십자가에 못 박히신 그리스도, 지극히 거룩하신 하나님, 겸손한 영혼으로 이루어진 영광스러운 사회, 그리고 교만한 사람을 위한 무서운 심판과 저주, 영혼의 겸손에 대한, 세상에서 가장 강력한 광경을 우리에게 보여 준다. 나는 당신에게 모든 은혜와 의무에 대해서도 똑같은 것을 보여 줄 수 있지만 그것은 지루한 일이기에 생략한다.

방향 제시-18 '당신 자신과 다른 사람들에 대한 하나님의 겸손한 심판을 바라보고 그 모든 것으로 당신의 교만에 대항하라.' 당신은 비참한 자들이 자랑하는 것이 부적절하고 때에 맞지 않다고 생각할 것이다. 당신은 종종 당신의 양심, 당신의 육체, 당신의 재산, 당신의 이름, 당신의 친척 또는 친구에 대해 이런저런 불평을 자주하지 않는가? 여전히 불평하면서

---

86) 딤전 3:6
87) 롬 11:20
88) 고전 10:12

도 자랑하는가? 당신이 이미 알고 있는 심판이 당신을 겸손하게 하지 않았음에도, 하나님께서 당신을 사랑하시고 구원해 주실 것이라면, 당신이 구부릴 때까지 더 무겁게 느끼고, 그 짐이 늘어날 것이라고 예측할 수 있다. 비참하고 완고한 죄인들아! 병들고 신음하면서도 교만할 수 있는가? 궁핍한 가운데 투덜거리면서도 자랑스러운가? 매일 이런저런 일로 좌절하지만 여전히 자랑스러운가? 참으로 하나님의 불쾌함에 대한 두려움으로 괴로워하면서도 교만할 수 있나? 이 왕국에서 우리에게 닥친 모든 전쟁과 피와 폐허는 아직 교만을 무너뜨리기에 충분하지 않은가? 우리는 많은 겸손한 광경을 보았고 겸손하게 하는 채찍을 겪었지만, 아직 겸손하게 되지 않았다! 집이 강탈당하고, 마을이 불타고, 나라가 약탈당하고, 수천 명이 피를 흘리고 그들의 시체가 들판에 흩어져 있지만 우리는 겸손하게 되지 않았다! 우리가 우리의 부함을 자랑했지만 그것들을 빼앗겼다. 건축물을 자랑했지만 폐허 더미로 변했다. 우리의 정부를 자랑했고, 우리나라의 명성과 영광을 자랑했지만, 우리는 우리의 죄가 우리 정부를 무너뜨리고 통치자들의 명예를 더럽히고, 우리의 영광을 더럽히고 그것을 수치로 바꿔 놓은 것을 보았다. 그럼에도 우리는 겸손하게 되지 않았다. 전염병에 감염된 집에서 살면서 아버지와 어머니, 형제자매를 묻고 다음 차례가 올 때까지 살아남은 사람이 극소수임에도 불구하고, 이 소수의 사람이 겸손하게 되지 않았다면, 당신은 그들을 눈멀고 어리석은 사람이라고 생각하지 않겠는가? 아직까지 당신은 높이 보이는 것과 탁월함을 추구하며, 명예를 구하고 다른 사람을 시기하며, 지배하기를 원하며 당신의 의지와 방식을 가지고, 가장 단정한 옷차림을 하고 스스로 활동을 시작하려는가? 겸손해지기 전에 더 통렬한 채찍이 있어야 하나? 더 큰 부상, 폭력, 손실, 두려움, 비난이 수단이 되어야 하나? 왜 더 쉬운 것을 버리고, 그토록 고통스러운 치료법을 선택하려 하는가? 만일 그렇다면 심판이 머지않아 당신에게 더 가까이 이를 것이니 그 심판이 당신의 나머지 부분을 벗기거나 수치로 덮거나 침상 위에서 괴로워하게 하여 머리가 아프고 마음은 답답하고 몸은 지치고 숨이 가빠 헐떡거리게 할 것이다. 교만하고 죄 많은 영혼이 당신의 몸에서 빠져나와 거룩하신 하나님 앞에 나타날 때를 기다림에도 불구하고 교만과 명예 때문에 다투겠는가? 당신을 위해 종이 울릴 준비가 되고, 당신에게 수의를 입히고 관에 넣어 상여(pier)로 무덤에 옮겨 벌레와 부패로 썩을 어둠 속에 남겨 두려고 하는데 교만할 것인가? 그때 당신의 거만한 외모, 높은 마음, 화려한 장식품, 명예는 어디에 있을까? 그때 당신은 더 높은 방에 올라가서 당신의 명예를 가린 자들에게 복수할 것인가? **다윗**은 "귀인들을 의지하지 말며 도울 힘이 없는 인생도 의지하지 말지니 그의 호흡이 끊어지면 흙으로 돌아가서 그 날에 그의 생각이 소멸하리라."[89]고 말한다.

방향 제시-19 '세상에서 당신에 대한 교만의 비참한 영향을 살펴보라. 그러면 교만의 혐오스럽고 치명적인 본성을 이해하는 데 도움이 될 것이다.' 교만이 어떻게 전 세계를 불태우는지 모르는가? 전쟁을 일으키고 왕국을 파멸시키고 인간의 피를 뽑으며 악의와 증오와 잔인함과 불의와 반역과 모반으로 세상을 채우고 자비와 진리와 정직을 파괴하고 인간의 마음 위에 하나님이 남겨놓은 모든 것을 파괴하는 것을 모르는가? 지금까지 보고 느끼고 들어온 모든 혼란과 재앙, 비난과 욕설, 잔인함이 교만이 아니라면 어디에서 온 것인가? 세상을 통해 그리스도와 그의 복음을 짓밟은 것이 교만이 아니면 무엇인가? 순교자들을 불태우고, 그의 종들을 파멸시키고, 분열로 교회를 산만하게 하고 나눈 것이 교만 아니면 무엇인가? 많은 종파와 교주를 세웠고 거의 모든 사람들이 남을 대적하게 했는데 이것은 저주받을 만한, 욕망을 억제하지 못한 교만에서 야기된 것이 아니면 무엇인가? 이 시대에 영국에서 교만이 해 온 것을 보았음에도 불구하고 아직까지 그 혐오와 사악함을 분별하지 못하는 사람은 이상하게도 눈이 먼 사람이다. 모든 교만한 사람은 자신이 사는 곳에 전염병이나 짐이 된다. 만약 그가 높은 사람이라면 **나발**이다. 사람들은 그에게 말하기가 어렵다. 그는 그의 밑에 있는 모든 것이 인간을 위해 만들어진 열등한 피조물인 것처럼 그의 뜻과 명예를 충족시키기 위해 만들어졌다고 생각한다. 만약 그가 하급자라면 상급자의 명예와 통치를 멸시하고, 상급자라면 하급자에게 너무 많은 것을 요구하고, 자기 아래 있는 사람은 복종해야 한다고 생각한다. 부자라면 가난한 사람들이 금 송아지나 느부갓네살의 금 신상에 하듯, 자신에게 절해야 한다고 생각한다. 가난한 사람이면 부자를 시기하고, 하나님이 그를 그런 상태에 두신 것을 참지 못한다. 배운 사람이면 자신을 선지자로 생각하고, 배우지 못한 사람이면 자신이 바라는 지식을 멸시하고 가르침 받기를 경멸한다. 어떤 상태에 있든, 그는 불 속에 사는 불 도마뱀이

---

89) 시 146:3, 4

며, 그의 권력이 자신의 행동을 정당화하는 데에 필요하면, 집과 마을과 나라를 괴롭힐 것이다. 그는 어떤 건물에도 놓일 수 없는 다듬지 않은 돌이다. 그는 고요함과 평화의 천적이다.

방향 제시-20 '하나님께서 우리의 구속 사역에 대한 그의 전체 계획에서 그가 구원할 모든 사람들을 겸손하게 하기 위해 어떻게 계획하셨는지 잘 생각해 보라.' 그가 기뻐하셨다면, 인간을 원시적 순수함 속에 두셔서 구원하셨을 것이다. 그분은 죄를 짓지 않으시지만 왜 죄를 허용하시는지 알고 있다. 하나님은 인간을 겸손하게 하는 데에, 창조 때에 하찮은 먼지로부터 만들어졌다고 생각하게 하는 것만으로는 충분치 않다고 생각했다. 그러나 그는 또한 자신의 도덕적 무익함과 죄에 대한 감각을 가지고 자신을 겸손하게 할 것이다. 그는 그의 자연적 삶에 대해 그의 창조주만큼 그의 새 생명과 구원을 위해 구세주와 성화되게 하는 자에게 신세를 지게 할 것이다. 사람은 최초에 타락을 했고, 저주아래 있어, 몸값을 내고 구출되기 전까지는 사망의 자녀가 되고 지옥에 가까이 가는 것이 허용되었다. 이는 그가 자신의 비참함을 수치스럽게 여기고 모든 소망과 회복을 하나님께 돌릴 수 있도록 하기 위함이다. 어떤 육체도 율법의 행위나, 자기 행위의 의로 정당화될 수 없으며, 오직 구세주의 만족과 공로에 의해서만 정당화될 수 있다. 이는 모든 자랑을 제거하고, 어떤 육체도 그 앞에서 자랑하지 못하게 하고, 사람이 겸손해지고, 우리의 구속주께서 영원히 찬양을 받으시게 하려는 것이다. 그러므로 하나님은 겸손한 행위를 통해 사람들이 믿음과 용서를 받을 수 있도록 설정하시고, 죄인들로 하여금 정당화되기 전에 스스로를 정죄하게 하신다.

방향 제시-21 '그리스도께서 자신의 참된 제자들에게 요구하는 성품을 읽어 보라. 그러면 당신은 그분이 모든 사람에게 얼마나 큰 자기부정과 겸손을 요구하는지 보게 될 것이다.' 첫 회심에서 당신은 어린아이와 같이 되어야 한다.[90]

우월함과 위대함을 위해 싸우는 대신 모든 사람의 종이 되기를 갈망해야 한다.[91] 당신은

---

90) 마 18:3
91) 마 23:11, 20:27

그의 마음이 온유하고 겸손하다는 것을 배워야 하고 형제들의 발을 씻기기 위해 몸을 구부리는 법을 배워야 한다.[92] 당신의 권리를 위해 복수나 평화롭지 못한 다툼 대신 당신에게 해롭게 명령을 내리는 자들에게 복종하고, 당신을 때리는 자에게 다른 뺨을 돌려 대며 당신에게 해롭게 빼앗는 자에게 나머지도 넘겨주며, 당신을 저주하는 사람에게 축복하고 당신을 해치고 박해하는 자들을 위해 기도하라.[93] 이런 자들은 그리스도를 따르는 자들이다.

방향 제시-22 '교만은 모든 사람에 대한 증오나 경멸을 드러냄으로써 그 자체로 어떻게 진실에 모순되는지 기억하라.' 모든 사람은 자신을 소중히 여기는 다른 사람에 대한 교만을 싫어한다. 겸손한 자는 그를 아는 모든 사람에게 좋은 평가를 받지만 교만한 자는 일반적인 비방의 표시다. 부자는 그를 경멸하고, 가난한 사람은 그를 시기하며, 모든 사람이 그를 미워하고 많은 사람이 그들을 조롱한다. 이것이 그 교만한 자의 성공이다.

방향 제시-23 '교만이 야기하는 비참한 끝을 가만히 살펴보라.' 그것은 신앙을 포기하도록 위협을 가한다. 만약 하나님이 당신들 중 하나를 버리고, 당신 들 중 어느 한 사람이 하나님과 그의 진리와 양심을 버리고, **롯**의 아내와 같이 되어 다른 사람들에게 경고하기 위한 형벌의 기념비가 된다면, 그것은 교만하고 자만심이 강한 사람이 될 것이다. 그것은 하나님의 모든 자비, 당신의 의무와 재능, 객관적으로 당신의 은혜를 음식과 연료로 만든다. 그것은 당신이 무서운 타락 또는 진지한 심판에 임박했다는 신호다. 왜냐하면 하나님께서 당신에게 이 미래에 대한 예후를 주셨기 때문이다.[94] **아합**은 스스로 겸손할 때에 더 안전하고, **히스기야**는 들어 올려질 때 넘어지고 있는 것이다. 그들은 책망을 경멸하는 가장 완악한 죄인들이기에 일반적으로 하나님과 사람들에 의해 버림을 받고, 그들이 멸망할 때까지 자기기만 상태에 머문다.

---

92) 요 13:5, 14
93) 마 5:39, 40, 44
94) 눅 14:11, 1:51; 잠 15:25, 16:5; 사 2:11, 12

방향 제시-24 '교만하고 자신감 있어 하는 세속적인 사람들이 아니라 겸손하고 고통받는 사람들과 대화하라.' 모든 생명 있는 자의 끝을 볼 수 있고, 그것을 마음에 새김으로써 더 나아질 수 있는 '애도의 집'에 많이 머물고, 당신의 '마음이 환희의 집에 머물지 않게 하라.'[95] 존귀하나 깨닫지 못하는 사람과 대화하며 즐거워하지 말라. 그들은 멸망하는 짐승과 같다. 왜냐하면 그들은 그들의 집을 영속시키려 생각하고, 그들의 땅을 그들의 이름으로 부르지만, 여전히 그들은 그들의 명예 안에 거하지 않는다. '이것이 어리석은 자들의 길이다'라고 하지만 '그들의 후손은 그들의 말을 좋아한다'고 시편은 말한다.[96] 회개하고 겸손한 영혼들과 대화를 나누라. 그러면 죄의 끔찍함과 마음의 사악함과 속임수를 보았고, 그들 자신의 경험으로 어떤 겸손의 원인이 여전히 당신 앞에 있는지 알려 줄 수 있다. 이것들이 당신에게 가장 안전하다. 나는 교만이 세상에 널리 퍼져 있고 그것이 영혼과 가족, 교회와 국가에 미치는 해로운 영향을 보았기 때문에 교만을 크게 반대해 왔다. 그리고 많은 사람들이 그것을 마땅히 분별하여 저항하지 않기 때문이다. 나는 하나님이 당신의 마음에 머물고 당신의 사회에 평화가 있기를 바란다. 번영이나 역경의 때에 발생하는 시험의 기간에서 당신이 굳건히 서있고 고통을 수월하게 겪기를 원한다. 그러나 이 중 어느 것도 겸손이 없으면 안 될 것이다. 나는 심판이 '우리에게 당신의 입을 땅의 티끌에 대라.'[97]고 명령을 할 때에도 하나님의 능하신 손 아래서 겸손하지 않는 것을 미워한다. 폭풍우가 오랫동안 계속되었고, 삼나무가 쓰러졌다. 지금 폭풍우에서 벗어날 유망한 후보는 관목과 굽은 버드나무다. 나는 당신의 영혼이나 땅에 임할 진노의 예언을 눈앞에서 보는 것이 혐오스럽다. 나는 당신 중 누구라도 교만으로 말미암아 죄에 대해 겸손하지 않거나 멸시를 받는 경건을 부끄러워하는 것을 싫어한다. 종교적으로 보이는 사람이 선동적이거나 평화롭지 못하거나 신앙을 포기하는 자로 밝혀지는 것을 싫어한다. 그러므로 나는 특별히 여러분에게 간청한다. 교만을 주의하라. 당신 자신을 작게 여기라. 때에 맞지 않게 서로를 칭찬하지 말라. 명백한 책망에 화를 내지 말라. 당신의 의무를 다하고 당신의 명성을 하나님의 뜻에 맡겨라. 자녀에 대한 교만을 꾸짖어라. 복장과

---

95) 전 7:2-4
96) 시 49:20, 12-14
97) 애 3:29

일자리를 갖는 것에도 그들의 교만을 꾸짖어라. 가장 자연스럽고(현재) 가장 해로운 것을 귀하게 여기지 않도록 하라. 하나님은 겸손한 자와 함께 거하시고 겸손한 자를 구하여 그와 함께 거하실 것이다.[98] "겸손과 온유와 오래 참음을 옷 입고 서로를 용납하라."[99] 겸손의 옷을 입고 겸손한 마음으로 하나님을 섬겨라. 때가 되면 그가 너희를 높이리라.[100]

---

98) 사 57:15; 욥 22:29
99) 골 3:12, 13
100) 행 20:19; 벧전 5:6, 7

6부
탐욕 또는 재물에 대한 사랑과 세속적인 염려에 대한 방향 제시

나는 이 주제에 대해 이미 《그리스도의 십자가에 의해 세상을 십자가에 못 박음》이라는 논문을 썼기 때문에 지금 조금만 이야기할 것이며, 나는 이 죄에 대하여 많은 방향 제시(서문과 논문에서)를 하였다.

방향 제시-1 '이 죄의 본질과 악성을 잘 이해하라. 그것이 무엇인지, 그리고 그것이 왜 그렇게 중요하고 위험한지 모두 이해하라.' 여기서 다음 사항을 말할 것이다.

1. 재물에 대한 어떤 사랑이 합법적인가?
2. 무엇이 불법적인가? 그리고 이 탐욕이나 세속적인 죄는 무엇으로 구성되어 있나?
3. 그 악의나 중요성은 어디에 있나?
4. 그 징후는 무엇인가?
5. 상반되는 미덕을 위조하여 세상 사람들의 눈에서 이 죄를 숨기는 것은 무엇인가?
6. 어떤 거짓된 모습 때문에 많은 사람들이 부당한 탐욕을 유죄라고 믿는가?

[피조물에 대한 합법적인 사랑]

I. 피조물, 세상 또는 재물에 대한 모든 사랑은 죄가 아니다. 왜냐하면,

1. 하나님의 일은 그 자체로 모두 선하다. 그리고 모든 선은 사랑스럽다. 그것들이 하나님과 관련되어 있고 그의 능력과 지혜와 선함이 그들에게 각인되어 있기 때문에 우리는 그분을 위해서라도 그것들을 사랑해야 한다.

2. 하나님의 작품에 나타난 그의 속성에 대한 모든 인상은 그것들을 투명하게 보게 만들었기에 이 거리를 두고 창조주를 보아야 한다. 그분에게서 떨어진 그것들의 달콤함을 통해 그의 선하심과 사랑을 맛보게 된다. 그래서 그것들은 우리 모두를 하나님께 인도하고, 우리의 마음이 그분과 대화하도록 돕고, 우리의 가장 소중한 친구의 사랑의 증표로 우리 가슴에 하나님의 사랑을 불태우도록 만들어졌다. 그런 식으로 우리가 하나님과 교통하는 수단으로서 그것들을 사랑하는 것은 의무이지 죄가 아니다.

3. 그것들은 본래 우리 몸을 유지하고 생명과 건강과 활력을 보존하는 수단이다. 그런 이유로써 모든 짐승이 음식을 좋아하는 것처럼 우리의 감성적인 부분도 그것들을 사랑한다. 그리고 이 사랑은 그 자체로 도덕적인 범주가 아니며, 우리의 이성에 복종하여 사용되거나(그래서 그것은 선이다) 이성에 거역되기(그래서 그것은 악이다) 전까지는 덕도 악도 아니다.

4. 피조물은 우리가 세상에서 하나님께 무언가를 갚아야 할 일을 하는 동안 우리 몸을 지탱하는 데에 필요한 수단이다. 그래서 그것들은 그분을 섬기는 수단으로 사랑받아야 한다. 그렇지만 우리는 재물이 일반적으로 이만큼 필요하다고 정확히 말할 수 없다.

5. 우리가 영원을 준비하는 동안 피조물은 천국으로 가는 여정에서 우리 몸을 지탱하는 데에 필요하다. 따라서 그것들은 우리의 구원에 대한 간접적인 도움으로 사랑받아야 한다. 그

리고 이 마지막 두 가지 측면에서 우리는 기도할 때 그것을 '일용할 양식'이라고 부른다.

6. 재물은 우리가 궁핍한 형제를 구제하고 교회나 국가를 위한 선행을 촉진할 수 있게 해 준다. 이런 식으로 그들은 또한 사랑받을 수 있다. 우리가 재물에 대해 감사하는 만큼, 우리는 그것들을 사랑할 수 있다. 왜냐하면 우리는 선한 것 외에는 아무것도 감사할 수 없기 때문이다.

[탐욕이란 무엇인가?]

II. 또한 세속적이거나 재물에 대한 죄악 된 사랑은 다음과 같다.

1. 재물을 사랑하고 원하며 하나님이나 우리의 구원보다 육체를 위해 더 많이 구할 때, 심지어 우리의 세속적인 번영의 물질이나 수단으로서 육체가 자기를 기쁘게 하고, 욕망을 만족시키기 위한 것만 원할 때이다. 또는 그 교만은 다른 사람들을 만족시키고 그 비율로 의무를 지우고, 화려함 속에서 살면서 자신의 위대함을 보여 주거나 나쁜 사람들에 대한 우리의 지배력을 더 보여 줄 수 있는 화려함 속에서 살아감으로써 스스로를 지탱할 만큼 충분히 가질 수 있다.

2. 그러므로 우리가 이 육체의 목적에 가장 적합하다고 생각하는 비율로 재물을 원할 때, 우리의 일용할 양식과 천국으로 가는 승객으로서 우리를 지탱해 줄 수 있고, 우리 영혼을 보호하고, 하나님을 섬기는 데에 가장 많은 도움이 될 수 있는 비율의 재물에 만족하지 않는다. 그러므로 그것은 재물에 대한 사악한 사랑이 주된 목적이다. 재물이 교만이나 육체를 기쁘게 하기 위해 사랑받을 때, 그것은 주로 하나님과 그에 대한 봉사와 종들과 우리의 구원을 위한 것이 아니라 세속적이고 육체적인 행복을 위한 것이다. 실제로 관능주의자들은 재물을 사랑하기 때문에 미움을 받는다.

[세속성이 지배적일 때]

세속적인 것은 지배적이라면 그것은 죽음의 어떤 징후이다. 아니면 욕망이 억제된 상태에 있다. 즉 구원하는 은혜로 통제된 상태에 있는 것이다. 하나님에 대한 공경심이 없는 자들과 같이 세속성이 지배하는 것은, 영원한 행복에 대한 생생한 믿음이 없고 하늘에 보화와 희망을 두지 않은 사람들이 현세의 쾌락과 번영을 그들의 가장 소중한 행복으로 여기기 때문에 현세적인 행복의 본질과 수단으로 세상의 재물이나 완전한 공급을 사랑한다. 겸손한 사람속에 있는 세속성은, 그가 자기 보물을 하늘에 쌓아 두고, 육체의 모든 쾌락과 번영보다 자기의 영원한 행복을 실제로 귀하게 여기고, 먼저 하나님 나라와 그의 의를 구하고, 주로 하나님과 자신의 구원을 위해 재산을 사용하지만 육체의 번영과 쾌락에 대한 지나친 욕망과 그 목적을 위한 재물에 대한 과도한 욕망의 일부가 아직 남아 있다. 그러나 그가 그것을 미워하고 슬퍼하고 저항하며 재물을 다스린다면, 하나님의 관심과 자신의 구원을 거스르는 것이 우세하지 않다. 그러나 결국 이것은 용서받을지라도 큰 죄이다.

[재물에 대한 사랑의 악성]

III. 재물을 사랑하는 죄의 악성이나 교만은 아래와 같다.

1. 세상이나 재물에 대한 사랑은 고의로 짓는 죄이지, 단순한 무모함이나 갑작스러운 정욕의 죄가 아니다. 세속적인 사람들은 그들의 목적을 달성하기 위해 노력한다.

2. 그것은 우리의 이익, 사랑과 선택에 대한 죄이며, 우리의 가장 큰 이익에 반하여 덫을 놓는 죄다. 그것은 잘못된 목적을 설정하고 그것을 추구하는 것이다. 그것은 수단의 잘못이나 잘못된 방법으로 올바른 목적을 추구하는 죄만이 아니다.

3. 그것은 우상숭배, 또는 하나님을 부인하고, 우리 마음에서 그를 버리고, 그 대신에 그의

피조물을 세우는 것이다. 세속적인 사람은 하나님께만 드려야 할 사랑과 신뢰를 피조물에게 준다. 그는 하나님 대신에 피조물을 기뻐하고 하나님 대신에 그것을 자신의 행복으로 구하고 붙든다. 그러므로 누구든지 세상을 사랑하는 한, 하나님 아버지에 대한 사랑이 그 안에 있지 않다.[101] 세상과 벗 된 것이 하나님과 원수가 된다.

4. 그것은 천국을 멸시하는 것이다. 천국이 무시될 때 비참한 세상이 선호된다.

5. 그것은 세속적인 것이 우세한 한, 믿음의 거부가 마음을 지배하는 것을 보여 준다. 왜냐하면 사람들이 하늘의 영광과 그 약속을 실제로 믿는다면 그들은 현재의 것들을 초월할 것이기 때문이다.

6. 그것은 인간의 영혼을 비하하고 짐승처럼 사용하는 한편, 주로 육체를 섬기는 일과 현세적인 행복을 추구하며 영원한 행복과 관심을 등한히 한다.

7. 그것은 어떤 한 능력이나 행위만 아니라 잘못된 목적을 추구함으로 인해 삶의 방향을 왜곡시키는 것이다. 그것은 특정한 실제적인 죄만 아니라 마음과 삶의 상태와 과정의 습관적인 죄이다.

8. 그것은 하나님의 피조물을, 목적과 용도에 어긋나게 왜곡하여 사용하는 것이며, 하나님을 섬기고 명예롭게 해야 하는 그의 은사로 그를 모욕하는 것이며, 우리의 도움과 이익을 위해 우리에게 주어진 그 자비로 우리의 영혼을 파괴하는 것이다. 이것이 가증스러운 이 죄의 진정한 특성이다. 한마디로, 그것은 하나님을 버리고 마음을 그에게서 돌이켜 그를 섬기는 일에서 떠나, 현세나 육체를 섬기는 것이다. 음행, 술 취함, 살인, 욕설, 위증, 거짓말, 도둑질 등은 매우 가증스러운 죄이다. 그러나 정욕이나 유혹의 힘에 의해 경솔하게 저지른 이들 중

---

101) 요일 2:15

한 가지 행동은, 그 사람이 탐욕스럽거나 세속적이라고 할 만큼 습관적으로 하나님에게서 마음을 돌이키는 악의적인 행위는 아니다.

[탐욕의 징후]

IV. 탐욕의 징후는 다음과 같다.

1. 육체적인 번영과 쾌락보다 하나님과 우리의 영원한 행복을 선호하지 않는다. 그러나 육체적인 번영을 그 가치보다 귀하게 여기고 사랑한다.

2. 하나님의 피조물을 육체를 위한 양식으로 존중하고 사랑한다. 그러므로 그것은 하나님을 섬기는 데 우리에게 도움이 되지 않는다.

3. 의무를 수행하는 데 있어 우리에게 필요하거나 유용한 것 이상을 갈망한다.

4. 세속적인 것을 좇는 일에 우리 욕망의 지나친 열심.

5. 불신과 근심과 장래를 위한 궁리.

6. 일용할 양식밖에 없을 때 불만과 근심, 열악한 형편에 대한 원망.

7. 세상이 우리의 생각을 과도하게 차지할 때. 우리의 생각이 더 좋은 것보다 세상에 더 쉽게 끌릴 때. 세상의 풍요에 대한 우리의 생각이 그리스도와 은혜, 천국보다 우리에게 더 즐겁고 달콤할 때. 궁핍과 가난에 대한 우리의 생각이, 죄와 하나님의 불쾌함에 대한 생각보다 우리에게 더 쓰라리고 비통할 때.

8. 우리의 말이, 하나님과 우리 영혼의 관심사보다 세상의 번영에 대해 더 자유롭고 달콤할 때.

9. 세상이, 우리 가족과의 대화를 지배하고, 하나님을 섬기고 우리와 다른 사람의 영혼을 위한 모든 진지한 노력을 차단하거나, 우리의 종교적 의무를 줄이고 의무보다 세상을 선호하며, 의무를 구석에 팽개치고 일을 약간씩 거칠게 할 때.

10. 우리가 너무 많이 낙담하고, 손실, 십자가, 인간으로부터 세속적인 상처를 받고 참을 수 없을 때.

11. 세속적인 문제들이 우리를 논쟁에 끌어들이고, 평화를 깨기에 충분해 보일 때. 우리의 권리보다 더 큰 상처가 형제의 영혼에 따르거나 종교의 대의나 하나님의 명예에 더 큰 잘못을 저지를 경우, 법으로 소송하여 권리를 추구할 때.

12. 환난과 고동 중에 있을 때, 하나님에 대한 신뢰와 하늘에 대한 희망보다 세상의 재물에 대한 생각이나 공급에 대한 희망에서 더 큰 위로를 받을 때.

13. 우리가 구원에 이르는 희망이나 도움보다 외적인 재물이나 육체의 소용을 위한 선물에 대하여 하나님이나 사람에게 더 감사할 때. 즉 능력 있는 사역, 좋은 책, 또는 영혼을 위한 시기적절한 교훈보다 외적인 재물에 대해 더 감사할 때.

14. 비록 영혼이 비참하고 성화되지 않고 용서받지 못하더라도, 세상에서 번영하고 풍부하기만 하다면 평안하고 즐거울 때.

15. 자녀나 친구를 위하여 하늘의 것보다 세속적인 몫을 더 신경 쓰며, 영적인 번영보다 육체적인 번영을 더 기뻐하고, 그들의 경건하지 않음과 죄보다 그들의 가난 때문에 더 근심할 때.

16. 우리 형제의 궁핍함이 있음을 알고도 연민의 마음을 닫고 그의 구제를 위해 자신이 쓰고 남은 것 이상을 나누어 주지 않을 때. 아니면 마지 못해 또는 아까워하며 줄 때. 자신의 존재 자체를 보존할 필요가 있거나 우리의 더 나은 인생을 위해, 아껴서 쓰지 못하는 것이 없을 때.

17. 거짓말, 과장, 속임수, 아첨과 양심이나, 하나님의 명령을 거스르는 등, 죄악 된 방법으로 이득을 얻으려 할 때.

18. 우리가 남의 관대함을 지나치게 기대하며, 우리가 사는 모든 것이 그들이 감당할 수 있는 것보다 더 싸게 팔아야 한다고 생각하고, 그들의 손실이나 궁핍을 고려하지 않고 우리가 이익을 얻을 때. 또는 그들이 우리나 다른 사람에게 관대하게 대하지 않으면 결코 만족하지 않을 때.

19. 우리가 세상에서 재물 때문에 지나치게 괴로워하거나, 진급을 위해 노력하고, 큰 사람에게 아부하고, 우리보다 먼저 선호되는 사람을 시기하거나, 우리가 기대한 것을 얻기 위해 지나치게 애쓸 때.

20. 우리의 순수함보다 돈을 더 단단히 잡으며, 그리스도께서 재물을 요구하실 때에 그를 위하여 그것을 나눌 수 없을 때. 게다가 우리의 재산을 구하기 위해 우리의 양심과 그에게 죄를 짓거나 그의 대의를 저버릴 때. 또는 우리가 부름을 받았음에도 그의 교회나 나라를 위한 섬김에 재물을 나누지 않을 때.

21. 우리가 가진 재물이 우리의 육체를 돌보는 데만 사용되며, 후손을 위한 불필요한 공급에만 사용하고, 하나님과 그의 종들을 위하여 하찮은 부스러기나 찌꺼기 외에는 아무것도 사용되지 않고, 그분의 봉사에 사용되지 않을 때, 그리고 천국에 보화를 쌓는 일에 사용되지 않을 때. 이것들은 세속적이고 탐욕스러운 자들의 징후다.

V. 세상 사람들을 속이는 자유주의 또는 탐욕에서 오는 자유의 닮은 것은 다음과 같다.

1. 그는 자신이 하는 일을 더 많이 해야 할 필요가 있기 때문에 탐욕스럽지 않다고 생각한다. 그는 빚을 지고 있거나 가난하면 살 곳이 거의 없다고 생각한다. 가난한 사람들은 부자 외에는 세속적이고 탐욕스러운 사람이 없다고 생각한다. 그러나 그는 재물을 가진 사람이 원하는 만큼 재물을 사랑할 수 있다. 부름에 수고할 필요가 있다면 세상을 사랑할 필요도, 지나치게 돌볼 필요도, 재산에 불만을 품을 필요도 없다. 당신의 필요에 대한 조바심은 그것을 소유한 다른 사람들의 용기만큼, 세상과 육체에 대한 사랑을 보여 준다.

2. 어떤 사람들은 자신과 가족을 위한 필수품, 심지어는 음식과 의복, 편의 시설만 있으면 만족할 것이고, 원하는 것은 재물이나 큰 일이 아니기 때문에 자신이 속된 사람이 아니라고 생각한다. 그러나 만일 당신의 마음이 죽음을 준비하고 하늘의 보화를 얻는 것보다 이러한 필수품이나 작은 것들을 얻는 것에 더 열중한다면 당신은 여전히 비참한 세상 사람이다. 천국보다 가난하고 비참한 삶에 마음을 두는 불쌍한 사람은, 천국보다 권위와 명예에 더 마음을 두는 사람보다 더 용서받을 수 없다. 참으로 그들 둘 다 세상의 노예일 뿐이며 아직 하늘에 쌓은 보화가 없다. 더구나 지금 조금 더 탐내는 당신이 보화를 가졌음에도 불구하고 조금 더 탐낼 것이다. 그리고 당신이 그것을 가졌을 때, 아직 더 좋은 옷을 입고, 더 좋은 음식을 먹을 것이고, 그다음에는 집을 수리하고 땅을 넓히고 당신의 자녀를 위해 더 많은 것을 갖게 되겠지만 결코 만족하지 못할 것이다. 당신은 지금 다른 방식으로 생각하고 있다. 또한 당신의 마음은 당신을 오도하고 있다. 당신은 그것을 모른다. 당신이 나를 믿지 않는다면, 당신과 같이 확신을 가진 다른 사람들의 경우를 보고 판단하라. 또한 그들이 그것을 가졌을 때, 그들은 여전히 더 많이 갖기를 원할 것이다. 그러나 그들이 그것을 가졌음에도 그들은 변함없이 더 많이 가지려 할 것이다. 이것이 당신의 구실이며 거의 모든 탐욕스러운 사람들의 공통된 구실이다. 왜냐하면 영주들과 방백들은 스스로 생각하는 것만큼 여전히 큰 필요성이 있다고 생각하기 때문이다. 그들이 더 많은 것을 가지고 있기에 더 많이 필요하다고 생각한다. 그리고 일반적으로 가난한 사람들처럼 많은 것을 원한다. 문제는 당신이 얼마나 많이 원하는 것

이 아니라 어떤 용도로, 어떤 목적으로, 어떤 순서로 사용하느냐 하는 것이다.

3. 어떤 사람은 자기 이웃의 것은 탐내지 않기 때문에 자기는 탐욕스럽지 않다고 생각한다. 그는 우리의 것이 아닌 것을 원하는 것만 탐욕이라고 생각한다. 그러나 당신이 세상과 세상의 풍족함을 과도하게 사랑하고 더 많이 탐낸다면 당신이 비록 다른 사람의 것을 원하지 않는다 해도 탐욕스러운 세상 사람이다. 죄의 뿌리가 되는 것은 세속적인 마음과 재물에 대한 사랑이다. 그것을 얻는 방법은 그 가지에 불과하다.

4. 어떤 사람은 부자가 되기 위해 불법적인 수단을 사용하지 않고, 부르심의 수고에 의해 부요하기에 세속적인 사람이 아니라고 생각한다. 동일한 답변이 이에 해당한다. 육체를 만족시키기 위하여 재물을 사랑하는 것은 수단이 무엇이든 불법이다. 그것은 당신이 흔히 하는 것처럼 하나님과 당신의 영혼과 가난한 사람들을 등한히 하고 세상을 위한 다른 의무를 외면하는 것은 불법적인 수단이 아닌가?

5. 또 어떤 사람은 자기가 가진 것에 만족하고 더 이상 탐내지 않기 때문에 자기가 세속적인 사람이 아닌 줄로 생각한다. 당신이 가진 것이 전부 당신의 육체의 욕망을 위한 것임에도 불구하고 세속적이 아닌 사람으로 생각한다. 또한 당신이 더 이상 탐내지 않는다 해도 당신이 세상을 지나치게 사랑하고 하나님보다 소유한 것으로 기뻐할 때, 당신은 세속적인 사람이다. 그리스도는 "영혼아 여러 해 쓸 물건을 많이 쌓아 두었으니 편안히 쉬고 먹고 마시고 즐거워하자"[102]고 말하는 사람을 비참하고 어리석은 사람이라고 말한다. 당신이 가진 것을 지나치게 사랑하는 것은 더 많은 것을 갈망하는 것만큼 세속적인 것이다.

6. 또 어떤 사람은 자신이 가진 것에 대해 하나님께 감사하고, 기도로 하나님께 구했기 때문에 자신은 세속적인 사람이 아니라고 생각한다. 그러나 당신이 세상을 사랑하는 사람이고 육

---

102) 눅 12:19, 20

체의 욕망을 위해 준비한다면, 그것은 육체의 욕망의 종이 되길 바라며, 당신의 사악한 욕망을 충족시켜 주신 하나님께 감사하는 것으로 당신의 죄를 가중시킬 뿐이다. 당신의 기도와 감사는 신성한 것을 경멸하며 육체적인 것으로 하나님을 섬기는 것은 아니나, 당신의 육체를 위한 것이고 그것은 술주정뱅이나 탐식자가 탐욕스러운 목구멍을 위해 하나님께 음식을 구하고 그것을 받았을 때 하나님께 감사하는 것과 같고, 음행하는 사람이 자신의 욕망의 주선자가 되어 달라고 하나님께 기도하고 그것으로 인해 하나님께 감사하는 것과 같다. 또는 방탕하고 화려한 사람은 좋은 옷과 화려함을 그의 기도와 감사의 조건으로 삼는 것과 같다.

7. 또 어떤 사람은 자신이 세속적인 사람이 아니라고 생각하는데, 이는 자신은 조금 하늘에 대한 생각이 있고, 더 이상 세상에 거주할 수 없을 때 저주받기 싫어하여, 자주 기도하고 바리새인같이 일주일에 두 번 금식하고 자주 자선을 하고 십일조를 바치고 사람들에게 잘못을 하지 않기 때문이다. 그러나 바리새인들은 이 모든 것에 대해 탐욕스러웠다.[103] 문제는 천국을 생각하고 천국을 위해 무엇을 하느냐가 아니다. 그러나 당신이 우선 찾는 것이 하늘이냐 땅이냐, 그리고 모든 것의 종말이 무엇이든 간에, 누구에게 복종하는 가이다. 모든 세속직인 사람은 자신이 반드시 죽어야 하는 것을 알기에 석이노 지옥보다는 천국을 예비하게 될 것이다. 그러나 당신이 당신의 보화를 쌓고, 당신의 모든 행복과 희망을 어디에 두는가? 당신의 마음은 어디에 있는가? 땅 아니면 천국?[104] 문제는 돼지가 더 이상 먹을 수 없을 때 하는 것처럼, 양심을 속이기 위해 이따금 구제하고, 육체가 자비를 나타낼 수 있을 만큼만 주는 것이 아니라, 당신이 가진 모든 것을 하나님의 뜻에 따라 사용하고, 하나님에 대한 봉사와 영혼의 구원을 위해 몸을 굽히고, 그리스도께서 버려지는 것 대신에 당신이 버려질 수 있는지 여부이다.[105]

8. 또 어떤 사람은 자신의 자녀들의 생필품을 위해 돈을 버는 것이기에 탐욕스럽지 않다고

---

103) 눅 16:14
104) 골 3:1-3; 마 6:20, 21
105) 눅 14:33

생각한다. "누구든지 자기 친족을 돌보지 않는 사람은 불신자보다 더 악하다."[106] 그러나 본문은 우리가 지켜야 할 교회를 돌보기보다는 자기 가족과 친족만을 돌보는 것에 대해서 말하고 있다. 만약 당신이 세상에 과도한 가치를 부여하여, 부자 되는 것이 자녀의 행복이라고 생각한다면, 당신은 자신과 자녀들을 위해 세속적이고 탐욕스러운 사람이다. 가장 부유하고 위대한 사람들은 그들의 후손이 그들을 따라 부유하고 위대한 사람이 되도록 준비하는데, 그것은 그들의 자녀들을 위한 것이니 그들을 더 세속적으로 만드는 것이지 덜 세상 사람으로 만드는 것이 아니다. 왜냐하면 그들은 자기 자신만을 위해서가 아니라 그들이 죽은 다음, 그 후세에 대한 탐욕이기 때문이다.

9. 어떤 사람은 탐욕스러운 사람에 대해 다른 사람보다 더 가혹하게 말할 수 있기 때문에 자신은 세속적인 사람이 아니라고 생각한다. 그러나 많은 사람들은 자신이 탐욕스러운 만큼 다른 사람을 탐욕스럽다고 비난한다. 참으로 탐욕스러운 사람이 다른 사람을 탐욕스럽다고 비난하기 쉽고, 너무 비싸게 팔고, 너무 싸게 사려하고, 너무 적게 주기 때문에 비난하기 쉽다. 왜냐하면 그들은 더 많이 얻으려고 하기 때문이다. 많은 설교자들은 그들의 독서와 지식으로 세속성에 반대하는 격렬한 설교를 하고도 결국은 세속적인 사람이라는 이유로 지옥에 가게 될 것이다. 말하는 것은 쉽다.

10. 또 다른 사람은 자신이 죽었을 때 많은 것을 자선에 쓰려고 하기 때문에 자신이 탐욕스럽지 않다고 생각한다. 나는 그 만큼은 좋다고 인정한다. 나는 더 그렇게 할 것이다. 하지만 육체는 무덤에 들어갈 시간이 되면 관용을 베풀 수 있다. 그들이 자신의 재물을 가지고 다니며 사후에 즐길 수 있다면 의심할 여지없이 재물을 소유할 것이다. 더 이상 보관할 수 없을 때, 그것을 남겨두는 것은 감사할 일이 아니다. 그러므로 탐식하는 자, 술주정뱅이, 호색가, 교만한 사람들의 즐거움은 무덤에서 멈출 것이다. 그럼에도 불구하고, 당신은 당신의 재물이 있을 때 하나님을 섬기겠는가, 아니면 육체를 섬기겠는가? 당신은 그것들을 당신의 구원

---

106) 딤전 5:8

을 돕기 위해 사용할 것인가? 아니면 방해하기 위해 사용할 것인가? 스스로 속이지 말라. 하나님은 업신여김을 받지 아니하신다.[107]

VI. 지금까지 많은 사람들은 다음과 같은 이유로 탐욕스럽다는 누명을 쓰고 있다.

1. 그들이 많은 것을 소유를 하고 있고 부자이기 때문이다. 가난한 사람들은 부자를 세속적인 사람으로 여긴다. 그러나 하나님은 모든 사람에게 똑같이 주지 않으신다. 그는 한 종에게는 열 달란트를 맡기시고, 다른 종에게는 한 달란트를 맡기셨다. 많이 맡긴 사람에게 더 많은 것을 요구할 것이다. 그러므로 그 신뢰를 배반하지 않는 한, 다른 사람보다 더 많이 받은 것은 죄가 아니다.

2. 다른 사람은 그들이 거래하는 사람들의 탐욕스러운 욕망을 충족시키지 않거나 그들에게 많은 것을 기대하기 때문에 탐욕스럽다고 비난을 받는다. 그리고 그들이 주는 것이 그들의 의무가 아니라, 주는 것이 그들의 죄인 곳에서 주지 않기 때문에 탐욕스럽다고 비난을 받는다. 따라서 구매자는 판매자가 탐욕스럽다고 말하고, 판매자는 구매자의 탐욕에 응하지 않기 때문에 탐욕스럽다고 말한다. 게으른 거지는, 사악하고 게으른 상태에 있는 자기를, 옳다고 하지 않았기에 당신을 무자비하다고 비난할 것이다. 교만한 자는 자기의 자존심을 지지하지 않았다고 비난할 것이고, 술주정뱅이, 폭동을 일으키는 자, 게임을 하는 자는 그들의 부모가 그들의 죄를 지지해야 한다고 기대한다. 가진 것을 탐내는 사람이 세상에 있는 한, 가진 사람은 탐욕이라는 비난을 피할 수 없다. 이기심은 자기 욕망 외에는 어떤 규칙도 바라보지 않는다.

3. 어떤 사람들은 줄 것이 없는데 주지 않기 때문에 탐욕스럽다고 판단된다. 다른 사람의 재산을 모르는 사람들은 그것에 대해 추측으로 말할 것이다. 그들의 멋진 의복이나 품행 또는

---

107) 갈 6:7

일반적인 명성이, 사람들로 하여금 실제보다 더 부유하다고 생각하게 한다면, 그들은 탐욕스러운 것으로 간주된다. 왜냐하면 그들의 선물이 사람들의 기대에 미치지 못하기 때문이다.

4. 또 다른 사람들은 자신의 부름에 수고하고 검소하며 절약하고, 조금이라도 잃어버리지 않으려 하기 때문에 탐욕스럽다고 여겨진다. 그럼에도 이 모든 것은 그들의 의무다. 만약 그들이 군주나 방백이라면 게으름과 낭비가 그들의 죄가 될 것이다. 하나님은 모든 사람이 능력 있는 여러 부름에서 수고하기를 바라신다. 그리스도께서 기적으로 수천 명을 먹였을 때, '남아 있는 조각을 거두어 버리는 것이 없게 하라.'고 친히 말씀하셨다. 문제는 그들이 그토록 열심히 일하고 아껴서 모은 것을 어떻게 사용하느냐 하는 것이다. 그들이 그것을 하나님을 위해 사용하고 자선을 위해 사용한다면, 더 이상 올바른 길은 없다. 하나님을 위한 최고의 종이라면 수고하고 아껴서 선을 행할 수 있을 것이다.

5. 다른 사람들은 위선을 피하려고 은밀히 베풀고, 그들의 선행을 사람들에게 알리지 않기 때문에, 탐욕스럽게 생각된다. 이들은 하나님으로부터 상을 받을 것이며 그의 진노가 그들의 주제넘은 책망의 상급이 될 것이다.

6. 다른 사람들이 탐욕스럽다고 여기는 이유는, 그들이 합법적이고 평화롭게 그들의 권리를 추구하고, 부당하고 탐욕스러운 사람들이 자기 멋대로 그들에게 해를 끼치지 못하게 하기 때문이다. 사실, 우리는 우리의 권리를 되찾는 것이 우리에게 좋은 것보다, 다른 사람에게 더 큰 피해를 줄 때마다, 우리의 권리를 포기해야 한다. 그러나 결국 율법은 헛되이 만들어지지 않았다. 우리는 탐욕과 도둑질과 속임수로 사람들을 부추겨 그들이 좋아하는 대로 하게 해서는 안 되며, 우리 주님이 주신 달란트를 소홀히 해서는 안 된다. 하나님이 우리에게 달란트를 맡겼다면, 우리는 모든 사람이 그것들을 우리에게서 빼앗아 그의 정욕을 섬기게 해서는 안 된다.

방향 제시-2 '당신의 영원한 상태에 대해 진지하게 생각하고, 그것이 당신이 신경 쓰는 재물보다 얼마나 큰지 생각하라. 믿음으로 당신이 하나님과 함께 누릴 수 있는 끝없는 기쁨과, 세상 사람들이 지옥에서 겪어야 하는 끝없는 비참함을 보라.' 세속적인 마음에 대한 진정한 치료법은 없지만, 주의를 기울여야 할 다른 큰 문제가 있는 것을 보여 줌으로써, 즉 자신의 우려되는 상태를 더 잘 알게 하고, 우리가 벗어나야 할 빈곤이나 궁핍보다 더 큰 불행을 알게 하고, 우리가 구해야 하는 세속적 풍요보다 더 큰 선이 있음을 알게 함으로써 치료할 수 있다. 사람을 세속적으로 만드는 것은 믿음의 부족이다. 그들은 다른 세상이 있다는 것을 모른다. 그들은 그들의 신조를 말하지만, 심판의 날과 몸의 부활과 영생을 진심으로 믿지 않는다. 그들 중 한 사람도 하늘을 본 사람은 없다. 그러나 사람이 천국과 지옥을 한 번이라도 볼 수 있다면, 그가 전보다 세상을 더 경시할 것이다. 그러면 그의 탐욕스러운 염려와 수고를 자신의 구원에 대한 신속하고 부지런한 관심으로 바꿀 것이다. 만일 그가 성도들의 기쁜 찬양과 저주받은 자들의 비참한 탄식을 하루나 한 시간이라도 들을 수 있다면, 그는 재물을 무더기로 끌어모으는 것보다, 더 큰 일에 항상 주의를 기울여야 한다고 생각할 것이다. 당신에게는 또 다른 세상이 있다는 것과 준비해야 할 훨씬 더 긴 수명이 있고, 천국 아니면 지옥에 영원히 있어야 한다는 것을 기억하라. 당신이 믿든 안 믿든 이것은 사실이다. 지금 이 시간 외에는 그 모든 것을 준비할 시간이 없다. 당신이 지금 믿고 살며 수고하는 것처럼, 그것은 영원히 당신과 함께 갈 것이다. 이것들은 당신이 돌볼 가치가 있는 일이다. 당신이 돌봐야 할 이런 것들을 가지고 있고, 그렇게 초월적인 결과를 낳는 일을 하면서도, 여기 먼지 속에서 그런 혼란스러운 소음을 만들고, 아무것도 아닌 일을 돌보고 수고할 시간이 있는가? 천국과 지옥이 무엇인지 이해하는 사람이 불필요한 일을 위한 여지와 그토록 많은 불필요한 일을 위해 찾아다닐 필요가 있을까? 당신의 구원을 위해 준비하는 행위는 하나님이 당신 자신의 일로 만드신 것이고, 육체를 위하여 준비하는 것 이상의 것이다. 그는 당신 몸에 대해 "목숨을 위하여 무엇을 먹을까 무엇을 마실까 몸을 위하여 무엇을 입을까 염려하지 말라. 이는 너희 아버지께서 이 모든 것이 너희에게 있어야 할 줄을 아시기 때문이다."[108]고 말씀하신다. "아

---

108) 마 6:25, 32

무엇도 염려하지 말라."109) "너희 염려를 다 주께 맡기라 이는 그가 너희를 돌보심이라."110) 그러나 그가 당신의 구원에 대해 말할 때, 그는 당신에게 "두렵고 떨림으로 너희 구원을 이루라."111) "더욱 힘써 너희 부르심과 택하심을 굳게 하라."112) "좁은 문으로 들어가기를 힘쓰라."113) "썩을 양식을 위해 일하지 말고 영생하도록 있는 양식을 위하여 하라."114) 즉, "먼저 그의 나라와 그의 의를 구하라 그리하면 이 모든 것을 너희에게 더하시리라."115)고 말씀하신다. 사람아, 하늘을 쳐다보고 거기에 당신 집이 있고 당신 소망이 있다는 것을 기억하라. 그렇지 않으면 당신은 영원히 파멸할 사람이다. 그러므로 그것이 당신이 돌보고 수고해야 하는 이유다. 당신이 여기서 준비할 때, 천국 아니면 지옥에서 영원히 거해야 한다는 것을 진심으로 믿고, 이것이 지각 있는 존재로 만든다고 생각하라. 그렇지 않으면 당신은 할 수만 있다면 세속적이고 탐욕스러운 사람이 될 것이다. 당신이 당신의 영원한 상태를 믿고 생각한다면 재물은 당신에게 먼지와 쭉정이처럼 보일 것이다. 당신 가게의 문과 방에 '나는 영원히 천국 아니면 지옥에 있어야 한다'라는 글을 써서 붙이라. 아니면 '오늘은 나의 영원한 삶이 달려 있는 조건부의 시간'이라고 써서 붙이라. 당신이 그것을 읽을 때마다 당신의 탐욕의 심장이 찔리는 듯한 느낌이 있어야 한다고 생각한다. 오, 눈이 먼 필멸의 존재여! 땅에서 살기를 좋아하는 벌레와 같은 사람이여! 하나님은 당신의 종말과 영원히 거할 곳을 미리 볼 수 있는 믿음의 눈을 주었는데, 그것이 당신의 세속적인 마음에 어떤 변화를 가져올 것인가! 믿음이나 감각 중 하나가 당신의 길잡이가 될 것이다. 믿음으로 성화된 이성 외에는 감각을 지배할 수 없다. 당신은 지금 아니면 살 생명이 없는 짐승이 아니라는 것을 기억하라. 당신에게는 이성적이고 불멸의 영혼이 있다. 그것은 하나님이 더 높은 것을 위해, 하나님 자신을 위하고, 그를 존경하고, 사랑하고, 섬기고, 그를 향유하기 위해 만든 것이다. 만약 천사가 육체를 입고 잠

---

109) 빌 4:6
110) 벧전 5:7
111) 빌 2:12
112) 벧후 1:10
113) 마 7:13; 눅 13:24
114) 요 6:27
115) 마 6:33

시 산다고 하면, 지렁이가 되어 자기의 더 높은 영광의 생명을 잊어야 하는가? 당신은 육체를 입은 천사 같은 존재다. 당신이 죄악의 육체를 벗어날 때 천사와 같이 될 것이다.[116] 오, 하나님께 하늘의 빛과 하늘의 마음을 간구하고, 당신이 영원히 있어야 할 곳을 알려 주는 하나님의 말씀을 자주 살펴보라. 그러면 세속적인 것은 부끄러움으로 인해 사라질 것이다.

방향 제시-3 '당신이 얻은 재물을 유지하고 향유하는 시간이 얼마나 짧은지 기억하라.' 모든 것이 얼마나 신속히 사라지는지! 당신이 그것을 가지고 있을 때 당신은 그것을 지킬 수 있는가? 당신이 죽음과 언약을 맺어 당신 영혼을 떠나지 않게 할 수 있는가? 당신은 당신의 존속기간이 얼마나 짧으며 세상은 잠깐 머무르는 곳이거나 통로에 불과함을 이미 알고 있다. 그리고 당신이 하나님께 순종함으로 하늘에 쌓아 놓은 것을 제외하고, 당신의 살이 썩어질 좁은 무덤이 당신이 지킬 수 있는 가장 큰 소유물이다. 인생은 얼마나 짧은가! 얼마나 신속하게 지나가는가! 당신은 거의 죽었고 이미 사라지고 있다! 며칠, 아니면 몇 년 더 남았나? 당신은 짧은 인생 동안 그렇게 많은 고민을 할 것인가? 그렇게 짧은 체류를 위해 재물에 그토록 신경 쓸 것인가? 당신의 인생은 얼마나 짧고 불확실 한가! 당신은 내일 어떤 세상에 있을지 장담할 수 없다. 당신은 반드시 죽어야 한다는 것을 기억하라! 당신은 반드시 죽는다! 당신의 죽음이 신속히 오고 있다는 것은 확실하다! 당신이 얼마나 빨리 죽을지는 알지 못한다. 몇 번 더 숨을 들이마시면 당신은 사라진다! 그럼에도 탐욕과 세속적인 근심으로 당신의 영혼을 익사하게 할 수 있나? 당신은 구세주의 경고를 진지하게 읽고 있는가? 당신에게 대하여 말하는 것이 아니냐? "어리석은 자여 오늘 밤에 네 영혼을 도로 찾으리니 그러면 네 준비한 것이 누구의 것이 되겠느냐? 자기를 위하여 재물을 쌓아 두고 하나님께 대하여 부유하지 못한 자가 이와 같으리라."[117] 당신이 오늘은 부자이나 내일 다른 세상에 있게 된다면 가난도 그만큼 좋지 않겠느냐? 이성을 잃은 영혼아! 당신이 가진 것이 많든 적든, 그토록 짧은 삶 동안, 그 일을 그렇게 소중히 여겨야 하는가? 당신이 어디로 갈 것인지, 무엇을 영원히 가질 것인지에 대해 더 이상 신경 쓰지 않는가? 당신은 이 염려를 하나님께 맡길 것이라고 말하는

---

116) 눅 20:36
117) 눅 12:19-21

가? 내가 당신에게 말하는데, 그는 당신 스스로를 돌보게 할 것이고, 그가 당신을 구하기 전에 다시 돌보게 할 것이다. 그리고 그가 당신에게 명령함에도 불구하고, 왜 당신은 그에게 작은 일에 대한 염려를 맡기지 못하는가? 당신은 아무 의미가 없는 부자가 되는 것과 가난하게 되는 것은 문제가 되고, 다른 세상에 신속하게 가고 있다는 것은 큰 문제가 되지 않는가? 당신이 내일 죽을 것이 확실하다면, 당신이 부자이든 가난한 자이든 신경 쓰지 않고 더 큰 일에 관심을 가지지 않을까? 그러면 당신은 사도와 같은 마음이 될 것이다. "우리가 주목하는 것은 보이는 것이 아니요 보이지 않는 것이니 보이는 것은 잠깐이요 보이지 않는 것은 영원함이라."[118] 우리의 믿음의 눈은 보이지 않는 영원한 것에 고정되어 있어야 하며, 눈에 보이는 것과 일시적인 것에 관심을 가지거나 쳐다볼 여유나 마음이 없어야 한다. 사형 집행을 앞두고 있는 사람은 그가 지나가면서 거리나 상점에서 일어나는 모든 소동이나 일을 보지 않는다. 왜냐하면 세상을 떠나는 마당에 그것들은 그에게 중요한 것이 아니기 때문이다. 세상의 부와 명예는 오늘 밤 죽어서 다른 세상으로 들어가는 영혼에게 중요한 것이 아니다. 그때에도 당신이 재물을 간직할 수 있다고 믿는다면 가져가라.

방향 제시-4 '세속적인 재물이 당신의 가장 큰 욕망을 채우지 못한다는 것을 알기 위해 노력하라.' 당신은 하나님께 죄를 지었으나 재물로 당신의 용서를 사지 못할 것이다.[119] 당신은 그분을 불쾌하게 했고 돈은 그분을 당신과 화해시키지 못한다. 당신은 율법에 의해 영원한 불행으로 유죄를 선고받았고, 돈은 당신의 몸값을 지불할 수 없다. 당신은 죄 가운데 죽었고 더럽혀졌고 육체에 사로잡혔기에 돈은 당신을 구하기보다 속박을 더할 것이다. 당신의 양심은 당신의 고의적인 어리석음과 은혜에 대한 경멸 때문에 마음을 찢기 쉬우며, 돈은 마음을 잠잠하게 하기 위해 뇌물을 주지 않을 것이다. 가룟 **유다**는 단 한 번 양심이 깨어났을 때 돈을 돌려주고 목을 매달았다. 돈은 소경 된 마음을 밝히지 못하고, 완고한 마음을 부드럽게 하지 못하고, 교만한 마음을 낮추지 못하고, 범죄한 영혼을 정당화하지도 못한다. 열병이나 폐결핵을 막지 못하며 통풍이나 결석, 치통을 진정시키지 못한다. 그것은 무서운 죽음을 막지

---

118) 고후 4:18
119) 잠 11:4

못하며, 게다가 당신이 온 세상을 가지고 있다 해도 반드시 죽어야 한다! 하나님을 바라보고 당신이 전적으로 그의 손에 달려 있다는 것을 기억하라. 그가 당신의 재물 때문에 당신을 사랑하는지 호의를 베푸는 것인지 생각해 보라. 당신은 심판의 날을 바라보고 거기서 돈이 당신을 구해 줄지 아니면 부자가 가난한 사람보다 더 나을지 생각해 보라.

방향 제시-5 '병들어 죽어 가는 사람들과 자주 함께하고, 그들의 모든 재물이 그들을 위해 무엇을 하고, 그때 그들이 세상으로부터 받는 존경심이 무엇을 할지, 마침내 그것이 어떻게 사용되는지 주목하라.' 그러면 당신은 재물이 그들의 가장 큰 필요와 고통의 시간에 모든 사람을 버리는 것을 보게 될 것이다. 그들이 친구와 부와 명예를 부를 때, 그들이 어떤 희망을 가지고 있다면, 지금이라도 돕게 하라. 만일 당신이 나를 위하여 무언가 할 수 있다면, 나를 죽음과 하나님의 진노에서 구원하라! 그러나, 아아! 그런 외침은 모두 헛될 것이다! 그때에, 오! 한 방울의 자비, 은혜의 불꽃, 천국에 대한 가장 작은 근거 있는 소망은, 로마 황제나 알렉산더보다 더 가치가 있을 것이다! 이것이 사실 아닌가? 죄인아, 당신은 그것이 사실인 줄 모르는가? 그럼에도 불구하고 당신은 당신의 영혼을 속이고 배신할 것인가? 지금은 그것이 최선이지, 그때는 어떤 것이 최선이 될 것인가? 지금은 별로 가치가 없다. 하지만 그때에도 가치가 없을까? 그때에 소망하는 사람들이 지금보다 더 현명하다고 생각하지 않는가? 재물이 당신에게 더 이상 도움이 되지 않을 것이고, 당신이 그것을 가졌음에도 그것에 의해 해결할 일이 없는데도 당신은 재물을 위해 많은 일을 하고 많은 대가를 지불할 것인가? 온 세상이 마침내 재물의 속임수와 지상에서의 쾌락과 번영의 헛됨과 세상의 모든 염려의 해악에 대해 외치지 않을까? 그리고 당신이 죽게 될 때, 당신 자신도 같은 생각을 가질 것이라고 당신의 양심이 당신에게 말하지 않을까? 그런데도 당신은 제때에 경고도 받지 않을 건가? 그때 당신의 풍요와 번영의 모든 만족과 쾌락은 지나갈 것이고, 지난 후에 그것은 아무것도 아니다. 오늘은, 꿈과 그림자에 불과하고 내일은, 아무것도 아닐 것임에도 불구하고 당신은 영원한 불행을 감수하며 영원한 기쁨을 버릴 것인가? 그때는 가장 가난한 사람들도 당신과 동등해질 것이다. 명예로운 빈곤 아니면, 지나치게 사랑받는 재물 중, 어느 쪽이 최후에 기쁨이 될까? 그때 재물이 없었더라면 죄와 죄책감이 없었을지 모르니 당신은 얼마나 기뻐할까!

오히려 가장 가난한 성도로 죽음을 맞이하는 것이 얼마나 기쁠까! 당신은 가난함과 재물 중 어느 것이 죽기 싫어하게 한다고 생각하는가? 아니면 어느 쪽이 죽어 가는 사람의 양심에 더 골치 아프게 할까? 오, 종말을 내다보고, 죽을 때처럼 살고, 그것에 의해 결정되는 것을 지금 찾으라. 당신은 완전한 경험이 당신을 더 현명하게 했을 때, 마침내 최선으로 결정할 것이라는 것을 안다!

방향 제시-6 '재물은 사람이 구원받기를 훨씬 더 어렵게 한다는 것과 이 세상을 사랑함은 사람들이 저주받는 가장 흔한 원인이라는 것을 기억하라.' 모든 가난에도 유혹이 있고 가난한 사람들이 부자보다 훨씬 더 많기 때문에 이것은 확실한 사실이다. 가난한 사람들이라 해도 그들이 결코 얻지 못할 부와 풍요에 대한 사랑 때문에 멸망할 수 있고, 세상에서 결코 번영하지 못한 사람들은 세상을 지나치게 사랑하기 때문에 멸망할 수 있다. 당신이 그리스도를 믿는다면, 요점은 논쟁의 여지가 없다. "재물이 있는 자는 하나님의 나라에 들어가기 얼마나 어려운지 낙타가 바늘귀로 들어가는 것이 부자가 하나님의 나라에 들어가는 것보다 쉽다. 듣는 자들이 이르되 그러면 누가 구원을 얻을 수 있나? 이르되 무릇 사람이 할 수 없는 것을 하나님은 하실 수 있다."[120] 그러나 "화 있을진저 너희 부요한 자여 너희는 너희의 위로를 이미 받았도다. 화 있을진저 지금 너희 배부른 자여 너희는 주리리로다."[121] 이것들과 유사한 많은 본문들을 이해하라. 당신은 이것에서 재물은 천국으로 가는 길을 훨씬 더 어렵게 만들고 부자의 구원은 다른 사람보다 상대적으로 더 어렵고 드물다는 결론을 내릴 수 있을 것이다. **바울**은, "육체를 따라 지혜로운 자가 많지 아니하며 능한 자가 많지 아니하며 문벌 좋은 자가 많지 아니하도다."[122]라고 말한다. 부를 사랑하는 사람들은 비록 가난하더라도 "돈을 사랑함이 일만 악의 뿌리가 된다."[123]라는 말을 기억해야만 한다. "이 세상이나 세상에 있는 것들을 사랑하지 말라 누구든지 세상을 사랑하면 아버지의 사랑이 그 안에 있지 아니하

---

120) 눅 18:24-27
121) 눅 6:24, 25
122) 고전 1:26
123) 딤전 6:10

다."124) 여기에 당신의 영혼의 위험이 도사리고 있다고 여기는가? 그런데도 그것을 그렇게 사랑하고 선택하고 얻으려고 노력해야 하나? 당신은 당신의 구원을 더 어렵고, 의심스러우며, 사람들에게 영향을 받아, 불가능하게 할 것인가? 당신은 대부분의 사람들이 젊어서 죽는 곳보다 젊어서 거의 죽지 않는 곳에서, 그리고 질병이 흔한 곳보다 드문 곳에서 살고, 당신이 병들면, 소수의 사람들이 고침을 받는 곳보다 최선으로 치료하는 의사가 있거나 약, 식이요법을 얻는 곳에서 살기를 선호할 것이다. 나라가 도둑이 들었다면, 소수가 도망치는 길보다 다수가 도망치는 길로 가는 것이 더 나을 것이다. 다수가 도망치는 길이라 해도 그것은 당신의 육체를 기쁘게 할 뿐이다. 가장 적은 사람이 피하는 길이라 해도, 천국으로 가는 길을 가기로 결심해야 할 것이다. 그렇지 않으면, 당신의 구원을 가장 어렵게 하고 의심스럽게 하는 삶의 상태를 선택하게 될 것이다. 당신의 양심은 그것이 현명한 선택이라고 말할까? 만약 하나님이 당신의 출생이나 당신의 충실한 수고에 대한 축복으로 당신의 손에 재물을 투자했다면, 당신의 주인은 엄격하기 때문에 당신 주인의 달란트가 버려져서는 안 된다는 것을 알고 있다. 그리고 그것들을 거룩하게 활용함으로써 당신은 하나님에 대한 봉사와 당신의 구원을 더 발전시킬 수 있다. 그러나 이런 이유로 당신이 그것들을 과도하게 사랑할 이유가 되지 않고, 또한 그렇게 큰 위험을 원하고 추구해야 할 이유도 되지 않는다. 그리스도를 진심으로 믿으라. 그리하면 재물에 대한 당신의 사랑이 식을 것이다.

방향 제시-7 '더 많이 가질수록 더 많이 책임져야 한다는 것을 기억하라.' 심판의 날이 두렵다면, 당신 자신의 재산을 늘려서 그날을 더욱 두려운 날로 만들지 말라. 당신이 재물을 원하되 오직 주님을 섬기기 위한 것이고 또 그것을 위해 사용한 것이며 또 당신이 그것을 쓸데없는 쾌락이나 육체의 자랑을 위해서가 아니라 당신 자신과 가족을 위하고, 그분을 섬기기 위해, 다른 사람들, 당신과 가까운 곳에 있는 사람들, 당신이 할 수 있는 한, 그분의 뜻에 따라 재물을 사용하고, 그것을 진실로 기록할 수 있다면, 착하고 충성된 종의 상을 기대할 수 있다. 그러나 당신이 살아 있는 동안에, 당신의 교만과 즐거움을 위해 그것들을 구하고 사용하

---

124) 요일 2:15

고, 당신이 죽은 후에는 당신의 후손이나 친족을 위해 그것을 사용하기 원하고 사용하면서 하나님을 위하여는 하찮은 부스러기를 떨어뜨린다면, 그때 당신은 재물이 무익한 주인이었음을 알게 될 것이다. 자족하는 마음을 가지면 경건에 큰 이익이 될 것이다.

방향 제시-8 '인간의 구원을 방해하고 그들의 위험과 책임을 증가시키는데 사람들이 얼마나 비싼 대가를 치르는지 기억하라.' 세상을 사랑하는 사람들이 지혜와 은혜를 얻고, 그들의 소명과 택하심을 확실히 하는 것으로 개선되었을 수도 있는 소중한 시간을, 세상에서 얼마나 많이 낭비되고 있는가! 만일 당신이 솔로몬이 말한 잠언 3장 14절처럼 거룩한 지혜는 금을 얻는 것보다 훨씬 낫다고 믿었다면, 당신은 성경을 이해하기 위해 노력하고 영원한 삶을 준비하는 데 많은 시간을 할애했을 것이다. 당신의 중요한 일에 썼으면 훨씬 좋았을 시간을 세상을 위해 불필요한 생각으로 얼마나 많이 버렸는지! 세상적인 준비를 위해 과도한 짐을 지기 때문에 얼마나 많은 근심과 괴로움과 열정을 대가로 치러야 하는가! 어리석은 여행자가 하룻길을 가는데, 길에서 궁핍할까 두려워, 그가 운반할 수 있는 것보다 더 많은 고기와 옷과 돈을 모으는 데 하루 종일 시간을 보내는 것과 같다. 또는, 목숨을 걸고 달려야 하는 경주를 하는데, 달려야 할 시간을 허비한 채, 생필품을 모으는 어리석은 달리기 선수와 같다. 하나님의 일을 하는 동안, 당신의 영혼을 염려하고 심판을 준비해야 하는데, 마치 지옥에서 부자로 죽었다고 말할 수 있는 것이 당신 최고의 야망인 것처럼, 불필요한 일에 지치고 괴로워하고 있는 것과 같다. "자족하는 마음이 있으면 경건은 큰 유익이 되느니라 우리가 세상에 아무것도 가지고 온 것이 없으매 또한 아무것도 가지고 가지 못하리니 우리가 먹을 것과 입을 것이 있은즉 족한 줄로 알 것이라 부하려 하는 자들은 시험과 올무와 여러 가지 어리석고 해로운 욕심에 떨어지나니 곧 사람으로 파멸과 멸망에 빠지게 하는 것이라 돈을 사랑함이 일만 악의 뿌리가 되나니 이것을 탐내는 자들은 미혹을 받아 믿음에서 떠나 많은 근심으로써 자기를 찔렀도다."[125] "사람이 만일 온 천하를 얻고도 자기 목숨을 잃으면 무엇이 유익하리요 사람이 무엇을 주고 자기 목숨과 바꾸겠느냐."[126] 즉 이익을 위해 목숨을 잃는다면 어떤 돈이나 값으로 그것을 회

---

125) 딤전 6:5-10
126) 막 8:36, 37

복하겠는가? "이익을 탐하는 자는 자기 집을 해롭게 하나 뇌물을 싫어하는 자는 살리라."[127] 일용할 양식으로 만족하는 경건한 사람은 자신을 괴롭히는 세상 사람보다 삶과 죽음이 훨씬 더 달콤하고 평온하다는 것을 모르는가? 당신은 "가산이 적어도 여호와를 경외하는 것이 크게 부하고 번뇌하는 것보다 나으니라."[128]는 것을 쉽게 인식할 수 있다.

방향 제시-9 '지상에서의 그리스도의 생애를 자세히 살펴보고, 그가 그의 모범을 통해 세속성을 얼마나 놀랍게 책망하는지 관찰하라.' 그가 왕이나 방백이 되기를 원했나, 아니면 큰 재물, 땅, 돈, 호화로운 건물, 친절한 시중을 받고 풍부한 양식을 원했나? 그의 집에 대해서는 마태복음 8장 20절에서 읽을 수 있다. "여우도 굴이 있고 공중의 새도 거처가 있으되 인자는 머리 둘 곳이 없다 하시더라." 십자가에 못 박히실 때에 입은 옷을 로마 병사들이 나누는 것을 보고 그의 옷에 대해 알 수 있고, 돈에 관해서는 베드로에게 물고기를 잡아오게 하여 거기서 얻은 동전으로 세금을 바치게 한 것으로 알 수 있다. 그리스도께서 돈을 긁어모으시고 아끼셨다면 당신도 그렇게 하라. 그분이 그것을 가장 행복한 삶이라고 생각하셨다면, 당신도 그렇게 생각하라. 그가 그것을 멸시했다면 당신도 그것을 멸시하라. 그의 전 생애가 이 세상의 모든 번영을 멸시하는 가장 완벽한 모범을 보여 주셨다면, 당신이 그를 구세주로 삼고 당신 자신을 사랑한다면, 그의 모범을 배워라. "부요하신 이로써 너희를 위하여 가난하게 되심은 그의 가난함으로 말미암아 너희를 부요하게 하려 하심이라."[129]

방향 제시-10 '그리스도의 가장 훌륭한 종인 초기 기독교인의 모범을 생각하고 그것이 세속적인 것을 어떻게 책망하는지 관찰하라.' 그리스도의 이름으로 기적에 의해 다리 저는 사람을 걷게 할 수는 있지만, "은과 금은 내게 없다."[130]고 그에게 말한다. 재물이 있는 사람들이 그것을 팔아 그 돈을 사도들의 발 아래 놓고 모든 것을 여러 사람이 공유하는 것은, 재물

---

127) 잠 15:27
128) 잠 15:16
129) 고후 8:9
130) 행 3:6

을 멸시하고 그것을 사랑에 종속되게 하고 전적으로 하나님께 바침으로 믿음이 세상을 이겼음을 보여 주는 일이다. 사도들이 시종 드는 사람을 많이 거느리고 세속적인 풍요와 번영을 누리며 호화로운 집에서 살았는지 읽어 보라. 나머지 제자들도 마찬가지다.

방향 제시-11 '세상의 모든 것들이 어떤 목적을 위해 만들어지고 당신에게 주어졌는지 기억하라. 그것들이 당신의 정욕을 위한 양식이 될 때 그것을 포기하고, 당신 자신과 그것들을 하나님께 드림으로써 행복한 이점을 얼마나 얻을 수 있는지 마음속에 깊이 새겨라.' 그것들이 달콤한 목적은, 당신의 영혼이 믿음을 통해 천국의 달콤함을 맛보게 하는 것이다. 그것들은 아직 영적인 것들을 대면하여 볼 수 없는 육신에 있는 영혼들의 투시경이다. 그것들은 우리 육체의 식품이며 우리 여행의 도구와 도움이고, 우리의 거처이며 길에서 위로하는 친구다. 그것들은 하나님의 사랑의 증표 중 일부이고, 그분의 주화의 일부이며, 그의 형상과 작품의 저자임을 나타낸다. 그것들은 영원한 쾌락의 강에서 떨어지는 물방울이다. 기증자가 얼마나 좋은지, 얼마나 상냥한지, 감각을 통해 마음에 알려 주고, 영혼을 위한 더 높은 기쁨이 무엇인지 알려 주는, 그리고 이것들이 예언하는 더 나은 것들을 우리에게 지적한다. 그들은 우리 아버지의 보살핌과 사랑을 입증하고 우리의 감사와 사랑과 의무를 전하기 위해 하늘에서 온 사자이다. 그리고 죄에 대항하는 증거를 표시하고 신속히 순종하도록 우리를 묶는다. 그것들은 하나님의 말씀의 첫 번째 책이다. 사람이 그의 창조주를 온전히 알기 위해 읽기로 설정된 첫 번째 책이다. 우리가 읽고 듣는 말씀은 성령의 수레와 같아서 영혼에 접근하게 한다. 그래서 시각, 미각, 후각, 청각의 기쁨은 천국의 사랑과 달콤함을 마음에 신속하게 전달하기 위한 일반적인 방법으로 지정되었다. 그래서 피조물의 선함과 달콤함을 처음 인식하는 순간, 곧 적절한 진행에 의해 영혼에 대한 하나님의 선함이 전달될 수 있다. 피조물은 하나님 책의 글자로써 우리의 눈으로 볼 수 있고, 감각은 (우리의 위대한 창조주의 사랑까지도) 곧 마음에 의해 인식할 수 있다. 어떤 글자도 감각 없이는 볼 수 없다. 어떤 피조물도 하나님의 사랑을 느끼지 않고는 보거나 맛보거나 듣거나 어떤 즐거움을 느낀 적이 없다. 류트(lute)의 현에 손을 접촉하여 선율을 만드는 것처럼, 하나님이 우리의 마음에 자비를 베푸실 때, 곧 그 마음은 사랑과 감사와 찬양을 생성할 것이다. 그것들은 우리가 주님의 일을 많이 하게 하는 도구이며, 형제들에게 활력을 주고, 서로에 대한 우리의 사랑을 표현하고, 그의 종으로서 우리 주님과 스승에 대한 우리의 사랑을 표현할 수 있는 수단이다. 그것들은 우리가 거래해야 하는 우리 주인의 주식이며, 그것을 활용함으로써 끝없는 행복의 보상을 얻을 수 있다. 이것이 하나님께서 우리에게 외적인 자비를 베푸는 목적이다. 이렇게 그것들을 사랑하고 기뻐하며 이렇게 사용하고, 아끼지 말라. 따라서 그런 식으로 그것들을 얻으려고 노력하고 그것들에 대해 감사하라. 그러나 피조물이 그토록 훌륭한 용도로 주어졌음에도 불구하고, 그것들을 당신의 정욕의 연료와 육체의 양식으로만 만들어 그것들을 모두 비하시킬 것인가? 당신은 그것들의 고귀한 사용을 완전히 무시하면서 그것들을 사랑하고, 이러한 기본적인 면에서 어리석게 행동할 것인가? 당신은 책을 얻기 위해 우는 아이들과 같아서 지금은 책을 절대 가질 수 없다. 그것은 책이 좋아서가 아니라 그것과 놀려고 하는 것뿐이다. 그들이 책을 배우고 읽으려 할 때, 그들은 그것을 좋아하지 않기 때문에 그만큼 운다. 또는 자기의 삶과 노동을 바쳐 자신의 개나 말에게 최고의 옷을 입히려 하지만, 자신은 벌거벗고 그것들을 입지 않는 사람과 같다.

방향 제시-12 '당신이 이 세상 것들보다 먼저 하나님의 나라와 그의 의를 구하면 하나님께서 당신을 돌보시고, 당신에게 좋은 것이 아무것도 부족함이 없을 것이라고 약속하셨다는 것을 기억하라.' 당신은 그분의 약속을 믿을 수 없는가? 그분이 하나님이시며 참되시고 그분의 특별한 섭리가 당신의 머리카락의 수를 세는 데에 이른다는 것을 믿을 수 있다면, 당신은 자신의 추정과 근면을 신뢰하기보다 하나님을 확실히 신뢰하게 될 것이다. 그분의 공급이 당신의 것보다 낫지 않다고 생각하는가? 당신이 그분의 공급을 저주하여 그분을 화나게 한다면, 당신 자신의 모든 주의 깊은 보살핌으로는, 당신을 한 시간도 죽지 않게 할 수 없으며, 당신의 어떤 노력도 성공할 수 없다. 만일 당신이 그분의 공급에 만족하지 않고 그분의 사랑과 지혜의 처분에 굴복하지 않는다면, 당신은 하나님께 불순종하고, 당신 자신의 돌봄과 근면의 열매를 당신에게 맡기도록 그분을 자극하는 것이다. 때가 되면 당신은 하나님을 신뢰하는 것이 현명한 방법이라는 결론에 이를 것이다.

[세속적인 마음의 악영향]

방향 제시-13 '재물에 대한 사랑, 즉 세속적인 마음이 얼마나 두려운 특성을 가지고 있으며 어떤 영향을 미치는지 자주 생각하라.' 1. 그것은 죽음과 비참한 상태의 가장 확실한 조짐이며, 그것은 우세한 힘을 가지고 있다. 그것은 마음이 하나님에서 피조물로 떠나는 것이다. 이전에 말한 그것의 악성을 보라. 선한 사람들이 가증스러운 죄에 사로잡혔으나 성경 어디에서도 그들을 탐욕스럽다고 말하는 곳을 찾기는 어렵다. 이 현세와 그 번영에 은밀히 집착하는 마음은, 참으로 모든 위선자들과 하나님에 대해 공경심이 없는 모든 자들을 죽이는 죄이다. 2. 세속적인 것의 특성은 말씀을 무익한 것으로 만들고 사람들이 믿고 회개하고 하나님께 돌아와 영생을 진지하게 생각하지 못하게 한다. 세상의 것에 대한 사랑과 관심만큼 죄인들의 회개를 방해하는 것이 무엇인가? 사람들은 하나님과 재물을 겸하여 섬길 수 없다. 그들의 보물과 마음을 하늘과 땅 양쪽에 둘 수 없다! 그들이 이 세상을 사랑하는 한 그리스도의 조건에 굴복하지 않을 것이고, 하늘의 보화를 위해 모든 것을 버리지 않을 것이다. 한마디로 당신이 들은 바와 같이, 돈을 사랑함이 일만 악의 뿌리가 되고, 세상을 사랑하는 자에게 아버지의 사랑이 그 안에 있지 않다. 3. 그것은 거룩한 묵상과 집회를 파괴하고 세상일을 생각하게 하며, 또 기도를 더럽히고 육체를 섬기는 도구로 만들 뿐이므로 하나님께 가증한 것이 된다. 4. 그것은 인간의 죽음과 심판에 필요한 준비를 하는 데에 큰 장애가 되며, 너무 늦을 때까지 그들의 마음과 시간을 은밀하게 빼앗는다. 5. 그것은 가장 가까운 친척들 사이에서도 다툼의 큰 원인이 되고, 나라들의 전쟁과 재난의 원인이 되고 교회의 비참한 분열과 박해의 원인이다. 그럼에도 세속적인 세대는, 그들의 세속적인 이익이 자기 부정과 영적 원칙, 관행, 그리고 사람들에 반하는 것이 아니라고 생각한다. 6. 그것은 세상을 분노케 하는 모든 불의와 억압과 잔인함의 큰 원인이다. 그들이 돈을 사랑하지 않았더라면, 그들은 그들이 할 일을 했을 것이다. 그것은 사람들로 하여금 그들의 모든 친구와 약속을 배신하고 거짓되게 만든다. 하나님에 대한 서원이나 사람에 대한 의무도 세상을 사랑하는 사람을 붙들지 못할 것이다. 세상이 그의 신이고 그의 세속적 이익은 그의 통치와 법이다. 7. 그것은 자선과 선행을 크게 파괴한다. 더 이상 하나님과 가난한 이들을 위해 일하지 않는다. 왜냐하면 세상에 대한 사랑이 그것을 금지하기 때문이다. 8. 그것은 가정을 무질서하게 하고 불경스럽게 하며 아이들과 종들의 영혼을 마귀에게 넘긴다. 그것은 기도, 성경 읽기, 좋은 책들, 다가올 삶에 대한 진지한 연설을 그만두게 한다. 왜냐하면 그들의 마음은 세상에 사로잡혀 있고 육체의 먹을거리 외에는 좋아하는 것이 없기 때문이다. 주님의 날에도, 거룩한 일과 의무의 수행하기 위해 남겨둘 수 없고, 세상 일에 개입하거나 마음을 딴 데로 돌리고 있다. 9. 그것은 사람들이 자신의 지식에 반하여 죄를 짓고 진리를 버리고 상승하는 편에 자신을 맞추며 그들의 영혼이 어떻게 되든 자신의 몸과 재산을 보호하도록 유혹한다. 그것은 마귀가 영혼에게 제공하는 상금이다! 이것으로 '네가 무엇을 내게 주려느냐 내가 그를 네게 넘겨주리라.'는 말로 바리새인에게 갔던 가룟 **유다**의 영혼을 샀다. 이것으로 마귀는 그리스도 자신을 유혹했다. "만일 내게 엎드려 경배하면 이 모든 것을 네게 주리라."[131] 이것은 하나님께 대한 배신과 불충의 원인이다.[132] 그리고 죄인들이 그들의 하나님과 양심과 구원을 파는 대가이다. 10. 그것은 영혼에게서 하나님과의 거룩한 교감과 그분의 위로를 빼앗고, 내세를 미리 맛보지 못하게 하고, 마침내 하늘 자체를 빼앗아 간다. 세상을 사랑하는 것이 하나님과 하늘의 사랑을 막는 것처럼, 거룩한 사랑에서 나오는 소망과 위로도 막는다. 그것이 얼마나 교묘하게 많은 피해를 주는 죄인 줄 안다면, 돈과 세상에 대한 사랑을 치료하는 데에 큰 도움이 될 것이다.

방향 제시-14 '재물을 사랑하는 세속적인 마음의 죄가 얼마나 비열하며, 사람의 마음에 얼마나 불명예스럽고 천한 일인지 기억하라.' 땅이 하늘보다 천하고 돈이 하나님보다 천하다면, 땅의 생각은 하늘의 생각보다 천하다. 흙을 먹고사는 뱀은 천사보다 더 천한 삶이기에, 천사는 지극히 거룩하신 하나님을 경외하고, 순종하고, 찬양하는 일에 사용된다.

방향 제시-15 '하나님께서 당신에게 믿고 맡긴 모든 일에 얼마나 기여했는지 매일 계산해 보라. 그리고 그것이 심판 때에 들어도 괜찮을 것인지 시험해 보라.' 만일 당신이 하나님의 심판을 받아들이는 사람들처럼, 날마다 당신 자신을 심판하기만 한다면, 당신은 더 많은 것

---

131) 마 4:9
132) 딤후 4:10

을 얻는 것보다 가지고 있는 것을 잘 사용하는 데에 더 주의를 기울일 것이다. 당신이 사용한 것에 대해 매우 엄격하게 설명해야 한다는 것을 인식한다면, 풍요와 번영을 좇는 당신의 갈증이 해소될 것이다. 육체 자체가 그것을 목적 없이 사용할 수 없다는 것을 알게 되면 그것을 덜 원하게 될 것이다.

방향 제시-16 '당신의 탐욕이 가장 간절하고 위험하다고 생각되면, 그것을 최대한 넘어서기로 결심하고, 다른 때보다 경건하거나 자선적인 목적에 더 많이 기부하라.' 왜냐하면 사람은 가장 위험에 처한 그 죄에서 가장 멀리 날아가야 할 이유가 있기 때문이다. 행동은 습관을 증가시키는 경향이 있다. 탐욕에 순종하면 탐욕을 더 커지게 하기에 탐욕과 반대로 행동하고, 그것에 불순종하고 불쾌하게 하는 것은 그것을 파괴시킨다. 이 과정은 당신의 탐욕으로 하여금 욕망을 달성하지 못하게 할 것이다. 그렇게 하면 그것이 가라앉고, 추구를 포기하게 할 것이다. 이것은 모든 탐욕스러운 욕망에 대해 공개적으로 항의하는 것이며, 효과적인 회개의 방법이다. 그리고 지혜롭고 정직하게 죄를 무장해제 하고, 그 행동을 자신의 파멸에 맞서 돌이키게 한다. 이렇게 자주 사용하면 탐욕은 조용히 있는 것이 지혜라고 생각할 것이다.

방향 제시-17 '무엇보다 하나님과 재물을 동시에 화목하게 할 수 있다고 생각하며, 하늘과 땅을 혼합하여 당신의 행복으로 삼으려는 생각을 하지 않도록 주의하라. 당신이 재물을 지킬 수 있는 한, 세상을 최고로 사랑하고 있으면서도, 천국을 마지막 보루로 가지고 있겠다는 꿈을 꾸지 않도록 주의하라.' 속이는 희망만큼 세속성을 변호하는 것은 없다. 당신은 세속성을 가졌지만 그것을 억제하고 삼가고 있는 상태다. 그럼에도 당신은 세속적인 사람이 아니다. 천국이 당신의 마지막 피난처이자 완전한 행복이어야 한다고 고백하는 것으로는 이 희망을 뒷받침하는 것은 아무것도 없다. 그래서 당신은 이 목적을 위해 부차적인 어떤 것을 행해야 한다. 그럼에도 불구하고 세상을 더 사랑하고, 더 많이 찾으려 하고, 더 기뻐하고, 더 단단히 붙잡으려 하지 않는가? 이것은 세상이 당신의 마음과 기쁨과 욕망과 사업을 더 많이 차지하고 있다는 것이 아닌가? 하늘을 위해 모든 것을 버릴 수 없고 하늘의 보화를 위해 이 세

상 모든 것을 버릴 수 없다면, 당신은 그리스도의 참 제자가 될 수 없다.[133]

방향 제시-18 '만일 당신이 세상에 대한 사랑을 극복하려면, 육체를 죽이는 데 관심을 기울여야 한다. 왜냐하면 세상은 육체의 공급처로만 간절히 요구되기 때문이다.' 죽은 사람은 관능주의자의 행복과 같은 것이 필요하지 않다. 당신의 끊임없는 갈증과 병적인 열망을 해소시키면 술을 마시기 위해 그렇게 소동을 피우지 않을 것이다. 당신의 식욕을 돋우는 질병을 치료하라. 그것이 그 질병에서 벗어나는 가장 안전하고 저렴한 방법이다. 그러면 다른 사람의 부와 화려함을 바라볼 때, 이런 것들이 필요하지 않은 것을 하나님께 감사하게 될 것이다. 그리고 당신은 부자들처럼 많은 땅과 많은 종들과 재물들과 사업을 생각하는 것이 당신에게 얼마나 큰 고통과 부담이 되고, 당신의 더 나은 일과 위안을 방해하는지 생각할 것이다. 그리고 은퇴하고 조용한 삶의 상태에서, 하나님과 자신을 얼마나 더 잘 누릴 수 있을지 생각할 것이다. 그러나 이것에 대해서는 다음 부분에서 더 자세히 설명할 것이다.

사람들은 세상에 대한 사랑이 얼마나 하나님에 대해 불경하고 저주받을 만한 상태인지 알고 있었을까? 그리고 그것이 얼마나 영혼의 저인지, 우리 종교의 얼마나 많은 부분이 그것을 경멸하고 정복하는 일에 있다는 것을 알고 있었을까? 사람들의 세례언약에서 세상을 포기한다는 것이 무슨 의미인지 알고, 세상을 사랑하는 얼마나 많은 사람들이 영원히 저주를 받을 것인지 안다면, 그들은 헛되이 그런 소동을 일으키지 않을 것이며, 그들의 멸망하는 육체의 양식을 위해 준비하는 일에 평생을 소비하지도 않고, 또한 가장 부유한 사람들이 가장 행복하다고 생각하지도 않을 것이며, "자기 마음의 욕심을 자랑하며 여호와께서 미워하시는 탐욕스러운 자를 축복하지도 않을 것이다."[134] 그들은 크리스천들이 그 '이름'[135]조차도 부르지 말라고 하는 것을 작은 죄로 생각하지 않을 것이다. 하나님께서 "탐욕을 부리는 자는 하나님

---

133) 눅 14:26, 27, 33
134) 시 10:3
135) 엡 5:3

나라를 유업으로 받지 못하리라."[136]고 결정하셨기에 크리스천은 탐욕을 부리는 자와 함께 먹지 말아야 한다.[137] 그리스도께서 "삼가 모든 탐심을 물리치라."[138]고 헛되이 말씀하셨는가? "재앙을 피하기 위하여 높은 데 깃들이려 하며 자기 집을 위하여 부당한 이익을 취하는 자에게 화 있을 진저."[139] 오 세상은 일시적이고, 실망시키는 쾌락이라는 것을 미리 알았음에도, 세상을 그토록 부지런히, 지속적으로 그리고 소중한 비용을 들여서 섬기는 종들이 받을 것은, 영원한 수치 외에 아무것도 없을 것이다! 오, 그런 공허한 그림자의 놀라운 속임수여, 아니면 오히려 놀라운 인류의 어리석음이여! 너무 많은 세대가 우리 앞에서 속았고, 거의 모든 사람이 죽을 때 속았다고 고백했지만, 여전히 많은 사람들이 속임을 당할 것이고, 세상의 본보기에 의해 경고를 받지 않는다! 나는 히브리서 13장 5절로 결론을 내린다. "돈을 사랑하지 말고 있는 바를 족한 줄로 알라 그가 친히 말씀하시기를 내가 결코 너희를 버리지 아니하고 너희를 떠나지 아니하리라 하셨느니라."

---

136) 고전 6:10
137) 고전 5:11
138) 눅 12:15
139) 합 2:9

7부

최고의 죄에 대한 방향 제시: 관능, 육체적 쾌락, 향락

나는 이미 《자기 부정》이라는 책에서 너무 많이 말했기 때문에 이것에 대해서는 짧게 말할 것이다. 더 구체적인 방향 제시로 나아가기 전에, 우리가 반대하는 죄의 본질과 악을 분별할 필요가 있다. 그러므로 나는 여기서, 1. '육체'가 무엇을 의미하는지 말하고, 2. 불법적인 육체적 즐거움이 무엇이며, 관능이 무엇인지 말하고, 3. 이 죄의 악성이 존재하는 곳, 4. 몇 가지 이의에 대해 답할 것이고, 5. 그것에 대한 징후를 보여 주고, 6. 이와 반대되는 모조, 7. 스스로 또는 다른 사람을 부당하게 비난하는 거짓 징후에 대해 말할 것이다.

[육체가 의미하는 것]

I. 성경 안에서 표현되는 '육체(flesh)'가 (이 죄가 언급된 곳에서) 몸(body) 자체를 의미하는지 아니면 거듭나지 않은 영혼을 의미하는지 논란이 되고 있음을 개신교와 로마 가톨릭교 사이의 문서에서, 발견할 수 있기에, 먼저 이 질문에 대해 간단히 설명하겠다. 우리가 거듭나지 않은 부분에 대해 말할 때, 영혼이 두 부분으로 나뉘어 있어, 한 부분은 거듭나고 다른 부분은 거듭나지 않은 것을 의미하지 않는다. 그러나, 시력이 약한 사람이 동일한 대상에 대해, 밝은 것으로도 어두운 것으로도 인식하는 것같이, 거듭났지만 부분적으로는 불완전한 영

혼과 같다. 거듭나지 않은 부분이란, 거듭나지 않은 한 영혼 전체를 의미한다. '육체'라는 단어의 일차적인 의미는 죄와 관련 없는 몸의 일부를 의미한다. 그리고 그다음은 영혼과 구별되는 몸 전체를 의미한다. 그러나 죄와 의무에 관련하여 육체는 다음과 같다. (1) 때로 감각적인 욕망 때문에, 그 자체로 죄악은 아니지만 하나님께서 거부하라고 의무 지운 것을 간절히 바라는 것으로 간주된다. (2) 더 자주, 이 감각적인 욕망 때문에, 그 자체의 욕망이 과도하고 죄악 된 것으로 간주된다. (3) 더 자주, 지나치게 감각적인 욕망 자체와 이성적인 힘 때문에, 육체에 의해 타락하고, 그것에 순종하거나 지나치게 따르려는 죄의 성향이 있는 한, 감각적인 것으로 생각된다. 그러나, 그때 그 이름은 일차적으로 감각적 욕망 그 자체(질병처럼)로 생각되나 이성적인 힘이 참여한 것으로 생각된다. 그것을 이해하기 위해서는, 1. 욕망 자체는 금지된 대상을 죄책감 없이(순결한 상태에서) 간절히 바랄 수 있다는 것을 고려해야 한다. 이때 저지되어야 하는 것은 욕망이 아니라 의지의 욕망, 또는 실제로 그에 대한 묵인이다. 열병에 걸린 사람이 합법적으로 마실 수 있는 것보다 더 많은 것을 갈망하는 것은 그 자체로 죄가 아니지만 실제적인 의지로 그것을 원하거나 마시는 것은 죄이다. 하나님께서 금하신 것은 의지의 선택이기 때문에 갈증은 죄가 아니다. 그것은 우리 능력으로 없앨 수 없기 때문이다. **아담**이 금단의 열매에 욕구가 있다는 것은 죄가 아니었다. 그러나 그의 의지는 그의 욕구를 따랐고 그의 입은 먹었다. 욕망과 감각적인 본성은 하나님에게서 온 것이며, 본성은 율법보다 앞서기 때문이다. 하나님은 우리에게 율법을 주기 전에 우리를 사람으로 만들었다. 율법은 그분이 우리를 만든 것에서 또는 자연적으로 우리의 능력 밖의 어떤 것에서 우리 자신을 바꾸지 말라고 명령한다. 그러나 죄책감 없이 욕망에 순종하여 악을 행하는 것은 의지와 집행력의 죄이다. 욕망은 필요하되 자유로운 것이 아니다. 결과적으로 하나님은 자신의 명령이나 금지를 직접 지시하는 것이 아니라 이성과 자유의지가 지시하도록 정하셨다.

2. 그러나, 사람이 타락한 이후로 욕망 자체는 부패하고 비합리적이 되었다. 즉, 몸 자체에 닥친 마음의 질병에 의해, 죄 없는 상태에 있는 것보다 더 성급하고 폭력적이며 제멋대로가 되었다. 우리는 이제 경험을 통해 공정하고 건전하게 절제를 하는 사람은 병에 걸리거나 욕망에 습관적으로 순종하는 사람들처럼 자신의 이성에 반하는 (그가 건강하다면) 욕망에 자

의적으로 애쓰지 않는다는 사실을 알게 되었다. 그리고 사용하는 행위와 건강이 그렇게 큰 변화를 일으킨다면, 타락에 의한 본성의 타락이 더 많은 변화를 가져왔다고 생각할 이유가 있다.

3. 이 과도한 욕망은 참여에 의한 죄이다. 욕망 자체는 아니지만, 참여에 제약이 없는 한 죄이다. 왜냐하면 그것은 이성적인, 더 높은 권력에 구속을 받지 않고 자유롭게 행동하는 사람의 욕망이기 때문이다. 비록 죄는 사람의 진정한 본질에 포함된 의지가 우선이지만, 죄의 주체가 되는 것은 의지만이 아니라(일차적으로는 그렇지만) 그의 행위가 자발적인 한, 사람 전체이다. 의지는 다른 기능들을 지배하기 때문이다. 기능들은 의지가 명령하거나, 의지가 할 수 있고 해야 할 때, 금지하지 않고 행하는 자발적인 행위이다. 거짓말을 하는 것은 그 사람의 자발적인 죄이며, 혀는 그 죄에 참여한다. 의지는 욕망에 장애를 일으킨 그 죄를 막았을 수도 있다. 술주정뱅이나 대식가가 자신의 음탕하고 과도한 욕망을 일으키게 한다면, 그 욕망은 자발적으로 일으키는 것이기 때문에 그의 죄가 된다.

4. 그러나, 인간 자신의 실제 죄와 관습에 의해 어떤 욕망을 불러일으킬 때 그런 무질서함의 추가는, 원죄의 열매뿐인 마음의 질병보다 영혼에 더 심하고 위험하다.

5. 마음과 의지 안에 단순한 정직성의 결핍과 함께 이 감각적인 욕망의 과도함은, 사람의 실제적인 죄를 짓게 하기에 충분하다. 왜냐하면 말들(horse)이 완고하다면, 단순히 나약함, 졸음, 태만 또는 마부의 부재만으로 마차의 전복에 도움을 주기에 충분하기 때문이다. 따라서 이성과 의지가 악이나 관능적 대상에 대한 긍정적 성향은 없으나 그들이 관능적 욕망을 억제할 만큼, 더 높은 것에 대한 빛과 사랑이 많지 않다면, 그것은 실제 죄로 영혼을 파멸시킬 수 있는 금지된 것들에 대해 긍정적인 성향을 충분히 가지고 있는 것이다.

6. 지금까지 그것이 신학자들 사이에서 큰 논쟁이 되기는 하지만, 나는 이성적인 힘 자체에 관능적이고 금지된 것들에 대해 긍정적이고 습관적이고 과도한 성향이 있다고 생각한다.

사실 교만하고 탐욕스러운 자의 이성은 죄를 꾀하고 종종 좋은 것으로 간주하며 의지가 그것을 받아들이는 것이 확실하다. 그래서 이러한 일들은 전 인격이 지속적으로 행하는 것이므로, 강력하고 지속적인 행동으로 소비되는 동일한 능력들이 그 자체로 정신적 경향, 긍정적인 습관의 대상이라는 것이 분명해 보인다. 만일 그것이 부가적인 후천적 죄에서 그렇게 된다면, 그것은 원죄에서 그랬던 것과 같다.

7. 비록 죄가 형식적으로는 먼저 의지에 지배되지만 실질적으로 그것은 감각적인 욕망에 먼저 지배를 받는다(적어도 육체를 기쁘게 하거나 관능적인 죄는 그렇다). 육체나 감각적인 부분은 자발적으로 짓는 죄 이상은 아니지만 첫 번째 욕망이다.

8. 이 모든 것을 종합하면 '육체'라는 단어가 전체 사람의 관능적인 성향을 의미한다는 것을 더 잘 알 수 있다. 하지만 일차적으로 가장 중요한 것은 부패한 관능적 욕망, 그리고 마음과 의지(부정이든 긍정이든)의 일치, 이차적으로, 감각에 빠질 때이다. 욕망은, (1) 이성을 능가하고, (2) 이성에 저항한다. (3) 마침내 이성과 의지를 타락시키고 유인하여 그 종과 공급자가 되게 한다.

그리고 '육체'라는 이름이 주로 감각적 욕망 자체를 의미한다는 것은 그 이름의 표기법에서 분명하다. 왜 이성적인 힘의 습관이나 악덕을 '영'이나 다른 어떤 것이 아닌 '육체'라 불러야 하는가? 그것이 그들의 대상에 관련해서만 그렇다면 그들은 또한 '세상'이라 불러야 할 것이다. 왜냐하면 그것이 그들의 대상이기 때문이다. 그 능력이 인간에게 가장 우세하며, 그의 대상이 그의 가장 큰 목적이 된다는 것은 확실한 규칙이다. 감각적인 즐거움이 성화되지 않은 자의 행복과 목적이 되는 것은 감각적 능력이 우세한 결과다. 그것을 육체라고 부르며(더 가까운 비유적 어구로), 그것에서 나온 마음은 명칭을 받아들인다. 성경은 또한 이것을 분명하게 보여 준다. 나는 구약에서 '육체'라는 단어가 새롭게 되지 않은 이성적 영혼을 의미할 가능성이 있는 곳을 기억하지 못한다. 마태복음 16장 17절, "이를 네게 알게 한 이는 혈육(flesh and blood)이 아니요."라는 말은, 단순히 용서받을 수 있는 죄가 아니라 영적 죽음을 수반하는 죄를 지은 인간은 그것을 알 수 없다는 뜻이다. 마태복음 26장 41절에서 "마음에는 원이로되 육신(flesh)이 약하도다."라는 말은 당신의 몸은 약하여 당신의 영혼의 의지에 저항한다는 뜻이다. 여기서 죄악 된 습관은 약하다고 하지 않는다. 요한복음 3장 6절에서 "육(flesh)으로 난 것은 육이요 영으로 난 것은 영이다."라는 말은, 즉 사람은 자연적인 생성에 의해 보이는 부분의 '육체'라고 하는 자연적인 사람을 낳을 수 있는 것이지, 영적인 생명을 낳을 수 있는 것은 아니며, 지금 본성(생명력)은 결여되어 있다. 로마서 7장 25절에서 "육신(flesh)으로는 죄의 법을 섬긴다."라는 말은 내 감각적인 능력과 내 마음은 지금까지 죄의 법에 사로잡혀 있다는 뜻이다. 로마서 8장 5절, "육에 속한 자는 육신의 일을 생각한다."에서 육체와 영은 종종 반대된다. 즉, 감각적 관심과 욕망이 우세한 사람들이라는 뜻이다. 이런 맥락에서 8장 10, 11, 13절은 '육체'뿐만 아니라 '몸(body)'이라고도 한다. 여기에 마음이 포함된다. 다른 한편으로 마음은 육체와 육체의 이익을 섬기는 것과 같다. 갈라디아서 5장 16, 17, 19절에서 육체와 영은 같은 방식으로 대적한다. 베드로후서 2장 18절에서 육체의 정욕은 이런 의미로 언급되었다. 에베소서 2장 3절, 로마서 7장 18절, 13장 14절, 고린도전서 5장 5절, 베드로전서 2장 11절, 고린도후서 1장 12절에서 '육체의 정욕은 영을 대적하여 싸우는 것'과 '육체의 지혜는 육체의 양식을 도모함'에 내한 언급이 있다. 그리고 골로새서 2장 18절에서 육체적인 생각이라는 이름이 있는데 그것은 미혹되어 육체에 복종하는 마음일 뿐이라는 말이다. 그래서 육체 그 자체 또는 감각적인 관심과 욕망은 모든 장소 또는 대부분의 장소에서, 그리고 일부에서는 마음이 그것에 종속된 것으로 표시된다.

육체나 감각적인 부분이 도덕적으로 선하거나 악할 수 없다고 생각하는 자유분방한 사람을 모방하려는 유혹을 받지 않도록 이 사실을 올바르게 이해하는 것이 매우 중요하다. 따라서 그 모든 행동에 상반된 감정을 품고 있는 자들에 대해 무관심할 수 있으며, 우월한 힘만 바라볼 수 있다. 성경에서 '육체'라 하는 말이 단지 거듭나지 않은 이성적인 영혼을 의미한다고 생각하는 다른 사람들은 육체 자체를 소중히 여기고, 그것을 애지중지하며, 제어할 수 없는 정욕을 부양하며, 결코 육체를 길들이는 일을 하지 않는다. 그러나 그들은 행동의 동기를 소중히 여기거나 치료의 주요 부분을 소홀히 하는 동안, 하나님께서 그들 안에 있는 육체는 즉, 그들의 이성과 의지의 죄악 된 습관을 멸하시기를 매일 기도하라. 그와 반대로, 몸만 적으로 여기는 일부 로마 가톨릭교는 금식과 육체적 수련을 많이 하면서도 세속적인 마음을 죽이는 일은 소홀히 한다.

[육체를 기쁘게 하는 것은 죄악이다]

II. 육체를 즐겁게 하는 것이 얼마나 죄인지, 나는 다음과 같은 명제를 통해 명확하게 설명할 것이다.

1. 감각적 욕망을 즐겁게 하거나 불쾌하게 하는 것 자체는 죄도 의무도 아니며 선도 악도 아니다. 그러나 하나님의 어떤 율법에 의해 명령되거나 금지된 것은 그렇지 않다. 그것은 절대 해서는 안 된다.

2. 금지된 것으로 육체를 즐겁게 하는 것은 의심할 여지없이 죄이며, 그것을 불쾌하게 하는 것 또한 죄이다. 그러므로 이것이 여기에서 의미하는 전부가 아니며, 육체를 즐겁게 하는 본질은 금지된 것이 되어서는 안 된다.

3. 육체의 즐거움을 지나치게 중히 여기는 것은 죄이다. 하나님을 기쁘시게 하는 것과 하늘을 위한 거룩한 준비보다 먼저 육체를 선호하는 것은 불경건과 세속적인 상태이며, 영혼의 저주를 초래하는 일반적인 원인이다. 육체나 감각의 즐거움은 자연스러운 선이다. 그리고 그것의 자연적 욕구 그 자체는 (이미 말한 바와 같이) 악덕도 미덕도 아니다. 그러나 이 작은 자연적 선이 더 큰 영적, 도덕적 또는 영원한 선보다 우선 될 때, 이것은 사망의 위협을 받는 육체적 마음의 죄악이다.[140]

---

140) 롬 8:1, 5-8, 13

4. 육체의 즐거움을 너무 비싼 값으로 사는 것은 그 가치 이상의 시간을 낭비하거나 보살피거나 수고를 하는 것이고, 육체를 기쁘게 하기 위한 준비에 너무 몰두하는 것은 그것이 과대평가되었음을 보여 주는 것이며, 그것은 금지된 죄이다.[141]

5. 어떤 육체의 소욕이 물질이나 방식, 양, 질 또는 때에 있어 과도하거나 절제가 없고 불규칙할 때, 그 과도한 욕망을 즐겁게 하는 것은 죄이다.

6. 육체를 즐겁게 하는 것이 육체가 하고 싶은 대로 하게하고 더러운 욕망이나 다른 죄를 소중히 여기고 더 큰 선을 행하는 것과 같이 다른 이유가 필요하지 않을 때, 그것은 죄이다. 그러나 삶이 그것을 요구한다면 정욕은 다른 방법으로 통제되어야 한다.

7. 육체를 즐겁게 하는 것이 건강을 해치고, 그래서 육체가 의무에 덜 적합하게 될 때, 그것은 죄이다. 그래서 거의 모든 무절제는 질병을 낳는 경향이 있다. 하나님은 몸의 유익을 위해서라도 절제를 명령하신다.

8. 불필요한 육체의 쾌락이 경건, 정의, 사랑 또는 자기보존의 의무, 생각, 사랑의 감정, 말이나 행동을 방해할 때, 그것은 죄가 된다.

9. 육체의 즐거움이 도덕적 선이나 악에 직간접적인 경향이 없다고 상상할 수 있다면, 그것은 도덕적 선택이나 거부의 대상이 아니다. 또한 고의로 하지 않는 눈의 깜박임 같은 것은 대상이 아니다. 그것은 도덕적 범위 안에 있지 않다.

10. 육체의 모든 즐거움은 더 높은 목적에 복종해야 하는데, 그렇게 복종하고 행동하지 않는 것은 죄이다. 마음이 비어 깨끗하고, 깨어 있는 사람이 숙고해야 하는 것으로는 더 높은

---

141) 롬 13:14

목적에 복종해야 하는 필수조건을 허용하고 충족시키기 위해 아래로 놓아야 할 것은 없다. 실제로 하나님의 영광과 우리의 구원에 이르기까지, 우리를 사랑과 감사로 격려하고, 어떤 의무를 위해 우리를 강화하거나 적합하게 함으로써 더 높은 목적에 복종해야 한다. 더 높은 목적에 복종하지 않는 육체의 즐거움은 분명한 죄이다. (1) 우리가 육체 그 자체만 원한다면 (육체의 즐거움이 더 높은 목적에 복종하지 않고), 육체를 즐겁게 하는 것이 우리의 궁극적인 목적이 되고, 육체는 우상이 되기 때문이다. 비록 감각적 욕망은 의도된 목적이 없지만, 결국 의지가 원하는 것이 무엇이든 목적 또는 수단 중 하나가 되기 때문이다. 어떤 더 높은 목적을 위한 수단으로 원하지 않는 것은 우리의 궁극적인 목적 그 자체(그 행위에서)로 요구된다. 그러나 하나님만이 인간의 합법적이고 궁극적인 목적이다. (2) 그것은 "너희가 먹든지 마시든지 무엇을 하든지 다 하나님의 영광을 위하여 하라."[142]는 명백한 명령에 위배되기 때문이다. (3) 그렇지 않다면 우리는 하나님의 피조물을 헛되이 취하여 쓰레기로 버릴 것이기 때문이다. (4) 좋은 일에 사용되어야 할 피조물이나 쾌락에 대한 좋은 점을 잃게 될 것이다. (5) 이성의 안내를 받아야 함에도 불구하고 그것을 침묵시켜야 할 것이다. 우리는 의지의 통치를 멈추고 육체나 짐승 같은 욕망에게 통제권을 양도할 것이다. 능력의 규칙에서, 사람의 대상이 우리의 목적이기 때문이다. 이러한 이유들은 도덕적 선택과 숙고의 문제일 때, 우리의 욕망을 우리의 목적으로 삼고 육체를 즐겁게 하는 어떤 행위에서 끝내고 더 높은 것을 보지 않는 것이 죄임을 분명히 증명한다.

11. 그러나 여기서의 죄는 단순히 육체가 기뻐하는 것이 아니라 그것을 더 높은 목적에 복종시킬 의무가 생략되는 것이므로 생략의 죄이다(육체를 위한 수단으로서 더 나은 것에 복종시키지 않는 한).

12. 하나님의 영광이나 우리의 영적인 선에 대한 이해는 우리가 취하는 모든 특정한 쾌락, 먹는 음식, 또는 사용하는 모든 것에 분명하고 합리적으로 반응할 수 없지만, 처음부터 마음

---

142) 고전 5:31

속에 잘 새겨져 있는 성실하고 습관적인 이해는 많은 특정한 수단을 적절하게 사용하는 데에 도움이 될 것이다. 사람이 처음 출발할 때 어떤 곳으로 가려는 목적을 세운다면, 모든 단계에서 자신의 목적을 깊이 생각하지 않더라도 앞으로 계속 나아가는 것처럼, 자신을 하나님께 바치고 일반적으로 모든 것을 그의 영광과 그의 의무와 구원의 증진을 위해 계획하는 사람은 영혼의 은밀하고 관찰되지 않는 행동을 통해 작은 세부사항을 수행함과 동시에 관찰되는 다른 작업을 함께 수행할 것이다. 건강을 돌보는 사람일지라도, 먹고 마시는 일에 있어, 모든 음식과 마시는 것에 건강을 기억하면서 먹지 못한다. 하지만 조심하고 주의하는 습관을 가지고 있다면, 눈에 띄지 않게 자신의 길을 지키고, 수단을 목적에 맞추도록 그를 도울 것이다. 음악가의 익숙한 손이 류트(lute)를 연주를 하면서 다른 생각을 하는 것과 같다. 그렇게 결심한 크리스천은 목표에 대해 뚜렷한 기억이나 주의를 기울일 필요 없이, 먹고 마시고 옷을 입고 그가 (처음에는 실제로 그리고 여전히 습관적으로) 결심한 선한 목적을 위해 부름에 수고하는 것과 같은 익숙한 일을 충실하게 할 수 있다.

13. 몸은 영혼을 섬기기에 가장 적합한 상태(가능한 한)로 유지되어야 한다. 당신이 말(horse)을 돌볼 때, 야생처럼 방송하게 하지 않고, 여행을 못 할 정도로 활력이 부족하게 하지도 않는다. 그러나 말을 제멋대로 두지 않고, 모든 건강과 힘을 유지하게 하는 것은 말을 더 유용하게 만든다. 그것은 육체의 생명이 아니라 건강과 명랑함으로 의무에 적합하게 한다. 육체를 건강하고 쾌활하게 하는 것만큼 육체를 기쁘게 하는 것은 의무이며, 다른 방법으로 더 큰 상처를 입히지 않고도 할 수 있다. 무거운 육체는 마음에 둔하고 무거운 하인일 뿐이다. 참으로 의무를 다하는 데 영혼에 큰 장애가 되고 많은 죄를 짓게 하는 큰 유혹이 된다. 병들고 우울한 사람, 그리고 둔하고 점액질(phlegmatic)의 사람은 부정적 경험에 의해 사실을 인지한다. 육체가 교만하거나 정욕적일 때, 금식과 굵은 베옷으로 몸을 길들이고, 몸이 봉사에 적합한 기민성과 건강을 갖도록 돕는 것은 큰 의무이다. 특정한 날에 형식적으로 하는 금식이 하나님께 인정받을 수 있다고 생각하는 사람들은 육체의 상태가 도움이 되지 않고, 오히려 그것에 의해 상처를 입고 방해를 받음에도 불구하고, 마치 그 일이 그 자신에게 필요한 것처럼, 하나님이 요구하지 않는 희생을 착각하여 드린다. 그것이 자기에게 유익하지 않

음에도 불구하고, 하나님을 자신의 고통과 슬픔을 원하는 적으로 이해한다. 좋은 낫을 가지고 풀을 베는 사람은 나쁜 낫을 가진 사람보다 두 배의 일을 할 수 있다. 모든 일꾼은 자신의 도구를 정리하는 것의 장점을 알고 있다. 모든 여행자는 쾌활한 말(horse)과 피곤한 말의 차이를 알고 있다. 건강과 병을 경험한 사람은 건강한 몸과 쾌활한 영과 마음에 순종하는 기민함과 신속함을 갖는 것이 하나님의 모든 일에 어떤 도움이 되는지 알고 있다. 장래의 전망, 아름다운 건물, 들판, 국가, 산책로 또는 정원의 풍경이 영혼을 거룩한 묵상으로 끌어올리고, 창조주를 존경하며, 다가올 삶의 영광을 생각할 가능성이 있을 때(Bernard)가 습관적으로 즐거운 산책을 한 것처럼), 이 기쁨은 비록 의무는 아닐지라도 그것이 있을 수 있는 곳에서 합법적이다. 이와 같이 음악이 마음을 즐겁게 하여 하나님께 감사와 찬양을 드리기에 적합할 때, 주일과 다른 감사의 날에 몸을 쉬고 가장 좋은 옷을 입고 적당한 잔치를 베푸는 것이 그날의 영적 봉사를 증진시킬 때, 그것들은 좋고 유익하다. 그러나 배부름으로 인해 더 방해를 받는 사람들에게는, 그러한 날에 절제하는 것이 가장 좋다. 따라서 육체의 사용은 마음의 선과 악의 수단이나 표현으로 판단되어야 한다.

14. 때로는 현재가 가장 중요하게 여겨져야 하고 때로는 미래가 가장 중요하게 여겨져야 한다. 어떤 큰 죄나 심판이나 다른 이유가 우리를 금식하도록 부를 때, 그날이 끝날 때까지 비록 몸이 너무 약해서 나중에 다소 더 나빠질지라도 우리는 금식을 해야 한다. 따라서 그날 우리가 기대할 수 있는 좋은 것이 나중에 우리에게서 빼앗아 갈 좋은 것보다 더 클 것이다. 달리 사후 손실이 더 크다면, 피해야 할 것이 더 많다.

15. 많은 것들이 우리의 주된 목적에 거의 적합하지 않고 거의 직접적으로 영향이 없는 것처럼 보이기도 한다. 우리에게 타고난 힘과 활력이, 기민함을 제공하지 않거나 장애물로 막는 것처럼 보이기도 한다. 여행자의 두건과 외투, 그리고 다른 짐처럼 그의 여행 속도를 방해하는 것처럼 보이기도 한다. 그러나 추위와 습기를 막기 위해서 그것은 필요하다. 그렇지 않으면 여행을 더 지연시킬 수 있다. 참으로 어떤 작은 짐을 감당함으로써 불확실한 위험이나 큰 장애를 막을 수 있다. 따라서 우리의 몸을 건강하고 기민하게 유지하는 것은 일반적으로

우리의 의무에 통상적으로 필요한 것이며, 먹고 마시고 합법적인 여가 활동을 하는 것은 우리가 준비하는 다음 또는 현재의 의무일 뿐 아니라 매우 먼 미래를 위해서도 필요하다.

16. 일반적으로 육체적 쾌락의 부족보다 과잉을 더 두려워하는 것이 가장 안전하다. 일반적으로 우리는 모두 과잉에 빠지기 쉽고, 또한 그 과잉이 일반적으로 더 위험하기 때문이다. 쾌락의 과잉은 모든 사람 또는 대부분에 대한 멸망의 저주이고, 쾌락의 부족은 문제와 방해물에 불과할 뿐이지 어떤 사람을 저주로 가게 하는 일이 결코 드물다는 사실을 감안해 볼 때, 우리가 가장 두려워하고 조심하고 경계해야 할 쪽이 어디인지 쉽게 알 수 있다.

17. 그러나 지나친 꼼꼼함은 무지나 부주의로 저지르는 약간의 과도한 육체의 쾌락보다 더 큰 죄이자 하나님의 사업에 큰 장애가 될 수 있다. 육체보다 하나님을 더 선호하고 육체를 기쁘게 하지 못하더라도 기꺼이 그를 기쁘시게 하는 정직한 사람이, 작은 일에서 실수하거나 연약함이나 부주의함과 같은 일상적인 실수를 저지를 때, 그것은 그가 매일 먹는 것으로 너무 기뻐하지는 않는지 너무 많이 먹지는 않는지, 매일 마음을 혼란스럽게 하는 것보다, 종교의 주된 일에 덜 방해가 된다. 낢은 가난하고 유혹을 받고 우울한 사람들이 하는 것처럼 그가 말하는 모든 말과 그가 가는 발걸음마다 마음을 혼란스럽게 한다면, 그 결과로 사랑과 찬양과 감사만 아니라 모든 상당한 봉사에 이르기까지 스스로를 무력하게 하는 것이다.

요약하면, 합법적으로 감각이나 육체를 기쁘게 하는 것은 다음과 같은 조건을 갖추어야 한다. (1) 하나님의 영광이 궁극적인 목적이어야 한다. (2) 본질은 합법적이어야 하며 금지된 것이 아니어야 한다. (3) 그러므로 의무에 지장을 주어서는 안 된다. (4) 죄를 저지르도록 끌어들이는 것도 안 된다. (5) 우리의 건강을 해치는 것도 아니다. (6) 너무 높이 평가하지도 않고, 너무 비싸게 사지도 않는다. (7) 육체적 즐거움의 양이 과하지 않아야 한다. 이 중 하나라도 부족한 것이 있으면, 그것은 죄다. 습관적으로 마음과 삶이 굽어져 하나님을 기쁘게하기보다 육체를 즐겁게 하는 것을 선호한다면, 그것은 영혼이 육체에 포로가 되어 저주받을 상태에 있다는 것을 증명하는 것이다.

[육체를 즐겁게 하는 죄의 오만함]

III. 다음은 당신에게 육체를 즐겁게 하는 지배적인 사악함이나 악성을 보여 줄 것이다. 이는 죄의 오만함을 알면 치료에 많은 도움이 될 것이기 때문이다.

1. 그것이 죄 중에 죄이며, 모든 죄의 끝이며, 따라서 모든 죄의 합과 생명이라는 것을 이해하라. 사악한 사람들이 저지르는 모든 악은 궁극적으로 육체를 즐겁게 하는 것이니 육체의 쾌락에 대한 사랑이 모든 죄의 원인이다. 교만과 탐욕과 음행과 음란과 탐식과 술 취함과 그 밖의 모든 것은 관능과 육체적 쾌락의 직접적인 행위이거나 그것을 예비함으로 육체를 간접적으로 섬기는 일 중의 하나다. 하나님과 경건에 대한 악의적인 적대감과 반감은 육체의 관심과 욕망을 넘어서기 때문에 그로부터 비롯된다. 사람들이 그것을 위해 모든 수단을 고안하고 사용하는 것이 최종적인 원인이다. 그러므로 다른 모든 죄악은 우리의 육체적 욕구와 기호를 즐겁게 하려는 수단에 불과하므로 육체를 즐겁게 하려는 것이 그 모든 죄의 공통적인 원인임이 분명하다. 그리고 다른 모든 죄는 시계의 태엽과 같고, 그들의 모든 움직임을 그들에게 주는 균형바퀴(balance wheel)와 같다. 이 죄를 치료하면 이 구동장치에서 벗어나 영혼의 모든 관습적인 죄가 치료될 것이다. 부정적인 죄가 치료되지 않은 채 있다면, 죄는 더 이상 치료되지 않을 것이다. 왜냐하면 시계를 멈추게 하는 것만으로는 시계를 올바르게 만들기에 충분하지 않기 때문이다. 그러나 참으로 하나님을 기쁘게 하는 사랑 외에는 아무것도 육체를 즐겁게 하는 사랑을 실제로 고칠 수 없다. 그러한 치료는 긍정적인 죄와 부정적인 죄, 활동적인 죄와 하나 이상의 결함의 죄를 치료하는 방법이다.

2. 육체를 즐겁게 하는 것은 세상의 가장 큰 우상숭배이며 육체는 하나님을 대적하여 세워진 우상 중 가장 큰 우상이다. 그러므로 **바울**은 관능적인 세상 사람들에 대해 "그들의 배(belly)는 그들의 신이다." 그러므로 그들은 "땅의 일을 생각하며" "그 수치 가운데 영광이요, 그리스도의 십자가의 원수다."라고 말한다. 즉 그리스도를 위한 고난과 그들의 고난을 야기하는 교리와 의무에 적대적이다. 이것은 사람들이 자신의 가장 큰 선으로 삼고 가장 사랑하

고, 가장 신뢰하며, 가장 기쁘게 하고자 하는 사람들의 신이다. 이것은 모든 관능주의자들의 육체다. 그는 "하나님보다 쾌락을 더 사랑한다."[143] 그는 "육체의 것을 맛보고 생각하고 그것을 위해 산다." 그리고 "그것을 따라 걷는다."[144] 그는 "욕구나 정욕을 만족시키기 위해 육체의 일을 도모한다."[145] 그는 "육체를 위해 심는다."[146] "정욕은 성령을 거스르고 육체의 욕심을 이룬다."[147] 따라서 색욕이나 관능이 지배력을 가지고 있는 동안 죄가 그것들을 지배한다고 말하며, 그들은 죄의 종이다.[148] "자신을 종으로 내주어 누구에게 순종하든 그 순종함을 받는 자의 종이 된다."[149] 그것은 무릎을 꿇고 다른 사람에게 기도하는 것이 아니지만 주요한 우상숭배다. 하나님을 사랑하고, 즐거워하고 순종하며 신뢰하며 구하고 기뻐하는 것이 하나님을 섬기는 가장 중요한 부분이며, 이는 천 번의 제사나 칭찬보다 더 좋아하신다. 그러므로 육체를 사랑하며 즐거워하며 순종하고 신뢰하며 그 향락을 구하고 기뻐하는 것이 육체의 주된 섬김이다. 그것은 육체에 희생을 바친 것보다 더 큰 우상숭배다. 이와 같이 육체는 하나님의 가장 큰 원수로서, 하나님께 마땅히 돌려야 할 가장 큰 사랑과 봉사를 육체에 하게 하며, 육체적이고 성화되지 않는 모든 인류의 마음에서 하나님을 강제로 빼앗는다. 모든 바알(Baal)과, 주피터, 아폴로, 그리고 세상의 다른 우상들은 한 가지 만들어진 육체만 가지고 있기에 하나님께서 수신 사랑과 봉사를 그렇게 많이 가지고 있지 않다. 관능주의자에 의해 다른 것들이 우상화된다면, 그것은 단지 육체를 섬기는 것과 같으므로 열등한 우상에 불과하다. 그는 자신의 부를 우상화하고 권력과 세속적 오만함을 가진 사람을 우상화할 수 있지만 그것은 단지 그들이 자신의 육체를 돕거나 해칠 수 있는 것뿐이다. 이것이 그의 본질이다. 육체의 이익으로 자신의 상태를 판단하고, 이것으로 그는 자신의 친구들을 판단하고, 이것으로 자신의 행동을 선택하거나 거부하고, 이것으로 그는 다른 모든 사람들의 말과 행동

---

143) 딤후 3:2, 4
144) 롬 8:1, 5-8, 13
145) 롬 13:14
146) 갈 5:16, 17
147) 갈 6:8
148) 롬 6:14, 20
149) 롬 6:16

을 평가한다. 그는 자신의 육체를 즐겁게 하는 모든 것을 선으로 생각하고 자신의 즐거움에 거스르는 모든 것을 악으로 생각한다.

3. 육체는 평범한 우상일 뿐만 아니라 세상 대부분을 황폐화시키는 우상이다. 그것은 복종하고, 아첨을 좋아하는 우상처럼 무릎과 존경, 또는 때때로 희생이나 의식(ceremony)을 갖는 것이 아니라, 그것을 섬기는 마음과 혀와 몸, 전 재산, 친구들에 대한 봉사, 재치와 최선의 근면을 가지고 있다. 한마디로 모든 것을 가지고 있다. 그것은 사람의 '온 마음과 영혼과 힘'을 다해 하나님을 사랑하고 섬겨야 하는 것처럼, 관능주의자들은 그것을 사랑하고 섬긴다. 그들은 '그들의 재물과 소산의 첫 열매로 육체에 존경을 표한다.' 그것은 그리스도께서 그의 제자가 되는데 요구하신 대로 충실하게 육체를 섬기는 것이다. 사람들은 그들의 육체를 기쁘게 하기 위해 아버지, 어머니, 형제자매, 가장 가까운 친구, 그리고 육체를 반대하는 모든 것과 헤어질 것이다. 오히려 그리스도께서는 사람들에게 그들이 원하든 원하지 않든 곧 헤어져야 할 일시적이고 세속적인 것들과 헤어지라고 요구했다. 그러나 그들은 그리스도를 위해 지속적으로 요구되었던 것보다 만 배나 더 육체를 위하여 행한다. 그들은 육체를 위해 하나님을 버린다. 그들은 그리스도와 천국과 그것을 위한 구원을 버린다. 그들은 이생의 모든 견고한 안락함과 육체를 위해 앞으로 오는 인생의 모든 기쁨을 버린다. 그들은 가진 것을 다 팔아 그 값을 그들의 발아래에 버린다. 그런 식으로 그들이 가진 모든 것 외에 심지어 영원히 가질 수 있는 희망조차도 버린다. 그들은 그들의 육체를 위해 지옥의 불꽃 속에서 영원히 극심한 죽음의 고통을 겪을 것이다. 그들이 받는 모든 고통은 그들의 육체 때문이다. 그들이 다른 사람에게 하는 모든 잘못과 그들이 세상에서 만드는 모든 소동과 파멸은 그것 때문이다. 그들이 보내는 모든 시간은 그것을 위한 것이다. 그들이 천년을 더 산다 해도 그것을 위해 보낼 것이다. 하나님을 배제하고 어떤 것이 보인다면 그것은, 뼈, 부스러기, 육체의 찌꺼기 일 것이다. 그렇지 않으면 그것은 아무것도 아닐 것이다. 왜냐하면 하나님은 실제로 그가 가지고 있는 것처럼 보이는 시간을 느끼고 있지 않기 때문이다. 육체가 그의 거룩한 날에 위선적인 예배 가운데 육체가 마음을 속일 때, 그는 단지 몇 가지 공정한 말과 예의를 가지고 있을 뿐이다. 그들은 그분을 섬기되, 인디언들이 마귀를 섬기는 것처럼 자기들을 위해 주문(呪文)

을 외우고, 해를 당하지 않게 하려고 한다.

4. 육체는 얼마나 비천한 우상인가! 이교도의 우상숭배에 대하여 **엘리야**와 선지자들이 사용한 모든 조롱이 합당한 것이라면, 모든 관능적인 자들의 우상숭배자에 관한 것도 그만큼 합당한 것이 아닌가? 은이나 금이나 돌이나 나무로 된 우상을 섬기는 것이 그토록 미친 짓인가? 혈과 육의 우상을 섬기는 것이 더 나은 것이 무엇인가? 창자의 내용물, 그것은 오물과 배설물로 가득 차 있는데, 가장 깨끗한 부분인 속살 자체가 드러나면 부끄러워하는가? 우리는 **엘리야**가 바알을 믿는 자에게 말했듯이 세속적인 사람들에게 이렇게 말할 수 있다. '네 환란의 때에 너희 신을 부르라. 크게 부르라. 아마도 그가 자고 있거나 아니면 코를 풀고 있거나 아니면 토하고 있거나 아니면 대변을 보고 있을 것이다. 분명 그는 곧 무덤 속에서 썩을 것이며, 땅 위에 있는 쓰레기나 똥보다 더 역겨울 것이다.' 이것이 우리가 모든 것을 희생하고 얻을 수 있는 신인가? 이것을 위해 우리의 모든 시간과 보살핌과 노동과 영혼과 모든 것을 바쳐야 하는 신인가? 오, 이 우상숭배의 심판자인 하나님께서 마침내 당신을 심판할 것이다.

5. 다음으로 하나님보다 그토록 비열한 것을 선호하는 것이 영원하신 그분께 얼마나 불경하고 끔찍한 모욕인지 생각해 보라! 하나님에 대한 공경심이 없는 사람과 관능적인 모든 사람은 끊임없이 실질적인 신성모독자가 되지 않겠는가? 당신이 행위로 계속해서 말하는 것이 무엇인가? 이 똥 더미, 더러운 육체가 하나님보다 선호되어야 한다는 것인가? 더 많은 사랑과 순종과 섬김을 받기 위함인가? 그것은 하나님보다 나를 더 많이 섬기는 것이다. 그것은 내 기쁨과 사랑에 더 가치를 둔다. 비록 당신의 혀가 더 나은 예절을 배운다 할지라도, 이것이 당신의 삶의 일상 언어가 아닌지 하나님은 심판하실 것이다. 이것이 신성모독인지 스스로 판단하라. 당신이 기쁘게 해야 할 가치가 있고 더 나은 것이 하나님인지 아니면 육체인지 결정하고, 카드와 주사위를 던지고, 먹고 마시고, 화려함과 게으름과 교만과 풍요로움이, 하나님에 대한 생각과 그분의 거룩한 말씀과 봉사에 비하면 너무나 달콤해 보이는지 당신 마음에 물어보라! 아침저녁으로, 그리고 혼자 있을 때면 이러한 생각들, 당신의 육체를 위한 준비 때문에 당신의 활력과 즐거움 모두를 완전히 소모하게 할 수 있다. 이러한 행위는, 원치

않더라도 당신으로 하여금 하나님을 잠시도 쳐다보게 할 수 없게 한다.

6. 또한 육체의 기쁨을 더 좋아하는 것이 하늘을 멸시하는 것인 줄로 생각하라. 모든 사람이 목표로 삼는 것은 두 가지밖에 없다. 땅에서 육체를 즐겁게 하거나 하늘에서 하나님을 향유하는 것 외에 없다(누구든지 미혹되어 그가 여기에서만 아니라 내세에서도 관능적인 삶을 살 것이라고 생각하지 않는 한). 이 둘은 서로를 대적한다. 그리고 하나를 결정하는 사람은 다른 하나를 포기한다(아니면 거절할 만큼 좋아한다). "자기의 육체를 위하여 심는 자는 육체로부터 썩어질 것을 거두고 성령을 위하여 심는 자는 성령으로부터 영생을 거두리라."150) 당신의 부와 명예와 스포츠와 쾌락과 욕구는 하늘과 모든 희망과 기쁨의 반대쪽 접시 저울 위에 놓여 있다. (당신이 둘 다 갖고 싶다고 말하면, 하나님을 믿지 않는 불신앙의 속임수이다.) 천국보다 비열한 것을 선호하는 사람들은 천국을 가장 천하게 여기지 않는가?

7. 육체를 기쁘게 하는 것은 영혼에 대한 큰 멸시와 배신임을 기억하라. 불멸의 영혼보다 썩어질 육체를 더 선호하고, 걸어서 가야 하는 종의 신분임에도 주인이 되어 말을 타고 가는 것 같은, 영혼에 대한 큰 멸시이다. 육체는 세상에서 그토록 많은 시간과 비용과 보살핌을 받고, 그것을 위해 그토록 많은 고통을 받을 가치가 있는데, 죽지 않을 영혼은 더 가치가 없는가? 아니요, 그것은 영혼을 배반하는 것이다. 당신은 영혼보다 적이 사용할 것을 준비한다. 적의 손에 영혼의 안전을 맡긴다. 당신은 육체의 만족을 위해 모든 영혼의 기쁨과 희망을 버린다. 영혼은 당신의 잔인함에 대해 불평하고, 이렇게 말하지 않을까? 당신 육체를 위한 그토록 짧은 쾌락을 사려고 나의 끝없는 행복을 팔아야 할까? 내가 영원히 멸망하고 지옥에 누워 있는 것이 잠시 동안의 만족과 같을 수 있을까? 하지만 왜 내가 영혼의 불평에 대해 말하는가? 아아! 불평해야 할 것은 나 자신이 아닌가! 그것은 나 자신이 하는 일이기 때문이다! 그것은 선택권이 있다. 육체는 영혼이 잘못하도록 자극할 수는 있으나, 억제할 수는 없다. 하나님은 최고의 주권과 다스림을 나의 손에 맡겼다. 만약 영혼이 자신의 영원한 희망을 팔고

---

150) 갈 6:8

벌레의 고기를 애지중지한다면, 그에 따라 파멸되어야 한다. 당신은 어떤 사람이 그의 모든 자녀들과 그를 믿었던 모든 친구들의 유산을 팔고, 그 후에 그들의 사람들을 노예로 팔아 버리고, 이 모든 것으로 당신에게 하루 동안의 스포츠와 화려함과 함께 기분 좋은 잔치를 베푼 그 사람의 재치나 정직함에 대해 그다지 존경스럽게 생각하지 않을 것이다. 그리고 자신의 영혼의 유산을 팔아, 그것을 영원한 지옥과 마귀의 손에 넘기고, 짧은 삶의 육체적 즐거움을 사는 것이 더 현명하고 나은가?

8. 관능주의자가 된다는 것이 얼마나 짐승 같은 삶인지 기억하라. 그것은 당신 자신의 사람다움을 잃는 것이다. 관능적인 쾌락은 짐승 같은 쾌락이다. 짐승도 사람과 마찬가지로 육체를 가지고 있다. 우리는 짐승 같은 부분을 정복하고 다스리는 더 높은 이성의 능력을 가지고 있다. 이성은 그 사람이다. 그리고 기뻐할 만한 더 높은 종류의 완전한 행복(felicity)이 예정되어 있다. 당신은 인간이 짐승보다 더 높은 일을 위해 만들어졌다고 생각하지 않는가? 당신은 당신의 돼지나 개보다 당신의 기쁨을 위한 더 고귀한 대상을 가지고 있지 않은가? 당신은 고기와 즐거움과 놀이와 안락함과 스폰지 케익을 좋아하는 짐승과 같은가? 확실히 감각적 쾌락이 영혼의 더 높은 쾌락보다 더 선호되는 곳에서는 인간이 짐승이 되거나 더 나쁘게는 자신의 이성이 자신의 야만적인 부분에 굴복하게 된다.

9. 육체적인 사람이 선택하는 완전한 행복이 얼마나 하찮고 불쌍하고, 얼마나 작고 짧고 더러운지 생각하라. 오! 게임은 얼마나 빨리 끝나고, 끓어오르는 욕망의 즐거움이 얼마나 빨리 사라져 버리는가! 술이 얼마나 빨리 그들의 목을 지나고 그들의 맛있는 요리가 얼마나 빨리 오물로 변할까! 어리석은 자의 스포츠와 웃음은 얼마나 짧은지! 그 얼굴은 얼마나 빨리 고통스러운 몸이나 비통하고 자책하는 마음의 지표가 될 것인지! 그들의 당당한 교만함이 평정되기까지는 며칠밖에 걸리지 않는다. 최고로 단장하고 애지중지하는 육체라 해도 **나사로**나 가장 겸손한 성도가 값비싼 대가를 치르고 얻은 모든 기쁨 이상을 보여 줄 수는 없을 것이다. 며칠이 지나면 그들의 즐거움이 괴로움으로, 그들의 기쁨이 탄식으로, 그들의 과시가 애통으로, 그들의 모든 영광이 수치로 바뀔 것이다. 매 순간 지나간 삶의 모든 즐거움은 그치

고, 이제는 결코 없었던 것 같다. 그렇게 마지막 순간이 다가왔고, 그 순간은 남아 있는 작은 것을 끝낼 것이다. 그때 죄인은 신음하면서 자신이 비참한 선택을 했으며, 현명했더라면 더 오래 지속되는 즐거움을 누렸을 거라고 고백할 것이다. 후계자를 위한 공간을 마련하기 위해 두개골을 삽으로 들어 올리면, 모든 고기와 음료가 들어간 구멍과 전에 방탕함, 교만, 그리고 조소를 했던 그 얼굴의 흉측한 자리가 보일 것이다. 그러나 환희나 즐거움의 흔적은 보지 못할 것이다.

10. 마지막으로 이보다 더 변명할 수 없는 죄가 세상에 드물다는 것을 생각하라. 육체를 즐겁게 하는 자는 자신의 모든 관능적인 쾌락의 끝을 병든 자의 얼굴과 매일 땅으로 옮겨지는 시체와 한때 즐겁게 지냈던 자들의 무덤과 뼈와 흙에서 본다. 그의 이성은 다음과 같이 말할 수 있다. 이 모든 것이 그들과 함께 사라지고 마치 결코 없었던 것과 같다. 그래서 이 끝은 곧 나와 함께할 것이다. 그는 과거의 모든 쾌락이 이제는 자신에게 중요하지 않다는 것을 알고 있다. 그의 경고는 지속적이고 엄격하고 합리적이다. 그렇기 때문에 그는 더 큰 죄를 짓는 것이다.

[육체를 즐겁게 하는 자들의 주장]

IV.

반대 1 '내가 내 육체를 즐겁게 하는 것이 하나님이나 다른 사람에게 무슨 해가 되는가? 그렇게 해롭지 않은 것이 그들을 불쾌하게 할 것이라고 믿지 않을 것이다.'

답 그것은 단지 쾌락이기 때문에 그 안에는 아무런 해가 없다. 그러나 그것이 과도하고 적당하지 않은 쾌락이 되거나, 하나님과 당신 사이의 구원보다 사랑받고 선호될 때 해가 된다. 또는 그것이 하나님에 대한 당신의 기쁨보다 더 크거나, 그 합당한 목적이 결여되거나, 단지 그 자체를 위해 사랑받고, 더 고상한 것을 위한 수단으로 사용되지 않거나, 영혼과 영적 즐거움과 하나님의 봉사에 방해가 될 때, 그리고 그것이 이성을 지배하고 하나님께 불순종하는 통제되지 않는 반항적인 욕망에 대한 짐승과 같은 기쁨이 될 때 해가 된다. 죄는 하나님을 해칠 수 없지만, 당신에게 해를 끼칠 수 있고 잘못되게 할 수 있다. 나는 이미 그 안에 해로움과 독이 무엇인지 보여 주었다고 생각한다. 그것은 매우 타락한 본성의 반역이다. 그것은 모든 것을 거꾸로 뒤집고, 하나님과 하늘과 이성을 무너뜨리고, 모든 피조물의 유용성을 파괴하고, 만물 대신에 육체를 기쁘게 하는 자를 세우고, 짐승을 당신의 신과 통치자로 삼는다. 이것에 무슨 해로움이 있는지 묻는가? 당신의 자녀가 놀이나 활동을 원할 때 그렇게 할 것이고, 환자들이 그들의 욕망을 만족시키기를 원할 때 그렇게 할 것인가? 그러나 짐승과 같은 욕망이 아니라 당신의 아버지와 의사와 이성이 판단해야 한다.

반대 2 '그러나 나는 그것이 나에게 자연스러운 것이므로 죄가 될 수 없다고 생각한다.'

답 1 나병이 문둥병 세대에게 일어나는 것보다 오히려 과도하고 폭력적이며 제어하지 못하는 당신의 욕망이 자연스럽지 않다. 그러면 당신은 당신의 질병이 자연스럽게 때문에 사랑할 것인가? 그것은 악의적이고 복수심을 품고 지도자에게 불순종하고 이웃을 학대하는 것 외에 다른 자연스러운 것은 없다고 하는 것이다. 그러나 그들은 당신이 자연스럽다고 저지른 반항이나 학대에 대해 무죄라고 판단하지 않을 것이라고 생각한다.

답 2 욕망은 자연스러운 것이지만, 그것을 지배하는 이성이 당신에게 자연스러운 것이 아닌가? 욕망이 이성에 다스림을 받는 것이 자연스럽지 않은가? 그렇지 않다면 당신은 인간의 본성을 잃고 짐승의 본성으로 변한 것이다. 하나님은 당신의 욕망과 낮은 본성을 다스리도록 더 높은 본성을 주셨다. 이성이 당신의 욕망을 제거할 수 없지만, 적절하지 않은 어떤 일이나 범위에서 욕망의 이행을 막을 수 있다.

반대 3 '그러나 **하와**(Eve)의 경우를 보면 욕망이 무죄한 상태에서 동일하게 나타났다. 그러므로 그것은 죄가 아니다.'

답 당신은 다음의 차이점을 잊어서는 안 된다. (1) 욕망 그 자체와 (2) 욕망의 폭력과 무질서한 성질 (3) 그리고 욕망에 대한 실제적인 순종과 만족. 첫 번째(정욕 자체)는 순결하고 아직 죄가 없다. 그러나 나머지 둘(그 힘과 그것에 순종하는 것)은 순결하지 않고 둘 다 죄가 있다.

반대 4 '그런데 왜 하나님은 무고한 사람에게 이성으로 넘어야 할 욕망을 주셨으며, 이성이 금지해야 할 것을 원하게 하셨는가?'

답 감각적인 본성은 이성보다 먼저 생성된 것이니, 이성과 하나님의 법칙이 이치에 맞지 않는 것은 말이 되지 않는다. 당신은 또한 왜 하나님이 인간에 의해 통제되고 다스려져야 하는 짐승을 만들었으며, 따라서 사람이 제지해야 하는 것을 욕망하게 했냐고 물을 수 있다. 또한 당신은 왜 하나님이 우리를 천사가 아닌 사람으로 만들었냐고 물어볼 수 있다. 그는 왜 우리의 영혼을 육체에 두었나? 그는 자신의 창조에 대해 당신에게 빚진 것이 없다. 그러나 당신은 순종에는 칭찬과 보상을 받기 전에 어려움과 반대에 의해 약간의 시련을 받는 것이 적절하다는 것을 알 수 있다. 기수에게 말(horse)이 복종하는 것같이 영혼에 복종하는 몸을 당신에게 주셨으니 당신은 그의 지혜에 감탄하고 이성의 지배력에 대해 그에게 감사해야 한다. 말은 기수의 안내 없이 잘 가지 못하거나, 당신이 걸어서는 빨리 잘 갈 수 없게 했다고 그분을 불평하지 말라. 관능주의자에 대한 반대는 여기까지다.

[관능의 징후]

V. 육체를 즐겁게 하는 사람이나 관능주의자의 징후는 다음과 같다. (이미 말한 내용에서 얻을 수 있다.)

1. 사람이 욕구를 만족시키고자 할 때, 그것을 더 높은 목적, (실제로 또는 습관적으로) 즉 하나님을 섬기는 데 자신을 맞추는 것을 언급하지 않고 오직 즐거움에만 집착할 때.

2. 자신의 영혼보다 육체의 번영을 더 간절히 그리고 부지런히 추구할 때.

3. 하나님이 제한하거나 그들의 영혼을 상하게 할 때, 또는 그들의 영혼의 필요가 그들을 다른 방법으로 더 크게 부름에도 불구하고, 어떤 대가를 치르더라도 자신의 기쁨을 가지려 하며, 너무 집착하여 그것을 거부하지 않을 때.

4. 그의 육체의 즐거움이 하나님을 기뻐하는 것과 거룩한 말씀, 하나님의 길, 영원한 행복에 대한 생각보다 클 때. 이것은 열정만 아니라 존중, 선택 및 기소하는 행위에서도 마찬 가지다. 믿음과 사랑의 삶, 거룩하고 천상의 대화로 사는 것보다 차라리 연극, 잔치, 게임, 또는 세상에서 좋은 거래나 이익을 얻는 것을 더 좋아할 때.

5. 사람들이 육체의 즐거움을 위해 계획하고 연구하기로 마음을 정할 때. 이것이 그들의 생각에 우선이 되고 가장 달콤할 때.

6. 그들이 영적 기쁨과 하늘의 기쁨보다 육체적 기쁨에 대해 말하고, 듣고, 읽는 것을 더 좋아할 때.

7. 그들이 그들의 창조주를 찬양하는 성도들의 친교보다 관능주의자의 모임을 더 좋아할 때.

8. 그들이 육체의 쾌락을 누리고, 편안하고, 잘 먹고, 몸에 아무 불편함이 없는 곳이, 비록 몸은 피곤하지만 영혼을 위해 더 나은 도움과 공급을 받는 곳보다 더 좋은 소명, 조건 그리고 그들이 살기 좋은 곳이라고 생각될 때.

9. 하나님을 기쁘시게 하는 것보다 자기 육체를 즐겁게 하는 데에 더 큰 대가를 치를 때.

10. 그가 자유주의 외에는 어떤 교리도 믿거나 좋아하지 않고, 너무 엄밀하다는 이유로 절

제를 싫어할 때. 이러한 징후와 기타 다른 징후들로 관능을 쉽게 알 수 있다. 즉 삶의 특정한 행동으로 알 수 있다.

[절제의 모조]

VI. 육체를 기쁘게 하는 많은 사람들은 더 나은 칭호로 호의를 얻으며, 다음과 같은 수단에 의해 오해된다.

1. 왜냐하면 그들은 자유주의 교리에 반대하고, 누구보다 엄격한 견해를 가지고 있기 때문이다. 그러나 육체를 즐겁게 하는 것은 실행에 옮겨지지 않는 한, 절제의 교리와 엄격한 견해에 일치할 수 있다.

2. 그들은 천하고 수치스러운 악덕 속에 살지 않기 때문이다. 그들은 연극 무대에 가지 않고 절기에 맞지 않게 맥줏집이나 선술집에 가지 않는다. 그들은 술에 취하거나 게임을 즐기지 않으며 불필요한 오락이나 레크리에이션으로 시간을 보내지 않는다. 그들은 음행하는 자도 아니고 재물을 탐닉하지도 않는다. 오히려 육체를 세상에서 부끄럽지 않은 방식으로 즐기고 그 요구를 충족시킬 수 있다. 어떤 사람은 악명 높은 과잉 없이 자신의 안락함이나 번영이나 그 욕구를 만족시키는 것을 자신의 행복과 최고의 목적으로 삼을 수 있는데, 실제로는 육체를 기쁘게 하는 일에 부끄러운 방식으로 최선을 다하는 것과 같은 것이 아닌가? 먹고 마시는 모든 일을 자기 최고의 즐거움으로 삼는 탐욕스러운 사람이 많지 않은가? 식욕을 억제하지 않고 만족시킨다 해도, 토하거나 아플 때까지 먹지 않는다면, 그의 건강과 명성은 전과 다름없이 여겨지지 않을까? 육체 자체도 관능주의자가 술에 취하거나 아플 때까지 먹는 것을 금할 수 있다. 그 까닭은 질병과 수치심이 육체에 불쾌감을 주기 때문이다. 많은 사람들이 겉보기에는 절제하고 사람들에게 비난을 받지 않는 것으로 보일 뿐 아니라 겉보기에는 엄격하고 검소한 자로 보이기까지 하여 그들의 관능적인 삶을 완전히 은폐한다. 그러나 양심은

어디에서 그들이 좋아하는 것을 누렸는지 열거할 수 있다.[151]

3. 어떤 사람들은 자신들이 육체를 즐겁게 하는 사람이 아니라고 생각한다. 왜냐하면 그들은 끊임없이 비참하고 궁핍하고 부족한 가운데 살면서 일용할 양식을 위해 수고하기 때문이다. 그래서 그들은 여기에서 고통을 겪고 있는 **나사로**가 되기를 희망한다. 그러나 이 모든 것은 당신의 뜻에 반하는 것이 아닌가? 당신이 부자만큼 많이 가졌다면, 그들처럼 게으름을 피우며 쾌락을 취하지 않을까? 당신이 해야 할 것은 하나님의 이익을 위하는 것이다. 당신이 심판을 받는 것은 당신의 의지다. 도둑은 감옥이나 족쇄 달린 칼이 도둑질을 방해할 때 진정한 사람이 되는 것이 아니라 변화된 마음이 그를 방해할 때 진정한 사람이 된다.

4. 어떤 사람들은 그들의 부와 지위, 명예로 인해 즐거이 먹고살도록 허용하기 때문에 자신이 육체를 즐겁게 하는 사람이 아니라고 생각한다. 그것은 마치 "자색 옷과 고운 베옷을 입고 날마다 호화롭게 사는 부자"가 자기 힘으로 살면서 자신의 지위와 처지에 합당하다고 생각한 것과 같다. 어리석은 자는 "영혼아 평안히 쉬고 먹고 마시고 즐거워하자."라고 말했는네, 그것은 하나님께서 그의 집과 수고에 대한 축복으로 사람에게 주신 것인데, 그것을 자신의 것으로 알고 스스로 즐겁게 하려고 했던 것이다. 그러나 어떤 사람의 재물도 관능적인 용도로 제공되지 않는다. 육체를 길들이고 죽이며 육체를 따라 살지 않고 육체의 정욕을 만족시키기 위해 양식을 공급하지 말라는 명령은 부자와 마찬가지로 가난한 자에게도 해당된다. 비록 당신이 가난한 사람과 같은 옷차림으로 살지는 않더라도, 당신은 가장 가난한 사람들과 마찬가지로 절제와 자기 부인의 의무가 있다. 당신이 다른 사람보다 부자라면, 당신은 그것으로 하나님을 섬길 것은 많지만 육체를 섬길 것은 남보다 많지 않다. 만일 가난으로 그들의 몸과 마음에 하나님을 섬길 수 있는 더 좋은 것을 그들에게 주지 아니한다면, 당신은 그들을 넘어서서 당신에게 주어진 자비를 감사함으로 사용할 수 있을 것이다. 하지만 그들보다 더 이상 육체를 기쁘게 해서는 안 된다.

---

151) 눅 16:25

5. 어떤 사람들은 육체적인 바리새인처럼 "일주일에 두 번 금식하는"[152] 형식적인 금식을 때때로 개입시킴으로써 자신을 속인다. 그때 그들은 자신이 관능주의자가 아니라고 생각한다. 나는 생선과 진미로 금식하는 로마 가톨릭을 말하는 것이 아니다(이것은 금욕의 표시가 아니다). 그러나 바리새인처럼 자주 금식하고, 금식하지 않는다는 이유로 그리스도의 제자들과 다투면 어떻게 될까?[153] 의사가 관능주의자에게 건강을 위해 요구하면 이정도 일은 하지 않을까? 당신의 삶의 범위가 육체적이라면, 형식적인 금식을 중단하는 것이 당신을 무죄로 만들지 않는다. 아마도 그것은 다음 식사에 대한 당신의 식욕을 촉진시킬 뿐이다.

[세속적이라고 착각하는 것]

VII. 아직 많은 사람들이 다음과 같은 오해로 인해 (자신은 아닐지라도) 세속적인 사람으로 잘못 받아들인다.

1. 왜냐하면, 그들은 자신의 의무에 필요하거나 도움이 되는 것을 부족하게 가진 가난한 사람들만큼 비천하고 부족하게 살지 않기 때문에 세속적인 사람으로 오해한다. 그러나 그 규칙에 따르면 나는 건강하지 않아야 한다. 왜냐하면 다른 사람들은 아프기 때문이다. 또는 빨리 걸어 가서는 안 된다. 왜냐하면 다리 아픈 사람은 천천히 가기 때문이다. 만약, 가난한 사람들은 약한 말(horse)을 가지고 있다고 해도, 나는 내 사업을 급히 처리하고, 시간을 절약하기 위해 가능한 최고의 말을 탈 것이다. 그렇게 나는 비싸거나 허세가 아닌 진정으로 일하는 것을 선호할 것이다.

2. 다른 사람들은 육체가 연약하여 건강한 사람보다 더 부드럽고 쉽게 씹을 수 있는 음식과 식이요법을 필요로 하기 때문에 세속적이라고 비난한다. 어떤 몸은 금식하면 의무수행에 부적합하다. 어떤 몸은 매우 주의하여 사용하지 않으면 병과 허약함으로 인해 쓸모가 없다.

---

152) 눅 18:12
153) 마 9:14, 15

하나님을 섬기기 위해 연약한 몸을 소중히 여기고, 통제 불능이고 욕망이 강한 몸을 길들이는 것은, 하나님을 불쾌하게 하지 않는 것만큼이나 참된 의무이다.

3. 일부 우울하고 성실한 사람들은 단지 자신의 꼼꼼한 성격 때문에 여전히 자신을 비난하고 있다. 그들이 먹거나 마시거나 입거나 하는 거의 모든 것을 너무 많이 또는 너무 기쁘게 하지 않는지에 대해 의문을 제기한다. 그러나 하나님께서 요구하시는 쾌활한 절제는 몸을 애지중지하지도 않고, 육체의 의무를 무력화하거나 방해하지도 않는다. 무익하고 논쟁을 벌이는 꼼꼼함이 아니다.

방향 제시-1 육체의 쾌락에 대항하는 첫 번째 큰 방향 제시는, '진지하고 살아 있는 믿음으로, 하나님과 함께 더 나은 것을 보고, 그것을 생각하고, 사랑하고, 찾고, 확보하는 일에 마음을 다하는 것이다.' 다른 모든 방향 제시는 이것에 종속된다. 분명 인간의 영혼은 살아 있고 활기찬 본질이기 때문에 게으르지 않을 것이다. 인간의 영혼은 어떤 목적이나 어떤 목적을 위해서가 아니라면 행동하지 않을 것이 확실하다. 그리고 우리가 받아들일 것은 세속적인 것이든 영원한 것이든 둘 중 하나다. 그러므로 일시적인 것에 대한 감각적인 사랑에 대한 진정한 치료법은 영원한 것에 마음을 돌리는 것 외에는 없다. 위에 있는 기쁨의 확실성, 위대함, 영원성을 믿음으로 먼저 생각한 다음 무례하게 그것들을 거절하지 않는다면, 세상의 어떤 부나 즐거움보다 확실히 당신의 것이 될 수 있다고 생각하라. 그다음에 지금이 바로 그것들을 확실하게 하고 그것을 소유해야 할 때라고 생각하라. 그리고 당신은 이 사업을 위해 세상에 보내졌다고 생각하라. 그런 다음, 육체적 즐거움이 영원한 즐거움의 유일한 경쟁자이며, 만약 당신이 그것들을 잃는다면, 그것은 이 일시적인 것을 과도하게 사랑하기 때문이라는 것을 스스로 생각하라. 그리고, 당신의 구원을 위한 당신의 노력의 절반은 아래에 있는 모든 것에 대한 당신의 사랑을 죽이는 데 있고, 그래야만 하나님께만 살아 있게 된다는 것을 기억하라. 마지막으로, 경건한 자가 이 세상에서도 당신보다 얼마나 더 높고 달콤한 즐거움을 누리고 있는지 생각해 보라. 당신은 이 더러운 즐거움을 선호하면서 그것들은 잃고 있다. 참된 신자가 그리스도의 불멸의 축복에 대한 그의 선견과 하나님의 사랑에 대한 확신과 거룩한 봉사에서 그와 교감하는 것을 당신이나 그 어떤 관능주의자가 육체적 쾌락을 누리는 것보다 더 큰 기쁨이 아니라고 생각하는가? 이러한 것들에 대한 냉정하고 진지한 묵상은 마음을 참된 기쁨으로 바꿀 것이다.

방향 제시-2 '현세적 욕망의 범위에 대해 알고 그것을 이해하고 모든 방탕함을 경계하라.' 그렇지 않으면 하나의 틈새를 막는 동안 더 많은 틈새가 생길 것이다. 나의 책《자기 부정론》에서 많은 예를 들었는데, 여기에서 간략하게 소개한다.

1. 고기와 음료에 대한 식욕을 양과 질에서 모두 조심하라. 탐식은 흔하고 지켜지지 않는 죄이다. 사람은 식욕의 크기만큼 그의 노예가 된다. 술고래와 탐식하는 자에게서 보듯이, 그들은 불타는 열병에 목마른 자보다 더 참을 수 없다.

2. 부정한 정욕과 그 모든 정도를 경계하고 그것에 접근하라. 특히 무례한 포옹과 행위를 주의하라.

3. 음란한 말, 더러운 말, 사랑의 노래 그리고 그런 선동적인 올가미에 주의하라.

4. 너무 많은 수면과 게으름에 주의하라.

5. 당신의 부와 토지, 건물, 그리고 즐거운 편의시설에 너무 큰 기쁨을 갖지 않도록 주의하라.

6. 명예, 세상의 위대함이나 사람들의 박수가 너무 큰 기쁨이 되지 않도록 주의하라.

7. 혼자 있을 때 또는 다른 사람들과 함께 빈둥거릴 때, 앞서 말한 것을 생각하며 그것이 당신의 즐거움이 되지 않도록 하라.

8. 당신의 일의 성공과 번영이 당신을 너무 기쁘게 하지 않도록 주의하라. 예를 들어 누가복음 12장 18-19절을 참조하라.

9. 당신의 자녀, 친척 또는 가까운 친구를 지나치게 즐거워하지 않도록 하라.

10. 헛되고 무익하고 죄 많은 사람들과 함께 즐거워하는 것을 삼가라.

11. 다른 사람의 눈에 띄기 위해 옷을 아름답게 차려 입지 말라.

12. 마음을 더럽히고 시간을 낭비하는 로맨스, 희곡, 꾸며낸 이야기, 쓸모없는 뉴스에 대한 즐거움에 주의하라.

13. 과도하고 불필요하며, 시간을 낭비하게 하고, 마음을 어지럽히고, 더 많은 죄를 짓고, 의무를 방해하는 모든 오락, 특히 하나님에 대한 우리의 기쁨을 방해하는 것에 주의하라. 그들은 카드, 주사위, 연극 무대, 음란한 춤보다 안전하거나 유익한 일에서 큰 기쁨을 얻을 수 없는 비참한 영혼이다.

방향 제시-3 '첫 번째 방향 제시에서 언급한 보편적인 치료법의 두 번째는, 당신 자신의 육체를 특별히 즐겁게 하는 방법에 가장 필요한 특별한 치료법을 변함없이 가지고 있는지 확인하라.' 당신의 허영심에 대한 사랑으로 인해 정당한 정보에 대해 편견을 갖지 말고, 질병과 치료법을 공정하게 고려하라. 세부사항에 대해서는 다음에 언급할 것이다.

방향 제시-4 '하나님께서 당신에게 더 많은 기쁨을 주실 것이며 적게 주시지 않을 것이라고 항상 기억하라. 그는 당신에게 진정으로 좋은 감각의 즐거움을 많이 줄 것이다. 그래서 당신은 하늘의 기쁨에 종속되어 그것들이 세상의 것들을 대신할 것이다.' 이것은 당신의 즐거움을 증가시키고 배가시키는 것이 아닌가? 건강도, 친구도, 음식도, 편리한 거주지도 아니고,

하나님의 사랑의 열매와 영원한 자비에 대해 미리 맛보는 것이 훨씬 더 달콤하며, 천국에 대한 도움과 영적 위로의 수단이 세상의 것들보다 훨씬 더 달콤하지 않은가? 당신의 모든 자비는 하나님으로부터 온 것이다. 그는 당신에게서 아무것도 받지 않고 당신을 거룩하게 하시고 더 많이 주시는 분이다.

방향 제시-5 '이성이 감각과 욕망의 지배자로서 권위를 유지하는지 관찰하라.' 그래서 욕망이 무엇이든, 선호되는 것의 목적과 이유, 그리고 그것이 무엇을 이끄는지 고려하라. 단순히 감각이나 욕망이 원한다는 이유로 어떤 것도 행하거나 받아들이지 말라. 왜냐하면 당신은 그렇게 하고, 식욕을 만족시킬 이성을 가지고 있기 때문이다. 그렇게 하지 않고 (인간의 행위에서) 이성이 버려진다면, 당신은 짐승처럼 행동할 것이다.

방향 제시-6 '무덤에 가서 육체적인 쾌락의 끝이 무엇인지, 그리고 그것이 마지막에 당신을 위해 무엇을 할 것인지 보라.' 우리의 모든 부와 환희, 스포츠, 쾌락이 마침내 어디에 묻혀야 하는지를 보는 것이 풍요와 쾌락에 대한 광적인 욕망을 치료해야 한다고 알려 줄 것이다.

방향 제시-7 '마지막으로, 육체는 영혼의 큰 적이며, 육체를 기쁘게 하는 것이 구원의 가장 큰 장애물이라는 것을 항상 인식하라.' 마귀의 적대감과 세상의 적대감은 육체의 기쁨에 종속되어 있다. 왜냐하면 육체의 즐거움이 목적이고, 세상과 사탄의 유혹은 둘 다 육체의 즐거움을 이루기 위한 수단일 뿐이기 때문이다. 아울러 이전에 설명했던 그 악성 외에도 다음을 고려하라.

[육체의 적대감]

1. 향락적인 삶은 우리 주님과 그분의 종 **바울**과 모든 사도들의 복된 모범과 얼마나 반대되는가! **바울**은 자신의 몸을 길들여 복종시켰으니 이는 다른 사람들에게 설교한 후 자신이

도리어 버림을 당할까 두려워함이라.[154] 그리스도의 모든 사람들은 육체와 함께 그 애정과 욕망을 십자가에 못 박았다.[155] 이것은 고대의 세례 방식에서 그 뜻을 나타냈으며(여전히 세례 자체에 의해서도 그렇다) 그들이 물속에 머리를 넣었다가 나오는 것은 그들이 죽었고 그리스도와 함께 장사되었다가 그와 함께 새 생명을 얻었다는 것을 의미한다.[156] 이것은 우리가 '그의 죽음으로 세례를 받은' 자라고 말한다. 그리고 고린도전서 15장 29절의 명백한 뜻은 '죽은 자가 세례로 다시 살아난' 존재라는 것이 적합하다. 즉, '죽은 자'라는 뜻은 우리가 세상에 대하여 죽었고 세상에서 반드시 죽어야 하지만 은혜와 영광이 있는 그리스도의 왕국에서 다시 살아날 것이라는 것을 나타내는 것이다.

2. 관능은 내세에 대한 참된 믿음이 없음을 보여 주고 그것이 지배하는 한 모든 은혜가 없다는 사실을 증명한다.

3. 그것은 영혼에 대한 지속적인 배신자, 지속적인 유혹자이자, 모든 죄악을 돌보는 자이며 하나님에게서 마음을 멀어지게 하는 자이다. 그리고 믿음을 포기하는 일반적인 원인이다. 그것은 여전히 성령에 대항하여 싸운다.[157] 그리고 우리의 모든 사유로부터 이익을 구하고 있다.[158]

4. 그것은 우리의 모든 외적 긍휼을 죄로 변하게 하고 자기의 유익 때문에 하나님을 대적하여 스스로를 강화한다.

5. 그것은 우리 고난의 큰 원인이다. 하나님은 자신을 대항하여 세운 우상에게 자비를 베풀지 않을 것이다. 육체가 권위에 반항하면 고통을 당할 것이다.

---

154) 고전 9:27
155) 갈 5:24
156) 롬 6:3, 4
157) 갈 5:17
158) 갈 5:13; 벧후 2:10

6. 그것이 고난을 가져오면, 그 아래서 가장 조급하여 견디지 못한다. 육체를 기쁘게 하는 사람은 고통이 그의 쾌락을 빼앗아 갈 때 자신이 망했다고 생각한다.

7. 마지막으로, 그것은 사람이 준비 없이 죽음을 맞이하게 한다. 그때에 육체는 흙에 던져지고 그 모든 즐거움은 끝나기 때문이다. 오, 이곳에서 좋은 것을 누리고 이세상에서 자신의 몫을 차지한 사람들에게 불행한 날이다! 그들이 이제까지 소중히 여기고 추구했던 모든 것이 사라질 때, 그들이 잔인하게 경멸했던 모든 완전한 행복을 잃는다! 당신이 당신의 육체의 붕괴와 파멸을 기쁘게 막고자 한다면, 오, 그것을 억누르고, 지금 욕망을 억제하고 단련하라. 영원한 쾌락을 추구하고 예측해야 할 때 움직이지 않고 숨만 쉬는 진흙의 편안함과 즐거움을 찾지 말라. 여기에 당신의 위험과 일이 있다. 땅과 지옥에 있는 모든 적을 대적하는 것보다 자기 육체를 더 대적하기를 애쓰라. 당신이 이것에서 구원을 얻으면 당신은 모든 것에서 구원을 얻을 것이다. 그리스도께서 육체로 고난을 받으신 것이 의미하는 바는 당신이 그와 함께 왕 노릇 하려면, 당신의 육체가 기대해야 할 것은 육체를 애지중지하는 것이 아니라 고난이라는 것이다.

제 5 장

신앙의 중요한 의무를 위한
추가적인 보조 방향 제시
(앞서 말한 방향 제시의 올바른 수행에 필요)

시간을 아끼고 개선하는 방법

시간은 인간이 살면서 창조주가 사람에게 기대하며, 인간의 끝없는 삶이 달려 있는 모든 일을 하는 인간의 기회이기 때문에 시간을 아껴 활용하는 것이 대단히 중요하다. 그것에 대해 사도 **바울**은 지혜 있는 자와 어리석은 자를 구별하는 특징을 잘 설명했다. "그런 즉, 너희가 어떻게 행할지를 자세히 주의하여 지혜 없는 자같이 하지 말고 오직 지혜 있는 자같이 하여 세월을 아끼라 때가 악하니라."[1] 그러므로 나는 당신에게 의무의 본질을 먼저 설명하고 시간이 무엇을 의미하며 시간을 아끼기 위한[2] 특별한 방향 제시를 할 것이다.

[시간의 의미]

가장 일반적으로 받아들여지는 일반적인 시간은 삶의 모든 일을 위한 우리의 기회이자 그 크기인 현재 삶의 모든 특정한 기간을 의미한다. 시간은 종종 우리가 계절 또는 가장 적합한 때라고 부르는 특별한 일에 적합한, 특별한 기회이기 때문에 더 엄격하게 사용해야 한다. 이 두 가지 의미에서 시간을 복원해야 한다.

---

1)　엡 5:15, 16
2)　골 4:5

[의무의 특별한 때]

모든 일에는 해야 할 때[3]가 있기 때문에 하나님과 우리 영혼을 위해 우리에게 주어진 평범한 시간이 아닌 특별한 시간이 있다고 생각하라.

1. 어떤 시기는 하나님을 섬기기에 천성적으로 적합하다. 그러므로 젊음과 건강과 힘이 있는 시기는 거룩한 일을 하기에 특별히 적합하다.

2. 어떤 시간은 하나님의 제도를 위해 특별히 정해졌다. 다른 모든 날에 우선하여 주님의 날로서 정해졌다.

3. 어떤 시간은 통치자의 지정에 의해 정해진다. 하나님을 예배하기 위한 공개 모임 시간, 설교 시간으로 정해진다. 가족 예배를 위한 시간은 모든 가장이 정할 수 있다.

4. 어떤 시간은 사람의 체질에 따라 정해진다. 대부분의 사람에게는 아침 시간이 가장 좋고, 어떤 사람들에게는 저녁 시간이 좋다. 그리고 모두에게는 몸에 고통이 없고 무력하지 않은 때가 가장 좋다.

5. 어떤 시간은 우리의 필요, 본성, 또는 일반시민의 일의 일정에 적합하다. 그 시간은 낮이 밤에 잠자는 시간보다 적합한데, 우리의 다른 작업이 우리를 방해하지 않는 가장 적합한 시간이기 때문이다.

6. 어떤 시간은 공적이든 사적이든 특별한 자비의 소나기를 받는 시간으로 적합하다. 우리가 경건한 가족, 가장 모범적이고 도움이 되는 친구, 가장 활기차고 훌륭한 수단, 가장 충실

---

3) 전 3:1

한 목사, 가장 유익한 교사, 최고의 스승 또는 부모, 그리고 충실한 친구들과 함께 살 때가 자비를 받기에 적합하다.

7. 어떤 시간은 특별한 섭리에 적합하다. 우리와 가까운 사람의 장례 설교 때, 우리가 접근할 수 없는 유능한 목사나 크리스천과 함께 있을 때, 내시가 마차에서 성경을 읽을 수 있었던 특별한 여가의 시간이 섭리를 깨닫기에 적합했다.[4]

8. 때때로, 성령님이 우리 마음에 역사하기에 특별히 적합한 때가 있다. 그가 평소보다 더 밝게 비추고, 가르치고, 생기를 불어넣고, 부드럽게 하고, 겸손하게 하고, 위로하고, 자극하고, 확인시켜 줄 때가 그렇다. 일반적으로 시간은, 특히 어떤 때는 여러 가지 작업을 위해 특별히 더 좋게 만든다. 우리는 바람과 조류를 잡을 수 있을 때 잡아야 한다. 쇠는 뜨거울 때 쳐야 한다.

9. 때때로, 다른 사람의 절박한 필요에 의해 만들어지는 때와 하나님의 부르심에 적합한 때가 있다. 가난한 사람들이 도움을 청할 때나 그들이 가장 궁핍할 때나 또는 이웃의 유익을 위하여 행동해야 할 때가 그들을 도울 때이다. 병든 자들과 투옥된 자들과 고난당 하는 자들이 곤고할 때가 그들을 위로하러 갈 때이다.[5] 시냇가에 심은 나무와 같은 경건한 사람은 시절을 따라 열매를 맺는다.[6] 그러므로 무지하고 하나님에 대한 공경심이 없는 자에게 그들의 회심을 위하여 메시지를 전하거나 슬퍼하는 자에게 위로의 말을 할 때가 그들을 도울 때이다.

10. 우리의 필요성 또한 우리에게 때를 만든다. 그렇게 나이 들거나 질병의 때는 우리의 특별한 회개와 죽음과 심판을 위한 준비의 때이다.

---

4) 행 8:26-39
5) 마 25:40
6) 시 1:3

11. 현재의 시간은 불확실한 미래보다 더 적합한 때가 된다. "네 손이 베풀 힘이 있거든 마땅히 받을 자에게 베풀기를 아끼지 말며 너에게 있거든 이웃에게 이르기를 갔다가 다시 오라 내일 주겠다고 하지 말라."[7] "일곱에게나 여덟에게 나눠 주어라 무슨 재앙이 땅에 임할지 네가 알지 못함이라."[8] "너는 내일 일을 자랑하지 말라 하루 동안에 무슨 일이 일어날지 네가 알 수 없음이라."[9] "그러므로 우리는 기회 있는 대로 모든 이에게 착한 일을 하되 더욱 믿음의 가정들에게 하라."[10] 이것이 우리의 특별한 때이다.

[시간 절약]

시간을 절약하려면 다음을 받아들여야 한다.

1. 우리가 시간에 무엇을 해야 하는지 알고, 그것을 어떻게 배치하고, 그것을 절약하는 것이 얼마나 큰 가치가 있는지 알아야 한다.

2. 필요한 작업을 위한 시간을 매우 소중히 여겨야 한다.

3. 우리의 태만과 고의로 시간을 낭비하는 동안 우리의 죄와 손실이 크다는 인식을 해야 한다.

4. 각 의무의 특별한 때를 알아야 한다.

5. 시간을 절약하는 것까지 고려하여 예상 목표 시간보다 짧게 할당해야 한다. 그렇지 않

---

7) 잠 3:27, 28
8) 전 11:2
9) 잠 27:1
10) 갈 6:10

으면 우리는 시간 절약을 기대할 수 없다.

이 다섯 가지가 전제된 것처럼, 다음은 우리의 시간을 절약하는 일에 다음과 같은 것들이 포함되어 있다.

1. 시간을 아끼는 것은 우리가 시간을 헛되이 버리지 않고 매 순간을 귀한 것으로 여기며 전적으로 의무의 이행에 사용한다.

2. 우리가 선을 행할 뿐 아니라 우리가 할 수 있고 부름 받은 일에 최선을 다한다.

3. 우리는 최선의 일을 할 뿐 아니라 최선의 방법으로 가장 많은 선을 행한다.

4. 우리는 특별한 기회를 주시한다.

5. 기회가 발생했을 때 바로 그것을 잡고, 잡았을 때 그것을 더 좋게 만든다.

6. 우리의 시간을 아끼기 위해 포기해야 하는 모든 것을 포기한다.

7. 장애물을 예방하고, 우리의 걸림돌을 제거하고, 의무를 신속히 행하고 성공하는 일에 도움이 될 모든 것을 획득한다. 이것이 시간을 진정으로 절약하는 것이다.

[시간을 절약하는 목적과 용도]

시간을 절약하는 목적과 용도는 다음과 같다.

1. 일반적으로, 그리고 궁극적으로는 모든 것이 하나님을 위한 것이어야 한다. 모든 것이

하나님을 위해 직접적으로 사용되지 않을지라도 그에 대해 묵상이나 기도하는 데에 사용되어야 한다. 결국 모든 것은 간접적으로 그를 위해 사용되어야 한다. 즉, 그를 섬기거나 섬김을 위한 준비에 관한 것이어야 한다. 풀을 베거나 낫을 갈거나 여행하거나 여행 중 휴식을 하거나, 잠을 자고, 먹고, 필요한 여가 시간을 보낼 때에도 주를 위해 사용되어야 한다.

2. 특히 공익사업의 경우 시간을 아껴야 한다. 교회와 국가를 위해, 많은 사람들의 영혼을 위해, 특히 특별한 책임과 기회를 가진 치안판사와 성직자들, 장관들은, 비록 배은 망덕과 경멸로 보상 받기도 하지만, 사람들을 위해 "재물을 사용하고 자신도 내어주어야"[11] 한다.

3. 당신 자신의 영혼과 당신의 영원한 생명을 위하여 시간을 아껴야 한다. 당신이 아직 회심하지 않았다면, 지체 없이 회심의 성공을 위해, 영혼을 위협하는 모든 죄를 지체 없이 죽이기 위해, 경험이 거의 없고 확고하지 않은 은혜의 증가와 지식의 성장을 위해, 우리의 소명과 선택을 확실히 하기 위해, 그리고 고난과 죽음의 때를 대비하여, 믿음과 소망과 사랑의 위로의 양식을 비축하기 위함이다.

4. 우리는 선을 행할 기회를 가질 수 있도록 모든 특정한 사람의 영혼을 위해 시간을 아껴야 한다. 특히 어린아이와 종, 그리고 하나님께서 우리에게 맡기신 다른 사람들에게 선을 행하기 위한 기회를 갖기 위함이다.

5. 우리가 건강하게 영혼에 봉사할 수 있도록, 우리 몸의 건강을 위함이다.

6. 마지막으로 다른 사람의 육체적인 건강을 위함이다.

그리고 이것이 우리의 시간이 절약되어야 하는 그 일들이 놓여 있는 순서다.

---

11) 고후 12:14, 15

[시간 절약은 어디에서 하고 어떤 대가를 치러야 하는가]

시간을 절약하며 치러야 할 대가는,

1. 무엇보다도 우리는 최선을 다해 열심히 일해야 하고 지속적으로 일하며 우리의 모든 힘을 다하고 우리의 목숨을 위하는 것처럼 지속적으로 활동해야 한다. 우리의 손이 무엇을 하든지 힘을 다해 일하고, 우리가 갈 어떤 무덤에는 일도 없고 계획도 없고 지식도 없고 지혜도 없음을 기억한다.[12] 우리의 게으른 안일함은 소중한 시간을 위해 포기할 수 있는 행동이다. 시간을 절약한다는 것은 과거의 시간을 철회하는 것도, 성급한 길에서 시간을 멈추는 것도, 땅에서 장수를 얻으려 함도 아니다. 다만 시간이 흘러갈 때, 게으름과 죄로 삼키고 잃어버리지 않게 하는 것이다.

2. 시간은 손에서 아껴야 하며 죄가 되는 쾌락, 스포츠, 흥청거림 그 자체와 불법적인 모든 것, 방탕함, 부도덕함, 그리고 허영을 위해 쓰는 시간에서 아껴야 한다. 그것들은 모두 함께 붙어 있다. "또한 너희가 이 시기를 알거니와 자다가 깰 때가 벌써 되었으니 이는 이제 우리의 구원이 처음 믿을 때보다 가까웠음이라 밤이 깊고 낮이 가까웠으니 그러므로 우리가 어둠의 일을 벗고 빛의 갑옷을 입자 낮에 하는 것과 같이 단정히 행하고 방탕하거나 술 취하지 말며 음란하거나 호색하지 말며 다투거나 시기하지 말며 오직 주 예수 그리스도로 옷 입고 정욕을 위하여 육신의 일을 도모하지 말라."[13]

3. 중요한 일을 할 때, 다른 시간에 할 수 있는 합법적이고 사소한 일 가운데서 시간을 아껴야 한다. 사람의 생명을 구하거나, 자기 집에 발생한 불을 끄거나, 가족을 부양하거나, 주인의 일을 해야 하는 사람은 그 일을 소홀히 하면서 자신이 공정하다고 판단하거나 합법적인 일을 한다고 말하는 것으로는 변명이 되지 않을 것이다. 중요한 일을 할 때에는 이전에 하던

---

12) 전 9:10
13) 롬 13:11-14

휴식과 수면은 포기해야 한다. "**바울**은 이튿날 떠나고자 하여 밤중까지 강론을 했다."[14] 슬픔에 잠긴 교회는 "밤에 일어나 부르짖어라 네 마음을 주의 얼굴 앞에 물 쏟듯 할지어다."[15] 클레안테스(Cleanthes, 그리스 스토아학파의 철학자)의 등불은 그런 자들이 사용해야 하며, 그렇지 않으면 햇빛을 사용해야 한다.

4. 큰 중요성과 사고 파는 것을 필요로 하는 일이 있을 때, 시간은 세상의 사업과 사고 파는 일에서 절약되어야 한다. 하나님이 더 큰일을 위해 부르실 때, 거래, 쟁기질, 이익을 위한 일은 멈춰야 한다. **마르다**는 그리스도가 그녀의 영혼의 음식을 제공하는 상황에서 그리스도와 그의 추종자들이 먹을 음식을 준비하는 많은 일로 근심하지 말고, **마리아**처럼 그의 발치에서 듣고 있어야 했다.[16] "오호라 너희 목마른 자들아, 물로 나아오라. 너희가 어찌하여 양식이 아닌 것을 위해 은을 달아주며 배부르게 하지 못할 것을 위하여 수고하느냐? 내게 듣고 들을 지어다 그리하면 너희가 좋은 것을 먹을 것이며 너희 자신들이 기름진 것으로 즐거움을 얻으리라."[17]

5. 제 시기에 수행되어야 하는 작은 의무가 그내 발생한 큰 의무를 방해할 때, 작은 의무는 의무가 아닌 것으로 여기고 큰 의무를 이행해야 한다. 이웃과 윗사람, 우리 주변 사람들에게 존경을 표하고 우리 가족 문제를 살피는 것은 그 시기와 장소에서 우리의 의무다. 그러나 우리가 하나님께 기도할 때나 목사가 설교해야 할 때나 필요한 공부를 할 때는 그렇지 않다. 개인 기도와 묵상, 병자를 방문하는 것은 의무이다. 그러나 우리가 교회에 있어야 할 시간이나 그들이 더 큰 의무에 장애가 될 때는 그렇지 않다.

---

14) 행 20:7
15) 애 2:19
16) 눅 10:42
17) 사 55:1-3

제1과   시간 절약을 위한 사색적인 방향 제시

방향 제시-1   '믿음과 배려로 당신의 시간을 지배하는 그 사업의 중요성과 절대적 필요성에 대한 생생한 감각을 항상 마음에 잘 간직하라. 누가 당신에게 일하게 하며 그가 당신에게 어떤 일을 시키고, 어떤 조건으로, 그리고 그 끝이 무엇인지 기억하라.' 당신을 일하라고 부르시는 분은 하나님이시다. 하나님께서 의무를 요구하실 때 가만히 있을 것인가? **모세**는 하나님께서 바로(Pharaoh)에게 가라고 하시면 반드시 바로에게 가야 했다. **요나**는 하나님께서 그에게 가라고 할 때 니느웨(Nineveh)로 가야 했다. 따라서 **아브라함**도 하나님께서 그에게 가라고 명하실 때 그의 아들을 희생제물로 바치러 가야 했다. 그런데 하나님께서 당신에게 자기를 섬기라고 명령함에도 당신은 육체의 쾌락을 추구할 수 있나? 하나님은 당신의 시간과 모든 노력을 기울일 가치 있는 일을 당신에게 맡기셨다. 그분을 알고 그분을 섬기며 그분에게 순종하며 영생을 구하는 것이다! 얼마나 부지런히 성취해야 하는 큰 일인가! 주인을 섬기는 일이 얼마나 축복받는 영광스러운 일인가! 특히 말할 수 없는 부지런함의 중요성을 신중하게 생각하라! 우리는 창조주께서 정하신 경주에 참가하고 있으며 불멸의 면류관을 위해 달려야 한다. 지금 우리가 얻거나 잃는 것은 천국이다. 그런 경주에서 시간을 버릴 수 있을까? 우리는 우리 구원의 적들과 싸우고 있다. 지금 육체와 세상과 마귀가 이기느냐, 우리가 이기느냐 하는 문제가 해결되어야 한다. 천국이냐 지옥이냐가 우리의 전쟁의 쟁점임에 틀림없다. 우리의 시간 손실이 적군의 승리에 작은 부분이 아님에도 불구하고 그러한 싸움의 한 가운데서 낭비할 시간이 있는가? 우리의 가장 지혜롭고 전능하신 창조주는 현세를 다른 세상을 위한 준비 기간으로 삼으셨고, 여기서 우리의 준비에 따라 영원히 함께할 모든 것이 결정된다. 이런 일을 하고 있는 시간을 허비하고 빈둥거릴 수 있나? 비참하고 몰지각한 영혼들아! 당신이 정말로 영생과 영원히 천국에 있어야 하는지 지옥에 있어야 하는지에 대한 문제를 해결하기 위해 지금 당신에게 모든 삶이 주어졌다고 믿는가? 당신은 이것을 믿는가? 다시 질문하는데, 당신은 이것을 믿는가? 당신에게 간청하고 양심에 거듭 묻는다. 정말 그렇게 믿는가? 믿을 수는 있지만 시간을 할애할 수는 없나? 아니! 시간을 내서 놀고, 도박하고, 게으르고, 수다 떠는 시간은 찾으면서, 바로 이 시간이 영생을 준비하기 위해 당신에게 주어진 시간이라고 믿는가? 그리고 지금, 지금도 달려야 하는 경주에 그 구원이나 저주가 달려 있다고 생각하는가? 그런 사람이라면 어리석은 괴물과 같은 사람이 아닌가? 당신이 잠들어 있거나 미쳤다면, 그렇게 몰지각한 것이 용납될 수 있다. 그러나 깨어 있고 지혜를 가진 사람은 그럴 수 없다. 오, 자신의 영혼을 구하기 위해 주어진 시간, 그 짧은 시간, 그 유일한 시간을 게을리하고 도박을 할 수 있는 사람들의 두뇌는 어디에 있고 그들의 완악한 마음은 무슨 금속으로 만들어졌나? 진실로 여러분, 죄가 세상의 불경건한 부분을 정신병원에 집어넣지 않았더라면(그곳에서는 제정신이 아닌 사람들을 보는 것이 이상한 일이 아니지만), 정상적인 사람이 사는 나라에서 미친 사람을 보는 것처럼 거리에서 이런 괴물을 보면 놀랄 것이다. 영원한 저세상을 가려고 준비하는데 스포츠나 사소한 일에 시간을 낭비하고 있는 사람을 보라! 영혼을 영원히 얻거나 잃을 수 있는 날이 며칠밖에 남지 않았는데 카드나 주사위를 가지고 놀거나 아무것도 아닌 일을 하면서 시간을 낭비하는 사람을 보라! 천국과 지옥의 갈림길에서 사소한 일로 시간을 낭비하는 사람을 보라! 당신의 영혼이 세상에서 오늘이나 금주에 지출하는 당신의 재산에 달려 있다면, 또는 당신의 생명이 그 일에 달려 있다면, 당신이 죽거나 살거나, 가난하거나 부자가 되거나 병과 건강이 달려 있다면, 당신은 그렇게 옷이나 선물, 아니면 노는 데에 낭비만 하고 있을 것인가? 헛되고 사소한 일을 찾을 것인가? 아니면 오히려 잠자리에 들지 않고 당신의 일에 몰두하고, 게임과 오락에 빠져서, 한가한 방문객을 실망시키고, 당신이 그들에게 말을 걸지 않고 아무것도 하지 않고 한가하게 지내는 것을 알게 할 것인가? 그러나 아무것도 하지 않는 것보다 무례하고 우울해 보이지 않을까? 당신은 일시적인 번영이나 생명을 위해 그렇게 하는데, 영원한 생명을 위해서는 더 많은 것이 필요하지 않을까? 세상에서 당신의 중요한 사업이 당신에게 해결책을 찾아주고, 당신의 친구들, 놀이 친구와 스포츠를 포기하고 당신의 게으름을 떨쳐버리게 할 수 있나? 당신의 구원 사업이 그렇게 하지 않을까? 나는 더 이상 시간을 낭비하는 사람들을 반박하고 그들의 헛된 스포츠와 허영에 대해 논쟁하고 싶지 않다. 내가 천국과 지옥을 한 눈에 볼 수 있도록 그들을 도와주고 그들이 놀거나 잠자는 동안에 그들이 해야 할 중요한 사업을 잘 알려 줄 수 있다면, 카드, 주사위, 연극, 지루한 잔치, 칭찬, 놀고먹는 것이 어떤 해가 있는지 더 이상 묻고 대답을 구하지 않을 것이다. 내가 지금 게으른 여자나 관능의 노예나 게임중독자에게 관한 사건을 놓고 논쟁을 하고 있는데, 이 모든 것이 무슨 해가 있냐고 경멸적으로 질문을 받는 것과 같다. 만일 누군가가 문을 두드리며 왕이 문 앞에서 당신을 부른다고 말한다면, 그것은 게임과 논쟁을 그치게 할 것이다. 또는 그 집에 불이 났거나, 아이가 불이나 물에 빠졌거나 도둑이 들었다면 그것은 여자들로 하여금 장식용 레이스나 리본을 버리게 할까? 또는 좋은 거래나 귀족의 신분을 얻을 수 있다면 스포츠나 게임이나 화려한 복장은 버린다 할지라도, 그들은 더 높은 지위에 오르려 할 것이다. 결국 천국과 지옥에 대해 미리 아는 사람 중 하나가 문 앞에 있다 할지라도 그들과 함께 많은 일을 하지 못할 것이다. 왜냐하면 천국은 믿지 않는 자나 분별없고 몰지각한 비참한 사람에게는 그것이 아무것도 아니기 때문이다. 천국이 그들을 감동시켜야 할 때, 아무 일도 하지 못한다면, 그들이 그것을 갖고 있다 해도 아무것도 아닐 것이다. 레크리에이션이 제 때에 사용되어야 할 것이라고 말하지 말라. 필요한 자극은 내버려 두는 것이 아니다. 하지만 하나님과 당신 자신의 양심은 당신의 레크리에이션, 잔치, 긴 옷차림. 게으름이 당신이 태어나고 살아 가는 그 일에 적합하도록 당신의 몸을 다듬거나 활력을 주는 일에 필요한 것이었는지 또는 그것이 쾌락을 사랑하기 위해 이러한 쾌락 속에서 살았던 육감적인 동물의 오락이었는지를 당신에게 곧 말해 줄 것이다. 참으로 시간 낭비라는 이 불합리한 죄 하나만을 본다면 누가복음 15장 17절의 탕자가 스스로 돌이킨다(Εις έαυτον ελθων)는 뜻을 이해하는 데에 도움이 될 것이다. 그 회심은 사람이 자신의 지혜에 도달하는 것이다.

방향 제시-2 '당신 자신의 영혼의 상태에 대해 낯선 사람이 되지 말고, 그것이 어떤 상태에 있고, 어떤 위험에 처해 있으며 무엇을 원하는지, 불멸을 위한 당신의 준비가 얼마나 뒤처져 있는지 알 때까지 영원한 거처를 보라.' 그렇지 않으면 당신은 게으른 시간 낭비자가 될 것이다. 나는 당신과 함께 당신의 마음의 지하감옥에 내려가 거기에 무엇이 있는지 진리의 빛으로 보여 줄 수밖에 없다. 당신이 어떤 상태에 있는지, 당신의 남은 시간에 무엇을 해야 하는지를 충분히 보여 줄 수 있는 하늘에서 확실한 한 줄기 설득력 있는 빛을 방출할 수만 있다면, 나는 당신의 유치한 어리석음에서 꺼내기 위해 논쟁을 할 필요도 없고, 일어나 당신의 영혼을 위해 부지런히 일하라고 명령할 필요도 없고, 더욱이 곰이 당신 뒤에 있거나 당신의 보리 밭에 불이 붙었다 해도 일어나 움직이라고 명령할 필요가 없을 것이다. 아아, 우리의 평범한 시간 낭비자들은 아직 회심하지 않은 육체적인 비참한 자들이며, 스포츠의 으뜸가는 대가이자 가장 큰 이익을 얻는 마귀의 권세 안에 있다. 그들은 거듭나게 하고 성화되게 하는 성령의 역사에 대해 전혀 모르는 사람들이다. 그들은 아직 의롭지 못하고 자기들의 죄 아래에 있으며 만일 그들이 회심하기 전에 죽는다면 지옥에서 영원히 마귀와 함께 있게 될 것이 확실하다! (죄인이여, 이것은 사실이다. 비록 당신의 눈멀고 완악한 마음이 이제 그것에 대해 언급하는 것을 반대할지라도 은혜나 복수에 의해 당신은 곧 그것을 알게 될 것이다!) 이 때가 사람이 카드나 주사위를 던지거나 스포츠를 즐기며 허세를 부려서 될 때인가? 주님이 자비를 베푸실 때 너무 늦기 전에 눈을 떠라. 그렇지 않으면, 내가 지금 당신에게 말하는 것과 다른 방식으로 당신은 시간을 더 잘 활용하고 더 큰 일을 할 필요가 있었다고 당신의 양심이 영원히 말할 것이다. 당신의 경우에, 거듭나지 않고, 성화되지 않고, 용서받지 못한 상태에 있는 사람이 자신의 모든 희망이 달려 있는 그 짧은 시간을 버리는 것이다! 만약 그렇다면 그 시간 안에서 그는 반드시 회복되고 구원받아야 한다! 오 주님, 그런 무감각한 영혼들을 불쌍히 여기시고 너무 늦기 전에 그들을 데려오소서! 깨달은 사람이여, 내가 당신에게 말한다. 그것이 무엇인지 이해하고 그것을 피한 사람은, 죽음이 그의 희망을 끊어 버리고 바로 그 뒤에 그를 지옥에 가둘까 두려워서 세상의 모든 나라를 위해 일주일이나 하루도 당신의 상태에 머물러 있지 않을 것이라고 말한다. 왜냐하면 죽음이 그를 지옥으로 데려갈까 봐 자신의 상태에서 밤에 조용히 잠들 수 없다. 그렇다면 당신은 그 속에서 놀 수 있고, 관능적인 길에서 안전하게 살 수 있을까? 오, 비참함 속에서 눈 깜짝할 사이에 지옥으로 끌려 간다는 것이 얼마나 놀라운 일인가! 누가 사람들을 이렇게 눈뜨고 지옥으로 가서 춤을 추게 하겠는가? 오! 만일 우리가 **베드로나 바울**, 축복받은 자들 중 한 사람이, 지금 이 성화되지 않은 죄인들 중 한 사람으로서 다시 이런 경우에 처하게 된다면, 그들이 지금 무엇을 알아야 하는지 알 것이다! 그들은 잔치를 벌이고, 게임을 하고, 놀고, 그 안에서 그들의 시간을 하찮게 보낼까? 그렇지 않으면 신속하게 이전에 잘못 보낸 시간과 그들의 모든 죄를 통곡하고 밤낮으로 하나님께 자비를 구하며 그리스도께로 가서 거룩함과 하나님께 순종하는 가운데 모든 시간을 보내지 않을까? 아아, 불쌍한 죄인이여, 당신의 마음을 들여다보고 당신이 지금까지 하지 않은 일을 보라(장식하고 노는 것보다 중요한 것). 당신이 시간적으로 여유가 있는 것처럼 사는 동안에, 당신이 어떤 상황에 처해 있고 무엇을 해야 하는지 생각하고 글을 쓰는 것만으로도 두렵다! 만약 당신이 알지 못한다면 내가 말할 것이고 여호와께서 알게 하실 것이다. 당신이 아직 완악한 마음을 가지고 있다 해도 결국은 부드럽게 될 것이다. 불신의 마음이 하나님의 말씀과 보이지 않는 세계에 대한 생생하고 강력한 믿음으로 인도될 것이다. 만일 당신이 언젠가 하나님의 얼굴을 보기 원한다면, 거룩하지 못한 마음과 삶이 거룩해져야 한다.[18] 당신은 정복하고 죽여야 할 죄악과 개혁되지 않은 삶으로 가득 차 있다. 당신은 당신이 범한 모든 죄와 당신이 생략한 모든 의무에 대해 예수 그리스도를 통해 용서를 받을 수 있다. 당신을 불쾌하게 여기시는 하나님과 화해해야 하고, 하나님을 친근하게 느끼지 않는 당신의 영혼은 예수 그리스도 안에서 하나님을 당신의 아버지로서 친하게 지내야 한다. 당신이 무지해서 알지 못하는 성경 진리가 얼마나 많은지! 당신이 숙련되지 않았기에, 배워서 실행할 수 있는 기도, 묵상, 성회 등, 거룩한 의무가 얼마나 많은지! 인간의 영혼과 몸이 해야 할 정의와 자선의 일들이 얼마나 많은지! 당신의 힘이 닿는 대로 구제할 궁핍한 사람과 문병 가야 할 환자와 옷을 입혀야 하는 헐벗은 자와 위로해야 하는 슬픈 자와 교훈해야 하는 무지한 자와 권면해야 하는 경건치 않은 자가 얼마나 많은지![19] 당신은 당신의 친척들에게 수행할 의무가 얼마나 많은지! 부모에게나 자녀에게나 남편이나 아내에게나 주인에게나 하인들에게나 다른 사람들에게 수행할 의무가 얼마나 많은지! 당신은 미래에 받을 어떤 고난을 위해 준비해야 할지 거의 모른다. 당신은 믿음과 사랑과 회개와 인내와 모든 하나님의 은혜를 매일 얻고 사용하며 확대할 수 있다. 당신은 준비해야 할 회계가 있고, 구원의 확신을 얻어야 하며, 죽음과 심판을 준비해야 한다. 이 모든 일에 대한 당신의 마음은 어떠한가? 마음대로 가볍게 미루지 말라. 당신에게 그것을 맡기신 분은 하나님 자신이며, 그것은 제때에 행해져야 한다. 그렇지 않으면 당신은 영원히 돌이킬 수 없다! 그러나 그것은 당신의 고역이 아니라 당신의 기쁨이어야 한다. 이것은 당신의 최고의 레크리에이션을 위해 명령된 것이다. 성경과 당신의 마음을 들여다보라. 그러면 이 모든 것이 이루어져야 한다는 것을 알게 될 것이다. 당신은 양심에 비추어 볼 때, 이것이 당신의 화려한 옷차림, 당신의 한가한 잡담, 당신의 불필요한 스포츠보

---

18) 히 12:14; 마 18:3; 요 3:3, 5, 6
19) 히 3:13, 10:25; 엡 4:29

다 더 중요하지 않다고 생각하는가?

방향 제시-3 '시간을 절약하는 것이 얼마나 유익한지, 회고에 얼마나 편안함을 주는지 기억하라!' 상업을 하든, 무역을 하든, 농업을 하든, 어떤 이익을 얻든, 부자가 된 사람은 이익을 얻는 과정에서 시간을 잘 활용했다고 말한다. 그러나 천국과 그 길에서 하나님과의 교제, 거룩한 힘과 위로의 삶, 기쁨과 희망으로 가득 찬 죽음이 이득이 될 때, 이것들을 위해 얼마나 기쁘게 시간을 아낄 수 있을까! 만일 사람이 지위가 높아지고 갈망하는 일에서 번영을 발견하는 것이 즐겁다면, 시간을 아끼는 가운데 하나님과 영혼의 일에 번영을 발견하는 것은 우리에게 얼마나 즐거운 일인가! 지금까지 지난 시간을 되돌아보고, 당신 생각에 어떤 부분이 가장 달콤한지 말해 보라. 그러나 지금은 어떻든 간에, 죽을 때 잘 보낸 삶을 되돌아보는 것은 이루 말할 수 없는 위안이 될 것이다. 다른 한편으로, 내 시간은 세속과 야심과 게으름과 육체의 허영과 쾌락에 버리지 않았다고 겸손과 진실로 말할 수 있고, 나의 하나님을 성실하고 수고롭게 섬겼고, 게다가 나의 소명과 택하심을 굳게 하며 내가 세상에서 할 수 있는 모든 선을 사람의 영혼과 몸을 위하여 행하되 그것은 전적으로 하나님과 그의 교회, 그리고 다른 사람들과 내 영혼의 선을 위해 쓰였다고 말할 수 있다면 그것은 이루 말할 수 없는 위안이 될 것이다! 세상 밖으로 나가 우리의 복되신 주님과 그의 본을 따라, "아버지께서 내게 하라고 주신 일을 내가 이루어 아버지를 이 세상에서 영화롭게 했으니 아버지와 함께 나를 영화롭게 하소서."[20]라는 말을 할 수 있다면 얼마나 기쁜 일일까! 또는 **바울**처럼, "전제와 같이 내가 벌써 부어지고 나의 떠날 시각이 가까웠도다 나는 선한 싸움을 다 싸우고 나의 달려갈 길을 마치고 믿음을 지켰으니 이제 후로는 나를 위하여 의의 면류관이 예비되었으므로 주 곧 의로우신 재판장이 그 날에 내게 주실 것이다."[21] 그리고, "우리가 세상에서 하나님의 거룩함과 진실함으로 행하되 육체의 지혜로 하지 아니하고 하나님의 은혜로 행함은 우리 양심이 증언하는 바이니 이것이 우리의 자랑이라."[22] **히스기야**와 같이 "여호와여 구하오니 내가 주

---

20) 요 17:4, 5
21) 딤후 4:6-8
22) 고후 1:12

앞에서 진실과 전심으로 행하며 주의 목전에서 선하게 한 것을 기억하소서."[23]라고 말할 수 있다는 것은 병들었을 때 큰 위안이 될 것이다. 오! 잘 보낸 시간은 최후의 선고를 앞두고 있고 최후의 총 결산서를 작성하고 있는 영혼에게 소중한 격려가 될 것이다. 참으로 그것에 대한 검토는 하늘에서 기뻐할 것이다. 그것은 더 이전에 언약에 의해 가장 관대하게 주어지겠지만, 우리의 가장 의로운 재판관이 그 언약에 따라 사람들에게 선고할 때 보상으로 주어질 것이다.

방향 제시-4 '반대로 잘못 보낸 시간을 되돌아보는 것이 얼마나 슬픈지, 그리고 시간이 지난 후 그것을 어떻게 보냈더라면 좋았을지 생각해 보라.' 당신은 지금 얕보았던 시간을 되돌아보면서 어떤 위안을 얻고 있는가? 당신은 지금까지 자신이 반드시 죽어야 하는지 아닌지 질문할 정도로 이해력이 나쁘다고 나는 생각하지 않는다. 그러나 당신의 죄는 나로 하여금 당신이 죽어 가는 시간에 당신의 과거를 기억하는 것이 어떤 위안이 될 것인지 묻게 한다. 그렇다면, 당신이 다른 사람들에게 선을 행하는 데에 많은 시간을 쓰고, 기도하고 성경과 마음을 연구하고, 죽음과 내세를 준비하는 데에 많은 시간을 보내는 것이 당신을 기쁘게 할까? 영원을 위해 당신의 소명을 순종적으로 관리하는 데에 많은 시간을 사용하는 것이 당신을 기쁘게 할까? 아니면 너무 많은 시간을 게으름에, 그리고 불필요한 스포츠와 놀이, 매사냥과 사냥. 구애와 방탕에 많은 시간을 사용하면 그것이 당신을 기쁘게 할까? 육체를 위하여 모으고 준비하고, 탐욕스러운 정욕을 채우는 데에 많은 시간을 사용한 사람이 있다면, 그것이 그들을 즐겁게 할까? 당신의 양심이 최후에 가장 편안할 것이라 생각하는 것은 어느 행위일까? 나는 당신의 양심에 맡긴다. 당신이 내일 죽는다면 당신은 오늘 어떻게 보낼 것인가? 당신은 그것을 게으름과 헛된 오락에 소비할 것인가? 또는 당신이 오늘 죽는다면 어디에서 발견될 것이며 무슨 운동을 하던 순간에서 발견될까? 차라리 놀이방, 도박장, 맥줏집에서 육체의 즐거움과 쾌락 속에서 죽음을 맞이하겠는가? 아니면 하나님과 함께 거룩하게 행하며 내세를 진지하게 준비하는 데에 시간을 쓰고 있는 가운데 발견될 것인가? 아마도 당신은 만일 단 하

---

23) 사 38:3

루밖에 살날이 없다면, 그때 당신의 소명을 위해 수고하며 죽겠다고 말을 할 것이기에 그것은 죄가 되지 않을 것이라고 말할 것이다. 그러나 나는 악과, 사소하고 때에 맞지 않는 선 사이에는 큰 차이가 있다고 대답한다. 당신의 죽음이 명예로운 소명을 감당하는 가운데 그리고 거룩하게 관리되는 가운데 발견된다면, 양심은 그것을 죄로 여기어 당신을 괴롭히지 않을 것이다. 당신이 기도 중에 죽기를 선택한다면 그것도 단지 때를 따라 더 큰 의무를 선택하는 것일 뿐이다. 그러나 분명 당신은 시간을 낭비하는 쾌락에서 발견되는 또 다른 이유를 싫어할 것이다! 당신에게 양심이 있다면, 그 양심은 그것을 죄로 여겨 두려워하게 할 것이다. 당신은 시기적절한 일에서 발견될지라도, 당신의 합법적인 소명에서 결코 수고하지 않은 것을 죽을 때까지 원하지 않을 것이다. 그러나 그때 당신이 당신 자신을 이해한다면, 당신은 단 1분의 시간도 낭비하지 않았고, 그것을 초래한 죄 많은 허영심과 유혹을 결코 알지 못했기를 바랄 것이다. 오, 시간을 되돌아보는 것처럼 시간을 보내라!

방향 제시-5 '가서 죽음을 맞이한 다른 사람들이 시간을 어떻게 정하고, 그 시간을 어떻게 보냈으면 좋았을지 듣고 깨달아라.' 건강하고 특히 번영과 안정을 누리고 있는 사람들은 죽어 가는 사람에게 시간이 얼마나 소중한지 상상하기 어렵다. 그렇다면 그들에게 인생이 너무 긴지, 포기할 시간이 있는지 물어보라. 그런 다음 빈둥거리든, 일을 하든, 노는 것과 기도하는 것 중에 어느 것이 시간을 잘 보내는 것인지 물어보라. 좋은 사람이든 나쁜 사람이든, 성자이든 관능주의자이든, 그때 모두 시간을 소중한 데에 사용할 것이라고 할 것이다. 오, 그때 하나님에 대한 공경심이 없고 준비되지 않은 죄인은 이전에 아무 가치도 없이 사용했던 시간을 위해 무엇을 줄 것인가! 그때 그리스도의 가장 거룩한 종들은 그들의 시간을 낭비하면서 얼마나 죄를 지었는지 깨닫는다! 오! 그렇다면 그들은 매 순간을 소중히 여겼기를 얼마나 간절히 바라겠는가! 그리고 하나님과 그들의 영혼을 위해 가장 많은 일을 한 사람은 시간을 소중히 여겼던 사람들이다! 이제 그들이 다시 기도한다면 얼마나 간절히 구할까! 시간과 재능이 회복된다면 그들은 얼마나 더 좋은 일을 할 수 있을까! 나는 경건한 여성이 죽음에서, '오 시간을 다시 한번 주세요! 오 시간을 다시 한번 주세요!'라고 외친 말에 깊은 감명을 받은 지극히 거룩하고 진지하고 경건한 신학자를 잘 알고 있다. 그 감각은 그의 마음에 남아 그의 기도와 설교와 그의 죽음에 이르기까지 대화에 나타났다. 지금 당신은 모든 무가치한 것에 버릴 시간이 있다. 하지만 그때 당신은 **다윗**처럼, "나의 때가 얼마나 짧은지 기억하소서."[24] 라고 말할 것이다. 그리고 "**하갈**은 자신의 물이 다 떨어진지라 앉아서 울었다."[25] 그렇게 당신은 시간이 갔을 때나 막바지에 이르러, 당신이 그것을 가지고 있는 동안, 가치 있게 생각하지 않은 것을 한탄하게 될 것이다! 오! 졸고 있는 죄인이여! 의사가 '당신은 죽을 것이다!'고 말하는 것을 들을 때, 그리고 신께서 '이제 당신은 다른 세상을 준비해야 한다!'고 말하는 것을 들을 때, 당신의 마음은 이제 당신이 어떻게 시간을 절약할지 생각할 수 없다. 당신 마음이, '당신의 날이 모두 사라졌으니 더 이상 세상에서 살지 못하리라! 당신의 모든 준비 시간은 끝났다! 지금 완성되지 않은 것은 영원히 완성될 수 없다!'고 말할 때, 오, 당신이 지금 가졌던 시간의 중요함은 죽을 때나 그 직후에 갖게 될 것이다! 그러면 '하나님께서 나를 회복시키고 다시 한번 시험해 주시기를 위해 기도하라! 오, 그러면 시간을 어떻게 보내야 할까!' 이와 같이 말할 사람들이 지금 게으름을 피우며 시간을 허비하는 것을 보고도, 아마 그들이 해롭지 않다고 생각하는 것은 가장 부조리한 일이 아닐까? 아마, 그들은 곧 하나님께, '아직 완성하지 못한 위대한 일을 하기 위해 시간이 조금 더 필요하고, 자신의 구원을 확실히 할 시간이 조금 더 필요하다고 울부짖을 것이다!' 당신이 그 시간을 보내며 무엇을 해야 할지 몰랐다고 말할 그때에, 하나님께서 당신에게 충분한 시간이 있었다고 말하지 않기를 바란다. 당신은 게으름과 허영심을 위한 시간을 너무 많이 가졌고 그것을 오락이라 부르는 것을 부끄럽게 여기지 않았다.

방향 제시-6 '또한 심판이 임할 때, 하나님께서는 당신이 잘못 보낸 시간과 그동안 마땅히 했어야 할 모든 선한 일을 하지 않은 것에 대해 책임을 물을 것이라는 것을 기억하라.' 모든 헛된 말에 대해 책임을 져야 한다면, 헛되게 사용한 모든 시간에 대해 책임을 질 것이 확실하다.[26] 우리가 받은 모든 달란트와 우리에게 요구되는 그 활용에 따라 심판을 받아야 하

---

24) 시 89:47
25) 창 21:15, 16
26) 마 12:36

는 그때에, 분명히 우리의 시간만큼 소중한 달란트에 대해서도 마찬가지다.[27] 모든 것에 대해 설명을 해야 한다고 믿는 사람들이라면 시간을 어떻게 보내야 할까? 모든 사람을 그들의 행위에 따라 그리고 뿌린 대로 거두게 하는 가장 의롭고 거룩하신 하나님께서 심판하신다면 시간을 어떻게 사용해야 할까? 오, 심판할 때에 당신이 듣기 바라는 대로 시간을 사용하라.

방향 제시-7 '당신이 이미 얼마나 많은 시간을 잃어버렸는지 기억하라. 그러므로 만일 당신이 완고하지 않고 당신의 손실에 대해 둔감하지 않다면, 그것은 자비가 당신에게 아낌없이 준 시간 중 아직 남은 것을 부지런히 회복하도록 호소할 것이다.' 어린 시절, 청춘기와 노년기에 얼마나 많은 시간을 잃어버렸는가! 당신의 무지로 얼마나 많은 것을 잃어버렸는가? 당신의 부주의, 육체의 쾌락과 헛된 것, 세속적인 것과 다른 많은 죄에서 얼마나 많은 시간을 잃어버렸는가? 오, 당신이 알고 있었다면, 그것이 1년, 일주일, 하루였다 해도 그것이 얼마나 큰 손실인가! 당신은 당신이 했어야 할 일을 하면서 시간을 보냈다고 생각하는가? 그리고 할 일을 하고 있는 것으로 여겼는가? 그렇지 않다면 회개하는가? 아니면 회개하지 않는가? 회개하지 않는다면 용서받을 희망은 없다. 회개한다면 같은 일을 계속하지 않을 것이다. 회개한다고 공언하면서도 여전히 도박, 흥청거림 또는 기타, 쓸데없이 시간을 낭비하는 사람을 누가 믿겠는가? 하루의 시작을 잃어버린 사람이 위대한 여행을 하려면 결국 더 빨리 가야 한다. 당신은 어린 시절의 어리석음과 부주의한 젊음의 허영심속에서 당신이 잘못 보낸 시간과 세월을 기억할 수 있는가? 그럼에도 불구하고 참회하는 수치심과 두려움에 의해 자극을 받지 않고 아직도 사소한 일에 부지런한가? 당신이 그처럼 귀중히 여긴 보물을 확실히 버리지 못하고, 아직 남아 있는 작은 것까지 비방할 것인가?

방향 제시-8 '당신이 방치한 시간이 신속하고 끊임없이 움직인다는 것을 기억하라.' 그것이 얼마나 서둘러 움직이는가! 그리고 결코 머무르지 않는다! 당신이 마지막 말을 함과 동시에 여기에 있던 것은 당신이 다음 말을 하기 전에 사라질 것이다! 당신이 무엇을 하든, 말

---

27) 마 25:14-30

을 하든, 생각을 하든, 그것은 지체없이 지나가고 있다! 당신이 잠자는 동안에도 그것은 머물지 않는다! 기억하고, 관찰하고, 활용하든 말든, 그것은 미끄러지듯 사라진다! 그것은 당신의 여가 시간에도 머무르지 않는다! 그것은 당신이 일하는 만큼이나 당신이 노는 동안에도 빠르게 서둘러 움직인다. 당신이 회개하는 만큼이나 죄를 짓는 동안에도 빠르게 지나간다! 잠시 자신의 뜻을 따르도록 시간에 명령할 만큼 강력한 군주는 없다. 태양을 멈출 더 이상의 **여호수아**는 없다. 그것은 땅의 통치자들의 관할권 위에 있다. 그들이 시간의 가장 작은 순간을 미루거나 서두르라고 요청하거나 명령한다 해도 듣지 않을 것이다! 왕관과 왕국이라 해도 당신이 한 호흡을 하는 동안만큼의 시간을 빌리거나 지체하게 할 만한 능력이 없다! 당신의 삶은 이스라엘 사람들의 광야에서 해어지지 않는 옷과 같지 않다. 그러나 기브온 사람들의 양식과 같이 당신이 길을 가는 동안 닳아지고 소모되는 것과 같다! 시간은 그렇게 빠른데 당신은 너무 느리다 생각하는가? 시간이 아무 소용이 없는 것처럼 가만히 서서 아무 일도 하지 않고, 아무 말도 하지 않고, 그것이 사라지는 것을 보기만 하겠는가?

방향 제시-9 '또한 지나간 시간이 얼마나 회복 불가능한지 생각해 보라.' 지금 잡지 않으면 영원히 잃게 될 것이다. 모든 힘과 재치를 가진 지상의 사람들이라 해도 지나간 1분을 회수할 수 없다! 이 세상의 모든 부라 할지라도 당신이 아무것도 아닌 것을 위해 헛되이 탕진하여 써 버린 그 시간 중 하나를 되찾을 수 없다. 마음이 찢어지게 울고 부르짖는다 해도 시간은 돌아오지 않는다. 수많은 사람들이 실제적인 고통으로 이것을 경험했고, '오, 우리가 가볍게 여기던 그 시간을 다시 갖을 수만 있다면 좋을 텐데!'라고 너무 늦게 울부짖었다. 그러나 그들 중 누구도 소원을 이루지 못했다! 더 이상 어쩔 수 없다. 그러므로 시간을 보내고 있는 동안 그것을 잡으라. 오늘날에 시간은 가장 가난한 거지에게도 가장 위대한 왕이 가진 만큼 제한이 없다. 시간은 그의 것만큼이나 너의 것이다. 비록 젊음과 어리석음 속에서는 시간이 큰 덩어리에서 나오는 것처럼 사용했을지라도, 그것이 과부의 기름병과 떡과 생선이 기적으로 많아지는 것 같지 않음을 알게 될 것이다. 그러나 당신이 그토록 귀중한 물건을 하나라도 잃어버리지 않고, 심지어 당신이 방치할 수 있다고 생각했던 작은 순간까지도 잃어버리지 않았더라면, 시간의 파편과 가장 작은 부스러기라도 모았더라면 하고 바랄 시간이 가까이 왔다. 더 이상 비난하거나 배회하기 전에 지금의 순간을 멈출 수 있는지, 아니면 이미 지나간 시간을 회수할 수 있는지 시도해 보라. 너무 늦게 회개하지 않도록 그렇게 해 보라.

방향 제시-10 '또한 당신에게 주어진 시간이 얼마나 짧은지, 그리고 당신이 영원에 얼마나 가까이 있는지를 생각하라.' 땅 위에서는 사람에게 정해진 때가 있지 않은가? "그의 날이 품꾼의 날과 같지 아니한가?"[28] "여인에게서 태어난 사람은 생애가 짧고 걱정이 가득하며 그는 꽃과 같이 자라서 시들며 그림자같이 지나가며 머물지 아니한다."[29] "나의 날이 경주자보다 빨리 사라져 버리니 복을 볼 수 없구나 그 지나가는 것이 빠른 배 같고 먹이에 날아 내리는 독수리와도 같구나."[30] 이렇게 신속한 시간은 무엇인가! 얼마나 빨리 모든 것이 사라지는가! 지나간 모든 시간을 돌이켜 보라. 당신이 60이나 80을 살았다 하더라도 그것이 지금 무엇인가? 어렸을 때가 어제 같지 않은가? 낮과 밤이 빠르게 순환하지 않는가? 오, 사람이여! 이 땅에서 당신의 체류 시간이 얼마나 짧은가! 영원으로 출발할 시간이 얼마나 적게 남았는가! 얼마나 적고 짧은 시간 안에 영원히 머무를 곳으로 갈 것인지! 매일 밤은 여기에 할당된 몇 안 되는 사람 중 한 사람의 죽음이나 종말과 같다. 당신의 죽을 병이 얼마 남지 않았다! 당신이 점점 쇠약해지는 쇠퇴와 고통 속에 누워 있어야 할 때까지! 당신의 생명력이 그 직분을 포기하고, 당신의 맥박이 멈추고, 당신의 영혼이 소리 없이 날아가고, 당신의 몸을 어둠 속에 숨겨두고, 당신의 친구들에 의해 공공의 땅으로 옮겨질 때까지 남은 시간이 얼마나 짧은가! 지금부터 당신의 무덤을 파기까지 시간이 얼마나 짧은가! (육체의 즐거움과 슬픈 작별 사이의 시간이 얼마나 짧은가, 당신의 모든 쾌락에 대해 말하는 순간 그것들은 사라진다!) 이 세상에 대한 당신의 관심과 사업, 그리고 이 모든 허영심이 존중되지 않는 다른 세계에 들어가는 사이의 시간이 얼마나 짧은지! 당신의 죄와 당신의 심판에서 당신의 변명 사이의 시간이 얼마나 짧은지! 쾌락과 고통 사이, 경건한 자들의 인내하는 거룩함과 끝없는 기쁨에 대한 완전한 보상 사이의 시간은 얼마나 짧은가! 당신은 그렇게 짧은 인생의 어떤 부분을

---

28) 욥 7:1
29) 욥 14:1, 2
30) 욥 9:25, 26

포기할 수 없나? 하나님이 당신에게 할당한 시간은 그렇게 짧은데, 그 적은 것 중 일부를 마귀에게 떼어줄 수 있는가? 당신의 안전하고 안락한 죽음에 필요한 만큼, 이 모든 것이 그렇게 위대한 일을 하기에 충분하지 않은가? 오, 게으름이나 쾌락을 허용할 때, 당신이 가진 것이 얼마나 모자랐는가, 그리고 재물은 얼마나 모자랐는가, 필요한 한 가지 영생을 위해 사용하는 시간은 얼마나 적은가! 끝없는 세상에 들어가는 입구에서 때에 맞지 않는 놀이가 얼마나 계절에 맞지 않는가!

방향 제시-11 '또한 당신이 가지고 있는 그 짧은 시간이 얼마나 불확실한지 기억하라.' 그것이 짧다는 것을 알지만 얼마나 짧은지 모른다. 당신은 아직 다른 날이나 시간을 본 적이 없다. 그것이 마지막일지도 모른다는 것을 알면서도 그날이나 시간을 허비하거나 버리는 것이 이성 있는 사람에게 적합한 일일까? 당신은 확신하지 못할지라도 아직 당신은 더 많은 것을 가질 가능성이 있다고 생각한다. 그러나 그런 순간적인 사업에서 위험한 것은 아무것도 인정해서는 안 된다. 참으로 가장 길다고 하는 수명도 실제로는 짧다. 몸이 약하고, 많은 질병과 큰 사고가 나기 쉬우며, 영혼에 너무 죄가 많으면, 당신의 생명의 끈이 자연적으로 주어진 기간 훨씬 전에 잘릴 가능성이 있다. 그럼에도 불구하고 젊었을 때 많은 범죄로 인해, 늙은 나이에 가는 무덤에 간다. 그때 당신의 시간의 불확실성은 당신이 시간을 절약하지 않은 많은 죄로 인해 크게 악화된 것이 아닌가? 만약 당신에게 1년밖에 살 수 없다는 확신이 든다면, 그것은 아마도 당신을 매우 현명하게 해서 당신에게 여유 시간이 없다는 것을 알게 할 것이다. 당신은 하루를 더 살지도 모르는데 여전히 그 시간을 낭비하는가? 다음 주에 죽게 될 많은 사람들이 이번주에 시간을 하찮게 낭비하고 있는데, 그가 내년에 죽는다고 생각한들 시간을 더 잘 사용할까? 오, 만약 당신이 필요한 준비를 하기 전에 죽음이 온다면 어떻게 될까? 그때 당신은 어디에 있을까? 시간은 불확실하고 짧음에도, 당신은 그것을 낭비할 만큼 중요성을 충분히 인식하지 못하나? 그리스도께서 천년 동안 가장 거룩하게 그를 따르고 섬기라고 정하셨다면, 당신은 기꺼이 그렇게 했어야 하지 않을까? 그런데도 그렇게 짧은 인생을 버틸 수 없는가? 그와 함께 한 시간도 깨어 있을 수 없을까? 그리스도는 자신의 죽음이 가까이 왔다는 사실에 자극을 받고 그의 일생의 일을 신속하게 실행했다. 우리는 그렇게 하면 안 되나? 그는 "내 때가 가까이 왔으니 내 제자들과 함께 유월절을 네 집에서 지키겠다."[31]라고 말하며, 마지막 성찬을 준비하기 위해 제자들을 보냈다. 그리고 누가복음 22장 15절에서, "내가 고난을 받기 전에 너희와 함께 이 유월절 먹기를 원하고 원하였노라."라고 말했다. 그러므로 당신은 차라리 내 시간은 짧고, 내 죽음은 가까이에 있으며, 내가 하나님의 임재 안으로 들어가기 전에 하나님의 지식과 교제 안에서 사는 것이 나에게 중요하다고 말하는 것이 좋을 것이다. 특히 전도서 9장 12절처럼 사람은 자기의 시기를 알지 못한다. 수천 명의 사람들이 그들의 시기를 알았더라면 자기들의 준비를 더 잘했을 것이다. "너희도 아는 바니 만일 집 주인이 도둑이 어느 시각에 올 줄을 알았더라면 깨어 있어 그 집을 뚫지 못하게 하였으리라 이러므로 너희도 준비하고 있으라 생각하지 않은 때에 인자가 오리라."[32] "주의하라 깨어 있으라 그 때가 언제 인지 알지 못함이라."[33]

방향 제시-12 '당신이 시간을 헛되이 보내거나 죄짓고 있는 동안에도 누군가가 당신에게 세심한 주의를 기울이고 있다는 것을 결코 잊지 말라.' 그리고 그동안 해와 달과 모든 피조물이 얼마나 당신에게 주의를 기울이고 있는지 잊지 말라. 그러나 당신이 아직 하나님을 모욕하고 기분을 상하게 하는 동안 하나님이 가만히 계셔야 하는가? 당신의 카드, 주사위, 교만 그리고 세속적이고 불필요한 염려가 당신을 거부하고, 하나님 섬기는 일을 포기하게 할 때까지 그가 당신을 기다려야 하는가? 마귀와 세상과 육체가 당신과 함께 하는 일을 마치고, 그들이 떠날 때까지 그분이 기다려야 하는가? 그가 당신에게 이것에 대한 대가를 치르게 한다면 당신은 이상하게 여길까? 만약 그가 외면하고, 당신이 원하는 만큼 허영심과 나태함으로 시간을 낭비하도록 내버려둔다면 당신은 이상하게 여길까? 하나님과 그의 모든 피조물들은 부주의한 죄인이 육체적인 쾌락에 빠져 있는 동안 기다려야 하는가? 사람이 자신의 삶과 시간에 합당한 일을 하지 않고 있는 동안, 그에게 생명과 시간이 계속되어야 하나? "그들은 전에 노아의 때 방주를 준비할 동안 하나님이 오래 참고 기다리시던 날에 복종하지 아니하

---

31) 마 26:18
32) 마 24:43, 44
33) 막 13:33

던 자들이다."34) 그러나 그들은 이 관용을 멸시한 것으로 얼마나 값비싼 대가를 치렀는가?

방향 제시-13 '하나님께서 주신 당신의 생명과 시간의 목적을 냉정하게 생각해 보라.' 하나님은 인간과 같은 피조물을 헛되이 만드신 것이 아니고, 그가 한 시간도 헛되이 준 적이 없다. 짐승과 식물의 생명과 시간은 당신에게 봉사하기 위해 주어졌다. 그러면 당신의 시간은 무엇을 위한 것일까? 당신의 양심에 당신의 시간이 헛되이 주어졌다고 생각하는가? 당신이 빈둥거리거나 게으르거나 도박을 하고 있을 때, 당신은 당신의 양심에 창조와 구속과 시간 보존의 목적에 대해 현명하고 정직하게 응답하고 있다고 생각하는가? 당신은 하나님께서 당신에게 필요한 것보다 더 많이 주실 정도로 현명하지 못하거나 당신과 당신의 시간들을 간과하고 있다고 생각하는가? 재단사가 당신의 의복에 적합하고 필요한 그 이상으로 많은 천을 자른다면 당신은 당신의 재단사를 비난할 것이다. 구두장이가 당신의 신발을 너무 크게 만든다면 당신은 그를 탓할 것이다. 하나님께서 시간이 너무 풍부하거나, 섭리하시는 일에 너무 미숙하여 당신의 일에 필요한 시간보다 더 많이 베푼다고 생각하는가? 모든 것을 심판하시기 위해 당신을 부르실 하나님은 확실히 당신에게 헛된 것을 주지 않으셨다. 당신이 아무 관련이 없고 필요가 없는 시간을 찾을 수 있다면, 그 시간을 당신의 오락 시간으로 삼아라. 만일 당신이 당신의 필요, 당신의 위험, 당신의 희망과 당신의 일을 안다면, 당신이 여유로운 시간을 갖는 것은 꿈도 꾸지 못할 것이다. 나로서는, 당신이 여유로운 시간이 있다면, 당신의 경우는 나와 크게 다르다고 말하지 않을 수 없다. 나의 일이 얼마나 더디게 진행되는지, 나의 시간이 얼마나 신속히 지나가는지를 보는 것은 나의 매일의 고민이자 부담이다. 신속히 해치우고 싶지만 미완성으로 남겨두는 것이 얼마나 많은지! 반드시 끝내야 하는 사업이 얼마나 크고 중요한가, 그럼에도 그것을 해야 할 인생은 얼마나 짧은가! 하루가 10일 정도로 길다면, 비록 나의 현재 의무의 수행에 필요한 것은 아니지만(하나님은 불가능한 것을 요구하지 않으시므로) 내가 하고 싶은 일을 하기에 너무 긴 것이 아니라고 생각한다. 시간을 축복으로 만드는 것은 일이고 시간은 일을 위한 것이다. 교회의 선과 내 영혼이 요구하는 내 일이 이루어졌다고, 나의 시대에

---

34) 벧전 3:20

끝난 것을 기뻐하며, **시므온**처럼 "주여 이제는 당신의 종을 평안히 놓아주옵소서."35)라고 말할 수 있을까? 그때, 하나님은 결코 헛되이 낭비할 수 있는 단 1분도 주신 적이 없다는 것을 기억하라. 그러나 당신의 편안함과 휴식과 레크리에이션은 당신의 일에 적합해야 하며 일을 돕고 방해하지 않아야 한다. 그는 우리를 구원하시고 보존하시어 우리가 "종신토록 주의 앞에서 성결과 의로 두려움이 없이 섬기게 할 것이라고 하셨다."36)

방향 제시-14 '이 짧고 불확실한 인생의 시간은 당신이 영원히 소유할 끝없는 삶의 준비하기 위해 당신에게 주어진 전부라는 것을 기억하라.' 이 시간을 다 쓰고 나면, 좋든 나쁘든 더는 가질 수 없다. 하나님은 이 시간을 버리고 잘못 사용한 사람들을 위해 이 땅에서 또 다른 삶을 살아 보도록 시험하지 않을 것이다. 이 땅에서 잘못된 삶을 고치기 위해 죽은 후에 다시 이 땅에 돌아올 수도 없다. 당신이 해야 할 좋은 일은 지금 해야 한다. 당신이 받아야 할 은혜는 지금 받아야 한다. 당신이 항상 영원을 위해 준비할 것은 지금 바로 해야 한다! "보라 지금은 은혜를 받을 만한 때요 보라 지금은 구원의 날이로다."37) "그러므로 성령이 이르신 바와 같이 오늘 너희가 그의 음성을 듣거든 오늘이라 일컫는 동안에 매일 피차 권면하여 너희 중에 누구든지 죄의 유혹으로 완고하게 되지 않도록 하라." 여기에서 살 수 있는 삶은 한 번뿐인데, 그 삶을 잃을 것인가 또는 그 일부를 잃을 것인가? 당신의 시간은 이미 지나가고 있으며, 모래시계는 측정이 시작되었다. "천사가 하늘을 향해 손을 들고 세세토록 살아 계신 이를 가리켜 맹세하여 이르되 지체하지 아니하리라."38) 한다. 그러므로 "네 손이 일을 얻는 대로 힘을 다하여 할지어다 네가 장차 들어갈 스올에는 일도 없고 계획도 없고 지식도 없고 지혜도 없음이니라."39) 그렇다면, 결국은 "시간이 짧고 이것들의 외형은 지나간다."40) 세상 물건을 쓴다면 다 쓰면 안 되는 자같이 사용하고, 당신의 영원한 행복을 위하여 이 시간을 아끼라.

---

35) 눅 2:25-29
36) 눅 1:74, 75
37) 고후 6:2
38) 계 10:5, 6
39) 전 9:10
40) 고전 7:31

방향 제시-15 '죄와 사탄은 시간을 잃지 않을 것임을 여전히 기억하라. 그러므로 당신의 시간을 하나도 잃지 않아야 한다.' "너희 대적 마귀가 우는 사자 같이 두루 다니며 삼킬 자를 찾는다." "그러므로 마귀를 대적하기 위하여 '근신하고 깨어라.'"[41] 그가 바쁘다면, 당신이 게으를 때이며, 그가 당신을 잡기 위해 그물을 치고 덫을 놓는 일을 한다면, 당신이 도박을 하며 마귀에 신경 쓰지 않을 때이다. 당신의 문제가 무엇인지 예측하는 것은 쉬운 일이다. 당신의 적들이 싸우자 하는데, 당신이 가만히 앉아 있거나 잠을 잔다면 누가 승리할지 예측하는 것은 쉽다. 부패의 잡초는 계속 자라고 있다. 죄는 끊임없는 샘물 같이 여전히 흐르고 있다. 세상은 여전히 매력적이다. 육체는 여전히 금지된 즐거움을 추구하고 있다. 이 적들 중 어느 누구도 당신이 가만히 앉아 있는 한 당신과 휴전하거나 중단하지 않을 것이다. 당신이 게으르거나 육체를 만족시키는 동안 적들이 당신에게 주의를 기울이지 않는 것조차 그들의 노력과 성공의 열매요 증거이다. 그렇다면 시간을 낭비하지 말고 적을 설득할 수 있을 때까지 일을 중단하지 말라.

방향 제시-16 '당신의 삶을 지나치게 사랑하면서도 시간을 버리는 것이 얼마나 무의미한 모순인지 생각하라.' 당신의 시간은 당신의 삶의 기간이 아니면 무엇인가? 당신은 죽음을 싫어하고, 당신의 시간이 끝나는 것을 싫어한다. 그러나 당신은 마치 당신이 그것에 싫증이 났거나 그것을 없애 버리고 싶어 하는 것처럼 그것을 방탕하게 버릴 수 있다. 당신이 잃어버리기 싫어하는 것이 최종시간뿐인가? 중간부분의 시간은 아끼고 활용해야 하는 고귀한 시간이 아닌가? 아니면 당신이 원하는 것이 시간을 갖는 것뿐이고 그것을 사용하지 않는 것인가? 어떤 수단도 목적의 성취를 촉진하지 않는다면 좋은 것이 아니다. 그것이 당신에게 도움이 되지 않는다면 당신에게 좋은 것이 아니다. 음식이나 의복은 아무 쓸모없이 가지고 있는 것은 그것을 가지고 있지 않은 것만큼이나 나쁘다. 어떤 사람이 지갑을 빼앗길까 두려워 떨면서, 자기 돈을 스스로 꺼내 내던지거나 지푸라기나 깃털을 위해 주는 것을 본다면 당신은 그 사람의 지혜를 어떻게 생각할 것인가? 당신도 이와 같고 더 나쁜 짓을 하지 않느냐, 즉 죽음

---

41) 벧전 5:8

이 당신의 시간을 끝내지 않을까 두려워하면서도 당신 스스로 시간을 게으르게 보내고 얕보아 마음대로 다루며 세상의 허섭쓰레기를 위해 사용하지 않는가? 그러나, 나는 당신이 어떤 상태인지 안다. 당신이 생명을 소중히 여기고 죽음을 극도로 싫어하는 것은 육체적인 현재의 즐거움과 삶 자체의 달콤함 때문이며 더 높은 목적을 위한 것이 아니다. 이것은 미개한 것이며 자신의 사람다움을 버리고 단순히 자기의 삶을 비방하고 그것들을 우상화하는 것이다. 그런 미친 모순은 죄를 일으킨다. 당신은 당신의 삶을 당신의 궁극적인 목적으로 삼고, 삶 자체나 삶의 쾌락만을 위해 살기를 원한다. 그래서 당신은 당신의 합당한 목적으로 삼아야 할 하나님과 천국 대신에 그것을 당신의 삶으로 삼고 있다. 그러나 당신이 삶을 더 높은 목적에 두지 않고 현재의 쾌락을 위해 사용하면서, 마치 사람이 개나 다른 짐승과 다른 것처럼, 현재 쾌락의 정도가 빈약한 것처럼 당신은 자신과 그것을 나쁘게 말한다.

방향 제시-17 '시간을 잃으면 그때의 모든 자비도 잃는다는 것을 기억하라.' 시간은 크고 귀중한 자비로 가득 차 있기 때문이다. 보석이 들어 있는 캐비닛이다. 당신이 지갑을 버리면 그 안에 있는 돈도 버리는 것이다. 오, 당신이 버린 그 귀중한 시간 대신 무엇을 얻을 수 있을까? 돈보다 얼마나 더 좋은 보물을 얻을 수 있을까? 당신이 즐기는 모든 게임과 스포츠보다 얼마나 더 달콤한 즐거움을 얻을 수 있을까! 당신은 영생을 위해 하나님께 간청할 수 있을지 모른다. 당신은 은혜를 사용하고 더 증가시킬지도 모른다. 당신은 믿음으로 당신이 영원히 거할 축복받은 장소와 동료를 바라고 있을지도 모른다. 이 모든 것, 그리고 더 많은 것을, 당신이 시간을 잃고 있는 동안에 잃는다. 당신은 맹렬한 저주를 쾌락을 통해 선택하고 있다. "너희 수고가 헛될지라."[42] 왜 당신은 당신의 금이나 건강을 버리고 있으면서 즐거워하는가? 내가 말하는데, 아주 적은 시간도 많은 금이나 은의 가치가 있다. 당신은 더 귀한 상품을 버리고 있다.

방향 제시-18 '그리스도와 그의 사도들과 모든 시대의 가장 거룩한 종들이 어떻게 시간을

---

42) 레 26:20

보냈는지 진지하게 생각해 보라.' 그들은 기도와 전도와 성회와 선을 행하는 일에 그리고 이것들에 복종하는 외적인 부름에 시간을 사용했으나, 카드나 주사위나 춤이나 연극이나 육체가 하고 싶은 대로 하는 데에 사용하지 않았고, 세상의 이익과 명예를 추구하지도 않았다. 나는 그리스도께서 "밤이 새도록 기도하셨다."[43]라는 것을 읽었지만, 어디에서도 그가 한 시간을 놀면서 시간을 낭비했다는 것은 읽지 못했다. 나는 당신이 그들의 거룩함에 도달하지 못할 것이라고 말할 것이라는 것을 안다. 완전하기를 바라지 않는 사람은 성실하지 않다는 것을 기억하길 바란다. 은혜받지 못한 사람은 구원받기를 바라는 것이 아니라 사랑하는 죄를 고의적으로 유지하며 고의적으로 의무를 거부하고 마땅히 수행해야 할 의무를 이행하지 않는 사람이다. 그리스도와 그의 사도들과 종들보다 당신은 거룩함이 더 필요하다. 가난한 사람들은 부자들보다 더 일을 구하고 가진 것을 더 절약하는 것이 필요하다. 그러므로 그리스도와 그의 가장 거룩한 종들이 그들의 시간을 아끼고 거룩함과 순종의 일에 사용했다면 당신은 그들보다 그렇게 할 필요가 더 크지 않을까? 당신은 그리스도와 그의 사도들보다 더 기도하고 하나님의 말씀을 더 배우며 죽음을 준비할 필요가 있지 않을까? 당신은 많은 시간을 잃었기에 뒤쳐져 있지 않은가? 당신의 욕구가 당신을 가르치도록 하라.

방향 제시-19 '당신이 사용할 시간이 너무 적다고 생각할 때가 올지도 모른다는 것을 잊지 말고 부지런히 시간을 절약하라.' 만일 수비대가 그들의 식량을 다 써 버릴 정도로 오랫동안 포위될 것을 예상한다면, 기근으로 멸망하지 않도록 그에 따른 식량을 준비할 것이다. 유혹이 더 강해질 수 있기에 지금, 유혹에 극복할 수 있는 힘을 키우고, 깨어 있다면, 악한 날에 굴복하지 않을 것이다.[44] 지금, 게으르며 시간을 낭비하며 지식과 은혜의 능력을 키우지 아니하는 자들은 시험에 빠진다. 곧, 의를 위하여 고난을 받는 때에는 당신이 포위당하는 것 같겠고, 가난과 불의와 도발과 질병과 죽음의 얼굴이 당신을 공격할 때에는 당신의 모든 믿음과 희망과 사랑과 위안이 너무 작다는 것을 알게 될 것이다. 그때, 당신은 더 나은 준비를 하고

---

43) 눅 6:12
44) 엡 6:13

"장래를 위하여 좋은 터나 보물을 쌓아 두었어야 했는데."⁴⁵⁾ 하고 스스로 깨달을 것이다.

방향 제시-20 '마지막으로, 시간과 희망이 영원히 사라진 저주받은 사람들이 시간에 대해 어떤 가치를 매기는지, 그리고 영혼을 그 비참한 상태에 빠뜨린다면 당신은 시간에 대해 어떤 가치를 매길 것인지 잊지 말라.' 당신이 지금 누리고 있는 자비의 약속에 따라, 단 하루의 시간을 그 비참한 피조물에게 준다면 (만약 그들이 그것을 가졌다면) 그들이 무엇을 할까? 하나님께서 그들에게 그리스도와 은혜를 베푸시는 동안 그들이 잠을 청할까? 아니면 게임과 오락을 즐길까? 그들이 시간과 자비에 대해 지상의 죄인들보다 더 높은 가치를 매기지 않는다고 생각하는가? 그들이 얼마나 광적으로 그들의 삶을 소비하고 구원을 준비하기 위해 그들에게 주어진 유일한 시간을 낭비했는지 생각한다면 그들의 마음이 영원히 찢어지지 않을까? 지옥에 있는 사람들은 지금 지상에서 게으르거나 시간을 허비하고 있는 사람들을 현명하다고 생각할까? 아니! 그들의 감정과 경험은 시간 낭비자들이 자기들의 어리석은 방탕에 대해 주장하는 모든 것을 충분히 반증할 것이다. 나는 당신이 저주받은 상태에서는 하나님의 말씀을 즉시 믿을 수 있다고 생각하지 않으며, 당신의 게으르고 헛된 시간 낭비가 당신의 양심을 싱가시게 하시도 않을 것이며, 결국 죄가 지옥까지 이르게 한다 해도 자신에 대해 분노하지도 않을 것이라고 믿는다! 오, 그때 당신은 당신의 시간을 들여야 할 더 많은 큰 문제가 있었고, 시간은 더 높은 평가와 활용할 가치가 있었다는 것을 알게 될 것이다. 오! 그러한 유죄 판결을 받지 않도록 주님께 간구하고, 시간이 가기 전에 시간을 소중히 여길 마음을 달라고 간구하고, 시간의 부족을 알기 전에 그것의 가치를 알기를 간구하라.

---

45) 딤전 6:19

제2과 기회를 아끼기 위한 사색적인 방향 제시

기회나 계절은 시간의 꽃이다. 모든 시간은 소중하다. 그러나 계절이 가장 소중하다. 현재는 현재의 필연적인 일을 하는 시절이다. 그 밖에 그들은 모든 특별한 계절이 있으므로 놓쳐서는 안 된다.

방향 제시-1 '행복한 사람인 성도와 불행한 사람인 세상 사람과의 큰 차이는 한 사람은 제때에 깨닫고 다른 한 사람은 너무 늦게 깨닫는다는 것을 잊지 말라.' 경건한 자는 지식이 선을 행할 때를 알고, 악인은 지식이 그들을 괴롭힐 때를 안다. 지금 당신이 보는 사람들은 경건한 자들과 심히 반대되는 판단을 하고 있지만 머지않아 그들에게 아무 유익이 되지 않을 때, 같은 의견을 갖게 될 것이다. 그들의 차이와 모순을 참아라. 왜냐하면 그것은 아주 잠시일 것이기 때문이다. 지금은 경건함의 맹렬한 적이 아닌 사람은 없지만 머지않아 경건함이 최고였다고 고백할 것이다. 그들은 지금 그것을 지루하고 환상적인 위선이라고 멸시하는가? 그들은 경건함이 산만한 마음을 치료하고 종교와 올바른 이성이 명령하는 하나님에 대한 필요한 의무라는 것을 곧 알게 될 것이다. 그들은 이제 죄에 대해 말하기를, 죄가 무슨 해가 있느냐고 말하는가? 그들은 그것이 영혼의 독이며 어떤 불행이나 죽음보다 더 나쁘다는 것을 곧 알게 될 것이다. 그들은 죄에 대한 그러한 생각 때문에 비난을 받는 사람보다 그리스도의 가치, 우리 영혼을 위한 가능한 모든 근면의 필요성, 시간의 소중함, 경건한 자의 지혜, 하늘의 탁월함, 그리고 하나님의 말씀과 거룩한 모든 수단의 가치를 더 높이 생각할 것이다. 하지만 그들이 이것 때문에 더 나은 것이 무엇일까? 선과 악을 아는 일에 **아담**에 지나지 않는다. 사람이 죽었을 때에 그가 어떤 병으로 죽었는지 아는 유익에 불과하다. 독이 무엇인지 아는 유익은, 그것을 먹었을 때 더 이상 치료할 수 없다는 것을 아는 것에 불과하다. 도둑은 교수대에서 깨닫게 될 것이고 돈을 헤프게 쓰는 탕자는 모든 것이 사라졌을 때 깨닫게 될 것이다. 그러나 안전하고 행복한 사람은 제때에 깨닫는다. 경건한 사람은 천국을 잃어버리기 전에 그 가치를 안다. 저주를 경험하기 전에 그것의 비참함을 안다. 구세주가 그들에게 기꺼이 구주가 되기를 원하는 동안에 구주의 필요성을 안다. 죄가 그들을 멸망시키기 전에 죄의 악성을 안다. 시간이 사라지기 전에 그것의 소중함을 안다. 자비를 받을 수 있을 동안 자비의 가치를 안다. 기도가 유효할 때 기도의 필요성을 안다. 그들은 문이 닫힐 때까지 잠들지 않는다. 그러나 어리석은 사람은 문이 닫힌 그때에 노크하며 주님 우리에게 문을 열어 주소서라고 울부짖는다.[46] 그들은 마귀도 믿고 떠는 곳에 오기 전에는 믿지 않는 비참한 세상 사람과 같지 않다. 고통이 그들에게 회개하라고 강요할 때까지 회개하지 않는 사람과 같지 않다. 어리석은 자들의 값비싼 경험을 피하고 싶으면, 제때에 깨달아라. '너무 늦었다! 너무 늦었다!'고 하는 슬픈 소리와 함께 당신의 모든 외침, 신음, 무익한 소원에 동의하려고 양심을 버리지 말라. 너무 늦었을 때 악한 사람들이 감정과 경험으로 알게 될 것을 지금 유효한 믿음으로 알아라. 그러면 당신은 멸망하지 않을 것이다. 게다가, 거룩함의 원수들이 너무 늦었을 때 살기를 바라는 것처럼 지금 살면 행복할 것이다. 이제 하나님을 찾을 수 있다. "너희는 여호와를 만날 만한 때에 찾으라 가까이 계실 때에 부르라 악인은 그 길을, 불의한 자는 그의 생각을 버리고 여호와께로 돌아오라 그리하면 그가 긍휼히 여기시리라 우리 하나님께로 돌아오라 그가 너그럽게 용서하시리라."[47] 예루살렘에 대한 그리스도의 슬픈 탄식, 누가복음 19장 41절, 42절을 읽고, 자비와 구원의 시기를 소홀히 하는 것이 무엇인지 생각하라. "성을 보시고 우시며 이르시되 오늘 너도 평화에 관한 일을 알았더라면 좋을 뻔하였거니와 지금은 그것들이 네 눈에 숨겨졌도다!"

방향 제시-2 '계절을 소홀히 하는 것은 일을 좌절 시키고 파괴한다는 것을 기억하라. 계절이 끝나면 일을 수행할 수 없다.' 심을 때에 심지 아니하면 후에는 헛될 것이다. 추수 때에 거두지 아니하면 열매를 거두기에 너무 늦은 겨울이 될 것이다. 썰물 때까지 머물러 있거나, 원하는 바람의 방향을 놓치면, 항해를 시도하는 것이 헛될 수 있다. 모든 일을 항상 할 수는 없다. 그리스도께서 친히 말하시기를 "낮에 일을 하여야 하리라 밤이 오니 그때는 아무도 일할 수 없느니라."[48] 다음 날에 일할 것이라고 말하지 말라. 다음 날은 다른 일을 하기 위한 날이다. 당신은 둘 다 해야 한다.

---

46) 마 25:1-13
47) 사 55:6, 7
48) 요 9:4

방향 제시-3 '일이 불가능하지는 않지만 때가 지나면 어려울 것이라도 제때에 하면 쉽게 할 수 있다는 것을 생각하라.' 당신은 얼마나 쉽게 조수와 함께 헤엄칠 수 있고, 바람을 맞으며 쉽게 항해할 수 있는가! 철은 달구어졌을 때 쉽게 망치질할 수 있다! 제때 치료하면 나중에 고칠 수 없는 질병도 얼마나 쉽게 치료될 수 있는가! 쉽게 구부리고 뽑을 수 있는 연한 가지도, 자라서 나무가 되면 굽히거나 뽑을 수 없다! 당신이 종교의 어려움에 대해 불평할 때, 가장 적합한 시기를 놓치고 있거나, 하나님과 더 빨리 알게 되는 것이 원인이 아닌지 생각해 보라!

방향 제시-4 '당신이 할 수 있다면, 때가 지난 일은 그렇게 좋거나 호의로 받아들여지지 않는다는 것을 고려하라.' "모든 것은 때를 따라 아름답다."[49] 곤고한 자에게 때에 맞는 말"[50]을 하는 것은 신실한 평화의 전령사의 기술이다. 제때가 지나면 좋은 것이 독으로 바뀔 수 있다. 죽은 자들에게 약이나 음식이나 의복을 주거나 아니면 너무 늦게 가난한 사람을 동정할 때 누가 감사하겠는가? 제때라야 이 모든 것은 받아들여질 수 있다.

방향 제시-5 '때를 놓치면 시간과 수단과 은혜 모두는 불확실한 상태에 놓이게 된다는 것을 기억하라.' 이 때를 잃으면 당신이 아는 모든 것을 잃게 된다. 아니면 시간이 있다 해도 불모지로 저주를 받아 더 이상 자라지 않을 수도 있다. 당신이 설교자를 빼앗길 수도 있고 당신이 은혜로운 친구를 빼앗길 수도 있다. 도움과 수단은 방해와 반대와 강한 유혹으로 바뀔 수 있다. 그때 시절을 소홀히 하는 것이 무엇인지 알게 될 것이다! 또는 당신이 모든 도움과 수단을 계속 가지고 있다 해도, 하나님께서 당신에게 은혜를 베풀고 그것들에 축복하고 당신의 마음을 감동시키는지 어떻게 알 수 있나? 당신이 지금 그에게 저항하면 그의 영이 더 이상 당신과 함께 분투하지 않을 것이라고 결정할지 모른다. 오늘 부름을 받았음에도 불구하고 당신이 마음을 강퍅케 한다면, 그가 당신을 바로(Pharaoh)의 완악함에 내버려 두고, 당신에게 자신의 이름을 알리고, 당신의 태만과 고집으로 멸망을 위해 준비한 진노의 그릇으로 당신을 사용기로 결심할지도 모른다.

---

49) 전 3:11
50) 사 50:4

방향 제시-6 '모든 피조물이 하나님께서 당신을 위해 정하신 봉사에서 어떻게 적절한 계절을 지키는지 생각해 보라.' 해는 제때에 뜨고 지며 하루와 일년을 지키며 1분도 빠짐이 없다. 천체의 움직임도 마찬가지다. 당신은 밤과 낮, 씨를 뿌릴 때와 수확할 때, 여름과 겨울, 봄과 가을, 그리고 모든 것이 정확하게 제철을 인식한다. "공중의 학은 그 정한 시기를 알고 산비둘기와 제비와 두루미는 그들이 올 때를 지키거늘 내 백성은 여호와의 규례를 알지 못하도다."[51] 사람만이 자신의 계절을 소홀할 수 있을까?

방향 제시-7 '당신이 세상 일의 때를 어떻게 알고 지키는지 생각해 보라. 그러면 더 큰 일에 더욱 그렇게 해야 하지 않을까?' 거두어야 할 때에 쟁기질을 하지 않을 것이다. 또는 여름의 일을 겨울에 하지 않을 것이다. 당신은 하루 종일 침대에 누워있지 않고 밤에 당신의 일을 하지 않을 것이다. 당신은 세상에서 당신의 이익이나 안전을 위해 시절에 능숙하도록 탐구적이 될 것이다. 더 나은 세상을 위해 더욱 그렇게 해야 하지 않을까? "오, 위선자들아! 너희가 날씨는 분별할 줄 알면서 시대의 표적은 분별할 수 없느냐?"[52] 당신이 추수 때에 땅의 열매를 구함같이 하나님도 때를 따라 당신에게서 열매를 기대하신다.[53] '경건한 자'는 "시냇가에 심은 나무가 철을 따라 열매를 맺는 것 같다."[54] 세상 사람들이 그 시기를 아는데 우리도 알아야 하지 않을까?

방향 제시-8 '악인이 악을 행할 때를 알고 얼마나 붙잡기 위해 경계하는지 생각해 보라.' 그렇다면 우리가 선을 행하는 일에 얼마나 더욱 그래야 할까? 유혹하는 자는 속일 기회를 잡을 것이다. 도둑과 간음하는 자는 은밀하고 어두운 시기를 잡을 것이다. 야심차고 탐욕스러운 사람들은 이익과 승진을 위한 때를 잡을 것이다. 악의적인 사람들은 복수의 때를 지켜볼 것이다. 그렇다면 우리는 그들보다 더 많은 필요와 용기가 있어야 하지 않을까? 그들은 자기

---

51) 렘 8:7
52) 마 16:3
53) 막 12:2
54) 시 1:3

집을 탐욕과 압제로 지으며 그로 인하여 크게 성장하지 않느냐? 그렇다면 당신도 하나님을 공경하며 영원한 생명을 준비해야 할 때가 아닌가? 그들은 "악을 행하지 못하면 잠을 자지 못하는데"[55] 당신의 시절이 지나고 있고 일을 남겨둔 채로 평안히 잠을 잘 수 있는가?

방향 제시-9 '마귀는 당신을 멸망시키려는 유혹의 때를 지켜보고 있다는 것을 기억하라.' 그는 시간을 들임으로써 많은 것에 우위를 점한다. 당신의 안전과 번영에 대해 유혹하기에 가장 적합한 때는 당신이 무장해제되어 하나님을 잊어버렸을 때이다. 같은 유혹이라도 제때가 아니면 유인하는 데 성공하지 못할 수 있다. 당신의 적이 당신을 이기게 할 것인가?

방향 제시-10 '당신의 궁핍과 고통 속에서 하나님께 얼마나 간절한지 생각해 보라. 당신을 구원하고 돕는 것뿐 아니라 그 일을 때맞춰 신속하게 행하기 위함이다.' 당신은 시절이 그냥 지나가게 두는 것보다 차라리 그로 하여금 시절을 지키게 하는 것이 낫다. 당신은 구원이 올 때까지 참을성이 없고, 무르익을 때까지 시간을 기다리지 못한다. 당신이 고통과 질병에 걸렸을 때 당신은 속히 구출되기를 바랄 것이다. 당신은 "주여 얼마나 오랫동안 기다려요?"라고 외칠 준비가 되어 있다. 다윗과 같이 "지금은 그에게 은혜를 베푸실 때라 정한 기간이 다가옴이니이다."[56] "나의 하나님이여, 지체하지 마소서."[57] 하나님께서 내년에 내가 너의 고통을 덜어주겠다고 말씀하신다고 해도 그것이 당신을 만족시키지 못할 것이다. 그렇다면 왜 의무의 시간을 소홀히 하고 하나님과 함께하는 일을 그렇게 미루는가? 그분은 때를 따라 당신에게 자비를 베푸신다. 그렇다면 "낙심하지 말지니 포기하지 아니하면 때가 이르매 거두리라."[58]는 약속의 말씀이 있음에도 어찌하여 때를 따라 하나님에 대한 사랑과 섬김을 포기하는가?

---

55) 잠 4:16
56) 시 102:13
57) 시 40:17
58) 갈 6:9

제3과   시간을 절약하기 위한 실용적인 방향 제시

방향 제시-1   '시간을 아끼는 기술의 첫 번째 요점은, 가장 주의 깊고 부지런하게, 반드시 해야 하는 절대적이고 필요한 가장 큰 작업을 먼저 실행하는 것이다. 그렇지 않으면 항상 절약하지 못할 것이다.' 먼저 철저한 회심이나 성화의 위대한 일이 당신 안에서 확실히 이루어지고 있는지 관찰하라. 그리스도를 통한 구원에 관심이 있는지 확인하라. 양자 됨과 하나님과의 평화, 영생의 권리에 대한 증거를 얻으라. 하나님의 말씀과 거듭남, 하늘의 마음과 삶으로부터 당신의 영혼이 의롭다 함을 받고 안전하다는 것을 양심에 사실이라고 증명할 수 있어야 하고, 금후 당신을 부르기 위해 보내질 때마다 죽음을 편안히 받아들일 수 있어야 한다. 그렇다면 당신이 당신만의 일을 많이 해오고 있었다 해도, 당신의 영혼이나 행복의 상실을 경험할 정도로 시간을 낭비하지 않을 것이다. 비록 당신 자신과 다른 사람들을 위해 아직 할 일이 훨씬 더 많지만, 확실하게 여기까지 이르렀다면 당신은 중요한 핵심을 확보한 것이다. 만일 당신이 그리스도의 영에 의해 거듭나야 할 때와 당신의 보물을 하늘에 쌓아 둘 때를 놓친다면, 당신은 영원히 길을 잃는 것이다. 그러므로 먼저 이것을 살펴보아야 한다. 반면에 당신이 부자가 되거나 승진할 시간만 잃는다면 당신의 손실은 견딜 수 있다. 당신은 그중 최악을 분별하라. 당신의 그것의 끝을 볼 수 있다. 참으로, 당신이 더 거룩해지고, 다른 사람들의 교화에 관한 시간을 잃으면 그 손실은 슬프지만, 당신이 천국을 놓치는 것은 아니다. 그러므로 **솔로몬**이 농부에게 지시한 바와 같이 "네 일을 밖에서 다스리며 너를 위하여 밭에서 준비하고 그 후에 집을 세울지니라."[59] 따라서 먼저 필요한 작업이 완료되었는지 확인하도록 조언한다. 그것이 이루어지고 잘되었다면, 당신은 나머지 일에 대해 조용하고 즐겁게 갈 수 있다. "먼저 하나님의 나라와 그의 의를 구하라." 오, 이것이 이루어지면 얼마나 많은 일이 이뤄진 것인가!

방향 제시-2   '두 가지 의무 중 어느 것이 더 크고 어느 것이 더 적은지를 잘 이해하라, 그러

---
59) 잠 24:27

면 두 가지가 의무가 동시에 당신의 시간을 필요로 하는 것처럼 보일 때, 둘 중 어느 것을 선호해야 하는지 알 수 있을 것이다.' 단순하고 그 자체로 무엇이 가장 큰 것인지 아는 것뿐 아니라, 어느 것이 당신에게 가장 큰 것인지, 그리고 그 시절에, 그리고 모든 상황에서 고려되는 것을 아는 것이다. 시간을 아끼는 기술의 상당 부분은 이것을 현명하게 분별하고 수행하는 데 있다. 가장 큰 의무를 우선시해야 한다. 그는 1파운드를 얻을 수 있을 때 1페니를 얻고, 자기의 왕을 만나러 가야 할 때 이웃을 만나러 가며, 자기 집에 난 불을 꺼야 할 때 정원의 잡초를 뽑는 사람은 그 자체로는 좋은 일을 하는 것 같지만 시간을 잃고 있는 것이다. 영혼보다 몸을 더 좋아하고, 하나님보다 사람을 좋아하며, 필요한 물건보다 사소한 것을 좋아하고, 공공보다 개인적 의무를 좋아하고, 많이 교화되기보다 덜 교화되기를 좋아하고, 필요한 자비를 베푸는 것보다 신에게 무엇이든 바치는 것을 선호하는 사람도 시간을 잃는 것이다. 내가 전에 말했던 제3장 방향 제시-10에서 선한 일의 순서를 완전히 읽을 수 있다.

방향 제시-3 '모든 의무의 시절과 각 시절의 의무를 숙지하고, 제 시간에 그것들을 이행하라.' 예를 들면, 한 의무는 다른 의무에 도움이 될 수 있는데, 그것들을 잘못 배치하고 무질서하게 하고 그것들을 서로 대치하게 한다면, 주의를 산만하게 하는 어려움으로 시간을 잃고, 당신을 혼란에 빠뜨릴 것이다. 아침 시간이나 가장 적합한 공백 시간에 기도할 때라야, 다른 일에 방해받지 않고 조용히 기도할 수 있다. 만일 때를 놓치면 그것을 행하기 힘들거나 전혀 이행할 수 없을 만큼 형편이 나빠질 수 있다. 양심과 책망과 읽기와 묵상과 모든 의무에 있어서도 그러하다. 지혜롭고 잘 훈련된 크리스천은 모든 일상적인 의무에 자신의 위치를 알아야 하고, 모든 것이 서로를 연결하는 사슬의 고리 같은 순서로 자신의 문제를 해결해야 한다. 또는 시계나 엔진의 부품처럼 서로 연결되어야 하며, 각각 올바른 곳에 있어야 한다. 모든 공구를 산더미처럼 쌓아 놓거나 제자리에 두지 않는 많은 일꾼들은 하루 중 많은 시간을 공구를 찾는 데에 보낼 것이다. 각 공구의 위치를 아는 사람은 그것을 지체 없이 사용하기에 시간을 낭비하지 않는다. 만약 내 책이 무더기 더미에 흩어져 있다면, 사용하고 싶은 책을 찾는 데에 반나절을 보낼 것이다. 그러나 그것들이 정리되어 있고 내가 그것들의 위치를 알고 있다면 그 시간을 절약할 수 있다. 우리 의무의 적절한 시기도 그렇다.

방향 제시-4 '계속해서 하나님의 통치아래 있는 것처럼 살아라. 양심을 부드럽게 유지하고 직무를 수행하라. 당신이 하는 일에 대해 항상 하나님과 양심에 설명할 준비를 하라.' 하나님의 통치아래 살면 하나님의 일을 계속하게 될 것이고 그의 심판을 기억하게 될 것이며 하나님이 기뻐하시는 일을 할 것이다. 이렇게 하는 것은 쓸데없는 시간 낭비를 막아 줄 것이다. 양심을 부드럽게 유지한다면, 그것은 당신의 죄를 바로 억제하고 책망할 것이다. 당신이 단 1분의 시간을 허비한다 해도 그것은 당신에게 시간의 손실에 대해 알려 줄 것이다. 반면 '화인 맞은 마음'은 '감각 없는' 것이며 당신을 음탕함에 넘겨줄 것이고[60] 시간 낭비를 농담으로 받아들일 것이다. 아니면, 죄나 시간 낭비 중 어느 하나에 대해서도 적절히 말하지 않을 것이다. 직무에 대해 양심을 지킨다면 양심은 당신이 무엇을 하고 있는지 자주 묻고, 당신이 하는 일에 대해 판단을 할 것이다. 그것은 낭비된 시간에 대한 책임과 매일 매시간 어떻게 시간을 보냈는지 물을 것이다. 그리고 세네카가 말하듯이 '매일 밤 자기가 한 일을 열거하기 위해 불려가는 사람이라면 자기가 하는 일과 하루를 어떻게 보내는지에 대해 더 주의를 기울일 것이다.' 이것은 마치 당신이 지금 심판의 날을 향해 가고 있는 것처럼, 예견된 심판의 날이 지속적으로 당신에게 두려움을 갖게 할 것이다. 동시에 양심은 그것과 관련하여 당신을 계속해서 심판하고 있다. 반면에 양심을 침묵시키거나 버린 사람은 선생을 문 밖으로 내쫓는 학생과 같으며, 학습에 보낼 시간을 놀이에 보내려고 계획을 세울 것이다. 그러나 사후의 평가는 모든 것을 계산할 것이다.

[시간의 올바른 사용 규칙]

시간의 올바른 사용에 대한 몇 가지 규칙을 설명할 것인데, 그것은 양심에 대한 더 깊은 방향 제시가 될 것이다. 1. (의도적 도덕적 행위와 같은) 하나님의 어떤 율법에 대한 순종적 행위가 아닌, 진정으로, 직접적이나 간접적으로 시간을 보내지 말라. (도덕적 선택의 대상이 아닌 단순한 자연적 행위에 대해서 말하는 것이 아니다.) 2. 회개해야 한다는 것을 알고 있는

---

60) 엡 4:19; 딤전 4:2

어떤 일에도 시간을 낭비하지 말라. 3. 감히 하나님의 축복을 구할 수 없거나 정당하게 기도할 수 없는 일에 시간을 쓰지 않는다. 4. 깨어 있고 충분하고 정확한 지식에 의해, 죽음의 때에 고치지 못할 일에 조금도 시간을 낭비하지 말라. 5. 심판의 날에 호의적으로 듣지 못할 일에 시간을 낭비하지 말라. 6. 나도 모르게 실수로 죽을 수 있는 상황에서, 안전하거나 편안하게 일을 할 수 없다면 그 일을 위해 시간을 낭비하지 말라. 7. 육체를 즐겁게 하거나 양심을 거스르거나 은밀한 원한을 품거나 의심을 품는 일에 시간을 낭비하지 말라. 8. 어떤 일에 직, 간접적인 목적이 하나님을 기쁘게 하고 그를 영원히 사랑하지 않는 것에는 시간을 낭비하지 말라. 9. 좋은 것보다 더 상처를 주는 경향이 있는 일에 시간을 낭비하지 말라. 그것은 아마도 다른 방법으로 행하는 것이 더 나을 수 있는 약간의 선행을 하는 척하면서 자신이나 다른 사람들에게 큰 상처를 줄 것이다. 10. 마지막으로, 더 큰 일을 해야 함에도 작은 일을 하면서 시간을 낭비하지 말라.

방향 제시-5 '당신의 시간을 아끼는 데에 가장 큰 도움이 되고 방해가 없는 곳을 정하기 위해 최선을 다하라. 세속적 명예, 안락함과 재물을 위해서가 아니라 삶과 시간의 큰 목적에 맞는 거주지, 상황 및 직업이 되도록 많이 애쓰라.' 영혼을 잘 훈련할 수 있는 곳에서 살아라. 경건한 가정, 유익한 친구들, 유능하고 경건한 목사 아래서 1년을 지내는 것은 무지하고, 생명이 없는 마음과 세속적인 사람들과 불모지에서 여러 해를 사는 것보다 하나님의 일반적인 축복을 더 많이 받을 수 있다. 여기서 우리는 **다윗**처럼, "악인이 내 앞에 있을 때에 내가 잠잠하여 선한 말도 하지 아니하니 나의 근심이 더하도다."[61]라고 말해야 한다. 우리가 모든 선을 행해야 할 때 많은 반대를 겪고, 큰 장애와 어려움에 직면하게 된다. 그런 것들은 우리처럼 둔하고 낙후된 사람의 마음을 멈추게 할 것이다. 만약 당신이 상황을 선택하는 경우, 당신의 영혼보다 이익을 선호하고 당신의 사업과 회사에 몰두한다면 당신의 시간은 잘못되고 수익성 없는 경로로 흐르게 될 것이다.

---

61) 시 39:1, 2

방향 제시-6 '장애를 예방하고 작업을 가장 성공적으로 수행하기 위해 최선을 다해 미리 궁리하라.' 만약 당신이 모든 것을 행하는 바로 그 시간에 맡긴다면 당신은 당신 앞에 많은 장애물이 생기거나 신중한 예측으로 예방할 수 있었던 시간을 잃게 될 것이다. 주의 날을 향상시키기 위하여, 모든 일이 거룩한 의무에 자리를 내어 주도록 미리 사업을 질서 있게 하지 않으면, 당신은 많은 소란과 유혹을 만나 당신의 시간과 유익을 많이 잃게 될 것이다. 따라서 가족 의무, 비밀 의무, 묵상, 공부, 소명의 일을 위해서도 마찬가지다. 만약 당신이 만나게 될 방해가 어떤 것인지 예측하지 않고 미리 예방할 수 없다면, 많은 시간을 낭비하고 많은 실망을 겪게 될 것이다.

방향 제시-7 '더 큰 의무를 위해 시간을 아끼고, 큰 손실을 피하기 위해 약간의 불편함과 손실을 참아라. 작은 일들이 당신의 시간을 의미없이 낭비할 때 단호하게 그것을 내버려라.' 마귀는 당신의 시간을 한꺼번에 많은 양으로 버리게 할 수 없기에 교활하게 한 방울씩 훔칠 것이다. 파운드를 방탕하게 낭비하지 않는 사람도 펜스의 사용을 소홀히 함으로써 모든 것을 낭비할 수 있다. 당신은 당신의 귀중한 시간을 조금씩 꺼내어 당신의 품위, 외모, 예의, 좋은 매너, 모욕과 비난을 피하는 데 사용할 것이다. 만일 당신이 그렇게 쉽게 굴복한다면 이 유혹에 의해 거의 모든 시간이 낭비될 것이다. 예를 들어 당신이 그리스도의 사역자라면, 학문과 설교, 그리고 당신의 백성들과 회의하고 그들을 방문하고 그들을 돌보는 데 시간을 보내야 할 것이다. 시간은 짧고 일은 많으며, 시간 부족으로 인해 필요한 연구를 너무 많이 생략하고 궁핍한 많은 영혼들을 지나칠 수밖에 없다면 그것이 당신의 매일의 신음이 되어야 한다. 그러나 당신이 당신을 잘 돌보지 않고 비난과 공격을 참지 않는다면, 당신은 당신이 활용할 남은 시간도 잃을 것이다. 당신 주위의 친구들이 유혹하여 말하기를, '오, 이 친구는 위로하기 위해 습관적으로 방문해야 하고, 다른 친구는 예의 바르게 대해야 해.'라고 할 것이다. 당신은 그 친구들을 너무 빨리 떨쳐 버려서는 안 된다. 그들은 당신의 시간과 동료애를 더 많이 원한다. 당신은 그들에게 많은 의무로 매이게 된다. 그들은 당신이 예의가 없고 활기가 없다고 할 것이다. 그런 학자가 당신과 친해지려고 왔는데, 당신이 그에게 친숙한 대화의 시간을 주지 않는다면, 그는 그것을 나쁘다 여길 것이고 당신을 다른 사람에게 잘못 표현할 것이다. 그 사람은 전에 당신과 함께한 적이 없고 당신의 시간을 사용한 적이 없다. 그 친구가 방문했으면 당신은 그를 다시 방문해야 한다. 가지 않아도 될 여행이 있고 반드시 해야 하는 사업도 있다. 면밀하게 보지 않으면 한 사람의 가족 행사로 자신의 모든 시간을 빼앗길 수 있다. 우리는 이 하인과 이야기하고 저 하인의 이야기도 들어야 하고, 존중해야 할 우리의 관계와 마음에 새길 소소한 많은 것들, 육류, 음료, 옷, 집, 물건, 하인, 일, 상인, 메신저, 마케팅, 지출, 가축, 그리고 고려하지 않아도 될 백 가지 것들이 당신의 시간을 조금씩 소비시킬 것이다. 작은 시간이 모여 당신의 모든 시간이 될 것이다. 한 탐욕스러운 고리대금업자가 명예로운 자리를 얻기 위해 한 달 동안 자기에게 청원하는 모든 사람에게 1페니씩 주기로 제의했다. 그 소식이 도시에 빠르게 퍼져 많은 사람들이 그의 소유를 모두 빼앗아 그는 더 이상 그의 지위를 유지할 아무것도 남아 있지 않게 되어 그는 그의 지위를 포기하게 됐다. 아마 당신은 저명하고 매우 귀한 목사일 수 있다. 이것은 당신에게 많은 아는 사람들을 끌어들이고, 각 사람은 당신의 시간을 조금씩 기대하기에 당신이 공부에 전념할 수 있도록 내버려 두지 않을 것이다. 그런 일로 당신의 양심을 상하게 할 뿐 아니라 당신의 재능의 불은 꺼지고, 당신의 일은 망치고 허술하게 되므로 당신을 찬양하는 자들이 당신을 경시하기 시작한다. 그것은 그들의 끈덕진 간청의 결과이다. 우리가 매년 지출하는 돈에는 이름을 댈 수 없는 작은 일과 음식과 의복과 같이, 미리 계산할 수 없는 부수적인 예기치 못한 일반적인 비용이 많이 있다. 만일 당신이 검소하지 않고 단호하지 않고 잘 살피지 않는다면, 당신의 소중한 시간도 그렇게 될 것이다. 당신에게는 이름을 붙이지도 못할 작은 일들이 넘쳐 날 것이며 모든 사람들이 조금씩 필요로 하고, 하나는 다른 쪽이 끝나야 시작하는데, 시간이 지나고 다시 살펴보아야 찾을 수 있다. 사탄이 너무 교활하여 당신에게 꼭 필요한 일처럼 보이게 끌어들여 당신을 속이는 것이다. 이것이 결혼과 가정일이 교회의 목사에게 매우 불편하기에 그것들을 멀리하는 이유다. 왜냐하면 그것들은 그에게 예측할 수 없는 정신 산만한 일을 많이 가져오기 때문이다. 이 경우에 양심적인 사람은(어떤 소명이든지) 단호해야 한다. 그가 기대하는 자들을 만족시키려고 이성을 가지고 노력하고, 경로를 변경하지 않았음에도 그것이 도움이 되지 않는다면, 비록 그가 그것으로 인해 자신의 지위나 명성을 잃는다 할지라도, 그리고 경솔하고, 무례하고, 무뚝뚝하거나, 친구를 무시한다는 비난을 받을지라도, 그는 그들을 무시하고 버려야 하며 떠나야 한다. 불쾌한 사람이 누구든, 하나님은 기뻐할 것이다. 우리는 모든 사람보다 오직 그분의 승인으로 만족해야 한다. 잃거나 낭비되는 것이 무엇이든 시간을 아껴야 한다. 작은 것이 무엇이든 큰 일은 이루어져야 한다. 작은 것이 큰 것을 방해하지 않고 두 가지 모두 할 수 있고, 필요한 일에서 시간을 빼앗기지 않는 경우에는 모두를 돌보아야 한다.

방향 제시-8 '모든 의무를 수행할 수 있도록 항상 갖추고 잘 준비하도록 노력하라.' 설교에서 시간을 잃지 않으려는 사람은 미리 준비해야 한다. 고독한 상태에서 시간을 잃지 않으려는 사람은 항상 유익한 묵상을 위한 재료를 준비해야 한다. 그리고 친구들과 함께하며 자기 시간을 아끼려는 사람은 항상 유익한 담론을 위한 재료를 준비해야 한다. 다른 사람에게 베풀 준비가 확실히 되어 있는 사람은 물질이나 기술이나 열성이 부족하여 잠잠하게 되는 일로 시간을 잃지 않을 것이다. 당신의 공급은 이 세 가지로 구성되어 있다. 무지하고 공허한 사람은 자신의 생각과 말에 대한 재료가 부족하다. 경솔한 사람은 생각과 말을 사용하는 기술이 부족하다. 부주의하고 차갑고 무관심한 사람은 자신의 능력을 움직이게 하는 삶이 부족하고, 영혼과 육체의 바퀴를 움직이는 기름과 안정감이 부족하다. 아침에 어떤 친구를 만나고 싶은지, 어떤 의무를 수행하고 싶은지 생각해 보라. 나가기 전에 그에 따른 자료와 해결 방법을 채비하라. 으뜸이 되는 습관적인 지식, 자선, 열성의 일반적인 준비 외에 매일의 의무를 위한 특별한 준비도 해야 한다. 강하고 건강하며 도구를 질서정연하게 준비한 일꾼은 하루에 일을 많이 할 것이며, 병든 사람이나 도구가 없거나 도구를 사용하기에 부적합하게 보관하는 일꾼보다 더 많은 일을 할 것이다. "의인의 혀는 지혜로우며 그의 혀는 정의를 말하며 그의 마음에는 하나님의 법이 있으니 그의 걸음의 실족함이 없으리로다."[62] "마음에 가득한 것을 입으로 말함이라. 선한 사람은 그 쌓은 선에서 선한 것을 내고 악한 사람은 그 쌓은 악에서 악한 것을 내느니라."[63] "천국의 제자 된 서기관마다 마치 새것과 옛것을 그 곳간에서 내오는 집주인과 같으니라."

---

62) 시 37:30, 31
63) 마 12:35

방향 제시-9 '스스로 장수를 기대하지 말고, 항상 내일을 알 수 없고 이제 곧 사라질 것이라고 확신하는 사람들처럼 살아라.' 장수에 대한 근거 없는 기대는 우리의 시간 절약에 매우 큰 장애물이다. 돈을 방탕하게 쓰는 사람도 가진 것이 얼마 없다는 것을 알거나 자신이 결핍하다는 것을 알면 아껴서 쓸 것이다. 젊은이들과 건강한 사람들은 시간을 잃을 가장 큰 유혹을 받고 있다. 그들은 자기들 앞에 시간이 충분하다고 생각하는 경향이 있고, 빨리 죽을 수도 있지만 더 오래 살 가능성이 더 크다고 생각하기 쉽고, 죽음의 날을 멀리 두기 때문에 죽음의 얼굴이 그들에게 가져오는 모든 각성이 부족하다. 따라서 그들의 시간을 아끼는 데에 필요한 지혜, 열성, 근면함이 부족하게 된다. 그러므로 다음과 같이 기도하라. "우리에게 우리 날 계수함을 가르치사 지혜로운 마음을 얻게 하소서."[64] 다음 날 아침까지 살 약속이 없음에도, 수년 동안의 휴식과 풍요를 꿈꾸지 말라.[65] 죽음이 임박하고 시간이 거의 끝나가고 있다는 것을 알았을 때, 거의 모든 사람들은 시간을 매우 중요하게 여기고 하나님께서 다시 한 번 살 기회를 준다면 시간을 더 잘 쓰겠다고 약속한다. 그러므로 당신은 죽음이 눈앞에 있고 시간이 거의 끝나가고 있다는 것을 끊임없이 인식하라. 그러면 죽음이 가장 지혜롭게 만드는 것보다 당신을 계속 더 지혜롭게 만들 것이다. 다른 사람들이 너무 늦은 시기에 시간을 아끼는 것처럼 당신의 시간을 아끼게 할 것이다.

방향 제시-10 '당신이 소유하고 행하는 모든 것을 하나님께 거룩히 구별하고, 모든 것 위에 '여호와께 성결'이라고 쓰라.' 먹든 마시든 궁극적으로 그의 영광을 위하여 하라. 당신의 모든 세속적인 관계와 소유물과 직업을 그렇게 거룩하게 하라. 그것들을 하나님에 대한 봉사와 그를 기쁘시게 하는 일과 당신 자신이나 타인의 영원한 선을 위해 계획하고, 때를 따라 거룩한 묵상과 기도를 그것들과 섞으라. 그러므로 우리는 "쉬지 말고 기도하라." "범사에 감사하라."[66]고 권고를 받는다. 그리고 "모든 일에 기도와 간구로 너희 구할 것을 감사함으로

---

64) 시 90:12
65) 눅 12:19, 20
66) 살전 5:17, 18

하나님께 아뢰라."⁶⁷⁾ 그리고 "만물이 말씀과 기도로 거룩하여진다." 우리의 모든 대화, 소유물, 행동을 거룩하게 만드는 이 신성한 연금술은 시간을 아끼는 기술의 훌륭한 부분이다.

방향 제시-11 '마지막으로 사람들의 시간을 훔치는 큰 도둑들과 시간을 잃도록 유혹하는 마귀의 방법에 대해 잘 알고 계속 경계하면서 살라.' 돈보다 시간을 아끼고 절약하는 것이 더 필요한 절약이다. 당신의 집을 부수는 도둑과 고속도로에서 당신을 강탈하는 도둑들보다 당신의 시간을 빼앗는 것들에 대해 계속 경계하는 것이 더 중요하다. 당신을 유혹하여 시간을 낭비하게 하는 사람을 당신의 적으로 여기고 피해야 한다. 나는 여기에서 시간의 도둑과 시간 낭비자의 이름을 열거하여 당신이 그들을 미워하게 하고 그들의 속임수에서 당신의 시간과 영혼을 구할 것이다.

---

67) 빌 4:6

제4과 주의 깊게 피해야 할 시간 도둑과 시간 낭비자

시간 도둑 1 시간을 낭비하는 가장 큰 죄 중에 하나는 게으름 또는 나태이다. 나태한 사람은 자기의 시간이 지나가고 자기 일이 이루어지지 않는 것을 보고 시간을 절약할 필요성에 대해 들을 수는 있지만 마음을 일깨우지 않는다. 그들은 의무를 다해야 한다고 확신하면서도 여전히 지체하고, 하루하루 미루고 여전히 내일이나 모레에 하겠다고 한다. 내일은 여전히 게으른 자의 근무 날이고, 오늘은 그의 휴무 날이다. 그는 무익한 욕망으로 시간을 낭비하고 있다. 그는 침대에 눕거나 한가로이 앉아서 육체를 즐겁게 하며 이것이 노동이고 금식이기를 원한다. 그는 스포츠와 쾌락을 따르며 그것이 기도와 고행의 삶이 되길 원한다. 그의 마음은 정욕이나 교만, 탐심을 따르면서도 이것이 하늘의 생각이요 위에 보물을 쌓아 두는 것이길 바란다. 이와 같이 "게으른 자의 마음은 원하여도 얻지 못하나 부지런한 자의 마음은 풍족함을 얻느니라."[68] "게으른 자의 욕망이 자기를 죽이나니 이는 자기 손으로 일하기를 싫어함이니라."[69] 모든 작은 반대나 어려움이 의무를 무시하게 한다. "게으른 자는 춥다는 이유로 밭 갈지 않는다 그러므로 거둘 때에는 구걸할지라도 얻지 못하리라."[70] "게으른 자는 말하기를 사자가 밖에 있은 즉 내가 나가면 거리에서 찢기겠다 하느니라."[71] "게으른 자는 문짝이 돌쩌귀를 따라서 도는 것같이 침상에서 도느니라. 게으른 자는 그 손을 그릇에 넣고도 앞으로 올리기를 괴로워하느니라." 그리고 마침내 태만은 그의 이성을 타락시키고 뇌물을 주어 자신의 과실의 원인을 변명한다. "게으른 자는 사리에 맞게 대답하는 일곱보다 자기를 지혜롭게 여기느니라."[72] 불경한 태만이 우세하면 시간이 흘러가도 의무는 이행되지 않고 당신의 영혼은 멸망할 것이다. "게으른 자의 길은 가시 울타리 같으나 정직한 자의 길은 대로니라."[73] 당신은 여전히 많은 어려움을 겪고 있는 것 같아서 결코 성공적인 여행을 하

---

68) 잠 13:4
69) 잠 21:25
70) 잠 20:4
71) 잠 22:13
72) 잠 26:14-16
73) 잠 15:19

지 못할 것이다. 실로 게으른 사람이 일하는 중에도 여전히 시간을 낭비하고 있다. 그는 기도하지 않는 것처럼 기도하고 수고하지 않는 것처럼 수고한다. 마치 성결의 열매가 세속적인 쾌락처럼 급히 지나가는 것처럼 수고한다. 그는 달팽이처럼 느리며, 땅을 갈아엎지 않고, 일을 거의 하지 않고, 반대에 거의 저항하지 못하고, 일을 경시하고, 가만히 앉아 아무것도 하지 않는 것과 다름없다. 죄의 쾌락 속에서 시간을 버리는 것뿐 아니라 마음 없이 졸음 속에서 모든 일을 하므로 독서, 청취, 기도에서도 시간을 버려야 하는 것은 슬픈 일이다! 따라서 "자기의 일을 게을리하는 자는 패가하는 자의 형제니라."[74] "성령으로 시작하여" 새싹이 진지하게 보이고 그것의 중요성을 나타낸다 해도 참을성이 없다면 "육체로 끝내는 것이다." "게으른 자는 잡을 것이 있어도 사냥하지 아니하나니 사람의 부귀는 부지런한 것이니라."[75] 악덕을 보고도 인정하면, 그는 악덕에 대항할 마음이 일어나 그것에 단호하게 저항하고 극복할 수단을 사용할 마음이 없다. "내가 게으른 자의 밭과 지혜 없는 자의 포도원을 지나며 본즉 가시덤불이 그 전부에 퍼졌으며 그 지면이 거친 풀로 덮였고 돌담이 무너져 있기로 내가 보고 생각이 깊었고 내가 보고 훈계를 받았노라 네가 좀더 자자 좀더 졸자 손을 모으고 좀더 누워있자 하니 네 빈궁이 강도같이 오며 네 궁핍이 군사 같이 이르리라."[76] 곧 이 사람답지 못한 나태함을 떨쳐버리고 불멸의 왕관을 향해 달려 간다는 것을 기억하라. 그러므로 당신은 시간을 잃지 않도록 주의하고 뒤에 있는 것들을 쳐다보지 말라. 즉, 당신을 부르거나 멈추게 하는 사람이나 사물에 귀를 기울이거나 눈을 돌리지 말라. 천국이 당신 앞에 있다. "우리가 그 땅을 본 즉 매우 좋더라 너희는 가만히 있느냐 나아가서 그 땅 얻기를 게을리하지 말라."[77] (단 지파 다섯 정탐꾼이 그 형제에게 말한 것과 같이) 게으른 마음의 습관을 미워하라. 해야 할 일을 즐겁게 하라. 힘을 다하여 부지런히 하라. 당신의 합법적이고 세상적인 사업에 대해서도 게으른 것은 시간을 낭비하는 죄이다. 당신이 종이거나 일꾼인데 게으르다면 당신의 주인과 당신을 고용한 사람들의 시간을 빼앗는 것이니 게으르지 말라. 당신이 누구

---

74) 잠 18:9
75) 잠 12:27
76) 잠 24:30-34
77) 삿 18:9

든, 게으르다면 당신은 당신의 봉사와 당신 자신의 귀중한 시간, 그리고 그 안에서 당신이 얻을 수 있는 모든 것에 대한 하나님의 것을 훔치는 것이다. 그들의 소명에 게으른 사람들은 거룩한 의무를 위해 시간을 낼 수 없다. 하루의 남은 시간을 활용하면 기도와 성경 읽을 시간을 되찾을 수 있을 것이다. 일주일 동안 열심히 일하면 주님의 날을 온전히 당신의 영혼을 위해 잘 보낼 수 있다. 게으른 사람(종이나 다른 사람)은 그들의 일에 뒤처져 있기에 기도하거나 성경을 읽을 시간이 없다고 말한다. 게으름은 수많은 사람들의 삶의 상당 부분을 빼앗는다. "게으름은 사람으로 깊이 잠들게 하나니 태만한 사람은 주릴 것이니라."[78] '왜 게으름 피우며 서 있느냐?'라고 질문을 받았을 때 당신은 '아무도 나를 고용하는 이가 없다'고 말할 수 없다. **바울**이 데살로니가후서 3장에서 게으름을 얼마나 비난하는지 보라. "일하기 싫어하거든 먹지도 말라." 그리고 그들은 게으름이 기독교 사회에 적합하지 않은 것으로 피해야 한다고 한계를 정한다. 디모데전서 5장 13절에서, 그는 일부 여성들에게 "집집마다 돌아다니고 게으를 뿐 아니라 망령된 폄론을 하며." 로마서 12장 11절에서, "부지런하여 게으르지 말고 열심을 품고 주를 섬기라."고 날카롭게 질책했다. 힘쓰고 부지런한 사람은 선을 행하는 동안 여전히 시간을 아끼고 있지만 게으른 사람은 항상 시간을 잃고 있다.

시간 도둑 2 시간의 두 번째 도둑 또는 낭비자는 과도한 수면이다. 시간의 필요성은 시간이 부족한 대부분의 사람을 치료하나, 많은 부자들은 시간의 죄를 짓는다. 시간의 과잉은 무엇인가?라 묻는다면, 나는 우리의 건강과 사업에 필요한 시간 이상의 모든 시간이라고 답한다. 이 시간에 필요한 만큼의 양을 책망하는 것이 아니다. 노약자는 건강한 사람보다 더 많은 시간을 취할 수 있다. 한 시간을 더 자는 것으로, 일을 하는 데에 방해되는 것이 아니라 일을 더 많이 할 수 있어서, 그들이 그 시간 없이는 부당하기에 잠을 더 적게 자지 않도록 하는 것을 발견한 사람들은 그 시간을 그들의 시간 개선을 위한 수단으로 사용할 수 있다. 그러나 게으른 사람들은 건강이나 노동에 필요하지 않음에도 침대에서 몇 시간을 낭비한다. 이런 경우, 그것은 단지 잠에 대한 탐욕적 사랑 때문이다. 참으로, 졸림 병에 걸리는 것 외에는 대체

---

78) 잠 19:15

할 것이 없는 상태, 즉 그들이 할 일이 없고 그들을 고용하기 위한 부름이 없는 경우를 고려해 보면, 그들은 부유하고 여유가 있어 필요한 일을 갖지 않기에, 필요 이상의 잠을 잘 수 있다고 생각하는 것이다. 그들은 하나님께서 다른 사람들보다 더 많이 주셨기에, 그들의 소중한 시간을 낭비하여 더 많은 죄를 지으며 그들의 영혼에 해를 끼친다. 마치, 그들의 종이 다른 사람들보다 더 많은 품삯을 받고 있기에, 자기는 다른 사람들보다 잠을 더 잘 수 있다고 주장하는 것과 같다. 오, 어리석은 비참한 사람들아, 하나님과 그들의 불쌍한 영혼들과 자기 주변 사람들을 위해, 해야 할 일이 무엇인지 알고 있나? 알고 있다면 그것은 그들을 신속하게 깨우고 움직이게 만들 것이다. 그들이 가진 모든 시간을 다시 쓸 수 있다면, 졸음 상태로 보내는 것보다는 더 잘 사용할 수 있겠다고 간절히 소망하게 될 것을 그들은 알고 있을까? 우리가 매주 또는 아침에 너무 많은 잠을 자며 보낸 많은 시간에 대해 책임을 져야 한다고 말하는 것이 얼마나 비참한 말인지 그들은 알고 있을까? 그들은 타락한 곳에서 일어나 더 나은 용도를 위한 시간을 찾아야 할 것이다. 그것이 평가에서 더 달콤할 것이다. 시간은 지나면 더 이상은 사용할 수 없다.

시간 도둑 3 시간의 세 번째 도둑이나 낭비자는 몸을 지나치게 꾸미는 것이다. 가난한 사람들은 이런 유혹으로부터 자유로워, 빨리 옷을 입고 일을 할 수 있다는 것에 대해 하나님께 감사할 수 있지만, 많은 여성과 화려한 사람들은 이 악덕을 저지르고 있는데, 양심이 그들에게 얼마나 인내하는지 궁금하다. 오 가련하고 방치되고 옷을 입지 않은 영혼이여! 오 더러운 양심이여, 결코 그리스도의 영이나 피로 당신의 더러움에서 깨끗해지지 않았구나! 진정한 일꾼들이 일하는 하루의 반절인 아침, 열 시나 열한 시까지 몸을 씻고, 옷을 핀으로 고정하고, 장식하고, 머리를 곱슬곱슬하게 하고, 얼굴의 점을 지우고 분을 바르는 것 이외에 그 귀중한 시간을 더 잘 사용할 수는 없는가? 당신이 건강할 때에, 아침 6시가 옷 입기에 마땅한 시간이 아닌가? 이는 거룩한 기도로 지극히 거룩한 하나님께 나아가 그의 말씀을 읽고, 다음 날의 의무를 위해 당신의 영혼과 가족에게 할당된 시간이 아닌가? 나는 당신을 가난한 사람들보다 더 단정하지 못하게 하거나 옷 입는 데에 그들보다 시간을 많이 주어서는 안 된다고 말하는 것이 아니다. 내가 말하는 것은, 당신의 영혼과 당신의 소명에 있어서, 당신이 그들처럼 부지런해야 하는 것이 하나님께 대한 의무라는 것이다. 그들보다 더 이상 잃을 시간이 없다. 당신은 당신이 할 수 있는 한 당신을 깨끗하게 하는 일에 그 시간을 조금이라도 아껴 사용해야 하며, 그렇지 않으면 손실은 당신 자신의 것이라는 것을 분별하라고 말하는 것이다. 당신의 교만이, 소모하는 소중한 시간의 풍요가, 언젠가는 당신의 양심을 무겁게 짓누를 것이다. 그때, 당신은 하나님과 사람에게 해야 할 의무와 당신의 영혼과 가족을 돌보는 것이 당신이 단정하고 깔끔하게 보이려는 것보다 더 우선되어야 했음을 아픈 마음으로 고백할 것이다. 어디에 갈 여정이 있다면 더 일찍 일어나 옷을 입을 수 있다. 그러나 당신은 당신의 영혼의 유익과 고귀한 시간의 절약을 위해서 그렇게 하지 않는다. 오, 하나님께서 당신의 그 소중한 시간들과 함께 당신이 해야 할 더 큰일이 무엇인지 보여 주시지 않았는가! 마침내 그것들을 생각하면 당신의 마음이 얼마나 찢어질까! 만일 당신이 소비에 절망적으로 병들어 누워 있다면, 당신은 이 교만한 질병과 같이 치료될 것이며, 무덤과 썩음을 재촉하는 육체를 치장하는 데에 시간을 덜 쓰게 될 것이다. 지금도, 시간과 삶이 어떻게 소모되는지 알 수 없나? 시간이 사라지기 전에 더 잘 사용하기 위해 관심과 근면을 가지고 있는 이유가 무엇인가? 어리석은 자보다 훨씬 더 악하여, 사람들에게 잘 보이기 위해 그렇게 많은 시간을 내버리고, 남에게 자신의 죄를 드러내는 것을 부끄러워하지 않는 자들은 (분별이 있든 없든 간에) 그들의 범죄를 합법적이라고 증명 하려나, 변명할 말이 부족할 것이다. 그러나 시간이 지나면 양심 자체가 모든 것에 답하고 당신은 더 현명했다면 하는 바람을 갖게 할 것이다. 화려한 숙녀들은 시간이 얼마나 고귀한지 모른다. 마지막에 자신이 어떠한 대가를 치르게 될지 거의 느끼지 못하고 시간과 관련하여 무엇을 해야 하는지 거의 생각하지 못한다. 당신은 시간이 얼마나 서둘러 움직이고, 얼마나 광대한 영원에 당신이 가까이 서 있는지 알지 못한다! 멸시당한 시간이 깨어 있는 양심의 면전에서 어떻게 보일지 당신은 거의 알지 못한다! 또는 죽을 준비가 되지 않은 채로 발견되는 것이 무엇인지 당신은 알지 못한다! 나는 당신이 이러한 것들을 마음에 두지 않는다는 것을 안다. 만일 당신이 맘에 두었다면 당신은 당신의 시간을 그렇게 가볍게 버릴 수 없었을 것이다. 정말로 당신의 지위와 명예가 요구하기에, 당신의 소중한 아침을 이렇게 보내야 한다는 당신의 말이 모두 사실이라면, 나는 당신에게 고백한다. 나는 당신을 갤라 선에서 노를 젓는 노예(galley-slave)보다 더 불쌍히 여길 것이다. 그리고 그런 지위와 명예가 없는 나를 행복하다고 생각하고, 가난한 사람들의 일터와 동료에게 서둘러 가서 그들이 그들의 시간을 보내는 것이 더 나은 행복이라고 말할 것이다. 그러나 참으로 당신의 변명은 주목할 가치가 없고 사실이 아니며, 당신의 이성을 사로잡기 위해 교만이 우세하다는 것을 보여 줄 뿐이다. 우리는 옷을 빠르게 차려입고, 이른 시간에 기도하고, 영혼을 아름답게 하며, 관심을 끌지 않는 평범한 복장으로 다니는 것을 만족하는, 당신들과 같은 훌륭한 영주들과 숙녀들을 잘 알고 있다. 결국, 사람의 판단이 훨씬 더 중요하다고 생각하는 어떤 사람들에 의해 조롱을 당하거나 더 나쁘게 생각되는 것은 아니기에, 그들은 그들의 지위의 명예가 정당하게 받아들여진다. 그러한 소수의 사람들이 당신의 지위의 명예를 유지하는 것이 아니라면, 나는 그것이 도덕의 관점에서 얼마나 적은 명예를 얻을 수 있는지 말하지 않겠다.

시간 도둑 4 시간을 낭비하는 또 다른 도둑은, 칭찬과 의식의 과잉과 함께, 시간 낭비자의 유머와 기대에 대한 봉사와 함께, 정기적인 모임에 참석한 빈도, 집, 가구, 준비 및 오락에 대한, 불필요한 수행원과 호화로운 예식이다. 나는 그것들이 같은 엔진의 바퀴에 불과하기 때문에 상황함을 피하기 위해 모두 함께 묶는다. 여기서도 나는 부자에게 모든 것을 책망하지 않고, 잘못이 있다면 가난한 자도 책망할 것이라 말하여, 범죄한 자들의 트집을 멈추게 할 것이다. 나는 그들을 평등하게 하지 않고 같은 기준으로 판단할 것이다. 부자는 가난한 사람만큼 유혹이나 필요성이나 의무로 보이는 것에서 자유로울 만큼 행복하지 않다. 다른 이들로 가난한 사람들을 불쌍히 여기게 하라. 나는 가난한 사람들보다 더 어려운 일에 시달리는 것처럼 보이는 부자들을 불쌍히 여길 것이다. 칭찬, 호기심, 화려함에 그들의 귀중한 시간을 낭비해야 할 필요가 있는 것조차도 불쌍히 여길 것이다. 행복한 가난한 사람들은 그들의 부름에 대한 정직한 노동에 사용할 수 있다. 그로 인해 그들은 즉시 국가에 유익하고, 자신을 유지하고, 거룩한 것들을 묵상하거나 숙고할 수 있다. 그러나 내가 말하니, 부자들이 자기가 사용한 시간에 대해 책임을 져야 하고, 불필요한 과잉이 삼키는 시간에 대해 비싼 값을 치러야 한다. 그리고 다른 사람들의 상태와 화려함을 부러워하고, 그들을 능가하거나 동등하게 하여 그들의 거짓 비난을 피하려고 하는 대신, 그들은 모든 과도한 관습을 축소하고 낮추며, 시간에 대한 높은 존중과 시간 낭비적인 호기심을 혐오하고, 가장 냉정하고 엄숙하고 거룩한 사람을 본받고, 다른 사람에게 필요하고 훌륭하고 사람다운 일에 시간을 사용하는 본이 되어야 한다. 내가 말하니, 이 악덕은 너무나 유치하여 성실하게 사업하는 사람들이 그것을 싫어한다. 대개 그것에 대해 죄를 짓는 허영심에 가득 찬 남자들은 그것을 부끄러워하거나 그것들이 그들 아래에 있는 것처럼 여성들에게 책임을 전가한다. 불필요한 모임에 참석하는 것과 식량에 얼마나 귀중한 시간을 많이 소비하는지! 깨끗함과 단정함을 구실로, 방과 가구와 편의시설에 대한 불필요한 호기심에 얼마나 많은 시간을 낭비하고 있으며, 품위라는 이름으로 가려진 단순한 교만과 헛된 영광, 겉치레에 얼마나 많은 시간이 낭비되는가! 오락과 불필요한 방문, 칭찬, 의식과 허영심 넘치는 사람들의 유머에 대한 봉사에서 얼마나 많은 시간이 낭비되고 있는가! 나는 불쾌함, 더러움, 추함에 대해 말하는 것이 아니다. 나는 냉소적인 우울함이나 사교적이지 않은 것을 말하는 것도 아니다. 양심이 깨어나고 제정신이 돌아오고 죽음에 가까워질수록 시간의 가치를 더 잘 알게 될 때, 당신은 이 둘 사이의 중간 단계를 보게 될 것이다. 그리고 당신은 시간을 낭비하는 극단적인 방탕을 가장 두려워했더라면 좋았을 것이라고 할 것이다. 내 생각에, 훌륭한 솜씨를 찾지 않는 그리스도와 같은 손님을 접대하기 위해 많은 부담을 가진 **마르다**는 당신보다 더 나은 변명거리가 있을지라도, **마리아**는 이 모든 접대를 소홀히 여기는 그리스도가 기뻐하는 것을 선택하여 그분의 발치에 앉아 그분의 말씀을 들음으로써 영혼에 유익한 시간을 구할 수 있었다. **마리아** 그녀는 더 나은 부분을 선택했는데, 그것은 빼앗겨서는 안 되는 것이다. 당신에게 한 가지만 필요하다는 것을 기억하길 기도한다. 나는 당신이나 당신의 종들이 방을 청소하거나, 작은 얼룩을 씻어서 지우거나 남은 주름을 펴거나, 여성적인 하찮은 것과 자랑스러운 특별한 물건에 사로잡혀 있는 동안에, 하나님과 당신의 영혼과 기도와 성경 읽기와 진정한 부르심에 유익한 수고의 전부나 일부가 무시된다면, 이것은 금보다 티끌을, 가장 중요한 것보다 하찮은 것을 더 좋아하는 것이라고 말한다. 품위가 칭찬할 만하다고 말하는 것은, 하나님을 향한 당신의 영혼과 가족을 무시하거나 당신이나 당신의 종들이 그동안 할 수 있었던 더 큰 일을 하나도 하지 않고 미루는 것에 대한 변명이 되지 않는다. 나는 모든 것이 고려된 더 큰 일을 말한다. 오, 당신과 당신의 가족의 죽음이 얼마나 빨리 오는지 보는 자들처럼 살기만 한다면! 시간이 얼마나 빨리 가는지! 그리고 당신이 해야 할 일! 그리고 아직 준비되지 않은 영혼이 원하는 것!을 보는 것이다. 이것이 내가 당신에게 바라는 모든 것이다. 그렇게 하면 그것은 당신의 고귀한 시간을 많이 절약할 수 있고, 호기심을 자극하는 일을 줄일 수 있으며, 자존심과 헛된 시간 낭비의 굴레에서 구해 줄 것이다.

시간 도둑 5 시간을 낭비하는 또 다른 죄는, 불필요하고 지루한 잔치, 탐식, 술 취함이다. 나는 이것들을 같은 부류로 놓는다. 나는 적당하고 시기적절하고 자선적인 잔치를 반대하는 것이 아니다. 그러나 슬프게도, 이 호화롭고 관능적인 시대에 사람들은 일반적으로 2시간 동안 앉아서 소비하고, 잔치 전후에 참석하는 데 2시간을 더 소비하지만, 경건하거나 유익한 담론에서는 시간을 늘리지 않는다. 실로 부자는 보통 한 시간을 공동 식사에 보내는데 그것은 참으로 매우 큰 식사다. 그들은 매일 누가복음 16장의 부자처럼 호화로운 음식을 맛있게 먹는다. 이 유혹에서 벗어난 가난한 자는 행복하다. 당신은 아마도 한 끼 식사로 배를 채울 때처럼, 매일 하나님께 당신의 영혼을 준비하고 그의 말씀을 읽고 양심의 문제를 알아차리고, 죽음을 준비하는 데에, 배를 채우는 데 많은 시간을 허비하는 한 끼 식사 때처럼 하지 않는다. 그리고 대마초를 피우는 선술집과 맥줏집에서 부자와 가난한 사람이 얼마나 많은 시간을 낭비하는가! 오, 당신이 먹고 마시는 동안, 당신이 먹이고 섬기고 있는 육체가 얼마나 썩을 고기 조각인지 기억하라. 얼마나 빨리 그 입에 흙이 가득 찰 것인가! 영원을 향해 서둘러 가는 영혼은 허영심을 위해 시간을 내서는 안 된다. 당신이 해야 할 중요한 일이 있고 그것을 수행한다면 당신에게 더 달콤하고 긴 잔치가 주어질 것이다.

시간 도둑 6 시간을 낭비하는 또 다른 죄는 쓸데없는 말을 하는 것이다. 이것이 얼마나 많은 귀중한 시간을 쓰는지! 대부분의 사람들이 함께 앉아 있을 때, 함께 일할 때, 또는 함께 여행할 때의 담론을 귀 담아 들어 보면, 침묵보다 더 나은 것이 거의 없다(더 좋지 않다면 더 나쁠 것이다). 허영심에 가득 찬 사람들은 심지어 선한 것을 침묵시키고 아무것도 아닌 것에 대한 담론을 찾아내고, 함께 수시간, 수일 동안 먹을 수 있다. 그들은 자손 생산 능력과 화려한 스타일은 박수는 아니더라도 받아들일 가치가 있다고 생각한다. 나는 말 많은 설교자들이 얼마나 적은 내용으로 한 시간을 멋지게 채울 수 있는지 놀라울 뿐이다! 그러나, 사람들이 한 시간이 아니라 하루와 삶의 많은 부분을, 전혀 공부하지도 않고, 거룩하고 실질적인 주제 없이 말로 채우는 것을 듣는다면 더 이상하게 여길 것이다. 그것들을 모두 적어서 정독한다면 그것들의 합과 결론이 아무것도 아니라는 것을 알게 될 것이다! 그들은 자기 삶의 큰 부분이 아닌 헛된 이야기를 즉석에서 얼마나 자화자찬하여 즐겁게 할 수 있는지! 나는 그들 중 많은 사람들이 학식 없고 가난한 기독교인인데, 그들이 매우 훌륭한 배열과 잘 구성된 단어로 여러 시간 함께 기도할 수 있다는 점에 대해 경탄하는 것을 들었다. 그러나, 그들 자신의 당당한 주제가 없는 연설에 대해, 준비 없이 아무것도 아닌 것에 대해, 같은 말을 반복하지 않고 10배나 더 길게 풍부하게 이야기할 수 있다는 것은 더 놀랍지 않나? 나는 사용한 시간에 대해 조사받을 때, 쓸데없는 말에 너무 많은 것을 소비하는 것은, 지금 공허하고 부주의한 죄인들이 상상하는 것과 같은 사소한 죄가 아닌 것으로 본다.

시간 도둑 7 앞서 말한 방법으로 당신의 시간을 훔칠 또 다른 도둑은 헛되고 죄 많은 친구다. 그들을 치료하러 가는 영적인 의사나 헛된 말을 단호하게 견제할 수 있는 거룩한 사람은 그 일을 맡거나 부름 받을 때, 그의 시간을 잘 사용하겠다고 고백한다. 그러나 헛된 사람들과 함께 살거나, 우리의 가족으로 그들을 선택하거나, 인과관계 없이 또는 자기 만족을 위해 그들과 함께한다면, 불가피하게 당신의 시간을 많이 잃을 것이다. 당신이 선을 행하려 하면 그들은 당신을 방해할 것이다. 당신이 선한 말을 하려 하면 그들이 당신의 마음을 돌이키거나 당신을 책망하거나 당신과 논쟁하고 트집을 잡거나 어떤 식으로든 당신의 입을 막을 것이다. 그들은 헛된 담론의 흐름에 의해 당신을 짓밟아 끌고 가거나, 당신의 귀에 채우고, 유익하게 하려는 당신의 마음을 가로막고 방해할 것이다. 동시에 그들은 당신이 다른 사람을 유익하게 하지도 못하게 할 것이다.

시간 도둑 8 또 다른 시간을 낭비하는 악명 높은 도둑은, 불필요하고 과도한 스포츠와 게임으로, 범죄자들 스스로가 흔히 오락이라고 하는 악명 높은 이름으로 낙인을 찍고도, 레크리에이션이라는 기만적인 제목으로 가린다. 예를 들어 카드와 주사위, 연극, 춤, 흥청거림,

가장 합법적인 스포츠의 과잉, 특히 사냥, 매 사냥, 볼링 등이 있다. 지금, 이 모든 것이 그 자체로 합법이냐 불법이냐 하는 것은 현재의 질문에 아무런 의미가 없다. 나는 그들이 사용하는 귀중한 시간이, 수천 명의 영혼을 구원하는 일에 활용될 수 있고, 시간의 손실로 인한 것은 지금 완료되지 않은 채로 있고 회복되지 않는다고 확신한다. 나는 경건의 악의적인 원수를 제외하고는, 세상에서 감각적 쾌락을 사랑하여 놀이와 도박과 관능적인 길에 날마다 많은 시간을 낭비하는 육체적인 사람들보다, 더 비참하고 한탄할 사람들을 거의 알지 못한다. 그들의 비참한 영혼은 죄 가운데 죽어 있고, 육체의 정욕에 사로잡혀 있고, 하나님과 화목하지 못하고, 하나님과 그분을 섬기는 일을 기뻐하지 않으며, 하늘의 일을 가쁨으로 삼을 수 없다. 그들이 하나님을 기쁘시게 하고 불행을 막고 보물을 하늘에 쌓을 수 있는 그 시간을, 어떻게 헛되이 보냈는지 생각하면, 이 불행한 영혼들은 얼마나 고통스러울까! 그들이 사소한 육체적 스포츠를 위해 팔아 버린 그 귀중한 시간들은, 그들의 구원을 이루며 그들의 부르심과 택하심을 굳게 했어야 할 시간들이라고 생각하면, 얼마나 고통스러울까! 이것들에 대해 다음에 더 설명할 것이다.

시간 도둑 9 시간을 낭비하는 또 다른 도둑은 지나친 세속적 염려와 사업이다. 이것들은 더 불명예스러운 죄로서 짧은 시간 안에 영혼을 깊은 오점으로 더럽힌 다음 물러난다. 게다가 그들은 마음에 머물고, 마음을 계속 소유하고 선을 막는다. 그들은 죄를 지은 사람들의 삶의 대부분을 차지한다. 세상은 그들의 생각 속에서, 아침이 처음이고 밤이 마지막이며 거의 하루 종일이다. 세상은 그들에게 다가올 세상에 대한 생각에 초점을 맞추도록 허용하지 않을 것이며, 마땅히 해야 할 일을 못하게 할 것이다. 세상은 하나님과 그들의 영혼이 마땅히 가져야 할 모든 시간을 거의 삼키어, 기도하거나 읽거나 묵상하거나 거룩한 것에 대해 담론할 틈을 주지 않는다. 그들이 기도하는 것처럼 보이고 하나님의 말씀을 듣는 것처럼 보일지라도, 그들의 생각에는 세상이 있다. "백성이 모이는 것같이 내게 나아오며 내 백성처럼 네 앞에 앉아서 네 말을 들으나 그대로 행치 아니하니 이는 그 입으로는 사랑을 나타내도 마음으로는 이익을 따름이라."⁷⁹⁾ 대부분의 가정에서는 거룩한 말이나 행동이 거의 없고 오직 세상을 위한 것뿐이다. 이것들은 또한 그들이 항상 세상보다 우선 해야만 하는 고귀한 시간으로 했어야 할 큰일을 가졌는데, 못 했다는 사실을 알게 한다.

시간 도둑 10 또 다른 시간 낭비자는 다스림을 받지 않는 헛되고 죄악 된 생각이다. 사람들이 헛된 생각과 스포츠에 지쳤음에도 헛된 생각에 지치지 않고, 헛된 담론과 게임에 함께 할 친구가 없더라도 그들은 홀로, 게으름, 정욕, 야망, 탐욕스러운 생각으로 시간을 낭비할 수 있다. 그들이 깨어 있는 바로 밤 시간에, 그들이 여행을 갈 때, 참으로 그들이 하나님을 섬기는 것처럼 보일 때, 그들은 쓸데없는 생각으로 시간을 낭비할 것이다. 그래서 이것은 이전의 어느 것보다 귀중한 시간의 많은 부분을 탐욕스럽게 삼킨다. 시간을 심판할 때, 대부분의 사람에게서 헛되고 죄악 된 생각으로 낭비한 시간이 얼마나 많이 발견될지! 이 도둑을 조심하라. 그리고 기억하라. 헛된 생각은 작은 죄에 불과하다고 생각하지만, 시간은 작거나 무가치한 물건이 아니며, 헛된 생각처럼 사소하게 버려지는 것이 아니다. 결과적으로 아주 가치 있는 것에 대한 선택을 폄하하는 것은 작은 죄가 아니고, 당신이 그렇게 낭비하는 시간에 당신이 해야 할 일은 작은 일이 아니라는 것이다. 그리고 일상의 헛된 생각은 시간을 너무 많이 낭비하므로 이러한 악화는 그것을 더 악명 높은 많은 죄보다 더 가증스럽게 만든다. 이것에 대해서는 다음 부분에서 더 자세히 설명한다.

시간 도둑 11 또 다른 위험한 시간낭비 죄는 헛된 책, 희곡, 로맨스 및 꾸며낸 역사를 읽는 것이다. 또한 헛된 영광을 위해, 또는 육욕 적이거나 호기심 많은 마음을 기쁘게 하기 위해 수행된 무익한 연구도 있다. 이것에 대해 나는 《자기 부정》이라는 책에서 말했다. 나는 공상과 애정을 타락시키고 병든 욕구를 일으키고 필요한 것들에 대한 맛을 잃게 만드는 이 악독이 얼마나 해로운지에 대해 여기서는 말하지 않는다. 그러나, 그러한 책으로 한 시간 더 보내기 전에 그 책에 대해 하나님께 편안하게 설명할 수 있을지 생각해 보라. 그러한 유치한 것으

---

79) 겔 33:31

로 낭비하는 시간이 얼마나 소중한지 생각해 보라! 당신은 그러한 것들을 읽는 것이 합법적이라고 생각 하지만 당신의 소중한 시간을 잃는 것이 합법적인가? 당신은 당신의 사소한 연구가 바람직하고 칭찬할 만하다고 말하지만 훨씬 더 중요한 일을 소홀히 하는 것은 칭찬할 만한 일이 아니다. 나는 어떤 사람도 하나님께서 계시한 모든 것을 알기 위해 노력하는 것을 막지 않지만, **세네카**처럼 말한다. '우리는 쓸데없고 불필요한 것을 배우기 때문에 필요한 것에 대해 무지하다.' 예술은 길고 인생은 짧다. 모든 것을 할 시간이 없는 사람은 가장 큰 문제를 확실히 해야 한다. 만일 그가 어떤 것에 무지하다면, 그것은 하나님에 대한 사랑, 우리 자신과 다른 사람들의 구원, 공공의 이익을 최소한으로 요구하고, 가장 자신을 지킬 수 있는 것이 되어야 한다. 사람이 아직 교만이나 세속의 노예이고, 거듭나지 않은 영혼이고, 자기 구원에 필요한 신비를 배우지 않은 상태에서, 비판하는 데에 시간을 낭비하거나, 필요가 덜 한 과학과 예술에서, 지혜롭게 성장하는 데에 시간을 낭비하는 것을 보는 것은 가엾은 일이다. 그러나 이러한 연구들은 적절한 시기에는 칭찬받을 만하다. 하지만 밝혀지지 않은 것들을 캐내려는 광적인 연구와 연애서적, 희곡, 허무맹랑한 이야기들을 읽는 사람들의 선정적인 일은, 언젠가 그 시간에 훨씬 더 좋고 더 필요한 일을 한 사람들에게는 현명하지 못한 시간 낭비에 불과한 것처럼 보일 것이다. 나는 그것을 주장하는 사람들 중, 죽을 때 그런 책들을 손에 든 채 발견되거나, 그런 책을 기억하는 데서 즐거움을 찾게 되기를 간청하는 사람은 거의 없다고 생각한다.

시간 도둑 12 사람들에게서 그들의 시간을 빼앗는 주요 도둑은, 성화되지 않아 하나님에 대한 공경심이 없는 마음이다. 이것은 사람들이 무엇을 하든지 간에 시간을 낭비하는 것이다. 왜냐하면, 그들은 진정으로 하나님의 영광을 의도하지 않기 때문이다. 그리고 올바른 원칙이나 올바른 목적이 없기 때문에 그들의 전체 행로가 지옥으로 향한다. 그들이 하는 일이 무엇이든, 그들은 그들의 구원을 이루지 못하고 있다. 그러므로 그들은 그들 자신과 마찬가지로 여전히 그들의 시간을 잃어버리고 있다. 그러나 하나님은 그들이 가진 시간과 선물의 일부를 다른 사람들에게 자비로 사용할 수 있다. 그러므로 하늘의 의도와 삶의 계획을 가진 새롭고 거룩한 마음은 그들의 시간을 구원받기 위해 사용할 모든 사람에게 대단히 중요한 것이다.

제5과   시간 절약의 의무는 주로 누구에게 있는가?

시간의 절약은 모든 사람에게 중요하고 필요한 의무이지만 다음과 같은 유형의 사람들에게 특별한 의무가 있다.

일반적 유형 1   젊음과 활력을 가진 젊은이들에 있다. 이들은 본성이 아직 오래도록 익숙한 죄인들처럼 많이 타락하지 않았다. 마음이 그다지 완고하지 않고 죄가 그렇게 깊이 뿌리 내리고 강화되지 않았다. 사탄이 그렇게 많은 승리를 거두지 못했다. 그러한 당신은 아직 다른 사람들처럼 세속적인 문제와 염려에 깊이 빠져들지 않았다. 당신의 이해력, 기억력, 힘은 활력이 넘치고 아직 결핍으로 영향을 받지 않는다. 누가 가장 빨리 가거나 가장 열심히 일해야 할까? 가장 큰 힘을 가지고 있는 자가 누구인가? 당신은 내세에 더 많은 것을 얻을 수 있는 것이 아니라, 지금 하루를 근면함으로 많은 것을 얻을 수 있다. 늙을 때까지 배움을 시작하지 않는 훌륭한 학자나 현인은 거의 없다! 그러므로 "청년의 정욕을 피하라." "너는 청년의 때에 너의 창조주를 기억하라." "지금 당신이 마땅히 행할 길을 배웠다면 늙어도 그것을 떠나지 아니하리라."80) 오, 원숙한 나이에 이르러야 지혜와 거룩함과 하나님과의 친분에 대한 준비와 지식이 말로 다할 수 없는 유익과 위안이 되는지 알 수 있는데, 젊은 나이에 얻다니! 그럼에도 수년 전에 수행되어야 하는 것을 지금 배우고, 죽을 때가 다 되어서 살기 시작하는 것은 얼마나 비참한 일인가! 죽음이 젊은 시절에 준비가 안된 당신을 발견하여 지옥에 던지는 것은 얼마나 비참한 일인가! 아니면 완고해진 나이에 하나님께 버림받는 것은 얼마나 더 비참한 일인가! **디모데**와 **오바댜**처럼 어린 시절과 젊은 시절부터 성경을 알고 하나님 두려워하는 것을 아는 것이 행복하다.81)

일반적 유형 2   필요는 약하고 병들고 나이든 사람들에게도 특별한 방법으로 그들의 시간을 절약하는 것을 의무화한다. 만약, 그들이 틀림없이 조금 남은 시간을 소중히 하지 않으며,

---

80)   딤후 2:22; 전 12:1; 잠 22:6
81)   왕상 18:12; 딤후 3:15

그들의 여행의 끝이 가까웠다는 것을 알아, 그것을 가치 없는 것처럼 다루고, 빈둥거리고, 그들의 계산을 포기할 준비를 한다면, 그들은 다른 무엇보다도 변명의 여지가 없다. 도둑이나 살인자도 세상을 떠날 때가 되면 좋은 말 듣기를 간절히 원한다. 당신의 구원이나 지옥이 가까이 왔을 때, **바울**이 로마서 13장 11, 12절에 기록한 것과 같이 "자다가 깰 때가 벌써 되었도다."라 말하면 좋겠다! 그렇게 나이든 사람은 자기를 돌아보고 자기 영혼을 준비하고 시간을 잃어서는 안 되는 때이다. 신속히 거룩하신 하나님 앞에 나아가, 여기에 살았을 때 영원을 위해 행동해야 한다.

일반적 유형 3 이미 많은 시간을 배회하며 시간을 잘못 보낸 사람들에게는 시간을 절약하는 것이 그들의 의무다. 만일 당신의 양심이 당신에게, 당신이 무지와 허영심으로 젊음을 잃었고 태만과 세속적인 생활 속에서 많은 나이를 잃었다고 말하는데도 당신이 남은 시간을 부지런히 만회하지 않는다면 그것은 이중 범죄다. 당신이 기꺼이 저주받기를 원하지 않는 한, 당신의 구원에 대한 정당한 관심은 그것을 요구한다. 당신이 그를 거역하거나, 극도로 그를 학대하고 멸시하기로 결심하거나, 그가 당신에게 주는 모든 시간을 대항하여, 사용하지 않기로 한다면, 독창적인 방법으로 어려운 문제를 해결하는 능력과 하나님에 대한 의무는 그것을 요구한다. 참된 회개의 본성이 그것을 필요로 한다. 그렇지 않다면 당신은 저주받은 자의 회개 외에는 아무것도 알지 못하는 것이고, 그리고 시간이 지나고 모든 것이 너무 늦었을 때, 잘못 사용한 시간을 회개하여야 할 것이다.

일반적 유형 4 가난, 봉사, 구속으로 인해 시간이 부족한 사람들이 그들의 시간을 절약하는 것은 특별히 그들의 의무이다. 하루 종일 일해야 하는 가난한 사람들이 주의 날과 그들이 가진 몇 시간을 회복하지 않는다면, 영적인 일을 할 시간이 전혀 없을 것이다. 자기가 시간의 주인이 아니고 일에 밀접하게 붙들려 있는, 종들은 더 높은 것을 위해 그들에게 주어진 그 몇 시간을 절약하는 데에 매우 부지런 해야 한다.

일반적 유형 5 공적이든 사적이든 특별한 도움을 받는 사람들은 그것을 개선하고 시간을 절약하기 위해 특별히 주의해야 한다. 당신은 설득력 있고 강력한 목사의 교육 아래 살고 있나? 오, 시간을 활용하고 절약하라. 당신은 얼마나 빨리 그것들을 빼앗길지, 그것들이 사라질지 모르기 때문이다. 당신은 경건한 친척, 부모, 남편, 아내, 경건한 가정의 주인과 함께 살고 있나? 아니면 경건한 동역자, 친구 또는 이웃과 함께 살고 있나? 시간을 절약하라. 매일 조금씩 시간을 아끼라. 이번 시절이 얼마나 짧을지 모른다. 당신은 책과 여가가 있는 곳에 살고 있나? 시간을 절약하라. 이 또한 길지 않을 수 있다. 하나님께서 해를 멈추게 하시고 **여호수아**에게 적들을 추격할 기회를 주었을 때, 그가 배회했다면 용서받을 가능성이 없는 끔찍한 일이 아니었을까? 오, 자비와 인내, 수단과 도움의 태양이 당신을 보살피는 동안 배회하지 말라.

일반적 유형 6 무지하거나 은혜가 없거나 은혜가 약하고 부패가 심하고 구원에 대한 확신이 거의 없거나 죽을 준비가 되어 있지 않고 아직 할 일의 전부 또는 대부분이 남아 있는 사람들은 시간을 절약해야 한다. 그들이 배회한다면 이중으로 비난을 받을 것이다. 배회하고 악을 행하는 것은 지나간 때로 족하다.[82] 마귀가 이미 너무 많은 것을 가지고 있지 않은가? "하루 종일 게으르게"[83] 서 있을 것인가? 집을 살피고 아직 하지 못한 일을 보라. 당신이 얼마나 안전하고 안락한 죽음을 원하는지! "너희가 자기를 위하여 공의를 심고 인내를 거두라 너희 묵은 땅을 기경하라 지금이 곧 여호와를 찾을 때니 마침내 여호와께서 오사 공의를 비처럼 너희에게 내리시리라."[84]

일반적 유형 7 어떤 직분에 있든지 특별하거나 공익을 행할 기회가 있는 사람은 시간을 절약하는 것이 매우 중요하다. 특히 순회판사와 그리스도의 사역자들에게 그렇다. 당신의 생명은 길지 않을 것이고 당신의 직무도 길지 않을 것이다. 오, 당신이 할 수 있을 동안에 죄와 사탄에 대항하여, 그리고 그리스도와 거룩함을 위해 최선을 다하라, 하나님은 바로 시간

---

82) 벧전 4:3
83) 마 20:6
84) 호 10:12

으로 당신을 시험할 것이다. **오바댜**는 부름을 받았을 때 선지자들을 숨기고 먹을 것을 주었다. 그러는 동안 하나님이 그를 숨겨 주시고, 그가 의무를 이행하지 않고, 더 나은 시기에 자신을 구할 생각을 하지 않게 하셨다. **모르드개**가 **에스더**에게 이르기를, "너는 왕궁에 있으니 모든 유다인 중에 홀로 목숨을 건지리라 생각하지 말라 이 때에 네가 만일 잠잠하여 말이 없으면 유다인은 다른 데로 말미암아 놓임과 구원을 얻으려니와 너와 네 아버지 집은 멸망하리라 네가 왕후의 자리를 얻은 것이 이 때를 위함이 아닌지 누가 알겠느냐"[85]고 했다. 당신들은 사역자인가? 오, 할 수 있는 한 복음을 전파하라. 시간을 아끼라. 모든 시간이 당신의 때이다. 이 큰일과 영혼의 가치를 생각하여 "때를 얻든지 못 얻든지" 복음을 전파하라고 명한다.[86] 물에 빠진 많은 사람을 구하거나 도시의 불을 끄려는 사람이 최대한 부지런함과 신속함으로 때를 얻지 못하면, 모든 사람보다 변명할 수 없다.

일반적 유형 8 마지막으로, 질병에서 회복되거나 모든 위험에서 구원을 받고, 특별한 자비와 그들 자신의 특별한 약속의 의무를 지고 있는 사람은 시간을 아끼는 것이 그들에게 주어진 특별한 의무다. 질병이나 환난의 때에 하나님께서 그들에게 자비를 나타내고 다시 기회를 주면, 그들의 삶을 수정하고 더 거룩하게 살며 그들의 영혼을 위해 더 신중하고 부지런히 시간을 보내겠다고 약속한 사람들은 그들의 큰 변화와 모범적인 삶으로 그들 회개의 진실이 사실이라는 것을 모두에게 보여야 할 것이다. 오, 위협받지 않는 상태와 나태와 죄로 돌아가서 하나님께 드린 그러한 약속을 깨뜨리는 것은 가장 위험하고 두려운 일이다! 그러한 사람들은 종종 비참한 완고함이나 절망에 빠지게 된다. 왜냐하면, 하나님은 어리석은 말로 조롱당하지 않으실 것이기 때문이다.

지금까지 나는 시간을 절약하는 이 큰 의무를 광범위하게 설명했다. 왜냐하면, 그것은 말할 수 없이 중요하기 때문이다. 그리고 내 영혼은 습관적으로 게으른 사람들이 귀중한 시간을 낭비하고, 영원에 가까워지고 그토록 궁핍하고 위험한 경우에도 그토록 무감각하여, 뉘

---

85) 에 4:13, 14
86) 딤후 4:2

우치지 않을 수 있다는 사실에 자주 감탄한다. 시간을 완전히 허비하지 않고 오랫동안 그 죄의 가증함을 느끼며 살아온 것에 대해 하나님께 감사한다. 지금까지 그러한 강력한 동기가 나로 하여금 영원히 영향을 미치는 사건에서 겉보기로 서두르는 것 같지 않고, 여전히 모든 힘을 다해 일하도록 강요한다는 사실에 스스로 놀란다.

제6장

생각을 다스리기 위한 방향 제시

나는 나의《하나님과 동행론》에서 하나님께서 인간의 생각을 얼마나 존중하며 자신도 그렇게 여겨야 한다는 것을 당신에게 설명했고, 그것이 얼마나 많은 선과 악의 대리인과 도구가 되는지를 보여 주었다. 그러므로 나는 다시 반복하지 않고 단지 그것을 다스리는 것에 대해서만 제시할 것이다. 여기에 대해 말할 세가지 부분의 방향 제시는, 1. 사악한 생각을 피하는 일에 대해 2. 좋은 생각의 실천에 대해 3. 좋은 생각의 개선과 그것들이 효과적일 수 있게 하는 것이다.

제1과 악하고 헛된 생각에 대한 방향 제시

방향 제시-1 '어떤 것이 악한 생각인지 알고, 그런 생각의 혐오스러운 특성을 마음에 계속 간직하라. 그러면 여전히 혐오감을 불러일으킬 수 있다.' 악한 생각은 다음과 같다. 하나님의 존재나 속성이나 관계나 존귀나 하나님의 일을 거스르는 모든 생각. 무신론적이고 신성모독적이며 우상 숭배하고 믿음을 거부하는 생각, 하나님의 뜻이나 말씀을 불순종하거나 거역하는 경향이 있는 모든 생각, 감사치 않는 것, 또는 하나님에 대한 사랑의 결여, 불만과 불신, 또는 하나님에 대한 두려움의 결핍 또는 이러한 경향이 있는 모든 생각. 또한 죄가 많고, 이기적이며, 탐욕스럽고, 자랑스러운 학문, 이익을 위해 성직을 거래하는 것. 다른 사람들을 실제보다 과장하여 말하는 것, 계시되지 않은 금지된 것들에 대해 탐색하는 것, 지나친 호기심, 그리고 하나님의 법령에 대한 당신 자신의 의견에 대한 성급한 자만심 또는 우리의 이해에 대한 자부심에 의해 이해하기 어려운 예언, 이적, 섭리에 대해 언급하는 것이다.

하나님의 어떤 특정한 말씀이나 진리나 하나님의 교훈이나 특정한 의무에 반대하는 모든 생각. 그것은 하나님의 이름이나 거룩한 날을 경건하지 않게 무시하는 경향이 있는 모든 생각. 공적인 의무, 가족에 대한 의무 또는 은밀한 의무에 반하는 모든 불경한 생각. 하나의 의무를 방해하거나 손상시킬 수 있는 모든 생각. 치안판사, 목사, 부모, 주인 또는 기타 상급자 중 어느 쪽이든, 하나님이 우리에게 부여하신 높은 권세의 권위에 대한 불명예, 경멸, 무시 또는 불순종에 대한 모든 생각. 교만과 자기를 높이는 야망과 자기를 구하는 탐욕에 대한 모든 생각. 육체의 부패하고 무절제한 쾌락의 경향이 있고 근원이 되는 음탕하고 관능적인 생각. 불공평하고 다른 사람을 해하거나 부당하게 대하는 경향이 있는 생각. 시기, 악의, 비방, 해를 끼치는, 경멸하는, 몹시 화가 난, 복수하려는 생각. 호색, 음탕, 너러운 생각. 술 취함, 탐식, 육체의 생각. 무절제하고, 염려, 두려움, 불안, 짜증, 혼란스러운 생각. 주제넘어 안전하다 생각하고, 절망하고, 낙담하는 생각. 나태, 지체, 게으름. 관대하지 않고, 잔인하고, 거짓되고, 비판적이고, 무자비한 생각. 게으르고 무익한 생각. 이 모든 것을 마귀의 산물처럼 미워하라.

방향 제시-2 '생각에 얼마나 큰 의무와 죄가 있는지, 그리고 악한 생각의 과정이 당신의 영혼에 얼마나 위험한 의미와 결과를 가져오는지에 대해 무감각하지 말라.' 사람은 자신의 말이나 행동으로 어떤 사람인지 보여 준다. "무릇 그 마음의 생각이 어떠하면 그 사람됨도 그러하다."[1] 선한 사람과 악한 사람은 그 마음이 높이 평가하는 것이 선하고 악한가에 의해

---

1) 잠 23:7

지정되지만, 그 열매에 의해서 사람에게 알려진다. 오, 사람의 생각 속에서 저질러지고 사람의 생각에서 나오는 사악하고 비열한 수많은 죄악들이여! 오, 게으름과 다른 죄악 된 생각으로 잃어버린 소중한 시간들 이여! 오, 이로써 마음과 삶에 방해를 받는 선이여! 앞서 언급한 책에서 말한 것을 제외하고 진행한다.

방향 제시-3 '무엇보다도 당신은 당신의 악한 생각이 나오는 샘을 깨끗이 하고 마음의 죄악 된 성향을 파괴하라.' 그렇지 않으면 그 흐름을 막으려고 노력해도 소용없을 것이다. 또는 당신이 그것을 막는다 해도, 그 마음 자체가 하나님 보시기에 혐오스러울 것이다. 세상에 대한 당신의 모든 생각은 '당신에게 부족한 것에 대해 탐내는가, 염려하는가, 불만을 제기하는가, 아니면 당신이 가진 것과 바라는 것으로 스스로 만족하는가'이다. 세상에 대한 당신의 기만적인 평가를 내려놓으라. 그것을 네 발 아래로, 그리고 네 마음에서 던져 버려라. **바울**과 같이 모든 것을 해와 배설물로 여겨라. 왜냐하면, 그리스도 안에 있는 하나님을 아는 지식이 가장 고상하기 때문이다. 세상이 당신 안에서 죽을 때까지 당신의 세상적인 생각은 죽지 않을 것이다. 그러나 일단 이 어중간한 상태가 사라지면, 모든 것이 조용할 것이다. 세상을 십자가에 못 박으라. 그러면 그 호흡과 맥박이 멈출 것이다. 그러므로 당신의 생각이 승진, 명예, 불명예 또는 경멸의 문제에 사로잡혀 있거나 당신 자신의 탁월함이나 박수갈채에 만족한다면, 당신의 교만을 죽이고 겸손하고 자기 부정적이 되고, 죄를 깊이 뉘우치는 마음을 하나님께 구하라. 교만이 죽을 때까지, 당신은 그것을 위해 결코 잠잠하지 않을 것이다. 게다가 그것은 자기를 높이면서도 자기를 성가시게 하는 생각들로 가득 차서 하나님 보시기에 당신을 가증하게 할 것이다. 그러므로 당신의 생각이 무엇을 먹을까, 무엇을 마실까, 어떻게 하면 식욕과 감각을 즐겁게 할 것인가에 대한 것에 달려 있다면, 육체를 죽이고 그 정욕을 억제하며 식욕을 제어하고 이성에 완전히 복종하고 절제의 습관을 몸에 붙이라. 그렇지 않으면 당신의 생각은 여전히 당신의 배와 목구멍에 있을 것이다. 왜냐하면 그것들은 지배권력에 복종할 것이기 때문이다. 그리고 격렬한 열정과 욕망이 그것들을 너무나도 강력하게 움직이기 때문에 이성과 의지로 그것들을 지배하기 어렵다. 그러므로 만일 당신의 생각이 음탕하고 더러우면, 그 더럽고 음란한 마음을 깨끗이 하고 그리스도로 하여금 더러운 영을 쫓아내고, 속이 순결하게 되도록 해야 당신의 음란한 생각을 버리게 된다. 그러므로 생각에 혼란과 허영이 있다면, 생각의 병을 잘 치료하기 전에 갖추어지고 잘 정돈된 정신과 마음을 가져야 한다.

방향 제시-4 '악한 생각의 연료이자 동기가 되는 그러한 유혹적인 대상으로부터 충분한 거리를 유지하라.' 술주정뱅이가 맥줏집이나 술집에서 술을 보는 동안 자신의 생각을 다스릴 것이라고 기대할 수 있는가? 아니면 탐식자가 맛있는 음식이 눈앞에 있는데 자신의 생각을 다스리기를 바라는가? 아니면 음탕한 사람이 자기를 홀리게 하는 사랑놀이 앞에서 자기 생각을 순결하게 유지하기를 바라는가? 아니면 몹시 노한 사람이 다투고 격정적인 대화 중에서 자기생각을 다스리기를 바라는가? 아니면 교만한 사람이 명예와 박수갈채 속에서 자기 생각을 다스리기를 바라는가? 당신이 안전하고 싶다면 이 연료를 버리고 이 전염성 있는 공기에서 달아나라.

방향 제시-5 '순종하는 생각을 가지려면, 최소한 감각과 언약을 맺고 순종하는 마음을 유지하라.' 모든 사람은 감각이 생각을 얼마나 강력하게 움직이는지 경험으로 모두 알고 있기 때문이다. **욥**은 "내 눈과 약속하였나니 어찌 처녀에게 주목하랴."[2]라고 말한다. 그의 눈과의 언약이 어떻게 그의 생각을 다스리는 수단이 되었는지 주의하라. **다윗**처럼 기도하라, "내 눈을 돌이켜 헛된 것을 보지 말게 하소서."[3] 생각을 지키려면 눈과 귀와 맛과 촉감을 지켜라. 당신이 더 이상 함께 가지 않기를 원하는 것이 이 바깥쪽 부분에서 들어오지 못하게 하라. 그들을 들여보내지 않으려면 그들에게 문을 열어 주지 말라.

방향 제시-6 '생각이 행동과 얼마나 가까운지 그리고 생각이 행동에 어떤 경향이 있는지 기억하라.' 그리스도께서 친히 당신에게 말한다. "그러나 내가 너희에게 이르노니 누구든지 이유 없이 그 형제에게 노하는 자는 심판을 받으리라. 나는 너희에게 이르노니 음욕을 품고

---

2) 욥 31:1
3) 시 119:37

여자를 보는 자마다 마음에 이미 간음하였느니라."⁴⁾ 악한 생각과 악한 행위는 같은 샘에서 나와 같은 성질을 가지고 있다. 오직 행위는 성숙한 뱀이어서 다른 사람을 물 수 있고, 생각이 어린 뱀과 같을 때는 그 자체에 독이 있을 뿐이다. 음탕한 생각은 실제의 더러움과 같은 더럽혀진 웅덩이에서 나온다. 생각은 행동으로 가는 통로일 뿐이다. 그것은 미성숙 상태에 있는 동일한 죄일 뿐인데 성숙해지는 경향이 있다.

방향 제시-7 '모든 무절제한 열정을 멀리하거나 신속히 쫓아내라.' 왜냐하면 열정은 생각을 격렬하게 압박하고 강제로 그것을 빼앗아가기 때문이다. 노여움이나 슬픔이나 두려움이나 육체적 사랑이나 기쁨이나 쾌락이 생각에 들어가면, 그것들은 당신의 생각에 명령하여 여러 대상에게 달려 가게 할 것이다. 당신이 당신의 생각을 가혹하게 비판하고 그들을 불러들이면, 그들은 당신이 군중과 열정의 소음에서 벗어나 있는 동안, 당신을 감지하지 못할 것이다. 내전이 한창일 때에는 왕국에서 어떤 통치도 제대로 행사되지 않는다. 격렬한 폭풍우는 뱃사람들을 무력화하여 배를 통제하고 배와 자신을 구할 수 없게 한다. 그래서 열정은 너무 폭풍우가 치는 지역이어서 생각이 잘 다스려지지 않는다. 당신의 영혼이 고요한 상태가 될 때까지 당신의 생각은 혼란스러울 것이며, 폭풍우가 그들을 몰아치는 식으로 서두를 것이다. 이 전쟁이 끝날 때까지 당신의 생각은 방탕하고 반역에 가담하게 될 것이다.

방향 제시-8 '하나님에 대한 지속적이고 주의 깊은 순종으로 당신의 영혼을 지키라.' 그의 법을 지켜라. 당신이 그의 통치 아래 있다는 것을 끊임없이 분별하고 그의 권위를 두려워하라. 사람은 당신의 생각을 판단하지 않는다. 당신이 사람에게만 복종하면 당신 생각이 제어되지 아니할 것이다. 오직 마음은 하나님께서 통치하시는 첫 번째 대상이고 그가 가장 중요하게 여기는 것이다. 그의 법은 당신의 모든 생각까지 확장된다. 그러므로 당신이 하나님에 대한 순종이 무엇인지 안다면, 당신은 그분에 대한 당신의 생각의 순종이 무엇인지 알아야 한다. 하나님을 하나님으로 순종하는 자는 이 일에서만 아니라 다른 일에서도 그에게 순종

---

4) 마 5:22, 28

할 것이며 생각의 총독이자 재판관인 그에게 순종할 것이다. 강력하고 통찰하는 그리스도의 말씀은 "살아 있고 좌우에 날 선 어떤 검보다도 예리하며 마음의 생각과 뜻을 판단하고" "혼과 영을 찔러 쪼개기까지 한다."[5] "하나님을 아는 지식을 가로막는 모든 생각을 쳐부수고 모든 생각을 사로잡아서 그리스도에게 복종하게 한다."[6] 그러므로 다윗은 하나님께 "하나님이여 나를 살피사 내 마음을 아시며 나를 시험하사 내 뜻을 아옵소서 내게 무슨 악한 행위가 있나 보시고 나를 영원한 길로 인도하소서."[7]라고 말했다. 그리고 당신은 하나님의 법과 책망이 생각에까지 미치고 있음을 알게 된다. "그 생각은 악한 생각이라."[8] 시편 14편 1절에서 미련한 마음의 무신론자가 책망을 받는다. 그분은 "자기 생각을 따라서 옳지 않은 길을 걷는"[9] 반역하는 백성을 책망하신다. 마태복음 15장 9절에서 그리스도가 어떻게 마음을 여는지 보라. 그분은 가난한 자들에게 베풀어야 할 자비를 베풀지 않는 그들에게 "삼가 너는 마음에 악한 생각을 품지 말라."[10]고 명령하신다. 그분은 세상 사람들의 "속 생각" 즉 "그들의 집은 현세에서 영원히 유지될 것"[11]이라고 생각하는 것을 감지하신다. 그분은 "미련한 자의 생각은 죄다."[12]라 말씀하신다. 옛사람도 "그들의 마음의 생각이 항상 악하다."[13]고 정죄받았다. 하나님이 죄인을 회심하라 부르실 때 "악인은 그의 길을, 불의한 자는 그의 생각을 버리고 여호와께 돌아오라 그리하면 그가 긍휼히 여기리라."[14]고 말씀하신다. 당신이 하나님께 복종하려면 당신의 생각까지도 순종해야 한다.

방향 제시-9 '하나님의 지속적인 임재와 당신의 모든 생각이 그의 눈앞에 있다는 것을 기

---

5) 히 4:12
6) 고후 10:5
7) 시 139:23, 24
8) 사 59:7
9) 사 65:2
10) 신 15:9
11) 시 49:11
12) 잠 24:9
13) 창 6:5
14) 사 4:6, 7

억하라.' 그는 모든 더러운 생각과 모든 탐욕과 교만과 야심 찬 생각과 모든 무자비하고 악의적인 생각을 보신다. 당신이 무신론자가 아니라면, 이것을 기억하는 것이 당신의 생각을 어느 정도 견제하고 통제할 것이다. "그는 멀리서도 당신의 생각을 밝히 아신다."[15] "마음을 저울질하시는 이가 어찌 통찰하지 못하겠느냐?"[16] 예수께서 그들의 생각을 아시고 "너희가 어찌하여 마음에 악한 생각을 하느냐?"[17]고 말씀하신다.

방향 제시-10 '만일 당신의 생각이 당신의 이마에 기록되거나, 당신을 보는 모든 사람이 볼 수 있거나, 당신이 존경하는 어떤 사람에게 공개된다면, 다른 사람을 짜증나게 하는 당신의 생각을 어떻게 제어할 것인가를 진지하게 생각하라.' 오, 그때 사람들이 당신의 더러운 생각, 악한 생각, 탐욕스럽고 속이는 생각을 보게 된다면 얼마나 부끄러울 것인가! 하나님의 눈은 천 배나 더 경외하고 존중해야 하지 않을까? 하나님보다 사람을 더 두려워하고 사람의 눈이 당신을 제지할 수 있다면 그 사람이 당신의 신이 아닌가?

방향 제시-11 '가장 적은 죄에 대해 무관심하거나 무감각하지 않도록 당신의 양심을 민감하게 유지하라.' 민감한 양심은 악과 게으른 생각을 두려워하며, 의지는 생각에 대한 참회의 검토로 아파할 것이다. 그러나 화인 맞은 양심은 일부 비통하고 울부짖는 죄 외에는 아무것도 느끼지 못한다. 민감한 양심은 "만일 네가 미련하여 스스로 높은 체하였거나 혹 악한 일을 도모하였거든 네 손으로 입을 막으라."[18]는 계명에 순종한다.

방향 제시-12 '헛되고 죄악 된 생각이 자리잡고 네 마음에 정착하여 거주하기 전에 처음부터 내쫓으라.' 그들은 입구에서 가장 쉽고 안전하게 저항할 수 있다. 당신의 마음이 그들에게 뿌리를 내리고 머물게 된다면 그들과 친숙해질 것이다. 게다가 저항이 적으면 적을수록, 동

---

15) 시 139:2
16) 잠 24:12
17) 마 9:4
18) 잠 30:32

의하면 할수록 그것은 죄가 더 크다는 사실을 보여 준다. 의지가 그들을 반대한다면, 그렇게 오랫동안 그것들을 내버려 두지 않을 것이다. 참으로, 헛되고 죄악 된 생각들이 지속되면 당신을 파멸로 이끌 것이다. 그것은 당신의 창자에 독이 든 것과 같고, 초가에 불이 붙은 것 같고, 군대에 스파이가 있는 것과 같다. 그것들이 머무르는 한, 그것들은 당신의 더 큰 해악을 위해 일할 것이다. 이 파리들이 오래 머물면 산란하고 번식할 것이다. 그것들은 둥지를 틀고 새끼를 낳을 것이다. 그러면 당신은 순식간에 죄의 떼를 갖게 될 것이다.

방향 제시-13 '실제적인 실수가 당신의 이해를 부패 시키지 않도록 주의하라. 또는 당신이 어떤 악한 계획에 가담하지 않도록 주의하라. 왜냐하면 이것들은 당신의 생각으로 하여금 죄악 된 일에 주의를 기울이고 그들의 목적을 위해 봉사하라고 명령할 것이기 때문이다.' 잘못을 저지르고 자신의 죄가 자신의 미덕이나 의무라고 생각하는 사람은 통제없이 그 생각에 빠질 것이다. 따라서 그는 마음속으로 그런 개념을 갖게 될 것이다. 그리고 자기의 죄의 동기와 이유를 하나님의 권위와 말씀에서 허락없이 훔칠 것이다. 거짓 선지자들은 하나님의 이름으로 하나님을 대적하고, 그의 말씀을 가장한 권위로 그의 말씀을 대적할 것이다. 그리하여 그릇된 마음은 하나님과 성경을 거스르는 죄악 된 생각을 위하여 하나님과 성경으로부터 자기의 증거를 가져올 것이다. 우리가 하나님의 권위와 그에 대항하는 말씀을 변호할 때 악한 생각이 거의 억제되지 않고 그것을 막기 위해 최선을 다할 때, 당신이 그들을 위해 하나님과 성경의 권위를 간청하고 그것들에 불 붙이고 촉진시키는 것을 당신의 의무로 받아들일 때 악한 생각이 어떻게 승리하겠는가! 예를 들면, 로마의 성직자들이 세상에서 그들의 암흑왕국을 지원하고 교회에서 그들의 폭정을 계속하기 위해 고안해 낸 모든 죄악 된 생각은 그들의 오류의 산물일 뿐이며, 이 모든 것이 하나님을 기쁘시게 하고 교회에 유익이 되어야 한다고 그들에게 말한다. 교회와 그리스도의 거룩한 길을 반대하는 박해자들의 피비린내 나는 생각이 이 그릇된 생각에 의해 양육되었다. "때가 이르면 무릇 너희를 죽이는 자가 생각하기를 이것이 하나님을 섬기는 예라 하리라 그들이 이런 일을 할 것은 아버지와 나를 알지 못함이라."[19] 교회를 대적하던 **바울**의 피비린내 나는 모든 음모와 행위는 여기에서 비롯된 것이다. "나도 나사렛 예수의 이름으로 대적하여 범사를 행하여야 될 줄 스스로 생각하고 이런 일을 행했다."[20] 그러므로 하나님에 대한 공경심이 없는 많은 사람들의 거룩한 삶에 대한 경멸과, 비판하는 모든 생각과 말은 다음과 같다. "너희가 그들과 함께 그런 극한 방탕에 달음질 하지 아니하는 것을 그들이 이상히 여겨 비방한다."[21] 마음에서 우러나오는 영적인 섬김 대신에 입술로 하는 게으른 수고로 자기 영혼을 속이는 위선자들의 헛된 중언 부언과 자기 마음과 거룩한 순종은 부인하면서 하나님께 겉으로 무엇을 드리는 우매한 자들의 제사가 행해지는데, 그것은 "그들은 말을 많이 하여야 들으실 줄 생각하고"[22] 자기들이 악을 행하는지 모른다.[23] 하나님에 대한 공경심이 없는 자들의 모든 자기과시와 뻔뻔함, 그리고 결과적으로 그들의 하나님에 대한 공경심이 없는 모든 삶은 그들의 잘못된 생각에서 많이 나온다. "만일 누가 아무것도 되지 못하고 된 줄로 생각하면 스스로 속임이라."[24] 오, 빛 가운데로 나아와 너의 어두움을 버리라! 왜냐하면 죄 많은 생각은 빛에서 날아다니는 인간을 괴롭히는 도깨비와 고약한 노파와 같고, 벌레와 뱀처럼 구멍으로 기어 들어가 어둠 속에서 기어 다니며 번식한다.

방향 제시-14 '여기에서 유죄 판결에 의하거나, 가장 먼 심판의 날에 빛으로 들어올 때 당신 당신의 어떤 생각이 공개될지 기억하라.' 그때 당신은 어떤 더러운 것과 헛된 일을 즐겼는지, 그리고 어떤 찌꺼기와 쓰레기로 마음에 채웠는지 보며 부끄러워할 것이다. 빛이 들어오면 지금은 전혀 알아채지 못하는 당신 마음의 지하감옥에서 많은 것들을 보며 놀랄 것이다! 당신의 모든 숨겨진 생각들은 언젠가 공개된 빛으로 가져와야 한다는 것을 기억하라. 그것들은 너무 많기에 이것이 불가능한 일이라고 말하지 말라. 사람 모두를 한 번에 모든 것을 보

---

19) 요 16:2, 3
20) 행 26:9
21) 벧전 4:4
22) 마 6:7
23) 전 5:1
24) 갈 6:3

시고, 그의 태양이 한 번에 수백만 명의 사람을 비추는 하나님께서는 그들을 모두 한 번에 볼 수 있게 하고, 또 뚜렷하게 그들 각각의 수치심과 더러움을 보게 하실 수 있다.

방향 제시-15 '죄와 허영에 속한 어떤 생각이 여전히 당신을 따르고 있음을 발견할 때, 당신이 할 수 있는 모든 일임에도 불구하고, 당신의 마음을 낙담하게 하고 산만하게 할 수 있는 너무 많은 근심, 두려움, 곤경에 당신의 영혼을 밀어 넣어서는 안 된다. 그러나 편안하고 순종적인 치료 방법으로 하나님을 기다려야 한다.' 죄인으로 하여금 자신의 생각에 대해 완전히 부주의하게 하고, 그들 속에 있는 어떤 죄도 무감각하게 만드는 것이 유혹하는 자의 방법이다. 그 희망이 그의 기대에 미치지 못할 때, 그는 겸손하고 순종적인 영혼으로 하여금 자신의 생각이 죄에 대해 인식하게 하고, 지나치게 조심하게 하여 자신을 난감하게 하고, 그가 우울, 낙담, 절망에 빠뜨리게 하기 위해 노력할 것이다. 그리 되면 그는 자신의 생각을 전혀 통제할 수 없을 것이다. 게다가 그들은 다른 방식으로 통제되지 않기에 계속해서 공포를 먹고 살 것이다. 이 유혹의 목적은 당신을 산만하게 하고 혼란스럽게 하는 것이다. 유혹자의 의도는 하나님의 목적과 정반대가 된다. 그가 공포로 당신을 몰아붙이는 동안, 당신이 지금까지 있었거나 생각하고 있는 것 외에는 아무것도 생각하지 못하게 하며, 당신 자신의 생각을 당신 생각의 유일한 혹은 주된 주제로 만들기 위해, 그는 당신을 혼란스럽게 할 것이다. 그리고 당신을 모든 선한 일에 무관심하게 하고 당신의 생각을 전혀 통제할 수 없게 만들 것이다. 그러나 당신이 주로 하나님의 탁월하심과 경건을 연구하고, 종교를 당신에게 즐거움을 주는 과정으로 주의를 기울이고, 게다가 하나님에 대한 두려움으로 순종을 계속한다면, 이러한 만족을 주는 순종이 가장 우세할 것이다.

방향 제시-16 '그러므로 당신의 마음을 사랑과 의무로 그리스도께 내어 드리고, 당신의 생각을 전적으로 그분에 대한 봉사에 바치고, 그분에게나 그분에 관한 일을 계속하라. 그러면 그것은 허영심과 죄를 가장 효과적으로 치료할 것이다.' 당신이 전적으로 사랑하는 친구가 있다면 그를 즐겁게 해야 하는 방에서 돼지를 먹이지 않을 것이며, 그곳을 더럽고 부정한 상태로 방치하지 않을 것이며, 친구의 즐거움을 방해하는 지저분하고 부적절한 것을 일반적으로 남겨두지 않을 것이다. 그러므로 사랑과 즐거움은 마음의 청결을 유지하고 허영심과 불결한 생각을 없애기 위해 기꺼이 조심하며, 이 방은 더 나은 손님을 위한 것이라고 말할 것이다. 내 주께서 혐오하는 것은 아무것도 여기에 오지 못할 것이다. 그가 그렇게 초라한 거주지를 받아들이기 위해 기꺼이 내려오시려 하는데 내가 해로운 적들을 들여보내 그를 괴롭히거나 불쾌하게 해야 하나? 그가 내 마음에 거하실 것인데, 그와 함께 거하는 곳에, 내가 교만이나 정욕이나 악한 생각을 용납해야 하나? 이들이 은혜의 영에 적합한 동반자인가? 내가 그분이 슬퍼하는 것을 기뻐해야 할까? 그들이 들어오면 언제나 그분이 그들을 다시 쫓아낼 때까지 그들을 혐오하거나 아니면 그분 스스로 나갈 것임을 나는 안다. 그리고 내가 그토록 사랑하는 친구를 더럽고 해로운 원수에 대한 사랑 때문에 쫓아내야 하나? 아니면 전쟁을 좋아하는가? 내 마음속에서 계속되는 전투가 있는가? 내가 그리스도의 영을 그의 처소 때문에 그런 불명예스러운 적과 싸우게 할 것인가? 실제로 죄 많고 헛되고 무익한 생각에 대한 진정한 치료법은 없지만 반대되는 것에 의하여 치료할 수 있다. 생각을 불러내 합당한 일을 하게 하고 더 유익한 일을 찾게 하고, 그분의 사랑의 경이로움과 그분의 구매와 공로의 기이한 계획에 의하여, 그만한 가치가 있는 그분에 대한 사랑과 봉사에 자신과 마음을 전적으로 바침으로써 치료할 수 있다. 그리스도께서 들어와서 그에게 열쇠를 주고 당신 마음을 자기의 마음과 같이 지키시기를 기도하라. 그리하면 그가 성전에서 매매하는 자를 쫓아내고 기도하는 집이 도적의 소굴이 되지 않게 할 것이다. 그러나 만일 당신이 그리스도를 장래를 위해 예비적으로 받아들이고 세상과 육체를 위한 계획으로 받아들인다면, 그리스도께서 그들의 동반자가 되지 않고 손님으로 머문다는 것에 놀라지 말라. 당신은 그를 위하여 무언가를 드린 것이 아니다.

제2과 좋은 생각을 마음에 채우는 방향 제시

거룩하고 유익한 생각을 위한 일로 정신을 잘 갖추는 것은 모두에게 같지는 않지만 이성을 사용하는 모든 사람에게 필요하다. 그러나 여기서는 거룩한 삶에 필요하고 우리가 매일 하나님과 동행하는 데에 사용되는 다양한 종류의 관련 자료만을 제시할 것이다. 그리고 목회자, 치안판사 또는 기타 특별한 부름에 적절한 일과 결합하지 않겠다. 그럼에도 여기의 말미에 학생들을 위한 약간의 일반적인 방향을 제시한다.

[우리의 관심과 목적]

방향 제시-1 '자신의 이익과 큰 관심사를 잘 이해하고 무엇을 위해 살고 있으며 완전한 행복과 목적이 무엇인지 결정하라. 그러면 이것은 당신의 생각에 그것을 섬기도록 명령할 것이다.' 목적은 모든 수단이 선택되고 사용되는 것이다. 사람의 평가는 그의 의도와 계획을 지시하고, 그의 의도와 계획은 그의 생각을 지배한다. 비록 일부 부수적인 생각들이 다른 방향으로 흘러갈지라도, 이들은 분명히 가장 먼지, 가장 중요하고, 가장 진지하고, 실용적이고, 효과적인 생각을 할 것이다. 그것은 방앗간 주인이 곡물을 갈기에 충분한 양의 물을 유지하지만 필요하지 않다고 생각하는 물은 흘려 버리는 것과 같다. 당신이 추수 때에 당신을 위하여 곡식과 열매를 모두 거두어 들이지만 당신이 귀히 여기지 않는 것은 이삭 줍는 사람들을 위해 남겨 둘 수 있는 것과 같다. 그렇게 사람이 궁극적인 목적과 완전한 행복을 위해 취하려는 것이 무엇이든 간에, 그가 자기 주요 계획에 아무런 손상 없이 그것을 할 수 있다고 생각할 때, 다른 것들을 약간 남겨둘지라도 신중하게 고려하는 생각의 흐름을 갖게 될 것이다. 여행자의 얼굴은 일반적으로 여행의 목적지를 향하고 있기 때문에, 여행을 중단한다고 생각하지 않는 한, 그는 자기 뒤를 돌아볼 수도 있고 양쪽을 볼 수도 있다. 그러면서 우리의 주된 목적은 우리의 생각을 계속 이어갈 것이다. 그러므로 육체의 번영과 쾌락, 세상의 풍요와 명예보다 더 높은 목적을 실제로 알지 못하는 거룩하지 않은 영혼들은 그들의 생각에 대해 어떤 거룩한 관리를 할 수 없다. 게다가 그들의 마음과 양심이 더러워지고 그들의 생각은 그들의 목적과 같이 세속적으로 변했다. 그들의 부도덕하고 사악한 생각은 고쳐질 가능성도 없고, 하나님을 기쁘게 받아들이라고 생각에 명령할 수도 없다. 그러나 그들의 세속적이고 육체적인 생각을 고치고 그들의 계획과 목적을 바꿈으로써 고칠 수 있다. 그리고 이것은 그들의 관심사가 무엇인지 이해함으로써 이뤄진다. 당신에게 가장 필요하고 당신에게 가장 좋은 것이 무엇인지 잘 인지하라. 그러면 그것이 당신의 마음을 변화시키고 영혼을 구원할 것이다. 이것을 알면, 당신의 생각은 결코 물질이 사용되는 것을 원하지 않을 것이며, 또한 해외에서 방황하는 고통을 겪지 않을 것이다. 그러므로 죽음에 대한 예측과 곧 심판이 온다는 생각은 지식이 풍부한 책이나 평범한 수단보다, 더 현명하고 가장 유용한 생각을 마음에 제공하는 데에 더 효과적으로 사용된다. 사람이 무엇을 해야 하는지 가장 잘 알려 주는 것은 그가 무엇을 생각해야 하는지를 가장 잘 알려 준다. 게다가 다가오는 죽음과 영원의 출현은 둔하고 육체적인 죄인에게 그가 해야 할 일을 가장 잘 알려 준다. 이것은 현재 자신의 마음과 삶을 살피고 최후의 심판을 받게 될 사람으로서 자신을 판단해야 한다고 그에게 대담하게 말한다. 그리고 그것은 그의 죄와 불행에 대한 구제책을 찾아야 할 때가 왔다는 것을 말한다. 그러므로 그것이 그의 생각을 이런 식으로 지시할 것이다. 변호사, 의사 또는 상인에게 무엇이 그의 생각을 지배하는지 물어보라. 그러면 그의 관심과 목적과 일이 그를 지배한다는 것을 알게 될 것이다. 영원히 기쁨이나 고통 속에서 살아야 하는 불멸의 영혼을 갖는 것이 무엇인지, 그리고 돌이킬 수 없는 결론을 내리는 선고에 항상 가까이에 있는 것이 무엇인지, 그리고 우리의 준비를 위해 이 짧고 불확실한 시간을 갖는 것이 무엇인지 알게 되면, 당신의 생각이 어떤 방향으로 어디로 갈지 쉽게 예측할 수 있다. 자기 집에 불이 났다는 것을 아는 사람은 그것을 끌 방법을 생각할 것이다. 자신이 죽을 병에 걸렸다는 것을 아는 사람은 그것을 치료할 방법을 생각할 것이다. 당신의 생각과 행동을 옳게 하는 가장 좋은 방법으로 당신의 관심과 진정한 종말을 아는 것보다 더 좋은 방법은 없다.

[하나님]

방향 제시-2 '하나님을 올바로 알고 구속력이 있는 믿음의 눈으로 그를 바라보라. 그러면 거룩한 생각에 물질이 결코 필요하지 않을 것이다.' 그의 위대함과 지속적으로 당신과 함께 하신다는 것은, 당신의 생각을 명령하고 경외하게 하며, 주인 없는 변덕에서 지켜 줄 것이다. 그분의 지혜는 그들에게 그의 자연적이고 초자연적인 계시에 관한 다양하고 훌륭하고 즐거운 주제에 대해 지속적인 목적을 알게 해 줄 것이다. 그러나 그분 자신에 관한 것만큼은 아니다. 하나님 안에서 당신은 당신의 생각과 애정을 위한 이유를 발견할 수 있다. 가장 높고 탁월하며, 끊임없는 부드러움으로 마음을 기쁘게 하고, 당신이 그를 천년 동안 또는 영원히 묵상하더라도 여전히 신선한 기쁨을 줄 것이다. 바다에는 헤엄칠 만큼 충분한 양의 물이 없다고 하거나 땅에는 발을 디딜 수 있을 만큼의 공간이 부족하다고 말하는 것이, 당신이 하나님 안에서 가장 오랫동안 묵상하고 가장 기뻐할 수 있는 이유가 충분하지 않다고 말하는 것보다 더 나을 것이다. 하늘에 있는 축복받은 천사들과 성도들은 그들의 마음을 영원하도록 사용하기에 하나님 한 분 안에서만 충분함을 발견할 것이다. 오, 우리 마음에 아직 남아 있는 무시무시한 어둠과 무신론이여! 우리가 기쁨으로 생각할 수 있는 전능하시고 전지하시며 가장 선하시고 풍성하시고 무한하신 하나님을 소유하고, 우리의 생명과 소망과 행복을 가지고 있음에도 불구하고, 우리는 우리의 생각이 공기나 오물을 먹지 않기 위해 물질을 원해야 하다니! 또는 우리의 기쁨을 위해 물질을 원하거나, 우리의 마음이 피조물의 문 앞에서 그것을 구걸하거나, 돼지가 먹는 껍질이 없어 굶주리지 않기 위해 물질을 원하다니!

[다가올 세상]

방향 제시-3 '신성한 말씀에 계시된 대로 보이지 않는 세상에 있는 것들을 볼 수 있는 믿음의 눈만 있다면, 물질이 당신의 생각을 지배하는 것을 원할 수 없다.' 성경은 다른 세상을 볼 수 있는 우리의 눈이다. 거기에서 당신은 거룩하고 영화롭게 된 영들을 축하하기 위해 옛적부터 계신 분, 영원하신 통치자께서 영광으로 빛나는 것을 볼 수 있고, 거기에서 당신은 인간의 본성이 천사보다 앞서고 스스로 계시는 통치자 다음으로 최고의 영광을 누리는 것을 볼 수 있다. 그리고 그리스도께서 온 천하의 왕으로 다스리시니 하나님의 모든 천사들이 그에게 순종하고 경배하며 예배한다. 당신은 그가 그의 은혜로운 소식을 그의 천사들을 시켜 자기 몸의 가장 낮은 지체들, 곧 땅에 있는 그의 양 떼의 어린 자들에게 보내는 것을 볼 수 있다. 당신은 그가 그의 모든 성도들을 위해 중보하고 그들의 평화와 즐거움을 아버지께 구하는 것을 볼 수 있다. 그들이 아버지 저택에 들어갈 때 그들을 맞이할 준비를 하고, 그들이 그곳을 지날 때 한 사람 한 사람을 환영하는 것을 볼 수 있다. 그곳에서 당신은 영광스러운 천상 사회에 참석한 위대한 창조주, 은혜로운 구원자, 그리고 영원한 영에게 끊임없고 영광스럽고 조화로운 찬양으로 찬미하고, 찬양하고, 예배하는 것을 볼 수 있다. 당신은 하나님의 얼굴을 보고, 하나님이 그들에게 계속 부어 주시는 사랑의 물줄기를 타고, 거룩한 사랑의 즐거운 불꽃 속에서 그들이 타오르는 것을 볼 수 있다. 당신은 창조되지 않은 사랑의 자기적 끌림과 성령의 끌어당기는 사랑의 즐거운 결말을 볼 수 있다. 그렇게 하여 그리스도에 의해 하나님께 연합되고 그분을 영원한 향유한다. 당신은 이 모든 축복받은 영혼들이 이 감동적인 광경과 사랑과 찬양에서 누리는 황홀한 기쁨과 말할 수 없는 즐거움을 볼 수 있다. 당신은 육체를 떠나 이 세상의 죄와 비참함에서 벗어난 자들의 영혼을 사로잡는 기쁨의 황홀함을 볼 수 있으며, 그곳에서 그들의 이전 기대, 상상, 또는 믿음을 넘어서는 말로 표현할 수 없는 예기치 못한 황홀함을 발견할 수 있을 것이다. 당신은 그곳에서 거룩하고 영화롭게 된 영혼들이 꿈꾸고, 혼란스러운 세상 사람들의 태만, 경멸, 호색, 불경한 지상을 내려다보며 얼마나 놀라고, 얼마나 긍휼히 여기고, 얼마나 혐오하는지 알 수 있다! 당신이 그리스도의 거룩한 자들이라면 당신이 영원히 무엇이 될 것인지, 당신이 어디에 거해야 하는지, 무엇을 해야 하는지, 무엇을 누릴 것인지 그곳에서 볼 수 있을 것이다. 이 모든 것을 건전한 믿음으로 알 수 있으며, 마치 당신의 눈이 그것을 본 것처럼 받아들일 수 있다.[25] 그런데도 당신의 생각은 일이 없다는 이유로 게으르거나 육체적이거나 세속적이고 사악할 수 있겠나? 당신의 묵상은 그것에 사용할 주제가 없어 메마르고 불모지인가? 사랑의 불이나 다른 신성한 애정이 그것을 먹일 연료부족으로 꺼지는가? 천국과 영원이 당신의 마음을 제한없이 넓힐 만큼 충분히 넓지 아니한가? 매일 신선하고 즐겁고 다양한 발견이 있는 그런 세상이 당신이 공부하기에 충분하지 않은가? 아니면 어떤 것이 더 다양하게 즐거운가? 당신은 더 많은 물질, 더 높고 훌륭한

---

25) 히 11:1; 고후 5:7

물질, 더 달콤하고 더 즐거운 물질 또는 거의 당신 자신과 관련된 물질을 가지고 싶은가? 구원받고 살 수 있는 믿음을 얻으라. 이 믿음은 존재하지 않는 것을 마치 있는 것처럼(어떤 면에서) 작동하게 하고, 미래에 있는 것을 마치 지금 있는 것처럼, 보이지 않는 것을 마치 당신이 지금 눈으로 보는 것처럼 만든다. 그러면 당신의 생각은 물질이 작용하기를 원하지도 않을 것이고, 완전히 자극적인 흥분도 원하지 않을 것이다.

이것으로 충분하지 않다면, 나는 당신의 진지한 생각에 합당하지 않은 지옥에서도 볼 수 있는 믿음이 무엇인지 당신에게 말할 수 있다.[26] 거기에 어떤 일이 있을까? 얼마나 끔찍한 불평과 애통이 있는가? 어떤 자기 고뇌와, 어떤 하나님의 불쾌함과, 무엇 때문에 그럴까? 그러나 나는 이것을 완전히 그냥 지나쳐 당신이 생각하기에 충분히 즐거운 일이 있음을 알게 하고 당신에게 불쾌한 일을 하지 않게 하겠다.

[사랑의 일]

방향 제시-4 '하나님의 사랑이 당신 마음에서 잘 타오르게 하라. 그리하면 그 사랑은 당신의 생각을 위하고 가장 높고 달콤한 일을 찾을 것이다.' 당신의 사랑이 당신의 생각을 지배하고, 그들에게 할 일을 할당하고, 언제 얼마나 오래 생각할지를 지시하지 않는지 당신 자신이 판단자가 될 것이다. 그러나 음탕한 연인들의 사랑이, 어리석은 육체를 얼마나 쫓는지 보라! 그들의 생각은 너무나 쉽게 끊임없이 육체를 쫓기 때문에 박차를 가할 필요가 없다. 육체가 생각을 강제로 소유하는 특정한 경로를 주의하라! 육체가 어떻게 생각이 발견하는 행위에 먹이를 주고 생기를 불어넣고, 평범한 공상을 시적이고 열정적인 경향으로 끌어 올리는지 주의하라. 연인이 더러운 시체의 좁은 공간에서 그의 생각이 밤낮으로 일할 수 있도록 얼마나 많은 물질을 찾아낼 수 있을까! 그런 경우, 하나님의 사랑은 당신의 생각을 훨씬 더 가득 채우며 풍성하게 하지 않을까? 돈에 대한 사랑이 한 해에서 다음 해까지 세상 사람들의

---

26) 히 11:1

생각에 대한 문제를 얼마나 쉽게 찾을 수 있을까? 당신이 좋아하는 어떤 것을 생각하는 것은 쉽다. 오, 묵상의 행복한 샘, 하나님에 대한 뿌리 깊고 우세한 사랑은 얼마나 행복한가! 그를 강렬히 사랑하라. 그러면 그를 잊을 수 없다. 그러면 당신은 만나는 모든 것에서 그분을 보게 될 것이다. 그리고 당신에게 말하는 모든 사람에게서 그의 말이 들릴 것이다. 당신이 그분에게 잘못하거나 그분을 불쾌하게 했다면, 당신은 슬픔으로 그분을 생각할 것이다. 그의 사랑을 맛본다면 기쁨으로 그분을 생각할 것이다. 만일 당신에게 희망이 있다면, 당신은 열망으로 그를 생각할 것이며, 당신의 마음은 그를 찾고 그를 향유할 수 있는 수단을 이해하고 사용하는 데에 열중할 것이다. 사랑은 독창적이고 충만하며 빠르고 활동적이며 단호하다. 사랑은 용감하고 인내심이 강하고 근면하며 즐겁게 어려움에 직면하며, 수고하는 데에 나서며, 유익한 고난에 모습을 드러낸다. 그러므로 그것은 사랑이 지배하는 마음을 매우 바쁘게 만들고 그 생각에게 일의 세계를 찾아준다. 경건치 않은 자들의 생각 속에 하나님이 계시지 않는 것은, 그분이 그의 마음속에 있지 않기 때문이다.[27] 그는 "입은 주께 가까우나 그들의 마음은 멀다."[28] 그 사람들은 자신을 믿는가, 아니면 무엇보다 하나님을 사랑한다고 말하면서 그분은 생각하지도 않고 그분에 대해 생각하기를 좋아하지도 않는 현명한 사람을 믿는가? 게다가 자기의 부와 명예와 육체의 쾌락만을 생각하는 데에 힘쓰지 않는가? "하나님을 잊어버린 너희여 이제 이를 생각하라 그렇지 아니하면 내가 너희를 찢으리니 건질 자 없으리라."[29]

[예수 그리스도와 모든 구속 사역]

방향 제시-5 '인간의 구속에 대한 놀라운 신비를 온전히 이해하고, 예수 그리스도를 알면 당신은 당신의 생각에 대한 일을 원할 필요가 없다.' 왜냐하면 "그분 안에는 지혜와 지식의 모든 보화가 감추어져 있기"[30] 때문이다. "그리스도는 하나님의 능력이요 하나님의 지혜니

---

27) 시 10:4
28) 렘 12:2
29) 시 50:22
30) 골 2:3

라."[31] 아리스토텔레스, 플라톤, 폴로티누스, 그리고 그들의 수많은 추종자들과 주석가들의 연구가 하나님의 일을 알거나, 훌륭한 철학자로 평가받을 수 있는 사람들의 생각에 대한 일을 찾을 수 있다면, 심지어 오랜 세월 동안 또는 그들의 삶의 부분에 대한 대부분의 일을 찾을 수 있다면, 크리스천은 예수 그리스도 안에서 그의 생각의 일을 찾을 수 있을 것이다. "예수는 하나님으로부터 나와서 우리에게 지혜와 의로움과 거룩함과 구원함이 되셨다."[32] "하나님께서는 모든 충만으로 예수 안에 거하게 하신 것을 기뻐하심이라."[33] 그러므로 그분 안에는 우리의 묵상을 위한 충만한 주제가 있다. **바울**이 "내가 예수 그리스도와 그가 십자가에 못 박히신 것 외에는 아무것도 알지 않기로 작정했다."[34] 그러므로 당신의 생각이 여러 해 동안 계속하여 일할 것이 없고, 오직 그리스도께서 십자가에 못 박히신 것을 가지고 있다면, 가장 합당하고 즐거운 일이 부족하여 한순간도 멈춰 있을 필요가 없다. 성육신의 신비만으로도 당신에게 여러 세대를 탐색하고 감탄할 수 있는 일을 찾을 수 있다. 게다가 거기에서 당신이 그의 교리, 기적, 모범, 고난, 유혹, 승리, 부활, 승천에서 찾을 수 있는 놀라운 주제의 세계로 나아가고, 그의 왕의 직분, 예언자 직분, 제사장 직분에 관한 것으로 그리고 그가 양 떼를 위해 사신 모든 혜택에 관한 것으로 여러 세대에 걸쳐 탐색하고 감탄할 수 있다. 오, 여기에 신자의 일상적인 생각을 위해 얼마나 충만하고 즐거운 일이 있는가! 영혼은 **바울**이 말한 바와 같이 계속적인 기쁨으로 그 안에 거할 수 있다. "내가 그리스도와 함께 십자가에 못 박혔나니 그런 즉 이제는 내가 사는 것이 아니요 오직 내 안에 그리스도께서 사시는 것이라 이제 내가 육체 가운데 사는 것은 나를 사랑하사 나를 위하여 자기 자신을 버리신 하나님의 아들을 믿는 믿음 안에서 사는 것이라."[35] 그러므로 "내가 하늘과 땅에 있는 모든 족속에게 이름을 주신 아버지 앞에 무릎을 꿇고 비노니 그의 영광의 풍성함을 따라 그의 성령으로 말미암아 너희 속사람을 능력으로 강건하게 하시오며 믿음으로 말미암아 그리스도께서 너희 마음에 계시게 하시옵고 너희가 사랑 가운데서 뿌리가 박히고 터가 굳어져서 능히 모든 성도

---

31) 고전 1:24
32) 고전 1:30
33) 골 1:19
34) 고전 2:2
35) 갈 2:20

와 함께 지식에 넘치는 그리스도의 사랑을 알고 그 너비와 높이와 깊이가 어떠함을 깨달아 하나님의 모든 충만하신 것으로 너희에게 충만하게 하시기를 구하노라."[36]

[성경]

방향 제시-6 '성경을 연구하고, 능히 너희로 구원에 이르게 하는 지혜를 얻을 수 있는 하나님 말씀에 정통하라. 그러면 당신은 당신의 생각에 대한 풍부한 주제를 찾을 것이다.' 당신이 말씀의 높이와 깊이, 그 탁월함과 어려움 중에서 마음에 충분한 주제를 찾을 수 없다면, 그것은 당신이 그것을 결코 이해하지 못했거나 결코 그것을 찾으려고 마음을 정하지 않았기 때문이다. 살아 있는 동안 묵상할 수 있는 신비한 교리가 얼마나 숭고하고 천상적인가! 얼마나 완전한 법이고, 가장 영적이고 순수한 계율의 체계인가! 범죄자들에 대항하는 얼마나 강력한 위협이 당신의 묵상에 대한 주제가 될 수 있나! 사랑과 자비의 얼마나 놀라운 이야기인가! 얼마나 거룩한 모범인가! 영원한 생명에 대한 우리의 희망이 그 위에 놓여 있는 얼마나 귀중한 약속의 보물인가! 얼마나 완전하고 자유로운 은혜의 표현인가! 회개하고 믿는 죄인들을 용서하고 망각하는 것은 얼마나 기쁜 일인가! 한마디로, 우리가 매일 묵상할 수 있는 우리 유산에 대한 기록과 우리를 다스리고 심판하는 율법이 우리 앞에 있다. 우리보다 그것을 훨씬 적은 율법을 가진 **다윗**은 "오, 내가 주의 법을 어찌 그리 사랑하는지요 내가 그것을 종일 작은 목소리로 읊조리나이다!"[37]라고 말한다. 하나님이 **여호수아**에게 이르시되 "이 율법책을 네 입에서 떠나지 말게 하며 주야로 그것을 묵상하여 그 안에 기록된 대로 다 지켜 행하라 하시니라."[38] **모세**는 이스라엘 자손에게, "이 말씀을 마음에 새기고 네 자녀에게 부지런히 가르치며 집에 앉았을 때에든지 길을 갈 때에도 누워 있을 때에든지 일어날 때에든지 이 말씀을 강론할 것이며 또 네 집 문설주와 바깥 문에 기록할지니라."[39]고 명하여 말씀을 확

---

36) 엡 3:14-19
37) 시 119:97
38) 수 1:8
39) 신 6:6-9

실히 기억할 수 있게 했다.

[하나님의 작품인 우리 자신]

방향 제시-7 '하나님의 작품인 당신 자신을 잘 알라. 그러면 당신 자신 안에 묵상을 위한 풍부한 주제를 발견할 것이다.' 당신 안에 당신이 묵상하고 감탄할 하나님의 자연스러운 형상이 있다. 당신의 이해력과 자유의지, 그리고 집행력의 고귀한 능력까지도 있다. 그리고 당신이 거듭나지 않았다고 해도, 묵상할 그의 도덕적 또는 영적 이미지가 있다. 당신의 거룩한 지혜, 의지, 능력, 또는 거룩한 빛과 사랑과 능력, 거룩한 실천을 위한 기민한 능력과 거룩한 삶의 일치에 관한 모든 것이 있다. 그리고 거기에 당신이 묵상할 그와 관련된 이미지가 있다. 심지어 당신의 존재도 1. 주인 또는 소유자. 2. 통치자. 3. 열등한 피조물에게 은혜를 베푸는 자, 그들의 종말에 은혜를 베푸는 자이다. 오, 그 작은 방에서 당신이 계속 가지고 다니는 신비의 세계가 있다. 굉장하고 놀랍게 만들어진 당신 몸 안에 얼마나 기이함이 많은지! 당신 영혼 안에는 더 큰 경이로움이 있다. 당신은 사람이자 성자로서 하늘 아래에서 하나님을 보여 줄 수 있는 가장 투명한 유리이다! 그러므로 당신 자신의 묵상을 위한 가장 가치 있는 주제이다. (당신의 규칙인 거룩한 말씀과 많은 사람들의 연합에 불과한 교회는 제외한다.) 거의 모든 사람이 하나님께서 그들 속에 쌓아 두신 무수한 탁월함과 신비를 전혀 알지 못할 정도까지, 자기 자신에 대해 그렇게 낯선 사람으로 살고 죽는 것은 얼마나 부끄러운 일인가? 그런데도 그들의 생각은 허영심과 사소한 일에 모든 것을 소비하고, 더 나은 묵상을 위해 그들의 흥미를 끌 만한 것이 없다 하며 주제의 부족을 불평한다.

[우리의 죄와 욕망]

방향 제시-8 '당신 영혼의 많은 죄와 욕망과 약점에 대해 낯선 사람이 되지 말라. 그리하면 묵상을 위한 주제가 부족하지 않다.' 이러한 생각들은 가장 듣기 좋은 것은 아니지만, 당신 자신의 어리석음이 그것들을 필요하게 한다. 당신이 위험할 정도로 아프거나 고통스럽게 욱신거리면, 당신은 그것을 거의 외면할 수 없다. 가난이 당신을 궁핍함으로 괴롭히면 당신의 생각은 밤낮 염려와 근심에 사로잡히게 된다. 다른 것이 당신을 해치고 있다면, 당신은 쉽게 그것에 대해 생각하게 된다. 그리고 당신은 당신의 하나님과 구세주에게 그렇게 자주 해를 끼치고, 그의 자비를 그처럼 나쁘게 폄하하고, 구원하는 은혜를 감사치 않고 경시하며, 오만하게 그의 진노를 과감하게 받으려 하고 있으면서, 아직도 묵상을 위한 주제의 결핍을 느끼는가? 생각에 대해 당신의 미숙함과 무지로 인한 모든 죄, 경솔함과 호색, 태만과 게으름, 세속과 이기심, 야망과 교만, 열정과 생략, 그리고 죄 많은 생각과 말에 대한 모든 죄를 인식함에도, 아직 당신의 생각을 위한 주제가 부족한가? 당신은 이런 생명 없는 죽은 몸을 가지고 다니는가? 너무 많은 이기심, 교만, 세속 및 육욕, 무지, 믿음의 거부, 하나님에 대한 혐오, 영적이고 거룩한 모든 것에 대해 싫어함, 지나친 열정과 죄를 지을 준비가 되어 있는데, 아직 당신은 생각하기에 주제가 충분하지 않다는 것인가? 당신의 모든 삶의 죄를 살펴보라. 악화 속에 있는 죄를 보라. 그들이 지식이나 수단과 도움에 대해, 자비와 판단에 대해, 그리고 당신 자신의 서원이나 약속에 대해 저지른 것과 같은 모든 악화를 보라. 번영과 고난 그 자체에서, 비밀리에 그리고 다른 사람과 함께 있을 때, 당신의 일반적이고 특별한 소명과 당신의 모든 관계에서, 당신이 살았던 모든 장소와 시간과 조건에서, 하나님에 대한 직접적인 죄, 사람에 대한 상해 또는 태만, 거룩한 의무, 기도, 듣기, 읽기, 성례, 묵상, 회의, 책망, 다른 사람으로부터 책망을 받는 경우, 죽음과 심판에 대한 태만한 준비, 하나님과 천국에 대한 당신 영혼의 낯섦 가운데 짓는 것과 같은 죄의 악화를 보라. 이것은 묵상하는 것만으로도 충분한 일이 아닌가? 당신이 충분하지 않다고 생각한다면 그것은 당신의 마음이 죄의 쓰라림을 느껴 본 적도 없고 참된 회개를 경험한 적도 없기 때문이다. 게다가 빛은 당신에게 죄가 무엇인지, 당신이 누구인지, 당신이 무엇을 행했는지, 그리고 당신의 마음에 뱀의 새끼가 얼마나 가득 차 있는지, 당신의 죄를 밝히 드러낼 것인데, 아직 빛의 때가 이르지 않았다니! 당신은 당신의 죄가 해변의 모래와 같고 당신의 머리털만큼 있다는 것을 모르나? 모든 죄에는 치명적인 독이 있고 하나님과 거룩함에 대한 악의적인 적개심이 있다. 게다가 그것들은 아직 당신의 생각을 게으르지 않게 하기에 충분하지 않나? 회개하는 자가 그렇게 하는지 하지 않는지 그들의 말로 판단하라. "나의 죄를 말갛게 씻으시며 나의 죄를 깨끗이 제하소서 무릇 나는 내 죄과를 아오니 내 죄가 항상 내 앞에 있나이다."[40] "수많은 재앙이 나를 둘러싸고 나의 죄악이 나를 덮치므로 우러러볼 수도 없으며 죄가 나의 머리털보다 많으므로 내가 낙심하였음이니이다."[41] "내가 내 행위를 생각하고 주의 증거들을 향하여 내 발길을 돌이켰나이다."[42] 진정한 회개는 다음과 같이 설명된다. "그 때에 너희가 너희 악한 길과 너희 좋지 못한 행위를 기억하고 너희 모든 죄악과 가증한 일로 말미암아 스스로 밉게 보리라."[43] 그렇다. 하나님께서 당신의 죄를 용서하시고 잊는다고 해서 당신이 그 죄를 잊어서는 안 된다. "내가 너와 영원한 언약을 세우리라 네가 네 행위를 기억하고 부끄러워할 것이라. 내가 네게 내 언약을 세워 내가 네 모든 행한 일을 용서한 후에 네가 기억하고 놀라고 부끄러워서 다시는 입을 열지 못하게 하려 함이라 주 여호와의 말씀이니라."[44]

[사탄의 유혹]

방향 제시-9 '당신의 영혼을 멸망시키려고 유혹하는 사탄의 방법과 교활함과 부지런함을 모르는 사람이 되지 말라. 그러면 당신은 당신의 생각을 게으름에서 막아 줄 충분한 주제를 발견하게 될 것이다.' 그는 당신을 속이고 파괴하는 방법을 생각하고 있다. 그를 물리치고 탈출하여 자신을 구할 방법을 생각하는 것이 중요하지 않은가? 토끼가 개만큼 빨리 달리지 않으면 죽는 것과 같다. 오, 당신의 본성, 당신의 품성과 열정, 당신의 관심, 당신의 관계, 당신의 친구와 지인, 그리고 일반적인 동료 안에 놓여 있는 덫을 보는 당신의 눈이 열렸으면 좋겠다. 당신의 사업과 소유물과 집과 재물과 토지와 가축과 소작인과 하인과 장사하는 모든 것, 당신의 의복과 레크리에이션에, 당신의 먹고 마시는 것과 잠과 안식과 번영과 역경 속에, 당신의 좋은 생각이나 나쁜 생각에, 놓여 있는 덫을 보는 당신의 눈이 열렸으면 좋겠다. 그들의 칭찬과 멸시에서, 그들의 이익과 그들의 잘못, 그들의 호의와 그들의 타락, 당신을 기쁘게 하

---

40) 시 51:2, 3
41) 시 40:12
42) 시 119:59
43) 겔 36:31
44) 겔 16:60-63

거나 불쾌하게 하거나 당신의 생각과 말과 당신과 관련된 모든 일에 놓여 있는 덫을 보는 당신의 눈이 열렸으면 좋겠다. 당신은 이 모든 유혹을 보았고 또한 그것이 무슨 경향이 있는지, 그리고 그들이 어디로 데리고 갈지 살펴보았나? 그렇다면 당신은 당신의 생각의 게으름이나 경솔함을 고칠 수 있는 주제를 찾을 수 있을 것이다.

[온 세상]

방향 제시-10 '당신이 매일 보는, 위대하신 창조주를 당신에게 드러내는 세상과 그 안에 있는 모든 피조물은 생각의 게으름을 방지하는 데에 충분할 것이다.' 태양과 달과 별, 하늘과 땅과 그 안에 있는 모든 것이 당신이 생각하기에 충분하지 않다면, 그것은 당신의 게으름 때문이다. 나는 당신이 그것들을 사용하는 것이 생각하는 것들 중 일부에 있다고 말할 것을 안다. 그러나 당신이 먼저 그것들을 파괴하고 무효화하며, 묵상을 무의미하게 하지는 않는가? 모든 피조물의 생명이요, 영광이요, 목적이요, 의미가 되시는, 하나님으로부터 먼저 생각을 분리하지 않는가? 당신은 생각을 죽이고, 그 영혼을 내쫓고, 시체에 대해서만 생각한다. 아니면 피조물을 당신의 감각적인 욕망을 위해 먹을 것으로 만든 또 다른 것으로 생각한다. 솔개는 그들의 탐욕스러운 식욕을 만족시키기 위해 새와 닭을 생각한다. 그러므로 당신도 하나님의 작품이 당신 육체의 편의를 제공하는 한, 모든 하나님 작품을 그렇게 생각한다. 게다가 이 세상은 하나님의 책으로 그가 처음에 사람이 읽도록 설정했다. 그리고 모든 피조물은 하나님의 이름과 뜻을 선언하는 글자, 음절, 단어 또는 문장이다. 거기에서 당신은 그의 놀라운 전능함과 측량할 수 없는 지혜와 측량할 수 없는 선하심과 자비와 긍휼을 발견할 수 있다. 그리고 사람의 아들들에 대한 특별한 관심을 발견할 수 있다. 비록 하나님에 대한 공경심이 없고, 교만하고 육체적인 지혜가 그 뜻과 목적을 이해하지 못하고 글자와 음절과 단어의 모양과 우아함과 순서를 가지고 놀고 연구할 뿐이지만, 거룩하고 밝은 마음을 가지고 그곳에 와서 위대하고 지혜로우며 풍성하신 창조주의 발자취를 바라보는 사람들은 사용할 주제만 아니라 그들의 생각을 유익하게 하고 기쁘게 할 수 있는 주제를 발견할 수 있다. 그들은 눈에 보이는 것들, 보이지 않는 만물을 지으신 영광스러운 창조주에 대한 신성한 감탄과 경외와 사랑과 찬양 속으로 들어갈 수 있다. 그리하여 거룩하게 된 자들에게는 모든 것이 거룩하게 될 것이다. 그리고 일반적인 것들에 대한 연구는 그들에게 신성하고 거룩한 것이 될 것이다.

[세상에 대한 섭리]

방향 제시-11 '세상을 다스리는 하나님의 놀라운 섭리를 낯설게 여기거나 무시하지 말라. 그러면 당신은 생각을 위한 주제의 저장소를 찾을 것이다.' 심판의 공포, 자비의 기쁨, 모든 것의 신비함이 매일 당신에게 탐구와 감탄의 주제가 될 것이다. 교회가 그동안 기이하게도 보존된 것을 생각해 보라. 전 세계 사람들에 의해 미움 받는 백성들을 생각해 보라! 그토록 많은 굶주린 이리들 사이에 있는 그런 양 떼가 어떻게 안전하게 지켜지는지 생각해 보라. 하나님께서 범죄한 자기 백성에게 허락하는 몹시 심한 고통을 생각해 보라. 주제님은 죄인들을 경고하기 위해 여기 저기에 자신의 공의의 기념비를 세우려고 하실 때, 때때로 악인들에게 행해진 그의 가혹한 소멸의 심판을 생각해 보라. 가서 악인이 어떻게 현혹하는 쾌락에 의해 속고, 어리석은 자의 번영이 어떻게 자기를 멸망시키는지 보라.[45] 악한 자들이 오늘날 푸른 월계수와 같이, 또는 들판의 꽃처럼 어떻게 번성하는지 보라. 동시에 성소에 들어가서 그들의 종말을 보라. 그들이 내일 어떻게 베임을 당하고 마를지 보라. 그들의 거주지는 그들을 더 이상 알지 못하리라.[46] 가서, 하나님이 어떻게 교만한 자를 기꺼이 낮추시며 "마음의 생각이 교만한 자들을 흩으시고 권세 있는 자를 그 위에서 내리치셨으며 비천한 자를 높이셨고 주리는 자를 좋은 것으로 배불리셨으며 부자는 빈손으로 보내시는 것"[47]을 보라. "참으로 크도다 그의 이적이여, 참으로 능하도다 그의 놀라운 일이여, 그의 나라는 영원한 나라요 그의 통치는 대대에 이르리로다."[48] "지극히 높으신 이가 사람의 나라를 다스리시며 자기의 뜻대로 그것을 누구에게든지 주시리라."[49] "지혜와 능력이 그에게 있고 때와 계절을

---

45) 잠 1:32
46) 시 37:35, 36
47) 눅 1:51-53
48) 단 4:3
49) 단 4:32

바꾸시며 왕들을 폐하시고 왕들을 세우시며 지혜자에게 지혜를 주시고 총명한 자에게 지식을 주신다. 그는 깊고 은밀한 일을 나타내시고 어두운데 있는 것을 아시며 또 빛이 그와 함께 있도다."[50] "여호와께서는 그가 행하시는 심판으로 자기를 알게 하시고 악인은 자기가 행한 일로 함정에 빠진다."[51] 정직한 자가 어떻게 날마다 고난을 당하는지, 강포한 자의 발이 어떻게 그들을 짓밟는지, 그럼에도 불구하고 그들이 어떻게 기뻐하고 그들을 겸손하게 하시는 하나님에게 굳게 붙어 있으며, 그들의 비참한 박해자들과 압제자들을 불쌍히 여기고 기도하는지, 그리고 어떻게 "모든 것이 협력하여 선을 이루는"[52]지 주목하라. "여호와께서 행하시는 일이 크시니 이 일을 기뻐하는 자들이 다 이것을 연구하는구나."[53] 이전 시대의 역사와 현재의 관찰은 당신의 생각을 위한 주제의 세계를 보여 줄 것이다.

[하나님의 형상]

방향 제시-12 '거룩한 영혼 위에 있는 하나님의 형상의 모든 아름다움과 특징, 모든 은혜의 탁월함과 사용, 그리고 모든 것의 조화를 이해하라. 그러면 당신은 당신의 생각에 유익한 주제를 많이 비축할 것이다.' 모든 은혜의 본질과 그 위치와 순서, 그 직분과 용도와 행사를 알아야 한다. 그리고 그것의 수단과 동기, 그것의 반대, 위험과 그것의 보존을 알아야 한다. 그것을 하나님의 형상으로 알고 그 안에서 당신의 창조주, 구속주, 중생하게 하는 자를 보고 사랑하라. 하나님께서 그것을 얼마나 사랑하는지 알고 그것이 세상에서 우리가 그분을 섬기고 영화롭게 하는 데에 얼마나 유익한지, 그리고 은혜가 없는 영혼은 얼마나 일그러지고 비열한 것인지 알라. 믿음이 무엇인지 잘 알아라. 지혜와 신중함이 무엇인지, 회개, 겸손, 고행이 무엇인지, 희망과 두려움과 욕망과 순종과 온유와 절제와 진지함과 순결과 만족과 공의와 자기부정이 무엇인지, 특히 하나님과 그분의 종들과 이웃들과 원수들에 대한 사랑의 본

---

50) 단 2:20-22
51) 시 9:16
52) 롬 8:28
53) 시 111:2

질과 힘이 무엇인지 알고, 하나님에 대한 거룩한 포기와 헌신이 무엇인지 알아라. 주의 깊음과 근면함과 열의와 꿋꿋함과 인내와 오래 참음과 복종과 화평이 무엇인지 알아라. 이 모든 것의 가치와 쓰임새와 도움과 방해가 무엇인지 알면 당신의 생각이 게으르지 않을 것이다.

[성령의 일상적 활동]

방향 제시-13 '당신이 은혜의 성령에 대해 낯설게 여기거나, 그의 일상적인 활동과 권면과 마음에 대한 작용을 소홀히 하지 않는다면, 그것들에 주의를 기울이고 활용하는 것은 녹슨 나태함과 방황하는 길에서 당신의 생각을 보호해 줄 것이다.' 매일 그토록 고귀한 손님을 접대하고, 그토록 위대한 은혜 베푸는 자의 제안과 활동을 매일 주의를 기울여 알아차리고, 날마다 그토록 풍성한 주님의 선물을 받고, 매일 그분의 도움을 받아들이고, 그토록 크시고 자비로운 하나님의 구원의 교훈을 매일 순종하는 일은 작은 일이 아니다. 그분 없이는 당신이 어떤 선을 행하려 하거나, 선을 행하거나, 생각하거나, 목표를 세우는 것에 얼마나 부족한지, 그리고 우리의 만족은 오직 하나님으로부터 나온다[54]는 것을 안다면, 그리고 당신이 원하는 안식의 땅으로 계속 항해하고, 성령의 도우심의 방향을 알고, 모든 돛을 올바른 진행방향으로 설정하고 그러한 강풍이 계속되는 동안 최선을 다하는 것이 모든 일에 필요한 기술과 근면함이라는 것을 안다면, 당신은 생각을 위해 방황하는 것보다 더 큰일을 발견할 것이다.

[하나님과 사람에 대한 우리의 모든 의무]

방향 제시-14 '하나님과 사람에 대한 거룩한 의무의 틀과 과정을 무시하거나 소홀히 하지 말라. 거기에 당신의 모든 삶이 사용되어야 한다. 그리하면 당신은 당신의 생각에 사용할 주제가 부족할 수 없다.' 당신의 맥박과 숨, 그리고 자연스러운 움직임은 당신이 생각하든 그렇지 않든 유지될 것이다. 그러나 도덕적이고 거룩한 활동은 그렇지 않다. 왜냐하면 그것은 이성적이

---

54) 고후 3:5

고 자발적이어야 하기 때문이다. 당신은 하나님께 또는 하나님을 위하여 행사할 수 있는 영혼과 육체의 모든 능력을 가지고 있다. 그를 알고, 두려워하고, 사랑하고, 순종하고, 신뢰하고, 경배하고, 기도하고, 찬양하고, 감사하고, 당신의 죄에 대해 깊은 슬픔을 느끼고, 그의 말씀을 듣고, 그의 이름과 날을 경건하게 사용해야 한다. 그리고 이 모든 일을 수행하는 방법을 이해하고 배우고, 이 모든 것을 시기적절하게 수행하는 것만으로도 생각을 게으르지 않게 하기에 충분하지 않은가? 오, 진지한 크리스천은 그중 하나에 대한 묵상을 하기 위해 얼마나 많은 일을 하고 있는지! 올바르게 기도하는 것이나 듣는 것이나 그리스도의 몸과 피의 성례를 올바로 받는 것에서 얼마나 많은 일을 하는지! 그러나 이 모든 것 외에도 당신은 치안판사, 목사, 부모, 주인, 및 기타 윗사람들에게, 신하, 사람, 어린이, 하인, 기타 열등한 사람에게, 모든 이웃에게, 그의 영혼, 그의 몸, 그의 재산, 이름, 그리고 당신이 하기를 바라는 모든 사람에게 해야 하는 의무가 얼마나 많은지! 그리고 이 모든 것 외에도, 당신 자신을 위해 얼마나 직접적으로 해야 할 일이 얼마나 많이 있는지! 당신의 영혼과 몸과 가족과 재산을 위해 할 일이 얼마나 많은지! 당신의 무지, 불충, 교만, 이기심, 호색, 세속, 열정, 나태, 무절제, 비겁, 정욕, 무자비함 등등을 위해 당신이 할 일이 얼마나 많은지! 여기에 있는 것이 당신의 생각에 대한 주제가 아닌가?

[우리의 모든 특별한 자비]

방향 제시-15 '하나님께서 당신 자신에게 주신 특별한 자비로 가득 찬 그 삶을 간과하지 말라. 그러면 당신은 당신의 생각에 즐겁고 유익한 주제를 발견할 것이다.' 반복하는 수고를 덜기 위해 제3장 방향 제시-14를 다시 살펴보라. 당신을 이 세상에 나오게 하고, 당신의 부모와 당신의 처소와 당신의 개인 상황을 택하신 그 자비를 생각하라. 당신을 양육하고 당신의 모든 죄를 끈기 있게 참으시고, 모든 위험에 대해 자세히 경고하시는 그 자비를 생각하라. 때를 따라 당신을 겸손하게 하며, 때를 따라 당신을 건지시며, 많은 환란 가운데서 당신의 간구를 들으시며, 게다가 가장 악한 자를 죽음과 지옥에서 건지시고, 영생에 합당한 자로 정화하여, 거듭나게 하시고, 의롭게 하시고, 양자 삼으시고, 성화되게 하셨다. 그가 얼마나 많은 죄를 용서했는가? 그가 부분적으로 얼마나 많은 것을 통제하게 했는가? 그가 당신에게 얼마나 많은 적절한 도움을 주었는가? 그가 얼마나 많은 적들로부터 당신을 구했는가? 그분의 말씀과 은혜로 얼마나 자주 당신을 기쁘게 했는가? 그분의 종들과 의식과 관계와 부름에서 얼마나 위로를 받았는가? 그분의 자비는 셀 수 없이 많은데, 아직 당신의 묵상은 그것에 공급할 물질을 원하는가? 내가 많은 감사의 시편 중에서 **다윗**의 시를 읊어보면, 자비가 그의 시간을 썼다고 생각할 것이다.

[심판에서의 해명]

방향 제시-16 '머지않아 당신이 겪을 정확하고 의로운 심판을 예견하라. 그러면 생각을 위한 일을 찾는데 많은 도움이 될 것이다.' 자신이 행한 모든 선과 악에 대해 하나님께 설명해야 하고, 그 일이 얼마나 빨리 올지 모르는 사람은 내일이 되기 전에 알고 있어야 하기에, 허황된 것보다는 더 나은 것을 찾아야 한다고 생각한다. 이렇게 멋진 날을 위해 준비하는 것이 별것 아닌가? 당신이 정당성을 가지기 위해 준비하는 것이 아무것도 아닐까? 당신의 해명을 준비하는 것이 아무것도 아닌가? 당신의 양심은 깨끗이 되었고 선한 근거로 차분해졌는가? 고발자에 대항하여 어떤 대답을 해야 할지 알고 있는가? 당신이 참으로 거듭나고, 그리스도의 일에 참여하고 그의 피로 씻음을 받고, 하나님과 화목하게 되는 것은, 그 시련의 날에 위선자와 자기기만자가 아니라는 것을 분명하고 확실하게 하기 위함이다. 우리가 구원을 받을 것인지 저주를 받을 것인지, 최종적으로 그 문제를 결정해야 할 때, 그것이 우리를 영원히 천국인지 지옥인지 결론을 내린다. 그리고 당신은 준비할 시간이 너무 짧고 불확실하다. 이것이 당신 생각의 주제가 되어야 하지 않을까? 만일 당신이 당신의 생명이나 당신의 모든 재산에 대해 판결을 내린다면, 당신은 부수적인 것이 당신의 생각을 위해 충분하다고 생각할 것이다! 최후의 심판은 얼마나 더 끔찍할까!

[우리의 고난]

방향 제시-17 '이 모든 것이 우리의 목적에 도움이 되지 않는다면, 극심한 고통으로 하나님께서 당신의 생각을 정신병원에 보내지 않는다면 이상하다. 나는 그 생각들을 개선하고 그것들을 제거하는 것에서 당신의 생각을 위한 어떤 일을 찾아야 한다고 생각한다.' 그때가 "우리가 스스로 우리의 행위들을 조사하고 여호와께로 돌아가자."⁵⁵⁾고 말할 때이다. 당신의 평강을 어지럽히는 **아간**을 찾아내고, 회초리 소리와 하나님이 무엇에 노하시며, 무슨 불순종을 알리기 위해 당신을 부르는지 알기 위해 하나님께 돌아가라! 무엇이 이 쓴 열매를 맺는 뿌리인지 알고, 그것들이 어떻게 당신으로 하여금 그리스도를 본받게 하고 성화되게 하는지, 그리고 그의 "거룩하심에 참여"⁵⁶⁾하게 하는지 알기 위해 하나님께 돌아가라. 거룩한 인내와 복종의 행사 외에도 고난 속에서 믿음을 행사하고, 하나님과 우리 고통의 선한 원인을 존중하고, 악한 대의에 대해 스스로 의지를 꺾는 것은 유익을 얻기 위함이다. 의무를 생각하지 않는다면 원하든 원하지 않든 고난을 생각해야 한다. 그리고 예레미야 애가 3장 17-20절처럼 말하라. "행복을 잊어버렸구나. 그래서 나는 말하였다. 내 힘이 쇠약 해졌고 여호와께 대한 내 희망이 사라지고 말았다. 내가 당하는 쓰라린 고통과 역경을 나는 기억하고 있다. 내가 이것을 아직도 기억 속에 가지고 있어 나를 겸손하게 한다." 이런 박차를 사용하여 당신으로 하여금 하나님을 기억하게 하는 일이 없게 하고, 그러한 아주 예리한 수단으로 인해 묵상하는 일이 없도록 하라! "하나님이 그들의 날들을 헛되이 보내게 하시며 그들의 햇수를 두려움으로 보내게 하셨도다. 하나님이 그들을 죽이실 때에 그들이 그에게 구하며 돌이켜 하나님을 간절히 찾았고 하나님이 그들의 반석이시며 지존하신 하나님이 그들의 구속자이심을 기억하였도다."⁵⁷⁾

[소명받은 일]

방향 제시-18 '소명받은 일에 부지런히 행하고, 게으름으로 시간을 보내지 말며 하나님의 영광을 위하여 거룩한 마음으로 수고하라. 그리고 그의 명령에 순종한다면 당신의 생각은

---

55) 애 3:40
56) 히 12:10
57) 시 78:33-35

허영심이나 게으름을 피울 여가와 자유가 줄어들 것이다.' 육체의 일에는 생각이 사용될 것이다. 할 일이 많은 자는 생각이 많을 것이다. 그들은 그 일을 성공적으로 수행하기 위해 신중하고 능숙하며 주의 깊게 수행해야 하기 때문이다. 따라서 그들은 어떻게 해야 할지 생각해야 한다. 그리고 사업의 긴급성과 필요성은 생각을 필요로 할 것이다. 그래서 계속 생각하고 그 생각들은 일을 찾아줄 것이다. 그리고 이러한 생각이 세상에 관한 것이기에 아무도 나쁘거나 헛되다고 생각하지 않게 하라. 왜냐하면 우리의 노동 자체가 나쁘거나 헛되지 않다면, 우리가 일을 잘하는 데에 필요한 생각도 마찬가지다. 어떤 세상 사람이라도 이것으로 자신을 기쁘게 하고 말하기를 '내 생각이 부르심에 사용되었다'고 말하지 말라. 왜냐하면 부르심 자체가 그로 말미암아 부패하여, 거룩하게 되어야 할 때, 육체의 목적을 위해 육체의 일을 했기 때문이다. 당신의 수고에 대한 생각이 선하게 되려면 1. 당신의 수고 자체가 선해야 하며, 하나님께 순종하고 다른 사람의 유익과 그분의 영광을 위해 수행되어야 한다. 2. 당신의 수고와 생각은 그 경계를 지켜야 하며, 더 높은 것을 선호하고 추구하고 먼저 생각해야 한다. 그리고 당신의 생각은 당신의 수고를 잘하기 위해 필요한 만큼만 활용해야 하지만 더 나은 것을 생각해야 하며, 공허한 생각을 버리려는 것과 같은 더 나은 일들을 생각해야 한다. 그러나 당신의 부르심에 대해 근면은 죄악 된 생각을 멀리하고 대신에 선한 생각을 우리에게 제공하는 데에 매우 큰 도움이 된다.

[모든 성례와 은혜의 수단]

방향 제시-19 '당신은 당신의 묵상을 먹여 살리고 마음에 활력을 줄 수 있는 하나님의 모든 영적 도움과 거룩한 성례를 가지고 있다. 그것은 당신의 생각이 무디어지거나 메마르게 될 때 사용되어야 한다.' 당신의 마음이 공허하여 거룩한 생각을 위한 많은 주제를 끌어 올릴 수 없을 때, 때에 맞는 책을 읽거나 경험이 풍부한 그리스도인과의 진지한 대화는 당신에게 생각의 주제를 제공할 것이다. 유익한 설교를 듣는 것도 마찬 가지다. 때로는 기도가 묵상보다 더 큰 역할을 할 것이다. 그리고 지식이 적고 기억력이 좋지 않은 사람들은 다른 사람들이 필요로 하는 것보다 더 자주 독서와 진지한 대화에서 묵상의 주제를 가져와야 한다. 그들은 한 번에 적은 양만 보유할 수 있으므로 자주 가야 한다. 숟가락이나 접시를 가지고 물가에 가는 사람은 더 큰 그릇을 가지고 가는 사람보다 자주 가야 한다. 다른 사람들은 그들 주위에 여전히 생각의 주제에 관해 묵상의 창고를 가지고 다닐 수 있다. 그러나 지식과 기억력이 좋지 않은 사람들은, 다른 사람들이 유아처럼 숟가락으로 묵상의 주제를 먹여야 한다. 그러므로 그들의 읽기나 듣기, 그리고 그들의 거룩한 생각 모두를 조금씩 그리고 자주 하는 것이 가장 좋은 방법이다. 연약한 그리스도인들이 그러한 도움을 받을 수 있다는 것은 얼마나 큰 자비인가! 그들의 머리가 비었을 때, 그들이 원하는 대로 도움을 얻을 수 있는 무료하지 않은 책과 친구가 있다는 것과 하나님의 사랑이 헛되지 않기 때문에 그들의 마음이 그들의 재능이 할 수 있는 것보다 더 많은 일을 하게 하는 것은 얼마나 큰 자비인가!

[죄 많고 비참한 세상]

방향 제시-20 '이 모든 것들이 당신에게 묵상의 주제를 충분히 제공하지 못한다면, 세상을 둘러보고 많은 비참한 영혼들이 당신의 연민과 그들의 구원을 위한 매일의 기도를 요구하는 것을 보라.' 우상숭배와 기독교를 믿지 않는 어둠 속에 있는 많은 나라들을 생각해 보라! 기독교인은 세계의 1/6을 넘지 않는다. 나머지 다섯 부분은 이교도, 마호메트교, 소수의 유대교이다. 그리고 여섯 번째 부분인 로마 가톨릭교에서 개혁된 교회는 작은 부분에 불과하며, 동방과 남방 기독교인들 역시 너무 많이 더럽혀져 부패했다. 그리고 개혁된 교회에는 불경함과 세속적인 것이 얼마나 흔하며, 경건의 능력을 아는 사람이 얼마나 적은지! 무지하고 하나님에 대한 공경심이 없는 사람들이 얼마나 많이 있으며, 그들은 그 종교의 힘과 실천을 싫어하면서, 그 종교에 의해 구원받기를 희망한다고 공언한다(마치 그들이 그것을 증오하고 박해하고 불복종하면서 구원받기를 바라는 것처럼). 그리고 더 진지하고 순종적으로 보이는 사람들 중에 얼마나 많은 위선자들이 있는가! 그리고 얼마나 많은 사람들이 교만과 자만심에 사로잡혀 있어 교회에서 무질서와 다툼과 무자비함과 분파와 분열을 일으키고 있는가! 얼마나 많은 기독교인들이 무지하고, 열정적이며, 나약하고, 무익하고, 얼마나 부도덕한가! 현명하고, 슬기롭고, 천상적이고, 자애롭고, 화평하고, 겸손하고, 온유하고, 수고하고,

열매 맺으며, 선한 사람이 되고 전적으로 선한 일을 하기로 결정한 사람들이 얼마나 적은가! 그리고 이 소수 중에서 하나님의 심한 고난을 받거나 하나님에 대한 공경심이 없는 사람들로부터 잔혹한 박해를 받지 않는 사람들이 얼마나 적은가! 밖에서는 터키인이, 내부에는 교황이 그리스도를 진심으로 따르는 이들에게 얼마나 폭정을 행사하는가! 이 모든 것을 종합하고, 당신의 동정심 많은 생각이나 당신의 기도에 연료가 부족하거나 날마다 먹을 재료가 부족하여 밖으로 나갈 필요가 있는지 말해 보라.

제3과   좋은 생각을 효과적으로 하는 방법 또는 묵상을 위한 일반적인 방향 제시

여기에는 몇 가지 준비 과정과 작업 자체에 관한 방향 제시가 있다.

방향 제시-1   '이성이 당신의 생각에 대해 명령하고 통제하는 그 권위를 유지하도록 하라. 그리고 공상과 열정과 관점에 주인이 없는 상태로 두어 그들이 원하는 대로 생각을 이끌지 않게 하라.' 병들고 우울하고 미친 사람들은 자신의 생각을 통제할 힘이 거의 없다. 그들은 자신에게 무엇을 할 것에 대해 명령할 수 없으며, 그들이 포기한 어떤 것을 취소할 수도 없다. 게다가 그들은 미숙한 기수가 탄 통제 안 되는 말과 같거나 주인 없는 개처럼 당신의 명령에 따라 가지도 오지도 않을 것이다. 반면 우리의 생각은 우리 이성의 지시와 의지의 명령에 따라야 하고, 명령하는 대로 즉시 오고 가야 한다. 알다시피 공부하는 사람은 하루 종일 자신의 생각을 지배할 수 있다. 그는 생각이 무엇을 묵상해야 할지, 어떤 순서로 얼마나 오래 묵상할지 지정할 수 있다. 변호사, 의사, 그리고 모든 부류의 사람들이 그들의 기술과 소명에 관한 문제에 대해서도 마찬가지다. 그러므로 그리스도인은 영혼의 문제에 대해서도 그러해야 한다. 이성이 그들의 생각을 다스리는 힘을 잃은 사람들에게는 모든 규칙이 별 소용이 없다. 내가 깊은 우울에 빠진 어떤 사람에게, 당신은 이렇게 저렇게 당신의 생각에 명령을 내려야 한다고 말하면 그 사람은 할 수 없다고 말할 것이다. 그의 생각은 그의 힘이 아니기 때문이다. 당신이 깊은 우울에 빠진 사람에게 네 생각을 이렇게 명령해야 한다고 말하면 그는 그럴 수 없다고 말할 것이다. 그의 생각은 그의 힘이 아니다. 만일 당신이 그가 견디지 못할 만큼 괴로운 생각을 많이 주지 않는다 해도, 당신이 지시한 대로 자신의 생각에 명령할 수도, 생각할 수도 없지만, 자신의 질병과 고난이 자신을 움직이게 하는 대로 정확히 움직일 것이다. 그런 사람에게 계율이 무슨 소용이 있을까? 은혜와 교리와 권면은 이성과 명령하는 의지에 의해 작용한다. 거룩한 사람이 실제적이고 마음을 고양시키는 묵상을, 육체적이고 탐욕스러운 설교자가 세속적인 목적(그것들을 얻거나 박수 갈채를 받기 위해)을 위해 연구하며 자기의 생각을 관리할 때 질서 정연하고 끊임없이 쉽게 하는 것처럼, 할 수 있다면 우리의 일은 얼마나 행복하게 진행될까! 같은 일에서, 육체적인 목적이 영적인 것보다 훨씬 더 많은 것을 해야 한다고 생각하는 것은 슬프지 않은가?

방향 제시-2 '우울의 질병을 조심스럽게 피하라. 왜냐하면 그것은 생각을 지배하는 이성의 권위를 제거하고 이성을 무력하게 하기 때문이다.' 산만함은 신체적 정신적 능력을 완전히 손상시킨다. 그러나 우울은 그 우세 정도에 따라 부분적으로만 무력하게 한다. 따라서 조언을 받을 수 있는 여지를 남겨두라.

방향 제시-3 '의지의 나태와 부주의함을 주의하라. 그것은 결단력과 명령이 부족하여 이성의 지시가 실행되지 않을 것이다. 그리하여 모든 유혹이 생각들을 빼앗아 갈 것이다.' 게으른 마부는 말들이 좋아하는 길로 가게 놓아둘 것이다. 왜냐하면 그는 말들과 함께 노력하지 않을 것이고, 목적을 달성하기 위해 수고를 하지 않을 것이기 때문이다. 만일 당신의 마음에 더럽고 세속적인 생각이 침범할 때 당신 뜻을 경계하지 아니하고, 일어나 그것을 대적하여 단호히 명령하지 않는다면, 당신은 게으른 사람이 자기 집에 도적이 든 것을 보고도 침대에 누워 있는 것과 같고, 일어나 저항하기보다 차라리 놓아주는 사람과 같을 것이다. 만일 당신이 당신의 의무를 보고 그 의무들을 어떻게 할지 생각하고, 단호하게 그것을 선택하고, 그것을 자기 일로 명령하지 않는다면, 당신은 게으른 사람과 같이 되어 자기의 모든 신하를 자기처럼 침상에 눕게 할 것이다. 그는 그들을 소환하기 위해 말을 하지 않을 것이기 때문이다. 당신은 매일의 경험을 통해 사람의 생각이 자신의 의지에 달려 있고 그것에 순종하도록 만들어졌다는 것을 안다. 만일, 돈과 명예 또는 지식의 즐거움이, 앞서 말한 것처럼 악한 설교자로 하여금 선한 일에 대해 자신의 생각을 명령하게 할 수 있게 한다면, 당신이 생각에 대한 당신의 권위를 단호히 행사할 수 있는 한, 당신은 같은 일에 대해 당신의 생각에 명령을 할 수 있다.

방향 제시-4 '당신의 생각을 사용하여 사람들의 자유를 빼앗고, 지배력이 부족해지지 말라. 그렇게 사용할 때 생각이 완고해지고 이성의 목소리에 주의하지 않을 것이고, 이성을 부주의하고 태만하게 할 것이다.' 사용과 습관은 우리의 마음에 큰 힘을 가지고 있다. 우리가 사용하여 늘 다니는 길은 평탄하다. 그러나 다니지 않는 곳은 길이 생기지 않는다. 물이 흐르는 곳에는 물길이 있다. 예전에 제멋대로인 사람을 다스리는 것은 어려운 일이다. 혀를 사용하여 그렇게 많은 일을 한다면(어떤 사람들은 저주하고 맹세하며 헛되이 말하고, 진지하게 종교적으로 말하는 데에 혀를 사용하는 사람들도 찾을 수 있는데, 그럼에도 그것을 사용하지 않는 사람들은 거의 아무것도 할 수 없다.) 왜 사용이 생각에 비해 우세하지 않을까?

방향 제시-5 '감각과 식욕이 너무 강해지고 이성을 지배하지 않도록 주의하라. 만약 그들이 그렇게 한다면 그들은 즉시 생각의 제어권을 빼앗고 잔인하게 권력을 강탈할 것이기 때문이다.' 예를 들면, 반란군이 왕을 제거하면 스스로 복종의 멍에를 벗어 버릴 뿐 아니라, 다른 모든 백성의 정부를 해산하고 보통 그들 자신이 왕위를 찬탈하고, 총독이 되는 것과 같다. 일단 당신이 육체의 감각과 식욕의 종이 되면, 당신의 생각은 거룩하고 필요한 일에 부름 받았음에도 불구하고, 해야 할 일이 달라지고, 가야 할 길도 달라진다. 특히 매혹적인 물건이 가까이 있을 때 더욱 그렇다. 당신은 어리석은 자가 별과 같이 높은 지위에 오르거나, 돼지가 절제를 기뻐하고, 대식가나 술주정뱅이나 음행하는 자가 거룩한 묵상을 기뻐하기를 기대하는 것이 나을 것이다. 이성과 육체가 함께 지배자가 될 수는 없다.

방향 제시-6 '열정을 억제하여, 생각의 지배에서 열정이 이성을 제거하지 않도록 하라.' 그들이 어떻게 악한 생각을 일으키는지 전에 내가 말했다. 그리고 그들이 선을 방해할 만큼 악한 생각을 일으킬 것이다. 네 가지 열정은 묵상의 특별한 적이다. 1. 분노, 2. 혼란스러운 슬픔, 3. 걱정을 일으키는 두려움, 4. 무엇보다도 세상의 어떤 세속적이고 육체적인 것에 관한 지나친 쾌락이다. 그 마음이 진노로 불타오르고 근심과 걱정으로 마음이 흩어지거나 두려움으로 떨며 쾌락에 취하면 누가 그 마음이 거룩한 묵상에 합당하다고 생각할 수 있을까? 슬픔과 두려움은 네 가지 중에 가장 안전하다. 그러나 이 모든 것은 이성이 생각을 지배하는 것을 방해한다.

방향 제시-7 '악한 습관은 우리의 생각에 대한 이성의 명령을 방해하는 또 다른 장애물이다. 그러므로 이 질병의 치료를 위해 부지런히 노력하라.' 습관은 필연적이지는 않지만 강하게 기울어져 있으므로, 모든 선한 생각이 강하고 지속적인 성향에 반대해야 할 때, 그것은 영혼을 움직이는 이성을 지치게 할 것이며, 당신은 작은 성공만을 기대할 수 있다.

방향 제시-8   '긴급하고 강압적인 일은 생각을 필요로 하게 한다. 그러므로 묵상에 방해를 받지 않으려면 그러한 긴급한 상황을 가능한 피하라.' 당신의 생각이 하나님께 완전하고 방해를 받지 않으려면 당신의 생각에 방해가 될 수 있는 것은 가능한 적게 하라.

방향 제시-9   '군중과 나쁜 친구는 묵상의 친구가 아니다. 그러므로 당신이 묵상을 많이 할 때는 고독의 고요함을 선택하라.' 군중 속에서 공부하는 것이 알맞지 않고, 무리 앞에서 비밀스러운 기도를 하기에 적절치 않기 때문에(일부 짧고 갑작스러운 기도의 발화를 제외하고), 거룩한 묵상을 위해 때도 아니다. 하나님과 영적인 것에 대해 확실히 일하기로 결정한 마음은 가능한 모든 자유와 평화가 필요하고, 스스로 은퇴하고, 매우 낯설거나 이질적인 것을 피하고, 진지하게 더 많은 일을 해야 한다.

방향 제시-10   '무엇보다도, 사악한 이익과 계획을 주의하라. 이것들은 사탄의 수비대이기 때문에 어떤 거룩한 생각이 효력을 발휘하기 전에 반드시 무너져야 한다.' 출세하거나 부자가 되려는 마음을 가진 사람은 영원한 것에 대해 진지하게 관심을 갖는 것 외에 다른 할 일이 있다. 그것은 자신의 육체의 계획을 파괴하는 것이다.

방향 제시-11   '이성의 권위가 제거된 장애는, 당신의 일시적인 사고 방식과 명시적이고 일상적인 사고 방식을 다른 것으로 인식한다.' 당신의 손에는 일상적인 정해진 일이 있고, 매일 당신이 예상하는 일이 있듯이, 당신의 생각이 그것들의 적절한 경로와 매일의 일과가 어디에 있는지 알게 하고, 거룩한 신중함으로 그들에게 비례하는 시간과 봉사를 정하도록 하라. 노동의 방향을 알지 못하고, 의도치 않은 소명을 받은 것처럼 사는 사람은 어떤 삶을 살까! 그의 일은 불확실하고, 다른 사람과는 다르고, 수익성이 없고, 불편하고, 아무것도 안 하는 것이나 다름없다. 그리고 그의 생각에 대해 명시된 고용과정이 없는 사람은 생각이 그에게 거의 봉사하지 않을 것이다. 일반적으로 하루 중 얼마나 많은 시간을 일반적인 일에 사용하는지 먼저 주의 깊게 살펴보라. 그런 다음 생각과 손을 모두 사용해야 할지, 아니면 생각을 자유로이 내버려둘지 생각해 보라. 변호사, 의사, 상인 및 숙련된 육체 노동자는 일을 잘하기 위해 자신의 생각을 사용해야 한다. 그때 묵상을 위해 시기적으로 비어 있는 시간을 더 간절히 바라야 한다. 왜냐하면 그들의 생각은 하루의 나머지 시간 모두를 다른 데에 사용할 것이기 때문이다. 그러나 베 짜는 사람, 재단사, 다른 육체 노동자, 일용직 노동자는 일을 잘하면서도 하루 중 많은 시간을 더 나은 일을 위해 자유롭게 생각할 수 있다. 그들은 그들의 일이 필요하지 않을 때, 그들의 생각을 위한 일반적인 방식을 고안해야 하며 묵상을 위한 별도의 시간이 필요하지 않다. 나머지 사람들은 그들의 업무와 섞여서 가끔 짧은 묵상을 해야 하지만, 그때 그들은 더 엄숙한 묵상을 할 시간이 없다. 생각에 더 많은 시간을 할애하는 사람들은, 지식의 증진을 위해 얼마나 많은 시간을 묵상에 할애하는 것이 좋은지, 거룩한 애정을 행사하는 데 얼마나 많은 시간을 할애해야 하는지, 어떤 주제에 대해 어떤 순서로 시간을 보내는 것이 가장 좋은지 미리 진지하게 생각해야 한다. 그리고 그렇게 그들의 일상적인 일을 알기 위해 미리 진지하게 생각해야 한다.

방향 제시-12 '당신 자신을 긴급한 필요와 당신 생각을 가장 효율적으로 사용하는 동기의 능력 아래 두라.' 앞서 언급한 예에서, 사악한 설교자가 해마다 체계적으로 신성한 것들을 연구할 수 있지만 여전히 육체적 동기, 이익과 명예 그리고 어떤 기쁨의 능력 아래 있는 것은 무엇 때문일까? 만일 당신이 습관적으로 그리고 정기적으로 당신의 훨씬 더 큰 동기의 감각과 능력 아래 두고, 그것이 당신 자신과 다른 사람들과 하나님의 명예에 얼마나 관련되는지를 항상 인식한다면, 이것은 일정한 균형추와 스프링이 될 것이며, 적절하게 감겨지면 바퀴를 동일한 움직임으로 유지할 것이다.

방향 제시-13 '그러므로 당신은 당신의 주인을 섬기고 당신 자신과 다른 사람들을 구원하는 일을 세상에서 당신이 해야 할 일상적인 소명으로 삼아야 한다. 그러면 그것이 당신의 생각을 이어갈 것이다.' 반면에 하나님을 섬기지만 부차적으로 가끔 섬기는 사람은 그분이나 그분의 일을 생각하겠지만 부차적으로 가끔 생각할 것이다. 거룩한 생활의 만족할 만하고 부지런한 과정은 거룩한 생각의 지속적이고 유익한 과정을 유지하는 데에 가장 큰 도움이 된다.

방향 제시-14 '방금 언급한 것과 다른 종교적 의무를 위한 기술과 거룩한 지혜의 주된 요점은, 종교를 즐겁게 하는 경향이 있는 그 길을 택하고, 당신의 영혼이 하나님을 기쁘시게 하는 것이며, 모든 것을 근심스럽게 만드는 것에 주의를 기울이는 것이다.' 당신이 기뻐하는 것을 생각하는 것은 쉽고 달콤할 것이다. 그러나 사탄이 당신에게 모든 것을 귀찮고 불쾌하게 할 수 있다고 생각한다면, 당신의 생각은 당신이 썩은 고기 냄새를 맡을 때 코를 막고 서둘러 떠나는 것처럼 그것을 피할 것이다. 시편 104절 34절에서 기자는 "여호와를 향한 나의 묵상이 달콤할 것이요 나는 여호와로 말미암아 즐거워하리로다."라 했다.

[일 자체에 대한 방향 제시]

방향 제시-1 '거룩한 곳간을 비워 두어서는 안 되기에, 당신의 특정 주제를 신중히 선택해야 한다.' 가장 적합한 본문을 선택하는 것은 좋은 설교의 절반이 되듯이, 당신에게 가장 적합한 주제를 선택하면 좋은 묵상을 할 수 있다. 그러기 위해서는 진리와 당신 자신에 대해 잘 알고 있어야 한다.

[묵상할 주제의 순서는 그 탁월성에 따라 다르다]

방향 제시-2 '이를 위해서는 어떤 주제가 그 자체로 묵상하기에 가장 훌륭한 지를 여러 차원에서 알아야 한다.' 첫 번째이자 가장 높은 것은 가장 신성한 하나님 자신에 관한 것이며, 우리 구속주의 영광스러운 인격이며 그의 성도들에게 보여 줄 새 예루살렘 곧 영광의 천국이다. 그리고 그곳에서 그를 향유하는 축복받은 사회와 그가 누리는 거룩한 비전, 사랑, 기쁨이다. 그다음은 인간의 구속, 은혜의 언약, 성령의 성화하게 하는 일과 영혼에 하나님의 형상을 이루는 모든 은혜의 놀라운 일이다. 그다음은 이 모든 것이 이루어지고 예비된 그리스도의 몸인 교회의 상태와 특권이다. 그다음은 이 교회가 점점 커지고, 교화하며 구원하는 복음의 일이다. 그리고 나서 우리 자신의 구원과 은혜의 상태와 생명의 길에 대한 문제이다. 그리고 나서 다른 사람들의 구원 그리고 물질세계에 관한 공동의 공익에 대한 것이다. 그다음은 우리의 개인적, 육체적 행복이다. 다음으로 우리 이웃의 육체적 행복이다. 마지막으로, 이러한 일을 하지만 원격으로 하는 일이 있다. 이것은 바람직함과 가치의 순서인데, 당신의 생각과 기도에서 무엇이 대략적 우선순위를 가져야 하는지 알려 줄 것이다.

방향 제시-3 '또한 당신은 어떤 주제가 당신의 생각에 가장 적합한지 알아야 하며, 좋은 것이라 해도 계절에 맞지 않으면 거절해야 한다.' 좋은 것이라도 시절에 맞지 않게 사용하면 해를 입힐 수 있다. 시험하는 자가 고의로 당신을 더 큰 선에서 벗어나게 하거나 당면한 다른 의무를 방해하기 위해 밀어 넣을 수 있다. 그렇게 그는 더 좋은 상태나, 설교나 기도 중에 있는 당신의 방향을 종종 바꾸어 어떤 특정 목적의 묵상을 하게 할 것이다. 또는 그가 당신이 묵상의 의무를 수행하기 위해 화를 내거나, 더 합당한 일을 소홀히 하지 않고는 여가 시간이 없는 것을 보면, 그는 당신을 몰아붙여 당신에게 무익하고 괴로운 의무를 지게 하고 나중에 더 싫어하게 할 것이다. 적절한 때가 아닌 의무는 의무가 아니라 물질적 선으로 덮여 있는 죄일 수 있다. 그것은 규범을 어기더라도 자비를 행하라고 요청함에도 불구하고, 안식일은 쉴 때라고 생각하는 바리새인과 같다.

방향 제시-4 '묵상을 시작하기 전에 묵상의 목적과 용도를 잘 검토하고 결정한 다음 그 특별한 목적에 맞추기 위해 노력하라.' 목적은 대상에 대한 정신적 이해가 먼저이고, 목적에 대한 사랑에서 수단이 선택되고 사용된다. 당신이 늘리려는 것이 지식이라면, 당신이 묵상해야 할 것은 확실하고 과학적인 방법으로 알아야 할 문제와 함께 진리의 증거이다. 만약 증가시키거나 행사해야 할 것이 신성한 믿음이라면, 당신이 묵상해야 할 것은 신빙성의 본질이자 증거인 신성한 계시다. 만일 당신이 하나님에 대한 두려움의 감정을 불러일으키려 한다면, 당신이 묵상할 것은 그분의 위대함과 무서움과 공의와 위협이다. 당신이 하나님의 사랑을 불러일으키고자 한다면, 당신이 묵상할 것은 그의 선하심과 자비와 그리스도와 약속이다. 죽음과 심판을 준비한다면, 묵상할 것은 노력할 당신의 마음, 회개할 당신의 삶, 발견하고 되살리고 행동할 당신의 은총, 느껴야 하는 당신 영혼의 질병, 적용할 치료법이 있다. 그러므로 어떤 것을 묵상으로 정하려고 계획할 때, 먼저 목적을 정하고 그에 따른 수단을 정하라.

방향 제시-5 '감정을 쏟기 위해 많은 수고를 하기 전에 가능한 한, 당신 마음에 사물의 진실을 명확히 하라. 그것은 자신에게 제공한 거짓된 정보를 나중에 발견하는 것을 방지하고, 당신 마음에 미혹하는 형상을 만들고, 그들 앞에 절하지 않으려는 것이다.' 잘못을 지지한다고 속이던 많은 사람들과 같이, 여러 해 동안 계속해서 잘못을 퍼뜨리던 사람이 그것에 저항하던 형제들에게 미움과 다툼과 신랄한 질책의 원인이 되게 했다. 그들을 위해 교회에 당을 만들고 분열을 일으키며 소란을 일으키고 나중에 그토록 열심히 죄를 짓고 나서, **다윗** 대신에 **미갈**이 짚으로 만든 사람을 발견했다. 그들은 이 더러운 혼란스러운 소음을 꿈속에서 만들었다고 한다.

방향 제시-6 '그다음에는 당신이 생각하는 모든 것이 좋든 나쁘든 그 중요성을 인식하기 위해 노력하라. 그리고 그 목적을 위해 모든 묵상에서 하나님과 영원을 받아들이고 모든 것이 하나님과 당신의 영원한 상태와 관련되어 있는 것으로 판단하라. 그것만이 선과 악에 대한 진정한 평가와 감각을 줄 수 있다. 하나님은 묵상 안에 계시고 그것은 신성하다는 것을 제외하면, 당신의 가장 훌륭한 묵상에도 항상 생명과 영혼과 능력이 부족할 것이다.' 어떤 성경 진리를 묵상할 때, 그것을 성령에 의해, 지시된 영원한 빛에서 나오는 광선으로, 사람들을 순종으로, 완전한 행복에 인도한다고 생각하라. 하늘에서 보낸 편지나 메시지로, 그리고 당신의 영혼에 매우 중요한 것으로써 경건하게 그것을 보라. 당신이 어떤 은혜를 묵상할 때, 그것을 하나님의 형상의 일부로 생각하라. 그것은 성령에 의해 심겨지고 작용되어 영혼을 하나님과의 교제로 발전시키고 그를 위해 준비시킨다. 당신이 어떤 의무에 대해 묵상할 때, 그것을 명령하는 분이 누구인지 기억하고, 당신이 순종할 때 주로 누구를 존경해야 하는지를 기억하라. 그리고 순종하거나 불순종하는 것의 끝은 무엇인지 기억하라. 당신이 어떤 죄에 대해 묵상할 때, 그것은 하나님의 이미지의 훼손이나 박탈이며, 그의 모든 속성을 가지고 그에 대항하여 일어나, 영혼과 세상의 통치에서 그를 물러나게 하는 반역자임을 기억하라. 그리고 그것이 향하는 끝을 예견하라. 당신이 묵상하는 모든 것에서 생명과 능력을 느끼고 싶다면 하나님을 받아들이라.

방향 제시-7 '당신에게 중요하고 필요한 것들을 일상적인 묵상으로 택하라. 덜 필요한 것들에 대해서는 덜 생각하라.' 묵상은 더 나은 목적을 위한 수단일 뿐이다. 묵상은 영혼에 좋은 일을 하는 것이다. 따라서 묵상을 수행하기에 가장 강력하고 적합한 주제를 사용하라. 위대한 진리는 마음에 위대한 일을 할 것이다. 그것들은 일반적으로 가장 확실한 것이거나 대다수의 논쟁이나 의심에서 회복된 것이다. 모든 시대에서 사람들이 자신과 다른 사람들을 괴롭혔던 논쟁의 여지가 많은 의견보다, 십계명의 한 계명이나 주기도문의 한 간청이나, 사도신경의 한 조항 안에, 영혼을 유익하게 하는 더 중대함과 필수적인 것과 능력이 있다. 마치 금화 한 닢이 많은 양의 페니(penny)보다 더 많은 것을 살 수 있는 것과 같다. 위대하고 중요한 진리를 묵상하면 위대하고 중요한 크리스천을 만든다. 그리고 가볍고 논쟁의 여지가 있는 의견을 지나치게 묵상하면, 가볍고 독선적이며 논쟁적인 교수를 만든다. 사소한 일에도 그것들의 시간과 장소를 사용할 수 있지만, 그것은 적은 시간과 최후의 경우일 뿐이어야 한다. 하나님이 우리의 합법적인 소명과 직업을 작은 일로 만든 경우를 제외하고 그렇다(세상에 둘 이상이 공유되는 일이 거의 없기 때문에). 그리고 그때 그것들은 우리 시간의 더 큰 부분을 차지할 수 있지만 여전히 우리의 평가와 마음에서 가장 낮은 자리를 차지해야 한다.

방향 제시-8 '당신이 작은 진리나 사물에 대해 묵상하도록 부름을 받을 때마다 그것을 더 큰 진리와 분리된 것으로 받아들이지 말고, 여전히 그것이 그것들과 연결된 것으로 보고, 그것들 안에 심어지고 자라며 그것들에서 생명과 아름다움을 받는 것으로 보라. 그러면 당신은 여전히 당신의 마음속에 가장 큰 것의 생명과 이익을 보존하고, 가장 작은 것을 무효화시키고, 속임과 우상으로 바꾸지 않도록 하라.' 우리는 위로 올라가야 하고 내려가서는 안 된다. 따라서 우리는 나무의 몸체에서 시작하여 몸체에 직접 붙어 있는 가장 작고 가장 큰 가지까지 이동한다. 그리고 거기에서 더 작은 수많은 가지들에 이르는데, 그 가지들은 식별되고 번호가 매겨지고 기억되기 어렵고, 우리를 지지할 만큼 단단하지 않다. 그래서 밟고 올라가 쉬기보다는 지켜보기에 더 적합하다. 그러나 큰 가지에 붙어 자라지 못하도록 잘라 버리면 그것은 생명과 아름다움과 열매를 잃게 된다. 교회에서 반대 의견에 대한 토론이 거룩함, 사랑, 일치, 평화, 그리고 더 큰 진리에 대한 정당한 명예와 보호로 조심스럽게 다뤄졌다면, 그리고 종교의 모든 부수적이지만 덜 중요한 것들이, 일제히 정당한 평가와 거룩한 예배의 능력과 영성에 대한 정당한 복종으로 받아들여졌다면, 기독교 세계는 더 많은 생명과 힘과 열매를 더 많이 맺었을 것이고, 잘못된 생각, 불경스럽고 터무니없는 칭찬, 그리고 위선은 줄어들었을 것이다.

방향 제시-9 '묵상의 목적과 순서는 첫째는 당신 판단의 확립을 위한 것이고, 둘째는 의지의 결정과 확정, 셋째로 당신 삶의 개혁과 개선을 위한 것이고, 넷째로 이 모든 것 후에 당신의 거룩한 열정이나 생생한 감정을 고양시키기 위한 것으로 하라. 묵상을 위해서는 반드시 적절한 공간과 장소가 있어야 한다.' 그러나 실제로 이들 중 일부가 이미 수행된 경우에는 그것은 사실로 받아들일 수 있고, 아직 하지 않은 부분에 대해 진행할 수 있다. 죄와 의무가 무엇인지 알면서도 행하지 않은 것처럼, 당신의 묵상은 알지 못한 것을 알려 하는 것이 아니라, 먼저 당신이 알고 있는 것을 잘 생각하고, 당신 앞에 강력한 진리를 세운 다음, 그것으로 당신 의지를 순종의 확고한 결심에 이르게 하기 위해 애써야 한다. 그러나 그것이 의지와 애정에 주로 사용되는 진리라면(하나님의 매력적인 우수성에 대해 묵상함으로써 하나님의 사랑에 마음이 이끌리는 것처럼), 가장 큰 고통을 감수해야 한다. 그것에 대해서는 제3장의 방향 제시-11을 참조하라.

방향 제시-10 '당신의 묵상을 종종 독백으로 바꾸라. 다른 사람들의 영혼을 구하기 위해서라면 다른 사람들에게 그 주제에 관해서 설교하는 것처럼 체계적이고 진지하게 자신의 마음에 설교하라.' 이렇게 하면 횡설수설하지 않고 질서를 유지할 수 있으며, 또한 계속적인 문제를 발견하게 할 수 있으므로 (이 방법은 발명, 기억 및 즐거움 모두에 큰 도움이 되기 때문에) 그것은 당신의 감정에 가장 빨리 일을 가져다줄 것이다. 그리고 우리 마음으로 납득할 만한 이유를 간절히 간구하는 것은 욕망, 두려움, 사랑, 증오, 회개, 수치, 슬픔, 기쁨, 결단 또는 어떤 좋은 결과를 불타오르게 하는 강력한 방법이다. 확신, 꾸짖음, 훈계, 질책, 자기 설득은 매우 강력할 수 있지만 생동감 있는 적용이 없는 무딘 설교 방식은 청중을 거의 감동시키지 못한다. 당신이 읽는 가장 생생한 책과 당신이 듣는 가장 훌륭하고 생생한 설교자에 대해, 의도적으로 배우고 당신의 마음에 설교하고 그것을 질서 있게 사용한다면 가장 강력한 묵상의 방법이 될 것이다.

방향 제시-11 '당신의 묵상을 짧은 기도의 발화와 하나님께 드리는 말씀으로 종종 바꾸라. 그것은 당신을 경건과 진지함으로 깨어 있게 하고 모든 것을 더욱 강력하게 할 것이다. 왜냐하면 더 신성하기 때문이다.' 당신이 죄를 묵상할 때, 때로는 회개하는 탄식으로 하나님께 돌이켜 이렇게 말하라. 내 마음으로, 당신의 원수를 즐겁게 하고 당신의 법을 위반하고 당신을 불쾌하게 하고 당신의 법을 위반한 것이 아무것도 없다고 했으니, 내가 얼마나 비참하고 반역하는 사람인가! 오, 용서하소서. 오, 나를 정결하게 하소서. 오, 나를 강하게 하소서! 당신과 나의 끔찍한 원수를 정복하고 몰아내소서. 그렇게 함으로, 당신이 어떤 은혜를 일으키거나 행사하고자 할 때, 당신의 죽고 부진한 마음에 그분의 사랑과 능력을 보여 주시고, 그분의 일에 주체가 되게 해 달라고 하나님께 간절히 요청하라. 기도는 가장 거룩한 의무이며, 기도하는 영혼은 하나님과 밀접한 관계에 있기에 마음에 거룩한 진지함이 있을 때 활발하게 될 것이다. 생명이 없고 방황하는 마음은 하나님께 어느 정도 경외심을 갖게 될 것이다. 그러므로 모든 면에서 그분께 관심을 가져라.

방향 제시-12 '모든 묵상은, 당신 자신의 부족함을 겸허하게 느끼고 당신의 머리이시며 구주인 그분의 성령으로 인도하시고 깨우쳐 주시고, 가장 거룩한 생각의 연약함을 덮어 주실 것을 믿는 믿음으로 의지하는 가운데 시작하라.' 우리 마음에 기록된 선한 것은 무엇이든지 "살아 계신 하나님의 영에 의해 기록되어야 한다." 그리고 "우리가 그리스도를 통해 하나을 향하여 이 같은 확신이 있으니 우리가 무슨 일이든지 우리에게서 난 것같이 스스로 만족할 것이 아니니 우리의 만족은 오직 하나님으로부터 나느니라."[58] 그리스도께서 우리를 버리시고 우리를 우리 자신에게 맡기시면 모든 것이 얼마나 힘들게 진행될 것인가! 아니 오히려 우리가 헛되게 수고할 것이 얼마나 확실한가! 당신의 생명과 힘이 근본적으로 당신 자신에게 있다고 생각하지 말라. 새로운 믿음의 행위로 그분께 나아가라. 당신은 그분에 의해 소생되어야 한다.

방향 제시-13 '당신의 거룩한 생각이 너무 드물어서 당신의 묵상 주제에 대해 낯설게 여기거나 너무 짧아서 아무것도 이루기 전에 사라지지 않도록 하라.' 때때로 피상적인 생각은 영혼을 하나님과 친숙하게 하지 못하게 하거나 성결의 습관과 기질로 인도하지 못하게 할 것이다. 이에 반하여, 당신의 사업과 즐거움으로 자주 진지하게 생각하는 것이 당신 영혼의 영양분과 본성이 될 것이다. 우리가 매일 들이마시는 공기와 우리가 매일 먹는 음식이 우리 몸에 하는 것과 같다. 그리고, 당신의 습관이 기술과 힘을 낳는 것처럼, 그것이 개인 지식과 경험에서 얻은 이해를 불러일으키고, 일의 결실과 안락함에 크게 기여한다는 것을 알게 될 것이다. 반면에, 하나님과 거룩함을 가끔씩 바라보거나 거룩한 생각을 거의 하지 않는 사람들은 그들이 얻은 작은 것을 너무 빨리 잃어버리기 때문에 그것이 그들에게 큰 변화를 일으키지 않는다.

방향 제시-14 '그러나 묵상을 함에 있어, 격렬하거나 지속시간을 지나치게 하지 말고, 마음과 몸의 능력에 따라 성실하게 수행하라. 당신이 당신의 힘을 넘어서서, 두뇌를 미치게 하고 마음을 혼란스럽게 하고 아무 일도 하지 못하게 하지 말라.' 우리가 하나님을 지나치게 사랑할 수는 없지만, 그렇다고 지나친 열정으로 또는, 한 번에 너무 오래 동안 하나님을 생각하는 것은 영혼과 두뇌가 감당할 수 있는 것보다 더 많을 수 있으며, 일단 영혼과 두뇌가 과도하게 긴장되면, 너무 강하게 조여진 류트(lute) 현과 같이 그것들이 부서지지 않는다 하더라

---

58) 고후 3:3-5

도, 관절에서 벗어난 다리와 같아서 당신을 고통스럽게 할 수 있으나, 당신에게 도움을 주지 못한다. 영혼이 몸처럼 다리를 절거나 또는 둔한 말을 타고 있는 동안에는, 영혼이 원하는 속도로 가지 못하고 몸이 견딜 수 있는 속도로만 가야 한다. 그렇지 않으면 말에서 빨리 내리게 되거나 또는 피곤한 말을 탄 사람과 같을 수 있다. 가장 여행을 잘하는 말은 처음부터 열을 내어 극한의 힘으로 달리는 말(horse)이 아니다. 당신은 견딜 수 있는 속도로 나아가야 한다. 유혹하는 자가 한번 당신을 무리하게 하여 지치게 하는 경우에 당신이 얼마나 한탄하고 괴로워할지! 또는 유혹하는 자가 얼마나 큰 이점을 갖게 될지 당신은 모른다!

방향 제시-15 '당신의 묵상이 당신에게 부담이 되지 않도록, 불필요하게 또는 일반적으로 가장 가혹하거나 불쾌한 주제를 선택하지 말라. 그러나, 그리스도에 의해 계시된 하나님의 무한한 사랑과 그분이 사신 영원한 영광과 그 길에 있는 놀라운 도움과 자비에 대한 달콤하고 즐거운 생각을 가장 많이 하라.' 그리스도의 사역자들이 다른 사람에게 전파해야 하는 것이 복음인 것처럼 당신의 묵상 속에서 당신 자신에게 가장 많이 전해야 하는 것도 복음이다. 당신이 주로 애써야 하는 것은 사랑과 즐거움이다. 사랑과 즐거움의 대상인 상냥함과 행복을 숙고함으로써 그렇게 해야 한다. 공포와 진노와 불행에 대한 생각은 이것들을 일으키기에 적합하지 않다. 하지만, 회심하지 않고 우둔하고 안전하다고 생각하고 주제넘고 관능적인 죄인에게는 그러한 생각이 자신을 깨우고 사랑과 평화에 대한 생각을 준비하는 데에 매우 필요하다. 반대하는 마음과 혐오를 멀리하며 흔쾌히 하는 마음과 기쁨을 유지하는 것이 이 기술의 주요 부분이다.

방향 제시-16 '당신이 친구와 함께 있을 때, 거룩하고 교화하는 말로 당신의 은밀한 묵상의 열매를 말하라.' 자신만을 위해서가 아니라 다른 사람들과 소통하기 위해 모이라. "하나님 나라의 가르침을 받은 선한 서기관은 그 곳간에서 새것과 옛것을 내와야 한다."[59] 선을 행하는 것이 좋다. 하나님은 의사소통을 하신다. 가장 훌륭한 사람은 그와 가장 흡사하다. 아

---

59) 마 13:52

니, 유창한 대화는 때때로 우리 자신에게 훌륭한 스승이 되며, 오랜 묵상으로 얻지 못했던 것을 명료하게 우리 마음으로 이해하게 한다. 한 가지가 다른 것으로 이어지기 때문이다. 따뜻한 담화에서 영혼이 활성화되고, 이해력과 기억력은 세심한 주의를 기울인다. 그래서 말을 하는 동안 우리는 종종 우리가 알아차리지 못한 어떤 진리가 갑자기 나타나게 되며, 이런 식으로 오는 이것이 우리의 지식에 적지 않은 추가가 된다는 것을 알게 된다. 어떤 사람들은 소리 내어 하는 기도가 그들을 더 활성화시키고, 단순한 정신적 기도보다 마음이 방황하지 않도록 해 준다는 것을 발견한다. 그래서 자유로운 담론은 소리 내어 말하는 묵상이다. 그리고 어떤 사람의 생각은 그의 담론보다 무질서하고, 변덕스럽고, 방해하는 것으로 더 죄가 되지 않는가?

방향 제시-17 '하나님께서 묵상 속에서 당신에게 계시하신 모든 것을 순종하고 그 모든 것들을 충실하게 실행하라. 생각의 끝을 생각하지 말라.' 그렇지 않으면, 당신은 하나님에 대한 공경심이 없는 자처럼 행할 것이고 그들의 기도는 불순종하는 자와 같을 것이며, 하나님께 제물을 드리는 자는 "우매한 자들의 제물과 같고 악을 행하면서도 깨닫지 못하는 자 같을 것이다."[60] 죄를 멀리하고 당신이 생각하는 의무를 행하라.

방향 제시-18 '모든 사람에게 동일한 정도의 사색(contemplation)과 자기 자신의 애정을 가지고 노력하는 것이 필요하다고 생각하지 말라. 그러나 순종적이고 활동적인 삶은, 하나님께서 그것에 대해 사람들을 심판할 때, 사색적인 삶처럼 받아들일 수 있다.' 이것은 이러한 방법의 차이점에 대해 당신에게 몇 가지 방향 제시를 하도록 이끌었다.

---

60) 전 5:1, 2

제4과 사색적(contemplative)인 생활과 순종적이고 활동적인 삶의 차이점과 그에 관한 방향 제시

이 작업은 여기에서 문제 해결에 필요한 질문에 답함으로써 가장 잘 수행될 수 있다.

[사색적인 생활이란?]

탐구1 '사색적인 생활이란 무엇인가? 그리고 활동적이고 순종적인 삶은 무엇인가?'

답 모든 활동적인 그리스도인은 어느 정도 사색을 해야 한다. 그리고 사색하는 모든 사람들은 하나님께 순종하고, 그들의 능력과 기회에 부응할 수 있는 만큼 많은 행동을 해야 한다. 그러나 어떤 사람은 한 쪽에 더 많이 부름을 받고 어떤 사람은 다른 쪽에 부름을 받지만 우리는 가장 탁월하고 주요한 것에 따라 일을 지정한다. 사람의 상태와 소명은 그로 하여금 숭고하고 거룩한 일에 마음을 쓰도록 허용하고 요구하며, 그것들이 자기 시간의 대부분을 사용하는 주요 사업이 되도록 그들의 마음에 영향을 줄 때 우리는 **사색적인 삶**이라 부른다. 어떤 사람의 상태와 소명이 그로 하여금 자신과 다른 사람들의 유익을 위해 자기 시간의 대부분을 어떤 외부 노동이나 직업에 보내도록 요구할 때, 우리는 그것을 **활동적이고 순종적인 삶**이라 부른다. 공예가, 상인, 농부, 노동자, 의사, 변호사, 목사와 복음 전파자, 군인, 치안 판사로서 활동적인 삶을 살고 있으며, 그것은 하나님께 순종하는 삶이어야 한다. 이들 중 어떤 사람들은 다른 사람들보다 사색할 시간이 훨씬 더 많다. 그리고 이 두 가지 모두에서 면제되어 수동적이고 순종적인 삶을 살도록 부름 받은 사람들이 소수 있다. 즉, 그들은 순종적으로 십자가를 지고, 인내하는 괴로움과 하나님의 징벌과 시련의 뜻에 복종하는 것이 사색이나 활동보다 하나님을 위해 할 수 있는 가장 탁월하고 중요한 봉사가 되는 것이다.

탐구2 '모든 사람은 최선을 다해 세상적이고 외적인 모든 노동을 버리고 가장 뛰어난 사색적인 삶으로 물러나야 하는가?'

답 아니다. 어떤 사람도 특별한 필요나 부름 없이 그렇게 해서는 안 된다. 능력 있는 모든 사람에게는 다른 사람의 유익을 위해 살고 공동의 선을 선호하며 기회 있는 대로 모든 사람에게 선을 행하고 이웃을 자신 몸처럼 사랑하고 우리가 받고 싶은 대로 남에게 하고, 먹기에 앞서 일하고[61] 살라는 일반적인 교훈이 있다. (그것은 우리에게 많은 행동을 하게 할 것이다.) 그리고 사람이 다른 사람에게 유익을 끼칠 수 있는 자기 삶의 모든 봉사를 쓸데없이 버리는 것은 주인의 달란트를 묻거나 버리는 것이고, 사랑을 등한시하는 것이며, 사랑의 법에 큰 죄를 짓는 것이다. 우리의 육체에 육체의 일이 있는 것처럼, 우리의 영혼에도 사색이라 하는 일이 있다.

[사색적인 삶으로 부름 받은 사람]

탐구 3 '그렇다면 사색하는 삶은 누구에게나 합당한가? 또한 누구에게 합당한가?'

답 사색과 기도, 그리고 거룩한 행위를 하면서 거의 전적으로 살아가는 것은 합법적이며 의무이고, 그런 사람에게는 큰 자비이다. 그 경우는 다음과 같다.

1. 활동적인 생활로 남을 섬길 수 없는 나이가 된 경우, 그리고 자기가 이미 할 수 있는 모든 선한 일을 행하는 일에 자기의 날과 힘을 다했을 때, 그리고 지금 장애가 있는 사람은 자기의 죽음을 위한 일반적인 준비 이상으로, 그리고 하나님과의 거룩한 교제에서 그의 남은 나이를 활용할 특별한 이유가 있을 때.

2. 질병으로 장애가 있는 경우도 마찬가지다.

3. 투옥되어 활동적인 생활이 제한되거나 다른 사람에게 유익을 줄 수 없을 때.

---

61) 살후 3:10

4. 박해로 인해 그리스도인이 더 나은 시간과 장소를 위해 자신을 보존하기 위해 고독한 곳과 사막으로 물러날 때, 또는 그들의 고독한 기도가 그때에 순교하는 것보다 더 좋은 일을 할 수 있다고 지혜가 그들에게 말할 때.

5. 사색적인 생활을 하는 길인 성직이나 기타 활동적인 생활을 위해 준비할 때.

6. 빈곤, 전쟁, 또는 원수의 분노함으로 인해 모든 공개 대화가 단절되고 불가피한 필요에 의해 고독에 빠지게 될 때.

7. 활동에 적합한 사람의 수가 매우 충분하고, 그 사람의 재능이 너무 부족하여 활동적인 삶에서 재능의 필요성과 유용성에 기여함이 적을 때, 여러모로 고려할 때 거룩하고 공정한 지혜는, 그가 활동적인 삶을 통해 다른 사람들에게 할 수 있는 선은, 자신이 받아야 할 손실과 거룩하고 하늘에 속한 삶의 모범과 그의 거룩한 삶에 대한 호평으로 인해 조언을 구하러 오는 자들에게 조언과 교훈과 해답을 줄 수 있는 선함을 상쇄하는 것과 같지 않다고 말한다. 이 경우 사색적인 삶에 자신을 맡기는 것이 합법적이다. 자신과 다른 사람의 이익을 최대화하는 것이 의심할 여지없이 합법적이고 의무이기 때문이다. "**안나**는 성전을 떠나지 아니하고 주야로 금식하며 기도함으로 섬겼더라."62) 그 뜻은 그녀가 성전에서 기도하는 시간을 엄격하게 지키고 일주일에 두 번 또는 자주 금식한다는 의미이든, 아니면 성전 관리인 중 몇 사람의 집에 거하며 성전 봉사를 위해 헌신했든, 기도와 금식 외에 다른 일을 했음이 분명하다. 게다가 복음 아래 있는 과부들과 같이 "주야로 기도와 간구를 항상 힘쓰고"63) 여전히 젊은 사람들을 감독하고 술 취하지 않도록 가르쳤다. 그러나 **안나**의 실천을 길게 설명하고 내가 사실임을 인정한 이 정도가 수도사들을 기쁘게 한다면, 우리의 생각이 그들과 다르지 않을 것이다.

---

62) 눅 2:36, 37
63) 딤전 5:5; 딛 2:4

탐구 4 '활동적인 생활을 하고 있는 사람들은 어디까지 사색을 활용할 수 있나?'

[어느 정도까지 사색이 필요한가?]

답 아주 큰 차이가 있다.

1. 세상에서 각자의 부르심과 하나님을 섬기는 직분의 차이에 따라 큰 차이가 있다.

2. 그들의 능력의 차이와 사색이나 활동의 적합성에 따라.

3. 특정 기회의 차이에 따라.

4. 그들의 도움이 필요할 수 있는 다른 사람의 필요성의 차이에 따라.

5. 그리고 그들 자신의 행동이나 사색의 필요에 대해 아주 큰 차이가 있다. 특성 규칙에서 더 구체적으로 한계를 설정하겠다.

1) 모든 기독교인들은 무엇보다도 하나님을 사랑하고 영과 진리로 하나님을 경배하고, 하늘에 속한 마음과 대화와 죽음과 심판에 대한 합당한 준비를 하기 위해 필요한 만큼의 사색을 해야 한다. 그리고 하나님의 영광과 기쁨을 위해, 그의 모든 일반적인 일을 언급하여 "주님께 성결"이 모든 사람 위에 기록될 수 있고, 그가 가진 모든 것이 거룩하게 되거나 하나님께 바쳐질 수 있도록 하는 것이다.

2) 복음을 사역자의 소명은 사색과 활동이 완벽하게 혼합되어 있지만, (행동은 그것을 끝이고 으뜸이라고 명명하지만)그는 두 가지 모두에서 뛰어나야 한다. 그들이 사색에 탁월하지 않다면, 그들은 일반 사람들보다 하나님께 훨씬 더 가까이 설 수 없을 것이고, 그분을 거

룩하게 하고 모든 사람들 앞에서 그분을 영화롭게 할 수 없을 것이다. 그들은 하늘의 신비를 여는 일에 적합하지 않을 것이며, 결코 자신의 것이 아닌 사람들의 마음에 영향을 미치는 일을 하기도 적합하지 않을 것이다. 그리고 그들이 활동적인 생활에서 탁월하지 않다면, 그들은 사람들의 영혼을 배반하고, 결코 그 고통스러운 노력을 실천하지 못할 것이며, 때를 얻든지 못 얻든지, 공개적으로, 그리고 집에서 집집마다, 밤낮으로 눈물을 흘리며 설교하지 못할 것이며, **바울**이 사도행전 20장과 디모데에게 보낸 편지처럼 말하지 못할 것이다.

3) 치안판사, 변호사, 의사 등의 일은 주로 여러 가지 소명에서 선을 행하는 데에 있으며, 그것은 사색을 소홀히 해서는 안 된다. 그러나 이 모든 것과 다른 모든 것들은 하나님에 대한 봉사와 거룩한 생각들이 그들의 모든 행위의 시작과 중간과 끝에서, 그들의 정당한 자리에 있게 해야 한다. 예를 들면, 치안판사들은 주야로 하나님의 말씀을 읽고 묵상해야 한다.[64] 에티오피아 내시 **간다게**와 **고넬료**[65]처럼 해야 한다.

4) 같은 부름을 받았지만 자신이나 다른 사람들의 필요에 의해 그들의 소명이 그렇게 긴급하지 않고, 비어 있는 시간을 더 많이 가질 수 있는 어떤 사람들은, 그들이 영혼의 유익을 위해 사색의 사용과 다른 거룩한 의무를 위해 기꺼이 그 시간을 가져야 한다. 그리고 (의사, 변호사 등과 같이) 더 큰 필요성, 긴급성, 의무가 있거나 다른 사람을 위해 봉사하는 데서 벗어날 수 없는 사람들은 사색은 덜하고 더 큰 선을 선호해야 한다.

5) 어떤 사람들에게 공공의 필요나 봉사는 며칠 동안 기도와 사색(짧은 갑작스러운 기도의 발화는 제외)의 모든 비밀 의무를 생략할 정도로 클 수 있다. 그래서 전쟁에서 여러 날 동안 (심지어 주일에도) 모든 정해진 예배나 엄숙하고 거룩한 예배를 멈출 필요가 종종 있다. 그렇게 의사도 때때로 환자들을 세심하게 돌보는 일에 얽매일 수 있어 정해진 기도의 시간이 허용되지 않을 수 있다. 그래서 때때로 설교자는 설교에 열중하고, 권하고, 사람들의 답답한

---

64) 수 1:8
65) 행 8:27, 28, 10:30-48

의심을 해결하는 일에 몰두할 수 있어, 그들이 며칠 동안 함께(행복한 장애는 드물지만) 비밀 의무를 수행할 시간이 부족할 수 있다. 이 경우 더 중요한 일을 무시하면서 더 적은 일을 하는 것은 죄악이다.

6) 자기 시간의 주인이 아닌 종들은 그 시간을 주인을 섬기는 일에 충실히 사용해야 하며, 그들이 일해야 할 시간에서 거룩한 의무를 위해 아무것도 사용해서는 안 된다. 차라리 그들이 할 수 있는 휴식 시간에서 할 수 있다. 그들이 할 수 있을 때 그들의 노동과 묵상을 혼합하되, 그 기회가 매우 드물고 짧기 때문에 그들에게 허락된 시간을 아끼기 위해 더 부지런해야 한다.

7) 주님의 날(필연적인 일을 제외하고), 다른 일에 방해가 되지 않는 빈 시간(예를 들면 길을 가거나 일하거나 밤에 깨어 있을 때 등)은 각자의 시간이며, 그것은 다른 사람에 대한 봉사를 멀리하는 것이 아니라, 하나님에 대한 봉사와 자신의 영혼을 위해 그리고 거룩한 의무를 위해 예비하고 사용해야 한다.

8) 어떤 사람들, 특히 우울하고 심약한 사람들은 많은 사색을 견디지 못한다. 그리고 그러한 사람들은 그들이 할 수 있는 다른 의무에서 더욱 하나님을 섬겨야 한다. 감당할 수 없는 일을 하려고 애쓰면서 지치거나 주의를 산만하게 해서는 안 된다. 그러나 내가 내 자신의 실제적인 즐거움이나 고통을 말하는 동안 전혀 불편함을 느끼지 않을 것이다. 나의 연약함과 영혼의 쇠약함은 나를 둔감하게 하는 경향이 있지만, 가장 고독한 상태에서 하는 가장 흥미진진하고 진지한 연구와 사색은 건강이나 유쾌함, 마음의 평온함을 훼손하지 않고 오히려 모든 사람에게 도움이 되는 것을 발견했다. 이와 같이 긴 고독과 사색을 견딜 수 있는 사람들은 더 큰 의무를 수행해야 할 때를 제외하고 그것을 더 많이 훈련해야 한다. 그러나 우울한 사람에게는 그것이 상처가 되므로 피해야 한다.

9) 같은 사람에게도 때로는 자신의 필요를 위해 사색을 가장 필요로 하기도 하고 때로는

활동을 필요로 하기도 하므로, 한때는 의무였던 것이 다른 때에는 의무가 아닐 수 있다.

10) 단순한 죄악의 역행성은 방종해서는 안 된다. 병에 걸린 장애(우울증, 머리가 약하거나 기억력 감퇴에서 오는 것과 같은)는 인내해야 하며 지나치게 비난해서는 안 된다. 그리스도께서 제자들에게 더 나쁜 것에 대해 죄책감을 완화하기 위해 이르시되 "마음에는 원이로되 육신이 약하도다."라고 하셨다. 그러나 부득이한 경우에 있어서, 죄악의 역행성은 결코 참아야 할 것이 아니라 무슨 대가를 치르더라도 힘을 다해 맞서야 한다. 당신의 회개와 거짓 없는 믿음과 경건한 대화에 필요한 만큼, 당신 자신을 깊이 고려하기 위해서는, 이것은 무슨 일이 있어도 행해져야 한다. 비록 마귀가 그것은 당신을 우울하게 하거나 미치게 할 것이라고 설득할지라도, 그렇게 하지 않으면 당신은 미친 것보다 훨씬 더 나쁠 것이기 때문이다.

11) 선택권이 있는 사람들에게 가장 바람직한 삶은 사색과 활동을 결합하는 것이다. 가장 고상하고 진지한 사색을 위한 편리한 여가가 있을 것이며, 이것은 가장 훌륭하고 유익한 행동을 위해 우리에게 적합하게 활용될 수 있다. 그리스도의 충실한 목사의 삶도 그렇다. 그러므로 지구상의 어떤 사람도 그들보다 더 감사할 의무가 있는 사람은 없다.

12) 사색에서 벗어나 순종적 활동의 삶을 사는 하인, 가난한 사람들, 병든 사람들, 그리고 기타 많은 자들이나, 참으로 그들 자신의 죄악 된 선택이 아니라 하나님의 섭리에 의해 고통의 상태에 있는 사람은, 그들이 대부분의 시간을 소비하는 수고와 인내가 하나님께서 받아들이는 활동이라는 것을 이해해야 한다. 그러나 하나님께서 그들의 수고를 참된 믿음과 회개와 경건한 삶 대신에 인정해 주실 것을 바라는 것은 그들의 어리석음이다(이것들은 함께 가야하고 서로 방해하지 않아야 한다). 게다가 진정한 크리스천은 경건한 삶에 필요하지 않은 추가적인 사색 대신에 자신이 순종하는 수고와 고통이 받아들여질 것이라고 믿을 수 있다. 한 하인은 계산하는 일을 하고, 다른 하인은 굴뚝이나 도랑을 청소하는 일을 한다면, 당신은 전자도 받아들이지 않고, 후자도 거부할 것이 아니라, 오히려 가장 비천한 봉사에 불평하지 않고 받아들인 사람이 당신에게 인정받을 가치가 있다고 생각할 것이다. 그것은 의심

할 여지없이 받아들일 만한 순종의 악화이다. 그럼에도 우리는 가장 낮고 비천한 일에서 기꺼이 그리고 자진해서 섬긴다. 어떤 사람은 자기가 너무 훌륭해서, 나는 치안판사나 장관직에서 섬길 수는 있지만 쟁기질이나 수레를 끌거나 그런 고된 일로써 섬길 수는 없다고 말한다. 만약 당신이 하나님의 길을 따라간다면, 하나님께서는 당신이 그 모든 시간을 거룩한 일을 연구하는 데에 썼을 때보다 당신의 순종을 더 거룩하고 안전한 상태로 만들어 주실 것이다. 당신이 알다시피, 하나님에 대한 공경심이 없는 많은 목사들은 평생을 연구하는 일에 보낸다 하더라도 거룩한 것으로 결코 더 나아지지 않는다. 일의 질이 아니라 하나님의 은총이 당신에게 유익을 주는 것이다. 하나님께 가장 사랑받는 자는, 마음속에 가장 좋은 생각을 많이 하거나 입으로 선한 말을 많이 하는 자도 아니요, 이 세상에서 가장 격렬한 정욕을 일으키는 자도 아니요, 오직 하나님과 천국을 가장 사랑하고 죄를 미워하며, 생명의 거룩함에 대해 가장 확고한 의지를 가진 사람이다. 하나님께 순종하며 일하는 사람은 묵상하거나 기도하는 다른 사람들만큼 위로를 받을 수 있다. 그러나 수고나 기도도 하나님에 대한 공경심이 없는 세속적 마음에는 위안이 되지 않는다.

참으로, 기억력이나 타고난 능력이 쇠퇴하여 활동과 사색 모두에서 벗어나게 한다면, 당신은 참을성 있게 십자가를 지고 하나님의 거룩한 뜻에 순종하고 기꺼이 복종함으로써 호의적인 반응과 확고한 위안을 얻을 수 있다.

제5과 우울한 생각에 대한 방향 제시

심약한 사람들은 그들의 생각이나 감정을 지나치게 긴장시켜 스스로 우울에 빠뜨리는 것은 너무 쉽고 평범한 일이며, 그런 경우는 너무 한탄스러워서 그들에게 몇 가지 특정 방향 제시를 할 필요가 있다고 생각한다. 그리고, 나는 이 질병과 다른 질병의 본질을 알지 못하는 어떤 사람들이 오히려 하나님의 이름을 극도로 욕되게 하고, 그러한 우울한 사람들의 모든 결과와 말을 하나님의 영의 어떤 위대하고 주목할 만한 작용으로 전가함으로써 신앙 고백을 경멸하고, 그것이 원인이 되어 영혼에 대한 하나님의 방법과 역사, 그리고 속박하는 영의 합법적 역사의 본질에 대한 논평으로 발전시키는 것을 보았다. (어떤 사람들이, 특히 수도사들의 글에서 내가 읽은 것처럼, 히스테리가 있는 여성들의 예언, 마귀에게 사로잡힌 상태에서 풀려난 것을 폭로했다.) 나는 죄에 대해 이성적으로 슬퍼하고, 자신의 비참함을 인식하며, 회복과 구원에 대해 간절히 바라는 사람들을 우울하다고 부르지 않는다. 건전한 이성이 있고 상상력, 환상 또는 사고 능력이 있는 사람들이 병들지 않은 한 우울하다고 하지 않는다. 그러나 우울하다는 것은 다음과 같은 징후로 (현재까지 모든 우울한 사람에게 있는 것은 아님) 알려진 상상의 병적인 광기, 상처 또는 오류, 결과적으로 이해의 오류를 의미한다.

[우울의 징후]

1. 그들은 일반적으로 이유 없이 또는 이유 있는 것 이상으로 지나치게 두려워한다. 그들이 듣거나 보는 모든 것은 두려움을 증가시킬 준비가 되어 있다. 특히 두려움이 첫 번째 원인이라면 보통 그렇듯이 두려움을 증가시킬 것이다.

2. 그들의 환상은 그들의 죄, 위험 또는 불행을 악화시키는 데에서 가장 큰 오류를 범한다. 그들은 모든 보통의 도덕적 약점을 극악무도한 죄라고 놀랍게 말할 준비가 되어 있다. 그리고 모든 가능성 있는 위험은 그들이 개연성이 있는 것으로 생각하고, 개연성이 있는 모든 것은 확실하다고 생각한다. 모든 작은 위험성을 큰 위험으로 생각하고, 모든 재앙을 완전한 파

멸의 원인으로 생각한다.

3. 그들은 항상 과도한 슬픔에 중독되어 있다. 어떤 사람들은 이유도 모른 채 울고, 어떤 사람들은 그래야 한다고 생각한다. 만일 그들이 웃거나 즐겁게 말을 하면 그들의 마음은 그들이 잘못한 것처럼 그들을 때린다.

4. 그들은 그들 종교의 대부분을 슬픔과 육체의 금욕에 둔다.

5. 그들은 끊임없이, 자기를 비난하는 자가 되어, 그들이 듣거나 읽거나 보거나 생각하는 모든 종류의 비난을 자기에게 돌린다. 그들이 하는 모든 일에 대해, 논쟁을 좋아하는 사람이 다른 사람과 논쟁하듯 자기 자신과 다툰다.

6. 그들은 항상, 자신이 하나님께 버림받은 줄 알고 절망하기 쉬우며, 마치 그 모든 친구와 위로를 버리고 고독하고 내버려져 광야에 있는 사람과 같이 여긴다. 그들은 끊임없이 나는 멸망했다! 멸망했다! 멸망했다!라고 생각한다.

7. 그들은 항상, 은혜의 날이 지나고 회개하거나 자비를 얻기에는 너무 늦었다고 생각한다. 만일 당신이 복음의 주제에 대해 말하고 모든 회개하는 신자에게 거저 용서를 받는다고 제안하면 그들은 여전히 이렇게 외친다. 너무 늦었다. 너무 늦었다. 내 날은 지나갔다. 이생에서 진정으로 회개하는 모든 영혼은 반드시 용서받는다는 것을 진지하게 생각하지 않는다.

8. 그들은 종종, 예정의 교리에서 절망적인 생각들을 추론하고, 하나님께서 그들을 거부하거나 선택하지 않았다면 그들이 할 수 있는 모든 것, 또는 온 세상이 할 수 있는 모든 것으로는 그들을 구원할 수 없다고 생각하는 유혹을 받는다. 다음으로, 그들은 자신이 선택되지 않았으며 도움이나 희망이 지나갔다고 강력히 생각하고, 하나님께서 사람을 별도의 방식으로 또는 단순히 구원하기 위해 선택하는 것이 아니고, 믿고 회개하고 구원하는 것을 결합하는

방식으로 선택한다는 것을 알지 못한다. 그렇게 끝까지 긴밀한 연관성이 있다는 것을 의미한다. 그리고 회개하고 그리스도와 거룩한 삶을 선택하려는 모든 사람은 구원의 수단과 조건에 의해 선택되었기 때문에 구원에 선택되었으며, 인내하면 누릴 수 있다. 회개하는 것은 내가 회개하도록 선택되었다는 것을 증명하는 가장 좋은 방법이다.

9. 그들은 어떤 비참한 사례를 읽거나 듣지 못하지만 그들은 이것이 자신의 경우라고 생각한다. 만약 그들이 **가인**에 대해 듣거나, 마음이 완악한 바로(Pharaoh)에 대해 듣거나, 어떤 것은 멸망에 합당한 진노의 그릇이라 하거나, 눈이 있어도 보지 못하며 귀가 있어도 듣지 못하며 마음이 있어도 깨닫지 못한다 함을 읽을 때에, 이것은 모두 나에 대해 말한 것이거나 또는 바로 내 경우에 대해 말한 것이라고 생각한다. 만일 그들이 어떤 사람에 대한 하나님의 끔찍한 심판의 어떤 예를 듣는다면, 그들은 자신도 그렇게 될 것이라고 생각한다. 만일 어떤 사람이 갑자기 죽거나 집에 불이 나거나 정신이 산만하거나 절망하여 죽는다면 그들은 자기들도 그렇게 될 것이라 생각한다. 스피라(Spira)의 사례를 읽는 것은 많은 사람들에게 우울을 유발하거나 증가시킨다. 무지한 저자는 양심에 어긋나는 죄로 인한 고통에 시달리는 평범한 우울을 마치 건전한 이해에 대한 저주받을 만한 절망인 것처럼 묘사했다.

10. 그러나, 그들은 아무도 자신과 같지 않다고 생각한다. 나와 함께 많은 사람들이 몇 주간 풍요를 같이 누렸지만 모든 사람들은 아무도 풍요롭지 않다고 말하는 것으로 생각한다.

11. 그들은 어떤 일에도 전혀 기뻐할 수 없다. 자신에게 편안한 어떤 것을 이해하거나 믿거나 생각할 수 없다. 그들은 말씀의 위협은 읽고 빠르게 인식하고 적용하지만, 그들이 약속에 관한 말씀은 반복해서 읽지만 마치 그들이 그것을 읽지 않은 것처럼 그것들에 주의하지 않는다. 그렇지 않으면 그것들은 내게 말씀하는 것이 아니라고 말한다. 하나님의 긍휼하심이 크고 은혜가 풍성하면 할수록 그것들에 참여하지 않는 나는 더욱 비참하다고 한다. 그들은 계속되는 고통이나 병에 걸린 사람과 같으며, 그의 고통의 느낌이 그를 방해하기 때문에 기뻐할 수 없다. 그들은 남편, 아내, 친구, 아이들, 집, 물건, 그리고 모든 것을 편안함으로 바라

보지 못한다. 어떤 범죄로 처형될 것처럼 바라본다.

12. 그들의 양심은 그들에게 죄를 알리고 그들의 낙담을 의무로 삼는데 민첩하지만 위로하는 경향이 있는 모든 의무에 대해서는 무시한다. 긍휼에 대한 감사와 하나님을 찬양하는 것과 그의 사랑과 은혜와 그리스도와 약속을 묵상하는 것에 대해 결코 힘쓰지 아니하며, 이것들에 대하여는 자기들의 의무로 느끼거나 양심의 가책도 느끼지 않는다. 하지만 그것은 자신들에게는 부적합하고 다른 사람을 위한 의무라고 생각한다.

13. 그들은 항상 믿을 수 없다고 말하고 구원받을 수 없다고 생각한다. 그들은 하나님의 은혜를 입어 죄를 용서받고 구원을 받을 수 있다는 믿음의 본질을 일반적으로 착각하기 때문이다. 그리고 그들은 이것을 믿을 수 없기 때문에(그들의 질병이 그들을 믿게 할 수 없다) 신자가 아닌 것으로 생각한다. 반면에, 구원 얻는 믿음은 복음이 참되고 그리스도는 우리 영혼이 신뢰할 수 있는 구세주라는 믿음일 뿐이며, 우리의 의지가 그가 우리의 것이요 우리가 그의 것이라는 것에 동의하게 하고, 그래서 은혜의 언약을 따르게 하는 것이라고 생각한다. 그러나 그들이 이렇게 동의하고 그리스도가 그들의 것이라는 것을 확신하고 완전히 거룩해지도록 원하지만, 그분이 그들을 용서하거나 구원하실 것을 믿지 않기 때문에, 그들 자신은 믿지 않는다고 생각한다.

14. 그들은 여전히 자신에게 못마땅하고 불만이 있다. 마치 변덕스럽고 불순종하는 사람들이 다른 사람들과 함께 있는 경향이 있는 것과 같다. 기뻐하지 않고, 보거나 듣는 모든 것에 흠을 찾고, 자신을 방해하는 모든 사람에게 화를 내며, 속삭이는 모든 사람을 의심하는 사람을 보라. 우울한 사람은 자기 자신에 대해서 그와 같다. 모든 사람을 의심하고 불쾌하게 하며 잘못을 찾는다.

15. 그들은 고독에 많이 중독되어 있고, 대부분의 경우 친구들과 함께 있는 것에 싫증이 난다.

16. 그들은 고정된 생각에 빠져 있고, 목적 없이 길고 깊은 생각에 빠져 있다. 그래서 깊은 사색과 생각이 그들의 주된 일이며 그들 질병의 대부분이다.

17. 그들은 자기의 소명에 대한 수고를 매우 싫어하고 게으름을 피우며 침대에 누워 있거나 혼자 무익한 생각을 하며 앉아 있다.

18. 그들의 생각은 대부분 자신들에 대한 것이다. 곡물이 없음에도 스스로 돌아 가는 맷돌과 같다. 그렇게 한 생각은 다른 생각을 낳고 그들의 생각은 자기들에 대한 생각으로 사로잡혀서 불규칙하게 생각하던 것을 다시 생각하며 하나님이나 천국이나 그리스도나 교회의 상태나 그것들이 없는 어떤 것에 대해서도 묵상하지 않는다. 그러나 그들의 모든 생각은 수축되어 자기 내면으로 향한다. 자기 괴로움은 그들의 생각과 삶의 총화이다.

19. 그들의 생각은 얽힌 실이나 비단같이 혼란스럽다. 또는 미로나 광야에 있는 사람이나 밤에 정신을 잃거나 길을 잃은 사람과 같다. 그는 응시하고 손으로 더듬어 찾으나 아무것도 할 수 없고, 게다가 당황하고 어리둥절하여 점점 더 얽히고, 길을 찾을 수 없는 의심과 어려움으로 가득 차 있다.

20. 그들은 끝없이 무엇이 옳고 합당한지 판단하기 어려워 행동하기 주저한다. 그들은 말하는 모든 말과 모든 생각과 모든 외모와 먹는 모든 음식과 입는 모든 옷에서 죄를 범할까 두려워하고 있다. 그것들을 치료하려고 한다 해도, 그가 생각하는 수정사항을 의심한다. 그들은 감히 여행도, 집에 머물지도, 말하지도, 침묵하지도 않는다. 그러나 그는 모든 것을 의심하고 있다. 마치 그는 완전히 자기를 괴롭게 하는 염려로 가득 차 있는 사람과 같다.

21. 그러므로 그들은 과도한 미신에 크게 중독되어 어떤 일을 야기한다. 하나님이 결코 만든 적이 없는 법을 스스로 만들고, 불필요한 서약과 결의와 해로운 금욕으로 자신을 덫에 빠

뜨린다. "붙잡지도 말고 맛보지도 말고 만지지도 말라."[66] 그리고 자신의 종교를 그러한 외부적이고, 스스로 부과하는 일에 많이 배치한다. 이런 행위에 헌신하며 많은 시간을 할애하고, 그러한 옷을 입고 더 고운 옷을 입는 것을 참고, 식욕을 만족시키는 음식을 참는다. 비록 그들에게 결정적인 영향을 미치는 것은 교만과 탐욕에서 나왔지만, 로마 가톨릭적 헌신의 상당 부분은 우울에서 비롯되었다.

22. 그들은 이성으로 자기의 생각을 다스리는 힘을 잃었다. 그래서 당신이 그들에게 혼란스럽고 무익한 생각을 버리고 그들의 생각을 다른 주제로 바꾸거나 관심을 끊으라고 설득해도 그들은 당신에게 순종할 수 없다. 그들은 저항할 수 없거나 제약을 받고 있는 것처럼 보인다. 그들은 번잡한 생각을 버리지 못한다. 그들은 마음을 돌이킬 수 없다. 그들은 사랑과 자비를 생각할 수 없다. 치통을 앓고 있는 사람이 자신의 고통에 대해 생각하는 것을 참을 수 없는 것처럼, 그들이 생각하는 것 외에는 아무것도 생각할 수 없다.

23. 따라서 그들은 일반적으로 개인 기도나 묵상에 장애가 생기며, 그들의 생각은 현재 기도나 묵상을 해야 함에도 불구하고 혼란에 빠지고 백 가지 길로 흩어진다. 그리고 그들은 어떤 것도 붙잡아 둘 수 없다. 이것이 바로 그들의 질병의 핵심이기 때문에 그것을 지배할 수 없는 약한 이성을 가진 병적이고 혼란스러운 환상을 가지고 있다. 때때로 두려움이 그들을 기도에서 몰아낸다. 그들은 감히 희망을 품지 못하므로 감히 기도하지 못한다. 보통 그들은 감히 주의 만찬을 받지 못하는데, 여기서 그들은 모든 것 중에 가장 두려워하며, 만일 그들이 그것을 받더라도 합당하지 않게 받음으로써 스스로 저주를 받을까 두려워하여 공포에 떨며 낙담한다.

24. 따라서 그들은 모든 거룩한 의무를 크게 싫어하게 되고, 두려움과 절망은 그들로 하여금 화형에 처한 곰처럼 기도하고, 듣고, 읽게 만든다. 그런 다음, 그들은 자신이 하나님과 경

---

66) 골 2:21, 22

건을 미워하는 자로 생각하고 그들의 질병의 결과를 그들의 영혼에 전가하지만, 동시에 경건한 사람들은 세상의 모든 부와 영광을 갖는 것보다 차라리 모든 죄에서 해방되고 완전히 거룩해지기를 원한다.

25. 그들은 대개 바쁘고 간절한 생각에 사로잡혀(이 모든 것이 얽혀 서로 싸우기만 하고 서로 모순되는), 마치 그들 안에서 무엇인가가 말하고 있는 것처럼 느끼고, 그들 자신의 모든 폭력적인 생각은 다른 사람의 간청과 충동이라고 생각하므로, 모든 환상을 마귀의 어떤 특별한 활동이나 하나님의 영의 어떤 특별한 행동에 전가하는 데 익숙하다. 그리고 그들은 다음과 같은 말로 자신을 표현하는 데 익숙하다. 내 마음이 공격을 받았다고 하거나 이것저것을 해야 한다고 내게 말했거나 이것을 하거나 저것을 해서는 안 된다고 말했고, 그렇게 하거나 그렇게 해야 한다고 들었다. 그리고 그들은, 그들 자신의 상상력이 그들 안에서 말하는 어떤 것이라고 생각하고, 그들이 생각하고 있는 모든 것을 말하고 있다.

26. 우울이 강해지면 그들은 거의 항상 하나님이나 그리스도나 성경과 영혼의 불멸에 대항하는 끔찍하고 신성모독적인 유혹에 시달린다. 그것은 부분적으로 그들 자신의 두려움에서 비롯되며, 이는 그들이 생각하기 가장 두려워하는 것에 대해 가장 (자신의 의지에 반하여) 많이 생각하게 만든다. 활기찬 사람 그리고 활기차고 화려한 사람은 상처가 있는 부분에서 재발할 것이기 때문이다. 그들의 두려움의 그 고통은 그들이 두려워하는 쪽으로 그들의 생각을 끌어당긴다. 너무나 잠을 자고 싶어도, 잠들지 못할까 두려워하는 사람은 그의 두려움과 욕망이 그를 계속 깨우기 때문에 반드시 깨어날 것이므로 우울한 사람들의 두려움과 욕망은 그들 자신을 방해한다. 뿐만 아니라, 마귀의 악의는 여기에 명백히 개입하고 이 질병을 이용하여 그들을 유혹하고 괴롭히며 하나님과 그리스도와 성경과 그들에게 자신의 증오를 보여 준다. 그는 다른 사람들보다 화를 내는 사람을 훨씬 쉽게 유혹할 수 있기 때문에, 점액질과 육체적인 사람을 게으르게 하고 다혈질이나 성미가 급한 사람을 정욕과 문란함으로 유혹할 수 있다. 또한 우울한 사람은 신성모독, 믿음의 부족, 절망적인 생각에 사로 잡히게 유혹할 수 있다. 그리고 때때로 그들은 마치 그들 안에 있는 어떤 것이 그들로 하여금 이런

저런 신성모독적이거나 어리석은 말을 하도록 촉구하는 것처럼 격렬한 긴급성을 느끼며, 이 경우와 그 밖의 경우에 그들이 촉구하는 것에 굴복하지 않으면 쉴 수가 없다. 또 일부는 조용히 있으라는 시험에 굴복하기도 하나 그들이 그렇게 한 후에 그들은 매우 큰 죄를 지었다는 생각 때문에 완전히 절망에 빠진다. 마귀가 그들에게서 이런 이점을 얻을 때마다, 그는 계속하여 그것을 이용하고 있다.

27. 이에 그들은 자신이 성령에 대해 죄를 저질렀다고 생각하도록 더욱 유혹을 받는다. 그 죄가 무엇인지 이해하지 못하지만 그것을 두려워하는 것은 그들의 죄다. 왜냐하면 그것은 무서운 죄이기 때문이다. 적어도 그들은 용서받지 못할 것이라고 생각한다. 유혹과 죄는 별개라고 생각하지 않고 죄를 가장 원하지 않고 싫어하는 사람보다 죄로 인해 정죄받는 것을 두려워할 이유가 적은 사람은 없다. 그리고 이 불쌍한 영혼들이 불평하는 끔찍하고 신성모독적인 생각을 가지고 있는 사람보다, 어떤 죄도 마다하지 않을 사람은 없다.

28. 그러므로 그들 중 더러는 자기가 귀신들린 줄로 생각한다. 만일 그것이 귀신 들린 자가 어떻게 했는지에 대한 환상에 들어간다면, 상상력이 그들로 그렇게 하게 만들 것이다. 욕하고, 저주하고, 신성모독하고, 이 모든 일을 한 것은 자기 속에 있는 마귀라고 스스로 생각하면서 내면의 이방인의 목소리를 흉내 내는 자들을 내가 알고 있다. 그러나 여기까지 가는 자는 극소수에 불과하다.

29. 그들 중 일부는 정신이 거의 산만하여, 진실로 그들이 목소리를 듣고 빛과 유령을 보고 커튼이 그들 위에 열리고 무엇인가 그들을 만나고, 그들에게 이런저런 것을 말한다고 생각하지만, 모든 것은 미친 뇌와 병든 상상력의 오류일 뿐이다.

30. 그들 중 많은 사람들이, 그들 마음의 끊임없는 피곤한 혼란으로 인해 그들의 삶에 지쳐있다. 게다가 죽는 것을 두려워한다. 그들 중 몇몇은 결연히 스스로 굶주린다. 일부는 자살하고자 하는 강한 유혹에 시달리고, 그 유혹으로 불안에 사로잡혀 아무데도 갈 수 없지만, 마

치 자기 안에 누군가가 있어 '죽어라, 죽어라.'고 말하는 것을 느낀다. 그렇게 많은 불쌍한 피조물들이 거기에 굴복하고 자살한다.

31. 그들 중 많은 사람들이 궁핍과 가난, 가족의 불행에 대한 두려움과 투옥 또는 추방에 대한 두려움과 누군가가 그들을 죽이지 않을까 하는 두려움으로 쉼 없이 괴로워한다. 그들은 속삭이는 사람들을 보면, 모두 자신의 목숨을 앗아가려는 음모를 꾸미고 있다고 생각한다.

32. 그들 중 어떤 사람들은 말을 하지 않겠다는 법을 스스로 설정하고 단호한 침묵 속에서 오래 산다.

33. 그들 모두는 다루기 힘들고, 그들 자신의 자만심으로 뻣뻣하며, 결코 그렇게 비이성적이지 않음에도 설득하기 어렵다.

34. 그들에게 주어진 어떤 이유, 확신 또는 조언으로 인해 더 나아진 사람은 거의 없다. 현재 만족스럽고 조용하고 즐거워 보인다 할지라도, 그들은 내일에 다시 나빠질 것이다. 그들이 생각하는 대로 생각하는 것이 그들의 질병의 본질이다. 질병이 치료되지 않는 동안 그들의 생각은 치료되지 않는다.

35. 게다가, 이 모든 병에 걸려도 자신이 우울하다고 믿는 사람은 거의 없다. 또한 사람들이 그들에게 그렇게 말하는 것을 듣기 싫어하며, 그것은 그들의 불행과 하나님의 버림과 무서운 진노에 대한 이성적인 느낌일 뿐이라고 말한다. 그러므로, 그들은 자신이 건강하다고 말하며 고통받는 것은 자신의 영혼만이라고 확신하기 때문에 약을 먹거나 몸을 치료하기 위해 어떤 수단을 사용하도록 설득되지 않는다.

이는 이 불쌍한 사람들의 비참한 사례이며, 매우 불쌍히 여길 뿐 아무도 업신여겨서는 안 된다. 나는 내가 자주 보고 알고 있는 것 외에는 아무것도 말하지 않았다. 그리고 모든 부류의 사람들, 학식 있는 사람과 배움 없는 사람, 높거나 낮은 사람, 좋은 사람과 나쁜 사람들, 즉 하나님께서 그들의 어리석음을 느끼게 하셨음에도 가장 큰 즐거움과 관능 속에 살아온 사람들도 모두 이런 비참에 빠지기 때문에 멸시하지 말라. 그 원인은 다음과 같다.

1) 가장 일반적으로 그들에게 너무 깊은 인상을 남긴, 어떤 세속적 상실, 어려운 상황, 슬픔 또는 염려이다.

2) 때때로, 일반적인 위험 상황에 대한 과도한 두려움.

3) 때때로, 지나치게 힘들고 끊임없는 연구나 생각으로 인해 환상을 너무 많이 뒤틀린 상태로 비틀고 긴장시켰기 때문이다.

4) 때로는 너무 깊은 두려움, 또는 너무 지속적이고 진지하고 열정적인 생각과 영혼의 위험에 대한 염려.

5) 우울에 대한 가장 큰 준비는 (실제로 주요 원인) 심약한 머리와 강한 열정과 결합된 이성인데, 이것은 여성과 자연적인 사람들에게서 흔히 발견된다.

6) 어떤 사람에게는 양심이 깨어났을 때에 한 번 보이는 견딜 수 없는 어떤 끔찍한 죄에 의해 발생한다. 이 질병이 상당히 진행됐을 때 그들 자신에 대해 지시하는 것은 헛된 것이다. 왜냐하면 그들은 그것을 실행할 이성과 의지가 없기 때문이다. 그러나 그들의 친구들은 방향을 제시할 필요가 있다. 게다가 그들의 대부분, 처음에는 약간의 이성의 힘이 남아 있기 때문에 나는 그 사용에 대한 방향을 제시한다.

방향 제시-1 '종교의 어떤 오류가 당신의 고통의 원인이 되지 않도록 하라. 특히 은혜의 언약과 그리스도 안에 나타난 자비의 풍성을 잘 이해하라.' 그중에서도 다음과 같은 진리를 이해하는 것이 유용할 것이다.

[원인 없는 문제를 예방하기 위해 알아야 할 진리]

1. 하나님의 무한하신 선함에 대한 우리의 생각은 그의 무한한 능력과 지혜에 관한 우리의 생각과 비례해야 한다.

2. 하나님의 자비는 온 인류에게 너무나 충분한 구세주를 마련해 주셨기 때문에 어떤 죄인도 그리스도가 사람의 죄를 충분히 속죄하지 못하여 멸망하지는 아니할 것이며, 또한 사람이 자신의 죄를 속죄하는 것이 어떤 사람의 구원이나 용서의 조건이 되지도 않는다.

3. 그리스도께서는 자신의 복음의 언약(망각의 행위)에서 회개하고 믿음으로 그 제안을 받아들일 모든 사람에게 용서와 구원을 주기 위해 자신을 내어 주셨다. 복음을 듣는 자는 아무도 멸망하지 않지만 그리스도와 생명을 끝까지 완고하게 거부하는 자는 아니다.

4. 지금까지 복음의 진리를 믿고 은혜의 언약에 동의하는 자, 곧 아버지 하나님이 자신의 주님과 화해하신 아버지가 되시고, 그리스도가 자신의 구세주이며, 자신을 거룩하게 하시는 분이 성령이심을 믿는 자는 구원하는 믿음을 가지고 있으며, 언약의 축복에 대한 권리를 가지고 있다.

5. 은혜의 날은 지금까지 우리의 일생에 상응하거나 동등하며, 누구든지 죽기 전에 진정으로 회개하고 은혜의 언약에 동의하는 자는 확실히 용서받고 생명의 상태에 있게 된다. 그리고 그렇게 하는 것이 모든 사람의 의무이며, 용서가 그들의 것이 될 수 있다.

6. 사탄의 유혹은 우리의 죄가 아니라 우리가 그들에게 굴복하는 것일 뿐이다.

7. 자연적인 질병이나 질병의 영향은 (그 자체로는) 죄가 아니다.

8. 우리가 죄를 가장 꺼려하고 사랑하거나 좋아하지 않는다면, 그것은 (형식적으로) 가장 작은 죄이고, 가장 적은 비난을 받을 것이다.

9. 우리가 죄를 사랑하기보다 더 미워하고, 죄를 지키기보다 차라리 구원받기 위해 죄를 버리는 우리를 비난할 죄는 없다. 그것이 참된 회개이다.

10. 세상의 가장 큰 쾌락이나 부나 명예, 그리고 이 두 가지 모두를 얻는 것보다 마음과 삶의 거룩함과 하나님을 사랑하고 믿음으로 사는 데에 있어서 온전하게 된 자가 참으로 성화된 자이다.

11. 이 은혜와 소망을 가진 자는 자기가 택함을 받은 것을 알 것이다. 우리가 거룩한 언약에 동의함으로써 우리의 부르심을 굳게 하는 것이 우리의 택하심을 굳게 하는 것이다.

12. 다른 사람에게는 큰 의무가 되는 똑같은 일을 몸의 질병으로(열병, 공황 장애, 우울) 수행할 수 없는 사람에게는 의무가 아닐 수 있다.

방향 제시-2 '세상적인 염려와 슬픔과 불만을 주의하라. 당신을 불안하게 할 정도로 세속적인 것에 너무 집착하지 말라. 그러나 당신의 염려를 하나님께 맡기는 법을 배우라.' 당신은 그러한 육체적이고 죄악 된 수단에서 오는 모든 고난으로 평화롭지 않을 수 있다. 땅보다 하늘에 관한 관심으로 주의를 돌리는 것이 훨씬 더 안전하다.

방향 제시-3 '우울한 사람에게는 묵상이 전혀 의무가 아니지만, 마음을 산만하게 하는 묵상을 견딜 수 있는 소수의 사람을 제외하고는, 묵상은 그들을 괴롭히는 문제에서 가장 먼 것이어야 한다. 또는 갑작스러운 기도의 발화와 같은 짧은 묵상은 예외로 한다.' 정해진 진지한 묵상은 당신을 혼란스럽게 하고 방해하며 다른 의무를 수행하지 못하게 할 것이다. 만약 사람이 다리가 부러진 경우, 온몸이 더 나빠지지 않도록 다리가 접착될 때까지 걸어서는 안 되는 것과 같다. 그것은 당신의 사고력 또는 상상력이며, 부서지고 고통받는 부분이다. 그러므로 당신은 당신을 괴롭히는 일에 묵상을 사용해서는 안 된다. 아마도 당신은, 이것은 신성모독이며, 하나님과 당신의 영혼을 잊어버리고, 유혹하는 자에게 자기의 뜻을 맡기는 것이라고 말할 것이다. 그러나 나는 아니라고 답한다. 현재 할 수 없는 일을 일시 중지하고, 할 수 있는 다른 일을 함으로써 지금은 할 수 없는 일이나, 때가 되면 다시 하려는 것이다. 그것은 단지 당신이 잘할 수 없는 의무에 대한 시도를 일시 중지하는 것일 뿐이다. 그리고 현재, 당신은 거룩한 이성으로 당신의 영혼의 일을 처리할 수 있다. 나는 회개하거나 믿음에 관한 것이 아닌 당신을 해칠 수 있는 정해지고 길고 깊은 묵상을 그만두도록 충고하는 것이다.

방향 제시-4 '감당할 수 없는 어떤 은밀한 의무를 너무 오래 하지 말라.' 기도 자체는 당신이 무력한 때에도 가능한 한 계속되어야 한다. 당신이 더 많은 것을 할 능력이 없을 때, 더 긴 은밀한 기도 대신에 하나님께 드리는 짧은 고백과 간구를 해야 한다. 질병이 사람의 키가 작은 것에 대해 변명이 될 수 있다면, 본성이 버틸 수 없는 곳에서, 뇌와 영혼의 질병도 마찬가지다. 하나님은 당신을 해칠 수단을 지정하지 않았다.

방향 제시-5 '은밀한 의무를 수행할 수 없는 경우에는 자신과 너무 힘들게 싸우지 말고 조용히 갈 수 있는 속도로 가라.' 모든 노력이 당신을 가능하게 하는 것이 아니라, 당신을 괴롭히고, 당신의 의무를 지치게 만들고, 당신의 질병을 증가시킴으로써 당신을 더 무력하게 만든다. 불안하게 끌려가는 소와 스스로 짜증나서 빨리 지치는 말과 같다. 의무에 대해 기꺼이 하려는 마음을 유지하고 당신을 슬프게 만드는 것을 피하라. 위가 아플 때는 많이 먹지 말고 소화를 잘해야 건강에 도움이 된다. 많이 소화할 수 없을 때는 적게 먹어야 한다. 당신의 묵상과 은밀한 기도의 경우도 여기에 해당된다.

방향 제시-6 '당신이 가장 잘 감당할 수 있는 의무에 최선을 다하라. 그것은 대부분의 사람들과 함께 기도하고, 다른 사람들과 함께 듣고, 좋은 담론을 나누는 것이다.' 위장이 고기를 거부하는 병자는 먹을 수 있는 것을 먹어야 한다. 하나님은 한쪽이 할 수 없을 때 다른 한쪽이 할 수 있도록 다양한 방법을 마련해 주었다. 그렇다고 오해하지 말라. 절대적으로 필요한 경우에는 무슨 일이 일어나든 그것을 하려고 노력해야 한다. 믿고 회개하고 하나님과 이웃을 사랑하고 근신하고 의롭고 경건하고 기도하는 것이 내키지 않는다면, 당신은 노력해야 하며 싫다는 이유로 그것을 변명해서는 안 된다. 그것은 반드시 해야 할 일이기 때문이다. 그렇지 않으면 길을 잃을 것이다. 그러나 글을 읽을 형편이 아닌 사람은 읽지 않고도 구원을 받을 수 있고, 감옥에 갇힌 사람이나 병든 사람은 교회에서 말씀을 듣지 않고, 성도들과 교제 없이도 구원을 받을 수 있다. 그러므로 우울함으로 인해 장애가 있는 사람은 단호하고 긴 묵상과 사적 은밀한 기도 없이 더 짧은 생각과 감탄의 기도 없이도 구원을 받을 수 있다. 그가 할 수 있는 다른 의무들이 이들의 부족을 채워 줄 것이다. 자연이 두 눈, 두 귀, 두 콧구멍, 두 신장과 폐가 존재하게 하여, 하나가 멈추거나 결함이 있을 때, 다른 하나가 한동안 부족한 것을 대신할 수 있게 하셨다. 그 사람들도 그와 같다.

방향 제시-7 '모든 불필요한 고독을 피하고, 최대한 정직하고 쾌활한 친구들과 함께하라.' 당신은 다른 사람들을 필요로 하고, 당신 자신만으로는 충분하지 않다. 하나님은 우리에게 축복을 주시기 위해 다른 사람들을 그분의 손처럼 사용하고 존중할 것이다. 고독은 그것에 적합한 사람들에게는, 묵상과 하나님과 우리 마음과 대화하기에 좋은 때이다. 하지만 당신에게는 유혹과 위험의 계절이다. 사탄이 그리스도를 광야에서 금식하고, 고독하게 했을 때 유혹했다면, 그는 훨씬 더 이것을 기회로 삼아 당신을 공격할 것이다. 고독은 모든 것을 빼앗기지 않기 위해, 명상과 사려 깊은 관심의 일상에서 탈출할 때이다.

방향 제시-8 '신성모독적이거나 혼란스러운 생각이나 무익한 생각이 들 때, 곧바로 그것들을 인지하고 당신에게 남겨진 이성의 권위를 사용하여 그것들을 쫓아내고 명령하라.' 당신이 이성을 잃지 않았다면, 이성과 의지는 혀, 손, 발뿐만 아니라 생각에 대해 명령을 할 수 있다. 당신이 이리저리 뛰어다니거나 손으로 싸우면서 나는 어쩔 수 없다고 말하거나, 혀를 하루 종일 내두르게 하고, 나는 그것을 멈출 수가 없다고 말하는 것을 부끄럽게 여겨야 하는 것처럼, 그렇게 당신이 아무렇게 생각하거나 해로운 일을 하고, 나는 어쩔 수 가 없다고 말하는 것을 부끄럽게 여겨야 한다. 당신은 그것을 삼가기 위해 최선을 다하고 있는가? 당신은 그것들이 사라지도록 명령할 수 없는가? 생각을 다른 데로 돌릴 수 없는가? 아니면 당신 스스로 일어나 그들을 떨쳐 버릴 수는 없는가? 어떤 사람들은 자신의 얼굴에 찬물을 약간 뿌리거나 다른 사람에게 그렇게 해 달라고 요청하여 잠에서 깨어나는 것처럼 우울한 생각에서 깨어날 수도 있다. 아니면 방에서 나가 당신의 기분을 전환시킬 어떤 일을 착수할 수는 없을까? 당신이 기꺼이 해야 하는 의무라는 것을 안다면, 당신은 그것을 아는 만큼 더 많은 일을 할 수 있을 것이다.

방향 제시-9 '어떤 거룩한 것을 생각할 때, 그것이 하나님과 은혜와 그리스도와 하늘과 형제와 교회에 대해 가장 좋은 일들을 생각하라. 그리고 당신의 묵상은 밖으로 향하는 것이 되게 하라. 게다가 당신 자신을 생각하지 말고, 당신의 생각 속에 빠지는 데에 시간을 낭비하지 말라.' 우리는 부주의한 죄인들의 생각을 안에서 불러내어, 그들을 피조물과 죄에서 벗어나게 할 필요가 있다. 마찬가지로 우리는 착잡하고 우울한 사람들의 생각을 밖으로 불러내야 할 필요가 있다. 왜냐하면 여전히 그들 자신을 짜증나게 만드는 것이 그들의 질병이기 때문이다. 우리 자신과 같은 벌레를 생각하는 것보다 하나님과 그리스도와 천국을 생각하는 것이 훨씬 더 높고 고귀하고 감미로운 일이라는 것을 기억하라. 우리가 하나님께 나아갈 때, 우리는 사랑과 빛과 자유로 나아가는 것이다. 그러나 우리가 우리 자신을 내려다볼 때, 우리는 지하감옥, 감옥, 광야, 암흑, 공포, 더러움, 비참, 혼란의 장소를 바라보는 것이다. 그러므로 그러한 생각이 필요하긴 하지만, 우리의 회개와 합당한 주의력이 유지될 수 없다면, 하나님에 대한 우리의 생각에 비하여 그것들은 비통하고 천하며 참으로 메마른 것이다. 당신이 하나님의 사랑이 있는지 없는지 조사하기 위해 당신의 마음을 들여다볼 때, 하나님의 무한하신 친절함을 생각하는 것이 더 현명할 것이며, 그것은 이전에 있었든 없었든 간에 그것을 야기할 것이다. 그러므로 당신의 마음이 하늘에 있는지 알기 위해 숙고하는 대신에 당신의 생각을 하늘로 향하게 하고 그 영광을 생각하라. 그리하면, 그것들이 그곳에 올라갈 것이고 당신이 구하던 것을 당신에게 주고, 사실임을 나타낼 것이다. 하나님의 사랑이 이미 그곳에 있었는지를 탐색하는 데 있어서, 샅샅이 뒤지며 당신 자신을 곤혹스럽게 하지 말고, 당신의 마음의 정원에 거룩한 소망을 심는 데에 시간을 사용하라. 우리는 너무 어둡고 혼란스러운 존재들이기 때문에 우리 자신을 보는 것만으로도 우리 마음에 혐오와 공포를 불러일으키고 우울하게 하기에 충분하다. 그러나 하나님의 영광 중에는 우리의 생각을 꺾을 것이 아무것도 없고, 사탄이 그분을 우리에게 잘못 나타내지 않는 한, 모두는 것이 그들을 기쁘게 할 것이다.

방향 제시-10 '하나님께서 우리 구속주의 놀라운 성육신, 직분, 삶, 죽음, 부활, 승천, 통치에서 우리에게 보여 주신 사랑의 기적을 간과하지 말라. 게다가 묵상의 가장 중요한 주제가 되도록 하나님께서 제안하신 이 놀라운 자비의 경이로움에 당신 생각을 완전히 담그라.' 당신은 이성으로 그리스도와 은혜에 대한 많은 생각을 해야 하는데, 그중 하나는 당신의 죄와 불행에 대한 생각이다. 하나님은 당신이 당신의 죄와 비참함을 보도록 요구하지만, 그것은 그만큼 치료를 확대하고 그것을 받아들이게 하려는 것이다. 죄와 지옥에 대해서만 생각하지 말라. 그러나 그리스도와 은혜에 이르는 길로서 생각하라. 이것은 최악의 죄인이라도 의무이다. 당신의 죄가 늘 당신 앞에 있는가? 그렇다면, 그리스도의 용서의 은혜는 당신 앞에 있지 않는가? 지옥이 당신 앞에 열려 있는가? 그렇다면, 구속주가 당신 앞에 있지 않는가? 죄와 지옥은 당신 것이지만 그리스도와 거룩함과 천국은 당신 것이 아니기 때문이라고 말하나? 나는 당신에게 대답한다. 그것은 그때, 그렇게 해야 당신이 가질 것이기 때문이다. 당신이 그렇게 해서 그것을 가질 수 없다면, 당신은 갖지 못한다. 하나님은 죽음만 아니라 생명을 먼저 준비했다. 그는 저울의 끝에 그리스도와 거룩함과 하늘을 두었고, 마귀는 죄의 잠시 즐거움을 다른 끝에 두었다. 당신이 거짓 없이 선택한 것은 당신 것이다. 하나님이 당신에게 선택권을 주었기 때문이다. 하나님께서 지금까지 복음을 듣는 모든 사람에게 그리스도와 생명을 주셨으므로, 그들의 마지막 완강한 거부 외에는 아무것도 그들을 정죄할 수 없다는 사실보다 더 진실한 것은 없다. 그리스도와 생명은 모든 사람의 의지와 선택에 따라 주어졌지만, 모든 사람이 그를 받아들이고 선택할 의지가 있는 것은 아니다. 당신이 그리스도와 생명과 거룩함을 가지지 않는다면 무엇을 가질 것인가? 그리고 왜 불평하는가?

방향 제시-11 '당신이 지은 죄만큼 당신이 받은 자비를 생각하고 말해 보라. 그리고 당신이 원하는 대로 당신에게 베풀어지는 자비에 대해서도 생각하고 말해 보라.' 당신은 당신이 받은 자비가 당신의 모든 죄보다 더 기억되고 언급될 가치가 없다고 감히 말하지 못한다. 하나님께서 당신을 위해 그처럼 많은 일을 행하셨는데 그것이 간과되고 가볍게 보이고 아무 것도 아니라고 생각하는가? 마치 그분의 자비가 당신의 생각에 아무런 도움이 되지 않는, 맨뼈나 불모의 광야처럼 생각되는가? 그렇게 큰 배은망덕의 죄를 범하지 말라. 사랑과 자비에 대한 생각은 영혼에 사랑과 감미로움을 낳을 것이다. 죄와 진노에 대한 생각은 혐오, 공포, 증오, 혼란을 낳고 마음을 하나님에게서 멀어지게 한다.

방향 제시-12 '당신 시간의 많은 부분을 기도에, 받은 자비의 고백에, 지은 죄를 고백하는 데에 사용하도록 날마다 자신을 묶으라. 그리고 자신의 불행에 대한 한탄 대신, 하나님에 대한 찬양으로 시간을 보내라.' 당신이 당신의 의무를 이해한다면, 당신은 이 일이 당신의 의무라는 것을 감히 부인할 수 없을 것이다. 감사와 찬양은 죄와 비참함을 고백하는 것보다 더 큰 의무다. 그렇다면 거기에 더 많은 시간을 할애하기로 결정하라. 당신이 이정도만 한다면(당신이 원하기만 하면 할 수 있음) 제때에 당신의 영혼의 괴로움이 사라질 것이다. 그리고 더 달콤한 것에 대한 빈번한 언급은 식습관의 변화가 신체의 기질을 변화시키듯이 당신의 마음을 달게 하고, 그것의 기질과 습관을 변화시킬 것이다. 나는 당신에게 이 과정을 결의하고 시도하기를 간청한다. 만일 당신이 하나님의 은혜를 감사하는 마음으로 말할 수 없고, 하나님의 탁월함을 거룩하게 찬양하는 마음으로 말할 수 없다 할지라도, 당신이 할 수 있는 것을 언급하고, 당신이 할 수 있는 만큼 그것을 언급하라. 당신은 당신의 감정은 아닐지라도 당신의 시간을 명령할 수 있다. 당신이 이것을 하기만 한다면 당신은 그 이점이 매우 크다는 것을 알게 될 것이다.

방향 제시-13 '의무의 열정적인 부분을 과대평가하지 말고, 오직 판단과 의지와 실천, 하나님과 거룩함을 높이 존중하고, 결단력 있는 선택, 진실한 노력이 은혜와 의무의 삶이라는 것과 동시에 열정적인 감정은 하급이고 불확실한 것에 불과하다는 것을 알아라.' 당신이 열정적인 부분을 너무 과도하게 할 때 당신은 당신이 하는 것을 모른다. 또한 당신이 깊고 감동적인 이해를 위해 많이 노력을 할 때도 그렇다. 이것들은 위대한 것도 아니고 거룩함의 본질도 아니다. 이 감정이 너무 많으면 주의가 산만해질 수 있다. 하나님은 당신이 얼마나 견딜 수 있는지 알고 있다. 열정적인 감정은 본성에 크게 의존한다. 어떤 사람들은 다른 사람들보다 더 분별력이 있다. 가장 현명한 사람과 가장 영향력 있는 사람은 일반적으로 가장 덜 열정적이다. 그리고 가장 약한 사람들은 그들의 열정을 거의 절제하지 못한다. 하나님은 감각의 대상이 아니므로 열정보다는 이해와 의지가 일하는데 더 적합하다. 가장 거룩한 영혼은 하나님께 마음이 향하고 그를 위해 결심하고 그의 뜻에 순응하는 영혼이지, 가장 깊은 슬픔, 두려움, 기쁨, 그리고 기타 그러한 감정적인 열정에 영향을 받는 영혼이 아니다. 거룩한 열정이라도, 의지의 명령에 따라 우리의 의무에 가장 적합한 정도로 일으킬 수 있다면 최선일 것이다. 그러나 나는 더 깊은 감정이 부족하다고 불평하는 사람들을 많이 알고 있는데, 만약 그들의 감정(그들이 열정이라 부름)이 더 컸더라면 산만했을 것이다. 나는 오늘 울고 내일 다시 죄를 지을 수 있고, 죄 많은 열정과 더 나은 열정이 빠르게 일어나는 사람들 중 한 사람이 되는 것보다, 차라리 죄 때문에 울 수는 없지만 죄 때문에 자신을 미워하고 죄에 대항하기로 결심하고 죄를 버리는 크리스천이 되고 싶다.

방향 제시-14 '자신의 생각을 너무 중요하게 여기지 말라. 그리고 그것들에 너무 많은 주의를 기울이지 말라. 사탄이 추한 생각이 들게 하였는데, 당신이 그것을 쫓아낼 수 없다면, 그것들을 경시하고 주의하지 말라.' 당신의 마음에 던져진 모든 생각을 중요하게 생각하면 그 생각을 더 오래 마음에 간직할 것이다. 우리는 잘 인식할 수 있는 것에 대해 가장 많이 생각하고, 가장 적게 관심을 가진 것에 대해 가장 적게 기억한다. 만약 당신이 그것들을 하찮은 것으로 여겨 추방하지 않는다면, 그것들을 중대하게 만드는 것이다. 이러한 문제나 불안을 야기하는 생각들은 습관적으로 골치 아프게 꾸짖는 사람과 같다. 만일 당신이 그것들을 가치 있다 생각하고 만족하면, 결코 당신과의 관계를 끝내지 않을 것이다. 그러나 그것들이 이야기하는 것에 주의하지 아니하고, 그들에게 아무 대답도 하지 아니하면 그들이 피곤하여 굴복할 것이다. 마귀의 계획은 당신을 짜증나게 하고 불안하게 하는 것이다. 그가 짜증내거나 불안해하지 않는 당신을 본다면, 그는 그 유혹을 포기할 것이다. 나는 당신이 이렇게 말할 것을 안다. 내가 그렇게 경건하지 않아서 그런 죄 많은 생각을 가볍게 여기는가? 나는 대답한다. 당신의 마음에 어떤 생각이 있든지 무관심하거나 작은 죄를 아무것도 아닌 것으로 여기지 않도록 그것들을 소홀히 하지 말라. 그러나 그것들을 실제보다 더 크거나 더 위험한 죄로 여기지 않을 정도로 가볍게 여기지 말고, 그것들에 대해 뚜렷하고 특별한 주의를 기울이거나 그것에 대해 불안해하지 않도록 가볍게 여기라. 만일 그렇게 한다면, 그리스도와 하늘을 위한 당신의 생각 안에 다른 것을 받아들일 공간이 없을 것이다. 그러나 마귀는 당신이 당신 자신의 생각을 생각하는 일에, 아니면 자신의 유혹에 대해 생각하는 일에 얼마나 바쁜지 보고 기뻐할 것이다. 그리고, 그가 당신에게 말한 모든 것을 듣고, 하나님의 일을 생각하는 대신 그의 어떤 충동을 생각하는 데에 당신을 종일 사용할 수 있다는 것에 기뻐할 것이다. 하나님의 종들 가운데 규칙 위반과 생각의 죄가 없는 자는 아무도 없다. 그들은 매일 용서를 구해야 하며, 그들에게 충분한 구세주와 치료제가 있으며 죄는 은혜를 확대할 기회라고 생각하고 기뻐해야 한다. 그러나 만일 그들이 모든 부당한 생각을 지나치게 주목하고 걱정한다면, 그것은 그들의 거의 모든 큰 의무를 삼키는 덫이 될 것이다. 당신은 당신의 종이 일을 계속하는 대신에, 자기 일의 모든 일상적인 불완전함을 관찰하고 고민하는 것에 머문다면, 그런 하인을 원할까?

방향 제시-15 '유혹을 받는 것이 죄가 아니라 유혹에 굴복하는 것이 죄라는 것을 기억하라. 그리스도 자신도 마귀에게 이끌려 다니고 불경스러운 유혹을 받았으며, 심지어 마귀에게 엎드려 경배하라고 하는 시험까지 받았다. 그럼에도 불구하고, 그는 이러한 유혹을 자신의 승리의 영광에 유리하게 했다.' 마귀의 죄를 당신의 것으로 삼지 말라. 당신의 시험이 그리스도의 시험보다 더 끔찍하고 혐오스러운가? 마귀가 그리스도처럼 당신을 성전 꼭대기로 데려갔다면 어땠을까? 하나님이 당신을 버리고 당신을 사탄의 권세에 넘겨준 줄로 생각하지 않았을까? 그러나, 당신은 유혹에 굴복할 것이고 그리스도는 그렇게 하지 않았다고 말할 것이다. 나는 대답한다. 죄 많은 사람이라 그리스도처럼 순수하게 시험에 견디는 것을 기대할 수 없나? 사탄은 그리스도 안에서 자기에게 순응할 만한 어떤 것도 찾지 못했지만 우리 안에서 죄의 본성을 발견한다! 왁스(wax)는 외부의 압력에 자국이 남지만, 대리석은 그렇지 않을 것이다. 또한 유혹을 받는 죄에 대해 동의하는 것이 모든 죄악의 감염은 아니다.

방향 제시-16 '당신은 죄악 된 생각을 얼마나 사랑하고 기뻐하며 떠나기를 싫어하는지 생각해 보라. 죄를 떠나는 것보다 유지하는 것이 더 낫기 때문에 어떤 죄도 정죄하지 않고, 죄를 사랑하고 그 안에서 즐거워하고 있는지 생각해 보라.' 당신은 이 모든 무서운 생각과 죄에서 기꺼이 구원받고 싶지 않은가? 불명예, 궁핍, 추방상황에서 기꺼이 살면서 죄에서 자유로워질 수 없겠는가? 그렇다면 왜 죄에 대한 사함을 의심하는가? 당신이 당신의 죄를 사랑하지 않고 원하지 않는다는 것보다 죄의 회개에 대한 더 확실한 징조를 가질 수 있나? 또는 당신의 죄가 군림하는 죄이거나 용서받지 못할 죄가 아니라는 확실한 증거를 가질 수 있나? 죄의 의지가 적을수록 죄는 적고, 의지가 많을수록 죄는 많아진다. 탐욕스러운 사람은 자기의 돈을 사랑하고 음행하는 사람은 자기 정욕을 사랑하며 교만한 자는 자기 명예를 사랑하며 술 취하는 사람은 자기의 술잔을 사랑하며 탐식하는 사람은 자기 식욕의 만족을 사랑한다. 그들은 그렇게 이것들을 떠나지 않고 사랑한다. 그럼에도 당신은 불안하고 혼란스럽고 모독적인 생각을 좋아하는가? 당신은 그것들 때문에 당신의 삶이 지칠 정도로 지겹지 않은가? 그것들 때문에 더 이상 괴로워하지 않는 것이 기쁘고 감사하지 않을까? 그런데도 당신은 죄에 대한 용서를 의심하는가?

방향 제시-17 '당신의 영혼에게 당신의 질병의 영향으로 인한 원인보다 더 심하게 책임을 지우지 말라.' 실제로 산만하게 생각하거나 잘못 말하는 사람은 그의 죄가 그의 질병을 유발하는 한, 결함이 있다고 말할 수 있다. 그러나 직접적으로 그리고 그 자체로 질병의 무의식적인 영향은 죄가 아니다. 우울은 비록 아프지는 않지만 정신과 상상력에 관한 단순한 죄이다. 우울한 사람이 의심과 두려움과 절망적인 생각과 신성모독적인 유혹으로 허둥대고 괴로움을 당하는 것은 사람이 이해력이 떨어지면 흥분 속에서 헛소리하는 것과 같이 자연스러운 일이다. 또는 열병이 심한 갈증을 불러일으킬 때, 마실 것을 생각하고 갈망하는 것과 같이 자연스러운 일이다. 그리고 열병에 걸린 사람이 그러한 갈증, 그러한 생각, 욕망 또는 말을 했다고 어떻게 비난할 것인가? 당신이 꿈속에서 가진 끔찍한 생각을 깨어나서도 가지고 있다면, 당신은 그것을 용서받지 못한 죄라고 생각할 것인가? 아니면 피할 수 없는 병약으로 생각할 것인가? 그래서, 당신의 병은 그것들을 거의 꿈처럼 보이게 만든다.

방향 제시-18 '합법적인 부름을 위해, 부지런히 힘써서(당신의 힘이 감당할 수 있는 한) 끊임없이 일하고, 소중한 시간을 게으르게 보내지 말라.' 게으름은 유혹하는 자의 밀물의 시기이다. 당신이 시간을 적절하게 사용하지 않으면, 당신은 마귀가 와서 당신을 성가시게 하도록 초대하는 것이다. 그러면 당신은 그에게 귀를 기울이고, 그가 당신의 마음에 넣으려 하는 모든 것을 생각한 다음, 그 모든 것을 다시 생각할 수 있다! 당신이 다른 할 일이 없다 할 때 마귀는 당신에게 그런 일을 찾을 것이다. 그러면 당신은 계속 앉아 명상을 할 것이다. 그러면 당신 생각은 아이들이 흙에서 철벅거리는 것처럼 당신 자신의 병의 진흙 속에서 의식 없이 있어야 한다. 게으름은 죄이다. 그것은 하나님이 기뻐하지 않으신다. 그는 당신에게 "엿새 동안 수고하고 이마에 땀을 흘려야 떡을 먹을 것이다. 일하지 않는 자는 먹기에 합당하지 않다."[67]고 명령하셨다. 시간은 소중하니 서둘러 가라. 하나님께서 당신에게 주신 것은 아무것도 헛되지 않음을 기억하라. 그러므로 당신이 다른 죄로 말미암아 괴로워할 때, 이 죄에 대해 양심의 가책을 느끼고 헛되고 무익한 명상에 반의 반시간도 허비하지 말라. 당신이 일어나서 합법적인 자신의 일을 하지 않을 때, 당신의 죄 자체가 당신의 형벌이 되게 하고, 당신 자신의 게으른 생각을 날마다 징벌하게 하는 것은 하나님의 공의로운 일이다. 기도나 어떤 헌신을 한다고 가장하는 것으로는 당신의 게으름을 변명하지 못할 것이다. 이는 하나님의 법에 어긋나기 때문이다. 그러므로 내가 당신에게 말한 모든 것보다 이 한 가지 지시에 순종하기를 간청한다. 나는 절망적이고 우울한 사람들이 자신의 소명에 단호하고 부지런히 종사함으로써 치유된 사람들을 알고 있다. 만일 당신이 방 한 구석에 앉아 시간을 허비함으로써 하나님께 죄를 짓고, 스스로 일어나 일에 힘쓰는 것보다 자신의 불행을 가중시킨다면 당신의 재난은 정당하다. 할 일이 거의 없거나 전혀 없다고 말하지 말라. 왜냐하면 하나님

---

67) 살후 3:8

은 그들이 결코 부자가 아닐지라도, 그들의 지위와 힘에 적당한 직업에서 일하는 것을 모든 사람의 의무로 삼으셨기 때문이다.

방향 제시-19 '마귀가 당신을 슬프고 우울한 생각 속에 가두어 두는 것으로 그가 얼마나 많은 것을 얻는지 살펴보라. 그러면 마귀에게 기쁘고 유익한 일은 당신의 의무가 될 수 없고 당신에게 최선이 될 수 없다는 것을 쉽게 알 수 있을 것이다.' 그는 당신을 이 혼란스러운 의심과 두려움 속에 가두어 하나님의 모든 자비에 대해 당신이 그에게 드려야 할 감사와 찬양을 빼앗는다. 이 가장 높은 의무를 마치 당신의 것이 아닌 것처럼 버린다. 당신은 우리의 구속에서 가장 기적적인 자비의 영광을 하나님께 돌리지 않는다. 또한 당신은 예수 그리스도 안에 있는 은혜의 풍성함을 연구하거나 즐기거나 감탄하거나 찬미하지도 않는다! 당신은 하나님의 무한한 사랑에 대해 빈곤하고 저속한 생각을 가지고 있어서, 그것을 판단하거나 인식하기에 부적합하다. 담즙이 많은 위장과 같아서 입안에 계속 쓴맛을 내어 음식의 단맛을 맛보지 못하게 한다. 이로써 당신은 하나님의 사랑에 부적합하고, 당신은 그분을 미워하거나 원수와 같이 여겨, 그분에게서 도망가고 싶게 한다. 그것은 당신의 시간을 잃게 한다. 그것은 의무를 기꺼이 행하려는 당신의 마음과 즐거움을 박탈하고 하나님에 대한 모든 봉사를 당신에게 부담과 귀찮은 것으로 만든다. 그것은 양자(adoption)의 정신과 복음적 예배와 순종의 전체적인 틀에 매우 어긋난다. 당신은 더 겸손하고 슬프고 분별 있는 척하며 사탄을 만족시키고, 하나님과 당신 자신에게 해를 입힐 것인가?

방향 제시-20 '우울한 상태에서 영혼의 상태나, 생각이나 방법의 선택과 행동에 대해 자신의 판단을 신뢰하지 말고, 경험 많고 충실한 안내자의 판단과 지시에 의지하라.' 당신이 처한 이 어둡고 무질서한 상황에서 당신은 당신 자신의 상태나 의무의 방식에 대한 적절한 판단을 내릴 수 없다. 당신의 마음과 상상력은 좋든 나쁘든 둘 중 하나다. 만약 좋다면, 왜 그 모든 소동과 혼란, 그리고 명상과 기도의 장애에 대해 불평하겠는가? 만약 나쁘다면, 어째서 왜 그렇게 무질서한 마음의 환상을 가지고 스스로 판단할 수 있다고 생각할 정도로 스스로 자만하는가? 우울한 사람들에게 가장 나쁜 것은 일반적으로 두뇌가 가장 병들고 이해력이 가장 약할 때 자신의 눈에는 자기가 가장 현명하고 자만심으로 뻣뻣하다는 것이다. 그리고 그들은 그 빈약한 이해력을 자랑으로 여기고 자기들만큼 잘 아는 사람이 없다고 생각하여 자신만만하고 제멋대로이기에 설득할 수 없다. 오, 그들이 말하길, 당신은 내 경우를 알지 못한다고 한다! 당신 자신 외에는 전혀 알지 못하는 당신보다, 그 사건에서 많은 수행과 도를 얻은 내가 당신의 경우에 대해 더 낫지 않을까? 꿈속에 있는 사람이 자신의 경우를 아는 것보다 옆에 깨어 있는 사람이 더 잘 알 수 있다. 당신은 당신이 느끼는 것을 다른 사람들은 느끼지 못한다고 말한다! 의사는 열병에 걸린 사람이 어떤 기분인지, 또는 낙상하거나, 정신이 산만한 사람이 느끼는 것을 느끼지 못한다. 그럼에도 불구하고, 당신이 느끼는 것과 보는 것에 대한 보고서를 통해, 그는 당신이 느끼는 것보다 당신의 질병, 그 성질 및 치료법을 훨씬 더 잘 알고 있다. 그러므로 지혜로운 사람은 병들었을 때, 하나님 아래서 자기 의사의 지시와 주변 친구들의 도움을 신뢰하고 그들의 도움과 조언에 맞서 논쟁을 벌이지 않고, 자기의 감정과 반대로 조언하는 것에 대해 고의적으로 거절하지 않는다. 당신도 현명하다면 그렇게 할 것이다. 적합한 감독을 신임하고 당신의 상태나 의무에 대한 그의 판단을 멸시하지 말라. 당신은 당신의 길을 잃었고 희망이 없다고 생각하지만 이제 더 적합하게 판단하는 그의 말을 들어보라. 그의 말에 고의적으로 반대하여 당신의 빈약한 재치를 너무 고집하지 말라. 당신은 그가 실수할 정도로 어리석다고 생각하는가? 겸손은 오히려, 스스로를 어리석다 생각하게 하지 않을까? 당신의 생각의 문제, 당신의 은밀한 의무의 방식과 기간, 조언이 필요한 당신의 모든 망설이는 문제에 대해 그에게 조언을 받으라. 다음 한 가지 질문에 대답해 보라! 당신보다 지혜로운 사람을 아는가? 당신의 상태를 판단하고 조언해 주기에 적합한가? 당신이 아니라고 한다면, 그렇게 정상적이 아닌 재치를 가진 당신은 얼마나 교만한가! 당신이 그렇다고 한다면, 그 사람을 믿고 신뢰하며 그의 지시에 따를 것을 결심하라. 그리고 나는 당신에게 묻고 싶다. 당신은 당신 자신에 대해 한 번도 틀린 판단을 한 적이 없는가? 그렇다면 그때 당신은 판단하기에 건전하고 유능한 사람이 아니었고, 지금도 말이나 생각을 정확하게 하는 것을 좋아하는 자가 아닐 것이다.

방향 제시-21 나의 마지막 충고는, '당신의 질병이 치료될 수 있도록 주의를 기울이고, 당신이 의사의 진료를 신뢰하고, 그에게 순종하라는 것이다. 그리고 약이 그들에게 유익하다는 것을 믿지 않는 대부분의 우울한 사람들처럼 하지 말라. 고통받는 것은 자기의 영혼뿐이다. 그것은 영혼, 상상력, 열정이 병든 것이므로 영혼은 색 유리를 통해 보는 눈 같아서 모든 것이 유리와 같은 색이라고 생각한다.' 나는 약에 의해 치료되는 많은 사람을 보아왔다. 그리고 몸이 나을 때까지 마음은 거의 치료되기 어려울 뿐 아니라 순수한 이성조차 모두 헛된 것이 될 것이다.

제6과 생각에 대한 가장 유익한 순서(젊은 학생을 위한)

방향 제시-1 '당신이 성령에 의해 거듭나고, 성화되고, 그리스도를 믿음으로 의롭다 하심을 받고, 무엇보다도 하나님을 화해한 아버지로 사랑하며, 천국의 유산에 대한 권리가 있는지 확인하는 것이 당신의 첫 번째이자 가장 진지한 공부가 되게 하라.'

왜냐하면,

1. 당신에게, 당신의 영원한 행복은 당신과 가장 밀접하고 가장 큰 관심사이기 때문이다. 온 세상을 알고 자신의 영혼을 잃는 것은 당신에게 무슨 유익이 있는가? 마귀처럼 많이 알고 마귀와 함께 영원히 비참하게 되는 것이 무슨 유익이 있나?

2. 사탄의 사슬에 묶여 하루 종일 일하는 것은 가장 슬픈 일이다! 하나님과 성경을 연구하지만 마귀의 권세 아래 있으면서 당신이 연구하는 그 하나님과 성경의 거룩함에 적대적인 마음을 갖는 것은 가장 슬픈 일이다. 당신이 먼저 당신 자신의 구원을 연구하지 않는다면, 그것은 가장 상식에 어긋나고 부조리한 연구과정이다. 그리고 당신이 당신의 경우를 알고 당신을 묶고 있는 사슬을 본다면, 당신의 떨림은 당신의 연구를 방해할 것이다.

3. 당신이 새로워질 때까지는 당신은 어둠 속에서 공부하며, 당신이 공부하는 모든 것의 생명과 영과 핵심을 알 수 있는 내면의 통찰력과 감각 없이 연구하는 것이다. 성경이 죄악 상태의 어두움과 성령의 조명하심과 거듭난 영혼의 기이한 빛에 대해 말하는 모든 것과, 자연인이 성령의 것을 받지 못하는 것과 하나님에 반대하여 적개심을 가진 육신의 마음과, 그의 율법에 복종하지 않고 복종할 수도 없다는 육신의 마음에 대한 모든 것이다. 이들과 다른 모든 구절구절들은 하찮은 것이 아니라 진리의 영으로부터 오는 가장 중요한 진리다. 당신은 당신에게 껍질과 죽은 글자를 보여 줄 그 빛만을 가지고 있을 뿐, 실제적인 거룩한 진리의 영

혼과 소생시키는 감각을 보여 줄 빛은 가지고 있지 않다.[68] 우리가 한 번도 맛보지 못한 고기를 눈으로만 아는 것같이, 또는 단순한 법학자나 논리학자로서 법률책이나 물리학 책을 읽듯이(그들은 사람의 상태나 생명을 구원할 것을 그 책에서 아무것도 거두지 못하는 것처럼), 모든 연구를 단순하게 추구할 것이다.

4. 당신과 당신이 연구하고 있는 거룩한 것들을 모두 미워하는 마귀가 당신의 선생이 될 때, 당신은 당신의 연구에서 사악한 성공을 하는 것과 같다. 그는 당신을 눈멀게 하고, 왜곡시키고, 거짓된 생각으로 당신의 마음을 사로잡을 것이며, 당신에게 기분 전환과 관능적인 생각을 집어넣고, 당신 자신의 영혼이 이 모든 것에 대해 더 나은 상태가 되지 못하게 할 것이다.

5. 당신은 모든 올바른 연구의 진정한 목적을 원하지만 잘못된 목적을 세울 것이다. 그러므로 당신의 연구 주제가 무엇이든, 당신은 여전히 당신의 길을 벗어나며, 그것이 진정한 목적에 대한 수난인시 일지 못히기에 제대로 아는 것이 없다. (그러나 머지않아 이것에 대한 진실을 원하게 될 것이다.)

방향 제시-2 '당신이 이 기초를 먼저 놓고 모든 학문의 참된 원리와 목적을 갖게 되었을 때, 모든 면에서, 하나님의 영원한 심판과 사랑과 그의 영광을 증진시키고 그의 거룩한 뜻을 기쁘게 하는 것까지도 그 목적을 의도하는지 확인하라. 그리고 당신은 이 목적에서 벗어난 어떤 연구에 결코 참여하지 말라. 그러나 그것을 위한 수단으로 생각되고 그것에 관하여 생기를 불어넣는 것으로 생각되는 연구는 참여하라.'

여행의 모든 단계가 시간과 노동의 손실에 불과하고, 그것이 당신 여행의 종착점에 가는 것이 아니라면, 그리고 당신이 세상에서 생각하고 행해야 하는 모든 것이 단지 당신의 목적

---

68) 행 26:18; 엡 1:18, 19; 골 1:13; 벧전 2:9; 롬 8:7; 고전 2:14, 15

이나 방법에 관한 것이라면, 모든 피조물과 행위는 당신의 궁극적인 목적인 하나님의 매체가 되는 것이 아니며, 다른 도덕적 선을 가질 수 없다. 그리하여 당신은 당신의 연구의 목적에서 하나님을 제외할 때마다 당신은 죄를 짓거나 어리석게 행동하는 것에 불과하다는 것을 쉽게 알 수 있다. 왜냐하면 비록 그것이 자연적 선과 악에 대한 지식에 기여할 수는 있지만, 그러한 연구에는 도덕적 선이 있을 수 없기 때문이다. 당신이 지혜롭고 학식 있는 사람이 된 줄로 생각하고 많은 것을 변론하고 말하며 당신의 명성을 얻으려 할 때에, 당신의 뜻이 우리 주 예수 그리스도의 유익한 말씀과 경건함에 따른 교리에 동의하지 않는 한, 당신은 교만하여 아무것도 알지 못하고 어리석게, 오직 질문과 말싸움만을 할 것이다. 이로 말미암아 시기, 싸움, 폭언, 악한 추측, 부패한 마음을 가진 사람들의 패역한 분쟁, 이득을 경건함이라고 추측하게 될 것이다.[69] 이런 자들에게서 돌아서라. 하나님 외에는 지식이 없기 때문에 하나님께서 안내하지 않는다면 지식이 아니라 어리석음이다.

방향 제시-3 '그러므로 모든 연구를, 당신의 목적인 하나님께로 향하는 가능성에 따라 선택하고, 그것들을 방법의 개념 아래 계속 사용하며, 이 목적에 의해 당신의 지식을 추정하고, 당신이 하나님에 관한 것과 하나님께 속한 것에 대해 아는 것 이상으로 실제로 알지 못한다고 스스로 생각하라. 따라서 실제적인 신성이 모든 연구의 본질(soul)이 되게 하라.'

그러므로 우리가 알고자 하는 모든 것을 연구하기에는 인생이 너무 짧기에, 가장 중요한 것들을 확인하고, 당신의 목적에 가장 도움이 되는 연구를 선호하라. 이 목적을 위해 무익한 일에 시간을 낭비하지 말라. 목적에 불필요한 일에 처음 시간과 가장 중요한 시간을 낭비하지 말라. 하나님과의 친밀함의 목적은 당신 연구의 주제를 고상하게 하는 것이다. 모든 참된 지식은 하나님께로 인도한다. 하지만 모두 같지는 않다. 그분에게 가장 가까운 것이 가장 좋다.

방향 제시-4 '당신의 지식 성장에서 중요한 부분은 필요 없는 작은 것들을 많이 아는 데 있지 않다는 것을 기억하라. 게다가 기독교 믿음의 기초에 대한 더 분명한 통찰력과, 처음 믿

---

69) 딤전 6:3-6

었던 것보다 더 나은 뿌리를 내리면서 아래로 성장해 가고, 위쪽으로는 하나님에 대한 더 큰 지식, 더 큰 사랑, 그리고 하늘의 마음으로 성장하며, 그다음으로 더 큰 기술과 능력으로 성장하여 세상에서 그분을 섬길 준비가 되도록 성장해 가는 것이다.'

하나님의 일과 세상의 언어와 관습에 대해 알 수 있는 데까지 많이 인지하라. 게다가, 그리스도 안에서 하나님을 더 많이 알기 위해서는 매일 공부하며 성장해야 한다는 것을 기억하라. 당신이 그것들을 가장 많이 알고 있다 해도, 당신이 결코 알지 못했던 것을 더 많이 알기 위해, 이미 알고 있는 위대한 것들에 대해 더 많이 알 필요가 있다. 믿음의 뿌리는 여전히 자랄 수 있고, 사랑의 가지와 열매는 끊임없이 더 크고 달콤할 수 있다! 당신이 살아 있는 한, 당신의 신앙의 이유를 더 잘 알 수 있고, 당신의 지식을 어떻게 사용할지 더 잘 알 수 있다. 그리고 당신이 알고 있는 것이 무엇이든, 그것이 하나님을 더 잘 알고, 더 사랑하고, 더 잘 섬기도록 이끌게 하라.

방향 제시-5 '모든 육체적이고 세상적인 목적에 대해 두려움과 혐오감을 가지고 경계하고 대항하기로 결의하라. 당신의 마음이 육체적인 관심에 사로잡히지 않도록 주의하라. 이 세상의 쾌락이나 이익이나 존귀를 높이 평가하지 말며 육체의 안락함을 최고의 쾌락이나 바람직한 것으로 삼지 말라. 오직 당신이 하나님과 영광의 소망을 당신의 몫으로 받는데 만족하며, 자기를 부인하고 세상에 대하여 죽은 자로 그리고 십자가를 짐으로 그리스도를 따르고 그를 위하여 모든 것을 버리기로 작정하고 준비하라.'

이것들은 쉽게 말할 수 있는 것이다. 그러나 이것들은 거의 배우기 어렵기 때문에, 가장 학식 있고 존경받는 사람들이 그것들에 대해 더 잘 알지 못하여 멸망한다. (나는 그들이 저주를 피하는 법을 배우지 못했기에 결코 학식 있는 사람으로 여기지 않을 것이다.) 그리스도의 십자가는 알파벳보다 먼저 배워야 한다. 십자가를 지도록 강요하는 것은 쉽게 배우지만, 그것을 견디는 것을 배우는 것은 어려운 일이다. 다른 사람에게 십자가를 지우는 것은 빌라도의 추종자가 되는 것이다. 그러나 그것이 우리에게 놓여졌을 때 그것을 견디는 것은 그리스도를 따르는 것이다. 당신이 명예와 재물과 승진에 대한 사랑으로 더러워진 육체적이고 세상적인 마음과 목적으로 신학을 공부한다면, 하나님을 구하듯이 사탄을 섬기고, 구원의 교리와 수단 중 하나로 영혼을 저주하고, 당신을 마귀에게 결박하기 위한 재료를 구하기 위해 하나님께 재촉하는 것이고, 당신의 귀를 마귀의 문에 고정시키기 위해 하나님의 못을 훔치는 것이다. 그리고 **유다**의 얻은 것이 깨어난 양심을 얼마나 괴롭게 하고 고통을 줄지 당신은 알지 못한다! 금과 은의 녹이 너희에게 어떻게 증거하며, 어떻게 불같이 너희 살을 먹을 것[70]인지 당신은 알지 못할 것이다.

방향 제시-6 '당신이 알고 있는 모든 것을 소화하여 그것을 거룩한 습관으로 바꾸라. 그리고 당신이 설교하고 다른 사람에게서 기대할 수 있는 그 결과를 먼저 자신에게 기대하라. 아는 것이 앎의 끝이 아님을 기억하라. 그러나 그것은 몸에 먹는 것과 같고, 건강과 힘과 봉사가 목적이다.'

하나님의 모든 진리는 그분께서 당신이 일할 수 있도록 세우신 그분의 등불이다. 그것은 생명과 행위를 위한 음식과 같다. 아는 것을 목적으로 하는 모든 지식은 잃게 된다. 당신의 머리와 비망록을 채우는 것은 당신이 해야 할 전부가 아니다. 그러나 당신의 마음을 강화하고 활력을 불어넣고 불타오르게 하기 위함이다. 좋은 습관은 설교자에게 가장 좋은 양식이다. 마음의 습관은 최고의 도서관보다 낫다. 그러나 하늘의 사랑의 습관과 마음속의 삶이 일치하지 않는다면 설교자와 학자의 마음과 삶은 당신의 모든 지식에 비해 여전히 부족하다. 고린도전서 8장 1절의 **바울**의 말을 공부하라. "지식은 교만하게 하며 사랑은 덕을 세운다." 만약 그의 지식이 다른 사람의 덕을 세우고, 사랑이 우리 자신을 구원한다고 말했더라면, 그가 말한 것이 이상한 말이 아니었을 것이다. 그러나 참으로 덕을 세우는 일에 있어서도 사랑이 우선이다.

---

70) 약 5:3

방향 제시-7 '참으로 당신은 지식에 있어서도 거룩함에 있어서도, 배우지 못한 사람을 능가하도록 하라. 그렇지 않다면 당신의 지식이 쓸모없고 무가치한 것이라고 믿게 하는 것이고, 무가치한 종이라고 심판받을 것이다.'

지식의 모든 정도는 거룩함으로 나아가기 위한 것이다. 열 달란트는 열 달란트 이상의 이익을 내야 한다. 알고 행하지 않는 자는 많은 매를 맞을 것이다. 마귀의 학자들은 증오와 경멸로 무식한 경건한 자들을 바라보고 그들의 치욕과 불명예에 대해 설교하며 참된 경건을 차꼬에 채워 두려고 애쓴다. 그러나 그리스도의 사역자들은 거룩함을 보는 곳마다 사랑하며, 배우지 않은 사람들이 그들보다 더 거룩하고 천상적이어야 한다고 생각하는 것을 부끄러워한다. 지식 자체와 마찬가지로 지식의 사용과 목적에 있어서도 배우지 않은 사람들을 능가하도록 노력하라. 게다가 캔터베리 주교 어거스틴(Augustine of Canterbury)은, 무지한 사람들은 폭력으로 천국을 차지하려고 하지만, 배운 사람들은 알고 가르치는 것이 자신들의 몫이고, 실천하는 것은 다른 사람들의 몫이라 생각하므로 지옥으로 내던져진다고 한탄한다.

방향 제시-8 '당신의 소중한 시간의 한순간도 게으름이나 부적절한 것에 낭비하지 말라. 그러나 힘을 다하여 부지런히 일을 수행하라.'

나는 과도하게 당신의 뇌나 몸을 전복시키거나 당신의 건강에 가장 필요한 그러한 일반적인 운동을 삼가야 한다는 것을 의미하지 않는다. 병든 몸은 학생에게 나쁜 동반자이며 훨씬 더 미친 두뇌이기 때문이다. 그러나 시간을 낭비하는 자는 쾌락과 게으름을 지식과 거룩함보다 더 사랑한다. 지혜는 한가하고 게으르고 꿈꾸는 영혼에게 생기지 않는다. 당신이 가장 주의 깊고 면밀한 연구를 가치 없다고 생각한다면, 당신은 어리석은 무지에 만족하며, 교회를 속이고 채찍질하는 자들처럼 부풀려진 직위(title)와 공허한 마음을 가지고 해외로 나가야 한다.

방향 제시-9 '당신의 모든 공부에 기쁨을 유지하고, 원치 않는 피곤함 속에서 하지 말라. 만일 그것이 주제나 방법에 있어서 현저한 오류가 아니라면, 비록 그것들이 약간의 불편함을 주더라도 당신이 가장 좋아하는 것같이 만족하라. 그렇지 않으면 당신의 피곤함이 훨씬 더 많은 것을 가져올 수 있기 때문이다.'

나는 죄와 허영에 대한 즐거움은 채워지지 않는다는 것을 안다. 그리고 정신적 힘은 필요하고 중요한 경우에 반대 방향으로 움직이는 마음에 맞서 사용돼야 한다. 그러나 다양한 주제와 유익한 학문을 선택할 때, 비록 다른 어떤 것이 더 적합할 수도 있지만, 기쁨을 위해 무언가를 양보해야 한다. 하지만 특히 마음은 거룩한 것을 기뻐해야 한다. 그때, 시간이 활용되고 기억이 도움이 되고 많은 일이 이루어지고 인내할 것이다. 그것은 당신의 매일의 수고가 당신에게 더 큰 기쁨이 될 때, 불필요한 오락에 대한 유혹과 젊음의 정욕이라는 치명적인 재앙으로부터 마음을 보호할 것이다.

방향 제시-10 '분별력 있는 사람들에게 세 권의 비망록의 제목을 작성하게 해 보라. 하나는 개념, 자명한 이치(axiom), 필수 교리에 대한 부분에 유용한 것, 또 다른 하나는 교회 예배에 관한 논문과 웅변에 유용한 것, 나머지는 당신이 읽은 과학의 모든 책에 대한 공통 참고 색인으로 참고하기 위한 것이다. 기억은 모든 것을 다 기억하지 못하기 때문이다.'

보통 학생들은 학문이 깊어지고, 자신이 유념할 저서의 대부분을 읽을 때까지는 자신만의 일반적인 책을 만들 수 있을 만큼 판단력이 부족하다. 그러므로 젊은이들은 여기에 현명한 조력자가 있어야 한다. 그럼에도 그들이 주의를 기울이지 않고 조력자 없이 그들 자신이 할 때, 그들의 무분별함은 필요가 덜한 것으로 비망록을 채우고, 주제에 맞지 않는 선택을 하기 쉬울 것이다.

방향 제시-11 '신성과 당신의 모든 연구에서 정당한 방법을 높이 평가하라. 정확한 설계도나 골격을 얻기 위해 노력하라. 그러면 한 번에 모든 부분이 적절한 위치에 있는지 볼 수 있다. 그러나 그것이 온전하지 않다면 덫이 될 것이라는 것을 기억하라. 그리고 당신의 계획이나 방법에서 한 가지 오류는 더 많은 오류를 만들기 쉬울 것이다.'

전체 또는 현 위치와 나머지 부분과의 관계를 알지 못한 채, 많은 느슨한 조각과 진리의 부서진 부분을 아는 것은 빈곤한 지식이다. 문자는 알고 음절을 모르는 것, 음절은 알고 문자와 문장을 모르는 것, 또는 문장은 아는데 담론의 범위를 모르는 것은 모두 무익한 지식에 불과하다. 면밀히 조사하지 않고 아는 과학은 제대로 아는 것이 아니고, 그의 마음속에 그것에 대한 진정한 계획이나 방법을 가지고 있지 않은 것이다. 그러나 현존하는 많은 것 중에서 내가 가장 존경하거나 오류가 없다고 생각하는 것을 당신에게 칭찬하는 것은 내가 감히 할 수 있는 것 이상이다.

방향 제시-12 '여전히 원시적이고 근본적인 진리를 마음속에 간직하고, 당신이 배우는 다른 모든 진리가 그것들에서 솟아나고, 그 진리로부터 생명과 자양분을 받는 것으로 알라. 그리고 항상 덜 필요한 것을 더 필요한 것으로, 덜 확실한 것을 확실한 것으로 바꾸고, 그 반대가 되지 않도록 필연성과 확실성 둘 다에서 여러 등급의 진리 사이의 명확한 구분을 마음속에 간직하라.'

만일 하나님께서 믿음의 요점이나 성경의 계시를 동등한 필요성으로 하셨다면, 우리의 세례는 성부와 성자와 성령에 대한 우리의 믿음만 언급하지 않았을 것이다. 또한 고대의 신조나 십계명도 언급하지 않았을 것이다. 그리고 만일 모든 요점이 동등한 증거와 분명함과 확실성을 가지고 있다면, 우리는 어떤 것이 다른 것보다 더 많은 논쟁을 일으키지 않아야 한다. 성경에 나오는 "어떤 것"은 "이해하기 어려운 것"이지만 "모든 것"은 아니다.[71] 어떤 진리가 실제보다 더 필요한 것처럼 가장하는 것은 자비롭지 않고 논쟁의 경향이 있다. 어떤 것을 실제보다 덜 필요하다고 말하는 것은 그것을 무시하고 영혼을 위험에 빠뜨리는 경향이 있다. 어떤 것을 실제보다 더 명백하고 확실한 것처럼 가장하는 것은 우리의 교만과 무지를 보여주는 것뿐이다. 게다가 불확실하고 불필요한 요점을 속이고 그것들을 종교로 만들고, 그들에게 확실하거나 필요한 것으로 만드는 것은 불안을 유발하는 이단의 방법이다.

---

71) 벧후 3:16

방향 제시-13 '사도 시대와 초대교회 시대에 실지로 받아들여지지 않았던 것은 아무것도 종교에서 보편적으로 필요한 것으로 여기지 말라. 그리고 사도들이 갔던 가장 안전한 천국의 길을 택하라. 그들은 확실히 거기에 있다. 사도적 순결, 단순함, 사랑과 단결을 귀하게 여기라. 지나친 현명함과 경건함을 우리에게 부가함으로 인해 우리의 신성한 모범을 타락시키고 교회를 무자비함과 다툼으로 채우는 그들을 따르지 말라.'

지배권과 재물이 그들의 종교와 함께 가고, 경건 대신에 이득을 얻고, 논쟁 대신에 명예와 돈을 얻는 것이 너무 분명한 사실이 아니라면, 로마 교회에서 맹렬하고 무자비하게 하는 것처럼, 교회의 평화와 연합을 방해하는 일에 세상의 기독교인들 중에 그렇게 많은 학식 있는 사람들이 있다는 것은 가장 놀라운 일이 될 것이다. 사도 시대에 필요했던 것 이상을 요구하지 않고, 사도들과 원시 교회가 구원에 필요했던 것보다 더 많은 것을 요구하지 않는 것처럼, 그렇게 쉽고 합리적인 일이 거의 모든 기독교 세계를 연합되게 할 수 있다. 즉, 구원에 필요한 것을 방해하지 않을 때, 사도들과 초대교회는 부족한 상태에서 구원을 받았다. 누구도 반박할 수 없을 것 같은 이 쉽고 합리적인 것은, 기독교인들 사이의 모든 파멸적인 차별점을 종식시킬 것이다.

방향 제시-14 '하나님께서 당신이 알기를 원하시는 모든 것을 알기를 갈망하고, 하나님께서 당신이 모르기를 원하시는 모든 것에 기꺼이 무지하라. 계시되지 않은 것들을 조사하지 말라. 더군다나 그것들을 가혹한 투쟁의 문제로 만들지 말라.'

도미니카회와 예수회, 그리고 다른 많은 사람들 사이에 논쟁의 여지가 있는 방대한 양의 책은 대담한 질문, 논쟁, 또는 불가해한 신비에 대한 결정으로 가득 차 있으며, 그것들에 대해 많이 생각하는 사람들에게는 전혀 알려지지 않았고, 결코 하나님의 말씀이나 작품에 계시된 적이 없다. 감추어진 신비에 대해 경외심을 두지 말라. 신성의 유입과 하나님의 율례의 우선순위, 후순위, 의존성과 행동이나 결정의 동기에 대해 마치 당신의 일상적인 일을 이야기하는 것처럼 담대하게 이야기하지 말라. 하나님께서 계시하신 그 높고 거룩한 진리를 탐구하도록 하나님께 부름을 받았을 때 큰 경외심을 가지고 나오라. 그러나 알려지지 않은 것은 모르는 척하라. 왜냐하면 당신이 질문에 대해 아무리 오랫동안 어리석게 대답을 한다 해도, 당신은 당신의 무지와 오만함을 발견할 뿐 더 이상 알지 못할 것이기 때문이다.

방향 제시-15 '더 이상 연구하지 않고, 다른 사람들이 이 전에 기록하고 유지한 것만 아는 것과 다른 사람들의 새로 발견한 것을 거의 고려하지 않는 두 극단을 피하라. 당신을 가르칠 수 있는 모든 스승과 저자로부터 배우라. 그러나 모든 것을 자신의 것으로 만들고 적절한 증거로 실체를 보라. 최선을 다해 발견한 내용을 개선하라. 특이점에 대한 자랑스러운 욕망이나, 자신보다 더 현명해 보이려 하는 것을 증오하라.'

노력하기를 매우 꺼리는 대부분의 학생들은 그들의 책보다 더 많은 지식을 찾으려 하지 않으며, 그들의 배움은 다른 사람들이 썼거나 말했거나 그들보다 먼저 제시된 것을 아는 데 있다. 특히 평판이 가장 높거나, 최고 정당의 판단과 차이가 가장 적은 사람이, 명예를 얻고 승진하는 경향이 있는 곳에서, 사람은 일반적으로 알려진 것보다 더 많이 아는 것처럼 보이는 것은 위험하다고 생각한다. 그러므로 더 많이 알기 위해 공부할 필요가 없다고 생각한다. 인간은 자신을 파멸시키는 경향이 있는 것을 알기 위해 노력할 수 없다. 하지만 그들이 그것에 대해 무지한 동안에는 아무런 해를 받지 않는다. 그래서 로마 가톨릭교도 가운데 연예인이나 학생들이 반대되는 진리를 갖은 사람이 거의 없고, 반대되는 진리를 박해하거나 책망하는 사람이 없다. 그리고 이 극단의 차이를 감지하는 다른 사람들은 그들의 반대에 부딪힌다. 한편, 진리의 사랑스러움과 판단의 자유가 필요하다는 구실 아래, 먼저 다른 사람들이 세운 모든 것을 무너뜨리는 것이 교화적인 방법이라고 생각하고, 선조들의 판단을 거의 고려하지 않고, 다른 사람들로부터 아무것도 신뢰하지 말고 모든 것을 스스로 기초부터 시작해야 한다고 생각한다. 그리고 대개 그들의 교만은 가장 인정받는 저자를 거의 무시하게 해서 완전히 이해할 때까지 책을 읽을 인내심을 갖지 못한다. 게다가 받아들여진 것은 그들이 이해하기도 전에 받아들여진 방식이라는 단순한 이유만으로 거절하고, 그들은 아무것도 신뢰해서는 안 된다고 말하면서, 현재 그들은 바로 그 의견과 이것을 가르치는 소설가들의 다른 의견을 신뢰하고 있다. 그리고 그런 사람들이 다른 사람들을 불명예스럽게 하는 말을 믿는 것과 함께 그들은 자신이 모욕한 사람들과 반대되는 것을 믿는다. 그러나 모든 사람이 자신의 모든 지식을 스스로 발명하고 제조하는 자가 되어야 하고, 후손들이 조상들의 발견으로 인해 결코 더 나아질 수 없으며, 가장 현명한 사람들의 가장 큰 수고와 가장 높은 성취가 자신 외에는 누구에게도 이익이 되지 않아야 한다면 인류가 얼마나 슬픈 경우에 처해 있는지 쉽게 알 수 있다. 한다면, 인류가 얼마나 슬픈 상황에 처해야 하는지 아는 것은 쉬운 일이라 한다. 그들이 모든 것을 스스로 해야 한다면 왜 선생을 이용하는가? 만약 그들이 가정교사를 믿지 않고 아무것도 신뢰하지 않는다면 그들은 그것을 배우기 전에 모든 진리를 알아야 하는 것과 같다. 그리고 가정교사를 믿는 것과 저자를 믿는 것 사이에 무슨 차이가 있나? 그리고 오랜 경험을 통해 여러 나라와 시대에서 인정받은 것이, 한 사람이나 소수가 추천한 것보다 더 믿을 만하지 않는가? 이 학생들은 스스로 알파벳이나 문법을 만들어야 했고 일반적인 것을 신뢰하지 않아야 했다. 우리 스스로 모든 것을 시작하고 수행하는 것보다 다른 사람들의 발명품에 추가하는 것이 더 쉽다. 그들의 연구과정으로 세상은 결코 더 현명해지지 않을 것이다. 그러나 모든 시대와 사람은 항상 시작 단계에 있으며, 아무도 그들의 기초 이상으로 나아가는 사람은 없다.

방향 제시-16 '당신은 당신의 학업과 생활을 위해 적당한 교사와 동료를 선택했는지 확인하라. 그들은 당신의 지식뿐만 아니라 아는 것의 거룩한 실천에 도움을 줄 것이다. 그리고 다음 사람들과 친숙함을 전염병처럼 피하라. 1. 관능적이고 게으르고 야만적인 사람들. 2. 육신적이고 야심만만한 자들로 승진과 박수갈채 외에 더 높은 목적을 모르는 자. 3. 교만하고 이단적이며, 다투는 재치를 가진 자라, 그들의 지혜와 종교는 자기보다 지혜롭고 더 나은 자들을 책망하고 비방하고 헐뜯는 것뿐이다.'

나쁜 친구는 둘 모두에게 공동의 파멸이다. 그들의 관능은 감각적인 유혹에 쉽게 휘둘리고, 그들의 양심은 다른 사람들의 육감적인 삶의 본보기에 의해 압도된다. 그들 앞에서 다른 사람들이 죄짓는 것을 보는 것은 그들을 담대히 죄짓게 한다. 겁쟁이가 다른 사람들이 하는 것을 보고, 겁쟁이라는 비난을 피하기 위해 죽음에 직면한 군대에 끌려가는 것 같다. 환희의 소리와 고함소리는 마귀의 북과 나팔인데, 이로 말미암아 저희 귀가 들리지 않고 부상당하여, 죽어 가는 자들의 부르짖음과 그 잘못된 길을 발견한 자들의 애곡이 들리지 않는다. 그리고 타락한 본성에는 세상의 번영과 헛된 영광에 대한 강한 경향이 있어서, 특히 마귀가 적절한 도구로 미끼를 제공할 때 그가 직접 제공했을 때와 마찬가지로 신속하게 미끼를 물게 한다. 부유하고 위대하고 일반적으로 박수 갈채를 받는 것은 혈육에게 즐거운 일이고, 가난하고 멸시를 받고 고통받는 것은 슬픈 일이다. 잘 갖추어진 이해와 경험을 원하는 젊은이의 소박함과 불안정함은 이단자들과 기만하는 자들에게 큰 이점이 되며, 그들은 기회가 있는 곳이면 항상 어디든지 가서 많은 사람들을 유혹한다. 어린 아이들은 "기만하려고 엎드려 있는 자들의 속임수와 간사한 유혹에 쉽게 빠져 온갖 교훈의 풍조에 밀려 요동한다."[72] 속이는 자에게는 그들만의 방법이 있다. 그 방법은 경험 없는 사람은 쉽게 감지할 수 없는 기만의 일반적인 도구이다. 이와 반대로, 지혜롭고 침착하며 진지하고 화평하고 온유하고 겸손하며 거룩하고 하늘에 속한 자들이 주는 유익은 지극히 크다. 특히 젊은이들에게 그렇다! 그러한 사람들은 그들을 안전한 길로 인도할 것이며, 여전히 그들을 보호하고, 지식의 가장 필요한 부분을 촉진하고, 모는 것의 끝인 거룩한 수행을 빠르게 만들 것이다.

방향 제시-17 '당신의 모든 연구에서 양 극단을 의심하고, 어느 것이 극단인지 분명히 분별하여 어느 쪽을 피하면서 다른 쪽을 피하지 않도록 하라. 그리고 당신과 동등한 사람이나 아래 사람이 당신의 반대가 된다고 생각하지 않도록 특히 주의하라. 현재 틀 안에 올바르게 놓을 수 없는 모든 진리를 버리지 말고, 나머지 진리와 잘 일치하는지 살피라. 참된 방법에 대한 더 깊은 통찰력이(극소수만이 얻은) 현재 당신을 걸려 넘어지게 하는 것과 차이점을 조화시킬 수 있기 때문이다. 하나님께서 결합시킨 것을 결코 나누지 말라. 그럴지라도 당신은 그들의 적절한 위치를 찾을 수 없다.'

사실 서로 필요한 의존성을 가진 진리들이 서로 일치하지 않는다고 가정하고, 진리를 다른

---

[72] 엡 4:14

진리와 화해시킬 수 없기 때문에 진리를 오류로 버리는 것보다 학생들 사이에서 더 흔한 오류는 거의 없다. 그리고 참된 방법이 없는 것만큼 이런 일이 일어나는 원인은 없다. 고려할 가치가 있는 방법이 없거나, 호기심 많은 노력 끝에 잘못된 방법에 빠지거나, 또는 어느 하나의 상당한 지점에서 결합되지 않는 방법은 많은 확실한 진리에 의해 처리될 것이다. 시계나 괘종시계의 흩어진 부분을 모두 맞추는 일에 무지한 사람은, 하나를 잘못 배치하면 나머지 부분 모두를 올바르게 배치할 수 없다. 그리고 나서 그들이 있어야 한다고 생각하는 장소에 적합하지 않은 것을 발견했을 때, 그것들을 버리고 그것이 옳지 않다고 생각하고, 그 자리에 맞는 다른 것을 찾거나 만들려고 하는 것과 같다. 거짓된 방법은 많은 진리를 거부한다.

그리고 (그들의 궁극적인 목적과 가장 높은 목적에 대해 하나님을 사랑하거나 우월한 능력의 다른 행위가 아닌 한) 인류에게 극단적인 것 외에는 거의 아무것도 없다. 그리고 그것들이 식별되지 않는 곳에서는, 거의 피할 수 없다. 그리고 일반적으로 시야가 좁은 사람들은 한쪽 극단만을 두려워하고 그쪽 면 외에는 위험을 보지 않는다. 따라서 그것을 피함으로써 쉽게 반대 방향으로 끌려간다.

내가 몇 가지 특별한 주의사항을 예로 들자면, 나는 하나님께서 결합한 것을 갈라놓는 자들을 본받지 않고, 그것을 올바른 위치에 놓거나 방법화하는 일에 혼란스러울 때마다 진리를 버리지 않는 것이 해롭지 않다고 생각한다.

실례 1 첫 번째와 두 번째 원인은 작용에 결합되어 있으므로 분리해서는 안 된다. 유입(influx), 협력(concourse) 또는 협동의 방법이 당신에게 난해하고 탐지할 수 없는 것이라면, 당신은 그것이 어떠한 지 보지 못하기에 그것이 있음을 부정하지 말라. 첫 번째와 두 번째 원인의 명예 역시 결과에 대한 여러 가지 이해관계에 따라 결합된다. 그러므로 두 번째 원인에 귀속된 모든 명예가 첫 번째 원인에서 거부되거나 제거된다고 상상하지 말라. 그러면 당신이 그들의 질서를 이해하지 못할 것이다. 그렇지 않으면 당신은 두 번째 원인이 첫 번째에 대한 독립과 그에 대한 불복종을 초래하고, 그것에 의해 전달되는 것 외에 권한이 없으며 그것에서 받는 것 외에는 명예가 없다는 것을 알게 될 것이다. 그리고 첫 번째 원인이 두 번째 원인에 의해 매개적으로 작용하는 것이 그 자체로 바로 작용하는 것 못지 않게 명예롭다는 것이다. 그리고 하나님의 능력, 지혜 또는 선함은, 수단과 두 번째 원인에 의해 생성된 결과에 있어, 하나님이 그것들 없이 자신에 의해 생성한 것보다 적지 않다. 그리고 자신의 피조물에게 선의 능력을 전하는 것이 그의 선이며 그 아래서 일하고 일으키는 명예다. 그러나 그는 의사 소통을 함으로써 어떤 것도 잃지 않으며, 자신의 피조물에게 베푼다고 해서 그 자신이 덜 소유하는 것이 아니다. 피조물에게 주어진 모든 명예가 유해한 것으로 하나님에게 빼앗긴다면 하나님은 결코 세상을 만들지도 않고 신자도 만들지 않았을 것이다. 게다가 최악의 피조물은 하나님을 욕되게 하지도 않을 것이다. 게다가 그는 태양으로 빛나게 하지 않고 즉시 스스로 빛날 것이다. 그는 신자나 천사에게 결코 영예를 돌리지 않을 것이다. 그러나 그와는 반대로, 적합한 수단으로 일하는 것은 하나님의 영광이다. 괘종 시계나 시계의 모든 칭찬이 일꾼에게 주어지듯이 그들의 모든 명예는 참으로 그의 것이다. 수단이나 두 번째 원인을 사용하지 않을 정도로 하나님은 즉각적으로 모든 것을 행하지는 않는다. 지금까지 그는 그 효과에서 결코 멀어지지 않았지만, 직접직인 덕과 지배(immediatione virtutis et suppositi)는 그가 아무것도 사용하지 않은 것처럼 가까이에 있다.

실례 2 하나님의 특별한 섭리와 하나님의 첫 번째 보편적 원인은 죄인들의 범죄에 대한 책임과 결부되어 있다. 그리고 아무도 이것을 분리해서는 안 된다. 그들이 어떻게 결합되어 있는지 볼 수 없는 사람은 그들이 결합되어 있다고 확신할 수 있다. 손가락으로 움직이는 것보다 더 오래 가는 시계를 만들 수 있다는 것은 기술자의 명예다. 또한 행동으로서 행동에 필요한 그의 무제한적 동의 없이 하는 것은 아니지만, 창조주의 사전 결정 없이 명령되거나 금지된 행동에 대해 도덕적으로 스스로 결정할 수 있는 피조물을 만들 수 있다는 것은 우리 창조주의 명예다. 만일 **아담**이 자연적으로 불가능하기 때문에 이것을 할 수 없다면, 율법은 그가 하나님을 이기지 못하거나 자연적으로 불가능한 일을 하지 않으면 죽으므로 죽어야 한다는 것이다. 이것이 그의 죄의 본질이었다. 하나님은 자유롭고 자기 결정적인 행위자를 만드실 수 없다고 감히 말하는 사람은 거의 없다. 그가 할 수 있다면 우리는 그가 그렇게 할 수 있다는 것을 쉽게 증명할 것이다. 그러면 그들의 반대 힘은 사라진다.

실례 3 하나님의 전지하심과 그의 주권, 통치, 명령(decree)은 인간의 자유와 죄와 결합되어 있지만 많은 사람들에 의해 이것들이 별도의 부분이나 조각으로 분리된다. 마치 하나님이 무지하거나 아니면 죄의 저자가 되어야 하는 것처럼! 마치 그가 한 사람을 가난하게 하고 다른 사람을 부자로 만들기로 작정한 것처럼! 마치 그가 자기의 백성들이 그의 법을 완벽하게 지키지 않는 한, 그가 완전한 통치자가 될 수 없는 것처럼! 마치 율법을 어긴 자들의 모든 잘못이 법을 만든 자에게 있는 것처럼! 마치 사람이 일에서 율법을 지키지 않는 한 '의무에 관한' 하나님의 모든 뜻이 그 합당한 일에 효과가 없는 것처럼! 그리고 마치 모든 피조물이 창조주의 지식의 길을 이해하는 것이 가능한 것처럼!

실례 4 많은 사람들은 자연과 은혜를 분리하지만, 이 두 가지의 저자인 하나님은 둘을 결합시킨다. 은혜가 자연을 믿고 정원에 모든 씨를 뿌리고 그 모든 능력을 활성화시키고 적절한 상태로 회복시킴에도 불구하고 이 사람들은 마치 자연이 파괴된 것처럼 말하거나, 은혜가 자연을 무효화하기 위해 온 것이지 치유하기 위해 온 것이 아니라고 말한다. 마치 자연의 나병과 질병이 자연 그 자체인 것처럼! 그리고 마치 자연적 선이 도덕적 선만큼 상실된 것처럼! 은혜가 그를 사람으로 만들기 전까지는 사람이 마치 아닌 것처럼!

실례 5 많은 사람들이 죄인의 타고난 능력을 그의 도덕적 무력함과 분리하고, 자연적 의지의 자유를 도덕적 노예 상태와 분리한다. 마치 그들이 결합되어 있는데도 불구하고 일치하지 않는 것처럼 구별한다. 마치 타고난 능력이 악한 성향으로 이루어져 있지 않은 것처럼, 또는 그것을 올바르게 행사하기를 습관적으로 꺼리는 것처럼 구별한다. 그리고 마치 죄인이 아직 사람이 아닌 것처럼 분리한다.

실례 6 많은 사람들이 일반 은혜와 특별 은혜와 구속이 결합되어 있음에도 양립할 수 없는 것으로 분리한다. 그럼에도 일반 은혜가 특별 은혜의 목적을 달성하는 적절한 방법이자 수단이며 여전히 그렇게 가정된다. 하나님이 모든 사람에게 어떤 것을 주시면, 일부에게 더 많이 줄 수 없는 것처럼, 또는 그가 누구에게 더 많이 주면 모든 사람에게 아무것도 주지 못하는 것처럼 생각한다! 마치 그가 자기의 은사를 자유롭게 분배함에 있어서, 은혜 베푸는 자로서 모든 사람에게 차별없이 동등하게 나누어 주지 않는다면, 입법자로서 모든 사람에게 차별없이 행동할 수 없고, 판사로서 모든 사람에게 공정하게 행동할 수 없는 것처럼 생각한다! 마치 그가 모든 벌레와 짐승을 사람으로 만들고, 모든 사람을 왕으로, 모든 왕을 천사로, 모든 흙덩이를 별로, 모든 별을 태양으로 만들 의무가 있는 것처럼 생각한다!

실례 7 많은 사람들이 인간의 궁극적인 목적을 정함에 있어서, 하나님의 영광과 인간의 구원, 하나님과 인간을 분리한다! 마치 도덕적 목표가 둘 다 받아들이지 않을 수도 있는 것처럼 분리한다! 마치 연인의 목적(finis amantis)은 상호 사랑의 결합이 아닌 것처럼 분리한다! 마치 하나님에 대한 사랑이 영원한 최종 행위가 아닐 수도 있고 하나님 자신이 최종 목적이 아닐 수도 있는 것처럼, 그리고 마치 이 자기적 폐쇄(magnetic closure)에서 둘 다 목적이라고 불릴 수도 있지만, 폐쇄하는 당사자들에게는 무한한 불균형이 아니라, 오직 한 쪽만이 최종 목적이 될 수 있는 것처럼 분리한다.

실례 8 참으로 많은 사람들이 하나님과 하나님을 분리하고 하나님과 천국을 분리하며 우리가 하나님의 사랑을 위해 하늘에서 차단되는 것에 만족해야 한다고 말한다. 우리의 천국은 하나님의 완벽한 사랑이다. 그래서 그들은 사실상 하나님의 사랑을 위해 우리는 하나님의 사랑에서 차단되는 것에 만족해야 한다고 말한다.

실례 9 이런 식으로, 통속적인 자들도 하나님의 자비와 정의를 분리한다! 마치 하나님이 자비를 누구에게 베풀어야 할지 사람보다 더 잘 알지 못하는 것처럼, 그리고 마치 온 세상이 그의 얼굴에 침 뱉고 모독하도록 허용하지 않고 그의 원수들을 내버려 두지 않는 한, 자비롭지 않아서 의로운 통치자가 되지 못하는 것처럼 하나님의 자비와 정의를 분리한다!

실례 10   이런 식으로, 많은 사람들은 위협과 약속, 두려움과 사랑, 완전한 율법과 용서하는 복음을 분리한다. 마치 사람으로서 본성 안에 두려움과 사랑 모두를 가진 사람은 하나님과 자신의 구원을 위해 둘 다를 사용해서는 안 되고, 입법자는 자신의 법이 두 가지에 영향력을 행사하기에 부적합할 수 있다고 하는 것과 같이! 마치 지옥을 두려워하지 않고 동시에 천국을 사랑할 수 있다고 하는 것 같다!

실례 11   이와 같이, 위선자들은 인간에 대한 정의와 사랑의 의무에서 하나님에 대한 헌신과 외견상의 거룩함을 자만심으로 분리시킨다. 마치 그들이 하나님을 만족할 수 있게 섬기면서도 고의적으로 그분께 불순종할 수 있는 것처럼! 또는 마치 그들이 본 적이 없는 그를 사랑할 수 있음에도, 그들이 매일 보는 그의 작품과 자녀들 안에 있는 그의 형상을 사랑하지 않을 수 있는 것처럼! 마치 그의 어린아이들 안에 있는 그리스도를 미워하고 핍박할 수 있고, 적어도 그분을 무시하면서도 그 자신 안에 있는 그분을 진심으로 사랑할 수 있는 것처럼!

실례 12   이런 식으로, 많은 사람들이 성경과 전통, 신성한 믿음과 인간의 믿음을 일반적으로 반대한다. 로마 가톨릭 교인들이 전통을 잘못된 장소에 세웠기 때문에 많은 사람들이 그 장소에 적합하지 않다는 이유로 전통을 버렸다. 그럼에도 인간의 전통과 목회적 계시는 우리에게 하나님의 계시를 알리고 우리를 겸손하게 하는 데에 필요하다. 복종하는 전통은 비록 보충적인 전통이기는 하지만 성경을 폄하하는 것이 아니며 사람은 하나님이 아니라 사람으로 믿어야 한다. 그리고 사람을 사람으로 믿지 않는 사람은 그가 하나님으로부터 무엇을 믿어야 하는지 거의 모를 것이다.

실례 13   이런 식으로, 많은 사람들은 법과 통치의 충분성과 관리자, 사역자와 재판관의 유용성을 분리한다. 마치 법은 불완전해야 한다고 하는 것 같다. 그렇지 않으면 집행이 필요 없고 집행을 위한 판사도 필요 없다고 하는 것 같다. 또는 판사의 처형이 법에 대한 보완 또는 추가적인 것처럼! 마치 누가 재판관이 될 것인가? 하는 질문이 법의 불충분성을 주장하고 공포(promulgation)와 집행은 존재하지 않아야 하는 것 같다.

실례 14　이런 식으로, 많은 사람들이 공적 재판관의 필요성과 사적 판단의 합법성, 필요성과 분리하거나 모든 이성적 주제에 대한 분별력을 분리한다. 하나님과 인간이 짐승만 다스리는 것처럼, 또는 우리는 율법에 순종하고 그것을 율법으로 고려하지 않고 순종할 수 있는 것처럼, 법의 의미와 그것이 우리에게 명령하는 것을 이해하지 못한다. 마치 바보와 미친 놈들만 백성이라고 하는 것과 같다. 마치 우리가 그리스도의 제자로서 그에게 배우고 밤낮으로 그의 율법을 묵상하고, 그의 말씀에서 지혜를 구하는 것이 우리의 왕이신 그를 불순종하는 것이라고 하는 것과 같다. 마치 신하들이 개인의 재량 판단을 하지 않고 복종하는 것이 가능한 일인 것처럼, 또는 왕의 법이 무엇인지 판단하는 것과 내가 그 법에 불순종하면 처벌받을 수 있는지 판단하는 것 사이에 어떤 모순이 있는 것처럼, 또는 하나님께 판단받는 것이 의심스러워 스스로 판단하는 것과 같다.

실례 15　그래서 많은 사람들이 말씀과 성령의 역사, 사역자와 그리스도를 분리한다. 마치 성령이 일반적으로 말씀에 의해 역사하지 않는 것처럼, 그리고 그리스도는 그의 사역자들과 대사들을 통해 우리에게 설교하지 않는 것처럼 분리한다. 마치 그들이 그의 사자를 멸시하고 그 자신은 멸시당하지 않는 자가 될 수 있다고 하는 것과 같다. 아니면 컵을 버리고 우유를 보관할 수 있다고 하는 것과 같다.

실례 16　이처럼 많은 사람들이 신자들의 특별한 사랑과 사람이 사람에 대한 일반적인 사랑을 분리한다. 마치 그들이 원수를 미워하고 다른 모든 사람들을 멸시하고, 그들에게 타고난 선함에 일치하는 사랑을 부인하지 않는 한, 신자들을 사랑할 수 없다고 하는 것과 같다.

실례 17　따라서 많은 사람들이 보편적 또는 보편적 연합과 친교를 특정한 친교와 분리한다. 어떤 사람들은 보편적인 것 친교 외에는 친교를 이해하지 못하고, 어떤 사람들은 특정한 친교 외에는 전혀 이해하지 못하기도 한다. 어떤 사람들은 우리가 그들과 가까운 위치에서 특별한 친교를 나누지 않는다면 보편적 친교에서 그들과 분리된다고 말한다. 참으로 우리가 모든 상태에서 그들과 연합할 수 없다면 분리된다고 하는 것과 같다. 마치 내가 개인적으로 동시에 만명의 회중과 연합할 수 없다면, 그들과 분리된다고 하는 것과 같고, 아니면 내 얼굴이나 피부색이 모든 사람과 다르다면 그들과 분리된다고 하는 것과 같다. 또는 마치 내가 수천 개의 교회에 결석하지 않아야만 그들을 그리스도의 참된 교회로 존중하고 믿음과 소망과 사랑으로 그들과 보편적인 교제를 할 수 있는 것처럼 말한다. 그렇다. 그들이 부과하는 어떤 죄악 된 상태가 두렵기 때문에 나는 예배에 감히 그들과 함께할 수 없다고 하거나, 또는 마치 내가 세상의 모든 기독교인들에 대한 보편적인 믿음과 사랑을 가지고 있기 때문에 질서정연한 예배 회중의 일원이 될 필요가 없다고 하는 것과 같다.

실례 18 이런 식으로, 많은 사람들이 외적 예배와 내적 예배를 분리하여 몸으로 행하는 모든 것이 합당한 영성에 어긋난다고 생각한다. 또는 영성은 환상일 뿐이며 형식이나 외적인 부분과 반대된다고 생각한다. 마음과 무릎이 함께 절하지 않을 수 있는 것처럼, 또는 질서의 품위는 영과 진리와 일치하지 않는다고 생각한다.

실례 19 따라서 많은 사람들이 믿음과 순종을 분리한다. **바울**은 율법의 행위 없이 믿음으로 의롭다 함을 받는다고 하는 것과, **야고보**는 믿음만이 아니라 행위로 의롭다 함을 받는다는 것과, 그리스도의 말씀에 의해 의롭게 된다는 것[73]을 구분한다. 따라서 그들은 값없이 주는 은혜와 칭의를 어떤 필요한 조건과 순종의 상급(공로)과 분리한다. 게다가 이것은 다른 곳에서도 일반적이다.

실례 20 그리고 많은 사람들이 신중함과 열심, 온유함과 결단력, 뱀의 지혜와 비둘기의 순결함을 분리한다. 죄에 굴복하지 않고 합법적인 일에 굴복하여 우리 그리스도인의 자유를 지키면서도 어떤 방법으로 몇 사람을 구원할 수 있다면 모든 사람에게 모든 것이 되는 것이다. 이러한 예들이면 충분하다. 더 이상 추가하지 않을 것이다.

---

73) 마 12:37

방향 제시-18 '종교의 파벌과 정당에 빠지지 않도록 주의하라. (당파가 크든 작든, 높든 낮든, 명예 든 불명예 든.) 그리고 당파적이고 무자비하고 해로운 열심에 감염되지 않도록 주의하라. 이것들은 그리스도의 관심과 뜻과 성령에 크게 반대되기 때문이다.' 그러므로 당신의 모든 독서 중에서 사랑과 평화의 교리를 깊이 흡수하고, 화해하고 절제하는 책을 많이 읽어라. 그 저자들은 다음과 같다. Dury, Hall, Davenant, Crocius, Bergius, Martinius, Amyraldus, Dallæus, Testardus, Calixtus, Hottonus, Junius, Paræus and Burroughs.

그러한 책을 읽는 것은, 야고보서 3장에서 묘사한 지독하고 시기하는 열심의 타오르는 불길을 끄게 하고, 마음에 자애와 온유와 부드러움과 절제로 불사르며, 진실을 분별할 수 없을 정도로 충혈된 눈을 치료할 수 있다. 그것은 우리를 지식에 이르게 하고 더욱 덕을 세우는 데 도움이 되며 지식이 우리를 교만하지 않게 한다. 그리고 경험은 장기적으로, 고대와 현대인들, 그리스인과 고대 로마인, 로마 가톨릭 교인과 개신교인들, 루터와 칼뱅주의자들, 레몬스트란트파의 신자(Remonstrant)와 반레몬스트란트파의 신자들, 장로직을 지지하는 사람들(Prelatists), 장로교파 사람들, 독립주의 교파의 사람들, 그리고 일반적으로 절제하는 자가 최고일 뿐 아니라 가장 자애로우면서도 가장 현명하고 가장 판단력 있는 사람들이라는 것을 말해 준다.

방향 제시-19 '당신의 모든 독서와 함께 항상 성경과 가장 거룩하고 실용적인 하나님과 관련된 책과 함께하라. 환상적이고 열광적인 위조품, 멋진 파라셀시안(Paracelsian)적[74] 탁월함이 아니라 오직 믿음과 사랑의 견고한 교리로 당신을 참된 헌신과 천상의 마음과 대화로 인도하는 것이어야 한다.'

이것은 당신의 빵과 음료, 당신의 일상적이고 실질적인 음식이 되어야 한다. 이것이 없으면 당신은 곧 공기로 가득 차서 당신에게 영양을 공급할 수 없고 결국은 소리 나는 놋쇠와 꽹

---

74) 건강은 장기와 체액의 적절한 화학적 구성에 달려 있다고 믿는 Paracelsus(스위스의 과학자)의 이론에 관한 것.

과라라는 것이 증명될 것이다. 이것들은 힘과 화평과 기쁨을 낳고 하나님과의 교제와 하늘의 소망에서 당신을 도울 것이며, 모든 공부의 목적을 촉진할 것이다. 하나님과 하늘에서 더 멀리 떨어져 있는 것보다 이것들 안에 더 많은 생명과 달콤함이 있다.

방향 제시-20 '마지막으로, 죽어 가는 사람처럼 모든 일을 하라. 오래 살 것이라고 기대하지 말라. 덜 필요한 일에 시간을 낭비하고 빈둥거리지 않기 위함이다. 아니면 당신의 모든 공부에서 죽음과 영원에 대한 시각이 줄 수 있는 소생시키는 유익을 잃지 않도록 하라.'

당신이 죽음과 천국을 이해하면 할수록 절제하고, 천상의 마음을 유지하는 데에 더 큰 도움이 될 것이다. 이것이 당신을 진지하게 하고 올바른 목표를 유지하게 하고, 그릇된 것을 물리치고 시험에 맞서는 데에 강력한 도움이 되며, 당신이 다른 사람을 구하기 위해 공부한 후에 버림받지 않게 할 것이다. 당신이 구원의 열매없이 가는 동안 껍질과 잎사귀와 꽃으로 마귀에게 속지 말라.

나는 생각을 지배하는 이 주제에 대해 많이 이야기했다. 왜냐하면 그것은 인간의 일에서 매우 중요하고 탁월한 부분이기 때문이다. 하나님은 마음을 매우 중요하게 여긴다. 그리고 그리스도와 사탄의 영은 그것을 위해 애쓰고 있다. 그리고 은혜는 마음을 위해 많이 사용된다. 그리고 우리의 행복이나 불행, 기쁨이나 슬픔은 우리의 생각에 의해 크게 촉진된다. 그리고 더 많이 쓰고 싶었지만 제3장과 나의 책《신성한 생명론》에 이미 많이 썼다. 그리고 특별한 묵상을 위한 방법과 방향 제시에 대해, 나는《성자의 안식》의 네 번째 부분에서 그것에 대해 일반적으로 언급했고 여기에서 쉽게 받아들일 수 있고, 하늘에 있는 것처럼 다른 주제에 적용할 수 있다. 방향 제시를 쓰고 읽는 것은 쉽다. 그러나 나는 게으름이 실제 행동을 어렵게 하여 나의 방향 제시를 좌절시킬까 두렵다. 그러나 그것들로 인해 어떤 이익이 있다면, 내 수고는 헛되지 않을 것이다.

제7장

**열정을 다스리기 위한
방향 제시**

1. 열정은 그 자체와 마찬가지로, 그리고 하나님과 우리 자신에게 관련된 것으로 그들의 죄를 고려해야 한다. 그래서 나는 여기서 그것에 대해 말할 것이다. 2. 그것은 다른 사람들에게 해를 끼치는 것이고, 이웃에 대한 사랑과 의무가 요구되는 계명을 어기는 것이므로 나중에 이에 대해 말할 것이다.

열정 그 자체로는 죄가 아니다. 왜냐하면 하나님께서 자신에 대한 봉사를 위해 열정을 우리에게 주셨기 때문이다. 그것들 중 성화되지 않고 그분을 위해 사용될 수 있는 것은 아무것도 없다. 그것이 죄가 되는 경우는, 1) 잘못 인도되어 부적절한 대상 위에 놓였을 때. 2) 이성을 어둡게 하고, 마음을 속이고, 진실을 막고, 오류에 빠지게 유인할 때. 3) 그것이 의지의 지배에 반항하고 그것을 괴롭히고, 선을 선택하거나 추구하는 것을 방해하거나 잔인한 성향을 따르도록 폭력적인 방식으로 촉구할 때. 4) 그것이 시절에 맞지 않을 때. 5) 정도가 과도하고 지나칠 때. 6) 너무 오래 지속되는 경우. 7) 부적절한 말이나 행동으로 다른 사람을 해치도록 불을 붙이는 경우다.

열정은 그것이 하나님께 바쳐지고 그분에게 또는 그분을 위해 사용될 때 거룩하다. 그것이

다음과 같이 행사될 때는 좋다. 1) 그것이 올바른 대상을 가졌을 때. 2) 이성에 의해 인도될 때. 3) 잘 인도된 뜻에 순종할 때. 4) 자신의 의무를 수행하려는 이성과 뜻을 되살아나게 하고 깨울 때. 5) 다른 모든 힘을 자극하여 그들의 직무에 좋은 영향을 주는 경향이 있을 때. 6) 정도를 넘어서 뇌나 몸을 어지럽히지 않을 때 좋은 것이다.

제1과   일반적으로 모든 잘못된 열정에 대한 방향 제시

방향 제시-1   '열정에 대한 어떤 정당한 습관적인 절제와 그에 대한 영혼의 강화 없이는 현재의 실제 저항을 신뢰하지 말라. 당신 마음과 생활의 거룩한 기본 원칙을 가장 주의하라. 그리하면 피가 정화될 때 건강한 몸에서 떨어지는 딱지처럼 잘못된 열정이 떨어져 나갈 것이다.'

몸이 열정에 의해 움직이는 경향이 있을 때, 거룩하지 않은 영혼이 열정의 노예가 되는 것은 당연한 일이다. 그런 사람은 이기심과 육욕과 세속적인 세력의 지배아래 있고, 그리스도와 성령의 통치아래 있지 않으며, 본성의 부패를 치유하고 정복하는 은혜의 삶이 없기 때문이다. 그러한 사람이 열정을 다스리는 길은 편파적이고 빈약하며 약하여, 자연스럽고 이기적인 원칙과 이성에 의해 노력하는 것이 아니라, 먼저 중요한 것을 바라보고 새롭고 성화된 마음을 신속하고 진지하게 구하고, 하나님의 형상과 그의 영과 새롭게 하고 살리는 은혜를 얻는 것이다. 이것은 본성에 대한 유일한 효과적인 정복이다. 은혜를 받지 못했음에도, 둔하고 부드러운 기질은 본성을 결코 맹렬히 공격하지 않기에 그것을 정복한 것으로 보일 수 있다(그런 사람들에 대한 재판은 다른 방식으로 진행된다). 그러나 그리스도의 영 외에는 사탄을 이기는 자가 없다. 그리고 만일 당신이 열정에서 벗어나야 하고, 거룩하지 않고 육체적이고 세속적인 마음에서 벗어나야 한다면, 당신이 지상에서 가장 평화로운 사람으로 보였다 해도 결국 멸망할 것이다. 그러므로 근본부터 시작하여 죄의 몸이 죽임을 당하고, 이 악하고 쓴 열매를 맺는 나무 전체의 뿌리가 뽑히도록 하라. 거룩하고 승리하는 새로운 본성이 당신 안에 있다면, 당신은 빛과 생명으로 죄에 저항할 것이다. 여전히 다른 사람들은 저항하지만 잠자는 상태에서 하는 것 같을 것이다.

방향 제시-2 '특히, 당신의 영혼이 항상 하나님을 경외하는 마음을 품고, 그의 가족처럼 그의 눈과 통치 아래 살아라. 이는 그의 권위가 유혹보다 더 강할 것이며, 그와의 거룩한 대화가 사람이나 어떤 피조물이 아니라 당신에 의해, 그를 항상 더 존중하게 하려는 것이다.' 그러면, 이 태양은 더 작은 빛을 끄고, 그의 천둥 같은 목소리는 당신을 화나게 하는 속삭임과 당신을 참을 수 없게 만드는 말벌의 윙윙거리는 소리를 삼킬 것이다. 하나님은 그 피조물을 아무것도 아닌 것으로 만들 것이다. 그러면 그것은 당신을 방해하거나 죄에 빠지게 하는 일을 하지 못하게 할 것이다.

방향 제시-3 '하나님의 기쁜 사랑 안에 거하고, 그리스도 안에 있는 그의 사랑을 감미롭게 사색하고, 당신의 생각 안에서 그의 부드러운 긍휼을 증가시키고, 하늘에 있는 성도들과 더불어 대화를 나누며, 당신의 일이 하나님께 감사와 찬양이 되게 하라. 그리하면 열이 추위를 견디듯이 잘못된 열정에 저항할 수 있는 달콤함과 부드러움과 안정으로 당신의 영혼을 길들일 것이다.'

방향 제시-4 '당신의 양심을 계속 민감하게 유지하라. 그러면 그것들이 잘못된 열정의 첫 모습을 억제할 것이며, 당신의 열정적인 본성이 도발하는 것보다 죄로 인해 더 괴로워할 것이다.' 화인 맞은 양심과 완고하고 분별없는 마음은 모든 죄에 대하여 도둑이 깊이 잠든 자에게 하듯이, 들어와서 잠을 깨우지 않고 원하는 대로 할 수 있다. 그러나 민감한 양심은 항상 깨어 있다.

방향 제시-5 '지혜와 이성의 힘과 확고한 판단에 따라 일하라. 열정은 어리석음에 의해 소중히 여겨지기 때문이다.' 아이들은 쉽게 넘어지고 나뭇잎은 작은 바람에도 쉽게 흔들린다. 사람이 자기 길을 지키면, 바위와 산도 흔들리지 않는다. 여자와 어린이, 늙고 약하고 아픈 사람들이 일반적으로 가장 열정적이다. 현명한 사람은 열성적인 본성을 지녀야 하는데, 그는 그것을 제어할 수 있는 능력이 있다. 그럼에도 어리석은 사람은 바람의 명령에 따르는 풍향계와 같다.

방향 제시-6 '그 의지가 확고해지고 단호해지면 곧 열정이 식을 것이다.' 사람들이 하고자 한다면 열정에 맞서 많은 일을 할 수 있다. 본성은 영혼의 왕좌에 의지를 두었다. 모든 반역의 유죄 원인은 의지의 잘못된 묵인과 태만이다. 지휘관의 묵인이 군대에서 반란을 일으키는 일반적인 원인이기 때문이다. 의지는 그 직무에 자발적으로 동의하거나 태만하거나 둘 중 하나이며, 열정의 분노를 금지하고 격동의 진행을 억압한다. 내가 '당신이 원하면 할 수 있다'고 말함에도 불구하고 당신은 그것을 사실이 아니라고 생각한다. 왜냐하면 당신은 원하고 있지만, 열정은 당신의 의지의 명령에 굴복하지 않기 때문이다. 그러나, 나는 모든 종류의 의지가 도움이 될 것이라는 의미는 아니다. 그것을 할 것이라는 어리석은 소망도 아니다. 그러나, 그 의지가 어떤 순응이나 묵인이나 적절한 직무에 대한 태만 없이 단호하다면, 어떤 잘못된 열정이 남아 있을 수 없다. 그것은 의지의 순응이나 누락과 태만으로 말미암은 자발적인 것보다 더 큰 죄가 아니다. 그러므로, 대부분의 노력은 의지를 깨우고 확인하는 것이어야 한다. 그러면 의지가 열정을 꺾을 것이다.

방향 제시-7 '거룩한 불굴의 의지와 용기와 관대함에 따라 일하라.' 고상한 마음은 무엇보다도 사소한 일에 대한 어려움, 욕망, 소동보다 높은 데에 있다. 마음이 가난하고 비천하고 낮고 유치한 것은 남을 흔들어 잠들게 하거나 아첨하는 것이 아니라 오랫동안 차분하지 못한 것이다.

방향 제시-8 '특히 당신이 자기부정을 원하지 않고 세속과 육체적 마음을 철저히 죽이는지 살피라. 잘못된 열정은 이기적이고 육체적이고 세속적인 마음의 숨결과 맥박이기 때문이다.' 개들이 뼈를 놓고 다투는 것보다는 오히려 그런 사람들이 이기적이고 육체적인 이익에 대해 으르렁거리거나 다투는 것이 더 자연스럽지 않다. 탐심은 마음을 잠잠하게 하지 않을 것이다. 이기적인 사람이 잘못된 열정의 권세 아래 있는 것은 사람이 오한에 걸려 떠는 것과 우울한 것을 두려워하는 것만큼이나 자연스러운 일이다. 육체적인 사람은 육체의 즐거움을 주는 장난감이나 다른 것을 즐기고 나서도 계속해서 개 같은 식욕과 열병 있는 사람의 갈증을 느낀다.

방향 제시-9 '당신의 영혼에 정의의 법정을 두고 날마다 스스로에게 책임을 묻고, 어떤 열정도 마땅히 받아야 할 책망 없이는 자유롭게 하지 말라.' 이와 같이 이성과 양심이 그 권위를 행사하고 유지하며 열정이 날마다 철저하게 책망을 받는다면 그것은 싹이 나자마자 잘려 나가는 식물처럼 시들어 버릴 것이다.

방향 제시-10 '종말을 숙고하고 예견하라. 열정이 지나갔을 때 승인될 수 있는 경향이 있는지 조사하라.' 종말을 내다보는 것은 모든 잘못된 열정을 부끄럽게 여기게 한다. 열정은 눈이 멀고 현재의 것들에 의해서만 움직인다. 그들은 장차 올 때를 견디지 못하고, 그들이 어디로 가는지, 그들의 집이 어디인지 시험받는 것을 견디지 못한다.

방향 제시-11 '잘못된 열정이 다른 모든 죄의 씨앗으로 얼마나 가득 차 있는지를 앎으로써, 열정의 위험과 역겨움을 계속 인지하라.' 결과에서 열정의 악을 보라. 잘못된 열정이 다른 사람과 자신에게 어떤 영향을 미치는지 주의하라. 얼마나 많은 악한 생각과 말과 행위가 잘못된 열정에서 나오는가!

방향 제시-12 '직접적인 불안을 야기하는 현실과 영혼의 무질서를 관찰하고 잘못된 열정의 영향에서 등을 돌려라.' 그들이 어떻게 당신을 심란하게 하고 당신의 이성을 어지럽히고 당신의 마음을 탁한 물처럼 만들고 당신 안에 병적인 불안을 일으키고 당신을 당신의 일에 부적합하게 하고 당신의 평화를 깨뜨려서, 당신 스스로 알 수도 없고 사용할 수도 없고 즐길 수도 없게 하는지 살펴보라.

방향 제시-13 '죽음으로 하여금 당신의 열정을 자주 직시하게 하라.' 그것은 욕망을 억제하여 훈련하는 덕을 가지고 있다. 그리고 그것은 우리에게 피조물의 허영심을 보여 주므로, 피조물의 관심과 속임수로 인해 야기된 열정을 무너뜨린다. 그것은 이성을 자극하고 지배력을 회복시키며 감각의 반란을 잠잠하게 한다. 내일 죽을 것이라는 사실을 알고 있는 사람은 정욕, 탐욕, 술 취함, 복수의 유혹을 다른 때보다 쉽게 물리칠 것이다. 영원을 한 번 들여다보면 모든 육체의 정욕을 강력하게 꾸짖을 것이다.

방향 제시-14 '언제나 하나님이 계시다는 것을 기억하라.' 당신의 왕자가 당신을 잠잠하게 함에도 불구하고 당신은 그 앞에서 열정적으로 행동할 수 있을까? 하나님과 그의 거룩한 천사들이 자신의 이성을 버리고 예상치 못한 행동을 하는 미치광이와 같은 당신을 이해하실까?

방향 제시-15 '당신의 열정을 책망할 적절한 성경 말씀을 준비하라.' 이는 그리스도가 사탄에게 말한 것과 같이 '이와 같이 기록되었느니라.'로 당신으로 하여금 말하게 하려는 것이다. 비록 그 말만으로 이 악령들을 사로잡지는 못하지만 권위는 그들을 억제할 것이다. "하나님의 말씀은 살아 있고 활력이 있어 생각을 판단한다."[1] "어떤 견고한 진도 무너뜨리는 하나님의 능력은 모든 이론을 무너뜨리며 하나님 아는 것을 대적하여 높아진 것을 다 무너뜨리고 모든 생각을 사로잡아 그리스도에게 복종하게 한다."[2]

방향 제시-16 '당신으로 온유와 겸손을 배우게 하려고 부르시는 그리스도를 항상 당신 앞에 본보기로 두라.'[3] 그분은 세상의 부나 영광을 바라지 아니하며, 세상에 있는 자기 것을 사랑하되 세상에 있는 것을 사랑하지 아니하고, 그는 결코 높임 받거나 죄악으로 떨어지지 아니하며, 사람을 경멸하거나 시기하지 아니하고, 사람을 두려워하지 아니하고, 지나치게 즐거워하지도 슬퍼하지도 아니하며, 비난을 당하여도 되돌려 비난하지 아니한다. 하지만 털 깎는 자 앞에 어린양처럼 벙어리였다.

---

1) 히 4:12
2) 고후 10:4, 5
3) 마 11:29

방향 제시-17　'다른 의무가 허용하는 한, 열정이 일어나는 원인을 멀리 하라. 그리고 당신의 일과 기회를 유혹에 대항할 수 있을 만큼 큰 반대자로 만들라.' 악에서 구원을 얻으려면 시험에 들지 말라. 자발적이고 신중한 사람은 일의 순서를 정함으로써 많은 일을 할 수 있다. 하나님과 사탄은 수단으로 일을 한다. 그렇다면 수단이 고려되어야 한다.

방향 제시-18　'영혼을 병들게 하는 병이 몸 안에 있지 않도록 몸을 조심하라.' 열정은 신체의 기질에 크게 의존한다. 그리고 그것에 대한 치료의 대부분은(가능한 경우) 신체의 교정에 있다.

방향 제시-19　'당신의 모든 열정을 올바른 길로 전환하고 모든 것을 거룩하게 하고 가장 위대한 것으로 하나님을 위해 사용하라.' 이것이 진정한 치료법이다. 그것들을 단순히 억제하는 것은 아편을 복용함으로써 통증을 완화시키는 것과 같은 완화적 치료법에 불과하다. 하나님을 두려워함으로써 사람에 대한 두려움을 치유하라. 하나님에 대한 사랑으로 피조물에 대한 사랑을 치유하라. 영혼을 돌봄으로써 몸의 걱정을 치유하라. 그리고 영적인 욕구와 즐거움으로써 육체적 욕구와 즐거움을 치유하고, 유익하고 경건한 근심으로써 세상적 슬픔을 치유하라.

방향 제시-20　'소지품을 통제하고 사람들이 갖고 싶어 하는 것에 대한 당신의 열정을 막아라. 그러면 그것이 오랫동안 그 원인을 파괴할 것이다.' 육체적인 사랑과 욕망이 가질 수 있는 것들을 차단하라. 육체적 환희나 당신을 자극하는 분노를 참으라, 그러면 불은 연료의 부족으로 꺼질 것이다.

제2과 피조물의 잘못된 사랑에 대한 방향 제시

사랑은 영혼의 주된 열정이다. 왜냐하면 사랑은 가장 중요한 대상, 곧 의지의 대상인 선함을 가지고 있기 때문이다. 그리고 단순한 사랑은 자기만족에 지나지 않으며 단순한 선의 의지일 뿐이다. 그것은 우리가 사랑의 열정이라고 부르는 열정적인 의지 또는 자기 만족이다. 열정이 좋을 때와 죄가 될 때에 대해서는 전에 언급했다. 그러나 여기서 치료의 절반은 확신에 있으며, 어떤 연인으로 하여금 그의 사랑에 죄가 있음을 깨닫게 하는 것은 매우 어렵기 때문에, 나는 먼저 당신의 사랑의 시련에서 열정의 죄를 보도록 도울 것이다. 그리고 나서, 먼저 그 대상을 언급한다.

우리에게 좋은 것으로 보이는 모든 피조물은 아마도 잘못된 사랑의 대상이 될 수 있다. 명예, 위대함, 권위, 칭찬, 돈, 집, 땅, 가축, 음식, 음료, 잠, 의복, 스포츠, 친구, 관계 그리고 삶 자체와 같은 것이 잘못된 사랑의 대상이 될 수 있다. 음탕한 사랑에 관해서는 다음에 말할 것이다.

[잘못된 사랑의 발견에 도움을 주는 방법]

방향 제시-1 '하나님의 관심과 그분의 말씀을 모든 사랑의 감정을 판단하는 기준으로 삼으라. 하나님의 사랑을 거스르고 그것을 감소시키거나 방해하고, 게다가 직간접적으로 그것을 증진시키는 경향이 없는 것은 확실히 잘못된 사랑이고, 그분의 말씀을 거스르는 모든 것이 그렇다.' 왜냐하면 하나님에 대한 사랑은 우리의 궁극적인 목적에 대한 우리의 최종 행동이기 때문에 그에 따르지 않는 모든 것은 우리의 목적에 대한 죄이며, 우리의 본성과 능력의 사용에 대한 죄이기 때문이다.

방향 제시-2 '그러므로 어떤 피조물이든지 궁극적으로 자기 자신을 위해 사랑받고, 더 높은 목적, 심지어 하나님, 그의 종들, 그의 명예, 피조물에 대한 그분의 관계, 피조물에 나타나는 그의 탁월성이 사랑받지 않는다면, 그것은 잘못된 사랑이다.' 왜냐하면 그것은 궁극적으로 그 자체로 사랑받을 때 우리의 신이 되기 때문이다.

방향 제시-3 '피조물에 대한 사랑은 매우 강하고 폭력적이며 쉽게 불붙고 거의 조절되거나 차분해지지 않는 것으로 의심하라.' 어떤 사람이나 사물을 사랑하는 것이 영적인 목적이나 탁월함을 사랑하는 것이라고 생각할 수 있지만 그것이 그렇게 쉽고 강하다면 그것을 의심하라. 진정으로 순전히 영적인 것은 타락한 본성을 거스르고 약하지만 은혜에서 오는 것이기 때문이다. 우리는 하나님과 성경과 기도의 거룩함을 사랑하기가 그렇게 쉽지 않음을 발견한다. 우리의 사랑의 감정도 이들에게 그렇게 강렬하지 않다. 우리가 사용할 수 있는 모든 연료와 송풍으로 그들을 계속 살아 있게 한다면 그것은 좋은 일이다. 육체와 마귀가 난폭하다면, 그들의 연료나 화약을 어느 정도 집어넣은 것이 분명하다.

방향 제시-4 '이기심과 육체의 관심이 개입된 그 모든 사랑을 의심하라.' 당신이 그토록 사랑하는 것이 어떤 육체적 기쁨과 즐거움 때문인가? 아니면 당신의 영혼을 위한 좋은 책이나 다른 도움 때문인가? 우리는 우리 영혼에 좋은 것을 사랑하는 것보다 세속적, 육체에 흥미가 있는 상태에서 죄를 짓기 쉽기 때문에 거기에 우리는 훨씬 더 의심해야 한다. 사랑이 폭력적이고 육체를 위한 것이라면 그 안에 죄가 있는 것이 분명하다.

방향 제시-5 '당신의 이성이 당신에게 제대로 설명하지 못하고 정당한 이유를 보여 줄 수 없는, 피조물에 대한 모든 사랑을 의심하라.' 만약 당신이 한 장소나 사람을 다른 사람들보다 훨씬 더 사랑하고 그 이유는 알지 못하지만 선택할 수밖에 없다는 이유로 그들을 사랑한다면 이것은 의심할 여지가 많다. 하나님이 때때로, 친구 사이에 표현할 수 없는 연합이나 마음이 잘 어울리는 것, 이성이 합당하다고 확신할 수 있는 범위 밖에서 오는 은밀한 사랑에 불을 붙일 수 있지만, 그것은 드물고 일반적으로 공상, 어리석음, 또는 육욕이 원인이다. 그럼에도, 합리적인 사랑보다 더 의심하고 시험해야 한다.

방향 제시-6 '피조물에 대한 열렬한 사랑은 충분한 시련을 거치기 전에 모두 의심하라. 일반적으로 사람과 사물은 겉으로 볼 때, 가장 좋은 면을 보게 되고, 그들이 증명되는 때보다 처음 볼 때에 더 좋아 보이기 때문이다.' 특히 영적인 탁월함이 처음 나타날 때, 온전한 사랑을 받을 수 있다고 하지만, 우리가 처음 인식하는 때보다, 더 완전한 시련을 통한 후에 더 많은 결점을 발견하여 속임을 당할 가능성을 인정해야 한다. 당신은 당신이 그토록 존경하는 사람들과 함께 그 집에서 살면서 그들과의 대화에서 그들을 시험해 보았는가? 그리고 그들이 십자가, 손실, 부상, 역경, 번영 또는 세상에서 승진이나 풍요의 제안으로 시험을 받는 것을 보았는가? 당신은 훌륭한 부분을 가지고 있는 많은 사람들의 마음속에 발견되지 않은 채 은폐되어 있는 것을 시험해 보아 명백해지기 전까지, 그것이 무엇인지 거의 생각하지 못할 것이다!

방향 제시-7 '하나님 앞에서 기도할 때 당신의 사랑의 감정을 시험해 보라. 당신이 하나님께 더하여 주시거나 계속하여 축복해 달라고 담대히 기도할 수 있는 것과 같은지, 그리고 그로 인해 양심에 거슬리는 것이 없는지 시험해 보라.' 만일 그것이 이 시험을 견디지 못한다면 의심하고 더 주의 깊게 검색하라. 기도 안에 있는 하나님의 이름과 임재는 세속적인 전제와 속임수를 많이 쫓아낸다. 그러나 우울함으로 인해 병든 두려움과 양심의 가책에 대한 과도한 관심에 빠진 사람들은 이러한 시험을 감당할 수 없다.

방향 제시-8 '현명하고 공정한 사람들과 상의하고, 사랑의 감정이 당신의 눈을 멀게 하거나 당신에게 도움을 줄 수 없게 되기 전에 솔직하게 그들에게 당신의 사건을 공개하라.' 이 경우에 있어서, 어떤 경우에도 성실하고 공정한 관찰자의 판단이 자신의 판단보다 우선되는 것이 일반적이다. 왜냐하면 우리는 우리 자신과 너무 가깝기 때문이다. 그리고 가장 훌륭하고 지혜로운 사람들의 판단이라 해도 뇌물로 유도되고 편견을 줄 수 있다.

방향 제시-9 '그러나 당신의 사랑의 감정에서 너무 지나치거나 성적 욕망을 발견했다고 모든 것을 버리지 말라. 종종 사랑의 원인과 선과 악의 사랑 그 자체에 혼합하여 형성된 것이 흔히 있기 때문이다.' 그리고 당신이 이기적이고 육체적이며, 대의에 잘못된 모든 것을 제거하기만 하면, 육체적이고 폭력적 사랑은 그칠 것이지만 모든 사랑은 아니다. 왜냐하면, 피조물의 가치와 공로에 비례하고 궁극적으로 하나님께 종결되는 온건하고 합리적이며 거룩한 사랑은 여전히 남아 있을 것이고 남아 있어야 하기 때문이다. 분리가 이루어진다 해도 이 부분이 보존되어야 한다.

방향 제시-10 '단순한 자연적 욕구 그 자체는 도덕적으로 선하지도 악하지도 않다. 그러나 그것이 잘 배치되고 질서가 잡혀 있다면 그것은 선하고, 지배되지 않거나 잘못 지배되면 그것은 악하다.'

[잘못된 사랑을 끊는 데 도움을 주는 방법]

방향 제시-1 '모든 잘못된 사랑을 끊어내는 모든 방법 중 가장 큰 것은 영혼을 하나님의 사랑 안에서 지키는 것이다.[4] 하나님을 숭배하고 섬기고 찬양하고 기뻐하는데 온전히 몰두하는 것이다.' 그것은 제3장 방향 제시-3에서 말했다. 우리는 한 사람의 사랑과 봉사에 마음을 빼앗긴 사람들은 다른 누구에게도 크게 끌리지 않는다는 것을 안다. 그러나 하나님의 사랑이 잘못된 사랑을 치유하는 것은 우리의 모든 사랑을 다른 데로 돌리거나 바쁘게 하는 것에 의해서만이 아니다. 이것들 외에 그의 객관적인 임재는 영혼을 경외하게 하고 다른 모든 것들에게 거리를 두라고 명령하는 위엄이 있다. 그리고 그의 사랑 안에는 말할 수 없는 광채와 탁월함이 있어 다른 모든 것을 가리고 소멸시킨다(비록 그것들이 더 가깝고 분명히 보이고 알려져 있을지라도). 그리고 그의 사랑에는 천상의 감미로움이 있어서 그것을 맛본 영혼은 일시적이고 열등한 선을 맛보지 못하게 한다. 지혜롭고 학식 있는 사람과 대화를 나눈 사람은 더 이상 어리석은 사람의 재치에 더 이상 감탄하지 않을 것이다. 왕국의 정부나 가장 고귀한 연구에 고용된 사람은 더 이상 어린이용 게임과 진흙에서 노를 젓는 놀이를 사랑하지

---

4) 유 21

않을 것이다.

방향 제시-2 '다음은 피조물들이 당신을 속이지 않았는지 확인하는 것이다. 그러므로 당신은 경솔하거나 조급하지 말라. 게다가 피조물에 가까이 가서 머물며 그들이 빌리거나 영향을 주는 장식품을 뺀 모습을 보되, 종종 큰 기형을 가리기 위해 외국제의 옷을 입은 모습만 아니라 가정에서의 습관과 잠옷도 보아야 한다. 가능하면 피조물을 빛으로 나오게 하고, 화장이 지워지고 옷을 벗었을 때, 불 앞에서도 보아라.' 피조물에 대한 지나친 사랑의 대부분은 실수와 경솔함으로 인한 것이다. 마귀는 그들과 사랑에 빠지도록 그들을 속여 그들에게 색칠한다. 그렇지 않으면 그는 당신에게 그들 안에 어떤 일반적인 선의 외부만을 보여 주고 내부의 공허함이나 썩은 것을 숨긴다. 그러므로 가까이 가서 더 오래 확인하여 당신의 부끄러움과 실망을 막으라. 다음해가 되기 전에 싫증 낼 자리나 사무실이나 어떤 일을 어리석게 좋아하는 것을 보면 부끄럽지 않을까? 아니면 두 사람이 결혼하기 전까지 성급하게 서로를 좋아하다가, 그후 같이 살면서 서로 넌더리 내며 다툼 속에 산다면 부끄럽지 않을까? 처음에 충분히 시험했더라면 사물이나 사람이 격렬하게 사랑받는 일이 얼마나 적을까!

방향 제시-3 '다음으로 큰 도움은 자기 사랑(육체적이고 무절제한)을 파괴하는 것이다. 이것은 다른 모든 잘못된 사랑의 부모요 생명이며 뿌리이기 때문이다.' 왜 세속적인 사람은 자기의 재물을, 교만한 사람은 자기의 위대함과 평판을, 호색가는 자기의 쾌락을 지나치게 사랑하는가? 이는 먼저 그들이 미래를 준비하는 행위가 아닌 육체와 자아를 지나치게 사랑하기 때문이다. 갈라져 나누어지는 종파는 왜 자기 자신의 견해와 같은 모든 정당이나 종파를 과대평가하고 과도하게 사랑하는가? 이는 먼저 자기 자신을 과대평가하고 과도하게 사랑하기 때문 아닌가? 왜 당신은 당신을 높이 평가하고, 당신 편이 되고, 늘 당신 뒤에서 칭찬하는 사람들을 그들의 가치보다 더 사랑하는가? 또는 당신이 호의를 베푸는 것은, 먼저 당신 자신을 과도하게 사랑하기 때문 아닌가? 욕망이 강한 사랑이 당신을 불타오르게 하고, 고기와 술과 스포츠와 화려함에 대한 사랑이 당신을 그와 같은 죄의 구렁텅이에 빠지게 하는 것은, 당신이 먼저 육체의 쾌락을 지나치게 사랑하기 때문이 아닌가? 그들이 당신을 사랑한다고 생각하거나 그들이 당신의 육체적 목적에 적합하다고 생각하는 것 외에 어떤 사람을 좋아하도록 당신을 함정에 빠드리는 것은 무엇인가? 그러므로 육체를 죽이도록 하라.

방향 제시-4 '하나님께서 당신의 사랑에 대해 얼마나 질투하시는지, 그리고 어떤 피조물이 하나님의 권리를 침해할 때, 그분이 얼마나 부당한 대우를 받는지 기억하라.' 1. 당신은 창조에 의해 그분의 것이다. 그가 당신에게 사랑을 주어 다른 사람에게 베풀라고 했는데 창조주에게는 그것을 주지 않는가? 2. 그분은 날마다 매시간 당신을 돌보신다. 그는 당신에게 모든 호흡과 시간과 당신이 삶을 살 수 있도록 자비를 베푸신다. 그런데도 그가 주신 이 사랑을 가지고 피조물만을 사랑할 것인가? 3. 그가 당신을 구속하는 데 있어 얼마나 비싼 희생에 의해 당신에 대한 사랑을 샀는가! 4. 그분은 당신을 양자 삼아, 당신이 그를 사랑할 수 있도록 당신을 그와 가장 가까운 관계로 인도하셨다. 5. 그는 당신의 모든 죄를 용서하고 당신을 지옥에서 구원하셨으니 이는 당신이 그를 사랑하게 하려 하심이다. 6. 그분은 당신이 그분을 사랑할 수 있도록 자기의 성취로 영원한 영광을 당신에게 약속하셨다. 7. 그분의 탁월함은 당신의 사랑을 받아 마땅하다. 8. 그의 피조물은 그에게서 나온 것 외에는 아무것도 아니며, 자신보다는 피조물에 대한 자신의 사랑을 말하기 위해 의도적으로 보내졌다. 그럼에도 불구하고 피조물이 그의 영역을 부당하게 침범할 것인가? 당신이 피조물에게 주는 것은 하나님의 몫이 아니라 당신의 몫이라고 말한다면, 나는 당신에게 말한다. 당신이 피조물에게 정당한 것 이상으로 주는 모든 사랑은 하나님으로부터 빼앗은 것이다. 그러나 피조물에 대한 사랑이 그 가치를 초과하지 않고 궁극적으로 하나님을 향한 것이며, 당신이 그분을 덜 사랑하지 않고 더 사랑하게 하게 한다면, 내가 반대하거나 당신에게 절제하라고 설득하는 것이 아니다.

방향 제시-5 '피조물의 가장 나쁜 것을 가장 좋은 것으로 보고 그것이 시들 때 어떻게 될지, 그리고 마지막에 당신에게 어떻게 나타날지 예견하라.' 나는 이것을 세속화에 대항하기 위해 제4장 6부에서 적용한 적이 있다. 그리고 나는 나중에 그것을 정욕적인 사랑에 적용할 것이다. 당신의 사랑하는 피조물을 무덤으로 데려가 마침내 그것이 나타낼 모습을 보라. 그러면 당신의 사랑의 어리석음이 많이 사라질 것이다.

방향 제시-6 '그것이 당신에게 얼마나 큰 도움이 될지, 그리고 얼마나 짧은 시간 동안 누려야 하는지를 잘 이해하고, 당신이 기대하는 것보다 더 오래 소유할 것이라는 희망으로 자신의 허영심을 강화하지 말라.' 사람들이 자신이 좋아하는 것을 얼마나 짧은 시간 동안 소유해야 하는지를 생각한다면, 그들의 맹신적인 사랑의 감정은 어느 정도 식을 것이다.

방향 제시-7 '지나친 사랑에는 지나친 보살핌이라는 현재의 문제와 당신이 사랑하는 것과 헤어질 때 너무 큰 슬픔을 야기하는 미래의 문제가 있음을 기억하라.' 지나친 사랑만큼 더 많은 걱정과 슬픔을 일으키는 것은 없다. 당신은 당신이 그것과 헤어져야 한다는 것을 미리 알고 있는데도 당신의 살과 마음을 찢어 놓을 정도로 그것에 집착할 것인가? 당신이 그 모든 것을 스스로 일으켰음을 기억하라.

방향 제시-8 '당신이 지나치게 사랑하는 것에 대해 부정하거나, 매력이 없게 해 달라고 하는 것은 하나님을 화나게 하는 것임을 기억하라.' 그가 지나치게 사랑한 말(horse)은 그의 목을 부러뜨렸고, 지나치게 사랑하던 자식이 빨리 죽은 경우 많은 사람이 고통과 슬픔으로 살았고, 지나치게 사랑한 남편이나 아내를 갑자기 빼앗기거나, 가시가 되거나, 계속되는 슬픔과 불행을 가진 경우 많은 사람이 고통과 슬픔으로 살았다.

방향 제시-9 '다른 방법이 없다면, 당신이 좋아하는 피조물을 신중하고 온건하게 쓰라리게 하라. 그것은 그 성격에 따라 여러 가지 방법으로 행해질 수 있다.' 드물게 사용하거나 그것을 절제하여 사용하거나 기쁨보다는 유익을 위하여 사용하라. 또는 일부 굴욕적이고 겸손한 실행을 혼합하여 사용하라. 또는 일부 자기 부인 행위를 혼합하고 다른 사람의 이익을 더 많이 생각하며 행하라.

방향 제시-10 '이러한 본성에 대한 모든 방향 제시를 수행할 때, 관능적인 사랑에서 거의 벗어날 수 없는 육체적이고 향락적인 마음과, 그 반대의 극단으로 들어가 활력을 잃고 우울하거나 지나치게 세심한 사람, 그리고 그들이 먹는 모든 것, 또는 그들이 소유하거나 입거나 쓰거나 사용하는 모든 것과 때로는 그들의 자식들과 친척들을 걱정하고, 그들의 자비심이 흘러 넘쳐, 그들의 의무는 소홀히 하면서도 모든 것이 너무 사랑받는다고 의심하는 사람과 많은 차이를 두어야 한다.' 그리고 우리가 한 당사자에게 글을 쓰거나 설교하는 것은 매우 어려운 일이지만 다른 당사자는 그것을 자신에게 잘못 적용하고, 악용할 것이다. 우리가 쓰거나 말할 수 있는 모든 것은 육에 속한 사람의 사랑의 감정을 죽이기에는 너무 적지만, 우리가 할 수 있는 한 조심스럽게 말하면 불안한 영혼은 그것을 담즙으로 바꾸어 그의 괴로움을 더하게 할 것이다. 그리고 우리가 그의 평화와 안정을 위해 말하는 것이 비록 너무 미미하고 비효율적이라는 것이 입증되더라도, 그가 사용하는 사악한 감정과 자유에서 오용하는 관능주의자를 악의적인 공격에 저항하도록 수정하는 데 효과적일 것이다. 그러므로 그러한 경우에는 항상 현명하고 경험이 풍부한 충실한 안내자를 두어 당신의 어렵고 중요한 경우에 도움을 받는 것이 가장 좋다.

제3과   잘못된 욕망과 불만에 대한 방향 제시

나는 《자기 부정》 그리고 《세상을 십자가에 못 박음》이라는 책에서 이미 이 주제에 대해 너무 많이 다루었기 때문에 여기에서 이 주제에 대해서는 조금만 말할 것이다. 그리고 여기 앞의 제4장 6, 7부에서 세속적인 것과 육체를 기쁘게 하는 것과 그 원인인 잘못된 사랑에 대해서 다루었다.

잘못된 욕망을 어떻게 알 수 있는지, 잘못된 사랑의 욕망에서 추론할 수 있다. 예를 들면, 1. 당신이 금지된 것을 원할 때. 2. 금지된 것이 더 낫거나 더 필요하다는 오해에 따라 당신에게 유익하지 않은 것을 원할 때. 3. 그것을 너무 간절히 원할 때는 언제나 그것을 가져야 한다. 그렇지 않으면 조급하거나 불만이 생겨 조용히 하나님의 다스림과 처분을 받지 못하고 하나님의 섭리와 당신의 운명을 원망하게 될 때. 4. 너무 조급하게 원하여 하나님의 때를 기다릴 수 없을 때. 5. 또는 그 분량에 너무 욕심을 내어 하나님이 허락하시는 것으로 만족하지 않고 도리어 그분이 당신에게 적당하다고 생각하는 것보다 더 많은 것을 가지려 할 때. 6. 특히 당신의 욕망이 왜곡되어 더 큰 것보다 더 작은 것을 선호하고, 낭신의 영혼에 대한 영원한 자비보다 육체와 일시적인 것을 바랄 때. 7. 하나님께 복종하지 않고 무엇이든 궁극적으로 육체만을 위하여 구하는 것은 죄이다. 당신의 일용할 양식과 당신의 모든 안락함조차도 당신의 말(horse)을 위한 여물을 준비하는 것과 같이, 당신의 영혼과 하나님을 위해 더 훌륭하고 즐겁게 섬기는 데 적합하도록 당신의 몸을 먹이는 것과 같이, 당신의 여행을 더 잘할 수 있도록 해야 한다. 8. 당신의 욕망이 악한 목적을 위한 것이라면(당신의 정욕, 교만, 탐심, 복수에 관한 것) 그것은 훨씬 더 악한 욕망이다. 9. 그것들이 다른 사람에게 피해를 줄 때 그것은 잘못된 욕망이다.

방향 제시-1   '자신의 상태를 잘 알고 자신에게 가장 필요한 것이 무엇인지 생각하라. 그러면 당신은 당신의 영혼을 위해 사모할 은혜와 자비가 너무 많고, 그 은혜 없이는 영원히 길을 잃는다는 것을 알게 될 것이며, 당신에게는 사모할 그리스도와 사모할 하나님과의 끝없는 삶이 있음을 알게 될 것이며, 그것이 아래 것들을 추구하는 당신의 모든 갈증을 해소할 것이다.' 당신이 더 큰 것을 마음에 품고 있음을 볼 때마다 당신을 더욱 지혜롭게 할 것이다. 현재 생명의 위험에 처한 사람은 사소한 것이나 어리석은 신(god)을 바라지 않을 것이다. 또는 왕 같은 제사장과 하나님 나라에 대한 소망은 사소한 것들에 대한 욕망을 고칠 것이다. 부종이나 폐병 때문에 의사를 필요로 하는 사람은 어린이용 공이나 팽이를 그리워하지 않을 것이다. 그리고 천국이나 지옥에 가는 사람은 세상 것보다 더 큰 것을 갈망해야 한다고 생각한다. 오, 육체의 생각은 얼마나 헛되고 어리석은 것을 사랑하는가? 너무 늦기 전에 속히 용서와 은혜와 그리스도와 하늘을 생각하라. 그것들을 모두 잊어버리거나 고려하지 않을 수 있으며, 아주 사소한 것을 간절히 갈망할 수도 있다. 마치 죽기 전에 그런 요리는 맛보아야 한다고 말하는 것처럼 다른 세계에 가기 전에 그런 집이나 자녀, 친구가 필요하다고 말한다! 오, 당신의 불안한 영혼에 그리스도와 하나님과의 화평과 영원을 위한 준비에 필요한 것이 무엇인지, 당신의 어두워진 마음에 얼마나 많은 지식이 필요하고, 그대의 죽어 있고 더 많이 살고 싶은 세속적 마음에 하나님에 대한 관심과 사랑과 그와의 친교에 무엇이 필요한지 연구하라. 당신이 대의를 가지고 있는 것처럼 이것들을 느끼면, 당신의 세속적인 욕망의 열정은 사라질 것이다.

방향 제시-2 '당신의 육체의 욕망이 당신의 영적 욕망의 연약함을 얼마나 악화시키는지, 죄를 더욱 혐오스럽고 변명의 여지가 없는 것으로 만드는지 기억하라.' 남편, 아내, 자식, 재물, 승진이나 이런 것들을 간절히 바라는 반면 하나님의 은혜와 영광에 대해서는 너무 냉담하고 무관심하지 않는가? 이것들을 좇는 당신의 욕망은 그렇게 간절하지 않군! 그것들은 당신을 압박하거나 불안하게 하지 않으며, 밤낮으로 당신의 생각을 사로잡지 않으며, 그렇게 많은 계략이나 노력을 하게 하지 않는다. 당신은 더 많은 은혜나 구원의 확신이나 하나님과의 교제 없이도 마치 그 일에 무관심한 것처럼 조용히 살 수 있다. 그러나 당신은 세상에서 당신이 원하는 것을 가질 수 없다면 당신은 휴식이 없다. 이것이 하나님과 은혜와 천국에 대한 끔찍한 경멸을 나타낸다는 것을 모르는가? 당신은 거듭났거나 그렇지 않거나 둘 중 하나다. 당신이 거듭났다면, 당신에게 제공된 정보들과 영적인 것들의 가치와 현세적인 것들의 허무함에 대한 모든 경험은, 당신이 자주 헛되다고 하는 것들에 대해 열망하는 반면, 당신이 그토록 많은 경험을 한 하나님의 선함에 대해 너무 냉담하게 대하는 것은 이제 당신 안에 가중한 죄로 생각하라. 당신은 피조물과 창조주의 차이를 아직 잘 모르는가? 당신은 당신의 필요와 관심, 그리고 당신의 영원한 축복과 만족을 위해 무엇을 신뢰하고 무엇에 의존하며 살아야 하는지 잘 이해하지 못하는가? 당신이 거듭나지 않았다면(하나님보다 더 나은 것을 사랑하는 자들), 그리스도에 의해 의롭게 되고 거듭나지 않는 한, 율법에 의해 끝없는 고통의 정죄를 받고 속히 지옥에 가게 될 것이기에, 끝없는 불행에서 자신의 영혼을 구원하기 위해 분발해야 함에도, 땅 위에서 이것저것 또는 사람을 얻기 위해 간절히 목말라 하다니 이 얼마나 미친 짓인가! 선과 악에 대한 이러한 욕망이 얼마나 부적절한지!

방향 제시-3 '모든 잘못된 욕망이 당신을 겸손하게 하는 원인이 되게 하라. 왜냐하면, 아직도 당신 안에서 죽지 않은 것으로 밝혀진 세속성과 육체성이 있기 때문이다. 그 원인이 되는 육체와 성적 욕망을 죽이도록 당신의 욕망에 저항하라.' 당신이 이 세상에 있는 것들과 세상을 사랑하지 않았다면 당신이 그것들을 그렇게 열망하지 않았을 것이다. 당신이 지나치게 세속적이지 않고 육체의 일을 많이 신경 쓰지 않았다면, 그것들에 대해 그렇게 간절히 원하지 않았을 것이다. 당신이 아직까지 세상적인 것과 육체적인 것에 대해 생각하는 것은 당신의 마음에 슬픈 일이 될 것이다. 당신이 피조물에게 너무 많은 것을 두어 그 부족함을 견딜 수 없을 정도라면, 이것이 세상과 육체를 포기하는 것인가? 당신에게 필요한 것은 당신이 많이 원하는 것이 아니라, 피조물의 헛됨을 알고, 세상에 대해 죽고, 그 안에 있는 어떤 것에 대한 부족함이나 상실을 견딜 수 있고, 육체에 대한 완전한 억제와, 그것을 죽이고 그것에 만족하지 않는 것이 당신의 일이라는 것이다.

방향 제시-4 '그리스도 안에 있는 하나님이 사람들에게 충분한지 그렇지 않은지 당신의 마음에 진지하게 물어보라! 만일 그들이 아니라고 말한다면, 그들은 그와 하늘에 대한 그들의 모든 희망을 버리는 것이다. 하나님을 자기의 분깃으로 충분하다고 여기지 않는 사람은 하나님을 자기 하나님으로 인정하지 않는 것이다. 만일 그들이 말하기를 그렇다고 인정한다면, 당신은 풍족하여 육체의 소욕의 입을 막을 수 있을 것이고, 당신의 마음이 하나님 안에서 충분하다고 고백할 것이다.' 하나님 안에서 자식으로 인정받고 영원한 생명으로 상속받은 영혼이 육체의 모든 편의와 만족을 간절히 구해야 하는가? 하나님이 당신에게 충분하지 않다면, 당신은 결코 충분함을 얻지 못할 것이다. 만족스러운 마음을 가지려면 그에게 더 많이 의지하고, 그를 더 잘 알아야 한다.

방향 제시-5 '모든 잘못된 욕망은 하나님의 뜻에 맞서 그의 권위에 대항하는 당신 의지의 반역이라는 것을 기억하라. 모든 것을 다스리고 처리하는 것이 하나님의 뜻이며, 당신의 뜻은 그의 뜻에 따라야 한다. 참으로 당신은 하나님의 뜻 안에서 기뻐하고 안식해야 한다.' 세상의 통치자가 누구냐? 누가 나를 통치하고 내 일을 처리하나?라는 질문에 마음으로 추리하여 말하라. 나인가 하나님인가? 누구의 의지가 이끌어야 하고, 누구의 의지를 따라야 할까? 하나님과 나의 뜻 중에 어느 것이 더 잘 인도할까? 내가 원하는 것을 얻는 것은 그의 뜻이거나 아니거나 둘 중 하나이다. 만약 그의 뜻이라면 그의 시간과 방식으로 가질 것이기 때문에 그렇게 열망할 필요가 없고, 만약 그의 뜻이 아니라면, 내가 그에게 불평하고 경쟁하는 것이 합당한가? 당신의 불만과 육체의 욕망은 하나님께 대한 많은 비난이라는 것을 기억하라. 마치 당신은 나를 선대하지도, 좋게 판단하지도, 자비를 베풀지도, 않는다고 말하는 것과 같다. 나는 더 좋은 것을 가져야 하고, 하나님의 뜻과 통치는 용인할 수 없다고 말하는 것과 같다. 나는 내 뜻대로 가져야 하고 처분해야 한다고 말하는 것과 같다.

방향 제시-6 '매일 기도할 때 당신의 간절한 소망이 어떻게 스스로를 정죄하는지, 그렇지 않으면 당신의 기도 자체가 정죄가 되는지 관찰하라. 당신이 하나님의 뜻이 이루어 지길 기도한다면, 왜 당신의 의지가 그것에 대하여 반항하고 당신의 욕망이 당신의 기도와 모순되는가?' 일용할 양식을 구한다면, 어찌하여 그 이상을 구하며 목말라 하는가? 게다가 당신이 이것저것을 가져야 하기 때문에 당신의 욕망 대로, 주님, 내 뜻과 내 이기적이고 육체의 욕망이 이뤄지게 하소서라고 기도한다면, 이 얼마나 가증한 기도인가! 당신이 기도해야 하는 것만큼만 바라라.

방향 제시-7 '하나님과 맺은 언약을 기억하라. 언약은 당신이 세상과 육체를 버리고 그를 당신의 주님으로, 왕으로, 아버지로 삼고 자신을 그의 소유로, 그의 백성으로, 그의 자녀로 그에 의해 제공받고 지배와 처분받기로 허용하는 것이다. 그리고 이 언약은 당신의 기독교 신앙에만 필수적인 것이 아니라 그를 당신의 하나님으로 삼는 데도 필수적이다.' 당신은 이것에 대해 회개하는가? 아니면 이것을 깨고 언약의 모든 유익을 잃을 건가? 만일 당신이 당신 마음대로 하고 싶다면 하나님의 언약과 아버지의 보살핌을 스스로 이행하라. 그런 다음 그가 당신을 버리면 당신은 어떻게 될까?

방향 제시-8 '자신이 자신의 상태를 선택하는 사람이 되기에 얼마나 부적합한지 생각해 보라.' 당신은 당신이 간절히 원하는 그 사람이나 물건이나 장소가 당신에게 무엇을 증명할지 예견하지 못한다. 당신이 알고 있는 것은 그것이 당신에게 파멸의 원인이 되거나 당신에게 닥칠 가장 큰 불행이 될 수도 있다. 많은 사람들이 **라헬**처럼, "내게 자식을 낳게 하라 그렇지 아니하면 내가 죽겠노라."[5]라고 외쳤지만, 그들은 자녀들의 사악함과 무정한 성질로 인해 죽었다. 많은 사람들이 남편이나 아내에 대한 욕망에 폭력을 휘둘렀지만, 후에 그들의 마음을 상하게 하거나 그들이 세상에서 가진 어떤 원수보다 더 큰 고통이 되었다. 많은 사람들이 부와 번영과 승진을 간절히 바랐으나, 그것들에 의해 덫에 걸려 영혼이 저주를 받았다. 많은 사람들이 어떤 직분, 위엄, 또는 신뢰의 위치를 얻기 위해 열심이었는데, 이것이 그의 죄와 불행을 크게 증가시켰다. 그리고 하나님의 뜻을 거스르는 것들을 간절히 바라는 것은 육체와 자아이며, 육체와 자아만큼 눈이 멀고 편파적인 것은 없다. 당신은 당신의 자녀가 스스로 가장 좋은 것을 판단할 능력이 있다고 생각하지 않고, 그의 욕망이 아니라 당신 자신의 이해나 당신이 그에게 조치를 취하거나 처분하는 것을 자녀들에 대한 지침과 규칙으로 생각한다. 그렇다면 당신이 당신 자녀에 대한 판단자가 되는 것에 비해, 하나님이 당신에 대한 판단자가 되는 것은 더 적합하지 않은 것일까? 하나님을 아버지로 삼든지 그렇지 않든지 둘 중 하나다. 그렇지 아니하면 그를 아버지라 부르지 말고 그에게서 긍휼과 구원을 바라지 말라.

---

5) 창 30:1

만일 당신이 그리한다면 그는 지혜롭고 선하시므로 당신의 일을 결정하고 당신에게 가장 좋게 해결하며 당신을 위해 선택하지 않지 않겠느냐?

방향 제시-9 '우리 자신의 욕망에 빠지는 것이 지옥 이편에서 보면 가장 큰 재앙 중에 하나라는 것과 당신의 열망과 불만으로 하나님을 격노하게 하여 당신을 포기하게 된다는 것을 기억하라.' "그러므로 내가 그들의 마음의 정욕대로 내버려 두어 그의 임의대로 행하게 했다. 내 백성아 내 말을 들으라."[6] "그러므로 하나님께서 그들을 마음의 정욕대로 더러움에 내버려 두었다." 이 때문에 하나님께서 "그들을 부끄러운 욕심에 내버려 두셨다."[7] "또한 그들이 마음에 하나님 두기를 싫어하므로 하나님께서 그들을 그 상실한 마음대로 내버려 두어 합당하지 못한 일을 하게 하셨다."[8] 하나님께서는 "노하시더라도 이스라엘에게 왕을 주신"[9] 것처럼 당신이 간절히 원하는 것을 주실 수 있다. 또는 그가 이스라엘 사람이 원하는 "먼지처럼 많은 고기를 비같이 내리시고 나는 새를 바다의 모래같이 내리셨다. 그러나 그들이 그들의 욕심을 버리지 아니하여 그들의 먹을 것이 아직 그들의 입에 있을 때에 하나님이 그들에게 노염을 나타내어 그들 중에 강한 자를 죽이셨다."[10] "그들은 광야에서 욕심을 크게 내며 사막에서 하나님을 시험하였다. 그러므로 여호와께서는 그들이 요구한 것을 그들에게 주셨을지라도 그들의 영혼은 쇠약하게 하셨다."[11] 하나님께서는 '당신 자신의 정욕을 따르라. 당신이 그렇게 열망한다면, 당신이 원하는 것을 가져라. 당신이 그토록 간절히 원하는 사람, 그 물건, 그 위엄을 취하라. 그러나 그것과 함께 나의 저주와 복수도 받아라. 그것이 당신에게 유익이 되지 않고, 올무와 고통이 될 것이라.'고 말씀하실 수 있다. "가시나무에서 불이 나와 너를 사를 것이다."[12]

---

6) 시 81:12
7) 롬 1:24, 26
8) 롬 1:28
9) 호 13:10, 11
10) 시 78:27, 29-31
11) 시 106:14, 15
12) 삿 9:15

방향 제시-10 '성적 욕망과 편향이 당신의 잘못된 욕망을 정당화하고 그것을 합법적인 것으로 여기도록 유혹하지 않게 주의하라.' 당신이 그렇게 한다면, 당신은 그것을 회개하지도, 하나님께 고백하지도, 그것에 대한 용서를 구하지도, 그것을 진멸할 수단을 사용하지도 않을 것이다. 게다가 그것을 소중히 여기고 그것을 반대하는 모든 사람에게 화를 내며, 그것을 격려하는 유혹자를 가장 사랑할 것이다. 이것이 얼마나 위험한 상황인가! 그러나 죄인들 사이에서 그들 자신의 사랑의 감정에 의해 눈이 멀고, 그들이 원하는 것을 갈망할 충분한 이유가 있다고 생각하고, 이것보다 더 평범한 것은 없다고 한다. 그리고 사랑의 감정은 그들을 매우 재치 있고 결단력 있게 만들어 스스로를 속인다. 그것은 그들이 그들의 적을 방어하기 위해 말할 수 있는 모든 것을 연구하게 하고, 그들의 행동의 원인에 기만적인 겉치레를 씌운다. 당신의 욕망을 잘 시험해 보라(전에 내가 지시했듯이). 질문 1. 당신이 사모하는 것이 하나님께서 당신에게 명하신 것, 혹은 주겠다고 말씀으로 약속하신 것(은혜, 그리스도, 천국과 같이)인가? 그렇다면, 그것은 원하고 삼가지 말라. 그렇지 않다면, 질문 2. 그것을 쫓는 것은 기껏해야 복종적이고 조건적인 욕망만 있어야 하는데 왜 그렇게 열망해야 하나? 질문 3. 아니, 욕망하는 것이 당신에게 금지된 것이 아닌가? 만약 그렇다면 감히 용서를 구할 수 있겠는가?

방향 제시-11 '성적 욕망이나 잘못된 욕망은 모든 죄의 시작이며 행위로 직결된다는 것을 기억하라.' 절도, 간음, 살인, 사기, 다툼, 그와 같은 모든 상해는 지나친 욕망에서 시작된다. "각 사람이 시험을 받는 것은 자기 정욕에 끌려 미혹됨이니 정욕이 잉태한 즉 죄를 낳고 죄가 장성한 즉 사망을 낳느니라."[13] '정욕'은 육체의 욕망이나 의지를 의미한다. 그러므로 사도가 탐식과 술 취함과 호색과 문란함, 다툼과 시기를 금할 때 그는 "정욕을 위하여 육체의 일을 도모하지 말라."[14]라는 한마디로 모든 것의 근원을 공격한다.

방향 제시-12 '속이는 가면을 벗고 당신이 간절히 바라는 것을 있는 그대로 보라.' 마지막에 그것은 당신에게 무엇인가? 지금은 그것의 봄이나 여름 가운데 있다. 그러나 겨울과 가을

---

13) 약 1:14, 15
14) 롬 13:13, 14

에도 그것을 볼 수 있을까? 지금은 젊음이다. 그러나 노쇠한 나이에 피부와 뼈가 시들어 가는 것을 보라. 그것은 지금 깨끗하고 기이한 장식을 하고 있다. 그러나 그것의 더러움과 꾸민 옷차림을 보라. 당신의 속임수를 치료하면 당신의 욕망이 치료된다.

방향 제시-13 '당신은 장수를 기대하지 말고, 항상 시야에 무덤과 수의를 두고 죽어 가는 사람처럼 살라. 당신이 삶을 누려야 할 시간이 얼마나 짧은지, 특히 당신이 영원에 얼마나 가까이 있는지를 느낄 때 그것은 피조물을 쫓는 당신의 갈증을 치료할 것이다.' 사도들의 방법은 다음과 같다. "형제들아, 내가 이 말을 하노니 그때가 단축하여진 고로 이후부터 아내 있는 자들은 없는 자같이 하며 우는 자들은 울지 않는 자같이 하며 기쁜 자들은 기쁘지 않은 자같이 하며 매매하는 자들은 없는 자같이 하며 세상 물건을 쓰는 자들은 남용하지 않는 자같이 하라. 이 세상의 관습은 지나감이라."15) 그러므로 당신이 원하는 것들이 얼마나 빨리 지나갈 것인지를 잘 알면 간절히 바라지 않는 것처럼 요청할 것이다.

방향 제시-14 '당신의 모든 욕망에 있어서, 요청하는 것과 마찬가지로 결산이 있다는 것을 기억하라.' 그것을 지금 소유하는 것뿐 아니라 그것에 대해 하나님께 어떻게 결산을 해야 할지 생각하라. "많이 주고 많이 맡은 자는 많이 달라 할 것이다."16) 결산해야 할 것이 더 많다는 것을 알면서도, 더 많은 권력, 더 많은 명예, 더 많은 부를 얻으려고 열망할 건가? 당신이 그것을 잘 사용할 마음이 없다면, 이미 가진 만큼으로 충분하지 않은가?

방향 제시-15 '당신의 모든 자비를 거룩하게 사용하고 육체가 그것을 삼키지 못하게 하라. 당신이 자비를 가지고 있을 때, 언제나 어떤 지나친 욕구가 자비의 좋은 것을 먹지 못하게 하라. 그러면 지나친 욕망 자체가 강력하게 소멸될 것이다.' 우리는 하나님의 영광을 위하여 신령하고 거룩한 것을 지나치게 열망할 위험이 거의 없다. 그러므로 당신이 가진 모든 것을 이런 식으로 하나님께 거룩하게 하고 그를 위해 사용하고 육체의 과도한 욕망을 만족시키지 않

---

15) 고전 7:29-31
16) 눅 12:46

기로 결심하라. 육체는 결코 더 좋은 것을 취하지 못한다는 것을 발견했을 그때, 그 추격을 멈출 것이다. 원하기만 하면 이런 식으로 많은 것을 할 수 있다. 만일 당신이 현재 욕망을 억제할 수 없다면, 당신은 즉시 육체가 원하는 것을 거부하기로 결심할 수 있다(**다윗**이 물을 갈망했지만 물 마시기를 거부[17]했던 것처럼). 그리고 당신은 당신이 느끼는 것보다 더 많이 그것을 부정할 수 있다. 갈증을 참을 수 없을지라도, 마시는 것을 참을 수 있고, 배고픔을 참을 수 없을지라도, 금지된 것과 부적절한 것이 무엇이든 먹는 것을 참을 수 있다. **하와**가 금지된 열매에 욕구가 있었을지라도 그녀의 손과 입에 명령하고 그것을 먹지 않을 수도 있었다. 갖고 싶은 의복에 대한 욕망을 달리 식힐 수 없다면, 의도적으로 그러한 욕망을 꾸짖고 통제하기 위해 입었으면 좋았을 옷보다 다소 보기 평범한 옷을 입으라. 다른 방법으로 탐욕스러운 욕망을 해소할 수 없다면 그 욕망을 차단하기 위해 가난한 사람들에게 훨씬 더 많이 주라. 당신이 마음만 먹는다면, 당신의 외적인 행동이 당신의 능력 밖이라고 말할 수 없다.

방향 제시-16 '당신의 욕심이 한도에 넘칠 때, 이미 받아 소유하고 있는 자비를 생각하라.' 하나님이 당신을 위해 그처럼 많은 일을 했고 당신이 가진 것에 대해 감사해야 함에도 불구하고 불필요한 것까지도 더 많이 요구하고 있는가? 이 감사할 줄 모르는 탐욕은 가증스러운 죄이다. 영혼과 몸, 재산과 친구를 위해 이미 가지고 있는 것을 생각해 보라. 당신이 다른 욕망이나 공상을 만족시키지 않고, 하나님이 당신의 병든 욕망으로 당신을 진정시키지 않는다 해도, 이 모든 감사는 당신을 조용하게 하지 않을까?

방향 제시-17 '하나님께서 당신이 간절히 원하는 모든 것을 주신다 해도 그것이 당신을 만족시키기에 얼마나 부족할지 이해하라.' 당신이 원하는 것을 가진다 해도 그것이 당신을 잠잠하게 하지 못할 것이며, 당신의 기대에 부응하지도 못할 것이다. 당신은 그것들이 당신을 행복하게 하고 당신에게 매우 달콤할 것이라고 생각한다. 그러나 그것은 당신을 속이는 것이고, 당신이 무엇인지 알지도 못하는 것을 기대하는 것이기에, 알지도 못하는 것을 원하는

---

17) 삼하 23:15, 17

것이다. 그것은 꿈 속의 잔치와 같아, 아침에 배고플 것이다.[18]

방향 제시-18 '피조물이 당신에게 줄 수 있는 가장 큰 감정적 굴욕감은 당신이 그에게 지나치게 사랑받고 싶어 하는 것과 그를 지나치게 바라는 것이며, 그것이 가장 바람직한 것처럼 보일 때만큼 위험한 것이 없다는 것을 기억하라.' 만일 당신이 이것을 제대로 기억한다면, 어떤 것이 당신에게 매우 기쁘고 바람직한 것으로 제시될 때, 당신은 가장 큰 조심과 주의를 기울일 것이다.

방향 제시-19 '당신의 욕망은 당신에게 짐과 불행을 주는 것 외에는 아무것도 아니라고 생각하라. 갈증은 술을 마시고 싶은 욕구로 고통스럽지만, 다른 사람에게는 전혀 고통이나 문제가 되지 않는다.' 탐욕스럽고 방탕한 자는 아무도 신경을 쓰지 않는 배우자를 사랑하기 위해 죽을 준비가 되어 있다. 짝이 없는 것이 항상 더 나쁜 것은 아니다. 교만하고 야심 찬 **하만**은 명예를 받지 못하면 스스로 망한다고 생각하고, 비천한 농부의 상태로 전락하면 괴로워할 것이지만, 정직하고 만족하는 수천 명의 사람들은 그처럼 낮은 상태에서 즐겁고 조용하게 살고 있다. 그들을 괴롭히는 것은 그들의 진정한 결핍이 아니라, 인간 자신의 욕망이다.

방향 제시-20 '당신이 모든 것을 다했을 때, 하나님께서 당신을 사랑하신다면 그분은 선택자가 될 것이며, 당신의 병든 욕망을 허락하지 않을 것이고, 그것들이 치유될 때까지 당신을 바로잡아 줄 것이라고 기억하라.' 당신의 아이가 칼이나 몸에 해로운 고기나 그에게 해를 끼치는 모든 것을 달라고 한다면, 그가 그것을 포기할 때까지 회초리로 진정시킬 것이다. 이것은 당신이 이런저런, 또는 다른 일로 병들고, 당신의 공상과 성적 욕망이 방종하지 않고는 진정되지 않을 때, 하나님의 어떤 지팡이가 당신 가까이에 있다는 표이다.

---

18) 사 29:8

제4과 잘못된 희락(mirth)과 쾌락에 대한 방향 제시

희락은 다음과 같을 때 잘못된 것이다.

1. 사람들이 악한 것을 기뻐할 때 그것은 죄악이다. 다른 사람들에게 해를 입거나, 사람들의 죄 가운데 있거나, 하나님의 종들의 고난 가운데 있거나, 교회가 고난 가운데 있거나, 적그리스도들이 성공과 번영을 하거나, 어떤 악한 의도에서 기뻐하는 것은 죄악이다. 이것은 세상에서 가장 큰 죄 중에 하나이며, 사악함의 가장 큰 표식이다. 그럼에도 불구하고 사람들은 사악함을 기뻐한다.

2. 부적절한 때이거나 주제가 맞지 않을 때 기뻐하는 것은 죄악이다. 애도의 시기와 장소에서 즐거워하는 것, 우리가 금식해야 할 때 잔치하는 것, 성화되지 않고 비참한 영혼이 희락에 빠지는 것, 그것은 죄와 사탄의 권세 안에 있고 지옥에 가까운 것이다.

3. 거짓말과 우화, 유혹적이고 불필요하며 시간을 낭비하는 춤, 연극 또는 오락으로 즐겁게 지내고 다른 사람을 비방하거나 학대하는 행위 또는 술 취함, 탐식 또는 과음으로 즐거워하는 희락은 죄를 짓는 경향이 있거나 죄에 의해 관리될 때 사악하다.

4. 희락은 우리의 의무를 방해하고 그 상태에서 가장 적합한 은혜의 행사를 준비하지 못하게 할 때 사악하다. 죄인의 확신과 겸손을 방해하고, 하나님의 성령에 저항하고 은혜의 부르심과 양심의 소리가 부르짖을 때 듣지 못하게 하고, 우리가 가장 중요하게 여겨야 할 문제에 대한 모든 진지한 생각을 없애고, 사람들이 하나님과 그들 자신, 그들의 죄와 위험, 죽음과 심판과 내세에 대해 확고하고 냉철하게 생각할 여지를 주지 않을 때, 그리고 영혼이 책망을 받고 설교로 유익을 얻으며 하나님께 부르짖는 일을 못하게 할 때 사악하다. 이성을 차단하고 양심을 잠잠하게 하며 하나님을 비웃고 지옥에 떨어지는 것을 농담으로 여기며 뇌를 열광으로 들뜨게 하고 그들의 지혜를 가장 많이 나타내야 하는 일에 사람들을 미치게 하는

이 술 취한 환희는, 마귀의 스포츠요 죄인의 불행이요 지혜로운 자의 연민이다. 이에 대해 **솔로몬**은 이렇게 말했다. "내가 웃음에 관하여 말하여 이르기를 그것은 미친 것이라 하였고 희락에 대하여 이르기를 이것이 무슨 소용이 있는가 하였노라."[19] "횃불을 던지며 화살을 쏘아서 사람을 죽이는 미친 사람이 있나니 자기의 이웃을 속이고 말하기를 내가 희롱하였노라 하는 자도 그러하니라."[20] "미련한 자는 행악으로 낙을 삼는다."[21]

5. 그러나 희락은 그것이 신성모독적일 때 가장 끔찍하고 역겹다. 인간의 모습을 가진 마귀가 성경이나 하나님의 판단이나 종교의 의무를 농담이나 조롱거리로 삼아 스스로 웃고 즐길 때 사악하다.

방향 제시-1 '먼저 당신이 희락에 합당한 사람이 되도록 하고, 거듭나지 않고, 거룩하지 않고, 정당화되지 않은 상태에 있는 비참한 사탄의 노예가 되지 않도록 하라!'[22] 당신은 해롭지 않은 게임이나 스포츠가 내일 죽어야 하는 악인이 되어 가고 있다고 생각하지 않을 것이다. 거듭나지 않고 거룩하지 않은 사람은 그가 그 상태에서 죽을 때 반드시 저주를 받는다. 만일 그가 이것을 믿지 않는다면 그는 하나님이나 복음이 참되다는 것을 부인해야 한다. 그리고 그는 한 시간도 더 살 수 있을지 확신하지 못하지만 그는 자신이 오래 살다가 죽을 것이라고 확신한다. 그리고 지금, 당신이 당신의 이성을 속이지 않았다면 당신의 이성이 그러한 사람의 환희를 정당화할 수 있는지 말할 수 있는가? 즐거워하는 것이 무슨 해가 되느냐고 묻는가? 주 안에서 즐거워할 이유를 가지고 즐거워하는 자에게는 그것이 전혀 해롭지 않다. 그러나 사람이 지옥에 가는 길과 지옥에 가까운 상태에서 즐거워하는 경우와 사람이 자신의 영혼이 성화되기 전에 즐거워하고 자기 죄를 사함 받기 전에, 또는 전심으로 죄사함을 구하기 전에 즐거워하는 것은 해롭다. 만일 어리석음과 불신앙, 그리고 하나님과 그의 두려운 공

---

19) 전 2:2
20) 잠 26:18, 19
21) 잠 10:23
22) 잠 19:10

의를 멸시한다면 해가 될 것이다. 오, 하나님의 부르심에 귀를 기울이라. 당신의 죄를 미워하고 하늘과 거룩함에 마음을 두라. 그리하면 하나님과 양심이 당신을 즐겁게 할 것이다. 새롭게 된 마음과 생명을 얻고, 죄의 용서를 받고, 하늘의 자격을 얻고, 죽을 준비를 하면 당신의 희락에 이성과 지혜가 있다. 그때 당신의 희락은 명예롭고 정당할 것이다. **베드로**와 **요한**과 함께 성전으로 들어가면서 "걷기도 하고 뛰기도 하며 하나님을 찬송하던"[23] 다리 저는 사람이 고침을 받는 것보다 낫다. 그러나 하나님에 대한 공경심이 없고, 거듭나지 못한 죄인이 자기에게 어떤 악이 가까이 있는지 모른 채 웃고, 스포츠를 즐기며, 장난하고, 즐겁게 사는 것을 보는 것은 가장 안타까운 일이다! 그것은 그를 아는 신자의 눈에서 눈물을 흘리게 할 것이고, 그가 영원히 거하려 하는 지옥을 생각할 것이다. 나는 나와 멀지 않은 곳에 살았던 한 사람의 믿을 만한 이야기를 기억한다. 그의 욕설 속에서 그가 마귀를 볼 수 있기를 바라는 것이 습관적이었다. 마침내 공포 가운데 마귀가 그에게 나타났다. 때때로 마귀는 그에게 미소를 지었다. 미소를 짓고 있음에도 불구하고 어떤 경우에도 흉하고 끔찍해 보였다고 말하곤 했다. (그 남자는 그것으로 인해 겁을 먹고 개혁된 삶을 살게 되었다.) 참으로 마귀의 종은 결코 아름다울 수는 없지만, 불행 중에 가장 즐거울 때처럼 충격적으로 보이지 않는다.

방향 제시-2 '심지어 당신이 즐거워할 권리가 없다는 핑계 하에 지나친 억압으로 본성을 파괴하지 말라.'

1. 당신의 비참함을 발견하는 것 자체가 당신을 자비에 대한 더 공정한 희망으로 이끌 것이기 때문이다.

2. 많은 하나님의 자녀들이 그들의 의로움에 대한 확신 없이 오래 살지만, 그렇다고 해서 모든 기쁨을 버려서는 안 된다.

---

[23] 행 3:8

3. 성화되지 않은 사람들은 그들의 본성을 보존하는 데에 필요한 만큼 마음의 안일함과 평온함을 유지해야 그들이 그들의 시간을 보낼 수 있고, 그들이 하나님의 은혜를 받을 때까지 그를 기다릴 수 있다. 무엇보다도 그들은 회복되기 전에 죽거나 길을 잃지 않도록 자신의 생명을 소중히 여겨야 할 이유가 있다. 그러므로 그들이 먹고 마시는 것을 거절해서는 안 되는 것처럼 그들의 슬픔이 자신의 몸을 파괴할 정도가 되어서는 안 된다.

[진정으로 기뻐하는 방법]

방향 제시-3 '당신은 먼저 당신의 영혼의 평화를 견고한 토대 위에 정착시키고, 합리적으로 기쁨을 보장할 수 있는 그리스도와 천국에 대한 당신의 특별한 참여의 증거를 얻으라. 그런 다음 하나님 안에서 기뻐하고 즐거워하는 것을 삶의 일로 삼으라. 이것을 작거나 사소한 일이 아니라 은혜와 경건의 주요 부분으로 여기라. 그러므로 모든 합법적이고 자연스러운 희락을 이 거룩한 즐거움과 기쁨에 의해 활기차고 성화된 것으로 받아들이라. 이 자연스럽고 성화된 희락은 합법적일 뿐 아니라 감사하는 신자가 영원한 기쁨에 이르는 길에 매우 적합하고 아름다운 의무라는 것을 알라.'

이것이 진정으로 기뻐하는 방법이다. 내가 말했듯이, 비록 생명과 건강을 유지하는 데에 필요한 만큼, 거듭나지 않은 사람들이 평안한 상태가 계속될 수 있지만, 평안함을 주는 복음은 그것을 듣는 사람들에게 큰 기쁨의 소식이다. 지금까지 어떤 사람도 이 방법 외에는 진정으로 편안하고 즐거운 생활을 할 수 없었다. 그러나 그의 모든 희락은 본성에 도움을 주거나 하나님께로 돌아감으로써 자비를 얻는 것 외에는, 당연히 광기라고 비난을 받을 것이고 그를 더 가련한 꼴로 만들 것이다.

그러므로, 가장 먼저 해야 할 일은 진정한 희락의 토대를 놓는 것이다. 그리고 이것은 거짓 없는 회개와 그리스도를 믿는 믿음으로 하나님께로 돌아와 새로운 피조물이 되고 거룩하고 특별한 백성이 되어 의롭게 되고 하나님의 자녀로 입양됨으로써 이루어진다. 그런 다음 우리는 우리 자신 안에 있는 이 모든 것에 대한 증거와 간증을 마음으로 인지함으로써 죽음에서 삶으로 넘어갔음을 알 수 있다.

그리고 은혜와 그것을 분별하는 데는 여러 가지 정도가 있으며, 어떤 사람은 거룩함이 거의 없고, 어떤 사람은 스스로 은혜에 대한 분별력이 거의 없지만, 가장 적은 것이 비록 더 큰 은혜와 그것을 더 분명하게 분별하는 만큼은 아니지만 정당한 근거에 따라 영혼에 큰 위로를 줄 수 있다.

이런 식으로 기초가 놓였으므로, 그 기초 위에 안정된 양심의 평화와 영혼의 평안함을 세우는 것이 우리의 다음 노력이 되어야 한다. 우리가 기쁨을 얻을 수 있을 때까지 평화를 누리고, 부당한 사람들의 비난과 두려움과 슬픔에서 벗어나는 것은 큰 자비다. 평화는 우리의 이 연약한 상태에서 기대할 수 있는 많은 기쁨보다 더 평범한 마음의 평온이어야 한다.

셋째, 평화가 이렇게 정착되었으므로 우리는 지상에서 우리의 의무이자 완전한 행복인 기쁨이 날마다 솟아나도록 노력해야 한다. 성경에서 자주 그리고 진지하게 명령하고 있는 것은 우리가 "주 안에서 항상 기뻐하며" "마음이 정직한 자들이 다 기뻐 외치라."[24]는 것이다. 따라서 "자기 일을 살피는" 사람은 "자기 안에서 기뻐할 수 있다."[25] "하나님이 주신 거룩하고 진실한 마음으로 살아온 것을 양심이 증거하고 있으니 이것이 바로 우리의 기쁨이다."[26] 그리고 모든 신자는 이것을 스스로 유지하고 실천해야 한다.

넷째, 하나님 안에서의 이 기쁨과 함께 우리의 합법적이고 자연스러운 희락은 종속적이거나 거룩한 것으로 받아들여야 한다. 즉 우리는 자연스러운 희락과 즐거움으로 우리의 거룩한 기쁨을 증진하고, 하나님의 더 낮은 자비 안에서 우리 몸의 편안함을 통해 우리 영혼의 봉사와 위로를 증진해야 한다. 그리고 이것이 바로 이 희락이 들어오기에 알맞은 곳이며, 이것

---

24) 빌 3:1, 4:4; 시 33:1; 신 12:12, 18, 27:7
25) 갈 6:4
26) 고후 1:12

이 진정한 희락의 방법이다.

방향 제시-4 '당신의 모든 희락의 유용성과 경향을 잘 살펴보라. 그것이 당신의 의무에 유용하고 그 목적을 위해 유용하다면 그리고 선을 행할 의도가 있거나 더 큰 상처나 위험 없이 선을 행하도록 돕는다면, 그것을 소중히 여기고 증진시키라. 그러나 그것이 당신을 하나님으로부터 어떤 피조물에게 데려가는 경향이 있고, 당신의 영혼을 당신의 의무에 적합하지 않게 하고, 당신을 죄로 인도하는 경향이 있다면, 그것을 당신의 고통거리가 되는 것으로 피하라.' 본성에 필요한 도움이 좋든 나쁘든 피해서는 안 된다는 사실을 항상 기억하라. 자기 자신과 거룩한 각성의 일에 대해 잘 아는 그리스도인은 자신의 희락이 무엇인지 경향과 결과로 분별할 수 있고, 그것이 자신에게 유익한지 해로운지 알 수 있다.

방향 제시-5 '육체가 음란하거나 상스러운 말을 입 밖에 내거나, 정욕과 죄를 일으킴으로써 당신의 희락을 더럽히지 않도록 주의하라.' 잘 지켜보지 않으면 그것은 금방 그렇게 될 것이며, 거룩한 희락과 쾌활함은 갑자기 잘못된 희락으로 변질되기 쉽다.

방향 제시-6 '당신의 희락이 당신 자신만 아니라 다른 사람들에게 어떤 영향을 미치는지 생각해 보라.' 그것이 다른 사람에게 죄를 부추기거나 불쾌감을 유발하는 것이라면, 당신은 그들 앞에서 그것을 피하거나, 큰 주의를 기울여 관리해야 한다. 당신과 대화하는 사람들의 축 처진 마음을 달래거나 거룩한 삶에 대한 그들의 편견을 제거하는 것이 필요하다면, 당신은 그 일에 자리를 내 주어야 한다. 그것은 좋거나 나쁜 성향에 따라 좋거나 나쁘기 때문이다.

방향 제시-7 '당신의 어떤 희락에서도 이성이나 경건함을 결코 버리지 말라. 사람을 미련하게 하거나 바보로 만드는 그 희락을 혐오하고, 멍에서 풀려났거나 노동에서 해방되어 뛰놀며 기뻐 뛰는 말이나 소와 같이 사람이 하나님과 가장 멀리 떨어져 있을 때 가장 즐거워하는 불경건함을 주의하라. 하나님과 하늘의 어떤 것이 우리의 모든 희락에 나타나거나 떨어져 그것을 달콤하게 하고 거룩하게 해야 한다.'

방향 제시-8 '당신의 모든 희락의 시간에 혀를 조심하라. 혀가 자유로울 그때 죄짓기 쉽기 때문이다.' 게으른 학자에게 희락은 혀(tongue)에 휴일이나 노는 날로 여겨진다. 그들은 휴일에는 놀고, 싸우고, 실수할 자유가 있다고 생각하며 기뻐하는 사람들이다.

방향 제시-9 '당신의 희락의 때에 당신 자신이나 동료에게서 다른 사람들의 잘못에 대해 뒷말, 험담, 조롱, 비방, 중상하는 것과 같은 어떤 말이 튀어나온다면(비록 당신의 적에 대한 것일지라도), 그것을 꾸짖어 당신의 접시나 컵에 떨어지는 흙이나 배설물처럼 버려라.'

방향 제시-10 '신성모독하는 자들이 들어와서, 어떤 사람이 성경, 종교에 대해 농담하고 떠들고 놀며, 경건한 사람들에 대해 중상하거나 멸시하고, 종교를 혐오하거나 경멸하는 경향으로 즐거워하는 자가 있다면, 만일 그들이 당신이 말할 수 있는 자들이라면, 경건한 진지함으로 책망하여 그들이 두려워하게 하라. 그들이 그렇지 않다면, 그때 등을 돌리고 하나님에 대한 그러한 악마 같은 원수들의 자리와 무리를 떠나는 것으로 그것에 대한 혐오감을 나타내라.' 당신의 창조주에 대한 그러한 혐오스러운 희락에 대해 침묵하거나 동의하는 것처럼 보이는 증인이 되지 말라.

방향 제시-11 '당신의 회사에 있는 다른 사람들의 희락이 무미건조하고, 깊이나 내용이 부족하고, 어리석고, 방탕하고, 불경건하거나 다른 방식으로 타락한다면, 그것을 자극하기 위해 약간의 거룩한 소금을 쳐라. 그것은 그것을 두려워하게 하고 억누를 진지하고 신성한 것이 될 것이다.' 하나님의 임재를 기억하거나 에베소서 5장 3, 4절을 암송하라. "음행과 온갖 더러운 것과 탐욕은 너희 중에서 그 이름조차도 부르지 말라 이는 성도에게 마땅한 것이다. 누추함과 어리석은 말이나 희롱의 말이 마땅치 아니하니 오히려 감사하는 말을 하라."

[지나친 환희를 억제하기 위한 고려 사항]

방향 제시-12 '희락이 과도하고 지나치게 커져서 그 육체적인 쾌락 때문에 하나님과 의무로부터 멀어지게 된다면, 그것을 억제하기 위해 항상 다음과 같은 고려 사항을 가까이 두라.'

1. 하나님의 임재를 기억하라. 경솔한 행동은 그분이 보시기에 아름답지 않다.

2. 죽음과 심판이 가까워졌다는 것을 기억하라. 그러면 모든 경솔한 행동이 진지함으로 바뀔 것이다.

3. 당신의 영혼이 아직 많은 죄와 욕망과 위험 아래 있고 당신이 해야 할 진지한 일이 많다는 것을 기억하라.

4. 예수 그리스도를 바라보고 그분이 지상에서 당신에게 보여 준 모범을 기억하라. 그가 웃고, 놀고, 농담을 하고, 당신에게 무절제한 육체적인 희락을 가르쳤는지, 아니면 십자가에 못 박히신 그리스도의 제자들처럼 살라고 가르쳤는지 깨달아라.

5. 성경에서 묘사된 천국으로 가는 규정된 길을 생각하라. 그것은 많은 환란과 고난과 금식과 시험과 굴욕과 괴로움의 과정을 거친다. 방탕하고 농담하며 장난치는 삶이 이와 같은지 생각하라.

6. 육체의 희락과 스포츠를 통해서가 아니라 노동과 경계와 금식과 빈곤과 잔혹한 박해를 통해 천국에 간 옛날의 탁월한 크리스천이 갔던 길을 생각하라.

7. 지금 세계 곳곳에 있는 많은 슬픔의 대상을 생각해 보라! 수백만의 이교도와 이슬람교인들과 그리스도를 모르는 사람들과 그리스도의 적들! 완고한 유대인들, 교황의 폭정과 찬탈에 대해 생각해 보라. 그리스, 아르메니아, 에티오피아, 로마 교회의 어둡고 타락하고 한탄스러운 상태, 무지와 오류, 미신과 신성모독에 의해 종교가 얼마나 비참하게 어두워지고 불명예스러워졌는지 생각해 보라. 그리고 모든 교회의 분열된 상태와 신성모독과 박해와 무자비함과 다툼과, 상호 비방과 욕설이 그리스도의 지체들을 얼마나 혼란에 빠뜨렸는지 생각해 보라.

제5과　잘못된 희망에 대한 방향 제시

희망은 간절히 바라는 기대에 불과하다. 그러므로 잘못된 사랑과 욕망에 대해 앞에서 주어진 방향 제시는, 어떤 일이 일어날 것이라고 예측하는 부분만을 제외하고는 잘못된 희망에 대해서도 충분할 수 있다.

잘못된 희망은,

1. 잘못된 희망은 궁극적으로 금지된 대상을 설정할 때다. 그것은 당신이 실수로 좋다고 생각하는 어떤 악을 희망하는 것과 같다. 피조물에게 완전한 행복을 바라거나 피조물이 감당할 수 있는 것보다 더 많은 것을 바라는 것이다. 그리고 다른 사람에게 상처를 주거나 원수의 파멸, 복음을 방해, 그리스도의 교회에 대한 손해를 바라는 것이다.

2. 악한 방법으로 선한 것을 희망할 때, 그것은 그분의 종들을 핍박하거나 무지, 미신, 분열, 이단, 어떤 죄를 범함으로써 하나님을 기쁘게 하고 천국에 간다고 하는 것과 같다.

3. 하나님께서 약속하신 적이 없는 것을 근거 없이 바라는 것이다.

4. 하나님께서 결코 주지 않겠다고 선언하신 것을 기만적으로 바라는 것이다. 이 모든 것은 잘못된 희망이다. 또한 내가 여기서 많은 것을 말하는 것이 마지막이 아니다. 왜냐하면 다른 많은 저서에서 이미 그것에 대해 너무 많이 말했기 때문이다.

방향 제시-1　'믿음에 반하여 또는 믿음 없이 하나님께 바랄 수 있는 것은 아무것도 없다. 즉, 그가 주지 않겠다고 말씀하신 것이나 주기로 약속하지 않은 것이나 기대할 어떤 이유를 주지 않은 것은 바라지 말라.' 하나님이 우리에게 주지 않겠다고 말씀한 것이나 하나님의 공의나 거룩함을 거스르는 것을 바라는 것은 하나님이 거짓말쟁이 이거나 거룩하지 아니하거나 불공평하다는 사실이 밝혀 지길 바라는 것일 뿐이며, 이는 악하고 모독하는 소망이다. 무지하고 경건하지 않은 사람들이 많이 가지고 있는 희망이 바로 이것이다. 그들은 거듭나지 않고 마음이나 삶의 참된 거룩함이 없이 구원받기를 희망하고, 고의적으로 회개치 않고 죄를 사랑하며 구원받기를 희망한다. 즉, 그들은 죄를 미워하지도 않고 버리지도 않으면서 그 죄를 하나님이 용서하기를 희망한다. 또한 기도에서 어떤 말을 반복하거나 자기가 선한 일이라 부르는 어떤 일을 행하면 그리스도의 성령이 없을지라도 구원받을 것이라고 희망한다. 또는 그들이 성화되지 않았어도 구원받기를 희망하는 것은 그들이 다른 사람들처럼 그렇게 나쁘지도 않고 악명 높고 수치스러운 죄를 짓지 않았다고 생각하기 때문이다. 이 모든 사람들은 거룩하지 않은 자가 구원받을 수 있다고 말하는 마귀를 믿고, "거룩함 없이는 아무도 주를 보지 못한다."[27]는 복음이 거짓이라고 믿는다. 그들은 하나님이 그들을 구원하기 위해 거룩하지 않고, 공정하지 않고, 거짓되다는 것이 나타나기를 바라고 있다. 그리고 지금까지 그들은 그것을 하나님에 대한 희망이라 부른다. 하나님이 약속한 것을 희망하고 포기하지 말라. 그러나 그가 하지 않겠다고 말한 것은 희망하지 말라. 정말로 이의를 제기할 수 없다.[28]

방향 제시-2 '다른 사람이나 자신에게 어떤 바람직하지 않은 것을 바랄 때, 바람직하지 않은 것을 희망의 대상으로 삼는 것이 얼마나 무서운 일인지, 그 희망이 당신이 선택한 불행을 얼마나 재촉하는 것인지, 그리고 자신의 희망에 반대되는 명령을 내리는 일인지 기억하라.' 당신이 그것을 선하다고 소망하고 그것이 선하다고 가정하고, 그것을 탐내는 것은, 당신의 희망에 대해 더 좋은 대상을 찾으려 하지 않는 어리석음을 보여 주는 것이다. 그것은 마치 병든 사람이 먹으면 죽게 될 것을 갈망하고 희망하는 것과 같다. 이런 식으로 죄인들은 독이 든 미끼를 희망한다.

방향 제시-3 '세속적인 희망 안에 얼마나 육체적인 뿌리가 많이 들어 있는지 이해하라.' 불쌍한 세속적인 사람들은 기뻐할 것이 거의 없다. 그러나 그들은 그들 안에 더 많은 희망을

---

27) 히 12:14
28) 요 3:3, 5

품고 있다. 많은 탐욕으로 야심이 많은 비참한 사람들은 결코 그들이 원하는 것에 도달하지 못하지만 지금까지 즐거움에 대한 희망에 의지하여 살고 있다. 그리고 신성한 희망이 사람들을 하늘과 그들의 영혼과 예수 그리스도를 위해 일하게 하고 유지하는 것처럼, 그들의 희망은 세상과 육체와 마귀를 섬기는 일에 사람들을 일하게 하고 유지한다. 그리고 많은 위선자들은 그의 종교를 위해 많은 것을 잃으면서도 지금까지 자신의 세속적인 희망을 유지함으로써 부패함을 드러내고 희망과 함께 끝난다.

방향 제시-4 '세상이 오늘까지 자기에게 희망을 둔 모든 자를 기만해 오지 않았느냐?' 그들과 그들의 희망이 어떻게 되었는지 생각해 보라. 그것이 그들에게 무엇을 해 주었고 그들을 어디에 남겨 두었느냐? 이미 많은 세대의 사람들을 속인 것에 당신의 희망을 두겠는가?

방향 제시-5 '당신의 세속적 희망은 자연적인 증거에 의해 당신이 변명할 여지없이 완전히 유죄 판결을 받은 죄라는 것을 기억하라.' 당신은 당신이 죽어야 한다는 사실을 이미 확신하고 있다. 당신은 세상이 그때 얼마나 헛된 것이며 그것이 우리에게 해 줄 수 있는 것이 없다는 것을 알고 있다. 그럼에도 당신은 세상에서 더 많은 것을 바라고 있다!

방향 제시-6 '세상은 세속적인 사람들의 희망 속에서 자신의 헛됨을 선언한다는 사실을 생각해 보라.' 세상은 여전히 희망으로 사람들을 이끌지만 결코 그들에게 만족과 행복을 주지 않는다. 세속적인 거의 모든 삶의 쾌락은 자신의 희망에 있다. 그가 희망하는 바로 그것이, 그것을 소유하고 있는 자신에게, 희망하던 만큼 달콤하지 않다. 그들이 결코 얻지 못할 것을 희망하고 여전히 바라는 것이 세속적인 사람의 삶이다.

방향 제시-7 '오, 당신의 영혼을 영원한 생명의 복된 소망으로 돌이키라. 그것은 예수 그리스도께서 하늘에서 보내시고, 성경에서 당신 앞에 제시되며 은혜의 사자들이 당신에게 선포하는 것이다.' 하나님께서 당신에게 그분의 기쁨과 영광 가운데 영원히 살 것이라는 확실하고 근거 있는 희망을 제시하는가? 그리고 당신은 그것을 소홀히 하고, 당신이 얻을 수 없고, 당신이 그것을 얻는다 해도 만족할 수 없는 세상의 완전한 행복을 기대하며 거짓말을 하는가? 이것은 철학자의 이정표를 찾기 위한 희망으로 수고하고 빈곤에 빠지며, 값없이 제공되는 왕국을 거부하는 것보다 더 어리석은 일이다.

제6과   하나님을 향한 잘못된 증오, 혐오, 내키지 않는 마음에 대한 방향 제시

이 죄의 주요 부분인 하나님을 향한 증오와 그분에 대한 봉사에 대해 내키지 않는 것은 이 죄의 주요 부분이다. 그것은 사악한 상태와 마찬가지로 첫 번째 장(chapter)의 방향 제시에 따라 치료되어야 한다. 나는 하나님에 대한 예배에 대해 다시 더 말할 것인데, 제3장 방향 제시-11 역시 그 치료법을 말하고 있다. 여기에 나는 하나님을 미워하는 세대에게 몇 가지 방향 제시를 추가하려 한다.

방향 제시-1 '당신이 해야 할 첫 번째 일은 이것이 당신의 죄라는 것을 발견하는 것이다.' 당신은 무엇보다도 하나님을 사랑한다고 확신하지만, 당신은 하나님을 미워하고, 심지어 마귀보다도 하나님을 미워한다. 당신은 이것이 끔찍한 악이며 그것이 발견되는 곳에서 충분히 저주를 받아 마땅하다고 고백할 것이다. 당신 자신의 고백이 당신을 심판하지 않도록 주의하라. 그렇다면 우리가 지금 말하는 것은 단순한 이름이 아니라는 것을 기억하라. 나는 하나님의 이름이 가장 존귀하고 마귀의 이름은 가장 미움받는다는 것을 안다. 또한, 하나님 안에 있는 모든 것은 미움받는 것들이 아니다. 아무도 그의 자비와 선하심을 미워하지 않는다. 또한 마귀의 모든 것은 사랑받는 것들이 아니다. 아무도 사람에 대한 마귀의 증오와 사람을 괴롭히는 그의 잔인함을 사랑하지 않는다. 그러나 사람이 그 형상을 받아들이고 닮아야 할 하나님의 거룩하심은 거룩하지 아니한 자들에게 미움을 받고, 마귀의 부정함과 인간의 죄와 호색에 대한 조건은 관능적이고 거룩하지 않은 사람들에게 사랑받는다. 그리고 하나님에 대한 증오에 대하여(그리고 마귀에 대한 사랑), 다음의 예로 쉽게 알 수 있을 것이다.

1. 차라리 하나님이 그렇게 공정하거나 거룩하지 않으셨더라면, 차라리 하나님이 당신에게 거룩해지라고 명령하지 않으셨다면, 당신의 육체가 허용하는 대로 살도록 내버려 두셨더라면, 차라리 하나님이 당신의 죄에 무관심하고 당신의 정욕에 따라 살도록 내버려 두셨더라면, 당신은 그런 하나님을 가졌을 것이다. 그런데 하나님은 당신이 거룩하지 않고 당신의 죄를 미워하지 않고 버리지 않는 한, 당신을 정죄하실 분이기에, 당신은 좋아하지도 따르지

도 않고, 참으로 그를 미워한다.

2. 그러므로 당신은 하나님이 거룩하고 죄를 미워하시는 분이심을 받아들이지 않을 것이다. 이는 당신은 그를 그렇게 여기지 않으므로 그가 그렇다는 것을 믿지 않을 것이다. 그분의 본성을 그렇게 미워하는 반면, 당신은 그를 사랑한다고 믿는다. 그 사랑은 당신의 불경한 환상의 우상일 뿐이다. "네가 이 일을 행하여도 내가 잠잠하였더니 네가 나를 너와 같은 줄로 생각하였도다. 그러나 내가 너를 책망하여 네 죄를 네 눈앞에 낱낱이 드러내리라 하시는도다. 하나님을 잊어버린 너희여 이제 이를 생각하라, 그렇지 아니하면 내가 너희를 찢으리니 건질 자 없으리라."[29]

3. 당신은 하나님의 형상을 지닌 그분의 말씀의 거룩함을 좋아하지 않는다. 당신은 그 안에 있는 이 엄격하고 거룩한 구절들, 요한복음 3장 3, 5절, 누가복음 14장 26, 33절, 마태복음 18장 3절, 로마서 8장 13절, 골로새서 3장 1-3절, 고린도후서 5장 17절 등을 좋아하지 않는다. 차라리 당신은 당신의 야망, 탐욕, 정욕, 욕구를 당신들의 자유에 맡길 수 있는 성경을 가졌더라면 좋았을 것이다. 그것은 거룩함의 절대적인 필요성에 대해 아무 말도 하지 않을 것이며, 하나님에 대한 공경심이 없는 자를 정죄하지도 않을 것이다.

4. 당신은 그리스도의 거룩한 말씀을 가장 강력하게 전파하거나 가장 주의 깊고 진지하게 그리고 열심히 순종하는 그리스도의 가장 거룩한 사역자나 종을 좋아하지 않는다. 그들이 빛을 가져와 당신의 행위와 당신이 악하다는 것을 보여 주면 당신의 마음은 빛을 대적하여 일어날 것이다.[30] 그것들은 당신의 눈에 거슬릴 것이다. 당신의 마음이 빛에 대항하는 것보다 뚜쟁이, 욕하는 사람, 거짓말쟁이, 술주정뱅이, 무신론자, 불신자들에 대해 그렇게 크지 않을 것이다. 지상의 어떤 사람들이 여호와의 가장 거룩한 종들처럼, 모든 나라와 모든 계층의 불경건한 자들에게 그토록 미움을 받고 잔인하게 이용당하고 무자비하게 쫓김을 당했는가?

---

29) 시 50:21, 22
30) 요 3:19, 20

5. 당신은 진지하고 열렬하고 영적인 기도와 찬양과 감사로 하나님께 부르짖는 것을 좋아하지 않으며 금방 지쳐서 차라리 놀이나 게임이나 잔치에 참석하기를 원하고, 당신의 마음은 거룩한 예배를 지루하고 성가신 일로 여기고 그것에 대항하여 일어난다.

6. 당신은 하나님과 하늘에 관한 거룩하고 덕을 세우는 담론을 좋아하지 않으며, 하나님에 대한 모든 진지한 이야기가 위선에 불과하고 하나님이 우리의 담론에서 추방되어야 하는 것처럼 당신의 마음이 그것에 대항하여 일어나서 그것을 미워하고 경멸한다.

7. 당신은 하나님에 대한 진지하고 빈번한 생각을 은밀히 간직하지 못하고, 오히려 세상의 말(horse), 매(hawk), 화려함, 명예, 승진, 스포츠, 오락, 사업과 노동에 대한 생각으로 마음을 채우므로, 천 시간 또는 만 시간 중의 한 시간도 하나님과 그의 거룩한 진리나 일이나 왕국에 대해 진지하고도 즐거운 생각으로 보내지 않았다.

8. 그리스도께서 그의 거룩한 천사들과 함께 오셔서 세상을 심판하시며 비난당하고 학대당하는 종들을 의롭다 하시고, "그의 성도들에게서 영광을 받으시고 모든 믿는 자들에게서 놀랍게 여김을 받으신다."[31] 이 모든 일을 알고도 당신이 하나님을 미워하는 사람이라는 것을 깨닫지 못할 정도로 눈이 멀 수 있을까?

방향 제시-2 '하나님을 더 잘 알면 그분을 미워할 수 없다. 특히 당신이 미워하는 거룩함과 정의의 아름다움과 영광스러운 탁월함을 깨달아라.' 눈이 부셔서 빛을 바라볼 수 없기 때문에 태양이 어두워져야 하고 무시되어야 하는가? 악인과 음란한 자들이 그렇게 하기를 원하기 때문에 왕과 재판관이 모두 부패하거나 그들의 법을 바꾸고 모든 사람을 그들이 좋아하는 대로 하도록 풀어주어야 하는가?

---

31) 살후 1:8-11

방향 제시-3 '하나님과 거룩함을 당신 자신을 위하여 있는 것으로 알라. 그러면 태양이 세상을 위하고, 생명과 건강이 당신 몸을 위하는 것같이 당신에게 가장 좋은 것이 될 뿐만 아니라 당신에게 유일한 선과 행복이라는 것을 알게 될 것이다. 그때 당신은 그것들을 사랑하지 않을 수 없다.' 하나님과 거룩함에 대한 당신의 편견과 그릇된 자부심은 당신의 미움을 야기한다.

방향 제시-4 '저주받은 불신앙을 버려라. 성경이 하나님과 사람과 영혼의 불멸과 내세에 대하여 말하는 것을 믿지 아니하면 당신은 거룩한 모든 것을 속임수로, 세상을 괴롭히는 것으로 미워하게 될 것이다.' 그러나 당신이 일단 하나님의 말씀과 영생을 잘 믿으면 마음이 달라질 것이다.

방향 제시-5 '당신의 야수적이고 눈을 멀게 하는 관능을 없애라.' 당신이 육체와 정욕과 욕망의 노예가 되어, 그 관심이 당신을 지배하는 동안, 당신은 그것을 거스르는 거룩함과 그것을 금하고 당신을 심판하겠다고 말씀하시는 하나님을 미워하지 않을 수 없다. 이것이 세상에서 하나님과 경건함을 미워하는 참된 이유다. 하나님의 율법은 육체적인 사람의 삶과 쾌락을 정죄한다. 경건은 성적 욕망과 육체의 관심과 화해할 수 없다. 당신이 사람인 것을 확신하듯이, 당신의 육체적 마음과 관심을 유지하면, 당신은 하나님의 적으로 심판받고 저주받을 것이다. 하나님이 당신을 불쾌한 길로 인도하시고 당신 육체를 기쁘게 하지 않고 지옥의 위협으로 당신을 두렵게 하시는 것이 당신의 적대감이 원인이라고 생각하지 않느냐? "육체의 생각은 사망이요 영의 생각은 생명과 평안이다. 육체의 생각은 하나님과 원수가 된다. 이는 하나님의 법에 굴복하지 아니할 뿐 아니라 할 수도 없음이라. 육체에 있는 자들은 하나님을 기쁘게 할 수 없다. 너희가 육체대로 살면 반드시 죽을 것이로되 영으로써 몸의 행실을 죽이면 살리라."[32] "가시채를 발로 차는 네가 힘들 것이다."[33] "자기를 지으신 이와 다투는

---

32) 롬 8:6-8, 13
33) 행 9:5

자에게 화 있을 것이다."³⁴⁾ 누가복음 19장 27절을 읽어 보라.

방향 제시-6 '당신의 영혼을 하나님에 대한 진지한 생각에 가까이 끌어 들이고 친숙해지라. 그를 더 싫어하게 만드는 것은 낯설기 때문이다.' 우리는 친숙한 지인보다 낯선 사람과 함께하는 것을 덜 기뻐한다. 화해는 항상 거리를 두는 것이 아니라 가까이 다가가는 것이다.

방향 제시-7 '예수 그리스도께서 이루신 구속과 은혜의 언약과 그분이 당신을 향해 행사하신 모든 인내와 하나님께 돌아와 살기를 간청하는 그분의 자비와 구원의 모든 제안 안에서 그분이 당신의 영혼에 명백히 보여 준 놀라운 사랑과 자비를 잘 연구하라.' 당신은 하나님께서 당신의 평생 동안 당신을 위해 행하신 일과 그가 얼마나 오래 참고 자비롭게 당신을 대했는지 기억하면서도 그분을 미워하거나, 마음으로 그분을 적대할 수 있는가?

방향 제시-8 '거룩해 보이는 어떤 사람의 잘못으로 하나님이나 거룩함을 판단하지 말라.' 그것은 밝은 대낮에 강도질 당했기 때문에 태양을 비난하는 것에 지나지 않거나, 눈이 보이지 않는 사람이 태양을 비난하는 것에 지나지 않는다. 하나님은 죄를 발견하는 곳마다 그들과 당신에게 있는 죄를 미워하신다. 하나님의 심판과 거룩하심은 그의 고유한 성품과 정확한 규칙과 성경으로 판단하고 그가 정죄하는 죄인의 범죄 행위를 통해 판단하지 말라. 그들이 만일 더 거룩했더라면 죄를 덜 지었을 것이다.

방향 제시-9 '경건한 자들 가운데 와서 잠시 거룩한 삶을 시험하라. 마귀나 사악한 사람들의 소문으로 경건하거나 경건한 삶을 사는 사람들을 판단하지 말라.' 악의는 하나님 자신과 그의 가장 거룩한 종들을 비방할 것이다. 그리스도 자신과 그의 사도들에 대해 말한 것보다 더 나쁜 말을 할 수 있을까? 마귀는 **욥**에 대해 하나님의 얼굴에 대고 거짓을 전하는 것을 부끄러워하지 않았고, 육체에 대한 약간의 시험이 그를 경건에서 돌이키게 할 것이라고 하나

---

34) 사 45:9

님께 말했다. 그러나 가까이 와서 하나님의 길과 종들을 시험하는 사람들은 마귀가 그들에 대해 거짓 고발했다는 것을 알게 된다.

방향 제시-10 '당신의 임박한 종말을 기억하라. 그리고 거룩함에 대한 악의적인 원수들에 섞여서 발견되고 심판받는 것이 얼마나 두려운 일인지 기억하라.' "의인이 겨우 구원을 받으면 하나님에 대한 공경심이 없는 자와 죄인은 어디에 서리요."[35] 그렇다면 지금 당신이 미워하는 거룩한 사람들 가운데 한 사람이 되기 위해 당신은 무엇을 포기할 수 있나? 당신의 악의적인 마음이 견딜 수 없는 거룩한 사람으로 판단받으려면 당신은 무엇을 포기할 수 있나? 그때 당신은 의인처럼 살다가 죽었더라면 당신의 마지막은 의인과 같이 되었을 것이라고 바랄 것이다.

---

35) 벧전 4:18

제7과   잘못된 분노(wrath)나 화(anger)에 대한 방향 제시

화가 우리 이웃에 대한 사랑을 거스르는 것에 대해서는 나중에 말하겠고, 영혼 자체를 거스르는 것에 대해서는 지금 여기에서 말할 것이다. 화는 우리가 바라는 선을 가로막거나 방해하는, 악에 대한 열정적인 불쾌감으로 마음이 솟구치는 것이다. 화는 우리의 안이든 우리의 밖이든 간에, 하나님의 영광이나 구원, 우리 자신이나 우리 이웃에 대한 진정한 선에 반대하는 것들에 대해 격렬하게 저항하도록 우리를 자극하기 위해 하나님이 선하게 주신 것이다.

화는 그 정해진 목적과 올바른 방법과 분량에 따라 사용하면 좋지만 그 외에는 잘못된 것이다. 다음은 잘못된 경우다.

1. 화가 우리에게 악한 것은, 하나님이나 어떤 선을 대적하여 솟아오를 때 잘못된 것이다. 사악한 사람들이 그들을 개종하게 하고 구원하려는 사람과 그들의 죄를 말하고 그들의 욕망을 막는 사람에게 화를 내는 것은 잘못된 것이다.

2. 그것이 이성을 어지럽히고 사물에 대한 우리의 올바른 판단을 방해할 때.

3. 그것이 우리를 좋지 않은 일에 빠뜨리거나 잘못된 말이나 행동을 유발하거나 준비할 때, 말이나 행동으로 다른 사람을 해치고 우리가 하지 않아도 될 일을 하도록 할 때.

4. 정당한 이유 없이 오류를 범할 때.

5. 행동의 이유가 허용하는 것보다 더 큰 경우.

6. 하나님이나 사람에 대한 우리의 의무에 부적합할 때.

7. 그것이 사랑과 형제 우애를 약화시키고 우리가 다른 사람들을 위해 해야 할 모든 선행을 방해하는 경향이 있을 때. 그것이 악의, 복수, 분쟁, 사회의 불화, 열등한 사람에 대한 압제, 또는 상사에 대한 불명예를 낳을 때는 더욱 잘못된 것이다.

8. 그것이 너무 오래 지속되고, 합법적인 일이 끝났음에도 멈추지 않을 때.

9. 그것이 이기적이고 육체적이며, 어떤 육체적 관심 때문에 자극을 받고, 단지 이기적이고 육체적이고 잘못된 목적을 위한 수단으로만 사용될 때, 단지 당신의 자존심이나 이익, 또는 스포츠나 다른 육체의 뜻을 어긴 것에 대해서만 사람들에게 화를 낼 때. 이 모든 것은 잘못된 것이다.

[잘못된 화(anger)에 대해 사색하는 방법]

방향 제시-1 '무절제한 화는 인간성을 해치고 이성의 지배에 반항하는 것임을 기억하라.' 인간의 모든 열정은 이성에 순종해야 하지만, 화는 이성이 없고 이성에 반하는 것이다. 우리의 이성을 억누르고 무너뜨리는 것은 광기의 비참함과 술 취함의 죄이며, 잘못된 화는 짧은 광기나 술 취함이다. 당신이 사람이라는 것을 기억하고 야수적인 분노에 굴복하는 것을 경멸하라.

방향 제시-2 '그것은 하나님의 통치를 거스르는 것이다. 왜냐하면 하나님은 이성적인 힘을 먼저 다스리고 그것을 통해 열등한 힘을 다스리기 때문이다.' 왕의 신하와 재판관을 멸시하면 왕의 통치에 반대하는 것이다. 이성을 침묵시킨 열정에 빠진 사람이 하나님의 명령을 순종하기에 적합한 상태인가?

방향 제시-3 '잘못된 열정은 마음의 고통과 질병이다.' 그런데도 당신은 당신의 질병이나 고통을 사랑하거나 소중히 여길 것인가? 그것이 당신에게 있는 동안 자신이 고통과 질병 속에 있다는 것을 느끼지 않는가? 당신이 그런 경우에 계속해서 살아가기 위해 세상 모든 것을 받아들일 것이라고 생각하지 않는다. 여전히 그렇다면, 당신은 무엇 때문에 좋았고, 무엇을 즐길 수 있었고, 당신의 삶은 당신에게 어떤 위로가 되었나? 긴 고통이 그렇게 나쁘다면, 짧은 고통도 사랑스럽지 않다. 마음속에 고의로 그렇게 골치 아픈 질병을 간직하지 말라.

방향 제시-4 '또한 그것이 몸 자체에 얼마나 해로운지 관찰하라.' 그것은 피를 타오르게 하고 질병을 일으키고 마음에 쓰라린 불쾌함을 일으켜서 본성의 힘을 소모하게 하는 경향이 있으며, 많은 사람을 급성과 만성 질병에 걸리게 하여 그들의 죽음으로 증명한다. 이것은 얼마나 편안하지 않은 죽음인가!

방향 제시-5 '그것이 보는 사람들에게 얼마나 보기 싫고 불쾌하게 만드는지 관찰하라.' 그것은 얼굴을 일그러뜨리어 침착하고 사랑스러운 기질에서 나타나는 상냥한 달콤함을 제거한다. 당신이 항상 그래야 한다면 어떤 몸이 당신을 사랑하겠는가? 아니면 그들은 사납고 미친 짓을 하는 것처럼 허둥대지 않을까? 당신의 인상이 찌푸린 주름과 홍분된 피가 제자리로 돌아가고, 당신의 얼굴이 자연스러운 아름다움을 되찾을 때까지, 분노에 찬 당신의 얼굴을 그리고 싶은 욕구는 거의 없을 것이다. 모든 사람들에게 그토록 불쾌하게 만드는 것을 사랑하지 말라.

방향 제시-6 '그것은 상처를 주는 열정이며 사랑과 다른 사람의 선에 적이기 때문에 열정을 나쁜 상황에 사용하지 말라.' 당신은 다른 모든 사람들이 당신의 길을 가로막지 않으면 결코 화를 나타내지 않지만, 당신을 화나게 한 사람들을 해치는 경향이 있다. 화는 당신의 마음에 해로운 생각을, 당신의 입에 해로운 말을 주는데, 그것은 다른 사람을 때리거나 해악을 저지르게 한다. 어떤 사람도 해를 끼치는 피조물을 좋아하지 않는다. 그러므로 그런 해를 일으키는 열정을 피하라.

방향 제시-7 '뿐만 아니라, 그 경향을 주의하라. 그것이 중단되지 않으면 형제를 파멸시키는 경향이 있고 그의 피와 자신의 저주로 끝난다는 것을 알게 될 것이다.' 화를 내는 것이 얼마나 많은 사람들을 죽이고 파멸시켰는가! 그것은 전쟁을 일으켰고, 세상을 피와 잔인함으로 가득 채웠다! 그런 격렬한 즐거움에 당신 마음을 주어야 하겠는가?

방향 제시-8 '무절제한 화가 사람을 얼마나 다른 죄로 기울게 하는지 생각해 보라.' 자기 자신을 다스릴 수 없는 사람이 술로 인해 어떤 사악함에 빠지는 것은 술 취함의 큰 죄다. 그처럼 무절제한 화도 마찬가지다. 그것은 매일 얼마나 많은 맹세와 저주를 하게 하는가? 얼마나 많은 성급하고 죄 많은 행동인가? 화를 내지 않는 악당이 어디에 있느냐? 그것은 비방하고, 모욕하고, 책망하고, 거짓으로 고발하고, 수천 명에게 해를 입혔다. 그것은 가족, 도시 및 국가를 파괴하고 부모가 자식을 죽이고 자식이 부모를 욕되게 했다. 그것은 왕들로 하여금 그들의 신하를 압제하고 죽이게 하고 신하는 반역하고 왕을 죽이게 했다. 잘못된 화로 인해 저질러지는 죄는 세상 도처에 있다! 예를 든다면 끝이 없을 것이다! **다윗** 자신도 한때 화에 이끌려 **나발**의 온 가족을 살해하려고 했다.[36] 그렇게 했더라면 우리에게 혐오감을 주었을 것이다.

방향 제시-9 '화는 혼자서 죄를 짓는 것이 아니라 다른 사람들을 같은 죄를 짓도록 충동한다는 점에서 훨씬 더 나쁘다.' 불이 불을 붙이듯이 분노는 분노를 사른다. 당신이 화를 내면 다른 사람도 화를 내거나 불만을 품거나 당신의 말과 행동으로 괴로워할 것이다. 당신이 화를 냈을 때, 당신은 그것을 중재할 수 있는 힘이 없다. 당신은 화가 어떤 죄로 이끌지 모른다. 인간의 타락에 불을 붙이는 것은 마귀의 풀무다. 화는 마음과 가족과 왕국을 불태운다.

방향 제시-10 '그것이 얼마나 당신의 의무, 기도나 묵상이나 하나님과의 교감을 부적합하게 만드는지 관찰하라.' 그리고 화내는 것은 은혜로운 영혼에게 매우 달갑지 않은 일이며, 하나님께 말하거나 그의 예배에 참여를 부적합하게 만든다. 당신이 혼란의 격정에 빠져 기도

---

36) 삼상 25:2-13

나 다른 예배를 드려야 한다면, 가드 왕이 **다윗**에게 한 것처럼, 하나님은 "내게 미친 사람이 필요할까?"[37]라고 말하지 않을까? 그렇다. 그것은 온 가족이나 교회, 또는 사회가 하나님을 예배하기에 적합하지 않게 만든다. 분노가 그들의 마음을 더럽히고 혼란스럽게 할 때, 가족이 기도하기에 적합할까? 게다가 분노는 크리스천과 교회를 분열시키고 "혼란과 모든 악한 일을 일으킨다."[38]

방향 제시-11 '하나님의 종들이 화를 내는 것은, 그 은혜가 아무런 힘과 효험이 없다는 것과 맹렬한 열정을 지배할 수 없으며, 그리스도인의 정신을 지킬 수 없다는 것을 세상에 보여주어 하나님의 은혜에 대한 큰 불명예를 안겨 준다. 그것은 더 이상 인내도, 하나님을 두려워하는 것도, 자신에 대한 통제도 없는 영혼을 소유하는 것이다.' 오, 하나님의 은혜와 성령을 욕되게 함으로 하나님께 악을 전가하지 말라.

방향 제시-12 '화를 내는 것은 양심을 거스르는 죄이며, 다시 정신을 차렸을 때 항상 그것 때문에 고통을 느끼고 거의 모든 사람이 그것을 인정하기를 거부하며, 이후에 슬픔을 준비하는 말도 안 되는 행위다.' 그러므로 우리가 나중에 회개해야 할 것을 예견하는 것은 부끄러움과 슬픔을 선택하지 않는 사람들이 예방하고 피해야 한다.

이의 1 '그러나 (당신은 말하길) 나는 성급하고 화를 잘 내는 성격이라 어쩔 수 없다.'고 말할 것이다.

답 그것이 당신을 화나게 할 수 있지만 죄가 되가 되게 할 필요는 없다. 이성과 의지는 그들이 일을 수행한다면, 여전히 열정에 명령하고 지배할 수 있다. 당신이 당신의 질병과 위험을 알면 더 조심해야 한다.

---

37) 삼상 21:15
38) 약 3:15, 16

이의 2 '화나게 하는 것이 너무 커서 누구라도 화를 낼 것이다. 그것을 누가 소원할까!'

답 어떤 것이든 사람의 이성을 잃게 하고 하나님의 법을 어기게 할 만큼 중대할 수 있다고 생각하게 만드는 것은 당신의 욕망이다. 그것은 당신이 그렇게 중대하다고 부르는 준비된 마음에게는 작거나 아무것도 아닐 것이다. 당신은 오히려 하나님의 위엄과 두려움이 너무 커서 나는 어떤 도발로도 감히 그분을 화나게 하지 않겠다고 말해야 한다. 하나님께서 사람이 죄를 지을 수 있는 것보다 더 큰 순종의 이유를 당신에게 주시지 않았는가?

이의 3 '하지만 화를 내는 것이 너무 갑작스러워서 그것에 앞서 생각할 시간이 없다.'

답 당신 안에 항상 이성이 자리하고 있지 않나? 그리고 이성은 반항하는 열정만큼이나 통치할 준비가 되어 있어야 하지 않나? 처음에 열정을 멈추고 숙고의 시간을 보내라.

이의 4 '화를 내는 것은 순식간이고 화를 내고 나서는 유감스럽게 생각한다.'

답 그러나 그것이 가장 짧은 순간 일지라도 악이면 죄가 되기에 피해야 할 것이다. 나중에 후회할 줄을 미리 알면서 어찌하여 스스로 근심을 낳는가?

이의 5 '그러나 때때로 화를 내지 않는 사람은 없다. 아니, 당신 중에 최고의 사람은 없다.'

답 많은 사람들이 죄를 짓는다고 결코 죄가 더 나은 것이 아니다. 그러나 당신이 은혜가 낯선 곳에 살지 않는다면, 화를 쉽게, 자주, 격렬하게 내지 않는 사람이 없고, 화를 내더라도 악담이나, 저주, 욕설, 나쁜 말이나 다른 사람들에게 잘못을 하는 사람이 많이 있음을 알 수 있다.

이의 6 '사도가 말하기를 "분을 내어도 죄를 짓지 말며 해가 지도록 분을 품지 말라."[39] 고 하지 않았는가? 나의 분노는 해가 있을 동안에 사그라지기에 죄를 짓는 것이 아니다.'

답 사도는 분노가 해가 진후에도 지속될 때 죄가 된다고 결코 말하지 않았다. 그러나 결코 잘못된 분노를 품지 말라. 만약 그렇게 할지라도 속히 그 불을 끄고 그 안에 계속 있지 말라. 이유 없이 또는 이유가 아닌 것으로 화를 내지 말라. 화가 나서 무자비하거나, 사악한 말이나 행동으로 죄를 짓지 말라. 불쾌감 속에 계속 있지 말고 화해하고 서둘러 용서하라.

이런 개선된 이성은 당신의 분노를 지배할 수 있다.

[잘못된 화(anger)에 대한 실용적인 방법]

방향 제시-1 '잘못된 화에 대항하는 주요한 도움은, 영혼이 올바르게 습관화되는 것인데, 그것은 당신의 마음에 여전히 그분의 권위에 대한 감각을 지니고, 당신을 용서하신 자비, 그분의 치유와 도우시는 은혜의 능력에 대한 의식과 하나님과 사람에 대한 사랑의 삶으로, 하나님의 통치아래 자제하며 사는 것이다.' 그러한 마음은 지속적으로 강화되며, 마치 분노한 사람이 그 안에 여전히 화나게 하는 동기를 품고 있는 것과 대등한 방부제를 지니게 한다. 분노와 온유에는 주된 원인이 있다.

방향 제시-2 '자신을 과대평가하지 않는 겸손한 영혼을 유지하라. 겸손은 오래 참고 해를 가중시키지 않으나, 교만은 자기에게 거스르는 말이나 행하는 모든 것을 가중스럽게 여기거나 용납할 수 없는 것으로 여긴다.' 자신을 초라하게 생각하는 사람은 자신의 말이나 행해지는 모든 것이 저열하다 생각한다. 그러나 자기를 과장하는 사람은 자신의 도발적인 행위를 강화한다. 교만은 가장 참을성이 없는 죄이다. 많은 재치와 관심과 근면함 없이는 교만

---

39) 엡 4:26

한 사람을 기쁘게 할 수 없다. 교만한 사람 옆에 갈 때에는 촛불을 들고 짚이나 화약에 다가가는 것처럼 가야 한다. "교만에서는 다툼만 있을 뿐이다."[40] "욕심이 많은 자는 다툼을 일으킨다."[41] "무례하고 교만한 자를 이름하여 망령된 자라 하나니 이는 넘치는 교만으로 행함이니라."[42] "교만하고 완악한 말로 무례히 의인을 치는 거짓 입술이 말 못하는 자 되게 하소서."[43] 겸손과 온유와 오래 참음은 함께 살고 함께 죽는다.

방향 제시-3 '세속적이고 탐욕스러운 마음을 주의하라. 그것은 세속적인 것을 중요시하기에 모든 손실이나 십자가나 부상이 그를 불안하게 하고 그의 열정에 불을 붙일 수 있기 때문이다.' 이웃이나 자녀나 종은 탐욕스러운 자를 기쁘게 할 수 없다. 모든 작은 죄, 자기의 유용한 물건을 건드리는 것은 성질이 급한 사람에게 감정적으로 영향을 미치고 조급하게 만든다.

방향 제시-4 '당신의 열정이 너무 커지기 전에 처음부터 멈추라. 처음에는 아주 쉽게 조정할 수 있다.' 당신의 진노가 처음 동요할 때 경계하고 즉시 그것에 멈출 것을 명령하라. 불꽃은 불길보다 쉽게 꺼지고, 뱀은 알 상태일 때 가장 쉽게 부서진다.

방향 제시-5 '현재 당신의 열정을 진정시키거나 명령할 수 없다면 혀와 손과 자제력에 명령하라.' 그리하면 당신은 가장 큰 죄를 피할 수 있고, 열정 자체는 분출구가 없어 신속히 억제될 것이다. 당신이 원한다면 혀나 손을 억제하는 것이 당신의 힘에 속하지 않는다고 말할 수 없다. 불경스러운 언어의 표징인 욕설과 저주의 말을 피하는 것뿐 아니라 혀나 손을 적절하게 사용하기에 적합해질 때까지 많은 말을 피하고, 다른 사람의 노를 불러일으키는 경향이 있는 항의, 격론, 모욕적인 신랄한 말, 가슴을 찌르는 말을 삼가라. 그리고 사랑의 향기를 내고 타오르는 마음을 달래는 경향이 있는 유순하고 부드러운 말을 사용하라. "유순한 대답

---

40) 잠 13:10
41) 잠 28:25
42) 잠 21:24
43) 시 31:18

은 분노를 쉬게 하여도 과격한 말은 노를 불러일으킨다."⁴⁴⁾ 다른 사람을 달래고 진정시키는 것은 당신 자신을 달래는 데 많은 도움이 될 것이다.

방향 제시-6 '적어도 이성이 말할 때까지, 그리고 당신이 숙고하는 동안에는 자신에게 조용히 하라고 명령하라.' 당신이 말하거나 행동하는 것을 생각하지 못할 정도로 너무 서두르지 말라. 약간의 지연은 분노를 가라 앉히고 이성에게 그 직무를 수행할 시간을 제공할 것이다. "오래 참으면 관원도 설득할 수 있나니 부드러운 혀는 뼈를 꺾느니라."⁴⁵⁾ 인내는 다른 사람의 분노를 누그러뜨릴 것이다. 만일 당신이 자신을 유지하기 위해, 이성이 깨어날 때까지 오래 인내한다면, 그것은 당신 자신을 누그러뜨릴 것이다. 생각하는 동안 멈출 수 없는 것은 사람이 아니라 격노다.

방향 제시-7 '쉽게 진정할 수 없거나 절제할 수 없다면 그 장소와 친구들에게서 떠나라.' 그러면 당신은 다투는 말로 열받지 않고, 당신의 다툼으로 다른 사람을 화나게 하지 않을 것이다. 당신이 혼자일 때 불은 누그러질 것이다. "너는 미련한 자의 앞을 떠나라. 그 입술에 지식이 있음을 보지 못함이라."⁴⁶⁾ 말벌을 화나게 했을 때 가만히 서서 말벌의 둥지를 휘젓지 않을 것이나.

방향 제시-8 '참으로 당신의 의무를 회피하는 것이 아니라면 일상적으로 많은 말이나 논쟁이나 화난 사람과 거래를 피하라. 죄를 일으키는 다른 모든 상황이나 유혹을 피하라.' 열병에 걸릴 위험이 있는 사람은 열병을 일으키는 것을 피해야 한다. 전염병이 두렵다면 감염된 사람들 사이에 가지 말라. 이미 덥다면 태양 아래 서 있지 말라. 당신을 가장 화나게 하는 것에서 가능한 한 멀리하라.

---

44) 잠 15:1
45) 잠 25:15
46) 잠 14:7

방향 제시-9 '혼자 있을 때 부상이나 화나는 일에 대해 생각하지 말라. 당신의 생각이 그것을 먹지 못하게 하라.' 그렇지 않으면 당신 스스로가 마귀가 되어 당신을 유혹할 누군가가 없을 때 당신 자신을 시험하게 될 것이다. 마치 당신의 혼자 있는 상태가 동반자와 함께 있는 것처럼 화나게 할 것이다. 당신은 자신의 상상으로 당신 자신을 화나게 할 것이다.

방향 제시-10 '예수 그리스도의 모범적인 온유와 인내에 대한 생생한 생각을 마음에 새기라.' 그는 "온유하고 겸손한"[47] 자신에 대해 배우도록 당신을 부르신다. "욕을 당하시되 맞대어 욕하지 아니하시고 고난을 당하시되 맞대어 위협하지 아니하시고, 너희에게 본을 끼쳐 그 자취를 따라오게 하셨다."[48] 그는 "온유한 자"에게 "특별한 축복"으로 땅을 기업으로 받을 것[49]이라고 선포하셨다.

방향 제시-11 '하나님의 눈앞에서 사는 것처럼 살며, 당신의 열정이 담대해질 때 하나님의 거룩한 이름으로 그것들을 억제하고 하나님과 그의 거룩한 천사가 당신을 보고 있음을 기억하게 하라.'

방향 제시-12 '열정에 사로잡힌 다른 사람들을 살펴보라. 그들이 찡그린 얼굴과 눈을 붉히고 위협적이고 탐욕스러운 외모와 해로운 성향으로 자신을 얼마나 혐오스럽게 만드는지 보라.' 이것들이 가장 바람직한 모습인지 스스로 생각해 보라.

방향 제시-13 '지체 없이 곁에 있는 사람들에게 죄를 인정하라(만약 쉬운 방법이 죄를 막을 수 없다면). 그러면 즉시 부끄러운 줄 알고, 죄에 대해 부끄러워하고 하나님께 영광을 돌릴 것이다.' 이것은 당신이 원한다면 당신의 능력 안에 있다. 그것은 훌륭하고 효과적인 수단이 될 것이다. 당신을 화나게 한 자에게 이렇게 말하라, 당신이 나를 화나게 하여 그로 인해

---

47) 마 11:29
48) 벧전 2:21, 23
49) 마 5:5

내 속에서 불타오르는 사악한 화를 발견하고 하나님의 임재와 나의 의무를 잊어버리기 시작하며, 하나님께서 나에게 금지하신 화나는 말을 당신에게 하려는 유혹을 받는다. 당신의 유혹을 이렇게 개방하면 그 힘이 꺾일 것이다. 그러한 신속한 고백은 불이 더 이상 커지지 않고 멈추게 할 것이다. 왜냐하면, 당신의 자백으로 죄를 공개하고 바로 그 죄를 계속 짓게 된다면, 그것은 당신의 명예, 지혜와 정직의 명성이 현재 일어나고 있는 일에 연결되어 있어, 그것에 의해 당신은 더 나빠질 것이기 때문이다. 나는 이 일에 신중을 기해야 한다는 것을 안다. 그것은 당신을 우습게 만들거나 사악한 분개로 다른 사람들을 완고하게 하지 않게 하기 위함이다. 그러나 신중하고 적절한 주의를 기울이면 훌륭한 치료법이 되며 당신이 꺼리지 않는다면 그것을 사용할 수 있다.

방향 제시-14 '만일 당신의 열정이 폭발하여 말이나 행동으로 다른 사람에게 범죄나 잘못했다면, 솔직하고 신속하게 그것을 그들에게 고백하고, 용서를 구하고, 당신의 본보기로 같은 죄에 주의하라고 경고하라.' 이것은 당신의 양심을 깨끗하게 하고, 당신의 형제를 보호하고, 상처를 치유하고, 앞으로의 죄에 맞서는 일에 도움이 될 것이다. 당신이 이것을 하지 않을 만큼 교만하다면, 어쩔 수 없다고 말하지 말고 원하지 않는다고 말하라. 선한 마음은 이것을 어떤 죄에 대한 치료법으로 너무 비싸다고 생각하지 않을 것이다.

방향 제시-15 '지금 당장 (장소가 허락하는 대로) 죄에 대한 용서와 은혜를 구하기 위해 하나님께 기도하라.' 죄는 기도와 하나님의 임재를 견디지 못할 것이다. 당신의 짜증내는 마음이 잘못된 분노에 불을 붙이기 얼마나 쉬운지 그분에게 말하고 그분의 충분한 은혜로 당신을 도와주시고, 당신의 머리이시며 옹호자인 그리스도의 대의에 참여시켜 주기를 간청하라. 그러면 당신의 영혼은 권위에 기꺼이 따르고 평화로워질 것이다. **바울**이 육체에 가시로 찔렸을 때 세 번 기도한 것같이[50] (그리스도께서 고난 중에 하신 것같이) 당신도 하나님의 은혜를 충분히 얻을 때까지 기도하고 또 기도해야 한다.

---

50) 고후 12:7-9

방향 제시-16　'당신과 함께 있는 충실한 친구와 언약하여 당신의 열정이 나타나자마자 즉시 경계하고 꾸짖어 주기로 약속하라. 그리고 그것을 감사하게 그리고 좋게 받아들이겠다고 약속하라.' 그 약속을 이행하여 충실한 친구들을 낙담하게 하지 말라. 당신은 당신의 죄에 너무 싫증이 나고 그것을 없애고자 할 만큼 당신이 할 수 있는 일을 기꺼이 하거나 그렇지 않을 수 있다. 만일 당신이 그렇다면, 당신이 기뻐하는 만큼 할 수 있다. 만일 당신이 그렇지 않다면 회개하는 척하지 말고, 그렇지 않을 경우의 합법적인 조건에 따라 기꺼이 당신의 죄로부터 구원을 받으라. 그것의 그 장난스러운 결과로 인해 그것이 경멸할 만한 죄가 되지 않는다는 것을 항상 기억하라. "급한 마음으로 노를 발하지 말라. 노는 우매한 자들의 품에 머무름이라."[51] "노하기를 더디 하는 자는 용사보다 낫고 자기의 마음을 다스리는 자는 성을 빼앗는 자보다 낫다."[52] "분을 쉽게 내는 자는 다툼을 일으켜도 노하기를 더디 하는 자는 시비를 그치게 한다."[53] "노하기를 더디 하는 것이 사람의 슬기요 허물을 용서하는 것이 자기의 영광이다."[54]

---

51) 전 7:9
52) 잠 15:32
53) 잠 15:18
54) 잠 19:11

제8과 잘못된 두려움(fear)에 대한 방향 제시

　이 죄에 관한 나의 조언의 가장 중요한 점은, 내가 전에 제3장 방향 제시-7에서 당신에게 준 것이다. 그러나 여기에 약간을 덧붙일 것이 있다. 두려움은 인간의 필연적인 열정으로, 우리를 죄로부터 구속하고, 의무를 다하게 하고, 불행을 예방하기 위해 본성에 심어진 것이다. 우리가 두려워하는 것은 하나님이나 사람이나 마귀나 열등한 피조물이나 우리 자신이다. 하나님은 하나님으로서 두려워해야 한다. 그는 위대하시고 거룩하시고 의로우시며 참되심과 같이 우리의 주님이시며, 왕, 재판관, 아버지로서 두려워해야 한다. 그를 두려워하는 것이 지혜의 시작이다. 마귀는 하나님의 진노를 집행하는 자로서 하나님에게 종속된 자로만 두려워해야 한다. 사람과 짐승과 불과 물과 기타 피조물도 그렇게 두려워해야 하며, 달리 두려워해서는 안 된다. 위험을 피하려면 위험을 분별하고 두려워해야 한다. 우리는 우리 자신을 사랑한다는 것을 알기 때문에 우리는 덜 두려워하기 쉽다. 그러나 우리만큼 두려워할 이유를 많이 가진 피조물은 없는데, 그것은 우리가 어리석음, 연약함, 죄에 대한 고의성을 가졌기 때문이다.

　두려움은 다음과 같은 경우에 죄악이다.

　1. 두려움이 믿음의 거부나 하나님에 대한 불신에서 비롯될 때.

　2. 피조물에 대한 합당한 두려움이상으로 더 두려워할 때. 하나님의 뜻에 의존하지 않고 위대하든, 나쁘든, 아니면 원수로 생각되는 마귀와 사람을 두려워할 때. 사슬에 묶여 있는 피조물을 마치 그가 사슬에 묶여 있지 않은 것처럼 두려워할 때.

　3. 우리가 오류나 잘못으로 하나님을 두려워하거나, 또는 하나님 안에 있지 않은 것을 그 안에 있는 것처럼 두려워하거나, 두려워하지 않아야 할 것을 두려워할 때. 그분이 약속을 깨지 않을까 하여 두려워하거나, 그의 언약을 지키는 자에게 유죄 판결을 하지 않을까 두려워하거나, 자기의 죄를 미워하여 회개하는 자를 용서하지 않고, 그가 자기 죄를 깊이 뉘우치는

자를 경멸하지 않을까 두려워하거나, 겸손하고 충실한 영혼의 기도를 듣지 않을까, 자기들을 무시하고 버리지 않을까, 모든 것이 합력하여 선을 이루지 못할까, 자기의 교회를 버리지 않을까, 그리스도께서 재림하지 않을까 하여 두려워하거나, 우리의 육체가 다시 일어나지 못할까, 의인에게 영광의 생명이 없을까, 영혼의 불멸이 없을까 하여 두려워할 때, 이와 같은 두려움은 잘못된 것이다.

4. 우리의 두려움이 우리를 산만하게 하거나 믿음과 기도에서 우리를 방해하고 우울하게 할 정도로 지나칠 때, 또는 사랑과 찬양과 감사와 필요한 기쁨을 방해할 때, 우리를 하나님께 인도하고 위험을 피하는 수단으로 사용하는 것이 아니라, 우리를 하나님에게서 몰아내고 우리의 희망을 죽이고 절망에 주저앉게 할 때 잘못된 것이다.

[하나님에 대한 잘못된 두려움에 대항하는 방향 제시]

방향 제시-1 '하나님의 선하심과 자비하심과 진실하심을 알면 그에 대한 잘못된 두려움이 없어질 것이다.' 그들 중 일부는 무지하거나 믿음의 거부에서 비롯되거나 당신 앞에 있는 원인을 고려하고 적용하지 않기 때문이다. "주의 이름을 아는 자들은 주를 의지할 것이다."[55]

방향 제시-2 '중보자 예수 그리스도 안에서 하나님을 알고, 그를 통해 하나님께 나아오라.' 그때 당신은 "담대함과 확신으로 하나님께 나아갈 수 있다."[56] "우리가 예수의 피를 힘입어 성소에 들어갈 담력을 얻었나니 그 길은 우리를 위하여 휘장 가운데로 열어 놓으신 새로운 살 길이요 휘장은 그의 육체니라. 또 하나님의 집 다스리는 큰 제사장이 계시매 참마음과 온전한 믿음으로 하나님께 나아가자."[57] 믿음으로 그리스도를 보는 것은 지나친 두려움

---

55) 시 9:10
56) 엡 3:12
57) 히 10:19-22

을 몰아낸다. "안심하라 나니 두려워 말라."⁵⁸⁾

방향 제시-3 '복음의 취지와 은혜의 언약에 제약이 없음을 이해하라. 그러면 거기에서 지나치게 두려운 문제 대신에 풍성한 격려를 발견하게 될 것이다.'

방향 제시-4 '사랑과 찬양에 힘쓰라. 사랑은 무서운 두려움을 쫓아낸다. 사랑에는 두려움이 없느니라.'⁵⁹⁾

방향 제시-5 '당신에 대한 하나님의 특별한 자비를 기억하라.' 왜냐하면 하나님이 이미 그렇게 하셨다는 것을 알게 되었을 때 그가 당신을 호의적으로 사용하실 것이라고 확신할 수 있기 때문이다. **마노아**가 "우리가 하나님을 보았으므로 반드시 죽으리라."고 말했을 때, 그의 아내가 대답하되 "여호와께서 우리를 죽이려 하셨더라면 우리 손에서 예물을 받지 아니하셨을 것이요 이 모든 일을 보이지 아니하셨을 것이다."⁶⁰⁾

방향 제시-6 '그리스도의 약속과 특별한 관심에 대한 당신의 자격을 분명히 하기 위해 노력하라.' 그렇지 않으면 그것에 대한 의심이 여전히 두려움을 키우고 정당화할 것이다.

방향 제시-7 '당신이 하나님에 대해, 겸손하고 자원하는 영혼의 원수요, 파괴자요, 그를 부지런히 찾는 자들의 대적이라고, 마귀가 하는 것처럼 생각하는 것이 하나님의 명예를 얼마나 끔찍하게 침해하는지 생각해 보라.' 그분은 사랑이시며 상을 베푸시는 분이다.⁶¹⁾ 그럼에도 당신은 그분을 악하다고 생각하고 그러한 오해로 인해 그분을 두려워한다.

---

58) 마 14:27
59) 요일 4:18
60) 삿 13:22, 23
61) 히 11:6

방향 제시-8 '실제로 당신의 잘못된 두려움을 살펴보라. 그것이 어떻게 당신을 하나님에게서 멀어지게 하고 믿음과 사랑과 감사를 방해하고 기도와 성례와 모든 의무에서 당신을 낙담케 하는지 살펴보라.' 그러므로 그것은 마귀에게는 기쁨이 되고 하나님께는 불쾌함이 되며 변명하거나 정당화할 길이 없다.

방향 제시-9 '당신이 하나님의 말씀과 그의 사역자들의 열심과 어떻게 모순되는지 주목하라.' 하나님이 어떤 사람을 그에게서 쫓아내고, 그의 것이 되기를 기뻐하는 영혼들에게 두려움으로 도망치게 하는 것을 보았는가? 또는 그가 스스로 길을 예비하고 그리스도 안에서 세상을 자기와 화목하게 하고, 자기의 이름으로 대사를 보내어 자기 대신에 하나님과 화목하게 하라고 간청하고 모든 것이 준비되었다고 알리며 들어오도록 강권하지 않는가?[62]

방향 제시-10 '당신이 다른 사람들에게 얼마나 잘못을 저질렀는지, 그들이 하나님께 돌아가는 것을 어떻게 막았는지 생각해 보라.' 그들이 경건한 일에 겁에 질려 있는 당신을 보면, 그들은 마치 적이나 강도가 길을 막고 있는 것처럼 그곳에서 달아날 것이다. 만약 당신이 겁에 질려 걷는다면, 다른 사람들은 유사(quicksand)가 있지는 않나 해서 두려워할 것이다. 당신이 그리스도와 함께 배에 탈 때 떨고 있으면, 다른 사람들은 그리스도를 불성실한 선장이나 배에 누수가 있는 것으로 생각할 것이다. 당신의 두려움은 사람들을 낙담하게 한다.

방향 제시-11 '다른 모든 두려움을 대비하여 홀로 당신을 위로하시는 그분을 지나치게 두려워하는 동안, 얼마나 당신이 위로로 구제받을 수 없는 상태인지 기억하라.' 당신이 당신의 치료법을 두려워한다면 어떻게 당신의 질병에 대한 두려움을 고칠 수 있는가? 당신이 음식을 두려워한다면 어떻게 배고픔에 대한 두려움을 고칠 수 있는가? 당신이 가장 선하고 신실하신 분과 모든 정직한 영혼의 벗이신 분을 두려워한다면 무엇이 당신의 악인과 거룩한 영혼의 적들에 대한 당신의 두려움을 덜어줄 수 있는가? 당신이 당신의 아버지를 두려워한다

---

62) 고후 5:19; 눅 14:17; 마 22:8

면 누가 당신의 적에 대항하여 당신을 위로 할 수 있는가? 하나님을 공포로 삼을 때 모든 평화를 버리는 것이다.

방향 제시-12 '그러나 이러한 평계로 하나님에 대한 필요한 두려움을 버리지 않도록 주의하라. 당신과 같은 처지에 있는 사람들에게 있어야 하는 필요한 두려움, 죄를 짓지 않고 안전함 가운데 그리스도에게 이르게 하는 필요한 두려움, 그의 위협의 진리가 요구하는 것과 같은 필요한 두려움을 버리지 않도록 주의하라. 하나님에 대한 무분별한 오만과 경멸은 훨씬 더 큰 위험을 초래하는 죄다.'

[마귀에 대한 잘못된 두려움에 대한 방향 제시]

방향 제시-1 '마귀는 결박되어 있으며 전적으로 하나님의 뜻과 지시에 달려 있다는 것을 기억하라.' 그는 하나님의 허락을 받기 전에는 **욥**이나 그의 소나 나귀를 만질 수 없다.[63] 하나님이 허락하지 않는 한 당신을 해칠 수 없다.

방향 제시-2 '그러므로 하나님의 사랑을 확인하기 위해 노력하라. 그러면 당신은 안전하다.' 그러면 당신은 하나님과 그의 사랑과 약속을 가지고 항상 마귀를 대적하게 된다.

방향 제시-3 '그리스도께서 십자가에서, 그의 부활과 승천을 통해, 유혹 가운데서 마귀를 정복했다는 것을 기억하라.' 그는 죽음의 세력을 잡은 자, 곧 마귀를 멸하시며, 죽기를 무서워하므로 한평생 매여 종 노릇 하는 모든 자들을 놓아주려 하신다.[64] 이 세상의 임금이 그에게 정복되어 쫓겨났는데, 당신은 정복된 원수를 두려워할 것인가?

방향 제시-4 '만일 당신이 하나님의 영으로 새롭게 된다면 당신은 이미 그의 권세와 통치

---

63) 욥 1:12
64) 히 2:14, 15

에서 오는 구원을 받았다는 것을 기억하라.' 그러므로 그의 백성은 그의 권세 아래 있는 자를 두려워할지니 자유인이나 그리스도에게 구원받은 자들이 아니다. 하나님께서는 당신이 회심한 날에 마귀가 원하는 것보다 천 배나 더 큰 재앙에서 당신을 건져 내셨다. 그리고 마귀의 가장 큰 악의에서 구원을 받았으니 작은 것을 지나치게 두려워해서는 안 된다.

방향 제시-5 '하나님이 당신의 보호자인데 마귀를 두려워하는 것이 그를 정복한 그리스도와 하나님의 명예에 얼마나 큰 상처가 되는지 기억하라.' 마귀를 두려워하는 것은, 마치 마귀가 하나님보다 너무 가혹하지 않을까 두렵다 하고, 아니면 하나님이 그에게서 나를 건져 내지 못할까 두렵다고 하는 것과 같다.

방향 제시-6 '당신이 마귀를 두려워함으로써 마귀를 존경하고 그렇게 공경함으로 마귀를 얼마나 기쁘게 했는지 기억하라.' 당신은 하나님과 그의 적을 존경하고 즐거워하는 것을 혐오하지 않을 건가? 마귀가 원하는 것은 하나님 대신 자기가 두려움을 받는 것이다. 그는 그것을 자신의 통치의 일부로 자랑한다. 마치 폭군이 사람들이 자신을 두려워하는 것을 보고 기뻐하는 것처럼, 자기가 원할 때 그들을 멸망시킬 수 있는 것처럼, 그렇게 마귀는 당신의 두려움 속에서 승리를 거두어 명예로 삼는다. 하나님께서 이스라엘 백성의 우상숭배를 꾸짖는 것은, 그들이 나무와 돌로 만든 우상을 두려워한다는 것이다. 우상들을 두려워하는 것은 그들이 그것들을 신으로 삼았다는 것을 보여 준다.[65]

방향 제시-7 '당신에게 닥친 적이 없고 수십만 명 중 한 명에게도 닥치지 않은 일을 지나치게 두려워하는 것은 어리석은 일이라고 생각하라.' 그것은 끔찍한 마귀의 출현을 두려워하는 것이다. 당신은 그를 본 적이 없다(마녀 역시도). 그를 볼 수 있는 사람은 거의 없다. 그러므로 이 두려움은 비이성적이며 위험은 전혀 있을 것 같지 않다.

---

65) 왕하 17:38, 39; 단 6:26

방향 제시-8 '만일 마귀가 나타나서 당신을 산꼭대기나 성전 꼭대기로 데려가 신성모독적인 유혹으로 당신에게 말한다면, 주께서 친히 말하신 것 외에 달리 방법이 없다.'[66] 그는 여전히 아버지의 지극한 사랑을 받고 계신 분이었다. 모든 사람의 죄는 이보다 더 끔찍하다.

방향 제시-9 '만일 하나님께서 마귀가 당신 앞에 나타나도록 허락하신다면, 그것은 당신에게 매우 큰 유익이 될 수 있음을 기억하라. 천사와 영과 보이지 않는 세계에 대한 당신의 모든 믿음의 거부나 의심을 죽임으로써 당신에게 유익이 될 수 있다. 그것은 인간을 시기하고 파멸을 추구하는 불행한 영의 종족이 있다는 것을 당신에게 현명하게 증명할 것이다.' 그렇게 되면 죄의 악, 영혼의 위험, 경건의 필요성, 기독교의 진리를 더욱 확신하게 될 것이다. 그리고 이것은 마귀가 더 이상 세상에 나타나지 않는 한 가지 이유이기도 하다. 그것은 우리가 보는 것으로 살지 않고 믿음으로 살기를 원하시는 하나님의 일반 통치에 반대되기 때문만이 아니라, 마귀는 불신과 무신론과 안전을 파괴하고 사람들에게 믿음과 두려움과 경건을 일깨워 줌으로써 자신의 왕국이 얼마나 파괴될지 알고 있기 때문이다. 새 사냥꾼과 낚시꾼은 사냥감이 놀라 도망치지 않도록 그들의 눈에 띄어서는 안 된다.

방향 제시-10 '당신이 두려워하는 것이 오직 사탄의 영적인 유혹과 괴롭힘이라면, 당신 자신이 두려워해야 할 더 많은 이유가 있음을 기억하라. 사탄은 당신을 유혹할 수밖에 없기 때문이다. 지옥의 모든 마귀가 할 수 있는 것보다 자기 자신을 의지하지 않는다면, 당신은 결코 멸망하지 않을 것이다.' 당신이 기꺼이 그리스도를 받아들이고 그분께 굴복한다면 사탄이나 당신 자신을 지나치게 두려워할 필요가 없다. 당신이 전쟁을 시작하고 끝내는 것은 그리스도의 이름과 능력이며 당신은 그의 행동과 보호 아래 있기 때문이다. 또 우리 안에 있는 영은 우리를 괴롭히는 세상에 있는 영보다 크고 강하다.[67] 그리고 "그리스도를 주신 내 아버지는 만물보다 크시매 아무도 아버지의 손에서 빼앗을 수 없다."[68] 그리고 "평강의 하나님

---

66) 마 4:1-10
67) 요일 4:4
68) 요 10:29

께서 우리 발 아래서 사탄을 밟을 것이다."69) 마귀의 권세가 있다면 그는 매일 우리를 괴롭힐 것이고 우리는 지금까지 한 번도 탈출하지 못했을 것이다. 우리의 매일의 경험은 우리에게 보호자가 있음을 알려 준다.

[인간의 잘못된 두려움과 그로 인한 고통에 대한 방향 제시]

방향 제시-1 '당신의 영혼과 희망을 그리스도께 두고 당신의 보물을 하늘에 쌓아 놓으라. 피조물 안에서 행복을 바라는 세상 사람이 되지 말라. 그리하면 당신의 보물이 그들의 손이 닿지 않는 곳에 있고, 당신의 기초와 요새가 그들의 공격으로부터 안전한 것을 알기에 사람들에 대한 두려움을 훨씬 뛰어넘게 된다.' 사람을 지나치게 두렵게 만드는 것은 비열하고 위선적이고 세속적인 마음이다! 그들이 하늘을 습격하고 약탈할까 두려운가? 아니면 그들이 당신을 지옥에 던져 넣지 않을까? 아니면 그들이 하나님을 당신의 적으로 만들지 않을까? 그들이 당신의 재판관에게 뇌물을 주거나 위압하지 않을지 두려운가? 아니! 이것들은 당신의 두려움이 아니다. 당신은 그들이 하나님을 설득하는 당신의 기도 중 하나를 막지 않을까 두려워하지 않는다. 또한 그들의 감옥 벽과 쇠사슬이 하나님과 그의 영을 당신에게서 막아 그와 교제하지 못하게 하는 것을 두려워하지 않는다! 당신은 그들이 당신에게서 은혜나 하늘의 마음이나 내세에 대한 희망을 강제로 빼앗을까 두려워하지 않는다! [그들이 당신을 유혹하거나 겁을 주어 죄짓게 하여 희망을 막을까 두려워한다면(그들이 당신 영혼에 할 수 있는 모든 상처), 그때 당신은 그들이 당신의 몸을 해치는 것에 대한 두려움을 떨쳐 버리려고 더 갈등하게 된다. 왜냐하면 그것이 바로 당신의 영혼을 해치는 바로 그 유혹이기 때문이다.] 아니요, 그들이 당신의 육체를 해치고, 당신의 재산을 감소시키며, 당신의 자유나 세속적인 편의나 생명을 박탈하는 것이 당신이 두려워하는 것이다. 그리고 이것은 당신의 마음이 아직 얼마나 땅에 남아 있는지, 욕망을 억제하지 못한 세속성과 육체성이 여전히 당신 안에 얼마나 있는지, 당신 마음이 얼마나 하나님과 하늘에 거짓된 지를 보여 주지 않는가? 오, 그 발

---

69) 롬 16:20

견은 당신을 얼마나 겸손하게 할 것인가! 당신이 아직 세상의 것들에 대해 더 이상 죽지 않았고, 그리스도의 십자가가 당신에게 있는 세상을 더 이상 못 박지 않았다는 것과, 육체의 관심이 당신에게 너무 강하고, 그리스도와 하늘에 대한 관심이 너무 약하다는 것을 지적하지 않는가! 하나님이 당신에게 충분하지 않은 것 같아서, 당신은 하늘만을 당신의 몫으로 받아들일 수 없고, 땅을 잃는 것이 너무 두렵다! 오, 지금 당신 마음속에 있는 이 부패한 것의 밑바닥을 살피고 당신의 세속됨과 위선을 한탄하며 그것을 해결하고 당신의 마음과 소망을 하늘에 두며 하나님과 하늘만으로 만족하라. 그러면 인간에 대한 이 과도한 두려움은 더 이상 작용할 것이 없을 것이다.

방향 제시-2 '하나님을 사람과 비교하고, 그의 지혜를 사람들의 정책과, 하나님의 사랑과 자비를 인간의 악의와 잔인함에, 하나님의 능력을 사람들의 무력함에, 하나님의 진리와 전지하심 그리고 의로움을 사람들의 중상과 거짓말에, 하나님의 약속을 사람들의 위협과 비교해 보라. 그런 뒤에도 지나치게 사람을 두려워한다면 당신은 그 정도까지 하나님을 믿지 않고 있다고 고백해야 한다.' 만일 하나님이 당신을 구원할 수 있을 만큼 충분히 지혜롭고, 충분히 선하시고, 충분히 공의로우시며, 충분히 강력하지 않아서, 당신이 스스로 구원하는 것이 가장 좋다고 생각하는 한, 그는 하나님이 아니시다. 무신론을 버리고 사람을 두려워하지 말라.

방향 제시-3 '당신이 두려워하는 사람이 무엇인지 기억하라.' 사람은 하나님이 영광을 받으시기 위해, 섭리에 의해 만든, 세상에 요동하는 거품이다.' 그는 창조주의 의지의 산물일 뿐이다. 그의 호흡은 콧구멍에 있다! 그는 서둘러 흙으로 돌아가고, 그날에 그의 세상적 희망과 생각도 그와 함께 멸망한다. 그는 하나님이 한순간에 밟아 땅과 지옥에 보낼 수 있는 벌레다. 그는 꿈, 그림자, 마른 잎사귀, 또는 잠시 세상을 떠도는 작은 겨이다. 그는 교만과 분노의 절정에서 무덤으로 떨어질 준비가 되어 있다. 그 동일한 사람 또는 당신이 두려워하는 모든 사람들은 오늘날 확실하게 먼지 속에 썩어 누워 있고 어둠 속에 숨겨져, 그들의 추한 광경과 악취가 살아 있는 자들에게 성가시게 하지 않을 것이다. 얼마 전까지만 해도 세상을 떠들썩하게 했던 그 자랑스러운 자들은 지금 모두 어디에 있나? 한 시대에 그들은 위대해 보이고 그들의 권력을 자랑하며 반역하고 권세를 찬탈하고 세상에서 위대하고 통치자가 되는 데에 미치거나 주님을 섬기는 자들을 박해했다. 그다음 그들은 흙보다 더 비열하다. 그들의 시체는 묻혔고 그들의 뼈는 흩어져서 보는 사람들을 공포와 경이로움을 만들었다. 이것이 하나님보다 두려워할 피조물이냐, 아니면 하나님을 대적할 피조물이냐? 이사야 51장 7, 8절을 보라. "의를 아는 자들아, 마음에 내 율법이 있는 백성들아, 너희는 내게 듣고 그들의 비방을 두려워하지 말라. 그들의 비방에 놀라지 말라. 옷같이 좀이 그들을 먹을 것이며 양털 같이 좀벌레가 그들을 먹을 것이나 나의 공의는 영원히 있겠고 나의 구원은 세세에 미치리라." 이사야 2장 3절을 보라. "너희는 인생을 의지하지 말라. 그의 호흡은 코에 있나니 셈할 가치가 어디 있느냐?" 시편 146편 3, 4절을 보라. "귀인들을 의지하지 말며 도울 힘이 없는 인생도 의지하지 말지니 그의 호흡이 끊어지면 흙으로 돌아가서 그 날에 그의 생각이 소멸하리로다." **헤롯**이 신으로 추앙을 받았음에도 산채로 벌레에게 삼켜지는 것을 피할 수 없었다. **바로**가 교만과 영광에 있을 때 개구리와 파리와 이로부터 백성을 구할 수 없었다. 이사야 37장 22, 23절을 보라. "하나님이 **산헤립**에게 이르시되 처녀 시온이 너를 멸시하며 조소하였고 예루살렘이 너를 향하여 머리를 흔들었도다 네가 훼방하며 능욕한 것은 누구에게냐 네가 소리를 높이며 눈을 높이 들어 향한 것은 누구에게냐?" 오, 당신이 그토록 두려워하는 인간은 얼마나 벌레 같은가!

방향 제시-4 '마귀와 마찬가지로 인간도 결박되어 있고 하나님께 의존하고 있으며 하나님이 주시는 것 외에는 능력이 없으며, 그의 허락 없이는 아무것도 할 수 없음을 기억하라.' 만일 하나님이 원하신다면, 그것이 당신에게 선을 이룰 것이라는 그의 약속을 가지고 있다.[70] 하나님이 약속을 통해 당신에게 좋은 일을 해 주실 것이 두려운가? 적의 손에 있는 칼이나 수술용 칼을 보면 두려워할 수 있다. 그러나 그것이 외과의사나 아버지의 손에서 본다면 본능적으로 약간 위축될 수 있지만, 이성은 당신이 그것에 대해 큰 문제를 삼거나 지나치게 두려워하지 아니할 것이다. 만일 하나님께서 **요셉**의 형들이 **요셉**을 결박하여 아말렉에

---

70) 롬 8:28

게 파는 것을 허락하셨다면 어찌될까? 그의 주인의 아내가 그를 옥에 가두도록 하셨다면 어찌될까? 그분이 이 모든 것을 그에게 유익하게 바꿀 것이라고 믿지 않겠는가? 만일 하나님이 **시므이**에게 **다윗**을 저주하라고 허락하셨다면, 왕이 **다니엘**을 사자 굴에 던지라고 허락하셨다면, 아니면 **다니엘**의 세 친구를 풀무에 던지도록 허락하셨다면 어떻게 될까? 당신은 하나님의 뜻이 만물의 처리자라고 믿는가? 그런데도 당신은 사람을 무서워하는가? 우리 주님은 **빌라도**가 자기의 생명을 빼앗거나 구할 힘이 있다고 자랑할 때, "위에서 힘을 주지 아니하셨더라면 나를 해할 권한이 없었을 것"[71]이라고 **빌라도**에게 말했다.

이의 우리는 그것들을 하나님이 효과를 달성하기 위한 도구로서만 두려워해야 하나? 나는 당신이 그것을 두려워하는 것은 오직 그것이 하나님의 도구로서라고 말할 것을 알고 있으며, 만일 당신이 그의 은혜를 확신하고 그의 진노를 먼저 두려워하지 않는다면 사람들의 분노를 두려워해서는 안 된다고 말할 것이라는 것을 안다.

답 만약 이것이 다른 많은 죄의 원인이거나 핑계가 된다면, 이것을 통해 당신은 불순종하는 것과 하나님의 불쾌함에 대한 두려움을 중히 여기고 하나님의 사랑에 대한 당신의 사랑을 방해하는 것이 무엇인지 알 수 있을 것이다. 그러나 당신이 진정으로 그것들을 하나님의 불쾌함의 도구로서만 두려워한다면,

1. 그렇다면 전에 사람들로부터 위험이 나타나지 않았을 때, 왜 당신은 더 이상 그분의 불쾌감을 두려워하지 않았는가? 하나님은 자신의 진노나 의지를 실행하는 도구를 결코 원하지 않는다는 것을 알 것이다.

2. 도구가 당신을 해하지 않을 수도 있는데도 도구보다 그분을 더 불쾌하게 하는 죄를 당신이 두려워하지 않는 이유가 무엇인가?

---

71) 요 19:11

3. 어찌하여 당신은 그들을 괴롭히는 자들보다 유혹자로 더 두려워하지 않는가? 그리고 결과적으로 번영이 당신을 죄악으로 더 이끌어 감에도 불구하고 왜 그들의 아첨, 유혹, 승진, 그리고 번영을 역경보다 두려워하지 않는 이유가 무엇인가?

4. 하나님이 인간의 형벌보다 심한 지옥으로 위협하는데도 불구하고, 어찌하여 인간이 당신에게 할 수 있는 그 어떤 것보다도 지옥을 두려워하지 않는 이유가 무엇인가?

5. 어찌하여 당신은 구원을 위하여 하나님께 몰두하지 않고 오직 사람을 달래는 법을 연구하는가? 당신이 하나님을 그들보다 더 두려워한다면 어찌하여 사람들을 더 두려워하고, 근심하고, 근면하고, 순응하고, 더 몰두하느냐? 회개하고 그리스도를 통해 하나님과 화평하고 당신이 두려워하는 것이 하나님이라면 잠잠하라. 당신의 일은 먼저 피조물과 함께하는 것이 아니라 하나님과 함께하는 것이다.

6. 당신이 그것들을 하나님의 도구로만 두려워한다면, 왜 당신의 두려움은 당신이 더 이상 죄에서 벗어나도록 더욱 조심스럽게 만들지 않고, 오히려 당신이 감히 할 수 있는 한 양심을 확장하고, 가능한 한 모험하려고 생각하는가? 이 징후들이 하나님의 불쾌감의 도구로서만 그것들을 두려워하는 것일까? 아니면 당신 마음이 얼마나 기만적이라는 것을 알게 하는 것일까? 참으로 인간은 하나님께 복종하는 상태에서 두려워해야 한다.

1) 그분의 직분을 맡은 자로서, 우리에게 복종하라고 명령하시는 하나님을 두려워해야 한다. 2) 그분의 집행자로서, 그분에게 불순종하면 우리를 처벌하시는 하나님을 두려워해야 한다. 3) 또한 사탄의 도구로서가 아니라, (하나님의 허락에 의해) 그분에게 순종함에 있어 우리에게 고통을 주시거나 정당한 처벌이나 보상 없이도 하나님을 두려워해야 한다. "다스리는 자들은 선한 일에 대하여 두려움이 되지 않고 악한 일에 대하여 두려움이 되나니 그 때에 당신이 그 권세를 두려워하지 않을까? 선을 행하라 그리하면 당신은 그에게 칭찬을 받을 것이다. 다스리는 자는 선을 위한 하나님의 사역자가 되어 너에게 선을 베푸는 자니라. 그러나

네가 악을 행한다면 두려워하라. 그가 공연히 칼을 가지지 아니하였으니 곧 하나님의 사역자가 되어 악을 행하는 자들에게 진노하심을 따라 보응하는 자니라."[72] 이것에 대해 더 완전한 설명을 원하는가? 그것은 베드로전서 3장 10-17절에서 설명되었다. "그러므로 생명을 사랑하고 좋은 날 보기를 원하는 자는 혀를 금하여 악한 말을 그치며 그 입술로 거짓을 말하지 말고 악에서 떠나 선을 행하고 화평을 구하며 그것을 따르라. 주의 눈은 의인을 향하시고 그의 귀는 의인의 간구에 기울이시되 주의 얼굴은 악행하는 자들을 대하시느니라 하였느니라. 또 너희가 열심으로 선을 행하면 누가 너희를 해하리요 그러나 의를 위하여 고난을 받으면 복 있는 자니 그들이 두려워하는 것을 두려워하지 말고 근심하지 말고 너희 마음에 그리스도를 주로 삼아 거룩하게 하고 너희 속에 있는 소망에 관한 이유를 묻는 자에게는 대답할 것을 항상 준비하되 온유와 두려움으로 하고 선한 양심을 가지라. 이는 그리스도 안에 있는 너희의 선행을 욕하는 자들로 그 비방하는 일에 부끄러움을 당하게 하려 함이라. 선을 행함으로 고난받는 것이 하나님의 뜻일진대 악을 행함으로 고난받는 것보다 나으니라." 또한 베드로전서 4장 13-15절을 보라.

방향 제시-5 '당신은 죄가 있을 때 사람들로부터 고난받는 것을 누려워하거나 아니면 결백할 때 고난받는 것을 두려워하는 것 중 하나다. 당신은 악을 행하거나 선을 행하거나 아무 이유 없이 두려워한다! 죄를 짓고 악행을 한다면, 당신의 두려움을 올바른 길로 돌려라. 그리고 하나님을 두려워하고 죄에 대한 그분의 진노와 사람이 가할 수 있는 것보다 훨씬 큰 그분의 위협을 두려워하라. 그리고 하나님과 인간으로부터 오는 정의의 선함을 인정하라. 그러나 그것이 순결하거나 선을 행하라는 것 같으면 그리스도께서 당신에게 크게 기뻐하라고 명하신 것임을 기억하라. 그리고 순교자들은 가장 영광스러운 면류관을 가지고 있다는 것을 기억하라. 당신은 당신의 가장 높은 명예와 이익과 기쁨을 위해 지나치게 두려워할 것인가?' 그리스도가 한 말을 잘 믿으라. 그러면 그리스도를 위해 고통받는 것을 별로 두려워하지 않을 것이다. "의를 위하여 박해를 받는 자는 복이 있나니 천국이 그들의 것임이요 나로 말미암

---

72) 롬 13:3, 4

아 너희를 욕하고 박해하고 거짓으로 너희를 거슬러 모든 악한 말을 할 때에는 너희에게 복이 있나니 기뻐하고 즐거워하라 하늘에서 너희의 상이 큼이라 너희 전에 있던 선지자들도 이같이 박해하였느니라."73) 당신은 복과 넘치는 기쁨의 길을 두려워할 것인가? "사람들을 삼가라 그들이 너희를 공회에 넘겨주겠고 그들의 회당에서 채찍질하리라 또 너희가 나로 말미암아 총독들과 임금들 앞에 끌려 가리니 이는 그들과 이방인들에게 증거가 되게 하려 하심이라 너희를 넘겨줄 때에 어떻게 또는 무엇을 말할까 염려하지 말라 그 때에 너희에게 할 말을 주시리라."74) 당신은 그들을 조심할 수 있지만 그 문제에 대해 지나치게 두려워하거나 세심할 필요는 없다. "또 너희가 내 이름으로 말미암아 모든 사람에게 미움을 받을 것이나 끝까지 견디는 자는 구원을 얻으리라 이 동네에서 너희를 박해하거든 저 동네로 피하라 내가 진실로 너희에게 이르노니 이스라엘의 모든 동네를 다 다니지 못하여서 인자가 오리라."75) 피하되 그들을 지나치게 두려워하지는 말라. "자기 목숨을 얻는 자는 잃을 것이요 나를 위하여 자기 목숨을 잃는 자는 얻으리라."76) "내가 진실로 너희에게 이르노니 하나님의 나라를 위하여 집이나 아내나 형제나 부모나 자녀를 버린 자는 현세에 여러 배를 받고 내세에 영생을 받지 못할 자가 없느니라."77) 당신은 이 모든 것을 믿으면서도 아직까지 자신의 완전한 행복을 그렇게 두려워할 수 있나? 오, 우리의 무절제한 두려움에 의해 얼마나 많은 은밀한 불신앙이 감지되는지! "사랑하는 자들 아 너희를 연단하려고 오는 불 시험을 이상한 일 당하는 것같이 이상히 여기지 말고 오히려 너희가 그리스도의 고난에 참여하는 것으로 즐거워하라 이는 그의 영광을 나타내실 때에 너희로 즐거워하고 기뻐하게 하려 함이라 너희가 그리스도의 이름으로 치욕을 당하면 복 있는 자로다 영광의 영 곧 하나님의 영이 너희 위에 계심이라 너희 중에 누구든지 살인이나 도둑질이나 악행이나 남의 일 간섭하는 자로 고난을 받지 말려니와 만일 그리스도인으로 고난을 받으면 부끄러워하지 말고 도리어 그 이름으로 하나님께 영광을 돌리라. 그러므로 하나님의 뜻대로 고난을 받는 자들은 또한 선을 행하는 가

---

73) 마 5:10-12
74) 마 10:17-19
75) 마 10:22, 23
76) 마 10:39
77) 눅 18:29, 30

운데에 그 영혼을 미쁘신 창조주께 의탁할지어다."78) 성경에 따르면, 고난받는 종들이 인간에 대한 두려움에 대항하여 용기를 내는 것보다 하나님께서 더 기뻐하셨던 일은 거의 없다. 그들의 고통이 그들에게 유익하고 큰 기쁨의 일이라는 것을 알게 한다. 따라서 큰 두려움이 아니라는 것을 알게 한다.

방향 제시-6 '경험에 의하면 인간은 지상에서 그리스도의 대의를 위해 고통받는 것만큼 큰 기쁨을 누리지 못한다. 그분을 위해 사람들에게 모욕을 받는 것만 것 큰 영광을 누리지 못한다.' 옛 그리스도인들은 얼마나 기쁜 마음으로 순교를 했는가! 그들 중 많은 사람들은 순교할 수 없음을 한탄했다. 그리스도의 신자들은 이전에 얻을 수 있었던 것보다 얼마나 큰 위로를 얻었는가? 그때 사람들의 중상, 경멸, 잔인함 아래서 죽은 순교자들의 이름과 기념비는 지금 얼마나 명예로운가! 피를 더 많이 흘리는 로마 가톨릭 신자들도 옛 순교자들의 이름을 기리기 위해 휴일을 지키고 그들의 유물과 사당을 중요하게 만든다. 이는 하나님께서 그의 고난을 감당한 거룩한 자들의 영예를 위하여, 살아 있는 성도들을 박해하는 그 세대도 죽은 자들을 공경하며, 살아 있는 성도들을 죽이는 자들도 그들의 조상이 죽인 자를 공경하게 하려 함이다. "화 있을진저 외식하는 서기관들과 바리새인들이여 너희는 선지자들의 무덤을 만들고 의인들의 비석을 꾸미며 이르되 만일 우리가 조상 때에 있었더라면 우리는 그들이 선지자의 피를 흘리는 데 참여하지 아니하였으리라 하니 그러면 너희가 선지자를 죽인 자의 자손임을 스스로 증명함이로다."79) 십자가의 고통과 수치에는 위로와 명예가 따른다. "사도들은 그 이름을 위하여 능욕 받는 일에 합당한 자로 여기심을 기뻐하면서 공회 앞을 떠나니라."80) 그들의 등이 채찍에 맞아 쓰라림에도 불구하고 "한밤중에 **바울**과 **실라**가 감옥에서 차꼬에 채워진 채 하나님을 찬송했다."81) 로마 황제 율리아누스 시저(Julian)에 의해 감옥에 갇힌 일부 기독교인들은 황제가 지나가며 듣는 상황에서 그들은 "하나님이 일어나사 원수를

---

78) 벧전 4:12-16, 19
79) 마 23:29-31
80) 행 5:41
81) 행 15:25

흩으시며"⁸²⁾라는 찬양을 억제할 수 없었다고 하는 기록이 있다.

방향 제시-7 '당신의 영혼 위에 있는 하나님의 거룩한 형상을 더욱 사랑하라. 그때 당신은 고난이 거룩함에 큰 도움이 된다는 것을 기뻐하게 될 것이다.' 역경이 번영보다 영혼에 더 안전하고 유익하다는 것을 누가 깨닫지 못하겠는가? 특히 그리스도께서 자신의 종들을 축복하기 위해 자신이 겪어야 할 것처럼 역경을 견딘 것을 누가 모르는가? "우리가 환난 중에도 즐거워하나니 이는 환난은 인내를 인내는 연단을, 연단은 소망을 이루는 줄 앎이로다 소망이 우리를 부끄럽게 하지 아니함은 우리에게 주신 성령으로 말미암아 하나님의 사랑이 우리의 마음에 부은바 됨이다."⁸³⁾ 하나님이 "우리의 유익을 위하여 우리를 징계하심은 우리로 그의 거룩함에 참여하게 하고 징계가 당시에는 즐거워 보이지 않고 슬퍼 보이지만 후에 그로 말미암아 연단받은 자들은 의와 평강의 열매를 맺는다."⁸⁴⁾ **모세**는 "그리스도의 능욕을 애굽의 보물보다 더 크게 여겼다. 그러므로 잠시 동안 죄의 낙을 누리는 것보다 하나님의 백성과 함께 고난받는 것을 택했다."⁸⁵⁾ "이제 우리가 여러 가지 시험으로 말미암아 잠깐 근심하게 되지 않을 수 없으나 너희 믿음의 확실함은 불로 연단하여도 없어질 금보다 더 귀하여 예수 그리스도께서 나타나실 때에 칭찬과 영광과 존귀를 얻게 할 것이니라."⁸⁶⁾ 자신을 알고 고난이 필요하지 않다고 느끼는 자가 누군가? 누가 우리를 졸음에서 깨우고 우리를 둔함에서 살리며 우리의 불순물을 정련하며 세상에 대한 우리의 의존을 멈추게 하고 육체의 정욕을 억제하는 일을 돕고 죄의 속임에서 우리를 구원하겠느냐?

방향 제시-8 '고난은 천국으로 가는 평범한 길이라는 것을 기억하라.' 천국을 더 사랑하라. 그러면 고통이 가벼워지고 그에 대한 두려움이 줄어들 것이다. 그리스도께서는 이에 대해 다음과 같이 설명했다. "무릇 내게 오는 자가 자기 부모와 처자와 형제와 자매와 더욱이

---

82) 시 68:1
83) 롬 5:3-6
84) 히 12:10, 11
85) 히 11:25, 26
86) 벧전 1:6, 7

자기 목숨까지 미워하지 아니하면 능히 내 제자가 되지 못하리라 누구든지 자기 십자가를 지고 나를 따르지 않는 자도 능히 내 제자가 되지 못하리라 이와 같이 너희 중의 누구든지 자기의 모든 소유를 버리지 아니하면 능히 내 제자가 되지 못하리라."[87] "세상에서 너희가 환난을 당하는 것은 그 안에서 평안을 누리게 하려 함이다."[88] "우리가 하나님 나라에 들어가려면 세상에서 많은 환난을 겪어야 할 것이다."[89] "우리가 그와 함께 영광을 받기 위해 고난도 함께 받아야 할 것이니라. 생각건대 현재의 고난은 장차 우리에게 나타날 영광과 비교할 수 없도다."[90] "우리가 수고하고 애쓰는 것은 살아 계신 하나님을 의지함이라."[91] **바울**은 복음을 전파하면서, 그는 "복음으로 말미암아 내가 죄인과 같이 매이는 데까지 고난을 받았으나 하나님의 말씀은 매이지 아니하니라."[92]고 말했다. "이로 말미암아 내가 또 이 고난을 받되 부끄러워하지 아니함은 내가 믿는 자를 내가 알고 또한 내가 의탁한 것을 그날까지 그가 능히 지키실 줄을 확신함이라."[93] "무릇 그리스도 예수 안에서 경건하게 살고자 하는 자는 박해를 받으리라."[94] 고난을 참는 것은 우리 친구들의 기쁨이기에 그들은 두려워할 만한 것이 아니다. "그러므로 너희가 견디고 있는 모든 박해와 환난 중에서 너희 인내와 믿음으로 말미암아 하나님의 여러 교회에서 우리가 친히 자랑하노라 이는 하나님의 공의로운 심판의 표요 너희로 하여금 하나님의 나라에 합당한 자로 여김을 받게 하려 함이니 그 나라를 위하여 너희가 또한 고난을 받느니라."[95] 그러므로 모든 것의 결론을 하나님으로부터 받으라. "너는 장차 받을 고난을 두려워하지 말라 볼지어다 마귀가 장차 너희 가운데서 몇 사람을 옥에 던져 시험을 받게 하리니 너희가 십일 동안 환난을 받으리라 네가 죽도록 충성하라 그리

---

87) 눅 14:26, 27, 33
88) 요 16:33
89) 행 14:22
90) 롬 8:17, 18
91) 딤전 4:10
92) 딤후 2:9
93) 딤후 1:12
94) 딤후 3:12
95) 살후 1:4, 5

하면 내가 생명의 면류관을 네게 주리라."⁹⁶⁾ "무슨 일에든지 대적하는 자들 때문에 두려워하지 아니하는 이 일을 듣고자 함이라 이것이 그들에게는 멸망의 증거요 너희에게는 구원의 증거니 이는 하나님께로부터 난 것이라 그리스도를 위하여 너희에게 은혜를 주신 것은 다만 그를 믿을 뿐 아니라 또한 그를 위하여 고난도 받게 하려 하심이라."⁹⁷⁾ 그러면 우리는 그토록 큰 선물을 두려워해야 할까?

방향 제시-9 '고난은 얼마나 작고 짧은지를, 그리고 영광스러운 보상은 얼마나 크고 오래 지속될지를 기억하라.' 고통은 잠시뿐이며 고통과 수치는 모두 지나갈 것이다. 그러나 영광은 결코 사라지지 않을 것이다. **스데반**이 돌에 맞아 죽은 것과, 세례 **요한**이 목 베임을 당한 것과, **바울**이 각처에서 그가 굴복하지 않고 견딘 매임과 고난과, 그들이 겪은 고통과 죽음을 명예스럽게 하는 거룩한 순교보다 무엇이 더 심하겠는가? 오, 그들과 함께 사건이 어떻게 바뀌었는가, 이제 하나님은 그들의 눈에서 모든 눈물을 닦아 주셨다! 우리는 아침에 기쁨이 올 것이라는 것을 아는데도 불구하고, 단 하룻밤 동안의 슬픔을 견딜 수 없을 정도로 연약한가?⁹⁸⁾ "그러므로 우리가 낙심하지 아니하노니 우리의 겉사람은 낡아지나 우리의 속사람은 날로 새로워지도다 우리의 잠시 받는 환난의 경한 것이 지극히 크고 영원한 영광의 중한 것을 우리에게 이루게 함이니 우리가 주목하는 것은 보이는 것이 아니요 보이지 않는 것이니 보이는 것은 잠깐이요 보이지 않는 것은 영원함이라."⁹⁹⁾ "그러므로 너희 담대함을 버리지 말라 이것이 큰 상을 얻게 하느니라 너희에게 인내가 필요함은 너희가 하나님의 뜻을 행한 후에 약속하신 것을 받기 위함이라 잠시 잠깐 후면 오실 이가 오시리니 지체하지 아니하시리라 이제 의인은 믿음으로 말미암아 살리라 또한 뒤로 물러가면 내 마음이 그를 기뻐하지 아니하리라 하셨느니라."¹⁰⁰⁾

---

96) 계 2:10
97) 빌 1:28, 29
98) 시 30:5
99) 고후 4:16-18
100) 히 10:35-38

방향 제시-10 '마귀의 권세에서 구원을 받았음에도 불구하고 마귀의 도구를 두려워하는 이유가 무엇인가?' 그들이 그분 이상의 일을 할 수 있는가? **골리앗** 용사와 장군이 극복된다면, 일반 병사들은 우리를 이기지 못할 것이다.

방향 제시-11 '당신이 당신의 주님보다 더 나은가? 그를 보고 확인하라.' "제자가 그 선생보다, 또는 종이 그 상전보다 높지 못하나니 제자가 그 선생 같고 종이 그 상전 같으면 족하도다 집 주인을 바알세불이라 하였거든 하물며 그 집 사람들이랴."[101] "인내로써 우리 앞에 당한 경주를 하며 믿음의 주요 온전하게 하시는 이인 예수를 바라보자 그는 앞에 있는 기쁨을 위하여 십자가를 참으사 부끄러움을 개의치 아니하시더니 하나님 보좌 우편에 앉으셨느니라 너희가 피곤하여 낙심하지 않기 위하여 죄인들이 이같이 자기에게 거역한 일을 참으신 이를 생각하라."[102]

방향 제시-12 '기운을 내라. 우리 주님이 세상을 이기셨다. 그런데도 우리는 정복된 세상을 지나치게 두려워할 것인가? 그렇다. 그분은 우리가 고난을 통해 세상을 극복할 수 있음을 보여 주기 위해 고난을 통해 세상을 극복하셨다.' 그는 십자가로 통치자들과 권세들을 이기셨다(골 2:15). 그러므로 하늘과 땅의 모든 권세를 그에게 주셨다(마 28:18). 그는 죽은 자와 산 자의 주 이시다(롬 14:9). 그리고 그를 만물 위에 교회의 머리로 삼으셨다(엡 1:21, 22). 우리가 종일 주를 위하여 죽임을 당하게 되며 도살 당할 양 같이 여김을 받을지라도, 지금까지 이 모든 일에 우리를 사랑하시는 이로 말미암아 우리가 넉넉히 이기느니라(롬 8:36, 37). 즉 우리가 칼로 그들을 정복한 것보다 더 고귀한 승리를 얻었다.

방향 제시-13 '당신의 죄악에 비해 당신이 마땅히 받아야 할 고통이 얼마나 작은지 생각해 보라. 당신의 주님은 당신을 값없이 구원해 주셨다.' 생명을 잃어도 마땅한 사람이 자신의 건강을 위해 정맥에 장애물을 제거하는 것을 불평할 수 있나? 당신이 마땅히 받아야 할 지옥을

---

101) 마 10:24, 25
102) 히 12:1-3

기억하면서 아직까지 인간이 당신에게 불리하게 할 수 있는 어떤 것을 큰 문제라 할 수 있나?

방향 제시-14 '고통을 두려워하여 죄를 짓는 것은 이 땅의 작은 고통을 피하기 위해 지옥으로 뛰어드는 것임을 기억하라.' 당신은 사람을 두려워하는가? 하나님을 더 두려워하라. 하나님이 더 무섭지 않은가? "하나님의 손에 떨어지는 것은 두려운 일이다. 그는 소멸하는 불이다."[103] 오, 당신은 주님의 말을 들으라. "내가 내 친구 너희에게 말하노니 몸을 죽이고 그 후에 능히 더 못하는 자들을 두려워하지 말라 마땅히 두려워할 자를 내가 너희에게 보이리니 곧 죽인 후에 또한 지옥에 던져 넣는 권세 있는 그를 두려워하라 내가 참으로 너희에게 이르노니 그를 두려워하라."[104] 그들의 불이 뜨겁다면 지옥은 더 뜨겁다는 것과 하나님은 가장 좋은 친구이자 가장 무서운 적이라는 것을 기억하라.

방향 제시-15 '만일 당신이 사람들로부터 받는 고통을 피하기 위해 죄를 짓는다면 이 세상에서도 하나님으로부터 고통을 받을 것이라는 것을 기억하라.' 당신이 죽음을 피하기 위해 죄를 짓는다면, 피했음에도 불구하고 죽을 것이다. 오, 얼마나 신속히! 그리고 당신이 당신의 주님을 위해 함께하기를 거부한 그 삶에서 부득이 잠시 후에 헤어지는 것보다 그리스도 안에서 죽는 것이 얼마나 더 기쁜 일인가! 삶에서나 죽을 때나 쓰라린 죄의식 속에서 어떤 고통을 느낄 것인가! 그래서 이생에서도 당신의 두려움이 당신을 더 큰 불행으로 몰아갈 것이다.

방향 제시-16 '당신은 지나친 두려움에서 오는 위험한 결과를 생각해 보라.' 그것은 **베드로**가 주님을 부인하는 길이다. 그것은 참으로 배도의 길이거나 사람들이 공포로 당신을 몰아가는 모든 사악한 길이다. 터키인이 지금 기독교인들을 압제하는 곳에 당신이 있는데, 그곳에서 당신이 당신의 두려움을 극복하지 못한다면 그는 당신의 충실함을 약화시키고 당신을 예수 그리스도에게서 돌아서게 만들 것이다. 그것이 바로 사도들이 무섭게 묘사한 죄이다. "우리가 진리를 받아들인 후 짐짓 죄를 범한 즉 다시 속죄하는 제사가 없고 오직 무서운

---

103) 히 10:31, 27
104) 눅 12:4, 5

마음으로 심판을 기다리는 것과 대적하는 자를 태울 맹렬한 불만 있으리라."[105] 오, 얼마나 많은 사람들이 사람에 대한 두려움에 이끌려 그들의 양심을 상하게 하고 그들의 의무를 게을리하며 죄를 따르고 진리를 버리고 하나님을 욕되게 하고 그들의 영혼을 망치게 하였는가? 종종 이생에서 그들은 인간에 대한 두려움으로 죄를 지음으로써 우울하고 스스로를 죽이는 절망에 빠진 사람(Spira)처럼 행동한다. 당신의 두려움은 당신이 두려워하는 것보다 당신에게 더 위험한 적이다. "사람을 두려워하면 올무에 걸리게 되거니와 여호와를 의지하는 자는 안전하리라 주권자에게 은혜를 구하는 자가 많으나 사람의 일의 작정은 여호와께로 말미암느니라."[106] 당신을 보호하기 위해 두려움이 주어진 것이다. 그것으로 당신을 파괴하는 데 사용하지 말라.

방향 제시-17 '당신의 머리털까지 확장되는 하나님의 특별한 섭리를 믿고 당신을 위해 세운 천사들의 보호하심을 기억하라.' "참새 두 마리가 한 앗사리온에 팔리지 않느냐 그러나 너희 아버지께서 허락하지 아니하시면 그 하나도 땅에 떨어지지 아니하리라 너희에게는 머리털까지 다 세신 바 되었나니 두려워하지 말라 너희는 많은 참새보다 귀하다."[107] 이것은 잘 믿고 존중되어야 한다! "여호와의 천사가 주를 경외하는 자를 둘러 진치고 그들을 건지시는도다."[108]

방향 제시-18 '흙으로 만들어진 호흡하는 피조물을 하나님보다 더 두려워한다면 그것이 하나님에게 얼마나 비열한 불명예인지 생각해 보라.' 그분에 인해 패자가 되거나, 그의 대의를 위해 고통을 당할 때까지 그분은 마치 사람보다 당신에게 선을 행하거나 해를 입히는 능력이 약하고, 당신을 보호할 능력이나 의지가 없는 것처럼 보인다. "네가 누구를 두려워하며 누구로 말미암아 놀랐기에 거짓을 말하며 나를 생각하지 아니하며 이를 마음에 두지 아니하였느냐 네가 나를 경외하지 아니함은 내가 오랫동안 잠잠했기 때문이 아니냐."[109] **다니엘**의

---

105) 히 10:26, 27, 29
106) 잠 29:25, 26
107) 마 10:29-31
108) 시 34:7
109) 사 57:11

세 친구는 어떻게 하나님을 공경하였기에 왕과 풀무불보다 하나님을 더 두려워하여 이르되, "우리가 이 일에 대하여 왕에게 대답할 필요가 없나이다 왕이여 우리가 섬기는 하나님이 계시다면 우리를 맹렬히 타는 풀무불 가운데에서 능히 건져 내시겠고 왕의 손에서도 건져내시리이다 그렇게 아니하실지라도 왕이여 우리가 왕의 신들을 섬기지도 아니하고 왕이 세우신 금 신상에 절하지 아니할 줄을 아옵소서."[110] **다니엘**은 왕이나 사자(lion)를 두려워하지 않고 자기 집에서 공개적으로 하루 세 번씩 기도하기를 그치지 않았다. "모세는 믿음으로 애굽을 떠나 왕의 노함을 무서워하지 아니하고 곧 보이지 아니하는 자를 보는 것같이 하여 참았다."[111] "그러므로 우리가 담대히 말하되 주는 나를 돕는 이시니 내가 무서워하지 아니하겠노라 사람이 내게 어찌하리요 하노라."[112]

방향 제시-19 '당신이 이미 어떤 위험에서 구해졌는지, 특히 죄와 지옥에서 구원받은 것을 기억하라.' 할례받지 않은 블레셋 사람이 사자와 곰보다 더 무적인가?

방향 제시-20 '큰 자나 작은 자나 하나님 앞에서 공평하게 될 심판의 날이 다가오고 있음을 기억하라. 그때 하나님은 사람들이 잘못한 모든 것을 바로잡고 그의 자녀들의 완전하고 최종적인 복수자가 되실 것이다!' 그가 "하나님께서 택하신 자들의 원한을 풀어주는 일에 오래 참으시겠느냐"[113]고 약속하셨지만, 당신은 그 날을 믿을 수 있는가? 지금까지 그것이 당신을 완전히 그리고 마침내 정당화하고 당신의 모든 잘못에 대해 배상할 날이 멀지 않았다고 생각할 수 있는가? 그리스도께서 산 자와 죽은 자를 심판하러 오실 때까지 기다릴 수 없겠는가? 그러면 너희는 사울이 서둘러 제물을 바친 것처럼,[114] 사무엘을 기다릴 수 없었기 때문에 그들과 같이 밝혀지는 것을 혐오하게 될 것이다. 사람의 "영혼이 뒤로 물러난 것은 그

---

110) 단 3:16-18
111) 히 11:27
112) 히 13:6
113) 눅 18:7, 8
114) 삼상 13:8, 9

들이 믿음으로 말미암아 살지 아니했기 때문이다."115) "그런즉 그들을 두려워하지 말라 감추인 것이 드러나지 않을 것이 없고 숨은 것이 알려지지 않을 것이 없느니라."116) "너희로 환난을 받게 하는 자들에게는 환난으로 갚으시고 환난을 받는 너희에게는 우리와 함께 안식으로 갚으시는 것이 하나님의 공의이시다. 주 예수께서 자기의 능력의 천사들과 함께 하늘로부터 불꽃 가운데 나타나실 때에 형벌을 내리실 것이다. 그날에 그가 강림하사 그의 성도들에게 영광을 받으시고 모든 믿는 자들에게 놀랍게 여김을 받으실 것이다."117)

방향 제시-21 '두려워하고 믿지 않는 자들은 천국에 들어가지 못한다는 것을 기억하라.'118) 즉, 하나님보다 사람을 더 두려워하고 그들의 생명과 모든 것을 하나님에게 맡기지 못하고 오히려 사람의 진노보다 죄로 인한 그분의 진노를 받으려는 사람들이다.

방향 제시-22 '마귀의 도구에 대한 당신의 두려움을, 천국에 들어가지 못하는 한탄할 만한 불행 속에 있는 사람들에 대한 연민과 동정으로 바꿔라.' 그리스도와 **스데반**이 그랬던 것처럼 그들을 위해 기도하라. 이제 그들 가까이에 있는 불행을 예견하라. 당신이 그들을 두려워하기 시작할 때, 바로 지금이 심판의 날이요, 그때에 그들이 하나님의 심판대에서 이렇게 떨고 있는지 보았다고 가정해 보라. 마귀와 그 사자들을 위해 예비된 영원한 불에 들어갈 준비가 되어 있는 그들을 마태복음 25장에서 보라. (옛 순교자들이 그랬던 것처럼) 애도하고 불쌍히 여겨야 할 끝없는 불행에 가까운 그들을 두려워할 수 있는가? "하나님의 집에서 심판을 시작하면 고통에 맞섰던 많은 의인들이 구원을 받으며 박해자의 마지막은 어떠하고, 하나님에 대한 공경심이 없는 죄인들은 어디에 서리요?"119) 죽음에 대한 두려움에 대해 나는 이미《자기 부정론》과《성도의 안식》과《마지막 원수인 죽음》,《신자의 마지막 작업》에서 많이 썼다. 그러므로 나는 여기서 그것을 지나칠 것이다.

---

115) 히 10:38
116) 마 10:26
117) 살후 1:6-10
118) 계 21:8
119) 벧전 4:17

제9과　잘못된 슬픔과 고통에 대한 방향 제시

슬픔은 본성에 심어져 인간을 다스릴 수 있는 주체로 만들고, 본성이 처벌에 대한 두려움이나 감각을 통해 죄짓지 않게 한다. 고통의 시작은 더 많은 것을 가져올 죄를 예방하는 데에 도움이 될 수 있고, 상처 입은 영혼을 치료로 이끌며, 동정심으로 다른 사람의 불행을 위로할 수 있도록 하기 위해 본성에 심어졌다.

슬픔과 비탄 그 자체는 도덕적으로 선하지도 악하지도 않다. 게다가 그것은 자연스러운 열정이다. 악, 즉 그것을 가진 자에게는 해롭지만 선은 창조주와 우주의 왕이 인간에게 심어 주신 보편적이거나 더 높은 통치의 목적에 적절하고 도움이 되는 수단이다. 모든 고통과 자연적인 비참함에 대해서도 마찬가지다.

단순한 슬픔 그 자체는 하나님이 명령하지도 않고 기뻐하지도 않는 것이다. 우리의 자연적 또는 형벌적 상처에 대한 슬픔은 그 자체로 의무가 아니라 필요한 것이다. 하나님은 그것을 명령하지 않고 위협하신다. 그러므로 그 안에는 도덕적 유익함이 없다. 하나님께서는 사람들이 상처를 입었을 때, 느끼거나 고통 속에서 슬퍼하라고 명령하거나 간청하지 않으실 것이다. 그러나 그들이 원하든 원하지 않든 그렇게 하게 될 것이다. 그러므로 겸손한 영혼들은 자신의 고통에 대해 슬퍼하는 것만으로 하나님을 기쁘시게 하거나 공로가 있다고 생각하지 않도록 주의해야 한다.

그러나 결국,

불행에 대한 슬픔은 의도치 않게 의무와 도덕적 선이 될 수 있다.

1. 그것이 나오는 원리에 따라, 그것이 '**합리적 요소**'가 될 수 있다.

1) 슬픔을 일으키는 하나님의 위협에 대한 믿음. 2) 그것이 하나님의 사랑에서 올 때.

2. 하나님과 그의 은총과 그의 영과 형상이 없는 것이 우리가 애통하는(하나님에 대한 어떤 사랑에서 비롯된) 비참함일 때, 그 문제를 위한 '**합리적 원인**'이 될 수 있다. 그것은 단순한 육체적이고 감각적인 고통이 아니다.

3. 종말에 관한 '**합리적 목적**'이 될 수 있다. 우리가 우리의 마음을 우리 구주 그리스도께 향하게 하고 자비와 은혜를 귀히 여기며 우리를 하나님께 회복시키려는 의도로 슬퍼할 때.

4. 효과와 관련하여, '**합리적 결과**'가 될 수 있다. 이러한 앞에서 언급한 목적이 그의 결과가 될 때.

죄에 대한 슬픔은 의무이자 도덕적 선이다.

1. 공식적으로 그 자체를 고려하면 그렇다. 왜냐하면, 하나님을 거스르고 그의 율법을 범한 것에 대해 슬퍼한다는 것은 본질적으로 하나님을 기쁘시게 하고 그의 율법에 순종하려는 의지를 포함하기 때문이다.

2. 또한 **선한 원칙**에 의해, 즉 믿음과 사랑으로 선을 행해야 한다.

3. **올바른 목적**을 통해, 그것은 우리를 죄에서 하나님께로 인도한다.

4. **올바른 안내와 격정**을 통해, 우리가 슬퍼하는 것은 실수나 겉으로 보이는 죄가 아니라 참으로 죄라는 것이다. 그러나 **죄에 대한 잘못된 슬픔**은(물리적으로),

1) 악한 목적과 형식적인 이유가 있는 경우 잘못 슬퍼할 수 있다. 죄로서 죄를 슬퍼하는 것

이 아니라, 한 죄가 다른 죄를 방해하여 그것이 어떤 악한 계획을 훼손한 것처럼 슬퍼할 때 잘못된 슬픔이다.

2) 그 결과로 말미암아 사람들을 절망에 빠뜨리거나 고통스럽게 할 뿐, 그들을 죄에서 전혀 떼어놓지 않을 때 잘못된 슬픔이다.

3) 하나님에 대한 사랑이나 그분을 기쁘시게 하려는 관심에서 비롯된 것이 아니라, 단지 저주받기를 꺼리는 마음에서 나온 슬픔이 있다. 그래서 그 슬픔이 단지 저주를 받고 싶지 않아서 수단으로 한탄하는 것일 때에 잘못된 것이다. 그것은 슬픔이기는 하나, 명확하게 선하지도 악하지도 않고, 속으로는 악하다.

그러나 내가 지금 반대하는 것은 **과도한 슬픔의 열정**이다. 그리고 그것은,

1. 우리가 전혀 슬퍼하지 말아야 할 것을 위해 슬퍼할 때 과도한 것이다. 즉, 어떤 선을 위하거나 선하지도 나쁘지도 않은 무관심한 일을 위해 슬퍼할 때 지나친 것이다. 둘 다 마음의 요류에서 비롯된다.

2. 우리가 어느 정도 합법적으로 슬퍼할 수 있는 것에 대해 너무 많이 슬퍼할 때 지나친 것이다. 즉, 우리 자신의 고난이나 처벌과 관련한 고통에 대해 지나치게 슬퍼할 때 지나친 것이다.

3. 우리가 **어느 정도 슬퍼할 수밖에 없는 것에 대해 너무 많이 슬퍼할 때** 지나친 것이다. 예를 들면,

1) 우리의 죄 때문에. 2) 우리가 하나님의 은총이나 그의 은혜와 성령을 소유하지 못한 결과로 오는 것. 3) 다른 사람의 죄와 고통으로 인한 것. 4) 교회의 고통과 세상의 재앙으로 인

한 것. 5) 하나님의 명예로 인해 너무 많이 슬퍼할 때 지나친 것이다.

죄에 대해 지나치게 슬퍼하는 것은 쉬운 일이 아니지만 추정적으로 고려하면, 즉 우리는 죄를 있는 그대로보다 더 악하게 여기고, 그에 따라 슬퍼하기 어렵다. 그러나 큰 열정만큼, 다른 악에 대해 집중적으로 또는 죄에 대해 너무 많이 슬퍼하는 것을 너무 쉽게 자주한다. 이와 같이 죄에 대한 근심이 너무 클 때 지나친 것이다.

1. 슬픔이 마음을 산만하게 하고 이성을 뒤엎어, 슬픔의 목적을 이루지 못하게 할 때 지나친 것이다.

2. 그것이 영혼을 흐리게 하고 슬픔으로 덮어 그분의 약속을 보고 생각하며, 자비를 기뻐하며, 그것을 믿기에 부적합하게 하거나, 혜택을 인정하거나 받은 은혜를 인정하거나 그것에 대해 감사하거나 하나님의 사랑을 느끼거나 그를 사랑하는 것, 그를 찬양하는 것, 그를 생각하는 것, 또는 그를 부르기에 부적합하게 할 때. 그것이 영혼을 하나님에게서 몰아내고 의무를 약화시키고 자비를 서부하도록 가르치고, 절망에 빠지게 할 때, 이 모든 것은 너무 지나치며 잘못된 슬픔이다. 영혼을 선하게 하는 것보다 해롭게 하는 것도 다 마찬가지다. 슬픔은 그 자체로는 선한 것이 아니지만 선을 행하거나 선을 나타내는 것이다.

방향 제시-1 '당신의 마음을 가능한 한 진실하고 하나님께 가까이 두고, 그의 사랑을 확신하라. 그러면 당신이 거듭나지 않아 슬퍼할 비참한 영혼이 아니라는 것을 알게 되며, 다른 모든 슬픔은 잘 치유되고 더 견딜 수 있다.' 하나님이 당신 편에 계시고 그리스도와 성령과 천국이 내 것이라고 말할 수 있게 되면 당신은 이 세상이 주는 지나친 슬픔에 대항하여 가장 큰 힘을 가지게 될 것이다. 어떻게 그렇게 되지?라고 말한다면 나는 그것이 적절한 마음의 상태에서 열린다고 답한다. 깨어난 양심이 자기가 죄의 사슬에 매여 하나님의 저주 아래 있다는 것을 느끼자마자 슬픔에 압도되는 것은 이상한 일이 아니다. 그러나 그것에 대해 슬퍼하지 않을 때 가장 비참한 것이다. 슬픔이 그것을 그리스도께로 인도할 수 있다는 약간의 희망이 있다.

그러므로 당신이 안전하다고 생각하고 겸손하지 않으며 육체에 속한 가련한 사람이었는데 하나님이 이제 당신의 죄와 비참함을 보여 주심으로 당신을 겸손하게 하시기 시작했다면, 당신의 영혼을 사랑하는 것처럼 조심하여, 우울이나 지나친 슬픔을 쫓아버리는 척하며 필요한 슬픔과 회개를 버리지는 말아라. 당신의 비통함은 치료에 대한 당신의 희망을 돕는다.

방향 제시-2 '고의적이고 중한 죄를 지음으로써 양심의 상처를 새롭게 하지 말라.' 죄는 슬픔을 가져올 것이다. 특히 당신이 그것을 느낄 수 있는 은혜의 삶이 있다면 그렇다. 넘어져서 뼈가 부러지는 것처럼 고통이 따른다. 평화를 누리려면 주의 깊게 순종하라.

방향 제시-3 '하나님의 자비 안에 있는 소망의 일반적인 근거와 그리스도의 직분과 죽음, 그리고 새 언약에 있는 자유롭고 보편적인 용서와 은혜와 생명을 잘 알아야 한다.' 이러한 일반적인 위안의 근거에 대한 무지로 말미암아 많은 겸손한 영혼 안에 슬픔이 깃들어 있다. 이러한 위안을 알면 슬픔은 사라질 것이다.

방향 제시-4 '경건한 슬픔의 진정한 본질과 용도를 잘 알아라. 그것은 더 높은 은혜를 위한 수단일 뿐이며, 우리가 그 안에서 멈추거나 많이 가질 수 없다고 생각하는 것이 아니라 그것을 넘어설 수 있는 것이다.' 슬픔을 원하되 그 자리에, 그 적절한 목적을 위해 하라.

방향 제시-5 '슬픔이 기대하는 더 높은 은혜의 본질과 탁월함을 잘 알고, 사랑과 감사, 하나님을 기뻐하는 것, 열매를 맺는 순종까지 잘 알아라.' 그러면 당신은 이것들을 따르게 될 것이며, 그것들을 방해하는 슬픔을 미워하고, 당신을 그에 이르게 하는 슬픔을 소중히 여기며, 그것을 단지 수단으로만 소중히 여기는 법을 배우게 될 것이다.

방향 제시-6 '신중한 선견지명으로 모든 일, 특히 영혼의 일을 관리하고 눈앞에 보이는 것만 보지 말라.' 감각이 아니라 이성으로 판단하라. 감각은 예견할 수 없지만, 결국은 쓰라린 것으로 현재 자신을 기쁘게 하기 때문이다. 따라서 육체적인 즐거움은 슬픔을 압도하는 일반적인 방법이다. 내일 과식으로 인해 고통과 질병에 걸리지 않으려는 사람은 오늘 이성을 거스르는 식욕을 만족시켜서는 안 된다. 독은 단맛을 냄에도 불구하고 쥐어뜯듯이 아프게 하고 죽일 것이다. 당신이 자신의 고통에서 벗어나려면 당신이 먹는 것이 어떻게 작용할 것인지, 맛이 어떠할 뿐만 아니라 그 효과가 무엇인지 미리 알고 있어야 한다. 술 취하는 자는 자기의 구토와 빈곤과 수치나 질병을 생각하지 않으므로 그것을 일으킨다. 죄를 지은 영혼의 슬픔만큼 참을 수 없는 슬픔은 없다. 그것은 공포에 질려 하나님의 심판대에 이르고, 그곳에서 영원한 고통에 이르게 된다. 가장 즐겁게 짓는 죄에서 이 슬픔을 예견하라. 당신이 죄의 유혹을 받을 때, 슬픔에 빠지게 된다는 것을 기억하라. 그러면 당신은 그것을 막을 수 있다. 당신의 모든 특정한 행동에 예견하는 판단력을 사용하고 시작에 들어가기 전에 끝이 어떨지 물어보라. 우리 슬픔의 대부분은 이것이 없기 때문에 발생하며, 내가 이것을 알았거나 생각했더라면 그것을 막았을 것이라고 말한다. 회개해야 한다고 예견되는 일은 하지 말라. 회개는 슬픈 일이다. 사건이 중대하면 할수록 슬픔은 깊어진다. 사람들이 미래의 고통과 슬픔을 대가로, 금지되고 독성이 있는 쾌락을 조금도 사지 않는다면, 삶과 죽음이 얼마나 쉽고 편안할까! 만일 그들이 그 거룩하고 필요하며 쓰디쓴 약용 슬픔을 어리석게도 거절하지 않았다면, 그로 인해 그들의 더 크고 압도적이며 파멸시키는 슬픔을 막을 수 있었을 것이다!

방향 제시-7 '당신이 당신의 불행을 볼 때, 항상 당신의 해결책을 찾으라. 당신에게서 어떤 위험한 죄나 징조를 발견하면, 현재 회복과 탈출을 위해 당신의 의무가 무엇인지 생각하라.' 불평하고 무절제한 성격을 가진 사람들이 어떤 죄에 대해 책망을 받을 때, 그들이 할 수 있는 한 변명으로 책망에 저항하는 일은 평범한 일이다. 그들이 더 이상 변명할 수 없을 때, 그들은 절망적인 탄식에 빠지게 된다. 그들에게 그렇게 나쁘다면, 그때 그들은 어떻게 해야 할까! 그동안, 결코 죄를 대항하지 말고, 그 죄를 벗어 던지고, 순종으로 돌아서서 위안이 돌아올 수 있도록 해야 한다. 그들은 수정하는 것이 아니라 무엇이든 할 것이다. 하나님이 그들에게 죄를 깨닫게 하신 이유가 그들이 죄를 버리게 하려는 것이며, 그들이 이것이 아닌 어떤 일에 더 빨리 이르게 하기 위함이다. 그들에게 교만, 악의, 세속, 불복종, 게으름, 열정 등의 죄가 있다고 증명하면 그들은 해결책을 찾기 위해 개혁에 착수하는 것보다 더 빨리 슬픔과 절망에 빠질 것이다. 이것은 바로 마귀가 원하는 것이다. 마귀는 당신에게 슬픔과 절망을 허락할 수는 있지만 수정은 허락하지 않는다. 그러나 이것이 당신에게 최선일까? 아니면 하나님을 기쁘시게 하는 일일까? 당신의 죄를 부인하지 말고 그리스도 안에 당신의 용서와 구원이 충분하다는 것을 보라. 그분은 지금 당신의 회복을 위한 수단을 정하셨고 당신을 도울 준비가 되어 있다. 당신의 치료에 대한 당신의 의무가 무엇인지 물어보고 지체없이 치료를 시작하라.

방향 제시-8 '당신의 기쁨의 원인만 아니라 슬픔의 원인도 기억하라. 각각의 기쁨과 슬픔이 그것의 원인에 합당하도록 하라. 그 목적을 위해 당신은 당신 자신의 상태를 가장 정확하게 알기 위해 노력해야 하며, 당신은 도달할 수 있다.' 당신이 아직 하나님에 대한 공경심이 없다면, 슬픔이 기쁨보다 더 클 것이다. 그렇지 않다면, 그것이 비합리적인 기쁨이 되어 당신의 영혼에 해를 끼치어 당신의 슬픔이 더할 것이다. 당신은 하나님의 인내 안에서 당신에게 주어지는 위로의 이유와 구주의 제안과 용서와 은혜와 그 안에 있는 생명을 간과해서는 안 된다. 당신이 참으로 경건하다면 당신 자신과 다른 사람들의 고난과 연약함과 궁핍과 십자가와 고난에 대해 슬퍼해야 하며 당신이 이미 받은 헤아릴 수 없는 자비와 그리스도 안에서 당신의 몫과 영원한 생명과 당신의 은혜의 시작과 하나님과의 화목함을 결코 잊어서는 안 된다. 이것은 당신을 크게 기쁘게 할 것이다. 그리고 어떤 굴욕도 이 모든 자비의 관찰에 의해 판단하고 인정하는 것을 부정적으로 말하지 못할 것이다.

방향 제시-9 '주 안에서 기뻐하고 크게 기뻐하는 것이 당신의 의무라고 하는 성경의 모든 명령을 읽으라. 그것들을 하나님의 다른 명령처럼 당신의 양심으로 삼아라.' 듣고 기도하고 회개하라고 당신에게 명하는 하나님은 당신에게 기뻐하라고 명령한다. 다음의 성경 구절을 120) 참조하라.

---

120) 시 33:1; 빌 3:1, 3:3; 롬 5:2, 14:17, 12:12; 살전 5:16; 벧전 1:6-8, 4:13; 히 3:6; 고후 6:10; 시 5:11, 32:11, 132:9-16

방향 제시-10 '자신의 과도한 슬픔을 의무로 생각하여 친구가 되지 말고, 합당한 환희와 기쁨을 죄나 당신에게 어울리지 않는 것처럼 의심하지 말라.' 만일 당신이 당신의 죄를 당신의 의무로 생각하고 그것을 변호하고, 당신의 의무를 당신의 죄로 생각하고 그것을 보호하여 변론한다면, 당신은 수정과 회복의 길에서 거리가 멀다. 그러나 괴로워하고 약하고 조급한 영혼은 그들의 지나친 슬픔을 좋아하고(사랑에 빠진 것은 아니지만) 그것을 정당화하고 여전히 슬퍼하는 것이 자기들의 의무라고 생각하는 것이 일반적이다. 만일 이러한 슬픔이 하나님으로부터 온 것이라면 우리는 그들보다 생각이 부족한 것이고, 우리의 위로가 하나님을 더 기쁘시게 하지 않는다면 우리의 본성은 지금 그들에게 감동을 줄 수 없을 것이다.

방향 제시-11 '피조물을 너무 사랑하지 말고 그것이 당신에게 너무 달콤하고 즐거운 것이 되지 않도록 하라. 그렇지 않으면 그 피조물로 인한 슬픔을 준비하게 된다.' 그것을 덜 사랑하면 당신의 슬픔도 적을 것이다. 십자가와 상실, 재물, 재산, 자녀와 친구, 명성, 자유, 건강, 삶에 대한 모든 슬픔은 그들을 지나치게 사랑하는 데서 비롯된다. 그것들을 가치 있게 여기되 그들이 마땅히 받아야 할 만큼만 사랑하라. 그들을 자신의 우상이나 기쁨으로 삼는 사람은 그것들 없이는 살 수 없는 사람처럼 그것들의 결핍이나 상실을 슬퍼할 것이다. 그러나 자신의 행복과 희망을 하나님께 두고 자신의 궁극적인 목적보다 세상을 소중히 여기지 않는 사람은, 세상을 그 목적으로 하는 사람만큼 세상의 결핍에 대해 더 이상 슬퍼하지 않을 것이다. "돈을 사랑함이 일만 악의 뿌리가 되나니 이것을 탐내는 자들은 미혹을 받아 믿음에서 떠나 많은 근심으로써 자기를 찔렀도다."[121] 당신의 마음이 너무 과도하게 집착하고 바라는 것을 주의하고, 당신의 평안을 좋아한다면 그것을 빨리 제거하라.

방향 제시-12 '하나님의 뜻 안에서 기뻐하고 만족하는 법을 배우라. 당신에게 무엇이 필요한지 아시는 하늘 아버지를 신뢰하라.' 우리의 과도한 슬픔과 고통을 야기하는 것은 하나님의 뜻에 대한 우리 의지의 반항 또는 가벼운 분노다. 하나님이 우리의 자만심과 흥미와 정

---

121) 딤전 6:10

욕에 적합하지 않는 한, 우리는 우리의 의지를 그의 뜻에 맞출 수 없고 우리의 이성을 그의 지혜에 굴복시킬 수도 없고, 그의 섭리를 좋게 생각할 수도 없기 때문에 우리가 육체에 있는 한 우리는 평소에 그의 길을 불쾌하게 여기고 불만을 제기한다. 만일 우리가 우리의 재산, 이름, 자녀, 친구, 건강, 생명에 대해 선택할 수 있는 능력이 있었더라면 우리는(현재) 고민하지 않았을 것이다. 그러나 우리의 방식이 아니라 하나님의 방식이 취해지고, 우리의 뜻이 아니라 하나님의 뜻이 이루어지기 때문에 우리는 그분의 방식과 뜻이 우리의 것보다 더 나쁜 것 같이 슬퍼하고 불만을 품고 있는데, 하나님께서는 그의 어리석은 자녀들의 조언자가 되기를 바라셨고 그렇지 않으면 그들이 스스로 더 나은 선택을 할 수 있기를 원하셨다.

방향 제시-13 '하나님이나 사람이 당신을 괴롭히는 것 이상으로 너희 자신을 괴롭히지 말라. 그러나 만일 당신이 이미 당신의 의지에 반하는 것이 너무 많다고 생각한다면, 고의적으로 당신 자신을 괴롭히는 것이 얼마나 어리석고 자기 모순적인지 기억하라.' 사람들이 당신에게 고통을 주는 것이 중상 모략인가 아니면 비난인가? 그렇게 하도록 내버려 두어라. 그것은 마음에 닿지 않는다. 그것이 아이들과 친구들을 잃는 것인가? 아니면 고통과 질병인가? 나는 이것들이 아프다고 고백한다. 그러나 그것들은 마음에 닿지 않는다. 그것이 마음까지 온다면 그것은 당신의 일이다. 그리고 (그것들이 적당히 와야 하지만) 그것들이 과도하다면 그것은 당신 자신의 잘못된 행위다. 괴로움을 주고 마음을 아프게 하는 것은 당신이다. 하나님과 사람은 육체를 아프게 했을 뿐이다. 다른 사람이 당신의 몸을 해칠 때에 그에 따라 당신은 당신 마음을 괴롭힐 건가? 그들이 당신의 이름이나 물건에 해를 입히기 때문에 당신의 마음에 깊이 영향을 미치게 할 건가? 만일 그렇다면 당신의 슬픔 어느 부분이 그들의 원인이고 어느 부분이 자신의 것인지 되살려 생각하라. 당신이 수치를 당하여 하나님이나 사람에게 가서 자신이 초래한 슬픔에 대한 걱정에서 해방시켜 달라고 간청하고 그것에 대하여 기도하는 동안 고의로 걱정을 계속할 수 있는가? 왜 당신이 야기하고 선택한 것을 슬퍼하는가? 고의로 자신을 괴롭히는 자가 되는 것은 부끄러운 일이다.

방향 제시-14 '이성의 힘과 통치를 무너뜨리는 데에 도움이 되는 모든 것(즉, 마음의 모든 연약함과 비겁함, 우울함, 화를 잘 내고, 열렬한 성품)을 혐오하고, 이성의 권위를 지키고, 당신의 모든 정욕을 당신의 의지에 복종시키려고 힘쓰라. 이것은 기독교 신앙과 불굴의 의지로 행해져야 한다.' 당신이 언젠가 그 유치하거나 이성을 잃은 추정으로 슬퍼하며 말한다면, 나는 어쩔 수가 없다. 나는 그것이 잘못되고 과도하다는 것을 알고 있으며, 게다가 선택할 수 없다. 만약 당신이 진실이라고 말한다 해도, 당신은 상담, 조언, 또는 위로의 범위 밖에 있다. 당신은 설교를 들음에도, 말로도, 글을 써서도 위로의 손이 닿지 않는다. 우리는 사람들에게 별에 가는 법을 가르치거나 달의 표면에 돌출된 영역이나 평등하지 않은 상태를 설명하거나, 토성의 불투명한 부분을 설명하거나, 천체를 다스리거나, 태양계의 규칙을 가르치기 위해 이 방향 제시를 쓰는 것이 아니다. 만약 이것이 당신에게 자연적으로 불가능한 일이 된다면, 교리는 당신에게 해결책을 줄 수 없다. 그러나 만약 불가능한 일이 도덕적이고 이성의 연약함과, 사려의 부족뿐이면, 그것은 교리와 특정 요인의 고려와 결심으로 극복될 수 있다. 당신이 생각하는 것보다 당신이 원한다면 더 많은 것을 할 수 있다. 당신은 어떻게 당신의 열정에 대한 통제력을 잃게 되었나? 하나님이 당신을 이해력과 모든 열정을 다스릴 의지가 있는 이성적인 피조물로 만들지 않았는가? 어떻게 당신은 이성과 의지에 대한 지배력을 잃게 되었나? 당신은 당신이 이성을 사용할 수 없다는 것을 핑하하는 것으로 생각할 것이나. 그것은 열정과 다른 모든 열등한 종속적인 힘을 지배하기 위해 주로 사용되는 것이 아닌가? 당신은 슬퍼하지 않을 수 없다고 말한다! 그러나 누군가 당신이 원하거나 소망하는 것을 준다면 그때 당신은 선택할 수 있다. 누군가 당신에게 잃어버린 자녀, 친구, 재산을 되찾아준다면 기뻐할 것이다. 그러나 하나님과 그리스도와 하늘은 당신을 치료하기에 충분하지 않은 것처럼 보인다. 만약 당신이 그들을 제외한다면 당신은 슬퍼하지 않을 수 없다! 그때 그런 식으로 당신에게 영향을 받는 것은 어떤 마음인가? 그 마음들은 오히려 슬퍼해야 하지 않을까? 하나님은 언젠가 당신이 이용한 것보다 더 큰 힘을 가졌다는 것을 깨닫게 하실 것이다.

방향 제시-15 '과도한 슬픔의 해악을 관찰하면 그것을 피해야 할 이유를 느낄 수 있다.' 당신은 그 안에 어떤 해가 있는지 알지 못하기에, 그것을 저항하는데 진지함이 부족할 것이다. 나는 그 슬픔의 불행한 열매 몇 가지를 간단히 말하려 한다.

[잘못된 슬픔의 나쁜 결과]

1. 그것은 마음의 지속적인 고통과 병이다(당신은 이것을 느낌으로 안다).

2. 그것은 육체의 건강과 생명을 파괴한다. "세상의 근심은 사망을 이룬다."[122] "마음의 즐거움은 양약이라도 심령의 근심은 뼈를 마르게 한다."[123]

3. 그것은 영혼으로 하여금 자비를 크게 기뻐하지 못하게 하고, 과소평가 하게한다. 결과적으로 그것에 대해 감사하지 않고 개선하지 못하게 한다.

4. 그것은 하나님의 사랑에 대한 감각을 파괴하고, 슬프게도 영혼이 그를 사랑할 의욕이 없게 한다. 그러므로 그 한 가지 결과 때문에 우리는 그것을 혐오해야 한다.

5. 그것은 성령 안에서 기쁨을 파괴하고, 끊임없이 기뻐하라는 하나님의 명령에 순종하지 못하게 한다.

6. 그것은 하늘의 마음과 대화에 모순되며 영원한 기쁨에 대해 미리 맛보는 것을 방해한다.

7. 그것은 우리로 가장 훌륭한 찬양의 일을 하지 못하게 한다. 슬픔이 영혼을 압제하고 사로잡는 동안에 누가 하나님을 찬양할 수 있을까?

8. 그것은 하나님의 모든 규례와 듣는 것과 읽는 것과 기도하는 것과 성찬의 달콤함을 파괴한다. 우리는 그것을 억지로 사용할 수 있지만 그것들 안에는 기쁨은 없을 것이다.

---

122) 고후 7:10
123) 잠 17:22

9. 그것은 믿음의 행사를 방해하고, 우리 안에 불신과 죄의식과 두려움을 불러일으킨다.

10. 그것은 하나님과 인간에 대한 잘못된 불만과 불평을 야기한다.

11. 그것은 우리를 참을성 없고 짜증나게 하고 얼굴을 찌푸리게 하고 화나게 하고 기뻐하기 어렵게 만든다.

12. 그것은 모든 선한 일에 대하여 영혼을 약하게 하고, 그 용기와 힘을 파괴한다. "여호와로 인하여 기뻐하는 것이 너희의 힘이다."[124]

13. 그것은 우리의 소명을 감당하지 못하게 방해한다. 그러기에 불안한 마음으로 누가 자기들이 마땅히 해야 할 일을 할 수 있을까?

14. 그것은 우리를 친구들에게 슬픔과 부담이 되게 하고, 그들이 우리 안에서 그리고 우리에 의해 가져야 할 편안함을 빼앗는다.

15. 그것은 우리를 다른 사람에게 무익하게 하고, 우리가 할 수 있는 선한 일을 하지 못하게 한다. 우리가 불쌍한 죄인들을 가르치고 권하고 기도해야 할 때, 또는 하나님의 교회를 염두에 두어야 할 때, 우리는 모두 집에서 자신의 고뇌에 대해 생각한다.

16. 그것은 우리를 경건하지 않은 자들에게 걸림돌과 추문으로 만들고, 그들의 회심을 방해한다. 마귀는 우리를 마치 자기 밭과 정원에 새들을 쫓는 허수아비처럼 교회 문 앞에 세워두어, 경건하지 않은 자들을 도망치게 하는 것과 같다.

---

124) 느 8:10

17. 그것은 사람들로 하여금 종교는 우울하고 성가시고 스스로를 괴롭히는 삶이라고 믿게 함으로써 종교를 더럽힌다.

18. 그것은 복음의 영광을 가리고, 그리스도와 그의 영과 모든 백성에게 큰 기쁨의 메시지를 전하는 사역자의 일을 막는다. 그리고 가장 악한 죄인들에게 복음 선포를 막고, 더군다나 하나님의 아들과 생명의 상속자의 일을 막는다.

19. 그것은 마치 우리가 사람들에게 하나님은 엄격하고 잔인한 주인이며 중보자를 통하여 모든 것을 하지만 아무도 기쁘게 할 수 없다고 사람들을 설득하려는 것처럼 하나님 자신에 대해 부정확하게 말하는 것이다. 그리고 우리가 그를 섬긴 이후로 우리에게 더 나빠졌다는 것과 그는 우리의 슬픔과 비참함을 기뻐하고 우리의 평화와 기쁨에 반하고 그분에 대한 봉사에서 기쁨이나 즐거움이 없다고 부정확하게 말하는 것이다. 하나님을 두려워하고 찾는다고 공언하는 자들이 이처럼 지나친 슬픔과 환난 속에서 산다면, 우리의 삶으로 나타내는 하나님은 그러한 끔찍한 가르침을 주는 분이 된다.

20. 그것은 지옥에서 할 수 없을지라도, 여기서 우리를 괴롭히는 것을 기뻐하는 마귀를 너무 기쁘게 한다. 특히 마귀가 억제될 때 스스로를 사형집행자로 만든다. 마귀가 '내가 너를 화나게 할 수 없지만, 내가 너를 화나게 하도록 설득할 것이라.'라고 자랑스럽게 말할 수 있게 한다. 이것들은 잘못된 슬픔의 열매다.

방향 제시-16 '당신의 생각을 다스리고 당신의 슬픔을 야기하는 대상에 대해 사색하거나 먹이를 주지 않도록 하라.' 당신이 항상 생각 속에서 그것을 문지르고 있다면 당신의 궤양이 항상 쑤시는 것은 이상한 일이 아니다. 이 점에 대해서는 지금으로 충분하다.

제10과 잘못된 절망(그리고 의심)에 대한 방향 제시

절망은 희망과 정반대이다. 의무인 절망이 있고, 죄가 되는 절망이 있고, 불확실한 절망이 있는데, 이는 자연적이지 도덕적인 것이 아니다. 절망은 앞에서 설명한 잘못된 희망에 반대될 때 의무이다.

1. 하나님이 우리에게 결코 일어나지 않을 것이라고 말씀하신 어떤 것을 절망하는 것은 우리의 의무다. 왜냐하면 우리는 그분의 말씀을 믿어야 하기 때문이다. 온 세상 사람들이 구원을 받거나 회심하거나 우리 몸이 죽지 않고 멸망하지 않는 것과 같은 많은 것들이 있다.

2. 하나님께서 결코 얻을 수 없다고 말씀하신 수단이나 조건으로 언제든지 좋은 결과를 얻을 수 없는 것을 절망하는 것은 의무다. 그러므로 거듭나지 않은 사람이 거듭남과 회심과 거룩함 없이 언제든지 구원받을 것에 대해 절망하고, 육체를 따라 살며 그리스도의 영이 없고 죄를 거짓되게 회개하지 않고, 새로운 피조물이 되지 않고, 육체를 그 사랑의 감정과 정욕과 함께 십자가에 못 박지 않는다면 영원히 용서받거나 구원받는 것에 대해 절망하는 것은 큰 의무다. 이러한 절망은 죄인의 회심에 가장 먼저 필요한 것 중의 하나다. 왜냐하면 중생 없이 용서받고 구원받겠다는 거짓 소망은 제거해야 할 현재의 장애물이기 때문이다.

절망은 하나님께서 우리에게 명하신 어떤 희망에도 어긋날 때 죄이다. (그러므로, 그것은 잠잘 때나 다른 때에는 무죄할 수 있는 소극적 절망, 즉 희망을 갖지 않는 것뿐만 아니라 희망에 반하는 결론을 내리는 분명한 절망도 포함된다.)

예를 들면,

1. 어떤 특정한 약속의 유익에 대한 특별한 절망으로, 마치 이스라엘이 애굽에서 구출되기를, 또는 아브라함이 아들을 낳는 것에 절망한 것과 같다.

2. 어떤 일반적인 약속의 성취에 대한 일반적인 절망으로, 우리가 부활이나 영광 중에 있는 그리스도의 나라에 대하여 절망하는 것과 같다.

3. 우리 자신에 대한 용서와 구원에 대한 절망을 잘못 적용하여, 그것이 지금까지 다른 사람도 그럴 것이라고 믿는 것과 같다.

그렇다. 절망은 어떤 약속이나 명령된 희망에 반대되지 않음에도 불구하고 때때로 죄가 된다. 왜냐하면, 하나님이 어떤 식으로 든 뜻을 밝히지 않았다면 그것을 기대하는 것은 의무가 아니며, 그럼에도 불구하고 그렇게 되지 않을 것이라고 확실하게 결론을 내리는 것은 죄이기 때문이다. 그때 우리는 우리가 알고 있는 것보다 더 많은 것을 말하거나, 또는 하나님이 계시한 것보다 더 많은 것을 말할 것이기 때문이다. 희망이 단순한 가능성에 대한 이해에서 비롯되는 위안이라면, 참으로 오직 가능한 선을 희망하는 것은 의무다. 그러나 희망을 확고한 기대로 생각한다면 그때 그러한 희망과 그 반대의 절망 모두는 죄가 될 것이다. 희망이 없을 수 있지만 절망해서는 안 된다. 가능한 것만 가능하다고 생각해야 한다. 지금까지 그렇게 생각한다.

절망해서 안 되는 일반적인 자비에 대해 절망하는 사람은, 합리적 원인(ratione materiæ)에 가장 작은 죄를 짓는 것이다. 다른 사람에 대한 큰 자비에 절망하는 사람은(약속되지는 않았지만) 합리적 원인에 더 큰 죄를 짓는다. 마치 나쁜 아이의 개종이나 왕국에 대한 복음의 지속에 대해 절망하는 것과 같다. 그러나 자기 자신의 용서와 구원을 멸시하는 자는 더욱 위험한 방식으로 합리적 원인에 죄를 짓는다.

복음의 진리나 그리스도의 충분성에 대한 절망으로 말미암아 용서와 구원에 대해 절망하는 것은 저주받을 만하며, 그것이 우세하다면 비참한 이교도의 어떤 표시다. 그러나 모든 복음이 참되다는 것을 믿고 그리스도와의 삶을 최고로 갈구하면서도 지금까지 자기 자신에 대한 너무 나쁜 생각이나 다른 실수로 인해 절망하는 것은 은혜를 신뢰해야 하는 연약함의 죄이다(죄인이 경건한 삶을 버리고 악한 삶에 자신을 맡길 만큼 절망이 깊고 만연하지 않는 한). 성경은 겸손한 종류의 절망에 대해 거의 언급하지 않으며, 불신앙처럼 절망을 위협하는 곳도 없다.

극복할 수 없는 우세한 우울에서 즉시 오는 가장 흔한 절망은(처음에 죄로 인해 발생하지만) 미친 사람의 절망이나 고함 또는 사랑의 열병에 걸린 사람의 절망이나 외침이 그러하듯 죄를 포함하거나 위험한 것이 아니다. 내가 여기서 말하고자 하는 것은 개인적인 오용과 특별한 실수를 인한 너무 보통의 절망이다.

방향 제시-1 '믿음과 소망의 세 가지 일반적인 근거를 모르거나 오해하지 않도록 주의하라.

1. 하나님의 무한한 선과 그의 헤아릴 수 없는 사랑과 자비.

2. 모든 사람에 대한 그리스도의 직분과의 관계, 그리고 모든 사람을 위한 그리스도의 대속과 희생의 충분함.

3. 약속의 보편성, 또는 망각의 행위, 회개하는 믿음과 받아들임을 조건으로 모든 사람에게 거저 주어지는 용서와 구원의 증여 행위, 그리스도에 의해 얻어지고 주어지며 복음에 포함된 것.' 이 중 하나라도 믿지 않거나 이해하지 못하여 잘못 알고 있거나, 그것들을 잘 고려하고 개선하지 않는다면, 당신이 계속 의심하고 절망할 가능성이 있는 것은 당연하다.

방향 제시-2 '이 보편적인 약속의 조건의 참된 본질을 잘 이해하라. 그것이 복음이 제시하는 그리스도와 생명에 대한 의지 또는 수용에 얼마나 많이 구성되어 있는지, 또는 하나님이 우리의 하나님이자 아버지이시며 우리의 구세주이고 거룩하게 하는 분이라는 세례 언약에 대한 진심 어린 동의라는 것을 잘 이해해야 한다.' 하나님의 평가는 사람의 선택, 그는 참된 신자이며 그리스도 안에서 역할을 가지고 있으며, 자기의 직무가 끝날 때까지 진정으로 그를 원하고 이것에 진심으로 동의하는 여부이다. 그런 사람은 은혜의 언약의 모든 혜택을 누릴 권리가 있다. 이것이 진정한 믿음이다. 이것이 용서의 조건이다. 이러한 조건으로 그리스도와 생명이 주어진다. 이것은 은혜의 상태에 대한 틀림없는 증거이다. 이것을 알지 못하고 이것을 제외한 다른 것을 필요에 따라 찾으면 당황하고 절망하는 것이 당연하다.

방향 제시-3 '죄에 대한 사면을 허락하는 사죄하는 언약의 범위를 이해하라. 그것은 그 조건을 수행하는 자들(즉 동의하는 자)에게 예외 없이 모든 죄에 대해 용서를 한다는 것이다. 따라서 직접적으로 조건을 수행하지 않는 자에게는 어떤 죄도 용서되지 않는다. 결과적으로 조건을 수행하지 않는 자들의 모든 죄는 용서에서 제외되고 언약에 의해 결코 용서되지 않는다.' 모든 조건부 허락은 명시적으로 조건을 만들어 조건을 이행하지 않는 경우를 제외한다. 믿고 회개하는 자에게는 모든 죄가 용서되나 믿지 않고 회개하지 않는 자에게는 용서가 없다는 것을 확실히 의미한다. 그들이 계속 그렇게 하면 용서가 없으며 또는 특별히 용서되는 죄는 없다. 그러나 회개하는 신자나 조건에 동의하는 자에게는 모든 죄가 용서된다. 그래서 옛사람들은 세례를 받은 사람은 합당한 백성이 되고 세례에 의해 인쳐지고 전달되는 언약의 조건을 갖는 것으로 생각하면서 세례로 모든 죄가 씻겨진다고 말한다.

방향 제시-4 '성령을 거스르는 예외적인 죄를 오해하지 말라. 그것은 언약의 조건에 대한 심각한 불이행과 거부나 다름없다. 즉 불신자들이 그들의 불신앙에 너무 완고하여 그리스도가 참된 메시아나 구세주라는 것을 확신하기보다 오히려 성령의 기적을 마귀에게 전가할 때이다.' 이것이 성령을 거스르는 죄의 참된 본성이며, 내가 쓴 《불신론》의 3부에서 설명되었다. 누구든지 예수를 그리스도와 구세주로 고백하거나, 그리스도와 그의 사도들이 행한 기적이 성령에 의해 행해졌다고 고백하거나, 복음이 참되다고 고백하거나, 자기의 죄와 불신앙을 정당화하지 않는 사람은 성령에 대항하여 죄를 짓는 사람이 없다. 고백된 기적에 대해 이런 죄를 범하는 자는 불신자라고 공언해야 한다. 지금까지 많은 사람들이 이 죄가 무엇인지 결코 이해하지 못하는 가운데 이 죄를 범했다고 두려워하기 때문에 절망한다. 이 죄가 자신의 죄라고 생각하게 만드는 단순한 두려움과 그들이 혐오하는 불경스러운 유혹 외에는 아무 이유도 없다. 하지만 사실은 그들의 두려운 상태에서 만일 어떤 죄가 그렇게 심하게 언급되었다면 그들은 그것이 그들의 죄라고 생각했을 것이다.

방향 제시-5 '복음의 상태가 지속되는 시간은 우리의 삶이 지상에서 끝날 때까지라는 것을 이해하라. 그의 은혜의 날은 이보다 더 짧지 않다.' 복음은 금년이나 내년에 믿는 자는 구원을 얻을 것이라 하지 않고, 절대적으로 죽기 전에 제한 없이 믿는 사람은 구원을 얻을 것이라고 한다. 그러므로 어느 때든 죽기 전에 가진 참된 회개와 믿음이 받아들여질지 의심하는 것은 복음을 모르거나 그것이 사실인지 의심하는 것에 불과하다. 그러므로 절망에 빠진 영혼이 은혜의 날이 지나갔으니 이제 회개한다면 너무 늦었다고 생각하는 것은 복음 언약 자체의 진실을 부정하거나 무엇을 모른다고 하는 것이다. 하나님은 죽기 전에 진정으로 회개하고 믿는 영혼을 결코 거부하지 않으신다.

이의 1 '그러나 (그들은 말할 것이다.) 어떤 신학자들은 어떤 사람들의 은혜의 날이 더 빨리 지나갔고, 하나님께서 그들을 버리셨고, 그들이 제때에 오지 않았기 때문에 너무 늦었다고 말하지 않는가?'

[은혜의 날이 지나갔다고 말할 때]

답 그들이 말하는 것을 이해하는 사람은 이 말을 알아야 한다. '은혜의 날'이라는 단어에는 다양한 의미가 있다.

1. 은혜의 날이란 복음의 취지에 따라 하나님께서 회개하는 자들을 용서하시고 받아들일 때를 말한다. 이런 의미에서 삶의 기간은 은혜의 기간이다. 죄인이 회개하고 회심할 때마다 그 사람은 용서를 받는다.

2. 때때로 은혜의 날은 은혜의 수단이 한 민족이나 개인에게 계속되는 때를 의미한다. 그러므로 어떤 나라에서는 은혜의 날이 다른 나라보다 더 빨리 지나간 것은 사실이다. 즉, 하나님은 때때로 그들을 거부하는 백성에게서 그의 복음 전파자들을 데려가시기에 그들에게 설교를 통해 은혜를 더 이상 베풀지 않는다. 이런 의미에서 사람은 자신의 은혜의 날이 지나갔

는지 아닌지 쉽게 알 수 있다. 즉, 성경과 책과 기독교인과 설교자들이 모두 사라졌는가 여부이다. (그러나 만일 그렇다면 그들이 떠나기 전에 그리스도를 영접하는 사람은 안전하다.) 지혜로운 사람은 그리스도께서 그에게 제공되는 동안이나 그에 관한 성경이나 설교자 또는 기독교인이 있는 동안에는 이 은혜의 날이 지나갔다고 생각할 수 없다.

3. 때때로 은혜의 날은 우리가 우리의 때라고 확신하는 때를 의미한다. 그래서 은혜의 시간은 오직 현재 순간뿐이다. 즉, 우리는 다른 순간을 미리 확정할 수 없다. 그러나 그것이 오는 다음 순간은 전자와 마찬가지로 은혜의 때이다.

4. 때때로 은혜의 날은 하나님이 실제로 일하시고 은혜를 베푸는 시간을 의미한다. 그리고 그것은 우리가 회심한 날에 지나지 않는다. 그런 의미에서 은혜의 날이 지나간다는 것은 행복과 위안이다. 즉, 우리가 회심한 날이 과거라는 것이다.

5. 때때로 '은혜의 날'은 하나님께서 회개하지 않는 자들의 마음을 이전보다 더 강하게 회심으로 움직이게 하시는 날을 의미한다. 이것을 신학자들은 죽기 전 사람들에게 지나간 은혜의 날을 의미한다. 즉, 은혜의 날이 죽기 전에 지나갔다는 말은, 비록 그러한 사람들은 결코 유효한 은혜의 날을 가지지 못했지만, 그들의 움직임은 그날 가까이에서 더 강했고, 그날로부터 멀리 갔을 때보다 회심하기에 더 적절했다. 이것이 사실이고 이것이 전부다. 은혜의 날이 지나갔기 때문에 기꺼이 와서는 자기가 받아들여질 것인지 무지한 질문을 하는 영혼은 누군가?

이의 2 '그리스도께서 "너도 오늘 평화에 관한 일을 알았더라면 좋을 뻔하였다."[125]고 말씀하셨다.'

---

125) 눅 19:42

답 그날은 설교를 통해 은혜를 베푸는 날이었다. 우리는 민족들이 복음으로부터 기쁨으로 받는 날이 있다는 것을 인정한다. 그들이 죄를 지음으로 복음의 날이 버려지고 단축될 수 있다.

이의 3 '그러나 **에서**는 "그 후에 축복을 이어받으려고 눈물을 흘리며 구하되 버린 바 되어 회개할 기회를 얻지 못하였느니라."[126]고 했다. 그때 이생에서의 회개는 너무 늦은 것 아닐까?'

답 **이삭**이 **야곱**에게 축복을 주자마자 **에서**의 축복의 시간이 이미 지난 것은 사실이다. 그가 장자의 명분을 팔았을 때 그것을 취소하기에는 너무 늦었다. 그 권리는 그의 형제에게 넘어갔기 때문이다. 회개와 통곡과 눈물로는 그가 판 권리를 취소할 수 없고, 이삭이 한 축복의 말도 취소할 수 없었다. 그러나 이것은 우리의 은혜의 날이 죽을 때까지 지속되지 않는다는 것을 증명하는 것이나 죽기 전에 회개하는 사람은 **에서**의 회개와 같이 거절당할 것이라는 것을 증명하지 않는다. 사도들은 그런 말을 하거나 의미하지 않는다. 그의 말뜻은 이뿐이니, 너희 중에 **복음의 축복**, 심지어 그리스도와 영생까지도 경시하는 불경한 일이 없도록 주의하라. 자기의 장자권보다 한 그릇의 음식을 중하게 여긴 **에서**와 같이 천박한 욕망이나 일시적인 일로 축복을 버리는 불경한 일이 없도록 주의하라. 그들이 (예수께서 말씀하시던. 문이 닫히고 주님이 오실 때) 간절히 회개할 때가 올 것이 확실하기 때문이다. 그런 다음 복이 사라졌을 때의 **에서**가 그랬던 것처럼, 그들의 축복이 없어졌을 때에 저희도 그러하리라. 회개하고 부르짖으며 눈물을 흘린다 해도 너무 늦을 것이다. 이는 복음은 율법과 같이 정의와 두려움이 있기 때문이다. 이 모든 것이 본문에 있지만 우리의 은혜의 날이 **에서**의 축복에 대한 희망만큼 짧다는 암시는 없다.

이의 4 '**사울**은 자신의 때가 있었는데, 그가 길을 잃었을 때 하나님으로부터 버림을 받았다.'

---
126) 히 12:17

답 **사울**의 죄는 하나님을 격노하게 하여 그를 이스라엘 왕에서 물러나게 하고 그를 대신하여 다른 사람을 세우게 했다. 그러나 만일 **사울**이 회개하였더라면 왕관은 되찾지 못했을지라도 후에 구원은 받았을 것이다. 하나님께서 통치의 영을 그에게서 거두어 가셨듯이 많은 사람들이 죽기 전에 그들의 죄의 중대함으로 인해 하나님께서 때때로 그들이 가지고 있던 죄 안에 있는 그러한 열정의 움직임과 죄의 자각과 두려움과 불안을 그대로 두시기까지 그들을 버리신 것은 사실이다. 그리고 그들을 '버림받은 마음'에 넘겨주고 '탐욕으로 모든 더러움'을 범하게 하고, '감각 없는 자'[127]처럼 그 안에서 자랑하게 한다. 만일 당신이 이와 같이 된다면 당신은 낫지 못하고 회복되지 못할 것이며 죄가 당신에게 최선이라고 생각하고 당신을 개혁할 모든 것을 미워할 것이다.

이의 5 '고린도후서 6장 2절에서, "보라 지금은 은혜 받을 만한 때요 보라 지금은 구원의 날이다."고 말씀하셨다. 그리고 히브리서 3장 7, 12, 13절에서, "너희가 그의 음성을 듣거든, 너희 마음을 완악하게 하지 말라. 죄의 유혹으로 완고하게 되지 않도록 하라."고 말씀하셨다.'

답 이것은 현재가 가장 좋은 때, 참으로 유일한 특정한 때라고 말하는 것뿐이다. 그리고 우리는 구원의 날이 더 이상 계속될지 확신하지 못한다. 죽음이 우리를 끊을 수 있기 때문이다. 그러나 그렇지 않으면 죄는 더 굳게 될 것이다! 참으로 하나님은 성령의 움직임을 억제하시고, 우리 마음의 완악함대로 우리를 내버려 두실 수 있다. 그때 그는 회개하지 않고 진리를 미워하는 수천 명의 사악한 사람들 때문에 그렇게 한다. 그러나 가장 확실하게 그 사람들이 회개했다면 그들은 구원받을 수 있을 것이다. 그들이 그리스도와 생명이 없는 그 이유는 여전히 그들이 동의하지 않기 때문이다.

방향 제시-6 '복음에 대한 순종이 어떤 도움과 힘으로 행해져야 하는지 이해하라. 복음은

---

127) 롬 1:28; 엡 4:18, 19

당신 자신의 힘이 아니라 은혜와 그리스도의 힘으로 행해야 한다. 하나님께서 당신을 기꺼이 도우셨다면 당신이 나머지 일을 할 수 있도록 도우실 것이다.' 당신은 이 언약에 의해 당신 자신이 구원자와 거룩하게 하는 자가 되는 것이 아니라 그리스도께서 당신의 구주이며 성령이 당신을 거룩하게 하시는 분임을 동의하는 것이다. 당신이 전혀 할 수 없는 일을 맡는다면 정말로 절망할 수도 있다. 비록 당신이 "두렵고 떨림으로 자신의 구원을 이루어야 할지라도, 자기의 기쁘신 뜻을 위하여 너희에게 소원을 두고 행하게 하시는 분은 하나님이시다."[128]

방향 제시-7 '당신은 죽음을 면할 수 없는 죄와 연약함의 차이를 잘 이해하라. 그러면 모든 죄가 사망에 이르거나 은혜 없음의 징조라고 생각하지 않을 것이다. 그러나 당신 자신이 정당화되지 않는다고 생각하게 하는 죄와 정당화된 자가 범하는 것과 같은 특별한 복종을 요구하는 죄의 차이를 알 수 있을 것이다.' 비록 우리가 로마 가톨릭의 시각에서 용서받을 수 있는 죄는 죄로 생각하지 않는다. 즉, 그 자체로 죄가 아니라면 행위의 법칙에 따라 죽을 만한 죄가 아니라고 간주한다. 그때, 죽음을 면할 수 없는 죄와 용서받을 수 있는 죄의 구별은 매우 필요하다. 즉, 사람을 사망의 상태, 즉 의롭지 못한 상태로 만드는 죄와 은혜와 정당화된 상태에서 짓는 죄의 구별은 필요하다. 복음이 용서하지 않는 죄와 복음이 용서하는 죄 속, 참된 회개를 용인하는 모든 죄는 구별되어야 한다. 죄를 회개하는 모든 사람들이, 죄를 짓지 않기 위해 버리는 죄도 있고, 회개하는 자들이 사실 죄를 미워하면서도 지금까지 회개 자체를 행함에 있어 믿음, 사랑, 신뢰, 두려움과 순종에 관해 하나 이상의 결함을 자주 원래의 상태로 복원하는 몇 가지 작은 죄도 있다. 예를 들면, 우리의 헛된 생각과 말들, 타락으로 향하는 열정, 하나님이나 사람에 대한 생각, 사랑의 감정, 말 또는 행위에 대한 많은 의무의 태만, 우리가 무시한 사소한 시간들, 사람에 대한 사악한 냉담함과 태만 등을 가지고 있는 기도와 다른 의무가 있다. 그러한 많은 죄들은 생명과 관련되어 있고 용서받았기 때문에 도덕적 연약함이고 용서받을 수 있다고 하는 것이 합당하다. 이 둘의 차이를 분별하는 것은 우리 양심의 평화에 큰 도움이 된다. 한 종류는 다른 상태로의 개종을 필요로 하고 다른 종류는 특별한

---

128) 빌 2:12, 13

회개만 필요로 하고, 그것이 알려지지 않은 경우 특별한 회개 없이 용서를 받는다. 왜냐하면 우리의 일반적인 회개는 사실상, 실질적이지 않지만 그것들에 대해 개별적이기 때문이다. 한 종류는 우리 자신을 하나님에 대한 공경심이 없다고 판단하는 이유이고, 다른 종류는 부모에 대한 자녀의 의무인 겸손의 이유일 뿐이다. 누구나 그 차이를 분별할 필요성이 크다는 것을 알 수 있다. 그러나 그것들을 구별하는 것은 교리적으로 큰 판단의 문제이며, 당신 자신 안에서 모든 경우에 그것들을 실제적으로 식별하는 것은 훨씬 더 중요하다. 방법은 먼저 새 언약의 조건이 무엇인지, 구원이나 의롭게 되는 일에 절대적으로 필요한 것이 무엇인지 아는 것이다. 그런 다음, 그 조건과 일치하지 않는 모든 죄는 영원한 죽음을 초래할 것이고, 조건과 모순되지 않고 일치하는 나머지 죄는 가볍거나 도덕적 연약함으로 짓는 죄일 뿐이다. 용서받을 수 있는 죄는 진정한 은혜가 있고 용서받을 수 있는 죄라는 것만을 의미하는 것이기에, 용서받을 수 있는 죄는 실제적으로 성화되지 않은 사람에게 있을 수 있다. 즉, 예를 들면, 방황하는 생각이나 열정은 진정한 은혜가 있는 경건한 자 안에 있는 그런 종류의 죄이다. 그러나 용서받을 수 있는 죄는 사망의 상태에서 생명의 상태로의 전환없이 용서되거나 용서받을 수 있는 죄를 의미하기에, 용서받을 수 있는 죄는 거듭나지 않고 정당화되지 않은 사람이 아니라 성도의 연약함에 있는 것이다. 여기서 그것에 대해 결과적으로 이야기한다. 한마디로 습관적인 회개와 그것을 미워하며 죄를 짓는 것보다 차라리 그 죄에서 벗어나기를 원하고 하나님께서 당신의 아버지, 구세주, 성화되게 하시는 분, 그리고 무엇보다도 사랑이시라는 언약에 거짓 없이 동의하는 한 그것은 연약함과 용서받을 수 있는 죄에 불과하다. 그러나 죄의 본질, 그것들이 무엇인지 알기 위해서는 그 자체로 당신을 안내하는 한 권의 책이 필요하다.

방향 제시-8 '그런 위험과 어려움의 경우에 그리스도의 신실한 사역자가 당신의 양심의 인도자가 되는 것이 얼마나 필요한지 이해하라. 진실로 그들에게 당신의 사건을 공개하고, 그들의 직책과 능력, 충실함이 요구하는 만큼 당신의 상태에 대한 그들의 판단을 신뢰하고, 그들이 판단하기에 더 적합한 경우에, 당신의 두려워하고 어둡고 당혹스러운 판단을 그들의 판단보다 우선하지 말라.' 당신은 부족하고 도움이 필요하다고 스스로 느끼지 않는가? 절망의 유혹을 받는 영혼은 분명히 그것을 쉽게 느낄 수 있다. 그렇지 않다면 당신은 매우 교만하거나 맹목적으로 자만하다. 이성적으로 허용하는 한, 당신은 그들에게 직분을 임명하신 그리스도께서 그들의 직분을 신뢰하고, 사용할 것을 요구하신다는 것을 쉽게 알 수 있다. 그리고 봉사가 아니라면, 지금까지의 능력과 충실함은 그 자체로 인정받을 자격이 있고 요구된다. 그렇지 않다면 왜 의사, 변호사, 그리고 여러 가지 직업과 예술분야에서 평판이 좋고 충실한 모든 공예가를 신뢰하는 이유가 무엇인가? 나는 어떤 사람도 하나님만큼 무오 하다고 믿어서는 안 된다는 것을 안다. 그러나 사람은 사람으로서 믿어야 한다. 그리고 당신이 당신의 의사나 변호사를 사용하고 신뢰하는 것처럼 당신의 영적 안내자를 사용하고 신뢰하는 한, 당신이 옳게 선택하면 당신은 큰 유익을 발견할 것이다.

방향 제시-9 '당신이 죄를 지었을 때, 예수 그리스도와 은혜의 언약 안에 얼마나 확실하고 충분한 치유책이 당신 앞에 준비되어 있는지 기억하라. 구속의 길에 하나님이 계획하신 것은, 결백한 모든 사람을 구원하여 아무도 자랑하지 못하게 하는 것이 아니고, 먼저 죄와 불행에 빠져 있던 사람을 구하고 지옥의 문에서 그들을 데려오는 것이며, 모든 구원받은 사람에게 사랑과 자비가 효과를 가지고 죄가 더한 곳에 은혜가 너욱 넘지게 하는 것이다.[129] 은혜를 더하게 하려고 어느 누구도 죄에 거하는 것은 안 된다. 그럴 수 없느니라.[130] 그러나 우리의 죄 위에 풍성한 은혜와 자비를 더욱 크게 하고 우리의 가장 큰 죄에 대한 기억을 그 위대하고 놀라운 자비에 대한 찬송으로 바꾸기 위함이다. 우리가 우리의 죄의 중대함을 볼 때, 자비를 찬양하는 것은 많이 용서받은 자가 많이 사랑하기 때문이다.[131] 이것은 하나님을 기쁘시게 하고 우리 구속의 바로 그 계획과 목적에 응답하는 것이다. 그러나, 죄를 확대하고 자비를 가볍게 보며 내 죄가 용서받을 수 있는 것보다 더 크다고 말하는 것은 마귀를 기쁘게 하고 우리의 구속 사업에서 하나님의 계획을 가로 막는 것이다. 당신의 병이 너무 커서 다른 사람이 고칠 수 없나? 그리스도는 그의 직분으로 높이 존경받고, 하나님은 자신의 사랑과 자비

---

129) 롬 5:15, 20
130) 롬 6:1
131) 눅 6:47

로 높이 존경받는 것이 합당하다. 다만 "영생을 얻기 위해 나에게 나아오라."[132] 그러면 과거의 지은 죄가 아무리 크다 해도 그가 당신을 거부하지 않는다는 것을 알 것이다. 당신이 기꺼이 없애고자 하는 어떤 연약함도 그가 당신을 부인하거나 당신을 쫓아내는 원인이 되지 않을 것이다. 탕자는 자신의 죄를 비난하는 것이 아니라 어느새 아버지의 품에 안겨 가장 좋은 예복과 반지와 신발을 신고 즐겁게 잔치를 즐거워하는 자신을 발견한다.[133] 그리스도와 그의 약속은 당신이 기꺼이 버리려 하는 모든 죄를 용서하고 치유할 만큼 충분하다는 것을 기억하라.

방향 제시-10 '그리스도가 당신의 구주가 되는 것보다 당신이 그리스도의 종이 되기를 더 원하거나, 하나님이 주시는 것보다 더 기꺼이 은혜를 받을 수 있다고 생각하거나, 그가 당신을 영접하고 환영하는 것보다 당신이 그리스도께 기꺼이 간다고 할 정도로, 겸손에 눈이 멀거나 교만하지 않도록 주의하라.' 당신은 죄로부터 자유롭기 위해 그리스도와 은혜를 기꺼이 원하거나 그렇지 않을 수 있다. 당신이 기꺼이 원한다면 그리스도와 은혜는 확실히 당신의 것이 될 것이다. 당신이 거룩함 없이 용서를 받고자 한다면 그것은 있을 수 없고 또 어떤 약속도 받을 수 없을 것이다. 그러나, 당신이 그리스도를 당신의 구세주와 왕으로, 그의 영이 당신을 성화하게 하는 자가 되고 세상의 모든 재물을 소유하는 것보다 사랑과 거룩함에 있어 온전해지기를 원한다면, 당신은 진정으로 온전하게 될 것이다. 하나님은 당신이 진정으로 되고자 하는 것으로 당신을 판단한다는 것을 이해하라. 은혜의 위대한 일은 의지를 새롭게 하는 데에 있다. 뜻이 온전하면 사람도 건전하다. 나는 악인들의 얻은, 쓸모없는 허영심, 즉 그들이 사랑하는 명예, 부 또는 쾌락을 버리지 않고, 교만, 호색, 탐식, 술 취함, 정욕, 탐욕에서 자유롭기를 바라는 것을 말하는 것이 아니다. 즉, 그것이 지옥에 가는 길로 생각되면 죄를 싫어하고 그 죄를 없애고 싶어 하지만, 그것이 육체를 기쁘게 한다고 생각하면 더욱 사랑하고 떠나고 싶지 않아 한다. 왜냐하면, 그것이 지배적인 생각과 의지이기 때문이다. 그렇게 **유다**는 무고한 자를 배신하고 지옥에 가는 길인, 자기 주님을 파는 데 주저했지만 보상받는

---

132) 요 5:40
133) 눅 15:20, 22, 23

길이었기에 기꺼이 팔았다. 그렇게 **헤롯**은 선지자를 죽이는 일이었기에 세례 **요한**을 죽이는 일을 꺼렸으나 그의 의지는 자기 딸을 기쁘게 하고 골치 아픈 책망자에게서 벗어나는 것이 더 컸다. 그러나 그리스도와 완전한 거룩함을 얻고자 하는 당신의 의지가 당신의 죄를 기꺼이 지키고 세상의 명예와 부와 쾌락에서 즐거움을 얻는 것보다 더 크다면, 당신은 의심의 여지없이 의로움의 징표를 가지고 있으며, 은혜에 대한 사랑, 은혜를 갈망하는 것이다. 그것은 오직 은혜 그 자체가 주는 것이다. 만일 당신이 그렇게 하고자 한다면 그리스도의 의향을 의심하는 것은 그리스도에게 큰 잘못을 범하는 것이다. 왜냐하면,

1. 그는 당신보다 거룩함을 더 사랑하시므로 당신의 거룩함을 원하는 데서 당신보다 뒤처질 수 없다.

2. 그는 당신보다 당신에게 더 자비로우시니 그의 사랑과 자비는 당신의 측량을 초월한다.

3. 그는 당신에 대해 일을 시작했고 먼저 자신의 의지를 충분히 나타냈다. 그는 완전한 구제를 준비하기 위해 죽으셨고, 언약을 세우셨으며, 그 안에서 자신의 동의를 표명했으며 당신에게 간청한다. 그는 동의하는 첫 번째 분이며 당신의 구혼자이다. 세상에서 죄인은 아직 그에게 첫발을 내딛지 않았다. 그분보다 먼저 구혼한 자가 없었으니, 그의 일반적인 자비의 제안과 모든 사람에게 주신 언약은 그들이 수락으로 그들의 의지를 보여 주기 전에 그분의 의지를 보여 주셨다. 의지면에서 사람은 결코 그를 앞서지 못하고 그보다 더 원하는 사람은 없다. 하나님의 변함없는 진리대로 이러한 죄인을 받아들인다. 그리스도와 당신 사이에 결혼이 깨지고 멸망한다면, 그것은 그의 거절 때문이 아니라 당신의 거절로 인한 것이 될 것이다. 그것은 지옥에 있는 모든 마귀들의 교활함이나 힘에 의해서가 아니라 그리스도께서 원하지 않거나 당신이 원하지 않기 때문이기에 다른 어떤 방법으로도 깨뜨릴 수 없다. 그리고 그리스도 편에서는 그것은 결코 깨지지 않을 것이다. 그러므로, 당신이 원하기만 하면 결혼은 성사된다. 당신의 마음이 뒤로 물러가는 것 외에는 위험이 없다. 만약 당신이 원하지 않는다면 무엇이 부족해서 불평하는 것인가? 당신이 원한다면 언약이 맺어진다. 왜냐하면, 그리

스도가 더 원하고 먼저 원하셨기 때문이다.

방향 제시-11 '복음의 의미와 실체가 담긴 문장을 적어 두고 자주 읽어라. 그것을 당신의 방 벽에 써서 당신 눈앞에 항상 두라.' 그리고 당신을 절망으로 유혹하는 자의 말과 그 문장이 일치하는지 시험해 보라. 내가 여기에서 옮겨 적는 말과 같은 것이다. "하나님이 세상을 이처럼 사랑하사 독생자를 주셨으니 이는 그를 믿는 자마다 멸망하지 않고 영생을 얻게 하려 하심이라." "그 정죄는 이것이니 곧 빛이 세상에 왔으되 사람들이 자기 행위가 악하므로 빛보다 어둠을 더 사랑한 것이니라." "하나님의 아들을 믿는 자는 자기 안에 증거가 있고 하나님을 믿지 아니하는 자는 하나님을 거짓말하는 자로 만드나니 이는 하나님께서 그 아들에 대하여 증언하신 증거를 믿지 아니하였음이라. 또 증거는 이것이니 하나님이 우리에게 영생을 주신 것과 이 생명이 그의 아들 안에 있는 그것이니라 아들이 있는 자에게는 생명이 있고 하나님의 아들이 없는 자에게는 생명이 없느니라." "자기 땅에 오매 자기 백성이 영접하지 아니하였으나 영접하는 자 곧 그 이름을 믿는 자에게는 하나님의 자녀가 되는 권세를 주셨다." "성령과 신부(bride)가 말씀하시기를 오라 하시는도다 듣는 자도 오라 할 것이요 목마른 자도 올 것이요 또 원하는 자도 값없이 생명수를 받으라 하시더라." "그러나 너희가 영생을 얻기 위하여 내게 오기를 원하지 아니하는도다." "아버지께서 내게 주시는 자는 다 내게로 올 것이요 내게 오는 자는 내가 결코 내쫓지 아니하리라." "목마르거든 내게로 와서 마셔라." "오소서 모든 것이 준비되었나이다."[134] 그리고 누가복음 15장을 읽어 보아라.

방향 제시-12 '보고 느끼는 죄와 사망에 이르는 군림하는 죄(reigning sin)를 구별하라. 당신의 죄를 보고 느끼는 것이 가장 클 때, 당신의 죄가 가장 크거나 상태가 가장 나쁘다고 생각할 정도로 눈이 멀지 않도록 하라.' 당신의 죄와 불행을 보고 느끼는 것은 최소한 회복을 위한 일반적인 준비의 역할이다. 죽는다는 것은 감각이 없게 되는 것이다. 하나님으로부터 가장 버림받은 자들은 그들의 현재 상태를 가장 좋아하고, 그들의 죄를 가장 사랑하고, 거룩

---

134) 요 3:16, 19, 1:11-12, 5:40, 6:37, 7:37; 요일 5:10-12; 계 22:17; 눅 14:17

함과 그들을 개혁하려는 모든 것을 미워하며, 그들이 능력이 있다면 그들을 적으로 박해할 것이다.

방향 제시-13 '당신을 지치게 하는 번거로운 노력과 유혹을 최악의 상태이거나 죄에 대한 승리의 표시라고 생각하지 말라.' 그것은 오히려 하나님이 당신 안에서 죄에 대해서 증거하시고 죄를 만류하며, 당신과 동행하는 동안 당신이 지금까지 하나님을 버리지 않았다는 표시다. **바울**은 말한다. "육체의 소욕은 성령을 거스르나니 이 둘이 서로 대적함으로 너희가 원하는 것을 하지 못하게 하려 함이니라."[135] 로마서 7장 14절부터 끝까지 읽어 보라.

방향 제시-14 '약한 은혜와 은혜가 없는 것의 차이를 이해하라. 모든 은혜의 부족이 은혜가 완전히 없는 표시라고 생각하지 않도록 하라.' 당신의 불평에서 약점에 대한 긴 목록을 열었을 때, 더 나은 사람이 되고자 하는 진정한 열망이 아직 없는지 그리고 이 모든 것을 가지고 어느 정도의 삶을 살고 있는지 생각해 보라.

방향 제시-15 '지극히 작은 특별 은혜의 탁월함을 잘 생각해 보라. 그것은 영광의 씨앗이고 영원한 생명의 시작과 하나님의 성품과 하나님의 형상이요 세상의 모든 학문과 부와 명예보다 가치가 큰 것이다.' 그리고 그렇게 큰 자비에 감사하지 않는 이유는 더 많이 가지지 않았기 때문이다.

방향 제시-16 '받은 은혜와 자비만 아니라 남아 있는 욕망과 지은 죄를 관찰하고, 죄에 대한 겸손한 언급만큼 자비에 대한 감사한 기억과 언급을 양심을 새기라.' 죄를 생각하는 만큼 자비를 생각하라. 다른 사람에게도 그것에 대해 이야기하고 기도할 때 그것을 하나님에게 말씀드리라. 이것이 당신의 당연한 의무다. 만약 당신이 그렇게 하지 않는다면, 당신이 받은 것에 대해 고의적으로 감사하지 않는 것은 당신을 위로 없이 괴로움에 빠뜨릴 것이다.

---

135) 갈 5:15

방향 제시-17 '하나님의 선하심에 대한 당신의 생각이 그분의 지식과 능력에 대한 당신의 생각과 어느 정도 비례하도록 하라.' 그러면 당신은 그것에 대해 잘못된 의심을 품어 그를 마귀처럼 인간을 증오하는 자로 생각하거나, 무한하고 가장 매력적인 선인 그에게서 도망치지 않을 것이다.

방향 제시-18 '하나님께서 당신에 대한 특별한 사랑을 선언하신 그의 특별한 친절함을 기록하여, 그것들이 당신의 과도한 두려움과 절망에 대항하여 당신에게 선을 행하고자 하는 그의 자비와 준비가, 가까이 있는 것과 같고 변함없는 증인이 되도록 하라.'

방향 제시-19 '세상에서 당신만큼 자비를 베풀 가능성이 있는 사람이 얼마나 적은가 생각해 보라.' 당신보다 나은 몇 사람만 보지 말라. 게다가 세계의 5대 주 내의 사람 중, 어떻게 공개적으로 신앙이 없는 사람이고, 이교도인지 생각해 보라. 세계 여섯 번째인 기독교인이, 로마 가톨릭교와 야만적인 무지와 미신에서, 개혁된 사람이 얼마나 적은지, 그리고 개신교인 중에서 당신보다 죄를 덜 사랑하는 사람의 수가 얼마나 적은지! 나는 많은 사악한 사람들이 이러한 비교를 추정으로 남용한다는 것을 알지만, 나는 또한 기독교인이 절망에 맞서 그것을 사용할 수도 있고 또 사용해야 하며, 하나님과 구속주가 마치 그 누구도 구원하지 못할 정도로 극소수만 구원할 것처럼 생각해서는 안 된다는 것도 안다.

방향 제시-20 '하나님은 믿음과 희망을 명하시고 믿음의 거부와 절망을 금하신다는 사실과 그것이 당신의 죄라는 것을 기억하라. 이미 그렇게 많은 죄를 지었는데 더 죄를 지을 것인가?' 소망해야 할 이유와 절망하지 말아야 할 이유가 하나님 명령 외에 다른 이유가 보이지 않는다면 어떻게 할 건가? 하나님의 이름으로 명하니 그에게 순종하고 낙심하지 말라. 고의로 그에 대항하여 죄를 짓지 말라.[136] 희망은 당신의 의무다. 감히 의무에 반대하여 항변하는가? 절망은 당신의 죄인데 그것을 정당화할 것인가? 참으로 이 안에 얼마나 위안이 있는지 생각해

---

136) 시 146:5, 31:24; 롬 8:24, 15:4, 13; 골 1:23; 살전 5:8; 히 3:6, 6:11, 18, 19; 딛 1:2

보라. 당신의 구원에 대한 희망이 없었다면 하나님께서는 결코 희망하는 것을 당신의 의무로 삼지 않았을 것이며 절망하는 것을 금하지 않았을 것이다. 그는 당신처럼 마귀나 저주받은 희망을 수락하지 않는다. 그는 당신처럼 절망하는 것을 금하지 않는다. 이에 대한 이유가 있다. 만약 당신의 상태가 마귀의 상태처럼 절망적이었다면 그는 그렇게 했을 것이다.

방향 제시-21 '하나님께서 당신에게 절망을 금하신다면, 절망을 제안하는 것은 마귀가 틀림없다.' 그런데도 고의로 마귀에게 복종할 것인가? 마귀가 자신의 입으로 공개적으로 그렇게 하라고 설득한다면 어떻게 할 것인가? 그러한 원수가 당신을 끌어들이는 것이 나쁘다는 것을 모르는가? 당신을 절망하도록 설득하는 것이 마귀라고 생각하는 것이 당신에게 큰 위로가 될 것 같은가? 그것은 당신이 절망해서는 안 된다는 것이 사실이라는 것을 증명하기 때문이다. 그리고 그것은 당신의 상황이 절망적인 것이 아니라 희망적이라는 것을 증명한다.

방향 제시-22 '그것이 어떤 일을 할 가능성이 있는지 생각해 보라. 절망하는 것은 구원에 대한 모든 희망을 포기하는 것이다. 희망이 없을 때는 아무 수단도 사용하지 않을 것이다.' 사람이 찾을 가능성이 없는 것을 무슨 목적으로 찾아야 하나? 그렇게 이 중요성이 제거되면 모든 바퀴는 멈춘다. 마귀의 뜻은 두 부분이 있다. 첫째는 듣지도 않고 읽지도 말고 기도하지도 말고 조언을 구하지도 말고 더 이상 그것에 대해 좋은 사람들과 이야기하지도 말라는 것이다. 왜냐하면 희망이 없기 때문이다. 그다음 부분은 자신을 버리고, 아니면 과감히 죄를 짓고 죄의 쾌락을 누리는 것이다. 왜냐하면 더 나은 희망이 없기 때문이다. 당신은 이 둘 중 하나가 하나님으로부터 온 것이라고 생각하나? 아니면 당신의 유익을 위한 것이라고 생각하는가? 영혼을 내던져 버린다면 모든 것이 무슨 의미가 있는가? 당신이 희망하는 동안에는 어떤 수단을 찾고 사용할 것이다. 그러나 희망을 버리는 것은 모든 것을 버리는 것이다. 그러면 당신은 그런 일을 할 정도로 자기 사랑을 잃어버렸는가?

방향 제시-23 '하나님의 은혜가 당신의 죄를 이길 수 없는 것처럼 그의 은혜를 가련하고 절망적으로 생각하는 것이, 구세주이시며 영혼을 거룩하게 하시는 분인 아버지께 얼마나 잘못된 일인지 생각해 보라. 그런 식으로 하나님의 구속의 영광을 불확실하게 하고, 죄인들에게 가장 영광을 받아야 할 하나님을 중상하고 저하시키고 욕되게 하는 마귀를 믿는 것이 얼마나 잘못된 일인지 생각하라!'

방향 제시-24 '이 세상에서 영원히 죽거나 버림받은 사람인데, 이 생에서 기꺼이 그리스도에 의해 구원받고 성화되었으며, 세상의 보물이나 쾌락보다, 그리스도와 완전한 거룩함을 더 좋아한 사람이 누구인지 한 명이라도 말하라.' 당신이 할 수 있다면 그러한 사람을 나에게 지명해 보라. 그러나 당신은 할 수 없다고 확신한다. 당신은 누구에게도 행해지지 않은 일을 두려워하는가? 아니면 그리스도가 당신과 함께 시작할 것이라고 생각하는가?

방향 제시-25 '정신을 차리고 일을 하며 마귀가 악의를 가지고 방해해도, 수단을 사용하여 하나님을 기다리고, 그리스도께 자신을 맡기기로 결의하라. 당신이 죽는다면 거기서 망할 것이다.' 이것을 하라 그리하면 영원히 멸망하지 않을 것이다. 당신은 절망보다 더 나쁜 짓을 하여 모든 것을 포기해서는 안 된다. 마귀를 더 기쁘게 할 수도 없고 하나님을 더 실망시킬 수도 없고 그리스도와 성령에게 더 이상 나쁘게 할 수 없다. 당신의 영혼이 그리스도를 신뢰하고 그분을 소망하며 그분의 수단을 끈기 있게 사용함으로써 잃을 것이 아무것도 없다는 것을 확신하라. 이렇게만 하면, 사탄이 절망으로 당신을 저주할 때마다 희망이 당신을 구원할 것이다.

방향 제시-26 '그리스도께서 은혜를 베푸시고 자기의 백성을 그들의 죄에서 구원하는 것이 어느 때와 순서로 이루어지는지 이해하라. 그는 그것을 한 번에 하지 않고 단계적으로 하며 현세의 삶의 모든 시간을 들여서 그것을 행하신다.' 당신의 의사가 능력이 있는 한, 당신의 삶이 끝날 때까지 치료를 끝내지 않을 것이다. 다음 생은 절대완성의 상태이다. 여기서는 모든 것이 불완전하다. 그러므로, 당신이 아직 달성하지 못한 것에 대해 절망하지 말라. 당신의 죄는 아직 더 죽고 당신의 은혜는 더욱 강화될 것이다. 심판에 이르기 전, 그것이 이루어진다면 그것은 당신에게 좋다. 매일 부지런하게 당신의 일을 하라. 당신은 심고 물을 주라 그리하면, 그가 자라나게 하시리라. 이것에 대해서는 이전의 우울에 대한 2부를 더 읽으라.

제8장

감가을 다스리기 위한
방향 제시

1부
감각을 다스리기 위한 일반적인 방향 제시(신앙생활에 의한)

지극히 지혜롭고 은혜로우신 하나님께서는 우리를 영혼과 육체로 구성하시고, 우리의 고귀한 부분이 준비되고 더 고귀한 상태로 나아가는 과정에서, 더 낮은 마음의 상태와 목적에 적합한 동반자와 도구를 가질 수 있는 것을 기뻐하시고, 그것이 움직임을 통해, 우리의 감각을 삶의 훈련과 도움, 우리의 열등한 행동의 관리, 그와의 열등한, 자비의 소통을 위해 지정되었을 뿐 아니라 환상으로 가는 일반적인 통로가 되도록 지정했다. 그리고 우리의 이성적인 힘에 봉사할 수 있고 우리의 창조주를 섬기는 데 도움을 주고 그의 더 높은 은사를 통해 그와 교감하는 것을 돕게 했다. 이러한 목적을 위해 우리의 모든 감각은 성화되고 하나님께 봉사할 수 있는 능력으로 사용되어야 한다. 그러나 감각으로 말미암아 죄가 들어왔고, 죄에 의해 그들은 이제 육체와 함께 타락하고 더러워졌으며 그들의 욕망으로 무질서하며 난폭하고 통제할 수 없게 되었다. 그리고 이성적인 힘은 길을 잃고, 그들의 바람직한 목적이요 가장 중요한 목적인 하나님을 포기하고, 그 욕망의 목적을 충족시키기 위해 감각적인 욕구에 고용되거나 사로잡히게 되었다. 그래서 감각적인 욕구는 성화되지 않은 사람들의 지배적인 능력이 되고 감각은 죄의 일반적인 입구와 사탄의 도구가 된다. 은혜의 일은 일차적으로 이성적인 힘에 있지만, 이차적으로는 하급 능력 자체도 신성시되고 새로운 생각과 의지의 다스림 아래 놓이게 되며 그들의 적절한 용도로 회복된다. 그리고 은혜는 즉시 감각에 어떤 변화를 일으킨다고 말할 수 없지만, 은혜는 마음과 의지, 그다음에는 상상력, 그리고 감각적 욕구와 감각 자체의 활동을 변화시켜 간접적으로 변화시킨다. 우리는 절제와 순결이 이전에 가지고 있었던 분노와 폭력, 본능적인 욕구가 아니라 감각적인 욕구를 억제할 뿐만 아니라 감소시킨다는 것을 알고 있다.

감각과 욕구의 성화와 다스림은 두 부분으로 나뉜다. 첫째는 죄가 침입하지 못하도록 감각과 욕구를 보호하고, 둘째는 영혼에 선이 들어오는 입구가 되도록 감각과 욕구를 사용하는 것이다. 그러나 이 후자는 너무 고도의 일이므로 그 일에 숙련된 사람이 너무 적고 소수만이 그 일을 잘 수행할 수 있다.

방향 제시-1 '이 작업의 주요 부분은 잘 알고 판단하고 거룩하고 확고한 의지를 얻기 위한 뛰어난 능력에 관한 것이지, 감각 자체에 관한 것이 아니다.' 이성은 죄에 의해 권력이 제거되고, 의지는 관능적 폭력의 약탈에 인도되지 않고 보호되지 않은 채로 방치되어 있다. 이성이 회복되어야 감각이 잘 다스려진다. 그렇지 않으면 감각의 즉각적인 통치자는 무엇이 되어야 하는가? 짐승들은 감각을 다스릴 이성이 없기 때문에 감각에 의해 사는 것이 죄가 되지 않는다. 인간은 대개 이성이 회복되는 만큼 감각이 지배된다. 이성이 현세적인 것들만 지각할 때(세속적인 지혜를 가진 사람들처럼), 그들이 그것을 필요로 하는 한, 그러한 세속적인 목적에 따라 감각이 지배되고 지휘될 것이다. 그러나 이성이 성화된 곳에서는 은혜의 분량만큼 성화의 목적을 위해 감각이 지배된다.

방향 제시-2 '하나님과 우리의 구원의 높고 영원한 것들만이 객관적으로 마음과 의지에 정착되어, 그것들에 자연스러운 것처럼 되고, 감각의 참되고 거룩한 통치에 충분할 수 있는 것은 우리의 통치 목적과 관심사가 된다.' 낮은 수준의 것들은 그들의 입을 막을 수 있고, 그들의 명예와 부, 건강, 삶이 요구하는 한, 사람들을 절제되고 냉정한 것처럼 보이게 할 수 있다. 그러나 그것은 대부분의 울타리가 열려 있는 동안 틈을 막고, 육체와 세상과 마귀를 섬기는 감각을 다른 사람들처럼 더럽고 격렬하지 않고 멋지고 평온하고 덜 불명예스러운 방식으로 참여시키는 것일 뿐이다.

방향 제시-3 '이 훈련에서 감각을 다스리는 주요 부분은, 민감한 선이 우리의 욕망의 궁극적인 목적이 되지 않도록 특별히 주의하고, 그 자체를 추구하거나 안주하거나 너무 많이 기뻐하지 않고, 영혼이(먼저 적절한 높은 목적과 행복에 습관적으로 고정된) 모든 감각의 모든 행동을(그것이 숙고와 선택 아래 있는 한) 그 거룩한 목적에 원격으로 봉사하도록 지시하는 데 있다.' 감각이 거룩한 목적에 사용되지 않는다면 감각은 거룩하지 않으며, 감각이 더 거룩한 대상에 봉사할 수 있도록 만들어지지 않는다면 그 대상은 우리에게 거룩하지 않다. 공동의 목적을 위해 감각을 단순히 부정적으로 억제하는 것은 그러한 목적을 위해 행해지는 것이다. 눈과 귀와 미각과 느낌이 하나님의 영광과 우리의 구원을 위해 하나님을 섬기도록 이성에 의해 가르침을 받을 그때, 그때까지는 그들은 잘 다스려지지 않는다.

방향 제시-4 '이 목적을 위해, 하나님의 말씀과 다른 세상의 보이지 않는 것들에 대한 생생한 믿음의 끊임없는 사용하는 것이 우리의 이성이 모든 감각을 억제하고 올바르게 사용하는 데 있어 첫째이자 주요한 수단이 되어야 한다.' 그러므로 성경에서 보는 것으로 사는 것과 믿음으로 사는 것은 반대된다. "이는 우리가 믿음으로 행하고 보는 것으로 행하지 아니함이다."[1] 즉, 시각과 감각은 우리의 주된 지도 기능이 아니라 믿음에 도움을 주는 것이다. 우리가 주로 또는 궁극적으로 추구하거나 설정하는 것은 시각의 대상이 아니고 믿음의 대상이다. 그것은 앞에서 설명된 것과 같다. "우리가 주목하는 것은 보이는 것이 아니요 보이지 않는 것이니 보이는 것은 잠깐이요 보이지 않는 것은 영원하다."[2] 그러므로 '믿음'은 바라는 것들의 실상이요 '보이지 않는 것들의 증거'라 설명한다.[3] 보는 것 대신에 믿는 것이 크리스천이다. 이는 그가 하나님의 증거로 말미암아 믿는 것이 비록 보이지 않을지라도 참되다는 것을 알기 때문이다. 당신은 감각의 대상이 믿음의 위대하고 놀라운 대상에 비해 사소한

---

1) 고후 5:7
2) 고후 4:18
3) 히 11:1

것에 불과하다는 것을 안다. 그러므로 믿음이 살아 있다면, 그것은 감각을 능가하고 지배해야 한다. 왜냐하면 그 대상은 전혀 실체가 없고 일시적인 감각의 대상을 만들지 않기 때문이다. 그러므로 사도 **요한**은 "무릇 하나님께로부터 난 자마다 세상을 이기느니라 세상을 이기는 승리는 이것이니 우리의 믿음이니라."[4] 그리고 모세는 "보이지 않는 하나님을 봄으로써 애굽의 보화에 대한 욕망을 이겼고, 상을 주시는 이를 바라봄으로써 왕의 노함을 두려워하지 않았다."[5] **스데반**은 "하늘이 열리고 인자가 하나님 우편에 서신 것을 보았을"[6] 때 잔인한 죽음을 쉽게 짊어졌다. 나는 내 욕구를 부정할 수도 감각을 지배할 수도 없다고 말하는 가장 관능적인 사람에게 호소한다. 만일 그가 동시에 다른 세상에서 일어나는 일을 볼 수 있다면 그렇게 말하는 것은 불가능하지 않을까? 그가 천국과 지옥, 영화롭게 된 자와 저주받은 자를 보았고, 그에게 금하라고 명령하신 하나님의 권위를 보았다면, 그에게 강력한 힘을 발휘하는 술잔과 음식과 창녀와 스포츠를 버릴 수 있지 않을까? 나는, 지금 세상을 떠난 영혼들이 살고 있는 세상을 볼 수 있으면, 살아 있는 가장 엄격한 성자처럼 (행동에 있어서) 절제하며 살 것이라고 하는 가장 야수 같은 관능주의자를 인정하지 않을 것이다. 그의 관능적 욕망을 압도하는 일은 가능하지 않다. 게다가 그가 구원받기 위해 무엇을 해야 하는지 조사 끝에 그분을 섬기기 위해 그러한 감각을 중단하는 것은 가능하지 않을 것이다. 그러므로, 보이지 않는 세계를 우리의 눈으로 보는 대신 믿는다면, 관능을 극복하는 방법은 믿음이고, 살아 있는 믿음이 우리의 감각을 지배해야 한다는 것이 가장 확실하다.

방향 제시-5 '하나님과 그의 영광에 대한 이 믿음이 그들에게 더 많은 사랑을 불 붙일수록 감각의 통치에 더 효과적일 것이다.' 우리의 속담에 사랑이 있는 곳에 눈이 있다는 말이 있다. 사랑은 얼마나 마음을 따르는가! 사랑은 감각 자체를 바꾸지 않지만 모든 감각을 사용하도록 명령한다. 그것은 희미하고 나빠진 시야를 맑게 하지 못할 것이다. 그러나 무엇을 보아야 하는지 명령할 것이다. 어떤 음식, 어떤 스포츠, 또는 어떤 사업에 대한 더 강한 사랑이,

---

4) 요일 5:4
5) 히 11:26, 27
6) 행 7:56

희미하게 사랑하는 다른 것에서 당신을 데려가듯이 하나님의 사랑, 하늘과 거룩함은 당신을 모든 관능적인 것에 대한 포로에서 건질 것이다.

방향 제시-6 '감각적인 것이 얼마나 강력하고 위험한지, 그리고 우리의 타락하고 세속적인 상태에서, 보이지 않는 것에 대한 믿음으로 살고, 감각을 지배하고 그것을 초월하는 것이 얼마나 고되고 힘든 일인지 잘 생각해야 한다. 그래서 영혼이 충분한 두려움과 경각심에 눈을 뜨게 되고, 믿음의 도움을 받기 위해 그리스도께로 날아가게 될 것이다.' 육체 안에 있는 사람이 육체 위에 살아간다는 것은 작은 일이 아니다. 영혼이 받아들이고 작용하는 방법은 감각에 의해 결정되는 것이 너무 많기 때문에 감각적인 것들에 너무 익숙하기 쉽고, 결코 본 적이 없는 것에 대해 낯설기 쉽다. 육체 안에 있는 사람으로 하여금 그가 보고, 맛보고, 느끼는 쾌락을 부인하고 듣는 일로만 만족하게 한다는 것은 큰일이다. 그리고 감각이 없는 세상에서 죽을 때까지 결코 즐길 수 없는 것들을 듣는 것만으로 만족하는 것은 큰일이다. 오, 믿음이 이와 같은 일을 할 수 있다는 것은 얼마나 영광스러운 일인가! 연약한 신자에게는 얼마나 어려운 일인가! 그리고 가장 강한 사람들은 그것이 충분히 효과가 있다는 것을 발견한다. 이것을 생각하여 그 위대함이 요구하는 주의를 기울여 이 일을 시작하도록 깨우고 시각과 감각의 삶보다 믿음으로 살 수 있도록 하라. 왜냐하면 당신의 행복이나 불행이 여기에 달려 있기 때문이다.

방향 제시-7 '감각은 왕좌에서 물러나야 할 뿐 아니라, 통치에 참여하는 것도 막아야 한다. 그리고 우리는 감각을 우리의 조언으로 받아들이거나, 그것을 다루거나, 그 대의를 설명하는 것을 듣는 데에 주의를 기울여야 한다. 그리고 우리는 그것이 노력, 끈덕짐, 폭력으로 아무것도 얻지 못하고, 말이 기수에게 지배되는 것처럼 전제적이고 절대적으로 지배된다는 것을 알아야 한다.' 통치가 일단 감각과 이성 사이에서 반으로 갈라지면, 당신의 삶도 반쯤 짐승이 되는 것이다. 이성이 지배하지 않을 때, 믿음과 은혜가 지배하지 않는다. 믿음은 눈으로 보는 것과 같이 합리적으로 추론하기 때문이다. (바보나 미치광이가 아닌 한) 이성의 사용을 모두 중지하고, 오직 감각만으로 지배하는 짐승 같은 인간은 없다. 그러니 감각은 어떤 통치 능력을 가져서도 안 된다. 그리고 그것이 권력의 우두머리가 되는 곳에서는 마귀가 보이지 않는 총독이 된다. 여기서 당신은 필요성이나 강요에 대한 어떤 탄원으로도 변명할 수 없다. 비록, 감각이 유혹적일 뿐만 아니라 폭력적일지라도, 하나님은 이성과 의지를 절대통치자로 삼으셨다. 그리고 그 모든 반역과 폭력에 의해, 감각이 그들을 제거할 수도 없고, 어떤 죄를 짓게 강요할 수도 없으며, 다만 감각의 동의를 얻음으로써 모든 해악을 행할 수 있다. 감각은 때때로 그들의 대상의 즐거움과 달콤함으로 환상과 열정에 너무 깊이 영향을 주어, 더 높은 능력들이 동의하도록 이끌 수 있다. 그리고 때때로 저항하는 마음과 의지를 지치게 하고, 반대를 완화시키고, 고삐를 늦추게 하고, 억제력의 속성이 박탈되어, 감각이 그 길을 가도록 허락한다. 고집 센 말(horse)은, 말(horse)을 잘 타는 사람이 부드러운 말로 다스리는 것처럼, 쉽게 다스려지지 않는다. 그러므로 그를 다스리는 것은 기수의 능력에 달려 있지만, 때로는 자신의 편의를 위해 그는 고삐를 느슨하게 하기도 할 것이다. 나태하거나 미숙한 기수에 의해 지금까지 사용된 말이라면, 다툴 때마다 자신의 의지를 세우고, 자신의 의지가 좌절될 때마다 다툴 것이며, 그렇게 주인이 되려 할 것이다. 울 때마다 모든 것을 얻을 수 있다고 잘못 양육된 어린이는 자기의 욕망이 꺾이기 전까지 울 것이다. 우리의 감각적인 욕구도 마찬가지다. 그것이 열망하거나 간절하게 요구할 때, 그것을 만족시키기 위해 감각적 욕구를 사용한다면, 당신은 열망과 간절함에 지배될 것이다. 만일 당신이 그것을 중요하게 생각하여 사용하고, 분별력이 발휘되어 상담을 받을 때까지 당신의 명령이 늦추어지면, 그것은 분명 승리할 것이다. 혹은, 적어도 당신에게 매우 골칫거리가 될 것이고, 당신의 가슴속에서 반역이 일어날 것이며, 그 유혹은 당신을 계속 위험에 빠뜨릴 것이다. 그러므로 절대로 고삐를 풀지 말라. 게다가 당신의 안전이나 편안을 사랑한다면 지속적인 통치로 감각을 지켜라.

방향 제시-8 '당신의 대상 중에 무엇이 당신의 가장 중요한 목적이 되고, 당신의 최고라 여겨지고, 사랑스럽고, 기쁘고, 그에 따라 추구되는지를 앎으로써 감각이 통치의 우두머리인지 아니면 믿음과 이성이 통치의 우두머리인지 알 수 있다. 결과적으로 감각의 대상이 당신의 최고의 대상으로 취해졌다면, 그때 감각은 확실히 통치의 우두머리다. 그러나 믿음과 이성의 대상, 심지어 하나님과 영생을 당신의 최선과 목적으로 삼았다면, 그때 지배하는 힘은 믿음과 이성이다.' 비록, 당신이 관능적인 것(부나 명예, 세속적 위대함, 또는 육체의 쾌락 등)에 대해서는 큰 이해와 통치기술을 사용하지 않는다 할지라도, 이것이 이성이 지배한다는 것을 증명하는 것이 아니라, 그 감각이 정복자라는 것을 더욱 강하게 나타내고, 그 이성이 감각에 의해 부패되고 사로잡혀, 그 아래서 맹종하고, 자발적인 노예로 봉사한다는 것을 더 강력하게 증명한다. 그리고 당신의 학식, 재치, 능력이 더 크면 클수록, 교육이 더 고상할수록, 그토록 고상한 능력에 의해 스스로를 정복하고 다스리고 봉사할 수 있는 감각의 승리와 지배가 더 커진다.

[로마 가톨릭 교회와 같이 감각을 거부하지 말라]

방향 제시-9 '따라서 감각은 절대적으로 지배되어야 하지만, 그것의 고유한 힘은 무력화되거나 금지되거나 거부되어서는 안 된다.' 당신의 말(horse)이 고집 세고 제멋대로 굴지라도, 말을 강하고 유능하게 만들어야 하며, 말에게 지배권을 부여하지 않을지라도 그 힘의 사용을 막아서는 안 된다. 또한 기수가 지배권을 가지고 있다 하더라도 말이 기수보다 강할 수 있음을 부인해서는 안 된다. 비록 권한(ἐξουσία)은 당신 것일지라도, 타고난 힘(δυναμις)은 말이 더 크다. 그러므로 다음을 고려하라.

1. 어떤 사람도 자신의 신체 감각을 파괴해서는 안 된다. 가장 민감한 감각은 그것이 완고하고 너무 성급하지 않다면 영혼에 대한 가장 좋은 하인이다. 몸이 "억제하여 복종"[7]할 정도로 거들어 주어야 된다. 하지만 영혼에 대한 봉사에 장애가 되어서는 안 된다.

2. 또한, 우리는 열등한 감각 운동을 종속적으로 만드는 과정에서 감각의 운동을 덜 중요하게 취급하여 감각의 운동을 금지하거나 피해서는 안 된다. 오른손과 오른쪽 눈을 잃는 것

---

7) 고전 9:27

이 구원을 잃는 것보다 더 작은 손실이다. 그렇다고 해서 우리가 (박해가 우리를 그렇게 하지 않는 한) 둘 중 하나가 필요한 곤경에 처해 있다는 것을 증명하지는 않는다.

3. 민감한 염려가 그 자리를 지키고 있을 때, 그 염려의 확실성을 부정해서는 안 된다. 로마 가톨릭 교인들이 그러하듯이, 세상 모든 사람들의 시각, 맛, 냄새, 느낌을 성찬으로 받아들이는 것을 믿는 것이 구원에 필요하다고 동의하는 것은, 실제 그렇지 않은 빵과 포도주를 받는 것이기에 확실히 속이는 것이다. 모든 사람의 모든 감각이 비록 그렇게 건전하고 이성적이지 않을지라도 확실히 이것에 속는다면, 그들이 속이지 않을 때가 언제인지 우리는 알지 못하며 믿음이나 지식에 대한 확실성이 있을 수 없다. 만일 당신이 교회가 이 점에 대해서만 감각이 속는다고 우리에게 말한다면, 그리고 이것, 이것에 대해서만 속는다고 말한다면 나는 대답한다. 감각이 그 지각 안에서 확실하다는 것이 먼저 인정되지 않는다면, 그때 교회, 사람, 또는 세상, 또는 교회가 실제로 말한 것, 또는 그 구성원이 말한 것이라는 확실성이 없다. 만약 감각이 그렇게 틀릴 수 있다면, 감각을 통해 모든 지식에 도달하는 교회가 속임을 당할 수 있다. 믿음을 부인하는 것은 신앙심이 없는 자의 특성이다. 이성을 부정하는 것은 인간성을 부정하는 것이며, 미친 사람이나 야수(이성이 없으면 이성을 부정할 수 있음)에게 가장 적합하다. 그러나 감각 자체와 모든 건전한 인간의 모든 감각의 확실성을 부정하는 것, 그리고 감각의 고유한 대상에 관하여 부정하는 것은 야망이 종교를 만들 수 있다는 것을 보여 준다. 야망은 인간을 짐승보다 훨씬 아래로 끌어내리고 바보로 만들 것이다. 로마는 자기가 통치할 수 있는 신하를 가질 수 있다. 그리고 이 모든 것은 믿음을 존중하고 영혼을 구원한다는 구실 아래, 영혼을 완전하게 하기 위해 하나님을 파괴하는 자로 만들고, 영혼을 교화하기 위해 본성을 속이는 자로 만든다.

방향 제시-10 '감각은 이성과 신앙의 적절한 대상으로서 그 위에 있는 문제의 판단자가 되어서는 안 된다. 또한 우리는 본질적으로 하나님이 결코 법정에 가져온 적이 없는 그러한 경우에 우리의 감각으로 부정적인 주장을 해서는 안 된다.' 우리는 보지 못하기 때문에 하나님, 천국, 지옥, 천사, 인간의 영혼이 없다고 말할 수 없다. 우리는 정반대의 것이나 또는 세상의 다른 왕국을 보지 못하기에 그런 곳은 없다고 말할 수 없다. 그래서 우리는 로마 가톨릭 교인과 마찬가지로, 우리의 감각이 그리스도의 영적인 몸이 성찬식에 있는지 여부와 천사가 여기에 있는지 여부를 판단할 수 없다고 말한다. 그러나 거기에 빵과 포도주가 있는지 여부는 이성이 있는 감각이 판단한다. 그렇지 않다면 인간의 이성은 아무것도 판단할 수 없다. 그리스도는 **도마**에게 보고 느끼지 않고도 믿게 하셨고, 그를 보지도 느끼지도 못하면서 믿는 자들을 축복하셨다. 그러나, 그는 시각과 느낌과 미각과 이 세상에서 건전한 감각과 이해력을 가진 모든 것에 반대되는 믿음을 가진 사람들을 결코 축복하지 않는다. 그리스도의 동정녀 개념에 대한 그들의 예가 이것에 반대되는 것은 아니다. 처녀가 잉태할지 여부를 판단하는 것은 감각에 속하지 않기 때문이다. 또한 현자의 이성은 무(nothing)에서 세상을 만드는 데에 유일한 원인이었던 창조주가 무언가를 존재하게 하는 행위에서, 부분적인 두 번째 원인의 자리를 제공할 수 없다고 판단하지 않을 것이다. 그들은 아무것도 없는 것에서는 아무것도 발생하지 않는다는 창조 자체를 반대하는 아리스토텔레스와 맞서 더 그럴듯한 방식으로 논쟁할 수 있다. 그러나 감각의 무오성은 이것과 전혀 관련이 없다는 것이 의심의 여지가 없는 것처럼, 기독교인들은 하나님이 어떤 선재적(pre-existent) 물질 없이도 창조할 수 있다는 것을 충분히 증명했다. 이성은 감각의 도움으로 감각보다 훨씬 더 멀리 볼 수 있다. 그리고 지금까지 믿음으로 말미암는 신성한 계시의 도움으로 훨씬 멀리 볼 수 있다. 단순히 감각적인 이해를 부정함으로써 이성이나 신적 계시의 결론에 대해 부정적으로 주장하는 것은 인간을 짐승으로 만드는 것이다. 우리는 우리가 보거나 느끼거나 맛본 것 외에는 아무것도 없다고 말할 정도로 비이성적이거나 신앙심이 없어서는 안 된다. 만일 우리가 그들을 본 다른 사람들, 즉 세상의 다른 지역이 있다는 것을 믿는다면, 우리는 하나님 자신이 우리에게 말씀하신 것과 같은 우월한 세상과 힘이 있다는 보증된 증언을 믿어야 할 충분한 이유가 있다. 우리는 하나님의 계시를 듣거나 볼 때 감각을 사용한다. 그렇지 않으면, 우리는 결코 본 적이 없는 그 나라들에 대한 사람들의 보고를 더 이상 받을 수 없다.

감각이 속지 않을 수 있는지 여부를 문제로 삼는다면, 나는 대답한다. 우리는 물체의 거리나, 정신이상, 자체 또는 평균 값의 불균형을 의심하지 않을 것이다. 그러나 감각 자체와 모든 수단과 물체가 그들의 타고난 건전함, 적성, 기질을 가지고 있다면, 그것이 속임을 당한다고 말하는 것은 모순이다. 다시 말해서, 그것은 우리가 생각하는 그런 감각이 아니기 때문이다. 만일 하나님이 그것을 그런 식으로 속이려 한다면, 그는 그것을 다른 것으로 만들 것이다. 그것은 더 이상 같지도 않고 같은 정의라고 인정하지도 않을 것이다. 그러나 가장 분명한 것은 감각이 지식의 첫 번째 입구 또는 통로이기 때문에, 지성의 확실한 판단이 전제가 되어야 하는 첫 번째 확실성이 거기에 있어야 하는데, 그러나 이것들이 잘못되면 감각의 확실성을 전제로 하는 다음의 모든 확실성이 파괴된다. 그리고 첫 번째 수신의 이 오류(첫 번째 혼합물의 오류와 같은)는 두 번째 수신에서 수정되지 않는다. 만일 하나님께서 모든 사람을 이런 식으로 감각의 오류가 발생하기 쉬운 상태 아래 둔다면, 그는 세상에 확실성 두지 않아야 할 것이다. 그리고 나는 거짓말의 정의를 아는 사람들에게, 이것이 본성의 바로 그 틀 안에 거짓말하는 하나님을 가장하는 것은 아닌지, 그리고 하나님이 거짓말을 할 수 없음에도 불구하고 세상을 지배하기 위해 사람들을 속이는 것은 아닌지 생각해 보라고 부탁한다. 그리고 이 신성모독이 그들에게 허락되었다 하더라도, 감각의 대상들에 대해 그가 가지고 있는 그런 감각으로 판단하는 것은 여전히 인간의 의무가 될 것이다. 왜냐하면 하나님께서 그것들을 오류에 빠지게 만들었다면 우리는 그것들을 더 좋게 만들 수 없기 때문이다. 또한 우리는 감각 판단을 전제로 하지도 않고 그것의 일상적이고 자연적인 결함을 보충할 수 있는 이성을 스스로 만들 수 없다. 떡과 포도주의 실체를 부정하는 화체설(transubstantiation)의 로마 신앙은 세상을 무기력하게 할 뿐 아니라 인간을 짐승보다 낮게 만들고, 감각을 감각이 없게 만들고, 세상을 자연적인 속임수나 거짓의 지배를 받게 하려고, 세상에서 믿음과 이성의 모든 확실성을 마음에서 추방한다. 그리고 결국, 그들은 이것을 믿지 않는 사람들에게 모두 지옥의 형벌을 내린다. 그들을 땅에서 먼저 불태우고, 그들에게 호의를 보이거나 그들의 땅에서 모두를 죽이지 못할 세속적 군주를 그들의 지위에서 몰아내고, 따라서 그들 백성의 충성의무를 면제하고, 그들의 통치를 다른 사람에게 양도할 것을 명령한다. 이 모든 것은 교황 이노센트 3세(Innocent III) 치하의 라테란 총회의 교회법 제3조에서 읽을 수 있다.

방향 제시-11 '감각의 어떤 대상도 감각으로만 바라보거나 거기에 멈추지 말고, 감각이 끝나는 곳에서 이성이 시작하게 하고, 보이지 않는 부분은 항상 믿음이나 이성에 의해 보도록 하고 감각적인 부분을 감각으로 보도록 하라. 보이는 것으로 보이지 않는 것을 비교하고 발전시키라.' 만일 하나님이 우리에게 마음이 아니라 눈이나 귀나 맛이나 느낌만 주셨다면, 그 때 우리는 우리가 가진 것 외에 다른 능력을 행사해서는 안 될 것이다. 하지만 확실히 우리에게 더 높은 능력을 주신 분은 더 낮은 능력만 아니라 더 높은 능력을 사용하도록 요구하신다. 그리고 그것들은 단순 동등한 능력이 아니라 감각적인 능력이 지성에 종속된다는 것을 기억하라. 따라서 감각적인 피조물이 감각을 통해 지성에게 객관적으로 계시하는 것은 감각적인 것이 종속되는 있는 어떤 것이다. 그러므로, 만일 당신이 감각적인 것에 머물면서 그것들을 움직이는 원리, 그것들을 명령하고 지배하는 힘, 그것들이 만들어지고 사용되어야 하는 목적을 보지 않는다면, 당신은 짐승과 같으며, 영혼이 없는 죽은 시체와 쓸모없고 무의미한 것 외에는 아무것도 보지 못한다. 당신은 사실 어떤 목적에 대해 아무것도 알지 못한다. 아니, 피조물 자체에 대해서도 알지 못하며, 그 피조물의 용도와 의미를 알지 못함에도, 그것을 피조물의 생명과 인도와 목적에서 분리한다.

방향 제시-12 '그러므로 먼저, 당신이 지각할 수 있는 모든 것을 보이지 않는 하나님의 의지의 산물로 보고, 햇빛이 태양에서 영향을 받는 것보다 더 그분에게 의지하고, 하나님과 분리된 피조물을 보거나 맛보지 말라.' 식물이 무엇인지 알면서, 그것을 품고 기르는 것이 땅이라는 것은 알지 못하는가? 물고기가 무엇인지 알면서, 물고기가 물속에 산다는 것은 모르는가? 가지나 열매가 무엇인지 알면서, 그것이 나무에서 자라는 것을 알지 못하는가? 사물의 본질은 그 원인과 각각의 부분에 대한 지식 없이는 알 수 없다. 흩어져 있는 조각과 부분을 아는 것은 아는 것이 아니다. 손을 몸의 일부가 아닌 것으로 아는 것, 머리를 알지 못하며 눈과 코를 아는 것, 생명과 영혼을 알지 못하며 몸을 아는 것은 그것을 아는 것이 아니다. 이는 당신이 그것들을 다른 것들로 만들었기 때문이다. 지혜로운 사람과 어리석은 사람의 차이는 지혜로운 사람은 많이 생각하고 어리석은 사람은 적게 생각하는 것이다. 지혜로운 사람은 사물을 결합된 대로 포괄적으로 살피고, 모든 것을 종합하고, 자기 목적에 유익한 것은 하나도 빠뜨리지 않는다. 그러나 어리석은 사람은 한 가지만 보고, 그가 보는 것의 참된 지식이나 사용에 필요한 다른 것을 간과한다. 하나님을 당신이 보는 모든 것의 원인과 생명으로 보라. 시체는 영혼이 없는 무서운 광경에 불과하고, 그것이 분리되면 빠르게 부패하고 악취가 난다. 이와 같이, 하나님 없는 피조물은 보기에 흉하고 빨리 부패하여 당신에게 올무와 두통거리가 된다. 하나님은 아름다운 모든 것의 아름다움이며 강한 모든 것의 힘이며 태양과 영광스러운 모든 것의 영광이요, 지혜 있는 모든 것의 지혜이며 선한 모든 것의 선하심이며 모든 것의 유일한 근원적이고 총체적인 원인이 된다. 당신이 피조물을 볼 때 짐승처럼 행동하고, 그것이 누구에게서 나온 것이든, 그것이 무엇이든, 그 창조주를 간과한다. 해시계를 보고 태양을 간과할 수 있나? 그것은 모든 피조물이 하나님을 보여 주기 위해 사용된다는 것을 기억하라. 그러므로 그것은 그분에 대한 지식을 증진시키는 데 모든 감각을 사용하는 것이다.

방향 제시-13 '하나님을 모든 생물의 본질에 따라 필연적으로 자유롭게 움직이는 지휘자, 명령자, 처리자로 보라. 그리고 하나님의 관심과 지배적인 손길을 관찰하지 않고는 세상의 어떤 움직임이나 사건도 보지 말라.' 감각은 효과와 사건에 영향을 미치지만, 이성과 믿음은 모든 것의 첫 번째 원인과 처리자를 볼 수 있다. 다시 말하면, 만일 당신이 감각으로 사물의 입자만 바라보고, 그 모든 것을 함께 설정하는 하나님을 보지 못하고, 그것에 대해 꿈도 꾸지 않는 자들에 의해 그의 일을 해석한다면, 당신은 회중시계와 시계의 여러 바퀴와 일부분을 볼 뿐이고 그것을 만드시고 지키시며 자기 목적에 맞게 그것을 감고 안정을 유지하는 하나님은 보지 못하는 것이다. **요셉**은 형들이 그를 애굽으로 팔았을 때 하나님이 나를 이리로 보냈다고 말할 수 있었다. **다윗**은 **시므이**의 저주 속에서 아버지의 회초리를 느꼈다.

방향 제시-14 '모든 피조물의 끝이신 하나님을 보라. 만물이 그분을 섬기기 위해 어떻게 질서정연하게 되어 있는지 보라. 그리고 어떤 피조물에서도 더 높은 목적을 언급하지 않고는 멈추지 말아야 한다.' 그렇지 않으면 내가 당신에게 자주 말했듯이 당신은 책을 펴고 인쇄술의 솜씨와 글자의 질서와 정형에 감탄하지만 주제, 의미 또는 목적을 결코 신경 쓰거나 이해하지 못하는 어린아이나 문맹자와 같을 것이다. 또는, 멋진 그림을 보고 그것을 만든 사람이나 그림으로 대표되는 사람을 전혀 신경 쓰지 않는 사람과 같다. 또는, 여관 문에 걸린 간판을 보고 솜씨를 높이 평가하고 있지만, 그 안에 있는 오락과 필수품들을 안내하기 위해 세워졌다는 것을 알지 못하는 사람과 같다. 그리고 이 어리석음과 죄는 더 큰데, 왜냐하면 하나님의 모든 창조와 섭리의 일에서 그것들을 통해 지적인 세계에 자신을 드러내는 것이 하나님의 목적이기 때문이다. 하나님이 창조의 틀과 매일의 일반적이고 특별한 섭리 안에서 그의 능력과 지혜와 선하심을 그렇게 놀랍게 나타내셔야 하는가? 이 모든 것을 날마다 보는 사람이 의도된 용도와 목적을 간과하여 그의 모든 영광스러운 일을 아무것도 아닌 것으로 만들거나 잃어버린 것처럼 만들 것인가? 감각은 그 자체의 즐거움과 감각이 줄 수 있는 것과 같은 민감한 피조물의 자연적인 행복에 이르기까지 끝이 없다. 그러나 이성은 감각이 그 단계를 끝내는 곳에서 일을 시작해야 하며, 만물의 끝이신 그에게 모든 것을 가져가야 한다. "이는 만물이 주에게서 나오고 주로 말미암고 주에게로 돌아감이라 그에게 영광이 세세에 있을 지어다 아멘."[8]

방향 제시-15 '모든 피조물의 일반적인 용도와 궁극적인 목적 외에도, 당신과 관계 있는 모든 것의 특별한 용도와 가까운 목적에 대해 분명히 알기 위해 노력하라. 이를 통해 궁극적인 목적에 도움이 될 수 있으며, 여전히 각 피조물에 쓰여진 제목과 같이 그 특별한 용도가 당신의 가장 높은 목적을 돕는 것으로 보았다고 가정하라.' 예를 들어, 당신의 성경에, 살아계신 하나님의 말씀이, 나와 그와 그의 뜻을 알게 하여 내가 그를 기쁘게 하고 영화롭게 하며 그를 영원히 누리게 하기 위해 쓰여 있다고 생각하라. 그리고 당신의 경건한 친구에게 하나님의 형상을 지닌 하나님의 종, 영원한 생명을 위해 그분에 대한 봉사에 나를 동행하고 돕도록 임명된 칭호를 보았다고 가정해 보라. 당신의 음식물 위에 기록된 이 칭호를 보았다고 생각하라. 내 아버지의 섭리가 나를 구주의 손에 보내신 것이지, 나의 관능을 만족시키고, 나의 과도한 욕망을 만족시키기 위해서가 아니라, 내가 영생으로 가는 길에 그를 위한 나의 봉사에 나의 몸을 새롭게 하고 강하게 하려 한 것이라고 생각하라. 그러므로 당신의 의복, 당신의 종, 당신의 재물, 당신의 가축, 당신의 집, 그리고 당신의 모든 소유물에 그것들의 적절한 용

---

8) 롬 11:36

도와 목적을 이런 식으로 새기라.

방향 제시-16 '당신과 관계된 모든 일의 최종 위험과 중간 위험을 모두 알고 있어야 한다. 그리고 당신이 보는 모든 것 위에 그것들이 여전히 기록되어 있다고 생각하라.' 마지막 위험은 지옥이다. 일반적으로 중간 위험은 죄이다. 그러나 이 피조물이 마귀와 육체에 의해 시험을 받게 될 죄가 무엇인지 알아야 한다. 예를 들어, 돈과 재물에는, 탐욕과 모든 악의 미끼가 많은 슬픔으로 나를 찌르고, 곧 나에게 천벌을 내린다고 쓰여진 것을 보았다고 생각하라. 그리고 큰 건물과 재산과 명예와 정기적인 모임의 출석 상태에는, 마귀가 영혼을 위해 줄 큰 대가라고 쓰여 있고, 미끼로 사람을 유혹하여 육체의 쾌락을 지나치게 사랑하게 하고, 그들의 마음을 하나님과 천국에서 저주를 받게 한다고 쓰여 있다 생각하라. 여전히, 아름다움과 유혹적인 행동과 옷차림은, 그것에 의해 마귀가 사람의 마음을 타락시켜 지옥에 떨어뜨린다고 쓰여진 것을 보았다고 생각하라. 극장 문에는 사람들의 귀중한 시간을 빼앗고, 설교자들보다 더 친근하고 즐거운 방법으로 가르친다는 핑계로 사람들을 속여 허영, 사치, 그리고 지옥으로 유혹하는 야바위꾼의 무대라고 쓰여진 것을 보았다고 생각하라. 게임, 오락, 친구에 대해서도 똑같이 특별한 올가미가 있는 것을 보라.

방향 제시-17 '이 목적을 위해 당신 자신의 특정한 성향과 질병에 대해 잘 알고 있어야 한다. 그러면 당신에게 가장 위험한 존재가 어떤 것인지 알게 되며, 그곳에서 가장 엄격하게 경계할 수 있도록 하라.' 만일 그 대상이 교만이라면, 교만의 미끼를 최대한 멀리하고 그것들에 대하여 가장 조심스럽게 경계하라. 그 대상이 탐욕이라면, 탐욕의 미끼를 최대한 경계하라. 당신이 강한 욕망을 가지고 있다면, 매혹적인 대상을 시야에서 멀리하라. 당신의 기질과 질병에 대한 지식은 당신의 식이 요법과 신체 활동 모두를 관리해야 한다.

방향 제시-18 '끊임없이 순종하는 상태에서 살아라. 그리고 당신이 보는 모든 것 위에도 하나님의 율법이 기록되어 있다고 생각하라.' 당신이 어떤 유혹적인 아름다움을 볼 때, 당신 이마에 기록된 다음과 같은 글을 보았다고 가정하라. 음욕을 품지 말라. 음행하는 자들과 간음하는 자들을 하나님이 심판하시리라. 그들이 하나님 나라에 들어가지 못하리라. 금지된 음식이나 잔에서, 당신은 이것을 먹지도 말고 마시지도 말라고 하시는 하나님이 금지하신 것을 보아라. "이 세상이나 세상에 있는 것들을 사랑하지 말라 누구든지 세상을 사랑하면 아버지의 사랑이 그 안에 없다."[9] 이와 같이 만물에 대한 하나님의 뜻을 보아라.

방향 제시-19 '자신에게 지나치게 유혹적이고 위험한 감각의 대상을 만들지 말라. 그러나 가능한 한 피조물의 올무를 적게, 유익은 많이 얻을 수 있도록 거짓말하는 것처럼 각별한 주의를 하라.' 당신은 당신의 식욕을 탐욕스럽게 즐기는 자가 되지 않을까 주의하라. 식탁이 너무 꽉 차거나, 너무 멋있고 유혹적인 음료나 요리를 선택하지 말고, 건강에 가장 유용한 것을 선택하라. 당신은 세상이나 당신의 현재 집이나 땅이나 목장을 지나치게 사랑하지 않는지 주의하라. 당신의 도시락에 금박을 입히거나 감미롭게 하여 자신이 중요하다는 표를 하지 말라! 당신이 설탕을 넣으면, 마귀와 육체가 독을 넣을 것이다. 당신이 그것들을 지나치게 사랑하는 것이 당신의 구원에 가장 큰 위험이라고 믿으면서, 당신은 당신이 할 수 있는 한 모든 것을 즐겁고 사랑스럽게 만들 건가? 당신은 스스로에게 가장 큰 유혹자가 되면서도, 하나님께 당신을 시험에 들지 않게 해 주시기를 바랄 수 있나?

방향 제시-20 '유혹하는 대상이 당신의 감각에 너무 가까이 있지 않도록 하라. 가까이에 있으면 감각적인 욕구를 격렬하게 하여 죄짓게 할 기회를 주기 때문이다.' 화상을 입지 않으려면 불에 너무 가까이 다가가지 말라. 교만과 정욕과 열정과 다른 죄의 올가미에서 멀리 떨어지는 것이 가장 좋은 치료법이고 가까이하려는 것은 그들의 힘이다.

방향 제시-21 '당신의 영혼이 보이지 않는 대상에 대한 빈번하고 친숙한 활동과 그들의 것에 대한 감각에 대해 익숙해지도록 하라.' 그리고 당신이 그 피조물을 보고, 맛보고, 듣는 일을 매일, 매시간 하는 것처럼, 피조물 속에서 당신에게 나타나는 그분에 대한 겸손한 숭배가

---

9) 요일 2:15

드물지 않게 하라. 그렇지 않으면 당신에게 그 피조물은 너무 친숙하게 되고, 사용하지 않으면 하나님은 너무 낯설게 될 것이다. 그래서 당신은 그분과 멀어지고, 세속적이고 관능적인 사람이 되고, 감각에 따라 생활하고, 신앙 생활의 거룩한 행위를 잊어버릴 것이다.

방향 제시-22 '당신 마음이 얼마나 악한지, 모든 유혹의 불을 받을 준비가 부싯깃처럼 되어 있는지에 대한 겸손한 감각을 잃지 말고, 결코 스스로 무모하고 자신만만하지 말라.' 당신의 거룩한 두려움은 당신의 경계에 필요하고 당신의 경계는 당신의 탈출과 안전에 필요하다. **베드로**의 자신감은 그의 주님을 배신했다. **노아**와 **롯**, **다윗**이 그 죄를 더 두려워했더라면 그들은 그 죄를 피하려고 했을 것이다. 그것은 **유다**가 열렬히 비난한 짐승 같은 이단자들의 성격의 한 부분이다. "그들은 교회에서 잔치를 하였을 때 두려움 없이 자기들만 위해 음식을 먹는, 사랑으로 나누는 잔치자리에 더러운 점과 같은 존재다."[10] 당신의 연약함과 죄의 성향에 대한 지식이나 감각이 사라지면, 두려움도 사라지고 안전도 사라지고 당신의 몰락이 가까워진다.

---

10) 유 1:12

2부

눈을 다스리기 위한 특별 방향 제시

방향 제시-1 '당신에게 주어진 시력의 용도를 파악하라.'

1. 하나님이 하시는 일을 보고 마음으로 하나님을 볼 수 있게 하기 위함이다.

2. 하나님의 말씀을 읽고 그 속에서 그분의 마음을 인식하게 하려 함이다.

3. 당신이 사랑해야 할 하나님의 종들과 당신이 구제하거나 불쌍히 여겨야 할 가난한 사람들과 당신 의무의 모든 가시적인 대상을 보며, 세상의 모든 일에 관한 직무를 수행하는 데 있어서 당신의 몸을 다스리기 위해, 특별히 자주 당신의 복되신 주님께서 영광을 받으시는 곳, 당신을 그분의 영광으로 데려가실 하늘을 바라보게 하시려고 눈을 주셨다.

방향 제시-2 '눈이 가장 위험에 빠지기 쉬운 죄를 기억하여 주의하고 피하라.'

1. 교만하고 거만하고 경멸하는 눈을 주의해야 한다. 그것은 공작새가 자신의 꼬리를 자랑하는 것과 같이 감탄과 기쁨으로 자신을 바라보고, 자기보다 아래에 있는 다른 사람들을 경

멸과 멸시로 바라보는 것이다.

2. 당신은 은밀히 당신의 마음을 꾀어 어리석고 더러운 살덩이로 만들고, 영원한 불을 준비하는 불을 점화하기 위해 아름다움과 장식품에서 불꽃을 훔치는 음탕하고 방탕한 눈을 주의해야 한다.

3. 과도한 욕망과 탐욕스러운 눈을 주의하라. 그것은 **아간**과 **게하시**와 같은 불법적인 사랑과 욕망으로 당신을 유혹하고, 그들의 죄로 당신을 파멸로 이끌기 위해 미끼를 찾는다.

4. 사치스럽고, 탐식하며, 술 취한 눈을 주의하라. 그것은 금지된 열매와 유혹하는 음식과 맛있는 잔을 보고, 그 탐욕스러운 벌레의 식욕을 돋울 때까지 추구한다. 그것은 당신의 저주가 확정됨에도 불구하고 기뻐한다.

5. 방랑자처럼 집도 없고, 일도 없고, 주인도 없는 방황하는 눈을 주의하라. 그는 그저 죽음을 뒤쫓고 유혹의 일을 찾아 헤맨다. "지혜는 명철한 자 앞에 있거늘 미련한 자는 눈을 땅끝에 두느니라."[11]

6. 다른 사람의 번영, 특히 자신의 이익에 맞서는 사람을 싫어하고 불만스럽게 바라보며 시기하는 눈에 주의하라. "내가 선하므로 네가 악하게 보느냐?"[12] 성경에서 일반적으로 사악한 눈, 교활한 눈으로 불리는 것은 시기하는 눈이다. 다른 사람을 선보다 악으로 보는 눈이다. "네 궁핍한 형제를 악한 눈으로 바라보지 말라."[13] 그것은 내 것을 다른 사람에게 주기 싫어하는 눈이다.

---

11) 잠 17:24
12) 마 20:15
13) 신 15:9

7. 당신의 가슴에 상처를 주고 욕되게 하는 불을 지피거나 그것에 의해 타오르는 열정적이고 잔인한 눈을 주의하라. 당신을 불쾌하게 하는 모든 것에서 분노나 악의를 가져오는 눈을 주의하라.

8. 다른 사람의 모든 행동에서 잘못을 발견하고, 과소평가하고, 비난하거나, 책망하는 눈으로 바라보는 오만하고 비판적인 눈을 주의하라.

9. 집이나 친구나 아이들이나 물건이나 무엇이든 좋아하는 것을 너무 많이 사랑하는 맹신적이고 공상적인 눈에 주의하라.

10. 선한 일에 문을 닫고, 깨어 있어 읽고 기도하고 수고하는 것보다, 졸고 게으른 눈을 주의하라.

11. 경건한 사람과 거룩한 모임과 성도들의 교제와 거룩한 행위를 미워하는 눈으로 바라보는 악한 눈을 미워하라. 그리고 모범적인 열심과 거룩함을 가진 사람에서는 거의 볼 수 없지만, 마음이 하나님을 대적하여, 그러한 모든 사람이 추방되거나 땅에서 끊어지기를 바랄 수 있다. 이것은 가장 생생한 마귀의 이미지를 가진 마음이며, 그는 그리스도께서 요한복음 8장 44절에서 말하는 것과 같은 거짓의 아비다.

12. 마음이 땅에 있고 정욕과 명예와 스포츠나 쾌락이나 의인에 대한 해악을 꾀함에도 불구하고, 하늘을 향해 목소리를 높이는 위선적인 눈을 미워하라. 눈에 대한 이 모든 질병의 악함과 위험을 알아라.

방향 제시-3 '눈은 가장 고귀하지만 가장 위험한 감각이므로 가장 엄격하게 감시해야 한다.' 시력은 종종 모든 감각의 역할 대신에 성경에 특정한 방식으로 표현된다. 그리고 보는 것으로 사는 것은, 믿음으로 살거나 걷는 것과 반대가 된다. "우리는 믿음으로 행하고 보는 것으로 행하지 않는다."14) 그리고 감각적인 삶은 "마음이 원하는 길과 눈이 보이는 대로 행한다."15) 통제되지 않은 눈은 통제되지 않은 감각의 힘을 보여 준다. 많은 선과 악이 이 문으로 들어온다. 이 문을 지키지 않으면 모든 것이 열려 있는 것이다.

방향 제시-4 '당신의 죄나 의무와 마찬가지로 당신의 슬픔이나 기쁨도 당신의 눈의 다스림에 크게 좌우된다는 것을 기억하라.' 그리고 그들의 현재 쾌락은 슬픔으로 가는 일반적인 길이다. **다윗**은 한 번의 불법적인 시선으로 그의 마음에 얼마나 큰 슬픔을 안겨 주었는가?

방향 제시-5 '당신의 눈은 당신 마음의 지표이기 때문에 당신의 명예나 불명예의 대부분을 차지한다는 것을 기억하라.' 당신은 눈을 볼 때 마음 그 자체, 또는 보이지 않는 영혼의 가장 직접적인 광선을 볼 수 있다. 초점 없는 눈, 방탕한 눈, 교만한 눈, 사치스러운 눈, 악의적인 눈, 정열적인 눈이 얼마나 쉽게 마음에 있는 죄의 풍성함을 드러내는 가! 다른 사람들은 당신의 영혼을 다른 어떤 부분보다, 당신의 눈에서 볼 수 있다. 그러므로 당신의 명성 자체가 당신을 조심하게 할 것이다.

방향 제시-6 '당신의 눈은 모든 감각 중 의지에 가장 종속되어 있으므로 그 안에 더 많은 의무나 죄가 있음을 기억하라.' 자발성은 선과 악을 모두 포함하는 도덕성의 필수 조건이기 때문이다. 당신의 의지는 당신의 시각처럼 쉽게 당신의 느낌, 미각, 청각, 또는 후각을 지배할 수 없다. 눈은 너무 쉽게, 한순간에 뜨거나 감을 수 있기 때문에, 그것이 통제되지 않으면 당신은 더 변명할 길이 없다. 눈의 모든 잘못은 더 자발적이라는 것이 증명되기 때문이다. **함**은 아버지의 수치심을 외면하지 않았기 때문에 저주를 받았고, **셈과 야벳**은 외면함으로써 축복을 받았다. 의인은 "귀를 막아 피 흘리려는 꾀를 듣지 아니하는 자, 눈을 감아 악을 보지 아니하는 자"16)로 묘사된다. '그는 높은 곳에 거하리로다.' 그들이 버리라는 명령을 받은 인

---

14) 고후 5:7
15) 전 11:9
16) 사 33:15

간의 우상은 "그들의 눈에 가증한 것"[17]이라고 불린다. 탐욕은 "안목의 정욕"[18]이라 부른다. 부정한 사람들은 "음심이 가득한 눈"[19]을 가졌다고 한다. 죄와 같이 눈에도 형벌이 내려진다. "오만한 자의 눈도 낮아질 것이다."[20] 실로 시온의 딸들의 온몸은 벌거벗음과 악질과 악취와 수치로 욕을 당할 위협을 받고 있다. 왜냐하면 그들이 "정을 통하는 눈으로 다니며 뽐내며 걷기"[21] 때문이다.

방향 제시-7 '그러므로 신앙심 있는 이성과 거룩하고 단호하며 확고한 의지로 당신의 눈에 끊임없이 율법을 지키게 하고, 그것을 항상 지배 아래 사용하게 하라.' 이것을 욥은 "눈과 약속했다."[22]라고 부른다. 눈을 자유롭게 놔두지 말라. 마치 외모에 의무나 죄가 없는 것처럼, 또는 당신이 원하는 것을 볼 수 있는 것처럼 눈을 자유롭게 놔두지 말라. 어리석고 유혹적인 연극에 가서, 헛되고 고혹적인 것을 보고 이 모든 것이 해가 되지 않는다고 생각할 건가? 당신의 눈이 당신의 혀와 같이 범죄할 수 없다고 생각하는가? 의심할 여지없이 눈에 의해 저지른 죄와 눈으로 들어간 죄가 모두 크다. 그러므로 미끼에서 멀리 떨어지거나 눈을 돌리라고 명령하라.

방향 제시-8 '죄가 한 번 들어왔을 때 그것을 다시 물리치는 것보다, 문과 외곽에서 죄를 막는 것이 얼마나 쉽고 안전한지 기억하라.' 눈이 당신의 환상이나 기억을 더럽혔다면(유혹적인 광경이 거의 그렇게 할 것이기 때문에), 그것은 헛되고 잘못된 소란을 일으키는, 생각의 문제를 낳는다. 눈을 지배하지 않고 생각을 지배하는 것은 거의 불가능하다. 그때 열정은 바로 더럽혀진다. 마음의 요새는 당신이 깨닫기도 전에 함락된다. 호색의 표정이나, 탐욕스러운 표정이 게임을 시작하면 얼마나 슬픈 기간이 될지 모른다. 많은 끔찍한 간음, 살인, 강도,

---

17) 겔 20:7
18) 요일 2:16
19) 벧후 2:14
20) 사 5:15
21) 사 3:16
22) 욥 31:1

사악함이 단 한 번의 시선으로 시작되었다. 수천 명을 교수대로, 수백만 명을 지옥으로 몰아넣는 일이 한 번 보는 일로 시작되었다.

방향 제시-9 '계속적인 의무에 눈과 마음 모두를 사용하고 게으르지 않게 하고 허영심에 방황하는 틈을 주지 말라.' 영적, 육체적 의무에 대한 게으름과 태만은 육욕에 빠지는 초보요 온상이다. 당신은 영적인 일과 합법적인 육체 노동을 하는 일에, 생각과 시간을 할애하고 봉사에 관해 명령하고 지키라.

방향 제시-10 '매일 하나님의 은혜와 섭리의 도움을 구하라.' 당신을 강화하고 당신의 결심과 경계 안에서 당신을 돕는 그분의 내적 은혜를 날마다 구하라. 그리고 당신 눈앞의 유혹을 막기 위해, 당신과 그 목적에 대한 그분의 섭리와 은혜로운 처분을 구하라. 그리고 다른 사람들이 일부러 달려가 헛되고 유혹적인 쇼를 보려고 할 때, 또는 어린아이와 같이 장난스럽고 화려한 세상의 허무함을 바라보려 할 때, 당신은 다윗처럼 "내 눈을 돌이켜 허탄한 것을 보지 말게 하시고 주의 길에서 나를 살아나게 하소서."[23]라고 하나님께 기도할 수 있을 것인가? 그리고 "주의 말씀을 조용히 읊조리려고 내가 새벽녘에 눈을 떴나이다."[24]라고 기도하는 그를 본받으라. 그리고 모든 시선을 하나님께 옮기고 "내 눈을 열어 주의 율법에서 놀라운 것을 보게 하소서."[25]라고 기도하라. 전술한 일반적인 지시사항을 준수하라.

---

23) 시 119:37
24) 시 119:148
25) 시 119:18

3부

귀를 다스리기 위한 방향 제시

방향 제시-1 '귀가 지음 받은 직무에 귀를 기울이고[26] 그 목적을 위해 그 직무를 이해하라.' 그 직무는 다음과 같다.

1. 세상에서의 대화와 우리의 여러 관계와 소명의 의무에 필요한 그러한 정보를 다른 사람들로부터 받는 기관이다.

2. 교회의 임명된 교사들이 공개적으로 전하는 하나님의 말씀을 듣는 것.

3. 우리의 유익을 위해 개인적으로 조언하는 사람들의 조언을 듣는 것. 그리고 우리의 죄와 위험에 대해 말하는 사람들의 책망을 듣는 것.

4. 공적인 곳에서는 그의 교회가, 사적으로는 특별한 종들이 드리는 하나님에 대한 찬양을 듣는 것.

---

26) 창 49:2

5. 우리 조상들과 역사 학자들에게 우리 이전 시대에 어떤 일이 있었는지 듣는 것.

6. 우리가 사람들을 불쌍히 여기고 구제에 힘을 쓰도록, 가난한 자와 궁핍한 자와 곤고한 자의 불평과 탄원을 듣는 것.

7. 우리가 무심코 듣는 사악한 말을 통해 우리 마음에 슬픔과 증오의 통로가 된다.

방향 제시-2 '귀에 대한 죄가 무엇인지 알고 죄를 피하라.'

1. 부주의한 귀는 하나님의 말씀과 그의 종들의 사적인 권면을 듣지 못한다.

2. 어리석고 졸린 듯한 귀는 하나님의 말씀을 듣기는 하나 헛갈리는 소리 같아서 깨닫지 못하고 들은 것을 알지 못한다.

3. 냉소적인 귀는 하나님의 말씀을 멸시하고 사람의 책망과 조언을 받기 싫어한다.

4. 충고를 듣지 아니하고 굴복하지 않는 고집 세고, 완고한 귀.

5. 더럽고 불경한 귀는 맹세와 저주와 속되고 신성모독하는 말 듣기를 좋아한다.

6. 육체에 속한 귀는 육체의 말 듣기를 좋아하나 거룩한 경향이 있는 말은 싫어한다.

7. 공허하고 위선적인 귀는 하나님께 향하는 영혼의 감각과 영적 고양보다 음악과 멜로디를 더 사랑하며 설교, 기도 또는 그러한 의무보다 운율과 작곡과 음조를 더 가치 있다고 생각한다. 마음은 그분에게서 멀어도 귀로 하나님을 섬긴다.

8. 까다로운 귀는 가장 유익한 설교, 기도 또는 설교가 정확하게 정렬되고 표현되지 않으면 역겹게 생각하며, 제안 또는 도구의 불완전성(형태상의)으로 인해 제안된 혜택을 경시하거나 상실한다. 한 점 또는 두 점에 약간의 녹이 끼어 있다고 금을 모두 내버린다. 기대에 비해 정확하지 않거나 정교하지 않은 것으로 성경의 형식에 대해 격렬하게 논쟁한다.

9. 더 많은 것을 원하는 귀는 참신함과 다수의 교사들을 좇으며 필요한 것보다 특별한 것을 좋아한다.

10. 이기적인 귀는 자신의 자만심을 확증하려는 경향이 있는 모든 것을 듣고, 다른 사람들의 아첨이나 부드러운 말을 좋아하고, 자신의 의견에 반대되는 것은 어떤 것도 참지 못한다.

11. 교만한 귀는 박수 받는 것을 좋아하고 칭찬을 크게 기뻐하며 자기에 대해 천박하고 경시하는 말을 하는 모든 사람을 미워한다.

12. 꽤 까다롭고 참을성 없는 귀는 들리는 모든 말에 맞서 화를 내고, 기름을 바르고 설탕을 입히고 아첨이나 낮은 자세로 복종하는 부드러운 말 외에는 견디지 못하며, 기쁘게 하는 기술을 전공한 자 외에는 아무도 기쁘게 할 수 없다.

13. 대담하고 주제넘은 귀는 거짓 교사들과 속이는 자들의 말을 듣고, 자기의 능력을 확신하여 참과 거짓을 분별하려고 한다.

14. 경건하지 않은 귀는 거룩함에 대한 비방을 의심없이 들으며 그리스도의 종들과 길을 비웃는다.

15. 중립적이고 무관심한 귀는 선과 악을 사랑하거나 미워하지 않고, 무디고 냉정하고 무관심으로 듣는다.

16. 모호하고, 타협하는 귀는 거룩함을 주장하는 한쪽과 거룩함을 반대하는 다른 쪽의 말을 순종적으로 받아들이고, 올바르게 말하는 친구와 담론에 동의한다.

17. 무자비한 귀로, 다른 사람이나 실로 가장 좋은 사람에게 하는 질책, 험담, 중상, 욕설을 기꺼이 들을 수 있다.

18. 부자연스러운 귀는 그들의 명예에 반하는 것이지만 세속적인 이익이 있다면, 그들의 부모나 가까운 친척에 대한 불명예스러운 말을 쉽게 기꺼이 받아들일 수 있다.

19. 반항적이고 불순종하는 귀는 치안판사와 부모와 윗사람과 다른 지도자의 공의로운 명령을 듣지 않고, 그들을 욕되게 하는 선동하는 자의 말을 더욱 기쁘게 듣는다.

20. 더럽고, 불결하고, 음란한 귀는 더럽고 음란한 말과 사랑의 노래와 로맨스와 음탕한 유희와 방탕한 정욕과 희롱의 말 듣기를 좋아한다.

21. 도발적인 귀는 사람들에게 불리하게 말하는 모든 것을 듣고 말을 옮김으로, 듣는 사람들의 마음에 미움이나 싫증이나 울화를 일으킨다.

22. 바쁘고, 참견하는 귀는 다른 사람의 결점이나 자기와 관련 없는 일에 대해 듣는 것을 좋아하고, 수다쟁이의 농담, 욕설에 귀 기울이고 악한 소문을 퍼뜨리고 험담하기를 좋아한다.

23. 소심하고 비겁하고 믿지 않는 귀는 하나님이 정당화하기로 한 약속을 믿음에도 불구하고, 사람의 모든 위협에 떤다.

24. 한가한 귀는 쓸데없이 시간을 낭비하는 말을 들으며, 수다쟁이의 죄를 자신의 것으로 삼는다.

이 모든 방법들은 당신으로 하여금 귀로 죄짓게 하고, 당신이 듣는 모든 사악한 말에 관하여 죄에 참여하는 자가 되게 하고, 또 당신의 선을 위하여 말하는 하나님의 말씀과 그의 종들의 말씀을 죄로 변하게 할 위험이 있다.

[악을 듣는 것이 죄일 때]

방향 제시-3 '악한 말을 듣고 선한 말을 듣지 않는 것이 언제 당신의 죄가 되는지 알라.' 즉,

1. 강요된 필요가 아니라 당신의 자발적인 선택에 의한 경우, 그리고 더 큰 상처 없이 합법적인 조건으로 그것을 피할 수 있음에도 불구하고, 그렇게 하지 않을 경우.

2. 당신이 들었어야 함에도 듣지 않아 악을 미워하지 못하고, 들어야 할 필요가 있음에도 듣지 않아 선을 사랑하지 못하는 경우. 당신의 마음이 당신의 필요에 따르는 경우.

3. 유익이 아니라 큰 불편을 겪지 않으려고, 당신이 할 수 있음에도, 당신이 들은 악을 거부하고 싫어하지 않을 때. 그러나 사악한 침묵이나 순응을 통해 그것이 당신의 것이라는 것을 나타낸다.

4. 주제넘어 당신의 위험을 두려워하지 않을 때.

[듣는 위험]

방향 제시-4 '사악한 말을 듣는 위험이 어디에 있는지 알라.' 예를 들면,

1. 하나님이 미워하시는 것에 관해, 하나님은 자기 자녀들이 자기를 모욕하는 자들의 말을 듣는 것을 좋아하지 않으시며, 그들이 불과 물을 가지고 담대히 노는 것을 즐거워하지 않으

시고, 냄새 나는 것이나 더러운 것을 만지는 것을 좋아하지 않으신다. 하지만 하나님은 다음과 같이 그들을 부르신다. "너희는 그들 중에서 나와서 따로 있고, 부정한 것을 만지지 말라 내가 너희를 영접하겠다."[27]

2. 사악한 말을 듣는 것은 당신의 환상과 기억에 위험하다. 그것은 당신이 듣는 것에 의해 신속하게 해로운 인상을 남긴다. 만약 당신의 의지에 반하여 자극적인 말을 들어야 한다면, 그것들에 의해 어떤 해로운 인상을 받는 것을 피하기 어렵다. 그리고 당신이 당신의 의지에 반하는 음탕하고 더러운 말을 듣는다면(자발적이라면 훨씬 더), 십중팔구는 앞으로 죄짓게 할 수 있는 몇 가지 생각을 당신의 마음에 남긴다. 그것이 당신이 깨닫기도 전에 불을 붙일 경우, 당신의 열정과 감정에 위험하다. 그것들이 나쁜 길로 이끌고 미혹하는 경우, 당신의 이해에 위험을 초래한다. 그것들이 악을 좇고 선을 외면하는 경우, 당신의 의지는 위험하다. 아아! 이 모든 작업이 얼마나 속히 이루어지는지!

3. 당신이 자발적으로 듣는 것이 그의 죄를 격려하고, 그의 회개를 방해하기에 그것은 말하는 사람에게 위험하다.

4. 그것은 하나님과 경건을 욕되게 하는 것이다.

방향 제시-5 '선하고 덕을 세우는 말을 들려주는 그러한 모임에서 살기 위해 최선을 다하고, 해롭고 부패한 모임에서 벗어나기 위해 최선을 다하라.' 이 유혹에 스스로 뛰어들지 말라. 부르심이 있는지 확인하라.

1. 당신의 사무실과 장소에 의해 당신의 부르심을 분별해야 한다. 당신의 직분이나 관계의 어떤 의무가 당신을 그곳에 있도록 묶는지 여부.

---

[27] 고후 6:16-18

2. 당신의 목적에 의해 당신의 부르심을 분별해야 한다. 당신이 의사로서 그들에게 선을 행하거나(그리스도께서 죄인들 가운데 가셨던 것처럼), 당신의 합당한 부르심의 일을 하기 위해 거기에 있는지, 아니면 당신이 세속적이거나 사람을 즐겁게 하거나 대세를 따르기 위해 거기에 있는지 여부.

3. 그 목적을 달성하는 당신의 능력을 기준으로.

4. 질병에 감염될 위험성의 정도에 의해.

5. 모임의 특성과 선과 악에 대한 가능성에 의해 그것이 당신의 소명인지 인지되어야 한다.

[나쁜 집단에 부름을 받았을 때]

방향 제시-6 '당신이 나쁜 집단에 부름을 받았을 때, 당신이 어떤 위험이나 의무에 직면하게 될지 예측하고, 방어 및 공격무기로 방어력을 증가시켜라.' 어떤 설교가 이해하기 좋은지 미리 예상하고 그에 따라 준비하라. 당신의 첫 번째 준비는 자신을 상처로부터 보호하는 것이고, 다음 준비는 악을 논박하고 사악하게 말하는 자를 설득하거나, 당신의 능력과 기회가 있다면 적어도 위험에 처한 청중을 보호하는 것이 되게 하라. 유혹하는 이단 교사의 말을 들어야 한다면 또 다른 준비를 해야 한다. 만일 야수적이고 더러운 말을 들어야 한다면 또 다른 종류의 준비를 해야 한다. 만일 교활한 바리새인의 말이나 경건에 악의가 있는 원수가 성경이나 하나님의 도를 대적하여 질책하거나 트집잡거나 승강이하는 말을 들어야 한다면 또 다른 준비가 있어야 한다. 만일 당신이 몰상식한 조소나 무식하고 불경하고 관능적인 바보들의 욕설과 고함소리를 들어야 한다면, 각기 다른 종류의 준비가 필요하다. 그러한 모든 위험에 대비하기 위한 특별한 방향 제시를 제공하는 것은 내 작업을 너무 지루하게 할 것이다. 그러나 당신 자신의 준비나 준비 부족에 얼마나 많은 책임이 따르는지 기억하라.

방향 제시-7 '다른 사람의 나쁜 말에 유혹되지 않으려면, 당신 자신이 선한 말을 하는 데 부족함이 없게 하라.' 당신의 선한 담론은 그들의 사악한 담론을 예방하거나 전환시키거나 부끄럽게 하거나 실망하게 할 수 있다. 말의 흐름을 다른 방향으로 돌리고 현명하게 행하여 자신과 자신의 대의가 조롱을 받거나 웃음거리가 되지 않도록 하라. 대의가 요구하는 대로 열성을 다하여 선을 행하여, 악에 대한 그들의 더 큰 열심에 눌리지 않도록 하라. 그리고 당신이 말하는 것이 부적합 경우에는 당신의 얼굴 표정으로나 그 자리를 떠나는 것으로 당신의 혐오와 슬픔을 나타내도록 하라.

방향 제시-8 '피할 수 없는 친구와의 대화 속에서 당신을 가장 유혹하는 죄들을 죽이기 위해 특별히 노력하라. 마귀가 당신을 가장 많이 해치는 곳에서 당신은 자신을 방어하기 위해 가장 많은 일을 할 수 있다.' 당신이 듣는 말이 이단이나 유혹에 빠지거나 진리에서 멀어지게 하는 경향이 있는가? 진리 안에 굳게 서기 위해 더 많이 연구하라. 더 많은 책을 읽고, 지혜롭고 경건한 사람들로부터 당신이 유혹당하게 되는 오류에 대해 말하는 것을 더 많이 들으라. 당신의 친구가 당신을 유혹하는 것은 신성모독이나 거룩한 삶을 싫어하기 때문인가? 하나님과 더 많이 의사소통하고, 거룩함에 자신을 넘겨주고, 당신의 공부와 실천이 당신의 영혼으로 서툭함을 기뻐하고, 죄를 미워하는 데에 주의를 기울이게 하라. 당신을 유혹하는 그들의 박수갈채를 받는 연설이 부러운가? 겸손의 교리를 더 많이 연구하라. 그들이 당신을 화나게 하는 것이 정욕인가 아니면 술 취함, 탐식, 악한 오락 또는 무절제인가? 겸손의 일에 더 많은 노력을 기울이고 그들이 당신을 공격하는 곳에서 가장 엄격한 경계를 유지하라.

방향 제시-9 '자신의 마음에 있는 특정한 약점과 위험, 또는 당신의 악한 성향에 대해 몰라서는 안 된다.' 성벽에서 가장 약한 곳을 알면, 그곳에 최선의 방어를 할 수 있다. 음란한 말은 음란한 마음에 불을 붙일 것이며, 냉정한 마음은 그 말을 미치광이의 말처럼 연민으로 듣게 될 것이다. 끊임없이 불평하고 열정적인 사람은 침착한 영혼에게는 인지되지 않는 말에서도 혼란되고 불이 붙는다.

방향 제시-10 '마귀가 지시하는 모든 사악한 말을 들어보라. 그리고 줄곧 말하는 사람 팔꿈치에서 그의 입에 단어 하나 하나를 넣고, 그에게 무엇을 말해야 하는지 말해 주었다고 가정해 보라.' 마치 당신이 그를 가정한 것처럼, 진실로 그것들 모두를 제안하는 것은 마귀다. 난간 뒤에서 소년들이 개들이 싸우는 것처럼 씩씩 소리를 내며 싸울 때, 마귀가 이렇게 저렇게 하라고 지시를 받는다고 상상해 보라. 악인의 귀에 대고 거룩한 삶을 욕하고 주님의 길과 종들을 욕하는 것을 보았다고 상상해 보라. 당신이 그를 방탕한 자의 뒤에서 보았고, 음란한 말을 사용하도록 명령하거나, 무대에서 배우에게 그렇게 말하라고 암시했다고 상상해 보라. 또는 당신을 격렬하게 자극하는 사람들의 귀에 당신에게 불리한 말을 하도록 명령하는 것을 보았다고 가정하라. 이 적절한 가정은 당신을 훨씬 더 보호할 것이다.

방향 제시-11 '모든 말에 첨부된 끝을 들었다고 가정하라.' 당신이 정욕으로 유혹하는 자의 말을 들었을 때, 그가 말하기를 가자, 우리가 잠시 쾌락을 취하고 영원히 정죄를 받자고 말한다고 상상하라. 다른 죄를 짓게 하는 모든 말도 이와 같다. 유혹하는 자가 죄짓게 하는 말을 하면, 당신을 하나님의 진노와 지옥 안에 넣는 것이니, 하나님이 결부시킨 말과 별개로 생각하지 말고, 뱀과 함께 쏘는 것을 보라.

방향 제시-12 '당신이 당신의 영혼을 사랑한다면, 처음 질병에 감염된 때를 관찰하고, 현재 해독제를 복용하여 이를 퇴치하라.' 감염의 징후는 다음과 같다.

1. 당신의 열심이 식어 버리고 듣는 것에 무관심해진다.

2. 그다음은 감염에 대한 어떤 성향을 느낄 것이다.

3. 그다음으로 진짜 감염되지 않은 것으로 생각하여 약간의 위험을 감수할 것이다.

4. 마침내, 당신은 질병에 감염되었다고 확실히 알게 될 것이고, 그래서 파멸에 이르게 될

것이다. 만약 당신이 당신의 미움과 증오 또는 생각과 환상에 오물이나 냄새가 조금이라도 남아 있다면, 지금 당장 털어 버리라. 참된 회개로 하나님께 슬프게 통곡하고, 그리스도의 피로 당신의 영혼을 씻고, 거룩한 결의로 독을 내버리고, 사랑과 거룩함의 열렬한 운동으로 남은 것을 땀으로 내보내라.

4부
식욕을 다스리기 위한 방향 제시

제1과 탐식에 대한 방향 제시

이 죄의 본질과 악을 알기 위해 가장 필요한 것은 제4장 7부 육체를 즐겁게 하는 것에 이미 언급되었다. 그러나 더 구체적으로 말해야 할 것은,

1. 탐식의 죄가 무엇이고, 무엇이 죄가 아닌지 보여 주기 위함이다.

2. 당신에게 탐식의 원인을 보여 주기 위해서.

3. 탐식의 역겨움을 보여 주기 위해서.

4. 탐식에 대항하는 더 특별한 도움과 수단을 알게 하는 것이다.

I. 탐식은 식욕을 만족시키기 위해, 또는 다른 육체적인 목적을 위해 자발적으로 과식하는 것이다. 여기에서 1. 우려되는 것. 2. 이 초과분의 결과와 효과를 유의하라.

1. 우려되는 것에 대하여,

(1) 때때로 적당한 양보다 더 많이 먹을 때 생기는 양의 초과이다.

(2) 아니면 기쁨과 단맛을 느끼는 데 적당한 것보다 더 많은 관심을 기울일 때, 맛있는 양이 과도할 수 있다.

(3) 아니면 식사의 빈도와 일반적인 적당한 시간이 아닌 상황에서 먹을 때 과잉일 수 있다. 그럼에도 사람들이 너무 자주 먹고, 먹기 위해 너무 오래 앉아 있는다.

(4) 비용이나 가격이 초과될 수 있다. 그럼에도 사람들은 스스로 너무 비싼 음식을 먹는다.

(5) 또는 드레싱, 양념, 모든 음식 주문에 관한 지나친 호기심일 수 있다.

2. 음식 초과분의 결과와 효과에 대하여,

그것은 보통 어떤 육체적인 목적을 위한 것이다. 감사의 제사를 드릴 때, 피할 수 없어 과식을 하는 것이 하나님을 섬기는 목적이라고 생각한다면, 그것을 탐식이라 부르는 것이 합당한지, 우리는 묻지 않아도 된다. 그것이 드문 경우라 할지라도, 그것은 의심의 여지없이 죄이다. 그리고 그것이 다른 사람을 즐겁게 하기 위해 생각없이 행해졌다 하더라도 탐식이다. 그러나 일반적인 탐식은 건강이나 의무에 도움이 되지 않고, 대개 몸이나 영혼에 해를 끼치지만 식욕을 만족시키기 위해 행해지는 것이다. 몸은 과식에 의해 상하고, 영혼은 과도한 쾌락에 의해 상하게 된다.

실로, 다른 때에는 불평 없이 절제할 수 있음에도, 필요할 때 금식이나 단식을 하지 않는 것은 일종의 탐식과 과식이다. 만약 어떤 사람이 지나치게 먹거나 맛있게 먹지 않으면서도,

절제된 식사나 공적인 금식을 하지 않거나 정욕이 자신의 몸을 상하게 하거나, 의사가 건강을 위해 식이요법을 요구하거나, 그의 다른 질병이 먹는 것에 의해 증가한다면, 이것은 그 사람에게 과도한 식사와 과잉 섭취다. 또는, 몸에 해로운 한 종류의 고기에서 느끼는 식욕의 기쁨이 이성과 건강을 압도하여 그 사람이 식욕을 참지 않으려 한다면, 그것은 양과 질 자체로 평균이고 일반적이라 해도 어느 정도에서 탐욕이고 탐식이다.

이것으로 당신은 다음과 같은 것을 알 수 있다.

1. 한쪽과 다른 쪽에서 모두 과잉이라고 해서 같은 양이 아니다. 노동하는 사람은 노동하지 않는 사람보다 조금 더 먹을 수 있다. 그리고 약하고 병든 사람보다 강하고 건강한 몸을 가진 사람이 조금 더 먹을 수 있다. 그것은 그 특정한 사람에게 그 당시의, 즉 그의 식욕을 만족시키기 위해, 그의 건강이나 의무에 유익한 것보다 더 많이 먹을 때, 양의 초과가 되는 것이다.

2. 따라서 빈도도 사람의 자질과 함께 고려되어야 한다. 어떤 사람은 건강을 위해 합리적으로 조금씩 자주 먹을 수 있고, 다른 사람은 건강에 유익한 것보다 사치스럽게 먹을 수 있다. "왕은 어리고 대신들은 아침부터 잔치하는 나라여 네게 화가 있도다 왕은 귀족의 아들이요 대신들은 취하지 아니하고 기력을 보하려고 정한 때에 먹는 나라여 네게 복이 있도다."[28]

3. 비용이 많이 든다는 점에서 군주와 농부에게 동일한 척도를 두어서는 안 된다. 그것은 군주에게는 절제와 검소함일지라도 농부에게는 사치스러운 과식일 수 있다. 그러나 모든 것을 고려할 때 다른 방법으로 더 유익할 수 있는 무익한 비용은 누구에게나 과잉이다.

4. 식단에 대한 특별함에서 차이가 허용되어야 한다. 더 행복하고 건강한 사람은 아픈 사

---

28) 전 10:16, 17

람만큼 특별함이 많을 필요는 없다. 행복한 농부는 귀족과 부자에게 어느 정도 요구되는 기대만큼의 특별함을 가질 필요는 없다.

5. 오랜 시간 동안 불필요하게 앉아서 식사하는 시간은 죄악이고, 행복하고 가난한 사람은 부자처럼 많은 시간을 쓸 필요가 없다.

6. 고기를 좋아하거나 식욕을 만족시키는 것이 모두 죄가 되는 것은 아니다. 그것이 인간의 목적이 되고, 더 높은 목적에 복종하지 않고, 실제로 기쁨 그 자체가 건강에 도움이 되지 않고, 의무를 기민하게 하지 않고, 그러한 목적을 위해 사용되지도 않고, 오직 육체를 즐겁게 하고 과도하게 유혹하는 경우도 마찬가지로 죄다.

7. 양적 질적 유익함을 현재와 즉각적인 이익에 의해 측정할 필요는 없다. 하지만 먼 훗날의 유익에 대해서는 때때로 측정할 필요가 있다. 하나님은 너무 자비로우셔서 우리에게 진정으로 유익이 되는 것은 허용하시고, 우리에게 해를 끼치거나 적어도 유익이 되지 않는 것은 금하신다.

8. 먹는 것에 관한 모든 죄가 탐식은 아니다. 그러나 여기에 설명된 것만 해당된다.

II. 탐식의 원인은 다음과 같다.

1. 가장 중요한 것은 육체적인 마음과 의지와 함께 육체적인 쾌락을 완전한 행복으로 삼는 과도한 식용이다. "육체를 따르는 사람들은 육체의 것을 생각한다."[29] 클레멘스[30]가 목구멍 마귀라 부르는 이 과도한 식욕이 첫 번째 원인이다.

---

29) 롬 8:6, 7
30) 클레멘스 알렉산드리아(Clemens Alexandrinus): 알렉산드리아 교리 학교에서 가르쳤던 기독교 신학자이자 철학자.

2. 그다음 원인은 탐식을 물리치고 더 높은 쾌락으로 그를 사로잡아야 할 강한 이성과 믿음과 영적 욕구와 정신의 결핍이다. "성령을 좇는 자들은 성령의 것을 생각한다." 이성만으로도(철학자가 미식가를 공격한 것처럼 보이는) 이 야수 같은 행복에서 사람을 불러내기 위해 무언가를 할 수 있지만, 더 달콤한 섬세함으로 영혼을 기쁘게 하는 믿음과 사랑이 치료를 해야 한다.

3. 탐식은 사용함에 따라 훨씬 더 증가한다. 식욕을 만족시키기 위해 먹으면 식욕이 더 성화같고 맹렬해진다. 반면에 절제의 관습은 편안하게 하고 지나침을 기쁨이 아니라 부담으로 만든다. 내가 코로나로와 레시우스(Cornaro and Lessius)의 식이요법을 처음 사용하기 시작했을 때 (몇 가지 특별한 이유로 한동안 그렇게 했다.) 2-3일 동안은 조금 어려웠던 것으로 기억한다. 그러나 일주일 안에 그것은 즐거움이 되었고 다른 종류 또는 그 이상은 바람직하지 않았다. 그리고 나는 한 가지 요리와 소량을 먹는 거의 모든 사람들에게는 더 많은 것이 그들의 유혹이 아니라 문제가 된다는 것을 알게 될 것이라고 생각한다. 그러므로 큰 문제는 계속 탐식하는 것이다(매우 강하고 노동하는 사람들이 아닌 한).

4. 소명에 게으름과 근면함의 부족은 사치와 탐식의 큰 원인이다. 노동이 건강에 좋은 식욕을 일으키지만 야수적이고 육체적인 마음을 치료한다. 게으른 사람은 본능적으로 먹고 마실 것과 이것저것을 생각할 여유가 있다. 반면에, 특히 몸만 아니라 마음을 위한 일자리를 찾는 것과 같이 합법적인 사업에 전적으로 종사하는 사람은 그러한 생각을 할 여가가 없다. 공부나 다른 부름에 충실한 사람은 식욕보다는 오히려 다른 것을 생각할 것이다.

5. 탐식의 또 다른 동기는 부유한 사람들의 교만이다. 그들은 훌륭한 집주인으로 여겨지고 자신의 위엄에 합당하게 살기 위해 그들의 집을 죄악의 상점으로 만들고 선술집처럼 나쁘게 만든다. 그들의 식탁을 음식물의 충만함, 다양함, 맛있고 특별한 음식으로 자신과 다른 사람 모두에게 올가미로 만든다. 사람들이 원할 때 지하실에서 과도하게 술을 마시는 것이 그들의 집의 영예다. 그리고 그들의 식탁에는 탐식을 위한 훌륭한 음식이 있으며, 그 자리에 앉

은 모든 사람들을 절제의 시험에 빠뜨리고, 미끼가 그들 아주 가까이에 있고 그들에게 잘 맞춰 있든 아니든 미끼는 하나님이 그들에게 정하신 한계와 범위를 깨도록 유혹할 수 있다. 다른 사람들을 통치하고 일반백성에게 영향을 미치는 사람들이 그들의 명예가 그들의 죄 가운데 있다고 생각한다면, 그것은 한탄스러운 일이다. 실제로 그러한 끊임없는 죄의 행로에 있는 것은 한탄스러운 일이다. 그리고 그들은 소중하고 건전한 절제 속에서 사는 것과 주변 사람들이 그렇게 사는 것을 보는 것을 그들에게 불명예라고 생각할 것이다. 그리고 이 모든 것은 그들이 육체적인 미식가에 대한 평가와 이야기를 과대평가하기 때문이거나, 돼지 같다는 질책이 견딜 수 없기 때문이다. 또는 그들이 같은 마음을 품고 그들의 영광이 부끄러움에 있기 때문이다.[31]

6. 또 다른 동기는 다른 사람들에게 계속 더 많이 먹도록 재촉하고 끈덕지게 청하는 관습이다. 마치 그것이 우정의 필수행위인 것처럼, 사람들은 너무 자비가 없고 이기적으로 자라서 서로를 의심하고, 그들이 그렇게 먹도록 강요를 받지 아니하면, 환영을 받지 못한다고 생각한다. 그리고 그들을 초대하는 사람들은 초대받은 사람들이 탐욕스럽다는 의심을 받지 않도록 그렇게 해야 한다고 생각한다. 나는 그들이 하기에 합당한 일을 촉구하는 것이 합당하다는 것을 부인하지 않는다. 그리고 겸손으로 인해 그들이 가장 적당한 양보다 적게 먹는다는 것을 알게 되면 더 많이 먹도록 설득할 수는 있다. 그러나 이제 사람들은 외관상으로 다른 사람들에게 최선의 양을 적절히 무시하고, 더 먹으라고 하는 권유를 완강히 거부할 때까지 그들에게 더 먹도록 자극하는 것이 필요한 예의라고 생각한다. 그러나 가장 친한 친구들 사이에서도 과식하지 말라고 서로 훈계하고, 충분할 때 멈추라고 충고하고, 충분할 때 중단하는 것이 얼마나 쉬운지 말하고, 우리의 한계를 넘어서고, 우리는 부족하기보다 초과하는 경향이 있다고 말해 주는 사람은 거의 없다. 그래서 절제와 정직한 충성보다 관습과 경의가 더 선호된다. 당신은 우리가 그들에게 먹으라고 설득하지 않는다면 사람들이 우리를 어떻게 생각할까, 더구나 우리가 더 이상 먹기를 원하지 않는다면 어떻게 생각할까?라고 말할 것이다.

---

31) 빌 3:18, 19

나는 대답한다.

1) 사람들이 당신에 대해 생각하는 것보다 당신의 의무를 존중하라. 사람의 생각이나 말보다 덕을 우선하라.

2) 그러나 지혜롭게 행하면 지혜롭고 선한 자가 당신을 더 좋게 생각할 것이다. 당신은 당신이 비열하게 아껴서 하는 것이 아니라 절제와 그들에게 사랑으로, 그렇게 한다는 것을 쉽게 그들에게 보여 줄 수 있다. 당신이 더 많이 먹거나 덜 먹을 필요가 있을 때에 대해 말하려 한다면, 그리고 당신의 말이 일반적으로 절제를 우선시하는 것이라면, 그들이 적용하는 데에 도움이 필요하다는 것을 볼 때까지는 그것을 적용하지 말라.

3) 건강한 사람은 먹는 데에 결핍보다 과식을 하는 경향이 훨씬 더 크며, 본성은 사치와 탐식에 매우 기울어져 있다는 것은 부인할 수 없는 사실이다. 나는 그것이 어떤 죄에 대해서도 마찬가지라고 생각한다. 그리고 그것은 야수적이고, 번식하며, 혐오스러운 죄라는 것이 확실하다. 만약 그렇다면 그러한 사치에 맞서서 그들을 자극하는 것보다 서로를 돕기 위해 훨씬 더 많은 일을 해야 한다는 것이 분명하지 않은가? 만일 우리가 하나님과 그들의 영혼의 유익보다 사람들의 호의와 환상과 소문에 더 관심을 두지 않았다면 그 사건은 곧 결정되었을 것이다.

7. 탐식의 또 다른 원인은 부자들이 부의 진정한 사용에 대해 알지 못하며 그들이 가진 모든 것에 대해 하나님께 보고해야 할 것을 생각하지 않는다는 것이다. 그들은 자신의 재물이 자신의 것이며 원하는 대로 사용할 수 있다고 생각한다. 또는 그들에게 그들의 육체를 위한 풍부한 양식으로 주어졌으며, 가난한 사람에게 부스러기나 작은 물건을 떨어뜨려 주기만 하면, 자신의 욕구를 만족시키기 위해 그것을 사용할 수 있다고 생각한다. 그들은 누가복음 16장에 나오는 저주받은 부자와 같은 방식으로 구원을 받을 수 있다고 생각한다. 그리고 그의 다섯 형제에게 그들이 자기와 같은 고통의 장소에 오지 말 것을 경고하고 싶어 했지만 아직

까지 스스로 그들에게 임박한 일을 알게 할 수 없었다. 그들은 자주색 세마포 옷이나 비단 옷을 입고 날마다 호화롭고 맛있는 음식을 먹었다. 그리고 이생에서 좋은 것들을 가지고 있었고, 아마도 **나사로**에게 부스러기를 줌으로써 보상받을 수 있다고 생각할 것이다. 그러나 하나님은 언젠가 그들에게 가장 부유한 자라 해도 그의 청지기에 불과하며 그의 양식을 더 잘 분배하고 그의 달란트를 더 잘 활용해야 한다는 것을 알게 하실 것이다. 그리고 그들은 그들의 식욕에 해롭거나 무익한 기쁨을 주기 위해 그들의 모든 재물 중 아무것도 주어지지 않았으며 가난한 자보다 사치를 더 많이 용납하지 않았다는 것을 알게 하실 것이다. 그들이 부의 올바른 사용법을 알았더라면, 그것은 그들을 개혁했을 것이다.

8. 탐식의 또 다른 원인은 절제의 기쁜 열매가 가장 많이 나타나는 이성적이고 영적인 운동에 익숙하지 않기 때문이다. 단지, 주의 깊고 진지하게 배우는 사람은 어떤 고상한 학문이든 간에 많은 평온함과 지식을 습득하는 능력이 절제에서 오고, 그의 마음에 많은 안개 같은 흐릿함과 그의 창작에 대한 둔함이 풍부함과 과잉에서 온다는 것을 알게 된다. 그리고 마음으로 거룩한 명상, 묵상, 독서, 기도, 자기 성찰 또는 영적 대화에 익숙한 사람은 절제가 자신에게 얼마나 도움이 되고 사치와 풍부함이 얼마나 자신을 방해하는지 그 큰 차이를 쉽게 발견한다. 하지만 이 미식가들은 그러한 거룩하고 고결한 행위를 알지 못하며 그것에 대한 마음도 전혀 생각하지 못하므로 절제의 달콤함과 유익에 대해 알지 못한다. 그리고 그 유익을 맛보거나 시도도 해 보지 않았기 때문에 그들은 그것을 가치 있게 여길 수 없다. 밥 먹고 일어나면 할 일이 없고, 그들의 세속적인 일에 대해 약간 이야기하거나, 그들을 기대하는 사람들과 칭찬과 이야기를 나누거나, 다른 식사를 위해 배를 비우고 식욕을 촉진하기 위해 운동하러 간다. 이스라엘 사람들이 금송아지를 숭배했던 것처럼(그리고 이교도들이 자기들의 술의 신 바쿠스를 섬겼던 것처럼) "그들은 앉아서 먹고 마시며 일어나서 뛰놀았다."[32] 그들의 식생활은 그들의 일에 맞춰진다. 그들의 게으르거나 세속적인 삶은 탐식과 일치한다. 그러나 그들이 더 나은 일에 익숙했더라면 더 나은 식생활이 필요하다는 것을 발견했을 것이다.

---

32) 출 32:6; 고전 10:7

9. 탐식의 또 다른 원인은 사람들이 자신의 건강에 해롭거나 도움이 되는 것에 대해 짐승처럼 무지하다는 것이다. 그들은 음식의 양과 질을 식욕의 규칙으로 삼고 자연이 그들에게 그렇게 가르친다고 생각한다. 왜냐하면 그것이 그들에게 그러한 식욕을 주고, 그것이 짐승의 기준이기 때문이다. 그리고 자신이 짐승임을 증명하기 위하여 그들은 그것을 그들의 기준으로 삼는다. 마치 그들의 본성이 이성적이지 않고 단지 감각적인 것처럼, 또는 본성이 그들에게 우월한 감각의 지배자가 될 이성을 주지 않은 것처럼 생각한다. 마치 그들은 하나님께서 짐승들에게 식욕을 제한할 이성이 없기 때문에 더 제한적인 식욕을 주시는 것을 알지 못하는 것 같다. 동물에게는 사람과 같은 진미에 대한 유혹을 주지 않고, 그들의 식욕에 맞는 혼합물은 주셨다. 그러나 한계를 넘어서기 쉬운 사람에게 하나님께 특별한 봉사를 위해 이성적인 통치자가 되게 하셨다. 돼지와 말과 가축이 모두 그들의 식욕에 맡겨진다면, 그들은 얼마 살지 못할 것이다. 무질서한 출산이 인간에게 합법적이지 않지만 짐승에게 합법적이라면, 왜 그들의 식욕을 그것처럼 인정하지 않는가? 인간은 삶에 대한 사랑과 죽음에 대한 두려움이 아주 많아서, 그들의 식욕이 얼마나 죽음을 재촉하는지 알았다면, 그것이 영원한 죽음의 두려움보다 죽음을 제지하는 데에 더 많은 일을 했을 것이다. 그러나 그들은 현재의 느낌으로 자신들의 소화력을 판단한다. 위장이 아프거나 토하고 싶은 마음이 들지 않거나 현재 고통이 발생하지 않는다면 그들은 음식을 잘 먹었다고 생각한다. 이것에 대한 것은 다음 방향 제시에서 설명한다.

10. 탐식의 또 다른 큰 원인은 그것이 가장 흔한 관습으로 자라났지만, 알려지지 않은 것은, 사람들이 토할 때까지 또는 특별한 양만큼 먹지 않는 한 부끄러운 일이 아니라고 생각하는 것이다. 그래서 각 사람은 다른 사람의 습관을 보고 절제라고 생각하는 기준이 자기에게 합당하다고 생각한다. 반면에 육체와 자기 건강에 대한 무지는 결핍이나 질병에 의해 억제되지 않는 사람들의 영향을 받아먹을 만큼 먹는 탐식을 흔하게 하였다. 이와 같이 각 사람이 다른 사람에게 악의 본보기가 되고 죄악 속에서 서로 권면한다. 탐식이 음행이나 술 취하는 것만큼 불명예스러운 것으로 쉽게 알려지고 일반적으로 주목한다면, 그것은 공동의 개혁에 크게 기여할 것이다.

Ⅲ. 탐식하는 죄의 상태를 아는 것은 하나님의 존재를 믿기만 하고 죄를 짓는 사람들에 대한 치료의 중요한 부분이다. 그러므로 나는 다음에 그것을 중요하게 할 본질, 효과, 그리고 부대적 사정에 대해 말할 것인데, 그것은 모든 사람에게 혐오스럽게 할 것이다.

1. 사치와 탐식은 하나님의 사랑을 지극히 거스르는 죄이다. 그것은 우상숭배다. 그것은 하나님이 가져야 할 마음을 가지고 있다. 그러므로 대식가들을 일반적으로 식욕의 신, 신의 식욕이라 불린다. 왜냐하면 하나님께서 가져야 할 그 사랑, 그 보살핌, 그 기쁨, 그 봉사와 근면함이 대식가에 의해 그의 배와 목구멍에 주어지기 때문이다. 그는 하나님을 기쁘시게 하는 것보다 자기의 식욕을 기쁘게 하는 것을 사랑한다. 그의 음식은 그에게 어떤 거룩한 활동보다 더 즐겁다. 하나님이나 경건에 대한 생각보다 자신의 배에 대한 생각이 더 빈번하고 더 달콤하다. 먹고 마시는 일에 대한 자신의 돌봄과 수고로 즐거워하는 일이 자신의 구원을 확보하고 정당화되고 성화되는 일보다 더 크다. 사실 성경은 그들에게 "그들의 마침은 멸망이요 그들의 신은 배요 그 영광은 그들의 부끄러움에 있고 땅의 일을 생각하는 자들"[33]이라고 이름하였다. 그들은 그리스도의 십자가의 원수, 곧 그리스도에게 십자가를 지게 하고, 육체를 십자가에 못 박고, 신앙의 굴욕과 고난 부분에 대한 원수다. 그것보다 더, 그렇게 게걸스럽게 먹는 우상은 배인데, 그것은 무절제와 폭식에 의해 세상 모든 우상들보다 더 많이 집어 삼킨다. 그리고 죄의 생명은 바로 식욕과 마음속에 있다는 것을 기억하라. 사람의 마음이 배에 쏠려 있을 때, 필요성에 의해 격렬하게 먹지는 않을지라도 이미 그는 마음에 대식가이다. 당신이 무엇인가 기쁨으로 먹고 마시는 일을 중히 여기고, 당신이 먹는 일이 어렵고 그것으로 괴로워하는 것을 손해를 입거나 고통이라고 생각할 때, 그리고 당신의 생각과 말이 당신의 배에 관한 것이라면, 모든 절제하는 사람들처럼 그렇게 음식이 거칠거나 즐거운 것에 무관심한 것이 아니다. 이것은 탐식의 마음이고 하나님을 버리고 식욕을 신으로 삼는 것이다.

2. 탐식은 살인이다. 갑자기 죽이지는 않지만 반드시 죽인다. 그것은 차츰차츰 죽이는 수

---

[33] 빌 3:19

종(dropsy)과 같다. 가장 현명한 의사들 중 많은 사람들은, 어린 시절을 너무 사치스럽게 산 사람 중에 20명 중 하나, 아니 100명 중 하나는, 직접적인 원인은 아니라 할지라도 탐식하거나 과도하게 먹고 마시는 것이 죽음의 주요 원인이라고 믿는다. 탐식은 나이가 차서 죽는 모든 사람 중 100분의 일을 죽이는 것으로 생각된다. 그리고 그것은 그들이 쉽고 빠르게 죽게 하지 않을 것이며 그들이 살아 있는 동안 먼저 각종 질병으로 고통을 줄 것이다. 당신은 자연스레 완벽하게 소화시킬 수 있는 것보다 더 많이 먹는다. 그리고 그것이 당신을 괴롭히거나 아프게 하지 않는다고 느끼기 때문에, 그것이 당신을 해치지 않는다고 생각한다. 반면에 그것은 피와 체액의 기질을 변화시키고 불순하게 하여, 소화되지 않고 섞어지지 않고 부자연스럽고 중요한 부분의 적절한 영향에 부적합하게 만든다. 영양 덩어리를 생명의 기름에 합당하게 하는 정신과 균형 잡힌 열로 활기를 불어넣는 자연의 달콤하고 영양가 있는 우유로 바꾸는 것보다 점액성의 물질이나 불필요한 묽은 액체로 더 많이 구성되어 있는 염분이나 치석물질이 풍부한, 부담스러운 폐기물의 혼합물로 바꾼다. 그리고 우리의 촛불은 염분으로 반짝거리거나, 양초의 심지의 결함으로 소모되거나, 기름이 물로 변하였기에 꺼지거나 또는 그 기름의 일관성 없는 품질로 인해 불이 약해지고 이리저리 흔들린다. 그러므로 한 부분은 부패로 더럽혀지고 다른 부분은 적절한 영양이 부족하여 소모된다. 그리고 그 혈관은 순환하며 그 직무를 수행하는 데에 혈액의 조잡함이나 부적절함에 의해 아무도 모르게 막히는 것은 수많은 통탄할 질병의 원인이 된다. 뇌의 냉담한 체액 장애, 몹시 졸린 상태와 혼수 상태, 기면(lethargy), 완전 무감각한 혼수 상태, 졸중(apoplexy), 중풍, 격련, 간질, 현기증, 점막염증, 두통, 그리고 종종 광란과 광기는 모두 피와 체액에 의해 만들어지는데, 그것은 탐식과 과잉의 영향에서 비롯된다. 일반적으로 천식, 결핵, 폐결핵, 늑막염, 폐렴, 각혈성 울화는 종종 여기에서 비롯된다. 사람들이 오히려 나약함에서 비롯된다고 생각하는 바로 그 졸도나 실신, 가슴의 두근거림과 기절은 대개 이러한 숨겨져 있는 폐기물이나 부패한 피에 의한 자연의 억압에서 비롯되거나 그렇지 않으면 음식의 과잉 섭취로 그 효과를 감소시킴으로 우리에게 영양을 공급하는 혈액의 부적합한 품질에 의해 병에 걸린 나약함에서 비롯된다. 음식을 혐오하고 식욕을 잃는 것은 일반적으로 이러한 과잉으로 인한 조잡함이나 체액의 나쁜 특성에서 비롯된다. 그렇다. 더 많은 것을 먹고 싶어 하는 바로 그 개(canine) 같은 식욕은 이러한 소화불량과 체액의 장애에서 기인한다. 위장의 통증, 구토, 콜레라, 딸꾹질, 염증, 갈증은 대개 이 원인에서 비롯된다. 위장 내의 담즙가스, 소장의 열, 설사, 이질, 이급후증(tenesmus, 실제로는 대변이 나오지 않으면서 뒤가 묵직한 현상), 궤양, 기생충병과 그들 부분의 다른 문제는 대개 여기에서 비롯되며, 간의 폐색, 황달, 염증, 농양 및 궤양, 편두통, 수종은 일반적으로 여기에서 비롯된다. 따라서 일반적으로 결석, 신장염(nephritic)의 고통, 요로의 막힘, 콩팥과 방광의 궤양은 여기에서 비롯된다. 그러므로 세상에서 발견되는 괴혈병과 대부분의 열병이 있으며 그러한 무리를 무덤으로 데려온다. 실제로 감기, 공기의 이상 또는 감염병에 의해 즉시 발생하는 것조차도 주로 장기간의 과식으로 인해 발생하며, 이는 체액을 해치고 질병에 걸리게 한다. 따라서 통풍과 히스테리성 감정, 눈과 기타 외부 부위의 질병도 있다. 그러므로 우리는 탐식이 지주를 풍요롭게 하고, 교회의 매장지를 가득 채우며, 죽을 때가 아닌 많은 무리를 멸망에 이르게 촉진한다고 말할 수 있다. 아마도 당신은 가장 절제하는 사람에게도 질병이 있다고 말할 것이다. 경험을 통해 대답할 수 있는 것은, 보통 아이들은 양적으로나 질적으로나 게걸스럽게 탐식하며 날 과일이나 몸에 나쁜 것을 먹도록 허용된다는 것이다. 그래서 탐식이 질병을 낳거나 문제로 나타날 때, 절제를 모두 사용한다 해도 그 이후의 그들의 모든 삶을 유지하기에 충분하지 않다. 그리고 과식으로 죽음의 문까지 갔던 풍요는 절제로 인해 수년 후에 유능한 나이까지 보존되었으며 많은 사람들은 질병에서 완전히 해방되었다. 코르나로(Cornaro), 레시우스(Lessius)와 윌리엄경(Sir William Vaughan) 등의 논문을 읽어 보라. (그러나 나는 그들의 극도로 엄격함을 필요로 하지 않고는 아무도 설득하지 못한다.) 이제 살인자 탐식이 무엇이며 인류의 적이 무엇인지 판단하라.

3. 탐식은 또한 마음과 종교적, 시민적, 인위적인 이성의 모든 고귀한 직업에 치명적인 적이다. 그것은 사람들이 하는 어떤 면밀하고 진지한 연구에도 적합하지 않으므로 무지를 키우고 사람들을 어리석게 만드는 경향이 있다. 그것은 사람이 하나님의 말씀을 듣거나, 읽거나, 기도하거나, 묵상하거나, 어떤 거룩한 일을 하는 데에 매우 부적합하며, 잠을 더 잘 생각을 하게 한다. 또는 그들을 무질서하게 하고 무디게 하여 생명이나 의무에 합당하지 않게 한다. 그러나 어리석은 공상으로 걱정하지 않은 맑은 머리는 살찐 짐승이 여러 시간 하는 것보

다 한 시간 안에 더 많은 것을 얻을 것이다. 수비대에서 술 취한 군인은 적에게 저항할 수 없기에 해를 주는 것처럼, 탐식도 모든 종교적이고 고결한 학문의 적이다.

4. 탐식은 모든 정직한 거래와 소명에서 근면의 적이기도 하다. 왜냐하면 몸과 마음을 둔하게 하기 때문이다. 그것은 사람을 무겁게 하고, 졸리고 게으르게 하여 마치 납으로 된 옷을 입고 사슬에 매여 일을 하는 것과 같이 활기와 민첩성이 없어, 일보다 잠을 자거나 노는 것이 더 적합하다.

5. 탐식은 앞서 언급한 바와 같이 육체적인 생각과 육체를 즐겁게 하는 저주받을 죄의 직접적인 징후이다. 육체의 생각은 바로 죄악의 총체이며 거듭나지 못한 상태의 고유한 이름이다. "육체의 생각은 하나님과 원수가 되나니 이는 하나님의 법에 굴복할 수 없다." 그러므로 "육체에 있는 자들은 하나님을 기쁘시게 할 수 없고 육체대로 살면 반드시 죽을 것이다."[34] 음탕한 자와 구두쇠와 도적의 가장 더러운 죄는 육체를 즐겁게 하는 것뿐이니 대식가보다 육체를 더 섬기는 자가 누구냐?

6. 탐식은 다른 모든 정욕의 번식자이자 공급자이다. 로마의 시인 테렌스는, 곡식의 여신 케레스(Ceres)와 포도주의신 바쿠스(Bacchus)가 없다면 비너스(Venus)는 얼어붙는다고 묘사했다. 탐식은 정욕을 만족시키기 위해 육체를 사치스럽게 먹이고 그것으로 정욕을 위한 희생으로 삼는다. 땅의 거름이 열매를 맺게 할 때, 특히 잡초도 열매 맺게 한다. 마찬가지로 탐식은 더러운 생각과 더러운 욕망과 말과 행동의 잡초와 해충으로 마음을 채운다.

7. 탐식은 천박하고 짐승과 같은 죄다. 사람이 자신의 행복을 돼지들의 즐거움에 두고, 자기의 이성으로 하여금 자기 목구멍의 요구를 충족시키게 하거나, 내장에 빠지게 한다. 아니면 마치 그가 채워지고 비워질 100갤런 드는 큰 통에 불과하거나, 술이 수로로 흘러 들어가

---

34) 롬 8:7, 8, 13

는 배수구와 같은 것이라면, 아니면 사람이 음식을 식탁에서 거름더미로 옮기기 위해서만 만들어진 것이라면, 이 얼마나 천박한 삶인가! 사실 많은 짐승들도 대식가가 하는 것처럼 과도하게 먹고 마시지 않을 것이다.

8. 탐식은 하나님의 피조물을 방탕하게 소비하고 게걸스럽게 삼키는 것과 같다. 음식과 음료를 가져다 수로에 버리는 것이 그에게 무슨 대수로운 일인가? 아니, 그가 구할 수 있는 가장 맛있는 음식을 구하고 버리는 데 엄청난 비용과 호기심이 무슨 대수로운 일인가? 대식가는 더 나쁘다. 그의 모든 초과분을 배수구나 도랑에 버리는 것이 더 낫다. 그러면 우선 그의 몸은 해치지 않을 것이기 때문이다. 그러면 하나님의 피조물이 더 이상 가치가 없는가? 그것들을 버리는 것보다 더 나쁜 짓을 하라고 당신에게 주어졌는가? 당신은 자녀들이 그들의 양식을 그렇게 사용하게 하겠는가?

9. 탐식은 하나님의 자비를 취하여 하나님의 면전에서 토하는 것과 같은 가장 감사할 줄 모르는 죄이며, 하나님의 공급하심을 원수에게 넘겨주어 육체의 정욕을 강하게 하는 죄이다. 그리고 자비 모두를 자신에게 대항하게 만든다! 당신은 그의 관대함과 축복이 아니면 소금도 가질 수 없다. 그것을 사용하여 그를 화나게 하고 욕되게 할 것인가?

10. 탐식은 당신의 자비와 부와 음식을 당신의 올무로 삼아 당신을 치명적인 파멸에 이르게 하는 죄이다. 당신은 당신의 목구멍을 기쁘게 하고 당신의 영혼을 독살한다. 당신의 풍족함을 지독한 죄악으로 바꾸는 것보다 부스러기를 먹고 가난한 생활을 하는 것이 당신에게 천 배나 나을 것이다. "네가 먹고 배부른 후에 하나님을 잊을까 조심하라."[35] "혹 내가 배불러서 하나님을 모른다 여호와가 누구냐 하지 않도록 필요한 양식으로 나를 먹이소서."[36] "그들이 먹고 심히 배불렀나니 하나님이 그들의 원대로 그들에게 주셨도다 그러나 그들은

---

35) 신 6:11, 12
36) 잠 30:6: 8, 9

그들의 욕심을 버리지 않았다."[37]

11. 탐식은 시간을 낭비하는 큰 죄다. 목구멍을 즐겁게 하기 위해 돈을 마련하는 데에 얼마나 많은 시간을 사용했는가! 그리고 종들이 그것을 준비하는 데에 얼마나 많은 시간을 사용했는가? 음식과 잔치에 얼마나 많은 시간을 앉아 있는가? 종들이 잔치 자리를 물리는 데에, 물리치료를 받거나 그것이 야기하는 질병을 완화하거나 낫게 하는 데에 소비된 시간이 적지 않다. 게다가 병든 상태에 있어 허비되거나, 때 이른 죽음으로 단절된 시간이 적지 않다. 그런 식으로 그들은 먹기 위해 살고, 좌절하기 위해 먹고, 수명을 단축시키기 위해 산다.

12. 탐식은 당신의 재산을 도적질하고 더 좋은 목적을 위해 당신에게 주어진 것을 삼키는 것이니 하나님께 회계할 도적이다. 그것은 큰 죄이고, 많은 좋은 목적에 도움이 되는 것보다 더 많이 소비한다. 대부분의 왕국의 재물 중 얼마나 많은 부분이 사치와 과소비에 쓰이고 있는가!

13. 탐식은 공동의 선에 큰 적이 되는 죄이다. 군주와 국민은 그것을 미워할 이유가 있으며, 그것을 그들의 안전의 적으로 억제해야 한다. 사람들은 토지의 안전에 필요한 공공비용을 지불할 돈이 없다. 왜냐하면 그들은 그것을 그들의 배를 채우기 위해 소비하기 때문이다. 육군과 해군은 급료를 받지 못하고, 방어공사는 무시되고, 백성의 영광을 위한 모든 것은 그들의 개인적인 이익에 충돌하기에 반대된다. 왜냐하면, 모든 것이 그들의 목구멍에 비해 너무 적기 때문이다. 국가나 공익을 위해 위대한 일을 할 수 없다. 학교나 빈민구호소가 건설되거나 기증되지 않고, 대학도 세워지지 않고, 병원도, 어떤 훌륭한 일도 행해질 수 없다. 내장(gut)이 모든 것을 집어삼키기 때문이다. 모든 등급의 미식가들이 그 땅의 보물을 얼마나 많이 배수구에 버리고 있는지 안다면, 이 죄는 더욱 눈살을 찌푸리게 할 것이다.

14. 탐식과 과식은 가난한 사람들의 궁핍때문에 더욱 악화되는 죄이다. 그리스도의 한 지

---

[37] 시 78:29, 30

체는 매일 맛있게 먹고 남용된 잉여로 넘쳐나는 반면, 다른 지체는 굶주리며 오두막에서 고통을 받거나 문 앞에서 구걸하고 있다는 것은 얼마나 부적절한 일인가! 그리고 어떤 가족들은 그들의 맛있고 풍부한 것을 개에게 던지는 것보다 더 나쁜 짓을 하는데, 그와 대조적으로 그 당시 수천 명의 사람들은 굶주림에 가까이 있고, 미식가가 호화로운 음식에 압도되어 곧 그것을 낭비하는 것처럼, 가난한 사람들은 몸에 나쁜 음식을 기꺼이 먹는다! 이 사람들이 가난한 사람들에게 먹을 음식을 주는 것에 따라 심판을 받을 것이라고 믿는가(마태복음 25장)? 아니면, 고통을 거의 느끼지 못하는 사람들과 같은 몸의 지체라고 생각하는가(고전 12장 26절)? 나는 많은 가난한 사람들을 구제하고 있다고 말할 수 있다. 하지만 아직 구제할 것이 더 있지 않은가? 곤경에 처한 사람이 있는 한 사치하는 것은 당신에게 큰 죄다. "하나님이 주신 땅에서 당신의 형제 중 가난한 사람이 있다면 가난한 형제에게 네 마음을 완악하게 하지 말며 네 손을 펴서 그에게 필요한 쓸 것을 넉넉히 주라."[38] 아니 사치스러운 식욕을 만족시키는 일 때문에 얼마나 자주 가난한 사람들이 억압을 받는가! 풍요롭다 해도 가난한 자들은 구매와 사용이 어려우며, 말(horse)처럼 수고해야 하며, 가족을 위한 빵을 구하기 어렵다. 그 모든 풍부한 것은 탐욕으로 인해 다른 사람의 노동의 열매를 삼키는 대식가, 토지 소유자에게 바쳐야 하기 때문이다.

15. 탐식은 온 세상의 교회와 그리스도의 종들이 공통으로 겪는 고난 때문에 증오할 죄이다. 교회의 한 부분은 터키 사람에 의해, 다른 부분은 교황에 의해 압제 되며 많은 나라들이 군대의 잔혹함에 의해 황폐화되고, 교만하고 불경한 적들에 의해 박해를 받는다. 그렇다면 다른 사람들이 호색과 탐식에 빠지는 것이 합당한가? "화 있을 진저 시온에서 교만한 자… 너희는 흉한 날이 멀다 하여 포악한 자리로 가까워지게 하고… 상아 상에 누우며 침상에서 기지개 켜며 양 떼에서 어린양과 우리에서 송아지를 취하여 먹고 비파소리에 맞추어 헛된 노래를 지절거리며… 대접으로 포도주를 마시며 귀한 기름으로 몸에 바르면서 요셉의 환란에 대하여는 근심하지 아니하는 자로다."[39] 지금은 엄청난 고행의 때인데, 당신은 지금 육

---

38) 신 15:7, 8
39) 암 6:1, 3-6

체의 호화로움에 빠져 있는가? 이사야 22장 12절에서 14절까지 읽어 보라. "그 날에 주 만군의 여호와께서 명령하사 통곡하며 애곡하며 머리 털을 뜯으며 굵은 베를 띠라 하였거늘 너희가 기뻐하며 즐거워하여 소를 죽이고 양을 잡아 고기를 먹고 포도주를 마시면서 내일 죽으리니 먹고 마시자 하는도다… 진실로 이 죄악은 너희가 죽기까지 용서하지 못하리라 하셨느니라 주 만군의 여호와의 말씀이니라."

16. 사치는 매우 비참한 상황에 처한 사람들에게 가장 보기 흉한 죄이며, 탐식의 상태에 있는 것은 적절하지 않다. 오, 만일 당신이 당신의 죄와 비참함, 죽음과 심판, 그리고 당신이 불쾌하게 여기는 무서운 하나님에 대한 진실한 시각만 있다면, 당신은 금식, 기도, 그리고 눈물이 당신의 육체를 집어삼키는 과식보다 훨씬 더 낫다는 것을 인식할 것이다. 오! 용서받지 못하고 성화되지 않은 사람이 사탄의 권세 아래서 그렇게 죽는다면 저주받기 쉬울 것이다. 왜냐하면 그런 사람은 육체의 쾌락을 취하기 때문이다. 매일 호화롭게 음식을 먹던 부자가 잠시 후 혀를 식힐 한 방울의 물을 원한다는 것은 도둑이 교수형에 처하기 전에 잔치를 벌인 것만큼이나 어리석은 일이다. 사실 훨씬 더 심한 상태다. 당신은 아직 당신의 불행을 막을 수 있다. 또한, 다른 태도가 그 목적에 더 잘 맞을 것이다. "금식을 선포하고" "힘써 하나님께 부르짖는 것이"[40] 당신의 상태에 더 적합하다.

17. 탐식은 그 죄를 저지르는 데에 얼마나 많은 의지와 기쁨을 가지고 있느냐에 따라 더욱 죄가 크다. 가장 달콤하고 가장 자발적이고 사랑받는 죄가 가장 큰 죄이며(같은 상황이라면), 사람에게 이보다 더 즐겁고 사랑받는 죄는 드물다.

18. 회개가 가장 적은 것이 최악의 죄이다. 그러나 호화로운 미식가는 탐식에 대해 진정으로 회개하지 않는다. 그는 그것을 사랑하고 어떻게 먹을지를 고민하고 고안하고, 그의 재산 중에 많은 것을 지불하고 그것을 산다.

---

40) 욜 1:14, 2:15; 욘 3:8

19. 탐식은 더 자주 저지르기 때문에 더 큰 죄다. 사람들은 매일의 습관과 즐거움으로 그 안에서 살고 있다. 그들은 그것을 위해 살며, 그것을 다른 죄의 끝으로 삼는다. 그들은 자주 범하지 않는 죄가 아니라 먹고 마시는 것처럼 그들에게 친숙한 죄다. 그들은 짐승으로 변하여 계속 짐승처럼 산다.

20. 마지막으로, 탐식은 만연한 죄이며, 그러므로 국가, 부자와 가난한 사람의 죄에서도 흔하다. 두 부류가 모두 같은 음식을 먹는 것은 아니지만 두 부류 모두 자신의 배를 사랑하기 때문이다. 그리고 그들은 서로 경고하지도 않고 서로 격려를 받는다. 그리고 매일 그 죄 가운데 사는 백명 중 한 명에게서 그 죄가 거의 발견되지 않고, 그 죄를 책망하거나 대항하여 서로 돕는 자도 거의 없다. 하지만 대부분은 설득과 모범으로 죄를 격려한다. 이때까지 보아, 당신은 그 죄가 드물지도 않고 용서받을 수 있는 사소한 죄가 아님을 알 수 있다.

이제 당신은 계명 중 어느 것도 이 죄를 명시적으로 금지하지 않는 것이 이상한 일이 아니라는 것을 알 수 있다. 왜냐하면, 그것은 모든 계명에 어긋나기 때문이다. 그리고 실제로 방백들에게 때에 맞지 않는 음식이 어느 정도 유지된다고 해서, 부자나 빈곤한 사람도 그렇게 될 거라고 생각하지 말라.[41] 소돔을 불태운 것이 큰 죄 중에 하나라면 영국이 그로 인해 위험에 처하지 않을지 판단하라. 영국 사람들아, 에스겔 16장 49절을 읽고, 깨닫고, 떨지어다. "보라 네 아우 소돔의 죄악은 이러하니 그와 그의 딸들에게 교만함과 음식물의 풍족함과 태평함이 있음이며 또 그가 가난하고 궁핍한 자를 도와주지 아니하였다."

IV. 탐식에 맞서는 방향 제시와 도움은 다음과 같다.

방향 제시-1 '방향 제시 제4장 7부에 따라 육체를 죽이라. 그 성향과 욕망을 억제하라. 그리고 그것을 존중하고 종으로 사용하는 법을 배우라.' 사람이 자기 하나님과 구원을 팔아서

---

41) 전 10:16

생긴 돈으로, 목구멍의 약간의 탐욕스러운 즐거움을 사는 것이 얼마나 가련한 대가를 치르는 것인지 생각해 보라. 당신의 음식이 당신의 식욕을 만족시키든 그렇지 않든 상관하지 않는 법을 배우라. 그리고 그것을 대수롭지 않게 생각하라. 사람의 마음을 배에 두는 것이 얼마나 추악하고, 돼지 같은 저주스러운 죄인지 항상 기억하라. "그리스도 예수의 사람들은 육체와 함께 그 정욕과 탐심을 십자가에 못 박았느니라."[42]

방향 제시-2 '하나님께 신실하게 생활하고, 영적이고 지속적인 기쁨을 누리라.' 그러면 당신은 먹고 마시는 기준을 사람들의 경향에서 더 높은 목표로 방향을 바꾸게 할 것이다. 당신이 먼저, 당신의 목적을 잘 결정하고 열등한 것들을 사용하지 말고 그것을 그 일에 수단으로 사용하고 그것이 얼마나 수단이 되는지 주의하라.

방향 제시-3 '당신의 모든 음식은 하나님께서 공급하시고 주신 것으로 여기고, 그분의 손에서 그것과 축복을 구하면, 그것은 그분에 대항하여 음식을 사용하는 것을 많이 억제할 것이다.' 화가 난 어린아이가 하인의 얼굴에 음식을 던질지는 몰라도, 자기 아버지의 손에서 음식을 빼앗아 그의 얼굴에 던지는 사람은 정말로 가련한 사람이다. 자신이 풍족하기 때문에 자신이 가장 소중하다고 생각하는 사람은 어리석은 사람처럼 "영혼아 여러 해 쓸 물건을 많이 쌓아 두었으니 평안히 쉬고 먹고 마시고 즐거워하자 하리라."[43]고 말할 것이다. 그러나, 당신에게 손을 뻗어 주는 분이 하나님인 것을 인식하는 사람은 그것을 더욱 경건하게 사용할 것이다. 이 시대의 탐식을 끔찍하게 가중시키는 것은, 그들이 그 안에서 위선자 노릇을 하고, 먼저(관습에 따라) 그들의 양식에 대한 하나님의 축복을 갈망하고, 그다음에는 앉아서 그것으로 그분에게 죄를 짓는 것이다. 위선적인 관능주의자들의 기도가 그렇다. 그러나 하나님을 베푸시는 분으로 진지하게 인식한다면, "먹든지 마시든지 모든 것을 베푸시는 그의 영광을 위해 할 것이다."[44]는 말씀을 알게 될 것이다.

---

42) 갈 5:24
43) 눅 12:19, 20
44) 고전 10:31

방향 제시-4 '믿음으로, 그리스도의 피를 당신이 가진 모든 것에 대한 구매 원인으로 여기라. 그러면, 당신은 그의 피의 열매를 호색의 배수구에 던지고, 그것을 거름 위에 던지는 것보다 더 나쁜 짓을 하는 것이 아니라, 그의 피를 더 존경하게 될 것이라고 확신한다.' 뭐! 그리스도께서 하나님께 제물이 되시고 당신이 상실한 자비를 회복하기 위해 죽어야 했는데, 이제 그것을 개에게 던지겠다고? 그들과 맞서는 사악한 식욕을 만족시키겠다고? 그분이 당신의 정욕을 위한 양식을 사고 육체를 만족시키기 위해 죽으셨나?

방향 제시-5 '실제로, 금지된 과일을 먹음으로써 첫 번째 죄가 세상에 들어왔다는 사실을 잊지 말라.' 그리고 당신을 위해 목숨을 잃은 살해당한 사람을 기억하라. 당신을 위하여 그에게 짐을 지게 한 그 죄를 기억하라. 그러면 당신이 보는 모든 살덩이 위에 다음과 같은 주의 사항이 적힌 것처럼 당신에게 나타날 것이다. 오, 당신의 첫 조상처럼 당신의 식욕을 기쁘게 하려고 죄를 짓지 말라. 이것은, 우리의 죽음과 당신 동료 피조물의 살을 삼키는 것이 그 죄의 열매이기 때문에 절제하라고 경고한다. 동료 피조물의 삶을 지나치게 허비하지 말라.

방향 제시-6 '순종적이고 예민한 양심을 지켜라. 당신이 먹는 모든 것에 대해 (우울한 사람들이 하는 것처럼) 스스로 세심하게 주의하여 복잡하게 하지 말고, 오직 식욕을 살피며, 하나님의 명령에 대해 말하고, 모든 과도한 관능을 두려워하도록 가르치라.' 은혜가 없고 불순종하며 분별이 없는 사람은, 사람들로 하여금 그들의 식욕에 대담하게 순종하게 만든다. 하나님에 대한 그들의 두려움이 그들 마음에 있지 않을 때, 그들이 "음식을 먹고" "두려움 없이 스스로 포식하는 것"[45]은 놀랄 일이 아니다. 그들은 일반적으로, 작은 죄나 적어도 이것에 대해 특별히 문제 삼지 않는다. 게으름, 스포츠, 헛된 것에 시간을 보내는 사람과 세속적이거나 육체적인 정욕에 사는 것을 두려워하지 않는 사람들은 탐식하며 사는 자들과 같은 사람들이다. 이성에 따르지 않는 배(belly)는 짐승이다. 양심이 잠들고 무감각한 곳에서는, 이성과 성경이 관능적인 대식가를 움직이지 못한다. 그리고 어떤 것이든, 합법성을 증명하는 이

---

45) 유 7

성을 대신하여 일할 것이고 그것에 반대해서 말하는 모든 것에 대해 변호할 것이다. 잠자는 사람과는 문제에 대해 논쟁할 수 없다. 특히 그의 배와 식욕이 깨어 있는 경우에 그렇다. 그가 일단 우둔하고, 믿음의 거부에 의해 자기 양심이 지배되거나, 아편으로 감각이 무디어져 정지해 있다면, 목구멍의 즐거움에서 식탐을 제거하는 것은, 돼지가 과식하는 것을 막기 위해 이성과 성경을 소개하거나, 주린 개에게 뼈는 목구멍을 즐겁게 하는 것뿐이라고 믿게 하는 편이 나을 것이다. 그가 한때 단조롭고 지루해져서 불신앙으로 양심을 지배했거나 멍하게 만드는 아편으로 진정시켰다면 그의 취향은 이성을 대신하고 이성을 거스르는 역할을 할 것이다. 그때 그는 그것이 나에게 도움을 줬다고 말할 것이다. (즉 돼지는 자기 배가 터지게 되었을 때, 먹을 것이 자기의 식욕을 즐겁게 해 준다고 느끼기 때문에 자기에게 유익하다고 생각하는 것처럼) 이 대답은 그것에 대해 말할 수 있는 모든 것이다. 그때 그는 자신의 시간과 재물을 자신의 배에 바칠 수 있고, 냉철한 사람들의 금욕과 절제를 마치 그것이 불필요한 자기 학대나 일부 약하고 병든 사람에게만 적합한 것처럼 농담할 수 있다. 하나님에 대한 끊임없는 두려움과 순종이 영혼을 지배하지 않는다면 식욕은 지배되지 않을 것이다. 그리고 예민한 양심이 문을 지키지 않는다면 식욕이 요구하는 모든 것으로 목구멍은 더럽혀질 것이다. 그들의 이성과 졸린 양심을 일깨우기 위해, 천국이나 지옥을 한 번 보게 하는 것이, 이 죄의 역겨움과 위험을 그들에게 확신시키는 가장 좋은 치료법이 될 것이다.

방향 제시-7 '무엇이 당신의 건강에 가장 도움이 되는지를 잘 이해하라. 그리고 그것이 당신의 식단의 양과 질과 시간에 대한 기준이 되게 하라.' 물론 당신이 아직 인간이라면 당신의 본성 자체는 이 기준에 대항하여, 그리고 결과적으로 그것을 가정하는 나머지 모든 지시에 대항하여 아무 할 말이 없을 것이다. 본성은 당신에게 식욕만 아니라 이성을 부여했으며, 이성은 당신의 건강이 식욕보다 더 중요하다고 말한다. 나는 하나님이 당신의 건강에 가장 좋은 것(합법적으로 가질 수 있는 경우)을 선택하도록 허용하는 한, 그리고 당신을 해치는 것 외에는 아무것도 금하지 않는 한, 하나님이 당신에게 너무 엄격하거나 너무 가혹하게 식사를 하도록 한다고 말하지 않기를 바란다. 미치거나 돼지 같지 않은, 어떤 이교도나 불신자들도 기독교인들과 마찬가지로 이러한 기준과 선택을 허락하지 않을까? 그렇다. 만약 당신이 내세를 믿지 않는다면, 지금 당신이 가지고 있는 이 삶을 단축시키는 것을 싫어한다고 생각한다. 하나님께서는 당신이 당신의 자녀나 돼지를 보호하듯이 과식으로 인해 스스로를 해치지 않도록 지키길 원하실 것이다. 그는 그 안에 더 많은 목적을 가지고 있기에, 당신도 그렇게 해야 한다. 그것은 건강한 몸이 주님의 사업에서 거룩한 영혼에게 봉사할 수 있게 하기 위함이다. 지금까지 가장 가깝고 즉각적인 목적과 기준이 되는 것은 당신 몸의 건강이다.

[먹는 것의 기준]

청소년 교육에 있어서 그들의 건강과 생명, 질병, 고통 및 사망에 대한 성향을 알려 주는 식생활에 관한 몇 가지 일반적이고 필요한 교훈을 제때에 가르치지 않는 것은 매우 큰 잘못이다. 그리고 군주들에게 모든 신하들이 잘 알고 있는 그러한 공통적으로 필요한 교훈을 가질 수 있는 과정을 밟게 한다면, 그것은 무익하거나 불필요한 일이 아니다(마치 아이들이 책을 처음 읽는 법을 배울 때 도덕적 의무에 대한 가르침도 함께 배우는 것처럼). 인간은 죽음이나 질병을 좋아하지 않으며 모든 사람은 자신의 건강과 생명을 사랑한다는 것이 확실하기 때문이다. 그러므로, 하나님을 두려워하지 않는 사람들도 질병과 죽음에 대한 두려움은 과식을 매우 자제하게 할 것이다. 그리고 이것이 국민에게 얼마나 이점이 되는지, 그리고 많은 백성의 생명과 건강, 힘 외에도 이것이 얼마나 많은 재물을 절약할 수 있는지 생각해 보면 쉽게 알 수 있다. 그리고 대부분의 사람들이 자신들에게 가장 적합한 기준이 무엇인지에 대해 상당한 지식이 없다는 것은 확실하다. 그리고 그들이 판단하는 일반적인 규칙은 식욕이다. 그들은 목록에 있는 만큼 먹었을 때 충분히 먹었다고 생각한다. 목록보다 적으면 그렇게 생각하지 않는다. 만약 그들이 식욕으로 더 많이 먹을 수 있고, 그 후에 아프지 않았다면, 그들은 결코 그들이 탐식과 과식의 죄를 지었다고 생각하지 않는다.

그러므로 첫째, 식욕은 양, 질 또는 시간에 대한 당신의 규칙이나 기준이 되어서는 안 된다는 것을 알아야 한다. 왜냐하면,

1. 식욕은 비합리적이며, 당신이 사람이라면 이성은 당신의 지배 능력이기 때문이다.

2. 식욕은 음식의 자연적 필요가 아니라 신체의 기질, 체액 및 질병에 달려 있다. 수종에 걸린 사람은 갈증에 시달리고, 물을 마시면 더욱 목이 마르다. 참으로 종종 불쾌하거나 악성 열병에 자주 걸리는 사람은 찬물 한 모금으로 죽음에 이를 수 있다. 그러나 그럼에도 불구하고 식욕은 그것을 원한다. 산성 체액을 가지고 있는 위장은 일반적으로 강한 식욕을 가지고 있고, 결코 약하지 않은 소화력을 가지고 있으며, 대부분은 먹어야 하는 것보다 두 배 이상의 식욕으로 먹을 수 있다. 그리고 반대로 어떤 사람들은 자신의 영양에 필요한 만큼 원하지 않기 때문에 식욕에 반하여 억지로 먹게 해야 한다.

3. 세계의 대부분의 건강한 사람들은 자연스레 소화할 수 있는 것보다 훨씬 더 많은 식욕을 가지고 있으며, 그렇게 식욕이 만족된다면 목숨을 잃을 것이다. 왜냐하면, 하나님은 사람에게 식욕을 먹고 마시는 척도가 되도록 주신 것이 아니라, 이성이 식욕에 먹으라고 명령하게 하여 그것으로 그분께 감사하게 하였기 때문이다.

4. 지금 인간의 식욕은 타락하기 전처럼 건전하고 완전하지 않다. 게다가 점점 반항적이고 제멋대로 하며 몸이 병들어 있다. 그러므로 이제 식욕은 타락 전보다 훨씬 더 우리의 척도가 되기에 부적합하다.

5. 당신은 실제로 돼지와 많은 탐욕스러운 아이들에게서 식욕을 볼 수 있다. 그들은 다른 사람들이 식욕을 규제할 정당성이 없다면 곧 스스로를 죽일 것이다.

6. 독성 자체가 음식만큼 식욕을 돋우고, 위험한 고기도 식욕을 돋울 수 있다. 그러므로 식욕은 사람의 기준에 합당하지 않다는 것이 가장 확실하다. 지금까지 이성이 식욕에 반대하지 않을 때, 식욕은 자연히 스스로에게 가장 잘 맞는 것을 보여 준다는 것은 사실이다. 그러므로 이성은 식욕에 대해 무언가를 가지고 있다(식욕에 반대하는 것이 없다면). 왜냐하면 이

성은 위장을 닫고 소화하는 것이 가장 좋다는 것을 안내하기 때문이다. 그리고 그것은 음식이 언제 준비되었는지 분별하는 데 도움이 된다.

둘째, 현재의 안일함이나 아픈 느낌이 당신의 소화를 판단하거나 기준을 판단하는 특정한 규칙이 아니라는 것도 확실하다. 어떤 부드러움과 편안함과 가스가 차는 위는 너무 많은 부담을 주거나 한계를 초과할 때 아프거나 괴로워하지만 대부분은 그렇지 않다. 그들이 게걸스러움을 넘어서지 않는 한, 그것 때문에 병들지 않고, 약간의 과식으로 현재 어떤 상처도 느끼지 못하며 단지 불완전한 혼합물만이 체액을 악화시키고 서서히 병에 걸릴 준비를 한다(앞서 말한 바와 같이). 그리고 어떤 질병에 걸린 배변에서 한 달 후에 그것을 느낀다. 그리고 또 다른 12개월 후에, 그리고 몇 년이 지나지 않아 불치의 질병이 될 때에 느낀다(왜냐하면 그렇게 오랜 준비로 인해 생기는 질병은 더 깨끗한 신체에서 갑작스러운 사고와 변화로 인해 발생하는 질병보다는 일반적으로 훨씬 더 불치병이기 때문이다). 그러므로 내 생각에는 그것이 내게 해를 끼치지 않기에 과식이 아니라고 말하는 것은 예지력이 없고 적군이 수비하고 요새화하며 무장할 동안에 적에게 대항하지 않고 갑자기 파괴될 때에 말하는 바보 같은 짓이다. 또는 격리병원에 들어가서 그것이 나에게 해가 되지 않는다고 말하는 사람과 같다. 그러나 며칠에서 몇 주 내로 느낄 것이다. 마치 폐결핵의 시작은 그들이 느끼지 못하기에 해가 되지 않는 것 같다! 이와 같이 짐승처럼 사는 것은 마침내 사람을 짐승처럼 판단하게 할 것이며 그들의 배만 아니라 두뇌를 짐승처럼 만들 것이다.

[식사량의 척도에 대한 규칙]

셋째, 공통된 관습과 의견이 확실한 규칙이 아니라는 것 또한 확실하다. 아니, 확실히 그것은 잘못된 규칙이다. 식욕으로 판단하는 것은 보통 사람들로 하여금 절제를 한다고 할 뿐 과식하게 했다. 이 모든 것은 잘못된 척도다.

내가 여기에서 적절한 척도를 판단하기 위한 규칙을 제공한다고 가정하면 의사들은 내가 내 소명을 벗어났다고 생각할 것이며 그들 중 일부는 자신의 능력을 박탈하는 계획과 탐욕스러운 사람들에 제공되는 계획에 기분이 상할 것이다. 그러므로 나는 당신에게 이러한 일반적인 암시만 줄 것이다.

1. 본성은 작은 것으로 만족하지만 식욕은 본성이 익사할 때가지 결코 만족하지 않는다.

2. 양보다 건강에 도움이 되는 것은 음식물의 자양분과 완전한 소화이다.

3. 본성은 거친 음식과 질긴 고기의 절반을 소화시키는 것보다 연하고 적당한 음식물의 두 배를 더 쉽게 소화시킬 것이다. (그러므로 고기를 구별하지 않고 하루에 그냥 12온스를 처방하는 사람들은 큰 잘못을 범한다.)

4. 건강하고 강한 몸은 약하고 병약한 자보다 더 많아야 한다.

5. 중년은 노인이나 어린이보다 더 많아야 한다.

6. 힘을 써 일하는 일꾼은 그렇지 않은 일꾼보다 더 많아야 한다. 게으른 사람이나 학생이나 거의 움직이지 않는 사람보다 많아야 한다.

7. 땀이나 발산으로 거의 배출되지 않는 모공이 닫힌 몸체에는 다른 것보다 특히 수분이 적어야 한다.

8. 몸이 차고 가래가 많은 체질도 마찬가지다.

9. 음식물을 부패 하게하고 주기적으로 담즙을 배출하여 방출하는 위도 마찬가지다.

10. 아주 약하고 병든 사람이 아니라 해도 소화에서 위를 방해하는 것은 너무 많이 먹고 나쁜 음식을 먹는 것이다.

11. 따라서 공부하기에 더 둔하게 하거나 노동을 힘들고 부적합하게 만드는 것은 너무 많이 먹거나 나쁜 음식을 먹는 것이다.

12. 이미 위장에 소화되지 않은 음식이 가득 차 있는 과식한 몸은 자연스레 소화하고 소모할 시간을 갖도록 다른 사람보다 적게 먹어야 한다.

13. 모든 사람은 자신의 체질과 자신이 가장 걸리기 쉬운 질병을 알기 위해 노력해야 한다. 따라서 의사나 숙련된 사람의 판단은 그 사람의 특정 기질과 질병에 적합한 지시를 내려야 한다.

14. 열심히 일하는 사람들은 양보다 질적인 부분에서 더 많은 실수를 하는데, 일부는 가난으로, 일부는 무지로, 일부는 식욕 때문이다. 반면에 그들은 건강에 더 좋은 것(단순한 빵과 맥주처럼)을 그들에게 덜 만족스럽다고 거절한다.

15. 내가 추정으로 가정하면, 일반적으로 고된 노동자들은 양에서 4분의 1을 초과한다. 소매 상인과 편한 거래를 하는 사람은 일반적으로 약 3분의 1을 초과한다. 향락적인 신사와 그들을 섬기는 사람들, 그리고 다른 고된 노동이 없는 사람들의 다른 하인들은 보통 약 2분의 1을 초과한다(그러나 나는 나약함이나 지혜로 인해 이례적으로 절제하는 사람들은 제외한다). 그리고 향락적인 신사들은 일반적으로 다양성, 비용, 호기심, 시간 면에서 그들의 양보다 훨씬 더 양이 많다. 한도를 넘는 향락적인 신사들은 그들의 양보다 훨씬 더 많다. (그래서 그들은 일급 대식가다.) 식욕을 조절하지 않고 원하는 만큼 자주 먹고 마시게 하는 자들의 자녀들은 대개 절반 이상을 초과하여 일생 동안 질병과 불행의 기초를 만든다. 이 모든 것이 진실일지라도 배(belly)는 그것을 믿지 않는다.

일단 당신이 척도와 시간과 질에서 당신의 건강에 가장 적합한 것이 무엇인지 알 정도로 현명해지면, 식욕이나 친구가 지속적이고 끈질긴 요구를 한다 해도 그것을 넘지 말라. 그 이상의 모든 것은 정도에 있어서 탐식과 관능적 쾌락이기 때문이다.

방향 제시-8 '당신이 탐식을 합법적으로 피할 수 있다면, 당신의 식탁을 자신이나 다른 사람들에게 유혹의 올가미가 되지 않도록 하라.' 탐욕스러운 식욕은 필요한 모든 식탁을 덫으로 만들 것이라는 것을 안다. 그러나 당신은 불필요하게 마귀가 되거나 자기 자신이나 다른 사람을 유혹하는 자가 되지 말라.

1. 음식의 질을 위해 맛을 과도하게 연구하지 말라. 약하고 병든 위장을 제외하고, 가장 좋은 고기는 입안에 맛의 흔적을 남기는 것이지, 맛을 위해 귀찮은 혐오감이나 더 많은 것을 먹고 싶은 열망이 남아 있는 것이 아니다. 그러나 빵과 같은 것은 밍밍한 맛의 호감을 남긴다. 단순히 식욕을 돋우기 위한 새롭고 맛있는 요리의 특별한 발명은 더 큰 폭식을 위한 탐식을 부른다. 질적인 과잉은 양적 과잉을 불러온다.

이의 '그러나 내 식탁이 과하지 않고 절제하는 사람에 적합하다면, 내가 인색하거나 탐욕스러운 사람으로 여겨질 것이고 등뒤에서 비난을 받을 것이라고 당신은 말할 것이다.'

답 이것은 탐식에 대한 교만의 변명이다. 대식가나 무지한 육체의 사람들에게 비방을 받는 것이 아니고 하나님께 대항하여 죄를 짓는 것이고 술의 신 바쿠스(Bacchus)나 비너스(Venus)를 위해 잔치나 희생을 준비하는 것이다. 고대 기독교인들은 우상의 제단에 있는 불에 약간의 유향을 던지지 않았다는 이유로 짐승에게 찢기었다. 그리고 당신은 그들의 비난을 피하기 위해 그렇게 많은 배의 우상(belly-god)에게 아낌없이 먹일 것인가? 탐욕은 비이성적인 악덕이라고 내가 말하지 않았나? 선하고 절제하는 사람들은 그것에 대해 당신에게 좋게 이야기할 것이다. 당신은 대식가의 판단과 존경을 더 중요하게 생각하는가?

이의 '그러나 내가 의미하는 것은 방종하고 호화스러운 사람들만이 아니다. 내 식탁에는 그런 것이 없는 심지어 선한 사람들, 그리고 보통 사람들에게는 악의적인 소문이 될 것이다.'

답 1. 나는 당신에게 어느 정도의 탐식은 흔히 볼 수 있는 죄라고 말했다. 많은 사람들이 관습으로 말미암아 탐식에 더럽혀졌다. 그렇지 않다면 선하고 절제할 것이다. 그렇다면 그들을 불치의 상태로 남겨둘 것인가? 아니면 다른 모든 사람들도 그들처럼 나쁘게 만들 것인가? 그리고 우리 모두가 일부 보통 사람들이 호감을 갖는 그 죄를 지어야 하는가? 당신은 종교에서 다른 의견과 다른 차이점에 대한 그들의 비난을 감수한다. 그런데 이것은 왜 안 되나? 거짓말에 속은 퀘이커 교도는 당신에 반대하는 증인이 될 수 있으며, 반대 극단에 치닫고 있는 동안 그에 대한 온 세상의 극도의 비난을 견딜 수 있다. 당신은 진정한 절제와 진지함을 위해 다른 마음을 가진 절제하지 않는 죄인들의 비난을 견딜 수 없는가? 확실히 이런 점에서 그들은 과식과 관능과 무절제의 미끼를 간청할 때 절제하는 사람이 아니다.

2. 또한 음식을 다양하게 준비하여, 낭신의 식탁을 불필요한 덫으로 만들지 말라. 위장의 연약함을 고려하거나, 식욕이 요구하는 더 많은 종류를 준비하지 말라. 고기의 불필요한 다양성과 쾌락은 인간을 탐식으로 이끄는 마귀의 위대한 도구다(나는 선량한 사람들이 그들의 요리사나 음식을 제공하는 사람이 되지 않기를 바란다). 아주 야수적인 식욕 자체는 말하기를, 나는 한 접시면 충분하다 하며 시작한다. 그런 다음, 다른 음식을 더 먹도록 유혹하고 다음에는 또 다른 음식을 먹도록 유혹한다. 내가 말한 이 충만함과 다양성에 의사들도 건강과 질병의 간호에 큰 적으로 비난하는 의견에 동의한다. 그리고 건강문제에 대해 같은 생각을 가진 의사의 인식이 당신의 개인적인 의견이나 식욕보다 더 가치가 있지 않을까? 그러나 질병에 다양성이 필요할 때, 그것은 필요하다.

3. 음식 먹으며 너무 오래 앉아 있지 말라. 그것은 시간을 허비하는 죄 외에, 조금씩 더 먹는 것을 부추기는 방법이다. 절제하는 사람이 15분만 앉아 있기를 원하는데(일반적으로 충분함), 30분의(낯선 사람들의 접대에 충분함) 유혹을 받을 때에 과식할 것이다. 한 시간 동안

앉아 있어야 하는 경우에는 더욱 그렇다. 참으로 탐욕스럽게 먹는 것은 좋지 않지만, 절제하는 식사는 짧은 시간으로 본성을 만족시킬 수 있다.

4. 당신의 식사에 필요 이상으로 비용이 많이 들지 않도록 하라. 사람과 시간에 따라 차이가 있어야 한다는 것은 알지만, 필요 이상으로 비용을 들이지 않도록 하라. 그리고 교만과 탐식이 아니라 냉철한 이성이 그 필요성을 판단하도록 하라. 우리는 일반적으로 누가복음 16장의 그 사람을, 매일 호화스럽게 먹는 부유한 탐식가라 부른다. 그는 다른 사람들보다 더 많이 먹었다고 말하지는 않지만, 그는 고급스럽게 먹었다. 당신은 다른 방법으로 더 좋은 일을 할 수 있는 음식을 배(belly)에 두는 것에 대해 하나님께 편안하게 대답할 수 없다. 일반적으로 하는 것처럼 불필요하게 부의 축적을 배(belly)에 하는 것은 끔찍한 죄이다. (사정이 같다면) 가장 저렴한 식단이 선호되어야 한다.

이의 '그러나 탐욕의 추문은 탐식과 마찬가지로 피해야 한다. 사람들은 이 모든 것이 단지 비참하고 세속적인 마음에서 비롯된 것이라고 말할 것이다.'

답 1. 하나님의 진노보다 그 책망을 견디기가 더 쉽다.

2. 죄로 인한 추문은 무효화해서는 안 된다. 그것은 받아들여야 하는 추문이지 가설로 가정한 추문이 아니다.

3. 절제하는 사람에게는 당신의 과잉이 훨씬 더 수치스러운 것이다.

4. 이 치료법은 다음 방향 제시에서 언급될 것이다.

이의 '그러나 내 식탁에 다양하고 많은 것을 내 놓으면 어떨까? 사람들이 많이 먹을지 여부를 선택하지 않을까? 당신은 사람이 자기가 족할 때를 모르는 돼지라고 생각하는가?'

답 그렇다. 우리는 어떤 경험을 통해 대부분의 사람들이 자신이 충분히 가지고 있을 때를 알지 못하고, 그렇지 않다고 생각할 때 어떤 한계를 넘는다는 것을 안다. 많은 것 중 하나가 없는 것이 아니라, 미치지 못하는 것보다 초과하는 경향이 훨씬 많으며, 결핍으로 죄를 짓는 것보다 과도함으로 짓는 죄가 더 많다. 죄가 당신에게 그렇게 작은 일이냐, 당신이 사람들 앞에 덫을 놓고는 말하기를, 그들이 주의를 기울이면 되지 않을까? 그런 식으로 남자들이 창녀집에 들어가야 하는지 여부를 결정하게 하는가? 지금까지 교황이 로마에서 그들에게 공식적으로 허가를 부여하는 데에 정직하게 거래하는 일은 찾아보기 어렵다. 그들을 준비시키고 사람들을 유혹하는 일은 없는 것이 좋다. 당신은 하와가 금단의 열매에 관여할지 말지를 선택할 수 있다는 이유로, 마귀가 금단의 열매로 하와를 유혹한 것을 용서할 수 있나? 고의적으로 식욕을 자극하도록 요리되고, 사람을 탐욕과 과식에 빠지기에 적합하도록 하고, 전혀 필요하지 않을 당신 식탁 위의 저것은 무엇인가? "맹인 앞에 걸림돌을 놓는 사람에게 화가 있을진저." "누구든지 형제의 길에 걸림돌을 두지 않도록 하라." "그들의 식탁이 올무와 덫이 되게 하는 것"은 악인의 저주이다. 그리고 **발람**이 **발락**에게 이스라엘을 시험하거나 그들 앞에 걸림돌을 놓도록 가르친 것은 **발람**의 죄였다.

방향 제시-9 '그런 불필요한 비용을 가난한 사람들에게, 또는 다른 자선 활동에 기부하기로 결의하라. 그래야 그것이 배 속에 드리는 제물이 되지 않는다.' 가장 위대하고 가장 필요한 용도에 먼저 사용하게 하라. 당신 주위에 있는 사람(참으로 많은 사람)이 옷과 빵을 필요로 할 때, 당신은 배불리 먹고 과식에 빠질 때가 아니다. 당신이 자신과 다른 사람들의 잉여분을 아껴서 모든 것을 가난한 사람에게 나누어 준다면, 아무도 당신의 절약이 탐욕스러운 인색함을 통한 것이라고 할 수 없을 것이다. 그래서 비난이 제거된다. 한 번의 잔치 비용으로 많은 가난한 사람들의 빵을 살 수 있다. 당신의 식욕이 원하는 만큼 먹을 수 있을 때, 조금 남겨서 가난한 사람들에게 주는 것은 당신의 작은 감사의 표이다. 이 비용은 당신에게 아무것도 아니다. 돼지는 먹을 수 없는 것을 남에게 남길 것이다. 그러나 만일 당신이 조금이라도 절약하거나 덜 먹고, 조금 더 아끼거나 검소하게 살면 가난한 자들에게 줄 것이 더 많을 것이니, 이는 참으로 칭찬할 만한 행위다.

방향 제시-10 '먹을 필요가 없을 때 남에게 먹으라고 지나치게 강요하지 말고 오히려 지나치게 먹지 않도록 도우라.' 탐식의 죄와 금욕의 탁월함을 때에 맞게 이야기하고, 서로 우호적으로 경계하고 경고함으로써 서로 도우라. 사탄과 육체의 피할 수 없는 미끼는 매우 강한 유혹이다. 적절하지 못한 친절로 더 많은 것을 추가할 필요는 없다.

방향 제시-11 '당신의 욕구가 이성과 양심에 반하여 갈망을 느낄 때, 그것을 점검하고 그것을 기뻐하지 않겠다고 확고한 결심을 하라.' 결심하지 않으면 유혹이 계속된다. 당신이 한 번만 결심하면 잠잠할 것이나, 마귀가 당신이 굴복하거나 흔들리거나 결단하지 않는 것을 보면 결코 당신을 쉬게 하지 않을 것이다. "네가 관원과 함께 앉아 음식을 먹게 되거든 삼가 네 앞에 있는 자가 누구인지 생각하며 네가 만일 음식을 탐하는 자이거든 네 목에 칼을 둘 것이라 그의 맛있는 음식을 탐하지 말라 그것은 속이는 음식이니라."[46] "네가 음식을 탐하는 자이거든"이라고 번역된 말은 (70인역 그리스어 성서와 아랍어와 동일함) 몬타누스(Montanus)에 의해, 그리고 통속적인 라틴어와 칼데아인어(Chaldee)의 의역으로 번역되었는데, 당신이 당신 자신의 영혼의 힘을 가지고 있거나 당신 영혼의 주인이 되고, 영혼의 통제력을 갖는다면, 금욕을 통해 당신이 당신 자신의 주인임을 보여 주라는 말이다. "네 목에 칼을 둘 것이라." 즉 금욕으로 자신을 위협하는 대신에, 시리아어 및 다양한 주석 가들은 그것을 다음과 같이 번역한다. 목을 베듯이, 즉 당신 목을 벨 만큼 해롭다. 또는 당신이 탐식하고 있을 때 자신을 파괴하고 있는 것이다. 결의와 이성의 힘을 유지하라.

방향 제시-12 '당신의 몸이 무엇인지, 곧 어떻게 될 것이며, 그것이 먼지 속에서 얼마나 혐오스럽고 추악하게 될 것인지를 기억하라. 그런 다음, 그러한 몸을 얼마나 애지중지해야 하고 기뻐해야 하는지 생각하라. 어떤 비용을 들여 그렇게 하는지 생각하라.' 벌레 같은 사람을 위한 잔치에 너무 많은 돈을 지불하지 말라. 무덤을 들여다보고, 모든 즐거운 고기와 음료의 끝이 무엇인지 보라. 모든 진기하고 값비싼 음식의 끝이 어딘지 보라. 거기에 해골이 튀어

---

46) 잠 23:1-3

나와 있고, 그토록 많은 달콤하고 맛있는 음식을 집어삼킨 추악한 구멍을 볼 수 있다. 거기에 이제 남은 기쁨은 하나도 없다. 오 놀랍도록 어리석은 행동이여! 사람들은 너무도 쉽게, 그토록 간절하고 집요하게, 그들의 재산을 낭비하고, 그들의 영혼을 소홀히 하고, 하나님을 불쾌하게 하고, 멀지 않아 비참한 종말을 맞이하게 될 하찮고 더러운 살 조각을 기쁘게 하기 위해, 사실상 천국에 대한 그들의 희망을 팔 수 있다! 멀지 않아 그토록 혐오스러운 시체가 될 그 몸을 잠시 애지중지하기 위해 그렇게 많은 관심과 수고와 비용을 들이는데, 그것이 당신의 구원을 팽개칠 정도로 가치가 있나? 해골이나 무덤을 보는 것만으로도 탐식과 사치가 광기라고 생각하게 할 것이다. "초상집에 가는 것이 잔칫집에 가는 것보다 나으니 모든 사람의 끝이 이와 같이 됨이라 산 자는 이것을 그의 마음에 둘지어다."[47] **다윗**은 악인에 대해 "내가 그들의 진수성찬을 먹지 말게 하소서."라고 말했다. 그러나 "의인이 나를 치며 책망하게 하소서."[48]라고 말했다. 친구 사이에 잔치를 벌이는 것은 그 자체로는 합당한 일이지만 **욥**은 그것을 두려움과 희생의 때로 여겼다. "그의 아들들이 자기 생일에 각각 자기의 집에서 잔치를 베풀고 그의 누이 세 명도 청하여 함께 먹고 마시더라 그들이 차례대로 잔치를 끝내면 **욥**이 그들을 불러다가 성결하게 하되 아침에 일어나서 그들의 명수대로 번제를 드렸으니 이는 **욥**이 말하기를 혹시 내 아들들이 죄를 범하여 마음으로 하나님을 욕되게 하였을까 함이라 **욥**의 행위가 항상 이러하였더라."[49] 당신에게 장례식은 잔치보다 더 안전한 곳이다.

방향 제시-13 '때때로 가난한 사람들의 집에 가서 그들이 먹고사는 음식이 무엇인지, 고기를 몇 번이나 먹으며 생활하는지 보라. 그러고는 그들의 식단과 당신의 식단 중 어느 것이 육체의 정욕을 억제하는 경향이 있는지 생각해 보라.' 그리고 그들의 식생활이 마지막에 당신만큼 달콤하지 않을까? 그리고 단순한 재물이 그들과 당신 사이에 먹고 마시는 일에 그렇게 큰 차이를 만들어야 하는지 생각해 보라. 나는 그들이 건강에 필요한 것이 없어 고통을 받는 경우, 당신이 그들보다 풍성하기에 거기에 감사하는 것이 합법적이라는 것을 안다. 그러

---

47) 전 7:2
48) 시 141:4, 5
49) 욥 1:4, 5

나 그들의 궁핍을 잊어버리거나 당신의 풍족함을 과식으로 바꾸려고 해서는 안 된다. 가난한 사람의 식단과 생활 방식을 보는 것 자체가 당신에게 도움이 될 것이다. 보는 것은 소문보다 더 큰 영향을 미친다.

방향 제시-14 '고대 기독교인들과 그들의 금욕에 대한 패턴을 보고, 그들의 삶이 당신의 삶과 같았는지 생각해 보라.' 그들은 금식과 금욕을 많이 했으며 탐식과 과식에 익숙하지 않았다. 그들은 육식보다 금욕을 지나치게 하는 경향이 있어 고기를 과식하기보다는 오히려 광야나 작은 동굴에서 나무 뿌리나 빵과 물로 살았다. (형식적이고 위선적인 방식으로 그들을 모방하여 지금 세상에 있는 수사들의 무리가 나왔다.) 그리고 당신은 그들의 거룩함과 금욕을 칭찬하면서도 그것들을 진지하게 모방하는 것과는 거리가 멀기 때문에 탐식과 과식으로 그들에게 대항하여 직접 맞설 것인가?

나는 이제 이 죄의 역겨움을 감지했고, 당신이 원한다면 그것을 피하는 가장 좋은 방법을 당신에게 말했다. 이 모든 것이 소용이 없고, "너희 중에 **에서**와 같은 망령된 자가 있어 고기 한 조각을 위해 자기의 장자권을 판 망령된 자"[50]가 있느냐, 그는 자기 목구멍을 기쁘게 하려고 자기 영혼을 판 것이다. 하나님이 그런 사람을 치료할 수 있는 또 다른 방법이 있음을 그에게 알게 하라. 그는 당신을 가난에 빠지게 할 수 있다. 그 가난에서는 당신은 욕망으로만 탐욕자가 될 것이지만 당신의 욕망을 만족시킬 필요는 없다. 그는 머지않아 당신을 질병에 걸리게 할 수 있다. 그 질병은 당신으로 하여금 당신의 즐거운 식사를 혐오하게 하고 가난한 자들의 식사와 식욕을 원하게 할 것이다. 그리고 당신의 관능적인 모든 미끼에 대해 "나는 그것들을 기뻐하지 않는다."[51]고 말하게 할 것이다. 당신은 모든 부와 친구와 위대함이 당신의 애지중지한 시체를 부패로부터 지켜 줄 수 없을 때 상황은 바뀔 것이다. 또는 하나님의 진노의 불길 속에서 괴로워하는 당신의 혀를 식힐 물 한 방울과 같은 위안을 얻을 수 없을 때 상황은 바뀔 것이다. 그리 되면 당신이 하나님과 양심으로부터 얻을 수 있는 모든 위로는 "네

---

50) 히 12:16
51) 전 12:1

가 살았을 때 좋은 것을 받은 것과 마찬가지로 **나사로**는 고난을 받았으나 지금은 네가 고통을 받고 **나사로**는 위안을 받음을 기억하라."[52]라는 슬픈 유언이 당신의 것이 될 것이다. "들으라 부한 자들아, 너희에게 임할 고생으로 말미암아 울고 통곡하라 너희가 땅에서 사치하고 방종하여 살육의 날에 너희 마음을 살찌게 하였도다 너희는 의인을 정죄하고 죽였다."[53]

그러나 이 모든 일이 있은 후에도, 나는 당신이 반대의 극단에 이르지 않는다는 것을 기억할 것이다. 당신이 마땅히 해야 할 것보다 외적인 금욕과 금식에 더 많은 종교를 두지 말라. 당신 자신의 상태를 알고, 금식이나 먹는 것이 그들의 목적인 더 큰 일에서, 실제로 당신에게 얼마나 도움이 되는지, 방해가 되는지 알고 그것을 사용하라. 썩어 가는 몸은 조심스럽게 부양되어야 하고, 다루기 힘든 몸은 조심스럽게 제어되어야 한다. 같은 약이라 해도 반대의 기질과 질병에는 유용하지 않다. 육식을 금하고 생선과 다른 고기로 배부르게 하는 것이 하나님이 용인할 수 있는 일인지 생각하라. 또는 일주일에 그렇게 많은 시간을 금식하고, 나머지 시간에 식욕을 채우는 것이 가치 있는 일인지 생각하라. 또는 죄를 삼가는 일 없이 고기를 먹지 않는 것이 거룩의 증거라는 생각은 자기기만적인 오류다. 또한 당신은 당신이 먹고 마시는 모든 것에 대해 많은 혼란스러운 의심을 제기해서는 안 된다. 이는 교화에 도움이 되지 않고 단지 당신을 성가시게 할 뿐이다. 그러나 즐겁게 절제하면서 건강을 유지하고 욕망을 제압하라.

---

52) 눅 16:25
53) 약 5:1, 5, 6

제2과 술 취함과 과음에 대한 방향 제시

I. 내가 탐식에 대항하여 말한 대부분은 과음에도 유용할 것이기에 반복할 필요가 없다. 가장 큰 의미에서 술 취함은 감정 상태의 변화와 결과 모두에 해당된다. 그래서 술을 마시면 과음할 것이고, 자신의 의지에 구속되지 않고, 저항할 수 없는 힘에 의해 구속된다.

술 취함은 행위나 결과에 있어서, 때로는 더 광범위하게, 때로는 더 엄격하게 받아들여진다. 대체로 그것은 식욕을 만족시키기 위해 지나치게 마시는 모든 음주를 의미한다. 여기서 범죄를 구성하는 두 가지가 있다. 1. 술을 좋아하거나 식욕을 만족시키는 것, 그것을 우리는 탐욕이라 부른다. 2. 과음. 그것은 양이나 질에 따라 달라질 수 있다.

엄격하게 말해서, 술 취함은 이성이 약간의 상처를 입을 때까지 술을 마시는 것을 의미한다. 여기에는 여러 정도가 있다. 자기의 이성을 조금이라도 방해하고, 적절한 일에서 조금이라도 이성을 무력하게 하거나 저해한 사람은 그 정도로 취한 것이다. 그러나 그것을 파괴하거나 또는 완전히 무력화시킨 사람은 완전히 취하거나, 더 많이 취한 것이다.

모든 과음은 탐식과 같은 성질의 사악한 탐욕 또는 관능적 쾌락이며 나의 마지막 책망과 방향 제시에 속한다. 앉아서 취하지 않고 술을 많이 마실 수 있는 어떤 사람들의 상황은, 더 작은 양으로 불시에 취하게 되는 사람의 죄보다 더 클 수 있다. 그러나 같은 상황에서 지금까지의 이해력 파괴는 죄를 훨씬 더 크게 만든다. 다른 등급이 가지고 있는 모든 악 이상의 악을 가지고 있기 때문이다. 그것은 이성을 타락시키는 향락적인 과음이다. 탐욕은 그것의 일반적인 본성이다. 과식이 문제이고 이성의 타락은 그 문제의 특별한 형태이다.

건전한 이성의 판단에 따르면, 더 큰 상처 없이, 적절한 의무에 간접적으로 또는 즉각적으로 몸을 다스릴 수 있는 것보다 더 많이 마시는 것은 과음이다. 때로는 즉각적인 이익이 가장 많이 고려된다(예를 들어 사람이 수행해야 할 매우 중요한 순간의 현재의 의무가 있다면).

현재의 이익은 다음과 같이 구성된다. 1. 의무를 수행하는 데 방해가 되는, 그러한 골치 아픈 갈등이나 고통이 줄어든다. 2. 정신과 육체의 작용에 더 적합한 도구가 되도록 영혼에 쉼을 통한 힘의 회복과 명랑함을 추가한다. 이들 중 하나 또는 둘 모두를 더 큰 상처 없이 수행하는 그 규정된 양은 그리 많지 않다. 나는 더 큰 상처는 입지 않아야 한다고 말한다. 왜냐하면, 어떤 사람이 수종(dropsy)이나 열병에 걸렸는데 건강과 생명보다 현재의 편안함과 명랑함을 선호한다면 그것은 과도한 것이다. 또는, 어떤 사람이 일반적으로 자연스레 잘 소화할 수 있는 것보다 더 많이 마셔서, 그것이 먹은 고기와 섞이지 않게 하여 결과적으로 위장에 소화불량이 되고, 결과적으로 많은 질병을 일으키기에 적합한 점액과 불완전한 체액의 배설물을 만든다면, 이것은 현제, 편안하게 느끼고 즐겁게 하지만 과음이다. 이것은 대부분 완전히 술 고래가 아닌 일반적인 술꾼의 경우다. 그들은 술 마시고 싶어 안달하는 마음에서 해방되고, 아마 영혼이 약간 명랑함을 느끼므로 그 정도가 지나치지 않다고 생각하지만, 여전히 소화불량이나 질병에 걸리기 쉬우며, 그들의 건강과 생명을 파괴하는 경향이 있다.

그러므로(일부 중요하고 특별한 경우를 제외하고) 현재가 아니라 미래에 예상되는 결과를 가지고, 당신의 규정된 양을 알도록 안내해야 한다. 이성은 예측할 수 있지만 식욕 자체는 예측할 수 없다. 미래의 효과는 보통 크고 길다. 현재의 효과는 작고 짧을 수 있다. 갈증 나는 식욕을 달래기 위해 건강에 해를 끼치는 일을 하려는 자는, 이성에 반하는 죄를 짓고 짐승과 같은 짓을 하는 것이다. 갈증을 참는 것과 그것을 달래기 위해 마시는 것 중 어느 것이 건강에 더 해로운지 먼저 알기 위해서는 자신의 몸과 자신의 건강 조건에 대해 잘 알고 있어야 한다. 그리고 당신의 의무에 대해 더 많이 방해하는 것이 무엇인지 잘 알아야 한다.

그리고 독한 술이, 어떤 사람에게 가져다주는 현재의 명랑함을 갖기 위해 나중에 오래 우둔해지고 무능한 상태를 유발하는 그것을, 너무 비싸게 사지 않아야 한다는 것을 예지해야 한다. 당신의 의무 수행에 알맞은 영적인 평온함과 정당한 명랑함을 위해, 단순한 관능적인 기쁨으로 구성된 이질적인 가짜 환희를 취하지 않도록 주의하라. 이것은 또한 관능주의자들의 일상적인 (그리고 고의적인) 자기기만이기 때문이다. 그들은 한 통의 술이나 독한 술이,

명랑함을 만드는 조력자라고 믿게 하는데, 그것은 단지 관능적인 기쁨을 야기할 뿐이고, 의무를 진정으로 촉진하는 것보다 마음을 방해하고 부패하게 한다. 그것은 자연의 아름다움과 그림이 서로 다르듯이, 또는 자연적인 열과 열병이 서로 다르듯이 진정한 명랑함과 다르다.

술을 절제하지 못하는 것은 두 종류가 있음을 알 수 있다. 1. 술꾼(술을 상습적으로 홀짝홀짝 마시는 사람)이나 너무 많이 마시는 사람. 2. 술 취함(다양한 정도). 무절제한 술꾼은 여러 종류가 있다.

(1) 몹시 흥분하거나 초조하거나 일반적으로 병적인 갈증(술을 마시고 싶은 마음)이 있을 때, 비록 해롭지만 욕구를 만족시킬 것이다. 갈증을 견디기보다는 건강에 대해 모험을 할 것이다. 열병, 수종, 기침이 그들에게 가장 큰 적이 될지라도 그들은 식욕을 위하는 짐승과 같은 하인이기에 무엇이든 마셔야 한다. 의사들이 그것을 금하고 친구들이 그들을 설득하지만, 그들은 동물적인 욕망이 너무 크고 인성(man)은 너무 적기에, 식욕을 이성으로 다스리기가 너무 어렵다. 이런 자들은 두 부류이다. 한 부류는 확고한 의지가 부족하여 이성의 모든 능력과 힘은 잃었지만, 그들의 이성의 건전함을 유지한다. 그리고 그들은 자제해야 한다고 고백하지만, 그들은 그렇게 할 수 없어서, 그렇게 할 수 없다고 당신에게 말한다. 그들은 확고한 의지가 있는 사람이 아니다. 다른 한 부류는 식욕을 충족시키기 위해 그들의 이성 자체를 포기한 자들이니, 그들은(기침이나 통풍, 수종 등이 그들을 믿게 만들 때까지) 그들의 음주량이 너무 많다고 하거나 그들에게 상처가 된다고 하는 것을 믿으려 하지 않을 것이다. 그들은 그것을 참는 것이 그들에게 더 큰 상처가 된다고 말한다. 일부는 실제 무지를 통해, 일부는 식욕으로 인해, 기꺼이 무지한 자가 되었다.

(2) 또 다른 종류는 그들의 탐욕을 핑계할 병적인 갈증은 없지만 그들의 식욕대로 먹고 싶을 때마다 먹으며, 그것을 갈증이라 부르는 사람들보다 훨씬 더 나쁜 종류의 술꾼이 있다. 그러한 식욕을 만족시키기 위해 종종 목구멍이 요구할 때마다 마시며, 그것은 그들의 갈증을 풀기 위한 것이라고 말한다. 그리고 그것에 대한 무절제를 결코 비난하지 않는다. 이것들은

술을 마시는 특성에 의해 첫 번째 종류의 술꾼들로부터 알 수 있다. 진정한 갈증을 해소하기 위해 가장 먼저 원하는 것은 차가운 평범한 맥주다. 이성이 그들에게 그것을 참으라고 명령할 때, 다른 수단이 그것을 끄지 못한다면, 두 번째 부류의 술꾼들이 그들의 갈증이라고 부르는 식욕을 만족시키기 위해 사용하는 것은 포도주나 독한 술이나 맛있는 발포성 술이다. 그리고 이 호화스러운 알코올 중독자들 중에는 그와 나란히 완전한 술고래 등 다양한 등급이 있고, 일부는 죄의식이 덜한 사람도 있고, 더 많은 사람도 있다.

① 가장 낮은 등급은 보통 식사 때 외에는 절대 마시지 않지만, 자연스레 요구하는 것보다 더 마시거나 건강에 유익한 것보다 더 마신다.

② 두 번째 등급은 식욕이 원할 때 식사 사이에 음주를 하는 것으로, 음식물과의 혼합을 못하게 하고, 점막 염증과 소화 불량을 증가시키고, 은밀하게 점진적으로 그들의 체액을 오염시키어 많은 질병을 발생시킨다. 그리고 이것은 어떤 진정한 필요성이나 건전한 이성이나 현명한 의사의 동의 없이도 발생한다. 지금까지 그들은 집에서 습관적으로 마시지만, 제때가 아닐 때 그곳, 그들 옆에서 맥주의 큰 잔을 발견할 수 있을 것이다.

③ 3등급은 집에서 술을 마시지 않는 가난한 사람들이 많으며, 그들이 신사의 집이나 잔치 또는 아마도 맥주홀에 올 때, 그들은 술에 취하지 않으면 피해가 없다고 생각하기에 현재를 위해 술을 과도하게 마시는 것이다. 왜냐하면 술 먹는 기회가 드물기 때문이다. 그들은 일 년 내내 아주 적은 양의 술을 마시기 때문에 때때로 이것이 그들에게 약이 되고 건강에 도움이 된다고 생각한다.

④ 또 다른 등급의 술꾼은 맥주홀이나 선술집에 쫓아다니지는 않지만, 술에 취하지 않을 만큼의, 건강과 서약을 위한 술을 먹는다. 그리고 보통은 하루에 서약을 위해 불필요한 술을 많이 마시는데, 관습과 축하로 마시는 것은 모두 그들의 변명이다.

⑤ 또 다른 등급의 술꾼은 일반적으로 맥줏집을 자주 찾는 사람으로, 하루에도 몇 시간씩 앉아 큰 잔을 옆에 두고 서로 술을 찔끔찔끔 마시며 술집에 있는 것을 좋아한다. 그리고 그들이 거래할 것이 있거나 만날 친구가 있다면, 그곳은 그들의 일의 일부가 될 수 있는, 술을 찔끔찔끔 마시는 맥줏집이나 선술집이어야 한다.

⑥ 가장 높은 등급은 완전히 취하는 경향이 없기 때문에 자신이 앉아 있는 동안 스스로 적절하다고 생각하고, 남을 취하게 하고, 남이 견딜 수 있는 것보다 더 견디는 강한 자들이다. 그들은 술 취한 자의 식욕과 주량과 쾌락을 가지고 있지만 현기증이나 정신을 잃지는 않는다.

(3) 그리고 진정으로 취한 사람들에게도 많은 등급과 종류가 있다. 어떤 사람은 덜 마시고 어떤 사람은 더 많이 마실 것이다. 그래서 어떤 사람들은 이전보다 약간 병적으로 경박하고 수다스럽다. 어떤 사람들은 눈이 어지럽고, 혀 꼬부라진 말을 하고, 어떤 사람은 불안정하게 걸으며, 비틀거리며, 머리를 비틀비틀하며, 발을 비틀대며 걷고, 그들의 소명에 부적합하다. 어떤 사람은 더 나아가 속이 메스껍거나 토하거나 졸기도 한다. 어떤 사람은 극도로 미치거나, 다투고, 욕하고, 고함치며, 야유하고, 폭언하고, 울부짖거나 말도 안 되는 말을 하고, 장난을 친다. 사납게 날뛰는 종류의 사람은 묶여야 하는 미친 개와 같다. 그리고 술고래, 재잘거리고, 토하는 종류의 사람은 일반적으로 거리의 소년들의 놀림감이다.

II. 알코올 중독과 술 취함이 무엇인지에 대해 말한 후에 그 원인을 간단히 말할 것이다. 간단히 말해서 탐식의 원인에 대해 말한 것에서 그들 대부분 얻을 수 있다.

1. 첫 번째이자 가장 큰 원인은 다음 세 가지가 동시 발생한다. 짐승 같은 격렬한 식욕이나 탐욕, 이성과 그것을 지배하려는 결의의 약함, 이성을 강화하기 위한 믿음의 결핍과 결의를 강화하기 위한 거룩함의 결핍. 이것이 바로 모든 것의 원인이다.

2. 또 다른 원인은 자신의 과음과 알코올 중독이 실제로 자신의 건강에 해롭다거나 위험하

다는 것을 알지 못하는 것이다. 그리고 그들은 여러 가지 이유로 이것에 대해 알지 못하는데, 하나는 무지한 사람들 사이에서 자랐기 때문에 자신의 몸에 좋은 것과 나쁜 것을 아는 법을 배운 적이 없고, 잘못 알고 있는 천박한 자들의 흔한 말을 통해서만 배웠기 때문이다. 또 다른 이유는, 그들의 식욕이 바로 그들의 이성을 지배하기 때문에 그들은 진실이 아닌 것을 믿기로 선택할 수 있다는 것이다. 또 다른 이유는, 그들이 건강한 몸을 가지고 있기 때문에 현재로서는 아무 손상도 느끼지 않고, 앞으로도 아무것도 느끼지 않을 것이라고 생각하고, 자신보다 더 금욕에 약한 일부 사람들을 보기 때문이다(어떤 만성 질환이 처음 그들에게 침범하기 전까지는 금욕을 하지 않는 사람). 그런 식으로 그들은 악인들이 그들의 영혼으로 하는 것과 같이, 그들의 몸으로 행한다. 그들은 현재의 감정으로 모든 것을 판단하고, 상황을 자신의 검토와 판단으로 예견할 만큼 충분한 지혜가 없다. 따라서 그들은 헛된 것을 중요한 것으로, 없는 것이나 다름없는 불확실한 것을 중요한 것으로 여길 것이다. 천국과 지옥이 하나님에 대한 공경심이 없는 사람들을 움직이지 못하는 것은 그들에게 멀리 떨어져 있는 것처럼 인식되기 때문이다. 그러므로 그들 자신이 건강함을 느끼는 동안에는 질병의 위협에 흔들리지 않는다. 술잔이 그늘의 손에 있을 동안에는, 언제 무슨 일이 닥칠지 모르는 건강의 두려움을 이유로, 잠시 술잔을 중단하지 않을 것이다. 심판 날에 대답을 해야 한다는 말을 들은 도둑이 말했듯이, 그때까지 처벌을 받지 않는다면 다른 암소도 훔칠 것이다. 그래서 이 대식가들이 생각하기는, 금후 그렇게 오래 머물 수 있다면 다른 잔도 마실 것이라고 생각한다. 그런 식으로 그들의 탐욕에 대한 이 현세적인 형벌이 속히 실행되지 않기 때문에, 사람들의 마음은 그들의 식욕을 기쁘게 하는 것에 완전히 고정되어 있다.

3. 알코올 중독과 술 취함의 또 다른 원인은 악한 자들의 무리와 그들을 즐겁게 하는 어리석은 말과 카드와 주사위를 사랑하는 사악한 마음이다. 한 죄가 다른 죄를 유혹한다. 잔을 들고 재잘거리거나 폭언과 게임을 하고, 건전한 이성이나 하나님에 대한 두려움, 또는 그들의 구원에 대한 염려의 경향이 있는 모든 생각을 몰아내는 것이 그들의 즐거운 일이다. 그들 중 많은 사람들이 맥줏집에서 위안을 삼는 것은 술에 대한 사랑이 아니라 친구에 대한 사랑이라고 말할 것이다. 그것은 그들의 죄를 더욱 더 나쁘게 하고 그들을 심히 악하게 만드는 변명

이다. 악인들의 무리를 사랑하고, 그들의 음탕하고 게으르고 어리석은 말 듣기를 좋아하며, 찔끔찔끔 술을 마시는 것 외에 그들과 함께 노는 것을 좋아하고, 그들과 함께 시간 보내는 것은, 당신이 홀로 술을 좋아하는 것보다 훨씬 더 나쁜 사악한, 육체적인 마음을 보여 준다. 당신이 가장 사랑하는 그런 친구는 당신의 성향이다. 당신이 알코올 중독자나 술고래가 아닐지라도 당신에게 하나님을 두려워하도록 교화하는 지혜롭고 경건한 사람보다, 하나님에 대한 공경심이 없는 친구를 사랑하는 것은, 하나님에 대한 공경심이 없다는 확실한 표시이다.

4. 알코올 중독이 되는 또 다른 이유는, 그들이 그들의 소명에 지속적인 시간을 할애해야 함에도 그것을 막는 게으름 때문이다. 그들 중 일부는 시간을 보내기 위해 그렇게 하는 것을 주된 핑계로 삼는다. 영원의 세계가 임박한데, 시간에 더 좋은 용도를 찾을 수 없다니 얼마나 불쌍한 장님인가! 이것들은 제5장 1부에서 언급했다.

5. 또 다른 원인은 가족에 대한 자신의 의무를 사악하게 소홀히 하는 것이다. 그들의 친족을 사랑하고 하나님에 대한 두려움을 가르치지 않으며 자기 일을 하지 않는다. 그래서 그들은 집에 있는 것이 즐겁지 않다. 아내와 아이들과 하인들과의 모임은 그들에게 기쁨이 되지 않기에 더 적절한 모임을 위해 맥줏집이나 선술집에 가야 한다. 이와 같이, 한 죄가 다른 죄를 낳는다.

6. 또 다른 원인은, 가정에서 자신의 양심(옳고 그름에 대한 도덕적 감각)으로 일을 잘못 처리하는 것이다. 그들이 끔찍하고 슬픈 상황에 처하게 되면, 그들은 감히 혼자 있지도 못하고, 자신의 상황에 대해 진지하게 생각하지도 못하며, 다른 세상을 진지하게 바라보지도 못한다. 죄가 그들을 찾아낼 것이라는 사실을 잊어버리고 그들은 스스로 피하여 그들의 양심에서 숨을 곳을 찾는다. 그들은 맥줏집으로 달려가서, **사울**처럼 음악에 맞춰 우울함을 달래고 죄책감과 자책하는 마음의 소음을 몰아낸다. 그리고 너무 오랜 시간까지 하나님과 천국과 죄와 지옥과 사망과 심판의 모든 생각을 몰아낸다. 마치 그들은 저주받기로 결정했기 때문에 그들의 비참함이나 구제책을 생각하지 않기로 결심한 것 같다. 그러나 그들이 감히 지옥 자체에 대해서는 모험을 감행할지라도, 술고래들은 감히 지옥에 대한 진지한 생각을 해

볼 용기를 내지 않는다! 지옥이 있든지 없든지 둘 중 하나다. 만약 없다면, 왜 그것에 대해 생각하는 것을 두려워해야 하는가? 만약 지옥이 있다면, 그 느낌은 생각보다 훨씬 견디기 힘들지 않을까? 그것에 대해 미리 생각하는 것이, 그 느낌에 대한 필요한 값싼 예방책이 아닐까? 오, 은밀히 술을 중단하고 거기서 영원을 바라보고, 먼저 양심이 당신의 과거와 죄와 불행에 관해 말하는 것을 듣고, 그런 다음 하나님이 당신에게 치유에 대해 말하는 것을 듣는 것이 얼마나 현명한 길인가! 어느 날, 당신은 이것이 맥줏집에서 하는 어떤 일보다 더 필요한 일이고, 게으른 동료들과 함께하는 것보다, 하나님과 양심에 의해 더 큰 일을 했다는 것을 알게 될 것이다.

7. 또 다른 원인은, 건배와 음주로 건강을 서약하는 관습으로, 마귀와 맥줏집의 법이 그들에게 과도한 양을 강요하고, 하나님에 대한 그들의 의무를 무시하는 것을 의무로 삼는다. 사람이 다루기 쉬운 노예가 되고, 하나님을 거스르는 다루기 힘든 반역자가 되는 것은 얼마나 한탄스러운 일인가! 플루타르크(Plutarch)는 잔치에 초대받은 사람에 대해 언급하며, 그들이 고기를 먹고 난 후 술을 마시도록 강요한다는 말을 들었을 때, 그들이 음식을 많이 먹으라고 강요했는지 여부를 묻고, 그들의 배가 아플 것을 느끼고, 그만 먹게 했다. 남자들에게 먹는 것보다 마시는 것을 강요하는 것이 덜 우스꽝스럽거나 덜 불쾌하게 보이는 것은 관습인 것 같다.

8. 과음하게 하는 또 다른 큰 이유는 마귀가 사람을 조금씩 자기의 길로 끌어낭기는 것이다. 마귀는 그들에게 직접적으로 취하게 유혹하지 않고, 한 잔 더 마시고 그다음에 한 잔 더 마시라고 하는 것이며, 그들에게 '조금 더 마셔요.'라고 간청하는 것처럼 보이는 것이 최악이다. 이에 대해 솔로몬은 음행하는 자들에 대하여 말한다. "그들은 호리는 말에 굴복하여 소가 도수장에 끌려가는 것 같고, 미련한 자가 벌을 받으려고 쇠사슬에 매이러 가는 것과 같아 필경은 화살이 그 간을 뚫게 되리라. 새가 빨리 그물로 들어가되 생명을 잃어버릴 줄을 알지 못함과 같다."[54]

---

54) 잠 7:21-23

III. 이 죄의 중대함은 앞서 탐식에서 말한 것에서 나타난다. 더 구체적으로는,

1. 당신이 목구멍의 노예가 되어 얼마나 비열한 주인을 섬기고 있는지 생각해 보라. 이 얼마나 짐승 같은 일이고, 짐승보다 더 나쁜 것인가! 소수의 비천한 짐승과 돼지는 그들에게 유익을 주는 것 이상으로 먹는다. 목구멍에 명령하지 못하는 그 사람의 이성은 얼마나 천박하고 열등한가!

2. 탐욕과 사치의 용도가 아닌, 봉사를 위해 주어진 하나님의 피조물을 당신이 어떻게 소비하는지 생각해 보라. 땅은 더 좋은 용도를 위해 그 열매를 맺었는데 당신의 죄로 인해 잘못 이용하는 것은 당신에게 불리한 증거가 될 것이다. 열심히 일하는 당신의 종들과 가축들은 당신에게 불리한 증인이 될 것이다. 당신이 마귀의 제물로서 하나님의 피조물을 드리는 것과, 술 취함과 알코올 중독은 마귀에게 종이 된 상태이기 때문이다. 그들이 디오게네스(Diogenes)에게 포도주 큰 잔을 주었을 때, 자기에게 해가 되지 않도록, 탁자 아래 던진 것과 같이 하는 것은 덜 어리석은 일이다. 당신은 애벌레, 여우, 늑대 및 기타 파괴적인 피조물처럼 자신을 파괴적으로 만들어 해를 끼치고 살며, 사람에게 영양을 공급해야 할 것을 다 먹어치운다. 따라서 삶에 부적합한 것을 추구한다! 당신은 사회에 곡물 창고의 쥐나 옥수수 속의 잡초와 같은 존재다. 당신과 같은 사람을 제거하는 것은 충실한 치안판사가 하는 일의 큰 부분이다.

3. 당신은 가난한 사람의 것을 도적질하여, 당신의 목구멍으로 그들이 먹고살아야 할 것을 소비한다. 남은 것이 있다면 가난한 사람에게 나누어 주는 것이 탐욕스러운 목구멍이 그것을 삼키는 것보다, 결국은 당신에게 큰 위로가 될 것이다. 이 점에서 탐욕스러운 사람이 술에 취하고 사치스러운 사람보다 훨씬 낫다. 그는 모으는 자요, 다른 하나는 흩어 버리는 자이기 때문이다. 사회는 당신과 같은 사람에게 이중 또는 삼중의 비용을 들인다. 한 마리 말만 돌볼 수 있는 목초지에서 많은 양을 돌보듯이, 절제하는 많은 사람들을 돌볼 수 있던 나라에서 소수의 대식가와 습관적으로 술을 마시는 사람들만 돌보는 것과 같을 것이다. 세속적인 사람

은 취득하고 절약함으로써 양식을 더 싸게 만든다. 그러나 습관적으로 술을 마시는 사람과 대식가는 낭비함으로써 양식을 더 비싸게 만든다. 탐욕스러운 사람이 자기를 위해 애써 모으는 것은 자기가 죽었을 때 가난한 사람을 불쌍히 여기는 자를 위하여 쉬지 않고 저축하는 것이다.[55] 그러나 습관적으로 술을 마시는 자와 방종한 자는 살아 있는 동안에 양식을 집어삼킨다. 하나는 먹고사는 동안에 아무 유익이 없는 돼지 같지만 결국은 무엇인가에 유익하다. 다른 하나는 먹은 것에 대해 지불할 것이 아무것도 없는 게걸스럽게 먹는 해충과 같다. 하나는 산채로 삼킨 것에 대해 죽은 뒤에 대가를 치르는 물고기들 사이에 강 꼬치고기와 같다. 그러나 다른 하나는 배수구나 수로 같아서 거기에 쏟은 모든 것에 대해 악취와 오물 외에는 갚을 것이 아무것도 없다.

4. 당신은 스스로 빈곤과 파멸을 자초한다. 당신이 낭비하는 돈 외에도, 하나님은 보통 그의 심판으로 탕자와 같게 하시고 그의 부를 빨리 흩으신다. "연락을 좋아하는 자는 가난하게 되고 술과 기름을 좋아하는 자는 부하게 되지 못한다."[56] "흩어 구제하여도 더욱 부하게 되는 일이 있다."[57] "내 아들아, 너는 듣고 지혜를 얻어 네 마음을 바른 길로 인도할지니라 술을 즐겨 하는 자들과 고기를 탐하는 자들 과도 더불어 사귀지 말라 술 취하고 음식을 탐하는 자는 가난하여질 것이요 잠자기를 즐겨 하는 자는 해어진 옷을 입을 것이라."[58]

5. 당신은 당신 가족의 적이다. 당신은 당신의 친구를 슬프게 한다. 당신은 당신의 자녀들을 궁핍하게 하고 당신이 부양해야 할 사람들에게 줄 것을 부당하게 빼앗는다. 당신의 집을 불만과 말다툼으로 가득 채우고 하나님에 대한 모든 평안함과 두려움을 몰아낸다. 불만이 많거나 말다툼하는 아내, 누더기를 입고, 방종하고, 교육받지 못한 자녀는 종종 술 취하거나 방탕한 사람이 가족의 주인이라는 표시다.

---

55) 잠 28:8
56) 잠 21:17
57) 잠 11:24
58) 잠 23:19-21

6. 당신은 당신의 소중한 시간을 아주 나쁘게 소비하는 자이다. 이것은 당신의 재산을 낭비하는 것보다 훨씬 더 나쁘다. 오, 마침내 알게 되겠지만, 그 시간들이 얼마나 가치 있는지, 당신이 술잔에 낭비한 시간과 그것으로 얼마나 큰 일을 해야 했는지 알았더라면 얼마나 좋았을까! 지옥에서 얼마나 많은 사람들이 맥줏집에서 보낸 시간과 무분별하게 죄에 빠진 동료들과 함께 버린 시간을 다시 기도와 회개로 시간을 보낼 수 있었으면 하고 헛되이 바라고 있는지! 유리잔이 당신과 당신을 향한 죽음과 당신의 모든 시간의 끝맺음과 당신이 영원히 거할 곳을 바꿀 수 있나? 그런데도 마치, 이것이 당신이 해야 할 일의 전부인 것처럼 앉아서 술을 찔끔찔끔 마시고 재잘거리며 당신의 시간을 허비할 수 있을까? 오, 완고한 죄인이 자신의 이성에 훨씬 미치지 못하게 살아갈 수 있다는 것이 얼마나 지각이 없고 어리석은 일인가! 당신 영혼의 염려와 더 큰 문제에 대한 감각적 소홀함은 술 취함 그 자체보다 당신 죄의 큰 부분이다.

7. 당신의 구세주와 구원에 대해 얼마나 낮은 값을 책정하였기에 그것을 위해 한 잔의 술도 자제할 수 없는가! 소중한 것을 소홀히 여김은 하나님에 대한 당신의 사랑이 적음과 그의 말씀과 영혼에 대한 당신의 관심이 적음을 나타낸다. 당신이 한 잔의 술을 하나님보다 더 좋아할 때, 그것이 하나님을 신처럼 사랑하는 것인가? 당신이 포도주와 맥주만큼 그분을 사랑하지 않음에도 불구하고 무엇보다도 하나님을 사랑한다고 말할 때 당신의 위선이 부끄럽지 않나? 맥주보다 그를 사랑하지 않는 사람은 무엇보다도 하나님을 사랑하지 않는 것이 틀림없다. 당신의 선택은 당신의 혀보다 더 확실하게 당신이 가장 사랑한다는 것을 보여 준다. 사람이 탐욕스럽게 먹는 것은 좋아하기에 먹는 것이지, 좋아한다 하면서 만지작거리기만 하는 것이 아닌 것이다. 하나님은 자기의 계명을 지키는 것으로 자기에 대한 사람들의 사랑을 시험한다. 첫 번째 죄를 악화시킨 것은, 그들이 하나님께 순종하는 동안에 금단의 열매를 거절하지 않은 것이었다! 그와 같이 자기에게 금지된 잔을 금지하지 않으려는 자가 당신이다! 오, 비참한 자여! 만일 당신이 그리스도를 위하여 모든 것을 버리지 않고, 그분의 삶과 비교하여 당신의 삶을 철저히 미워하지 않고, 그분을 버리는 것보다 차라리 죽기를 원치 않으면

그리스도의 제자가 될 수 없음을 알지 못하느냐?[59] 그를 위하여 한 잔의 술도 참지 않는 자가 그를 위하여 목숨을 버리겠느냐? 당신이 그를 위하여 맥줏집이나 헛된 친구들이나 과식을 멈출 수 없으면서 그를 위해 화형을 당할 수 있을까? 당신에게 어떤 죄의 판결이 내려질까! 하나님과 당신의 영혼을 한 잔의 술에 팔 것인가? 스스로 속이지 말라, 하나님께서 "술 취하는 자는 하나님의 나라를 유업으로 받지 못하리라."[60]고 말씀하신 것을 안다면 그렇게 하지 않기를 바란다. 아니, 하나님은 하늘에 올 자들에게 땅에 있는 것들과 친하지 말라고 명했다. "아니 그런 자와는 함께 먹지도 말라."[61] 그리스도께서 마태복음 24장 48절부터 61절까지에서 말씀하신 것을 읽어 보라. "만일 악한 종이 마음에 생각하기를 주인이 더디 오리라 하여 동료들을 때리며 술친구들과 더불어 먹고 마시게 되면 생각지 못한 날 알지 못하는 시각에 그 종 주인이 이르러 엄히 때리고 외식하는 자가 받는 벌에 처하리니 거기서 슬피 울며 이를 갈리라." 신명기 29장 19, 20절을 읽어 보라. 만일 당신이 "이 저주의 말을 듣고도 심중에 스스로 복을 빌어 이르기를 내가 내 마음이 완악하여 젖은 것과 마른 것이 멸망할지라도 내게는 평안이 있으리라 할까 하면 여호와는 이런 자를 사하지 않을 뿐 아니라 그 위에 여호와의 분노와 질투의 불을 부으시며 또 이 책에 기록된 모든 저주를 그에게 더하실 것이라. 여호와께서 그의 이름을 천하에서 지워버리되 여호와께서 그를 사악한 자로 구별하실 것이다." 여기에서 하나님이 당신의 술잔에 대해 얼마나 신랄한지 알 수 있다.

8. 당신은 인간 본성의 수치다. 당신은 짐승과 같거나 더 나쁜 모습의 사람을 보여 준다. 마치 사람이 배수구나 술통 대신으로 만들어진 것 같다. 습관적으로 술을 마시는 사람의 오물과 토한 것과 비틀거림과 고함치는 것을 보고 그가 짐승보다 추악하지 않은지 보라! 세상에 당신의 그런 모습을 보여 줄 때, 당신이 입을 다물지 못하고, 그렇게 작은 일에서 자신을 이길 수 없다는 것은, 당신의 이성에 수치스러운 일이다. 자신을 이성적이라고 부를 만큼 이성적이지 않은 것이 잘못이고 자신이 사람이라 부를 만큼 인간적이지 않은 것이 잘못이다.

---

59) 눅 14:26, 33
60) 고전 6:10
61) 고전 5:11

어떤 사람이 술에 취해 교수형에 처해진 보노수스(Bonosus) 황제에 관해 이렇게 말했다. '그는 사람이 아니라 술통이다.'

9. 당신은 당신 본성의 영광인 이성과 당신의 마음 안에 있는 하나님 형상의 본성적인 부분을 파괴한다. 왕의 팔이나 조각상을 공공장소에서 훼손하고 그 대신 개의 조각상을 놓는다면 반역적인 모욕이 되지 않을까? 하나님께 이런 식으로 대하는 것은 얼마나 더 나쁜 일일까! 만약 당신의 몸을 자르거나 변형시켰다면, 그것은 이런 관점에서 보면 덜한 것이다. 하나님의 형상을 따라 지음 받은 것은 당신의 몸이 아니라 당신의 영혼이다. 하나님이 당신에게 이렇게 높고 훌륭한 목적과 용도를 위해 이성을 주셨는데, 지금까지 당신은 그것을 우둔하게 하고, 당신의 목구멍의 지시에 기꺼이 따르기 위해 이성을 죽이려 하는가? 당신의 이성은 당신의 집이나 땅이나 돈보다도 더 가치가 있기에 쉽게 버리지 않아야 할 것이다! 하나님이 당신을 바보나 미치광이로 만들었다면 그 경우는 불쌍할 것이다. 그러나 스스로 미치광이로 만들고 자신의 이성을 멸시하는 것은 벌을 받을 만하다. 다음은 성 바실리우스(Basil)의 말이다. "비자발적 광기는 연민을 받을 만하지만 자발적 광기는 가장 날카로운 채찍을 맞을 만하다." "심판은 거만한 자를 위하여 준비된 것이요 채찍은 어리석은 자의 등을 위하여 예비된 것이다."[62] 채찍은 특히 자발적인 바보를 위해 예비된 것이다. 스스로를 미친 사람으로 만들려는 사람은 그가 원하든 원하지 않든 다른 사람들에게 짐승이나 미친 자처럼 이용되어야 한다.

10. 당신은 스스로 모든 선한 일에 부적합하게 만든다. 오, 당신은 하나님의 말씀을 읽거나 듣거나 묵상하기에 얼마나 부적합한가! 기도하기에 얼마나 부적합한가! 성찬을 받기에 얼마나 부적합한가! 술 취한 사람이 하나님께 기도하는 것은 얼마나 끔찍한 일인가! 술이 깨기 전까지 가장 좋은 자세는 잠을 자는 것이다. 그때 당신은 상처를 입지도 않고 선을 행할 수도 없게 된다. 게다가 다른 사람들로부터 어떤 선도 받을 수 없게 된다. 그리고 책망이나 조

---

62) 잠 19:29

언을 받을 수도 없다. 돼지 앞에 진주를 던지며 당신의 영혼의 유익을 위해 말하겠다고 제안하는 사람은 하나님의 이름과 말씀을 더럽게 할 뿐이다. 그 일은 습관적으로 술을 마시는 자에 대하여, 어떤 사람이 그를 꾸짖어 당신이 이렇게 취한 것이 부끄럽지 않냐 하고 말하니, 대답하기를 술 취한 사람과 말하는 것이 부끄럽지 않냐?고 대꾸하는 것과 같다. 당신이 이성을 버리고 나서 이성으로 치료받는다는 것은 수치스러운 일이다. 그리고 만일 당신이 단지 즐거운 술잔만 가지고 있고, 당신의 의무에 적합하다고 생각하며, 게다가 눈에 보이는 행위로 임무를 잘한다고 생각한다면, 원칙이 거짓되고 천하기에, 당신의 일을 큰 위험에 빠뜨린 것에 대해 비난을 받을 만하다. 소포클래스(Sophocles)는 반쯤 취했을 때 글을 잘 쓴다는 웅변가에 대해, 비록 그가 웅변을 잘했지만, 무지하고 불확실하게 그 일을 했다고 말했다. 당신의 경솔함이 당신의 판단을 약화시키고, 당신이 선을 행하되 모험으로만 하기 때문이다. 열정적인 사람은 말은 잘할 수 있지만, 실행할 가능성은 희박하고 불확실하기 때문에 그 일이 더 나빠지지 않은 것은 그 덕이 아니다.

당신은 거의 모든 죄를 짓게 한다. 술 취함은 사람으로 하여금 계명을 다 어기게 함으로써 모든 계명을 어긴다. 그것은 무엇보다도 첫째 계명의 의무를 수행하지 못하게 한다. 즉, 하나님을 알고, 믿고, 신뢰하고 그를 사랑하는 일을 무력하게 한다. 내가 설명한 바와 같이, 그것은 두 번째 계명에서 요구하는 거룩한 예배에 전혀 합당치 않다. 하나님을 숭배하는 자들 가운데 이전의 죄를 미워하는 사람은 현재의 악을 훨씬 더 미워한다. "악인의 제물은 본래 가증하거든 하물며 악한 뜻으로 드리는 것을 어찌 싫어하지 않으시겠는가!"[63] 우상숭배와 음행, 그리고 과식과 과음은 대개 서로 상통한다. 환희와 즐거움과 탐식과 술 취함의 제사는 우상과 마귀에게 합당하나 하나님께는 합당하지 않다! 그러므로 우리는 일반적으로 모든 마을에서 발견하는 술 취하고 방탕한 사람들은 복음 전파와 모든 거룩한 행위와 하나님을 두려워하는 모든 사람의 큰 원수이다. 그리고 우리는 그들처럼 미치지 않을 것이다. 바쿠스(Bacchus)에게 바쳐야 할 제물이 있고, 술 마시고 잔치하고 춤추고 노래하는 흥겨운 모임이

---

63) 잠 21:27

있을 때, 사역자들과 그리스도의 종들이 비방과 경멸을 당하고 욕을 듣는 것이 있다. 거기서는 경건에 대한 마귀의 지옥 같은 비난이 대포처럼 통제 없이 발포된다. 그곳에서 마귀는 그의 공의회에 의장으로 앉아, 그리스도의 길과 백성에 대항하여 무엇을 할 것인지 모의한다. 그것이 술 취하여 하는 어리석은 조언일지라도 그것은 그의 사업에 적합하다. 왜냐하면 그가 던져야 할 것은 잔인한 벼락이고, 그가 해야 할 일은 무의미하고 격렬한 일이고, 어떤 악기로도 그의 재능에 유용하지 않을 것이기 때문이다. 그는 진지한 경건의 명성과 명예를 파괴하려는 음모를 가지고 있다. 그러나 자신의 기차에 불을 지르는 자는 반드시 자신을 폭파시켜야 한다. 습관적으로 술을 마시는 자와 관능적인 술고래만큼 이 일에 적합한 자는 없다. 경건한 자들의 얼굴에 약간의 악취를 불어넣으려고 자기 영혼을 지옥 불에 던지는 모험을 하는 사람은 없다. 연기로 하나님의 종들을 괴롭게 하려고 자기 집에 불을 지르는 사람은 없을 것이다. 그들의 바로 그 일은 다니엘서 3장에 나오는 사람처럼 그리스도의 종들을 그 불길에 던져 넣는 것이니, 그 불길은 던져 넣는 자들을 삼킬 것이요, 그것을 위하여 예비된 자들의 옷의 실이나 머리털 하나도 타게 하지 못하리라. 그러나, 그분이 하는 일을 알고 그분의 지혜가 있는 사람 중에 누가 이런 일을 할 수 있겠나? 그 일을 하기 위해서 그가 먼저 술에 취해야 하지 않겠나? 또한 술 취함은 욕설과 중상과 위증을 하게 하며, 하나님을 멸시하고 불경건하게 말하고, 성경에 대해 신성을 더럽히고 농담조로 말하게 한다. 그러므로 "미련한 자는 죄를 심상히 여긴다."[64] 당신은 주의 날의 거룩한 행사에 아무 쓸모가 없다. 그 날은 당신이 당신의 더러운 죄로 더럽혀져야 하는 날이다. 그날은 하나님이 그의 은혜로운 초청을 널리 보내시고, 마귀는 그의 사악한 유혹을 보낸다. 그 안에서 하나님은 대부분의 은혜를 베풀고, 마귀는 대부분을 죄로 감염시킨다. 하나님은 그의 신실한 자들에 의해 최고로 섬김을 받고, 마귀는 그의 불경한 자들에 의해 최고로 섬김을 받는다. 그리고 당신은 당신의 총독에 대항하여 스스로 죄짓기 위한 준비를 한다. 당신은 술에 취하고 혀와 행동을 제어하지 못한다. 얼마나 많은 사람이 술에 취하여 자기의 부모를 비난하고 모욕했으며, 왕에 대항하여 반역을 말하고, 치안판사와 상관을 욕하고, 말하는 것뿐 아니라, 나쁜 짓을 시도하고 행하였는가!

---

64) 잠 14:9

만약 당신이 상관이라면 중재하고 통치하기에 얼마나 부적합한가! 술에 취한 **빌립**보다 취하지 않은 **빌립**에게 도움을 요청하는 여인처럼, 누구든지 당신에게 상소하는 것이 옳지 아니한가? 당신은 열등한 사람들을 다스리는 것보다 그들을 학대하는 경향이 있을 것이다. 또한 술 취함은 예의와 정의와 자선을 파괴한다. 그것은 화와 분노로 마음을 불태운다. 그것은 혀로 저주와 비방과 중상하도록 가르친다. 그것은 당신을 불충실하게 하고, 어떤 비밀도 지킬 수 없게 만들고, 당신이 당신의 마음이나 혀나 행동의 주인이 아닌 것처럼, 가장 친한 친구를 배반할 준비가 되어 있다. 술 취함은 사람들로 하여금 수많은 살인을 저지르게 한다. 그것은 많은 사람들로 하여금 그들 자신과 그들의 가장 가까운 친척들을 죽이게 했고, 많은 사람들이 물에 빠져 익사하거나 말에서 떨어져 목이 부러지거나, 산소 농도의 극단적 감소로 인해 생명을 잃게 한다. 술 취함은 사람들을 게으름으로 이끌고 그들의 합법적인 소명에서 벗어나게 한다. 그것은 궁핍을 부추겨 많은 도둑을 만들고, 사악한 일에 대담하게 만든다. 그것은 정욕과 더러움의 주된 원인이고, 매춘의 수호자이다. 그것은 사람으로 어떤 죄를 억제하게 하는 모든 부끄러움과 두려움과 재치를 제거해 버리기에 술 취한 사람이 무슨 죄인들 범하지 못하겠는가? 가장 큰 사악함을 찬는 것이 그분에게 감사의 마음을 표현하는 것이 아니다! 도시와 왕국들이 술에 취해 배신을 당했다. 술 취한 많은 수비대가 적군을 들여보냈다. 술 취한 사람에게는 줄 수 있는 신뢰도 없고, 그가 하는 어떤 행위도 안전하지 않다.

11. 마지막으로, 당신은 혼자 죄를 짓는 것이 아니라 당신과 함께 다른 사람들을 유인하여 멸망에 이르게 한다. **여로보암**이 이스라엘로 범죄하게 한 것은 큰 죄다. 하나님의 심판은 그런 일을 행하는 사람만 아니라 "악을 행하는 자들을 옳다 하는 자들을"[65] 죽음에 처한다. 이것이 당신의 경우가 아닌가? 당신과 함께 다른 사람들을 유인하여, 다른 사람들의 시간을 낭비하고 그들의 영혼을 소홀히 하며, 하나님과 그의 피조물을 학대하는 사탄의 도구가 아닌가? 참으로 당신들 중 일부는 동료를 술에 나가 떨어지게 하고 그들의 목숨을 빼앗는 수치를 자랑으로 여긴다("자신은 술을 담을 수 있는 스펀지나 욕조와 같다."고 하는 자랑). 그리고 그와 같

---

65) 롬 1:32

이 자신과 다른 사람들을 그러한 죄악의 괴물로 변화시키는 사람이 무슨 가치가 있나?

IV. 다음으로 술 취한 사람의 변명을 들어 보자(술 취한 사람도 실제로 합리적으로 추론하는 척할 것이고, 사람들도 그들의 행동에 대한 이유를 듣기 전까지는 화내지 않을 것이다).

이의 1 알코올 중독자가 말하길 '나는 내게 좋은 것 이상을 취하지 않는다. 당신은 사람에게 좋은 만큼 먹도록 허용하고, 왜 그렇게 많이 마시지 않는가? 나만큼 이것을 평가하기에 적합한 사람은 없다. 왜냐하면 나는 그것이 나에게 도움이 된다고 확신하기 때문이다.'

답 사람에게 좋다는 것의 의미가 무엇인가? 그것이 거룩한 생각이나 말이나 행동에 적합한가? 잘 사는 데에 도움이 되는가, 아니면 잘 죽는 데에 도움이 되는가? 그것이 당신 몸의 건강에 도움이 된다고 확신하는가? 세상의 모든 현명한 의사들이 그 반대를 주장하고 있는데, 당신의 어리석음이나 자만심 없이는 그렇게 말할 수 없다. 아니요, 그것은 탐식이 하는 것과 같은 것이다. 그것은 술을 마시는 데에 있어서 당신을 기쁘게 하지만, 당신의 몸을 소화불량과 가래로 채우고 많은 치명적인 병에 걸리게 한다. 그것은 당신의 몸을 악취 나는 진흙으로 덮인 홍수 후의 터와 같게 한다. 또는 물에 잠겨 아무 열매도 맺지 못하는 소택지의 땅과 같게 할 것이다. 또는 비가 너무 많이 와서 물에 녹아 사용하기 부적합한 흙과 같다. 그것은 당신을 물을 퍼내고 비워야 하는 물이 새는 배처럼 만든다. 그렇지 않으면 침몰할 것이다. 당신을 비우기 위해, 토하거나 전부 쓸어버리지 않으면 숨이 막히거나 질식하게 될 것이다. 성 바실리우스(Basil)가 말했듯이 습관적으로 술을 마시는 사람은 폭풍우 속의 배와 같아서, 배가 가라앉지 않도록 짐을 배 밖으로 던져야 한다. 의사가 당신 안에 있는 물을 퍼내거나 짐을 덜어주지 않으면 숨이 막힐 것이다. 그리고 당신이 그것을 다시 채운다면, 모든 것이 도움이 되지 않게 될 것이다. 무절제는 대부분의 질병을 치료할 수 없게 만들기 때문이다. 한 역사가는 환자에 대한 전조를 다르게 보는 두 의사에 대해 이야기한다. 한 사람은 그를 고칠 수 없는 사람으로 포기했다. 다른 하나는 그를 확실히 치료할 수 있다고 주장했다. 그러나 그가 치료받으러 왔을 때, 환자가 참을 수 없는 엄격한 금욕을 처방했다. 그렇게 하기로 그들은 그 문제에 합의했다. 한 사람은 그가 절제할 수 없기에 고칠 수 없다고 판단했음에도 불구하고, 다른 사람은 절제한다면 고칠 수 있다고 판단했다. 술이 당신에게 유익하다고 느끼는 당신은, 마귀가 당신의 영혼을 가질 뿐 아니라, 그것을 빨리 가지려는 계획을 가지고 있다는 것을 거의 생각하지 않는다. 당신 몸의 진흙이 씻겨 내려가면 오래 버티지 못할 수도 있다. 그리고 나는 당신이 당신의 생명보다 더 큰 이유로 훌륭한 의사를 소중히 여길 이유가 있고 다른 많은 사람들보다 그에게 더 신세를 지고 있다는 것을 당신에게 말해야 한다. 심지어 그는 당신의 영혼을 지옥에서 벗어나 조금 더 머물게 하여 "하나님이 당신에게 회개함을 주시면, 당신을 사로잡은 마귀의 덫에서 탈출하여 그의 뜻을 따르게 할 수 있다."는 것을 알게 도울 수도 있다. 철학자 제노(Zeno)를 크게 존경하는 안티고노스(Antigonus) 왕에 대한 율리안의 글에, 왕이 한번은 술에 취해 제노를 만나서 포용하고 그에게 원하는 것을 요구하라고 촉구하며, 그에게 원하는 것을 주겠다고 맹세했다. 제노는 그에게 감사를 표했고, 그가 왕에게 요청한 것은 집에 가서 술을 토하라는 것이었다. 제노가 왕에게 말한 것은, 그에게 왕의 선물이 필요한 것보다, 왕 자신이 먹은 술에서 스스로 벗어나는 것이 왕에게 필요하다는 것이다. 진실로, 당신이 술을 좋다고 느끼는 것은, 현재 당신의 욕구를 즐겁게 하는 유쾌한 생각에 의해 당신의 환상을 간지럽히는 것뿐이다. 따라서 탐식자와 매춘부와 모든 관능적인 가련한 사람은 그것이 자신에게 도움이 된다고 말할 것이다. 그러나 하나님은 그러한 좋은 것에서 절제한 모든 사람을 축복하신다. 도박꾼이 스포츠가 자기에게 도움이 된다고 느끼는 한, 아마도 그는 그것에 의해 곧 거지가 될 것이다. 무엇이 얼마나 좋은지 말해 주는 것은 이성과 믿음이지, 당신의 식욕이나 현재의 감정이 아니다.

이의 2 '그러나 나는 어떤 의사들이 때때로 술을 먹는 것이 건강에 좋다고 말하는 것을 들었다.'

답 일부 술고래 외에는 자기 자신의 이해력을 술로 빼앗긴 사람은 없다. 나는 습관적으로 술을 마시는 의사들을 알고 있는데, 그들은 그들 자신의 나쁜 행동을 변명하는 경향이 있었다. 하지만 그들은 일찍 자살했고 그들의 모든 기술로는 그들 자신의 수간 행위(bestiality)

의 영향으로부터 그들의 생명을 구할 수 없었다. 마치 자신이 공언하는 지식과 교리에 반하여 사는 사악한 설교자는 자신의 영혼을 구원하지 못하는 것과 같다. 습관적으로 술을 마시는 사람의 구토가 모든 해로움과 함께 좋은 결과를 가져왔다면 어떨까? 해를 끼치지 않고 동일한 선을 행하기에 더 쉽고 안전하고 합법적인 수단은 없나? 그는 이보다 더 나은 치료법을 알지 못하는 야수일 뿐 의사가 아니다. 그러나 당신의 양심은 이것이 거짓된 변명에 불과하다고 말한다.

이의 3 '그러나 나는 내 술로 누구에게도 잘못하지 않는다. 상처를 낸다면 그것은 나에게 낼 뿐이다.'

답 당신이 누구에게도 잘못하지 않았다고 당신이 책임을 다한 것은 아니다. 그러나, 이전의 언급된 잘못을 추가시키는 행위에 대해 읽고, 할 수만 있다면 이것에서 당신 자신이 죄가 없다고 선언하라. 당신은 하나님께 불순종함에도 잘못하는 일이 전혀 없는 것처럼 생각한다. 그러나 그것이 아무도 다치지 않고 당신 자신만 다친다고 생각해 보자. 당신은 당신 자신을 혐오하는가? 당신 자신의 상처는 아무것도 아닌가? 당신의 영혼에 대한 상처가 아무것도 아닌가? 아니! 당신 자신의 영혼에 대한 저주가 아무렇지도 않다고? 당신이 자신을 미워하면, 누구를 사랑할 것인가? 그것은 음행과 같이 이 죄를 악화시키는 것이며, 그것은 당신 자신의 몸을 해치고, 더욱 당신 자신의 영혼을 해치는 것이다.[66]

이의 4 '그러나 나는 그저 즐거웠고, 나는 술에 취한 것은 아니었다.'

답 하나님께서 당신의 이름과 행동을 용인하고, 자기 자신을 죄인으로 여기지 않는 사람을 죄인으로 생각하지 않는다면 당신에게 좋았을 것이다. 가장 높은 수준에 미치지 못하는 여러 수준의 음주가 있다. 그리고 당신의 이성이 흐트러지지 않았더라도 과음, 찔끔찔끔

---

66) 고전 6:18

마시는 것과 탐식은 당신이 생각하는 것보다 더 큰 죄가 될 것이다.

이의 5 '나는 허약하여 쉽게 넘어지기에 약간 마신다.'

답 당신이 견딜 수 없다는 것을 미리 알고 있으면서 예방하지 않았다면 더욱 변명의 여지가 없다. 당신은 작은 독이라도 당신을 죽일 것이라는 것을 알았다면 그것을 더 두려워해야 할 것이다. 그것은 작은 것이 아니다.

이의 6 '그러나 나는 목말라서 목을 축이기 위해 마시는 그 이상은 아니다.'

답 음행하는 자가 말하기를 내가 욕망을 품었기에 그것을 해소하기만 하면 된다고 말하는 것과 같다. 당신을 때리거나 몰락시키려는 악의적인 자가, 당신에게 울화를 품고는 있지만 그것을 만족시키는 것 이상의 복수는 하지 않을 것이라고 말하는 것과 같다. 그러나 당신이 갈증에 술을 더한다면, 신명기 29장 19절에서 당신의 운명에 대해 말한 것을 다시 읽어 보라. 그것이 자연스럽고 적절한 갈증이라면, 적당히 마시면 그것을 만족시킬 것이다. 열이나 수종같이 병적인 갈증이라면, 의사의 처방을 받아야 한다. 조금 마시는 것이 심하게 마시는 것보다 갈증에 더 적합하나, 그것이 술을 습관적으로 마시는 사람의 격렬한 욕구에 따른 갈증이고, 이미 즐겨 사용되어 왔으며 따라서 거부될 수 없는 정도라면, 하나님을 불쾌하게 하거나 당신의 영혼이 저주받는 것보다, 더 낫고 싼 방법으로 그것을 해소하는 것이 가장 좋을 것이다. 지옥의 불길 속에서 혀에 물 한 방울을 원하는 것보다 야수적인 욕구를 억제하여 더는 문제가 되지 않도록 하라. 갈증이 그를 스키타이인(Scythians)에게 굴복하도록 강요했을 때, 리시마쿠스(Lysimachus)처럼 절규하지 않도록 하라. 짧은 기쁨을 위해, 얼마나 내가 큰 기쁨을 상실했는가! 당신의 영혼을 참회하지 않게 만드는 추론에 주의하라.

탐구 1 '목마를 때 마시는 것은 합법적이지 않은가? 위장이 필요한 것을 알려 주는 갈증은 우리에게 해를 끼치는 것이 아니라는 것을 모르는가?'

답 짐승도 그렇게 할 수 있지만 자기를 인도할 고등능력은 없다. 그리고 사람은 적절한 양과 시간을 판단하는 자신의 이성의 안내에 따라 갈증을 고려할 수 있다. 그러나 다른 방식으로는 안 된다. 사람은 이성에 반하든 그렇지 않든, 자기의 욕망을 만족시키기 위해 술을 마셔서는 안 된다. 그리고 여기에 어느 누구도 자신의 욕망이 자기의 주요한 규칙이나 지침이라고 생각할 정도로 이성이 감각에 사로잡혀서는 안 된다. 또한 자신에게 좋은 것과 해가 되는 것에 대해 자신의 현재의 감정 이외에, 알 수 있는 다른 방법을 모를 정도로 야만적이어서는 안 된다. 때때로 진정한 이성은, 사람에게 갈증은 건강을 위해 마실 것이 필요하다는 신호라고 말할 수 있으며, 그런 다음 그것을 받아들일 수 있다. 때때로 (일반적으로 어리석은 사람들과 함께) 갈증을 만족시키는 것이 그들의 건강을 해칠 수 있으며, 그들은 너무 어리석어서 그것을 알지 못한다. 그들이 그러한 일에 무지하기 때문이거나, 또는 그들의 식욕으로 인해, 그들이 느낄 때까지 그것을 믿지 않으려 하기 때문이다. 그리고 그들은 현재의 결과에 의해서만 판단하기 때문이다. 그래서 사람은 열, 어떤 발열, 수종, 기침, 악액질(cachexy)에 찬 음료를 마시고 자신의 생명을 소멸시킬 수 있다. 그리고 과음은 무의식적으로 피를 더럽히고, 술고래가 목이 마를 때, 술을 마시는 것이 그에게 해를 끼친다는 것을 믿기 전에, 치료할 수 없는 많은 질병의 물질을 쌓는다. 그것이 정말로 해가 되지 않는다면 목이 마를 때 마실 수 있다(그것이 유익할 것이기 때문에). 그러나 만일 그것이 자연스런 열을 식히고 음식물의 소화를 방해하며 계절에 맞지 않거나 나쁜 품질이거나 과잉으로 인해 질병을 일으키면, 그것은 당신의 갈증이나 상처에 대한 어리석은 무지로, 당신을 죄에서 구하거나 그것이 가져오는 기침, 결석, 통풍, 결장염, 종기, 중풍, 오한, 발열 또는 사망을 예방하는 것이 아니다.

탐구 2 '때때로 마시는 것을 거부하는 것이 나쁘게 받아들여질 때, 건강을 증진하기 위해 마시든지 아니면 다른 사람이 마시는 동안 예의로 마시는 것은 합법적이지 않은가?'

답 1. 필요할 때 측정할 수 있을 정도로 마시는 것과 필요하지 않을 때 측정할 수 없을 정도로 마시는 것을 구분하라. 2. 일반적으로, 또는 해를 입힐 때, 또는 특별히 해를 방지할 수 있을 경우에 복합적으로 예견되는 효과를 종합하여 구분하라. 그래서 결론적으로,

1) 다른 사람을 자극하여 건강에 좋은 것 이상으로 술을 마시게 하는 것은 불법이다.

2) 다른 사람에게 과음하도록 유혹하고 부추기는 행위는 불법이다. 건강을 서약하는 관습도 마찬가지다. 특히 음주를 거부하는 것을 범죄로 간주하는 것도 마찬가지다.

3) 그러므로 그러한 건강을 위한다는 서약이나 마시는 것은 불법이다. 왜냐하면 그것은 다른 사람들이 그들의 죄로 말미암아 완악하게 되어 파멸에 이르게 되기 때문이다.

4) 그러나 만일 건강을 증진하기 위해, 마시지 않으면 사람을 찌를 것 같은 격렬한 어려움 가운데 갇히는 것 같다면, 도둑에게 지갑을 내주는 것과 같이, 생명을 구하기 위해 술을 마시는 것이 합법적이다. 그 잔을 마시는 것은 단순히 악 그 자체가 아니라 부대적인 더 큰 사고가 우세할 수 있는 죄이기 때문이다.

5) 그러므로 당신의 생명을 구하는 것 외에 다른 사고는 실제로 해로운 사고보다 우세할 수 있으며 합법일 수 있다. 어떤 경우와 친구들 사이에서 그것을 부정함으로써 주어지는 범죄가 양보하는 것보다 훨씬 더 상처를 입힐 수 있다.

6) 그러므로 선과 악의 결과를 비교하는 기독교인의 신중함이 (육체를 따르지 않는) 항상 사건의 현재적 결정자가 되어야 한다.

7) 다른 사람이 왕이나 상관에게 예의를 표할 때 모자를 벗는 것은 앞서 말한 이유로 따를 수 있는 의식이다.

8) 더 큰 악을 피하기 위해 이례적으로 그러한 예식을 거행할 때, 우리는 추문을 예방하거나 현재의 죄를 완악하게 할 수 있는 말(자유가 있는 경우)에 동참하는 것이 적절하다.

9) 그리고 우리의 소명이 허용하는 한, 우리에게 그러한 불편을 끼치는 친구를 피하는 것은 의무이다.

Ⅴ. 그러나 설득이 필요한 것은 습관적으로 술을 마시는 사람의 마음이나 의지이고, 그의 이해에 지시가 필요한 것보다 더 중요하기 때문에, 나는 지시에 앞서 그가 원한다면 다음 질문을 읽고 냉정하게 생각하고, 자신의 양심이 만족한다는 대답을 할 때까지 떠나지 않도록 그의 완전한 확신을 위해 노력할 것이다.

탐구 1 '당신이 사람이라는 것을 알고 있나? 그리고 사람은 무엇인가?' 그리고 이성을 가진 당신과 이성을 가지고 있지 않고 식욕에 지배당하는 짐승과 다르다는 것을 알고 있나? 당신이 그렇다면, 당신의 이성이 그 역할을 하도록 하고, 그것을 모호하게 하거나 이성 위에 짐승을 놓지 말라.

탐구 2 '당신은 세상의 통치자이신 하나님이 계시다는 것을 믿는가, 안 믿는가?' 믿지 않는다면 당신이 어떻게 사람이 되었는지 말해 보라. 그리고 어떻게 당신의 손가락이 아닌 당신의 혀와 입천장이 음료와 고기를 맛보게 되었나? 당신이 당신의 혀와 손가락을 보고, 하나는 맛을 보아야 하고 또 다른 하나는 맛을 봐서는 안 되는 이유를 알 수 없는가? 그분이 만드시고 날마다 다스리시는 이 세상에 살면서도, 하나님이 계시다는 것을 믿지 아니하면 당신은 이미 취한 자나 미친 자보다 훨씬 더 악하므로 술을 습관적으로 마시는 것이 이상한 일이 아니다. 그러나 만일 당신이 정말로 하나님이 있다는 것을 믿는다면, 어리석은 짐승이여, 더 듣고 떨어라! 그분은 하늘과 땅의 통치자인데, 당신의 통치자가 되시기에 합당하지 않은가? 온 세상이 그분 마음대로 되는데, 그가 당신의 목구멍과 식욕을 규제하는 것이 합당하지 않은가? 면류관과 왕국과 천국과 지옥을 그의 마음대로 하는데, 그가 당신의 술잔과 친구의 주인이 되기에 합당하지 않은가? 당신이 당신의 행위로 그분에게 말하기를 "내 식욕과 내 술잔을 제외하고, 가서 해와 달을 다스리며 온 천하를 다스리라."고 말할 수 있나?

탐구 3 '당신은 진정으로 하나님이 당신과 함께 계시다는 것을 믿으며, 당신 가운데서 일어나는 모든 일과 말하는 것을 보고 들으심을 믿는가?' 그렇지 않다면 당신은 그가 하나님이신 것을 믿지 않는 것이다! 왜냐하면, 부재하고 무지하며 무한하지 않고 편재하지 않고 전지하지 않는 분은 하나님이 아니기 때문이다. 만일 하나님이 거기 계시지 않는다면, 당신도 거기에 있지 않는다. 무엇 때문에 당신을 유지하고, 당신의 생명과 호흡과 존재를 존속시키는가? 그러나 만일 당신이 하나님이 계시다는 것을 믿는다면 당신이 감히 술을 마시고, 당신의 동료들과 함께 재잘거리며 술을 마시는 것으로, 하나님 앞에서 당신의 시간을 감히 낭비할 수 있을까?

탐구 4 '당신은 성경이 참되다고 믿는가?' 믿지 않는다면 당신이 습관적으로 술을 마시는 것은 이상하지 않다. 그러나 만일 믿는다면 "술 취하는 자는 하나님 나라를 유업으로 받지 못하리라."[67]는 것이 사실임을 기억하라. 그리고 나서 성경이 말하는 바를 유의하라. "에브라임의 술 취한 자들의 교만한 면류관이 발에 밟힐 것이다."[68] "그 이웃에게 술을 마시게 하고 당신의 술병을 그에게 주어 그로 취하게 하는 자는 화 있을 것이다."[69] "아침에 일찍 일어나 독주를 마시며 밤이 깊도록 포도주에 취하는 자들은 화 있을 것이다 그들의 연회에는 수금과 비파와 소고와 피리와 포도주를 갖추었어도 여호와께서 행하시는 일에 관심을 두지 아니하며 그의 손으로 하신 일을 보지 아니하는도다."[70] "포도주를 마시기에 용감하며 독주를 잘 빚는 자들은 화가 있을 것이다."[71] "포도주를 마시는 것이 왕들에게 마땅하지 아니하고 군주들에게 마땅하지 아니하고 독주를 찾는 것이 주권자들에게 마땅하지 않도다 술을 마시다가 법을 잊어버리고 모든 곤고한 자들의 송사를 굽게 할까 두려우니라 독주는 죽게 된 자에게 포도주는 마음에 근심하는 자에게 줄지어다."[72] "너희는 스스로 조심하라 그렇지 않으면 방탕함과 술 취함과 생활의 염려로 마음이 둔하여지고 뜻밖에 그날이 덫과 같이 너희

---

67) 고전 6:10
68) 사 28:3
69) 합 2:15
70) 사 5:11, 12
71) 사 5:22
72) 잠 31:4-6

에게 임하리라."⁷³⁾ "탐식하거나 술 취하지 말며 호색하지 말며 다투거나 시기하지 말고 오직 주 예수 그리스도로 옷 입고 정욕을 위하여 육체의 일을 도모하지 말라."⁷⁴⁾ "포도주는 거만하게 하는 것이요 독주는 떠들게 하는 것이라 이에 현혹되는 자마다 지혜가 없느니라."⁷⁵⁾ "재앙이 뉘게 있느뇨 근심이 뉘게 있느뇨 분쟁이 뉘게 있느뇨 원망이 뉘게 있느뇨 까닭 없는 상처가 뉘게 있느뇨 붉은 눈은 뉘게 있느뇨 술에 잠긴 자에게 있고 혼합한 술을 구하러 다니는 자에게 있느니라 포도주는 붉고 잔에서 번쩍이며 순하게 내려가나니 너는 그것을 보지도 말지어다 그것이 마침내 뱀같이 물 것이요 독사 같이 쏠 것이며 또 네 눈에는 괴이한 것이 보일 것이요 네 마음은 구부러진 말을 할 것이며 너는 바다 가운데 누운 자 같을 것이요 돛대 위에 누운 자 같을 것이다."⁷⁶⁾ "음행과 묵은 포도주와 새 포도주가 마음을 빼앗느니라."⁷⁷⁾ "취하는 자들아 너희는 깨어 울지어다 포도주를 마시는 자들아 너희는 울지어다."⁷⁸⁾ 당신이 참으로 하나님의 말씀을 믿는다면 어찌 이런 구절이 당신을 떨게 하지 않느냐?

탐구 5 '당신이 술에 취하거나 습관적으로 술 마시는 자와 어울리는 것이 얼마나 위험한 상태인지 생각해 보았는가?' 당신이 범할 가능성이 있는 죄악이 얼마나 많은가? 당신은 지금 하나님의 어떤 심판을 받을 것 때문에 위험한가? 당신을 격려하는 성경의 그러한 예조차도 당신을 떨게 할 것이다. 단 한 번 술에 취한 **노아**도 다른 사람들에게 경고하기 위해 수치스럽게 기록되어 있다. **롯**이 술 취하는 유혹에 빠진 것은 얼마나 무서운 죄인가! **다윗**이 자기의 죄를 숨기려고 **우리아**를 술에 취하게 했다.⁷⁹⁾ **다윗**의 아들 **암논**은 하나님의 공의로운 복수로, 그의 동생 **압살롬**의 명령에 의해 죽임을 당한 때는, **암논**의 마음이 포도주로 즐거워

---

73) 눅 21:34; 암 6:6
74) 롬 13:13, 14
75) 잠 20:1
76) 잠 23:29-34
77) 호 4:11
78) 욜 1:5
79) 삼하 11:13

할 때이다.[80] **나발**이 술에 취한 후 하나님에게 어떻게 죽임을 당했는지,[81] 어떻게 **엘라** 왕이 술에 취해 살해당했는지,[82] 어떻게 두려운 손이 나타나 술에 흠씬 취해 있는 **벨사살** 왕에게 그의 왕국이 상실될 것을 상징하는 글을 썼는지? 그리고 바로 그 날 밤에, 그는 죽임을 당했다.[83] 더 많은 즐거움이 허용될 것이라고 생각 하는 왕들에게 하나님이 자비를 나타내지 않는다는 것을 깨달아라. 그분이 당신에게 자비를 베푸실까? 포도주를 마시는 것이 왕들에게 마땅하지 아니하고 군주들에게 독주를 마시는 것이 마땅하지 않도다.[84] 그러면 그것이 당신에게도 해당되는가? 가장 큰 자일지라도 그에 대한 끔찍한 열매를 주의하라. "그들이 그 악으로 왕을, 그 거짓말로 지도자들을 기쁘게 하도다 그들은 다 간음하는 자라 과자 만드는 자에 의해 달궈진 화덕과 같도다 우리 왕의 날에 지도자들은 병이 나며 왕은 오만한 자와 더불어 악수하는도다."[85] 당신은 그들이 크든 작든, 영혼과 몸이 모두 술 마심과 술 취함으로 인해 바다에서 맹렬한 폭풍우 가운데 있는 것보다 더 큰 위험에 빠지게 된다는 것을 본다. 당신은 스스로 하나님의 복수의 길에 들어섰으니, 오랫동안 그 복수를 피할 수 없을 것이다.

탐구 6 '당신이 고칠 수 없는 탐식 가와 습관적으로 술을 마시는 자들에 대해 하나님이 명령하신 놀라운 종류의 형벌로 당신의 죄를 측정해 본 적이 있나?' "사람에게 완악하고 패역한 아들이 있어 그의 아버지의 말이나 그 어머니의 말을 순종하지 아니하고 부모가 징계하여도 순종하지 아니하거든 그 성읍 장로들에게 말하기를 우리의 이 자식은 완악하고 패역하여 우리 말을 듣지 아니하고 방탕하여 술에 잠긴 자라 하면 그 성읍의 모든 사람들이 그를 돌로 쳐 죽일지니 이같이 네가 너희 중에서 악을 제하라 그리하면 온 이스라엘이 듣고 두려워하리라."[86] 탐식과 술 취함은 참으로 가증스러운 범죄인데, 만일 사람이 스스로 고치지 아

---

80) 삼하 13:28
81) 삼상 25:36-38
82) 왕상 16:9
83) 단 5:1, 30
84) 잠 31:4, 5
85) 호 7:3-5
86) 신 21:18-21

니하면 아버지와 어머니가 그를 사형에 처하게 하는 치안판사에게 데려가야 한다. 그리고 비록 지금은 그들에게 변명의 여지가 있다고 생각이 될지라도, 여기에서 젊음은 그것에 대한 변명이 되지 않는다.

탐구 7 '당신의 술이 너무 좋아서 하나님의 명령에 따를 수 없다고 생각하는가? 아니면, 하나님은 그 단맛을 허용하지 않으실 것이라 생각하는가? 아니면, 오히려 그분이 당신의 유익을 위해 그것을 금하셔서 당신이 해를 입지 않게 하기 위함이라고 생각하는가? 그리고 당신은 당신의 술과 즐거움보다 하나님을 더 사랑하는지, 그렇지 않은지? 나에게 대답해 보라.' 그렇지 않다면, 당신 자신의 양심이(만약 양심이 마비되지 않았다면) 당신에게 그 상태에서 당신의 구원에 대한 희망은 없다고 말해야 한다. 만약 당신이 사랑한다고 한다면, 하나님이나 어떤 현명한 사람이 당신은 지금까지 그를 따르지 않고, 그를 위해 작은 일도 허용하지 않으면서 그를 더 사랑한다고 말하는 당신을 믿을 수 있을까? "하나님을 사랑하는 것은 이것이니 그의 계명들을 지키는 것이라 그의 계명들은 무거운 것이 아니로다."[87]

탐구 8 '당신의 시체는 무덤에서 썩을 것이고, 그것이 머지않아 얼마나 혐오스러운 것이 될 것이라는 것을 기억하는가?' 그리고 당신은 그토록 더러운 육체를 만족시키고, 그렇게 비싼 값을 치르며 땅에 똥싸는 일을 그렇게 크게 여길 수 있는가?

탐구 9 '당신은 당신의 모든 친구와 자녀들이 당신처럼 하기를 원하는가?' 그렇다면 당신의 재산은 어떻게 될까? 모두가 습관적으로 술을 마신다면 미친 세상이 될 것이다. 당신의 아내에게 습관적으로 술 마시게 할 건가? 그녀가 그랬다면 그녀의 순결을 확신하기 힘들 것이다. 당신의 종들을 습관적으로 술 마시게 할 건가? 만일 그랬다면 그들이 당신의 집에 불을 질렀을 것이다. 그리고 그들은 일을 거의 하지 않거나 일을 하지 않는 것이 더 나을 것이다. 모든 사람이 습관적으로 술을 마시면 당신의 집은 소란스러운 곳이 될 것이고 정신병원

---

87) 요일 5:3

보다 훨씬 더 나쁘게 될 것이다. 미친 사람들을 다스리고 교정할 현명한 사람들이 필요할 것이다. 당신이 당신의 아내나 자녀들이 그렇게 하는 것을 좋아하지 않는다면, 왜 당신 자신은 그것을 계속 하는가? 당신은 당신 자신과 가장 가깝지 않나? 당신은 자신보다 남을 더 사랑하는가? 그들의 영혼보다 당신의 영혼이 더 저주를 받았나? 아니면 당신은 저주를 더 쉽게 견딜 수 있나? 나는 때때로, 어떤 습관적으로 술을 마시는 사람들이 그들의 자녀들에게 같은 죄에 대해 매우 엄격하고, 그들이 술 취하지 않기를 간절히 바라는지에 대해 관찰하고 싶다! 그 이유는 자녀들의 금주는 그들에게 문제가 되지 않으며, 그들 자신에게 금주가 필요함에도 그들의 식욕의 쾌락을 거절하지 않기 때문이다.

탐구 10 '당신의 의사가 당신의 병을 치료할 때, 그가 술 취한 상태에서 일하게 할 것인가? 당신의 변호사가 당신의 소송사건에 변론할 때, 술 취한 상태에서 일하게 할 것인가? 판사가 판결할 때 그렇다면 어떨까?' 그렇지 않다면 어찌하여 당신이 당신의 하나님을 섬기고 당신의 영혼의 일에 주의를 기울일 때 주정뱅이가 되려 하는가? 당신의 종이 당신의 일에 힘쓸 때 맥줏집에서 술을 마시는 것을 허용하지 않으면서, 당신은 당신의 영원한 행복을 위해 할 일이 천 배나 더 많은데, 거기 앉아서 술잔을 기울이고 잡담만 할 것인가?

탐구 11 '만일 어떤 사람이 당신의 짐승의 다리를 절게 하거나 상하게 하여 일하는 데에 부적절하게 만든다면 그것을 기뻐할 것인가?' 그리고 당신은 당신의 일이 짐승들의 일보다 덜 관심 있는 것처럼, 하나님을 섬기는 일에 부적당하게 할 것인가?

탐구 12 '당신의 하인들이 모든 술을 하수도에 쏟아 버린다면 당신을 기쁘게 할까?' 그렇지 않고, 그것을 당신의 배에 붓는 것이 당신을 더 불쾌하게 할 것이라는 것을 나는 전에 당신에게 증명했다. 이는 마침내 그것이 당신을 더 고통스럽게 할 것이기 때문이다.

탐구 13 '술 먹은 다음 날, 당신을 기분 좋게 하는 술은 어떤 것인가? 그때 그것이 금욕보다 더 달콤할까?' 그 모든 즐거움은 갑자기 사라지고, 당신의 모든 보화로도 치유될 수 없고,

당신의 모든 즐거움으로도 중상을 완화할 수 없는 당신의 내장에 점액과 양심의 궤양 외에는 아무것도 남지 않는다. 당신은 그토록 짧은 기쁨을 그토록 소중히 여길 수 있는가? 당신의 모든 달콤하고 즐거운 술잔이 이제 쑥보다 더 달콤하지 않기 때문에 나머지 모든 잔도 곧, 같은 끝과 맛에 이르게 될 것이다. 부유한 사람의 잔치에 비교하여 플라톤이 자기의 빈약한 만찬에 대하여 말했듯이, 오늘밤은 당신의 것이 더 나은 것 같지만 내일은 나의 것이 더 나을 것이다. 그러므로 당신의 양심은 당신에게, 지금은 탐식과 술 취함이 더 낫게 보일지라도 내일은 절제와 거룩한 순종이 더 나을 것이며 영원히 더 나을 것이라고 말한다.

탐구 14 '당신은 지옥을 위해 얼마나 많은 값을 지불하는지, 그리고 구원을 얻을 수 있는 것보다, 더 비싼 값으로 저주를 사는지 생각해 본 적이 있는가?' 얼마나 부끄러운 일인가! 비용을 지불하게 하는 것은 무슨 병인가! 얼마나 고통스러운 구토나 심한 고통을 받고 있나! 당신의 재산을 가지고 얼마나 많은 고통을 겪고 있는가! 그러면 지옥은 이 모든 소동을 할 만큼 가치가 있는 곳인가?

탐구 15 '당신은, 경건한 사람들이 술을 마시지 않고 절제하며, 정직하고 안전한 삶을 사는 것뿐 아니라, 당신보다 더 조용하고 안락한 삶을 살고 있다고 마음속으로 생각하지 않는가?' 그렇게 생각한다면 왜 그들을 본받지 않는가? 당신도 그들만큼 자유롭게 선택할 수 있다. 그렇지 않다고 생각한다면, 그들은 당신처럼 금지된 술 컵을 가지고 있지 않듯이 당신과 같은 갈증이나 욕구도 없다는 것을 고려하라. 절제는 그들에게 훨씬 더 달콤하다. 그들은 당신의 썩은 냄새 나는 트림이나 구토, 수치심, 위험, 당신이 지불해야 할 결산이 없다. 그들은 당신의 양심의 가책과 그러한 죄의 죄책감에 대한 두려움이 없다. 그들은 당신이 맥줏집에 있는 데 반하여 하나님의 사랑과 하늘에 대한 깊은 생각 안에 산다. 하늘에 적합하고 성화된 사람들은 관능적인 사랑보다 하나님의 사랑 안에 사는 것을 더 달콤하게 생각한다고 당신의 양심이 생각하지 않을까? 하나님과 하늘과 거룩함을 포도주나 맥주 한 잔만큼 사랑스럽지 않고 기뻐하기에 적합하지 않다고 감히 말할 수 있을까? 물론 당신은 감히 그렇게 말할 수 없다! 만일 그것이 그들과 당신에게 죽음과 영원의 다른 측면 이상의 것이 아니라면, 나는 쾌락 한가운데 있는 당신의 삶이 그들의 삶에 비교할 수 없을 정도로 더 슬프다고 생각한다. 그들은 죽음을 희망의 날로 본다. 재판관이 사람에게 결백이나 무죄를 선고한 것과 같이 그들은 구원의 날로 본다. 그러나 당신은 죽음을 공포로 본다. 재판관이 죄 지은 사람에게 악인이라고 판결할 때와 같이 모든 희락의 끝으로 바라본다. 그렇지 않으면 건전한 판단 없이 추정 사항으로 보는데, 그것은 더 나쁘다. 그들은 영원을 끝없고 말할 수 없는 완전한 행복으로 본다. 그러나 당신은 믿음의 거부나 거짓 희망의 기만적인 편안함 없이는 그것에 대해 진지하게 생각하기 어렵다. 당신은 마귀의 속임수 안경을 통하지 않는 한, 죽음 너머를 진지하게 볼 수 없다. 참으로 술을 마시지 않는 경건한 사람은 당신의 모든 부와 세속적 이익으로 얻을 수 있는 즐거운 생활은 누리지 못할 것이다. 그는 술을 마시며 허풍을 떠는 것보다 차라리 감옥에 갇히거나 족쇄에 묶여 앉아 있는 것을 택할 것이다. 지혜로운 사람이나 좋은 사람이 당신의 파트너가 될 수 없기에 스스로 즐거운 시간을 삼가라. 당신이 그들의 적이라면, 그들은 당신이 원하는 만큼의 고통을 바라지 않을 것이다. 술 취한 죄를 고백하는, 많은 사람들의 말을 듣는 고해 신부의 이야기에 따르면, 그 안에 어떤 즐거움이 있었는지 스스로 판단해 볼 필요가 있다. 술을 토하고 잠자고 나서 다음에 습관적으로 술 마시는 자가 고해성사를 하러 왔을 때, 그는 회개를 위해 다시 술에 취하라고 결정했고, 그에게 술에 취함보다 더 심한 고행은 필요하지 않다고 말했다.

탐구 16 '어찌하여 당신의 교만은 당신의 술 취함을 고칠 수 없는가?' 교만은 너무 자연스럽고 뿌리 깊은 죄이기 때문에, 당신이 감히 관능을 극복하지 못했다면, 그것을 극복하지 못했다고 말할 수 있다. 그러면 당신의 신용은 더 이상 당신에게 가치가 없나? 술 한 잔 마시는 것으로 마을의 화제가 되고, 마을의 조롱거리가 되고, 소년들의 스포츠와 웃음 게임이 되고, 술 취하지 않은 사람들의 동정을 받겠느냐? 당신이 사람들 중 거물이라, 그들이 감히 당신 얼굴에 대고 말하지 못하고, 사석에서 당신의 이름을 제멋대로 말하고, 그들이 당신을 더러운 짐승 같다고 비밀리에 말하는 소리를 듣지 못하게 되는 것이다. 술 취하지 않은 사람들이 당신을 존경한다고 생각할 수 있을까? 당신의 위치에서 부대적으로 당신에게 어떤 명예가 주어질 수 있는 것은 또 다른 문제이다. 그러나 당신은 그들이 당신의 가치를 존중하지 못하게 하고, 당신의 계급과 지위를 멸시하도록 하는 데 최선을 다한다. 스페인에서는 습관적으로 술을 마시는 자는 어떤 사람에 대한 증언이 허용되지 않는다고 한다. 그리고 그런 자는 확실히 신뢰할 만한 사람이 아니다. 설혹 당신의 영혼을 돌보지 않는다 해도 당신의 평판은 존중하라.

탐구 17 '당신은 당신이 그토록 애지중지하는 육체 자체를 사랑하지 않는가?' 당신이 그렇다면 어찌하여 그것을 질식하여 죽게 하고 가래와 더러운 것으로 채우려 하는가? 의사에게 술 취한 상태가 건강에 좋은지 물어보라. 습관적으로 술 마시는 자가 얼마나 오래 사는지 주목하라. 소문난 사람, 엔니우스 포다그리쿠스(Ennius podagricus)의 말이다. 병은 당신 술잔의 단맛보다 더 길다. 지옥을 두려워하지 않을지라도, 폐병, 통풍, 수종은 두려워하라.

탐구 18 '왜 당신은 당신의 가족과 함께 있는 것과 하나님을 경외하며 진실한 마음으로 하나님을 경배하고 최선을 다해 구원해 주려는 사람들과 함께 있는 것을 더 기뻐하지 않는가?' 당신은 그러한 친구가 당신의 술 친구보다 더 즐겁지 않은 이유를 댈 수 있는가? 그리고 천국으로 가는 길, 죄의 용서, 그리스도의 사랑과 영원한 행복에 대해 이야기하는 것이, 맥줏집에서 쓸데없는 잡담을 하는 것보다 더 즐겁지 않은 이유는 무엇인가? 그것은 헛된 것과 죄에 합당하고, 지혜롭고 거룩한 모든 사람에게는 합당하지 않은, 당신의 지저분한 마음 말고는 다른 이유가 없다.

탐구 19 '만약 당신이 술에 취한 상태에서 죽는다면 어떨까?' 당신은 당신 자신의 상황을 절망적이거나 위험하다고 여기지 않을까? 당신이 알고 있는 많은 사람들의 경우와 같기에 그것은 아마도 괜찮다고 생각할 것이다. 그러나 그렇지 않다면, 습관적으로 술 먹는 자의 죽음은 술 취한 상태에서 죽는 것과 같은 확실한 저주다. 죄에 대한 책임이 당신에게 있다면, 그것은 최근이든 오래전이든 범죄를 저지른 때의 죄이다. 용서받지 못한 죄는 가장 확실한 저주이기 때문이다. 그리고 그것은 진정으로 회개할 때까지 확실히 용서되지 않는다. 그리고 나서 당신이 요즘 어떻게 수정할 것인지, 그리고 당신의 술잔과 친구들에 대해 어떤 생각을 가질 것인지를 생각해 보라!

탐구 20 '당신은 기꺼이 죄를 버릴 의향이 있는가, 아니면 그렇지 않는가?' 당신이 기꺼이 버리려고 하지 않는다면, 당신이 죄를 회개하지 않았으며 용서받지 못했다는 증거이다. 그러므로 당신은 현재 마귀의 종이며, 만일 당신이 그렇게 죽으면 당신이 살아 있는 때처럼 분명히 지옥의 저주를 받을 것이다. 당신에게 은혜가 배제된 것이 아니라 당신의 의지로 거역하여, 당신이 고의로 은혜를 거부함으로, 결과적으로 하늘로부터 은혜를 받지 못한 것을 증언하는 것이다. 그리고 당신이 지옥에 가는 것은 당신이 구원받지 못해서가 아니라 당신이 원하지 않기 때문이다. 물론 지금도 당신이 기꺼이 개선할 생각이 없다고 고백한다면 당신은 이 중 어떤 것도 뻔뻔스럽게 부정할 수 없다. 당신에게 자비를 제안하고 그것을 받아들이도록 명령하신 하나님의 뜻을 거슬러야 한다면, 당신의 의지로 죄를 받아들이라. 그러나 하나님은 당신을 벌하시겠다는 뜻을 가지고 있음은 확실하다.

그러나 내가 생각하기에, 당신은 기꺼이 당신의 죄를 개선하고 죄에서 떠나고자 하지만, 육체가 연약하고 친구가 유혹하며 하나님이 은혜를 베풀지 않기 때문에 그렇게 할 수 없다고 말할 것이다. 당신은 원하지만 아직 할 수 없다고 한다. 하지만 조금만 더 있어 보라! 하나님은 당신의 사악함에 대해 둘러대는 거짓말을 허락하지 않을 것이다. 당신이 하는 말의 의미는, 당신이 현재 진심으로 죄를 버리기를 기꺼이 원하는 것이 아니라, 단지 술과 마귀가 유혹하지 않는다면, 당신이 기꺼이 하겠다는 것이다. 그렇게 아무것도 반대 방향으로 유혹하는 것이 없을 때라야 당신은 기꺼이 하나님을 사랑하고 구원받겠다는 것이다! 그러면, 당신의 아내가 아무도 자신을 유혹하지 않을 때에만, 기꺼이 간음을 포기하겠다고 말하는 아내로 감사할 수 있나? 또는, 게으름이나 태만이 유혹하지 않을 때에만, 일하겠다는 당신의 종으로 감사할 수 있나? 이것으로, 그런 식의 자원하는 마음으로 인해, 어떤 감사를 하나님께 드려야 할지 판단하라. 그러나 하나님을 대적하지 말며 의식적으로 흉내내지 말고, 오직 당신이 오늘부터 당신의 친구와 술 마시는 자를 기꺼이 포기할 것인가 아니면 포기하지 못할 것인가라는 질문을 해 보라! 당신이 대답할 말에 주의하라. 만일 당신이 아니라고 말한다면, 하나님도 당신의 비참함과 고통의 날에 자비를 구하는 모든 부르짖음에 대해 아니라고 말씀하실 것이다. 그러나 당신은 여전히 원하지만 할 수 없다고 말한다면, 나는 당신의 그 말이 거짓이고 틀렸음을 증명할 것이다.

탐구1 '그때 당신을 당신의 뜻에 반하여 죄짓게 하는데 어떤 힘이 사용되는지 말해 보라.' 누군가가 당신을 맥줏집에 옮겨 놓았나? 아니면, 스스로 갔는가? 재갈을 물려 술에 흠뻑 적셨는가? 폭력으로 그것을 쏟아부었는가? 아니면 당신이 술잔을 들고 스스로 술을 부었는가? 누군가가 당신의 입을 열어 그것을 부었는가? 아니, 만일 다른 사람이 그렇게 했다면 그것은 당신의 죄가 아니다. 의지가 없으면 죄가 아니기 때문이다. 아니면 다른 사람들이 칼이나 총을 당신 가슴에 대고 강요했기에 그랬나? 그것도 당신의 죄가 아니다. 그들이 시켜서 했다면, 그것은 당신이 원하지 않는다는 것을 증명하는 것이 아니라 그들이 당신에게 기꺼이 하도록 강요한 것뿐이다. 그리고 그들의 강요는 변명의 여지가 없다. 왜냐하면 하나님은 지옥으로 위협하셨고, 당신은 그것을 가장 두려워해야 하기 때문이다.

탐구2 '당신은 술을 좋아했는가? 아니면, 술을 싫어했는가? 사랑과 의지가 모두 하나일 때, 당신은 당신의 의지에 반하여 그것을 사랑했는가?'

탐구3 '다음에도 누군가에 의해 그곳에 끌려가서 억지로 술을 먹일 때까지 참고 있을 것인가?' 그렇지 않다면, 그것은 당신의 의지라고 고백하라.

탐구4 '당신은 재판관이나 왕이 옆에 있다면 참지 않을까?' 그러면 하나님이 옆에 계심에도 불구하고 참지 못할까? 당신이 원하기만 하면 할 수 있다.

탐구5 '당신이 그로 인해 반드시 죽임을 당한다 해도 참을 수 없는가?' 법이 모든 습관적으로 술을 마시는 자들을 교수형에 처하고 교수형 집행인이 당신 뒤에 있다면? 확실히 당신은 참을 수 있다. 하나님께서 그것을 교수형보다 더한 형벌을 내리시고, 당신에게 사형이 집행되려 한다면, 그때 당신이 원한다면 참을 수 있지 않을까?

탐구6 '만일 당신의 의사가 당신이 술을 마시면 죽을 것이라고 말한다면, 술로 인해 병들어 있는 당신은 그것을 참을 수 있지 않을까?' 나는 참을 수 있을 것이라고 생각한다. 그렇지 않고, 당신의 생명을 구하기 위해서 한 잔의 술도 거부할 수 없다면, 당신은 살 가치가 없는 사람이다. 그리고, 당신이 현재의 생명을 구하기 위해 하는 것처럼 영혼을 구하기 위해 그렇게 하지 않는다면, 당신은 구원받을 가치가 없는 사람이다.

탐구 7 '게다가 그것이 당신의 아내나 아이나 친구나 이웃의 생명을 구하는 것이라도 당신은 참을 수 없을까?' 금지된 술잔을 참는 것이 그들 중 한 사람을 구할 것이라는 것을 안다면, 그렇게 할 수 없겠는가? 아니, 그렇게 하기를 원하지 않는가? 그렇지 않다면, 당신이 친구나 이웃의 생명을 구하기 위해 한 잔의 술도 금하지 못하는 남편, 아버지, 친구, 이웃이라고 세상에 알리라. 그럴 필요성이 부과된 것은 아닐지라도, 친구의 요청을 중히 여기지 않는다면, 당신을 무가치한 친구라고 생각할 것이다. 그렇다면 나는 결코 술을 습관적으로 마시는 사람을 친구로 삼지 않을 것이다. 왜냐하면, 그는 나를 위해 한 잔의 술도 금하지 않을 것이기 때문이다. 아니, 내 생명을 구하기 위해서 아무것도 금하지 않을 것이기 때문이다. 당신이 말하기를 '하나님이 금하시니 내가 그 이상을 할 것이다'라 하면서, 어찌하여 '당신은 참을 수 없다' 하는가? 당신의 혀가 당신이 거짓을 어떻게 책망하는지 보라. 그리고 생명을 위해, 친구나 이웃의 요청에 따라 할 수 있는 일을 자신의 영혼을 위해서 참을 수 없을까?

탐구 8 '주권이나 왕국을 얻는다면 참을 수 없을까? 게다가 모든 것이 위험에 처해 있고, 그 일이 위험에서 구할 수 있고, 자신의 재산을 구할 수 있다면 참을 수 없을까?' 나는 당신이 그렇게 할 수 있다고 의심하지 않는다. 그런데도 당신은 그것을 할 수 없다고 말할 건가?

탐구 9 '당신이 내일 죽을 것이라고 확신한다면 오늘 밤 술에 취할 건가?' 아니면 이번 주나 한 달 안에 죽는 것이 확실하다면 술에 취해 있을 것인가? 나는 당신이 그렇게 할 것이라고 믿지 않는다. 두려움이 아주 오랫동안 당신의 입을 다물게 할 것이다. 그러면 당신은 원하기만 하면 참을 수 있고, 우둔함과 어리석음에서 깨어나기만 하면 언제나 참을 수 있다는 것을 알 것이다.

탐구 10 '만약 당신이 술잔에 1온스의 비소 또는 기타 독극물이 있다고 확신한다면 어떻게 할까? 그러면 당신이 참을 수 있지 않을까?' 그렇다. 의심의 여지가 없다. 그러므로, 할 수 없다고 말하는 것은 거짓을 말하는 것이 분명하다. 그리고 당신의 술잔에 담긴 하나님의 진노와 저주가 독보다 훨씬 더 나쁘지 않은가?

탐구 11 '만일 마귀가 당신 곁에 서서 잔을 내밀고 권하며 마시게 하는 것을 당신이 보고도 어찌 참지 못하겠는가? 그렇다. 의심의 여지가 없다. 그는 마치 당신이 그를 보는 것처럼 확실히 거기에서 유혹하지 않는가?' 음, 그 일은 당신 자신의 양심에 반하는 것으로 증명되었으니 만일 당신이 참으면 당신은 할 수 있다.

탐구 12 '그러나, 만약 당신이 금할 수 없다면 지옥의 고통을 더 잘 견딜 수 있을지 생각해 보라.' 하나님은 자신의 위협에서 농담을 하시지 않기 때문이다. 당신의 갈증이 지옥보다 견디기 힘들다면 가장 쉬운 것을 선택하라. 그러나 이후에 당신이 선택했다는 것을 기억하라.

당신은 당신의 죄를 기꺼이 버리려 하는가? (나는 당신이 원하는 만큼 하리라고 확신한다.) 나는 당신의 경우를 있는 그대로 받아들일 것이다. 즉 당신은 유혹을 이기지 못할 반쪽, 비효율적인 의지 또는 게으른 소망을 가지고 있다. 그리고 당신은 때때로 다른 때보다 조금 더 죄에 좋은 감정 상태여서 당신의 죄를 사랑하며, 당신이 선호하는 죄를 떠나지 않을 것이지만, 다른 한편으로는 지옥을 좋아하지 않고 형벌을 두려워하기 때문에 당신의 의지에 반하는 당신의 술잔을 버릴 생각을 가지고 있다. 이러한 소망과 목적은 결코 당신을 구원할 수 없다. 구원을 가능하게 하는 것은 반드시 새롭게 된 본성, 하나님을 사랑하고 죄를 미워하는 것이어야 한다. 그러나 그동안에는 비록 그것이 두려움을 통해서 일지라도, 당신이 당신의 죄를 멀리하는 것이 필요하다. 그렇지 않으면 성령이 당신의 본성을 새롭게 하실 것이라고 기대할 수 없기 때문이다. 그러므로 나는 당신이 의지만 있다면, 그리고 행위로 당신의 의지 자체를 촉진하기만 한다면, 가장 확실하고 쉽게 당신의 죄를 참는 방법에 대해 가르쳐 줄 것이다.

[습관적인 음주와 술 취함에 대한 실용적인 방향 제시]

방향 제시-1 '매일 아침 외출하기 전에 읽을 수 있도록 침대와 침실 문 위에 각서(memorandum)로 적합한 성경 구절을 기록하라.' 고린도전서 6장 10절 말씀 "습관적으로 술을 마시는 자는 하나님 나라를 유업으로 받지 못할 것이다." 그리고 로마서 8장 13절 말씀 "너희가 육체대로 살면 반드시 죽을 것이지만 영으로써 몸의 행실을 죽이면 살 것이다."를 기록하라. 그리고 집에서 나가기 전에 그것을 읽으라.

방향 제시-2 '하나님께 무릎을 꿇고, 그날의 유혹과 나쁜 친구와 당신의 모든 육체적 욕구와 과식에서 당신을 지켜 주기를 간절히 간구하라. 특히 그분이 당신의 본성을 새롭게 하고 죄를 미워하게 해 달라고 간절히 간구하라.'

방향 제시-3 '당신의 소명을 위해 부단히 일하고 한 시간의 4분의 1도 게으르지 말고, 술과 쾌락을 생각할 만큼 당신의 생각에 여가를 허용하지 말라. 더군다나 당신의 몸이 그것을 따라가게 하지 말라.' 하나님은 당신이 누구든지 엿새 동안 일하고 이마에 땀을 흘리며 떡을 먹으라고 명하셨고 당신의 소명에 게으름과 태만을 금하셨으니 이것을 피하라. 그리하면 당신에게 많은 도움이 될 것이다.

방향 제시-4 '장수를 생각하지 말고, 죽음이 얼마나 빨리 올지, 그리고 잘 모르는 날에 당신이 죽을 수도 있다는 것을 생각하라. 습관적으로 술을 마시는 사람들 가운데서 발견되거나 진정으로 회심하기 전에 죽는다는 것이 당신에게 얼마나 끔찍한 일인지 사실로 밝혀질 것이다.' 문을 나서기 전에 그리고 당신이 맥줏집에 갈 때 이것을 생각하라. 술잔과 무덤을 함께 보라. 그 뼈의 먼지가 당신의 건강에 좋은 향신료가 될 것이다. 당신이 포도주나 맥주를 볼 때, 그것이 당신이 죽으면 당신의 피와 체액이 바뀌게 될 그 검고 역겨운 액체와 얼마나 다른지 기억하라. 술잔을 든 손은 곧 흩어진 뼈와 먼지가 된다는 것을 기억하라. 술을 마시는 입은 곧 흉한 구멍이 될 것이고, 술을 기뻐하는 미각과 위장과 뇌는 곧 악취 나는 흙 반죽이 될 것이며, 습관적으로 술을 마시는 자들의 무덤은 마귀의 들판이나 동산이며, 부활할 때 지옥의 연료가 되도록 시체가 뿌려지는 곳임을 기억하라.

방향 제시-5 '당신이 맥줏집에 가자는 유혹을 받을 때, 당신의 이성을 불러일으키고, 하나님이 당신을 보고 계시며, 그가 심판하실 것이고, 당신이 곧 소유하게 될 기쁨이나 고통의 삶이 있다는 것과 이미 너무 오랫동안 죄를 지었고, 철저한 회개가 없으면 당신의 상황은 절망적이며, 당신이 계속 죄를 짓고 있는 동안에는 진정한 회개와 멀리 떨어져 있다는 것을 기억하라.' 스스로에게 물어보라, 나는 이미 충분히 오랫동안 죄를 짓지 않았나? 나는 자비를 충분히 오랫동안 남용하지 않았는가? 내가 내 사건을 구제불능으로 만들고 모든 희망을 버려야 하나? 하나님이 곁에 서서 모든 것을 보고 들으시지 않는가? 나는 죽음으로 끝없는 세상에 발을 들여놓고 있는 것은 아닌가? 당신이 사람이고 이성을 가지고 있다면 이것들을 생각하고 당신의 이성을 사용하라.

방향 제시-6 '과거의 일을 회개하는 일로 매일 자신을 훈련하라. 그러면 그것은 장차 당신을 보호할 것이다.' 이전의 죄를 하나님께 슬픔으로 고백하고 눈물과 신음으로 용서를 빌라. 당신이 과거의 모든 것을 가볍게 여긴다면, 더 많은 죄를 저지를 준비가 된 것이다. 당신이 일을 하면서 당신의 지식과 양심에 대해 얼마나 큰 죄를 지었는지 생각하라. 하나님 보시기에, 그의 모든 자비에 대하여 얼마나 고집스럽게 살아왔으며 감사하지 않고 자비를 거절하고 그리스도를 무시하고 은혜를 거절했는지 생각하라. 만약 이런 상태에서 당신이 죽었다면 어떻게 되었을지 생각하라. 당신은 하나님의 오래 참으심으로 얼마나 큰 은혜를 입었는지 보라. 그분이 당신을 끊지 않고, 지옥에 던지지 않고, 그분이 당신에게 구세주를 준비하고 제공하셨기에, 당신이 단호하게 돌아서서 믿음과 거룩함으로 산다면, 그분의 아들을 통하여 기꺼이 용서하시고 받아들이신다. 이러한 회개하는 생각과 행위는 당신의 죄를 죽이고 치유할 것이다. 이미 행한 일에 대해 금식하고 겸손하라. "그리스도께서 이미 육체의 고난을 받으셨으니 너희도 같은 마음으로 갑옷을 삼으라 이는 육체의 고난을 받은 자는 죄를 그쳤음이라 그 후로는 다시 사람의 정욕을 따르지 않고 하나님의 뜻을 따라 육체의 남은 때를 살게 하려 함이라 너희가 음란과 정욕과 술 취함과 방탕과 향락과 무법한 우상숭배를 하여 이방인의 뜻에 따라 행한 것은 지나간 때로 족하다 이러므로 너희가 그들과 함께 그런 극한 방탕에 달음질하지 아니하는 것을 그들이 이상히 여겨 비방하나 그들이 산 자와 죽은 자를 심판하기로 예비하신 이에게 사실대로 고하리라."[88]

방향 제시-7 '장소와 사람을 삼가라. "그들과 함께하는 자가 되지 말라 너희는 열매 없는 어둠의 일에 참여하지 말고 도리어 책망하라."[89]' 당신이 거절할 수 없지만 당신이 원하면 그것을 할 수 있다. 집에 머무르면서 그들에게 가까이 가지 않을 수 없나? 당신이 탈출하고 싶다면 함정에 뛰어들지 말라.

방향 제시-8 '첫 잔에서 멈추라. 조금씩 끌려가지 말라.' 게으른 자가 말하기를, 좀더 자자고 한다. 습관적으로 술을 마시는 자는 조금 더 마시자고 한다. 그러면 한 잔만 더 마실 것이라고 한다. 당신의 적당한 양을 이해하면 무엇이 과음인지 알 수 있다. 많은 일과 땀을 흘리지 않는 평범하고 건강한 몸에는 하루에 맥주 0.9리터(quart)면 충분하다. 차갑고 가래가 많은 사람에게 그 양은 너무 많다. 술에 대한 옛 규칙은 다음과 같다. 첫 번째는 갈증, 두 번째는 즐거움, 세 번째는 쾌락, 네 번째는 광기다. 특히 너무 오랫동안 술을 마신 당신은 다른 사람들보다 술을 덜 마셔야 한다. 당신의 영혼은 회개와 예방을 위해 그것을 요구한다. 당신의 몸은 이미 쌓여 있는 소화불량 물질을 없애기 위해 그것을 요구한다.

방향 제시-9 '남에게 술 마시는 서약을 하게 하거나, 더 많이 마시게 하는 등 약술이라는 말로 유혹하는, 습관적으로 술을 마시는 자의 의례적인 유혹을 피하라.' 플루타르크(Plutarch)는 아게실라오스(Agesilaus)가 잔치의 주인이 되어 술을 마시는 법을 제정할 때, 그의 법은 '포도주가 충분하면 모든 사람에게 그가 청하는 것을 주라. 충분하지 않으면 균등하게 나누라.'는 것이었다. 이로써 술을 마시도록 유혹을 받거나 권유받지 않았으며, 무절제한 사람들도 다른 사람보다 더 많이 요구하는 것을 부끄러워했다. 마녀들 사이와 마찬가지로 술을 습관적으로 마시는 사람들 사이에서도, 마귀는 그의 법과 의식을 가지고 있으며 그 법을 실제의 행동으로 옮기는 것은 위험하다.

---

88) 벧전 4:1-5
89) 엡 5:7, 11

방향 제시-10 '당신이 잘못한 동료들의 집에 가서 당신이 이미 행한 일을 회개하고, 그것을 기억하는 일이 부끄럽다고 그들에게 분명하고 진지하게 말하라. 그리고 이제 당신은 의로우신 하나님의 심판의 날과 해결책을 찾아야 할, 끝없는 형벌이 있다는 것을 깨닫기에, 더 이상 자발적으로 미치지 않기로 결심했다고 말하라. 그리고 당신은 즐거운 술잔을 위해 당신의 영혼과 구원을 팔지 않을 것이며, 그리스도와 그들의 영혼을 위한 회개와 개혁에 동참하게 해 달라고 그들에게 간청하라. 그러나 그들이 원하지 않는다면, 당신은 그들을 떠나기 위해 왔으며, 당신은 지옥에서 그들의 동반자가 되지 않기 위해, 더 이상 죄의 동반자가 되지 않을 것이라는 결심을 그들에게 알려 주어라.' 만일 당신이 진정으로 회개하고 구원을 받고자 한다면 이것을 즉시 그리고 분명하게 하라. 그들의 불쾌함이나 비난에 집착하지 말라. 만일 당신이 원하지 않는다면 원하지 않는다고 말하고, 더 이상 할 수 없다고 말하되, 나는 내 죄 안에 머물고 저주를 받을 것이라고 말하라. 그것이 영국식이다.

방향 제시-11 '과도한 술잔이 당신에게 주어질 때, 당신의 잔에 죄와 지옥이라고 쓰여 있는 것을 보았고, 마귀가 그것을 당신에게 주면서 마시라고 권하는 것을 보았고, 또 그리스도께서 십자가에서 피를 흘리며, 오, 내 핏값이 아닌 것을 마시지 말라고 당신에게 소리치는 것을 보았다고 상상하라!' 이 가정을 당신의 마음에 강하게 각인시키라. 그것은 불합리하지 않다. 이는 분명히 당신의 술잔에 죄가 있고, 지옥이 죄 옆에 있기 때문이다. 그리고 당신을 속이는 것은 마귀이고, 당신에게 하지 않도록 설득하는 것은 보이지 않는 그리스도이다.

방향 제시-12 '당신에게 제공되는 술잔에 치명적인 독이 있다고 가정해 보라. 자신에게 자문해 보라. 그 안에 독이 있는데 마실 것인가?' 그렇지 않다면, 죄가 그 속에 있고 지옥이 그것 가까이에 있고, 그 가정이 거짓된 것이 아님에도 마실 것인가? 키루스(Cyrus)에 대하여 기록된 바에 의하면 아스티아게스(Astyages)가 연회에서 그가 포도주를 마시지 않는 것을 보고 그 이유를 물으니, 이는 '잔에 독이 있는 줄로 생각했기 때문입니다.'라고 대답했다. 이는 사람들이 술에 취하면, 말이나 이해력을 잃었으며, 일부는 구토했고, 그것이 자신을 독살할까 봐 두려워했다. 그것은 영혼에 독이 된다.

방향 제시-13 '술 취한 사람을 냉정하게 바라보고 그것이 현명한 사람이 처할 수 있는 바람직한 상태인지 생각해 보라.' 그가 얼마나 못마땅해 보이는지, 슬픈 듯한 눈과 침을 흘리는 입, 술이나 토사물 냄새, 비틀거리고, 넘어지고, 토하고, 고함치고, 미친 사람처럼 말하고, 현자들에게 동정을 받고, 소년들에게 야유를 받고, 지옥을 향하여 미친 듯이 질주하는 것처럼 보인다. 그리고 동시에 일부 현명하고 냉철한 사람을 바라보면, 그의 얼굴과 몸짓이 얼마나 침착하고 아름다운지 보라. 그의 말은 얼마나 현명하고, 그의 행동은 얼마나 규칙적이고, 그의 마음은 얼마나 차분한가를 보라. 그는 악인에 의해 시기를 받지만, 편파적이지 않은 모든 사람들에게 존경을 받는다. 그리고 이 중 어느 것이 더 나은지 생각해 보라. 바실리우스(Basil)는 '술 취한 사람은 죽은 사람처럼 자게 하고, 잠자는 사람처럼 깨우라.'고 말한다. 술은 사람을 쓸모없고, 시끄럽고, 더럽고, 해롭고, 게걸스럽게 먹는 짐승으로 만든다.

방향 제시-14 이 모든 것이 효과가 없다면, 당신이 기꺼이 원하기만 하면, 내가 손쉬운 절제를 가르칠 수 있고, 술 취함과 과음에 대항하기 좋은 약을 알려 줄 수 있다. '과음한 뒤에는 쑥, 엉겅퀴(carduus), 용담과의 풀(centaury), 개곽향속(germander) 식물의 주스 한 컵을 마시겠다고 결심하라.' 적어도 집에 와서 더 분별이 생기면, 이것이 당신의 참회가 될 것이다. 그리고 이 과정을 조금만 견디면, 당신의 식욕은 참회를 견디는 것보다 술 없이 지내는 것을 선택할 것이다. 술에 집착하지 말라. 당신의 이성이 단호한 치료를 할 만큼 충분히 강하지 않다면, 짐승처럼 강제로 쓴 주스를 투여하라. 당신이 할 수 있는 한 그러한 치료법을 사용하라. 그리고 그것은 시간이 지나면 더 향상될 수 있다. 그리고 나는 쓴 주스를 마시는 것이 죄를 예방하는 매우 손쉬운 치료법이라는 것을 확신한다.

방향 제시-15 이 모든 것이 효과가 없을 때, 당신이 원하기만 하면 또 다른 해결책이 있다. '자기 자신을 다스리기에 부적합하다고 고백하고, 다른 사람에게 자신에 대한 관리를 넘겨주라. 당신의 아내, 당신의 부모, 또는 당신의 친구에게 관리를 넘겨주라.' 그리고, 여기서 말하는 다음과 같은 일을 수행해야 한다.

1. 아내나 친구를 고용하여 당신을 돌보고 당신이 맥줏집에 가거나 당신의 건강에 유익한 것보다 더 많이 마시지 않도록 한다. 2. 당신의 지갑을 그들에게 맡기고 당신은 돈을 소유하지 말라. 3. 집에서는 더 이상 그들이 주는 것 외에는 마시지 말고, 어느 정도가 적당한지 판단하는 것은 그들에게 맡기라. 4. 맥줏집에 가고 싶은 유혹이 있을 때, 아내나 친구에게 말하여 그들이 당신을 지켜보게 한다. 도둑들이 당신의 것을 훔칠 때 도움을 청하는 것처럼 하라. 5. 아내나 친구가 당신에게 술을 주지 않도록 맥주 판매자에게 청구할 수 있도록 허락하라. 정신이 온전할 때 스스로 가서, 나에게 아무것도 주지 말라고 그들에게 요청하라. 그리고 나서 당신이 원하면, 그것은 당신 자신이 아니며 당신의 올바른 정신이 아니라고 그들에게 말하라. 이러한 방법이 지금 당신에게 너무 어려워 보여, 당신이 계속해서 죄를 짓고 방법을 사용하기보다 하나님의 진노와 저주와 지옥에 도전한다면, 앞으로는 당신이 저주를 원하기 때문에 저주를 받고, 이러한 고통을 피하기 위해 지옥으로 가는 길을 선택했고, 그것을 통해 얻을 수 있는 것을 택했다는 것을 기억하라. 그러나 어쩔 수 없어서 그렇게 했다는 말은 하지 말라. 왜냐하면, 당신이 원하기만 하면 도둑에 대해서 문을 잠글 것이라고 확신하기 때문이다. 또한 그렇게 당신의 이성과 구원을 앗아갈 더 위험한 도둑에 대해서도 마찬가지다. 바실리우스(Basil)는, 주인이 자신의 종을 가두거나 때리기만 한다면 종은 매질에서 도망갈 것이라고 말한다. 그렇다면, 당신은 당신의 두뇌와 이해력을 깨뜨릴 술에서 도망치지 않겠는가?

방향 제시-16 '그러나 구원의 치료법은, 그리스도 안에 있는 하나님의 사랑과 은혜의 풍성함과 거룩한 영혼들에게 약속된 영원한 영광을 연구하여, 하나님과 하늘과 거룩함을 사랑하게 되어, 과음보다 더 달콤한 기쁨을 발견하는 것이다. 그러면 당신은 더 이상 지시[90]가 필요하지 않게 된다.'

---

90) 엡 5:18

5부

제1과 음행과 모든 더러움에 대한 방향 제시

비록 간음과 음행은 제7계명에서 금지되어 있고 처리되어야 하지만, 그리스도의 지체가 되어야 할 우리 자신의 몸과 성령의 전에 대한 죄로, 그것은 고린도전서 6장 15, 18, 19절에서와 같이 감각의 나머지 죄 가운데 하나로 다루어져야 한다. 그리고 나는 차라리 여기서 그것을 다루기를 원한다. 왜냐하면 내가 마지막 두 제목에서 탐식과 술 취함에 대항하는 말을 한 것이 또한 이것에 도움이 되기 때문이다. 죄의 이름만 바꾼다면 같은 주장과 설득력 있는 질문과 지시가 거의 모두 도움이 될 것이다. 독자는 불필요한 지루함을 좋아하지 않기 때문에, 나는 이러한 가증하고 추잡한 죄의 이름을 너무 자주 말하는 것을 피하는 이 방법이 좋다. 하지만 그것에 가장 적합한 것을 말해야 한다. 그리고 나는 1. 이 죄의 중요성에 대해 보여 주고, 2. 치료에 대한 방향 제시를 할 것이다.

I. 그렇게 혐오스러운 죄는 아니지만, 그것을 좋아하고 빈번하게 수용한다면 그 죄를 우호적으로 판단하며, 합법적으로 생각하거나, 또는 참을 수 있고 용인할 수 있다고 생각하게 된다. 또 그것을 죄가 아니라고 생각하거나 작은 죄로 생각하고 쉽게 용서받을 수 있다고 생각

한다. 그래서 일부 야만적인 사람들은 그렇게 한다. 그러나,

1. '모든 세계의 가장 현명하고 무오하고 보편적인 모든 세상의 왕이 금지하는 것은 어떤 죄에 대해서도 충분히 이유가 된다.' 당신의 창조자의 뜻은 그것을 정죄하기에 충분하고, 그것의 종이 된 자들을 정죄하기에 충분할 것이다. 그분은 말씀하셨다. "간음하지 말라. 미혹을 받지 말라. 음행하는 자나 우상 숭배하는 자나 간음하는 자나, 여성의 전형으로 여겨지는 행동을 하는 자(effeminate)나 남색하는 자는 하나님 나라를 유업으로 받지 못하리라. 너희 몸이 그리스도의 지체인 줄을 알지 못하느냐 네가 그리스도의 지체를 가지고 창녀의 지체를 만들겠느냐 결코 그럴 수 없느니라 창녀와 합하는 자는 그와 한 몸인 줄을 알지 못하느냐 일렀으되 둘이 한 육체가 된다 하셨나니 주와 합하는 자는 한 영이니라 음행을 피하라 사람이 범하는 죄마다 몸 밖에 있거니와 음행하는 자는 자기 몸에게 죄를 범하느니라 너희 몸은 너희가 하나님께로부터 받은 바 너희 가운데 계신 성령의 전인 줄을 알지 못하느냐."[91] (그가 행음하는 자에게 말하는 것이 아님을 유의하라. 왜냐하면 그들의 몸은 성령의 전이 아니기에 그 시대의 더러운 이교도들에 의해 행음이 큰 죄가 아니라고 생각하도록 유혹을 받은 자들에게 하심이다.) "음행과 온갖 더러운 것과 탐욕은 너희 중에서 그 이름조차도 부르지 말라 이는 성도에게 마땅한 바니라 누추함과 어리석은 말이나 희롱의 말이 마땅치 아니하다 너희도 정녕 이것을 알거니와 음행하는 자나 더러운 자나 탐하는 자 곧 우상 숭배 자는 다 그리스도와 하나님의 나라에서 기업을 얻지 못하리라 누구든지 헛된 말로 너희를 속이지 못하게 하라 이로 말미암아 하나님의 진노가 불순종의 아들에게 임하나니 그러므로 그들과 함께 참예하는 자가 되지 말라."[92] "육체의 일은 분명하니 곧 음행과 더러운 것과 호색 같은 것들이라 전에 너희에게 경계한 것같이 경계하노니 이런 일을 하는 자들은 하나님의 나라를 유업으로 받지 못할 것이다."[93] "하나님의 뜻은 이것이니 너희의 거룩함이라 곧 음행을 버리고 각각 거룩함과 존귀함으로 자기의 아내 대할 줄을 알고 하나님을 모

---

91) 고전 6:9, 10, 15-19
92) 엡 5:3-7
93) 갈 5:19-21

르는 이방인과 같이 색욕을 따르지 말라."⁹⁴⁾ "결혼을 귀히 여기고 침소를 더럽히지 않게 하라 음행하는 자들과 간음하는 자들을 하나님이 심판하시리라."⁹⁵⁾ 흉악한 자들과… 음행하는 자들은… 불과 유황으로 타는 못에 던져지리라. ⁹⁶⁾ "개들과 술객들과 행음자들과 살인자들."⁹⁷⁾ "소돔과 고모라와 그 이웃 도시들도 그들과 같은 행동으로 음란하며 다른 육체를 따라가다가 영원한 불의 형벌을 받음으로 거울이 되었느니라."⁹⁸⁾ 지루하지 않도록 더 이상 추가하지 않을 것이다.

2. '성경 외에, 하나님은 이 죄를 억제하기 위하여 특별한 수치심과 정숙함을 본성에 심어 놓으셨다. 그것을 범하는 자들은 본성법을 위반하며, 그들 안에 있는 증인과 정죄자에게 대항하여 죄를 짓는 것이다.' 그리고 그들 중 어느 누구도 대담하고, 침착하고 두려움 없이, 먼저 그들의 마음을 완악하게 하고, 그들의 양심을 마비시키고, 빈번하고 고의적인 죄로 본성의 빛을 정복하기 전에는 죄를 저지를 수는 없다. 본성은 성적 흥분을 일으키는 부분을 숨기고, 정숙의 한계를 넘어서는 것을 언급하면 얼굴을 붉히도록 가르친다. 그것을 단순한 관습이라고 말하지 말라. 왜냐하면, 인간의 타락한 본성은 지나치게 정확하지 않고, 세상의 사악함은 좋지도 정숙하지도 않기 때문이다. 그러나 만일 그들이 이 죄를 억제할 수 있었고, 하나님께서 그것을 지우기 어려운 성격으로, 본성 속에서 극도로 비난하는 법을 만들지 않았다면, 이전에 인간은 무엇보다도 이 죄에 대한 제한을 완전히 없앴을 것이다. 땅의 끔찍한 사악함에도 불구하고, 인류가 거의 보편적으로 색욕에 빠지는 경향이 있지만, 그것을 통제하는 보편적인 법률과 관습이 있다. 그러므로 극소수의 야만인과 야수와 같은 식인종 외에는, 이 세상에 추잡함이 수치스럽지 않으며, 정숙함이 더러움을 책망하지 않는 나라는 지구상에 없다. 당신의 본성 자체가 그것에 반대하는 법이라면 더 이상 법을 구하지 말라. 그리고 어떤 사람이든 훌륭하면 할수록, 순결하지 않은 정욕을 더 싫어한다. 그래서 사도는 "너희 중에 음

---

94) 살전 4:3-5
95) 히 13:4
96) 계 21:8
97) 계 22:15
98) 유 7

행과 온갖 더러운 것과 탐욕은 그 이름도 부르지 말라." "그들이 은밀히 행하는 것들은 말하기도 부끄러운 것들이라."[99]고 말한다. 그리고 술 취함으로 **노아**가 수치를 드러냈을 때, 그의 아들 **함**이 그것을 보고 저주를 받았고, 다른 아들들은 그들의 겸손과 경건함으로 그를 덮었기 때문에 축복을 받았다.

3. 그리고 그분에 대해 적합한 암묵적인 믿음과 복종이 우리를 만족시킴에도 불구하고, 하나님께서 이 법을 아주 큰 이유 없이 인간의 본성에 넣지 않으셨다. 우리는 그 원인을 구체적으로 알지 못하지만, 그 원인 중 많은 것들이 일반적인 관찰로 널리 알려져 있다. 하나님이 법으로 정욕을 억제하지 않으셨다면, 그것은 여성을 가장 비열하고 비참하게 했을 것이다. 개보다도 남자에 의해 나쁘게 이용되었을 것이다. 먼저, 강간과 폭력은 여성이 저항하기에 너무 약하기에 그들의 처녀성을 빼앗을 것이다. 만일 이것이 억제되었다면 지금까지 남자의 정욕은 채워지지 않았을 것이고, 대부분의 사람은 그들이 부적절하게 사용하던 여자에게 싫증을 내고 또 다른 여성을 취할 것이다. 적어도 그녀가 늙으면 그들은 더 젊은 사람을 선택할 것이고, 따라서 나이 든 여성은 지상에서 가장 재앙적인 존재가 될 것이다. 그 외에 정욕은 다양성에 중독되어 같은 것에 싫증을 낸다. 남자와 여자 사이의 불화, 사람을 기뻐하지 않는 질병, 노화 및 기타 사고로 거의 모든 사람이 완전한 불행에 빠지게 될 것이다. 그리고 남자들은 입법자가 될 것이며, 따라서 그녀들을 구제하기 위해 법을 만들지 않고, 오직 자기들의 정욕과 목적을 위한 법을 만들 것이다. 따라서 혼인법과 인간의 정욕을 억제하는 다른 법이 없었다면 세상의 절반은 파멸되었을 것이다.

4. 또한 출산에 혼란스러운 혼합이 있어, 어떤 남자도 자기 자녀가 누구인지 잘 알지 못할 것이다. 이는 자기 밭과 집을 알지 못하는 것보다 더 나쁘다.

5. 이로써 모든 자연적 사랑의 감정이 줄어들거나 소멸될 것이다. 남편과 아내의 사랑처럼

---

99) 엡 5:3, 12

아버지와 자녀 사이의 사랑도 줄어들 것이다.

  6. 결과적으로 자녀들의 합당한 교육이 방해를 받거나 완전히 전복될 것이다. 먼저 자녀들을 돌보아야 할 어미들은 무력하게 되어 외면당하고, 전 처의 후손들을 미워하는 새로운 창녀들이 받아들여질 것이다. 그렇게 이 방법으로 전 세계와 모든 사회와 예절이 파괴되고, 인간은 자연이 그들에게 더 잘 가르치거나 다른 어떤 결핍을 보충한 짐승보다 더 나쁘게 될 것이다. 학문, 종교, 예의범절은 우리가 보기에 그들은 아무런 구속도 받지 않는 몇 안 되는 야만적인 식인종과 같이, 멸종될 것이다. 이 모든 것이 교육에 얼마나 의존하고 있는지 경험이 말해 준다. 한마디로, 이 출산의 혼란은 필요한 사랑의 감정과 교육을 부패하게 하고 파괴함으로써 인간의 마음과 가족, 모든 사회에 혼란을 초래하여 인류가 상상할 수 있는 가장 큰 재앙이 될 것이며, 세상을 가장 비천하게 그리고 야수처럼 만들고, 지구에서 인류를 멸망시키는 것이 더 바람직한 것처럼 보이게 할 것이다. 그때 하나님께서 인간의 정욕을 억제하지 않은 채, 내버려 두어야 했는지 판단하라.

이의 '그러나 이슬람교 사람들과 마찬가지로, 그리스도께서 사용하시는 만큼의 엄격함은 없지만, 특정 사람들에 대해 약간의 온건한 억제가 있었을 수도 있다고 말한다.'

답 이 엄격함은 필수적이며 하나님의 율법의 탁월함은 다음과 같이 나타난다.

  1) 뒤따를 악이 중대하기에, 세상에서 이러한 혼란을 막는 데 소홀하면 세상에 대한 적개심이 될 것이다.

  2) 사람의 본성은 격렬하게 위반하는 경향이 있어서, 울타리가 가깝지 않으면 그들을 충분히 제지할 수 없다. 그들은 약간의 틈새에도 빨리 빠져나갈 것이다.

  3) 어떤 나라나 사람이 더 현명하고 더 훌륭할수록, 심지어 이교도들 사이에서도, 그들은

하나님의 율법의 엄격함에 더 전적으로 동의한다.

4) 가장 깨끗한 종류의 짐승들 자신도 짝짓기에서 더 엄격하도록 본성이 가르친다. 비록 지상의 짐승과 새의 경우는 다를지라도, 공중의 새는 한 쌍으로 이동한다. 하늘을 나는 새라 불리는 것들은 일반적으로 이 순결을 본성으로 배운다. 그것은 마치 하나님은 정욕이 하늘 가까이에 오는 것을 원치 않기에 본성으로 배우는 것 같다.

5) 아내가 한 명 이상인 이슬람교 사람들의 가족은 아내의 증오와 불화, 그리고 여성이 노예와 같이 갇힌 결과에서 그것의 해악을 보여 준다. 그들을 종처럼 삼아 잠잠케 하려 함이다. 그리고 세상의 모든 미덕과 예의가 유지되는 자녀 교육에 매우 큰 역할을 하는 여성이 노예가 될 때, 그것은 인류를 비하하고 짐승화하게 된다.

7. 아이들은 우리의 가장 소중한 보물이므로 그들의 좋은 교육과 복지를 보장하기 위해 가장 엄격한 법을 만드는 것이 필요하다. 왕의 주화를 훼손하거나 위조하는 것은 반역이 되고, 당신의 물건이나 돈을 강탈한 죄로 교수형에 처해야 하고, 당신의 재산을 보호하기 위해 만들어진 법이 매우 엄격하지 않아서 당신의 재산을 지키지 못하는 경우는 없다. 인류를 도덕적으로 타락시키는 행위와 자녀에 대한 당신의 형상을 손상시키는 것, 모든 덕을 완전히 파괴하고 모든 사회와 영혼을 파멸시키는 것에 대한 법이 얼마나 더 엄격할 필요가 있는지!

8. 하나님은 세상에 그의 거룩함의 형상을 낳을 거룩한 씨를 갖을 것이기에 그는 적합한 모든 수단을 거기에 맞추실 것이다. 야만적이고 난잡한 세대는 야만적인 씨앗을 생산하는 경향이 있다. 그리고 비록 전파된 말씀이 어린 시절부터 거룩하지 못한 채로 남아 있는 자들을 거룩하게 하는 수단일지라도, 지금까지 거룩한 결혼과 자녀를 하나님께 거룩하게 봉헌하는 행위와 그들에 대한 거룩한 교육은 하나님께서 소홀히 하거나 부패하게 하지 않으실 것이다. 그것은 축복을 약속한 이전의 수단이다. 고린도전서 7장 14절, 말라기 2장 15장에서 알다시피, "오직 하나를 만들지 아니하셨느냐 어찌하여 하나만 만드셨느냐 이는 경건한 자

손을 얻고자 하심이라 그러므로 네 심령을 삼가 지켜 어려서 취한 아내에게 궤사를 행치 말찌니라 왜냐하면 여호와가 미워하시기 때문이다."

9. 참으로 정욕은, 매우 억제되고 절제되지 않으면 그 사람의 마음을 부패하게 한다. 그것은 야만적인 종류의 쾌락의 힘에 의해서, 우월한 더 높은 쾌락에서 돌이키게 한다. 쾌락은 생각을 사로잡고, 타고난 속성을 교란시키고, 환상을 부패하게 하여, 지성과 마음을 쉽게 부패하게 한다. 쾌락은 인간의 본성이 욕망하도록 이끄는 인간 목적의 대부분이므로, 세상에서 인간을 선하고 행복하게 만드는 가장 중요한 것은 인간의 마음을 선하고 행복하게 만드는 쾌락에 마음을 쏟는 것이다. 그리고 그를 나쁘고 비참하게 만드는 주요 부분은 인간을 나쁘게 만들고 불행으로 끝나게 하는 쾌락에 그를 참여시키는 것이다. 그리고 당신 자신이나 다른 사람이 무엇인지 알 수 있는 가장 중요한 것은 당신의 즐거움이 무엇인지 아는 것이다. 또는, 적어도 당신이 당신의 즐거움을 위해 선택하고 원하는 것이 무엇인지 아는 것이다. 몸이 영혼을 지배하면 당신은 짐승이며 멸망할 것이다. 영혼이 몸을 지배하면 당신은 진정한 인간의 본성과 창조의 목적에 따라 살고 있는 것이다. 육체의 쾌락이 당신이 가장 중독되어 있는 지배적인 쾌락이라면, 육체가 영혼을 지배하고 당신은 하나님의 형상을 더럽히고 사람을 짐승으로 만드는 자로서 하나님을 배반하는 자로 멸망하리라.[100] 영혼의 쾌락이 당신의 두드러진 쾌락이고, 당신이 가장 중독되어 있다면(아직 성취한 것은 거의 없지만) 영혼이 몸을 지배하고 당신은 사람처럼 살고 있는 것이다. 이것은 믿음이 영혼에게, 하나님에 관한 더 높은 기쁨과 영원한 영광을 보여 줄 때까지는 잘될 수 없다. 그것은 모든 육체의 쾌락을 능가할 수 있다. 이 모든 것을 종합해 보면, 마귀가 사람을 부패하게 하고 저주하는 길은 믿음에서 멀어지게 하여 하늘에 속한 신령한 쾌락을 얻지 못하게 하고, 관능성을 강화하고 육체적인 쾌락으로 충만하게 하여 그들의 마음을 가두어 더 높이 오르지 못하게 하는 것을 쉽게 알 수 있다. 사람을 거룩하게 하고 구원하는 길은, 믿음으로 하늘의 쾌락에 이르도록 돕고 그들의 마음을 끌어내리는 육체의 쾌락을 줄이고 억제하는 것이다. 이것으로 당신은 육체를 길들이

---

100) 롬 8:13

고, 육체의 쾌락을 삼가는, 절제하는 교리에 대한 의미를 알 수 있으며, 이제 개인의 악한 정욕이 영혼에 어떠한 영향을 미치는지 파악할 수 있을 것이다.

10. 당신 자신의 경험과 양심은, 정욕이 한계 이상으로 절제되지 않으면 모든 거룩한 의무를 감당할 수 없다고 말할 것이다. 당신은 하나님을 묵상하거나, 그에게 기도하거나, 그의 말씀이나 성찬을 받는 데 적합하지 않다. 따라서 본성은 거룩한 것에 참여하는 사람들을 다른 사람들보다 더 절제하라고 가르친다. 성경 역시 그것을 지지한다.[101] 그러한 감각적인 것과 신성한 것이 가까이에 있는 것은 어울리지 않는다.

11. 이 모든 것에 의해 하나님께서 육체적이고, 정욕의 경향이 있는 사람들보다 정욕에 굴레 매인 사람들을 위하여 더 엄한 법을 만드신 이유를 알 수 있다. 그러므로 순결하지 않은 사람이 그의 법을 어겼을 때, 양심이 (심히 타락할 때까지) 죄인을 심히 비난하고 이에 대해 분명한 증언을 하는 것은 죄이다. 오 불안함! 공포! 음행으로 이어지지 않은 자기 오염의 죄에 대해서도, 내가 아는 많은 사람들의 절망! 얼마나 많은 간음자와 음행하는 자가 절망 속에 살다가 죽었고, 그들 중 일부는 목매어 자살했다! 양심은 관습이나 불신앙이 완전히 마비될 때까지 심한 정죄로 이 죄를 정죄할 것이다.

12. 또한, 사람들이 일단 이 점에서 양심을 지배하고, 양심이 이 음행의 죄와 화해하면, 그들은 모든 가증한 일에 완전히 무감각해지고 무슨 비열한 짓이든 거의 양심의 가책을 만들지 않는다는 것을 관찰할 수 있다. 한 번 음행이 아무것도 아니고 작은 일로 생각되면, 일반적으로 다른 모든 죄도 그것과 같을 것이다. 만일 그들에게 똑같은 유혹이 있다면, 거짓말, 욕설, 위증, 도둑질, 게다가 살인, 반역도 작게 보일 것이다. 나는 이들 중 어느 것도 알지 못했지만 그는 화해하고 마귀가 그에게 부추기는 어떤 비열한 짓을 각오하고 있다. 만약 내가 그런 사람을 안다면, 당신이 말할 수 있는 어떤 가증스러운 죄를 저지를 기회와 관심 외에는

---

101) 삼상 21:4, 5

아무것도 원하지 않는 사람을 신뢰하는 것보다 그를 더 신뢰하지 않을 것이다. 나는 전자의 유형 중에, 공포와 절망 속에서 이 죄를 범하고, 다른 면에서 어느 정도 좋은 점을 유지하고 회복된 소매치기를 알고 있음을 고백한다. 그러나 자기들의 양심을 음행과 화해한 후자의 부류 중에, 나는 그들이 회복되거나 그들의 자존심과 세속적인 이익이 그들에게 명령했을 때, 그들의 양심이나 정직의 어떤 것을 간직한 사람을 결코 보지 못했다. 그리고 그들은 다른 사람들 안에 있는 선함에 악의적인 원수였으며 그들을 지배하는 더러운 영에 따라 살았다. 잠언 2장 18, 19절에 무서운 말씀이 있다. "그의 집은 사망으로, 그의 길은 죽음으로 기울어졌나니 누구든지 그에게로 가는 자는 돌아오지 못하며 또 생명길을 얻지 못하느니라." 나이는 그들을 실제적인 더러움과 정욕에서 그들을 지켜 준다. 하지만 그들은 방탕하고 마비된 양심을 그대로 간직하고 있다.

13. 그리고 그것은 혼자 저지른 것이 아니기 때문에 더 큰 죄다. 그러나 마귀는 그들을 쌍으로 데려간다. 정욕은 정욕을 불태우고 연료와 만나면 가장 큰 불꽃을 만든다. 당신은 당신 자신만 아니라, 비참한 동료의 죄에 대해 책임이 있다.

14. 마지막으로, 그것의 비참한 결과와 이생에서 그에 따른 형벌은 하나님께서 그 죄를 어떻게 평가하셨는지를 우리에게 말해 준다. 그 죄로 사람과 가족과 왕국을 파멸시켰고, 하나님은 많은 주목할 만한 심판에 의해 그것에 대해 증언했다. 모든 역사에서 당신은 그것을 익히 알 수 있다. 신약 성경에서 더 자주, 더 심하게 비난하는 죄를 찾기 드물지라도(바울의 서신서, 베드로후서 2장, 유다서에서 볼 수 있듯이), 하나님의 섭리가 이 땅에 수치와 비참함으로 더 자주 빠지게 하는 것은 많지 않다. 그리고 하나님은 세상의 후반부에, 일반적으로 성병 매독(lues venerea)이라 불리는, 이전에 알려지지 않은 하나의 부수적인 전염병을 추가하여 가장 야수적인 유형의 많은 사람들에게 하나님의 보복의 표시, 더 중한 보복의 예고나 경고의 낙인을 찍는다. 그리고 그들 모두는(큰 회개로 새로운 피조물이 되지 않은) 그들이 죽었을 때(그들의 죄가 공개적으로 알려 진 경우에), 불명예스러운 이름과 기억 외에는 그들에 대해 남는 것이 아무것도 없다. 그들이 살아 있는 동안 그렇게 위대하고, 용감하고, 승리하

고, 성공하고, 관대한 것이, 칭찬받거나 박수를 받지 못하도록, 하나님은 그들이 죽었을 때, 그들에 대해 기록하는 역사가들에게, 예외 없이 진리가 우세하도록 명령했다. 그리고 술을 먹지 않는 사람일지라도, 그들의 몸만 아니라 이름도 썩고 악취가 난다. "의인을 기념할 때에는 칭찬하거니와 악인의 이름은 썩게 되느니라."[102] 그만큼 그 죄가 중요하다. 마인츠의 주교 보니파시오(Bonifeace)는 음행자였던 영국 왕 에틸발드(Ethilbald)에게 편지를 썼다. 서신 19번에서, '음행은 기독교인들 사이에서만 아니라 이교도 사이에서 치욕거리다…. 고대 작센(Saxony)에서는 처녀가 이와 같이 자기 아버지의 집을 더럽혔거나, 기혼 여자가 혼인 서약을 어기고 간음을 저지른 이유로 인해 때때로 그들은 그녀에게 자신의 손으로 목을 매도록 강요했고, 그녀가 화형을 당했을 때, 그녀의 재 위에 간음자를 매달았다. 때때로 그들은 한 무리의 여자들을 모아 이끌고 다니며 막대기로 채찍질한다. 허리띠 부근에서 그녀의 옷을 자르고, 작은 칼로 그녀의 몸을 베고 찔러, 그녀를 마을에서 마을로 보냈다. 이런 식으로 작은 상처로 피투성이가 되고 엉망이 된다. 그래서 점점 더 많은 사람들이 순결에 대한 열심으로, 그녀를 만나 다시 채찍질하여 그녀를 죽게 하거나 살지 못하게 하여, 다른 사람들이 간음과 즐거움을 두려워하게 한다. 그리고 가장 더럽고 추악한 부류의 남자인, 슬라브족(Wineds) 사람은 결혼에 대한 사랑을 너무 열렬히 유지해서 남편이 죽으면 여자는 살기를 거부해야 했다: 그리고 음행하는 왕에 대한 몇 가지 책망 후에 그는 이러한 이야기를 덧붙인다. 왕세자의 전임자 콜레드(Ceolred)는 참석한 사람들이 목격한 대로 백작들과 화려하게 잔치를 벌이고 있던 중, 악령에 이끌려 하나님의 율법을 어기게 되었고 갑자기 그의 죄에 정신이 팔렸다. 그래서 그는 회개와 자백도 없이 성내며 미친 듯이 마귀와 이야기하며, 하나님의 제사장들을 혐오하며 이 세상을 떠나, 의심할 바 없이 지옥의 고통에 빠졌다. 그리고 오스레드(Osred: 데이리와 베르니치의 왕)는 유쾌하지만 바람직하지 않은 정신으로 수도원에서 성스러운 처녀들을 음행하고 더럽혔다. 그는 비열하고 비천하게 죽을 때까지 그렇게 했고, 그의 젊음과 호화로운 생활과 함께 그의 영광스러운 왕국을 잃었다. 그러므로 '사랑하는 아들아, 네 앞에서 다른 사람들이 빠지는 하수구에 주의하라. …'고 썼다.

---

102) 잠 10:7

그리고 음행을 저지른 사제, 수도사, 수녀에게 수년간의 투옥과 채찍질에 의해 얼마나 큰 고통이 가해졌는지 《주교 평의회의 조언에 의한 카롤로만(Carloman) 칙령 84페이지》를 참조하라.

그리고 보니파시오가 룰로(Lullo)에게 쓴 85번 편지 87페이지에, 오래전에 음행을 저지른 사제가 주례하고, 세례를 주고, 기도하는 등의 일을 하게 하고 싶다고 말했다. 왜냐하면 그는 온 나라에서 혼자 있을 수밖에 없었기 때문에 그 한 사람의 영혼을 모험하는 것이 모든 사람들을 멸망시키고 그 안에서 룰로의 조언을 바라는 것보다 낫다고 생각했다. 우리는 음행의 죄가 그 당시에 얼마나 가중한 죄로 심판받았는지를 모든 것을 통해 알 수 있다.

이의 '그러나 (더러운 자들이 말하기를) **다윗**이 간음죄를 범하지 않았나? 하나님께서 유대인들 가운데 많은 아내를 허락하지 않았나? **솔로몬**이 몇 명의 부인이 있었느냐? 그러므로 이것은 당신이 생각하는 것처럼 큰 죄가 아니다.' 이와 같이 모든 더러움은 얼마간 스스로를 변호할 것이다.

답 **다윗**은 죄를 지었는데 그것으로 그 죄가 어떤 식으로든 덜어졌는가? **다윗**이 지은 죄 때문에 눈물과 슬픔을 겪은 것보다 죄를 참는 것이 더 쉽다! 그로 인한 마음의 괴로움 외에 그의 아들 **압살롬**이 반역하여 그를 그의 왕국에서 쫓아내고, 그의 아내들은 공공연히 더럽혀졌다. 그러나 하나님은 그것을 그의 이름에 영원한 오점으로 남겨 두신다. **솔로몬**의 죄는 너무 커서 그와 그의 왕국을 거의 파멸시켰다. 구약성경에서 말한 것보다 경험으로 다른 사람들이 그것에 대해 더 많은 말을 하게 되었지만, 그가 회복되고 구원을 받았는지 여부는 신학자들 사이에서 논란이 되고 있다. 열두 지파 중에서 열 지파가 그의 가계에서 취해져 **여로보암**에게 주어졌다. 이것이 당신이 그를 본받도록 격려하는 것인가? 그리스도께서는 이혼의 경우에 "그들의 마음의 완악함"[103] 때문에 하나님께서 유대인들에게 그러한 죄를 허락(허용

---

103) 막 10:5

하지 않고 금하셨다)하셨다고 말씀하신다. 그러나 처음부터 그렇지 않았다. 그러나 한 남자와 한 여자가 원시제도에서 결혼했다. 그리고 유대인들 사이에서 일부다처제가 간과된 특별한 이유는 민족의 인구를 널리 가득 채우게 하려고 한 것이다. 그들은 유일한 언약의 백성이요 둘러싸고 있는 적에 비해 소수이고, 세상의 사람들로부터 분리되어 있었기 때문에, 그들의 힘과 안전과 영광이 그들의 증가된 수에 크게 좌우되었음으로 약간 과도한 상태가 수를 늘리는 과정에서 묵과되었으나 절대 허용이나 승인된 적이 없다. 지금까지 음행은 엄하게 다루어졌고 간음은 사형으로 다루어졌다.

II. 음행에 대한 방향 제시는 다음과 같다.

방향 제시-1 '만일 당신이 불순결을 피하고 싶다면 거기에 빠지게 하는 것들을 피하라.' 탐식, 일상 음식의 포식과 육체의 방종과, 게으름과 같은 주제 아래 말하는 정욕을 억제하는 것이다. 더러운 욕망을 제거하는 것이 더러운 행위를 막는 가장 확실한 방법이다. 당신은 의지만 있다면 할 수 있다.

방향 제시-2 '현재의 유혹을 피하라.' 올가미가 있는 곳에 필요 없이 가지 말라. 정욕의 불을 불어넣는 마귀의 풀무를 혐오하라. 유혹적인 의복, 더러운 말과 광경과 같은 것들이며, 더 많은 것들이 다음 제목 아래에 있다.

방향 제시-3 '죄를 지을 수 있는 모든 기회를 조심스럽게 피하라.' **솔로몬**은 잠언에서 "그의 집 문에도 가까이 가지 말라."[104]고 말했다. 위험이 있는 사람과 함께 있는 것을 피하라. 그녀가 있는 곳으로 가지 말라. 당신이 원한다면 할 수 있다. 아무도 강요하지 않는다. 도둑을 맞으려고 한다면 도둑질 당하는 것은 당연하다. 초가에 불을 지르려 한다면 불이 나는 것은 놀랄 일이 아니다. 마귀는 유혹자를 충분히 움직이게 할 것이다. 당신은 그를 도울 필요가

---

104) 잠 5:8

없다. 그것은 그의 몫이다. 그에게 맡기라. 그를 경계하는 것이 당신의 몫이다. 그는 자신의 일을 찾을 것이다. 당신은 할 수 있는 한 면밀하고, 계속적으로 경계하고, 탈출하는 것이 좋다. 당신은 자신의 영혼을 사랑하기에 죄짓는 모든 기회를 피하라. 스스로 죄짓는 것이 불가능하게 하라. 당신 안전의 대부분은 이 지점에 있다. 위험이 있는 그녀와 결코 비밀리에 함께 있지 말라. 그리고, 전혀 만나지 않거나 다른 사람들이 보는 앞에서만 만나라. 특히 밤이나 어둠 속에서, 또는 다른 사람들이 교회에 있는 주의 날(이러한 일을 하는 마귀의 적기 중 하나)이나 그러한 기회, 여가 및 비밀리에 함께하는 것과 같은 기회를 일부러 만들지 말라. 기회 자체가 강한 유혹이기 때문이다. 그것은 도둑을 만드는 방법이고, 그의 길에 돈을 두는 것이거나, 또는 그가 쉽게 당신을 속이거나 도둑질할 수 있고, 결코 발각되지 않도록 그를 신뢰하는 방법이기 때문이다. 그러므로 그것은 자신을 더럽히는 길이며, 죄를 지을 기회를 얻는 길이다. 그래서 쉽게 행할 수 있고 사람에게 방해나 발각될 가능성이 전혀 없다. 모든 책략이나 파수꾼의 주된 요점은, 충분히 다가오지 못하게 하는 것이다. 역청을 만지면 더러워진다. "그녀를 만지는 자마다 벌을 면하지 못하리라."[105] "사람이 불을 품에 품고야 어찌 그의 옷이 타지 아니하겠으며 사람이 숯불을 밟고야 어찌 그의 발을 데지 아니하겠느냐 남의 아내와 통간하는 자도 이와 같으리라."[106] 친밀감을 억제할 수 없고 미끼의 존재를 참지 못한다면, 당신은 죄를 참지 못한다.

방향 제시-4 '자신의 양심을 존중하라.' 양심이 지금 말하는 것을 유의하라. 곧 더 끔찍한 방식으로 말할 것이기 때문이다. 양심이 하는 말을 자발적으로 들으라. 당신이 저항할 수 없을 때 듣는 것이 끔찍하다. 양심과 화해할 수 있는 동안에는 양심으로 대하라. 당신은 그것이 얼마나 무서운 고통인지 알지 못하기 때문이다. 나는 욕망이 실행되기 전에 당신의 바로 그 정욕에 대해 양심이 약간의 고통을 갖게 했다는 것을 의심하지 않는다. 그러나 지금 그 가장 고통스러운 것은, 죽이는 고통이 주어지기 전에 고양이가 쥐를 가지고 노는 것과 같다. 아무도 당신을 보지 않는가? 양심이 당신을 보고 있다. 그리고 만일 당신이 사람보다 양심을 더

---

105) 잠 6:29
106) 잠 6:27-29

존중하지 않는다면 당신은 참으로 철면피한 사람이다. 크리소스톰(Chrysostom)이 말했듯이, 범죄를 저지른 사람과 그와 함께한 여자 외에는 아무도 그 범죄를 아는 사람이 없다고 가정해 보라! 그가 그처럼 날카롭고 가혹한 고발자를 데리고 다니는데 어찌 양심의 가책을 견디겠는가? 아무도 자기를 능가할 수 없고 누구도 자기 안에 있는 이 법정의 처벌을 피할 수 없다. 그 법정은 돈으로 타락하지 않고 아첨으로 왜곡되지 않는다. 그것은 하나님 자신에 의해 영혼에 배치되는 신성한 것이기 때문에, 간음하는 자가 이제 그것을 덜 느끼면 느낄수록, 자기 영혼의 멸망을 더욱더 서두르게 된다. 당신은 당신 안에 전달되는 무서운 선고를 느끼지 못하는가? 복수하는 하나님의 진노를 알리는 끔찍한 선고다. 그것이 아직 되돌릴 수 없는 선고가 아니라는 사실로 하나님께 찬양하라. 그러나 그렇게 되지 않도록 빨리 용서를 구하라. 하나님께 말하고 기도하는 것이 두렵고 부끄럽다고 느껴지지 않는가? 죽음을 생각하고 그의 앞에 나타나는 것이 훨씬 더 두렵지 않을까? 만일 당신의 죄가 지금 그분에게서 도망칠 준비를 하게 만들고, 당신이 그 방법을 안다면, 마침내 그분의 얼굴을 바라볼 수 있겠느냐? 아니면 그분의 법정에 편안히 서 있기를 바랄 수 있겠느냐? 당신은 그분과 함께 하늘에 살기에 합당한데, 자신이 그분에게 기도하기에 부적합한가? (이전에 말했듯이) 합법적인 성행위조차도 거룩한 행위에 가까이 다가가기에는 얼굴이 붉어진다. 크리소스톰(Chrysostom)이 말했듯이, '합법적으로 자녀를 만들기 위해 주의를 집중한 날은 그것이 죄가 아님에도 감히 기도하지 못한다…. 오염되지 않은 침대에서 일어나 기도하기 두렵다면, 당신이 마귀의 침대에 있을 때 감히 두려운 하나님의 이름을 부르겠는가?' 양심은 당신의 죄에서 당신을 되찾아줄 때 당신이 상상하는 것보다 당신에게 더 좋은 친구다. 만일 당신이 그것에 순종하지 않는다면, 당신이 지금 상상할 수 있는 것보다 더 날카로운 적이 될 것이다.

방향 제시-5 '당신이 죄를 짓기 위해 들어가려는 집이나 방의 문에 "음행하는 자들과 간음하는 자들을 하나님이 심판하시리라."[107]고 쓰여 있는 것을 보았다고 가정하라. 그리고 당신의 방 문에, 또는 적어도 당신의 마음에 그런 글을 기록하라.' 두려운 하나님의 무서운 위협

---

107) 히 13:4

에 눈을 떼지 말라. 뒤따를 복수에 감히 죄를 지을 수 있을까? 지옥 불에 대한 생각이 정욕의 불을 끄거나 주제넘은 죄를 억제하지 않을까? 당신은 **요셉**과 같이, "내가 어찌 이 큰 악을 행하여 하나님께 죄를 지으리이까."[108]라고 말하지 않을까? 어느 순결한 여자에 대한 기록에서, 그녀는 음행하는 자의 유혹을 받고 먼저 '당신의 손가락을 불 속에 넣어 달라.'고 요청했으나 그가 거절하매, '그러면 내가 어찌하여 당신을 만족케 하기 위해 지옥에서 불타야 하는가?'라고 그에게 대답했다. 그리 한 것처럼 스스로에게 물어보라. 내가 욕정의 불꽃보다 지옥의 불꽃을 쉽게 극복할 수 있을까?

방향 제시-6 '하나님이 곁에 계시다는 사실을 기억하라.' 그가 없다면 당신도 거기에 있을 수 없다. 왜냐하면 당신은 그분 안에서 살고 움직이며 존재하기 때문이다. 눈을 만드신 자는 보이는 것이 틀림없고, 빛과 어둠을 만드신 자는 빛 가운데서와 같이 어둠 속에서도 잘 보신다. 만약 그가 부재하고 무지하다고 생각된다면, 그분이 하나님이라는 것을 믿지 않는 것이다. 부재하고 무지한 하나님은 하나님이 아니기 때문이다. 내가 감히 말하는데, 그런 악행을 저지르는데 하나님이 보지 않겠느냐? 어린이가 보아도 당신은 부끄럽지 않겠느냐? 성인이 곁에 있다 해도 못할 일이지! 당신은 당신의 자물쇠, 비밀, 어둠으로 하나님을 어둡게 하거나 차단했다고 생각하는가? 그분은 당신이 휘장 안에서 하는 일뿐 아니라 당신의 마음속까지 보신다는 것을 모르는가? 오, 당신의 창조주이며 재판관이신 하나님 앞에서 감히 그런 악을 행하다니, 당신의 마음은 얼마나 완고한지! 당신의 양심에 물어보라. 만약 내가 내일 죽어서 하나님께 간다면 이것을 할 수 있을까? 방에서 하나님을 아니면 천사를 본다 해도 그렇게 할 것인가? 그렇지 않다면, 마치 당신이 그를 보는 것처럼 하나님이 그곳에 계시는데 악행을 할 것인가? 오, 사람이여, 그분은 거룩하신 하나님이며 순결하지 않은 것을 미워하신다. 그는 소멸하는 불이다![109]

방향 제시-7 '마귀가 당신에게 문을 열고, 당신의 친구를 데려오고, 짝짓게 하여, 당신을

---

108) 창 39:9
109) 히 12:29

죄로 유인하는 것을 내내 보았다고 가정해 보라?' 만약 지금, 그가 보이지 않는 역할을 하는 것처럼, 당신에게 공개적으로 나타나 자신의 역할을 수행하고 있다면 어떠 할까? 당신의 욕망이 식지 않을까? 마귀가 당신에게 일으킨 질병을 고치지 않을까? 당신이 그를 본 바와 같이, 그가 확실한 선동자인데 왜, 당신은 지금 그에게 순종하는가? 사람이여, 왜 본 것과 보지 못한 것이 그토록 큰 차이를 만들어 낼 수 있다는 것을 알 만한 이성이 없는가? 당신이 장님이라면, 사람들이 그곳에 있는 것을 알면서도 당신이 그들을 보지 못하기에 온 무리 앞에서 음행하는 자 역할을 하겠는가? 당신에게 이성이 있다면, 당신은 하나님이 거기에 계시다는 것을 안다. 그리고 당신은 유혹 안에 있는 사탄을 느낄 수 있다. 당신은 왕이 보이지 않는다고 법의 지배를 벗어날 수 있는가? 당신은 전염병이 보이지 않는다고 그것의 감염이 두렵지 않은가? 몸만 아니라 영혼에도 이성을 사용하고, 마귀가 당신을 유혹하는 것을 보는 것처럼, 그리스도께서 당신에게 금하시는 것을 보는 것처럼 행하라.

방향 제시-8 '당신이 결혼하지 않았다면 결혼하라. 더 쉬운 해결책이 소용없다면, "정욕이 불타는 것보다 결혼하는 것이 낫다."[110] 부분적으로는 이 목적을 위한 하나님의 규례다.' "결혼을 귀히 여기고 침소를 더럽히지 말라."[111] 그것은 그리스도와 그의 교회와의 연합과 닮았으며, 신자들을 거룩하게 하는 것이다.[112] 아마도 당신이 (제자들도 마찬가지로) 그 상태에 대한 준비가 되어 있지 않다면 세상의 큰 어려움에 처하게 될 수도 있다. 더 쉬운 방법으로 죄를 억제하라. 그렇지 않으면 몸이 무너지더라도 합법적인 방법을 사용해야 한다. 만약 당신이 그것들 중 하나가 되기 위해 필요하다면 당신의 영혼보다 몸이 무너지는 것이 더 낫다. 그러나 당신이 이미 결혼했고, 그 치료법이 통하지 않는다면, 당신은 괴물이지 사람이 아니다. 그러나 다른 방향 제시들도 당신에게 도움이 될 수 있다.

방향 제시-9 '만약 수단이 유력하지 못하다면, 유능하고 충실한 친구에게 당신의 상황을

---

110) 고전 7:9
111) 히 13:4
112) 엡 5장; 고전 7장

공개하고, 그들이 당신을 지켜보게 하라. 그리고 당신이 유혹에 의해 가장 위험에 처했을 때, 그들에게 말하라.' 이것은 죄로 인해 부끄러워하고 그것을 피하기 위해 더 많은 활동을 하게 할 것이다. 만일 당신이 당신의 친구에게, 지금 나는 죄의 유혹을 받고 있으며, 지금 죄를 지을 것 같다고 말하면, 그가 빨리 막아줄 것이다. 비밀을 지키는 습관을 깨라. 그렇지 아니하면 당신은 기회를 잃게 된다. 당신이 원하기만 한다면 이것을 할 수 있다. 만일 당신의 양심이 당신의 죄에 대항하기로 결심하거나 도피하고자 하는 만큼, 당신의 양심이 우세하다면, 당신의 양심이 깨어 있을 때, 시간을 갖고 당신의 친구에게 가서 당신의 상황을 말하라. 그리고 당신의 사악한 친구가 누구인지 그에게 알리고 당신의 모든 행적을 알게 하여 그가 어떻게 도울 수 있는지 더 잘 알게 하라. 이것을 수치스러운 일이라고 말하는가? 그것이 그에게 알려진 대로 그렇게 대처할 것이다. 그러나 그것은 유익한 것이고, 내가 그것을 충고하는 이유다. 부끄러움이 당신의 영혼을 구원하는 데에 도움이 될 것이다. 당신이 죄를 계속 지으면, 죄는 당신을 수치스럽게 하고 저주를 받게 할 것이다. 이보다 더 큰 수치라 해도 그 수치심은 더럽고 위험한 병에 대한 부드러운 치료법이다.

방향 제시-10 그럼에도, 아직 이 모든 것이 바뀌지 않는다면, '많은 사람에게 고하라. 참으로 고침을 받지 못하는 것보다 온 성읍에 고하는 것이 낫다.' 그러면 대중에 대한 수치심은 훨씬 더 많은 일을 할 것이다. 당신의 목사에게 그것을 고백하고, 그에게 공개적으로, 당신의 용서와 회복을 위해 회중기도를 간청하라. 그렇게 교회 권징의 열매를 갈망하라. 지금까지는 그것에 대해 회피했으나, 절박하고 완고한 죄인들이 하는 것과 같은, 그것에 대항하여 경멸적으로 거부해야 한다. 이것이 어려운 교훈이라고 말한다면, 지옥의 고통이 더 어렵다는 것을 기억하라. 내가 당신을 악평과 공공연한 수치에 빠지게 한 것을 부당하게 대우한다고 말하지 말라. 모든 더 쉬운 치료법을 거부함으로써, 그것을 필요하게 하고, 그것을 당연하게 만드는 것은 당신이다. 나는 당신이 더 쉽게 치유되지는 않을 것이라는 가정하에 그것을 사용한다. 그리스도께서 당신이 "오른팔을 자르거나" "오른쪽 눈을 빼고라도 온몸이 지옥에 빠지지 않는 것이 낫다."[113]고 말한 것과 같다. 이것은, 먼저 그것을 하라고 명령하는 것이 아니다. 그는 그렇게 하는 것을 피하고 싶어 했으나, 더 나빠지는 것보다 그렇게 하는 것이 더 낫다고 말하는 것이다. 그리고 이것은 지옥의 고통에 비하면 쉬운 고통이다. 그러므로, 만일 당신이 당신의 명예를 사랑한다면, 당신의 죄를 더 쉬운 방법으로 절제하라고 충고한다. 그러나 그렇게 하지 못했다면, 영혼을 저주하는 것보다 이 길을 택하라. 온 성읍이 당신을 수치스럽게 생각하고, 소년들이 길거리에서 당신 뒤를 쫓는 것이 당신의 죄를 벗어나게 해 준다면, 당신의 고통은 장래의 것에 비해 얼마나 쉬운 것인가! 은폐는 사탄의 가장 큰 장점이다. 만약 그것이 열리기만 하면 그렇게 죄를 짓는 것이 어려울 것이다.

---

113) 마 18:9

제2과   내면의 더러운 정욕에 대한 방향 제시

방향 제시-1   대부분의 경우 몸의 기질이 이 죄에 큰 영향을 미치기 때문에, '당신의 첫 번째 관심은 몸에 대한 것이어야 하며, 정욕의 방향으로 덜 움직이는 기질로 몸을 바꿔야 한다. 여기에 주된 치료법은 금식과 금욕이다.' 그리고 이것은 더 잘 견딜 수 있다. 왜냐하면 대부분의 경우, 이 유혹 아래 있는 사람들은 그것을 견딜 수 있을 만큼 강한 사람들이기 때문이다. 당신의 유혹이 강하지 않다면, 육식과 술에 대한 작은 금욕이 방향전환에 도움이 될 수 있다. 그러나 그것이 폭력적이고 더 작은 수단이 우세하지 않다면, 당신의 영혼이 타락하고 파멸되기보다는 당신의 몸이 다소 무너지는 것이 더 낫다. 그러므로 이 경우에는,

1. 아침과 저녁을 먹지 않는다. 그러나 하루에 한 끼, 아침에 빵 한두 개와 스프나 물 두 잔을 먹되, 저녁에는 배불리 먹지 않으며, 밤에는 아무것도 먹지 않는다. 2. 포도주나 독한 술을 마시지 말고, 위가 병들지 않고 견딜 수 있다면 물만 마시라. 3. 매운 것을 먹지 말며, 독한 것과 뜨거운 것과 창자에 가스가 차는 고기를 먹지 말고, 상추나 상쾌한 엽채류를 먹어라. 4. 필요할 경우, 자극을 줄 뿐만 아니라 종종 헌혈하거나, 활액을 충분히 제거하는 내장 청소로 불순물을 제거한다. 5. 찬물로 목욕을 자주 한다. 하지만 안전하게 수행할 수 있도록 의사의 조언을 받아야 한다.

만일 당신이, 이 치료의 과정이 너무 어렵다고 생각하고, 오히려 당신의 육체나 정욕을 소중히 여긴다면, 당신은 지금 내가 지도하는 사람이 아니다. 나는 기꺼이 치료받고자 하는 사람들에게만 말하고, 그들이 치료될 수 있도록 필요한 수단을 사용하기 때문이다. 만일 당신이 여기까지 이르지 않았다면, 당신의 양심은 더 나은 각성을 필요로 할 것이다. 나는 그리스도께서 그의 제자들에게 신랑을 빼앗길 날이 이르리니 그날에는 "금식할 것"[114]이라고 말씀하셨음을 확신한다. 그리고 고통스러운 바울도 "자주 금식"[115]했고 "내가 몸을 쳐 복종하게

---

114) 막 2:19, 20
115) 고후 6:5, 11:27

함은 내가 남에게 전파한 후에 자신이 도리어 버림을 당할까 두려워함이로다."[116]라고 말했다. 그리고 고독 속에 살면서, 그들 중 많은 사람들이, 빵과 물 또는 빵보다 못한 음식을 먹었던 고대 기독교인들은, 이 치료법을 어렵게 생각하지 않았다고 확신한다. 그렇다. 그들을 구속하는 "금식"[117] 상태보다 더 궁핍한 사람들에게는 그 치료법이 그다지 어렵게 생각되지 않았을 것이다. 이 더러운 마귀는 "기도와 금식"[118] 외에는 쫓겨나지 않을 것이다.

내가 당신에게 말해야 하는 것은, 포만은 연료가 불을 피우는 것처럼 자연스럽게 정욕을 보호한다는 것이다. 빵의 충만함이 소돔사람들의 더러운 정욕을 준비시켰다. 구부리기 어려운 튀어나온 배가 탐욕스러운 도둑을 가지고 있는 것은, 저수조가 가득 찼을 때 물이 수도관으로 흘러가고, 또는 거름이 잡초를 자라게 하고, 썩은 고기에 기어다니는 구더기가 가득한 것과 같이 놀랄 일이 아니다. 플루타르크(Plutarch)는 스파르타인에 대해 리쿠르고스(Lycurgus)가 간통법에 대해 아무런 법도 제정하지 않은 이유를 묻자 "우리에게는 간통하는 자가 없다."고 답했다. 그러나 다른 사람이 말했다. 만약 간통하는 사람이 있다면 어떻게 하겠는가? 스파르타인이 말하길, 그는 타케트(Taget)강 편에 서서 유로타(Eurota)강 물을 마실 만큼 큰 황소를 대가로 지불해야 한다고 했다. 다른 사람은 그것은 불가능하다고 말한다. 그리고 스파르타인이 말하길, '수치심과 겸손함, 치안판사에 대한 합당한 복종이 명예와 칭찬이 되고, 반대로 부와 쾌락과 이상한 옷차림이나 장식이 불명예나 치욕이 되는 스파르타인에게 어떻게 간통자가 있을 수 있나?' 즉, 만약 부자들이 고급스럽게 먹고, 그들의 욕망을 충족시키는 것을 그들의 특권으로 생각한다면, 그들은 그들의 욕망을 충족시키는 것을 그들의 특권이라고 생각하는 것이다. 하나님은 어떤 사람에게도 그런 용도로 많은 것을 주지 않는다. 당신이 더 많이 가지고 있는 것이 많이 먹고 마시는 것에 대한 변명이 될 수 없고, 당신이 많이 가지고 있기 때문에 가난한 사람들의 고기보다 더 많은 소금을 넣는 것이 변명이 되지 않는다. 부자들의 명예와 행복으로 여겨지는 그 탐식의 더럽고 해로운 결과를 관찰하는

---

116) 고전 9:27
117) 고전 7:5
118) 막 9:29

사람은, 그 비참한 행복을 결코 부러워하지 말고 오히려 '내 적들의 자녀들이 호화롭게 살게 하라.'고 안티스네스(Antisthenes)처럼 말한다. 그러나 그 저주는, 그리스도인이 그의 원수들 중 누구에게도 사용할 수 없을 만큼, 그 저주가 아주 심한 것이다. 그러나 자신을 위해서 그는 거룩한 하나님의 종이라는 것을 기억해야 하며, 해야 할 거룩한 일이 있고, 그분에게 바쳐야 할 거룩한 희생이 있으므로, 비너스(Venus)를 위해 제물을 준비하는 것처럼 육체를 애지중지해서는 안 된다. "하나님의 뜻은 이것이니 너희의 거룩함이라 곧 음란을 버리고 각각 거룩함과 존귀함으로 자기의 아내 대할 줄을 알고 하나님을 모르는 이방인과 같이 색욕을 따르지 말라."[119] 안티고누스(Antigonus)에게 초대받은 즐거운 잔치에 가야 하는지 물었을 때 철학자가 대답했듯이, '당신은 왕의 아들이다.' '나는 거룩한 하나님의 아들이다.'라 하는 말은, 관능에 대한 유혹에 대항하는 기독교인에게 충분한 대답이다. 절박함이나 유혹이 당신의 경계를 무너뜨리는 것과 같은 잔치에 초대를 받았다면 가지 말라. 또는 미끼가 보이면 돌아가라. 플루타르크(Plutarch)의 에파미논다스(Epaminondas)가 초대받은 잔치에서 지나치게 준비된 것을 보고, '나는 식사를 하러 온 것이지 방탕하거나 사치하러 온 것이 아니다.'라 말하고 그 자리를 떠났다. 의무를 위해 몸을 지탱하고 정욕을 위해 몸을 애지중지하지 말라. 플루타르크(Plutarch)는 마녀가 그들에게 상처를 입히는 것을 방지하기 위해, 정죄하는 사람들의 어리석음에 놀랐고, 마녀가 한 명을 해치는 것에 비하여 수천 명을 해치는 요리의 매력을 두려워하지 않고 좋아하는 데에 놀랐다. 과식의 연료를 거두면 정욕의 불은 저절로 꺼질 것이다. 아니면, 적어도 폭풍에 의해 정복되지 않는 적이라 할지라도, 포위되면 굶어서 죽어야 한다.

방향 제시-2 '게으름을 피하고, 하나님을 직접적으로 섬기는 일을 하지 않을 때에는 합법적인 소명을 부지런히 수행하라.' **다윗**은 게으름이나 공허함 속에 있을 때, 고난과 군대생활에서는 피했던 욕정의 불꽃을 잡았다. 게으름은 정욕의 토양, 문화, 기회이다. 게으른 사람은 마귀를 찾아 학교에 간다. 그는 다른 모든 일을 제쳐 두고, 마귀가 자신을 가르치고, 자신을

---

119) 살전 4:3-5

대할 시간을 갖게 하고, 악한 일을 간청한다. 당신은 그가 음탕한 것을 생각하고 있거나 잔치와 술을 위해 음란과 방탕에 빠져 있는 것을 이상하게 여기는가? 왜, 그는 다른 할 일이 없는가? 반면에 근면하고 부지런한 사람은, 음탕한 여성의 위로와 여성스러움에 대하여 덜 민감하고 통제하는 몸을 가지고 있으며, 마음은 임무를 행하고 더 나은 것에 몰두한다. 몸과 마음에 유혹적이고 더러운 대상을 생각하거나 돌볼 여유를 두지 말라. 제롬(Hierom)이 말했듯이, 마귀가 당신이 활동으로 바쁜 것을 발견하도록 항상 어떤 일을 하라. 그리고 육체의 편안함을 위하여 당신의 수고를 그치고 육체를 탐닉하지 말라. 일찍 일어나고 늦게 자고 하루 종일 부지런히 힘쓰라. 당신이 할 수 있는 한 많은 일에 헌신하고 몰두하라. 당신이 원한다 해도 육체의 욕망을 충족시키는 행위는 가능하지 않을 것이다. 만일 당신이 궁핍에 압박을 받지 아니하면 정욕은 나태함으로 인해 자신의 요구를 충족시키고, 육체에 박차를 가하지 않으면 눕게 될 것이다. 그러므로 부유하고 게으른 자들이 가난한 노동자들보다 욕망이 더 강하고 불결하다. 같은 침대가 나태와 정욕의 장소가 된다. 이교도의 말을 듣고 그를 모방하지 말라. 세네카(Seneca)가 말하길, 나에게 게으름을 피우는 날은 없다. 나는 밤의 일부를 공부를 위해 남겨둔다. 나는 일부러 잠을 들지 않고, 잠이 우세함에도 그것에 굴복하지 않는다. 내 눈이 보는 것에 지치고 쓰러질 때까지 나의 일을 한다. … 섬세하고 부드럽게 하기보다는 차라리 병에 걸리는 것이 낫다. 당신이 섬세하거나 부드러우면 마음은 조금씩 여성스러워지고 그것이 놓여 있는 게으름과 나태의 유사성에 녹아 들게 된다. 나는 잠을 아주 조금 자고 짧은 낮잠을 잔다. 보는 것을 멈추는 것으로 충분하다. 때때로 나는 잠을 잤다는 것을 알기는 하지만 의심하기도 한다. 아리스토텔레스는 자연은 아무것도 게으르게 만들지 않았다고 말했다. 그리고 플라톤은 게으름을 인간의 재앙이라고 부른다. 당신이 당신의 육체를 섬기고 기쁘게 하기로 결심했다면, 당신의 정욕에 반대되는 조언을 구하지 말라. 그것은 육체의 즐거움의 일부이기 때문이다. 그때 당신은 이 약은 너무 쓰고, 이 치료법은 너무 어렵다고 거부할 것이 확실하다. 그러나 당신이 고침을 받고 구원을 받기로 결심했다면 고통을 거절하지 말라. 당신의 일에 완전히 몰두하라. 그러면 욕망은 식량이 부족해서 죽을 것이다.

방향 제시-3 '정욕에서 벗어나고 싶다면 유혹하는 대상으로부터 충분히 멀리 떨어져 있어야 한다.' 가능하면 당신이 위험하다고 느끼는 사람과 함께 집에 있지 말라. 그것이 가능하지 않다면, 특히 개인적으로 그들과 함께 있는 것을 피하라. 모든 음탕하고 무례한 행동을 혐오하라. 당신은 음탕한 희롱과 욕망의 포옹에 자유를 주면서도 정욕으로부터 자유로워질 수 있다고 생각하는가? 당신은 불에 데일까 두려워함에도 불구하고 네 손을 불에 집어넣으려 하는가? 당신은 당신에게 자제력이 있거나 없는 것 중 하나다. 만약 당신에게 자제력이 있다면, 어찌하여 당신은 당신의 정욕을 소멸시키지 않는가? 만약 자제력이 없다면, 어찌하여 그 정욕을 더 큰 유혹에 던져, 당신의 능력이 미치지 못할 곳에 두는가? 목숨을 걸고 적에게서 달아나듯, 당신의 안전을 위해 유혹하는 대상에서 도망가라. 이 사랑의 적들은 미워하는 원수들보다 더 위험하다. 그들은 우리 마음의 열쇠를 손에 넣고, 우리의 동의나 저항 없이 들어와서 우리의 보물을 훔친다. 공개적인 적은 의심되고 차단되지만 우리의 마음의 열쇠를 얻은 적은 그들 마음대로 한다.

방향 제시-4 '당신의 눈에 명령하라. 그리고 욥기 31장 1절처럼, 눈과 언약을 세워 유혹하는 것을 생각하지 말라.' 이 정욕의 창문을 닫고 네 마음을 지키라. 어떤 매혹적인 대상도 쳐다보지 말라. 많은 사람들의 마음에 정욕의 불을 붙인 미모는 지옥의 불로 끝난다. 이러한 외부의 문에서 정욕을 차단하는 것이 마음을 더럽혔을 때 몰아내는 것보다 더 쉽다. 당신이 이만큼도 할 수 없다면 어떻게 더 큰 것을 할 수 있겠는가? 통제되지 않은 눈은 그것을 지배해야 할 영혼을 태우기 위해 불을 가져온다.

방향 제시-5 '정욕의 가장 작은 시작을 느낀다면, 즐거운 정욕의 올가미에 머뭇거리지 말라. 그러나 처음 분별된 불꽃이 불로 번지기 전에 재빨리 물을 뿌려라.' 시인, 오비디우스(Ovid)는 당신에게 이것을 가르쳐 준다. 언제든지, 머뭇거리는 행위가 위험한 것은 여기에 있다. 지체하면 죄를 짓게 되어 훨씬 더 비싼 대가를 치르게 된다. 소화되지 않는 고기라면 보지 않는 것이 가장 좋다. 만지거나 맛보지 않는 것은 차선책이다. 그러나 한번 무너진 후 다시 일으켜 세우려면 질병과 고통이 따를 것이다. 그렇게 하지 않으면 그로 인해 멸망한다.

방향 제시-6 '음탕하고 무례한 말을 혐오하라.' 그러한 말은 헛되고 더러운 마음에서 나오는 것이며, 하나님을 두려워하는 마음이 없음을 나타내기에, 듣는 자로 하여금 말하는 자와 같이 되는 경향이 있다. 그리고 당신의 귀가 고정되어 그런 말에 참을성 있고 화해할 수 있다면, 당신은 이미 당신의 순수함을 많이 잃은 것이다. 그리스도인들은 그러한 더러운 죄에 대한 언급을 다른 어떤 방식으로든 혐오해야 한다. 속지 말라 "악한 말은 선한 행실을 더럽게 한다."[120] "무릇 더러운 말은 너희 입 밖에도 내지 말고 오직 덕을 세우는데 소용되는 대로 선한 말을 하여 듣는 자들에게 은혜를 끼치게 하고 하나님의 성령을 근심하게 하지 말라."[121] 부패한 말은 썩고 냄새 나는 말이다. 개와 까마귀 외에는 아무도 썩은 고기를 좋아하지 않는다. 게다가 "음행과 모든 순결하지 않음과 (탐욕) 지나친 정욕과 사치는 너희 중에 한 번도 부르지 말라, 이는 성도의 마땅한 것이니 더러운 것과 어리석은 말과 희롱의 말은 하지 말라."

방향 제시-7 '더러운 정욕을 더 좋게 꾸미기 위해 아름다운 이름으로 포장하는 것을 혐오하라.' 추악한 정욕을 꾸미는 그들의 담론은 더러운 말로 말하는 그들의 담론보다 더 위험하다. 그래서, 짐승 같은 파티에서는 사랑, 내연녀, 연애 등의 이름이 사용된다. 그러나 그것은 기만적인 것이다. 흔히 사랑이라 부르는 정욕, 남을 속이는 사랑은 완전한 광기다. 더러움이 나돈다면 더러움 그대로 내버려 두고 그대로 나타나게 하라.

방향 제시-8 '로맨스와 사랑 이야기를 읽지 말라.' 그것은 비너스의 도서관이다. 아니면 마귀의 음탕한 예술 책이고, 깨끗한 이름으로 더러움을 가리고 어리석은 자의 환상을 멋진 말로 매혹하고, 아름다움, 사랑, 용감함의 개념과 이미지 아래 사람들로 하여금 지옥행으로 준비된 길을 가게 하는 것이다. 강하고 사랑스러운 열정을 표현함으로써 독자에게 동일한 열정을 불러일으킨다. 요술 책을 꼭 읽으려는 사람은 마귀가 주는 말에 흡족하다 할 것이다. 그러므로 그러한 로맨스와 불타는 예술의 다른 책을 꼭 읽으려는 사람들은 부정한 마귀가 그것들을 지배하도록 허용하고, 마음을 태울 뿐만 아니라 정욕의 열병에 걸리도록 허용하는

---

120) 고전 15:33
121) 엡 4:29, 30

데 그것은 하나님과 맞서는 것이다. 게다가 일반적인 증상인 뇌에 해로운 정신 착란을 유발한다.

방향 제시-9 '정욕의 혐오감을 덮거나 유혹을 불러일으키는 모든 음탕한 연극과 춤을 피하라.' 하나님께서 성도들의 교감과 사랑과 거룩함을 불러일으키기 위해 그의 설교자들과 거룩한 집회와 행사를 두셨다. 그와 같이 사탄도 죄인들의 교감과 정욕과 더러움을 불러일으키기 위해 사탄의 도구와 집회와 운동을 가지고 있다. 마귀의 교회에 가는 자들도 마귀의 원칙을 소유함으로 이익을 얻고, 그의 제자로 봉사할 수 있다. 고대 그리스도인들은 이러한 구경거리, 쇼 또는 연극을 보는 것에 대해 매우 엄격했다. 특히 모든 성직자에게 매우 엄격했다.

방향 제시-10 '모든 유혹적이고 불필요한 장신구나 옷차림을 피하고, 다른 사람을 바라보거나 응시하지 말라.' 아름답고 사랑스럽게 보이려는 대담하고 음탕한 욕망이 바로 이러한 과잉행동의 일반적인 원인이다. 패션의 추종자와 화려하게 잘 차려 입은 사람들의 어리석음 또는 정욕 둘 모두는 그들의 영향을 받은 옷차림으로 모든 사람에게 너무 눈에 띄기 때문에 그러한 수치스러운 어리석음이나 정욕의 공표보다 고상한 태도와 교차되는 것은 더 이상 없다. 그들을 욕망의 대적자로 여기면서도, 지금까지 자기 자신을 나타낼 때 신경을 쓰고, 가장 단장한 모습으로 나타나고, 스스로를 어리석은 자들에게 올가미로 만들기 위해 창녀들이 할 수 있는 모든 일을 행하는 자들은, 거짓말하는 것이 그들의 혀인지 등(back)인지 믿기 위해 자선을 열심히 하는 자이다. 히에로니무스(Hieronymus)가 말했듯이, 비록 당신에게 더 나쁜 것은 없지만 당신이 한 일의 대가는 지옥에 해당한다. 독약을 마실 사람이 있었다면 당신이 그것을 가져왔기 때문이다. 당신의 옷이 당신의 신분만 아니라 당신의 질병에도 적합하도록 하라. 만일 당신이 욕망에 빠지는 경향이 있다면 더 비열한 옷은 입지 말고 다른 사람들의 장식품을 쳐다보지 말라. 재단사의 작품에 매혹되는 것은 참으로 어리석은 일이다. 지금까지 가장 먼저 욕망을 불러일으키는 것은 사람보다 의복의 경우가 일반적이다. 가정적인 옷차림은 그 속임수를 막아 줄 것이다. 시인 오비디우스(Ovid)가 말한다.

"보석과 금으로 덮여 있는 모든 장식이 제거되면, 남는 것은
가장 작은 그녀 자신이다."

방향 제시-11 '유혹하는 대상이 당신 안에 있고 곧 밖으로 드러날 것이라고 생각하라.' 당신이 치장하는 일은 어리석은 자의 몫이라고 하는 것이 얼마나 평범한 일인가! 어리석고 유치하고 변덕스러운 마음과 마귀의 노예가 된 영혼을 덮는 고운 피부도 그렇다. **솔로몬**이 말했듯이 "아름다운 여인이 삼가지 아니하는 것은 마치 돼지 코에 금 고리 같으니라."[122] 당신은 그렇게 치장한 것을 탐낼 건가? 또한 그 장신구로 얼마나 더러운 오물을 덮었는지 생각해 보라. 그 안에 있는 것을 보면 속이 뒤집어질 것이다. 만약 얼굴이 수두로 덮였다면 그것이 어땠을지 생각해 보라. 그리고 질병이나 늙음이 그 얼굴을 삼키고 주름지게 한다면 그 얼굴이 어떨지, 당신이 존경하는 사람의 시체가 무덤에 묻힌 지 며칠이 지났을 때 어떤 모습일지 생각해 보라. 그리하면 당신은 그것에 대해 더이상 생각하지 않을 것이다. 그리고 그 일은 얼마나 신속히 이뤄질 것인지! 오 사람이여, 피조물 가운데 오직 하나님의 형상, 지혜와 거룩함과 의로움 외에 진정으로 사랑스러운 것은 없다. 그러므로 당신이 지혜와 순결과 안전함으로 사랑하려면 이것을 사랑하라. 순결에 대한 사랑은 순수하고 안전하기 때문이다.

방향 제시-12 '당신 자신의 죽음을 생각하고 얼마나 빨리 다른 세계로 가는지 생각해 보라.' 음탕한 마음이, 죽을 준비가 되어 있고 하나님을 볼 준비가 되어 있고 순결하고 거룩함 외에는 아무도 살 수 없는 그 세상으로 들어갈 준비가 되어 있는 사람에게 합당한 기질일까?

방향 제시-13 '정욕의 성향과 열매를 잘 생각해 보라. 그러면 정욕은 실제로 여전히 추하고 끔찍하게 보일 것이다.'

1. 몸을 더 잘 다스릴 수 없고, 육체가 정욕에 의해 그렇게 더럽혀지는 것이 영혼에게 얼마

---

122) 잠 11:22

나 부끄러운 일인지 생각하라.

2. 예수 그리스도와 성령과 정욕이 한마음 안에 머무르는 것이 얼마나 부적합한 동반자인지 생각하라. 그리스도의 지체가 이와 같이 더럽혀져야 하는가? 성령의 전이 이와 같이 돼지 우리로 변해야 하나? 정욕이 하나님의 사랑과 함께 살기에 적합한가? 당신은 그런 가증스러운 무리와 함께 당신의 주님을 즐겁게 할 것인가? 가장 높은 하늘에 계시는 분이 내려오셔서 당신 마음에 거하실 때에, 이 두꺼비와 뱀을 그의 방으로 데려가는 것이 하나님께 얼마나 예의 없고 해로운 일인가? 그분이 그것을 비우호적으로 받아들여 떠나지 않도록 주의하라. 그분은 겸손하고 통회하는 마음 안에 살겠다고 말씀하셨다. 그런데 어디에서 그가 욕망이 강한 마음에 살겠다고 하셨는가?

3. 정욕이 기도나 하나님께 대한 거룩한 연설에 얼마나 부적합한지 생각하라. 그것이 당신의 영에 얼마나 부끄러움과 두려움과 죽음을 가져오는지!

4. 그리고, 그것이 어떻게 악화되는 경향이 있는지 생각하라. 정욕은 실제적인 더러움과 지옥에 이르게 한다. 새끼를 낳지 않으려면 알을 소중히 여기지 말라. 정욕에 찬 마음에서 더럽혀진 몸으로 가는 것은 쉬운 발걸음이고 거기서 영원한 공포로 가는 것은 상상하는 것보다 짧은 발걸음이다. 야고보가 말했듯이, "사람마다 시험을 받는 것은 자기 욕심에 끌려 미혹됨이니 욕심이 잉태한 즉 죄를 낳고 죄가 장성한 즉 사망을 낳느니라."[123] "자기의 육체를 위하여 심는 자는 육체로부터 썩을 것을 거두고 성령을 위하여 심는 자는 성령으로부터 영생을 거두리라."[124] 정욕은 죄의 산물이며 죄는 지옥으로 가는 길이라는 것을 기억하라.

방향 제시-14 '당신의 생각을 거룩하게 하고 지속적으로 다스려라.' 그것들이 유혹적이고, 더럽고, 관능적인 것을 추구하지 않게 하라. 정욕의 생각이 마음에 떠오르는 즉시 그것을 혐

---

123) 약 1:14, 15
124) 갈 6:8

오하고 내쫓아라. 폭넓고 깊은 치료와 안전이 당신의 생각에 달려 있다. 자기 생각을 제어하지 못하고 더러운 것을 먹는 자는 이미 마음으로 음행하는 자이며, 독사의 알을 부화시키고 있으며, 생각에서 행동으로 나아간다는 것은 의심의 여지가 없다. 아, 생각으로 말미암아 얼마나 부정한 일이 행하여지는지, 그 사람들은 그것이 보이지 않기에 부끄러워하지 않는다! 많은 사람의 생각들이 구경꾼들에게 공개된다면, 장식된 많은 무덤에 얼마나 많은 방종과 정욕이 나타날까! 거룩한 예배 시간에도, 일단 부정한 영이 그들의 생각을 지배하게 되면, 그 영을 내쫓는 것이 얼마나 어려운가! 그들은 잘생긴 사람의 얼굴을 거의 부도덕한 생각 없이는 볼 수 없다. 만약 제롬(Hierome)이 그의 광야에서 그의 생각이 로마의 여자들 사이로 맴돌고 있었다고 고백한다면, 우리는 그런 추잡한 환상을 키우는 그를 어떻게 생각할까? 당신은 당신의 생각을 지배할 수 없다고 말하지 말라. 당신은 당신이 원하면 많은 것을 할 수 있고, 원하는 것보다 더 많이 할 수 있다. 돈과 명예가 하나님에 대한 공경심이 없는 설교자로 하여금 그의 신학 연구와 그의 삶의 대부분을 통해 거룩한 것들에 대한 그의 생각을 명령하게 할 수 있다면, 당신은 당신의 생각이 당신의 힘에 있음을 볼 수 있을 것이다. 하지만 예전에는 돈과 명예의 명령을 받고 살았다.

방향 제시-15 '만일 다른 방법이 통하지 않는다면, 내가 이전 제목에서 조언한 대로 친구에게 당신의 사건을 공개하고 수치심을 느껴라.' 고백과 수치심과 충고가 도움이 될 것이다.

방향 제시-16 '무엇보다도 그리스도께 도움을 청하고 성령께 간청하고 더 좋은 일에 마음을 바치라.' 오, 만일 그것이 하나님과 하늘과 거기에 필요한 거룩한 삶에 열중하게 한다면, 이것들은 너무나 위대하고 거룩하고 감미로우며 당신에게 너무 관심 있는 것이므로, 내면에 정욕의 여지를 거의 남겨두지 않을 것이고, 당신의 마음에 있는 것들에 반대되는 것으로 당신이 그것을 혐오하게 할 것이다. 하나님의 사랑만큼 육체적인 사랑에 대한 치료법은 없다. 또한 영적이고 새로워진 천상의 마음만큼 육체적인 사랑에 대한 치료법은 없다. 그러면 당신은 하나님께서 모든 방을 차지하셨고 당신의 좁은 마음은 그분 한 분만으로도 너무 작기에, 욕망을 섬길 여지가 없다고 사탄에게 말할 것이다. 마음을 하나님께로 돌이키는 진정한 회심은, 비록 어떤 불꽃은 아직 제거되지 않았을지라도, 다른 죄와 함께 이것에서 돌이키는 것이다. 한때, 많은 사람들이 다른 종파에서 에피쿠로스파(Epicureans)로 바뀌었지만 아무도 에피쿠로스파(향락주의)에서 다른 종파로 바뀌지 않았다는 사실이 언급된 적이 있다. 그 이유는 본성이 관능에 기울어져 있고, 그것이 활용과 교리에 의해 단호하게 될 때, 철학이 그것을 지배하기에는 너무 약하기 때문이다. 그러나 그리스도께서는, 쾌락주의자와 세리와 창녀를 부르사 구원하시며, 사람들에게 "경건하지 아니함과 이 세상 정욕을 부인하고 진지함과 의로움과 경건함으로 세상에서 살라."고 가르침을 주는 그의 은혜로, 많은 그러한 사람을 깨끗하게 하셨다. 필라스트라투스(Philostratus)는 이사이우스(Isaeus)가 사치에서 지나치게 절제하는 사람으로 바뀐 갑작스러운 변화에 대해 이야기한다. 그래서 누군가가 그에게, '저기 잘생긴 여자가 있지 않은가?'라고 물었을 때, '내 눈의 질병은 나았다.'고 대답했다. 그들이 어떤 요리가 가장 맛있는지 물었을 때, '나는 관심이 없다. 한때 관심을 가진 적이 있었다.'고 대답했다. 그리고 그 이유를 그들에게 말했는데 '나는 치료가 끝났다.'고 대답했다. 그리고 자신의 변화에 대해 이상하게 생각하는 이유를 그들에게, '그는 탄탈루스(Tantalus)의 정원에서 과일을 엄선해야 했음을 알았을 뿐이라고 말했다.' 그것들은 "거짓된 욕망"[125]이다. 그리고 사탄 자신이 그것들을 통해 당신을 속일 수 있다면 영원히 당신에게 수치를 안겨 줄 것이다. 알렉산더가 다리우스(Darius)의 사치스럽고 호화로운 집과 가구를 빼앗았을 때, '이것이 통치하기 위한 것인가?'라고 그를 책망했다. 그렇게 사탄은 당신의 정욕을 보여 주며, '이것이 그리스도인이 되어 구원을 얻기 위한 것이었느냐?'라고 말할 것이다.

---

125) 엡 4:22

6부

수면 과잉에 대한 방향 제시

이것에 대해서는 제5장 1부에서 그리고 그 뒤에 게으름과 반대되는 방향 제시에서 이미 언급했다. 그러므로 나는 조금만 말할 것이다.

1. 잠이 지나친 경우.

2. 그것의 사악함은 어디에 있는가?

3. 그것을 치료하기 위해 무엇을 해야 하는가?

I. 잠은 감각을 안정시키고 멈추게 함으로써 동물의 활동과 외적인 노동이나 활동을 완화하기 위해 우리에게 주어진다. 잠을 통해, 중요하고 자연스런 작업에 방해를 덜 받을 수 있다. 그것은 1. 우리의 안식에. 2. 소화에 필요하다. 그러므로 피곤함과 소화 불량은 우리에게 잠의 필요함을 말해 주는 주요한 징후다. 잠이 죄가 될 정도로 과도한 것은, 1) 의도적으로 우리의 건강에 필요한 것 이상일 때. 2) 때에 맞지 않은, 금지된 때이다.

1. 모든 피곤함과 졸음이 수면을 정당하거나 필요하게 만드는 것은 아니다. 어떤 이는 게으름으로 인해, 어떤 이는 질병으로 인해, 어떤 이는 항상 피곤하다는 이유를 가지고 잠을 잔다. 또한 수면이 치료법이라고 해서 모든 것을 정상상태로 회복시키는 것은 아니다. 일부는 과식으로 인해 발생할 수 있으며, 그것은 더 나은 치료법이 필요하다. 그리고 많은 질병들이 다른 치료가 필요할 수 있다. 그러므로 누구도 이러한 구실을 내세워 지나치게 탐닉해서는 안 된다. 잠을 잘 때의 쾌감이나 깨어 있을 때의 불쾌감에 대한 현재의 감각이 판단자가 되어서는 안 된다. 게으른 사람은 잠이 자신에게 유익하다고 생각할 수 있고 일찍 일어나는 것이 해롭다고 생각할 수 있다. 그러나 이 유익은 그들이 현재 편하다는 것뿐이고, 이 해로움은 마침 그때 그들의 머리와 눈, 그리고 게으른 육체에 약간의 문제일 뿐일 수 있다. 그러나 이성과 경험은 어떤 규정된 양이 건강에 가장 좋은 조치가 무엇인지 판단해야 하며 그것을 초과해서는 안 된다. 일반적으로 건강한 사람에게는 5시간이면 충분하다. 보통 건강한 사람에게는 6시간이면 충분하다. 많은 약하고 허약한 사람들에게는 7시간이 필요하다. 나는 병든 사람들에게는 지시를 내리지 않을 것이다.

2. 때에 맞지 않는 특정 시간에 과도하게 자는 것으로, 예를 들면 1) 잠자야 하는 시간이라도 현재 급하게 처리해야 하는 필요한 일을 해야 할 때 잠을 자는 것. 2) 또는 공공장소나 사적인 장소에서 설교를 듣거나 기도를 해야 할 때 잠을 자는 것. 한마디로, 그것은 우리가 수행해야 할 더 큰 의무가 있을 때 잠을 자는 것이다. 예를 들면, 그리스도께서 고통 중에 있을 때 제자들이 잠이 들어 있는 것이다. "너희가 나와 함께 한 시간도 이렇게 깨어 있을 수 없더냐? 시험에 들지 않게 깨어 기도하라."[126]

잠을 깨는 것 자체가 하나님을 기쁘시게 하는 것이라고 생각하는 것은 하나님과 우리 자신에 대한 어리석음과 남용이다. 또는 한밤중에 일어나서 기도하는 것이 다른 시간보다 하나님이 더 받으실 수 있다고 생각하는 것 또한 마찬가지다. 일반적으로 이렇게 기도하러 일어

---

126) 마 26:40, 41

나는 것은 잘못된 것이다. 1. 왜냐하면 그것은 하나님께서 낮보다 한밤중을 더 좋게 받아들인다는 그릇된 생각으로 행해지기 때문이다. 2. 옷을 입거나 벗는 데 시간을 낭비하기 때문이다. 3. 그렇지 않으면 겨울에 감기에 걸려 건강을 해치고 수명을 단축하여, 얻는 시간보다 더 많은 시간을 잃게 된다. 4. 그리고 보통 그들이 더 졸리고 부적합한 상태이다. 그러나 기도하기 위해 밤에 일어나는 것은 그것을 요구하는 특별한 경우에 적합하다. 죽어 가는 사람과 함께 또는 죽어 가는 사람을 위해 기도하는 것 등. 또는 특별한 열정과 체력이 우리를 준비시킬 때. 그리고 우리가 깨어 있을 때 깨어 있을 수 있고, 다시 잠자리에 드는 데 시간을 낭비하지 않을 수 있을 때. 그러나 보통 그 방법은 시간을 최대한 절약할 수 있는 방법이 선택된다. 즉, 우리의 건강에 필요한 수면의 양을 고려하여, 우리가 방해를 받지 않고 중단 없이 잠을 자고 일어나서 임무를 수행하는 것이다. 그러나 밤에 잠을 잘 수 없는 사람들은 재량에 따라 그 시간을 사용해야 한다.

죄가 주로 구성되는 것은 과잉의 자발성이다. 그러므로 더 자발적 일수록 더 죄악이다. 극심한 졸음이나 혼수상태는 죄가 아니다. 오랫동안 기다리거나, 어떤 육체적인 나약함이나, 몸의 이상이 그것을 피할 수 없게 한다면, 죄는 더 작아진다. 그러므로 오랫동안 기다림이나 압박감 속에 있을 경우에 그리스도께서는 제자들을 부분적으로 용서하시며 "마음은 원이로되 육체가 약하도다."[127]라고 말씀하셨다. 그러나 그것이 육체를 기쁘게 하는 나태에서 비롯되거나 당신이 하고 있는 어떤 거룩한 활동을 무시하는 데서 오는 경우, 그것은 심각한 죄이다. 비록 그 당시에는 무의식적이었고 당신이 말하기를, 할 수만 있다면 지금 자는 것을 기꺼이 금할 것이라고 말한다. 하지만 그것이 간접적인 자발이고 그 원인에서 자발적인 것이라면, 그것은 당신의 죄이다. 그러나 당신은 그것을 일으키는 원인이 되는 당신의 몸을 애지중지하고 당신의 창자를 채우는 것을 참지 않을 것이다. 당신은 육체가 그것을 피하기 쉽다는 것을 부인하지 못할 것이다.

---

127) 마 26:41

Ⅱ. 과도한 수면의 죄악은 다음과 같은 세부사항에 있다.

1. 과도한 수면은 그 속에서 소비되는 그 시간의 매순간을 죄로 낭비하는 것이다. 이것은 시간의 소중함을 깨닫는 사람에게 매우 슬픈 일이다. 우리의 삶이 얼마나 짧고 우리의 일이 얼마나 중요한지 생각할 때, 불필요한 잠으로 작은 시간을 버리는 것이 얼마나 큰 죄인지 우리에게 알려 줄 것이다. 그러나 많은 사람들이 얼마나 많은 시간을 그렇게 낭비하는지! 인생의 거의 절반을 침대에서 보낸다. 많은 게으름뱅이는 자신은 부자이기에 잠을 잘 수 있고, 자신의 욕구를 충족시키기 위한 노동이 필요 없다고 생각한다. 나는(내가 기억하는) 인간에 대한 하나님의 자연스러운 질서에 대해, 우리가 잠자는 짧은 시간을 그렇게 낭비하는 것에 대해 원망하고 싶은 유혹을 받은 적이 없었다. 또한 나는 나의 연약함을 원망하고 싶지도 않았고, 유익한 일에 쓰였을 수도 있는 그렇게 많은 귀중한 시간을 빼앗기지도 않았다. 시간의 소중함 때문에 지나친 수면은 그 정도에 다라 큰 죄가 된다.

2. 과도한 수먼은 모든 시간을 행사해야 하는 우리의 모든 능력과 재능을 소홀히 하는 것이다. 이성은 그동안 한가롭게 묻혀 있으니 잠자는 동안은 당신의 모든 지혜와 지식이 당신에게 아무 소용이 없다. 세상에서 가장 위대한 학자의 모든 학문도 그가 문맹인 경우처럼 아무 소용이 없다. 가장 현명한 사람들의 모든 신중함과 정책도 단순한 바보와 같이 아무 소용이 없다. 가장 강한 자의 모든 힘과 건강도 그들이 병든 때보다 더 이상 도움이 되지 않는다. 가장 위대한 예술가의 기교도 도움이 되지 않고, 그가 예술을 전혀 배운 적이 없는 것보다 도움이 되지 않는다. 수족이나 감각도 절름발이나 눈먼 사람이나 귀머거리나 지각이 없는 사람들보다 쓸모가 없다. 나는 술에 취해 자는 것이 그토록 가증스러운 죄인지 아닌지는 사람의 생각과 판단에 맡긴다. 왜냐하면 그것이 사람의 이성과 재능을 사용하지 못하게 하기 때문이다. 빈번하고 자발적이며 과도하게 잠을 자는 것이 그처럼 큰 죄가 되어서는 안 된다. 게으른 사람이 잠 속에서 죽은 것처럼 자주 취하는 사람은 없다고 생각한다. 대부분의 술꾼은 자신을 불구로 만들거나 병들게 할 뿐이지만, 게으른 사람은 대부분 자신의 이성을 완전히 죽인다. 게으름뱅이는 가장 더러운 술꾼이 하는 것보다 대개 1년에 10배나 더 긴 시간 동안

재치와 재능을 묻어 버린다. 그리고 하나님께서 당신에게 당신의 삶의 상당 부분을 위해 이성과 힘과 재능을 주신 것은 그것을 묻어두라는 것이 아니라 더 나은 사용을 위한 것이 아니겠는가?

3. 과도한 수면은 그 모든 시간 동안 수행되어야 했던 모든 의무를 누락한 죄이다. 즉, 그때마다 수행되어야 하는 모든 거룩한 말과 행동을 누락하는 것이다. 그리고 당신의 부름에 대한 모든 의무의 누락, 즉 당신이 때마다 기도해야 하는 모든 기도와 당신이 읽어야 할 모든 중요한 부분을 누락한 것이다. 그리고 당신이 스스로에게, 또는 다른 사람들에게, 아내, 남편, 자녀, 부모, 종, 이웃에게 해야 하는 모든 선함을 누락한 것이다. 그리고 당신은 이런 누락이 세상 죄의 절반, 전체 죄의 절반 이상이라는 것을 알고 있다. 하나님은 사악한 사람들을 그들의 누락으로 마침내 정죄할 것이다. 가난한 사람을 먹이지 않고, 입히지 않고, 방문하지 않기 때문이다. 그리고 그것은 그의 모든 재능의 향상을 요구하신다. "악하고 게으른 종아, 이 무익한 종을 바깥 어두운 데로 내쫓으라 거기서 슬피 울며 이를 갈리라."[128)]라는 무서운 말은 그분의 처벌이다. 그러면 우리는 한 가지 의무가 아니라 모든 의무에 대한 고의적인 누락을 어떻게 생각할 것인가? 때때로 가 아니라, 1시간, 2시간, 3시간, 4시간과 20시간에 한 번씩 지속적인 누락을 어떻게 생각할 것인가! 하나님을 사랑하지 않고, 그분을 향한 욕망도 없으며, 그 어떤 선도 그 시간 내내 행사되지 않는다.

[잠을 사랑하는 것이 치명적인 죄가 될 수 있나?]

탐구 '잠을 사랑하는 것만으로도 치명적인 죄가 되고, 모든 사람 안에서 군림하는 죄(reigning sin)가 될 수 있나? 의심의 이유는, 치명적인 죄는 인간의 잘못된 관심의 죄, 즉 사람의 가장 큰 사랑을 가지고 하나님보다 선호되는 것이 죄이기 때문이다. 그 점에서 그것은 잠이나 편안함같이 아주 작은 것으로 여겨질 수 있지만, 그것은 단지 의무의 길에서 단순한 태

---

128) 마 25:26, 30

만이나 방종으로 보이고, 어떤 사람의 완전한 행복으로는 선택되지 않는 것 같기 때문이다.'

답 인간의 궁극적인 목적이자 행복인 하나님의 사랑에 반대되는 죄는 일반적으로 육체를 기쁘게 하는 것, 곧 육체적 자기 사랑이다. 그리고 이 죄를 지은 사람이 나태와 잠자는 방식으로만 자신의 관능적 욕망을 발휘한다는 것은 상상하기 어렵다. 그는 더 작은 것보다 먼저 얻을 수 있는 육체의 가장 큰 기쁨을 선호한다는 것이 분명하다. 그러므로 습관이나 성향에 관해서는 탐욕, 식탐, 야망 또는 다른 관능적인 방법에 그만큼 중독되어 있으며, 만약 그것들이 그의 손에 닿는 곳에 있고 그것을 얻기를 바랄 수 있다면, 그는 실제로 이것보다 더 큰 기쁨을 원할 것이다. 거듭나지 않은 관능주의자로서 탐욕, 사치, 교만을 억제하면서 잠이나 게으름에만 사로잡혀 있는 사람은 없다. 진정으로 더 큰 자를 죽이는 동일한 은혜가 더 작은 자를 죽이는 것이다. 그러나 다른 감각적 쾌락이 없고 생각이나 희망에 대한 게으른 거지나 그런 사람이 주로 이런 식으로 자신의 관능을 행사할 수 있다. 그러나 근본적으로 그는 비렁뱅이 같은 게으름과 안락함보다 부와 명예를 더 선호하지만 작업할 필요가 없는 욕망은 그를 움직이지 못한다. 왜냐하면 그는 그런 것에 도달할 희망이 없기 때문이다. 요약하면,

1. 육체적인 자기 사랑은 하나님에 대한 사랑과 정반대다.

2. 이 자기 사랑은 육체적 쾌락을 위해 일하며, 가장 큰 쾌락을 위해 일을 한다

3. 그러므로 습관적으로 부와 명예와 호색을 사랑하는 것이 편안함에 대한 사랑보다 더 강하다.

4. 실제로 어떤 사람들에게는 편안함을 사랑하는 마음이 가장 강할 수 있다.

5. 그러나 만약 그 사람들이 더 높은 육체의 쾌락을 누릴 수 있다면, 그들은 그것을 실제로 더 사랑할 것이다.

6. 안일을 사랑하여 특정한 의무를 생략하는 것이 영혼에 대한 감각적이고 성화되지 않은 상태를 증명하는 것이 아니다. 그러나 주로 거룩한 삶보다 인간의 안일함을 선호하는 것이다. 사람들이 그들의 편안함을 사랑하는 한, 그들은 "하나님 나라와 그의 의를 구하는"[129] 것을 그들의 욕망과 작업의 최우선으로 삼지 않을 것이다.

당신이 진정으로 원한다면 과도한 수면을 극복하는 것은 쉬운 일이다.

방향 제시-1 '과도한 수면을 극복하기 위해 가장 먼저 해야 할 일은, 당신을 과도한 수면에 기울게 하는 느리고 가래가 많은(phlegmatic) 몸의 기질을 고치는 것인데, 그것은 이전에 지시한 바와 같이 금욕이나 절제하는 식단에 의해 이뤄져야 한다.' 배불리 먹으면 잠이나 정욕 외에는 아무것도 할 수 없다. 건강에 필요한 만큼 식단을 줄이고 식욕을 만족시키기 위해 더 이상 먹지 말라. 그리고 당신이 과식했을 때 금식으로 치료하라.

방향 제시-2 '당신의 소명에 부지런하라. 그러면 당신이 그 안에 있는 동안 당신의 잠이 달콤할 수 있다. 그렇지 않으면 잠이 필요한 척하면서 침대에 누워 있을 것이다. 왜냐하면 침대에 있는 동안 잠을 잘 수 없기 때문이다.' 그러면 아침에 당신은 잠을 보충해야 한다고 말할 것이다. 왜냐하면 당신은 밤에 잠을 못 잤기 때문이다. 그러나 이것이 게으름만으로 인한 것이 아님을 알아야 한다. 매일의 노동으로 몸을 지치게 하라. "노동자의 잠은 달콤하다."[130]

방향 제시-3 '당신이 하나님의 직접적인 봉사를 멈추고 있는 모든 시간 동안, 당신의 일이 될 수 있는 소명을 찾으라.' 사실 어느 정도 당신의 부지런함이 요구된다. 그렇지 않으면 당신은 침대에 누워, 시간이 없다 아니면 할 일이 없다고 말할 것이다. 당신은 떠나야 할 여정이 있거나 해야 할 급박한 일이 있을 때 일어날 수 있다. 최소한 어떤 끊임없는 필요성이나 긴급한 업무 아래서 스스로를 지키라.

---

129) 마 6:33
130) 전 5:12

방향 제시-4 '당신의 소명과 하나님 섬기는 일을 기뻐하라.' 게으른 사람은 스스로가 즐기는 흥겨운 일, 잔치, 놀이, 게임, 좋은 거래, 또는 그들이 기뻐하는 모든 곳에 가기 위해 일어날 수 있다. 만일 당신이 당신의 부르심과 성경 읽기와 기도와 선행을 즐거워한다면, 침대에 만족스럽게 누워 있을 수 없고 아이들이 노는 것처럼 일어나서 활동하기를 원할 것이다. 악인은 일찍 일어나 악을 행할 수 있다. 왜냐하면 그들은 마음이 거기에 정해져 있기 때문이다. 그들은 잠을 자야 할 때 술에 취하거나 도둑질하거나 창녀를 찾을 수 있으며 야심차고 탐욕스러운 계획을 꾀할 수 있다. 그리고 그들의 마음이 악에 있는 것같이, 당신의 마음이 선을 행하기로 정한다면 당신도 그들처럼 깨어 있고 기꺼이 일어나지 않겠는가?

방향 제시-5 '당신이 하는 일의 위대함이 당신을 깨울 수 있도록, 항상 당신의 손에 있는 당신 영혼의 사업에 대한 중요성을 기억하라.' 아니, 지식과 은혜와 구원의 확신에 있어서 그토록 뒤떨어져 있음에도 불구하고 침대에서 게으름을 피우며 누워 있을 건가? 성경과 읽고 이해해야 할 다른 책이 많지 않은가? 궁핍한 영혼을 위해 간청할 은혜가 없는가? 과도한 수면보다 기도가 더 나은 일이 아닌가? 세상의 위대한 사업이 당신을 일어나게 할 수 있는데, 왜 그렇지 않는가?

방향 제시-6 '당신은 당신의 시간에 대한 심판에 대답해야 한다는 것을 기억하라.' 당신이 아침에 그렇게 많은 시간을 빈둥거렸다고 말하면 무슨 위안을 얻겠느냐? 그리고 시간이 다 되어 죽음의 때에, 잠으로 버린 많은 시간을 다시 살펴본다 한들 그것이 무슨 위안이 되겠느냐?

방향 제시-7 '하나님이 당신을 보고 당신에게 일하라고 부르신다는 것을 기억하라.' 당신이 그의 말씀과 섭리를 이해한다면, 선원들이 **요나**에게 하는 말을 들을 것이다. "오 잠자는 비열한 자여, 일어나서 네 하나님께 구하라." 하나님이 서서 계속 당신을 부르실 때에 당신은 한없이 자고 있을 건가? 왕이나 어떤 위대한 사람이나 친구가 당신의 문을 두드리면 당신은 그들에게 시중들기 위해 곧 일어날 것이다. 물론 하나님은 말씀으로 당신과 이야기하거나 당신이 기도로 그에게 말하는 것을 들을 것이다. 당신은 가만히 누워서 그의 부름을 멸시할 건가?

방향 제시-8 '당신이 잠자는 동안 얼마나 많은 것들이 당신을 돌보고 있는지 기억하라.' 여름이면 당신이 잠든 사이에 수천 마일을 이동한 태양이 당신 앞에 떠 있다. 당신이 누운 이후로도 그것은 지구 반대편에 하루의 빛을 주었고, 당신의 일을 위해 다시 당신을 비추기 위해 왔는데, 당신은 그것을 헛되이 비추게 할 것인가? 모든 피조물이 자기 자리에서 당신을 도울 준비가 되어 있는데, 당신은 잠들어 있을 것인가?

방향 제시-9 '당신은 당신의 종들이 일해야 하는 시간에 잠자도록 허용할지 생각하라.' 그들은 일어나서 일하고 있어야 한다. 그렇지 않으면 당신은 기분이 상할 것이다. 그들이 일하는 시간에 잠을 잔다면, 그들은 당신을 위한 봉사자가 아니고, 당신은 그들을 잠재우기 위해 고용한 것이 아니라고 말할 것이다. 그리고 당신은, 그들이 당신에게 일해야 할 의무가 있는 것보다 더 많은 봉사로, 하나님께 일해야 할 의무가 있지 않을까? 하나님이 잠자게 하려고 당신을 고용했나? 건강에 필요한 것보다 1분 더 자는 것이 그들보다 더 합법적인가? 아니 1분도 안 된다. 만약 당신이 그들보다 더 아프다면, 그것은 또 다른 문제다(그러나 배부름과 게으름이 그것을 야기하지 않는지 보라). 게다가 다른 상황에서 당신의 재산은 당신에게 이유가 되지 않는다. 더 많은 급료 때문에 그들보다 더 어슬렁거릴 것인가? 당신이 더 많은 급료를 받는 이유로 더 적은 봉사를 할 것인가? 아니면, 가난한 사람들에게는 절약하는 시간을 버릴 정도로 비참한 것이 당신에게는 특권인가?

방향 제시-10 '당신의 아침 시간은 거룩한 훈련이나 특별한 마음의 일을 위해 하루 중 가장 중요한 부분이라는 것을 기억하라.' 아침 시간은 마음이 신선하고 맑으며 세속적인 일에 방해가 적다. 반면에 다른 사람들이 일어나 일을 하는 시간이면 당신은 방해를 받을 것이다. 아침 시간은 기도나 공부를 위한 시간의 꽃이며, 일찍 일어나는 것은 시간을 절약하는 기술의 중요한 부분이라고 그것을 시도한 사람들은 경험으로 말한다.

방향 제시-11 '당신이 시간을 빈둥거리며 보내고 있는 동안 얼마나 많은 사람들이 근면함으로 당신을 비난하고 있는지 기억하라.' 그때 얼마나 많은 거룩한 사람들이 은밀히 기도하고, 그들의 구원을 위해 하나님과 열렬히 씨름하며 그의 말씀을 읽고 묵상하고 있는가? 당신이 잠자는 동안 그들은 무엇을 얻는가! 복 있는 자는 여호와의 율법을 즐거워하여 주야로 그것을 묵상하지만 편안함을 좋아하는 당신은 주야로 잠을 자고 있다. 이 모든 것들이 당신에게 불리한 증인이 되지 않을까? 부름에 부지런한 사람도 그러할 것이다. 일찍 일어나서 죄를 범하는 세상 사람들과 악인도 그러할 것이다. 당신이 잠자는 동안 얼마나 많은 사람들이 열심히 일하는지! 당신은 그들만큼 해야 할 일이 없는가?

방향 제시-12 '호색이나 육체의 쾌락은 마음을 하나님에게서 멀어지게 하는 큰 죄라는 것을 기억하라.' 만일 습관적으로 술 마시는 자와 음행하는 자의 상황이 가증스럽다면, 물론 당신 안에 있는 것도 그렇지 않을까? 육체를 죽이고, 무절제한 욕망 속에 있는 육체를 부정하는 법을 배우라. 그러면 당신의 죄는 거의 치유될 것이다.

방향 제시-13 '당신이 원하기만 하면 실행은 쉽다. 그것은 당신을 깨우는 누군가에게 동의하는 것에 불과하며, 당신이 허락하기만 하면 약간의 찬물은 당신의 졸음을 씻어 줄 것이다.'

7부
죄악 된 꿈에 대한 방향 제시

꿈은 그 자체로 선하지도, 사악하지도 않다. 왜냐하면, 꿈은 이성적이거나 자발적이지 않으며, 우리의 능력 안에 있지 않기 때문이다. 그러나 그것들은 종종 어떤 다른 자발적인 행위에 의해 죄가 된다. 그것들은 참여에 의해, 그리고 결과적으로 죄가 될 수 있다. 그리고 그것들을 사악하게 하는 행위는, 선행하거나 뒤따르는 행위이다.

1. 선행 원인은 몸을 혼란스럽게 하는 모든 사악한 행위나 환상과 정신을 꿈에 기울이게 만드는 모든 죄이다. 또는 그것을 막기 위해 필요한 것을 누락하는 것이다.

2. 나중에 그것들을 객관적인 죄로 만드는 원인은 사람들이 그것을 악용하는 것이다. 그들이 그들의 꿈을 신성한 계시로 여기거나, 그것을 신뢰하거나, 불길하거나 예언적인 것으로 그것을 두려워하는 것이다. 그리고 그것들을 행동의 근거로 삼고, 그들 자신의 두뇌의 환상에 의해 스스로를 잘못된 길로 인도한다.

방향 제시-1 '사악한 꿈을 야기하는, 특히 음식의 포만과 같은 신체적 무절제를 가능한 피하라.' 배가 가득 차면, 골치 아픈 꿈과 음탕한 꿈을 일으키고 밤낮으로 악한 영향을 미친다.

방향 제시-2 '사악한 꿈을 야기하는, 마음의 악한 무질서를 치료하기 위해 노력하라.' 세속적인 마음을 치료하는 것이 세속적이고 탐욕스러운 꿈을 치료하는 가장 좋은 방법이다. 나머지도 마찬가지다. 샘을 깨끗이 하라. 그러면 물이 밤낮으로 달게 될 것이다.

방향 제시-3 '밤에 사악한 꿈을 꾸지 않도록 낮에 당신의 생각이나 혀나 행동을 사악하게 하지 말라.' 공통된 경험에 따르면, 우리의 꿈은 앞서 말한 생각과 말과 행동을 따르기 쉽다. 좋은 것을 가장 자주 그리고 애정을 가지고 생각한다면 좋은 것을 꿈꾸게 될 것이다. 음탕하고 더러운 대상을 생각하거나 그것에 대해 이야기하거나 과도하게 신경을 쓰면 그런 꿈을 꾸게 될 것이다. 그래서 탐욕스럽고 야심 찬 꿈을 꾸게 될 것이다. 깨어 있을 동안, 죄에 대해 양심에 꺼리지 않는 사람은, 잠자는 동안, 죄 짓는 것에 대해 꺼리지 않는다.

방향 제시-4 '잠자기 전에 기도로 하나님께 자신을 맡기고, 당신이 환상을 억제할 수 없을 때 감시자를 세워 달라고 하나님께 간구하라.' 그에게 치료를 맡기고 당신의 부족함을 이해하고 믿음과 기도로 그에게 달려가 도움을 청하라.

방향 제시-5 '잠들기 전에 마지막 생각을 거룩하게 하되, 고요하고 위안이 되는 생각을 하라.' 꿈은 우리의 마지막 생각을 따르는 경향이 있다. 세속적인 생각이나 허영심을 품고 잠이 든다면, 깨어 있을 때보다 잠들어 있을 때 더 현명하거나 더 나은 것을 기대할 수 없다. 그러나 하나님과 함께 하루의 생각을 마치고 잠들며 어떤 거룩한 대상에 관한 생각을 한다면, 그것은 생각한 대로 활용하는 것과 같다. 그러나 당신이 불신감, 불신앙, 두려운 생각으로 마무리한다면, 당신의 꿈은 동일한 무질서를 맛볼 것이다. 종종, 무섭고 사악한 꿈은 악한 의심과 두려움이 따른다. 그러나 그리스도에 대한 사랑으로 마지막 생각을 달게 하고 이전의 자비에 대한 기억이나 영원한 기쁨에 대한 예견으로 당신의 마지막 생각을 즐겁게 하거나, 또는 그것들과 당신 자신을 어떤 약속에 자신 있게 던질 수 있다면, 그것은 당신의 잠의 고요함과 풍미에 도움이 될 것이다. 만일 당신이 아침이 되기 전에 죽는다 해도, 마지막 생각을 거룩하게 하는 것이 가장 바람직하지 않을까?

방향 제시-6 '당신의 꿈에 어떤 부패를 발견한다면, 회개를 새롭게 하고 그 부패를 없애려는 노력을 자극하라.' 꿈에서 부패가 감지될 수 있다.

1. 부패를 드러내는 그러한 꿈이 빈번할 때.

2. 그들이 진지하고 폭력적일 때.

3. 그것들이 당신의 환상에 즐겁고 유쾌할 때. 그들에게서 어떤 특정한 지식을 얻을 수 있는 것이 아니라, 다른 징후에 추가된 어떤 해석이 있다. 당신이 승진과 명예, 높은 사람의 호의에 대한 꿈을 자주 진지하고 즐겁게 꾼다면, 당신의 야망을 의심해 보고, 그것을 발견하면 감소시키기 위해 더 많은 일을 해야 한다. 그것이 재물과 이익과 돈이라면 탐욕스러운 마음을 의심해 보라. 만일 그것이 당신이 혐오하는 어떤 사람에 대한 복수이거나 상처를 주는 것이라면, 어떤 악의가 있는지 의심해 보고 속히 그것을 감소시켜라. 그렇게, 그것이 정욕이나 향락이나 음주나 헛된 오락이나 스포츠와 게임이라면, 같은 방식으로 행하라.

방향 제시-7 '꿈에 정당한 이유 이상의 큰 스트레스를 두지 말라.' 예를 들면,

1. 당신이 살펴봤지만, 당신의 꿈이 암시하는 것처럼 보이는 그런 죄가 당신 안에 널리 퍼져 있지 않을 때, 당신이 당신 안에 만연한 죄를 발견하지 못했을 때, 당신은 깨어 있는 증거가 발견한 것 이상을 가지고 있다고 결론짓지 말라. 깨어 있는 동안 발생하는 신호와 검색보다, 꿈속에서 발생하는 신호를 선호하지 말라.

2. 당신이 그러한 꿈을 꾸는 것이 타락에 빠진 것이 아닌 것을 안다면, 그 꿈 자체에 잘못이 아니라고 가정하여, 당신의 육체적 기질이나 알려지지 않은 원인을 당신 영혼에 너무 무겁고 부당하게 비난하지 말라.

3. 꿈으로 예측하고, 그 꿈으로 자신의 기대치를 측정하며, 그 꿈으로 희망이나 두려움에 빠지는 사람들의 주제넘은 어리석음을 혐오하라. 디오게네스(Diogenes)는 '깨어 있는 동안 발생하는 생각과 행동에 부주의하고, 겪은 꿈에 대해 알고 싶어 하는 것은 얼마나 어리석은 일인가? 사람의 행복과 불행은 그가 깨어 있을 때 하는 일에 달려 있고, 그가 잠잘 때 겪는 일에 달려 있지 않다'고 말한다.

제9장

혀를 다스리기 위한
방향 제시

제1과   일반 방향 제시

방향 제시-1 '일반적으로 혀가 잘 관리되고 사용되어야 하는 것이 어떤 때이고 어떤 염려인지 이해하라.' 말을 하찮게 생각하는 사람들은 말을 하찮게 사용할 것이다. 말은 순간적이라는 생각(어떤 사람들에게는 말은 생각만큼 자유롭다)은 사람들로 하여금 자유롭게 혀를 사용하게 하여 "우리 입술은 우리의 것이니 우리를 주관할 자 누구리요?"[1]라고 말한다.

[혀의 중요성과 의무]

1. 사람의 혀는 하나님의 영광이다. 표현적으로 사람은 짐승보다 뛰어나다. 사람의 혀가 그처럼 많은 수의 말을 명료하게 표현할 수 있다는 것은 하나님의 놀라운 업적이다. 하나님께서는 사람에게 허영과 죄에 대해서 그렇게 훌륭한 능력을 부여하지 않았다. 그것이 더 고상하고 훌륭할수록 더 많이 존중되어야 하고, 그것을 남용하는 자들의 잘못은 더 크다. 힐러

---

1)   시 12:4

리(Hilary)는 그것을, 사람의 얼굴을 더 깔끔하게 하고 아름답게 만들어야 함에도 불구하고 얼굴을 베고 기형을 만드는 병든 이발사에 비유했다. 그러므로 혀의 직분은 다른 사람의 유익을 위해 훌륭하게 봉사하고 인류의 영광이 되는 것이다. 그러므로 혀의 잘못에 대한 비난은 더 변명할 수 없다.

2. 혀는 마음의 지표 또는 표현자가 되도록 만들어졌다. 그러므로 마음이 존경받을 만하다면 혀도 존경받을 만하다. 그리고 마음이 존경받을 만하지 못하면 사람은 존경받지 못한다. 우리 주님께서 우리에게 나무는 그 열매로 알고 악한 나무는 악한 열매를 맺으며, "마음에 가득한 것을 입으로 말하느니라."[2]고 말씀하신다. 그러므로 아리스토텔레스는 '사람이 어떠함은 그 말과 행위와 삶과 같다'고 말했다. 그러므로 너희는 헛되고 사악한 말로 너희 마음의 허영과 부패함을 사람들에게 말한다.

3. 사람의 행위는 그들의 말에 크게 의존한다. 그러므로 그들의 행위가 존경받을 만하면 그들의 말도 존경받을 만하다. 행동은 말에 의해 자극을 받거나 유발된다. 매일의 경험은 우리에게 언어의 능력을 말해 준다. 말 한마디로 왕국을 구하기도, 잃기도 한다. 위대한 행동은 말에 달려 있고 더 위대한 결과도 그 말에 달려 있다.

4. 만일 우리가 말하는 사람들이 존경받을 만하다면 말도 존경받을 만하다. 왜냐하면 말은 선하거나 해를 끼치는 강력한 도구이기 때문이다. 하나님은 그의 사역자들을 통해 사람들의 회심과 구원을 위해 말을 사용하시고, 사탄은 그의 일꾼을 통해 사람들의 멸망과 저주를 위해 말을 사용한다. 얼마나 많은 영혼들이 매일 다른 사람들의 말에 의해 상처를 받는가! 더러는 속고, 더러는 교만해지고, 더러는 우쭐대고, 더러는 죄악 된 욕망을 일으킨다! 그리고 얼마나 많은 사람들이 매일 말에 의해 교화가 되는지! 지시를 받거나, 조언을 받고, 생명을 되 살리거나, 위로의 말로 교화가 되는지! **바울**은 "우리의 싸우는 무기는 하나님의 능력

---

[2] 마 7:16-18, 12:34

이다."³⁾고 말한다. 그리고 피타고라스는 "혀는 칼보다 더 깊게 베기 때문에 영혼까지 닿는다."고 말할 수 있었다. 그러므로 혀의 죄와 혀의 의무는 중대해야 한다.

5. 우리의 혀는 창조주를 찬양하는 도구이며, "그의 이름을 찬양하고", "기뻐하며 그의 일을 선포하라"고 의도적으로 우리에게 주어진 것이다. 사람의 혀로 수행하는 봉사는 하나님이 사람에게 기대하는 것 중 작은 부분이 아니다. 또한 우리의 창조 목적 중에 작은 부분도 아니다. 우리의 모든 최고의 능력, 재능, 은혜의 사용은 혀로 표현된다. 우리의 지혜와 지식, 우리의 사랑과 거룩함은 표현되지 않으면 하나님의 영광과 다른 사람의 유익에 관하여 알 수 없게 된다. 혀는 영혼의 등불 또는 창문이며, 이를 통해 밖을 내다보고 다른 사람들을 빛나게 한다. 그러므로 그토록 귀중한 도구의 죄나 의무는 우리를 만드신 분의 명예를 고려할 때 가볍게 여겨서는 안 된다.

6. 우리의 말은 우리 마음에 크게 작용하고 영향을 미친다. 우리의 말이 마음에 크게 반사 행위를 하고 영향을 미치기 때문에 우리가 매일 하는 기도와 집회 때에 영향을 미친다. 그러므로 우리 자신의 유익과 해를 끼치는 일 때문에 우리의 말을 가볍게 여겨서는 안 된다.

7. 하나님의 법과 심판은 당신이 말을 어떻게 존중해야 하는지 가장 잘 가르칠 것이다. 그리스도께서는 "네 말로 의롭다 함을 받고 네 말로 정죄함을 받을 것이다."⁴⁾고 말씀하셨다. 그리고 성령을 모독하는 말은 용서받을 수 없는 죄다. "만일 말에 실수가 없는 자라면 곧 온전한 사람이라 능히 온몸도 굴레를 씌우리라."⁵⁾ "혀는 곧 불이요 불의의 세계라 혀는 우리 지체 중에서 온몸을 더럽히고 삶의 수레바퀴를 불사르나니 그 사르는 것이 지옥에서 나느니라."⁶⁾ "누구든지 스스로 경건하다 생각하여 혀를 재갈 물리지 아니하고 자기 마음을 속이면

---

3) 고후 10:4
4) 마 12:37
5) 약 3:2
6) 약 3:6

이 사람의 경건은 헛것이라."⁷⁾ "그러므로 생명을 사랑하고 좋은 날 보기를 원하는 자는 혀를 금하여 악한 말을 그치며 그 입술로 거짓을 말하지 말라."⁸⁾ "그러나 내가 너희에게 이르노니 사람이 무슨 무익한 말을 하든지 심판 날에 이에 대하여 심문을 받으리라."⁹⁾ 제3계명은 우리에게 "하나님의 이름을 망령되이 일컫는 자를 죄 없다 아니하리라."고 말한다. 그리고 "그의 마음에 진실을 말하며 그의 혀로 남을 허물하지 아니하는 자"는 "주의 장막과 주의 성산에 거하는 자"¹⁰⁾의 표시이다. 그리고 천국의 바로 그 일은 영원히 "하나님을 찬양"¹¹⁾하는 것이다. 하나님이 당신의 말을 어떻게 판단하실지 지금 가정해 보라.

8. 그리고 온 세상의 판단에 의해 어떤 추측이 있을 수 있다. 사람들이 당신과 당신에 대해 말하는 것을 신경 쓰지 않는가? 당신은 당신의 자녀들, 하인, 또는 이웃들이 당신에게 어떤 말을 하는지 신경 쓰지 않는가? 왕을 거스르는 말은 행위와 마찬가지로 반역이요 사형 받을 일이 아닌가? "혀는 삶의 수레바퀴를 불사른다."¹²⁾ 나는 잠언으로 결론을 내릴 수 있다. "죽고 사는 것이 혀의 힘에 달려 있다."¹³⁾ 그리고 "자기 입과 혀를 지키는 자는 자기 영혼을 환난에서 보전한다."¹⁴⁾

[혀의 의무]

방향 제시-2 '혀의 특정한 의무를 잘 이해하고 기억하라.' 혀를 악에서 억제하는 것만으로는 충분하지 않기 때문이다. 그 의무는 다음과 같다.

---

7) 약 1:26
8) 벧전 3:10
9) 마 12:36
10) 시 15:1-3
11) 계 5:13
12) 약 3:6
13) 잠 18:21
14) 잠 21:23

1. 그의 이름과 속성과 업적을 찬양함으로써 하나님께 영광을 돌리는 것이다.

2. 그를 찬양하는 시편을 노래하고 그의 탁월함을 감미롭게 기념하여 우리 영혼을 기쁘게 하는 것이다.

3. 이미 받은 자비에 대해 감사하고, 우리의 영혼과 몸, 교회와 세상을 위해 그가 하신 일을 다른 사람에게 선포하는 것이다.

4. 우리가 원하는 것을 위해, 그리고 우리 형제들과 교회를 위해 그리고 그와 우리 적들의 회심을 위해 그분에게 기도하는 것이다.

5. 우리가 합법적으로 부름을 받았을 때 그분에게 호소하고 그분의 이름으로 맹세하는 것.

6. 우리의 필요한 언약과 맹세를 그에게 하고, 우리의 믿음, 복종, 그리고 그에 대한 순종을 사람들 앞에서 공개적으로 고백하는 것.

7. 그의 말을 설교하거나 담론에서 선언하고, 우리에게 맡겨진 사람들을 가르치고, 기회가 있을 때마다 무지하고 잘못된 자들을 교화하는 것.

8. 회의나 논쟁으로 하나님의 진리를 변호하는 일. 기만하는 자들의 거짓 교리를 논박하는 것.

9. 사람들에게 그들의 특정한 의무를 권면하고 그들의 특정한 죄를 책망하며, 우리가 할 수 있는 한 사람들에게 선을 행하려고 노력하는 것.

10. 기회가 있는 대로 하나님과 사람에게 우리 자신의 죄를 고백하는 것.

11. 우리 영혼을 위해 다른 사람들의 조언과 도움을 갈망하고 하나님의 뜻과 구원의 길을 묻는 것.

12. 남의 좋은 점을 칭찬하고, 정당한 근거와 이유가 있는 한 모든 사람, 윗사람, 대등한 사람, 열등한 사람을 칭찬하는 것.

13. 진리에 대해 증언하기 위해 부름 받았을 때 그에 대해 증언하는 것.

14. 의로운 자와 무고한 자를 변호하고, 거짓으로 고소하는 자에 대항하여 사람들을 옹호하고, 탄원할 가치가 있는 대의와 사람들의 용서를 구하는 것.

15. 우리가 받은 단순한 진리 자체만이 아니라 하나님께서 우리에게 행하신 것과 같은 좋은 인상과 사랑의 감정을 다른 사람에게 전달하고 소통하는 것.

16. 마지막으로, 공통 대화의 도구로, 우리 상호간 사랑의 감정과 존경을 표현하고 우리의 세상적인 모든 사업, 거래, 학습, 예술, 제조 등을 표현하는 것. 이것이 혀의 용도와 의무다.

[혀의 죄]

방향 제시-3 '피해야 할 혀의 죄가 무엇인지 이해하고 기억하라.' 그리고 그것들은 매우 많고, 그것들 중 다수는 매우 중요하다. 가장 주목할 만한 혀의 죄는 다음과 같다.

1. (더 이상 누락의 죄에 대해서는 말하지 않겠다. 왜냐하면 행하거나 생략한 것의 의무를 지명했을 때 알기 쉽기 때문이다.) 저지른 죄 중에서 가장 큰 죄로 명명할 첫 번째는 신성모독이다. 그것은 하나님을 비난하는 것이다. 곧 하나님을 경멸하는 것이거나 그의 완전하심을 부인하여 그를 비방하고 욕되게 하는 것과 거짓 칭호와 교리와 우상과 유사한 것으로 그

를 불완전한 사람에 비유하여 비하하는 것이다. 하나님을 비난하는 것은 무엇이든 신성모독이다. **랍사게**가 **히스기야**를 위협할 때 사용한 것과 같은 것이다. 그리고 불신자들과 이단자들이 하나님의 편재하심, 전지하심, 통치, 정의, 특별한 섭리 또는 선하심을 부인할 때 사용한 것과 같은 것이다. 그리고 하나님이 죄의 창조자라고 하든지 거짓된 말을 한다고 하든지 그가 단순한 속임수 등으로 세상을 다스린다고 한다 하는 것으로 그에 대한 악을 주장하는 것들이다.

2. 혀의 또 다른 죄는 거짓 교리, 또는 거짓되고 위험한 것을 하나님으로부터 온 것처럼 가르치는 것이다. 만일 어떤 사람이 신성한 영감이나 환상이나 계시에 의한 이러저러한 요점을 가지고 있다고 거짓으로 말한다면, 그것은 그를 선지자로 만드는 것이다. 그러나 만일 그가 교회의 이러저러한 교리가 성경에 포함되어 있거나 전통에 의해 교회에 전달되었다고 거짓으로 말한다면 이것은 거짓 교사일 뿐이다. 이것은 다음에 언급하는 악화 정도에 따라 더 크거나 작은 죄이다.

3. 혀의 또 다른 죄는 참된 교리를 거짓으로 적용하여 간접적으로 경건을 반대하고 경건을 위하여 경건한 사람을 반대하고, 특정한 진리와 종교의 의무에 대해 불평하는 것이다. 또는, 진리나 의무를 말하거나 행하는 자의 일부 논쟁의 여지가 있는 방식이나 불완전성에 반대하는 구실 아래, 진리나 의무를 간접적으로 반대하는 것이다. 종교를 전복시키거나 훼손할 수 있는 요점과 관행을 옹호하는 것이다. 모든 진지한 경건을 불필요한 것으로 보이도록 은밀하게 노력하는 것이다. 정통적으로 보이는 많은 사람들이 있다. 그들은 수단에 있어서 진리에 대해 불경하고 악의적인 반대자들이다. 그것은 그들 자신이 개념적으로 보유하고 긍정적으로 공언하는 것이다.

4. 혀의 또 다른 큰 죄는 진지한 경건함을 야비하게 조롱하고 농담하고 경건한 사람을 그와 같이 비웃는 것이다. 또는 그들의 경건함 때문에 그들의 실제적이거나 추정되는 불완전함의 일부를 경멸하고 그들을 통해 경건함을 혐오스럽게 만든다. 사람들이 그렇게 말할 때,

그들의 연설 풍조와 경향은 사람들로 하여금 진리나 경건함을 싫어하도록 이끄는 것이다. 그리고 어떤 특정한 의견이나 관습, 방식에 대한 그들의 조롱이나 비난은 종교를 진지하게 실천함에 있어서 종교를 경멸하는 경향이 있다. 그들이 어떤 표현이나 불완전성, 또는 진리 자체를 이유로 복음 전파자를 조롱하는 것은 그와 그의 교리를 멸시하는 것이고, 또는 신앙적인 사람의 기도와 연설을 멸시하는 것은 종교에 해를 끼치는 것이다.

5. 혀의 또 다른 큰 죄는 그리스도의 사역자들이 그의 복음을 전파하거나 그의 이름으로 말하는 것을 부당하게 금지하는 것이다. 또는 진리의 설교를 할 때 그들에게 맞서서 반박하고, 저항하고, 방해하는 것이다. 그리고 바리새인 **가말리엘**은 그것을 "하나님을 대적하는 자"가 될까 하노라 하니, 사람들이 옳게 여겨 "사도들을 불러들여 채찍질하여 예수의 이름으로 말하는 것을 금하고 놓았다."[15] 그래서 사도행전 4장 18, 19절에서는 "그들을 불러 경고하고 도무지 예수의 이름으로 말하지도 말고 가르치지도 말라 하니 **베드로와 요한**이 대답하여 이르되 하나님 앞에서 너희의 말을 듣는 것이 하나님의 말씀을 듣는 것보다 옳은가 판단하라. 우리는 보고 들은 것을 말하지 아니할 수 없다 했다." "유대인은 주 예수와 선지자들을 죽이고 우리를 쫓아내고 하나님을 기쁘시게 하지 아니하고 모든 사람에게 대적이 되어 우리가 이방인에게 말하여 구원받게 함을 그들이 금하여 자기 죄를 항상 채우매 노하심이 끝까지 그들에게 임하셨느니라."[16] 헨리 해먼드(Hammond) 박사는 그것을 알기 쉽게 말했다. "이것이 일반적으로 그들이 우리와 싸우는 근거이며, 그들의 금지에도 불구하고 우리는 이방인들에게 전파한다는 것이다."

6. 혀의 또 다른 죄는 하나님이나 피조물을 두고 모독적으로 맹세하는 것이며, 그 뒤로 하나님의 이름과 속성을 경솔하고 경건하지 않게 사용하는 것이다.

7 위증이나 맹세는 가장 가증스러운 죄로 진리의 저자이자 옹호자인 하나님께 비진리를

---

15) 행 5:39, 40
16) 살전 2:15, 16

증언하고 범법자를 심판해 달라고 호소하는 것이다. 그렇게 하나님의 복수를 요구한다.

8. 거짓말하는 것도 혀의 크고 흔한 죄다. 그 죄는 더 많은 죄다.

9. 혀의 또 다른 죄는 위선적으로 어떤 감정을 숨기는 것이다. 그것은 거짓말하는 것보다 더 나쁘다. 사람의 혀가 그 마음에 합치하지 아니하고, 하나님께 기도할 때나 사람과 의논할 때 선한 말을 하여 자기의 악한 뜻이나 감정을 감추고, 듣는 사람에게 자신을 실제보다 더 나은 것처럼 표현할 때이다.

10. 또 다른 죄는 사람의 지혜와 학식이나 위대함이나 재물이나 존귀나 힘이나 아름다움이나 재능이나 경건함이나 사람이 자랑할 만한 모든 것 중 하나에 대한 과시나 교만한 자랑이다. 신실한 자들은 "여호와를 자랑하라."[17]

"그리스도의 십자가"에서 "그들은 세상에 대하여 십자가에 못 박혔다."[18] 그래서 탐욕스러운 사람은 "자신의 재물을 많이 자랑한다."[19] "그리고 죄악을 행하는 자들은 스스로 의인들을 대적하여 자랑하고 개가를 부르고 오만하게 떠든다."[20] "그들은 여호와를 대적하여" 자랑하며 그의 백성들을 대적하여 자랑한다.[21] 교만함이 사람을 지배하는 한, 그들은 "자신이 대단한 사람이 된 것처럼 자랑하는"[22] 경향이 있다. 더 어리석은 자들이 하는 것처럼 공개적으로 또는 더 기발하고 교만한 자들처럼, 아름다운 구실을 내세워 교활하게 자랑한다.

11. 혀의 또 다른 죄는 거룩한 것이 선호되어야 할 때, 일반적인 것을 때에 맞지 않게 말하

---

17) 시 34:2, 44:8
18) 갈 6:14
19) 시 49:6
20) 시 94:2-4
21) 겔 35:13
22) 행 5:36

는 것이다. 주의 날, 공적인 예배의 시간, 회사, 행사나 기회에서 거룩한 연설 또는 거룩한 연설을 필요로 할 때, 일반적인 것을 시기에 맞지 않게 말하는 것이다. 세상 사람들은 **사울**처럼, 왕국[23]에 대해 이야기해야 할 때에 잃어버린 나귀에 대해 말하고 있다. 당신의 부름과 일상적인 일에 대해 말하는 것은 합법적이므로 적절하고 시기에 맞는 것이다. 그러나 당신이 세상의 모든 것과 헛된 것을 이야기하며, 당신의 입으로 어떤 다른 소명에 대해 이야기해 본 적이 없을 때, 심지어 주의 날에도 "사사로운 말"[24]을 한다면, 이것은 세속적이고 죄악된 말이다.

12. 혀의 또 다른 흔한 죄는 남을 유혹하고 설득하여 탐식, 술 취함, 음란, 음행, 그 밖의 모든 죄를 짓도록 유인하는 것이다. 그와 같이할 뿐만 아니라, 그런 일을 행하는 자들을 옳다 하는 자[25]들이다. 이것은 마귀의 도구이며 그의 종이 되는 것이요, 가장 직접적으로 세상에서 마귀의 일을 하는 것이다. 다른 사람의 죄를 부당하게 변명하거나, 정상을 참작하거나 변호하거나, 명령하거나, 유인하거나, 겁을 주거나, 게다가 조장하는 것에 대해서도 같은 식으로 말할 수 있다.

13. 또 다른 하나는 하나님의 성스러운 일을 육체적인 방식으로 다루는 것이다. 그것은 특히 복음 전파자들이 경솔하거나 부적합한 말솜씨로, 또는 우스꽝스럽고 장난스러운 방식으로 행하는 것과 같은 것이다. 그것은 진실의 중요성과 위엄에 맞는 진지한 태도가 아니다.

14. 또 하나는 거룩한 것들을 경솔하고 무모하고 부주의하게 다루는 것이다. 그것들을 너무 무지하고, 미숙하고, 무질서하고, 열정적으로 말함으로써, 그것들을 불명예스럽게 만들고 선한 성공을 좌절하게 하는 경향이 있다.

---

23) 삼상 9:5-10
24) 사 58:13
25) 롬 1:32

15. 혀의 또 다른 죄는 윗사람을 욕하거나 치욕스럽게 만드는 것이다. 자녀가 부모에게 불경스럽고 불명예스럽게 말할 때, 또는 그들의 통치자의 부하에게, 그들 주인의 종들에게, 그들의 면전에서 또는 그들의 등 뒤에서 그렇게 말할 때이다. "그들은 영광 있는 자들을 비방하는 것을 두려워하지 않는다."[26]

16. 또 다른 하나는 열등한 사람을 거만하게 멸시하고 모욕하며 노엽게 하고 자극하고 낙담하게 하는 것이다. "아비들아 너희 자녀를 노엽게 하지 말라."[27]

17. 혀의 또 다른 죄는 무익한 말과 헛된 말을 많이 하는 것이다. 즉, 쓸데없는 수다 또는 무익한 말을 많이 하는 것이다. 그것이 덕을 세우지도 않고 마음이나 몸이나 일에 유익하지도 않을 때 죄이다.

18. 또 다른 죄는 어리석은 말이나 경박하고 어리석은 농담으로 말하는 것인데, 이는 말하는 사람과 같이 경솔하고 어리석은 기질을 가진, 듣는 사람의 마음을 사로잡는 경향이 있다. "누추함과 어리석은 말이나 희롱의 말이 마땅치 아니하다."[28] 영광스러운 환희는 합법적이다. 그리고 그것은 거룩한 원칙에서 나온 것으로서, 거룩한 문제에 관한 것, 또는 거룩한 목적을 위한 것으로서 가장 성결하게 된 최고의 것이다. "주 안에서 항상 기뻐하라."[29] "즐거워하는 자가 있느냐 그는 찬송할지니라."[30] 그러나, 가볍고 거품이 많은 농담은 습관적으로 경박하고 어리석은 말을 분출하는 것일 뿐, 용납될 수 없다. 그러나 특히, 그 사람들은 그들의 혀와 이성을 가장 가증스럽게 남용한다. 그들은 바보나 어리석은 자들로 가장하고, 그들의 재치를 사용하여 그들의 농담을 어리석은 행동으로 가리고 그들을 더욱 우스꽝스럽게 만들고, 위대한 사람들의 광대가 되는 것을 그들의 직업으로 삼는다. 그들은 가증스러운 죄악

---

26) 벧후 2:10
27) 엡 6:4
28) 엡 5:4
29) 빌 4:4
30) 약 5:13

을 거래한다.

19. 또 다른 죄는 "더러운 말"[31]이다. 음란하고 야비한 말이다. 사도들은 그것을 "부패하고 더러운 말"[32]이라고 불렀다. 방탕하고 더러운 마음은 방탕하고 더러운 말로 자신을 즐겁게 한다. 이것은 음행과 모든 가증한 더러움에 대한 마귀의 준비물이다. 왜냐하면, 혀가 처음에 그런 더러운 죄악을 가지고 놀도록 가르치고, 귀는 그 죄악을 즐거워하거나 무심할 때, 실제적인 불결함으로 가는 작은 단계만 남게 되기 때문이다.

20. 혀의 또 다른 죄는 저주하는 것이다. 남이 어떤 해를 입기를 이유 없이 또는 부당하게 바라는 것이다. 만일 당신이 다만 열정이나 농담으로 말하고, 당신이 부르는 상처를 마음속으로 바라지 않는다 해도, 그것은 열정이나 농담으로 신성모독이나 반역을 말하는 것과 마찬가지로 혀의 죄악이다. 혀는 마음과 같이 다스려져야 한다. 그러나 당신이 정말로 그들에게 상처를 원한다면, 그것은 훨씬 더 심각하다. 그러나 무엇보다도 정열적이고, 파벌적인 사람들이 그들의 기도를 저주하는 것으로 바꾸어 하늘로부터 불을 부르고 다른 사람의 멸망이나 상처를 위해 기도하는 것이다. 그리고 그것을 성경의 예로 가장하는 것이다. 마치 그들이 남들이 다른 경우에 정당한 방식으로 한 것을, 그들은 그것을 부당하게 할 수도 있는 것처럼 할 때 심각하다.

21. 중상하는 것은 혀의 또 다른 죄이다. 악의와 나쁜 뜻으로 남을 거짓으로 험담하여 혐오감을 주거나 상처를 줄 때 죄이다. 또는 합리적인 증거 없이 믿는 성향을 통해 거짓 소문을 쉽게 믿고, 그것을 다른 사람에게 다시 전한다. 아니면 경솔하고 통제불능의 혀로, 소문에 대한 정당한 증거나, 그것의 언급에 대한 정당한 근거를 알아보기 전에 그것을 공개한다.

22. 또 다른 죄는 어떤 증거 없이 사람들 뒤에서 험담을 하고 나쁜 소문을 퍼뜨리는 것이

---

31) 엡 5:4
32) 엡 4:29

다. 그 문제가 진실이든 거짓이든, 당신이 그것이 사실이 아님을 알고 있는 한, 당신이 알면서도 그 사람을 덜 존경하게 하거나, 또는 적어도 충분한 이유 없이 행한다면, 그것은 하나님께 대한 죄이며 사람에게 잘못이다.

23. 또 다른 죄는 경솔한 비난이다. 당신이 다른 사람의 악을 이야기할 때, 당신이 그 악에 대해 무가치한 추측에 불과한 것을 가지고 있으면서 그것을 성급하게 비난하고, 가능한 것을 근거 있는 것으로 받아들이거나 다른 사람에게 불리한 것만 확실한 것으로 받아들이는 것이다.

24. 또 다른 죄는 욕하는 것, 비방하는 것 또는 격렬하고 도발적인 말을 하는 것으로, 그것은 화평을 깨뜨리고 불화를 일으키며, 성도에 적합한 사랑과 인내와 온유함에 반하여 다른 사람에게 욕설로 응답함으로 자비를 약화시키는 경향이 있다.

25. 또 다른 죄는 기만하고, 사기를 치고, 한도 넘는 말을 하는 것이다. 사람들이 혀를 사용하여 이웃을 속이고 자신의 이익을 위해 흥정하는 것이다.

26. 혀의 또 다른 죄는 거짓 증거하는 것과 거짓 고발하는 것이다. 무죄한 자들을 의롭다 하시는 하나님께 복수를 해 달라고 부르짖는 죄이다.

27. 혀의 또 다른 죄는 재판할 때에 불의한 판결을 내리는 것이다. 곧 관원들이 범인을 용서하거나 의인에게 유죄 판결을 하고, 악을 선하다 하고 선을 악하다 하며, 의인에게 "너는 악하다."[33] 말하는 것이다.

28. 혀의 또 다른 죄는 아첨이다. 그것은 얼마나 더 상처를 주는가에 따라 더 가증스러운

---

33) 잠 24:24

것이다. 가장 상처가 되는 것은,

1) 가장 중요한 일, 심지어 영혼의 상태까지도 속이는 경향이 있을 때 가장 상처가 된다. 그리스도의 이름으로 사람을 속이는 설교자의 아첨은 다른 모든 아첨 중에서 가장 치명적이다. 거듭나지 않은 자를 거듭났다고 믿게 하고, 하나님에 대한 공경심이 없는 자를 경건하다고 믿게 하고 정당화되지 않은 자를 정당화된 것으로 믿게 하고 사탄의 자녀들로 하여금 회심 없이 구원받을 수 있다고 믿게 하는 것이다. 세속적인 자, 욕하는 자, 탐식하는 자, 술 취하는 자, 음행하는 자, 형식적인 위선자, 거룩함을 미워하는 자로 하여금 성령의 거룩하게 하고 새롭게 하는 역사 없이도 천국에 들어갈 수 있다고 믿게 하는 것, 이것은 종교를 공개적인 반대하는 자를 제외하고 사람의 혀가 마귀에게 할 수 있는 가장 뛰어난 봉사다. 마귀가 사람들에게 겁주어 지옥으로 가게 하기보다는 거기에 보내기 위해 아첨을 더 많이 사용하듯이, 그의 일꾼과 도구도 마찬가지다. 그리고 인간으로 하여금 악을 행하고 거룩한 삶을 소홀히 하는 것을 승인하는 자유주의와 방탕함의 모든 교리는 오용하는 것보다 더 위험한 아첨의 방식이다. 이와 같이 세상의 친구들도 죄인들이 자기의 죄와 불행에 대해 확신하는 것을 보고, '너 자신을 괴롭히지 말라.'고 아첨하며, 추정과 거짓 희망에 빠지게 한다. 당신은 착하게 살았고 좋은 이웃이 되어 누구에게도 해를 끼치지 않았기에 만일 당신 같은 사람이 구원받지 못한다면 긍휼의 하나님께서 당신을 크게 도울 것이다. 따라서 죄인인 것을 확신하는 사람이 마귀의 올가미에서 벗어나려고 힘쓸 때, 사탄의 종들은 거짓되고 아첨하는 말과 속임수로 그를 다시 그 상태에 머물게 한다.

2) 아첨은 많은 사람에게 상처를 줄 때 해롭다. 통치자들이 아첨에 의해 속고 왜곡되어 사람들과 자신을 파멸시킬 때와 같다. "거짓말하는 자는 자기가 해한 자를 미워하고 아첨하는 입은 패망을 일으키느니라."[34]

---

34) 잠 26:28, 참고, 살전 2:5; 겔 12:24; 시 12:2, 3

29. 또 다른 죄는 다른 사람의 몸이나 마음의 허약함이나 미덕 때문에, 또는 시기와 악의나 교만, 또는 비웃는 풍습이나 경멸하는 말로 다른 사람을 조롱하거나, 흉내 내거나, 경멸하거나 냉소하는 것이다. "냉소하는 자는 냉소를 좋아한다."[35] 특히 죄인들이 경건한 자들의 책망과 권고를 경멸하고 멸시함으로 그것들을 다 되돌려 그들의 얼굴에 던진다. "냉소하는 자를 징계하는 자는 도리어 능욕을 받는다."[36] "냉소하는 자는 견책받기를 좋아하지 않는다."[37]

30. 또 다른 혀의 죄는 우상숭배나 거짓 숭배다. 우상을 찬양하거나 그들에게 기도하거나 노래를 부르거나 연설을 하거나 그들을 위해 변론하는 것이다. 또한 참 하나님에 대한 거짓 숭배도 마찬가지다. 이 외에도 피해야 하는 혀의 죄가 있다. "혀는 불의의 세계"[38]이기 때문에 혀의 죄는 더 있을 수 있다는 것은 놀랄 일도 아니다.

방향 제시-4 '이와 같이 혀의 의무와 죄, 그리고 그 중요성을 이해하고 나서, 다음으로 그에 대해 가장 조심하고 부지런히 해야 할 것은, 혀에 영향을 미치는 마음에 관한 모든 것을 지키고, 혀를 깨끗하게 유지하기 위해 마음을 깨끗이 유지하는 것이다. 주된 일은 마음에 관한 것이어야 한다. 왜냐하면 '마음에 가득한 것을 입으로 말'하기 때문이다.'

1. 다른 방법으로는 혀를 효과적으로 다스릴 수 없다. 마음이 세상에 있으면 혀는 대개 세상에 있을 것이다. 당신은 그것을 당신의 마음에 반하여 조금 강요할 수 있지만 그것은 매우 일관성 없는 복종이 될 것이다. 당신이 고삐를 약간 풀면 복종은 사라진다. 마음이 교만하면 혀가 교만하게 말하며 마음이 음탕하거나 헛되거나 악의적이면 그 말도 대개 그렇게 할 것이다.

---

35) 잠 1:22, 참고, 시 22:7, 44:13, 79:4
36) 잠 9:7, 8
37) 잠 15:12
38) 약 3:6

2. 또는 혀로 하여금 마음을 거스르게 할 수 있지만, 그것은 위선적인 개혁일 뿐이다. 비록 혀가 억지로 겸손하게, 순결하게, 참을성 있게, 경건하게 말한다 해도, 헛되고, 교만하고, 세속적이며, 방탕하고 악의적이고, 경건하지 않은 마음이 당신을 정죄할 것이다. 그러므로 당신이 헛된 것과 세속적인 것과 방탕한 것과 다른 어떤 부패한 말을 극복하려 한다면, 먼저 당신 마음속의 동일한 부패를 극복하고 그와 반대되는 은혜를 소생시키고 활성화하기로 마음을 정하라. 그리고 만일 당신이 하나님의 영광과 사람들의 교화에 당신의 혀를 사용하고자 한다면, 물방앗간에 물처럼 되어야 하는 거룩한 사랑의 감정의 샘물을 끌어 올려라. 마음을 표현하는 것은 혀를 사용하는 것이고, 거룩한 마음을 표현하는 것은 거룩한 말을 사용하는 것이다. 그런데 당신은 당신이 가지고 있지 않은 것을 표현하려 하는가? 거짓말의 의무를 다 할 것인가? 만일 당신이 진지하게 그리스도나 천국에 대해 말하고 싶다면, 진지하게 그리스도와 천국에 당신의 마음을 두어야 한다. 당신이 하나님을 위해, 그리고 청중의 유익을 위해 말해야 하는 어떤 모임에 들어갈 때, 당신이 표현하고자 하는 하나님의 속성이나 진리에 대해 당신의 마음에 깊은 인상을 얻도록 미리 노력하라. 그리고 다른 사람들이 느낄 수 있도록 당신 자신의 감각을 되살리기 위해 노력하라. 그리고 당신 안에 있는 하나님의 사랑, 거룩함과 진리에 대한 사랑, 그리고 당신이 말하는 이들의 영혼에 대한 사랑을 불러일으키라. 그러면 당신은 수도 꼭지를 틀자마자 흐르는 도관처럼 될 것이다. 왜냐하면 거기에는 항상 물이 가득하기 때문이다.

방향 제시-5 '당신이 토론해야 할 문제를 이해하기 위해 노력하라.' 무지는 담론의 준비를 거부하거나 껍데기나 헛된 것만 제공하고 아무 말도 하지 않는 것이 낫다고 말하게 한다. 지식과 지혜는 늘 선하고 유익한 이야기의 창고다. 예를 들어, "천국의 가르침을 받은 서기관은 그의 곳간에서 새것과 옛날 것을 내온다."[39] 어떤 사람이 자신이 말해야 할 문제를 이해할 때, 그는 그것에 대해 다른 사람들이 이해할 수 있게 말하고, 그것에 대한 반대자들의 공격을 막는다. "의인의 입은 지혜를 말하고 그의 혀는 정의를 말하며 그의 마음에는 하나님의 법이

---

39) 마 13:52

있으니 그의 걸음은 실족함이 없으리로다."⁴⁰⁾ "의인의 입은 지혜를 내어도 패역한 혀는 베임을 당할 것이니라 의인의 입술은 기쁘게 할 것을 알거니와 악인의 입은 패역을 말하느니라."⁴¹⁾ 현명한 사람은 결코 현명한 말을 준비하지 않은 적이 없다. 그러나 어리석은 사람들의 입은 그들의 미련함을 나타낸다. "지혜 있는 자의 혀는 지식을 선히 베풀고 미련한 자의 입은 미련한 것을 쏟느니라."⁴²⁾ "미련한 자는 교만하여 입으로 매를 자청하고 지혜로운 자의 입술은 자기를 보전하느니라."⁴³⁾ "미련한 자의 입술은 다툼을 일으키고 그의 입은 매를 자청하느니라 미련한 자의 입술은 그의 멸망이 되고 그의 입술은 그의 영혼의 그물이 되느니라."⁴⁴⁾ 그러나 당신은 말할 것이다. 우리에게 지혜를 얻어야 한다고 말하는 것은 쉽지만, 수월하고 빨리 이뤄지는 것이 아니다. 그것은 사실이다. 그러므로 혀는 쉽게 잘 사용되거나 잘 다스려지지 않는다는 것이 사실이다. 사람들은 기계적인 행동이 아닌 한, 그들이 갖지 아니한 지혜를 표현할 수 없기 때문이다. 그러므로 당신은 **솔로몬**의 잠언 2장 1-6절의 조언을 받아들여야 한다. "내 아들아 네가 만일 내 말을 받으며 나의 계명을 네게 간직하며 네 귀를 지혜에 기울이며 네 마음을 명철에 두며 지식을 불러 구하며 명철을 얻으려고 소리를 높이며 은을 구하는 것같이 그것을 구하며 감추어진 보배를 찾는 것같이 그것을 찾으면 여호와 경외하기를 깨달으며 하나님을 알게 되리니 여호와는 지혜를 주시기 때문이다."

방향 제시-6 '말하는 법을 배울 때까지 침묵하는 법을 배우라. 당신의 혀가 당신의 지혜보다 앞서지 않게 하라. 배우는 사람으로서 가르침을 받기 위해서가 아니라면, 당신이 잘 이해하지 못하는 것을 말하지 말라. 두 가지 중에서 말이 많은 것보다 말을 적게 하는 것을 선호하라.'⁴⁵⁾ 그들이 이해하지 못하는 것에 대해 말하고자 하는 자는, 그들이 선함에도 비방하거나 그들이 좋든 나쁘든 간에 비방하는 것 중 하나다(유다서 10절처럼). 혀를 잘 참지 못

---

40) 시 37:30, 31
41) 잠 10:31, 32
42) 잠 15:2
43) 잠 14:3
44) 잠 18:6, 7
45) 약 1:19

하는 자는 말을 잘할 수 없다. "잠잠할 때가 있고 말할 때가 있다."⁴⁶⁾ "지혜자가 잠잠한 것은 악한 때이기 때문이다."⁴⁷⁾ 그런 때에 대해 세네카(Seneca)는 '잠잠 하고, 다른 사람들에게는 거의 말하지 말고 자기 자신에게 많이 말하는 것이 가장 좋은 방법이다'고 말한다. 당신에게는 두 개의 귀와 하나의 혀가 있다. 두 번 듣고 한 번 말하라. 우리는 침묵하는 것보다 말하는 것에 대해 더 자주 뉘우친다. 말을 하지 않는 것은 빠른 답변이다. 말을 조심하고 아끼는 것은 많은 논쟁과 위험과 회개를 피할 뿐 아니라 지혜롭다는 명성을 얻게 된다. 플루타르크(Plutarch)는 여기에 대해 잘 말했다. '말을 거의 하지 않는 사람들에게는 법이 거의 필요 없다.' 어떤 사람이 키니크(Cynic)⁴⁸⁾ 학파의 사람에게 말했다. 그가 거의 침묵하고 있음에도 불구하고, '당신이 현명한 사람이라면 어리석은 짓을 하는 것이다. 당신이 어리석은 사람이라면 현명하게 행동할 것이다.'고 말했다. 그는 대답했다. '침묵할 수 있는 바보는 없다. 어리석은 자는 혀를 붙들어 둘 수 없다. 혀를 붙들지 못하는 자는 자신의 평화를 유지할 수 없다.' 이에 대해 그리스도와 부합하는 피타고라스(Pythagoras)는 '침묵하거나 침묵하는 것보다 더 나은 것을 말하라.'고 조언한다. 탐욕스러운 토지 주인과 탐욕스러운 변호사가 누구를 가장 미워하느냐는 질문을 받고 그들의 현명한 대답은, 첫째는 적게 먹고 땀을 많이 흘리는 자들이며(왜냐하면 그들은 일반적으로 오래 살기 때문에 임대계약이 곧 만료되지 않기 때문이다), 두 번째는 적게 말하고 많이 사랑하는 사람들이다. 왜냐하면 그들은 변호사를 고용하는 일이 거의 없기 때문이다. 당신의 연설에는 두 가지가 필요하니, 그것은 말해야 할 필요가 있는 것이어야 하고, 당신이 이해하는 것이어야 한다는 것이다. 그때까지 침묵하라.

방향 제시-7 '성급한 말을 삼가라. 특히 중요하거나 의심스러운 일에 숙고하라.' 말하기 전에 생각하라. 말을 한 뒤 생각하는 것보다 말하기 전이 좋다. 예방하는 시련이 회개하는 시련보다 낫다. 그러나 둘 다 생략하면 하나님께서 더 큰 대가를 치르게 하실 것이다. 나는 철

---

46) 전 3:7
47) 암 5:13
48) 키니크 학파(Cynic): 덕을 유일한 선으로, 자제만이 덕을 성취할 수 있는 유일한 수단이라고 믿었던 고대 그리스 철학자의 분파.

저하게 이해된 문제에 있어서, 현명한 사람은 그가 표현하는 지식을 즉시 작동시킬 수 있기 때문에 추가 사전 계획 없이 말할 수 있음을 안다. 그러나 오해할 염려가 있거나, 미리 생각하지 않고는 적절하고 안전하게 말할 수 없는 경우(특히 중요한 일에서), 숙고 없이 성급하게 말하는 것은 피해야 한다. "네가 말이 조급한 사람을 보느냐 그보다 미련한 자에게 오히려 희망이 있느니라."⁴⁹⁾ 특히 기도에, 또는 하나님의 이름으로, 또는 설교나 권고에, 어떤 담론에 하나님의 거룩한 일에 대해 말할 때 주의하라. "너는 하나님의 집에 들어갈 때에 네 발을 삼갈지어다 가까이하여 말씀을 듣는 것이 우매한 자들이 제물 드리는 것보다 나으니 그들은 악을 행하면서도 깨닫지 못함이니라."⁵⁰⁾ 즉, 공공 예배에서 자신을 조심하고, 당신이 그의 명령을 무시하고 거부하는 동안(그가 당신을 필요로 하는 것처럼), 그에게 희생을 바치는 것보다, 당신이 무지함을 깨닫고 그의 뜻에 복종하여, 하나님께 대해 배우고 그에게 순종하는 촉진자가 되라. "너는 하나님 앞에서 함부로 입을 열지 말며 급한 마음으로 말을 내지 말라 하나님은 하늘에 계시고 너는 땅에 있음이니라 그런즉 마땅히 말을 적게 할 것이라 걱정이 많으면 꿈이 생기고 말이 많으면 우매한 자의 소리가 나타나느니라."⁵¹⁾ 즉, 하나님은 베푸시는 분이기에 나아가지 말고, 당신이 순종하는 학습자와 받는 사람으로서 하나님께 나아가라. 그러므로 그가 당신의 수다를 받아들이고 듣는 것처럼, 그 앞에 많은 말을 쏟아내는 것보다 그가 당신에게 명령하는 것을 들을 수 있는 준비자가 되라. 이해하지 못하는 말을 많이 하는 수다와 주제넘는 것이 사람 사이에서도 어리석은 표시인데, 당신이 하늘에 계신 하나님께 말씀드릴 때에, 얼마나 더 어리석은 일이 되겠는가!

방향 제시-8 '당신의 모든 열정에 대해 거룩한 관리를 유지하라(앞서 말한 대로). 특히 열정이 당신에게 분출하도록 촉구하는, 의심의 여지가 있는 모든 단어를 골라내라.' 왜냐하면 열정은 판단을 흐리게 하기 쉽기 때문에, 심지어 거룩한 열정도 짚이나 다른 가연성 물질들 사이에서 불을 나르듯, 조심스럽게 관리되고 두려워해야 하기 때문이다. "유순한 대답은 분

---

49) 잠 29:20
50) 전 5:1
51) 전 5:2, 3

노를 쉬게 하여도 과격한 말은 노를 격동하느니라."52) 그러므로 분노는 비통한 말을 낳는다. "급한 마음으로 노를 발하지 말라 노는 우매한 자들의 품에 머무름이니라."53) 어떤 열정(사랑이나 두려움이나 슬픔이나 노여움 중의 하나) 속에서 혀를 다스리는 것은 폭풍과 폭풍우나 맹렬하고 흥분한 말(horse)을 다스리는 것과 같다. "어리석은 자는 방자하여 스스로 믿느니라 노하기를 속히 하는 자는 어리석은 일을 행한다."54) "다투며 성내는 여인과 함께 사는 것보다 광야에서 사는 것이 나으니라."55) "노하는 자는 다툼을 일으키고 성내는 자는 범죄함이 많으니라."56) 열정을 다스리지 못하면 혀를 다스릴 수 없다. 그러므로 그것은 좋은 조언이다. "노를 품는 자와 사귀지 말며 울분한 자와 동행하지 말지니 그의 행위를 본받아 네 영혼을 올무에 빠뜨릴까 두려움이니라."57)

방향 제시-9 '유익한 대화의 기회와 악한 연설에 대한 유혹을 예견하라.' 갑작스럽고 예기치 못한 사고에 철저히 대비하는 일은 거의 없기 때문이다. 당신이 나갈 때, 어떤 무리에 빠지기 쉬운지, 부름을 받고 싶은 선한 일은 무엇인지, 또는 유혹되기 쉬운 악은 무엇인지 생각해 보라. 특히 당신의 일상적인 회사와 대화에서 언급된 평범한 의무와 유혹을 고려하라.

방향 제시-10 '따라서(앞서 말한 일반적인 준비 외에도) 이러한 의무와 유혹에 대해 특별히 준비하라. 가장 위험에 처할 수 있는 특정한 언어의 죄에 대해 몇 가지 특별한 방부제를 휴대하라. 그리고 당신이 부름 받을 수 있는 연설의 의무에 대한 몇 가지 특별 준비와 보조 자료를 휴대하라.' 외과 의사가 그와 관련된 사람들에게 사용하고 싶은 도구와 연고를 가지고 다니는 것처럼 휴대하라. 그리고, 여행자라면 여행에서 없어서는 안 될 필수품을 여전히

---

52) 잠 15:1
53) 전 7:9
54) 잠 14:16, 17
55) 잠 21:19
56) 잠 29:22
57) 잠 22:24, 25

가지고 다닐 것이다. 화난 사람과 대화하려면 "그 일은 하나님의 진노하심에 맡긴다는"[58] 확고한 결심과 인내심을 가지고 있어야 한다. 무지하고 경건하지 않은 사람들과 대화하려면, 강력하고 설득력 있는 근거를 제시하여 그들을 겸손하게 하고 그들의 마음을 바꾸어야 한다. 당신이 거룩함에 대해 교활하거나 경멸하는 원수들 사이에 가려면, 그들이 반대하는 것을 물리치기 위해, 마음속에서 체계적으로 생각하고 잘 정리한 논증을 준비하여야, 그러한 반론하는 자들의 입을 부끄럽게 하고 막을 수 있다. 이것은 "성령의 검 곧 하나님의 말씀"[59]으로 이루어져야 한다. 그러므로 성경과 각각의 특별한 용도를 위한 명백한 본문을 잘 알고 있어야 한다. 성경으로 말미암아 "하나님의 사람으로 온전하게 하며 모든 선한 일을 행할 능력을 갖추게 하려 함이라."[60]

방향 제시-11 '하나님의 앞에서, 그의 통치와 율법 아래 있는 것과 같고, 심판을 받아야 할 사람처럼 항상 걸어라.'[61] 무엇을 말하든지 자문해 보라.

1. 말하는 것이 하나님이 들으시기에 합당한가?

2. 그의 거룩한 율법에 합당한가?

3. 그것이 심판 날에 당신이 들을 만한 말인가? 존귀하고 경건한 사람의 귀에도 합당하지 않은 말인데, 당신은 그것을 하나님 앞에서 말할 것인가? 하나님께서 금하시고, 그분이 계셔서 모든 말을 들을 때, 그리고 당신이 말한 모든 것을 확실히 그에게 설명해야 함에도, 제멋대로, 추잡하고, 어리석게, 악의적으로 말할 것인가?

---

58) 롬 12:19
59) 엡 6:17
60) 딤후 3:17
61) 시 139:4

방향 제시-12 '매일 심판 날에 책임져야 할 말의 죄로부터 보호해 주시기를 하나님께 기도하라.' 당신의 혀의 관리를 그에게 맡겨라. 자신이 그것에서 부담을 덜었다고 생각하기 위함이 아니라, 그의 은혜를 간청하고 신뢰하기 위함이다. "여호와여 내 입에 파수꾼을 세우시고 내 입술의 문을 지키소서 내 마음이 악한 일에 기울어지지 않게 하소서 내 입의 말과 마음의 묵상이 주님 앞에 열납되기를 원하나이다."[62] 하고 **다윗**처럼 기도하라.

방향 제시-13 '당신의 혀를 조심하는 것이 당신의 지속적인 일의 일부가 되게 하라.' 부주의와 태만은 어려운 관리 업무에 도움이 되지 않을 것이다. **야고보**는 혀를 길들이고 다스리는 것이 들짐승과 새와 뱀을 길들이고 다스리는 것보다 어렵다고 말한다. 굴레로 말(horse)을 다스리는 것과 사나운 바람에 요동하는 배를 다스리는 것과 같다. "혀는 다루기 힘든 악이라 말에 실수가 없는 자라면 온전한 사람이라 능히 온몸도 굴레 씌우리라."[63] 그러므로 그것을 당신의 연구와 일로 삼고 끊임없이 경계하라.

방향 제시-14 '날마다 당신의 혀에 책임을 묻고, 당신이 무슨 악한 말을 했으며 무슨 선한 말을 빠뜨렸는지 스스로에게 물어보라. 그리고 당신이 발견한 죄를 회개하며 하나님 앞에 겸손해지고, 다가올 때를 위해 더 엄격하게 깨어 있으려는 결심을 새롭게 하라.' 만일 당신의 하인이 매일 잘못을 하고도 잘못한다는 말을 듣지 못한다면, 잘못이 아닌 것으로 여기고, 고칠 생각을 하지 않을 것이다. 아니, 당신은 당신의 소가 밭고랑을 벗어날 때, 그를 찌르거나 때려서 잘못을 기억하게 할 것이고, 당신의 말(horse)이 잘못할 때 박차나 회초리로 그의 잘못을 기억하게 할 것이다. 당신은 당신 자신, 심지어 당신의 혀조차도 날마다 잘못하는데, 그것을 결코 말하지 않고 그들에게 책임을 묻지도 않고 그들이 항상 개혁되기를 원하며, 주의하지 않고도 죄에 익숙해지지 않을 것이라고 생각하는가? 당신의 첫 번째로 가져야 할 관심은, 죄를 예방하고 의무를 다하는 것이다. **다윗**과 같이, "내가 말하기를 나의 행위를 조심하여 내 혀로 범죄하지 아니하리니 악인이 내 앞에 있을 때에 내가 내 입에 재갈을 물리리

---

62) 시 141:3, 4, 19:14
63) 약 3:8, 2

라 하였도다 내가 잠잠하여 선한 말도 하지 아니하니 나의 근심이 더 심하도다."[64]고 말하였다. "나의 혀가 주의 의를 말하며 종일토록 주를 찬송하리이다."[65] "나의 혀가 주의 말씀을 노래하리이다."[66] "내 혀는 글솜씨가 뛰어난 서기관의 붓끝과 같도다."[67]라고 말하는 것이다. 그러나 당신의 다음 관심은 당신이 범한 허물을 회개하고 그것에 대해 스스로 판단하고 개혁하는 것이어야 한다. "여호와여 내 혀의 말을 알지 못하시는 것이 하나도 없으시니이다."[68]라는 말을 기억하는 것이다.

방향 제시-15 '충실한 감시자나 책망자를 사용하라.' 우리는 관습과 편파성에 의해 우리 자신의 말의 결점을 간과하는 경향이 있다. 이런 경우, 친구가 매우 유용하다. 그러므로 당신의 친구가 이점에서 당신을 지켜 주기를 바라라. 그가 당신에게 말하는 것을 고치고, 당신의 친구에 대항하여 당신의 잘못을 옹호할 정도로 어리석지 말라.

---

64) 시 39:1-3
65) 시 35:28
66) 시 119:172
67) 시 45:1
68) 시 139:4

제2과   모독적인 맹세의 말(swearing)과 하나님의 이름을 불경하고 헛되게 사용하는 것에 대한 특별 방향 제시

[맹세(oath)란 무엇인가?]

I. 맹세하는 것은 인간의 법정에서 증인이나 판사로서 증언할 수 없는 진리의 증인이나 비진리의 복수자로서 어떤 일이나 사람에 대해 호소하여 어떤 것을 긍정하거나 부정하는 것이다. 어떤 것이 사실이라는 선언이나 무언가를 부정하는 행위가 맹세의 이유다. 독특한 명칭은 관습에서 왔다. 모든 호소나 증언이 맹세는 아니다.[69] 부분적이고 믿을 수 없는 증인으로부터, 신뢰할 수 있고 법정에서 제시될 수 있는 그러한 증인에게 호소하는 것은 맹세가 아니다. 무능한 판사나 하급 법원에서 유능한 판사나 상급법원에 항소하는 것은 맹세를 하는 것이 아니다. 다시 말하면, '내가 왕을 나의 증인으로 삼거나' '왕에게 호소하는 것'은 왕을 두고 맹세하는 것이 아니다. 그러나 말하기를 '하나님을 증인으로 삼거나' '내가 말하는 것이 참되다는 것을 판단하시는 하나님께 호소하는 것'은 하나님을 두고 맹세하는 것이다. 그러나 우리 자신의 긍정이나 부정에 대한 증명이나 판단과는 무관하게 의로운 재판관으로서 인간의 불의나 잔인함에 대하여 하나님께 호소하는 것은 맹세의 이유가 없기 때문에 하나님께 맹세하는 것이 아니다. 맹세는 다른 확실성 또는 신빙성에 대한 다른 증거가 부족할 때, 우리의 증언을 더 신뢰할 수 있도록 하기 위해, 우리가 맹세하는 법정이나 사람보다 초자연적이거나 더 높고 더 무서운 힘에 호소하는 것이다. 그래서 법적 증언이나 항소는 맹세의 말을 하는 것이 아니다.

[합법적인 맹세(oath)란 무엇인가?]

맹세의 말을 하는 것은 정당하고 적법하거나 아니면 사악하고 불법적이다. 정당하고 적법

---

69)   신 6:13, 10:20

한 맹세를 하기 위해 필요한 것은,

1. 우리가 맹세를 하는 것은 궁극적으로 하나님을 두고 하는 것뿐이다. 왜냐하면 인간의 법정보다 더 높은 지위 위에 있는 증인과 복수하는 재판관은 하나님뿐이며 그에게 항소할 수밖에 없기 때문이다. 그러므로 하나님을 두고 맹세의 말을 한다는 의미에서, 어떤 피조물을 두고 자신의 방식으로 맹세의 말을 하는 것은 피조물을 우상화하는 것이며 피조물에 하나님의 속성을 귀속시키는 것이다. (그다음에 더 많은 속성을 귀속시킬 것이다.)

2. 정당한 맹세에는, 그 문제가 긍정적이거나 부정적이든 사실이어야 하며, 또한 그것이 약속을 포함하는 것이라면 그 문제는 1) 정당하고 적법하며, 2) 실현 가능해야 한다. 그리고 이들 중 어느 하나라도 부족하면 불법이다. 3) 정당한 목적이 있어야 한다. 목적은 모든 도덕적 선과 악의 주요한 요소이기 때문이다. 4) 적합한 소명과 정당한 동기가 있어야 하며 불필요하거나 합리적인 이유 없이 행해서는 안 된다. 5) 그리고 그 방식과 상황은 적법해야 한다.

맹세는 모호한 단어로, 때때로 앞에서 설명한 것처럼 형식적인 것이라고 잘못 생각하기도 한다. 때로는 맹세할 진정한 의도가 없는 문제와 표현 형식에 불과하다고 잘못 생각하는 경우도 있다. 또는 의미하는 말과 의미하는 목적을 포함하여 인간의 모든 행위라고 생각하거나, 아니면 외적인 표시나 단순한 말이라고 잘못 생각하기도 한다. (기도라는 말은 때로 말의 단순한 확립된 표현을 의미하기도 하고 때로는 기도에 의해 나타나는 말과 욕망을 의미한다. 성찬이라는 말은 때로 외적인 표시만으로 생각되기도 하고, 때로는 상호 언약과 행위를 의미하는 표시라고 생각하기도 한다.) 여기서 의문이 생길 수 있다.

탐구 '무지하고 부주의한 사람들이 자주 사용하는 맹세의 말이든 아니든, 단순한 관습으로 맹세의 표현이나 말을 사용하는 사람들은, 맹세가 무엇인지 알지 못하고, 하나님께 호소한다는 생각이나 목적을 가지고 있지도 않다. 또는 그들이 맹세하는 피조물에게 호소할 생각이나 목적을 가지고 있지도 않다. 의심의 이유는 그것이 단지 맹세의 문제나 외적인 부분으로만 인식되기 때문이다. 그것은 분명히 말하고 지정하는 표현이어야 한다. 맹세의 말을 라틴어나 그리스어로 무지하게 말해야 하는 자는 그 언어와 그것이 의도하는 것을 이해하지 못하고 그러한 의도가 없으면 맹세하지 말라.'

[맹세하는 자(세례자 또는 세례 받는 자)의 의도가 맹세하는 일에 얼마나 필요한가]

답 1. 단어의 완전하고 가장 적절한 의미에서, 하나님께 호소함으로써 또는 당신이 맹세한 것에 대해 당신의 말을 확증하려는 의도가 없다면, 그것은 하나님 앞에서의 맹세가 아니다. 우스꽝스럽게 몸을 씻고 세례의 말을 사용한다고 해서 참된 세례가 되는 것은 아니다. 영혼이 없는 시체도 사람이라는 것과 마찬가지다. (결과적으로 로마 가톨릭이 말하는, 세례를 베푸는 자의 의도가 세례의 존재에 필요하다는 것은 사실이다. 즉 세례를 베푸는 자 자신이, 하나님 앞에서, 실제로 세례를 베풀 의도를 가지고 성례를 집행하는 것이 필요하다. 그리고 세례를 받는 사람이 하나님 앞에서 세례를 받기 위해서는, 나이가 들었으면 그 자신이, 유아라면 그를 하나님께 바칠 수 있는 권한을 가진 사람들이, 진정으로 세례 받기를 의도해야 한다. 그리고 교회 앞에서 세례를 베푸는 자와 세례 받는 사람 모두가 그것을 고백하거나 의도하는 것처럼 보이는 외적 종교적 의식이 필요하다.)

2. 그러나 당신이 이해하는 언어로, 맹세의 일반적인 형태와 같은 단어를 사용하여 듣는 사람들이 당신이 그것을 이해한다고 당연히 생각할 수 있다면, 그것은 사람 앞에서, 그리고 후자의 좁은 의미에서의 맹세이다. 그리고 그것은 당신의 맹세의 말을 들은 사람들에 의해 법정에서 당신에 대항하여 의무를 요구하고 주장할 수 있다. 게다가 하나님께서 친히 그렇게 하심으로써 사람들에게 이와 같이 의무를 지게 하셨다. 그리고 그것이 불경하고 이유 없는 맹세의 말을 하는 것이라 해도, 사람들은 맹세라고 불러야 한다. 왜냐하면 사람은 마음을 보지 못하기 때문이다. 세례 받기를 바라는 사람에게 세례 받기 위해 데려가야 하는 것과 같다. 인간 앞에서는 실제로 그렇다. 심지어 겉으로 맹세하는 표현을 사용하고 사람 앞에서 맹세를 하는 것과, 하나님의 이름과 명예에 잘못을 저지르는 일에, 그리고 다른 사람의 중상에

맹세하는 당신을 하나님께서는 죄인으로 여길 것이다. 그리고 그것이 맹세인 줄도 모르고, 맹세의 본질을 모르고, 맹세인 줄로 생각하지 않고 경솔하게 사용한 것이라 해도, 용서를 구하지 못할 것이다. 왜냐하면, 그것은 알고 생각하고 행해야 하는 것이기 때문이다. 당신이 알고자 했으면, 그것을 알고 행하고, 행할 수 있었을 것이다. 그러나 그것이 맹세의 형식이나 표현인 줄 알 수 없는 말이었지만, 듣는 사람들이 당신이 그런 말을 하는 것이 아니라 다른 것을 의미한다는 것을 인식할 수 있고, 당신이 단지 그것을 사용할 정당한 이유가 있다면, 그 때 당신은 변명할 수 있다.

[피조물을 두고 맹세하는 것은 어디까지 죄가 되는가]

II. 피조물을 두고 맹세하는 것은 어디까지 죄가 되는지에 관해서는, 그것은 형상이나 형상을 숭배하는 경우와 같이 무엇이든 죄다. 어떤 형상이나 피조물을 하나님으로서 숭배하고, 궁극적으로 그것을 숭배의 기준으로 삼는 사람은 직접적이고 완전한 우상숭배를 범하는 것이다. 그가 우상화하는 것이 얼마나 부도덕한가에 따라 훨씬 더 큰 죄가 된다. 그러나 그가 형상이나 피조물을 만들지만 그 숭배의 매개체가 하나님께 바쳐져야 하고 궁극적으로 종결되어야 한다면, 그것은 혐오감을 유발하는 우상 숭배가 아니라 참된 하나님에 대한 거짓되고 금지된 숭배다. 그러나 만일 피조물이 하나님께 드리는 예배의 매개체일 뿐이라면, 그 피조물을 사용하거나 경배하는 것은 합당하다. (하나님의 작품 안에 나타난 것으로써 하나님을 공경하고 존경하기 위해, 궁극적으로 하나님 안에서 종결되는 우리의 부모와 통치자들을 그의 직분에 따라 섬기는 경배 또는 존경을 드리는 것.) 맹세의 말을 하는 경우도 마찬가지다. 맹세의 말을 하는 것은 하나님을 경배하는 일의 일부이기 때문이다. 누구든지 어떤 피조물을 가리켜 신으로 맹세하거나, 거짓으로 사람의 최후 심판을 피하게 하는 복수자로 맹세하는 자는 우상숭배를 하는 것이다. 율리아누스(Julian)가 태양을 두고 맹세의 말을 했던 것과 같다(그는 연설로 태양을 찬양했고 신으로 숭배했다). 그러나 궁극적으로는 증인과 복수자로서 하나님을 의도하기 위해 피조물에 의해서 맹세한다. 하지만 피조물의 이름이 공개적으로 지명되거나, 우상 숭배의 모습을 가지거나, 하나님으로부터 마음을 꾀는 경향이 있거나, 부도덕적인 방법이나 금지된 방법으로 그의 명예를 불명료하게 하는 사람은 참된 하나님을 두고 의도적으로 맹세하지만 그것은 죄악 된 방법이다. 그러나 (정당한 부르심에 따라) 하나님과 피조물(또는 피조물에 연루된)을 두고 직접 맹세하지만 하나님께 정당하고, 분명하고, 해를 끼치지 않고, 복종하는 사람은 변명할 수 있다. 그래서 우리는 성경에 손을 얹고 이렇게 맹세한다. 하나님이여, 이 책으로 기뻐하게 도와주소서. 따라서 중대한 경우에, 많은 선량한 사람들이 어떤 허위 진술로부터 자신에 대한 의심을 없애기 위해, 그들의 글에서 이렇게 말했다. 나는 하나님과 천사들과 사람들을 증인으로 부른다고 말했다. 피조물의 이름을 공개적으로 지명하는 많은 사람들은 피조물을 두고 맹세의 말을 하는 것보다 오히려 저주의 말을 의도한다. 예를 들면, 만일 그렇지 않다면 하나님이 이 불이나 이 물로 나를 멸하라고 한다.

탐구 '영국처럼 책에 손을 얹고 맹세하면서 그것에 입맞춤하는 것이 합법적인가?'

응답자 영국에서 성경에 손을 얹고 입맞춤하면서 맹세를 하는 것은 불법이 아니다.

입증 1. 하나님께서 금하지 아니하신 것은 (하나님 앞에서) 합당한 것이다. 그러나 그렇게 맹세하는 것은 하나님께서 금하신 것이 아니다. 중요하지 않은 것은 금지의 모든 부당한 가정을 반박함으로써 충분히 입증될 것이다. 중대한 것은 증거가 필요하지 않다.

2. 그것이 금지되었다면 그것의 경우는 다음 중 하나인데, 1) 명령되지 않은 예배행위로서 자의적인 숭배 행위이거나, 2) 아니면 명령되지 않은 예배의 중요한 의식이거나, 3) 아니면 그 자체로 어떤 금지된 사항이나 방식이 있는 명령되지 않은 중요한 의식이다. 그러나 그것은 이러한 측면에서 금지되지 않는다. 그러므로 전혀 불법이 아니다.

I. 예배에서 명령 받지 않은 행위가 아니다. 어떤 논리적 결과를 가지고 있는가에 의해, 명령되지 않은 예배에서의 모든 행위는 불법이 될 것이며, 이는 잘못된 것이다. 왜냐하면, 1.

맹세할 때 사용된 행위들, 창세기 24장 2절, 14장 22절, 아파크로퍼[70] 10장 5절은 명령을 받지 않았으나 지금까지 합법적이다. 2. 하나님은 시편을 어떤 곡조로 부를지, 성경의 장과 절을 어떻게 나눌지, 기록된 성경을 사용할지 인쇄된 성경을 사용할지, 어떤 단어, 어떤 방법, 어떤 특정 본문을 선택할 것인지, 어떤 번역을 사용할지 등과 같이, 그런 많은 것들을 명령하지 않았다.

II. 명령되지 않은 중요한 의식이 아니다. 그러면 그러한 모든 것은 금지되어야 한다. 이는 사실이 아니다. 왜냐하면,

1. **아브라함**이 손을 들어 맹세의 말을 한 것과(그렇게 천사들이 한 것, 아파크로퍼 10장) 그의 종이 **아브라함**의 허벅지 밑에 손을 넣는 행위는 중요한 의식이었기 때문이다. 그리고 명령을 받았다고 말하는 사람은 그것을 증명해야 한다. 그 반대는 우리가 가정할 수 있다. 1) 성경에는 그러한 법이 명시되어 있지 않았고, 여기에서는 하나님의 법이 완전성 때문에, 나타나지 않는 것과 존재하지 않는 것이 동등하기 때문이다. 2) 왜냐하면, 파레우스(Paræus)와 다른 주석가들이 언급한 것처럼, 그것은 일부 관습적인 의식으로 언급되었기에 선지자로서 **아브라함**만 어떤 특별한 규칙에 의존하지는 않기 때문이다. 3) 그것은 손을 들어 허벅지 아래에 넣어 맹세하는 것이 하나가 아니라 여러 종류이기 때문이다.

2. 거의 모든 기독교인들은 합법적인 맹세를 할 때 명령되지 않은 중요한 의식을 거행한다. 파레우스가 언급한 의식은, 팔라티네이트(Palatinate)에서 사용된 것과 같이 세 손가락을 들어 올리는 것인데 다음과 같다. '우리는 오른쪽 세 손가락을 들고 보복자이신 성 삼위일체를 부르며 맹세한다.' 영어 주석에 따르면 이 점에서 각국의 관습은 매우 다양하다는 것을 알려 주지만, 대부분의 사람들은 맹세하는 단어에 행동이나 몸짓에 대한 외적 증명을 추가하여, 맹세를 확언, 약속, 저주의 의도를 단순한 단어보다 더 잘 기억하고, 더 존중되도록 하는

---

70) Apocrypha: 신약외경

데에 동의한다. 그리고 요세푸스(Josephus)(그로티우스가 인용한)는 우리에게 그 당시 유대인들 사이에서 허벅지 밑에 손을 넣는 이 의식으로 맹세하는 것이 관례였다고 알려 준다. (복종의 표시로든, 그로티우스(Grotius)와 다른 사람들처럼, 또는 아버지들이 생각한 것처럼 약속된 씨를 기대하면서 든, 그것이 복수의 도구인 검의 장소였든) 그리고 **요셉**의 엄숙한 맹세의 사례는 그것을 보여 준다.

3. 신체의 다른 부분의 행동은 혀보다 마음을 표현하는 데에 더 많이 금지되지 않는다. 하나님은 결코 신성한 것이나 예의 바른 것으로 마음을 표현하지 말고 혀로 표현하라고 말씀하신 적이 없다. 얼굴 표정의 변화로 그것을 표현할 수 있다. 찡그린 표정, 또는 기분 좋은 표정이 그것이다(마음의 표정 지수). **바울**은 자기 생각을 말할 때 유대인들에게 손을 들었다. 그리스도는 더 가려고 할 때 그렇게 하셨다.[71] 말은 자연스러운 표징이 아니라 특별히 발명되고 자의적으로 만들어진 것이지만, 그렇게 발명되고 학습된 말의 힘은 자연스럽다. 예배에서 명령되지 않은 의미 있는 단어를 사용하는 것이 합법적이라면(적절한 규제 하에) 중요한 행동을 사용하는 것도 합법적이다. 그러므로 내가 언제나 한 명의 모순되는 자도 없다고 추론하는 모든 고대 교회는 그러한 것들을 많이 사용했다. 어거스틴(Augustine)은 슬프게도 그것들이 지나친 횟수로 증가했다고 불평하지만, 그 자체에 반대하는 말을 결코 하지 않는다. 공식적인 신앙고백(creed)을 할 때, 앉은 자세에서 일어서는 것은 동의의 중요한 표시이며, 다른 모든 교회만 아니라, 옛 반영국 국교도도 결코 행동하기를 주저하지 않았으며, 내가 아는 한 현재에도 주저하지 않는다. 시편을 부를 때 앉거나 서거나 무릎을 꿇거나 하는 것은 자유롭다. 모자를 벗는 것은, 예배에서 중요한 의식이나 행위로 그 자체로는 명령된 것이 아니며, 옛날에는 지금과 같은 의미로 사용되지 않았다. 그리고 머리를 가리는 것이 경의를 나타내는 곳에서는, 맨머리보다 낫다. 어떤 나라에서는 일어서고 어떤 사람은 앉아 있고 그리고 머리를 숙이고 어떤 사람은 무릎을 꿇고 어떤 사람은 엎드려 경건한 모습을 취하는 풍습이 있는데, 그것으로 하나님을 섬기는 데 사용할 수 있다. 하나님과 백성 사이의 언약이 갱신

---

71) 눅 24:28

될 때, 동의는 일어서거나 손을 들어 표현할 수 있다. (성스러운 일에 참여할 수 있는 권리가 주어졌을 때.) 또는 서명이나 음성으로 그렇게 할 수 있다. 하나님은 우리에게 동의, 존경 등의 표현을 명령하셨지만, 말, 몸짓 또는 표현하는 것은 자유에 맡겼다. 하나님께서 신성한 것들에 대한, 우리 마음에 대한 다른 의미를, 우리의 자유에 맡기지 않고 우리의 말에만 묶었다고 단언하는 사람은 그가 말하는 것을 증명해야 한다(성경과 자연과 모든 그리스도의 교회와 세상의 모든 판단과 관습에 거역해야 한다).

III. 책에 손을 얹고 입맞춤하는 것이 다른 중요한 행위 이상으로, 금지된 특별한 말이나 방식으로 인해 불법이라면, 그것은 당신이 언급한 몇 가지 이유 때문이다. 이제 대답을 하면,

이의 1 '그것은 로마인의 미신 냄새를 풍긴다.'

답 1. 전혀 그렇지 않다. 당신이 할 수 있다면 그것을 증명하라.

2. 미신은 하나님을 기쁘시게 하거나 불쾌하게 하는 것을 가장하여, 그에 따라 그것들을 사용하거나 사용하지 않는다. 'Superstitum cultus, or supra statutum(살아남은 예배 아니면 그 위에 설립된 예배)'이라는 단어의 어원이 무엇이든, 이교도(일반적으로 플루타르코 같은)와 기독교인들 사이에서 그이 말을 공통적으로 사용하는 것은, 하나님에 대한 잘못된 과도한 두려움 때문에, 실제로는 그렇지 않지만 이것이나 저것이 그를 불쾌하게 하거나 기쁘게 한다고 생각하고, 그런 일을 행하거나 피하는 것이었다. 그러나 그것은 겁먹고 잘못된 생각을 하는 마음의 표현이었다. 그러므로 하나님께서 마음의 이러한 의미에 대해 불쾌하게 여긴다고 말하는 것은, 그렇지 않거나 증명할 수 없을 때 미신이다. 그리고 이것은 사탄이 미신을 피한다는 구실로 미신을 도입한, 유일한 사례가 아니다.

3. 율법의 의미는 율법과 입법자와 그 땅의 널리 알려진 교리와 전문직업 종사자들의 인정에 의해 판단되어야 한다. 여기에서 법을 미신적으로 사용하는 것은 뺀다. 그러나 나는 로마

가톨릭 교회가 성경을 중요하게 생각하는 것보다, 너무 많이 부분적으로 폐지한 것이 두려웠다고 고백한다. 그리고 그들은 피조물을 두고 맹세의 말을 하지 않는다고 공언한다. (창세기 24장 2절 참조)

이의 2 '그러나 창세기 24장 2절에 관해 파레우스(Paræus) 등이 말했지만, 그것은 교황 제도에서 일어나는 것처럼, 그가 십자가나 복음서에 손가락을 대고 맹세하는 것은 미신이 없는 것이 아니다.'

답 1. 그러나 교황 직분 안에 있는 미신적 개념과 목적 때문에 미신적인 것과 같은 행동은, 그런 것이 없는 다른 모든 것에는 그렇지 않다.

2. 우리의 적을 신속하게 비난하는 것은 새로운 일이 아니다. 그러나 파레우스(Paræus)는 증거 한마디도 덧붙이지 않았다. 만일 그가 그랬다면, 그것이 우리에게 영향을 미치지 않거나 아니면 유효하지 않은 것과 같은 것임에 틀림없을 것이다.

이의 3 '몇몇 선량한 사람들은 그것을 의심의 눈초리로 바라봤다.'

답 1. 만 명에 한 사람도 그것에 대해 의심하지 않았다. 2. 그들은 우리의 신도, 법도 아니다. 3. 퀘이커 교도와 옛 재세례파[Anabaptist, 그들은 오리게네스(Origen)라 부른다]는 의심했고, 사실은 모든 맹세나 강요된 맹세를 비난했다. 만일 우리가 일부 선량한 사람들이 의심한 모든 것을 죄로 여겨 피한다면, 우리는 미신을 우리 종교의 큰 부분으로 삼을 것이다. 같은 이유로 우리가 일부 선량한 사람들이 의무로 삼았던 모든 것을 의무로 실천할 때, 우리는 로마 가톨릭교회를 훨씬 능가할 것이다. 베다(Beda), 보니파스(Boniface), 그리고 경건한 저자가 쓴 서적을 많이 읽은 사람은 곧, 경건하거나 열광적인 종교인, 꿈, 비전, 엄격한 의견, 자신감 있는 주장, 그리고 서로를 믿는 믿음과 기독교를 위해 이교도와 유대인에 대항해서, 그러한 것들을 개선하려는 희망으로, 로마 가톨릭교회가 거의 모든 전설과 미신을 가져왔다는 것을 알게 될 것이다.

이의 4 '사람을 조사할 권한을 부여하는 우리의 관습법 위원회는 우리의 관습을 '하나님의 거룩한 복음을 통한 그의 성례전보다 충실하게 수행'하도록 지시한다. 그리고 교회법정에서 행정의 관습으로 다음과 같은 말이 있다. '하나님의 거룩한 복음에 대하여 정당하고 합법적으로 맹세한다.' 이러한 관습적인 의식이 (적어도) 처음으로 사용될 때, 사람들이 복음 전도자에 의해 맹세했거나, 또는 그러한 맹세 방식으로, 기분이 상했다는 것을 의미하든 아니든, 우리 관습법은 책을 만지는 것을 신체적 맹세라 부른다.'

답 1) 현행법의 의미를 알기 위해, 그 의식을 처음 사용한 사람들의 느낌을 알 필요는 없다. 이제 법은 처음 제정한 왕의 법이 아니요(정부가 없는 법이 없다), 지금 다스리는 왕의 법이며, 그의 의미를 지니고 있기 때문이다.

2) 율법에 대한 우리의 순종을 정당화하기 위해, 율법의 모든 구절이 적절하게 표현되었다는 것을 증명할 필요는 없다.

3) 그러나, 그것을 잘 살펴보고 그것이 적절하고 칭찬받을 만한 것이 아닌지 시험해 보라.

1. 문제의 맹세에는 세 가지가 결합되어 있다.

1) 증언 주장 또는 약속. 2) 맹세. 3) 저주. 여기서 주장하는 증언은 첫 번째 것이 의도되었다. 그리고 맹세와 저주는 그 증언이나 약속을 유효하게 만드는 수단일 뿐이다.

2. 영국의 출판된 교리, 39 조항, 성직 서임 등에 따르면, 성경은 우리의 신앙과 생활에 대한 하나님의 법 또는 규칙으로서 구원에 필요한 모든 것을 포함하고 있다. 하나님에 대한 우리의 모든 의무가 거기에 명령되어 있고, 거기에 우리가 바라는 모든 약속이 포함되어 있다.

위증한 사람이나 죄인이 느껴야 하고 두려워해야 하는 모든 형벌이 그곳에서 위협하고 있다. 그러므로,

3. 책에 손을 얹고 입맞추는 것은 맹세가 아니라 저주와 직접적으로 관련된 행위이며, 저주가 맹세에 종속되고 맹세는 주장에 따르므로 결과적으로만 가능하다. 따라서 이것이 전체의 명백한 의역이다. 나는 온 세상의 통치자이신 하나님이 우리를 다스리시는 그의 거룩한 말씀에 따라, 사람의 판단보다 높이 있는 알려지지 않은 것에 대한 심판관 이시며, 마음을 살피시는 분이시며, 위증을 미워하고 복수하는 분이라고 믿는다. 그리고 이런 하나님께 내가 거짓말을 하면, 내가 위증한 사람들에게 위협된 모든 처벌을 감수하고 공정한 그의 약속으로 인한 모든 유익을 잃는다는 것을 스스로 인정하는 이 증언의 진실성을 호소한다.

그리고 더 적절한 방식으로 말할 수 있는 것은,

1. 성경이 하나님의 완전한 말씀이라는 개신교 교리를 고백하는 것. 악한 사람은 두려워하고 선한 사람은 소망한다는 것 모두 거기에 들어 있고, 그 말씀의 모든 성취를 함유한다. 2. 그리고 말씀을 하나님께 합당한 종속으로 두는 것. 그리고 우리의 일반적인 맹세의 표현은 이것을 보여 준다. '그래서 하나님과 이 책의 내용은 당신을 돕는다.' 당신이 이것을 복음에 의한 맹세라고 부르든, 육체적 맹세로 부르든, 영적인 맹세로 부르든, 그것은 단지 명목상의 맹세일 뿐, 진정으로 표현된 본질과는 아무 상관이 없다. '성례'는 맹세 그 자체를 의미하고, '거룩한 복음을 위하여'가 적절한 문구이다. 또는 '최고의 성례전(super sacramenta)'이 복음의 두 성례전을 의미한다면, '성례를 받아들임으로써 이 복음이 참되다고 공언하는 사람으로서, 만일 내가 거짓말을 한다면 나는 그것의 유익을 포기한다'는 의미 이상은 될 수 없다. 이러한 의미에서 엄숙하게 맹세할 때 성례를 받는 것이 일부 남성들의 관습이었다.

이의 5 '어떤 사람들은 책에 너무 많은 것을 허락하거나 숭배하는 것처럼 보이기 때문에 책에 입맞춤하는 것을 반대하는 것 같다. 그리고 이 입맞춤의 의식은 책 위에 손을 얹는 것보

다 나중에 행해지기 때문에 반대하는 것 같다.'

답 그 의식은 내가 복음을 사랑하고 인정하며 그 안에 구원의 소망을 두는 것을 의미한다. 그리고 앞서 인용한 왕국의 공공 교리는 우리가 무엇에 귀속하는지에 대해 완전한 설명을 보여 준다. 그러나 스코틀랜드의 일부 엄격한 형제들이 교황을 반대한다고 외치는 동안, 교황에 대한 가장 가시 돋친 울타리인 수장 선서(the oath of supremacy)[72]를 거부함으로써, 로마 가톨릭교회를 만족시키는 것처럼, 다른 사람들은 우리가 성경에 너무 많은 것을 부여하고 그것을 숭배한다고 제안함으로써 교황을 만족시킬 것이다. 영국 개신교의 핵심은 구원에 필요한 모든 것이 성경에 충분하다고 인정하는 것이다. 이와 같이 사탄은 너무 많은 노력을 요구함으로써 여전히 사람들을 파멸시킨다.

이의 6 '책에 손을 얹는 것과 입맞춤하는 것은 세례나 다른 중요한 의식에서 십자가와 같은 성질을 가지고 있는 것처럼 보인다. 맹세는 하나님께 드리는 예배의 일부이기 때문에 이러한 의식과 함께 행해서는 안 된다. 그렇지 않으면 다른 것을 정당화하는 것처럼 보일 것이다.'

답 1. 의미 있는 말, 몸짓 또는 행동은 의미가 있기 때문에 악하지 않다(잔인함이 미덕이 아닌 경우). 또는 아무도 그것을 의식의 이름으로 부르지 않기 때문에 악하지 않다(그렇지 않다면 적이 우리의 자유를 박탈하기 위해, 그 이름을 붙일 수 있다). 그러므로 나는 그것이 특별히 명명되기 전까지는 그 일반적인 이름만으로 어떤 의식도 판단할 수 없다.

2. 세례의 십자가에 관하여는 오래전에 쓴 나의 책 《교회 관리에 관한 논쟁》에서 의식편을 보라. 이 경우에는 다음과 같은 널리 알려진 차이점이 있다.

---

[72] 수장 선서(the oath of supremacy): 영국에서 공직 또는 교회 직책을 맡은 모든 사람이 영국 교회의 최고 총독으로서 군주에게 충성을 맹세하도록 요구했다.

1) 십자가는 하나님의 예배에 사용된 형상으로, 영구적이지는 않지만 일시적인 형상이며, 물이나 기름 이외의 것으로 그리스도의 십자가의 형상이 사용되었다. 그리고 하나님은 자신의 예배에 형상의 사용을 특히 금지했다. 그것은 중요한 단어, 행동을 주장하지 말라고 하는 것이 아니고 형상의 사용과 형상처럼 사용하는 것을 금지하셨다.

2) 십자가는 은혜의 언약의 세 번째 성례전처럼 보이며, 동시에 십자가는 기독교의 상징으로 사용되고, 교회 앞에서 (성찬기도에서 부를 때) 봉헌의 표식으로 사용되며, 성례전처럼 마귀와 세상과 육체를 포기하고, 우리 삶의 끝까지 그의 충실한 종과 군사로, 그리스도의 깃발 아래서 남자 답게 싸워야 한다는 엄숙한 자기-의무의 표식이다. 그것은 그의 죽음의 유익을 위해, 십자가에 못 박히신 그리스도에 대한 우리의 신뢰와 희망을 의미한다. 만일 그것이 완전한 제3의 성례전이 아닐지라도 그것은 성례에 적합한 것을 너무 많이 가지고 있기 때문에(군인의 충성 맹세와 같이, 교회에 그 이름이 들어온 것), 나는 그것을 감히 사용하지 않지만, 그렇게 하는 사람들을 비난하거나 비록 고대인들이 이 엄숙한 언약적 사용보다 훨씬 낮은, 갑작스럽고 특별한 고백 표징으로 많이 사용했던 십자가의 다른 모든 사용을, 주제넘게 정죄하지도 않을 것이다. 그리고 내 생각에 왕이 별을 영국 기사의 최고 훈장의 휘장으로 만들었는데, 어떤 신하가 또 다른 같은 지위의 배지를 만들려 한다면, 그것은 잘 받아들여지지 않을 것이다. 그러나, 많은 중요한 몸짓이나 행동은 기분을 상하지 않고 사용될 수 있다. 그래서, 나는 특히 성약을 맺는 성례전의 성격을 많이 지닌 기독교의 다른 상징이나 표를 만들거나 사용한다고 가정하면, 그리스도께서 나를 좋게 여기지 않을까 두렵다. 그러나 이런 종류가 아닌, 사물이나 몸짓에는 무슨 의미가 있을까? 그러면 이러한 경우의 차이점을 알 수 있다.

그러나 십자가가 맹세의 의식처럼 무해하다는 것을 증명할 수 있다면, 나는 십자가를 지지하고, 책에 손을 얹고 입맞추는 것을 반대하지 않을 것이다. 왜냐하면,

1. 나는 같은 등급이나 품질의 사물에 대한 선입견에 맞게 다른 세부사항에 대한 판단을

형성하는 그들의 마음과 같지 않으며, 내 이전 개념의 관심을 판단의 척도로 삼지 않기 때문이다.

2. 또한, 나는 미신에 빠지는 것을 불명예로 여기고, 하나님의 율법에 덧붙여 그가 금지하지 않은 것을 금지한다고 말하거나, '만지지 말고, 맛보지 말고, 다루지 말라.'는 등의 말로 합법적인 것을 부정하는 데 영향을 주는 유일한 사람이 되기 위해 내 의견에 엄격해지는 것이 그렇게 큰 영광이라고 생각하지 않는다. 또한, 나는 가장 편협하거나 가장 엄격한 견해를 가지고 있지만, 가장 올바른 사람을 가장 현명 하거나 가장 훌륭하거나 가장 거룩한 사람으로 존중하지 않는다. 많은 것을 죄로 만드는 사람도 아니고 죄를 가장 적게 짓는 사람도 참으로 존중하지 않는다. 자신과 다른 사람에게 가장 많은 법을 만드는 사람도 아니고, 하나님의 법에 잘 순종하는 사람을 존중한다.

탐구 1. '이런 식으로 스스로 맹세의 말에 양심의 가책을 느끼는 사람이 위임을 받고, 그것에 양심의 가책을 느끼지 않는 다른 사람에게 그렇게 맹세하라고 요구할 수 있을까?'

답 1. 만약 그 일이 합법적인 것으로 증명되었다면, 그의 양심의 가책은 그의 직책의 의무를 소홀히 한 그를 죄 없다 하지 않을 것이다.

2. 맹세의 내용이 적법하고 의심했던 대로 그 수단이나 의식만 죄가 있다면,

(1) 위원회의 위원이 특히 그 수단을 명령한다면, 그가 그렇게 하는 것은 위법한 것이다.

(2) 그러나 그가 명령만 하고, 맹세로써 맹세를 하고, 그의 승인이나 명령 없이, 그 방식을 응하는 사람과 법에 맡긴다면, 그는 그렇게 맹세할 수 있다. 이런 식으로, 모든 세대의 기독교인들은 이교도나 우상 숭배자들과 언약을 맺고, 마호메트(Mahomet)가 투르크 사람의 맹세를 취하는 것을 합법적으로 여겨 왔으나, 우리가 원하는 것은 오직 맹세뿐이고, 방식은 그

의 것이라면, 우리는 차라리 그것을 하지 않고 승인하지 않는 것이 낫다. 그리고 왕이 이교도나 우상 숭배자의 맹세를 이런 식으로 요구할 수 있다면(인간이 그렇게 함으로써 죄를 지을 것을 아시지만, 하나님 자신이 인간에 대한 의무를 다하시듯이), 그가 저자도 아니고 승인자도 아닌 의심스러운 의식의 경우, 훨씬 더 많이 그렇게 할 수 있다. 하지만 나는 이것의 진실에 대한 의심은 합법적이고 적합하며, 칭찬받을 만하다고 생각한다.

[하나님의 이름이 어떻게 헛되이 쓰이는가]

III. 하나님의 이름을 헛되이 사용하는 경우에 관하여, 간결하게 맹세하는 것과 함께 언급하며,

1. 가장 끔찍하고 가증스러운 종류로. 2. 아니면 저급한 종류 중 하나로 행해진다. (1) 하나님의 이름을 망령되이 일컫는 가장 끔찍한 종류는 위증하거나 거짓말을 증언하기 위해 그를 부르는 것이나. 또는 그를 거짓말에 대한 증인으로 부른다. 유대인들 사이에서 헛된 것과 거짓말은 같은 의미로 자주 사용되는 말이었다. (2) 그러나, 하나님의 이름을 망령되이 일컫는 저급한 종류는 그것이 경솔하게, 경건하지 않게, 경멸적으로, 농담으로, 또는 정당한 이유 없이 사용될 때이며, 여기에도 신성모독과 매우 큰 죄가 있는데, 멸시나 모독의 정도에 따라 더 가중된다. 일상적인 대화에서 오, 주여, 오 하나님, 오 예수님, 하나님 우리를 도우소서, 아니면 주님 우리에게 자비를 베푸소서, 하나님 이것저것을 보내소서, 또는 하나님의 이름을 망령되이 일컬으며 조롱하며 말하는 것은 불경건한 큰 죄다. 또는 그것을 종교에 대한 조롱과 조소에 사용하거나 그러한 모욕적인 조롱으로, 희곡이나 연극을 하는 것은 인간의 혀가 그의 창조주에 대해 범할 수 있는 최고 악행 중 하나이다. (여기에 대해서는 다른 시간에)

방향 제시-1 '하나님의 이름을 욕하고 헛되이 쓰는 이 모든 불경건함을 피하려면, 첫 번째 방향 제시는 일반적인 것이어야 한다. 즉, 사악한 사람이 참된 회심을 이루기 위한, 제1장에서 주어진 모든 방향 제시를 사용해야 한다. 뿐만 아니라, 이 죄가 은혜 없고 불경건하고

비참한 영혼에 대한 얼마나 큰 증거인지 알아차리는 것이다.' 왜냐하면, 그것은 일상적이거나 빈번한 죄로 여겨지기에, 그것을 반대하는 마음에는 효과적인 원리가 없다. 그러므로 의지 안에 범죄의 주요 참여자의 방이 있고, 결과적으로 회개하지 않는 것이다(모든 구원과 새롭게 하는 회개에 관하여). 만약 당신에게 진정한 은혜가 있다면, 그것은 당신에게 하나님을 더 두려워하고 존경하도록 가르칠 것이다. 하나님을 경히 여기는 것이 우세하다면 경건과 일치하지 않는다. 왜냐하면 그것들은 직접적으로 정반대이기 때문이다.

방향 제시-2 '당신의 죄의 본질인 악을 마음으로 깨달아라.' 당신이 그것을 작게 생각하지 않는다면, 그것은 결코 그렇게 쉽고 스스럼없이 범하지 않을 것이다. 당신이 그것을 알 수 있도록 다음과 같은 악화를 생각하라.

1. 당신이 학대하는 하나님이 누구인지 생각해 보라. 그분은 세상을 만드시고 그것을 유지하시며 자신의 뜻에 따라 질서를 세우신 위대하고 두려운 폐하가 아니시냐? 온 땅의 통치자요 재판관이시며 영광 속에서 태양을 무한히 능가하시지 않는가? 말하자면 하나님은 가장 거룩하시고 거룩함 가운데 계신다. 그럼에도 당신은 그의 무서운 이름을 조롱의 대상으로 삼을 것인가? 당신은 이 거룩한 이름으로 불경한 맹세의 말을 할 것인가? 당신의 아버지나 당신의 왕의 이름은 거의 사용하지 않으면서 하나님의 이름을 사용할 것인가? 당신은 하나님의 이름을 불경하고 경멸적으로 축구공 차듯 할 것인가? 당신은 더 이상 하나님과 사람의 차이를 알지 못하는가? 하나님을 알라. 그러면 당신은 그의 이름을 불경스럽게 남용하지 아니하고 더 속히 그의 이름에 떨게 될 것이다.

2. 감히 당신이 누구이기에 하나님의 거룩한 이름을 욕되게 하는지 생각해 보라. 당신은 그를 존경할 의무가 있는 그의 피조물이자 그의 백성이 아닌가? 당신은 그에게 저항할 수 없는 벌레 같은 존재가 아닌가? 그가 당신을 능히 지옥에 떨어뜨리거나 멸망시키며 한마디 말도 없이 당신에게 복수할 수 없겠느냐? 그는 더 이상 당신에게 해명할 필요가 없다. 그러나 그의 가장 큰 적들에 대한 복수를 실행하기 위해서는 그런 식으로 할 것이다. 그가 원하기만

하면 이루어질 것이다. 그런데도, 당신은 이런 하나님을 경멸하고 그의 이름을 남용하기에 합당한 사람인가? 그가 벌레 같은 우리들을 허락하여 그에게 기도하고 그를 찬양하며 경배하는 것을 허락하고 우리 손으로 하는 것을 받아들이겠다는 것은 그분 안에 있는 겸손의 놀라운 호의가 아닌가? 그런데도 당신이 감히 그를 경시하고 경멸할 수 있는가? 나는 종종 똑같은 불경스러운 혀가 경건한 자들의 기도를 마치 그것이 너무 담대하고 하나님과 친숙한 것 같다고 책망하고, 오랫동안 또는 자주 기도하지 말라고 당부하는 것을 자주 들었다. 왜냐하면 사람은 하나님께 그렇게 대담해서는 안 된다고 생각하기 때문이다. 그리고 하나님께서 그것을 받아들이지 않으신다고 다른 사람들에게 믿게 하는 것은, 그 자체로 그의 이름으로 맹세의 말을 대담하게 스스럼없이 하는 것이고, 가볍고 흔한 말로 그것을 사용하는 것이다. 참으로 하나님의 종들은 기도에 있어서도 무례하고 불경건한 대담함에 주의해야 한다. 그렇다면 하나님의 거룩한 이름을 더럽히는 대담함은 얼마나 더 비난을 받겠는가? 그들이 기도와 찬양에 그것을 어떻게 사용할지 주의를 기울여야 함에도, 감히 맹세와 저주와 헛된 말에 하나님의 이름을 남용해야 하는가?

3. 당신은 때때로 당신이 불경스럽게 맹세하는 그 이름으로 기도하지 않는가? 그렇지 않다고 한다면, 당신은 완전히 하나님을 포기하는 것과 같으며 참으로 비참하고 가련한 사람이다. 그러나 만일 그렇다고 한다면, 당신은 당신의 모든 기도에 있어서, 당신이 불경스럽게 던져버릴 수 있는 하나님의 이름에 대해 존경심을 나타내고 무릎 꿇을 때, 맹세하고 저주하는 위선자가 무엇인지 스스로 보여 주는 것이다. 홀(Hall) 주교가 말하는 위선자의 일부 성격은, 예수의 이름으로 절하고, 하나님의 이름으로 맹세의 말을 하며, 교회에서 하나님께 기도하고 나서, 그 주의 나머지 시간 동안 그것을 잊거나 맹세를 하는 것이다. 당신의 기도생활 중에서 이 하나님을 학대하는 것을 생각할 때, 당신의 양심이 이 위선 때문에 당신을 괴롭히지 않는가?

4. 사람이여, 당신이 지금 남용하고 있는 거룩한 이름이 당신의 고난 속에서 무슨 소용이 있을지 생각해 보라. 질병과 죽음이 찾아오면, 당신은 '주님, 주님!' 외칠 것이다. 그때 하나님

의 이름은 더욱 경건하게 불릴 것이다. 그런데 감히 당신은 지금, 그의 이름을 발로 차고 있느냐? 당신이 임종 직전에 하나님의 이름을 부르며 기억하기를, 이것이 내가 항상 헛되이 알고 맹세하던 이름인가 하며 두려워하지 않을까?

5. 수백만의 영광스러운 천사들이, 당신이 모독하고 헛되이 알고 있던 그 위대하고 거룩한 이름을, 영화롭게 하고 있다는 것을 기억하라. 그리고 그들 중 일부가 당신에게 하나님의 복수를 집행하는 자가 되고, 땅이 입을 벌리고 당신을 삼키지 않는 것이 궁금하지 않은가? 땅의 벌레가 영광스러운 천사들이 영화롭게 하고 있는 그의 이름을 버리거나 그것으로 불경스럽게 맹세할 것인가?

6. 하나님께 거룩하고 봉헌된 것을 모독하는 그들보다 당신이 더 불경한 자라는 것을 기억하라. **벨사살** 왕은 성소의 기구로 흥겹게 마시고 놀다가 나라와 생명을 잃는 형벌을 받지 않았나? 당신은 그분이 교회를 마구간으로 만들고 그의 성찬 잔으로 돼지를 먹이는 불경한 분으로 생각하는가? 또 하나님의 이름은 그분의 예배 어떤 장소나 기구보다 더 거룩한 줄을 알지 못하는가? 그러므로, 그의 이름을 남용하는 것은 이것들 중 어느 것을 남용하는 것보다 더 큰 모독인 줄 네가 알지 못하는가? 당신이 교회나 성수를 담는 그릇이나 성찬잔이나 상을 욕되게 하는 자들에 대해서는 소리지름에도 불구하고, 당신 자신은 보통 하나님의 거룩한 이름을 모독하고 그것을 평범한 이름으로 사용할 때, 당신의 혀가 당신의 위선을 비난하지 않는가?

7. 당신은 당신의 혀와 말을 주신 하나님께 얼마나 보답하는지 생각해 보라. 그는 당신에게 이 고귀한 능력을 주어 그를 존경하게 했다. 그를 욕하고 그의 이름을 망령되이 일컫는 것으로 그에게 맹세의 말을 하는 것이 당신의 감사인가?

8. 당신의 전염성 있는 호흡은 다른 사람을 타락시킨다. 그들이 하나님을 경멸적으로 부르는 이름을 들을 때, 그의 피조물 사이에서 하나님을 공통적으로 멸시하게 하는 경향이 있다.

9. 당신은 하나님께서 자신의 거룩한 이름의 영광을 얼마나 민감하게 질투하는지, 그 거룩한 이름을 모독하는 자들에 대하여 얼마나 무서운 위협을 선포하셨으며, 그들에게 어떤 판결을 하셨는지 잊고 있다.[73] "너희는 내 이름으로 거짓 맹세함으로 네 하나님 여호와의 이름을 욕되게 하지 말라 나는 여호와이니라."[74] 그리고 제사장들에 관해서는, "그들의 하나님께 대하여 거룩하고 그들의 하나님의 이름을 욕되게 하지 말라."[75] "너희는 내 계명을 지키며 행하라 나는 여호와이니라 너희는 내 성호를 속되게 하지 말라 나는 이스라엘 자손 중에서 거룩하게 함을 받을 것이니라 나는 너희를 거룩하게 하는 여호와이다."[76] "네가 만일 이 책에 기록한 이 율법의 모든 말씀을 지켜 행하지 아니하고 **네 하나님 여호와**라 하는 영화롭고 두려운 이름을 경외하지 아니하면 여호와께서 네 재앙과 네 자손의 재앙을 극렬하게 하시니 그 재앙이 크고 오래고 그 질병이 중하고 오랠 것이라."[77] 하나님을 경배하고 신뢰하는 것을 "그의 이름을 의지하여 행하는 것" "그의 이름을 부르는 것"[78]이라고 한다. 그의 공적 예배 장소는 "내가 내 이름을 기념하게 하는 곳"[79]이라 불린다. "내 이름을 거룩하다 하며 야곱의 거룩한 이를 거룩하다 하며 이스라엘의 하나님을 경외할 것이다."[80] "어찌 내 이름을 욕되게 하리요 내 영광을 다른 자에게 주지 아니하리라."[81] 하나님은 **모세**에게 말씀하셨고, 모세는 **아론**에게 그의 아들들이 죽임을 당했을 때 "나는 나를 가까이하는 자 중에서 내 거룩함을 나타내겠고 온 백성 앞에서 내 영광을 나타내리라."[82]고 말씀하셨다. "여호와의 이름을 모독하며 저주한 또 다른 사람이 돌에 맞아 죽임을 당했다."[83] 그리고 제3계명에서 "여호와는 그의 이름을 망령되이 일컫는 자를 죄 없다 하지 아니 하시리라."고 말씀하실 정도로 두려운 분이다.

---

73) 시 29:2, 66:2, 68:4, 34:3, 96:2; 요 12:28
74) 레 19:12, 18:21
75) 레 21:6
76) 레 22:31, 32
77) 신 28:58
78) 미 4:5; 시 99:6
79) 출 20:24
80) 사 29:23
81) 사 48:11
82) 레 10:3
83) 레 24:10-14

10. 당신은 주기도문에서 "이름이 거룩히 여김을 받으시오며"[84]라고 기도하지 않느냐? 그런데 당신이 거룩히 여김을 받기를 기도하는 그 이름을 욕되게 할 건가? 맹세의 말을 하고 당신의 일상적인 말에서는 그것을 불경하고 헛되이 사용하는 것이 그것을 거룩하게 여기는 것인가? 아니면 하나님께서 이런 위선을 참을까? 아니면 이런 위선적인 기도를 존중할까?

11. 당신의 습관적인 맹세는 듣는 사람들을 불신하게 하여 맹세하지 않는 자를 믿지 않을 것 같고 불경스럽게 하여 하나님의 이름을 모독하는 것을 기뻐하는 것 같으니 이는 모든 정직한 듣는 자의 근심이다.

12. 당신은 스스로를 거짓말하는 사람으로 의심하여 믿지 않는다. 왜냐하면, 정직한 사람들 사이에서는 맹세 없이도 말을 믿을 수 있기 때문이다. 그러므로, 당신이 정직한 사람으로 여겨졌다면, 당신의 사소한 말도 믿어질 것이다. 그리고 맹세함으로써, 당신의 맹세가 없는 말은 믿을 수 없다는 것을 듣는 모든 사람에게 알리는 것이다. 만약 그렇다면, 이것을 다른 사람들에게 공개적으로 알릴 필요가 있는가?

13. 그리고 맹세하는 것으로써 당신은 믿을 수 없고 의심이 사실이라고 선언하는 것이다. 지금까지 당신은 맹세로 당신의 말을 더 신빙성 없게 만들고 있다. 불경스럽게 맹세하는 것과 같이, 양심이 없고 하나님에 대한 두려움이 없는 사람은, 거짓말로 인해 양심의 가책을 받는다고 생각하기 어렵다. 하나님은 한 사람에 의해 모욕을 받으시거나 다른 사람들에 의해 모욕을 받으시거나 동일한 하나님이시다. 한 사람에게 화를 낸 것을 가지고 다른 사람에게도 마찬가지로 화를 내는 것은 동일한 하나님이기 때문이다. 맹세하는 사람은 자신이 거짓말쟁이라는 것을 보장한다.

14. 하나님의 이름으로 맹세하는 것과 하나님의 이름을 망령되이 일컫는 것 모두 큰 죄가

---

84) 마 6:9; 눅 11:2

된다. 이는, 이것보다 더 큰 유혹이 없기 때문이다. 일반적으로 그들은 명예를 가져오지 않고 부끄러움을 가져온다. 그것들은 탐식과 술 취함과 부정한 것처럼 감각에 관능적인 쾌락을 가져오지 않는다. 그리고 일반적으로 그들은 사람들을 그들에게 유인하기 위해 어떤 이익도 없이 저지른다. 당신은 당신의 죄로 인해 한 푼의 이익도 얻지 못한다. 그러므로 당신이 그분의 권위에 대해 공개적으로 저항할 의도가 없고, 당신이 하나님을 두려워하지 않는다는 것을 그에게 보여 주기 위해서가 아니라면, 그리고 당신이 하나님을 불쾌하게 할 것이라고 생각하는 일을 할 것이 아니라면, 당신이 말도 안 되는, 무례함에 끌리는 이유와 당신이 그것을 하는 이유를 찾기 어렵다. 그러므로 아주 작은 은혜가 그러한 무익한 죄를 치료하는 데 도움이 된다고 생각할 수 있다. 결국 그것은 은혜 없음의 표시다.

15. 당신은 얼마나 심하게 하나님의 복수를 당신 자신에게 끌어들이는가? 자신을 저주하는 것은 복수를 구걸하는 것이며, 모독적인 맹세는 하나님의 심판에 대한 모독적이고 경멸적인 간청이다. 당신은 당신의 죄 속에서도 감히 하나님의 심판을 호소하는가? 당신은 심판이 더 이상 두렵지 않은가? 당신은 이 심판을 받으러 갈 것이다! 그러나 당신은 빨리 그것을 멈추고, 검불이 "소멸하는 불"[85]에 도전하는 것이 무엇인지 발견하라.

방향 제시-3 '하나님의 임재를 기억하고 그에 대한 경외심을 마음에 두며, 당신이 서두르는 그분의 심판을 기억하고 당신의 민감한 양심을 지키며 당신의 혀를 조심하라.' 그러면 당신은 이와 같은 죄에서 쉽게 벗어날 것이다. 감히 하나님 앞에서 그 이름을 남용하느냐?

방향 제시-4 '당신이 자주 읽을 수 있는 문설주나 침상 위에, 십계명의 제3계명이나 성경의 그 무서운 구절을 기록하라.' "나는 너희에게 이르노니 도무지 맹세하지 말지니 하늘로도 하지 말라… 땅으로도 하지 마라… 네 머리로도 하지 말라… 오직 너희 말은 옳다 옳다 아니라 아니라 하라 이에서 지나는 것은 악으로부터 나느니라."[86] "내 형제들아 무엇보다도 맹

---

85) 히 12:29
86) 마 5:34-37

세하지 말지니 하늘로나 땅으로나 아무 다른 것으로도 맹세하지 말고 오직 너희가 그렇다고 생각하는 것은 그렇다 하고 아니라고 생각하는 것은 아니라 하여 정죄받음을 면하라."[87] [또는 하몬드(Hammond) 박사가 조언하는 위선에 빠지지 말라.] "모든 맹세하는 자는 끊어지리라."[88] "맹세의 말로 말미암아 땅이 슬퍼한다."[89] 그와 같은 구절을 잘 생각해 보라.

방향 제시-5 '하나님을 사랑하고 그를 하나님으로서 공경하라.' 그리하면 당신이 그의 이름을 멸시하고 잘못 사용할 수 없다. 당신은 당신이 사랑하고 숭배하고 존경하는 그분의 이름을 숭배하고 공경할 것이다. 무신론과 하나님에 대한 사랑의 결핍이 당신을 그토록 그분의 이름을 모독하게 만든다.

방향 제시-6 '그러한 범죄를 저지를 때마다 자발적인 벌금과 벌칙으로 자신을 벌하여 관찰과 기억을 빠르게 하라.' 아무도 당신에게 법을 집행하지 않으면 당신 자신에게 더 많은 것을 부과하여, 그것을 가난한 사람에게 주어라. 비록 당신이 스스로 정의를 행할 의무는 없지만, 당신은 타고난 논리적인 능력에 의해 자신을 치료하는 데에 의학적인 것과 같은 방식으로 도움을 줄 수 있다.

---

87) 약 5:12
88) 슥 5:3
89) 렘 23:10; 호 4:2

제3과 거짓말과 은폐(dissembling)에 대한 특별 방향 제시

[진실이란 무엇인가]

거짓말이 무엇인지 알기 위해서는 먼저 진실이 무엇인지, 그리고 말의 용도가 무엇인지 알아야 한다. 진리는,

1. 알려진 것과 말한 것들에 있는 것처럼 고려할 가치가 있다.

2. 마음의 개념이나 지식 안의 있는 것처럼 고려할 가치가 있다.

3. 혀의 표현 안의 있는 것처럼 고려할 가치가 있다.

(1) 알려진 것들의 진실은 그것들의 유일한 실체다. 참으로 그것들은 그들의 이름이 의미하는 것, 또는 마음이 그것들을 그렇게 이해하는 것이니 물리적 그리고 형이상학적 진리라고 불리는 것이다.

(2) 마음의 개념이나 지식 속에 있는 진실은 알려진 것에 대한 바로 지식의 일치 또는 동일함이다. 진실로 그것을 생각하는 것은 그것을 있는 그대로 생각하는 것이다. 실수나 오류는 이 진실과 반대이다.

(3) 표현에 있는 그대로의 진실은 실제로 두 가지 관계다.

1) 일차적인 관계는 표현된 주제에 대한 우리의 말이나 글이다. 그러므로 말의 진실성은, 우리가 그것을 있는 그대로 말할 때, 표현된 것들에 대한 바로 우리의 말의 일치이다.

2) 우리 말의 이차적 관계는 말하는 사람의 마음과 관련이 있다. 혀의 자연스러운 사용은 사물뿐 아니라 마음을 표현하는 것이기 때문이다. 따라서 말의 진실성은 우리의 생각이나 판단에 대한 우리말의 일치뿐이다. 진실은 사물에 대한 생각이나 말의 일치이기 때문에 논리적인 진실이라 할 수 있다. 그리고 이것은 도덕적 또는 윤리적 진실의 일반적인 문제일 뿐인데, 이것은 부분적으로 시계, 풍향계, 또는 선원의 해도에서 찾을 수 있다. 우리 마음에 대한 우리의 말의 일치는 도덕적 진실의 문제에 더 적합하거나 도덕적 진실의 특별한 문제다. 도덕적 미덕으로서 그것의 형태는 진리인 하나님의 법에 대한 그것의 동의다. 그리고 그 용어가 관계의 본질을 설명하듯이, 우리의 말은 적절한 용어로, 청중이나 독자의 마음을 존중한다. 그것을 알기 위해 사용하는 것은, 1. 표현된 말. 2. 그것에 관한 우리의 마음. 그러므로 말의 논리적 진실은 듣는 사람에게 올바르게 알릴 수 있는 적합성을 가지고 있어야 하고, 말하는 사람은 진정으로 그에게 정보를 제공하고, 그를 속이려는 것이 아니라 윤리적 진실이 있어야 한다(우리가 말하는 것이 다른 것이라고 가정한다).

그러면 도덕적 진실을 위해 다음과 같은 모든 것이 필요하다는 것을 알 수 있다. 1. 표현된 사물과 단어의 일치(우리가 그 사물을 알아야 할 의무가 있는 한). 2. 말하는 사람의 마음이나 판단과 일치하는 말일 것. 3. 그 표현들이 듣는 사람에게 앞의 두 가지 진실을 알려 주는 적합한 조건을 가지고 있을 것. 4. 우리가 말하는 한, 우리는 정말로 그에게 진실을 진정으로 알리려고 하는 것. 5. 하나님의 법에 합당한 것이어야 한다. 이것들은 의무의 규례이며 죄의 발견자이다.

어떤 연설에서 문제에 동의하고 마음에 동의하는 것과 같은 우리 말의 진실은 모두 하나다. 즉, 사물에 대한 우리 자신의 개념이나 판단이 우리가 주장하는 전부일 때 그렇다. 우리가 말하는 것처럼, 나는 생각한다. 또는 나는 믿는다. 또는 그것이 그렇다고 판단한다. 여기서 내 말의 진실성, 즉 사물이 내가 생각하는 대로 될 필요는 조금도 없지만(그렇게 되지 않을 것이라고 단언하기 때문에), 실제로 나는 내가 생각하는 대로 생각한다. 그러나 우리의 말과 마음이 일치하는 것은 모든 도덕적 진실에 항상 그리고 불가분의 관계로 필요하다.

[우리는 진실을 어디까지 말해야 하나?]

우리는 진실한 모든 것을 알려야 할 의무가 없다(아무도 비밀을 보호하지 못하기 때문이다). 우리에게 묻는 모든 사람에게 말할 의무는 훨씬 적다. 그러므로 우리는 모든 일에 있어서 모든 사람의 오류나 무지를 고칠 의무는 없다. 왜냐하면, 우리는 모든 사람에게 모든 것을 말할 의무가 없기 때문이다. 그리고 내가 진실이나 내 생각을 전혀 알려야 할 의무가 없다면, 모든 진실이나 내 마음에 있는 모든 것을 알려야 할 의무도 없다. 아니, 내가 서로의 일부를 알려줘야 하는 모든 사람들에게 그런 것은 아니다. 내가 고칠 의무가 없는 무지나 오류에 빠진 사람을 만나면(아니, 아마도 그것을 고치는 것이 나의 죄일 것이다. 왕의 계획이나 군대의 비밀을 그의 적들에게 공개하는 것도 마찬가지다), 나는 그 사람에게 그러한 문제에 대해서나, 내 마음에 대해 알지 말아야 할 것을 알려 주지 않도록 내 말을 조정할 수 있고, 또 그렇게 해야 한다. 나는 침묵하거나 은밀하게 말하거나, 그가 이해하지 못하는 (그 자신의 불완전함으로 인해) 말을 하거나, 그의 약점이 있어 오해할 것이라는 것을 알고 있는 말을 할 수 있지만 그에게 거짓말을 해서는 안 된다. 또한 내가 발견한 듣는 사람의 무지나 오류를 고치지 않기 위해 말하는 것과 그를 어떤 새로운 오류로 이끌기 위해 말하는 것 사이에는 큰 차이가 있다. 나는 많은 경우에 전자와 같이 할 수도 있고, 후자와 같이 하지 않을 수도 있다. 그리고 그러한 말을 하는 것 사이에는 큰 차이가 있다. 사람들이 흔히 사용하는 말에서 청중들에게 진리를 알리는 경향이 있지만, 내가 알기로, 그들은 그들 자신의 약점으로 인해 그 말을 오해하고, 그 말에 속아 넘어갈 수 있기에 그러한 말을 하는 것에는 큰 차이가 있다. 그리고 사람들이 일반적으로 사용하는 말은 내가 사용하는 것과는 다른 의미를 가지고 있다. 전자의 방법으로 말하면, 말하는 사람이 듣는 사람에게 더 이상 밝힐 의무가 없을 때, 때때로 말하는 사람이 아니라 듣는 사람이 자신을 속이는 사람이 된다. 그러나 후자의 방식은 말하는 사람이 속이는 사람이다. 또한 진실을 밝힐 의무가 있는 사람에게 말하는 것과 진실을 밝힐 의무가 없는 사람에게 말하는 것 사이에는 큰 차이가 있다. 따라서 하나님에 대한 나의 의무와 나의 왕이나 나라에 대한 나의 의무는 그것에 대한 비밀을 숨기도록 나를 속박한다. 이러한 근거와 구별을 통해 당신은 거짓말이 무엇인지 알 수 있으며, 우리가 말하는 진실이나 거

짓에 대해 제기되는 일반적인 의심을 해소할 수 있다. 예를 들면,

탐구1 '나에게 묻는 모든 사람에게 진실을 말할 의무가 있는가?'

답 당신은 당신에게 묻는 모든 사람에게 모든 경우에 대해 말할 의무는 없다. 침묵하는 자는 진실을 말하지 말라.

탐구2 '내가 대답하는 모든 사람에게 진실을 말해야 할 의무가 있는가?'

답 당신의 대답은 때때로 암시하는 것으로 대답을 거부하거나 당신에게 요구하는 것을 나타낼 수 있다.

탐구3 '내가 진리의 일부를 말할 때마다 모든 진실을 말해야 하는가?'

답 아니다. 언제, 얼마나 많이 다른 사람들에게 알려야 하는지를 알려 주는 것은 하나님의 말씀이다.[90] 하나님이 허락하시는 한도까지 가더라도 그것은 더 나아가야 한다는 뜻이 아니다. 적에게 잡혀간 군인은 자기의 왕과 나라에 해가 되지 않는 일을 물었을 때 진실을 말할 수 있다. 그러나 적에게 유리할 나머지 것은 숨겨야 한다.

탐구4 '논리적인 거짓을 말하는 것은 언제나 죄인가? 즉, 내가 말하는 것에 대해 동의하지 않는 말을 하는 것은 항상 죄인가?'

답 항상 그런 것은 아니다. 당신은 때때로 죄 없는 비진리를 믿을 수도 있다. 당신은 증거와 겉모양에 따라 사물을 믿어야 하기 때문이다. 그러므로 그 속임수가 거짓된 겉모습이

---

90) 마 26:63; 막 14:61, 15:5; 눅 18:9; 요 19:9; 렘 38:26, 27

나 증거로 인해 당신의 잘못없이 부득이 하게 발생한다면, 그때 착각하는 것은 당신의 잘못이 아니다. 그러나 그때 당신의 표현은 당신이 인식하는 것보다 더 확실하거나, 증거가 보증하는 것 이상의 확신을 나타내서는 안 된다. 당신이 그런 것은 그렇다고 말할 때, 그 의미는 그렇지만, 나는 그렇다고 확신한다고 해야 한다. 만약 당신이 확신하지 못함에도 불구하고, 나는 확신한다고 말한다면 당신의 맘이 편하지 못할 것이다.

탐구 5 '그것이 거짓임을 알면서도 그 문제에 대해 거짓으로 말하거나 동의하지 않는 것이 항상 죄인가? 즉, 내 판단이나 생각에 반하여 말하는 것은 항상 죄인가?'

답 그렇다. 하나님께서 그것을 금하셨고, 당신이 곧 듣게 되겠지만 크고 중요한 이유로 그러하다.

탐구 6 '내 의견에 반하지 않고, 속일 목적으로 말하지 않아도, 내가 알려진 비진리를 말하지 않을 때 죄가 되는가?'

답 그렇다. 이 중 하나가 아니라 해도 종종 죄가 된다. 당신이 말하는 것을 알고, 말하기 전에 숙고하는 것이 당신의 의무이며, 당신이 알지 못하는 진실이나 거짓에 대해 아는 것이 당신의 의무이며, 당신이 부주의하게 다른 사람을 속이지 않는 것에 주의할 의무가 있음에도, 지금까지 당신은 이 모든 의무를 게을리하고, 비난할 만한 무지와 과실로 자신과 다른 사람 모두를 속이면, 이는 당신이 알고도 그들을 속인 것과 같은 죄악이다.

탐구 7 '그러나 그것이 죄라고 해도 그것이 거짓인지는 의심스럽다.'

답 이것은 이름에 대한 논쟁이지 본질에 대한 것이 아니다. 그것이 하나님을 거스르는 죄이며 피해야 하는 일에 동의하는 한, 그것을 거짓이라고 부르든 다른 이름으로 부르든, 그것은 큰 문제가 아니다. 그러나 나는 그것이 거짓말이라고 불려야 한다고 생각한다. 나는 대부분의 무언가를 정의하는 자들이 키케로(Cicero)를 따르며, 거짓말은 속이기 위한 목적으로 말하는 거짓이라는 말하지만, 나는 의지가 속이지 않으려는 것을 소홀히 한 경우, 그렇게 부주의하게 말한 비진리는 거짓말이라는 이름으로 부를 만하다고 생각한다.

탐구 8 '거짓에서 벗어나기 위해, 내가 하는 말은 항상 문자 그대로의 의미에서 진실이어야 하는가?'

답 아니다. 이 경우에 대한 어거스틴(Augustine)의 판단은 명백한 진리이다. 비유적으로 말하는 것은 거짓이 아니다(즉, 그 이름으로). 그러므로 반어적으로, 동음이의적으로, 은유적으로 말하는 것은 거짓말이 아니다. 듣는 사람의 지성에 맞게 사물과 마음을 표현하는 성향 속에 있는 말의 진실은 적절하든 비유적이든 그것을 표현하는 참된 말이다. 그러나 그 말을 속이려는 목적을 가지고 듣는 자와 그들의 상식에 어긋나게 비유적으로 사용한다면, 당신이 그것을 증명하기 위해 비유를 가장한다 해도 그것은 거짓말이다.

탐구 9 '내가 내 말을 상식적으로, 또는 듣는 사람의 상식에 맞게 사용해야 하는가?'

답 의심의 여지없이, 듣는 사람에게 알리고자 하는 한, 듣는 사람의 능력에 맞게 말해야 한다. 만일 그가 어떤 말에 대해 상식과는 다른 특별한 감각을 가지고 있고 이것이 당신에게 알려져 있다면, 당신은 그의 특별한 감각으로 말해야 한다. 그러나, 당신이 듣는 사람에게 숨길 수밖에 없는 경우라면 그 질문은 훨씬 더 어렵다. 어떤 사람들은 그가 자신의 속임수에 사용할 것을 알고 있는 말로 그에게 말하는 것이 비진리이며 죄라고 생각한다. 또 다른 사람들은 당신이 듣는 사람의 약점에 맞추지 않고, 상식에 반하여 자신의 방언으로 말하며, 그가 당신을 이해하는 것이 그에게 이익이 되지 않을 것을 예견하더라도 그가 당신을 오해하는 것은 당신의 잘못이 아니며, 당신 자신이 그를 이해할 의무는 없지만 그 반대라고 생각한다. 다음은 이것을 말할 것이다.

탐구 10 '말로써 다른 사람을 속이고, 게다가 그것을 의도하는 것이 진실이라고 가정하고 의도하는 것이 합법적인가?'

답 다른 사람의 실수나 잘못에 기여하는 것이, 모든 경우에 죄가 되는 것은 아니다.[91] 왜냐하면,

1. 사람이 잘못을 저지르는 것이 죄가 아니고 그에게 어떤 손상이 아닌 경우가 많기 때문이다. 그러므로 죄도 아니고 손상도 아닌 것에 기여하는 것은 그 자체로 죄가 아니다. 게다가 오류(죄나 손상을 주는 것이 아닌)가 의무가 될 수 있는 일부 경우가 있다. 예를 들면, 그가 진실해 보이는 한, 위선자임에도 자애롭고 좋게 생각되는 것과 같다. 여기서 만약 내가 자선에 관한 보고서를 통해 내가 그의 실수에 기여한다면, 그것은 다른 한 편으로 나의 의무가 되는 것으로 보인다. 그를 믿을 수밖에 없기에 나는 그럴 가능성이 있는 한, 가장 좋은 것을 보고할 수밖에 없기 때문이다.

2. 사람의 무지나 실수가 그에게 매우 큰 이익이 되는 경우가 많이 있다. 그의 생명이나 재산이 그것에 달려 있을 수 있다. 그리고 그가 그런 것을 이해했다면, 그것이 자신을 파멸시킬 수 있다는 것도 알 수 있었을 것이다.

3. 한 사람의 무고한 실수가 다른 사람이나 국민의 안전을 위해 필요한 경우도 많이 있다.

4. 군사적 속임수에 의해 적으로 또는 그가 착각할 징후에 의해 조국을 배신하는 사람으로 행동하여 사람을 속이는 경우 합법적이다. 그리고 우리의 잘못이 아니라 그의 잘못에 의해 그가 실수할 것이라고 우리가 예견하는 진실의 말은, 속이려는 경향이 있는 행동보다 의심의 여지가 적은 것 같다.

---

91) 행 23:6-9

5. 하나님은 악인들이 착각하고 스스로 속일 것을 미리 아시고 말씀을 직접 쓰시고 말씀하셨다. 그가 그 일을 하셨고, 그 자비를 베풀었다. 그는 그들이 스스로에게 올가미가 되리라는 것을 아신다. 그리고 그의 지배권이나 특권은 그것이 신성하지 않다면 여기에서 그것을 변명하기 위해 부장할 수 없다. 그리고 이런 의미에서(허용과 계기에 대해), "만일 선지자가 유혹을 받고 말을 하면 나 여호와가 그 선지자로 유혹을 받게 하였다."[92]라고 말한다. 그러나 우리는 적을 속이기 위해 거짓말을 하는 것이 적법하다고 플라톤처럼 생각해서는 안 된다. 왜냐하면 1. 자선이나 정의에 반하는 모든 기만은 죄이다. 2. 의도적인 허위진술로 하는 모든 속임수는 죄이기 때문이다. 어거스틴이 말했듯이, 남의 안전이나 유용을 위해 하는 거짓말로, 악의가 아니라 산파가 바로(Pharaoh) 왕에게 한 것 같은 자비로움이다. [이 거짓말은 그 자체로 칭찬받는 것이 아니라 그 속임수(또는 자비)로 칭찬받는다. 이렇게 거짓말을 하는 사람들은 마침내 모든 거짓말에서 구출될 자격이 있다. 또한 농담 속에도 거짓말이 있는데 그것은 속이는 것이 아니다. 말하는 사람이 농담으로 말한다는 것을 알기 때문이다. 그리고 이 두 부류는 흠이 없는 것이 아니다. 그러나 잘못은 크지 않다. 잘못이 없는 사람이 자기 생명을 구하기 위해 거짓말을 해서는 안 된다.] 그러나 거짓말하지도 않고 진실에 대해 침묵하는 것은 합법적이다. 시편과 편람에서 그는 말한다 '나에게 어울리지 않는 것이 아니다.' 모든 거짓말이 죄라는 것이 나에게 무의미한 말은 아닌 것 같다. 그러나 사람이 어떤 마음과 어떤 일에 거짓말을 하느냐는 큰 문제이고 또는 다른 점이다. 어떤 사람들은 의사가 환자에게 그의 생명을 구하기 위해 약을 먹도록 거짓말을 할 수 있다고 생각한다. 그는 약을 숨기고 그가 오해할 것이라고 생각하는 진실한 말과 모호한 표현으로 그를 합법적으로 속일 수 있다. 그러나 거짓으로 속일 수는 없다.

탐구 11 '엄밀한 의미에서 거짓말의 악덕은 어디에 있는가? 속이는 데 있는가? 아니면 거짓으로 말하는 데 있는가? 또는 생각과 반대되는 말을 하는 것인가?'

---

92) 겔 14:9

답   거짓말이 해로운 속임수라는 것은 거짓말의 악화다. 그러나 거짓말의 악함은 다른 사람의 지성을 단순히 속이는 데만 있는 것이 아니다. 왜냐하면 많은 사람들 중에 속임을 당하는 것이 유익이 될 수도 있기 때문이다. 의사가 환자의 생명을 구하고자, 약을 복용하는 것이 필요하다고 판단될 때, 속임수 없이는 약을 먹지 않을 때이다. 그래서 어린아이와 머리가 약한 사람에게는 이용되어야 한다. 이제 그런 자선적인 속임수는 죄가 될 수 없다. 그러므로 거짓말의 일반적인 본질은 속이려는 목적만이 아니라, 마음에 반하는 거짓으로 말하는 데 있다. 그렇지 않으면, 모든 속임이 죄가 되거나, 다른 사람에 대한 속임이 자선적이거나 합법적인 경우 모든 거짓말이나 허위로 말하는 것이 합법적이라는 결론이 나올 것이다. 그러나 모든 비진리가 거짓말인 것은 아니다. 어떤 학자들은 허위로 하는 말(mentiri, 마음을 거슬러 말하는 것으로)과 거짓말(mendacium dicere)의 차이를 구별한다. 마치 마음을 거슬러 말하지 않기 때문에 거짓말을 하는 것이 항상 거짓말을 하는 것은 아닌 것처럼 생각한다. 하지만 거짓말은 할 때, 그것은 속이는 것에 불과하다.

[거짓말이란 무엇인가, 죄는 얼마나 자발적인가]

그렇다면 나는 거짓말(lie)은 거짓을 자발적으로 주장하는 것이라고 결론짓는다. 그리고 그것은 다른 사람에게 상처를 입히는 성향이 있으면 있을수록 그것은 더욱 심해진다. 그러나 신체적 해를 끼치는 것과 거짓말하는 것과는 별개다. 내가 거짓이라고 말하는 것은 듣는 사람을 속이는 경향이 있는 것을 의미한다. 속이는 목적은 더 노골적인 종류의 거짓말에서만 찾을 수 있지만, 고의적인 속임수가 거짓말의 존재에는 필요하다. 기만은 속이기 위해 말하는 것이다. 허위 진술이거나 속이는 경향이 없다면 거짓을 말하는 것이 아니다. 말하는 사람과 듣는 사람이 사용하는 올바른 의미를 가진, 부적절하거나 비유적인 표현은 허위의 의도적 진술이 아니다. 한 언어에서 이중 부정은 긍정이고, 또 다른 언어에서 이중 부정은 더 격렬한 부정이지만 어느 쪽도 다른 사람들에 의해 비진리라고 불려서는 안 된다. 주장한다는 것은 역사적 서술과는 구별되는 거짓을 우리 자신의 것으로 만드는 모든 표현을 의미한다. 왜냐하면 거짓말을 반복하는 것은 다른 사람이 말한 것을 말하는 것일 뿐 거짓말이 아니기 때문이다. 자발적이라는 말은 고의적으로 실제 의지와 의도적인 선택 또는 동의에 따라 알면서 행해지는 것을 의미할 뿐 아니라, 의지가 거짓말을 억제하지 않아 자발적으로 행해지는 것으로 의지에 잘못이 전가되어야 한다. 모든 죄에 대해, 이것을 관찰하는 것이 매우 필요하기 때문에 우리는 진실로 모든 죄는 자발적이고 자발적인 것보다 더 이상 죄가 없다고 말하지만, 여기서 자발적이라는 말은 실제로 원하는 것만을 의미하는 것이 아니라 어떤 일을 하기로 선택하는 행위에 의해 유죄가 되는 모든 것을 의미한다. 왜냐하면 의지는 어거스틴이 말한 '혀가 죄를 짓는 것이 아니라 마음이 죄를 짓는 것'이 사실이기 때문이다. 그러나 마음이나 의지는 행동만 아니라 허용되지 않은 행위에 대한 누락에도 죄가 있음을 알아야 한다. 따라서 마음이나 의지가 마땅히 제어해야 할 때 억제하지 않으면 거짓말이나 자발적인 비진리가 된다. 예를 들면, 사람이 실수나 고의적인 게으름이나 태만으로 무지하여 그것이 참되다고 생각하면서도 거짓으로 말한다면, 이것은 비난할 만한 의도적 진술이며 거짓말이다. 왜냐하면 그는 피했을 수도 있는데 피하지 않았기 때문이다. 이것이 대부분의 거짓 교사들과 이단자들의 경우이다. 이와 같이 사람이 열정, 관습 또는 부주의로 인해 혀를 날름거리고, 자기 말을 고려하거나 주의를 기울이지 않고 거짓으로 말하게 한다면 이는 비난할 만한 과실이 있는 속임수와 거짓말이며 자발적인 것이다. 왜냐하면 의지가 그것을 막아야 했는데 그렇게 하지 않았기 때문이다. 그러나 속일 목적은 없었음에도 불구하고 그렇다.

그러면 거짓말의 정도가 두 가지 정도가 있음을 알 수 있다. 1. 가장 심한 것은 속이려는 목적을 가지고 알려진 거짓을 말하는 것이다. 2. 다른 하나는 비난할 만한 무지, 실수, 또는 사려 깊지 못한 태도로 거짓을 말하는 것이다.

방향 제시-1 '거짓말하는 죄의 악함을 잘 알아야 한다.' 그것의 일반적인 원인은 누군가가 그것으로 크게 해를 입지 않는 한, 그것에 큰 해가 없다고 생각하기 때문이다. 그러나 하나님께서 거짓말을 금하신 것은 그것이 다른 사람들에게 해를 끼친다는 이유만이 아니라 그 안에 모든 악이 들어 있기 때문이다.

1. 거짓말은 사람의 고귀한 능력을 왜곡하여 그 본래의 용도에 반하여, 깨끗한 상태를 부패하게 하는 것이다. 하나님은 사람에게 자신의 생각을 표현하고 진실을 나타낼 수 있는 혀를 주셨다. 그리고 거짓말을 하는 것은 마음과 진실에 장애물 역할을 하고, 게다가 두 가지 모두에 반대되는 것을 표출하도록 괴물처럼 바꾸어 놓는다. 그리고 술 취함이 이성과 같은 고귀한 능력에 자발적으로 광기를 내거나 타락시키는 것이 악인 것처럼, 거짓말은 마음과 혀 모두를 부패하게 하고, 왜곡시키고, 변형시키는 것이 악이며, 혼란으로 인해 하나님의 일과 피조물의 합당한 용도를 파괴한다.

2. 거짓말은 진리의 적이며 파괴자이다. 진리는 신성하고 말할 수 없는 탁월함과 용도를 가진 것이다. 그것은 사람을 지혜롭고 선하고 행복하게 만드는 하나님의 도구다. 그러므로 그가 진리와 같이 훌륭한 것을 보존하기 위해 엄격한 법을 만들지 않는다면 그는 세상의 행복을 보장할 수 없다. 사람들의 생명을 보호하는 것과 관련하여 정당한 이유 없이 사람을 죽이지 말라는 법을 만드는 것만으로는 충분하지 않다(비록 그것이 법이 달성하려는 전부이기는 하지만). 그러면 심판을 받게 되면 모든 사람들은 자신의 열정이나 관심이 그에게 그렇게 말할 때마다 정당한 이유가 있다고 생각할 것이다. 그러나 법은, 치안판사의 판단 없이는 전혀 살인을 해서는 안 된다. 따라서 거짓말에 대한 법이 사람들을 오류와 기만의 상처로부터 사람들을 보호하는 것 이상을 의도하지 않았다면, 지금까지 거짓말로 사람을 해치지 말아야 한다는 말로 충분한 수단이 되지 못했을 것이다. 그때 사람들은 자신의 이익과 열정으로 피해를 판단했을 것이다. 그러나 진리 자체가 인간의 이익만 아니라 하나님께서 확보하고자 하는 것일 때 더욱 엄격한 법이 필요하다. 그리스도인들과 이교도들과 스스로 인성을 박탈하지 않은 모든 인류의 눈에는 진리 안에 독특한 아름다움과 탁월함이 나타난다. 아리스토텔레스는 인간의 본성은 진리를 위해 만들어졌다고 말한다. 키케로는 참되고 단순하며 진실한 것이 사람의 본성에 가장 잘 맞는다고 말한다. 진실과 미덕은 인간의 불가분의 완벽함으로 간주되었다. 피타고라스는 사람이 하나님을 기쁘게 하는 두 가지는 진리를 사랑하고 선을 행하는 것이라 한다. 그러므로 그것은 하나님의 뛰어난 두 가지 선물이었다. 플라톤은 진실은 최고의 미사여구이자 가장 달콤한 웅변이라고 말할 수 있었다. 에픽테토스(Epictetus)

는 진실은 가장 소중한 것 중에서 불멸의 영원한 것이라고 말할 수 있었다. 맹목적인 애정에 비해 덜 불쾌하기에 우정보다 더 낫다고 했다. 이암블리코스(Iamblichus)는 빛이 자연스럽고 끊임없이 태양을 동반하듯이 진리도 하나님과 그분을 따르는 모든 것을 동반한다고 말할 수 있었다. 에파미논다스(Epaminondas)는 거짓말을 하지 않고 농담을 하지 않는 점에서 칭찬을 받았다. 폼포니우스 아티쿠스(Pomponius Atticus)는 거짓말하는 것을 매우 싫어했기 때문에 그의 친구들은 모두 그를 믿고 그들의 상담자로 이용하기를 원했다. 인간의 이해와 혀가 무슨 소용이 있는지 알지 못하는 사람은 진리의 우수성을 알지 못한다. 바로(Pharaoh)가 "주는 누구인가?"라고 물었듯이, 이방인으로서 빌라도(Pilate)가 "진리가 무엇이냐?"[93] 하고 묻는다. "그리스도께서 이를 위하여 세상에 왔나니 곧 진리에 대하여 증언하려 함이로라 무릇 진리에 속한 자는 내 음성을 듣느니라."[94]라고 말하였다. 그는 "나는 진리이다."[95] "은혜와 진리가 충만하고"[96] "은혜와 진리는 예수 그리스도로 말미암아 온 것이다."[97] "그의 종들을 진리로 인도"[98]하고 "진리로 그들을 거룩함을 얻게 하려고"[99] 그의 영을 주셨다. 이는 "진리를 앎으로 자유하게 하려"[100] 함이라. "성령의 열매는 모든 진리에 있다."[101] 그의 사역자들은 "진리를 거슬러 아무것도 할 수 없고 오직 진리를 위할 뿐이다."[102] "진리"는 우리 허리를 동이는 "띠"[103]이다. 교회는 "진리의 기둥"과 "터"[104]이다. 충실한 자는 "믿는 자들과 진리를 아는 자"[105]이다. "사랑 안에서 참된 것을 말하는 것"[106]은 교회의 성장과 덕을 세

---

93) 요 18:38
94) 요 18:37
95) 요 14:6
96) 요 1:14
97) 요 1:17
98) 요 16:13
99) 요 17:19
100) 요 8:32
101) 엡 5:9
102) 고후 13:8
103) 엡 6:14
104) 딤전 3:15
105) 딤전 4:3
106) 엡 4:15

우는 길이다. "회개"가 사람에게 주어진 것은 "진리를 알게 하여 마귀의 권세에서 피하게 하려 함이다."[107] 둔한 자들은 "결코 진리의 지식에 이르지 못하는 자들"[108]이다. "그들은 진리를 대적하니 패역한 마음을 가진 자들이다."[109] "그들은 진리의 사랑을 받지 아니하여 구원을 받지 못한다."[110] 그들은 모두 "진리를 믿지 않는 저주받은 자들이다."[111] 당신은 하나님의 심판과 냉정한 세상에서 진리가 무엇인지를 본다. 그러므로 어두움이 빛에 반대되는 것과 같이 진리에 반대되는 거짓말은 진리가 상쾌한 것만큼이나 혐오스럽다. 그러므로 그것이 하나님으로부터 절대적으로 금지한다 해도 놀랄 일이 아니다.

3. 당신은 혀의 다른 결점들 즉, 쓸데없는 말, 욕설, 그리고 그런 것들은 다른 사람들에게 상처일 뿐만 아니라 그 자체에 내재된 악 때문에 금지된다는 것을 고려하면 이것을 더 쉽게 인식할 수 있을 것이다. 그러므로 이것이 그렇게 해야 하는 큰 이유다.

4. 거짓말은 우리를 하나님과 가장 다르게 만드는 악덕이다. 왜냐하면 그는 "진리의 하나님"[112]이리 불리기 때문이다. 그의 모든 "길"은 "자비와 진리"[113]다. 그의 "심판은 진리에 따른다."[114] "하나님은 거짓말을 하실 수 없다."[115] 그의 말씀은 "진리의 말씀"[116]이다. "주의 장막에 거할 자가 누구인가? 그의 마음에 진실을 말하는 자이다."[117] 그러므로 영혼이 하나님께 순응하지 않는 것은, 영혼이 하나님에게 순응하도록 만들어진 면에서 가장 큰 기형이기 때문에 거짓말하는 것은 가증스러운 죄로 보일 수밖에 없다. 만일 하나님이 거짓말할 수

---

107) 딤후 2:25, 26
108) 딤후 3:7
109) 딤후 3:8
110) 살후 2:10
111) 살후 2:12, 13
112) 시 31:5
113) 시 25:10
114) 롬 2:2
115) 히 6:18; 딛 1:2
116) 시 119:43; 골 1:5; 딤후 2:15; 약 1:18; 고후 6:7
117) 시 15:2

있고 의심의 여지가 없는 진리가 아니라면 세상이 어떤 상황에 처했을지 생각해 보면 이것을 더 쉽게 알 수 있을 것이다. 하나님이 그렇다면, 우리는 아무것도 확신할 수 없다. 그러므로 그분의 말씀으로 확실한 정보를 얻을 수 없고, 그분의 교훈으로 확실한 지시와 인도를 받을 수 없으며, 그분의 어떤 약속에도 확실한 위로를 받을 수 없다. 그러므로 우리를 참 하나님과 그렇게 다르게 만드는 것은 혐오스러울 수밖에 없다.

5. 거짓말은 마귀의 형상 또는 그의 일이며, 거짓말쟁이는 마귀의 특별한 부류의 자식들이다. 그리스도께서 우리에게 "진리가 그 속에 없음으로 진리에 서지 못하고 거짓말을 할 때마다 제 것으로 말하나니 이는 그가 거짓말쟁이요 거짓의 아비가 되었음이라."[118] 교만한 자들과 악한 자들과 거짓말쟁이들은 특별한 부류의 마귀의 자식들이다. 왜냐하면 성경에 있는 이 세 가지는 특별한 방식으로 마귀의 죄를 짓는 것이기 때문이다.[119] 그러므로 거짓말에는 본질적인 악과 혐오감이 있음이 확실하다. **아나니아**와 **삽비라**의 마음을 성령께 거짓말하도록 채운 것은 사탄이었다.[120] "그러므로 하나님의 진리를 거짓으로 바꾸는 것"과 "하나님을 거짓말쟁이로 바꾸는 것"[121]은 가장 가증스러운 죄다. 이는 그를 마귀와 같이 꾸미는 것이기 때문이다. 그런데도 그와 같은 악덕으로 우리 자신을 그와 같이 하려 하는가? 만약 당신이 마귀의 죄와 형상을 사랑하지 않으려면 거짓말을 사랑하지 말라.

6. 거짓말은 인간의 대화를 파괴하고 인간사에 가장 치명적인 혼란을 가져온다. 진리가 배제되면 인간은 사고팔 수 없고, 거래하며 함께 살 수 없다. 그들의 혀가 없다면 이성적인 대화의 특성을 파괴하는 것으로 충분할 것이다. 그러나 거짓된 혀를 갖는 것은 훨씬 더 많이 대화를 파괴할 것이다. 침묵은 마음을 전혀 열지 않는 것이다. 거짓말하는 것은 열려 있는 척하며 마음은 열지 않고, 사실이 아닌 것을 거짓으로 표현한다. 그러므로 당신은 당신의 거짓말

---

118) 요 8:44
119) 왕상 22:22, 23
120) 행 5:3
121) 롬 1:25; 요일 5:10

이 그렇게 해롭지 않다고 말하지만, 이것이 거짓말의 본성과 경향임을 보면, 가장 엄격한 법으로 모든 거짓말을 추방하는 것이 의로우신 하나님 안에서 정당하고 자비로운 일이다. 뱀의 모든 본성은 사람의 본성과 너무도 적대적이기 때문에, 그들이 우리를 해치지 않았음에도 불구하고 우리는 그들을 미워하고 죽인다. 왜냐하면 그들의 본성 안에 우리를 해치는 것이 있기 때문이다. 이와 같이 하나님은 모든 거짓말을 공정하고 자비롭게 정죄하셨다. 왜냐하면 거짓말의 본성은 세상을 황폐하게 하고 혼란스럽게 하기 때문이다. 만일 거짓말에 어떤 면죄부가 주어진다면 모든 죄악과 불의가 곧 홍수처럼 우리 모두를 덮칠 것이다.

7. 거짓말은 직접적으로 위증하는 경향이 있다. 둘 다 금하시는 분은 같은 하나님이시다. 마음이 한 쪽으로 굳어지면 그것은 다른 쪽으로 한 걸음 더 나아가는 것뿐이다. 키케로는 거짓말에 익숙한 사람이 쉽게 위증 당한다는 것을 관찰할 수 있었다. 한쪽을 허용하는 화인 맞은 양심은 쉽게 다른 쪽을 용인할 것이다.

8. 거짓말쟁이는 자기자신을 비난하는 것에 대해서는 불공평 하다고 생각하고, 다른 사람들의 죄에 대해서는 타당하다고 생각하는 편파성이 있다. 왜냐하면 그에게 또 다른 거짓말을 할 사람이 없기 때문이다. 어거스틴이 말했듯이, 나는 속이는 사람은 많이 보았지만, 결코 속는 사람은 본 적이 없다. 만약 거짓말이 좋다면 왜 다른 모든 사람들이 당신에게 거짓말을 해서는 안 되는가? 만약 거짓말이 나쁘다면 왜 다른 사람들에게 거짓말을 하는가? 당신의 혀는 그들의 혀와 같은 법 아래 있지 아니한가? 당신은 당신의 자녀와 종들이 거짓말하는 것을 좋아하는가? 그렇지 않다면, 당신은 자신의 행동에 가장 관심을 갖고 있기에 거짓말이 자신에게 훨씬 더 나빠 보일 것이다.

9. 자신의 욕망과 믿어지기를 바라는 기대에 따라 거짓말이 무엇인지 판단하라. 당신이 진실을 말하든 그렇지 않든 사람들이 당신을 믿지 않겠는가? 나는 당신이 그럴 것이라는 것을 안다. 거짓말쟁이는 거짓말한다는 사실이 알려지고 자신을 믿지 않으면 그의 목적을 잃는 것이다. 그러면 사람들이 거짓말을 믿게 하는 것이 당신 안에 있는 합리적인 욕망이나 기대

인가? 만약 당신이 믿게 하길 원한다면 믿어야 할 것을 말하라.

10. 거짓말은 당신을 항상 믿을 수 없게 만들어서 다른 사람들에게 쓸모없거나 위험하게 만든다. 거짓말하는 사람은 자신의 신뢰성보다 더 나은 증거가 없는 한, 진실을 말하는지 여부를 불확실하게 하기 때문이다. 아리스토텔레스는 '거짓말쟁이는 그가 진실을 말할 때 아무도 그를 믿지 않을 것이다.'고 말한다. 어제 거짓말한 그가 오늘 진실을 말한다는 것을 어떻게 알 수 있나? 공개적인 회개가 신용을 회복하지 않는 한, 어떻게 그것을 알 수 있나? 진리는 스스로를 방어하고 마침내 진리를 소유한 자에게 신용을 줄 것이다. 그러나 속임수는 방어할 수 없으며 그 후원자들을 수치스럽게 할 것이다. 페트라르카(Petrarch)는 '진리가 불멸하듯이 허구와 거짓은 오래가지 않는다.'고 훌륭하게 말한다. 위장된 것은 쉽게 노출된다. 열심히 빗고 정리한 머리칼이 약간의 바람에 흩날리는 것과 같다. 그리고 많은 노동 때문에 얼굴에 묻은 페인트는 약간의 땀으로 씻겨 내려간다. 가장 교활한 거짓은 진실 앞에 설 수 없다. 그러나 그것을 가까이에서 들여다보는 사람에게는 투명하다. 가려진 모든 것이 곧 드러나고, 그림자는 사라지고, 사물의 본색은 그대로 남아 있다. 오랫동안 감추어 두는 것은 대단한 노력이다. 물속에서 오래 살 수 있는 사람은 아무도 없다. 그는 반드시 나와서 그가 숨긴 얼굴을 보여 줘야 한다. 심판의 날 하나님은 아무리 멀리 있어도 모든 것을 드러낼 것이다.

방향 제시-2 '거짓말을 피하려면 죄짓지 않도록 주의를 기울여라.' 부정한 몸에는 덮개가 필요하고 보이는 것을 가장 부끄러워한다. 잘못은 거짓말하게 하고 거짓말은 잘못을 증가시킨다. 사람들이 알려지기 두렵거나 부끄러운 일을 했을 때, 그들은 그것을 비밀로 유지하기 위해 그들의 기술을 사용할 필요가 있다고 생각한다. 그러나 재치와 기술이 정직을 대신할 수 없다. 그러한 반창고는 분열을 훨씬 더 악화시킨다. 그러나 부패한 사람의 마음은 이와 같이 일하고 기만적인 수단을 사용할 것이기 때문에 거짓말의 원인과 근거를 만들지 말라. 거짓말이 필요한 잘못을 저지르지 말라. 만약, 당신이 거짓을 결코 그렇게 가까이 두지 않을 것이 확실하다면, 그것을 피하는 것이 숨기는 것보다 훨씬 낫다. 실제 당신은 그렇지 않을지라도, 일반적으로 진실은 밝히 드러날 것이다. 거짓말을 피하고 결백한 것이 세상에서 가장 좋은 방법이다. 빛을 두려워하는 일은 아무것도 하지 말라. 진실과 정직은 얼굴을 붉히지 않으며 숨기고 싶어 하지 않는다. 어린이와 하인들은 이 죄에 많이 중독되어 있다. 그들의 어리석음, 방탕함, 식욕, 게으름, 부주의가 그들의 결점이 될 때, 그들은 현재의 그것을 숨기기 위해 거짓말을 연구한다. 그것은 마귀에게 가서 자신의 일을 변호하거나 덮어 달라고 간청하는 것이다. 그러나 현명하고 순종적이며 신중하고 근면하며 양심적인 어린이와 종들에게는 그러한 비참한 수단이 필요하지 않다.

방향 제시-3 '당신이 거짓말쟁이가 되지 않으려면 사람보다 하나님을 더 두려워하라.' 사람에 대한 과도한 두려움이 거짓말하는 일반적인 원인이다. 이것은 아이들이 매를 피하기 위해 거짓말하기 쉽게 만든다. 그리고 다른 사람들로부터 많은 상처를 받는 많은 사람들이 그들의 불쾌감을 피하기 위해 거짓말할 위험에 처해 있다. 그러나 어찌하여 당신은 이루 말할 수 없이 두려운 하나님의 불쾌감을 더 두려워하지 않는가? 당신의 부모나 주인은 화를 내며 당신을 바로잡겠다고 위협할 것이다. 그러나 하나님은 당신을 지옥에 떨어뜨리겠다고 위협한다. 그의 진노는 소멸하는 불이다. 어떤 사람의 불만도 당신의 영혼에 도달할 수 없고 영원할 수 없다. 당신은 이 땅의 형벌을 피하기 위해 지옥에 뛰어들겠는가? 거짓말에 의해 어떤 위험을 피하려는 유혹을 받을 때마다, 당신은 천 배나 더 큰 위험에 직면하게 되며, 거짓말에서 자유로워지며 받는 어떤 상처도 거짓말이 가져오는 상처의 절반보다 클 수 없다는 것을 기억하라. 거짓말은 머리를 잘라 치통을 치료하는 것만큼이나 어리석은 일이다.

방향 제시-4 '거짓말쟁이가 되지 않으려면 자존심을 낮추고 사람들에 대한 과도한 염려를 내려놓으라.' 교만은 사람들로 하여금 명성을 갈망하게 하고 다른 사람들의 엄격한 평가를 참지 못하게 하기 때문에, 교만한 자의 모든 진정한 노력은 그들이 원하는 평판을 얻기에는 너무 미미하다. 그러므로 나머지는 거짓말로 채워야 한다. 부끄러움은 그들에게 너무 참기 힘든 고통이기 때문에 그들은 거짓말을 그들의 벌거벗음의 가리개로 삼는다. 재물이 없고 교만한 사람은 자기가 인정받는 중요한 사람이라고 생각하여 거짓으로 자기 재산을 설명한다. 혈통과 출생의 명성이 없는 사람이 자존심이 높으면 거짓말로 자신을 신사로 만들 것이다. 집에서 경멸 받는 사람이 자존심이 높다면 거짓말로 낯선 사람들 사이에서 자신을 명예롭게 만들 것이다. 학문, 학위, 또는 자기 자랑이 될 모든 것이 결핍된 사람은 거짓말을 통해 자신의 욕구를 충족시키려 노력할 것이다. 방탕한 여성이라도 존경받고 싶은 교만한 욕망에 거짓된 화장으로 스스로 아름답게 만들 것이다. 특히 부끄러운 죄를 지은 사람이 교만하면 부끄러움을 당하기보다 거짓말을 하려고 할 것이다. 그러나 만일 당신의 교만이 치료된다면, 거짓말하려는 유혹은 아무것도 아닌 것이 될 것이다. 당신의 명예나 평판 문제에 대해서도 아무렇지 않을 것이다. 그러므로 거짓말에 대한 하나님의 불쾌함을 무릅쓰고 당신의 영혼으로 감히 모험하지 않을 것이다. 어떤 사람도 자기의 평판에 대해 뻔뻔하거나 완전히 무관심해서는 안 된다. 그러나 누구도 그것을 과대평가하거나 영혼보다 더 선호하거나 불법적인 방법으로 명성을 추구해서는 안 된다. 선행으로 수치심을 피하고 인색하지 말라(당신이 더 높은 목적을 가지고 있다는 것만 알라). 세네카(Seneca)는 말하기를, 덕이나 선한 의지를 통하는 것보다 부끄러움을 통해 죄를 삼가는 일이 더 많다. 미덕이 신용에 그렇게 많고, 악덕이 불명예에 있으면, 미덕이 없는 사람은 이름을 얻고 싶어 하고, 악덕을 떠나지 않는 사람은 수치를 면하고 싶어 할 것이다. 신성한 자들을 돌보지 않는 자들을 제지하려는 인간적인 동기가 있다는 것은 좋은 일이다. 그러나 인간의 동기는 구원의 미덕을 일으키지는 않는다. 그러므로 마귀적이고 사악한 수단은 어떤 치명적 상처를 예방하는 것과는 거리가 멀고, 그것을 얻는 확실한 수단이 된다.

방향 제시-5 '거짓말을 피하려면 야망과 인간에 대한 불필요한 의존을 피하라.' 야심만만한 사람은 사람들에게 자신을 내맡긴다. 그러므로 아첨은 그들의 직업이 되어야 한다. 아첨을 하는데 얼마나 많은 거짓말이 필요한지 말할 필요가 없다. 진실은 아첨에 적절한 도구가 되지 않는다. 그것은 반대로 증오로 가는 일반적인 길이다. 암브로시우스(Ambrose)는 말한다. '아첨하지 않고 자유롭게 진리를 설교하며 악한 삶의 행실을 꾸짖는 자는 사람들에게 호감을 얻지 못한다.' 악의는 항상 진리를 모방한다. 질투가 행복의 그림자인 것처럼 증오는 진리의 그림자이다. 아리스티포스(Aristippus)는 디오니시우스(Dionysius)가 왜 그렇게 자신에게 불리한 말을 많이 하느냐는 질문을 받았을 때, 그는 다른 모든 사람들이 하려는 것과 같은 이유라고 대답했다. 폭군이 거의 모든 인류와 마찬가지로 진실과 평범한 행동에 참을성이 없는 것은 놀랄 일이 아니다. 그들은 너무 잘못되어서 아첨꾼을 제외한 모든 사람이 그들을 참기 힘들어하고 그들에게 상처를 입는다. 그리고 여기에 위대한 사람들의 불행의 많은 부분이 있는데, 그들을 진정으로 대하는 사람이 소수이거나 아무도 없기에 그들은 아첨에 의해 지옥에 빠지게 된다. 세네카(Seneca)는 말한다. 부자가 모든 것을 가졌음에도 한 가지 부족한 것은 그들에게 진실을 말하는 사람이다. 왜냐하면 만약 당신이 부유하고 위대한 사람들의 부양가족이 되거나 고객이 되면 진실이나 우정 중 하나를 잃어야 하기 때문이다. 그러므로 제롬(Hierome)은 그리스도께서는 누구에게도 아첨하지 않을 것이고, 그러므로 성안에서 누구도 그를 반기지 않을 것이기 때문에 머리 둘 집이 없다고 말씀하셨다고 생각했다. 그리고 '무엇보다도 가장 나쁜 것은 아첨이 지배하는 곳에서는 그것이 의무로 여기고, 그것을 소홀히 하는 것은 악덕으로 여기는 것이다.' 하이어란(Hieron)은 말한다. '겸손과 친절을 추구하기 때문에 아첨할 수 없는 사람이 질투심이 강하고 교만한 사람으로 여겨진다는 것이 가장 통탄할 일이다.' 그러나 아첨하는 자는 그의 그릇된 칭찬을 기뻐하는 사람에게서 미움을 받을 때가 올 것이다. 속임수와 거짓말은 아첨 받는 사람을 잠시 기쁘게 한다. 그가 그 결과의 쓰라림을 발견할 때까지, 그리고 그 열매가 일종의 설탕 입힌 적대감에 불과하다는 것을 알 때까지만이다. 그러므로 그는 아첨하는 사람을 오래 기뻐하지 않을 것이다. 어거스틴(Augustine)은 아첨은 결국 '치명적인 단맛'일 뿐이라고 말한다. 같은 어거스틴은 (시편 59편에서) '박해자에는 반대자(비난하는 자)와 아첨꾼의 두 종류가 있다'고 말한다. '그러나 아첨하는 자의 혀는 박해자의 손보다 더 상해를 입힌다.' 그리고 어떤 사람의 위대함이나 은총이 당신을 용서하고 당신의 거짓말에서 무사하게 보호할 것이라고 생각하지 말라. 왜냐하면 그들에게 복수하시는 하나님은 가장 큰 사람보다 크시기 때문이다. 어거스틴은 다음과 같이 말한다. 어떤 종류의 거짓말도 죄가 아니라고 생각하는 사람은 자신을 어리석게 속이는 반면, 자신은 다른 사람을 정직하게 속이는 사람이라고 생각한다. 당신이 진실하려면 "사람들의 종이 되지 말라."[122]

---

122) 고전 7:23

방향 제시-6　'거짓말쟁이가 되지 않으려면 탐심을 사랑하지 말라.'[123] 탐욕스러운 사람에게는 거짓말이 이익을 얻거나, 좋은 거래를 하게하거나, 손상된 상품을 가치 이상으로 보이게 하는 쉬운 수단으로 생각될 것이다. 약속을 깨뜨리는 것은 의무를 다하지 않고 이익을 훔치는 것이고 분노를 몹시 서두르는 것이다. 돈을 하나님과 양심보다 사랑하는 사람은 돈을 위해 이 죄나 다른 어떤 죄로 하나님과 양심을 불쾌하게 하는 것이다.

방향 제시-7　'거짓말쟁이가 되지 않으려면 하나님을 신뢰하는 법을 배우라.'[124] 거짓말은 자신을 위해 무언가를 준비하고 목적을 위해 편법에 의지해야 한다고 생각하는 사람의 관습이다. **아브라함**과 **이삭**의 모호한 말(그들의 아내들을 누이라고 말함)과 **다윗**이 미친 척하는 모습은 하나님에 대한 불신에서 비롯된 것이다. 그들이 그들의 삶에서 하나님을 전적으로 신뢰했다면 그들의 삶을 위해 그렇게 목적을 위한 방편에 의지할 필요가 있다고 생각하지 않았을 것이다. **게하시**의 탐욕과 거짓말 둘 다 하나님에 대한 신뢰의 부족에서 비롯되었다. 만일 사람이 하나님의 보호하심을 확신하고 모든 일에서 자기 자신보다 하나님의 선택을 따르는 것이 낫다고 생각한다면, 거짓말과 악한 수단이 필요하다고 생각할 수 있을까?

방향 제시-8　'거짓말쟁이가 되지 않으려면 나쁜 소문을 너무 믿지 말라.' 악의는 너무나 광적이고 비양심적인 죄이며, 사람들의 혀는 일반적으로 그들이 말하는 것에 너무 부주의하므로, 악을 쉽게 믿는다면 마귀를 쉽게 믿을 수밖에 없으며, 그에 따라 악의적인 거짓말을 퍼뜨리는 마귀의 종이 된다. 당신은 거짓말들이 여러 사람들에 의해 말해지고, 자신 있게 말해지기에 당신이 들은 것을 합법적으로 믿거나 보고할 수 있다고 생각한다. 하지만 이것은 거짓말쟁이들의 평범한 속성과 그들의 악의와 뻔뻔스러운 행동이 너무 나쁨에도 불구하고, 그들을 따르는 것이 당신을 보호해 줄 것이라고 생각하는 것뿐이다. 개한데 물렸다고 개에게 짖고 물어뜯을 것인가? 만일 사람이 독사에 물렸다면 치료하는 것을 도와줘야 하고, 그가 물리기를 바라지 말라. 이기적이고 사심이 있고 악의적이며 편파적이며 당파적인 사람들은 거

---

123)　잠 21:6 참조
124)　렘 7:4, 8

짓말과 친숙하고 뻔뻔하니, 그것이 만약 당신에게 이익이 됨으로, 당신이 거짓말쟁이가 되지 않으려면, 그들이 말하는 것을 보고하는 데 주의를 기울여야 한다. 이 거미들은 보이지 않는 곳에 거미줄을 엮을 것이다. 그렇지 않다면 자신의 몸에 엮을 것이다.

방향 제시-9 '생각해 보지 않고 성급하게 말하지 말라.' 말하기 전에 말할 요점을 알아야 한다. 당신이 거짓을 말했을 때, 나는 그것이 사실인 줄 알았다고 말하는 것이 부끄러운 일이 아닌가? 그러나 왜 당신은 사건을 더 잘 이해할 때까지 머무르지 않고 생각을 말하려 하는가? 성급하게 말할 필요가 있는 문제가 있다면, '나도 그렇게 생각한다'는 말 이상은 말하지 말라. 키케로(Cicero)는 "모든 것을 증명하라." 그리고 나서 "좋은 것을 붙잡아라." 그리고 진실이라고 주장하라고 말한다. 무모함보다 더 불명예스러운 것은 없으며, 거짓이라고 느껴지거나 충분한 조사에서 받아들여지고 알려지지 않은 것을 주저없이 옹호하는 것은 현명한 사람의 중대함이나 충실함에 합당하지 않다.

방향 제시 10 '거짓말의 덫에 걸릴 수 있다는 것을 예견하면, 그것을 막을 수 있다.' 편리한 기회와 유혹적인 것이 준비 안 된 당신을 놀라게 하지 않도록 하라. 예지력은 유혹을 쉽게 이겨 낼 수 있게 할 것이고, 예상하지 못한 유혹은 당신에게 너무 강할 것이다.

방향 제시-11 '민감한 양심을 가지고 하나님이 보고 듣는 것같이 행하고 그의 심판을 통과하는 자같이 행하라.' 화인 맞은 양심은 거짓말이나 무엇이든 감히 모험할 것이다. 그러나 하나님을 경외하는 것이 영혼의 방부제이다. 사람이 거짓말을 하지만 그것이 사람에게만 관련이 있다고 생각하는가? 그들은 사람을 속이기 위해 거짓말을 생각하고 진실을 숨긴다. 하지만 그들은 하나님과 가장 관련이 있고, 속지 않는 분이 항상 계시다는 것과 그의 심판이 모든 은밀한 일을 드러낼 것이며, 온 세상 앞에서 그들의 모든 거짓말이 탐지된다는 것을 기억한다면, 그들은 그렇게 짧은 시간을 위해 그렇게 비싼 비용으로 찢어지고 더러운 가리개를 빌리지 않을 것이다. 사람이 하나님을 두려워하지 않는 거짓말쟁이라면 심판의 날을 믿지 않는 것은 당연하다.

방향 제시-12 '당신 자신만 아니라 다른 사람들도 거짓말에서 구하려면, 당신 자녀들에게 그것을 조심하게 하고, 그것의 악함을 볼 수 있도록 현명하게 도와줘야 한다.' 아이들은 그것에 매우 취약하다. 방종과 묵인이 그것을 부추기듯, 지혜롭지 못한 교정은 그들을 겁주어 자신을 구하기 위해 거짓말을 하게 한다. 다음과 같은 성구를 자주 읽게 하라. "도둑질하지 말며 속이지 말며 서로 거짓말하지 말라."[125] "마음 안에 있는 진실을 말하라."[126] "그가 말씀하시되 그들은 실로 나의 백성이요 거짓을 행하지 않는 자녀라 하시고 그들의 구원자가 되었다."[127] "마귀는 거짓말쟁이요 거짓의 아비이다."[128] "무엇이든지 속된 것이나—거짓말하는 자나—개들과—거짓말을 좋아하는 자"[129]는 결코 그리로 들어가지 못하리라. "거짓말하는 자의 입은 막히리라."[130] "거짓말하는 자는 내 목전에 서지 못하리라."[131] "거짓 증인은 벌을 면하지 못할 것이요 거짓말하는 자도 피하지 못하리라(망할 것이라)."[132] "관원이 거짓말에 귀를 기울이면 그의 하인들은 악하게 되느니라."[133] "나는 거짓을 미워하며 싫어하고 주의 율법을 사랑하나이다."[134] "의인은 거짓을 미워한다."[135] "그런즉 거짓을 버리고 각각 그 이웃과 더불어 참된 것을 말하라 이는 우리가 서로 지체가 됨이라."[136] 매일 사람은 자기 지체를 속이기 위해 거짓말을 하지 않을 것이다. 우리는 더 이상 서로를 속이지 말아야 한다. 한마디로 하나님과 사람에 대한 사랑이 우세한 곳에 진리가 우세하다. 그러나 자기 사랑, 편파성, 육체적 이기심이 만연한 곳에는 거짓말이 집안의 종이며, 이러한 목적을 위해 필요한 수단이라고 생각한다.

---

125) 레 19:11
126) 시 15:2
127) 사 63:8
128) 요 8:44
129) 계 21:27, 22:15
130) 시 63:11
131) 시 101:7
132) 잠 19:5, 9
133) 잠 29:12
134) 시 119:163
135) 잠 13:5
136) 엡 4:25

그러나 거짓말하는 것은 너무나 흔한 큰 죄이며, 거짓말 주위에서 매일 많은 실제사건들이 발생하기 때문에, 나는 그들에게 답이 되기에 충분하다고 생각할지라도, 모든 특정 사례에 대해 일반적인 대답으로는 상응하게 할 수 없으므로 그들의 만족을 돕기 위해서 그중 몇 가지를 더 분명히 언급할 것이다.

탐구 1 '친숙한 거짓말을 상습적으로 하는 것은 은혜 없는 상태, 즉, 죄인이 저주 상태에 있음을 증명하는 반드시 죽을 죄라는 어떤 표시인가?'

답 이 사례의 어려운 점은 악의와 동등한 어떤 다른 죄보다 더 이상 거짓말과 관련이 없다는 점이다. 그러므로 나는 당신에게 내가 치명적인, 군림하는 죄와 연약함으로 인한 죄의 차이를 언급한 그곳을 말해야 한다. 지금 이 간단한 해결책을 사용하라.

1. 얼마나 많은 큰 죄악의 행위가 현재 은혜의 상태(하늘에 대한 언약에 의한 권리)에 포함될 수 있는지 결정하는 것은 너무 어려운 일이다.

2. 하나님과 거룩함에 대한 습관적이고 지배적인 사랑에 포함될 수 있는 모든 죄는 다른 것이 아닌 삶의 상태와 일치한다.

3. 이런 외적인 범죄를 거의 또는 전혀 저지르지 않지만, 하나님과 하늘과 거룩함을 육체의 모든 향락과 이익보다 사랑하지 아니하는 자는 사망의 상태에 있다.

4. 일반적인 삶의 의도와 경향에서, 육체의 관심과 정욕이, 앞에서 말한 그것을 억제하는 하나님에 대한 사랑과 하늘과 거룩함보다 우세하여, 그를 의도적으로 죄를 저지르게 하는데 더 큰 힘을 가지고 있다면, 하나님과 거룩함에 대한 사랑이 우세하지 않다는 것이 확실하다. 너희 자신을 종으로 내주어 누구에게 순종하든지 그 순종함을 받는 자의 종이 되기에 혹은

죄의 종으로 사망에 이르고 혹은 순종의 종으로 의에 이른다.[137]

5. 그러므로 극복할 수 있는 죄인지 아니면 영적인 죽음에 이르는지 아는 방법은 (1) 우리가 죄를 사랑하는지 아니면 미워하는지 의지의 진정한 성향을 감지함으로, (2) 우리 안에 하나님에 대한 관심이 있는지 아니면 반대로 우리가 우리 자신의 뜻대로 하고 그러한 죄에 유혹을 받는 것이 우세한지, 우리 삶의 진정한 경향과 성향을 관찰함으로써 알 수 있다.

6. 구원의 은혜를 견지하는 것과 같이 죄를 짓고자 하는 사람은 회개하고 더 나은 삶을 살 때까지 자신의 성실함이나 건전한 신자의 평안이나 위안에 대한 확실성을 결코 얻지 못할 것이다.

7. 죄 안에 있는 사람이 양자의 영, 또는 하나님의 형상 또는 습관적인 신성한 사랑을 간직하고 있다면, 실제로 회개하기 전에 바로 그 죄에 대해 습관적이고 가상적인(형식 없이) 회개를 하게 되는데, 그가 습관적으로 죄에 대해 미워하는 마음이 있기 때문에, 그가 그의 지배적인 습관에 따라 행동할 마음이 생겼을 때 실제 회개를 일으킬 것이다.

8. 그동안 그러한 죄인의 상태는 회심하기 전과 같이 거듭나지 않고, 육체적이며 거룩하지 않은 상태이므로 생명에 대한 모든 권리를 잃는 것이 아니다. 죄를 짓지 않은 것처럼 그렇게 완전한 권리를 갖는 것도 아니다. 그러나 그 권리가 현재의 것으로 무르익기 전에, 소유권 주장에 반대하는 빗장이 제거되어야 한다.

9. 모든 사람이 살아 있는 동안 계속 짓는 몇 가지 죄가 있다. 믿음, 소망, 사랑, 헛된 생각, 말, 무질서 열정 등의 결함으로 죄를 짓는다. 그리고 이러한 죄는 완전히 비자발적인 것이 아니다. 그렇지 않으면 그것들은 죄가 아니다. 참으로 악은 선에 반대하는 의지에 널리 퍼져 있

---

137) 롬 6:16

어, 마음이나 삶의 성향을 타락시킬 정도는 아닐지라도 그러한 죄를 범할 정도에 이른다.

10. 지상에서 어느 누구도 실제로 회개하지 않는 죄가 몇 가지 있다. 즉, 죄가 아닌 것으로 알고 있는 죄와 완전히 잊어버린 죄, 그리고 죽는 순간에 범하는 죄가 있다.

11. 이러한 경우에 가상적, 암묵적, 습관적 회개만으로도 정죄를 예방하기에 충분하다. 또한 불완전한 상태가 계속되는 경우 완벽하게 살겠다는 의지로도 충분하다.

12. 살아 있는 존재는 그 자체로 있는 그대로의 의지에 따라 일하는 것이 아니라 이해에 의해 파악되는 대로 일하기에 의심스러운 악이나 작은 죄와 약간의 위험으로 파악되는 것은 분명히 큰 것으로 파악되는 것보다 저항이 훨씬 덜하고 더 자주 저지르게 될 것이다. 그러므로 어떤 거짓말이 작거나 의심스러운 악으로 파악되면 더 자주 범하게 될 것이다.

13. 만일 이 이해가 부정확하거나 육체적이거나 경건하지 않은 마음의 우세에서 오는 경우, 그 마음이 그 직분을 수행하지 못하게 하거나, 그것을 버려야 할 악으로 여기지 않는다면, 판단과 거짓말은 죽을 수밖에 없는 죄이며, 무효화하거나 용서받을 죄가 아니다.

14. 그러나 이러한 이해의 오해가 타고난 무력함이나 또는 더 나은 정보의 불가피한 부족에서 비롯되거나 또는 악의적인 성향의 잘못에서 비롯된 경우, 그것은 아직 지배적이지 않지만 대체로는 극복될 수 있는 악덕의 잔재이다. 그렇다면 오류나 상습적인 거짓말은 죽을 죄가 아니라 극복할 죄이다. 예를 들어, 거짓 교사(예수회)가 거짓말은 아무에게 해를 끼치지 않고 주제넘게 나서는 것으로 용서받을 수 있거나 죄가 아니라고 의로운 사람을 설득한다면, 비록 완전 해가 없는 실수는 아닐지라도 그런 사람은 종종 거짓말을 할 가능성이 있다.

15. 모든 선량한 그리스도인은 가장 작은 죄라도 그것에 굴복해서는 안 되며, 참된 은혜가 사람으로 하여금 가장 작은 죄를 기꺼이 버리게 한다는 것이 사실이지만, 어떤 경험은 일부

계속해서 죄를 짓는 것(앞서 언급한)은 지상에서 은혜를 소유한 모든 사람 안에 있다. 그러므로 생각이나 열정과 같은 작은 죄는 큰 죄만큼 저항이 되지 않는다. 그러므로 그것들이 더 마음이 끌리고 호의적이다. 그렇지 않으면 그것들은 저질러지지 않을 것이다. 어떤 선량한 사람들도 가중한 죄에 대항하는 것처럼 쓸데없는 생각이나 말, 또는 기도의 장애에 대해 그렇게 크고 끊임없는 경계심을 가지고 있지 않다.

이 모든 경우를 한마디로 해결하고 이러한 모든 차별된 행위로 노력하지 않으려는 사람은, 나로서는 다른 방법으로 해결할 수 없으니 다른 궤변가나 차라리 해결사 대신에 사기꾼을 취해야 할 것이다.

탐구 2 '무해한 거짓말로 그들을 구하는 것보다 부모, 왕, 나, 내 나라를 멸망시키는 것이 자연의 빛에 반하는 것이 아닌가?'

답 아니다. 왜냐하면,

1. 특별한 선은 공공의 선에 우선해야 한다. 만약 거짓말이 좋은 것처럼 보이는 경우에 합법적으로 받아들여진다면, 그것은 인간의 대화를 전복시키고 인간의 본성과 세계를 타락시킬 것이다.

2. 그리고 만일 한 가지 악이 선을 위한 수단이 될 수 있다면, 그것은 다른 악도 마찬가지일 수 있다고 추론할 것이고, 그래서 선과 악을 혼동하고, 사악한 사람이 선이라고 생각하는 모든 것을 선으로 여기도록 내버려 둘 것이다. 그것은 무해한 거짓말이라고 할 수 없다. 그것은 절대적으로 악하며, 하나님의 법, 자연의 질서, 인간 능력의 사용, 사교계의 이익과 대화에 위배된다.

3. 이의 제기자들의 실수는 주로 육체적인 측면에서 어떤 사람들에게 상처를 주는 것보다

더 해롭고 도덕적으로 악한 것은 없다고 생각하는 데 있다. 반면에 그것은 정직의 보편적인 규칙, 하나님의 뜻, 행위자의 본성과 완전성에 위배되는 악이다. 만약 그것이 사람에게 죄짓는 본을 보여 줌으로써 다른 사람들의 영혼을 해치는 경향이 있다면 더욱 그러할 것이다.

4. 그리고 때때로 그러한 일이 일어날 가능성이 어느 정도 있을 수 있지만, 거짓말이 왕, 부모, 또는 자신의 생명을 구할 것이라는 확신은 없다. 하나님은 당신이 거짓말로 눈을 멀게 할 수 있다고 생각하는 그 원수의 눈을 뜨게 하시어 그로 모든 진리를 알게 하여 당신이 그렇게 해서 구출했다고 생각한 그 생명을 빼앗아 가실 수 있기 때문이다.

5. 그리고 생명을 구하는 것이 최선일 때 생명을 구할 수 있는 합법적인 수단이 충분히 있다. 즉 하나님께 순종하고 당신의 목숨을 그에게 맡기라. 최선을 다한다면 거짓 없이 그분이 그들을 구원할 수 있다. 최선을 다하지 않는다면, 그것을 바라지 말아야 한다.

6. 만약 사람들이 생명을 잘못 과대평가하지 않는다면 생명을 위해 거짓말이 필요하다고 생각하지 않을 것이다. 살 필요가 없을 때는 평생 거짓말을 할 필요가 없다. 그러나 이렇게 하나의 죄가 또 다른 죄를 낳는다. 육체적인 사람들이 생명 자체를 과대평가하고 하늘의 영광 속에서 하나님의 결실을 맺는 것보다 생명을 더 소중히 여긴다면, 그들은 그것을 보존하는 데 필요한 것으로 보이는 모든 수단을 과대평가해야 한다.[138]

7. 그러나 죄악의 정도에 관해서는 어거스틴의 편람에 동의한다. '어떤 마음으로 거짓말을 하며 누구에게 거짓말을 하는가에 따라 큰 차이가 나며, 충고하는 자와 해를 입히려고 거짓말을 하는 자는 같은 죄가 아니고, 여행자를 반대쪽으로 가도록 속여 해를 입히는 것과 인생을 여행하는 사람이 타락하도록 거짓말로 유혹하는 것과는 다르다.'

---

138) 욥 13:7-10

이의 '산파들이 거짓으로 이스라엘 자손을 구원한 것에 대해 하나님의 상을 받지 않았는가?'

답 나는 어거스틴과 같이 '사실은 보상 받았고 거짓말은 용서받았다'고 말할 필요가 없다. 그들 속에는 거짓 같은 것이 발견되지 않기 때문이다. 하나님께서 산파 없이 아이를 낳을 수 있도록 이스라엘 여자들을 강하게 하실 수 있다는 것을 누가 의심할 수 있겠는가? 그리고 산파들이 왕의 잔인한 명령을 알렸을 때, 여자들이 서로 도와서 아이들이 안전해질 때까지 산파들을 부르지 않을 것이라는 것을 누가 의심할 수 있겠는가? 여전히 그것이 산파에 책임이 있음은 그들은 산파들과 연합했고, 그 목적을 위해 지연되었기 때문이다. 여기서 진실에 대해 자신의 감정을 숨기고 눈에 띄지 않게 하는 부분이 있지만, 여기서 증명할 수 있는 거짓말은 없다.

이의 '그러나 히브리서 11장 31절과 야고보서 2장 25절에 따르면 **라합**은 거짓으로 정탐꾼을 구원하여 믿음과 행함으로 의롭다 하심을 얻었다고 한다.'

답 그것이 거짓말인지, 단지 모호한 것인지, 그녀의 말이 그녀의 손님이었던 다른 남자들에게 사실이 아니었는지는 불확실하다. 그러나 그들에게 거짓말을 한다고 가정해 보자. (대부분의 경우와 마찬가지로) 성경은 그녀가 창녀였던 것 이상 그녀의 거짓말을 정당화하지 않는다. 자신의 목숨을 걸고 정탐꾼을 구한 것으로 그녀가 칭찬받은 것은 그녀가 언급한 이스라엘의 하나님을 믿는 것이다. 그리고 여리고(Jericho)에 사는 그런 여자가 그런 거짓말의 죄악을 아직 배우지 못했다는 것은 당연한 일이다.

이의 '그러나 적어도 그것은 영혼을 죽이는 죄는 될 수 없다. 왜냐하면 히브리서 11장 31절, 야고보서 2장 25절에서 그녀는 정당화되었다고 말한다.'

답 그녀에게는 영혼을 죽이는 죄(사망의 상태에 있는 것을 증명하는 죄)가 없다. 왜냐하면 그것은 영적 죽음의 형벌을 수반할 죄가 되는 그러한 악이 없었기 때문이다. 그러나 습관적으로 반대되는 동기에 대항하여 우세해야 할 영혼 안에 있는 하나님의 권위와 사랑의 지배력이 부족하기 때문에, 고의로 행하는 거짓말은 경건하지 않은 사람의 영적 죽음을 수반하는 죄이다. 불쌍한 죄인들로 하여금 죄의 외적인 행위나 상처가 작다는 것만으로 용서받을 수 있는 죄, 아니면 극복될 수 있는 죄, 그리고 영혼을 죽이는 죄가 아니라고 생각하게 만드는 것은 교사들의 악의적인 거짓과 영혼의 망상이다.

탐구 3 '실제적인 거짓말처럼 보이는 행동에 의한 기만이 합법적인가? 그러면 우리는 누가복음의, "예수는 더 가려 하는 것같이 하시니"139)를 어떻게 해석할 것인가? 그리고 **다윗**이 미친 척하고, 전쟁에서 흔한 책략을 쓰고, 고의적으로 다른 사람을 속이려 한 것을 어떻게 해석해야 하나?'

답 1. 나는 이전에 남을 속이는 것은 모두 죄가 아니라 어떤 것은 의무가 될 수 있다는 것을 증명했다. 의사는 환자를 속여 약을 먹여 생명을 구하는 것은 거짓으로 한 것이 아니다.

2. 그리스도께서 더 가려 하는 것같이 보이는 것은 그의 목적을 합법적으로 은폐하거나 가장하여 그들의 간절함을 야기하는 것뿐이다. 모든 자신의 감정을 숨기는 것은 거짓말일지라도 악이 아니기 때문이다. 그리고 그와 같은 합법적인 책략도 마찬가지라고 할 수 있다.

3. **다윗**의 경우는 자신의 도피를 위해 다른 사람을 속이는 단순한 가장에 불과했기 때문에 죄가 아니었다. 그러나 그것이 하나님에 대한 죄악 된 불신이 아니었는지, 너무 겁쟁이 같은 방식으로 가장한 것은 아니었는지는, 내가 상황을 더 알지 못한 이상 말할 수 없다.

탐구 4 '단지 시험하기 위해서, 어린아이나 하인에게 거짓말을 하도록 유혹하여 시험하는 것이 합법적인가?'

---

139) 눅 24:28

답 충분한 이유 없이 하는 것은 옳지 않으며, 거짓말을 하도록 격려하거나, 사탄과 악한 자들이 죄를 칭찬하거나 죄의 심각성을 줄임으로써 사람들이 죄를 범하도록 유혹하는 것과 같이 죄에 어떠한 구실을 주는 것은 언제든지 합법적이 아니다. 그러나 그들을 꾸밈없이 시험하고자 하여 그들 앞에 유인물을 놓는 것은(돈이나 포도주나 기타 물건을 그들의 길에 두어 그들이 도둑인지 또는 술에 중독되었는지 알게 하여 우리로 그들을 고치는 방법을 더 잘 알기 위함이다. 그렇게 그들의 진실성을 시험하는 것은) 불법이 아니다. 왜냐하면, 1. 유혹이나 기회가 주어져서는 안 되지만, 죄는 저지르려는 의지가 있을 때 죄가 실제로 저질러진다. 2. 우리는 죄를 칭찬하거나 죄를 설득하거나 육체적이든 도덕적이든 어떤 진정한 원인이 되는 것은 아무것도 하지 않는다. 단 한 번이라도 하지 않는다. 3. 어떤 피조물보다 죄에 더 반대되신 하나님 자신은 악의적인 기질을 가진 사람들에게 시험을 통해 그러한 죄의 원인을 관리하신다. 그의 일반적인 자비는 그러한 경우이다. 4. 하나님이 우리에게 이것을 금하신 곳이 없다. 우리는 선을 이루기 위해 악을 행할 수 없다. 하지만 우리는 악이 사람의 악덕에서 비롯된다는 것을 알고 있음에도 선을 행할 수 있다. 5. 그것은 그 죄를 치료하는 데 필요한 수단일 수 있으며, 우리는 그것을 그런 식으로 주의 깊은 탐색을 하기 전에는 알 수 없다.

탐구 5 '모든 애매한(오해의 소지가 있는 이중의 의미를 가질 수 있는) 표현의 사용은 불법인가?'

답 모든 애매한 표현에 정말로 거짓말이 있다. 우리가 단어의 통상적이거나 정당한 의미를 버리고, 우리가 이해할 수 없을 것을 알고 이질적인, 비정상적인 의미로 그것을 사용할 때, 우리는 속지 않을 수 없는 것으로 속이는 것이다.

그러나 합법적이고 필요한 애매한 단어의 사용이 있다(인간의 언어에는 다양한 의미가 없는 단어가 거의 없기 때문이다). 예를 들면, 1. 우리의 애매한 의미가 듣는 사람에 의해 잘 이해되고 그들을 속이는 데 사용되지 않고 사용으로 인해 그 단어가 적합해졌기 때문에 모든 은유는 애매하지만 여전히 사용될 수 있기 때문이다. 2. 애매한 의미가 가장 일반적이거나 명백한 경우에, 그것이 이해되지 않는다면 그것은 듣는 사람의 잘못이나 특별한 둔감함 때문이다. 3. 강도, 강탈하는 폭군, 또는 그것을 행할 권한이 없는 잔인한 적이 질문으로 내 생명을 덫에 가두려 할 때, 나는 의도적으로 그를 속이려는 것과 같이 의심스러운 말로 그에게 합법적으로 대답할 수 있다. 또는 그 단어의 일반적인 사용법에서 거짓말이나 거짓이 아니라면 그에게 내 의미를 알지 못하게 할 수 있다. 4. 그리고 의심스러운 대답인 것이 명백함에도, 의심스럽게 대답할 수 있는 그러한 사람에게는, 더 이상 구체적으로나 명백하게 대답하지 않고 나머지는 숨길 것이라고 공언하는 것처럼 대답할 수 있다.

탐구 6 '마음에 감추는 모든 행위(reservation)가 불법인지 여부?'

답 이것은 전에 말한 대답 외에 다른 대답이 필요하지 않다. 표현된 말이 거짓이라면 마음에 감추는 행위가 그 말을 진실로서 정당화되지 않을 것이다. 그러나 표현된 말 자체가 사실이라면, 우리가 그것을 밝힐 의무가 없는 경우에 그것이 진실의 일부를 숨기는 것에 지나지 않을 때, 마음에 감추는 행위는 합법적일 수 있다. 그러나 이 두 가지 경우 모두, 나는 독자들에게 내가 3부 제4장 제2과의 서약(vow)에 대해 말한 것을 언급해야 한다. 그렇지 않으면 내가 말하는 의미를 알지 못할 것이다.

탐구 7 '위험에 처한 어린이나 하인이나 신하가 자신의 잘못을 숨길 가능성이 있는 단어를 사용할 수 있나?'

답 1. 그들이 잘못을 숨기지 말아야 할 의무가 있을 때, 그들은 숨길 수 없다. 그것은, (1) 정당한 순종이나, (2) 뒤따르는 더 큰 선을 위해 그것을 공개해야 할 때, 그들은 그렇게 할 수 없다.

2. 그들이 그것을 공개할 의무가 없을 때, 정당한 방법으로 숨길 수는 있지만 거짓말이나 악으로는 숨길 수 없다. 그들이 어떤 경우에 정당한 수단으로 잘못을 숨길 수 있는지에 대해서는 여기서 더 이상 말하지 않을 것이다.

탐구 8 '내가 진실이라고 생각하지만 확실하지 않은 것을 말해도 될까?'

답 정당한 요구가 있다면, 당신은 그것이 사실이라고 생각한다고 말할 수 있다. 그렇다고 단정적으로 말할 수 없다.

탐구 9 '경건하고 신뢰할 수 있는 사람이나 많은 사람으로부터 들은 뉴스나 담화 또는 인물을 통해 다른 사람의 말을 믿고 말할 수 있나?'

답 1. 주된 의심은 당신이 그것을 말하라는 부름을 받았냐는 것이며, 4부 이후에 전체적으로 응답된다.

2. 다른 사람이 말하는 악을 선이라고 쉽게 믿고, 보고 하지 않을 수도 있다.

3. 증거가 당신을 제한하는 것 이상으로 다른 사람의 악을 믿어서는 안 되지만 증거의 신빙성의 정도에 따라 믿을 수 있으며, 단지 안전 또는 선의를 위해 보고서를 사용하되 불확실하거나 부름 없이 다른 사람을 욕되게 해서는 안 된다.

4. 소문을 통해 다른 사람에 대한 거짓 보고를 받고 퍼뜨리는 죄는 이제 건전한 판단과 신앙을 주장하는 사람들 사이에서 너무나 흔하여, 모든 사람이 전염병의 시기에 전염병에 걸릴 수 있는 것같이 모든 무리 안에서 그것을 주의해야 한다. 그리고 이제 다른 사람에 대한 거짓 소문과 중상모략이 너무 흔해서, 선량한 사람들의 말이나 일반적인 명성도 당신이 그것을 증명할 수 있을 때까지 다른 사람의 악을 믿거나 보고하는 것을 허용하지 말라. 그것은 당신의 의무이다. 그러나 모든 기독교인들은 이 보편적인 무자비한 죄를 한탄하고 책망하는 일에 동참해야 한다.

제4과　헛되고 명료하지 않은 말(babbling)에 대한 특별 방향 제시

방향 제시-1　'헛된 말이 무엇인지 잘 이해하라.' 많은 사람들이 그렇지 않은 것을 헛되이 여기고, 헛된 것을 그렇지 않다고 여기기 때문이다. 그러므로 더 나아가기 전에 다음을 언급한다.

[헛된 말이 아닌 것]

여기에서 불신자들과 불경건한 사람들의 판단은 중요하지 않다.

1. 그들 중 일부는 기도를 헛된 말일 뿐이라고 생각한다. 왜냐하면 하나님은 우리의 필요와 마음을 아시며 우리의 섬김이 그에게 유익하지 않다고 생각하기 때문이다.[140] 마치 그가 우리에게 "그를 헛된 가운데 찾으라."[141]고 명령한 것 같다. 이것들은 내가 다른 곳에서는 논박한 바 있다.

2. 다른 사람들은 자주 설교하는 것을 헛된 것이라 생각하고, 사도행전 17장 18절에서 **바울**에 대해 이방인들처럼 말한다. "이 말쟁이가 무슨 말을 하고자 하느냐."고 말하고 "그들로 헛된 말을 듣지 않게 하라."[142]고 **바로**처럼 말한다. 그러므로 하나님은 말씀하신다. "내가 오늘 너희에게 증언한 모든 말을 너희의 마음에 두고… 이는 너희에게 헛된 일이 아니라 너희의 생명이다."[143]

3. 어떤 육체적인 가련한 사람들은, 영적이며 그들이 이해하지 못하거나 육신의 생각으로

---

140) 욥 22:2, 3
141) 사 45:19
142) 출 5:9
143) 신 32:46, 47

는 이해할 수 없는 하나님에 대한 봉사를 헛되이 생각한다.

4. 어떤 사람들은 설교나 회의, 글쓰기, 기도를 모두 헛된 것으로 생각한다. 그러나 그리스도께서는 "밤이 새도록 기도"[144]하셨을 때 헛된 말씀을 하지 않으셨다. 우리가 "쉬지 말고, 계속적으로, 항상 기도"[145]하라는 명령을 받았을 때 헛되이 기도하라고 받은 것이 아니다. 바울은 자정까지 설교할 때[146] 헛된말을 하지 않았다. 경건은 "범사에 유익한 것"[147]이지 헛된 것이 아니다. 정말로 악인들은 그들 자신의 구원에 관해서 우리의 전파하는 것을 헛되게 할 수 있다. 그러나 하나님의 말씀은 헛되이 되돌아가지 않는다. 순종하지 않는 자의 제물은 헛되다.[148] 그리고 "악인의 기도는 여호와께서 미워하시나 정직한 자의 기도는 그가 기뻐하신다."[149]

5. 어떤 사람들은 이미 알고 있는 것에 대한 모든 설교를 헛된 것이라고 생각하지만, 그들은 그들의 지식에 반하여 죄를 지음으로써 스스로 정죄받지 않도록 그것을 들어야 할 필요가 있다.[150]

6. 어떤 사람들은 결코 말씀을 받아들이고 순종하지도 않으면서도[151] 동일한 내용이 자주 전파되거나 반복된다면 헛된 것이라고 생각하거나, 열심으로 기도할 때 같은 말이 자주 반복된다면 공허함이나 가식이 아닐지라도 헛된 것이라고 생각한다.[152]

---

144) 눅 6:12
145) 살전 5:17; 행 6:4; 눅 18:1
146) 행 20:7
147) 딤전 4:8
148) 사 1:13
149) 잠 15:8
150) 벧후 1:12, 13; 롬 14:22
151) 빌 3:1 참조
152) 막 14:39; 시 136, 119편

7. 불신자들은 우리가 하나님을 자랑하는 것을 헛된 것이라고 생각한다.[153]

8. 그리고 어떤 악의적인 대적들은 청중이 회심하지 않을 때마다 사역자들이 헛된 설교를 한다고 비난한다.[154]

반면에 많은 경건한 사람들이 생각에서 실수를 하는 것은, 1. 어떤 큰 용도와 목적에 절대적으로 필요하지 않은 말은 헛된 것이라고 생각한다. 2. 그리고 그 모든 환희와 즐거운 담론은 헛된 것이다. 반면에 성령은 잠언 17장 22절에서, "마음의 즐거움은 양약이라도 심령의 근심은 뼈를 마르게 한다."고 말씀하신다. "마음의 즐거움은 얼굴을 빛나게 하여도 마음의 근심은 심령을 상하게 하느니라."[155] 아비멜렉 왕은 **이삭**이 그의 아내[156] **리브가**와 같이 즐겁게 노는 것을 보았다. 웃거나(히브리어로) 놀이하거나(갈대아어, 사마리아어, 칠십인 역으로) 놀리는(시리아어, 아랍어, 저속한 라틴어로) 것을 보았다.

다음 요건을 준수한다면, 당신의 환희와 즐겁게 놀며 이야기하는 것이 헛되지 않을 것이다. 1. 당신의 건강과 의무에 유익한, 마음의 쾌활함과 영들의 명랑함을 유지하도록 하라. 만일 신체적인 것에 합법적이라면 혀의 레크리에이션은 그들의 목적에 필요할 때 합법적이기 때문이다. 2. 당신의 말을 고상하게 하고 소금으로 맛을 내며 부패하고 썩은 말을 하지 말라. 더러움이나 죄를 가지고 농담하지 말라. 3. 다른 사람들에게 해가 되지 않도록 하라. 당신은 다른 사람들의 죄와 불행으로 즐거워하지 말라. 그들의 잘못에 대해 농담하지 말라. 4. 다른 마음가짐이 더 편할 때나 더 심각하거나 더 무거운 담론이 이루어져야 할 때를 피하여 시기 적절하게 하라. 5. 시간을 헛되이 낭비하거나, 말하는 사람과 듣는 사람을 경박하게 습관화 하거나, 선호해야 할 것으로부터 멀어지게 하는 경향이 없도록 적당하고 지나치지 않게 하

---

153) 왕하 18:20; 사 49:4, 5
154) 히 4:2; 갈 5:2, 3:4, 4:11; 사 53:1
155) 잠 15:13
156) 창 26:8

라. 6. 당신의 모든 환희와 말이 거룩한 목적으로 거룩하게 하고 당신이 먹고 마시는 것과 다른 모든 일에서 하는 것처럼, 당신의 모든 의도가 당신의 영을 다듬고 기운을 북돋아 하나님을 섬기는 데 적합하게 하라. 7. 그리고 (신중하고 경건하게) 몇 가지 진지한 것들을 섞어 목적과 필요성이 잊히지 않게 하라. 그러면 당신의 환희가 거룩하지 않은 사람들의 환희처럼 완전히 공허하고 무익하지 않게 될 것이다. 흥겹고, 유쾌하고, 재창조적인 말은 헛된 것이 아니라 이러한 조건에 합당한 것이다. 8. 가장 거룩하고 유익한 담론은 우리에게 가장 유쾌한 것이여야 하며, 우리가 그것에 지쳐서 육체적인 즐거움으로 전환해서는 안 되며, 영혼을 기쁘게 하는 데 필요한 부수적인 것으로서 자연스러운 정당한 즐거움으로만 전환하는 것이 더 바람직하다는 것을 늘 기억하라.

[헛된 말은 무엇이며 그 종류는?]

게다가 헛되고 가치 없는 말은 이롭지 않고 선을 행하지 않는 경향이 있다. 나는 여기서 혀의 죄 중에 앞에서 언급한 바와 같이, 가치 없는 것보다 더 나쁜 무익한 말들은 하지 않겠다.

헛된 말은 다음과 같다.

1. 전혀 유익하지 않은 단순한 말이다.

2. 또는 더 큰 일을 말해야 할 때, 비교적 작거나 사소한 유익에 관한 것을 말하는 것 중 하나다. 전자의 부류는 헛되기에 항상 죄가 있다. 후자의 부류(가치 없는 말)는 때때로 그 자체로 합법적이다. 즉 더 큰 문제들에 대해 이야기하지 않을 때 그렇다. 때에 맞게 한푼, 뜨게 바늘 한 개, 한 개의 머리핀을 아끼는 것에 대해 이야기하는 것이 합법적이다. 하지만 더 큰 문제들이 수중에 있을 때에 이런 것은 단지 헛되고 잘못된 말일 뿐이다.

또한 때때로 헛된 말과 명료하지 않은 말, 수다 떠는 관습 사이에는 큰 차이가 있는데, 그것은 일부 입이 가벼운 사람들의 일상적인 관습이 되어 그들 삶의 대부분의 말이 가치 없을 뿐이다.

특별한 종류의 헛된 말은 거의 셀 수 없다. 그것들 중 일부는 다음과 같다.

(1) 혀가 떠돌이 거지나 주인 없는 개와 같으면 결코 막히거나 거스를 일이 없고, 그들 앞에 닥치는 모든 무익한 일을 제멋대로 말할 것이다. 그런 사람은 결코 문제되는 것을 이야기하고 싶지 않을 것이다. 그들이 보거나 듣는 모든 것이 그들의 잡담의 주제이다. 그리고 한 가지 말은 끊임없이 다른 말을 할 기회와 문제를 낳는다.

(2) 또 다른 종류의 헛된 말은 어떤 학식 있는 사람들의 헛된 담론(말이나 글)인데, 그 안에서 그들은 어떤 작고 쓸모없는 것에 대해 지나치게 많은 말을 하는데, 이는 교화하기 위함이 아니라 자기들의 재치를 과시하려는 것이다. 세네카(Seneca)는 이를 크게 비난했다.

(3) 또 하나의 헛된 말은, 종교의 작은 상황에 대한 가치 없고 과도한 논쟁이거나 더 큰 문제를 이야기해야 하지만 그러한 교화적이지 않은 것들에 관한 빈번한 담론이다. "어리석은 변론과 족보 이야기와 분쟁과 율법에 대한 다툼은 피하라 이것은 무익한 것이요 헛된 것이다."[157] "이 교훈의 목적은 청결한 마음과 선한 양심과 거짓이 없는 믿음에서 나오는 사랑이거늘 사람들이 이에서 벗어나 헛된 말에 빠져 율법의 선생이 되려 하나 자기가 말하는 것이나 자기가 확증하는 것도 깨닫지 못한다."[158] "**디모데**야 망령되고 헛된 말과 거짓된 지식의 변론을 피함으로 네게 부탁한 것을 지키라 이것을 따르는 사람들이 있어 믿음에서 벗어났느니라."[159] "망령되고 헛된 말을 버리라 그들은 경건하지 아니함에 점점 나아간다."[160] "불순종하고 헛된 말을 하는 자가 많다."[161]

---

157) 딛 3:9
158) 딤전 1:5-7
159) 딤전 6:20, 21
160) 딤후 2:16
161) 딛 1:10, 11

(4) 또 다른 종류의 헛된 말은 그 자체로 좋고 필요한 것이지만 더 간략하게 설명하는 것이 더 나을 수 있는 것을 불필요하게 많은 단어를 사용하는 것이다. 설교하거나 기도할 때에도 헛된 말을 할 수 있는데, 이는 그 말이 그 문제와 청중에게 적합하지 않을 때이다. 왜냐하면 동일한 말이 한 부류의 듣는 자에게는 필요하지만 다른 부류의 사람에게는 가치 없다는 것을 알아야 하기 때문이다. 그러므로 목회자들이 그들의 연설 방식을 청중들에게 맞추도록 주의해야 하는 것처럼 청중들도 그들에게 불필요한 것을 비판적으로 경솔하게 가치 없는 것이라고 말하지 않도록 주의해야 한다. 설교자가 잘 알고 있는 무지한 자가 당신이 알고 있는 것보다 더 많을 수 있다. 무지한 사람들은 간결하게 말한 것을 잊기 쉽기에 많은 말로 자주 반복해야 하는데, 그렇지 않으면 그들이 이해하지 못하거나 이해한 것을 기억하지 못한다. 그러나 거룩한 것에 대해서도 지나치게 과도한 말은 피해야 한다. "너는 하나님 앞에서 함부로 입을 열지 말며 급한 마음으로 말을 내지 말라 하나님은 하늘에 계시고 너는 땅에 있음이니라 그런즉 마땅히 말을 적게 할 것이라 걱정이 많으면 꿈이 생기고 말이 많으면 우매한 자의 소리가 나타나느니라."[162] 기도에서 헛된 말을 하는 두 가지 원인은 반드시 피해야 한다. 1. 공허함과 경솔함. 2. 장황한 표현. 즉, (1) 너무 많은 말을 반복해야만 들으실 것 같은 장황한 표현. ('예수 시편'에서 로마 가톨릭교인들은 예수라는 이름을 함께 9번 말하고, 그것을 9번, 15번 반복하고, 그 이외의 호칭기도에서도 그렇게 한다. 그렇게 축복받은 동정녀 마리아의 칭호를 부른다. 그녀의 호칭기도, 525페이지) 모든 시대와 종교의 위선자들은 헌신의 하찮은 방법을 가지고 있다. 그리스도께서 이 방법을 사용하는 이방인에 대해 바로 보여 주신다. "기도할 때에 이방인과 같이 말의 반복을 헛되이 하지 말라 그들은 말을 많이 하여야 들으실 줄 생각한다 그러므로 너희는 그들을 본받지 말라."[163] (2) 기도 중에 헛된 말을 하게 하는 장황한 표현의 기도가 있다. 사람들이 그렇게 오래 말하는 것이 자기 몫의 명예를 위해서라고 생각하고, 미신적인 양심이 은밀히 그들을 그렇게 오래 붙잡고 있을 때, 그 시간을 채울 주제나 애정이 없어 허영에 대한 죄악의 많은 말로 채워진다 해도 놀랄 일이 아니다.

---

162) 전 5:2, 3
163) 마 6:7

(5) 또 다른 종류의 헛된 말은 헛된 공상으로 방종하게 하고 악의적인 마음을 되살리고 인간의 귀중한 시간을 낭비하기 위해 의도적으로 고안된 것인데, 그런 것으로는 사랑에 대한 풍부한 책, 로맨스, 연극, 희곡과 무가치한 책들, 그리고 무가치(더 나쁜 것)한 것들에 대한 연구가 있고, 그러한 꾸며낸 이야기를 하는 바보들과 광대들에 대한 많은 이야기가 있는데, 내가 들을 때 거의 표현할 수 없을 정도로 악한 것들이다.

(6) 또 다른 종류는 지나친 농담의 관습이다. 이러한 경향이나 성향은 어떤 사람에게는 너무 강해서 농담의 한계가 있음에도 참지 못하고 어떻게 하든지 반드시 강한 감정을 표현한다. 그것은 결코 어리석고 가치 없는 말이 되어서는 안 된다.[164]

(7) 또 다른 종류는 덕을 세울 만큼 지혜를 가지고 있지 않은 어리석은 말이다. 헛된 이야기꾼들과 함께 하는 것이 얼마나 어리석은가! 많은 수다쟁이들의 이야기를 듣는 사람은 얼마나 피곤할까! 얼마나 무미건조한가! 얼마나 어리석은가! 미친 사람이나 술 취한 사람이나 짐꼬대하는 사람의 이야기와 같아 그들의 이야기를 듣는 것보다 새가 지저귀는 소리, 돼지가 꿀꿀거리는 소리를 듣는 것이 훨씬 더 즐거울 것이다.

[헛된 말의 악화]

방향 제시-2 '또한 헛된 말의 악화를 이해하라. 그들 중 가장 큰 죄는 가장 신중해야 피할 수 있다.' 모든 헛된 말은 죄이지만 모든 것이 똑같은 죄는 아니다. 가장 나쁜 것은 다음과 같다.

1. 헛된 말이 잦아지고 많아져서 그 말이 일상적이고 습관이 될 때이다. 그것은 어떤 남자의 경우나 말이 많은 여자의 경우다. 타고난 성향이 그들을 그렇게 하게 한다. 재치가 거의 없고 자만심과 열정이 많은 사람은 이해하지 못하는 말을 퍼부을 것이다. 만일 그들에게 귀

---

164) 엡 5:4

기울여 줄 수 있는 참을성 있고 아무것도 하지 않는 사람을 만난다면, 그들은 당신과 함께한 시간 내내 앉아 자기들과 남편들과 자녀들과 종들 사이에 일이 어떻게 되어 가는지를 먼저 당신에게 말할 것이다. 그런 다음 그들의 가축, 집 또는 땅에 대해 이야기하고, 그런 다음 새로운 소식을 전하고, 다른 사람들의 문제에 대해 긴 담론을 시작하는데, 그들은 이해하지도 못하고 아무런 관련도 없다. 그다음에는 날씨에 대해 이야기하고, 그다음에는 무엇이 값싸고 무엇이 비싼지 시장에 대해 이야기한다. 그리고 나서 그들은 단체가 그들에게 이야기한 말과 다른 단체가 그들에게 한 말을 전한다. 그런 다음 그들은 옛날이야기와 세상이 어떻게 변했는지, 옛날이 지금보다 얼마나 더 나은지 말할 것이다. 그런 다음 그들은 그런 사람이 그들에게 무슨 잘못을 저질렀는지, 이 사람이나 저 사람이 얼마나 나쁜지, 그들이 말하거나 잘못한 것을 알려 준다. 그 나라의 소문이 이러저러하다. 그런 사람들이 어떤 옷을 입는지, 그런 사람이 얼마나 훌륭하고 용감한지, 누가 좋은 집을 유지하고 있는지, 누가 인색하고 아끼는 사람인지, 그런 다음 그들은 이런저런 식탁이나 잔치에서 어떤 고기를 먹었는지 알려 준다. 그들이 고기를 먹는다면 모든 요리와 모든 종류의 고기와 음료에 대해 할 말이 있다. 특히 새로운 소식은 그들의 담론의 대부분을 차지한다. 그리고 이 모든 것에서 설교자의 설교나 그의 기도나 그의 삶이 담론의 빈자리를 채우는 데 들어가지 않는 것이 좋다. 그리고 그것은 왕과 그의 평의회, 그리고 그의 법과 그의 행동은 이 앵무새들의 경건하지 않은 수다에 의해 비열한 짓과 비열한 사람처럼 더럽혀질 수 있다. 데어프라스투스(Theophrastus)가 말했듯이, 열병에 걸리지 않으려는 자는 가능한 한 빨리 그들에게서 도망치도록 하라. 그들이 말하는 것처럼 피로가 그렇게 큰 증상이라면 오히려 괴혈병에 걸릴 것이라고 생각해야 한다. 이 세상에서 할 일이 없고 장차 올 세상을 위해 할 일도 없는 사람이다. 자기의 시간이나 재치나 혀와 손이 쓸모가 없고 잠자는 것처럼 깨어 있고 죽은 것처럼 침대에 누워서 산다. 주인도 없고 일도 없고 노임도 없지만, 나뭇잎이 흔들리는 것을 보거나 파리가 윙윙거리는 소리를 듣는 것이라고 생각하는 사람, 그런 친구를 선택하고 앉아서 그와 같은 사람들의 잡담을 들어보라. 나로서는 그들이 나를 우울하다, 거만하다, 무례하다, 또는 무엇이라 부르는 것을 더 쉽게 참을 수 있다. 아니, 나는 그들의 연설의 지루함을 견디기보다는 차라리 땅을 파거나 쟁기질하거나 수로를 파는 것이 더 나을 것이다. 디오니시우스(Dionysius)는 자기의 시

(poetry)에서 흠을 들추어 낸 사람을 사형에 처하라고 했지만, 다시 한번 그를 시험해 보고 싶어 불렀다. 그 사람은 그의 시를 암송하는 중에 일어나 말했다. 자, 나를 교수대에 보내라. 시를 암송할 만한 인내심이 없으니 피곤하게 하기보다는 차라리 죽여라. 나는 그런 친구에게 묶여 있는 동안에 잠을 잘 수 있다면 기뻐할 것이다. 그리고 만약 내가 악담하는 나쁜 학교에 보낼 사람이 있다면, 나는 [이소크라데스(Isocrates)가 요구한 대로] 교장에게 기꺼이 두 배의 급여를 주어, 한편은 입을 다무는 법을 가르치라 하고, 다른 한편은 말하는 방법을 가르치라고 하겠다. 나는 그런 많은 남자들과 여자들이 내가 그들의 말을 듣는 것만큼 말하는 것에 지쳤다면, 그들이 반쯤 나았다고 생각할 것이다. 그런 제비들을 굴뚝에서 짹짹거리도록 내버려 두는 사람은 그의 수프에서 제비 똥을 맛보게 될 것이다. 아니, 비록 그들이 그들의 말을 부드럽게 하기 위해 약간의 학식과 선함을 가지고 있다 할지라도, 그들의 수다는 속을 뒤집을 것이며, 과다한 말은 속을 메스껍게 만들며 더 건강한 음식을 싫어하게 할 수 있다. 폼페이우스(Pompey)는 툴러(Tully, Cicero)의 수다에 너무 지쳐서 차라리 카이사르(Caesar)의 편에 있으면 좋겠다고 바랐는데, 그때 그는 나를 간절히 원했지만(그가 말한다), 이제는 그의 친수함이 나를 지치게 한다.

"필요 이상의 모든 것은 마음에 가득 찬 것에서 흘러나온다."

2. 자신의 재치에 대한 교만과 자부심으로 다른 사람들을 예의 없이 경멸하는 것은 수다와 무익한 말의 죄를 악화시키는 것이다. 이것은 다른 사람이 말을 다 할 때까지 기다릴 예의나 인내심 없이 자기 말이 넘쳐 나는 경우다. 그들은 다른 사람들의 이야기 목록이 너무 길어서 그들이 끝날 때까지 기다리지 못할 것이라고 생각한다. 그렇다. 많은 학식 있는 척하는 사람과 논쟁을 하는 사람들이 이 질병을 앓고 있는데, 그들은 부끄러움이나 질서나 자신의 명성에 대한 존중 없이, 너무 성급하게 대답하고 스스로 이야기하며, 마치 입을 다물어라 현명한 사람이 말하게 하라는 것처럼, 다른 사람들의 말을 중간에서 끊는다. 그리고 그들의 변명은, 당신은 말이 너무 길어서 당신이 말을 끝까지 하기 전에 내가 할 말의 절반은 잊어버릴 것이라고 할 것이다. 그러나 그것이 논쟁이나 중대한 문제에 관한 것이라면, 함께 고려해야 할 모

든 것을 계속해서 말하는 것이, 일반적으로 진리와 청중에게 훨씬 더 유리하다. 왜냐하면, 진리의 대부분은 마치 몸의 지체나 시계의 바퀴처럼 서로 의존하기 때문에, 그것들의 절반은 다른 부분들과 따로 존재하여 분리되어서는 이해되지 않기 때문이다. 그러므로(이러한 경우에) 그것을 단편적으로 전달하고, 말을 자르고, 서로 자주 방해하는 것은 잡담을 하거나 다투는 것이며, 그것이 요구하는 명료함과 중대함으로 진리를 설명하는 것이 아니다. 그러므로 다른 사람들이 너무 오랫동안 말하는 것을 비난하고, 그들의 무례한 방해를 변명하는 이들은, 어거스틴으로부터 답을 들을 수 있다. '말을 많이 하든 길게 하든 꼭 필요한 일이라면, 수다로 간주하지 않는다.' 어거스틴, 크리스스톰, 수아레스, 칼빈, 게다가 토스타투스 등의 방대한 양의 저서가 무익한 말이라고 비난을 받는 일은 거의 없다. 당신이 모든 시간을 동등하게 할당한다면, 논쟁과 말의 소통을 방해하는 것보다 짜임새 있는 담론이 오히려 더 적합하고 시간을 절약할 것이다. 그리고 만약 당신의 기억이 말한 모든 것을 담을 수 없다면, 메모를 하거나, 어떤 반복의 도움을 청하거나, 당신이 기억하는 부분을 충분한 것으로 여겨라.

3. 헛된 말은 거룩한 것에 관한 것이면 가장 나쁘고, 그것들을 모독하는 경향이 있다. 사람들이 성경이나 종교의 논쟁에 대해 불경하게 지껄일 때, 또는 유창한 혀로 어떤 파벌의 증가를 꾀하거나, 어떤 오류를 전파하거나, 또는 그들의 몫을 설명할 때 최악이다. 제롬(Hierom)은 말한다. '말을 왜곡하여 무지한 군중의 존경을 받는 것은 무식한 사람들이다. 이해하지 못하고 놀랍게 유창히 말하는 혀로 비열하고 교육받지 못한 사람들을 속이는 것만큼 쉬운 일은 없다.' 모독적인 수다는 가장 나쁜 종류의 수다이다.

4. 헛된 말은 그것이 확대되고 정당화되어, 어떤 훌륭한 것이 아니더라도 합당한 것으로 받아들여질 때 더 큰 죄이다. 일부 불행한 학자들은 몇 가지 사소하고 불필요한 연구에 대해 며칠과 몇 달을 보내지만, 하나님의 지혜(또는 신성한 철학의 주제)인 그리스도는 무시한다. 그들의 비판적인 질문을 평가하는 사람은 **바울**과 같이, "주께서 지혜 있는 자들의 생각을 헛

것으로 아신다."¹⁶⁵⁾고 말할 것이다. 그리고 만일 그가 그들의 삶을 그들의 연구와 비교한다면 아마도 그는 다음을 상기할 것이다. "그 생각이 허망해지며 미련한 마음이 어두워졌고 스스로 지혜 있다 하나 어리석게 되었다."¹⁶⁶⁾

5. 헛된 말은, 연극이나 로맨스를 큰 수고와 대가를 들여 연구하고 영광을 돌릴 일로 화려하게 포장할 때 가중되는 죄이다. 그것은 마약을 파는 담배가게보다 더 나쁘다. 쾌락, 사랑, 노동, 비용, 시간, 속임수, 유혹, 회개하지 않음은 이 죄의 큰 악화이다.

[무익한 말의 많은 죄악]

방향 제시-3 '수다, 헛된 말의 해악을 이해하고 생각하라.' 그 일반적인 원인은 사람들이 그것을 너무 작은 죄로 여기고 그 안에 위험이 없다고 생각하기 때문에 그들은 그것을 긁힌 손가락 이상으로 더 두려워하지 않는다.

1. (제1과 방향 제시-1에서 언급된 일반적인 악 이외에) 헛된 말을 많이 하는 것은 많은 죄라고 생각하라. 헛된 말 한마디가 결코 작은 죄가 아님에도, 그것이 수백, 수천 번 그리고 매일, 매시간 습관이 된다면, 그 모두는 결코 작을 수 없다. 많은 수천 펜스는 1실링 또는 파운드 이상이다. 그리고 당신이 자주 하는 헛된 말은 **노아**의 술 취함, **다윗**의 한 번의 간음, **베드로**의 한 번 그리스도를 부인한 것보다 큰 죄가 될 수 있다. 욕하는 사람이 자주 욕을 하고, 거짓말쟁이가 자주 거짓말을 하거나, 무익한 말을 많이 하는 여성(남성도 마찬가지)처럼 도둑이 자주 도둑질을 한다면, 우리는 그들을 어떤 괴물로 받아들여야 할까?

2. 무익한 말은 항상 사용되어야 하는 모든 선한 말과 덕을 세우는 말 모두를 차단한다. 우리는 우리의 혀에 많은 용도를 가지고 있다. 당신은 당신의 사업, 당신의 하나님, 당신의 영

---

165) 고전 3:20
166) 롬 1:21, 22

혼, 당신의 의무, 당신의 죄, 그리고 우리가 이야기할 삶을 가지고 있다! 오 얼마나 대단하고 필요한 것들이 많은가! 그런데 당신의 헛된 잡담으로 이 모든 덕을 세우는 말을 차단할 것인가? 당신은 당신 자신만 아니라 다른 사람들도 방해할 것인가?

3. 헛된 말은 시간을 낭비하는 죄악이다. 당신은 시간을 들여야 할 더 큰 일을 가지고 있다. 당신이 가기 위해 준비하는 세상이 얼마나 가까이 있는지를 본다면 당신이 헛된 잡담을 하는 것보다 시간을 들일 큰일이 있다는 것을 스스로 생각할 것이다. 당신은 그 많은 시간을 잃으면 무엇을 잃게 되는지 아는가?

4. 헛된 말은 듣는 자의 마음을 타락시키고, 좋은 말이 그들을 선하게 만드는 경향이 있는 것처럼, 그들을 경솔하고 공허하게 만드는 경향이 있다. 당신은 왜 이야기하는 것으로만 자신의 감각과 애정을 다른 사람에게 전달하는가? 그리고 많은 사람들이 그것을 작은 죄라고 생각하는데, 나는 그것이 조금도 상처가 되지 않는다고 확신한다. 사람들이 가치 없는 말을 수용하지 않았다면, 마음이나 입에서 더 나은 말을 못 하게 하거나 또한 그들의 생각이 허영심에 길들여지지 않았을 것이다. 그들은 그런 가치 없는 말을 되풀이하지도 않을 것이다. 실은 하나의 가치 없는 말은 다른 가치 없는 말을 낳는다. 그것은 증식하고 매우 전염성이 강한 죄악이다.

5. 혀가 잘못 사용되면 당신의 지혜와 마음이 헛된 말로 인해 불명예를 얻는다. 아무리 좋은 말(words)이라도 너무 싸고 흔하면 경멸스러울 것이다. 음악과 음악가가 존경을 받을지라도 문 앞에 있는 바이올리니스트는 방랑자로 여겨진다. 누가 말 많은 수다쟁이를 현명한 사람으로 여길까? 말(words)을 사랑하는 사람은 문학을 좋아하는 경우가 드물고, 더구나 철학적인 경우는 거의 없다. 데모스테네스(Demosthenes)가 수다쟁이에게 말했듯이, 더 많이 알면 덜 말할 것이다. 말을 많이 하는 사람 중에 행함이 있고 덕이 있는 사람을 찾기 어렵다. 말을 많이 하는 사람들은 일반적으로 행동을 거의 하지 않는다. 여성, 어린이, 노인들은 일반적으로 가장 말을 많이 하는 사람들이다(미친 사람을 추가할 수 있다). 리비우스(Livy)는 말

을 많이 하고 자랑을 많이 하는 군인은 잘 싸우지 않는다고 했고 에라스무스(Erasmus)는 말하기를 빨리 배우는 아이들은 걷는 법을 배우는 데 오래 걸린다고 했다. 짖는 개는 물지 않는다. 앵무새는 말을 많이 하는 것이 명예가 되지만, 사람에게는 지혜롭게 말하는 것이 명예가 된다. 그들의 혀의 움직임은(사시나무 잎의 일반적인 명예) 많은 것을 몇 마디의 말로 표현하는 것이 그들의 명예다. 듣는 사람의 자질이 허락한다면, 몇 마디의 말로도 많은 것을 표현하는 것은 현명한 사람의 특징이다. 가장 짧은 말로 청중에게 전할 수 있다면, 최고의 연사로 간주될 것이다. 나는 스스로, 말하는 것을 자주 뉘우쳤지만 침묵은 뉘우치지 않았다고 말하는 사람에 동의하지 않는다. 그러나 목사가 아닌 한, 연설만큼 침묵을 회개할 이유가 있는 사람은 거의 없다. '어떤 방식으로 벌하는 가가 아니라 얼마나 올바르게 벌하는가'가 기독교인의 관심이 되어야 한다. 어떤 사람이 철학에 대해 말했듯이 나는 종교에 대해 훨씬 더 말할 수 있다. 웅변가의 탁월함은 말로 나타나지만, 철학자(그리고 기독교인)의 탁월함은 침묵에서 많이 나타난다.

6. 헛된 말이 많은 곳에 죄악이 많다. "말이 많으면 허물을 면하기 어려우나 그 입술을 제어하는 자는 지혜가 있다."[167] 비록 헛된 담론과 같은 많은 죄는 아니지만 거짓말, 험담, 다른 사람들의 일에 간섭하는 일, 상스러운 농담이 있다. 그것은 마귀가 가장 유독한 것을 따라주는 수단이다. 닙시우스(Justus Lipsius)는 '많은 말을 할 뿐 아니라 나쁜 말을 하는 자'가 수다쟁이라고 말한다.

7. 가치 없는 말은 자신의 덕을 세우는 일에 방해가 된다. 비록 당신이 입을 다물고 있다 해도, 누군가가 더 현명하게 말하여 그것이 당신에게 좋을지 누가 알겠는가?

8. 당신이 청중을 기쁘게 하려고 함에도 불구하고(이상하게 그들이 참을성이 없다면) 청중을 지치게 할 수 있다(그렇지 않으려면 당신이 혼자서 모든 것을 말할 수도 있다). 당신이 그

---

167) 잠 10:19

들의 손아래 사람이 아니면, 그들이 당신에게 듣기에 싫증난다고 하며 말을 멈추라고 청하는 것은 예의가 아니다. 그러나 그들이 얼마나 자주 그렇게 생각하는지 당신은 거의 알지 못한다. 나는 다른 사람들을 나 스스로 판단한다. 나는 벼룩이나 이가 있는 침대에서 달아나듯 수다스러운 사람에게서 도망하며, 겨울에 바람과 추위에 창문을 닫듯이 그들을 막기 위해 문을 닫는다. 그들이 말을 끝내고 나가면 얼마나 기쁜지! 지치지 않는 혀의 성가신 소리로 인해 당신 동료나 친구에게 짐이 되지 말라.

9. 많은 말들이 다툼의 일반적인 원인이다. 어떤 말이나 다른 말은 듣는 사람들을 불쾌하게 할 것이다. 그렇지 않으면 없는 사람들에게 전달되어 마음의 상처, 리허설, 말다툼 또는 소송의 계기가 될 것이다. 수다쟁이와 함께하면 조용함, 평화, 그리고 사랑을 유지할 수 없다. 적어도 오래 유지되지 않는다.

10. 당신은 스스로 말할 자격이 있다고 생각할 때, 그 안에 어떤 교만함과 무례함이 있는지 알지 못하는가? 당신은, '너희들은 나에게는 자녀들이다. 입을 다물고 내가 하는 말을 들으라.'고 말해야 할 것이고, 당신이 기독교의 겸손과 온건함을 가졌다면 당신 자신보다 다른 사람을 존중할 것이며, 당신은 스스로 말하기에 합당하지 않다고 생각하고, 오히려 듣고 배우기를 갈망할 것이다. 헤라클레이토스(Heraclitus)는 '왜 친구들 가운데서 홀로 침묵했는가?'라는 질문에, '당신이 말하게 하기 위해서 그런다.'라고 대답했다. 그것은 당신이 자기 몫 이상으로 말할 때, 그것은 마치 내가 너희 모두에게 침묵하라고 말하는 것과 같은 것이다.

11. 그것은 자발적인 죄이며 회개하지 않는다. 당신이 원한다면 쉽게 참을 수 있다. 당신은 고의적으로 그것을 계속할 수 있으므로 회개하지 않은 것이 당신의 위험이다.

12. 마지막으로, 그것이 얼마나 무익한 죄인지 생각해 보라. 그리고 당신은 얼마나 쉽게 그것을 저지르는지 생각해 보라. 그것으로 당신이 얻는 것이 무엇인가? 당신은 하잘것없는 것 때문에 하나님께 매일 죄를 짓겠는가?

방향 제시-4 '만일 당신이 헛된 말쟁이가 되지 않으려면 당신의 마음에 좋은 것을 취하고 당신의 혀를 올바른 일과 의무를 알고 익숙해지도록 하라.' 공허한 머리와 마음은, 거품이 많고 헛된 담론의 원인이다. 당신의 혀가 허영을 말할 때 양심은 당신에게, 죄나 의무감이 없다고 하거나, 하나님의 임재도, 거룩한 사랑도, 하나님에 대한 열정도 없다고 당신에게 말할 수 있다. 게다가 당신은 하나님과 모든 선한 일에 대하여 잠들어 있다. 그리고 이 잠 속에서 당신은 혼동하고 마음에 떠오르는 모든 것에 대해 특별한 의도없이 이야기한다. 또한 당신은 선한 것을 말하는 데에 양심을 두지 않기에 헛된 것과 악한 것을 막지 못한다. 당신이 말해야 할 더 큰 일들이 얼마나 많은지 기억하라! 당신은 죄의 악과 유혹의 무리와 교활한 유혹과 그 유혹에 저항하는 수단을 가지고 있다. 당신은 애통할 당신의 허물과 탐구해야 할 당신의 증거와 감사하게 여길 당신에 대한 자비와 위대하심과 선하심과 찬양할 하나님의 모든 속성을 가지고 있다. 당신은 찬양할 하나님의 모든 업적과 숙고해야 할 세상의 모든 피조물이 있고, 관찰해야 할 하나님의 놀라운 섭리와 통치가 있다. 당신은 구속의 신비와 인격과 직분과 생명과 기적과 고난과 영광과 중보와 이야기할 그리스도의 통치를 가지고 있다. 그리고 성령의 모든 은밀하게 성화되게 하는 일과 하나님의 모든 규례와 은혜의 모든 수단과 하나님과 사람에 대한 우리의 모든 의무와 모든 성경과 사망과 심판과 천국과 지옥, 하나님의 교회의 관심, 또 당신의 말을 듣는 사람들 중에 당신의 가르침과 권면과 훈계와 책망이나 위로가 필요한 자들을 가지고 있다. 여기에 있는 것이 당신이 무익한 말을 하지 않게 할 만큼 당신의 혀를 충분히 일하게 하지 않는가? "무릇 더러운 말은 너희 입 밖에도 내지 말고 오직 덕을 세우는 데에 소용되는 대로 선한 말을 하여 듣는 자들에게 은혜를 끼치게 하라 하나님의 성령을 근심하게 하지 말라."168) "술 취하지 말라 이는 방탕한 것이니 오직 성령으로 충만함을 받으라 시와 찬송과 신령한 노래들로 서로 화답하며 너희의 마음으로 주께 노래하며 찬송하며 범사에 우리 주 예수 그리스도의 이름으로 항상 아버지께 감사하라."169)고 명하신 그 의무를 양심적으로 행하라. "만일 누가 말하려면 하나님의 말씀을 하는 것같이 하라."170) 좋은 담론

---

168) 엡 4:29, 30
169) 엡 5:18, 19
170) 벧전 4:11

을 소홀히 하는 악한 행위는 헛된 죄를 범하는 원인이다. 특히 마음 자체가 헛될 때 그러하다. 왜냐하면 사람이 그러하듯이 말을 하기 쉽기 때문이다. "그들은 세상에 속한 고로 세상에 속한 말을 한다."[171] "어리석은 자는 어리석은 것을 말하며 그 마음에 불의를 품어 간사를 행하며 패역한 말로 여호와를 거역한다."[172]

방향 제시-5 '항상 하나님과 동행하되 그분의 임재와 그분의 법과 심판에 대한 경외심 가운데서 행하여 양심이 깨어 있고 부드러워지도록 하라.'[173] 만일 당신이 하나님께서 당신의 말을 듣고 계시다는 것을 알고 당신의 혀가 율법 아래 있음을 기억하고, "사람이 무슨 무익한 말을 하든지 심판 날에 이에 대하여 심문을 받으리라 네 말로 의롭다 함을 받고 네 말로 정죄함을 받으리라."[174]는 것을 기억한다면 당신은 가치 없는 말을 하지 않을 것이다. 하나님의 법이 심중에 있고[175] 하나님의 말씀을 내 마음에 두면,[176] 내 마음이 확정될 것이다.[177] 그러면 그의 말씀은 당신 마음의 즐거움이 될 것이다.[178] 그러면 당신의 혀는 심판에 대해 말할 것이다.[179] 민감한 양심은 맹세나 거짓말이나 중상모략을 하는 화인 맞고 무감각한 양심보다 무익한 말로 더 괴로워할 것이다. 하나님을 경외하는 도는 정결하고,[180] 이로 말미암아 사람들이 악에서 떠나게 된다.[181] "항상 여호와를 경외하라."[182]

---

171) 요일 4:5
172) 사 32:6
173) 렘 8:6; 잠 6:22; 시 77:12
174) 마 12:36, 37
175) 시 40:8
176) 시 119:11
177) 시 57:7
178) 시 119:111
179) 시 37:30
180) 시 19:9
181) 잠 16:6
182) 잠 23:17

방향 제시-6 '헛된 말을 피하고 싶다면 게으르지 말라.'[183] 집집으로 돌아다니고 칭찬하고 남의 일에 수다를 떠는 일 외는 아무 할 일이 없는 영국 연방의 게으름쟁이는, 아무 일 없이 몇 시간 동안 함께 앉아 있을 수 있는, 헛된 잡담에 가장 큰 죄가 있는 사람들이다. 게으른 신사, 거지, 수다쟁이 여자, 하나님에 대한 두려움이 없는 늙은이, 그리고 할 일이 없는 어린이들은, 마치 그들이 항상 잠든 것처럼 작은 목적을 위해 그들의 시간을 보낼 수 있는 사람들이다. 모든 게으른 사람들은 무익한 생각과 말의 해충으로 가득 차 있다.

방향 제시-7 '만일 당신이 헛된 말을 피하고 싶다면 게으르고 수다스러운 친구를 피하고, 피할 수 없다면 그들에게 대답하지 말고, 그들을 견책하거나 그들을 더 유익한 말로 바꾸기 위해서가 아니라면, 그들이 혼자 말하게 하라.' 헛된 말을 들으면 헛된 말을 하는 경향이 있기 때문이다. 이 경건치 아니한 자는 마치 자기의 혀가 자기의 것인 양 "이웃에게 헛된 것을 말하는데"[184] 어떤 영주도 그들을 통제할 수 없다. 철학자는 말하기를, 당신이 듣고 싶지 않은 것은 말하지 말고, 말하지 않을 것은 듣지 말라. 대부분은 앵무새 같으며, 그들은 그들이 자주 듣는 단어를 말할 것이다. 헛된 말을 하는 사람들 가운데서 헛된 말을 피하는 것이 얼마나 어려운 일인가! 하나의 가치 없는 말은 다른 가치 없는 말을 끌어당기니 끝이 없다.

방향 제시-8 '가치 없는 말을 피하려면 가치 없는 일을 피하라.' 가치 없는 일에 몰두하는 사람은 그 일에 대해 사용하는 모든 말을 가치 없는 것으로 잃는다. 불법적인 일을 하는 사람들은 어떤 삶을 살고 있는가? 그들의 사업과 거래가 바로 죄일 때, 그에 따르는 말은 죄임에 틀림없으므로 그들의 삶 전체가 계속되는 죄가 된다. 그러므로 이 사람들 중 한 사람이 되는 것보다 차라리 가장 비천한 노역자가 되는 것이 낫다. 특히 무대 연기자들은 이것을 생각해야 한다. 그리고 밤이 아니더라도 게임이나 헛되고 죄악 된 스포츠에서 한 시간, 한나절을 보내는 사람들은 그것들 속에서 얼마나 헛된 말을 많이 사용하는가? 모든 주사위와 그들이 하는 모든 카드놀이에는 헛된 말이 있으니, 정상적인 사람들이 듣기에 피곤하고 수치스러울

---

183) 딤전 5:13; 벧전 4:15
184) 시 12:1, 2, 5, 6

것이다.

방향 제시-9 '어떤 사람들이 하는 것처럼, 세속적인 사업에 지나치게 몰두하지 말지니, 이는 그들이 감당할 수 있는 것보다 더 많은 일을 필요 없이 하는 것이다.' 그러한 일에는 다양한 생각과 말이 필요하기 때문이다. 비록 그 일을 위한 수고가 가치 없는 것은 아닐지라도, 그들이 가치 없는 일에 쓰는 모든 것은 헛되기 때문이다.

방향 제시-10 '가치 없는 것을 필요로 하거나 편리하게 생각하는 악한 마음이 되지 말라.' 더 나은 것을 알지 못하는 육체적인 마음은, 관능적인 성향을 기쁘게 하거나 육체적인 이익이 요구하는 것을 가치 없는 것으로 생각하지 않는다. 사람을 기쁘게 하는 사람은, 불필요한 방문과 칭찬에 대해 관습을 따라 예의 바르게 대하는 것이 의무라고 생각하고, 헛된 수다쟁이에게 응대해야 하며, 그들에게 침묵하며 앉아 있거나 반박해서는 안 되는 것이 예의라고 생각한다. 그러므로 하나님의 율법을 어기는 것이 예절을 잘 지키는 것이라고 생각한다. 그리고 그들은 모든 술꾼이 그의 건강을 위해 건배하지 않는 것은 무례하다고 생각하는 것처럼, 모든 수다쟁이의 이야기에 대답하지 않는 사람을 무례하다고 생각한다.

방향 제시-11 '당신 자신의 말을 너무 좋게 생각하는 교만하고 자만하는 마음을 주의하라.' 겸손하게 되면 말하는 것보다 듣는 것을 택할 것이다. 그러나 당신의 모든 공상과 무례함이 당신에게 훌륭한 것으로 보이는 경우, 그들을 출산할 때까지 아이를 가지고 있는 사람이 된다. 그러기에 모든 사람은 당신의 교만과 어리석음을 존중하고 조용히 시중들어야 한다. 그렇지 않으면 그것을 무시하기 때문에 당신을 무시하는 사람으로 간주한다.

방향 제시-12 '열정과 열정적인 친구를 피하라.' 열정은 말을 많이 하게 하고 억제되지 않고, 이성의 구속에 저항하고, 가치 없는 것보다 더 나쁜 말을 증가시키기[185] 때문이다.

---

185) 잠 14:17, 15:18; 전 7:8, 9

방향 제시-13 '지나친 농담을 삼가라.' 이는 어리석은 경솔함을 습관화하여 한계를 알지 못하며, 마치 부패한 살이 해충을 낳는 것처럼 빼곡히 헛된 말을 낳는다. 그리고 그것은 규칙적이고 어떤 쾌락과 교만과 허영과 죄악 된 경솔함과 어리석음을 자랑하기 때문에 그것은 더 큰 죄다.

방향 제시-14 '특히 당신이 들어가는 모든 회사에서 하나님이나 사람을 위해 무엇을 해야 하는지 이해하고 당신의 말을 현재의 의무와 회사에 맞도록 하라.' 한 회사에서는 그러한 말들이 가치 없고 불편하지만 다른 회사에서는 필요하거나 편리하기 때문이다. 만일 당신이 무지하고 경건하지 않은 사람들과 대화를 하려면, 당신의 말을 자비로운 가르침이나 권고의 방법으로 바꿔라. 만일 당신보다 더 지혜롭고 더 나은 사람이 있다면, 그들에게 묻고 배우고, 그들에게서 당신을 교화시킬 수 있는 것을 끌어내라.

방향 제시-15 '불필요한 말솜씨로 영향을 주려고 하지 말고, 그 주제와 당신의 마음, 그리고 듣는 사람에게 적합한, 그것에 가장 직결된 말을 선택하라.' 그렇지 않으면 당신의 연설은 의도적, 위선적으로 가치 없는 것이 될 것이나, 당신은 부끄러운 것을 세련미가 있다고 자랑스럽게 생각할 것이다. 진심에서 나오지 않은 위선적인 말은 죽고 부패한 것이며, 생명이 되는 마음의 진실성과 의미가 없는 말의 형상에 불과하다. 말은 솜씨와 세련미보다 권위와 본질과 목적에 의해 가치가 부여되는 법률과 같다. 또는 돈과 같이 그것의 무늬, 형상 또는 물질이 아니라 권위, 금속 및 무게로 평가된다. 위조된 모든 것은 솜씨가 있어도 헛된 것이다.

방향 제시-16 '당신이 하루에 말한 무익한 말(당신 자신이나 수다쟁이)을 적어 두고 밤새도록 읽었다고 가정해 보라!' 그 많은 허영심과 혼란을 부끄러워하지 않을까? 오, 무익한 말을 하는 사람들의 입에서 나오는 말을 글로 쓴다면 어떤 책이 될까! 인간의 본성에 얼마나 부끄러운 일인가! 인간이 합리적인 피조물인지, 아니면 적어도 모두가 그렇게 되어야 하는지 의문을 품게 될 것이다. 모든 것은 하나님과 양심에 의해 기록된다는 것을 기억하라. 허영심의 이 모든 혼란스러움은 비판적으로 평가하고 책임져야 한다.

헛된 말에 대항하는 방향 제시의 필요한 나머지 부분은 제5장의 2부 생각의 다스림에서, 그리고 나의 책 《자기 부정》에서 찾을 수 있다. 한마디로, (내가 책망하는 잘못을 저질러서는 안 되기 때문에) 헛된 말을 사소한 죄로 정당화하지 말라. 당신의 혀처럼 느슨하고 미끄러운 지체를 비보호 상태로 두지 말라. 그리고 시편 19편 14절, "나의 반석이시요 나의 구속자이신 여호와여 내 입의 말과 마음의 묵상이 주님 앞에 예납되기를 원하나이다."라고 감히 말할 수 없는 것은 결코 말하지 말라.

[여기서 가장 조심해야 할 사람은 누구일까?]

그러나 특히 다른 무엇보다도 가치 없는 말을 경계해야 할 사람은 다음과 같다.

1. 설교자들, 그들은 이중으로 거룩해야 되고, 그들의 혀를 하나님께 바쳐야 하는 자로, 무가치한 것에 빠져 신성모독을 해서는 안 된다. 이것은 교회의 장소나 기구나 수입을 신성모독하는 것보다 더 나쁜 것이다. 그러므로 이것들보다 그것을 더 미워하라.

2. 늙은이, 그들의 말은 진지하고 지혜로워야 하며, 젊음의 천박함을 억제하기 위한 훈계가 가득하여야 한다. 어린 시절과 젊음은 헛되나 노인은 그래서는 안 된다.

3. 부모와 스승은 가족에게 성실함과 침착함의 모범이 되어야 한다. 그들의 책망과 징벌로 아랫사람들의 그러한 잘못을 억제해야 한다.

4. 지식과 언변으로 다른 사람들보다 더 나은 자격을 갖춘 사람들은 그들의 혀를 사용하여 교화한다. 가치 없는 말을 하는 것은 그들에게 이중의 죄악이다.

5. 거룩하고 종교적으로 주목받는 사람들은 주의해야 한다. 왜냐하면 그들은 헛된 말에 대항하는 많은 기도와 말을 하기에, 그들 자신이 그것에 대해 유죄가 되어서는 안 되기 때문이

다. "누구든지 스스로 경건하다 생각하며 자기 혀를 재갈 물리지 아니하고 자기 마음을 속이면 이 사람의 경건은 헛것이라."[186]

6. 무지하고 다른 사람들의 교화적인 말이 많이 필요한 사람들.

7. 지혜롭고 거룩한 사람들 가운데 사는 자들, 그로 인해 많은 교화를 받을 수 있는 자.

8. 수다쟁이 속에 사는 사람들은, 그들이 소매치기 사이에서 지갑을 조심하는 것보다 그들의 혀를 더 잘 살펴볼 필요가 있다는 것을 인지해야 한다.

9. 선천적으로 지나치게 많은 말에 중독된 사람(특히 여성)은 자신의 질병과 위험을 알기 때문에 더욱 조심해야 한다.

10. 가치 없는 것들에 대해 끊임없는 유혹을 받고 있는 공허하고 화난 사람. 이 모든 경우는 헛된 말에 대하여 특별히 주의해야 할 것이다.

그리고 마지막으로, 1. 특히 그들이 헛된 말로 인해 가장 큰 상처를 입을 수 있는 사람들 중 하나일 때. 2. 그리고 당신이 거룩한 의무를 하려고 할 때, 또는 거룩한 의무에 새로 나아갈 때 조심해야 한다.

---

186) 약 1:26

제5과 더럽고, 저속하고, 음란한 말에 대한 특별 방향 제시

방향 제시-1 이 더러운 죄에 대항하는 주된 방향 제시는 일반적이다. 은혜 없는 상태에서 벗어나 '하나님을 경외하는 마음을 가지면 감히 그러한 뻔뻔스러운 죄를 짓지 않을 것이다.' 하나님은 자기를 경외하는 자들에게서 그렇게 멸시당하지 않으신다.

방향 제시-2 '특히 은밀한 예배에서 하나님과 거룩한 친교를 중단하지 말고, 그에게 낯선 자가 되지 말며 그와 자주 함께 하라.' 그러면 당신은 하나님께 진지하게 말하는 데에 사용하는 그 입술을 감히 더럽히지 못할 것이다. 지금 지극히 거룩한 하나님께 말하는 그 혀로 정욕과 더러운 것을 말하려 하는가! 하나님의 이름과 임재가 당신을 경외하게 하고 정결하게 하며, 그의 성전(temple)이 더럽혀지지 않게 하시고, 당신을 더러움이 아니라 거룩함으로 부르셨음을 당신에게 보여 줄 것이다. 더러운 혀는 하나님을 거룩하게 찬양하기에 적합하지 않다. 그러나 당신의 남은 인생이 마귀와 육체를 섬기는 일에 불과하다면 저속한 말이 당신에게 적합한 언어로 보이는 것은 당연하다.

방향 제시-3 '허영과 더러운 마음을 깨끗이 씻어라. 그러면 혀가 더욱 깨끗해질 것이다.' 가치 없거나 순결하지 못한 마음은 순결하지 못한 혀를 만든다.

방향 제시-4 '당신이 비밀히 지키려고 하는 마음의 더러운 것을 공개하고 선포하는 일이 얼마나 부끄러운 일인지 기억하라.' 그리스도는 "마음에 가득한 것을 입으로 말한다."[187]고 우리에게 말한다. 그리고 당신의 발정기를 사람들에게 말할 필요가 있는가? 정욕과 불결함이 당신 마음의 거주자인가? 당신이 개방된 장소에서 음행할 만큼 수치심이 없다면, 어찌하여 그곳에서 그것에 대해 말하려 하는가?

---

187) 눅 6:45

방향 제시-5 '더러운 말은 더러운 행위에 이르는 길에 불과하다는 것을 기억하라.' 정숙의 껍질을 깨뜨려야 견과류 알맹이를 먹을 수 있다. 이것은 당신이 의도하든 그렇지 않든 그것의 경향이다. 당신이 공개적으로 말하는 그 악한 일을, 몰래 행하는 사람에게 화를 낼 수 있을까? 아니면 당신이 매춘하는 사람에게 화를 낼 수 있을까? 그 행위가 나쁘면 농담하는 것이 좋을 수 없다.

방향 제시-6 '당신이 경건과 정직에 대해 도전한다는 것을 기억하라.' "더러운 말"[188]은 하나님의 성령을 근심하게 한다. 당신은 성령이 그토록 더러운 방에서 그와 같이 더러운 친구들과 함께 거하며 일할 수 있다고 기대할 수 있겠는가? 더러운 악행을 말하는 입술로 감히 기도하거나 성경을 읽거나 어떤 거룩한 것을 말할 수 있는가? 당신은 그런 말을 한 후에 기도하는 것이 합당하다고 생각하는가? 아니면 오히려 당신은 듣는 모든 사람으로 하여금 당신이 하나님과 경건을 버리고, 하나님을 진지하게 경배하지 않는다고 생각하게 하지 않겠는가? 그리고 만일 당신이 그 더러운 혀로 그를 섬기는 척한다면, 당신의 기도에 대한 응답으로 무엇을 기대할 수 있겠는가? 그러나 **나답**과 **아비후**에 대한 복수보다 더 나쁘다.[189] "샘이 한 구멍으로 어찌 단물과 쓴 물을 내겠느냐."[190] 당신은 하나님을 찬미하며 같은 혀로 더러운 말을 하는가? 그가 당신의 위선에 대해 복수하지 않을 것이라고 생각하는가?

방향 제시-7 '일반적인 예의에 어떻게 반항하는지 생각해 보라.' 마치 당신이 영국을 미국에 있는 식인종과 야만인의 관습으로 전락시키려는 계획을 갖고 있는 것처럼 하는데 그것은 벌거벗고 다니며 수치심을 넘어서는 일이다.

방향 제시-8 '다른 사람들을 타락시키기 위해 마귀에게 어떤 봉사를 하고 있는지 관찰하라.' 마치 그가 당신을 고용하여 그의 학원의 가정교사로 고용하거나 그의 설교자 중 한 사람

---

188) 엡 4:29, 30
189) 레 10:1-3
190) 약 3:11

으로 고용하여 청중들의 마음을 겸손에서 끌어내리고 매춘을 준비시키는지 살펴보라. 특히 사람들은 썩고 더러운 이야기를 듣는 것보다 더 위험한 산불을 그들의 환상에 던지는 경우는 거의 없다. 당신은 비너스의 사제 중 한 명이 될 건가?

방향 제시-9 '당신의 노력이 얼마나 하찮은지 기억하라.' 정욕과 더러움은 너무나 자연스럽고, 성결하지 않고 더럽혀진 모든 사람들의 마음은 그것에 빠지기 쉬워서, 가정교사도, 선동자도, 그들의 정욕에 영합할 필요가 없는 것이 아닌가? 이 불은 쉽게 타오른다. 그런 화약을 불태우는 데는 당신의 저속한 말의 풀무가 필요하지 않다.

방향 제시-10 '이제 하나님과 사람 앞에서 당신의 혀가 범한 더러움을 한탄하고 그리스도의 피로 마음과 혀를 씻으라.' 그리고 당신이 격리병원이나 전염성, 역병을 일으키는 공기 중에서 피하는 것처럼 음란한 사람들과 어울려서 대화하는 것을 피하라. 만일 당신이 그런 썩은 말을 듣거든 책망하거나 떠나서 당신이 그것을 미워하고 하나님을 경외하는 것을 그들에게 보이라.

이의 그러나 더러운 입이 말하기를, 나는 아무 해가 없다고 생각하니, 우리가 농담하고 즐거워할 수 없겠나?

답 뭐! 똥과 오물과 죄와 영혼의 더러움과 하나님을 불쾌하게 하는 것 외에는 농담할 것이 없는가? 당신이 왕 앞에서 불결하거나, 사람의 얼굴에 똥을 던지며 말하기를 나는 해를 끼치지 않고 다만 농담하는 것뿐이라고 할 수 있겠는가?

이의 그러나 그가, 그렇게 예의 바른 사람들은 은밀하게 나쁘고 우리보다 더 나쁘다고 말한다.

답 뭐! 순결한 혀가 순결하지 않은 삶의 표시인가? 그렇다면 당신은 똑같이 온유하고 조용한 혀를 화난 사람의 표식이라 할 수 있다. 또는 거짓말하는 혀는 진실한 사람의 표식이라 할 수 있다. 당신이 반역을 공공연히 말하고, '반역을 말하지 않은 사람들도 아직 말하지 않아서 그렇지, 나처럼 나쁘다'고 말하면, 왕은 당신의 그런 핑계를 받아들일까? 나는 그가 그것을 핑곗거리로 받아들이지 않을 것이라고 생각한다.

제6과 경건을 모독적으로 비웃거나 경멸하거나 반대하는 것에 대한 방향 제시

경건을 경멸하는 자의 답변이나 변명을 막기 위해서 나는 다음을 말하지 않을 수 없다.

1. 내가 말하는 경건이란 오직 하나님께 온전히 헌신하고 그분을 위해 사는 것이다. 즉 거룩한 성경에 일치하는 교리와 실천을 의미한다. 나는 잘못된 사람들에 대한 환상이나, 어떤 종파의 사적인 의견을 말하는 것이 아니다. 그러나 기독교 교리의 실천을 자체를 의미한다.

2. 그럼에도 불구하고, 나는 이 경멸하는 자들의 일반적인 관행은 단순한 교리나 더 큰 항목에 집중하는 것보다 실제 적용하는 것에 더 집착하고, 경건한 사람을 반대함에도 그들은 경건을 반대하지 않는다고 말한다. 그 이유는 다음과 같다.

(1) 그들은 감히 하나님에 대한 자신의 규칙과 교리보다 사람에 대해 더 담대하기 때문이다. 만약 그들이 성경을 경멸하거나 경건함을 직접적으로 경멸한다면, 그들은 하나님 자신을 공개적으로 경멸하는 것이기에 세상이 그들을 부끄러워하고, 양심이 그들을 근심하게 할 것이기 때문이다. 그러나 경건함은 경건한 이웃이나 경건한 설교자나 경건한 사람에게 있기에, 그들은 경건함을 덜 존중할 수 있다고 생각하고 그들이 하는 일은 사람을 거스르는 것이지 그 일에 대한 것이 아니라고 생각한다.

(2) 사람들 안에는 경멸의 대상이 되는 무언가가 있다. 인간의 경건은 잠재되어 있고, 보이지 않으며, 그것의 진실성에 대해 증명할 수 없으며, 실행은 모호하다. 경건한 사람을 경멸하는 사람이 그는 경건한 사람이 아니라 위선자라고 말한다면, 이 세상에는 그러한 중상을 대항할 완전한 정당성은 없지만 가능한 증거는 믿음의 선언과 경건한 생활이 전부다. 그러나 경건은 성경에 있는 그대로 모든 사람에게 공개되어 있으며, 성경 자체를 부인하는 것이 아니라면 거기서 부인할 수 없다.

(3) 성경의 법칙에 있는 경건은 온전하며, 거만한 자에게 구실을 줄 만한 흠이 없다. 그러나 인간의 경건은 매우 불완전하고 죄와 뒤섞여 있으며, 세상이 흔히 알아차릴 수 있는 결점이 있으며, 경건한 사람 스스로 고백하기 원한다. 그러므로 그들을 경멸하는 자는 그들 안에서 그럴듯한 핑계를 찾을 수 있다. 그리고 그가 이 경건한 자들을 모두 위선자로 경멸할 때, 그들은 그들의 미덕이 아니라 그들의 결점을 예로 들 것이다. 그는 **노아**의 술 취함과 **롯**의 근친상간과 **다윗**이 간음하고 살인한 것과 **베드로**가 그리스도를 부인하는 것과 같은 것을 예시할 것이다. 그러나 화살은 경건 자체에 던져질 것이며, 결론은 사람들을 술 취함, 간음 또는 어떤 죄에서 사람을 몰아내는 것이 아니라 진정한 경건 그 자체에서 벗어나는 것이 될 것이다.

(4) 규칙 안에 있는 경건은 그들에게 더 관찰되지 않는 휴면 상태와 같아서 그들을 그다지 괴롭히지 않을 것이다. 왜냐하면 그들은 성경을 덮을 수도 있고, 그것을 아무렇지도 않게 생각하거나, 단지 몇 가지 좋은 말로만 생각할 수 있기 때문이다. 그러나 그들의 스승과 이웃 안에 존재하는 경건한 자의 경건은, 그들에게 더 눈에 띄고, 더 적극적이고, 더 성가시고, 그래서 그들에게 더 미움을 받는다. 죽은 편지나 죽은 성도는 그들을 괴롭히지 않기에 그들 안에 있는 경건함을 칭찬할 수 있지만 산자들은 그것으로 괴롭힘을 당한다. 그리고 그것이 그들에게 가까우면 가까울수록 그들은 그것에 대해 더 격분한다. 말씀은 경건의 씨앗이다. 그 말씀은 그들의 악한 삶을 정죄하는 열매를 맺을 때까지 그들을 덜 넘어지게 한다.

3. 그리고 반대자들과 경멸하는 자들이 보통 그 사람과 그의 결점을 통해 경건을 공격하듯이, 그들은 하나님에 대한 예배의 특정 부분, 어떤 방식이나 상황이나 실행에서 인간의 불완전함을 통해 공격하곤 한다. 당신이 그들을 확실성 없이 사실로 받아들인다면, 그들이 경멸하는 것은 설교나 기도가 아니라, 설교나 기도의 이런저런 방식이나 불완전함이다. 그러나 모든 것의 의도는 어떤 사람이 그것을 더 잘하도록 돕는 것이 아니라, 그 일을 하는데 있어 가장 진지한 것을 혐오스럽게 만들어서 그것이 불필요한 일이라고 사람들을 설득하는 것이다.

4. 또한 이 사람들이 가장 불쾌해하고 반대하는 것은 종교의 이미지나 죽은 부분이 아니라

경건한 사람들의 삶과 열정과 부지런함이라는 점을 유의하라. 따라서 그들이 어떤 교리나 의식에 관한 믿음의 선언에서 그들과 다르지 않더라도, 그들은 그들이 위선적으로 공언하는 것과 같은 일을 진지하게 실행하는 것에 대해 그들을 미워하고 경멸한다.

5. 마지막으로, 이것은 한 종파나 당파, 교회가 다른 의견에 대해 다른 종파와 다른 것이 아니라, 진지한 종교의 어떤 것이 발견될 때 그들 안의 모든 당사자들 사이에 있는 것이다. 심지어 로마 가톨릭교 사이에도 영적이고 진지하고 거룩한 사람들이 있는데, 그들은 자신의 교회에 속한 세속적인 사람들로부터 비웃음과 반대를 받는다. 그렇다 이교도들 사이에서, 세네카와 다른 사람들은, 도덕적 미덕의 엄격함이 무례하고 관능적인 사람들의 조롱거리가 되었다고 우리에게 말한다. 그러나 비록 다툼이 처음부터 여자와 뱀의 후손 사이에 시작된 것이지만, 교회의 차이가 논쟁을 일으키는 모든 나라에서, 이 뱀의 적의가 뱀과 같은 간교함으로 스며들어 그들을 이용하고, 서로 다른 기독교인들이 서로 대립하여 형성하는 별명이나 더 날카로운 무기를 사용하여 기독교 자체의 핵심을 공격한다.

방향 제시-1 '이미 그토록 혐오스러운 죄에 감염된 사람들을 치료하기 위한 주된 방향은 그 죄의 중대함과 비참한 결과를 이해하는 것이다.' 그것은 다음과 같다.

1. 당신이 조롱하는 것이 무엇인지 생각해 보라. 입을 열기 전에 당신이 무엇에 대항하는지 생각하라.

(1) 당신은 마음과 영혼과 힘을 다하여 하나님을 사랑하는 사람을 조롱하거나 반대하며 이것이 살아 있는 모든 사람의 의무라고 고백하지 않는가? 그리고 무엇보다도 하나님을 사랑하지 않는 사람은 기독교인이라 일컬음받기에 합당하지 않은가? 당신은 이것을 부정할 수 없다. 그래도 당신은 이것을 반대할 것인가? 부정하지 말라. 이것은 당신이 반대하는 바로 그것이니, 사람들이 하나님을 사랑하거나 하나님께 사랑을 보여 주는 것 중 하나다. 만약 당신이 그들만큼 하나님을 사랑한다면, 당신은 그들처럼 열심히 그를 찾고 섬길 것이다. 당신이

마음을 다하고 목숨을 다하고 힘을 다하여 주님을 사랑한다면 당신이 마음과 목숨과 힘을 다하여 주님을 구하고 섬기며 순종하리라는 것을 스스로 알지 못하는가? 만일 경건한 자가 이보다 더한다 해도 그들을 조롱하거나 그들에게 화를 내지 말라. 만일 그들이 하나님을 사랑하고 마음을 다하고 목숨을 다하고 힘을 다하여 그를 섬긴다면 그들을 지극히 의롭다 하라. 하나님을 사랑하거나 봉사해야 할 것 이상으로 섬기는 사람을 알고 있다면, 그 사람을 비난하고 반대하며 화를 내서는 안 된다. 당신은 당신이 가장 사랑하는 것을 찾고 기억한다는 것을 알고 있다. 당신은 돈을 사랑하기 때문에 돈을 벌기 위해 수고하고 그들은 하나님을 사랑하기 때문에 하나님을 찾고 섬기는 일로 힘쓴다. 사람들을 반대하거나 경멸하는 일이 마귀가 아닌 다른 사람을 위한 일인가? 아니면 하나님을 사랑하거나 사랑을 나타내는 일인가?

(2) 당신은 사람들이 가장 아름다운 것을 기뻐한다고 조롱하니 곧 높은 천상의 지식과 영혼과 생명의 거룩한 상태를 기뻐하며, 하나님의 율법을 즐거워하며 주야로 그것을 묵상하며, 거룩한 기도와 그들을 지으신 창조주를 찬양하고 예지와 영원한 기쁨에 대한 언급을 기뻐하고, 그들의 부르심과 택하심을 확신하는 것을 조롱한다. 당신이 조롱하는 것들은 이 거룩한 욕망과 즐거움을 행사하는 것이 아니고 무엇인가? 당신이 그들만큼 이러한 기쁨을 누리고 있다면 당신도 그들처럼 종교와 거룩함에 있어 진지하지 않을까? 당신이 좋아하기에 술잔을 들고 앉아 있거나 스포츠나 게임을 하거나 많은 시간 동안 함께 가치 없는 것을 이야기할 수 있는 것이 아닌가? 그럼에도 당신은 기도하고 여러 시간 하나님의 말씀을 듣는 사람들을 그것이 그들의 기쁨이기 때문에 조롱하는가? 오, 불쌍한 영혼들아! 그들과 당신의 기쁨 중 어느 것이 더 합리적이고 의로운지, 그리고 그들이나 당신의 일 중에 어느 것이 더 조롱당하기에 적합한지, 하나님은 얼마나 빨리 그리고 얼마나 무섭게 당신에게 알게 하실까!

(3) 당신은 사람들이 그들을 창조하고 구속하신 하나님께 빚진 것을 갚는 것을 경멸한다. 그들은 그분의 것이 아닌가? 그리고 그분은 그들에게 모든 재능과 능력을 주지 않았는가? 그들의 모든 능력과 소유가 그의 것이 아닌가? 그들이 그에게서 받지 못한 것이 무엇인가? 하나님께 빚을 갚겠다고 제의하고 자신의 것을 드리는 사람들을 조롱하는 것이 당신의 정의와

정직인가? 그에게 빚진 것보다 더 많이 드리는 사람을 알고 있어도 그것이 미신적이고 지나치게 의롭다 하여 조롱하며 화를 내서는 안 된다. 당신에게 빚을 갚는 사람들을 조롱하지 않는다면, 사람들이 하나님께 빚을 갚고 하나님의 것을 하나님께 드리는 것을 조롱해서는 안 된다. 우리가 가이사(Caesar)의 것을 가이사에게 주어야 하듯이 하나님의 것도 하나님께 드려야 한다.

(4) 당신은 가장 높은 주인에게 순종하는 부지런한 종들을 조롱한다. 왜냐하면 온 세상에서 가장 크고 가장 훌륭하고 가장 필요한 일에 부지런하기 때문이다. 이것이 당신의 종들에게 좋은 본보기인가? 분명 사람이 하나님을 섬기는 일로 조롱을 받아야 한다면, 그는 당신과 같은 사람을 섬기는 일로 더 조롱을 받아야 한다. 우리가 하나님보다 더 나은 보호를 받으며 섬길 수 있는 더 나은 주인을 어디서 찾을 수 있는지 아는가? 그는 우리를 그의 청지기로 삼았고, 그의 만물을 우리에게 맡겼는데 당신은 우리가 청지기 직분에 충성하는 것을 비웃는가? 당신은 온 세상의 왕에게 순종하는 그의 백성들을 조롱한다. 이것이 왕의 신하에게 좋은 본보기인가? 왕에게 순종하는 것이 경멸거리가 되어야 하는가? 아니면 하나님의 권위는 덜하다고 생각하는가? 아니면 그에게 순종하는 것이 덜 칭찬받을 만한 일인가?

(5) 그렇지 않다. 당신은 사람들이 그들 의무의 일부만 이행하고 그들이 빚을 조금만 갚는다고 조롱한다. 당신이 너무 많은 일을 한다고 조롱하는 가장 거룩한 사람도 자기가 해야 할 일보다 적게 한다. 당신은 가장 훌륭한 사람들이라 해도 하나님을 사랑하고 그가 마땅히 해야 할 것보다 덜 봉사한다는 것과 아무리 주의를 기울이는 사람도 그분의 법을 완벽하게 지키지 못한다는 것을 알고 있다. 그러나 사람들이 하는 일이 너무 적다는 것을 알고 당신이 인정함에도 불구하고, 당신은 사람들이 많은 일을 한다고 그렇게 경멸할 것인가? 받은 명령을 다한 후에 우리가 하여야 할 일을 한 것뿐이라 할 것이라 하라.[191]

---

191) 눅 17:10

(6) 당신은 사람들을 경멸한다. 왜냐하면, 그들이 그들 자신의 재치와 의지를 사용하여 그들의 창조주에 대항하려 하지 않기 때문이다. 하나님께서는 그들에게 "힘써 너희 부르심과 택하심을 굳게 하고"[192] "좁은 문으로 들어가기를 힘쓰고"[193] "그의 율법을 주야로 묵상하고"[194] "온 마음과 힘을 다하여 그를 사랑하고 쉬지 말고 기도하라."[195]고 명하셨다. 그런데 당신은 이 명령에 순종하는 사람들을 조롱하고 있다! 그러면 당신은 우리가 어떻게 하기를 바라는가? 우리가 하나님보다 더 지혜롭다고 그에게 말해야 하나? 그는 그의 뜻을 가져서는 안 되고, 우리는 우리의 뜻을 가져야 하나? 그가 우리에게 정하신 것보다 우리가 더 나은 길을 알고 있나? 그가 잘못 생각하여 그의 법으로 우리를 속이려 하는가? 당신은 이렇게 사람들이 자발적으로 미쳐서 스스로 하나님을 대적하는 공개적인 반역자라고 공언하기를 바라는가?

(7) 당신은 사람들이 진리이고 선 그 자체이신 하나님을 신뢰하기 때문에 경멸한다. 우리는 하나님이 그의 말로 우리를 속이거나, 그가 우리에게 좋지 않은 법을 만들어 주거나, 우리에게 손해가 될 의무를 요구하거나, 우리를 패배자로 만들 것이라고 상상할 수 없다. 그러므로 우리는 진리 그 자체가 우리를 학대하지 않을 것이며 선 그 자체가 우리를 속이지 않을 것을 확신하기 때문에 가능한 한 주의 깊게 그에게 순종하기로 결심한다. 이것이 경멸할 일인가? 자녀들은 그들의 아버지를 믿어야 하지 않을까?

(8) 당신은 사람들이 그들의 확실한 지식과 경험에 대해 죄짓지 않는다고 조롱한다. 그들은 거룩한 삶이 최선이라는 것을 당신은 몰라도 알고 있다. 그들은 그것의 합리성을 알고 있고, 그것의 달콤함을 알고 있고, 그것의 필요성을 알고 있다. 그런데 그들은 그들 자신이 알고 있는 것들을 버려야 하는가? 당신이 무지하기에 그들이 무지해야 하는가? 당신이 장님이기에 그들의 눈을 뽑아야 하는가? 사람들이 당신보다 지혜로운 것이 죄인가? 그리고 그것이

---

192) 벧후 1:10
193) 마 7:13
194) 시 1:2
195) 살전 5:17

하나님과 그들의 구원의 문제에 관하여도 죄인가? 그들은 거룩한 삶이 무엇인지 시험해 보았지만 당신은 그렇지 않았다. 그들이 믿음과 순종의 삶이 무엇인지 시험해 보았는데, 그들 자신의 그 경험을 포기해야 하나? 한 번도 꿀을 맛보지 못한 당신이 그렇게 말한다고 꿀을 맛본 자들이 꿀은 쓰다고 말해야 하나? 아, 우리가 얼마나 불합리한 사람을 상대해야 하는가!

(9) 당신은 자신을 사랑하는 사람들을 반대하고 경멸한다. 참으로 자기 영혼을 사랑하고 자기의 건강과 복지를 돌보기 때문이다. 사람이 어떻게 자기 자신을 진정으로 사랑하고 자기 영혼을 사랑하지 않을 수 있겠는가? 사람이 어떻게 육체의 하찮은 염려보다 자기 영혼을 먼저 사랑하지 않을 수 있겠는가? 그리고 영혼의 영원한 가장 큰 행복을 가장 잘 돌보지 않을 수 있겠는가? 사람이 진정으로 자기를 사랑하면서도 자신을 저주할 수 있나? 아니면 자기의 구원을 이루기 위해 노력해야 할 짧은 시간을 잃을 수 있나? 당신의 자녀나 가축을 돌보는 자신을 경멸할 것인가? 당신은 그들을 사랑함으로 그들 자신을 돌보는 것이다. 자기 영혼을 사랑하는 자는 그것을 조심하지 않을까? 우리 자신을 사랑하는 것은 사람인 우리에게 자연스러운 것이며, 자기를 사랑하지 않는 자가 어찌 그 이웃을 사랑할 수 있을까?

(10) 당신이 사람을 경멸하는 것은 그들이 땅 위의 하늘을 사랑하고 하나님과 하늘의 모든 거룩한 무리와 함께 영원히 살기를 원하기 때문이다. 이 사람들이 이렇게 부지런히 일하면서도 구원받기를 추구하는 것은 무엇 때문인가? 그들이 "먼저 하나님의 나라와 그의 의를 구하는 것"[196] 외에 무엇이겠는가? "썩을 양식을 위해 일하지 말라."[197] 그리고 너희를 위하여 "보물을 하늘에 쌓아 두라."[198] 그리고 "마음을 거기에 두라."[199] "위에 있는 것을 찾으라 우리의 시민권은 하늘에 있다."[200] 그리고 천국을 찾는 것이 그토록 경멸스러운 일이라면, 당신은 결코 스스로 천국에 갈 생각을 하지 말라. 또한 당신이 천국을 찾는 사람들을 경멸하여

---

196) 마 6:33
197) 요 6:27
198) 마 6:20
199) 마 6:21
200) 골 3:1-3; 빌 3:19, 20

그곳에 갈 생각을 하지 않는 한, 천국에 갈 생각을 하지 말라.

(11) 당신은 사람들이 저주받기를 꺼리고, 저주받을 일이라고 알려진 일을 하지 않으려 하거나 지옥에서 벗어날 희망이 없는 일을 소홀히 하기 때문에 사람들을 조롱한다. 그들은 하나님의 위협을 믿기에 그분의 진노를 피하기에 너무 큰 고통은 없다고 생각한다. 그들은 거룩한 삶이 영원한 고통을 예방하는 데에 필수적이고 쉬운 방법이라고 생각한다. 그러나 당신이 다르게 생각한다면 은혜나 지옥이 당신을 현명하게 할 때까지 당신의 의견을 유지하고, 자신의 저주를 가지고 장난치지 않고 당신처럼 필사적으로 지옥에 뛰어들지 않는 사람을 조롱하지 말라.

(12) 당신은 사람들이 자발적으로 자신을 파괴하지 않을 것이기에 사람들을 조롱한다. 당신이 사람들을 잘못된 길로 인도하는 것으로 충분하지 않은가? 아니면 당신 이웃을 직접 죽이려 하는가? 그러나 당신은 그들이 그들 자신의 손으로 그것을 하기 바라고 그들이 그렇게 하지 않으면 그들을 조롱해야 하는가? 오, 잔인한 괴물! 그것은 사람이 영원히 지옥의 불에 누워 있기를 바라는 것이다! 자발적으로 그곳으로 가는 것이다! 자신의 목 베기를 바라는 것보다 만 배는 더 나쁘다. 하나님이 금한다고 말하시는가! 나는 그런 것을 바라지 않는다. 왜, 사람아, 아무것도 모르는가? 그분이 사람을 죽이고 도둑질하고 교수형에 처하도록 유인하는 것이 아니지 않은가? 의로우신 하나님께서 그의 율법에서 "거룩함 없이는 아무도 하나님을 보지 못할 것이요 예수께서 하늘로부터 불꽃 가운데 강림하사 복음에 복종하지 않는 자들에게 형벌을 내리시고 진리를 믿지 않고 불의를 좋아하는 모든 자들로 하여금 심판을 받게 하실 것이다."201) 지옥이 불경건의 대가가 될 것이라고 하나님이 결정하셨을 때, 당신은 그들이 불경건하기를 바라면서 그들이 스스로 저주받기를 바라지 않는가? 만약 지옥이 있다고 믿는다면, 사람이 어떻게 자신의 영혼을 죽이고 자신을 저주하면서 경건하지 않을 수 있는지 말해 보라? 이렇게 하지 않으면 다른 어떤 위험도 없다. 마귀가 영혼의 살인자라고 불릴 자격이 있다고 생각하는가? 말해 보라. 그렇지 않다면 당신은 공개적으로 마귀의 편을 든 것

---

201) 히 12:14; 살후 1:7-10, 2:12

과 같다. 그러나 만일 그가 그런 자격이 있다면, 그가 마귀가 한 짓이나 할 수 있는 짓보다 훨씬 더 불리한 일을 할 자격이 있는지 온 세상의 이성이 심판할 것이다. 마귀는 유혹만 할 수 있지만, 당신은 사람들로 하여금 그가 유혹하는 일을 하게 하고 실제로 죄를 짓고 거룩한 삶을 소홀히 하도록 할 것이다. 악을 행하는 사람과 그들을 설득하는 사람 중 어느 쪽이 더 나쁜가? 만약 마귀가 "우는 사자같이 두루 다니며 삼킬 자를 찾는 우리의 대적"[202]이라면, 하나님을 대항하다 지옥에 있는 모든 마귀 이상으로 행하는 사람을 뭐라고 불러야 하나? 분명 그는 자신을 삼키거나 파멸시키는 자이다. '말해 봐, 이 미치게 만드는 조소자야!' 마귀의 일이 당신이 생각하기에 선한 일인가 아니면 나쁜 일인가? 선한 것이라면 당신의 몫을 취하고 마지막 때에 그것을 자랑하라. 그것이 나쁜 것이라면(영혼을 속여 죄와 지옥으로 유혹하는 것이라면) 어찌하여 사람들로 하여금 스스로 더 나쁜 일을 하게 하는가? 죄짓게 하는 자는 시험하는 자보다 더 악한 짓을 하는 것이다. 마귀가 사람들을 죄로 끌어들여 그들을 해치고 그들의 영혼을 저주받게 하는 것 외에 무슨 방법이 있는가? 마귀는 세상에서 사람들을 멸망시킬 다른 방법이 없다. 다만 사람들을 유혹하여 죄를 짓게 하는 것뿐이다. 더욱이 하나님께 죄짓고 거룩한 삶을 소홀하게 하는 것까지도 그렇다. 그러므로 당신이 사람들을 경멸하고 반대하는 것은 사람들이 마귀보다 더 나쁘지 않기 때문인 것이 확실하다.

(13) 또한 당신은 하나님을 버리지 않는 사람들을 반대한다! 하나님으로서, 하나님을 사랑하고 존경하며 순종하는 것을 거부하는 것 외에 하나님을 버리는 것이 무엇인가? 주께서 친히 "하나님께 나아가는 자는 반드시 그가 계신 것과 또한 그가 자기를 찾는 자들에게 상 주시는 이심을 믿어야 할지니라."[203]고 말씀하셨다. 그럼에도 당신이 조롱하는 것은 그를 찾는 이 부지런한 사람이 아니냐? 그러므로 당신이 사람들을 하나님에게서 멀어지게 하고, 당신이 한 것처럼 그분을 저버리게 하려는 것이 명백하다.

(14) 당신은 위선자가 아닌 사람들을 경멸한다. 왜냐하면 그들은 당신이 스스로를 위선자

---

202) 벧전 5:8
203) 히 11:6

라 부르고 그렇게 생각하는 정직함이 있기를 바라기 때문이다. 당신은 자신을 기독교인이라고 부르는데, 당신이 그들을 조롱하는 것은 진지한 기독교인이기 때문이 아니고 무엇인가? 당신은 당신이 하나님을 믿는다고 가정한다. 당신이 그들을 조롱하는 것은 하나님께 순종하고 섬기는 것 외에 무엇인가? 당신은 성경을 하나님의 말씀으로 가정한다. 당신이 그들을 조롱하는 것은 성경을 따르는 것 외에 무엇인가? 당신은 성도의 교제를 믿는다고 말한다. 그리고 성도의 교제를 실천하는 사람들을 조롱한다. 당신은 그리스도께서 세상을 심판하실 것을 믿는다고 말한다. 그러나 그분의 심판을 진지하게 준비하는 자들을 경멸한다. 당신은 하나님의 이름이 거룩히 여김을 받고 그의 나라가 임하며 그의 뜻이 하늘에서 이루어진 것같이 땅에서도 이루어지기를 기도한다. 그러나 당신은 그의 이름을 거룩하게 하고 그의 왕국의 백성과 그의 뜻을 행하려고 애쓰는 사람들을 여전히 조롱한다. 오 비참한 위선자여! 하지만 당신의 혀는 당신이 그들을 미워하고 조롱하는 것은 그들의 위선이라고 거짓 주장한다. 왜냐하면 그들은 당신처럼 눈멀고 무분별한 위선자가 아니기 때문이다! 세상에서 자기 자신의 믿음 선언에 대한 진지한 준수와 자신의 혀가 믿는다고 공언한 것에 따라 부지런히 사는 삶을 미워하고 경멸하는 것보다 더 심한 위선이 있을까? 만약 그들이 너무 많은 일을 하고 너무 엄격하기 때문이라고 말한다면 나는 대답한다. 나는 그들이 하는 것이 하나님의 뜻이 아니라 하더라도, 조롱하지 않을 것이고, 당신만 아니라 그들을 변화시키려고 노력할 것이다! 그러나 그것이 하나님의 뜻이라면, 그들이 하늘에 있는 사람들보다 더 많이 일을 한다고 생각하는가? 아니면 하늘보다 더 엄격하게 살고 있다고 생각하는가? 만약 그렇다면, 그들을 반대하거나 화내지 말라. 그렇지 않다면, 어찌하여 하나님의 뜻이 하늘에서와 같이 땅에서도 이루어지기를 기도하는가?

(15) 당신은 사람들이 지음 받은 목적을 위하여 일하고, 이성과 의지와 능력을 가지고 일하는 것을 조롱한다. 그들에게서 이것들을 제하면 그들은 아무 쓸모가 없다. 짐승은 사람을 섬기는 것에 좋고, 식물은 사람을 먹여 살리는 것에 좋다. 그러나 인간은 무엇으로 유익하며, 무엇을 위해 지음을 받았으며, 창조주를 섬기는 것 외에 무엇이 유익한가? 당신은 그분이 세상에 온 것에 대해 그를 경멸하는가? 칼은 자를 수 있고, 낫은 벨 수 있고, 시계는 하루의 시

간을 알려 주어야 함에도, 그것들이 아무 쓸모가 없을 때 싫어할 수 있다.

(16) 당신은 사람들이 그리스도로 말미암아 구원받고 그의 모범을 본받는다고 조롱한다. 그리스도께서는, "마귀의 일을 멸하기 위해"[204] "자기 백성을 그들의 죄에서 구원하기 위해"[205] "모든 불법에서 우리를 속량하시고 우리를 깨끗하게 하사 선한 일을 열심히 하는 자기 백성이 되게 하시려고"[206] 세상에 오셨다. 그리고 그리스도께서는 사람과 천사들이 생각할 수도 없는 육체를 입고 내려와, 사람들 가운데 거하시며 그들에게 자기의 거룩한 교훈과 모범을 주셨고, 그들을 위해 죽임을 당하셨는데, 이 모든 것은 사람들이 열심히 죄에서 벗어나게 하려 하심이다. 감히 그것을 따르는 것에 대해 경멸할 수 있는가? 그것이 당신의 구세주와 모든 구속 사역을 경멸하고, 하나님의 아들을 짓밟고, 그의 피와 생명과 교훈을 경멸하는 것이 아니면 무엇인가?

(17) 당신은 성령으로 새롭게 되고 거룩하게 된 사람들을 경멸한다. 성령이 우리에게 역사하시는 것이 우리를 거룩하게 하는 것이 아니면 무엇인가? 우리를 거룩하게 하고 우리를 죄에서 깨끗하게 하고 우리의 영혼과 삶을 하나님께 온전히 바치게 하는 것은 무엇인가? 당신은 성령을 믿는가, 아니면 믿지 않는가? 만약 그렇다면, 그가 하나님에게 선택된 자를 성화하게 하는 자로서 그를 믿는 것이 아니면 무엇인가? 당신은 성화를 무엇이라고 생각하는가, 그것은 마음의 생활의 순수함과 거룩함이 아니면 무엇인가? 그런데도 감히 그것을 조롱하는가?

(18) 당신은 옛 성인들을 본받는 사람들을 조롱한다. 당신은 그 성인들을 존경하고, 그 사람들을 기념하기 위해 휴일로 지키고 있다. 당신은 **베드로**와 **바울**과 **스데반**과 **요한과** 어거스틴과 제롬과 다른 하나님의 성도들의 이름을 존경함에도 불구하고 당신은 그들을 본받으려고 애쓰는 사람들을 경멸할 것인가? 유심히 살피고 주의하라. 이 사람들이 회심한 후에 사치스럽

---

204) 요일 3:8
205) 마 1:21
206) 딛 2:14

게 살고, 카드를 치고, 주사위를 하며, 불결하게 살았으며, 거룩한 삶, 그리고 많은 기도, 듣고, 성경을 읽기, 묵상, 하나님께 정확하게 순종하는 것에 반대하는 사람이 있다면, 그때 부끄러움은 당신이 아니라 내 것이 되게 하라. 그들과 가장 닮지 않은 사람이 경멸받게 버려 두라.

(19) 당신은 사람들이 그들의 이전 죄를 회개하고, 그리스도께서 사시고 하나님께서 그들에게 주신 그 자비를 받아들인 것과 그것을 받아들이라고 간청하기 위해 보낸 그의 사자들을 조롱한다. 그들이 이전에 경건치 않은 것을 회개하고 돌이켜 고칠 수 없는가? 만약 그들의 아는 것을 알았다면 당신은 스스로 회개하고, 사람들이 회개하는 것을 조롱하지 않았을 것이다. 만약 하나님의 선물을 알았다면 그것을 구하고 당신 자신도 기쁘게 그것을 받으며, 그것을 받는 자들을 조롱하지 않을 것이다.

(20) 당신은 세례 받을 때에 하나님과 맺은 그 언약을 지키는 사람들을 경멸한다. 동시에 당신은 자신의 유아들에게 세례를 베풀지 않는 재세례파(anabaptist)를 반대한다고 말하면서 세례로 맺은 언약을 지키는 사람을 조롱한다. 모순의 괴물은 얼마나 불경건한 위선자인기! 세례 받을 때에 육체와 세상과 마귀를 버리고 성부와 성자와 성령과의 언약에서 자신을 버리지 않았는가? 그리고 당신은 아직 당신이 세례에서 무엇을 약속했는지 몰라서 세례 받고 언약을 지키는 자들을 경멸하는가? 세례를 받는 것이 그분을 당신의 하나님, 당신의 구세주, 당신을 성화하게 하는 자로 받아들이고, 마음을 다하고 목숨을 다하고 힘을 다하여 그를 사랑하고 구하며 거룩하게 순종하겠다는 약속이 아니라면, 당신이 하나님께 포기한 것이 무엇인가? 그는 참으로 언약을 깨뜨리는 자이며, 언약을 지키는 것을 싫어하는 자이다.

나는 지금까지 당신이 반대하고 조롱하는 것이 무엇인지 보여 주었다. 이제 나는 당신이 행하는 일을 더 자세히 말하여 그 죄의 악화와 그 중요성을 설명할 것이다.

2. 이 모든 것에서 당신이 하나님께 얼마나 공공연한 원수요 마귀의 공공연한 군사인지 생각해 보라. 당신이 하나님의 모든 일과 종들을 멸시하는 것보다 더 하나님을 대적하는 일을

하고 악을 행할 수 있을까? 그는 당신의 힘이나 분노를 두려워하지 않기에 당신은 그를 해칠 수 없다. 그가 발로 짓밟아 지옥에 들어가게 하거나 한순간에 파괴할 수 있는 그런 벌레들이 얼마나 많은가! 그가 여기에서 존경받거나 적대시되는 것은 그의 종들과 섬김에 관련 있고, 인간은 그에게 사랑이나 증오를 나타낸다. 만약 당신이 하나님에 대한 섬김을 반대하고 조롱하는 것보다 더 분명하게 마귀를 섬기기 위해 당신이 최악으로 할 수 있는 일이 있다면 그것은 무엇이라고 생각하는가? 당신이 사탄의 종이 아니라면 아무것도 생각해 낼 수 없다.

3. 당신이 얼마나 끔찍한 불행의 징표를 가지고 있는지 생각해 보라! 말하자면 이마에 사탄과 사망과 지옥의 표를 지니고 있는 것이다. 욕하는 사람이나 술주정뱅이, 간음하는 사람이 은혜의 상태에 있는지 의심이 있을 수 있지만, 경건을 조롱하는 자가 은혜의 상태가 아니라는 것은 의심의 여지가 없다. 거룩함을 조롱하는 사람이 거룩하다는 것은 정말로 정상이 아니다. 의심할 여지없이 당신보다 더 저주받은 상태에 있는 사람은 세상에 거의 없다. 구원의 수단을 모르는 비기독교인과 이교도들에게 하나님께서 어떻게 하실지 우리는 잘 모른다. 그러나 구원의 수단을 아는 모든 믿지 않는 자들과 경건하지 않은 자들에게 무엇을 하실 지는 우리가 이미 알고 있다. 거룩함이 결여되어 있을 뿐만 아니라 그것을 조롱하는 자는 더욱 그러하다. 여전히 당신이 회심한다면 구원을 받을 수 있다는 것을 나는 부정하지 않는다. 오, 하나님께서는 "진리를 알게 하는 회개함을 주사"[207] 그들로 깨어 마귀의 올무에서 벗어나 하나님께 사로잡힌 바 되기를 원하신다. 바실리우스(Basil)에 대해 기록되어 있는데, 그의 기도를 통해, 어떤 불행한 사람이 그 주인의 딸을 기쁘게 하려고 자기의 영혼을 마귀에게 저당 잡힌 문서를 되돌려 받게 했다. 그리고 그 사람은 회개하고 구원을 얻었다. 만일 당신이 그렇게 회복된다면 당신에게 행복한 날이 될 것이다. 그러나 그때까지는 당신은 비참한 피조물이요, 당신이 처한 상태에서 죽으면 멸망의 사람이라는 것은 성경이 확실한 것과 같이 확실하다. 오, 당신이 회심하기 전에 죽어서는 안 된다는 지혜가 있다면, 두려워서 어떻게 눕고 일어나겠느냐?

---

207) 딤후 2:25, 26

4. 거룩함을 경멸하는 것은 마치 당신이 하나님의 자비를 포기한 것과 같은 은혜에 대한 도전적인 행동이다. 당신은 모든 희망을 몰아내고 당신의 상황을 고칠 수 없고 절망적으로 만들기 위해 최선을 다하는 것과 같다. 만일 당신이 구원을 받는다면, 그것은 당신이 조롱하는 이 은혜와 거룩한 생명에 의해서 받을 것인데, 은혜를 경멸하는 것이 그것을 얻는 길인가? 그렇다면 성령이 와서 그의 거룩한 일을 경멸하는 사람 속에 거할 것 같은가?

5. 경건함을 경멸하는 것은 하나님이 그의 인내를 멈추고, 곧 당신에게 그의 복수를 실행하게 하려는 모험적인 용기다. 당신은 그가 당신을 정의의 기념물로 만들고, 다른 모든 사람들이 주의하도록 당신을 세울지 궁금한가? 그의 은혜와 일을 경멸하는 반대자들보다 이 일에 더 적합한 자가 누구인가? 그분의 복수를 서두르게 하지 말라. 필요한 때가 올 것이다. 벌레가 하늘의 하나님을 거역하겠는가?

6. 당신은 당신이 반대하는 모든 것에 대해 얼마나 알지 못하는지! 당신은 거룩한 삶을 시도한 적이 있는가? 당신에게 있었다면. 당신은 그것에 반대하지 않을 것이다. 그렇지 않으면 당신이 알지 못하는 것을 비방하는 것이 부끄럽지 않은가? 그것은 경험 없이는 누구도 완전히 알 수 없는 것이다. 잠시 시도해 본 다음 당신의 생각을 말하라.

7. 당신은 얼마나 많은 판결이 당신에게 불리하고, 당신이 누구를 반박하고 멸시하는지 생각해 본 적이 있는가?

(1) 만일 당신이 설교하고, 듣고, 읽고, 기도하고, 묵상하고, 죄를 철저히 피하는 것과 같은 진지한 경건을 경멸한다면, 당신은 하나님 자신을 반대하는 것이다. 온 세상에 그분처럼 거룩하거나 거룩함을 추구하는 분이 없기 때문이다. 그러므로 궁극적으로 당신의 모든 악의는 그분을 반대하는 것이다. 아버지 하나님과 구속자와 성화하게 하는 자를 반대하는 것이다.

(2) 당신은 성경의 모든 증거를 반대한다.

(3) 하나님의 모든 일을 반대한다. 세상을 거룩하게 하고 하나님께 엄밀히 순종하기 위해 부르심을 받아 함께 일하는 모든 사람을 반대하는 것이다.

(4) 당신은 모든 선지자와 사도, 그리고 교회의 모든 옛 선조들을 반대한다. 그리고 세상에 존재했던 모든 순교자들과 하나님의 성도들을 반대하는 것이다. 그리고 교회의 모든 학식 있는 충실한 사역자와 목사들, 그리고 전 세계의 모든 경건한 사람들, 그리고 거룩한 삶을 경험한 사람들을 반대하는 것이다. 이 모든 것을 경멸하는 당신은 누구인가? 당신은 세상의 모든 목사와 경건한 사람들보다 지혜로운가? 모든 사도와 그리스도의 거룩한 순교자보다, 참으로 하나님 자신보다 더 지혜로운가?

8. 당신은 당신의 말과 그리스도와 그의 사도들의 말과 얼마나 다른지 주목해 본 적이 있나? 그들이 하나님을 기쁘시게 하고 그들의 영혼을 구원하기 위해 너무 부지런하기에 사람들을 조롱했는가? 다음의 성경 구절을 읽고 판단하라. (마 5, 5:8, 11, 20, 6:21, 33, 7:13, 14; 벧전 4:18; 벧후 3:11, 1:10; 히 11:6, 12:28-29; 롬 8:1, 5-9, 13; 빌 3:18, 19)

9. 당신이 반대하는 사람들이 하늘을 위해 하는 것만큼이나 당신도 세상을 위해 많은 일을 하지 않는가? 그들이 그렇게 오래 설교하고 기도하는 것이 불쾌한가? 당신은 세속적인 일에 더 오래 종사하지 않느냐? 그리고 용감한 자들은 잔치나 방문이나 게임과 오락에 더 오래 있지 않은가? 그들이 천국에 대해 많은 말을 하는 것이 불쾌한가? 당신은 세상에 대해 더 많이 말하지 않는가? 당신은 이 중 어느 것이 당신의 양심에 따라 추구하고 이야기할 가치가 있다고 생각하는가? 어느 쪽이 마지막에 더 좋다고 판명될까? 누구의 수고가 더 조롱을 받기에 합당하겠는가?

10. 만일 당신의 의지와 기도, 설교와 거룩함이 당신이 원하는 만큼 세상에서 쫓겨난다면, 당신에게 무슨 유익이 있을까? 사람들을 기쁘게 하기 위해, 하나님을 불쾌하게 하고 그들의 영혼이 영원히 버려진다면 당신에게 무슨 유익이 될까? 지구가 지옥같이 된다면 당신에게 좋을까? 세상에 거룩함이 얼마나 적은지 생각하는 것은 이 시간까지 경건한 사람들의 슬픔

이다. 세상 모든 민족을 관찰하고 무지와 경건치 않음이 얼마나 많은지, 그리고 참으로 거룩한 것이 얼마나 적은지 생각하는 것만큼 내 마음속에 떠오르는 더 슬픈 생각은 없다. 그리고, 아직 그것들을 더 적게 가지기를 원하며 세상에 남아 있는 작은 지혜와 경건함을 멸시하는 자는 얼마나 비인간적인 존재인가!

사람들이 당신을 진정시키기 위해 지옥까지 동행한다 한들 그것이 당신에게 무슨 기쁨이 되겠는가? 아니, 당신의 사악한 조언에 귀를 기울임으로써 그곳에서 그렇게 많은 사람들이 멸망하는 것을 보는 것은 당신의 영원한 고통이 될 것이다. 당신은 그렇게 의도적으로 괴로움을 즐기지 않고, 당신이 원하는 것이 그들의 저주가 아니라고 말하지 말라. 더 이상 당신이 원하는 것이 당신 자신의 것이 아니다. 그러나 당신이 그것에 이르는 길을 원하면, 결과는 모두 하나다. 게다가 당신은 한 사람에게 독을 주고, 다른 사람에게 먹고 마시는 것을 조롱하면서도 내가 원하는 것은 당신의 죽음이 아니라고 말할 수 있다. 그러나 그들이 당신에게 다스림을 받는다면, 그들은 반드시 죽을 것이다.

11. 당신은 자신의 영혼을 구원하는 데 조롱하는 만큼, 이웃의 영혼을 구원하는 데 그다지 일을 하지 않는 잔인한 사람이 아닌가? 당신이 아픈데 내가 당신의 생명을 위해 기도하는 것을 거절해야 할까? 아니면 그 일이 다른 사람의 영혼을 구할 수도 있다는 것을 알면서, 어떤 수단이나 고통에 대한 해결책을 찾으려고 많은 노력을 해야 할까? 만약 그렇다면, 나는 자선이 다른 사람을 위해 나에게 하라고 명령하는 것처럼, 나 자신을 위해 많은 일을 할 수 있다고 생각한다.

12. 천국에는 수많은 영혼들이 있고 모두 거룩함을 통해 그곳에 온 것인데, 지금이 거룩함을 조롱하기에 알맞은 때인가? 지옥에 있는 수백만 명의 영혼들은 거룩하지 않아서 거기에 오지 않았나? 당신이 거룩함에 맞서 어리석게 말했기 때문에, 그들은 거룩함을 무시한 어리석음에 절망하여 울부짖고 있지 않을까? 하늘에 있는 영혼들 중 한 사람이 땅에서 다시 산다면 당신의 조롱에 주의를 기울일까? 아니면 지옥에 있는 영혼들 중 하나가 다시 지상에서의 삶으로 시험을 받는다면 그곳에서 조롱을 받을까? 지옥에서 어떤 불경한 영혼들이 고통을

받고 있으며, 천국에서 어떤 거룩한 영혼들이 기쁨 속에 있는지를 이 시간에 본다면, 당신은 다시 거룩함을 조롱할 수 있을까? 당신이 행한 일을 부끄럽게 생각하라. 육안으로 보지 못하는 것을 믿음으로 보라.

13. 만약 사람들이 당신의 조롱에 굴복하고 당신을 기쁘게 하기 위해 거룩한 삶을 버린다면 어떻게 될까? 거룩함을 요구하시고 거룩하지 않은 모든 사람을 정죄하실 하나님 앞에서 그들을 정당화하거나 그들에 대해 책임을 져야 하지 않을까? 그들을 끌어내 저주에서 구해야 되지 않을까? 아! 가엾은 영혼이여, 당신은 자신도 구할 수 없을 것이다! 그들이 하나님을 불쾌하게 하고, 당신과 같은 사람을 진정시키기 위해 지옥에 간다면, 당신은 그들을 현명한 사람으로 생각할까?

14. 당신은 당신의 집이나 땅이나 권리나 먹을 것이나 마실 것이나 휴식으로 조롱을 당하려 하지 않을 것이다. 만약 다른 사람이 당신이 그것들을 사용한다는 이유로 조롱한다면 이것들을 버릴 것인가? 나는 당신이 그러지 않을 것이라고 생각한다. 그렇다면 현명한 사람들이 하는 그들의 구원에 조롱할 것인가?

15. 당신의 자녀나 종들이 당신을 사랑하거나 당신에게 순종한다는 이유로 조롱을 당하는 것은 비합리적이라고 생각하나? 아니면 당신의 말(horse)이 당신을 섬겼다고 비난을 받아야 하는가? 그들은 우리 모두가 하나님께 빚진 것보다 당신에게 더 많은 빚을 지고 있는가?

16. 당신이 미워하고 조롱하는 바로 그 일 때문에 하나님은 그들을 매우 존중하고 사랑하신다. "나의 계명을 지키는 자라야 나를 사랑하는 자니 나를 사랑하는 자는 내 아버지께 사랑을 받을 것이요 나도 그를 사랑하여 그에게 나를 나타내리라."[208] "여호와는 의로우사 의로운 일을 좋아하시나니 정직한 자는 그의 얼굴을 뵈오리라."[209] "여호와께서는 의인들을 사랑

---

208) 요 16:27, 14:21
209) 시 11:7

하신다."210) "하나님의 성전과 우상이 어찌 일치가 되리요 우리는 살아 계신 하나님의 성전이라 이와 같이 하나님께서 이르시되 내가 그들 가운데 거하며 두루 다니며 두루 행하여 나는 그들의 하나님이 되고 그들은 나의 백성이 되리라 그러므로 너희는 그들 중에서 나와서 따로 있고 부정한 것을 만지지 말라 내가 너희를 영접하여 너희에게 아버지가 되고 너희는 내게 자녀가 되리라 전능하신 주의 말씀이니라 하셨느니라."211) 감히 전능자의 아들과 딸들을 경멸하느냐? 그들을 받아들이고 그들에게 아버지가 되겠다고 약속하신 바로 그 일 때문에 경멸하느냐? 그렇다면 당신은 하나님과 얼마나 상반되는가? "여호와를 경외하는 자와 그 이름을 존중히 여기는 자를 위하여 여호와 앞 기념책에 기록하였느니라 만군의 여호와가 이르노라 나는 내가 정한 날에 그들을 나의 특별한 보석으로 삼을 것이요 또 사람이 자기를 섬기는 아들을 아낌같이 내가 그들을 아끼리라."212) 그런데 당신이 감히 하나님의 보석과 그분께 귀한 것들을 경멸하는가? "나를 존중히 여기는 자를 내가 존중히 여기고 나를 멸시하는 자를 내가 경멸하리라."213) 그런데 당신은 하나님께서 친히 그들을 존중하겠다고 약속하신 사람들을 반대하여 그가 경멸하는 사람 중 하나가 되려 하는가?

17. 거룩함을 미워하고 경멸하는 것은 하나님 자신의 형상을 미워하고 경멸하는 것이며, 하늘 아래 있는 가장 분명한 하나님의 형상을 경멸하는 것이다. 그리스도께서 우리에게 첫 번째 본을 주시려고 하늘에서 내려오신 것이다. 하나님의 영으로 마음에 그려지는 그리스도의 거룩한 삶의 사본까지도 주시려고 내려오셨다. 그런데 이 하나님의 형상을 경멸하는 자는 그것을 만드신 성령을 경멸하는 것이요, 우리에게 첫 번째 본을 주신 그리스도를 경멸하는 것이요, 하나님 자신의 형상을 경멸하는 것이다. 크리소스텀(Chrysostom)이 말하길, 마치 왕이 그의 이미지에 따라 존경을 받거나 멸시를 받는 것처럼, 하나님은 그의 백성에게서 사랑받거나 미움을 받는다. 그리고 감히 하나님을 멸시하고 예수 그리스도를 멸시하며 성령

---

210) 시 146:8
211) 고후 6:16-19
212) 말 3:16-17
213) 삼상 2:30

을 멸시하고, 자기 자녀 안에 있는 하나님의 형상을 멸시하는 자는, 그가 멸시하는 하나님에 의해 구원받기를 기대하는 뻔뻔한 자신감을 한 번도 가져서는 안 된다고 생각한다.

18. 당신은 인간 본성에 대한 수치이며, 사람을 마귀처럼 만들어서, 마귀들도 당신보다 더 악한 일을 할 수 있다는 것을 증명하기 힘들다. 피조물이 창조주의 형상과 법을 경멸하고 조롱하는 것보다 더 큰 죄가 있을 수 있을까? 그리고 그에게 순종하고 그를 기쁘시게 하며 자기의 영혼을 구하려는 사람을 미워하고 반대하며 핍박하는 죄보다 더 큰 죄가 있을 수 있을까? 당신이 할 수 있는 한 나빠지기 위해 공부한다면, 얼마나 더 나빠질 수 있을까? 그렇게 총명이 어두워지는 것이 얼마나 부끄러운 일인가? 당신의 마음이 악해지는 것이 얼마나 부끄러운 일인가! 태양이 빛나고 땅이 열매를 맺는 것을 멸시하는 것은 그리 큰 수치가 아니다. 이들은 하나님의 피조물이지만 하나님의 자녀들처럼 그의 거룩한 형상을 지니지 않았기 때문이다. 그가 마지막에 이르러 사람들을 정죄할 때 그것은 다음의 이유 때문일 것이다. "진실로 너희에게 이르노니 이 지극히 작은 자 하나에게 하지 아니한 것(또는 한 것)이 곧 내게 하지 아니한 것(또는 한 것)이니라."214) 사람의 본성이 창조주의 형상과 순종을 미워하고 반대하고 경멸하며 하나님의 거룩함을 조롱하는 데까지 이르렀다는 것이 놀라운 일이다. 인간에게 이와 같은 죄를 저지르도록 유혹하는 것이 마귀의 가장 큰 죄가 아닌가 하는 것은 큰 의문이다. 그리고 죄를 저지르는 것은 당신이 죄를 저지르도록 유혹하는 것보다 더 나쁘다(같은 상황이라면). 구세주가 있는 사람이, 구세주의 은혜를 경멸하고 그의 종들을 조롱하는 것은 구세주도 없고 용서도 희망도 없이 끝없는 절망 속에 갇혀 있는 마귀보다 훨씬 더 나쁠 필요가 있다. 아이가 아버지를 저주하거나 경멸하는 것이 적이 하는 것보다 더 나쁘기 때문이다. 성령의 역사를 조롱하거나 반대하는 것이 얼마나 그분을 거스르는 용서받을 수 없는 신성모독에 가까운지 생각하고 두려워하라.

19. 이와 같은 죄를 지을 수 있는 당신에게 어떤 악행이 예상되지 않겠는가? 당신의 이웃

---

214) 마 25:40, 45

이, 당신의 육체적인 이익으로 말미암아 그분에게 저항할 어떤 해악을 찾지 않을까? 당신이 범행하려는 욕구가 없음에도 누군가 당신을 도둑, 살인자, 음행하는 자, 사기꾼이라고 생각하는 것은, 당신에게 잘못이 있는가? 또는 누군가 당신이 당신의 왕과 나라에 대한 반역자이고, 또는 신뢰하는 친구에 대한 배신자라고 생각하는 것은, 그러한 유혹을 받은 당신의 잘못인가? 그럼에도 당신은 하나님께 순종하는 사람을 경멸하는가! 감히 자신의 창조주, 구세주, 성화되게 하는 자를 경멸하는 사람이, 그것과 동일한 어떤 악, 즉 자신의 심판자의 형상인 거룩함 자체를 멸시하는 것을 거부할 수 있을까? 내 입장에서, 내가 당신이나 당신과 같은 사람을, 생명이나 자유, 또는 한 푼의 가치로 신뢰한다면, 내가 신뢰하는 것은 당신의 정직과 양심이 아니라 당신의 관심이 될 것이다. 즉 나는 당신을 지배하는 마귀를 믿는 것보다 조금 더 당신을 믿는 것이다.

20. 마지막으로 죽음과 심판 때에 이것에 대해 당신이 어떻게 생각할지 생각해 보라. 당신이 하나님의 심판을 받을 때, 지금까지 당신이 경멸하던 그 하나님의 면전에 지금 나아가고 있다고 생각하는 것이 당신에게 위안이 될까? 그리스도께서 수천 명의 거룩한 천사들과 함께 세상을 심판하러 오시는 것을 볼 때, 내가 이 땅에서 조롱하고 비해한 그분의 거룩한 삶과 법도와 종들을 생각하는 것이 당신에게 위안이 될까? 이제 나는 내가 조롱했던 그에게 심판을 받아야 한다. 오, 끔찍한 사건이여! 경건을 멸시하고 박해하는 자가, 그들이 멸시하고 박해한 거룩하신 하나님께 심판을 받으러 가다니! 만일 당신이 말하기를 당신이 조롱한 것은 그리스도가 아니라 사람이라고 한다면, 마태복음 25장 40, 45절, 누가복음 19장 27절, 사도행전 9장 4절을 보라. "사울아, 사울아, 네가 어찌하여 나를 핍박하느냐?" 자녀가 아버지를 닮거나 모방하거나 순종하는 것을 경멸한다면 심판 날에 당신이 경멸하는 가장 크고 주된 대상이 아버지였음을 알게 될 것이다. 그렇다면 나는 그런 사람보다 차라리 가장 사악한 사람이 되는 것이 나을 것이다. 그때 당신은 당신이 한 말을 고수할 건가? 그때 당신은 중상과 책망을 계속할 것인가? 당신은 그들이 그리스도의 오른편에서 의롭게 된 것을 볼 때, 또는 하늘에서 그와 함께 영광스럽게 된 것을 볼 때, 경건한 사람들을 비웃거나 경멸할 것인가? 아니! 말라기 3장 18절을 보면, 하나님께서 그들을 그의 보석으로 삼으실 "그 때에 너희가 돌아와서 악인과 의인을

분별하고 하나님을 섬기는 자와 섬기지 아니하는 자를 분별하리라." 그때 당신이 성도를 거슬러 말한 모든 비난과 경멸의 말을 어찌 없던 일로 할 수 있겠는가? 당신은 그런 말을 한 적이 없었으면 하고 바랄 것이다. 내가 당신에게 말한다. 지금, 그 같은 사람이 경건함을 경멸하는 것은 부끄러운 일이다. 경건함을 기억하면서 의로운 하나님 앞에서 속히 떨 것이다!

나는 이 죄의 끔찍함에 대한 이러한 발견이 그 죄를 막는 최선의 길이라고 생각했다. 그것은 아무것도 얻을 수 없는 죄이기 때문에 당신이 기꺼이 떠나려 한다면 쉽게 떠날 수 있는 죄이다. 그러나 아직도 그것에 이르는 길에 있거나 위험에 처한 사람들을 위해, 나는 그들이 그러한 절망적인 악행에서 벗어나도록 방향 제시를 추가할 것이다.

방향 제시-1 '하나님의 종들과 종들의 길을 감히 욕하는 미친 사람들을 피하라.' 당신의 타락한 본성은 가장 끔찍한 신성모독을 자주 듣게 될 때, 그것을 모방하려는 성향이 있다. 우리는 우리 시대 사람들이 다른 사람을 모방하여 이름도 알 수 없는 죄에 이끌려 온 것을 보아 왔다. 그것은 건강을 위해 마귀에게 건배하고, "제기랄(God damn)"을 평범한 말로 만든 것이다. 그러므로 그들과 친구가 되지 말라.

방향 제시-2 '마음의 부주의와 의지의 완고함으로 죄짓지 않도록 주의하라.' 하나님에게 버림받지 않으려면 그를 버리지 말라. 일반적으로 하나님에게 버림받은 사람들은 이 절망적인 정도의 죄에 이르게 되는데, 강해서에서 그들을 이렇게 묘사하고 있다. '그가 멸시하는 자라고 부르는 세 번째 부류의 거만한 자, 즉 마음이 악의로 가득 차서 죄 가운데 거하며 온갖 악으로 삶을 영위하는 데 만족하지 않고 다른 사람들, 즉 모든 경건과 참 종교와 모든 정직과 덕을 정죄하고 경멸하는 부류의 사람들이다.' 첫 번째 두 부류의 사람에 대해서는 내가 말하지 않겠지만, 그들은 회개하여 하나님께 돌이킬 수 있다. '세 번째 부류의 사람은 하나님의 심판에 대한 위험이 없다고 생각하여, 회개하여 하나님께 돌아오지 않고 가증스러운 악행을 계속하면서, 하나님의 피할 수 없는 심판의 날에 대항하여 저주를 쌓고 있다.' 비록 나는 이것이 너무 가혹하다고 생각하지만, 그것은 영국 교회의 판단이며, 그것에 동의한다고 인정하는 경멸자들에게는 끔찍한 일이다.

방향 제시-3 '당신이 싫어하는 바로 그 상황이나 예배 방식을 경멸하지 않도록 주의하라.' 그러한 경멸은 예배 자체에 너무 밀접하게 연결되어 있어, 듣는 사람의 마음이 조롱을 받는 방식이나 상황 때문에 그 내용을 불명예스럽게 여기도록 쉽게 끌려갈 수 있다. 그리고 그것은 권위 있고 냉철한 기독교인들이 혐오하는 뚜렷한 불경스러운 냄새가 난다. 우상숭배의 경우나 예배의 본질이 경건하지 않고 금지된 경우, 나는 바알의 제사장을 조롱한 **엘리아**(때로는 조심스럽게)가 모방될 수 있음을 부인하지 않는다. 그러나 예배의 방식이나 상황의 작은 차이에 대해 그렇게 하는 것은 모든 종교를 조롱과 경멸의 문제로 바꾸도록 사람들을 가르치는 방법이다. 당신이 왕의 의복과 장신구와 신하들의 시중을 보고 싫어하거나 우스꽝스럽다고 판단하여 그를 향하여 비웃는다면, 내가 왕을 비웃지 아니하였고 이러 저러한 일에 관한 것이라 하여도 변명이 되지 않을 것이다. 왜냐하면, 그의 존재는 자신을 조롱하는 것처럼 보이는 것을 통제하기 때문이다. 그러므로 나는 당신이 '내가 경멸하는 것은 예배에 있는 것이 아니라 단지 목사의 그런 말이나 몸짓에 있다.'고 말할 것을 안다. 그러나 거룩한 것을 희롱하지 않도록 주의하고 타는 불 근처에서 놀지 말라. 당신이 상황을 조롱함으로써 익숙하지 않은 다른 사람들로 상황 자체를 조롱하게 하지 말라. 당파적인 기독교인들이 서로에 대해 거스르는 농담과 별명과 농담을 제기하는 동안, 신성을 더럽히는 사람과 종교의 일반적인 적들이 그것들을 받아들이고, 모든 진지한 경건에 대항하여 다른 사람들과 그들 자신의 정죄의 위험한 상황을 받아들이는 것을 보지 못했는가? 그리고 우리는 이러한 논쟁적인 시대에, 그들이 싫어하는 사물과 사람들에 대해 이런 비방과 경멸을 사용하는 것은 특정한 당파들과 불경스러운 사람들이라는 것을 경험했다. 모든 면에서 냉정하고 평화롭고 현명한 사람들은 그것을 싫어한다. 어떤 젊고 성급한 사람들이 성공회기도서를 '야채수프'라는 이름으로, 그리고 소매가 넓은 흰 성직자의 옷을 '바빌론 매춘부 작업복'이라고 부르며 조롱하는 것을 들었을 때, 모든 냉정한 사람들은 그것을 얼마나 불미스럽고 모독적이라고 생각했을까! 그러므로 그와 같은 영이 그들을 교만하고 몹시 냉소적으로 인도하여, 사역자들, 대학들, 학문, 성전, 십일조, 그리고 예배의 모든 부속물들을 조롱하게 하였다. 참으로 주님의 날에 시편을 노래하고, 설교하고, 종교의 모든 의무를 다하라. 왜냐하면 사람들이 일단 사탄의 영과 병기와 세상과 육체로 하나님을 위해 노력하는 척하면, 그들은 불경의 바닥에 이르기까지 멈추지 않고, 사탄의 방식으로 사탄의 일을 하기 때문이다. 그리고 다른 한편으로, 어떤 사람들이 교회의 정치와 예식의 형태에 대해 그들과 다른 규칙을 엄격히 지키는 사람이나 청교도들과 같은 사람들을 너무 모욕적으로 비난하는 동안, 세속적인 폭도들은 곧 그것에 의해 이익을 얻었고, 이 말을 경건하고 냉정하며 평화로운 사람들에 대한 저속하고 신랄한 비난으로 바꾸어 버렸다. 로버트 볼튼(Robert Bolton)은 다음과 같이 말한다. "나는 하나님에 대한 악의가 처음 저주받은 천사들을 사로잡고, 하늘의 은혜가 인간의 마음속에 깃든 이래로, 이를 갈고 혐오하는 온갖 거듭나지 않은 자들의 입을 통과하는 말 중에 청교도라는 이름보다 더 불쾌하고 불쌍한 박해의 단어는 없었다고 확신한다. 처음에는 일반적으로 어떤 사람들의 악의와 경멸에서 나오고, 어떤 사람들의 좋은 동료애의 정신에서 나온 것으로, 기독교와 은혜에 대한 명예로운 별명이라고 말할 수 있다." 그에 대해, 나의 책《형식적 위선자》210, 212페이지에서 인용된, 다남(Downame)과 아보트(Abbot) 주교의 글을 보라.

방향 제시-4 '경건한 자들이 가진 결점 때문에 그들을 경멸하지 않도록 주의하라. 이는 경건하지 않은 자가 경건한 자를 쉽게 멸시하는 데로 나아가지 않게 하기 위함이다.' 교리와 종교를 공언하는 사람이 얼마나 흔히 저속한 판단을 하는지 쉽게 관찰할 수 있기 때문이다. 로마 가톨릭교인이나 한 종파가 거룩한 삶을 살고 있다면, 그들의 실수를 조롱한다 해도, 그들의 인격을 경멸하지 않도록 주의하라. 실수하는 성도라 해도 하나님의 사랑과 존중을 받기 때문이다. 거룩함이 어디 있든지, 거룩함은 그것을 가진 자에게 가장 위대하고 찬란하고 탁월한 것이다. 그러므로 어떤 실수나 결점으로 인해 그 사람을 욕되게 생각하지 말고, 그에게 있는 더 큰 장점을 생각하라. 왕의 인격은 그의 결점에 대한 모욕적인 언급으로 불명예스럽게 되어서는 안 되며, 그것이 그의 직무에 반영되지 않도록 해야 한다. 그렇게 거룩한 사람의 인격도 불명예스럽게 함으로 그것이 그의 신앙에 반영되지 않도록 해야 한다. 어떤 사람도 자신의 결점을 인정하거나 보호해서는 안 되며, 우리가 사람을 판단하는 대안으로 결점이나 예의범절로 판단을 내려서는 안 된다. 그러나 우세한 것으로 사람을 판단해야 한다. 그러므로 그들의 미덕과 종교의 명예를 보존하고, 그들의 미덕을 위해 그들의 잘못을 비난하라. 그렇게 **노아**와 **롯**과 **다윗**과 **베드로**의 타락을 비난하여 죄를 더 증오하게 하되, 그들의 신앙이 멸시의 대상이 되지 않게 하기 위해, 그들의 인격을 경멸해서는 안 된다. 여기서 좋은 사람의 타락에 대해, 경건한 자들과 경건하지 않은 사람들이 언급하는 것의 차이점을 주의하라. 경건한 자들은 죄를 더 두려워하고 경계해야 할 것으로 보이게 하고, 거룩함을 더 탁월하고 필요한 것으로 보이게 하기 위해 언급하지만 불경건한 자들은 죄가 설교자들이 말하는 것처럼 그렇게 나쁘고 위험한 것이 아니라는 것과 그 거룩함은 육체의 삶과 별 차이가 없다는 것을 믿게 하기 위해 그것들을 언급한다.

방향 제시-5 '하나님의 종들에 대해 상당한 지식없이 단순한 소문만으로 판단하지 말라.' 나는 크든 작든, 높든 낮든 경건함의 수많은 적들, 경멸자들, 박해자들에 대해 아는 사람은 없을지라도, 친숙하거나 그들의 삶을 은밀히 관찰함으로써 그들을 잘 알 수 있는 것은 결코 기쁨이 없다는 것이다. 그러나 일반적으로 그들에 대해서는 소문이나 눈으로나 작은 지식으로 알게 된다. 만약 그들과 같은 집에서 함께 살거나 친숙한 경우라면, 그들의 마음과 말을 바꿀 수 있는 가능성이 가장 큰 방법이다. 그들이 아는 것이 부족하고 일성석이거나 또는 부질서한 종류의 기독교인이 아니라면 그렇다.

방향 제시-6 '모든 사람에 대한 무자비함과 악의를 갖지 않도록 주의하라. 특히 그리스도의 종들에 대해 더욱 주의하라.' 이것은 판단력을 어둡게 하고, 악의적인 종류의 열정을 갖게 하며, 주님의 가장 거룩한 종들에 대해 경멸과 분노를 일으키게 하기 때문이다. 기독교인으로서 기독교인에 대한 최소한의 진정한 사랑은 이 모든 죄를 치료하는 데에 많은 도움이 될 것이다.

방향 제시-7 '종파나 당파에 관여하는 것에 주의하고, 분열이라는 육체적 열정과 당파의 정신에 주의하라.' 당파의 정신은 대개 사람들로 하여금 필요하지 않더라도 자신에게 반대로 보이는 사람들을 경멸하는 것을 합법적이라고 생각하게 하여 그들의 대의나 당의 이익을 방해하지 못하게 하려고 하는 것이다. 따라서 로마 가톨릭교회와 모든 정당의 분파적인 사람들은 그들의 비방이 하나님의 적들을 무장해제시키는 데 필요하다고 생각한다(이러한 모든 사람들은 그들과 다르게 보여야 하기 때문이다). 그리고 그들이 해칠 수 있는 그들의 명예를 박탈하는 것이다. 이와 같이, 선이 가장 역겨운 악으로 가장되고, 하나님은 그의 율법을 성취하는 사랑에 대항하여 세워진다. 그리고 그의 자녀들을 거만한 자들의 후원자로 만들었다. 그러나 분명히 그는 거만한 자들을 비웃는다.[215]

방향 제시-8 '오류와 종교적 신념이 부족하지 않도록 주의하라.' 이해력이 한때 착각하여, 종교 자체를 속임수나 공상으로 여겨, 경건을 자만과 위선으로 여긴다면, 그런 사람들이 그것을 조롱하는 것은 당연하다. 그러한 조소자들은 그것으로 스스로를 정당화하고 그들이 해를 끼치지 않는다고 생각할 것이다. 그토록 큰 재앙은 눈먼 마음이다.

나는 이미 이 악마 같은 죄에 대해 그 본질이 요구하는 것보다 덜 말했는데, 왜냐하면 특히 세 개의 논문, '형식적인 위선자의 헛된 종교'와 '지금 아니면 결코 없다' 및 '성자 아니면 야수'에서 이미 너무 많이 말했기 때문이다.

나는 경건한 자들에게 다음과 같은 진지한 요청의 말로 결론을 맺는다.

1. 하나님께 영광을 돌리고 사람들에게 구원을 제안할 때, 당신의 경솔함, 추문, 이기심, 정욕으로 사람들에게 경멸의 기회를 주지 말라. 크리소스텀(Chrysostem)이 말했듯이, '전투에서 왕의 깃발을 든 자가 잘 보호되어야 하는 것처럼, 하나님의 이름과 신앙고백을 가지고 경건을 행하는 자도 잘 보호되어야 한다.'

2. 거만한 자를 인하여 낙심하지 말라. 이것들은 그리스도가 당신을 위해 받으신 고난과 거만한 자들이 받아야 할 고난에 비하면 작은 것이다.

---

215) 잠 3:34

제10장

몸 관리에 대한
방향 제시

1부
우리의 노동과 소명에 대한 방향 제시

제1과 우리의 규칙적인 노동과 소명에 대한 방향 제시

나는 이미 그리스도인의 일과 우리의 소명의 의무에 대해 제3장 큰 방향 제시-10에서 말했다. 이제 나는 소명을 올바르게 선택하기 위한 몇 가지 방향 제시를 추가하고, 그것들의 사용에 대해 더 많이 말할 것이다.

방향 제시-1 '노동의 삶이 얼마나 필요한지 그리고 그 필요성의 이유를 이해하라.'

[노동은 모두에게 필요한가?]

탐구1 '노동은 모두에게 필요한가? 모두가 아니라면 누구에게 필요한가?'

답 노동은 그것을 수행할 수 있는 모든 사람에게(의무로서) 필요하다. 그러나 능력이 없는 사람에게는 필요하지 않다. 노동을 할 수 없는 유아, 병자 또는 정신이 산만한 사람, 수감자 또는 타인에 의해 부득이하게 구속되거나 방해받는 사람, 또는 나이에 의한 장애가 있거나 또는 자연적으로 불가능한 사람에게는 필요하지 않다.

[어떤 노동이 필요한가?]

탐구 2 '어떤 노동이 필요한가?'

답 어떤 노동은 정신과 육체의 능력을 사용해야 하며, 가능한 한 다른 사람과 우리 자신에게 유익해야 한다. 그러나 모든 사람에게 같은 종류의 노동이 필요한 것은 아니다.

일부 노동은 육체보다 정신이 더 많이 사용된다. 치안판사, 목사, 의사, 변호사 등의 노동이 그와 같다. 그들 가운데 어떤 사람들은 육체적 노동도 많이 할 수 있다.

어떤 사람들의 노동은 거의 정신적인 일이다. 예를 들면,

1. 소명을 받기 위해 준비하고 있지만, 신학, 철학, 법학, 물리학 등을 배우는 학생들의 노동은 거의 정신적인 일이다.

2. 어떤 목사나 다른 경건한 사람들 중, 그들이 사는 곳과 시대의 죄악으로 말미암아 잠시 동안 사람들에게 나타나지 못하게 될 수도 있고, 정신에 의한 것을 제외하고 어떤 것을 위해 일할 수도 없고, 감옥에 갇히거나, 고독 속으로 내몰리거나, 그렇지 않으면 어떤 일을 하지 못할 상태에 있을 수도 있다.

3. 하나님과 혼자서 대화하기 위해 한 시절 동안 정신적인 일이 특별히 필요한 사람들이 있다. 예를 들면, 죽음에 임박한 사람들은 다른 모든 노동은 쉬고 자신을 준비해야 하는 가운데 정신적인 일이 필요하다. 일반적으로 죽음에 가까운 사람들일지라도 마지막까지 다른 사람들의 유익을 위해 노력해야 한다. 그렇게 함으로써 그들은 유익을 얻고 스스로를 준비한다.

어떤 사람들의 노동은 정신보다 육체에 더 가깝다. 예를 들면, 대부분의 상인과 일용직 노동자가 그렇다.

그리고 어떤 사람들의 노동은 몸과 정신적인 부분이 같은 분량이다. 예를 들면, 시계제작자, 인쇄업자, 건설업자 등의 힘든 사역자들, 의사, 서기관 및, 독창적인 기술자가 그렇다. 이들 중 일부는 한 사람에게 가장 적합하고, 일부는 다른 여러 사람들에게 적합하다.

[종교가 노동을 면제해 줄까?]

탐구 3 '종교는 기도와 묵상을 제외한 다른 모든 노동에서 면제되지 않나?'

답 종교는 하나님께 순종하는 우리의 의무이다. 하나님은 우리가 다른 사람들에게 할 수 있는 모든 선을 행하도록 우리를 구속한다. 능력과 기회와 소명이 있는 사람들은 성직자로서, 종교에 의해 세속적인 노동에서 면제될 수 있다. 그러나 그들이 할 수 있는 다른 사람들을 위한 영적 노동에서 면제되는 것은 아니다. 종교라는 구실 아래, 대화를 중단하고 다른 사람에게 선행을 하지 않고 오직 자기 자신과 자신의 영혼만 위해 사는 사람은, 종교를 자선과 사랑의 행위에 반하는 구실로 만드는 것이다. 왜냐하면 "하나님 아버지 앞에서 정결하고 더러움이 없는 경건은 곧 고아와 과부를 그 환난 중에 돌보고 또 자기를 지켜 세속에 물들지 아니하는 그것이다."[1]라고 성경이 말하기 때문이다. 질병이나 투옥, 박해로 인해 더 이상 남을 위해 일을 할 수 없을 때라도 그들을 위해 기도해야 한다. 그럼에도 우리는 더 많은 일을 할 수 있고 그래야 한다.

[재물이 핑계가 되지 않을까?]

탐구 4 '부자는 소명을 위해 일하는 것에서 면제되지 않을까?'

---

1)   약 1:27

답 아니다. 부자는 오히려 노동에 더 많이 구속된다. 하나님으로부터 가장 많은 삯을 받은 자는 그에게 가장 많은 일을 해야 하기 때문이다. 물질적 필요로 인한 노동이 요구되지 않을지라도, 다른 가난한 사람들과 마찬가지로 하나님께 순종하고 다른 사람들에게 선행을 베풀어야 할 필요성이 매우 크다.

[노동이 필요한 이유]

탐구 5 '노동은 왜 능력 있는 모든 사람에게 필요한가?'

답 1. 하나님은 노동을 모든 사람에게 엄히 명하셨다. 그의 명령은 우리에게 충분한 이유가 있다. "우리가 너희와 함께 있을 때에도 너희에게 명하기를 누구든지 일하기 싫어하거든 먹지도 말게 하라 하였더니 우리가 들은 즉 너희 가운데 게으르게 행하여 도무지 일하지 아니하고 일을 만들기만 하는 자들이 있다 하니 이런 자들에게 우리가 명하고 주 예수 그리스도 안에서 권하기를 조용히 일하여 자기 양식을 먹으라 하노라." "또 너희에게 명한 것같이 조용히 자기 일을 하고 너희 손으로 일하기를 힘쓰나 이는 외인에 대하여 단정히 행하고 또한 아무 궁핍함이 없게 하려 함이라."[2] "네가 흙으로 돌아갈 때까지 얼굴에 땀을 흘려야 먹을 것을 먹으리라."[3] 그리고 넷째 계명에서 "엿새 동안 일하라." 다음 성경 구절, 에베소서 4장 28절과 잠언 31장 31절을 보라.

2. 본질적으로 행동은 우리 모든 힘의 목적이다. 그리고 그 힘이 행동과 관련하여 우리가 할 수 있는 일을 할 수 없다면 그것은 헛된 것이다. 즉, 이해하고, 읽고, 쓰고, 걸을 수 있는 일 등을 하지 못한다면, 힘은 가치가 거의 없다.

3. 그것은 하나님께서 우리와 우리 능력을 유지하는 행동을 위한 것이다. 노동은 힘의 자

---

2) 살후 3:10-12; 살전 4:11, 12
3) 창 3:19

연적인 목적만 아니라 도덕적인 목적이 있다. 우리에게 명령된 힘에 의한 행동이다.

4. 하나님께서 섬김과 영광을 받는 것은 행위에 의한 것이니, 우리가 선을 행할 수 있는 존재라는 것이 아니라 선을 행하는 것이다. 누가 일하는 하인을 두지, 일하지 않는 하인을 두겠는가? 그의 단순한 능력이 당신의 기대에 부응할까?

5. 공공의 복지, 또는 많은 사람의 이익은 우리 자신보다 더 중요하게 여겨져야 한다. 그러므로 모든 사람은 다른 사람들, 특히 교회와 나라를 위해 그가 할 수 있는 모든 선을 행해야 한다. 그리고 이것은 게으름에 의해서가 아니라 노동에 의해서 이루어진다. 벌들이 벌집을 보충하기 위해 일하듯이 사회적인 피조물인 인간은 자신이 속한 사회의 이익을 위해 노력해야 하며, 그 사회에는 그 자신의 것이 일부분 포함되어 있다.

6. 노동은 정신 능력을 보존하기 위해 필요하다.

(1) 사용하지 않는 능력은 쇠퇴하기 때문에 정신의 노동은 필요하다. 사용하지 않는 철은 녹과 함께 소모된다. 나태함은 사람을 어리석고 둔하게 하고, 그들이 가진 작은 능력까지 망친다.

(2) 정신이 육체에 의존하고, 그 성격과 기질에 따라 행동하기 때문에 육체의 운동은 일반적으로 필요하다. 정신은 육체에 의해 크게 도움을 받거나 방해를 받는다.

7. 노동은 우리의 건강과 생명에 필요하다. 노동이 없으면 몸 자체는 곧 치명적인 질병에 걸리게 될 것이다(특별한 건강을 가진 극소수의 사람을 제외하고). 금욕 다음으로 노동은 건강을 유지하는 주요 수단이다. 그것은 자연적인 열기와 영혼을 자극하여 인간의 삶을 위한 주요한 직분을 수행하게 한다. 그것은 이 생명의 불을 위한 적절한 풀무이다. 그것은 자연적인 모든 소화를 돕고, 음식물의 큰 덩어리를 잘게 쪼개고, 부패하기 시작한 것을 정화하고,

장애물을 치우고, 운동, 순환 및 영양에 적합한 혈액 및 다른 영양 체액의 덩어리를 체내에 적절한 기질로 유지시킨다. 그것은 그들 모두가 자연적인 일을 수행하는 데에 도움을 준다. 그것은 각각의 부분이 적절한 영양분을 끌어당기도록 돕고, 자연히 일시적이고 여전히 소모적인 기름과 덩어리를 유지시킴으로 모든 발효작용과 대사전환의 촉진을 돕는다. 노동은 다양한 질병의 문제가 되는 모든 배설물의 준비, 변형, 배출하는 활동에 뛰어나고, 건강의 모든 적에 대항하여 강력하게 싸운다. 한마디로 인간에게 발생하는 대부분의 질병을 예방하는 데에 세계에서 가장 유능한 의사와 우수한 의약품의 도움과는 비교할 수 없을 정도로 탁월하다. (그러므로 쾌활하고 잘 다듬어진 몸을 즐겁게 사용하는 것이 정신 자체에 이익이다. 나른하고 병든 몸을 사용하는 것은 기수가 피곤한 말을 사용하거나, 우리가 병들고 게으른 하인을 사용하거나, 무딘 칼이나 고장 난 시계를 사용하는 것과 같다.) 내가 지금 육체의 노동에 대해 말하고 있는데, 그것은 몸에 필요하고, 결과적으로 정신에 필요한 것이다. 노동의 부족은 사람을 우울하게 하고, 게으르고 아무짝에도 쓸모없게 하고, 더러운 정욕을 소중히 여기며, 매년 수백만 명이 그들의 수명보다 앞서 흙으로 돌아가게 한다. 육체 노동이 부족하기 때문에, 많은 게으른 귀족과 부유한 사람들과 게으른 젊은이들은 몸의 은밀한 기관에 소화되지 않은 배설물의 오물 덩어리를 쌓아 놓아, 삶의 연료와 기름이 되어야 하는 체액 덩어리를 부패하게 하기에(발열, 마비, 경련, 뇌졸중, 수종, 폐결핵, 통풍 등의 질병으로), 고속도로에서 도둑이 사람들을 살해한 것보다 더 비참하게, 수천 명의 사람이 죽는다. 왜냐하면, 그것은 그들 자신의 행위이며 그들의 게으름으로 스스로를 죽이기 때문이다. 신체 운동과 노동이 부족한 많은 학생들과 앉아서 생활하는 사람들이 질병으로 시달리고 죽음을 앞당기며, 자기들의 육체적 나태함으로 야기되는 것에 대해 부당하게 고된 공부를 탓한다. 가장 힘든 연구라 할지라도, 만일 그들이 중간에 적당하게 육체 노동을 함으로써, 그들의 모든 성향을 적정한 기질로 유지시킨다면, 대부분의 사람들에게 해를 끼치지 않을 것이다. 그들은 수고와 땀 대신에 때때로 느리게 걷는 것으로 스스로를 속일 것이다. 만일 세상이 사람의 건강과 생명을 유지하는 절제와 노동의 유익과 과식과 게으름의 해악만 알고 있다면, 건강과 생명을 사랑하는 마음이 그들에게 그것을 행할 것인데, 하나님의 권위는 육체적 유익만 고려하지 않을 것이다.

8. 노동과 근면은 마음을 합법적인 직업에 두게 하므로 많은 위험한 유혹을 피하고 허영심과 죄로부터 생각을 지킨다. 또한 헛된 말을 삼가며, 게으름과 나태한 삶이 짓는 많은 죄에서 영혼을 보호한다. 그것은 게으른 삶에서 가장 큰 지식과 부지런한 경계가 할 수 있는 것보다 배우지 못한 사람조차도 그들의 생각과 말을 죄로부터 억제하는 데 더 효과적으로 도움이 된다.

9. 부지런한 노동은 육체를 죽이고, 사치스러운 성향을 억제하고, 교만과 정욕과 게으른 생활을 소중히 여기는 야수적인 관능을 극복한다.

10. 마지막으로, 노동은 우리가 일용할 양식을 얻는 일에, 하나님께서 정하신 방법이다. 우리의 친구나 부모의 선물로 빵을 얻는 것보다, 우리 스스로 빵을 얻는 것이 더 진정한 명예인 것처럼, 잘 아는 사람에게는 그것이 더 편안하다. 우리는 우리의 음식과 양식이 자비 가운데 있으며, 하나님께서 정하신 방법으로 그것들을 가질 때, 우리에게 축복이 될 것이라고 믿을 수 있다. 그는 "누구든지 일하기 싫어하거든 먹지도 말게 하라."[4]고 말씀하셨다.

방향 제시-2 '결과적으로 노동이 필요하므로, 당신의 노동의 올바른 수행을 위해 명시된 소명이 얼마나 필요한지 이해하라.' 소명은 명시된 일상적인 노동 과정이다. 이것은 다음과 같은 이유로 매우 필요하다.

1. 소명이 없으면 사람의 노동은 간헐적이 되거나 일정하지 않기에, 노동의 수고보다 게으름에 더 많은 시간을 보낸다.

2. 사람은 익숙한 것에 가장 능숙하다.

3. 소명을 위해서는 도구와 필수품을 가장 잘 제공받을 것이다.

---

4) 살후 3:10

4. 그러므로 그는 다른 일을 할 수 있는 것보다 그것을 더 잘하고, 다른 사람에게 해를 입히지 않고, 그의 수고의 목적을 더 많이 이룬다.

5 어떤 사람은 익숙하지 않고 숙달되지 않고 공급되지 않아, 작은 일에 많은 수고를 함에도 불구하고, 노동을 더 쉽게 행한다.

6. 그는 다른 사람이 계속 혼란에 빠지고, 작업 시간과 장소를 알지 못하고, 한 부분이 다른 부분과 모순될 때에도 그는 자기 일을 보다 질서 있게 수행할 것이다.

탐구1 '사람은 간헐적이고, 불확실한 일들로 구성된 소명을 가질 수 없는가?'

답 더 나은 것을 가질 수 없는 사람은 그렇게 할 수 있다. 따라서 그것들은 그가 할 수 있는 일관된 일이다. 하인은 여러 가지 일을 심부름할 수 있고, 일용직 노동자는 여러 가지 일을 할 수 있는 것과 같다. 그러나 다양성이 그에게 큰 불편이 될 것이다.

탐구2 '사람이 동시에 여러 가지 직업이나 소명을 가질 수 있나?'

답 그렇다. 그것이 공동의 이익을 위한 것이거나, 자신의 이익을 위한 것이거나, 다른 사람에게 해를 입히지 않는 것이라면 의심의 여지가 없다. 어느 쪽이 그를 다른 쪽에서 불충실하게 할 정도로 일관성이 없는 것이 아니라면, 하나님은 그것을 금하지 않을 것이다.

사람이 소명을 변경할 수 있는지 여부에 대한 질문은 이미 제3장 방향 제시-10에서 대답했다.

방향 제시-3 '소명의 행위가 죄일 때, 소명이 합법적일 수 있다고 생각하지 말라. 불법적인 소명으로 인한 당신이나 당신의 수고나 이득이, 축복받지 못할 것이다.' 불법 행위는 매우 나쁘다. 게다가 불법적인 소명은 죄악의 삶이다. 죄를 사람의 직업, 일, 생활로 만드는 것은 가장 끔찍하고 절망적인 삶의 길이다. 고용된 군인의 경우, 그들의 임금을 위해 권위, 권리 또는 무죄에 맞서 싸워야 하고 반나절의 왕권을 위해 사람들을 살해할 것이다. 그리고 속임수, 도둑질, 억압, 창녀 또는 장물 수수에 의해 사는 사람들, 또는 술주정 뱅이, 도박꾼, 또는 다른 관능적인 악행을 고의적으로 기꺼이 유지하는 사람들의 경우이다.

방향 제시-4 '어떤 일이 적법하다고 해서 그러한 일을 하는 소명이 합법적이라고 생각하지 말라.' 특정한 때와 한계 내에서 농담하는 것은 적법하지만, 삶의 직업으로써 어릿광대가 되는 것은 합법적이지 않다. 어떤 경우에 코미디나 비극을 연기하는 것이 합법적인 것으로 밝혀지고, 그것이 죄를 만드는 것이 아니라면, 직업으로써 무대 배우가 되는 것은 합법적이다. 카드나 주사위 게임이 죄를 만드는 것이 아니라면 합법적일 수 있다. 그런 경우에 직업으로 게이머(gamester)가 되는 것은 합법적이다. 이와 같다면 많은 것을 말할 수 있다.

방향 제시-5 '당신의 소명의 일은 적법하거나 필요한 것만으로는 충분하지 않다. 당신은 그것이 안전하고 당신의 영혼에 매우 위험하지 않도록 특별한 주의를 기울여야 한다.' 포도주 양조업자와 맥주 판매자의 소명은 합법적이고 필요하다. 그러나 그것은 매우 위험해서 (특별한 장소나 경우가 아닌 한) 자기의 영혼을 사랑하는 사람이 그의 양식을 구할 수 있는 더 안전한 것이 있다면, 그것에 관여하는 것을 혐오해야 한다. 그들은 술을 먹지 않는 사람에 의해 얻는 것은 거의 없고, 그들의 수입은 인간의 죄를 필수로 설정하기에, 소명을 계속한다는 것이 그들에게 끊임없는 유혹이다. 견고한 땅 위에 서 있기 힘든 연약한 사람이, 약간의 돈을 벌기 위해 얼음 위를 조심스럽게 걷는 것과 같은, 그러한 유혹의 삶에 자신의 영혼을 맡기지 말아야 한다. 그렇게 하는 것은 승리할 확률이 적다.

방향 제시-6 '자신이나 자녀를 위해 직업이나 소명의 선택에서, 가장 먼저 의도해야 하는 주요한 것은 하나님을 섬기는 것과 공공의 이익을 위하는 것이다.' 그러므로(동일한 조건이라면), 공익에 가장 도움이 되는 소명이 선호되어야 한다. 공익에 가장 유용한 소명은 치안 판사, 사역자, 교회 교사, 교장, 의사, 변호사 등 농부(쟁기질하는 사람, 목축업자, 목자)가 있다. 그리고 그다음은 선원, 의류상, 서점, 재단사 등 인류에게 가장 필요한 일에 종사하는 직업이 있다. 그리고 덜 유용한 일에 사용되는 일부 소명 (담배 판매자, 레이스 판매자, 깃털 제조업, 가발 제작자 등)이 있는데, 그 자체로는 합법적일 수 있지만, 더 나은 것을 선택할 수 있는 사람은 이것들 중 하나를 채택하는 것을 꺼려해야 한다. 자기가 할 수 있는 최대의 선을 행하는 일에 평생을 바치는 것은 성실한 마음에 큰 만족을 준다. 비록 그가 스스로 부자가 될 수 있을지라도, 다른 사람에게 전혀 도움이 되지 않는 일에 일생을 보내는 것은 감옥과 끊임없는 재앙과 같은 것이다.

방향 제시-7 '두 가지 소명이 공익에 동등하게 기여하고 그중 하나는 재물의 이점을 가지고 있고 다른 하나는 당신의 영혼에 더 유리할 때, 후자를 우선해야 한다. 그리고 공익 다음으로 영혼의 유익이 당신의 선택을 이끌어야 한다.' 변호사가 신이 내려 주신 것만큼 공익에 유익하며, 그것이 훨씬 더 많은 부와 명예를 얻는 길이라고 받아들이라. 지금까지 성스러운 소명은 영혼의 유익을 위해 훨씬 더 바람직하다. 그리스도의 말씀과 교리를 여전히 우리 앞에 두고, 우리 생각과 입에 간직하는 것이 우리의 소명에 매우 큰 도움이 되기 때문이다. 다른 사람은 때때로 소명을 실천하며 기뻐해야 함에도, 그늘의 마음은 세속적인 일의 빈번하고 마음을 산만하게 하는 행위에 의해 식는다. 그래서 우리의 소명과 일은 성실한 마음에 지속적인 레크리에이션과 보존과 은혜에 대한 교화를 돕는 것이다. 따라서 교사의 소명은 일반적으로 열악하고 매우 고통스럽기 때문에 치밀한 주의가 많이 필요하다. 그러나 그것은 공동의 선에 매우 유익하며, 진실하게 공부하는 행위에서 스스로를 향상시킬 수 있는, 많은 정신적인 자유와 이점을 제공하는 일이기에, 부유하고 명예로운 일을 원하는 사람보다는 순수한 기질을 가진 사람에 의해 선택되고 기뻐하는 것이 더 적합하다. 하루 종일 좋은 일을 하는 것은 달콤하다.

방향 제시-8 '가능하면 몸을 단련하는 작업을 택하여 근심과 노동에 의해 압도되지 않고, 정신적으로 거룩하고 고상한 일을 하기 위한 모든 자유시간을 빼앗기지 않도록 하여 마음을 단련하여 몸도 단련할 수 있게 하라.'

1. 몸과 정신을 사로잡는 소명은 더 큰 일에 대한 혼합된 생각이나 적절한 휴식 시간을 인정하지 않기 때문에, 영혼에 지속적인 올가미이자 감옥이다. 다른 방식으로 신속하게 실행할 수 있는 것보다 훨씬 더 큰 사업에 뛰어드는 많은 사람들의 경우다. 지금까지 그들의 마음 속에는 세상의 것을 더 많이 얻으려고 하나님과 하늘로부터 계속 소외되는 것에 만족한다. 많은 가난한 일꾼들(의류상, 재단사 등)은 손으로 일할 수 있고, 일에 지장을 주지 않으면서 하늘의 일을 묵상하거나 담론할 수 있다. 그럼에도, 큰 수익을 창출하는 소명을 가진 많은 사람들은 하루 종일 하나님이나 하늘에 대한 생각이나 말을 할 여지가 거의 없다.

2. 반대로 몸뿐 아니라 마음이 움직이지 않는다면, 건강을 망치고 몸과 마음 모두 쓸모없게 될 것이다.

방향 제시-9 '유용성을 당신 소명의 세 번째 자리(즉 공공의 이익 다음, 영혼과 신체 건강에 대한 개인적인 이익 다음)에 놓는 것은 합법적이며 합당하다.' "부자 되기를 힘쓰지 말라."[5]고 하는데, 그 뜻은 당신이 부를 당신의 주된 목적으로 삼지 말라는 것이다. 우리의 육체를 위한 부는 궁극적으로 의도되거나 추구되어서는 안 된다. 그러나 그들은 더 높은 것에 종속될 수 있다. 즉, 당신은 당신의 성공과 합법적인 이익에 가장 도움이 된다고 생각하는 방식으로 일할 수 있다. 당신은 당신의 주인이 준 모든 달란트를 수익성 있는 계정으로 전환시킬 의무가 있다. 그러나 그때, 당신의 목적은 하나님 섬기는 일을 위하여 당신이 가진 것으로 더 좋은 일을 할 수 있는 것이어야 한다. 하나님이 다른 방법보다 합법적으로 더 많은 것을 얻을 수 있는 방법을 보여 주실 때(당신의 영혼이나 다른 사람에게 잘못함 없이), 이것을 거부하고 덜 유익한 것을 선택한다면, 당신의 소명의 목적 중 하나에 반대로 움직이는 것이고, 하나님의 청지기 됨을 거부하는 것이고, 그의 선물을 받아들여 그가 필요로 할 때 그를 위해 그것의 사용을 거부하는 것이다. 육체와 죄를 위해서가 아니라 하나님을 위해서 부요하도록 노력할 수 있다.

---

5) 잠 23:4

방향 제시-10 '어떤 소명과 노동이 가장 바람직한가를 생각하는 것만으로는 충분하지 않고, 마음과 몸 모두에서 자신이나 자녀들에게 어떤 일이 가장 적합한 것인지 덧붙여 생각해야 한다.' 그 소명이 한 사람에게는 축복이 될 수 있고, 다른 사람에게는 불행과 파멸이 될 수도 있기 때문이다. 약한 몸은 힘이 필요한 노동을 견딜 수 없다. 둔하고 단조로운 마음과 지혜를 가진 사람은 큰 판단력과 독창성을 요구하는 일을 할 수 없다. 하나님의 거룩한 일에 대한 사랑 때문에 좋은 의도라 생각하고 부모가 자녀들을 그에 걸맞지 않은 목사가 되게 한 것은 교회의 재앙이며, 목사들 자신의 몰락을 초래해 왔다. 많은 자만심에 사로잡힌 사람들은 자신이 그토록 대단한 일을 하는 데에 필요한 것이 무엇인지 알지 못하는 미미한 지식과 빈약한 은사를 가지고 있음에도 불구하고 스스로 거룩한 직분에 뛰어들 준비가 되어 있다고 자신을 과대평가한다. 당신은 먼저 당신 자녀들의 타고난 독창성(또는 당신 자신)과 그다음에는 그들의 은혜와 경건함을 살펴야 한다. 그리고 선천적 이해가 빠르지 않고 표현에 자유롭지 않은 사람이 사역에 헌신하지 않도록 주의하라. 그렇지 않으면, 그가 영혼을 파멸시키고 교회와 하나님에 대한 뒤틀린 삶을 살게 된다. 그들이 자기를 소중히 여기는 사람을 보면, 원수라도 무리 가운데서 최고로 의존한다. 그리고 자신이 결코 믿음과 사랑과 거룩함을 가지지 않았다면, 설교자가 되어서는 안 된다. 그리고 의사의 소명에 대해서도 특별한 독창성과 현명함, 타고난 이해력의 신속성이 없는 사람을 임명해서는 안 된다. 사람을 죽이려고 하지 않는 한, 그렇게 해서는 안 된다. 그것은 빠르고 강한 추측 능력을 필요로 하는 소명이므로, 타고난 예리함과 적성이 없는 사람은 어떤 연구로도 얻을 수 없는 것이다. 따라서 다른 모든 소명에 관해서도, 자녀나 부모의 뜻뿐 아니라 몸과 마음의 타고난 적합성을 고려해야 한다.

방향 제시-11 '그 소명에 대해 신중하고 충실한 사람들의 조언 없이는 어떤 부름도 선택하지 말라(특히 그것이 대중에게 필요한 것이라면).' 그들은 자신의 직업에 대해 가장 잘 판단할 수 있기 때문이다. 유능한 목사의 조언 없이는 신성한 사역에 대해 결심하지 말라. 의사의 조언 없이는 의사가 되기로 결심하지 말라. 나머지 소명도 마찬가지다. 무지한 사람들은 스스로 충분하다고 생각하지만 전혀 충분하지 않기 때문이다. 그래서 그들의 모든 날을, 다른 사람에게는 잘못과 짐으로, 자신에게는 죄와 불행으로 살아간다.

방향 제시-12 '만일 당신이 가장 천한 일에 소명을 받았다면 그것이 육체를 피곤하게 한다는 이유로 불평하지 말며, 하나님이 당신과 당신의 일을 덜 받아들인다고 생각하지 말라. 그러나 기쁘게 그것을 따르고, 비록 그것이 가장 낮은 일일지라도, 당신이 여전히 천상에 계신 주인을 섬기는 것을 당신의 기쁨과 즐거움으로 삼으라. 당신에게 가장 좋은 것을 아는 그분께서 당신의 유익을 위해 이것을 선택했으며, 당신이 그의 명령에 얼마나 하찮게 일을 하는지에 따라, 그분에 대한 당신의 순종을 시험하고 평가한다.' 그러나 당신 자신의 필요를 위해서가 아니라 하나님께 순종하는 가운데 모든 일을 하도록 하라. 그러므로 모든 종은 그들의 주인을 섬기는 일로 주님께 이바지해야 하며, 하나님께 최고의 보상을 기대해야 한다.[6]

---

6) 골 3:22-24; 엡 6:6, 7; 히 11:6

제2과　나태(idleness)와 게으름(sloth)에 대한 방향 제시

[나태와 게으름은 무엇인가?]

여기에서 나는 나태와 게으름이 무엇이며 그 징조가 무엇인지 설명할 것이다. 그런 다음 그것을 정복하는 방법을 말하려 한다. 게으름(sloth)은 주로 마음과 몸이 어떤 일을 할 의향이 없는 상태를 의미한다. 나태(idleness)는 우리의 의무의 무시나 생략을 의미한다. 게으름은 편안함에 대한 육체의 사랑이나 육체의 방종을 통해 노동을 싫어하는 것이다. 노동에 대한 이러한 혐오는 우리의 의무인 노동에 대해 자발적으로 싫어할 때 죄가 된다. 1. 게으름(sloth)은 우리의 의무를 지키지 못하게 하고, 우리로 하여금 그것을 지연시키고 생략하게 하는 것이다. 2. 나태(idleness)는 우리로 하여금 천천히 그리고 반절만 하게 하는 것인데 이 두 가지 효과를 모두 나태함이라 한다. 이는 노동에 대해 내키지 않는 상태로, 육체를 즐겁게 하기 위해 우리의 의무를 누락하거나 소홀히 수행하는 것이다.

[나태와 게으름이 아닌 것은?]

나태와 게으름이 아니라고 당신이 알 수 있는 것은,

1. 우리가 할 수 없는 노동(일)을 생략하는 것은 게으르거나 사악한 나태가 아니다. 병자, 노인, 약한 사람들이 저항할 수 없는 질병이나 연약함으로 인해 노동을 싫어하게 될 때나 아니면 체력이 이미 견딜 수 있는 만큼의 노동에 지쳐 있을 때는 나태나 게으름이 아니다.

2. 또는, 이성이 우리의 건강이나 다른 충분한 원인으로 인해 우리의 일상적인 노동(일)의 금지를 인정하거나 요구할 때.

3. 또는, 우리가 부득이 타인의 구속과 방해를 받을 때, 즉 투옥이나 기회의 거부와 치안판

사가 강제로 설교자, 의사, 변호사의 일을 막을 때이나, 그렇지 않으면 노동(일)을 해야 한다.

4. 또는, 실수나 죄악으로 인해 사람이 노동(일)을 하지 못하게 되면 그것은 죄이지만 게으름의 죄는 아니다. 또한, 편안함에 대한 사랑 외에 관능적인 악덕이나 즐거움이 일에서 멀어지게 할 때 또한 죄이지만 게으름의 죄는 아니다.

5. 우리에게 의무가 아닌 그러한 노동(일)만 싫어할 때, 그것은 자연스러운 것이지 악의적인 게으름은 아니다. 그러나 육체적인 안락함의 방종을 통한 우리의 의무와 노동(일)에 대한 자발적인 혐오는 우리가 말하는 사악한 게으름이나 노력을 꺼리는 것이다.

[나태와 게으름의 악화]

이렇게 묘사된 게으름과 나태는 모두에게 죄악이다. 그러나 어떤 사람들에게는 다른 사람들보다 훨씬 더 큰 죄악이다. 따라서 당신은 가장 죄 많은 게으름이 무엇인지 알 수 있다.

1. 게으름이 마음을 다스리면 다스릴수록, 몸이 덜 작용할수록 죄가 더 커진다. 왜냐하면 마음은 더 고귀한 능력이며, 죄의 직접적인 시작점이기 때문이다.

2. 마음을 잘못된 길로 인도하는 육체의 질병이나 유혹이 작을수록 죄는 더 크다. 그것은 마음이 게으름의 질병으로 더 부패하고 더럽혀져 있음을 보여 주기 때문이다. 부득이 몸의 무기력한 상태에 있는 사람은 전혀 죄를 짓는 것이 아니다(그가 자발적으로 그 병에 걸린 것이 아니라면). 그러나 육체의 노동에 대한 싫증이 크지만 저항할 수 없는 것이 아니라면, 그것에 굴복하는 것은 죄악이다. 같은 조건에서 신체적 질병이 더 크면 클수록 죄는 작다. 어떤 괴혈병, 무기력하거나 점액질의 무거움과 둔함을 가지고 있는 사람은 할 수 있는 한, 그리고 이성적으로 해야 하는 것처럼 그것에 대항하지 않으면 죄를 짓는 것이다. 사람이 질병에도 불구하고 일을 할 수 있는 한, 모든 신체적 질병은 모든 노동에서 면제되는 이유가 되지 않는

다. 그러나 질병이 중하여도 많은 수고로 무기력을 저항하면 죄가 더 작다. 그러나 몸이 건전하고 능력이 있고 병이 없는 자가 일을 거절한다면, 가장 부패한 마음을 드러내는 것과 같이 게으름의 죄를 짓는 것이다.

3. 가장 자발적으로 게으른 사람이 가장 사악하게 게으른 사람이다. 게으름에 대항하는 일에 가장 적게 노력하는 사람과 그것을 가장 사랑하기 때문에 그것을 떠나지 않으려는 것이다. 그리고 그것에 대해 조금도 근심하지 않고 그것을 가장 적게 회개하고 한탄하는 사람은 자신의 게으름을 수용하려고 애쓰는 사람이다.

4. 게으름은, 같은 조건에서, 가장 나쁜 것으로, 우리의 의무를 누락하거나 소홀히 수행하는 것이다. 그러나 우리를 불편하게 하지만, 우리의 저항으로 어느 정도 정복당한 게으름은, 우리의 의무를 더 자주 방해하지 않기에 더 작은 죄이다.

5. 가장 죄가 많은 게으름은, 같은 조건에서, 가장 큰 의무에 반대한다. 즉 가장 거룩한 의무(기도하고, 하나님의 말씀을 듣거나 읽는 것과 같은) 또는 공공에게 영향을 미치는 의무를 싫어하는 것은 일반적이고 고된 일 하기를 꺼리며 싫어하는 것보다 더 큰 죄이다.

6. 가장 죄가 많은 게으름은 노동과 근면에 대한 가장 큰 동기에 반하여 저질러지는 가장 사악한 게으름과 나태이다. 그러므로 그런 점에서 가난한 사람의 게으름은 부자보다 더 악하다. 왜냐하면, 그는 궁핍의 압박을 받고 있기 때문이다. 다른 면에서 부자의 게으름도 최악이다. 왜냐하면, 그가 가장 큰 달란트를 땅에 묻고 가장 많은 삶을 받았음에도 나태하기 때문이다. 자녀가 많은 사람은 자기가 부양해야 할 모든 사람에게 해를 끼치기 때문에 그의 나태함으로 인해 다른 사람보다 더 많은 죄를 짓는 것이다. 치안판사나 교회의 목사가 게으름을 피운다면 일반 사람보다 비할 수 없는 죄를 짓는 것이다. 왜냐하면 그들은 사람의 영혼을 저버리거나 많은 사람들의 유익을 거스르는 죄를 짓기 때문이다. 도시에서 불을 끄는 데에 게으른 것은 평범하고 불필요한 일에 게으른 것보다 더 큰 죄이기 때문이다. 그러므로 하나님

과 그리스도와 천국과 지옥이 우리를 깨워 의무에 이르게 하는 동기일 때, 그리고 영원을 위해 우리의 모든 일을 해야 하는 짧을 때, 우리의 구원과 우리의 소명과 택함을 확실히 하는 일에 게으른 것은 육체의 욕구나 유익만을 동기로 삼아 게으른 것보다 더 큰 죄이라고 나는 말한다. 그러나 참으로 "일에 게으름"[7]을 금하는 하나님의 뜻은 모든 사람에게 저항을 받고 있다.

[게으름의 징후]

게으름은 쉽게 분별할 수 있는 것이다. 그 징후는 다음과 같다.

1. 노동에 대한 생각 자체가 귀찮고 불쾌하고 편안함이 달콤하게 보일 때.

2. 의무를 생략하고 그 의무를 그대로 방치한 경우.

3. 의무의 쉬운 부분은 선택하고 어려운 부분은 버릴 때.

4. 힘든 의무가 의무라는 판결이 전혀 믿어지지 않을 때.

5. 당신이 하는 일이 악의와 마음의 끊임없는 피곤함으로 이루어지고, 당신의 일에 기민함이나 즐거움이 없을 때.

6. 당신이 기꺼이, 준비된 마음이 있었다면 짧은 시간에 할 수 있는 일을, 더 많은 시간에도 더 많은 일을 하지 않을 때.

---

7) 롬 12:11

7. 싫은 마음에 핑계로 일을 뒤로 미루거나, 다른 할 일을 찾거나, 적어도 그것을 미루고 있을 때.

8. 다른 면에서 당신에게 더 좋은, 힘든 노동 조건보다 더 쉽고 일의 양이 적은 노동 조건을 선택할 때. 마치, 하인이 일은 좀더 하더라도 영혼에 가장 유익한 곳보다 더 많은 안락함이 있는 경건하지 않은 가정을 더 좋아할 때.

9. 작은 장애물이 당신을 낙담하게 하거나 멈추게 할 때, 게으른 자는 "사자가 길에 있고"[8] "길은 가시 울타리 같고"[9] "가을에는 밭 갈지 않는다."[10]고 말한다.

10. 준비와 고통 없이 할 수 있는 작은 일인데 큰 일로 여기는 것은 그것을 행하는 사람의 게으른 마음을 보여 준다. "게으른 자는 그 손을 그릇에 넣고도 입으로 올리기를 괴로워한다."[11] 이것이 작은 일을 큰 일로 여기는 사람이다.

11. 마지막으로, 게으름의 열매는 영혼과 육체와 재산에서 게으름을 딤지하는 데 사용된다. 이는 그것이 부패하게 하고, 빈곤에 빠뜨리고 모든 것을 파멸시키기 때문이다. 그러한 자에게서 발견되는 것은 그의 밭이나 정원의 잡초, 그의 영혼의 악, 그의 삶의 죄, 누락하거나 졸면서 수행한 의무, 그의 가족에 대한 책임부재, 그리고 보통 또는 종종, 그의 빈곤함이다.[12]

이 정도면 퀘이커 교도들과 무지한 시골사람들의 뻔뻔스러운 어리석음은 쉽게 분별할 수 있는데, 그들은 치안판사와 목사들이 쟁기질이나 타작을 하지 않고, 어떤 수리공의 일이나

---

8) 잠 22:13
9) 잠 15:19
10) 잠 20:4
11) 잠 26:15, 19:24
12) 잠 24:30, 31, 12:24, 27

노동을 하지 않기 때문에 그들의 가장 높은 소명이 노동이 아니라 단순한 나태인 것처럼 비난한다. 이와 같이 교만한 사람들은 그들이 이해하지 못하는 것에 대해 악담을 한다! 그들이 이것을 시도해 봤더라면, 그들은 충실한 목사의 일이 타작하는 사람보다 나태한 것과 거리가 멀다는 것을 알았을 것이다. 그리스도와 성령은 그들을 "일꾼, 그리스도와 함께 일하는 동역자, 일꾼, 너희의 수고"[13]라 부르지 않나?

그러므로 당신은 또한 다음을 알 수 있다.

1. 노동을 할 수 있는 모든 사람은 노동을 해야 하지만, 노동은 매우 다양하다. 모든 사람이 같은 일을 하는 것은 아니다. 치안판사, 목사, 변호사, 의사는 부지런히 일해야 한다. 그러나 그들 모두가 쟁기질하고, 타작하며, 그들보다 열등한 사람이 하는, 더 천한 노동에 익숙해져야 하는 것은 아니다.

2. 모든 사람은 자기의 소명을 위해 수고해야 하며 "자기의 일을 해야 한다."[14] 그리고, 그것을 하나님께서 요구하는 자기에게 가장 좋은 직업으로 삼고, 주제넘게 자기 자리에서 떠나거나, 다른 사람의 소명을 그들의 손에서 빼앗지 말라.

3. (변호사, 의사, 교장, 하인과 같은 사람과 같이) 다른 사람으로부터 노동의 대가를 받는 사람이, 자기들이 받아야 할 돈의 일부가 주는 사람의 나태로 유보될 때 그것은 노동의 대가를 훔치는 것이다.

방향 제시-1 '게으름에 대한 첫 번째 도움은 죄의 중대함을 잘 아는 것이다.' 죄를 작다고 여기는 사람들이 죄를 짓는 것은 당연하다. 그러므로 먼저 그것이 무엇인지 말할 것이다.

---

13) 눅 10:7; 고전 3:9, 15:58; 딤전 5:18; 딤후 2:15; 마 10:10; 엡 4:12; 행 19:25; 빌 2:30
14) 살전 4:11; 살후 3:11

1. 하나님께서 친히 그것을 가증스러운 죄로 여기신다. "교만함과 음식물의 풍족함과 나태의 풍부함(방탕한 상류사람의 특성)"15)은 하늘로부터 불로 소멸된 소돔의 죄였다고 한다. 그리고 데살로니가 사람들에게는 무질서하게 생활하고 일하지 않는 사람들과 함께 교제하는 것이 금지되었다.

2. 나태는 행사되어야 할 심신의 모든 능력을 일시적으로 파괴(사용에 관한)하는 것이다. 그것은 자연에 반하는 것이다. 자연은 우리의 능력을 사용하도록 만들었기 때문이다. 나태한 것은 산 채로 자신을 땅에 묻는 것이다. 하나님의 작은 능력을 숨기는 것이 죄라면, 우리 자신과 우리의 모든 능력을 묻는 것은 무슨 죄인가? 죽은 사람은 세상에 쓸모가 없기 때문에 그것을 보는 것이 연민이라면, 자기 게으름으로 자신을 쓸모없게 만드는 사람이 자발적으로 죽는 것을 보는 것은 불쌍하고 부끄러운 일 아닌가? 교회 마당이 게으른 자들의 거처가 되어서는 안 될 것이고, 가장 훌륭한 사람들이 가장 가까운 곳에 있어야 되지 않을까?

3. 나태와 게으름은 하나님의 모든 자비를 소모하는 사람이다. 당신은 척박한 땅이라 그가 씨를 뿌리도 식물이 사나지 않는다. 당신은 그에게 가시와 엉겅퀴의 수확만 드렸기에 그러한 땅은 "저주에 가깝고"(최종 저주) "그의 마지막은 불사름이 될 것이다."16) 하나님은 매일 먹이고, 옷을 입히고, 당신을 지키고, 당신을 보호하고, 부양하고, 가르치고, 경고하시나 이 모든 것이 헛수고인가? 그가 당신을 고용한 이유가 나태 때문인가? 마치 아무것도 하지 않기 위해 당신을 창조하고 구속한 것처럼, 또는 아무것도 하지 않는 것만큼 나쁘거나 더 나쁜 것처럼 경솔하다고 당신의 창조주와 구속자를 비난할 것인가? 그는 당신에게 "왜 게으르게 서 있어?"17)라고 또렷하게 말한다. 그리고 그러한 사람들은 "악하고 게으른 종아, 이 무익한 종을 바깥 어두운 데로 내쫓으라."18)는 무서운 경고를 받게 될 것이다.

---

15) 겔 16:49
16) 히 6:8
17) 마 20:3, 6
18) 마 25:26, 30

4. 나태는 우리와 우리의 모든 능력이신 하나님의 것을 약탈하는 것이다. 우리의 모든 섬김은 그에게 합당하다. 근면함으로 그에게 드릴 수 있는 명예와 봉사를 빼앗는 것이다.

5. 그리고 그것은 당신의 노동이나 끈기로 얻은 영혼이나 육체에 대한 모든 선행을 스스로 강탈하는 것이다. 게으른 사람은 멸망할 때까지 소원을 빌면서 누워 있다.[19]

6. 나태는 사회, 그리고 당신의 수고 또는 그 열매가 마땅한 사람들의 것을 약탈하는 것이다. 당신은 벌통에 있는 게으름뱅이[20]처럼 사회에 짐이 된다.

7. 게으름은 시간을 많이 소비하는 자이다(참조 제5장). 의무를 생략할 때 모든 시간을 잃을 뿐만 아니라, 일을 하지 않지만 마치 일을 하는 것처럼 수행하는 동안 많은 시간을 잃는다. 한 시간에 1마일밖에 가지 않는 사람은, 한 시간에 2마일 간 후 계속 앉아 있는 사람만큼이나 계속 가면서도 시간을 잃는다. 오, 게으른 사람들은 얼마나 풍요로운 삶을 잃는가! 시간이 지나면, 그들은 이제 그것을 가볍게 여기는 그들의 죄와 손실의 중대함을 더 잘 이해할 것이다.

8. 게으름은 단 한 번의 죄가 아니라 계속해서 죄를 짓는 과정이다. 게으른 사람은 게으른 동안 내내 죄를 짓고 있다. 그것이 그들의 삶의 상당 부분을 차지하고 있다. 그러므로 지속성은 그것이 효과적으로 회개 되지 않았음을 보여 주기 때문에 더 큰 것이다.

9. 게으름은 은혜와 은사와 자연적인 재능을 파괴하는 것이다. 그들은 사용 부족으로 녹슬 것이다. "게으른 자는 패가하는 자의 형제다."[21] 잡초가 자라서 열매를 질식되게 할 것이다.

---

19) 잠 21:25
20) 골 3:22
21) 잠 18:9

10. 게으름과 나태는 육체를 기쁘게 하는 열매이며 가장 치명적인 악덕에서 비롯된다. 어떤 사람은 술에 취하고, 어떤 사람은 탐식하고, 어떤 사람은 음행하고, 어떤 사람은 탐욕스러우나, 모두 육체를 즐겁게 하려는 것이다. 당신의 게으름과 나태는 같은 육체를 다른 방법으로 즐겁게 하는 것뿐이니, 그것은 다음과 같이 저주받는다. "너희가 육체대로 살면 반드시 죽을 것이다."[22]

11. 그것은 육체를 안일과 게으름에 빠지게 함으로써, 성령을 대항하여 육체를 강화하는 것이고, 육체를 다루기 힘들고 쓸모없게 만들 뿐만 아니라, 자신의 욕망을 지배적이고 간절하게 만든다.

12. 나태함은 많은 가증스러운 죄의 어머니이자 간호사이다.

(1) 그것은 정욕을 품게 하고 사람들을 음행에 빠지게 하는데, 그것은 고된 노동을 하면 잘 막을 수 있는 것이다.

(2) 그것은 어리석은 스포츠, 허영심, 문란함, 과도하고 값비싼 잔치, 그리고 그것에 따르는 모든 악행의 때이다.

(3) 그것은 잡담을 하고 남의 일에 간섭하는 시간이다. 그러므로 **바울**은 참견하기를 좋아하는 자들이나 자기들과 상관없는 일에 간섭하는 자들과 장황하게 말하는 자, 소문 퍼뜨리는 자들을 나태한 것으로 책망한다.[23] 해야 할 일을 하지 않는 자는 해서는 안 될 일을 하게 될 것이다.

(4) 탐식과 술 취함과 도박과 그 밖에 모든 음탕할 때이다.

---

22) 롬 8:13
23) 살후 3:11; 딤전 5:13; 살전 4:11

(5) 또한 그것은 선동과 반역에 사용하는 시간이다. 군대에서 반란을 일으킬 때와 같은 시간이다.

13. 나태는 유혹당하기 알맞은 때이다. 사탄의 씨를 뿌리는 때이다. 그런 다음 그는 사람들을 악의, 복수 및 다른 모든 악행으로 유혹할 수 있는 기회를 얻는다.

14. 나태는 하나님께서 우리에게 떡을 먹고 그분의 축복을 받도록 지정한 길에서 벗어나 "무질서 하게 걷는 것"[24]이다. 잠언 31장 10절에서 마지막 절까지의 현숙한 여인에 대한 주된 설명은 나태한 사람이 연구할 가치가 있다. "그는 양털과 삼을 구하여 부지런히 손으로 일하며 상인의 배와 같아서 먼데서 양식을 가져오며 밤이 새기 전에 일어나서 자기 집안 사람들에게 음식을 나누어 주며 여종들에게 일을 정하여 맡기며 밭을 살펴보고 사며 자기의 손으로 번 것을 가지고 포도원을 일구며 힘 있게 허리를 묶으며 자기의 팔을 강하게 하며 자기의 장사가 잘되는 줄을 깨닫고 밤에 등불을 끄지 아니하며 손으로 솜뭉치를 들고 손가락으로 가락을 삼으며 그는 곤고한 자에게 손을 펴며 궁핍한 자를 위하여 손을 내밀며 자기 집 사람들은 다 홍색 옷을 입었으므로 눈이 와도 그는 자기집 사람들을 위하여 걱정하지 아니하며… 자기의 집안일을 보살피고 게을리 얻은 양식을 먹지 아니한다." 이 본보기를 취하는 신사 숙녀 여러분이, 농부가 아니라 왕이었고, 이스라엘 역사상 가장 위대한 사람이 자기 어머니에게서 받은 대로 이 조언을 했다는 사실을 기억하기를 바란다. 30, 31절에서 "고운 것도 거짓되고 아름다운 것도 헛되니 오직 여호와를 경외하는 여자는 칭찬을 받을 것이라. 그 손의 열매가 그에게 돌아갈 것이요 그 행한 일로 말미암아 성문에서 칭찬을 받으리라." 그러나 우리의 사치스러운 자들에게 고기나 의복이 없고, 그들의 손의 열매만 가져야 한다면, 그것은 그들의 의복과 식단에 검소한 변화를 일으킬 것이다! 그리고 그들의 조상의 이름, 무기, 토지, 작위 대신에 그들의 업적이 그들의 칭찬의 대상이 되어야 한다면, 그것은 또한 그들의 명예를 더럽게 변화시킬 것이다!

---

24) 살후 3:10, 11

15. 나태는 대개 가난을 가져온다. 죄를 치료하는 것은 하나님의 의롭고 자비로운 징벌이다. 그러나 나태한 사람들은 그들의 궁핍에 거의 만족을 얻을 수 없다. 부지런히 일하는 자처럼 다른 사람들이 그들을 동정할 것이라고 기대하지도 못한다. 실제로 많은 사람들이 나태로 인해 가난해지고, 가난으로 인해 불평하고 도둑질하며, 영혼과 몸, 그리고 가족과 명성 모두 파멸에 이르게 된다.

16. 나태는 육체를 죽이는 것이다. 탐식과 나태는 대부분의 세상 사람들이 죽을 때가 이르기도 전에 그들을 죽인다. 이 두 죄만큼 저주를 끊임없이 동반하는 것은 없다.

17. 나태는 당신을 부끄러운 피조물로 만든다. 세상이 어떻게 움직이는지 보이지 않나? 태양이 어떻게 당신을 위해 그의 길을 달리고, 물이 흐르고, 땅이 열매를 맺게 하고, 당신의 가축이 당신을 위해 일하는 것이 보이지 않나? 가장 뛰어난 모든 것은 가장 활동적이다. 가장 비활동적인 것들은 가장 가치 없고, 죽어 있고, 더러운 것이다. 잠언 6장 6절에서는 게으른 자를 개미에게 보내어 일하는 법을 배우라고 한다. 개미와 벌과 모든 피조물이 당신의 게으름을 정죄하기 위해 당신에게 불리한 증인이 되어야 할까?

18. 마지막으로, 나태는 당신이 다른 사람들에게 선을 행하는 것을 방해한다. 당신은 "자신의 손으로 수고하여 가난한 자를 구제해야"[25] 한다. 또는 당신이 노동을 하지 않고 잉여분을 준다면 그것은 선을 행하기 위해 일부러 절약하고 수고한 것과 같은, 당신의 명예나 위안에 별로 도움이 되지 않는다. 자신의 육체를 편안하고 충만함으로 기쁘게 하고, 그 남은 것을 가난한 자들에게 주는 자는, 자신의 풍부함으로 자기 육체를 애지중지하지 않고 자기의 근면함으로 얻은 것과 자기의 과도한 욕망을 부정하는 것을 가난한 사람에게 주는 것과 같지 않고, 그 안에서 하나님의 인정과 은혜의 증거와 위안을 결코 얻지 못할 것이다.

---

25) 엡 4:28

방향 제시-2 '나태한 사람들은 그들의 기질, 부적합한 교육, 생활 조건 또는 동료로 인해 가장 강하게 유혹을 받는 죄이므로, 이 나태의 죄에 대해 특별히 주의해야 한다.' 어떤 사람들은 다른 사람들과 비교해 유혹을 거의 느끼지 못하는 죄이다. 어떤 사람들은 나태를 피하기 위해 많은 주의와 결심이 필요하다.

1. 이 죄에 가장 걸리기 쉬운 사람은 점액질의 체질이거나, 영이 둔감한 사람, 또는 나태를 소중히 하며 다른 육체적 일을 하지 않으려는 나쁜 성향을 가진 사람이다. 그러므로 그러한 사람들은 나태에 대항하여 더 열심히 노력해야 하며 저항할 수 있는 어떤 게으름에도 양보하지 않아야 한다. 비록 몸이 둔하고 피곤한 말(horse)과 같을지라도 회초리를 사용하고 박차를 가해야 한다. 그렇게 나른한 사람들은 다른 사람들보다 잠을 더 많이 자게 된다. 게다가 그들이 다른 사람들보다 더 느릿느릿 될지라도 그것을 저항하고, 원한다면 일찍 일어날 수 있다. 그러므로 그들이 더 활동적인 사람들보다 일하는데 부적합할지라도, 최선을 다한다면 그들은 그들의 체력이 할 수 있는 데까지 갈 수 있다. 그리고 (그들이 노동에 해로운 질병이 있지 않는 한) 그들은 오히려 이것을 하려고 노력해야 한다. 왜냐하면 그 습관은 그들의 육체적 싫증을 증가시키거나 감소시키는 데 많은 영향을 미치며, 노동은 그들의 노동에 적합하지 않은 육체적 나른함을 고칠 수 있는 가장 효과적인 수단이기 때문이다.

2. 불행하게도 나태 속에서 자란 사람들은 과거의 죄 많은 삶을 회개하고 이 죄를 극복하기 위해 두 배로 힘써야 할 큰 이유가 있다. 만약 그들의 부모가 지금까지 그들의 적이었다면, 그들이 계속해서 적이 되게 해서는 안 된다. 부유하고 교만한 사람들의 자녀들은 대개 그들의 독특한 원죄로 인해 나태함을 가지고 있으며, 현명하고 겸손하며 근면한 부모의 자녀들에 비해 태생과 교육에 있어 매우 불행하지만, 은혜의 도움으로 그들 자신의 이해와 의지가 그것을 극복할 수 있다. 부모님이 도둑질하며 살도록 훈련시켰는데, 하나님이 그것을 금지하고 있다는 것을 알게 되었다면, 당신이 원하기만 하면 떠날 수 있지 않을까? 비록 그들이 당신을 게으름뱅이로 양육하고, 영혼과 육체 모두에서 당신을 파멸시키는 일로 그들의 역할을 해 왔고, 당신의 영혼을 죄를 위한 돼지 우리로 만들어 왔고, 당신의 몸을 질병의 가

죽부대로 만들어 왔었을지라도, 만약 당신이 당신의 역할을 다한다면, 적어도 당신의 영혼에 대해서는 회복시킬 수 있을 것이다. 관습은 관습의 열매를 노력으로 얻을 수 있다. 계속해서 죄짓는 가운데 나머지 생을 보내게 하는 것보다 더 나쁜 것은 없다. 당신이 사산됐거나 어렸을 때 살해당했다면, 당신이 세상의 땅에서 나태하게 누워 있는 것은 죄가 아니었겠지만, 살아 있는 영혼을 나태해지도록 가르치고, 살아 있는 사람에게 죽은 자를 본받도록 훈련시키는 것(그들이 먹고, 쓰고, 죄짓고, 그들의 장신구를 등에 메고 다니는 것을 구하고, 죽은 자들이 자기 것을 세워서 기념물로 삼는 것), 그것은 당신 부모의 큰 잔인함과 기만행위다. 그러나 당신은, 당신 자신에 대해 그렇게 잔인하고 기만적이 되어서는 안 된다.

3. 재산이 많고 육체의 양식을 위해 수고할 필요가 없는 사람들은 이 죄를 특히 경계해야 한다. 필요는 가난한 사람들에게 끊임없는 자극이다(이 땅에서 게으른 사람의 두 번째 계급인 구걸하여 사는 사람을 제외하고). 그러나 부자와 교만한 사람들도 게으르게 살려는 끊임없는 유혹을 받고 있다. 그들은 빵을 구하기 위해 일찍 일어날 필요가 없고, 음식이나 의복을 위해 열심히 일할 필요가 없다. 그들에겐 배고픈 자녀들의 울부짖음이 없다. 그들은 노농 없이도 자신과 가족을 위해 넉넉하므로 안심할 수 있다고 생각한다. 그러나 하나님의 명령이 그들에게 아무런 호의를 베풀지 않고, 가난이나 결핍이 할 수 있는 만큼 그들이 부지런할 수 없고, 하나님에 대한 봉사가 그들이 가진 것에 비해 무가치하게 보일 때 불쌍한 영혼의 슬픈 경우다. 만일 당신이 당신의 풍족함으로 그에게 보답하지 않는다면, 하나님께서는 당신이 일용할 양식을 위해 수고할 필요가 있게 할 수도 있다. 그러니 당신의 나태가 궁핍함보다 은혜로 고침 받는 것이 더 낫다. 당신이 당신 자신의 공급만을 위해 일할 때, 당신 자신의 공급이 당신의 보상은 되지만, 당신이 하나님께 참으로 순종하여 일할 때는 당신에게 보상을 주실 분이 하나님이시기 때문이다.[26] 나태와 허영을 싫어하고 각자의 처지에 맞는 부지런한 노동으로 시간을 보내는 몇몇 영주와 숙녀들을 알고 있는데, 나는 그들의 근면한 삶을 사랑하고 존경한다. 그러나 사치하는 수많은 사람들의 삶에 대해 생각하고 이야기하는 것

---

26) 골 3:23, 24

은 매우 부끄럽고 슬픈 일이다. 그들이 세상을 사는 목적이 얼마나 작은지! 만일 그들이 그들의 삶에 대해 거짓 없이 설명을 한다면(하나님께서 그들에게 시간 사용에 대해 설명하라고 부르실 때, 그들이 하는 것처럼) 성실한 노동이나, 그리스도인이나 사회의 일원에 합당한 부지런한 일에 보낸 시간이 얼마나 되는지 알게 될 것이다. 침대에서 시간을 보내고, 옷을 입고, 장신구를 달고, 잡담을 하고, 놀고, 식사를 하고, 헛되이 돌아다니며 다른 집을 방문하고, 나머지 시간들을 아무것도 하지 않았거나 더 나쁜 일을 하며 보낸, 나머지 모든 시간과 비교해 보라? 유익한 일에 비해 하루 중 얼마나 많은 시간을 나태함으로 소비하는가? 오, 하나님께서, 그리스도를 닮지 않고 영원한 불의 형벌[27]로 처벌받은 소돔을 닮는 것이 얼마나 무서운 일인지 제때에 알게 하실 것이다. 나태한 거지들은 책을 읽지 않으므로 그들을 위해서는 글을 쓰지 않겠다. 그들은 법이 그로 하여금 강제로 일하게 하고 일을 맡기지 않기에, 나태한 상류사회 사람들보다 더 행복하다.

4. 나태한 친구들 속에 사는 사람들은 이 죄를 두려워해야 할 특별한 이유가 있다. 그런 사람들은 당신을 나태함에 얽매고, 양심에 따른 근면에서 당신을 크게 방해할 것이기 때문이다.

5. 지위 높은 사람의 집에 살면서, 봉사보다 허식과 거드름을 위해 지내며, 할 일이 거의 없는 하인들은 특히 나태의 죄에 주의를 기울여야 한다. 그러한 많은 사람들은 나태한 생활을 행복으로 여기고, 가장 적은 노동을 하는 곳을 최고의 봉사라고 생각한다. 당신 자신을 위해서, 영혼이나 몸을 위해서 해야 할 일이 없는가? 주인의 봉사에 여가를 얻었다면, 감사함으로 하나님에 대한 섬김과 자신에 대한 섬김에 시간을 활용해야 한다.

방향 제시-3 '당신에게 정규직의 질서 있는 일을 하게 할, 합법적인 소명에 정착하라.' 주중에는 우리의 마음이 세상일에 있어 하나님께 가까이 갈 수 없기에 우리를 돕기 위해 하나님을 섬기는 일에 사용하도록 의도적으로 구별된 주의 날에, 우리에게 명시한 의식에 참석할 수 있

---

27) 겔 16:49; 유 1:7

다. 일정한 노동의 과정에서 벗어난 사람은 자신의 일을 계속할 수 있는 일상적인 시간과 업무 과정을 가진 사람만큼, 나태함을 피할 수 없다. 소명 없이 사는 것은 위험한 삶이다.

방향 제시-4 '과식하고 술 마시고 잠을 많이 자지 않도록 주의하라.' 왜냐하면 이것들은 감각을 마비시키고 정신을 둔하게 하며 육체나 체액의 짐을 당신에게 지우며 부지런하고 유익한 모든 노동을 거부하기 때문이다. 배가 꽉 차고 뇌가 졸리면 일하기에 적합하지 않다. 그런 사람들에게는 그들이 모은 살이나 가래(phlegm)의 짐을 지는 것으로 충분할 것이다. 애지중지하는 몸은 일보다 정욕과 방탕하는 마음으로 기울어진다.

방향 제시-5 '남자다운 결의는 게으름에 맞서는 효과적인 수단이다.' 결심하라, 그러면 그것은 이루어질 것이다. 게으른 성향에 굴하지 말라. 정신차리고 실천하라. 결심만 하면 할 수 있다. 이를 위해, (앞서 언급한) 하나님이 소성시키는 동기가 마음에서 떠나지 않도록 하라. 당신의 시간을 낭비하는 것이 얼마나 죄이며 수치스러운 일인지 생각하라. 그것은 죽은 자처럼 사는 것이고 이성적인 영혼을 육체에 묻는 것이며 게으름과 같은 비천한 것의 노예가 되는 것이다. 하나님이 당신을 시원하고 유시하고 돌보시는 동안에, 모든 하나님의 일을 무시하고, 그런 비참한 영혼들과 함께 게으르게 살면, 영원한 심판에 너무도 가까운 것이다. 졸린 영혼이 몸을 한가하게 할 때, 게으른 생각이 마음에 자리 잡으면 당신은 동요할 것이다.

방향 제시-6 '즐겁게 일하라. 그러면 게으르지 않을 것이다.' 당신의 말(horse)이 마지못해 길을 간다면 괴로운 듯이 갈 것이고, 자기가 원하는 곳에 갈 때엔 자유롭게 갈 것이다. 당신의 일은 좋든 나쁘든 둘 중 하나다. 그것이 나쁘다면 피하고, 좋으면 즐거워하지 않을 이유가 무엇인가? 선을 행하는 것을 즐거워야 한다.

방향 제시-7 '이를 위하여 하나님께서 당신에게 요구하시는 것과 상을 줄 것이라고 약속하신 대로 당신의 모든 일을 하라. 그의 뜻에 순종하여 행해진 당신의 가장 비천한 수고를 그분이 받으신다는 것을 믿으라.' 그렇게 위대하고 선한 주님을 섬기고, 하나님께서 받아들이고 상을 줄 것이라고 약속하신 일을 하는 것은 즐거운 일이 아닌가? 당신의 가장 낮고, 가장 힘들고, 비천한 노동에 대한 하나님의 이러한 관심은 그것을 명예롭고, 달콤하게 할 것이다.

방향 제시-8 '당신의 환상이 관능적이고 헛된 쾌락을 쫓지 못하게 하라. 왜냐하면 이것들이 당신의 소명을 피곤하게 할 것이기 때문이다.' 어리석은 젊은이들이 나태하고, 그들의 스포츠에 마음을 두고 있는 것은 놀랄 일이 아니다. 관능적인 신사들이 방탕하게 살고, 부패한 쾌락으로 자신을 채우는 것도 놀랄 일이 아니다. 그러한 관능주의자들의 나태함은 다른 사람들보다 변명의 여지가 없다. 왜냐하면, 그들이 반대하는 것이 노동 자체가 아니라, 성실하고 유익한 노동이기 때문이다. 그들은 그들에게 필요한 노동보다, 놀이나 춤, 달리기, 사냥 또는 허영에 시간을 더 많이 보내기 때문이다. 그 원인은 그들의 마음의 어리석음과 질병이지 그들의 몸에 장애가 있는 것이 아니다. 악에 가장 바쁜 자는 선에 가장 게으르다.

방향 제시-9 '육체를 죽이고 영혼에 순종적으로 의존하도록 하면, 게으름에 사로잡히지 않을 것이다.' 나태는 육체를 기쁘게 하는 한 가지 방법일 뿐이다. 육체의 관능적인 노예가 된 사람은 육체가 가장 원하는 대로 육체를 기쁘게 할 것이다. 어떤 사람은 음행의 노예가 되고, 다른 이들은 야망, 안락함의 노예가 될 것이다. 그러나 육체를 극복하고 죽이는 자는 이것을 나머지 정욕과 함께 다스린 자다.

방향 제시-10 '시간은 얼마 남지 않았고, 죽음은 급하게 다가오고, 심판은 공정할 것이고, 모든 사람은 자기 몸으로 행한 대로, 심판을 받아야 한다는 것을 계속 기억하라.' 당신의 영혼은 고귀하고 천국은 영광스럽고 지옥은 끔찍하고 일은 다양하고 중요하며 방해가 많다는 것을 기억하라. 세월의 평가에서 편안한 것은 게으름이 아니라 노동이며, 이것이 당신의 나태를 강력하게 몰아낼 것이다.

방향 제시-11 '당신이 시간을 어떻게 보내고, 어떤 일을 하고, 어떻게 하는지 평가하기 위해 스스로 매일 또는 자주 확인하라.' 나태에 대해 당신의 양심이 합당한 해명을 할 수 없을 때, 한시도 한순간도 그것을 받아들이지 말라.

방향 제시-12 '마지막으로, 당신 자신만 아니라, 당신의 책임 아래 있는 자들의 게으름을 경계하라.' 어떤 명예와 위대함을 가진 사람들은 근면하여 하나님과 그들의 왕과 나라와 영혼과 가족을 섬기는 데에 시간을 바친다. 그러나, 그러는 가운데 그들의 아내와 자녀들과 많은 종들이 하루와 일년의 대부분을 나태로 보내고, 그것을 개혁하려는 철저한 노력이 없기에 죄를 짓는다면, 마침내, 그들의 짐은 그들이 상상한 것보다 더 크다는 것을 발견하게 될 것이다. 한마디로, 믿는 성도의 수고와 근면은 영혼을 구원하는 데에 기여하고, 탐욕스러운 세속적인 사람들의 부지런함은, 단지 지옥으로 서둘러 가는 것에 불과하다. 그러나, 게으름 그 자체는 악덕의 자양분이며 선한 모든 것의 치명적인 적이다. 나태는 죄의 행로와 죄의 움직임이므로 모든 이해력, 결심, 권위를 사용하여 자신과 다른 사람도 치료해야 한다.

제3과 영적인 일에 대한 게으름과 나태, 그리고 열심과 근면을 위한 방향 제시

영적인 일에 대한 열심은 게으름과 냉담과 부주의에 반대되며, 부지런함은 나태에 반대된다. 열심은 영혼의 열정 또는 진지함이다. 열심의 첫 번째 주제는 최후 심판에 의해 야기되는, 의지와 사랑의 감정이다. 그리고 그것은 실천에 나타난다. 그것은 뚜렷한 은혜나 감정이 아니라, 모든 은혜의 활력과 생동감, 그리고 그들의 열렬한 활동이다.

[거짓 열심의 종류]

방향 제시-1 '열심과 근면의 본질과 용도를 이해하고, 육체적이고 타락한 열심을 영적이고 진정한 열심으로 착각하지 말라.'

1. 열심과 활동은 단지 자연스러운 것이며, 이것은 신체의 활동적인 기질의 영향이다.

2. 좋은 일에 대해, 위선적인 영향을 받은 열심이 있다. 사람들은 그렇지 않을지라도, 마치 진정으로 열심인 것처럼 말하고 표면상으로는 그렇게 느껴진다.

3. 이기적인 열심이 있으니, 교만하고 이기적인 사람이 자기와 관련된 일 곧 자기 의견, 자기 명예, 자기 재산, 친구, 이익, 또는 자기 것을 위해 열심을 내는 것이다.

4. 부분적이고 파벌에 의해 야기되는 열심이 있다. 오류, 교만, 또는 세속적인 것이 사람들을 당에 참여시키고, 그들은 자신이 선택한 종파나 당파의 편을 드는 것이 최소한 그들의 의무와 이익이라고 생각할 때, 그들은 그들이 신봉하는 당의 모든 의견이나 방식에 열심을 낼 것이다.

5. 바리새인(그리고 모든 위선자들)이 씻는 것과 금식하는 것과 다른 예식을 지키는 것과 같이, 작고 중요하지 않고 하찮은 일에 대한, 미신적이고 유치하고 육체적인 열심이 있다.

6. 우선권을 가지고 있는 자들에 대항하고, 당신의 욕망을 막고, 세상에서 당신의 명예를 더럽히거나, 당신의 호의적인 의견과 방식에 대해, 당신을 반박하는 자들에게 악의적인 원한과 해를 끼치려는 열심이 있다. 그러한 것들이 야고보서 3장에 전반적으로 설명되어 있다.

7. 화를 잘 내고 다투며 논쟁적인 열심이 있는데, 그것은 자신의 자만심에 일치하지 않는 모든 사람을 공격한다.

8. 주의 대의와 주의 종들을 대적하는 악의적인 열심이 있다. 그들은 사람들을 끌어 다가 핍박한다. 이것들이나 이와 유사한 것을 거룩한 열심으로 여기지 말라.

[거짓 열심의 피해]

당신이 자칫 잘못하면, 다음과 같은 피해가 뒤따를 수 있다.

1. 죄악 된 열심은 사람을 두 배로 죄짓게 한다. 거룩한 열심이 우리 은혜의 열정인 것처럼 죄악 된 열심은 죄의 의도와 열성이다.

2. 그것은 죄와 사탄을 공경하는 것이다. 마치 죄가 일이고 사탄은 주인이며, 열렬하고 부지런히 따를 가치가 있는 것처럼 공경한다.

3. 그것은 죄를 짓는 가장 효과적인 격렬한 방법으로, 사람들이 짧은 시간에 많은 악을 저지르게 한다. 다른 죄인들보다 더 유해하고, 다른 사람들에게 해를 입힌다.

4. 그것은 판단을 희미하게 하고, 사람들로 하여금 거짓을 진실로, 악을 선으로 삼게 하여, 이성이 그 직무를 하지 못하게 한다.

5. 그것은 하나님의 모든 수단을 격렬하게 저항하는 것이다. 그리고 사람들을 믿게 만드는 진리에 대항하여 분노하도록 가르친다. 그것은 사람들의 귀를 막고 그들에게 유익한 조언을 못 듣게 한다.

6. 그것은 성도들과 예수 그리스도의 교회에 대한 가장 격렬하고 피비린내 나는 박해이다. 그것은 한때 **바울**로 하여금 매우 열광적이게 하여, "많은 성도를 옥에 가두고, 또 죽일 때에 내가 찬성 투표를 하였고, 또 모든 회당에서 여러 번 형벌하여 강제로 모독하게 하는 말을 하게 하고, 그들에 대하여 심히 격분하여 외국 성에까지 가서 박해하였다."[28] 그렇게 그는 "열심으로 말미암아 교회를 핍박했다."[29]

7. 그것은 모든 사회를 격렬하게 요동케 하는 것이며, 사랑의 파괴자, 논쟁의 원인 및 조성자이고, 질서, 평화, 평온의 적이다.

8. 그것은 죄와 오류에 하나님의 이름을 대고, 그것이 하는 모든 사악함에 그분의 이름을 증거 없이 붙임으로, 그분을 매우 욕되게 한다. 그런 열성적인 죄인들은 하나님의 이름으로 죄를 짓고, 자신의 권위로 무지하게 하나님에 대항하여 싸운다.

9. 그것은 죄에 대해 회개하지 않는 죄의 방식이다. 열성적인 죄인은 자기의 죄를 정당화하고, 그에 대한 이유나 성경을 변명으로 제공하며, 그가 잘한 일이라고 생각한다. 참으로, 하나님의 종을 죽일 때도 하나님을 섬기는 일이라고 생각한다.[30]

10. 그것은 죄를 증가시키는 것이며, 사람들이 죄인의 마음 갖기를 몹시 바라게 한다. 열성적인 죄인은 자기가 할 수 있는 한 많은 사람에게 죄를 짓게 한다.

---

28) 행 26:10, 11
29) 빌 3:6
30) 요 16:2

그뿐만 아니라, 그것이 작고 쓸모없는 것에 대한 열심이나, 종교의 작은 논쟁이나, 의견에 대한 열심에 불과하다면,

1. 그것은 복음의 취지와 그리스도의 마음과 중요한 실질적인 것들의 실천에 관해, 슬프게도 정상적이지 않은 마음을 보여 줄 것이다.

2. 그것은 자애와 평화를 파괴하고 타인에 대한 비난과 학대를 낳는다.

3. 그것은 세속적인 사람으로 하여금, 모든 열심은 사람들을 속이는 어리석은 열정보다 낫지 않다고 생각하게 함으로써, 무심코 거룩한 열심을 욕되게 한다.

4. 그것은 그것을 가진 사람들이 선을 행할 수 없도록 한다. 거룩한 진리와 의무에 열심일지라도, 사람들은 그것을 그릇된 열심과 같은 본성으로만 생각하게 하여, 그것을 무시할 것이다.

[거룩한 열심의 표징]

거룩한 열심의 표징은 다음과 같다.

1. 올바른 판단에 의해 인도된다. 그것은 거짓과 악이 아닌 진리와 선에 대한 열심[31]이다.

2. 그것은 우리 자신만을 위한 것이 아니라 하나님과 그의 교회 또는 대의를 위한 것이다. 그것은 온유와 자기 부인과 인내로 이루어지며 우리 자신의 관심사에 관해서는 우리 자신[32]의 관심보다 하나님의 관심을 선호하게 한다.

---

31) 롬 10:2
32) 민 12:3; 출 32:19; 갈 4:12; 행 13:9, 12

3. 그것은 항상 상황보다 본질에 더 주의를 기울이고, 작은 것보다 큰 것을 선호한다. 작은 논쟁으로 더 큰 진리의 상실이나 잘못을 다투지 않는다.[33] 그것은 알려진 모든 진리와 의무에 적용되지만 그에 비례하여 가장 큰 일에 가장 뜨겁고 가장 작은 일에 가장 차갑다. 그것은 사람들로 하여금 논쟁의 여지가 있는 의견보다 선한 일에 더 열심을 내게 한다.[34]

4. 거룩한 열심은 항상 자비로우며, 잔인하고 피비린내 나는 것이 아니며, 상처를 주는 성향도 아니다.[35] 그러나 온유하고 자비로우며 육체를 해하기보다 사람의 영혼을 얻고 구원하려는 열망으로 사람을 불태우게 하며,[36] 죄에 대항하는 열심은 죄인에 대한 사랑과 연민과 결부되어 있다.[37]

5. 그러나, 그것은 죄를 소중히 여기는 어리석은 동정을 배제한다.[38]

6. 참된 열심은 교회의 연합과 평화에 기여하며, 분열하고 찢는 열심이 아니다. 그것은 "첫째 순결하고 다음에 화평하고 관용하고 양순하며 긍휼과 선한 열매가 가득하다."[39]

7. 참된 열심은 편파적이지 않으며, 다른 사람의 죄와 마찬가지로 우리 자신과 자녀 및 다른 친척의 죄에 대해서도 위험하게 생각한다.

8. 참된 열심은 하나님의 모든 계명을 존중하며, 어떤 하나를 존중하고 다른 것을 멸시하지 않는다. 그것은 완전함을 목표로 한다. 우리의 욕망을 더 낮은 단계로 끌어내리지 않

---

33) 마 23:22, 23
34) 딛 2:14
35) 눅 9:54, 55
36) 고전 13:1-10
37) 고후 12:21
38) 계 2:2; 왕상 15:13
39) 약 3:17

다. 그것은 사람으로 하여금 하나님과 심지어 그 거룩함까지도 닮고자 하는 욕망을 갖게 한다. 그것은 주로 하나님께 우리의 사랑의 열정을 갖게 한다. 거짓 열심이 주로 다른 사람들의 행동이나 의견에 대한 비판적인 언쟁을 할 때, 참된 열심은 먼저 선을 향해 일한 다음 방해하는 악에 맞서 일어난다.

9. 참된 열심은 사람으로 하여금 하나님에 대한 거룩한 의무에 수고하게 하고 그의 모든 일에 부지런하게 한다. 그것은 한 번의 노력, 확고한 의견, 한마디의 말에만 있는 것이 아니다.

10. 그것은 갑작스러운 섬광이 아니라 영혼의 끊임없는 결의다. 열병과 같은 것이 아닌 자연적인 열기다. 그러므로 거짓 열심이 공격적으로 괴롭히고 파괴할 때, 그것은 무언가를 고안하고 강화한다.

방향 제시-2 '이와 같이 당신이 참된 열심의 본성을 알게 되었으면, 그다음으로 그 열심의 탁월함과 특별한 유익을 생각하여 당신의 마음속에 열심에 대한 사랑과 영광이 생기도록 하라.' 이를 위해 열심에 대한 다음과 같은 칭찬을 생각해 보라.

[열심과 근면의 탁월함]

1. 열심은 모든 은혜의 열정과 활력에 불과하며, 그 안에 그 은혜의 모든 아름다움과 탁월함, 그리고 높고 훌륭한 정도가 담겨 있다. 하나님에 대한 사랑이 탁월하다면 열성과 열렬한 사랑이 가장 탁월한 것이다.

2. 거룩한 대상의 본성은 너무 위대하고, 너무 초월적이며 말할 수 없는 결과를 가져오는 힘이 있기에, 열심 없이는 그것들을 진지하게 평가하고 추구할 수 없다. 그것이 만약 부나 명예에 관한 것이라면, 흥미 진진한 욕망과 단조로운 추구가 이익을 제공하고 우리에게 적절하다. 그러나 하나님과 그리스도와 은혜와 천국에 대하여는, 그러한 흥미진진한 욕망과 노

력은 거룩한 대상을 경멸하는 것에 불과하다. 열심 없이 하나님을 사랑하는 것은 그를 하나님으로 사랑하는 것이 아니기 때문에 그를 사랑하는 것이 아니다. 열심과 근면함 없이 천국을 구하는 것은 그것을 찾는 것이 아니라 그것을 경멸하는 것이다. 열심 없이 구원을 위해 기도하는 것은 기도하는 대신 위선적으로 중언부언하는 것뿐이다. 이는 세상의 모든 보화와 쾌락보다 선호해야 하는 그리스도와 거룩함과 천국을 구하는 것이 아니기 때문이다. 그렇게 하는 것에는 분명히 열심이 있다. 따라서 사람에게 생명과 열이 있는 것처럼 열심은 모든 은혜에 필수적인 것이다.

3. 하나님을 향한 마음의 진실과 정직은 열심 안에서 많이 나온다. 그는 자기에게 열성이 있는 친구에게 진실하고, 무관심하고 냉담한 사람에게 진실하지 않은 것과 같다. 열심을 지니고 그분께 봉사한다는 것은 기꺼이, 진심을 지니고 전적으로 봉사하는 것이다. 열심 없이 하는 것은 마음을 두지 않고 반쪽만 하는 것이며, 의무의 생명과 핵심을 빠뜨리는 것이다. 이것이 하나님께서 먼저 요구하시는 마음이다.

4. 열심은 의무의 힘이다. 그것은 목적을 달성하는 데에 가장 적합하게 만든다. 효과적인 신자들의 기도는 "열렬"[40]해야 한다. 열심은 우리로 하여금 끈덕지게 사랑하는 자가 되게 하며, 우리가 누군가를 도우려 요청한다 해도 부인하지 못할 것이다.[41] "천국은 침노를 당하나니 침노하는 자는 빼앗느니라."[42] "좁은 문으로 들어가기를 힘쓰라 들어가기를 구하여도 못하는 자가 많으리라." 노력하는 모든 사람이 면류관을 받는 것은 아니며 달리는 사람이 모두 상을 받는 것이 아니라 그것을 얻기 위해 효과적으로 행하는 사람만이 상을 받는다. 우리가 마음을 다하고 목숨을 다하고 힘을 다하여 하나님을 사랑하라는 명령을 받았으니 이는 열성적인 사랑이다. 이것이 다른 모든 사랑을 극복하고, 충실한 순종을 강요할 것이기 때문이다. 경험이 말하듯이, 냉담하고 태만한 사람이 거의 행하지 않을 때, 선을 행하는 것은 열

---

40) 약 5:16
41) 눅 18:1, 8
42) 마 11:12

심 있고 부지런한 설교자이다. 다른 모든 의무에서도 마찬가지다. 부지런한 손은 부요하게 하고, 하나님께서는 마음을 다해 섬기는 자를 축복하신다.

5. 열심과 근면은 게으름과 태만이 놓치는 기회를 잡는다. 그들은 해와 함께 일어나 "낮 동안 일한다." 그들은 "여호와를 만날 만한 때에 찾으며 가까이 계실 때에 그를 부른다." 그들은 그들의 심판과 구원의 날을 알고 있다. 그들은 지체하지 않고 "일반적으로 받아들여야 하는 때"를 붙잡을 것이다. 게으른 자가 여전히 우물쭈물하고 하찮게 여겨, 오늘이라고 하는 때에 하나님의 음성을 듣지 아니하고 "그 마음을 완악하게 하여 등불을 갖추지 아니한" 채로 잠을 자고 "문이 닫힐 때까지" 문을 두드리지 않는다. 그들은 일을 해야 할 때 서서 그들의 일을 바라보고 있다. 그리스도와 자비가 받아들여져야 할 때, 그들은 결코 준비되어 있지 않다. 그들은 다른 시간까지 그들의 의무를 여전히 미루고 있다. 때가 차면 그들의 일은 미완성된 채로 영원히 파멸될 것이다.

6. 열심과 근면은 시간과 자비에 대한 최고의 활용자이다. 그들이 지체하지 않고 현재를 소유하는 것같이, 그들은 어슬렁거리지 않고 목적을 위해 일한다. 빠른 여행사가 게으른 사람보다 하루에 더 멀리 가는 것처럼, 열렬하고 부지런한 그리스도인은 평생 태만하고 어리석은 사람보다 짧은 시간 안에 하나님과 자신의 영혼을 위해 더 많은 일을 할 것이다. 옛사람들 사이에서 어거스틴과 크리소스톰이 한 일을 생각하면 놀랍다! 캘빈, 퍼킨즈, 휘터커, 레이놀즈, 샤미에, 그리고 다른 많은 개혁 신학자들이 아주 짧은 시간에 한 일을 생각하면 놀랍다! 그리고 수아레스, 바스케스, 얀세니우스, 토스타투스, 카제탄, 아퀴나스 그리고 다른 모든 로마 가톨릭 신자들이 근면하게 한 일을 생각하면 놀랍다! 더 오랜 동안에 수백만 명의 사람들이 세상에 들어와서 알려지지 않은 채 세상을 떠났음에도, 야만적인 무지의 비난으로부터 그들을 보호할 만큼 많은 지식을 얻지 못했으며, 지옥에서 그들의 영혼을 구할 만큼 많은 지식을 얻은 적이 없다. 그리고 많은 사람들이 칭찬할 만한 충분한 능력을 가지고 있었음에도 불구하고, 다른 사람이나 자신의 큰 이익을 위해 그것을 사용할 만큼 부지런한 적이 없었다. 열심과 근면은 잘 관리된 토양이며, 거기에 하나님께서 최고의 수익을 거두는 그의 씨앗

을 뿌리신다. 그분의 자비로 그에게 백 배로 돌려주신다.[43] 그리고 그분이 올 때 그의 "원금과 이자"를 돌려주어야 한다.[44] 그러나 게으름과 태만은 자비가 죽은 것이며, 거기서 그들은 자비를 경멸하는 자와 소비하는 자들에 대한 심판으로 일어날 때까지 묻혀 있다. 자연을 개선하는 아리스토텔레스와 플라톤, 갈렌과 히포크라테스는 자연과 은혜를 게으리하고 학대하는 나태한 자들을 정죄할 것이다. 그렇다. 그들의 소와 말은 이 짐승들이 사람들을 섬겼던 것같이 하나님을 섬기지 아니한 많은 사람들에게 증인이 될 것이다. 그렇다. 많은 재산을 가진 사치하는 자들은 그들의 짐승들이 했던 것처럼 그들의 평생 공익을 위해 그렇게 많은 봉사를 한 적이 없다. 그들의 재능, 그들의 삶, 그리고 모든 것이 그들에 의해 사라졌다.

7. 열심과 근면은 죄와 사탄에게 승자가 된다. 그들은 죄와 함께하거나 행동하지 못한다. 그들은 죄에 대해 가시와 찔레를 소멸하는 불과 같다. 열심은 정욕과 탐욕과 교만과 관능을 불태운다. 그것은 부지런히 풀을 베는 사람이 당신의 정원에서 일하는 것과 같이, 우리의 죄 가운데 그러한 일을 하며 가라지를 모아 불사른다. 그것은 죄악과 함께 빈둥빈둥 시간을 보내지 않고, 미끼를 맛보거나 바라보지도 않으며, 유혹하는 자와 논쟁하거나 그의 말을 듣지도 않는다. 그러나 혐오함으로 그 행동을 버리고, 악한 모양을 멀리하고, 육체에 의해 더럽혀진 옷을 미워하고, 색욕의 불을 바로 끈다. 그것은 안식처를 공격하므로 마귀가 도망가도록 그렇게 저항하는 것이다. 나태와 부주의함이 죄를 소중히 여기면 유혹하는 자에게 희망을 주고, 그를 저항 없이 공식적으로 요청하는 것이다. 게으른 자의 포도원은 쐐기풀이 무성하다. 그의 마음은 해로운 생각과 정욕으로 가득 차서 그들을 반대하지 않고 쉽게 지니고 있다. 만일 죄악 된 생각이 자기 마음을 사로잡아도 열심을 내어 그것에 저항하지 않고, 그것을 쫓아낼 마음도 없고 어떤 효과적인 저항도 하지 아니하며, 그의 손이 노동을 거부하기 때문에 헛된 소원으로 자기 영혼을 굶주리게 한다. 태만은 죄의 간호사이다.

8. 열심과 근면은 힘과 성공으로 의무에 대한 모든 반대를 무너뜨린다. 게으른 자를 막는

---

43) 마 13:8, 23
44) 마 25:27, 28

장애물은 그들 앞에는 아무것도 아니고, 천천히 가는 수레바퀴는 작은 돌이나 장애물에 의해 쉽게 멈추지만, 더 빠르게 움직이는 바퀴는 쉽게 모든 것을 극복하는 것과 같다. 게으름뱅이의 앞을 가로막는 사자는 근면하고 열심 있는 기독교인의 길에서 짖는 강아지만도 못하다. 추위는 그가 쟁기질하는 것을 방해하지 못한다. 필사자(a mortal man)에 대한 경멸이나 조롱이나 위협은 무자비한 위선자에게 불안을 느끼게 하고 위선을 멈추게 할 것이다. 그것은 불에 기름으로 작용하여 열심 있는 자의 용기를 더욱 불타게 할 뿐이다. 나태한 사람에게는 극복할 수 없는 것처럼 보이는 어려움이 열성적인 사람에게는 사소한 문제이다. 그는 게으른 사람이 불가능하다고 말하는 것을 헤쳐 나간다. 게으른 자가 가만히 앉아서 말하기를 나는 이것저것은 할 수 없다고 할지라도, 열심 있고 부지런한 그리스도인은 그것을 행한다.

9. 열심과 근면은 의무에 대한 고민과 귀찮음을 없애고 그것을 수월하게 한다. 쾌활하고 부지런한 하인은 게으른 하인이 고통과 싫증 내며 하는 그 일을 즐겁게 한다. 심히 늙어서 일할 수 없는 말(horse)은 힘들게 여행할지라도, 원기가 좋은 말은 여행을 즐겁게 한다. 그러므로 열심이 있는 영혼에게는 읽기와 듣기 그리고 기도가 쉬운데, 다른 사람에게는 달갑지 않은 과업과 수고이다.

10. 열심은 신실하고 변함없고 용감하여 하나님을 크게 기쁘게 한다. 그것은 박해를 받는 동안 충성을 유지하게 하며, 불이 그것을 태우지 못하고, 많은 물이 그것을 끄지 못한다. 그러나 다른 냉담한 사람들은 거짓된 마음을 가지고 있어서, 냉담함으로 쉽게 그들의 종교에서 뽑히거나 쫓겨날 수 있다. 그들에게는 상반된 감정이 공존하여, 세상에 대한 갈등 세력이 조금 더 크면, 그들의 판단으로 그리스도를 낮게 평가할 것이다. 일시적인 것에 대한 희망이나 두려움이 영원한 것에 대한 희망과 두려움을 압도한다. 그러므로 하나님께서 그런 배신한 종들을 버리시고 그들을 자신의 가족에 합당하지 않은 자로 외면하는 것은 당연하다.

방향 제시-3 '거룩한 열심과 근면의 큰 동기를 목표로 두고 마음에 새기라.' 그리고 그것을 기억하고 영향을 받을 수 있도록 소성시키는 책을 자주 읽으라. 나는 나의 책《성도의 안식》의 세 번째 부분과, 《성자 아니면 야수》, 《지금 아니면 결코 아니다》, 《그리스도를 경히 여김》에 반대하는 설교에서 이러한 감동적이고 흥미진진한 고려 사항을 너무 많이 제시했으므로 여기서는 간략하게만 설명할 것이다.

[열심의 동기]

1. 당신이 무감각하고 게으르다면, 당신이 얼마나 큰 스승을 섬기고 있는지 기억하라. 하나님을 위해 어떤 일을 나태하게 할 수 있겠느냐? 당신이 섬기는 스승이 얼마나 훌륭한 분인지 기억하라. 그분이 당신에게 한만큼 당신은 그분을 위해 결코 더 많이 할 수 없다고 확신하고, 당신을 결코 패배자로 만들 분이 아니라는 것을 기억하라.

2. 그분이 항상 곁에 있다는 것을 기억하라. 다른 사람들과 대화하고 기도하고 책을 읽고 모든 의무를 행하는 가운데 그분이 곁에 있다는 것을 기억하라. 당신은 그분의 눈앞에서 어슬렁거릴 건가? 주인이 곁에 서 있는데, 눈속임하는 종이 될 건가?

3. 당신의 모든 일의 끝과 결과에 대해 진지하게 생각하면, 그것은 가장 기운이 없는 영혼에 생명을 불어넣을 것이다! 당신의 졸리고 얼어붙은 마음에 말하라. 당신이 찾고 있는 것이 천국이 아닌가? 내가 피하고 있는 것은 지옥이 아닌가? 그렇다면 천국과 지옥에 대해 냉담하고 게으를 수 있나? 내가 지금 행하는 대로 그것이 영원히 나와 함께 하지 않겠는가? 이것이 나의 구원을 위해 내가 할 수 있는 최선인가? 내가 기뻐하고 공경해야 할 분은 하나님이 아닌가? 내가 그것을 게으르게 행할 수 있나?

4. 우리가 하는 일의 중대함을 생각하면, 그것이 우리를 열성적이고 부지런하게 할 것이다! 우리가 얼마나 많은 지식을 얻어야 하는지 생각해 보라! 그리고 우리가 얻어야 하는 모든 은혜! 얼마나 많은 수단을 사용해야 하는지! 그리고 얼마나 많은 반대와 극복해야 할 많은 유혹이 있는지 생각해 보라! 우리 영혼의 연약함과 우리 죄의 중대함에 대한 겸허한 감각

은, 은혜의 부자가 무엇을 하든지, 겸손한 자가 되는 것은 노동이라고 말해야 한다.

5. 우리의 일하는 시간이 얼마나 짧고 또한 얼마나 불확실한지 기억하라! 시간이 얼마나 빨리 날아가는지! 얼마나 빨리 끝날 것인지! 우리가 영원을 위해 지속적으로 준비해야 하는 모든 시간은 지금이다! 머지않아 땅에서 기도하는 것도, 듣는 것도, 일하는 것도 더 이상 없을 것이다! 무덤을 들여다보고 상갓집에 가보라! 이 마음은 생각할 시간이 없고, 이 혀는 말할 시간이 거의 없고, 모든 것이 영원한 보상으로 끝날 것이라고 생각해 보라! 내 생각에 이것이 가장 냉담한 마음을 소성시킬 것이다.

6. 그들의 게으름과 나태로 인해 이미 얼마나 많은 사람들이 파멸되었는지 기억하라! 내가 그것을 막기 위해 읽고 기도하는 동안 얼마나 많은 사람들이 지옥에서 게으름을 한탄하고 있을까? 내가 그들을 보고 그들의 외침소리를 들었다면 어떨까? 그것이 나를 심각하게 하지 않을까? 만약 그들 중 한 명이 그곳을 떠나서 나처럼 다시 희망을 품는 시간을 갖는다면 어떨까? 그가 냉담하고 부주의할까?

7. 거룩함과 근면함으로 지금 천국에 와서 그들의 모든 수고와 고난의 결실을 즐기고 있는 수백만 명의 사람을 생각해 보라! 그들의 모든 고통과 인내로 축복받은 종말을 생각하면, 지금 사람들이 회개하는 데서 얼마나 멀리 떨어져 있는지! 열심과 부지런함으로 우리를 일깨워야 한다고 생각한다.

8. 마침내 온 세상 사람들이 거룩한 근면에 대해 어떻게 생각할지 예견하라! 가장 나은 사람들은 하나님과 그들의 구원을 위해 훨씬 더 많은 일을 했더라면 얼마나 좋았을까 할 것이다! 최악의 사람들은 너무 늦게야 그들이 최고처럼 열성적이고 근면했더라면 하고 바랄 것이다! 그때 그들은 모든 것이 헛됨에도 "주여, 우리에게 문을 열어 주소서."[45]라고 얼마나

---

45) 마 25:11

간절히 문을 두드리고 부르짖을 것인지! 그리고 깨어 있는 부지런한 영혼들에게 말하기를, "우리의 등불이 꺼져가니 너희 기름을 좀 나눠 달라."[46] 할 것이다. 그때 가장 경건하지 않은 사람들이 "나는 의인의 죽음으로 죽기 원하며 나의 종말이 그와 같기를 바라노라."[47]라고 말한다고 생각해 보라! 그들이 얼마나 미친듯이 자신의 영혼을 잃고, 그것을 막았어야 할 그 달콤하고 거룩한 일의 고생을 포기했기에, 기운 없이 느릿느릿 지옥에 내려 갔다는 것을 생각하면, 얼마나 가슴 찢어지는 슬픔이 그들을 영원히 사로잡을 것인지! 이러한 예견이 가장 게으르고 어리석은 영혼들을 깨우쳐서 그들이 자신의 일을 할 수 있을 때까지 그들을 따라다니지 않을까?

9. 당신은 이 일에 열심과 부지런함 없이는 아무것도 할 수 없음을 기억하라. 이것과 비교하여 당신이 진지하게 할 만한 다른 것은 없기 때문이다. 멸망하는 헛된 것을 위하여 열렬히 수고하는 것은 당신 마음의 치욕이며 당신의 실망을 증명할 것이며 마침내 수치와 슬픔에 빠뜨릴 것이다. 반면에 거룩한 근면은 당신의 모든 고통을 보상할 것이다.

10. 또한 당신이 너무 오래 게으르고 나태했다는 것을 기억하라! 당신이 여전히 게으르다면, 어떻게 이전의 나태를 회개하겠는가? 게으름이 얼마나 많은 의무를 버렸고, 얼마나 많은 것을 죽였고, 좌절하게 했고, 아무것도 이루지 못했으며, 그것이 당신에게서 얼마나 많은 은혜와 자비와 위로를 빼앗아 갔는지 생각하면 슬퍼지는가? 당신이 아는 가장 좋은 사람만큼 거룩한 근면으로 살았더라면 당신의 경우가 얼마나 더 나았을까? 그런데도 여전히 게으를 것인가?

11. 당신은 오직 영원한 삶을 준비하는 현재의 의무를 위해서만 당신의 삶, 건강, 재치, 그리고 부를 가지고 있다는 것을 기억하라. 하나님의 모든 자비가 당신을 근면하게 하고, 모든 의식과 그의 모든 도움과 은혜의 수단이 당신에게 주어져 일을 더 잘할 수 있게 주어졌고, 해

---

46) 마 25:8
47) 민 23:10

와 달과 공기와 땅과 모든 것, 그들의 도움이 당신을 뒤따른다. 그런데도 당신은 냉담하고 게으르며 이 모든 수단과 자비를 좌절시킬 것인가?

12. 당신의 적이 얼마나 부지런한지 기억하라. 사탄은 "우는 사자같이 두루 다니며 삼킬 자를 찾는다."[48] 그런데도 당신은 그에게 저항하는 데 게으를 건가?

13. 그리스도께서 친히 근면의 본을 남기셨음을 기억하라! **바울**과 그리스도의 모든 종들이 얼마나 힘겹게 주님의 일을 따랐는지! 그들이 기도하고 경계하는 일에 당신처럼 나태하게 일했나?

14. 이전에 당신이 당신의 죄에서 얼마나 뜨겁고 열렬했는지 기억하라! 하나님께서 당신을 더 나은 길로 인도하셨음에도, 당신은 당신의 의무에 냉담하고 태만할 것인가?

15. 세속적인 사람들이 세상을 위하여 얼마나 간절하고 부지런한지 관찰하라. 육체를 기쁘게 하는 사람들이 그들의 스포츠와 쾌락을 위하여, 교만한 사람들이 자기들의 위대함과 명예를 위하여, 악한 자들이 그리스도의 복음과 그들 자신과 다른 사람들의 구원을 반대하는 데에 얼마나 간절하고 부지런한지 관찰하라. 그들을 보고 당신이 하나님께 더 냉정하고 태만한 것이 당신에게 얼마나 부끄러운 일인지 생각하라.

16. 깨어 있는 양심의 고통이나 죽음이 눈앞에 있는 것 같은 광경이, 어떻게 악인들을 현재 어떤 진지한 근면으로 깨어나게 할 수 있는지 관찰하라. 그래서, 그들의 고백, 외침, 약속, 수정으로 인해 적합성이 그들에게 있는 동안, 그들은 성실한 많은 사람들보다 더 열성적으로 보였다. 적절한 두려움이 경건하지 않은 자에게 할 수 있는 것보다, 구원하는 은혜가 당신에게 더 많은 일을 하지 않겠는가?

---

48) 벧전 5:8

17. 냉담하고 게으른 것이 얼마나 슬픈 일이며 그것이 무엇을 의미하는지를 기억하라! 그것이 우세하여 당신의 거룩한 생활을 막는다면 그것은 저주받을 일이다. 영혼이 졸고 있다면 그것은 가장 무서운 심판이다. 만약 당신이 하나님의 자녀라 해도, 그것을 지배하지 않는다면 그것은 영혼의 큰 쇠약을 의미하며, 하나님께서 회복으로 당신을 좋게 하려 한다 해도, 당신에게 닥칠 심한 고난을 암시한다. 자연적인 열의의 쇠퇴는 노년의 징조이며 모든 힘의 쇠퇴를 동반한다.

그러한 삶의 쇠퇴에는 질병과 고통이 따른다. 당신의 말(horse)이 점점 둔하고 무기력하면 박차와 채찍을 느끼게 하듯이, 당신이 차가워지고 무기력해지면, 어떤 고통의 박차를 느끼고, 당신의 걸음을 고치라.

18. 당신의 게으름은 당신의 지식과 경험과 당신 자신의 언약, 약속, 공언에 반하는 죄라는 것을 기억하라. 그러므로 죄를 가중시키는 것이다. 이런 진지한 생각은 게으른 영혼에게 열심과 근면을 불러일으키는 데에 큰일을 할 것이다.

방향 제시-4 '세속적인 일이나 쾌락에 열중하지 말라. 이것들은 거룩한 것에 대한 혐오와 반대와 싫증을 낳기 때문이다.' 그것들은 너무 상반되기 때문에, 마음이 동시에 두 가지 일에 열중하지 못할 것이다. 그러나 그것이 하나를 좋아하면 할수록, 다른 하나를 점점 더 싫어할 것이다. 다른 일에 마음을 빼앗겼을 때, 하나님을 향한 마음은 남아 있지 않게 된다.

방향 제시-5 '마음을 다하여 하나님을 사랑하고 거룩한 것을 기뻐하라. 그리하면 게으르지도, 싫증나지도, 나태하지도 않을 것이다.' 사랑과 기쁨은 의무에 느리고 마음 내키지 않는 것에 대항하는 가장 훌륭한 치료법이다. 하나님과 동행하고 그분의 일을 하는 것이 얼마나 좋은 일인지 알면, 당신은 그분의 일을 즐겁게 할 것이다.

방향 제시-6 '불신앙의 은밀한 뿌리는 열심과 근면의 치명적인 적이다. 하나님의 말씀과 장차 올 세상에 대한 확고한 믿음을 위해 노력하고, 게으른 마음이 일어날 때 그 믿음을 일으켜 행사하라.' 만약 장래에 생명이 없다면 어떡하지? 종교의 근거를 신뢰할 수 없으면 어떡하지?라는 마음속에 은밀한 의심이 생기면, 이런 것은 모든 노력의 활력을 시들게 하고, 사람들로 하여금 위선적으로 원래 가졌던 신뢰의 양을 절반으로 줄이고, 예비로만 하나님을 섬기게 만든다. 그리고 사람들로 하여금 현재의 육체적인 행복을 깨지 않는 범위 이상은 종교적이지 않기로 결심하게 만든다.

방향 제시-7 '의심스러운 일을 감행함으로써, 더욱 알려진 고의적인 죄[49]로 양심을 타락하게 하는 일에 주의하라.' 양심이 죄에 순응하는 법을 배우고 한 가지 일에 숙달되면, 그것은 아무 일도 하지 않고, 열심은 속히 소멸될 것이다. 양심이 부패하거나 잠들면 근면은 죽을 것이다.

방향 제시-8 '죽음에 대해 끊임없이 예측하며 살아라.' 오래 살 것이라는 근거 없는 자만심으로 어리석게 우쭐대지 말라. 죽음에는 졸린 영혼이 가까이하면 그를 깨울 수 있는 큰 힘이 있다. 장수한다는 자만은 선한 사람조차도 더 태만하고 안정되게 만드는 큰 힘이 있다.

방향 제시-9 '따뜻하고 진지한 기독교인들 사이에서 살아라. 특히 그들과 개인적인 친밀감으로 살아라.'[50] 한 사람의 열심에는 다른 사람의 열심을 불러일으키는 매우 큰 능력이 있다. 불을 지피는 불이 있기 때문이다. 진지하고 활기차고 부지런한 기독교인들은 우리를 진지하고 근면하게 하는 데에 더할 나위 없는 도움이 된다. 빠른 여행자와 함께 여행하는 사람은 기꺼이 그들과 보조를 맞출 것이다. 피곤한 게으름뱅이는 다른 사람들에게 끌려 다닌다. 그럼에도 불구하고 게으른 자들과 함께 여행하는 자는 그들처럼 느리게 갈 것이다.

방향 제시-10 '마지막으로, 영혼을 소성시키는 수단을 자주 사용하라. 가능하다면, 소성

---

49) 롬 14:21, 22; 고전 5:6; 엡 4:29, 30
50) 잠 22:24, 25, 27:17; 히 3:13, 10:24, 25; 롬 15:14

시키는 열심 있는 목사 아래서 생활하라.' 하나님의 말씀에는 생명이 있는데, 그것을 열어 생생하게 적용하면 듣는 자들에게 생명을 불어넣을 것이다. 성경을 읽고 이해하고 실천하는 데에 도움이 되는 생생한 책을 읽으라. 우리가 추울 때 불 앞에 가는 것이 추위에 얼은 것을 치료하는 방법인 것처럼, 그렇게 따뜻하고 소성 시키는 책을 얼마간 읽는 것은 추위에 얼은 영혼을 따뜻하게 하고 소성시키는 데에 많은 도움을 줄 것이다. 그리고 기도나 묵상으로 우리를 깨우고 우리가 하나님께 더 가까이 다가가기 전에 우리 안에 생명을 불어넣는 것은 작은 도움이 아니다. 나는 내 연구와 설교에 큰 도움이 되는 것을 스스로 발견했다. 내 자신의 마음을 연구하는 것이 상황의 변화에 도움이 되지 않고, 게다가 내 안에 있는 모든 것이 차갑고 무감각하기 때문에 내가 한 모든 일이 차갑고 무감각할 때, 나를 진지한 열성으로 일깨우기 위해, 나는 나보다 훨씬 더 따듯하고 진지한 책을 읽음으로써 내 열정이 회복되었고 따뜻해진 마음이 내 일에 더 적합했다. 그리스도인들 이여, 차갑고 생명이 없는 무자비한 종류의 종교를 주의하고, 그것을 치료하기 위해 너무 많은 고통을 받을 것이라고 생각하지 말라. 죽음은 차갑고 생명은 따뜻하다. 그리고 노동 자체가 영혼을 가장 잘 활성화한다.

2부
스포츠와 레크리에이션과 그의 과잉과 죄에 대한 방향 제시

방향 제시-1 '사람들이 합법적인 레크리에이션을 가장하여 흔히 불법적인 스포츠를 함으로써 명확한 근거 없이 뒤따르는 죄와 위험을 피하려면 합법적인 레크리에이션은 무엇이며 그 목적과 용도가 무엇인지 이해해야 한다.' 당신이 무엇을 하는지 알지 못할 때, 당신이 죄를 짓는 것은 이상한 일이 아니다!

[합법적인 레크리에이션이란?]

의심할 여지없이 어떤 레크리에이션과 스포츠는 합법적이고 필요하며, 어떤 사람에게는 의무다. 합법적인 스포츠 또는 레크리에이션은 우리가 금지하지 않은 자연적인 것, 또는 행동을 사용하여 상상에서 나오는 것을 통해 자연적인 영혼을 행복하게 하고 자연적인 재능을 적절히 사용하여 몸과 마음을 하나님에 대한 일상적인 의무에 적합하게 만드는 것이다. 그것은 즐거운 운동이다.

1. 우리는 스포츠나 레크리에이션을 불쾌한 노동이라고 부르지 않는다. 참으로 그것이 더 좋고 더 필요할 수도 있다.

2. 우리는 모든 즐거움을 스포츠나 레크리에이션의 이름으로 부르지 않는다. 먹고 마시는 것이 즐거울 수 있다. 거룩한 의무와 일은 매우 기쁠 수 있다. 그러나 제대로 된 스포츠나 레크리에이션은 아니다. 그러나 스포츠가 주로 기쁜 것은 상상에서 나오는 것이다. 주로 스포츠에 의해 기쁜 것은 환상이다.

평가기준 1 다음의 모든 사항은 스포츠 또는 레크리에이션의 합법성을 위해 필요하며, 그 중 어느 하나가 부족하면 불법이 되고 그것이 불법임을 증명한다. 1. 당신이 레크리에이션을 사용하고자 하는 진정한 목적은 하나님을 섬기는 일에 적합해야 한다. 즉, 당신의 소명이나 예배, 또는 당신이 그를 기쁘게 하고 영화롭게 할 수 있는 어떤 순종의 일을 위한 것이어야 한다. "너희가 먹든지 마시든지 무엇을 하든지 다 하나님의 영광을 위하여 하라."[51] 풀을 베는 사람이 자기 일을 하기 위해 낫을 가는 것처럼, 자신의 일을 할 수 있도록 만드는 것은 당신의 의무다.

평가기준 2 그러므로 레크리에이션을 사용하는 사람은 하나님과 그에 대한 섬김에 진심으로 헌신하고 그의 일을 하며 세상에서 그를 기쁘게 하고 영화롭게 하는 삶을 사는 사람이어야 한다. 오직 경건한 자 외에는 누구도 진정으로 할 수 없다! 그러므로 그러한 거룩한 목적이 없는 육체적이고 경건하지 않은 사람은 어떤 레크리에이션도 합법적으로 사용할 수 없다. 왜냐하면 그는 그것을 정당한 목적으로 사용하지 않기 때문이다. 목적은 모든 행동의 도덕적 선에 필수적이기 때문이다. 악한 목적은 반드시 그것을 악하게 하기 때문이다. "깨끗한 자들에게는 모든 것이 깨끗하나 더럽고 믿지 아니하는 자들에게는 아무것도 깨끗한 것이 없고 오직 그들의 마음과 양심이 더럽다."[52]

탐구 '그러므로 모든 악인은 반드시 레크리에이션을 금해야 하는가?'

---

51) 고전 10:31
52) 딛 1:15

답 1. 악인은 하나님의 법을 알고 있어도 순종하지 않는 자들이다. 그러므로 그들은 진심으로 하나님께 순종할 목적으로 무엇을 해야 하는지 묻지 않는다. 그러나, 만약 그들이 순종한다면 하나님께서 그들에게 명하는 것은, 즉시 그들의 악을 버리고 하나님의 종이 되는 것이므로 질문할 여지가 없을 것이다.

2. 그러나 그들이 계속해서 죄 가운데 있고 불경건한 상태에 있으면서, 죄 없이 즐겁게 놀려고 궁리하는 것은 헛된 일이다. 그러나 우리는 그 스포츠가 실질적으로 합법적이라면, 그들은 버려야 하는 것이 문제가 아니라, 죄악 된 목적과 방식이 문제라고 말할 수 있다. 그리고 이것이 개혁될 때까지는 그들은 죄를 짓지 않을 수 없다.

평가기준 3 합법적인 레크리에이션은 이 목적을 위해 적절하게 선택되고 사용되는 수단이어야 한다. 만일 그것이 우리의 일상적인 소명과 의무에서 하나님을 섬기는 데에 적합하지 않다면 그것은 우리에게 합법적인 레크리에이션이 될 수 없다. 다른 사람에게 실질적인 도움이 될지라도, 우리에게는 불법이다.

평가기준 4 그러므로, 우리의 소명 이전에 그 자체로 선호되거나, 또는 게으르게 살거나, 소명 없는 사람이 사용하거나, 직업 없는 사람이 사용하는 모든 레크리에이션과 그를 필요로 할 정상적인 일이 없는 사람들의 레크리에이션은 불법이며, 이것들은 우리의 목적을 발전시키는 대신, 우리의 목적을 방해하는 것으로 적절한 수단이 아니다.

평가기준 5 그러므로, 그런 것들은 모두 불법적인 스포츠로, 오직 육체의 환상을 즐기는 데만 사용되며, 그것들을 사랑하는 병이 든 마음을 기쁘게 하는 것보다 더 높은 목적이 없다.

평가기준 6 그러므로, 우리의 소명과 하나님 섬김에 실제로 부적합한 그 모든 것은 불법적인 스포츠다. 유익한 것과 해로운 것을 함께 놓으면 그들이 우리를 돕는 것보다 더 많이 또는 허다히 우리를 방해한다! 그것은 모든 관능적인 방탕한 사람의 경우다.

평가기준 7 우리가 더 큰일에 써야 할 시간의 일부를 차지하는 모든 스포츠는 불법이다. 그러한 모든 것들은 시절에 맞지 않는다. (예를 들어, 피할 수 없는 것도 아닌데 주님의 날에, 또는 우리가 기도를 해야 할 때, 또는 다른 의무를 해야 할 때.) 그리고 레크리에이션의 목적에 필연적으로 필요한 시간보다 더 많은 시간을 소비하는 모든 것들(이것은 너무 흔하다)은 불법이다.

평가기준 8 만일, 레크리에이션이 거룩한 것들을 가지고 장난을 치는 것처럼 불경스러운 것이라면, 그것은 하나님을 조롱하는 것이며, 그의 피조물 중 누구에게도 부적합하고, 그들을 그의 가장 엄중한 복수에 노출시키는 사악한 행위다. 선지자를 "대머리"라 부르며 즐겁게 노는 아이들은 곰에게 죽임을 당했다.[53]

평가기준 9 다른 사람에게 나쁘게 사용되는 스포츠는 불법이다. 놀이자로서 다른 사람의 명예를 훼손하고 비판할 때 불법이며, 사냥꾼과 매를 부리는 사람이 가난한 사람들의 밭과 울타리를 짓밟는 것도 불법이다.

평가기준 10 다른 사람을 죄짓게 만드는 스포츠나 그 죄에 참여하기 위해 스스로 행동하는 것은 죄악이다. 그것은 코미디언이나 그 밖의 세속적으로 재치 있는 사람들에게 너무 일반적이다.

평가기준 11 불결하고 음란한 레크리에이션은 불법이다. 추잡함이나 음란함에 대해 그 혐오감을 정당하게 표현하지 않고 외설스러운 말이나 행동으로 표현할 때 불법이다. "음행과 온갖 더러운 것과 탐욕은 너희 중에서 그 이름조차도 부르지 말라 누추함과 어리석은 말이나 희롱의 말이 마땅치 아니하다."[54]

---

53) 왕하 2:23, 24
54) 엡 5:3, 4

평가기준 12 사람들에 대해 쓸데없는 말을 많이 하는 그러한 스포츠는 불법이다. 그것은 어리석고 불필요하고 무익한 잡담으로 갈등을 일으킨다.

평가기준 13 우리 자신이나 다른 사람들이 죄를 범하도록 자극하는 경향이 있는 스포츠는 명백한 죄악이다. 예를 들어, 욕정이 타오르게 하는 것, 악담하는 것, 저주하는 것, 욕하는 것, 싸우는 것이나 그와 같은 것은 명백한 죄악이다.

평가기준 14 다른 사람들의 돈을 뺏기 위해 탐욕스러운 활동을 하는 것은 죄악이다. 또는 당신과 함께 노는 사람들에게 탐욕을 불러일으키는 경향이 있는 것은 죄악이다.

평가기준 15 잔인한 레크리에이션 역시 불법이다. 결투하는 사람, 투사 또는 서로를 학대하는 사람을 보는 것을 즐기는 것, 또한 불필요하게 서로를 괴롭히는 다른 모든 피조물을 보는 것을 즐기는 것은 불법이다.

평가기준 16 너무 많은 비용이 드는 레크리에이션도 불법이다. 당신은 하나님의 청지기에 불과하고 당신이 가진 모든 것에 대해 하나님께 책임을 져야 하기에 그것을 불필요하게 스포츠에 쓰는 것은 죄악이다.

평가기준 17 합법적인 통치자가 금지하는 불필요한 레크리에이션은 불법이다. 그것이 전에는 당신에게 합당한 것이었으나 지금은 그렇지 않다. 당신의 왕, 당신의 목사, 당신의 부모, 당신의 주인은 그러한 일에서 당신을 다스리고 제지할 권한이 있기 때문이다. 그들에게 순종하라.

평가기준 18 마지막으로, 당신 앞에 있는 여러 가지 레크리에이션을 선택할 수 있다면, 당신은 가장 적합한 것을 선택해야 한다. 더 적합한 것이 선택되어야 함에도 불구하고, 당신이 덜 적합하고 수익성이 있는 것을 선택하면, 그것은 당신의 죄다. 종류가 다르지 않고, 합법적인 것을 선택한다 해도, 그것은 죄다.

[일반적인 무대 연극, 게임, 카드, 주사위 등에 대해 어떻게 생각해야 할까?]

이 모든 것으로 일반적인 무대 연극, 게임, 카드, 주사위 및 기타 그러한 종류의 스포츠에 대해서 쉽게 판단할 수 있다. 만약 그것들이 이러한 악한 속성을 하나라도 가지고 있으면 그것들은 죄악이다. 그리고 그것들이 많지 않지만 사용될 때,

1. 그것들은 자신의 일과 의무에 적합하지 않은 사람들에 의해 너무 일반적으로 사용된다. 게다가 전혀 하나님을 기쁘시게 하거나 영화롭게 하지 않는 사람들에 의해, 그분을 섬기는 일에 순종적으로 헌신하는 것이 무엇인지 모르는 사람에 의해 일반적으로 사용된다. 사실은 부단하고 성실한 노동으로 생활하지 않고, 레크리에이션을 일삼고 그것을 하루의 주요 사업으로 사용하는 사람들에 의해 일반적으로 사용된다.

2. 그것들은 편향되지 않은 사람들에게 쉽게 볼 수 있는 합법적인 레크리에이션의 목적에 부적합한 스포츠다. 레크리에이션이 가장 필요한 것은 당신의 몸이나 마음이기 때문이다. 당신은 앉아서 일하거나 육체적으로 일하는 소명을 가지고 있다. 당신이 앉아서 일하는 사람(학생, 서기관, 기타)이라면 운동과 레크리에이션이 가장 필요한 것은 당신의 몸이며 노동이 스포츠보다 더 필요하거나 적어도 격렬하고 힘든 스포츠가 더 적합하다. 이 경우에 카드나 주사위, 또는 무대 연극을 보기 위해 앉아 있는 것은 몸을 단련하는 것이 아니라 운동의 필요성을 증가시키는 것이다. 그것은 당신의 손을 움직이게 하지 않는다. 그것은 당신의 피를 따뜻하게 하지 않으며 소화, 끌어당김, 흡수 등을 돕지 않는다. 그것은 당신의 건강과 관련하여 득보다 실이 훨씬 더 많다. 그러나 당신이 수고하고 몸을 위한 쉼과 마음을 위한 레크리에이션이 필요하다면, 또는 발을 절거나, 병약하여 신체 운동을 할 수 없을 때 확실히 당신의 경우에 더 적합한 백 가지 유익한 연습이 가까이에 있다. (하나님의 말씀과 같이) 읽어야 할 책과 당신의 영혼에 유익한 책, 그리고 역사, 지리, 예술과 과학과 같은 일반적인 것들에

대한 지식을 증가시키는 경향이 있는 책이 있다. 이것들이 당신의 주사위, 카드, 놀이보다 더 즐겁지 않을까?

3. 적어도 그것이(일반적인 무대 연극, 게임, 카드, 주사위 등) 합법적인 목적을 가진 사람에게 가장 적합한 레크리에이션이 아니라는 것이 분명하다. 당신이 학생이거나 게으른 신사라면, 걷거나 승마, 사격, 또는 쾌락과 이익을 하나로 연결하는 어떤 적합한 육체 노동이 당신에게 더 좋은 운동이 아닐까? 아니면 당신이 일하는 사람이고 마음의 즐거움만 필요하다면, 하나님과 성경과 성회와 묵상이나 좋은 책을 즐거워해야 하지 않을까? 아니면 이 육체와 마음 모두에서 진정으로 휴식이 필요하다면 역사나 지리에 관한 책을 읽는 것이 유익하지 않을까? 당신은 보고 싶은 풀과 꽃과 나무와 짐승과 새와 다른 생물이 없는가? 당신은 거닐고 싶은 들판이나 동산이나 초원이나 숲이 없는가? 당신에게는 기뻐할 가까운 친척이나 아내, 자녀, 친구, 또는 하인이 있지 않은가? 선하고 지혜롭고 유쾌한 사람들과 함께 기뻐하고 덕을 세우는 일에 대해 이야기하고 싶지 아니한가? 하나님이 당신에게 그러한 합법적인 쾌락의 세상을 주셨는데, 그들 중 불법적인 것이나 적어도 부적절한 것이 아니면 당신의 목적을 충족시키지 못하는가? 하나님이 주신 모든 것은 의심할 여지없이 합법적이다. 그러나 카드, 주사위, 무대 연극은 기껏 매우 문제가 있을 뿐이다. 현명하고 학식 있는 사람과 선량한 사람, 그리고 이들 중 적지 않은 사람들이 불법에 의해 정죄받는다. 그리고 하나님을 경외하고 그의 구원을 사랑하는 사람들이, 확실하게 합법적인 많은 것들이 아닌 그렇게 의심의 여지가 있는 스포츠를 선택해야 할까? 만일, 내가 왜 다른 사람의 자만이나 판단때문에 내 스포츠를 중단해야 하냐고 교만하고 경솔하게 대답한다면? 나는 당신과 당신의 대답을 부끄럽게 할 것이고, 당신이 얼굴을 붉힐 수 있는 답을 하겠다.

(1) 내가 당신에게 주장하는 것은 유머러스 하고 이상한 광신도 아니며, 단 하나의 신성함도 아니며. 그것은 고대 교회 자체의 판단이다. 주교(father)나 공의회는 특히 무대의 쇼(show)나 무대 연극을 보거나 주사위 하는 기독교인과 목사를 정죄한다.

(2) 영국에 있는 우리 교회의 가장 오래된 교회법에서도 성직자가 주사위 하는 것은 금지되어 있다. 그 이유는 그것에 대한 나쁜 보고로 사악하거나 나쁘게 생각했기 때문이다.

(3) 많은 종교적 군주들의 법이 그들을 정죄한다.

(4) 가장 학식 있고 거룩한 신학자들이 그것을 정죄한다.

(5) 가장 냉철하고 학식 있는 로마 가톨릭 교인들이 그들을 정죄한다.

(6) 당신이 살고 있는 시대와 장소의 많은 사람들, 그리고 가장 많은 헌신적인 목사들과 사람들이 얼마나 많이 그것들을 반대하는지 당신은 알고 있다. 그리고 고대 교회, 평의회, 주교들, 그리고 가장 학식 있는 개신교와 로마 가톨릭교, 그리고 가장 헌신적인 사람들, 게다가 많은 고대의 법과 규범이 그것을 반대하는 것으로 판단함에도, 그것이 당신에게 아무런 법적 유효성이 없다는 것인가? 당신은 그것들을 죄악으로 여기는 많은 사람들의 판단에 맞서, 명백하게 그럴 필요 없다고 고백할 수 있나? 당신과 당신의 놀이 친구들이 이런 모든 규범보다 더 현명하고 학식이 있는가? 아니면, 더 현명하고 더 신중한 판단을 내리기 전에, 그만큼 공부하지 않고 공허한 사람들이, 관능적인 자만심을 선호하는 것은 극도의 교만 아닌가? 레이놀즈 박사의 무대 연극에 반대하는 논문, 알베리쿠스 젠틸리스(Albericus Gentilis)에 반대하는 논문을 읽어 보면 얼마나 많은 증인들이 당신을 반대하는지 알 수 있을 것이다. 그리고 모든 스포츠 추첨에 대한 보에티우스(Voetius), 아메시우스(Amesius), 그리고 다른 학식 있는 사람들의 모든 판단이 아무런 권위가 없다면, 적어도 그런 점에서(스포츠 추첨) 그들의 합법성을 위해 글을 쓰는 가타커(Gataker)와 다른 사람들조차도, 그들을 합법화하기 위한 나머지 요건을 제시하지 않았다는 것은 우리의 카드와 주사위의 일반적인 사용과, 훨씬 더 많은 게임 플레이어를 완전히 비난하는 것으로 당신을 감동시킬 것이다. 그러므로 내가 읽거나 들은 모든 냉정한 신학자들은 이 모든 것을 정죄한다. 당신은 그들보다 더 현명한가?

4. 이 외에도 당신의 양심은, 당신이 그것을 당신의 소명에 합당하게 사용하지 않고, 소명에서 벗어나 게으르게 살거나 아니면 그것을 소명보다 선호한다는 것을 알고 있다. 당신의 마음이 놀이에 너무 중독되어 당신은 당신의 일을 생각하지 않는다. 당신의 집이나 가족에 대해서 무관심 하고, 사업에 싫증이 나는 것은 당신의 스포츠가 당신의 마음을 빼앗기 때문이다. 그리고 당신은 그것들을 거룩한 의무에 맞추기 위해 사용하는 것과는 거리가 멀어서 그것들은 당신에게 완전히 부적합하고, 일종의 관능적 쾌락으로 당신의 마음을 부패하게 하여, 모든 선한 것을 더 싫어하게 만든다. 이것이 당신에게 끼치는 유익이다.

5. 그리고 당신은 그것이 얼마나 시간을 낭비하는 죄인지 알 수밖에 없다. 그 게임이 합법적이었던 적이 없다는 사실을 받아들이라. 영혼도 육체도 가족도 재산도 하나님도 죽음도 천국도 염두에 두지 않는 것처럼, 그것에 그렇게 많은 시간을 투자하는 것이 합법적인가?

6. 그리고, 당신의 많은 무대 연극에 얼마나 많은 욕설과 남에 대한 학대가 들어 있는가! 얼마나 많은 방탕과 어리석은 성적 미혹의 경향, 그리고 죄를 혐오스럽게 만드는 것이 아니라 오히려 죄를 현혹하는 방식으로 죄를 표현하고 죄를 모방하고 스포츠로 만든다! 훨씬 더 많은 악으로 그렇게 한다! 그리고 당신의 카드와 주사위는 일반적으로 탐욕을 연마하는 행동이며, 주사위를 던져 나오는 숫자와 카드에 대해, 쓸데없는 많은 말과 어리석은 잡담을 하는 기회를 만든다. 그리고 종종 당신의 돈을 따낸 자들에 대한 저주, 욕, 욕설, 증오의 기회이다. 그것은 종종 싸움과 살인 자체를 일으켰다. 그리고 사냥은 일반적으로 비용이 많이 드는 오락이어서 사냥개 무리를 유지하는 비용을 가지면, 현재 어떤 궁핍한 가정을 유지하게 할 것이다. 게다가 이것 또한 시간을 낭비하는 것이다.

그러므로, 우리의 게임꾼들과 방탕하고 명랑하고 용감한 자들은 그들의 마음을 눈멀게 하고 양심에 화인을 맞고, 하나님의 법과 임재를 멸시하며, 죽음과 심판을 잊어버리고 사는 부류의 사람들이 되고, 마치 내세가 없는 것처럼 그들의 비참한 영혼을 등한히 여기며, 말씀이나 하나님 경배를 기뻐하지 않고, 영원한 기쁨에 대해 미리 생각하고 계획하지 않기에, 이런 어리석은 스포츠에서 즐거움을 찾고, 하나님이 아시는 바와 같이, 그들은 죄를 부지런히 회개하고, 영혼을 깨끗하게 하고, 또 다른 세상을 준비하는 데에 가장 부지런히 보내야 할 귀중한 시간을, 이러한 허영 속에서 보내게 된다.

아직 뉘우치지 않는 게임꾼이나 게으른 시간 낭비자가 그것을 되풀이하는 것은, 자신은 내 카드나 주사위, 연극이 불법이라고 믿지 않기 때문이다. 자신은 그것들을 사용하지만 내 의무에 맞도록 사용할 뿐이다. 뭐라고! 당신은 모든 남자들이 모든 즐거움 없이 은둔자나 홀로 사는 수도사처럼 살게 하려는가? 나는 합리적이고 추론적으로만 요청에 대해 답한다. 당신은 하나님 앞에서 그리고 영원에 대한 시각 속에서 죽어 가는 사람으로 자신을 설정하고 이 몇 가지 질문에 대한 진정한 답을 할 수 있는가? 당신의 양심이 감히 하나님의 법정에서 맞설 수 있는 그런 대답을 할 수 있는가?

탐구 1 당신은 창조주, 구세주, 그의 일과 섬김, 당신의 가족과 소명, 그리고 천국에 대해 미리 생각하고 계획하는 일이 카드나 연극보다 현실적인 마음을 즐겁게 하기에 더 적합하지 않다고 생각하지 않는가? 그런데도 이 장난감들이 당신에게 즐겁고, 하나님과 천국에 대한 생각이 그렇게 불쾌한 것은 헛되고 죄 많은 마음 외에 무엇이겠는가?

탐구 2 당신이 이러한 스포츠를 사용하는 것이 당신의 소명이나 하나님에 대한 봉사에 적합하지 않고 오직 육체의 환상을 즐겁게 하기 위한 것이라고 당신의 양심이 말하지 않는가? 당신이 스포츠에 끌리는 것은 스포츠의 유익보다 쾌락이 더 크다고 양심이 말하지 않는가? 당신은 당신을 재충전하기 위해, 많은 오락이 필요할 정도로 열심히 일하거나 하루 종일 열심히 공부하는가?

탐구 3 당신의 감각적 환상이 치유될 수만 있다면, 적절한 시간 범위 내에서 당신의 몸을 위해 실제적인 운동을 하는 것이 당신의 몸이나 정신에 더 유익한 레크리에이션이 될 것이라고 양심이 말하지 않는가? 아니면 이런 쓸데없는 게임에 몰두하는 것보다 다양한 노동이나 연구로 방향을 바꾸는 것이 더 유익한 오락이라고 말하지 않는가?

탐구 4 당신은 그리스도나 그의 사도들이 연극이나 카드, 주사위를 사용했다고 생각하는가? 아니면 그들에게 중독된 마음의 기질을 승인한 적이 있었나? 아니면 하나님의 말씀과 그의 아름다운 찬양을 기뻐하는 **다윗**은 당신만큼 지혜롭지 못한가?

탐구 5 당신의 놀이와 게임에 있는 기쁨보다, 하나님께 더 많은 기쁨이 있다고 당신의 양심이 말하지 않는가? 그리고 이러한 스포츠가 하나님에 대한 당신의 기쁨을 전혀 증가시키지 않고 당신을 더 부적합하고 의욕이 없게 만든다는 사실을 양심이 말하지 않는가? 그러나 모든 "복 있는 사람은 여호와의 율법을 즐거워하여 주야로 그것을 묵상하는도다."55) 당신도 그렇게 하는가?

탐구 6 운동이나 레크리에이션만큼 기도하고, 하나님의 말씀을 읽고 묵상하는 시간을 많이 사용하고 있는가? 아니, 당신은 당신이 더 좋아하는 스포츠나 일을 하기 위해, 위선적이고 무정한 몇 마디로 말로 하나님의 일을 미루지는 않는가?

탐구 7 이 귀중한 시간을 하나님께서 당신에게 맡기신 일에 더 잘 쓸 수 있다고 양심이 말하지 않는가? 그리고, 당신의 죄 많은 영혼은 훨씬 더 큰 문제에 그 시간을 쓸 필요가 있다고 말하지 않는가? 너무 오랫동안 죄를 지었고 용서와 구원에 대해 확신이 없고 또 다른 세계가 가까운데, 그것에 대해 준비 없는 사람이, 카드 놀이를 하거나 무대 연극을 관람하고 있다면, 그것이 하나님과의 화평에 대해 완전한 신뢰를 얻을 길인가?

탐구 8 당신은 죽음이 올 때, 카드나 연극하는 곳에서 발견되게 할 것인가? 만일 그 날이 오늘이라면, 당신이 어떤 거룩한 일이나 유익한 일을 하는 곳에서 발견되는 것이 낫지 않을까?

---

55) 시 1:2

탐구 9　당신이 죽을 때, 카드와 놀이, 허영에 소비한 시간을 생각하는 것이 당신에게 더 위로가 되겠는가? 아니면, 당신이 하나님을 섬기고 영원을 준비하는 데에 사용한 시간을 생각하는 것이 당신에게 더 위안이 되겠는가?

탐구 10　당신의 영혼이나 몸의 유익을 위해 카드, 주사위, 게임을 축복해 달라고 하나님께 기도할 수 있는가? 이는, 당신이 희망하지 않은 것을 위해 기도하고 당신에게 적합하지 않은 쾌락을 위해 기도하는 것처럼 하나님을 조롱하는 것에 불과하다고 양심이 당신에게 말하지 않을까? 어떤 레크리에이션이든 합법적이지 않다면, 이런 식으로, 축복을 위해 합법적으로 기도할 수 없다.

탐구 11　당신이 게임이나 스포츠에서 죄를 짓지 않는다고 스스로 확신하면, 당신의 동료들도 그렇지 않다고 확신하는가? 그들이 무대 연극을 볼 때, 마음의 정욕이나 허영심이 없고, 카드나 주사위 놀이를 할 때, 탐욕이나 죄악 된 쾌락이나 열정이 없다고 확신하는가? 만일 당신이 우리는 다른 모든 사람들을 죄로부터 보호할 의무는 없다고 한다면, 당신은 그 일을 위해 최선을 다해야 한다고 나는 대답한다. 그리고 당신은 기꺼이 그들에게 죄나 죄의 일부가 되는 어떤 것을 주어서는 안 될 의무가 있다. 의무가 아니라 해도 다른 사람의 추문이나 유혹을 멀리하는 데에 불확실한 것은 삼가야 한다. **바울**이 살아 있는 동안 연약한 자가 실족하지 않게 하기 위해 육식을 안 했다면, 당신의 스포츠도 기독교 사랑을 위해 사용되어야 하지 않을까? 그는 "고기를 먹지 아니하고 포도주를 마시지 아니하며 무엇이든지 네 약한 형제를 실족하게 하는 것과 약하게 하는 것이 좋지 아니하니라."56)고 말한다.

이의　'그러면 우리는 우리의 고기와 마실 것과 의복과 모든 것을 포기해야 한다.'

답　우리가 무관심한 일에 대한 우리의 즐거움을 버려야 하기 때문에 다른 사람의 죄를

---

56)　롬 14:21; 고전 8:13

방지해야 하는 우리의 의무를 버려야 하는 것은 아니다. 당신이 죄가 무엇인지, 그리고 한 영혼을 구원하거나 잃는 일이 무엇인지 안다면, 당신은 다른 사람의 죄를 스포츠로 만들지 않을 것이며, 그들에게 저주가 되는 것을 쉽게 행하지 않을 것이다. 그리고 감각적 쾌락을 좋은 핑계로 생각하지 않을 것이다. 그런 경우에 "우리 강한 자가 마땅히 약한 자의 약점을 담당하고 (즉 우리가 그들의 연약함을 어린아이에게 하듯이 그들을 불쌍히 여기고) 자기를 기쁘게 하지 아니 할 것이라 우리 각 사람이 이웃을 기쁘게 하되 선을 이루고 덕을 세우도록 할지니라(즉, 몸의 즐거움보다 남의 영혼의 덕을 세우는 것을 선호하라) 그리스도께서는 자기를 기쁘게 하지 아니하셨다…."[57] 그리스도께서 사람을 죄에서 구원하시려고 자기 목숨을 버리셨다면, 당신은 그 일을 위해 당신의 스포츠를 버릴 수 있지 않을까?

탐구 12 당신과 함께하는 게임과 연극에 가장 빠져 있는 사람은 어떤 사람이고, 그것을 피하고 반대하는 사람은 누구인가? 게임하고 놀이하는 자들 중에, 음행하고 술 취하고 욕하고 저주하고 남의 돈을 탐내고 하나님과 그들의 영혼을 모욕하고 멸시하는 일이 그런 일을 반대하는 사람들보다 더 많지 않은가? 열매로 판단하라.

[스포츠를 즐기는 젊은이들에게]

내가 게으른 게임꾼들에 하는 말은, 그런 식으로 관능적인 젊은이들에게도 해야 할 말이다. 그들은 잠에서 깬 후에는 달리고, 봄 축제(May-games)와 춤과 흥청거림과 스포츠와 쾌락에 대한 사랑에 이끌려, 그들은 하나님의 사랑과 그들의 구원에 대한 관심과 거룩함과 그들의 소명에 대한 사랑에는 벗어나 있고, 게으름과 방탕과 윗사람에 대한 불순종에 빠져 있다. 이 감각적인 기질을 치료하기 위해 (제4장 제9부에서 언급된 것 외에) 다음을 고려하라.

1. 마음에는 더욱 차원 높은 기쁨이 있다는 것을 모르는가? 이 장난들이 거룩한 하늘의 일

---

57) 롬 15:1-3

을 기뻐하는 고귀한 영혼에 어울리는 것인가?

2. 쾌락이 당신의 사랑의 감정에 얼마나 큰 재앙인지 깨닫지 못하나? 그것이 얼마나 당신을 현혹하고, 당신을 속이고, 거룩함을 사랑하지 못하게 하고, 모든 선한 일에 적당하지 않게 하는지 느끼지 못하나?

3. 당신이 놀면서 낭비하는 그 소중한 시간의 가치를 알고 있나? 당신은 시간과 더 이상 관련이 없는가? 당신의 영혼을 들여다보고 영원을 바라보며 당신에게 더 좋은 생각을 하라.

4. 당신에게 가장 필요한 것이 스포츠인가? 그리스도와 은혜와 용서와 죽음과 심판에 대한 준비와 구원의 확신이 더 필요하지 않을까? 그렇다면, 왜 이런 것들이 당신의 일이 아닌가?

5. 당신은 순종하고 섬기는 하나님이 없나? 그는 항상 당신을 보시지 않는가? 그가 당신을 심판하지 않을까? 아아! 심판이 멀지 않은 줄 알지 못하는가? 비록 당신이, 당신의 젊은 때를 즐거워하나 "네 청년의 날들을 마음에 기뻐하여 마음에 원하는 길들과 네 눈이 보는 대로 행할지라도 하나님이 이 모든 일로 말미암아 너를 심판하실 줄 알라."[58]

6. 하나님께서 당신의 행위에 대해 어떻게 판단하시는지 성경에서 관찰하라. "우리가 전에는 어리석은 자요 순종하지 아니한 자요 속은 자요 여러 가지 정욕과 행락에 종 노릇한 자요…"[59] "청년의 정욕을 피하고 주를 깨끗한 마음으로 부르는 자들과 함께 의와 믿음과 사랑과 화평을 따르라."[60] "자만하여 쾌락을 사랑하기를 하나님보다 더 사랑하는 것에서 돌아서라."[61]

---

58) 전 11:9
59) 딛 3:3
60) 딤후 2:22
61) 딤후 3:4, 5

7. 당신은 후회나 멸망이 될 미래의 슬픔을 준비하고 있을 뿐이다. 지금 당신의 기쁨이 크면 클수록 당신의 슬픔과 수치도 더 커질 것이다.

죄악 된 스포츠를 치료하기 위해 이만큼 많은 말을 했으니, 나는 그들의 레크리에이션에 대해 더 현실적인 것을 지시할 것이다.

방향 제시-2 '레크리에이션 활동의 본질과 용도를 이해하고, 특히 자신에게 필요한 레크리에이션 활동의 양과 종류를 알기 위해 노력하라.' 그 가운데 마땅히 고려해야 할 것은, 1. 당신의 근력에 대하여. 2. 당신의 마음에 대하여. 3. 당신의 노동에 대하여 고려해야 한다. 그리고 당신이 그것에 관해 결정했을 때, 당신의 의무를 수행하는 일에 대한 필요와 적절함은 무엇이며, 식사를 하는 것처럼 적절한 시간과 장소를 허용하고, 당신의 의무를 침해하는지 고려하라.

방향 제시-3 '일반적으로 유익과 즐거움을 함께 결합하여 시간을 잃지 않도록 하라.' 나는 어떤 게임이 조금도 필요하지 않다고 하는 사람은 없다고 생각한다. 사람들에게 격려를 주는 훨씬 더 나은 운동은 다양하다. 우리가 잘 개선할 수 있는 시간을 게으름 피우며 버리는 것은 죄다! 나는 내 자신의 본성이 대부분의 사람들만큼 놀이에 중독되어 있다는 것을 고백한다. 그리고 내 판단은 내 건강과 노동에 필요한 만큼의 레크리에이션을 허용한다. 그러나, 나는 나를 되살리기 위한 어떤 게임도 필요하지 않다고 생각한다. 마음에 기분전환이 필요한 경우, 나는 다양한 책과 친구들과 그리고 해야 할 활동이 있다. 내 몸이 그것을 필요로 할 때, 내가 견딜 수 있는 가장 힘든 노동은 최고의 레크리에이션이다. 걷기는 게임과 스포츠를 대신한다. 내 몸에 유익하고 내 마음에 더 유익하다. 만약 내가 혼자라면 묵상으로 그 시간을 향상시킬 수 있다. 다른 사람들과 함께 라면 유익하고 즐거운 대화에서 그것을 향상시킬 수 있다. 나는 다른 사람들의 모든 스포츠나 게임을 비난하지 않지만, 그것들 모두가 나 자신에게 최선이라고 생각하지는 않는다. 그리고 그리스도와 그의 가장 훌륭한 종들의 성품과 삶이 그러한 레크리에이션에서 얼마나 멀리 떨어져 있는지 관찰할 때, 나는 더 의심하며 그것들을 피한다. 그리고 나는 목회자들에게서 (레크리에이션의 목적에 맞지 않는 체스와 다른 것들은 말할 것도 없고, 심지어 사냥, 볼링, 그리고 건강에 좋은 게임조차도) 그것들을 본 적이 없지만 나는 싫어한다. 그러므로 그 마음 안에는 본성 자체로 어느 정도 의심하는 것이 있다. 자기 마음을 기쁘게 하기 위해 체스나 카드가 필요한 그 학생은 육체적이고 공허한 마음을 가지고 있지 않은지 의심스럽다. 만약 하나님과 그의 모든 책과 그의 모든 친구들 등등으로 충분하지 않다면, 그 안에는 그것을 기뻐해야 하는 것보다는, 오히려 치료해야 하는 어떤 질병이 있다. 몸을 위해서는, 몸에 도움이 되는 것이 또 다른 종류의 운동이다.

방향 제시-4 '합법적인 스포츠라 할지라도 과도하고 관능적인 쾌락을 경계하라.' 그러한 헛된 것에 대한 과도한 쾌락은 마음을 매우 부패하게 하고 어리석게 만든다. 그것은 영적인 것들을 좋아하지 못하게 하고, 하나님과 하늘과 의무를 버리게 한다.

방향 제시-5 '이를 위해 스포츠와 쾌락을 추구하지 않도록 생각과 환상을 경계하라.' 그렇지 않으면 당신은 책이나 사업에 몰두해야 할 때, 스포츠에 대해 생각하고 스포츠를 갈망하는 어린아이와 같을 것이다.

방향 제시-6 '술 마시고 흥청거리는 사람과 게임꾼들과 시간 낭비자들과 어울리지 말라.' 덫에 걸리지 않기 위해 그들 가운데 가지 말라. 하나님을 기뻐하는 자들과 함께하라.[62]

방향 제시-7 '죽음과 심판, 그리고 우리 영혼에 필요한 것을 기억하라.' 일반적으로 이런 스포츠는 진지한 사람들에게 어리석은 일처럼 보인다. 그리고 그들은 **솔로몬**처럼 이 즐거움에 대해 "이것은 미친 짓"[63]이라 말한다. 그것은 진지한 사람을 만드는 훌륭하고 진지한 주제이다. 그들이 죽음과 다가오는 세상을 진지하게 생각할 때, 마음을 즐겁게 하기 위해 어리석은 쾌락을 맛보지 않는다.

---

62) 딤후 2:22
63) 전 2:2

방향 제시-8 '명예로운 소명에 힘쓰라.' 소명에 대한 게으름은 스포츠에 대한 사랑을 낳는다. 게으른 육체를 편안으로 기쁘다 여길 때, 그때 헛된 것으로 더 기뻐하게 된다.

방향 제시-9 '당신의 친척과 가족에 대한 의무와 자비를 기뻐하라.' 만일 당신이 당신의 부모나 자녀나 아내나 친척과 어울리고 대화하는 것을 사랑한다면, 어리석은 스포츠에 대해 이야기를 나누는 것보다 거룩한 일이나 명예로운 사업에 관해 이야기하는 것을 더 즐거워하게 할 것이다. 그러나 아내를 사랑하지 않는 간통자들, 서로를 사랑하지 않는 비정상적인 부모와 자녀들, 그리고 그들의 의무를 사랑하지 않는 경건하지 않은 가정의 주인들은 집 밖에서 그들의 스포츠를 추구하게 된다.

방향 제시-10 '당신의 필요에 진정으로 적합한 레크리에이션을 선택할 때, 당신의 모든 레크리에이션을 죄에서 벗어나게 하라.' 필요하기 전에 레크리에이션을 하지 말고, 필요 이상으로 레크리에이션을 사용하지 말라. 또한 그것들의 축복을 위해 당신의 마음을 은밀히 하나님께 열고 기다리라. 가능한 한 그것들을 거룩한 것들과 섞으라. 즉 거룩한 생각이나 말과 섞으라. 합법적인 즐거움인 음악의 사용에 관해서는, 나는 어떤 사람들이 그것을 시와 함께 개인적으로나 공개적으로 사용하는 것을 신성모독이라고 생각한다는 것을 알고 있다. 공동의 환희는 종교적 제재로 승인을 받아야 한다고 생각하는 사람들이 그렇게 생각했다. 모든 것은 하나님의 영광을 위해 이루어져야 한다. 우리는 성경에서 음악을 거룩하게 사용(공적이든 사적이든)하는 것을 다른 어떤 용도보다 훨씬 더 많이 하고 있다. 그리고 멜로디와 음악의 탁월함은 그것들이 다른 어떤 것보다 거룩한 용도에 적용함으로써 더 적절하고 유익하게 성화될 수 있는 레크리에이션이라는 것이다. 그리고 내 영혼을 거룩하게 기운을 북돋우게 하거나, 고양시키거나, 하나님께 영향을 미치거나, 의무를 다하도록 자극하는 데에 사용하지 않는다면, 그것들은 전혀 가치가 없다고 생각해야 한다.

방향 제시-11 '병약한 사람과 우울한 사람(일반적으로 운동을 거의 하지 않는 사람)은 다른 사람보다 레크리에이션이 훨씬 더 많이 필요하므로, 건강하고 힘이 있는 사람보다 훨씬 더 많은 시간을 레크리에이션으로 보낼 수 있다.' 왜냐하면 그것은 그들의 건강을 회복하기 위한 약으로 사용하지만, 회복되면 레크리에이션 시간이 다시 감소하기 때문이다.

방향 제시-12 '당신이 싫어하는 스포츠를 하는 다른 사람들을 비방하는 것보다, 당신의 레크리에이션에서 당신 자신을 더 엄격하게 규제하라.' 당신은 아마도 그들의 사정과 이유와 유혹의 상태를 알지 못하지만, 자신의 일에 게으르고 시간을 낭비하고 관능적인 스포츠맨이라면 누구나 불쌍하고 비참한 사람이기에 동정심을 가지고 바라보아야 한다.

3부
복장으로 짓는 죄에 대한 방향 제시

방향 제시-1 '복장에서 가장 먼저 존중되어야 할 것은 복장이 지정된 목적을 위한 수단이 되도록 하는 것이다.' 복장의 목적은, 1. 몸을 따뜻하게 유지하기 위함이다. 2. 몸을 다치지 않게 하는 것. 3. 인간 본성의 공통된 존엄성과 당신의 위치와 특별한 존엄성에 적절하도록 단정하게 꾸미는 것이다. 4. 본성이 당신을 부끄럽게 하고 겸손이 당신에게 덮으라고 명령한 부분을 숨기는 것이다.

복장의 적절한 상태는 다음과 같다. 1. 신발이 발을, 모자가 머리를 따뜻하게 하듯이 몸에 맞아야 한다. 2. 성별에 맞게 입으라. 남자는 여자에 어울리는 옷을 입지 않으며 여자는 남자에 어울리는 옷을 입지 않는다. 3. 당신의 나이에 맞게 입으라. 젊은이와 노인은 일반적으로 다소 구별된다. 4. 당신의 재산에 적합하게 입으라. 그 이상은 아니다. 5. 당신의 위치 또는 일에 적합해야 한다. 6. 당신의 용도와 행위에 적합해야 한다. 예를 들면, (1) 건강, 겸손, 품위가 요구하는 한, 벌거벗은 것을 가리기 위해. (2) 추위를 막기 위해. (3) 당신의 노동에서 상처를 입지 않기 위해(신발이 발을 장갑이 손을 보호하듯이). (4) 앞에서 말한 것처럼 밝거나 화려하지 않은 장식을 해야 한다.

방향 제시-2 '복장의 목적과 용도 중에서 가장 훌륭한 것이 선호되어야 한다. 장식은 가장 작은 것이므로 나머지 어떤 것보다 앞서서는 안 된다.' 이 목적을 이루려면 그들은 장식을 위하여, 1. 가려야 할 부분에서 벗은 채로 다니거나 아니면, 2. 건강을 해치거나 위험하고 춥게 입고 다니거나 아니면, 3. 우리 몸을 다치게 하거나(끈으로 꽉 죈 옷을 입은 패션의 맹목적 추종자처럼), 자신의 옷에 의해 노동이나 여행이나 운동을 방해해서는 안 된다. 그들이 사용하는 것보다 눈으로 보기에 더 적합한 옷으로 인해 다쳐서는 안 된다. 이 모든 것은 복장의 목적에 반대된다.

방향 제시-3 '복장의 특이점을 변경하지 말라. 즉 자신의 계급과 사회적 지위를 가진 모든 사람들은 평범하지 않고 눈에 띄게 구별된다. 그들의 패션이 악하고 참을 수 없는 것이 아니라면(교만, 무례함, 경박함 등) 그때 당신의 특이점은 당신의 의무다.' 특이점을 불필요하게 전시하려는 시도는 다음과 같은 것을 나타낸다. 1. 판단력이 약함. 2. 당신이 영향을 미치는 것에 대한 자부심. 3. 중요하지 않은 것에 의무를 둠. 그리고 반대로, 교만하거나 천박한 유행을 모방하는 것은, 1. 다른 사람을 죄에 빠지도록 부추긴다. 2. 사람들을 만족시키고 그들의 멸시와 경멸을 피하기 위해, 하나님을 불쾌하게 하는 육체적이고, 교만하고, 타협하는 마음을 나타낸다.

방향 제시-4 '교만을 피한다는 구실로 혐오스럽고, 비열하고, 불쾌하고, 우스꽝스럽고, 익살스럽고, 지저분한 패션을 따르지 말라.' 왜냐하면 1. 이것은 판단력이 매우 약하다는 것을 속이는 것이다. 2. 그것은 그것을 분별하는 사람들에게 당신의 판단을 더 경멸하고, 다른 일에서 신뢰할 수 없게 만들 것이다. 3. 그들은 유머, 어리석음, 지나치게 멋진 것만이 그들을 책망한다고 생각하는 동안, 과잉으로 그들을 완고하게 할 것이다. 4. 당신은 인간의 본성을 욕되게 하여 죄를 짓는다. 하나님은 사람에게 특별한 영예를 주셨고 우리가 스스로 그렇게 하기를 원하신다. 그러므로 타락 이후에 의복을 정하셨으니, 벗은 것처럼 지저분하고 우스꽝스러운 옷을 입는 것은 그의 피조물에 대해 하나님께 악이 있다고 부당하게 전가하는 것이다.

방향 제시-5 '더 일반적이고 극단의 위험으로 간주되는, 의복에 대한 자부심과 한도를 초과해서 입는 것에 대해 더 의심하라.' 본성은 다른 것과 비교할 수 없을 정도로 이것에 취약하기 때문이다. 결함으로 죄를 짓는 한 사람에 비해, 의복을 지나치게 입음으로 죄를 짓는 사람이 수천 명은 아니더라도 수백 명은 된다. 여기서 내가 보여 줄 것이다. 1. 의복에 대한 자부심은 어떻게 나타나는가? 2. 그것의 죄는 무엇인가?

1. 값비싼 옷일 때, 자부심이 의복에서 나타난다. 2. 패션에서 자신의 재산이나 지위를 능가하는 사람을 모방하고 싶은 욕망이 있을 때, 그리고 당신보다 더 높은 지위에 있거나 부유한 사람처럼 보이게 하기 위해 당신의 의복을 그것에 맞출 때, 자부심이 의복에 나타난다. 3. 당신이 옷차림을 우려하고, 그 모양이나 복장에 지나치게 호기심을 가지고, 당신이 마땅히 해야 할 것보다 더 중요하게 여길 때, 마치 당신의 아름다움이 현재 당신보다 더 바람직한 것으로 보일 때, 또는 어떤 비열하거나 싫어하는 유행의 옷을 참을 수 없을 때, 자부심이 의복에 나타난다. 4. 호기심으로 인해 옷을 입을 때, 옷 입는 일에 합당한 시간보다 많이 사용함으로 더 큰 일을 소홀히 할 때. 5. 당신이 당신의 사적인 복장과 공적인 복장 사이에 너무 큰 차이가 있을 때, 낯선 사람이 당신을 보지 않을 때 평범하게 지내고, 당신이 집 밖에 나갈 때나 낯선 사람이 당신을 방문할 경우 지나치게 신경을 쓸 때, 이것들은 자신보다 더 부유하거나 멋있게 보이려는 욕망이 있는 자부심을 보여 준다.

이 외에도 사람들로 하여금 그들보다 더 학식 있는 것처럼 보이기를 원하게 만드는 자부심이 있다. 이것은 학식 있는 자들이 그들의 칭호와 마찬가지로 그들의 복장으로 영향을 미친다. 이는 이전 것보다 더 심하다.

그리고 당신보다 더 위엄 있고 경건해 보이려는 욕망으로 구성된 자부심이 있다. 그러므로 그리스도께서는 바리새인들의 긴 옷에 대해 비난하신다.[64] 자신이 가진 것보다 더 무거운

---

64) 막 12:38

옷을 입으면 그것은 위선이다.

그리고 자신보다 더 겸손하고 거룩해 보이려는 욕망으로 이루어진 자부심이 있다. 따라서 당신이 가지고 있는 것보다 더 많은 것을 나타내는 차별적인 복장으로 영향을 미치려 하는 것은 교만한 위선이다. 이런 식의 비열한 옷은 종종 자부심의 결과다. 사람들이 가장 겸손한 사람으로 주목받기를 바라는 것과 같은 그런 종류의 교만에 빠져서 가장 겸손한 사람으로 주목받기를 원한다면, 이것은 화려함을 자랑하려는 사람들에게는 화려함이, 중후함을 자랑하려는 사람들에게는 중후함이 그들에게 적합한 휘장이다.

[중요함과 거룩함에 대한 자부심이 복장에 어떻게 나타나는가?]

탐구1 '그러나 우리는 복장에 대한 이런 종류의 자부심을 다른 자부심들처럼 쉽게 분류할 수 있을까?'

답 그럴 수 없다. 왜냐하면 저열하고 평범하고 값싼 옷은 보통, 정말 겸손하고 가난한 사람들이나 가난한 사람들이 필연적으로 입고, 차분한 색의 옷은 참으로 영향력 있는 사람들이 입는 옷이기 때문이다. 그러므로 우리는 그들의 복장 이외의 다른 증거에 의하여 그들의 자부심과 위선이 나타나지 않는 한, 그들의 의복에 의해 보이는 대로 그들을 인식할 수밖에 없다. 게다가, 우리는 몹시 뽐내는 옷을 입은 자를 헛된 사람으로 판단하고, 옷차림을 지나칠 정도로 신중하게 꾸미고 그 아름다움을 자랑하는 자를 인식할 때, 우리는 그들 의복의 첫째 되고 합당한 의미에 따라 판단한다. 위선은 사람에게 보이지 않는 것이다. 우리가 판단해야 하는 것은 그 고유한 의미에 따른 가시적 표시이다. 그러므로 우리가 사람들이 몹시 뽐내는 옷을 입고 기이한 복장을 하는 것을 볼 때, 우리는 그들이 헛되고 호기심이 많다고 인식할 수 있다. 그리고 우리가 잘못 이해한다면, 복장의 중요성을 부여하는 이들 때문이다. 우리가 사람들이 차분하거나 겸손한 옷을 입고 있는 것을 볼 때, 그 불리한 점이 나타날 때까지 그것으로 그들이 권위 있고 겸손하다고 판단해야 한다.

탐구 2 '그러나 중요함이나 겸손에 대한 자부심은 또 어떻게 나타날까?'

답 그들이 이것을 스스로 자랑하고 그들과 다른 사람들을 비난하고 책망하며 무례히 할 때, 그들의 담론이 그들 자신의 어떤 결점을 반대하는 것보다 그들이 없애려 하는 유행에 대해 더 많이 반대할 때, 심지어 그들의 계급이 영향력이 있고 겸손한 사람일지라도, 그들의 복장이 특별하여 영향을 줄 때, 그러나 특히, 그들이 그들의 패션으로 세상을 떠들썩하게 하고, 특히 그들이 주목받고 저명하게 되고, 사람들이 그들의 겸손한 복장에 대해 이야기하고 존경할 때 특히 그렇다. 이런 식으로, 로마 가톨릭 교회의 수사들 사이에 있는 많은 종파가 합의나 서약에 따라 다른 모든 사람과 매우 다른 겸손과 중대하게 보이는 옷을 입고 다닌다. 이것은 세상 사람들이 보기에 그들의 계급의 표가 틀림없고, 그것은 자랑과 허식을 볼 수 있게 하고, 공개적으로 선언하는 것이다. 따라서 퀘이커 교도들은 그들이 다른 보통 사람들과 다르다는 악명으로, 그리고 거리와 교회에서 무례하게 고함치며, 자신의 종파에 속하지 않은 가장 거룩하고 겸손한 목사와 사람들을 모욕함으로써, 시장과 회중의 사람들 앞에서 그들의 의견을 명백히 선언하거나 그들의 자부심에 대한 은폐된 정보를 노출한다. 그러나 그것이 공개적으로 드러나지 않는다면, 우리는 그것을 판단할 수 없다.

[의복이나 화장으로 기형을 숨길 수는 없는가?]

탐구 3 '기형이 있는 사람이 복장으로 그 추함을 숨기는 것이 옳지 않나? 그리고 어떤 사람이 자신을 (옷이나 점이나 화장으로) 다른 사람들에게 가능한 한 우아하고 아름답게 보이도록 만들 수 있지 않는가?'

답 이 질문에 대한 올바른 답을 하기 위해서는 사람과 문제, 목적과 이유, 원칙과 예상되는 결과를 모두 고려해야 한다. 어떤 사람들에게는 어떤 좋은 목적과 이유로 인해 더 큰 악이 따르지 않을 때, 그들의 기형을 숨기고 실제보다 더 아름답게 보이도록 자신을 단장하는 것이 합당하다. 그러나 다른 사람에게는, 악한 수단으로, 악한 목적과 이유로 인해, 또는 악한 결과를 낳는 경향이 있을 때, 그것은 불법이다.

1. 선천적으로 대단한 기형이 있는 사람은, 그러한 기형이 없는 사람이 멋지게 보이려고 하는 것보다 그것을 숨기기 위해 장식을 더 많이 할 수 있다. 왜냐하면 그 사람은 다른 사람처럼 보이려는 것보다 더 높은 것을 열망하지 않기 때문이다. 그러나 다른 사람은 다른 사람들보다 뛰어나 보이기 위해 강한 열망을 가지고 있다. 그리고 정부 밑에 있는 사람은, 다른 사람이 자신의 선택에 따라 할 수 있는 것보다 통치자에게 순종하여 더 많은 일을 할 수 있다.

2. 그 장식의 문제가 정숙하고 품위 있는 의복에 불과하고, 품위 없고 무례하고 사치스럽거나 헛되지 않고, 자연이나 하나님이나 사람의 법에 어긋나지 않는다면 그것은 그런 면에서 허용될 수 있다. 그러나 불법적인 방법으로 기형을 가리는 것은 허용되지 않는다.

3. 정당한 목적, 즉 통치자에게 복종하기 위한 것이거나 기형을 가리기 위한 것이라면, 불필요하게 드러내지 않도록 하는 것이 합법일 수 있다. 그러나 목적이 죄가 될 때 그것은 항상 죄다. 예를 들면, (1) 당신이 실제로 그렇지 않음에도 특별하게 아름답게 보이기 위하거나 얼굴이 잘생겨 보이기 위하거나 또는 보는 자의 축하와 감탄을 받으려고 하는 경우. (2) 보는 사람의 마음을 음탕하게 하거나 과도한 사랑의 감정으로 유혹하는 경우. (3) 결혼을 원하는 사람의 마음을 속이려는 것이라면, 그 경우 당신이 아닌 것처럼 보이게 가장하는 것은 가장 해로운 종류의 속임수이며, 건전한 말(horse) 대신에 눈멀거나 절름발이 말을 파는 것보다 훨씬 나쁘다. (4) 교만하고 사치스러운 사람의 유행을 따르는 것이라면, 당신은 그들에게 단정하지 못하다는 비난을 받지 않더라도 이 모든 것은 불법적인 목적과 이유다.

4. 또한, 그것이 나오는 원칙이나 마음도 그것을 죄로 만들 수 있다. 예를 들면, (1) 그것이 음탕하고 방탕한 마음에서 나오는 경우. (2) 또는 관중의 의견을 과도하게 고려한 경우. 이것은 교만의 적절한 겉모습이다. 옷에 대해 교만하지 않은 사람은 그것에 대해 별로 염려하지 않으며, 사람들이 자신을 아름답게 또는 추하게 생각하는지 여부에 관계가 없기에 자신을

사람들에게 예쁘게 보이기 위해 큰 비용을 들이거나 염려를 하지 않는다. 그런 사람들이 기형이 되면, 그들은 그것이 그들의 죄가 아니라 하나님의 일이라고 인식한다. 부끄러움의 진정한 원인은 죄다. 하나님의 모든 일은 선하고 우리가 그의 자녀라면 우리의 유익을 위한 것이다. 그들은 하나님께서 그들을 겸손하게 하시고, 많은 사람들을 파멸시키는 교만과 정욕과 방탕을 방지하기 위해, 그렇게 하신다는 것을 안다. 그러므로 그들은 그것을 숨기고 현재보다 더 멋지게 보이기보다는 오히려 그것을 개선하고 유익함을 얻기 위해 조심할 것이다.

5. 또한, 그 결과는 행동을 좋게 하거나 나쁘게 만드는 데에 많이 기여한다. 그것이 당신의 목적은 아니지만, 선보다 더 큰 상처가 따르거나 따를 것 같은 것을 예견할 수 있다면, 그것은 당신의 죄가 될 것이다. 예를 들면, (1) 만일 그것이 당신이 의도하지 않는다고 말하지만, 무례하고, 정욕이 가득하고, 방탕한 열정으로, 보는 사람들의 마음을 유혹하는 경향이 있다면, 유인하는 일에 원인이 되고, 게다가 그것을 피하기 위해 최선을 다하지 않는 것은 당신의 죄다. 그리고 그 원인이 그들의 죄와 허영심이 원인이라 할지라도, 불필요한 기회를 준 것은 당신의 죄다. 왜냐하면 당신은 병든 영혼 사이에서 살고 있음을 고려해야 하기 때문이다! 또 그들의 길에 걸림돌을 놓아서도 안 되며, 그들에게 정욕의 불을 불어넣어서도 안 되며, 당신의 장신구가 그들의 올가미가 되어서도 안 된다. 그러나 당신은 짚이나 화약 사이에 있는 촛불을 돌봐야 하는 것처럼, 죄 많은 사람들 사이를 걸어가야 한다. 그렇지 않으면 불을 끄기에 너무 늦은 때, 예기치 못한 불꽃을 볼 수 있다. 그러나 교만하고 무례하고 정욕이 가득한 마음은, 사랑받고, 높이 평가되고, 존경받고, 열망되기에, 하나님이나 자신이나 다른 사람의 죄와 불행에 대한 두려움이 그것들을 만족시키거나 제거하지도 못할 것이다. (2) 또한 다른 사람들에게 자부심이나 허영심을 조장하거나 그것을 승인하는 것처럼 보이기에 그러한 패션으로 자신을 꾸미는 것은 죄다. 어떤 패션이 그 시대와 장소의 교만하고 헛된 종류의 사람들의 공통된 표식일 때, 당신 자신을 그들에게 순응하는 것은 불필요하게 짓는 죄이다. 왜냐하면, 당신은 그들을 그들의 죄로 굳게 할 것이고, 당신은 일종의 선언에 의해 그들 중 하나로서 그들과 연합할 것이기 때문이다. 얼룩덜룩하게 색칠한 얼굴(옛날 사람들은 이해하지 못했던 사람)이나 벌거벗은 젖가슴, 또는 그런 다른 패션들이, 헛되고 머리 아프고 가슴이 아

프고 교만하고 방탕한 파티에 일반적으로 사용되는 것처럼, 그것들을 사용하는 것은 불필요하게 죄를 짓는 것이다. 왜냐하면 (1) 당신은 그들의 회개를 방해할 것이기 때문이다. (2) 당신은 그들의 헛된 옷차림 때문에 세상이 얻을 수 있는 유익을 방해할 것이다. 왜냐하면 (비록 의도하지 않은 그들에게 감사하는 것은 아니지만) 이 사람들의 죄로 인해 인류에게 오는 것은 매우 큰 유익이 있기 때문이다. 즉 어리석은 자들이 바보 같은 외투를 입고 돌아다니고, 텅 빈 두뇌와 교만하고 방탕한 사람들이 거리와 교회에서 그렇게 공공연히 발견될 것이다. 냉철한 사람들은 그들을 피할 수 있고, 현명하고 순결하며 예의 바른 사람들이 속아서 그들의 파멸과 결혼하지 않을 것이다. 순결과 질서를 위해서는 성별에 다른 옷이 필요하기 때문이다. 그러므로 술고래, 허풍쟁이, 제정신이 아닌 자, 바보, 교만하고, 방탕하고, 정욕이 가득 찬 사람들이 다른 사람들과 공개적으로 구별되는 것은 사회전체에 큰 편의성의 조건이다. 전염병이 유행할 때에 감염된 집의 문에는 '주님, 우리에게 자비를 베푸소서.'라 표시되어 있는 것과 같다. 가장 현명한 치안판사는 비참한 사람들이 그들의 자발적인 선택에 의해 하는 것처럼, 법에 의해 스스로 이것을 성취하는 방법을 알지 못했다. 왜냐하면 그것이 자발적인 것이 아니라면, 그것은 그들의 의견을 구별하는 분명한 표식이 될 수 없기 때문이다. 이제 정직하고 예의 바른 사람들은, 그들과 하나가 되고 그들의 제복과 그들 계급의 복장을 받아들이고, 그들과 같다고 인정하고, 그들을 격려하고 승인하는 것을 금지한다. 그렇지 않으면 교만하거나 겸손한 사람, 헛되거나 실질적인 사람, 방탕한 사람들과 순결한 사람이 혼동하게 되고 구별의 유익을 파괴하는 것이다.

이것에 의해 당신은 그것의 의미와 결과로서 간주되어야 할 것은 단순한 패션 그 자체가 아니라는 것을 알 수 있다. 진지한 사람들이 더 나은 의미와 결과를 위해 사용할 때 동일한 패션은 합법적일 수 있지만 그렇지 않으면 불법이다. 따라서 좋은 의미와 결과를 가질 수 없다고 생각하는 패션은 거의 합법적이라고 간주될 수 없다.

또한 앞에서 언급한 악한 것은 무엇이나 패션을 악으로 만들지만, 당신의 패션이 좋거나 적법하다는 것을 증명하기 위해서는 모든 필수 조건이 동시에 충족해야 한다는 점에 유의하라.

탐구 4 '때때로 유행을 따르는 것이 합법적이지 않은가?'

답 1. 보통의 사람들이 화려하지 않은 유행을 따르는 것은 항상 합법적이다. 그러나 방종하고, 부정하고, 성적 욕망을 일으키는 방탕한 종류의 헛되고 음란하고 악의적인 패션을 따르는 것은 불법이다. **다윗**이 미친 사람처럼 행동하거나, **바울**처럼 박해나 도둑이나 원수를 피하기 위해 자신이 바리새인이라고 말했을 때[65]와 같은 부득이한 경우가 아니라면 불법이다.

2. 또는 **바울**이 **디모데**에게 할례를 행한 것과 같이, 얼마 동안 다른 사람의 유익에 이바지하거나 또는 그가 어떤 사람을 얻으려고 모든 사람에게 모든 사람이 된 것과 같지 아니하면 불법이다. 그러나 불 필요하게, 또는 육신적인 목적을 위해, 육신에 속한 사람들에게 경멸의 말이나 악한 말을 듣지 않기 위해, 또는 그들처럼 좋게 보이기 위해 악의적인 유행을 따르는 것은 의심할 여지없이 죄다.

방향 제시-6 '옷차림에 과도한 비용을 들이지 않도록 하라.' 모든 재산에 대해 책임져야 한다는 것을 잊지 말라. 언젠가는 자신이나 당신의 자녀를 위해 화려한 옷과 진기한 것을 입는 1년만큼 당신이 옷을 입지 않고 벗고 있는 것이 당신의 계정에 편안하다는 것이 밝혀질 것이다. 값비싼 의복은 가난한 사람들의 필수품에 상당한 비용을 먹어 치운다.

방향 제시-7 '옷차림에 대한 불필요한 호기심에 소중한 시간을 낭비하지 말라.' 다른 사람 앞에 나가기 전, 옷을 입고 몸단장하는 데에 아침 내내, 대부분의 시간을 보내는 화려한 사람들이 짓는 죄가 얼마나 큰 죄이며 어리석음과 비참함의 무서운 징조인지 나는 쉽게 말할 수 없다. 그렇게 그들 중 일부는 정오 식사 시간 전에 다른 일을 거의 하지 않고 옷을 입는다. 기도와 하나님의 말씀 읽기에 가장 적합한 시간을 이렇게 소모한다. 그들은 그들의 영혼을 진

---

[65] 행 23:6

지하게 찾고 단장하는 일이나 하나님을 섬기는 일에는 그렇게 많은 시간을 사용하지 않는다. 게다가 하나님, 가족, 영혼, 모든 것을 이와 같이 소홀히 한다.

방향 제시-8 '당신의 몸과 노동을 위한 당신 복장의 유용성 다음으로 당신의 규범은 당신과 같은 계층의 진지하고 화려하지 않은 사람들의 일반적인 유형을 본받는 것이다.' 여기저기서 교만하고 헛된 사람들이 패션을 따르는 다른 일에서, 냉정한 사람이 아니라 진지하고 냉철한 사람들의 일반적인 유행을 따르라. 이렇게 하면 당신은 교만한 사람들의 경솔함과 다른 사람들의 불필요한 특이함을 피할 수 있다.

방향 제시-9 '어느 사람의 모욕이나 무례함보다, 당신의 패션이 할 수 있는 상처를 더 많이 고려하라.' 교만한 사람들이 당신의 옷이 칙칙하다고 하거나 멋지지 않다고 말하고 변변치 않은 옷차림에 대해 이야기하는 것은 당신에게 큰 수치가 아니며 큰 상처도 아니다. 그러나 자만심이 높이 평가받는 것은 더 나쁘다. 그것은 멋있게 되기를 바라는 공허하고 유치한 마음을 의미한다. 그것은 자만심일 뿐 아니라 남자다운 재치를 가진 사람들의 자존심과는 구별되는 어리석은 자의 교만이다. 그리고 순결한 여자가 창녀의 휘장과 옷차림을 하는 것과 같이, 교만과 어리석음의 휘장을 함으로써 스스로 욕되게 해서는 안 된다. 또한 비열한 의복은 당신 자신이나 다른 사람에게 어떤 죄를 짓게 하는 큰 유혹이 아니지만, 화려하고 진기한 옷차림은 당신 속에 욕망이나 교만한 기질을 나타내고 흥분하게 한다. 그것은 동성의 사람들에게는 당신을 부러워하고 모방하도록 유혹하고, 다른 이성의 사람들에게는 강한 욕망과 음탕하도록 유혹한다. 당신은 기만당하고 어리석은 영혼을 잡기 위해 마귀의 그물(교회에서, 열린 거리에서, 집회에서)을 펼치고 있는 것이다. 당신이 사람들로 악한 당신을 모방하게 함으로써 그것에 의해 마귀와 교만과 정욕을 섬기게 하는 것보다, 차라리 당신의 선을 모방하도록 다른 사람들에게 당신의 의복으로 겸손, 자기 부인, 순결, 절제를 표현함으로써 하나님을 섬기게 해야 한다.

방향 제시-10 '당신이 그렇게 조심하여 진기하게 장식한 몸이 무엇인지 기억하라.' 사도

바울은 몸을 "낮은 몸"[66]이라 불렀다. 이 얼마나 어리석고 역겨운 흙덩어리인가! 수두나 나병이나 거의 모든 질병이 어떻게 보이는가! 안에 있는 혐오스러운 배설물들이 그 외부는 아름다운 것으로 뒤덮여 있다! 몸이 무엇으로 만들어졌으며 그 안에 무엇이 들어 있으며 무엇으로 변할지 생각해 보라! 그것이 얼마나 오랫동안 일반적인 흙보다 더 역겨운, 음침한 무덤 속에서 썩어져 있어야 하는가? 그리고 나서 일반 흙으로 전환된다. 자색 옷과 고운 베옷 그리고 진귀한 옷을 입은 몸이 곧 수의를 입고 무덤에 누워 있을 것으로 보이는가?[67] 교만 때문에 지옥에 있는 것은 두려운 일이다. 흙으로 돌아간다는 사실을 아는 사람에게 이 모든 비용과 호기심이 적합한가?

방향 제시-11 '당신에게는 겸손이 끊임없이 필요한 죄 많은 영혼이 있으며, 당신의 몸보다 더 많은 보살핌과 꾸밈이 필요하다는 것을 기억하라.' 그러므로 당신의 의복은 당신의 겸손을 표현해야 하며 영혼을 잘 돌보고 있음을 보여 주어야 한다. 자기가 하나님께 대항하여 한 일을 알고 있는 그 죄인이 스스로 보기에 얼마나 비열한가! 자비에 대항하여 얼마나 죄를 지었나! 얼마나 하나님을 화나게 했나! 얼마나 구세주를 경시했나! 얼마나 은혜의 영을 저항했나! 얼마나 영광을 과소평가하고 무시했나! 자신이 누구이고, 무엇을 했는지, 자신이 마땅히 받아야 할 것이 무엇인지, 자신의 영혼이 어떤 위험에 처했는지 아는 사람은 반드시 그 영혼이 겸손한 행위에 익숙해져야 한다. 모든 회개하는 영혼은 그 자신의 눈에 비열하고, 내적인 부패와 실제 죄 때문에 자신을 싫어한다. 자신을 비열하다고 혐오하는 사람은 자신의 죄 많고 부패하기 쉬운 몸이 멋지게 보이기를 열망하지 않으며 헛된 구경꾼의 눈을 끌기 위해 기이한 장식으로 꾸미지 않을 것이다. 나는 교만하고 헛되고 화려한 사람들에게 하나님이 그들의 눈을 뜨게 하시고, 죄에 대해 그들의 영혼을 겸손하게 하시고, 그들 자신을 더 잘 알게 하시고, 진정으로 회개하게 하여, 그들을 집에 데려오자마자 갑자기, 그들은 화려하고 아름답고 동성애자 같은 옷을 벗어버리고, 평범하고 절제된 옷을 입는 것을 얼마나 자주 보았는지! 그래서 다음 주에 그들은 같은 사람으로 보이지 않게 되었다. 이것은 패션이나 아름다운

---

66) 빌 3:21
67) 눅 16:19, 23, 25

복장에 대한 어떤 논쟁도 없이 단순한 겸손에 의해 행해진 것이다. 노년의 도드(Dod) 씨가 말했듯이, 어떤 사람이 그에게 장발에 대해 설교하기를 바랐을 때, '그들에게 그리스도와 참된 회개에 대해 한 번만 설교해 보라.' 그러면 우리가 말리지 않아도 그들은 머리를 자를 것이다. 교만은 자랑스러운 옷차림에서 드러나듯이, 겸손은 드러나기를 원치 않으나 자신과 같은 겸손한 옷차림에서 드러날 것이다. 베드로전서 3장 3-6절을 주목하라. "너희의 단장은 머리를 꾸미고 금을 차고 아름다운 옷을 입는 외모로 하지 말고 오직 마음에 숨은 사람을 온유하고 안정한 심령의 썩지 아니할 것으로 하라 이는 하나님 앞에 값진 것이니라 전에 하나님께 소망을 두었던 거룩한 부녀들도 이와 같이 자기 남편에게 순종함으로 자기를 단장하였다." 오 하나님께서 그 말씀을 당신의 마음에 새기실 수 있기를! "모두 다 서로 겸손으로 허리를 동이라 하나님은 교만한 자를 대적하시되 겸손한 자들에게 은혜를 주시느니라."[68] 그리스도인들 사이의 검소함은 좋은 옷보다 더 큰 명예다. "이와 같이 여자들도 단정하게 옷을 입으며 소박함과 정절로써 자기를 단장하고 땋은 머리와 금이나 진주나 값진 옷으로 하지 말고 오직 선행으로 하기를 원하노라."[69] 나는 화려함과 특별한 물건에 중독된 사람들에게 이사야 3장 16절에서 마지막절까지 읽을 것을 간청한다.

방향 제시-12 '당신의 복장을 너무 중요하게 여기지 말고 무관심하게 사용해야 하는 것처럼 무심하게 사용하라.' 그것을 마음에 두지 말라. 그것은 그 자체로 과잉보다 더 나쁜 징조이기 때문이다. "너희가 어찌 의복을 위하여 걱정하느냐 들의 백합화를 어떻게 입히시는지 생각하여 보라."[70] "먹을 것과 입을 것이 있은 즉 족한 줄로 알라."[71]고 하셨으나 결코 그렇게 단순하지는 않다.

방향 제시-13 '다른 패션의 복장에 대해 다른 사람들을 너무 비판하지 말라.' 가능한 한 단

---

68) 벧전 5:5
69) 약 2:2-5; 딤전 2:9, 10
70) 마 6:28
71) 딤전 6:8

순하고 겸손하라. 그러나 다른 사람의 패션에 정당한 이유보다 더 큰 스트레스를 주지 말라. 만일 그들이 심히 무례하면 그러한 유행을 부인하고 그것을 개혁하려고 노력하라. 그러나 그들의 패션이 당신의 것과 같지 않다고 해서 당신 자신보다 더 훌륭한 모든 사람을 트집잡거나 교만한 자로 비난하는 것은 패션의 흠을 비난하는 것보다 더 나쁜 행위다. 나는 그들이 비난하는 패션에서 관찰할 수 있는 것보다 비난하는 것에 더 많은 교만이 있는 것을 종종 관찰했다. 당신이 당신의 훌륭한 교양이나 계급이나 장소의 관습을 따르지 않는 모든 패션을 주시하고 현재 아름답거나 헛된 것으로 낙인 찍을 때, 그것은 오만한 마음을 보여 주고, 심판대에 올라서서 사람들의 말을 듣기 전에 또는, 그 이유를 알기 전에 당신과 관계없는 사람들에게 형을 선고하는 것이다. 아마도 그들의 패션은, 당신의 패션이 당신과 대화한 사람들 사이에서 흔한 것처럼, 그들이 살았던 겸손한 부류들 사이에서 흔했을 수 있다. 관습과 일반적인 의견은 의류에 많은 의미를 부여한다.

 그다음으로 내가 당신에게 당신 재산 사용에 관한 특별한 방향 제시를 했어야 했다. 당신의 주거, 당신의 음식과 음료에 관하여, 당신의 명예와 좋은 평판에 대해 말했어야 했다. 그러나 책이 너무 지루하기에, 나는 탐욕, 자부심, 탐식에 대하여, 이전에 말한 것으로 대신한다. 그리고 자선 활동과 가족 관리에 대해서는 앞과 뒤에서 말하는 것을 참조하라.

 로마 가톨릭교 사이의 수도회라 불리는 사람들의 신성한 습관과 다양한 의복, 법, 생활 질서, 식단 등에 관해서, 종교의 규칙에 얽매이든 세속적이든 간에, 그것이 합법적이든 죄가 있든 간에, 로마 가톨릭교와 개신교의 논쟁에서 너무 많이 다루어져서, 나는 그냥 지나칠 것이다. 라벤나(Ravenna)의 성직자가 프랑스 왕 카롤루스(Carolus) 주니어에게 편지에서 했던 말을 기억해 보자. '우리는 의복이 아닌 교리로, 의복이 아닌 삶의 방식으로, 의복이 아닌 순수한 마음으로, 일반 사람들이나 다른 사람들과 구별되어야 한다. 백성은 자기를 즐겁게 하기보다는 가르침을 받아야 하며, 그것을 눈에 두어서도 안 되며, 교훈을 마음에 쏟아 넣어야 한다.'